周祖謨文集　第六卷

唐五代韻書集存

上册

周祖謨　編

中華書局

圖書在版編目(CIP)數據

唐五代韻書集存/周祖謨編. —北京:中華書局,2023.11
(周祖謨文集)
ISBN 978-7-101-16228-8

Ⅰ.唐… Ⅱ.周… Ⅲ.漢語-中古音-韻書 Ⅳ.H113.6

中國國家版本館 CIP 數據核字(2023)第 092717 號

責任編輯:劉歲晗
責任印製:管　斌

周祖謨文集

唐五代韻書集存

(全二册)

周祖謨 編

*

中 華 書 局 出 版 發 行

(北京市豐臺區太平橋西里 38 號　100073)

http://www.zhbc.com.cn

E-mail:zhbc@zhbc.com.cn

北京盛通印刷股份有限公司印刷

*

710×1000 毫米 1/16 · 92印張 · 4 插頁 · 800 千字

2023 年 11 月第 1 版　2023 年 11 月第 1 次印刷

印數:1-800 册　定價:580.00 元

ISBN 978-7-101-16228-8

周燕孫(祖謨)先生

中國古文字學術研究會一九七九年年會（十二月於廣州中山大學）

與饒宗頤（右二）、朱德熙（左二）、趙誠（左一）等先生

《周祖謨文集》出版説明

周祖謨（一九一四—一九九五），字燕孫，北京人，我國傑出的語言學家，卓越的文獻學家、教育家。北京大學中文系教授，歷任普通話審音委員會委員、中國語言學會常務理事、中國音韻學研究會名譽會長、北京市語言學會副會長等職。

周祖謨先生一生致力於漢語史與古文獻研究，出版學術著作十餘種，發表論文二百餘篇，涉及音韻、文字、訓詁、詞彙、方言、語法、詞典編纂、版本、目録、校勘、敦煌學、文學、史學等多個領域，而尤孜孜於傳統語言文字學典籍的校勘。作爲二十世紀人文領域的一位大家，周祖謨先生根植傳統、精耕細作，對中國語言學的發展與進步産生了深遠的影響。

周祖謨文集共分九卷，涵蓋周祖謨先生論文結集、古籍整理成果及學術專著等。所收文集、專著保持周祖謨先生生前編訂成書的原貌，其他散篇論文新編爲問學集續編。收録論著均參考不同時期的版本細心校訂，核查引文，古籍整理成果後附索引，以便讀者使用。

周祖謨文集的出版工作得到了周祖謨先生家屬及社會各界人士的幫助和支持，在此謹致以誠摯的謝意。

中華書局編輯部

二〇二〇年十二月

本卷出版説明

本卷收録周祖謨先生古籍整理作品唐五代韻書集存。

本書由中華書局於一九八三年初版，選編了三十餘種當時罕見的唐五代韻書殘卷及相關的韻字摘抄和有關字母等韻的寫本。同時，對每種材料的内容、性質都做了精彩的考釋。這些對學界瞭解唐五代韻書的面貌、源流發展及韻字的音讀訓解都有極大的助益。

本次我們以一九八三年版爲底本，修繕圖片，改進印製技術，同時補入俄羅斯科學院東方學研究所藏韻書殘葉三種（臺灣學生書局一九九四年版收録），並製作了針對韻字字頭的筆畫索引，供讀者查檢。

中華書局編輯部

二〇二三年三月

目録

序……五

上編　唐五代韻書

上册

總述……一一
平聲……一八
上聲……二三
去聲……二七
入聲……三一
第一類　陸法言切韻傳寫本……三五

1.1（一）切韻殘葉一（伯三七九八）……三六
1.2（二）切韻殘葉二（伯三六九五、三六九六）……四〇
1.3（三）切韻殘葉三（斯六一八七）……六三
1.4（四）切韻殘葉四（斯二六八三，伯四九一七）……六四
1.5（五）切韻斷片一（見西域考古圖譜）……七〇
1.6（六）切韻斷片二（列TID）……七一
第二類　箋注本切韻……七三
2.1（七）箋注本切韻一（斯二〇七一）……七四
2.2（八）箋注本切韻二（斯二〇五五）……一四九
2.3（九）箋注本切韻三（伯三六九三、三六九四、三六九六，斯六一七六）……一六八
第三類　增訓加字本切韻……二一七
3.1（十）增訓本切韻殘葉一（斯五九八〇）……二一八
3.2（十一）增訓本切韻殘葉二（伯三七九九）……二二〇
3.3（十二）增字本切韻殘卷（伯二〇一七）……二二五
3.4（十三）增字本切韻殘葉一（斯六〇一三）……二二九

3.5（十四） 增字本切韻殘葉二（斯六〇一二）……二三一

3.6（十五） 增字本切韻殘葉三（伯四七四六）……二三二

3.7（十六） 增訓本切韻斷片（斯六一五六）……二三五

3.8（十七） 增字本切韻斷片（列 TIV K75，TIV 70+71）……二三六

第四類 王仁昫刊謬補缺切韻……二四一

4.1（十八） 刊謬補缺切韻序文（伯二一二九）……二四二

4.2（十九） 王仁昫刊謬補缺切韻一（伯二〇一一）……二四六

4.3（二十） 王仁昫刊謬補缺切韻二（北京故宮博物院藏）……四三四

第五類 裴務齊正字本刊謬補缺切韻……五三三

5.1（二十一） 裴務齊正字本刊謬補缺切韻（北京故宮博物院舊藏）……五三四

序

唐本韻書自宋代以後流傳日少，偶有傳本，輾轉於收藏家之手，也只作爲古代的書畫來珍賞，對書的内容並不重視。自二十世紀初，唐本韻書迭有發現。除蔣斧本唐韻和故宫博物院所有的兩種刊謬補缺切韻以外，其他都出於甘肅敦煌莫高窟和新疆吐魯番地帶。出於敦煌的，在一九〇七年至一九〇八年之間都被外國侵略者所劫掠。英人斯坦因劫去的藏於倫敦博物院圖書館，法人伯希和劫去的藏於巴黎國家圖書館。出於新疆吐魯番的，在一九〇二年間爲德人列考克所得，藏於柏林普魯士學士院。這些出自敦煌和吐魯番的古韻書，少者存幾行，多者有幾卷，現在所能見到的存於國外者總計有二十七種不同的寫本和刻本。

這些寫本和刻本流入外人之手以後，深閉固扃，幾十年間，不曾整理。原物皺摺的既不能裝潢展平，零散殘破的也不能安排整治。有的隨便粘貼，任其雜亂；有的前後倒置，上下不接。同是一種書，或分裂爲兩段、三段；有的不是一種書，而又粘接在一起。甚至於把一葉粘附在另一葉的背後，用紙糊起，不能展開來看。鹵莽滅裂，出人意表。足見他們對此完全無能爲力。其中還有些寫本斯坦因與伯希和各掠奪其一部分，而分散在倫敦和巴黎兩處。例如王國維曾經抄印的切韻第一種存上聲海韻至銑韻，原物在倫敦（斯坦因編號二六八三），但很少有人知道還有上聲感、敢、養三韻字一段在巴黎（伯希和編號爲四九一

七)。又例如伯希和編號三六九三、三六九四以及三六九六的一部分與斯坦因編號六一七六同是一書,本來是相連接的,而被割裂爲二,東西異處,難爲延津之合。總之,這些寫本和刻本韻書爲外人所攫奪、所損壞,要希望他們去加以整理是不可能的。因此,我們有責任把這些分散在各處的韻書,不論多少,都編印在一起,分别異同,辨章源流,使這些沈霾千載的古籍能成爲人人可以取用的資料。

在這一方面,我國的學者曾經費過很多的精力,做了不少辛勤的工作。在一九二一年,王國維首先把倫敦所藏的三種切韻殘卷根據照片抄録印行。一九二五年,劉復又把從巴黎抄回的王仁昫刊謬補缺切韻和兩種切韻的序文刻入敦煌掇瑣。後來,在一九三六年,北京大學又出版了十韻彙編,把當時所能見到的幾種唐五代韻書都編輯在内。一九五五年,姜亮夫先生又把自己以前在國外摹録的一些韻書集爲一編,名爲瀛涯敦煌韻輯,對原本的行款、紙葉的大小和内容都有細緻的介紹,同時也做了很多研究工作。至於單篇論著,數量也很多。足見我國的學者對敦煌所出的古籍一直是關心的,並且儘可能摹録刊布,以便學者研究探討。這也正是我國人民一向珍視自己的歷史文物的表現。可是由於原物遠在國外,受着種種限制,不能把所有的韻書都能摹録出來,所以還有一些重要的寫本在以上各書裏都没有能收録。就是在已有的摹印本和刻本中,文字和行次也都不免有脱誤,不見原物,就不能校正。所幸北京圖書館經過多年的努力,大部分的材料都有了照片。王重民先生在這方面曾經盡了很大的力量。解放以後,中國科學院又獲得斯坦因所劫去的全部敦煌古籍的顯微膠片。這樣,我們就完全有可能把國内外所存的唐五代韻書都儘量利用照片影印出來,供人研究。

韻書是按照字音分韻編排的一種字典。這些唐五代的韻書對我們研究古代漢語的用處很多。它不

僅是我們研究六朝以迄隋唐古音的重要憑藉，而且也是研究文字、詞彙以及詞義的重要資料。因爲從隋代陸法言編定切韻以後，到唐代，就切韻進一步刊正字體和增字加訓的書很多，這些書中在字形方面記載了很多異體字和簡體字，我們可以從中看到不少文字在表音、表義和書寫方面發展的情況和規律。另外，在這些書當中，雖然以字爲單位，但是一個字所代表的是一個單音詞還是一個複音詞的一個詞素，一般從訓解中還是可以看得出來的。所以，一部韻書既是字典，也是詞典，可以作爲我們研究唐以前詞彙的材料。更值得注意的是，有些韻書在書面語詞彙之外還記載了很多當時的口語詞彙，這對研究近代語的參考價值更大。在韻書中，字的訓解總的發展趨勢是由簡單而趨於繁富，除采自訓詁書以外，還往往增添一些當時通行的新的意義。由此來看，要研究訓詁和詞義的發展，韻書也是相當重要的材料。總起來説，韻書的用處有考詞、定字、辨音、明義四個方面。如果僅僅認爲唐本韻書對研究漢語的中古音有用，那還是不夠全面的。我們應當善於從中發現對我們實際有用的東西，不能只看到一方面，而忽略其餘。

現在所編録的韻書包括唐五代的寫本和刻本，一共有三十種。其中没有著者姓名的居多，有些連書名也没有，現在只能根據書的體例、性質和内容來編列。凡體例、性質、内容相近的則歸爲一類。這樣大體可以分爲七類：

（一）陸法言切韻的傳寫本。這一類寫本收字少，没有增加字，通常應用的字大都没有訓解。全書分爲一百九十三韻。韻紐第一字下先出訓解，後出反切和又音，再記一紐的字數。如果没有訓解，則只有反切和字數。與以下幾類韻書相比較，時代較早，應是陸法言書的傳寫本。

（二）箋注本切韻。這一類書以陸法言書爲底本，分韻和體例與陸書相同，只是字數略有增加，而且在

原注之外往往附有案語。其中案語，或解釋字體，或補充訓釋，一律以説文爲準。新增的字也大抵出自説文。這一類都屬於長孫訥言箋注本。

（三）增訓加字本切韻。這一類書重點在於增訓或增字。韻次和紐次還是陸法言書的面目，而反切用字或小有不同。其中有的則是在一紐第一字下先出反切，後出字數，訓解則列在最後，在體例方面與陸書不同。但作者都無可考。

（四）王仁昫刊謬補缺切韻。王仁昫書根據陸法言書重修，刊正謬誤，增字加訓，分爲一百九十五韻，比陸書增多兩韻。全書字數大有增加，每字下都有訓解，而且詳載異體。每韻一紐第一字下一律先列反切，後列訓解和又音以及或體，最後記出一紐的字數，與以上三類體例不一樣。

（五）裴務齊正字本刊謬補缺切韻。這是根據長孫訥言箋注本切韻和王仁昫刊謬補缺切韻等書編録的一部韻書，分韻爲一百九十五韻，但韻目的名稱和次第大有變革，在字的歸韻方面也與王韻有不同，所以作爲另外一類。

（六）唐韻寫本。這一類都是屬於孫愐書的一系。孫愐唐韻分爲一百九十五韻（詳後考釋），在陸韻之外，又增加數千字，而特别詳於訓釋，引書繁富是其特點。現存的蔣斧本唐韻，去聲有五十九韻，入聲有三十四韻，分韻又有增加。但每紐第一字下先出訓解，後出反切和又音，最後記出一紐的字數，仍與陸韻體例相同。遇有增加字，則加字數目與原來字數合計，然後再注明其中有哪幾個字是新加的，體例比較謹嚴。

（七）五代本韻書。這一類是在刊謬補缺切韻和唐韻之後分韻最多、收字最廣的切韻。不僅真諄、寒桓、歌戈三類四聲開合有分，而且仙韻的合口也分立爲宣韻。在反切用字方面與王韻、唐韻也很有不同。有

的韻書又把仙韻入聲薛韻的合口分立爲雪韻。有的韻書從齊韻内又分出移韻。這些都與以上各類韻書不同。

以上七類韻書當中，除陸法言書以外，著作年代比較清楚的是長孫訥言箋注本切韻、王仁昫刊謬補缺切韻和孫愐唐韻，其他雖然没有年代可考，但是根據書的内容與這三部書相比較，也可以大體上區分出一個先後類别來。這樣，既可以從中看出唐代韻書發展的情況，同時也可以瞭解宋修廣韻與唐五代韻書的關係。現存的這些韻書可以説都是切韻一系的韻書，如唐人所作韻英、韻詮一類的書並没有發現。儘管有些殘本没有書名，但不妨根據内容擬名爲切韻。

現在能夠見到的這些韻書，凡是有照片的都用照片影印。有的原本污黯，攝製不夠清楚，則另附摹本或摹刻本，以便參閲。在這些寫本中都不免有錯字，要全部校訂是不容易的，現在只取其中行數少的稍作比勘，寫成校記，其他不能細校，讀者當善於辨析，不可爲寫本所誤。書中所收每種韻書，都略爲考釋，説明原書的體制、内容及其特點，並與有關的韻書相比較，指出異同，闡明彼此之間的關係，以便讀者參照比證，做進一步的探討。

本書除彙集這些唐五代寫本和刻本韻書之外，還收録兩部分資料。一部分是敦煌所出與音韻有關的一些書籍的寫本，包括字母等韻與依韻摘抄的一些材料。另一部分是唐代郭知玄、韓知十、蔣魴、薛峋、裴務齊、麻杲、武玄之、祝尚丘、孫愐、孫伷、弘演寺釋某、沙門清澈等諸家韻書的佚文。這些佚文對我們瞭解唐代韻書的發展和字的音讀訓解都有一定的用處。

另外，最後附有兩個表。一個是切韻系韻書反切沿革異同略表，一個是唐韻前韻書收字和紐數多少

比較簡表。這兩個表對瞭解唐代切韻系韻書的發展情況是有幫助的。

這部書的編寫始於一九四五年，隨手摹録，並舉其要點，辨章源流，著成考釋三十餘篇。爾後隨着新材料的發現和認識的改變，又陸續有所更訂和補充。不過擱置多年，未加整理，期待有更多的材料，加以增補。但是，二十餘年之間，竟無所獲。因不辭譾陋，即以此問世，使千餘年前先民精力之所寄，得以彰顯，不致廢墜無聞。全書分上下兩編，上編包括總述、唐五代韻書三十種，又韻字摘抄和有關字母及等韻的寫本九種，下編包括考釋、輯佚和附表。書中考釋部分未必完全允當，尚希讀者指正。

全書在編寫和印刷過程中，曾得到北京圖書館、中華書局的同志熱情襄助。所用的照片一换再换，又都是趙誠同志想盡辦法，竭力求其美備才得以付印的。謹在此統致謝意！

周祖謨序於北京大學

一九七八年元月

唐五代韻書

上编

總 述

韻書是按照字音分韻編排文字的一種書。遠自魏晉時期應用反切注音的方法盛行以後，就開始有了粗疏的按音分字的韻書。後來爲經籍作音的書不斷增多，學者在通習書音反切的過程中提高了辨音的能力，而且逐步有了系統的音韻知識，韻書才有了新的發展。在南北朝時期，分別紐韻、區分四聲的韻書相繼産生。如梁夏侯該、北齊陽休之、李槩以及杜臺卿等各有述作，而審音分韻，互有異同。到隋代統一南北以後，臨漳（即鄴城）陸法言根據顔之推、蕭該、魏彦淵、薛道衡等人的討論，參酌南北韻書，編定爲切韻五卷（公元六〇一），着重保持了當時傳統書音的音位系統，並參校河北與江東語音，辨析分合，而不以一地方音爲準，以利於南北人應用。雖然自成一家言，而實際上是爲了適應當時政治統一形勢的需要而作的（詳見拙著問學集中切韻的性質和它的音系基礎）。

到了唐代，文人用力於詩賦，離不開韻書，於是切韻大行於世。可是陸法言書重在分辨聲韻，所收文字和義訓並不詳備，因此在唐代又有不少種增修的韻書。這些韻書大抵因承陸法言切韻，而又有所增益和變革。增益包括增字、增注，還有增加又音和異體字。變革包括改變體例韻次，改換反切用字和分韻加細。陸書分爲一百九十三韻，常用的字大都没有訓解，一韻之内，每紐第一字下先記反切和又音，次記一紐的字數，如果本字有訓解，則先列訓解後列反切。字有異體，則注云「古作某、或作某」。唐人所修的韻

書，見於記載的有二十餘家。現在傳流下來的寫本或刻本，保存比較多的主要是長孫訥言的箋注、王仁昫的刊謬補缺切韻和孫愐唐韻一類的書。這三種書的類例各不相同。

長孫書作於高宗儀鳳二年（公元六七七），重點在於以說文訂補切韻，體制因承法言之舊，而字數略有增加，所增的文字大體都出自說文。原書的文字形體和義訓與說文不相合的，多據說文增加案語，箋記於原注之末。一紐的字數如有增加，則記載字數時注明「幾加幾」。

王仁昫書作於中宗神龍二年（公元七〇六。拙作王仁昫切韻著作年代釋疑已有考證），全書分爲一百九十五韻，韻次同於法言書，但增多了與平聲嚴韻相承的上去兩韻，反切大都依據陸書，而重點在於增字加訓。原書沒有訓解的，一律補加訓解；原書沒有收録的字，都用朱書補綴於每紐之末。每紐第一字下不先出訓解，而先出反切，次出訓解。最後注一紐收字的總數，但不再注明「幾加幾」。至於異體或又音，一般都列在訓解之後。王韻在小紐第一字下先出反切，那麽，按音檢字，就更爲便利。

孫愐唐韻作於唐開元二十年（公元七三二）之後。據清人卞永譽式古堂書畫彙考所記明項元汴所藏憲宗元和九年（公元八一四）的唐韻寫本，分類總數與王仁昫書相同，所收文字爲一萬五千字，最大的特點乃是增加訓釋。可是蔣斧印的唐韻則又是在孫愐以後的一種唐韻，分韻已經進一步增多。真、寒、歌平上去各分爲兩韻，入聲質、末也各分爲二。全書總有二百零四韻。其注文之繁密，亦前所未有，這與項本孫愐唐韻序中所說注釋的情況是相合的。書中每紐第一字下先出訓解，後出反切和又音，最後記出一紐字數，與陸書、長孫書相同（惟入聲乏韻先出反切，後出訓解，與王韻相同）。遇字有增加，則一律注明「幾加幾」。惟前一數字指一紐總數，後一數字指總數内所增的字數，體例與長孫箋注一類的書所說的「幾加

幾」内容不同。更值得注意的是書中的反切用字改變極多，已非陸法言之舊，這是很大的變易。其後，韻書又有了新的發展。不僅收字加多，注釋加詳，而且分韻也增多，其中有多到二百一十一韻的。以平聲爲例，除真諄、寒桓、歌戈分立以外，又從仙韻分出合口字，稱爲「宣」韻，有的又從齊韻中分出「栘、臡」二字爲「栘」韻，審音分韻更加精細。有的韻書一韻的紐次還改爲按聲母的五音類屬來排列，秩然有序，這又是一種創新的體制了。

以上所説這些書同是以陸法言切韻爲基礎而發展出來的，音系的大類並没有很大的改變；但從書的體制上來説，唐韻以後的韻書和唐韻以前的韻書很有不同。可以説：分韻加多和注釋增繁是這一系韻書發展的一個總的趨勢。分韻加多，主要是把切韻中一些開合口字都比較多的韻分爲兩韻，以便於尋檢。注釋增繁，不僅是增加義訓，而且增加了不少解釋名物和姓氏的材料。這樣，韻書就兼有多方面的用處，更符合社會的需要。所以到五代刻板盛行以後所刻的韻書都是這一類的。

現在所集的唐五代本韻書種類比較多，其中有些零篇斷簡連書名和作者都無可考。不過，根據上面所説的幾種韻書的體例、性質和内容來互相比證，也可以尋繹出這些韻書的類别和各類書彼此之間的關係。現在本書所分的七類（見序）只是一個粗疏的類别，是根據韻目、韻次、收字、反切和注音等幾方面來分辨異同而加以排比的。每一種書所安排的地位都是經過與其他寫本反復比較而確定的。凡性質和特點相近的就歸爲一類。一類之内，有的是同一種書的不同寫本，有的只是性質相近的幾種不同的書，其中又以體制和内容相似與否比次先後。類與類前後的安排，主要是從韻書發展的趨向來定的。事物總是不斷發展的。最初編韻詳於音或字體，其後乃詳於訓解，趨於時要，進一步則辨音加細，訓釋益繁。根據這

樣一種情況，大體也就可以排出一個先後次第來。

這些韻書，書寫的年代有早有晚，但大都爲册葉裝，也就是古人所説的葉子本。每一種寫本都不免有脱落和錯字。錯字有因形近或因承上文而誤的，有因聲音相同或相近而誤的。由音近而訛的，有時也會透露出一點當時寫書人口裏讀音的情況，值得注意。寫本的通例是在韻目上用朱筆記出韻目的數次，韻目有的也用朱筆來寫。每韻小紐第一字上大都加上朱點，以便尋覽。有的寫本在記一紐的字數時也用朱書，這是在寫完之後經過檢校而再加上的。不過，有些寫本就直用墨書。另外，唐人寫字在偏旁方面有不少通俗的寫法。例如「互」作「㸦」，「氐」作「互」，「扌」作「才」，「侯」作「侠」，「匹」作「迊」，「匱」作「遺」，翻閲較多，自然可以熟悉。原來書寫的時候，也有由於一時疏忽而寫錯的，寫者多在字旁加一墨點，或加三點，表示這個字是不要的。有時把上下兩個字寫顛倒了，寫者就在下一字旁加一倒筆「丿」做標識。如斯二〇五五切韻卷首有「伯加千一字」一行，「一」字旁有「丿」，這表明原文是「一千」而不是「千一」，因爲寫時筆誤，所以在「一」字旁加「丿」來改正。這類例子是常見的，我們不應當讀爲「千一」，應當依寫書人的指示讀爲「一千」。在敦煌掇瑣一書裏往往把字寫錯，這與不明唐人書寫的習慣有關係。唐人韻書中注文與正文相同的字多半用「〻」來表示，「〻」即由古代的「二」字來的。五代刻本當中也有不用「〻」而用一豎綫「丿」來表示的，這又是晚出的簡易的辦法。

陸法言切韻所表現的是南北朝齊梁時期傳統書音的一個音韻系統，並非一時一地之音，這在前面已經説過了。到了唐代，南北語音又有了改變，科舉考試、作詩押韻，雖以切韻爲準，但文人苦其苛細，不得不略有變通。可是上層的讀書人仍然以切韻做爲論音的依據，所以唐人所修的韻書幾乎都没有脱離切韻

的成規，即使有人别創新裁，也很少流傳下來。現在所看到的這些韻書當中既没有韻詮、韻英那一類完全革新的書，也没有發現與廣韻韻次完全相同的韻書。其中比較特殊的是裴務齊正字本刊謬補缺切韻和五代刻本切韻。裴本切韻改變韻次，五代刻本切韻改變紐次，這都反映出一部分唐人語音的情況。

在反切方面，這些書裏互有異同。其中有些只是用字上的差異，與音類不相涉，但也有些牽涉到讀音的問題。屬於用字上的改變，各書的情況不同。在用字上爲甚麽要改變，還不完全清楚。稍能理解的有兩種情形：一種是爲避諱而改字。例如王仁昫書作於中宗時，爲避太宗諱改「民」爲「名」（入聲質韻「蜜」字，民必反，改爲名必反），爲避高宗諱，改「治」爲「直」（平聲鍾韻「重」，治容反，改爲直容反；去聲御韻「筯」，治據反，改爲直據反），爲避中宗諱，改「顯」爲「典」或「蘚」（上聲銑韻「銑」，蘇顯反，改爲蘇典反；「典」，多顯反，改爲多蘚反）。又如蔣斧印本唐韻避睿宗諱改「旦」爲「案」或「旰」（去聲翰韻「翰」，胡旦反，改爲侯旰反；「旰」，古旦反，改爲古案反）。另一種是反切上字不用正紐字，而改用旁紐字。在切韻裏有不少用同一韻系的同紐四聲字作切語的，這就是古人所謂的正紐字。例如脂韻「葵」音渠隹反，上聲「揆」則音葵癸反；又平聲「逵」音渠追反，去聲「匱」則音逵位反；這些都是正紐字互切的例子。可是從唐韻以後就略有改變。例如虞韻去聲遇韻的「樹」字，王韻作殊遇反，「殊」即「樹」之平聲，蔣本唐韻則作常句反；又同韻「芋」字王韻音羽遇反，「羽」爲「芋」之上聲，唐韻則作王遇反；「常」與「殊」、「王」與「羽」聲同而不屬於同一韻系，這就是旁紐雙聲。反切用字的改變，在唐韻中最多。至於改變切語而涉及到讀音問題的，主要是聲母中的脣音、舌音和匣母用字的改變。例如支韻「鈹」字，王韻音敷羈反，當本於陸法言書，而箋注本切韻二改作普羈反；同韻「卑」字，箋注本一音符移反，而裴本切韻作必移反。又脂韻「邳」

字切韻音符悲反，而箋注本二作蒲悲反；同韻「胝」字，箋注本一作丁私反，箋注本二則改作陟夷反。文韻「雲」字，箋注本一作户分反，王韻則作王分反；同樣，月韻「越」字，箋注本一作户伐反，王韻則作王伐反。覺韻「斲」字，箋注本一和王韻音丁角反，唐韻則改作竹角反。又月韻「怫」字，箋注本一音匹伐反，唐韻則作拂伐反。這些都表明韻書的編者或寫者爲切合語音的實際情況對反切不免有所改動。不過，把反切完全徹底地一一加以修訂的書並没有發現。

在文字方面，這些書中以王仁昫書所收的異體和通俗字體最多。我們要瞭解唐代文字的通常寫法，這是最有用的書了。書中所載的通俗字體，如趋、帰、胥、吴、来、緾、儁、髙、将、潜、縄、隐、廗、袜、宋等都是承用已久的簡體字，很多至今仍然通用。劉復作宋元以來俗字譜止取宋元以後的字，而没有上求之唐代（如干禄字書之類），未免數典忘祖。

在注釋方面，陸法言書原來是非常簡略的，後長孫訥言據説文補加一些訓解以後，到王仁昫作刊謬補缺切韻，每字都有了訓釋，不過還比較簡要，惟自裴本切韻以後，韻書訓釋增多，一字往往數訓，而且引書增繁。以裴本而論，除引五經、説文以外，還引到論語、孟子、吕氏春秋、韓詩外傳、淮南子、東觀漢記、獨斷、爾雅、方言、釋名、廣雅、字林、漢書音義、字書、玉篇、山海經、荆南異物志、顔師古漢書集注等書以及漢魏晉之間的辭賦；而蔣本唐韻則引書更加繁富，如埤蒼、聲類、韻略、纂文、文字集略、字統、文字指歸、音譜以及國語、莊子、風俗通、崔豹古今注、列仙傳、三國志、晉書、神異經、南越志、何氏姓苑等書，以前各韻書都不曾稱引，而且在不常見的字下大都注明出處。下至五代傳刻的一些韻書，踵事增華，文字加多，訓釋也更趨詳密，甚至還引及文選中的樂府詩。宋代所修的廣韻就是承襲這一類晚出的韻書而來的。

總起來説，現在所見的這些韻書就是唐代在不同時間内所流行的一些字典。其中的文字音訓固然多以前代書籍爲本，但也登録不少口語中通行的詞。有些字的寫法可能與現代不同，而詞義與現代仍有不少是一樣的。因此，這些韻書對研究近代漢語文字、語音以及詞彙特别是詞義各方面發展的歷史都是極其有用的資料。至於各書的特點和彼此之間的關係，具詳於考釋部分，在此不一一詳説。今就各本韻書所存各韻列表如下，以便讀者參校比證。

平聲

(編號)	(首卷)																	
1.1						1東	2冬	3鍾										
1.2								鍾	江			支	脂	之				模
1.3																		
1.5												支	脂					
2.1								3鍾	4江			5支	6脂	7之	8微	9魚	10虞	11模
2.2		陸序	長孫序	平聲上韻目		1東	2冬	3鍾	4江			5支	6脂	7之	8微	9魚		
3.3		陸序	四聲韻目			1東												
3.8																魚	10虞	11模
4.1		王序	陸序															
4.2												5支		7之	8微	9魚	10虞	11模
4.3		王序	陸序	平聲韻目		1東	2冬	3鍾	4江			5支	6脂	7之	8微	9魚	10虞	11模
5.1		王序	長孫序	字樣	平聲一韻目	1東	2冬	3鍾	4江	5陽	6唐	7支	8脂	9之	10微	11魚	12虞	13模
6.1		孫序																
6.2						1東	2冬	3鍾										
7.1		陸序	長孫序	唐韻序														
7.2		陸序	長孫序	唐韻序	論曰													
7.3a		孫序	平聲上韻目			1東	2冬	3(鍾)	4(江)			5(支)	6(脂)	7(之)	8(微)	9魚	10虞	11(模)
7.4						東												
7.5																		

續表

																			1.1
												真	咍	灰				齊	1.2
																			1.3
																			1.5
25 刪		24 寒	23 痕	22 魂	21 元			20 殷	19 文	18 臻		17 真	16 咍	15 灰	14 皆	13 佳		12 齊	2.1
																			2.2
																			3.3
																		12 齊	3.8
																			4.1
													16 咍	15 灰	14 皆			12 齊	4.2
25 刪		24 寒	23 痕	22 魂	21 元			20 殷	19 文	18 臻		17 真	16 咍	15 灰	14 皆	13 佳		12 齊	4.3
			25 痕	24 魂		23 寒	22 登	21 斤	20 文	19 臻		18 真	17 臺	16 灰	15 皆			14 齊	5.1
																			6.1
																			6.2
																			7.1
																			7.2
27 (刪)	26 (桓)	25 (寒)	24 (痕)	23 (魂)	22 (元)			21 (殷)	20 (文)	19 (臻)	18 (諄)	17 (真)	16 (咍)	15 (灰)	14 (皆)	13 (佳)		12 (齊)	7.3a
																			7.4
	27 桓	26 寒									(諄)						(移)		7.5

續表

																			1.1
																			1.2
																			1.3
																			1.5
4 宵	3 蕭					2 仙	1 先	平聲下韻目	26 山	25 刪		24 寒	23 痕	22 魂	21 元			20 殷	2.1
																			2.2
																			3.3
																			3.8
																			4.1
宵	蕭					仙	先												4.2
30 宵	29 蕭					28 仙	27 先		26 山	25 刪		24 寒	23 痕	22 魂	21 元			20 殷	4.3
(宵)	(蕭)	(元)	(山)	(刪)		(仙)	(先)						25 痕	24 魂		23 寒	22 登	21 斤	5.1
																			6.1
																			6.2
																			7.1
																			7.2
33 宵	32 蕭				31 宣	30 仙	29 先	平聲下韻目	28 (山)	27 (刪)	26 (桓)	25 (寒)	24 (痕)	23 (魂)	22 (元)			21 (殷)	7.3a
																			7.4
											27 桓	26 寒							7.5

續表

																			1.1
																			1.2
																			1.3
																			1.5
	16青	15清	14耕	13庚	12唐	11陽	10談	9覃	8麻			7歌					6豪	5肴	2.1
																			2.2
																			3.3
																			3.8
																			4.1
		清		庚	唐	陽	談	覃	麻			歌					豪	肴	4.2
	42青	41清	40耕	39庚	38唐	37陽	36談	35覃	34麻			33歌					32豪	31肴	4.3
42侵									41麻	40佳		39歌	38冥	37清	36耕	35庚	34豪	33肴	5.1
																			6.1
																			6.2
																			7.1
																			7.2
	46（青）	45（清）		43（庚）	42（唐）						（戈）						35豪	34肴	7.3a
																			7.4
																			7.5

續表

1.1																
1.2																
1.3																
1.5				幽	侵	鹽										
2.1		17 尤	18 侯	19 幽	20 侵	21 鹽	22 添	23 蒸	24 登			25 咸	26 銜	27 嚴	28 凡	
2.2																
3.3																
3.8																
4.1																
4.2		尤	侯	幽	侵	鹽	添	蒸	登			咸	銜	嚴	凡	卷二韻目
4.3		43 尤	44 侯	45 幽	46 侵	47 鹽	48 添	49 蒸	50 登			51 咸	52 銜	53 嚴	54 凡	
5.1	43 蒸	44 尤	45 侯	46 幽		47 鹽	48 添			49 覃	50 談	51 咸	52 銜	53 嚴	54 凡	
6.1																
6.2																
7.1																
7.2																
7.3a		47 (尤)	48 (侯)	49 (幽)	50 (侵)	51 (鹽)			54 (登)			55 (咸)	56 (銜)	57 (嚴)	58 (凡)	
7.4																
7.5																

上聲

1.4																		海
2.1	上聲韻目	1 董	2 腫	3 講			4 紙	5 旨	6 止	7 尾	8 語	9 麌	10 姥	11 薺	12 蟹	13 駭	14 賄	15 海
2.3																		
3.8								旨	止	尾	語		姥	薺	蟹	駭	賄	
4.2	上聲韻目	董	腫	講			紙	旨	止	尾	語	麌	姥	薺			賄	海
4.3	上聲韻目	1 董	2 腫	3 講			4 紙	5 旨	6 止	7 尾	8 語	9 麌	10 姥	11 薺	12 蟹	13 駭	14 賄	15 海
5.1	上聲韻目	1 董	2 腫	3 講	4 養	5 蕩	6 紙	7 旨	8 止	9 尾	10 語	11 麌	12 姥	13 薺		14 駭	15 賄	16 待
7.3a										7 尾	8 語							
7.4																		
7.5																		

續表

					銑	産	潸		旱	佷	混	阮			隱	吻		軫	1.4
				26 獮	25 銑	24 産	23 潸		22 旱	21 佷	20 混	19 阮			18 隱	17 吻		16 軫	2.1
				26 獮	25 銑														2.3
																			3.8
				獮	銑	産	潸		旱	佷	混	阮			隱	吻		軫	4.2
				26 獮	25 銑	24 産	23 潸		22 旱	21 佷	20 混	19 阮			18 隱	17 吻		16 軫	4.3
（阮）	（産）	（潸）		（獮）	（銑）					（佷）	（混）		（旱）	（等）	（謹）	18 吻		17 軫	5.1
					27 銑	26 産	25 潸	24 緩									（準）		7.3a
																			7.4
			（選） ?																7.5

續表

				養	敢	感													1.4
39 静	38 耿	37 梗	36 蕩	35 養	34 敢	33 感	32 馬			31 哿					30 晧	29 巧	28 小	27 篠	2.1
39 静	38 耿	37 梗	36 蕩				32 馬			31 哿					30 晧	29 巧	28 小	27 篠	2.3
																			3.8
静			蕩	養	敢	感	馬			哿					晧	巧	小		4.2
39 静	38 耿	37 梗	36 蕩	35 養	34 敢	33 感	32 馬			31 哿					30 晧	29 巧	28 小		4.3
							(馬)	(解)		(哿)	(茗)	(請)	(耿)	(梗)	(晧)	(絞)	(小)		5.1
									(果)										7.3a
																			7.4
									(果)										7.5

續表

1.4																
2.1	40迴			41有	42厚	43黝	44寑	45琰	46忝	47拯	48等			49豏	50檻		51范
2.3	40迴			41有	42厚	43黝	44寑	45琰	46忝	47拯	48等			49豏	50檻		51范
3.8																	
4.2	迴			有	厚	黝	寑	琰	忝	拯	等			豏	檻	广	范
4.3	40迴			41有	42厚	43黝	44寑	45琰	46忝	47拯	48等			49豏	50檻	51广	52范
5.1		(寑)	(拯)	42有	43厚	44黝		45琰	46忝			47禫	48淡	49減	50檻	51广	52范
7.3a																	
7.4																	
7.5																	

去聲

1.6	（首卷）																
2.3	去聲韻目	送	宋	用	（絳）			寘	（至）	（志）	（未）	（御）	（遇）	（暮）	（泰）	13 霽	14 祭	
3.1																		
3.7																		
3.8	去聲殘韻目	送																
4.2	去聲韻目	送						寘	至	志	未	御	遇	暮	泰	霽	祭	
4.3	去聲韻目	1 送	2 宋	3 用	4 絳			5 寘	6 至	7 志	8 未	9 御	10 遇	11 暮	12 泰	13 霽	14 祭	
5.1	去聲韻目	1 凍	2 宋	3 種	4 絳	5 樣	6 宕	7 寘	8 至	9 志	10 未	11 御	12 遇	13 暮		14 霽	15 祭	16 泰
6.3											未	9 御	10 遇	11 暮	12 泰	13 霽	14 祭	
7.6																		

續表

					24願			23焮	22問		21震								1.6
（諫）			26恨	25恩	24願			23焮	22問		21震	20廢	（代）	18隊		17夬	16怪	15卦	2.3
				恩	願			焮											3.1
																			3.7
																			3.8
諫		翰	恨	恩	願			焮	問		震		代	隊		夬	怪	卦	4.2
28諫		27翰	26恨	25恩	24願			23焮	22問		21震	20廢	19代	18隊		17夬	16怪	15卦	4.3
			28恨	27恩		26翰	25磴	24靳	23問		22震		21代	20誨	19廢	18夬	17界		5.1
30諫	29換	28翰	27恨	26恩	25願					（稕）			19代	18隊		17夬	16怪	15卦	6.3
		28翰	27恨	26恩															7.6

續表

																			1.6
38勘	37禡			36箇					35号	34効	33笑	32嘯				(線)	(霰)	(襇)	2.3
																			3.1
																			3.7
																			3.8
勘	禡			箇					号	効	笑	嘯				線	霰	襇	4.2
38勘	37禡			36箇					35号	34効	33笑	32嘯				31線	30霰	29襇	4.3
	44禡	43懈		42箇	41暝	40清	39諍	38更	37号	36教	35笑	34嘯	33願	32襇	31訕	30線	29霰		5.1
41勘	40禡		39過	38箇							35笑	34嘯				33線	32霰	31襇	6.3
									37号	36効	35笑					33線			7.6

續表

1.6																		
2.3	39 闞	40 漾	(宕)	(敬)	(静)	(勁)	45 徑			46 宥	47 候	48 幼	49 沁	50 艷	51 㮇	52 證	53 嶝		
3.1																			
3.7																	53 嶝		
3.8																			
4.2	闞	漾	宕	敬	静	勁	徑			宥	候	幼	沁	豔	㮇	證	嶝		
4.3	39 闞	40 漾	41 宕	42 敬	43 静	44 勁	45 徑			46 宥	47 候	48 幼	49 沁	50 豔	51 㮇	52 證	53 嶝		
5.1								45 沁	46 證	47 宥	48 候	49 幼		50 艷	51 㮇			52 釅	53 闞
6.3	42 闞	43 漾	44 宕	45 敬	46 静	47 勁	48 徑			49 宥	50 候	51 幼	52 沁	53 豔	54 㮇	55 證	56 嶝		
7.6																			

續表

1.6				
2.3	54陷	55鑑		56梵
3.1				
3.7	54陷	55鑑		
3.8				
4.2	陷	鑑	嚴	梵
4.3	54陷	55鑑	56嚴	57梵
5.1	54陷	55鹽	56嚴	57梵
6.3	57陷	58鑑		59梵
7.6				

入聲

	（首卷）											
2.1	入聲韻目	1屋	2沃	3燭	4覺			5質			6物	7櫛
2.3	入聲韻目	1屋						5質			6物	7櫛
3.2												
3.4												
3.5												
3.6												
3.7				燭	覺							
4.2	入聲韻目	屋	沃	燭	覺			質			物	
4.3	入聲韻目	1屋	2沃	3燭	4覺			5質			6物	7櫛
5.1	入聲韻目	1屋	2沃	3燭	4覺	5藥	6鐸	7質				8櫛
6.3								5質		6術	7物	8櫛
7.3b									（聿）	（術）		

續表

17 昔	16 錫					15 薛	14 屑	13 鎋	12 黠		11 末	10 没	9 月				8 迄		2.1
											11 末	10 没	9 月				8 迄		2.3
																			3.2
																			3.4
																			3.5
																			3.6
																			3.7
昔	錫					薛	屑	鎋	黠		末	没	月				迄		4.2
17 昔	16 錫					15 薛	14 屑	13 鎋	12 黠		11 末	10 没	9 月				8 迄		4.3
	20 覓	19 隔	18 月	17 鎋		16 薛	15 屑					14 紇		13 黠	12 褐	11 德	10 訖	9 物	5.1
19 昔	18 錫					17 薛	16 屑	15 鎋	14 黠	13 末	12 曷	11 没	10 月				9 迄		6.3
	21 錫				20 雪	19 薛													7.3b

續表

(德)	(職)	(鐸)	27 藥	26 緝	25 怗	24 葉			23 狎	22 洽	21 盍	20 合					19 陌	18 麥	2.1
																			2.3
			27 藥	26 緝	25 怗														3.2
30 德	29 職																		3.4
	職	鐸																	3.5
30 德	29 職																		3.6
																			3.7
						葉			狎	洽	盍						陌	麥	4.2
30 德	29 職	28 鐸	27 藥	26 緝	25 怗	24 葉			23 狎	22 洽	21 盍	20 合					19 陌	18 麥	4.3
							30 昔	29 格	28 狎	27 洽	26 蹋	25 沓	24 怗	23 葉	22 職	21 緝			5.1
32 德	31 職	30 鐸	29 藥	28 緝	27 怗	26 葉			25 狎	24 洽	23 盍	22 合					21 陌	20 麥	6.3
34 德	33 職				29 怗	28 葉			27 狎	26 洽	25 盍						23 陌	22 麥	7.3b

續表

2.1	(業)	(乏)
2.3		
3.2		
3.4	31 業	32 乏
3.5		
3.6	31 業	32 乏
3.7		
4.2		
4.3	31 業	32 乏
5.1	31 業	32 乏
6.3	33 業	34 乏
7.3b	(業)	(乏)

第一類

陸法言切韻傳寫本

第一類　陸法言切韻傳寫本

這一類有四種殘葉，兩種斷片，共六種。所存主要是平聲韻和上聲韻，去聲韻很少。這幾種寫本的共同點是收字少，没有增加字，常用字大都没有訓解。每紐第一字下如有訓解，則先出訓解，後出反切，最後記載一紐的字數。推測這些寫本都是陸法言切韻的傳寫本。

稑 稑稍 公 邦名

嘼食 鰫 淵皃 騄 騄馬 驄 驄驄 子 檬 似人 黃菜 艨 麴

巃 巃嵸 頭 瀧 瀧涷 沾漬 聾

弩 紅 虹 又古巷反 鴻 洪 水 草

蓬 薄紅反二 篷 車 烘 火皃 呼紅反二 同 魟 河魚 鸗

冬 都宗反二 苳 草名 彤 赤 徒冬反六 疼 痛 佟 姓 炵 火盛皃 又他冬反

嚨 喉 櫳 蘢 草 洪 胡籠反十二 訌

籠 盧紅反十三 大 櫳 房 曨 日欲明 聾

蒙 莫紅反十三 濛 朦 大 矇 又武用反

空 苦紅反五 箜 箜篌 崆 山名

翁 烏紅反三 蓊

通 馬 他紅

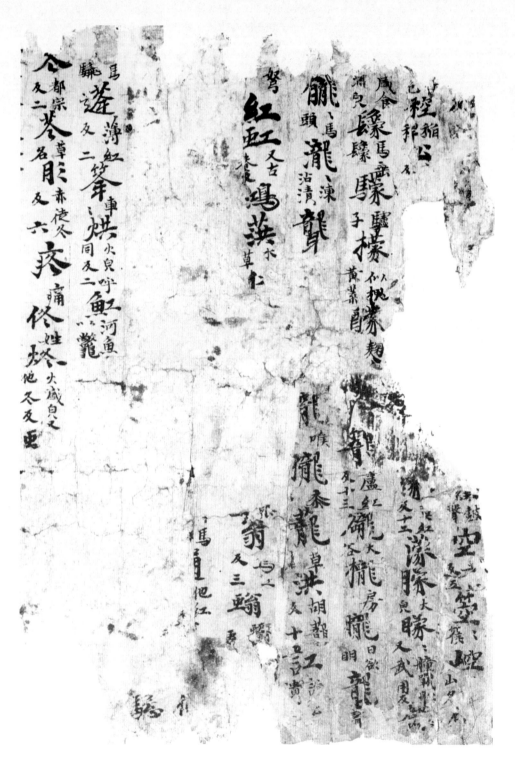

1.1（一）切韻殘葉一（伯三七九八）

𧾩麦 充

青色 𥟍 稻稃 公 古反 一 莊

咸食渋皃 𩯶 馬垂鬘 騣 驢子 檬 似槐黄葉 醭 麹

𪖈 々馬頭 瀧 々涷沾漬 聾

弩 紅 虹 又古巷反 鴻 𦽵 洪水 草 𦬠

圭 鼓聲 空 苦紅反五 箜 々篌 崆 山名

蒙 莫紅反十二 濛 朦 大皃 艨 々艟戰船 又武用反

籠 盧紅反十三 𧯔 大谷 櫳 房々 曨 日欲明 礱

嚨 喉々 穠 黍々 蘢 草名 洪 胡籠反十 訌 訌潰

依 翁 烏紅反三 螉 螉蠮

馬 肙 他紅

驄 亻

馬驄。蓬薄紅反二 篷車ㄑ 烘火皃呼同反二 魟河魚ㄑ䲨

冬都宗反二 苳草名 彤赤徒冬反六 疼痛 佟姓 烔火盛皃又他冬反 亜

處一曰樂 潨小水入大又職隆反 淙水聲 農奴冬反三 膿血 儂我 恭駒冬反四 立

淞水名出吳郡 樅木名七恭反二 鏦短矛 攻伐古冬反一 硿ㄑ隆石落聲戶冬反一 隆力ㄑ

右十一韻

。三鍾酒器職容反八 鍾樂器 蚣虫 忪心動 笻長節竹

彸彸松行皃 妐夫兄 松小褌 龍力鍾反四 瓏圭為龍文 蹤ㄑ踵小行皃 龓鳥名 舂書容反四 摏ㄑ樁 踳

鷫鸀鳿鳥名 松祥容反二 訟爭獄又徐用反 衝尺容反五 罿網 憧往來皃 幢陷陣車 艟艨艟戰舩 容餘ㄑ反十

丞水 滽水名出宜蘇山 庸 墉垣 犝似牛領有宍 鎔鑄 鏞 鄘國名 傭ㄑ賃又丑凶反 鳙鳥名 額

丞芙

容函銎柄ㄑ 匈水 匈 兇惡 凶衆 頁

此下六行爲另一書見 2.3

塞又於龍 醲 厚酒女容反三 穠 厚 重 治容反二 橦 晚熟 從 疾容反一 蹱 蹤蹱丑凶反二 傭

均直 逢 符容反二 縫 又 峯 敷容反九 鋒 丰 丰茸 伏風反 妦 好 蜂 蠭 葉 隆反 又敷

桻 木上 夆 曳夆 掣曳 字普 烽反 烽 火 縱 橫 又子用反三 即容反 蹤 迹 蹤 車迹 茸

草生皃而容反五 鞾 飾 毳 鬚 多 髮 茸 竹頭有文 穠 花皃 罋 距 渠容反六 邛 臨邛 縣 艭

松 小船 笻 竹 輁 軸所以支棺 茾 實 蒷 葉 鱅 魚名 容反二 蜀 慵 嬾

江 古雙反五 杠 舉 鼾 杠 一日牀前橫 旌旗 飾旂 茳 蘺 釭 燈 紅反 又古 厖 厚大 莫江反六 駹 黑馬白面

牻 犬 浝 水名 哤 語雜亂 日哤 牻 牛白黑雜 反二 髾 犛 毛 多 鼓 䆚 楚江反三 雙 鑊 樅

丁重 身 工 瘦 九 下 雙 伏 又 見 脹 近

尨犬 浝水名 哤語雜亂曰哤 𤛓牛白黑雜反二 聲 䰃鬆多 窓楚江反三 稯、穜 樅

打鍾 邦博江反 栙江反四 雙帆下 跭、雙胡豆 降、伏又古巷反 缸類 兒 胮、脹江反二

鼓

韸鼓聲 瀧南人名湍 呂江反一 所江 雙反四 [illegible] 雙 悛又 左傳曰 駟氏雙 龐薄江反[illegible]

大脹 肛許江反二 白 腔羊腔呰 江反一 椌打空 悾信白 𦝫 聲 跫 [illegible]

幢、實 橦木名又徒東反 花可為布 惷愚丑江反又丑 龍丑用二反二 䚎不明 [illegible]

支章移反十 巵酒器 枝樹、 疧病 祇巨支反 適又 衼、衹 肢體 𢼄 [illegible]

禔福 移弋支反十 暆東暆縣 在樂浪 迻、遷 移則有文章 𤝞獸名似人文現 [illegible]

次[illegible]

禔福 移弋支反十 暆東暆縣在樂浪 迻迻ㄟ 移獸名似犬現則有大兵 栘扶栘木名

ㄟ歠手相弄文以反歠字以周反 酏酒 匜杝似柹 椸衣架 栘架 爲薳支反又永偽反二 潙水名

出新陽 嬀姓居爲反一 麾許爲反三 噅口不正 撝謙 逶於爲反五 痿枯 萎 䅗田器

覣好視 糜ㄟ粥靡爲反四 縻 穄 蘪 爵 麋ㄟ爛 隓毀許規反三 眭ㄟ盱健皃盱字旭俱

反 觿角錐童子佩觿 鬌髮落直垂反二 鎚八銖又馳偽反 垂是爲反三 陲邊 倕重 䅜

力爲反一 吹昌爲反又尺爲反二 炊 鈹敷羈反五 帔又芳皱反 鮍魚ㄟ 披 旇皱 陂彼爲

反四 詖辯辭 碑 羆 隨旬爲反二 隋 虧去爲反一 闚去隨反一 奇渠羈反又居宜反六

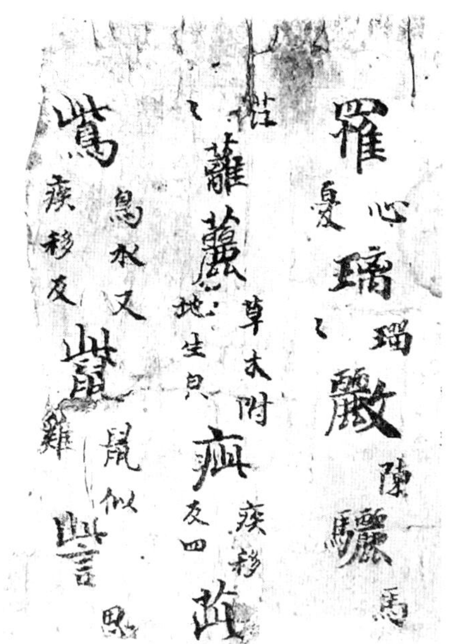

〻倠 醜女 ⿰身比 〻䡆 咨 即脂反八 資 粢 祭飯 齎 諮 姿 儀 齍 黍稷在器 澬 水名

在鄴陵 飢 鴲 鳥屬暗反三 胵 膍〻 鮨 魚名 絺 丑脂反三 [?] 唉白又反三 郗 郗 縣名

在廣陵 取 趑 〻趄 ⿰絲車 却車邪階 茨 疾脂反六 薋 蒺葪 餈 飯餅 垐 以土增道

私反三 穦 積 齏 〻鱄重又徂稽反 尼 女脂反三 柅 木名 怩 忸〻 墀 直尼反六 坻 小渚 泜

氷名陳餘死處 遲 又直利反 蚳 蟻卵 岻 山名 私 息夷反二 鋖 平木器 尸 式脂反四 鳲 屍

鬐 馬項上鬐渠脂反六 耆 ⿰金耆 [?]軸 鏚 鰭 魚鰭上骨 鮨 鮓 祁 盛白又縣名在

太原又市支反 伊 於脂反三 咿 喔咿 蛜 〻蝛 棃 力脂反七 剓 直破 穧 禾二把長沙云 秜

…之… 合 … 牛 … 渠佳 〻丘地名在陳留

太原。又市支反。伊於脂反。三。咿咿喔。蛜蛜蝛。棃力脂反。七。剓直破。穭禾二把，長沙云。秜

豹死來年更生。鯬～鮯。藜蒺～。犂牛駮。葵渠隹反。四。鄈～丘，地名，在陳留；又地名，在河東漢。

祭舌主屨。楑～柊。鮧魚名。追陟隹反。二。䨨雷出韓詩。龜居追反。二。[illegible]

反三。緌～纓。桵白桵，木名。衰微所追反。三。榱屋橑。[illegible]病。惟[illegible]

埒。維。琟石似玉。遺。濰水名，在琅琊。[illegible]水名[illegible]追反。七。[illegible]

櫐。樏子。求牛。嫘～祖，黃帝妻。壘力罪反。嵔嵔壘。又。纍[illegible]。雖[illegible]

浽～微，小雨。睢水名，在梁郡。又許葵反。䅗禾四把，長沙云。𨗨～追反。五。簍作[illegible]

浽⺀溦小雨　睢水名在梁郡又許葵反　䅗禾四把長沙云　逵渠追反五　夔作夒[illegible]

[illegible]馬行皃　馗　戣兵名　眉古作𥄉武悲反九　湄水　楣戶⺀　瑂玉　[illegible]右似[illegible]伺視　[illegible]

竹名又無非反　黴⺀[illegible]垢腐皃又莫背反　麋　蘪⺀蕪　悲府眉反　錐職追反六　隹　[illegible]

麀一歲　騅　騅　萑木名似桂　誰視隹反二　脽坐處　帷洧悲反一　邳下邳郡符悲反三

岯山　魾大鱯　丕敷悲反五　伾有力　秠黑黍　駓桃花馬色　頯大面　倠似隹許維反一

鎚直追反三　槌　顀頭出　推尺隹反一　[illegible]縠始[illegible]　紕繒欲壞匹夷反二　嶉高皃醉綏反三

檇以木有所擣春秋越敗吳於檇李　巋小山而衆丘追又丘誄反一　狋犬怒皃牛肌反又巨員反一

以下爲伯三六九五

駑帑[illegible]孥笯鳥籠呼荒烏反五膴無骨腊又武夫反幠大悖怯葫蒜吾

五胡反十吳鼯似鼠浯水名菩草名㹳猨屬珸琨珸美石次玉蜈ㄑ蚣郚鄉名在東

莬梧桐租則胡反二蒩茅藉封諸侯蒩以茅盧落胡反十五鑪壚黑田籚竹

蘆葦顱頭鱸魚名櫨柱轤轒轤圓轉木黸黑甚獹韓獹大名鸕ㄑ鷀

艫舟後纑布縷蘇思吾反三穌更生廯廜ㄑ徂往昨姑反二殂死[illegible]

嗚ㄑ呼杇泥槾ㄑ字莫寒反洿水不流鮬ㄑ鰞魚釫鏝ㄑㄑ口相[illegible]

弙滿弓有所向逋博孤反四鋪晡庯屋平

米不精倉[illegible]行路

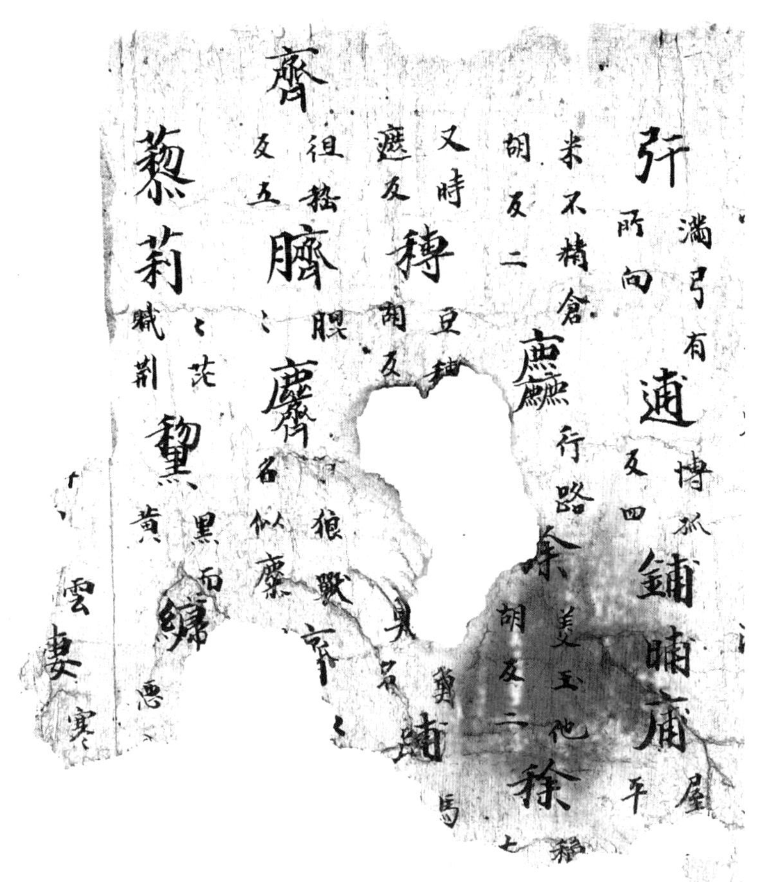

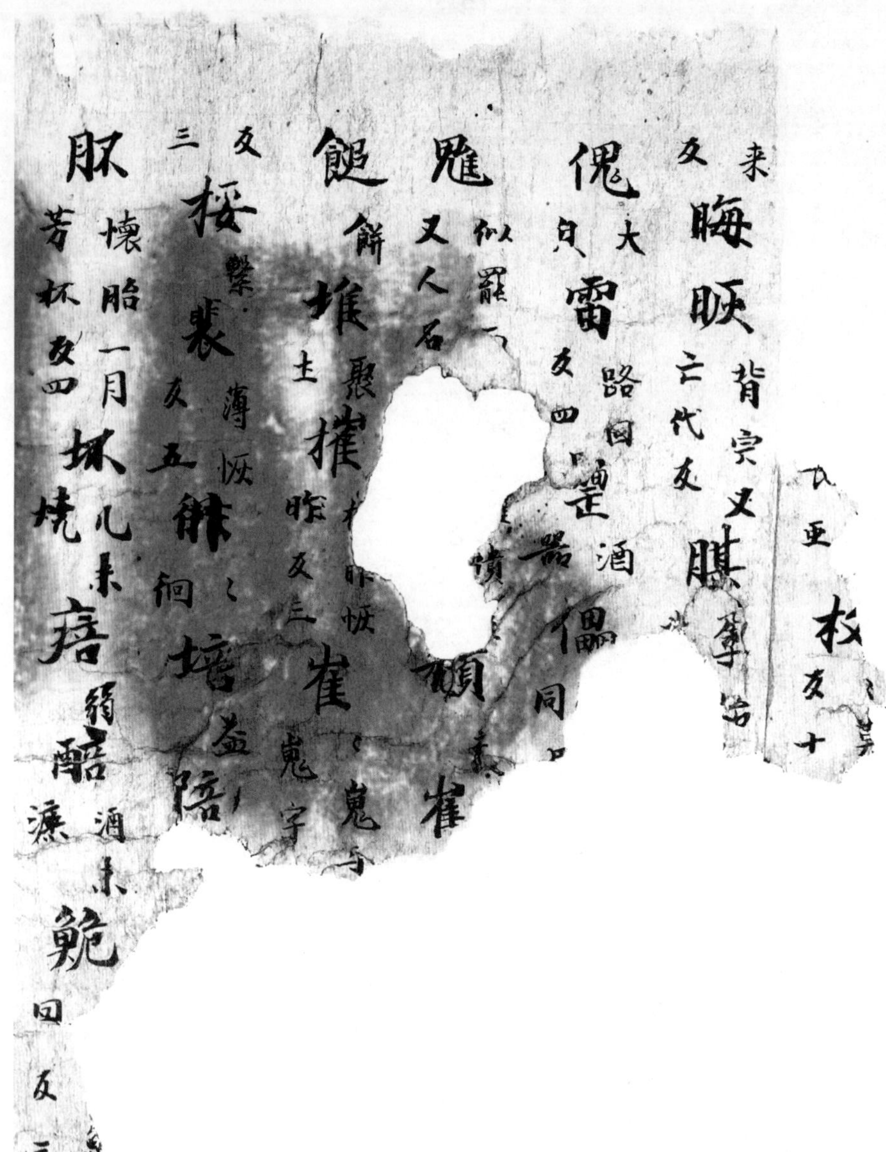

肧懷胎一月芳杯反四坏凡未燒痦醅酒未漉䫍回反三

嵬〻崔𨎹車盛皃他回反二藬草名懮古之善塗者乃回反二捼摩

咍笑呼來反二[阝殳]毃[阝殳]唉聲開苦哀反二毃〻[阝殳]哀烏開反三埃塵唉埸磨又於其反

臺徒哀反六檯舉苔魚衣濕者日濕苔炱〻煤嬯鈍劣薹蕓〻該古哀反九

豥豕四蹄白垓八極又垓下堤名在沛郡項羽毀處荄草根又古諧反郂鄉名在陳留殪

羊胎剴大鐮一日摩又五哀反陔殿階〻日垓裁昨來反六纔僅或作裁財才材䞗

趚來落哀反六萊藜又東萊郡在青州郲地名在蜀騋馬高七尺崍〻山磑𪎩鄉名

麳　來落哀反六　萊藜又東萊郡在青州　郲地名在蜀　騋馬高七尺　崍〻礦山　斄鄉名

在扶風又力之反　灾祖才反三　栽種　𢦔　猜疑倉才反二　偲才　胎湯來反四　鮐魚

台三台星名　郃地名在始平或作斄也　孩始生〻兒胡來反二　咳小兒笑　思魚類

粞碎米　䚡角中骨　皚霜雪白五來反四　嵦崍〻

真職隣反四　甄姓又居延反　振又之刃反　稹以人受

牛蘄草名似蘭青黑色　句趣苹倫反一　淪沒力屯反十

烏名 甀甖 鱅魚名又蜀庸反 蓉芙〻 犎野牛 胷許容反七 匈 銎柄孔 洶水勢 恟懼

兇惡 凶 訩衆語 顒魚容反三 鰅魚名 喁噞〻 邕於容反十二 雍又於用反 噰鳥鳴

雝〻鑅多皃 灉水在宗以隹二反名 罋汲器 廱辟〻 饔熟食 癰疽 鶅〻鳥名 壅

塞又於朧 醲厚酒女容反三 穠厚 重治容反二 種晩熟 從疾容反一 蹱躘蹱丑凶反二 傭

均直 逢符容反二 縫水 峯敷容反二 鋒 丰〻茸又伏風反 妦好 蜂 蘴菜又敷隆反

捀上木 夆曳夆掣曳字普經反 曳 烽大〻 縱縱橫即容反又子用反 蹤迹 䡮車迹 茸

草生皃而容反五 䩯毳飾 髶髮多 䉥竹頭有文 穠花皃 蛩〻距渠容反六 邛臨邛縣 舼

小船 筇竹 輁軸所以支棺 䓖蕒英實 鱅魚名蜀容反二 慵嬾

江

江古雙反五 扛舉鼎 杠旌旗飾柹一曰牀前橫 茳蘺〻 釭燈又古紅反 庬厚大莫江反六 駹黑馬白面

狵犬 浝水名 哤語雜亂一曰哤 牻牛白黑雜反二聲 [illegible]毛多髮 窗楚江反三 稯種〻 摐

打鐘 邦博江反 艂雙帆江反四 下 [illegible]朋〻豆艭 降〻伏又古巷反 䦷鬪類 胮〻脹疋江反二

韸鼓聲 瀧南人名端吕江反一 雙所江反四 [illegible]豆 㩳左傳曰駟氏㩳 龐薄江反 夅〻

大脹皃 肛許江反二 腔羊腔苦江反 椌打 悾信皃

撞〻突 橦木名又徒東反花可為布 戇愚丑江反又丑龍丑用三反 䚌

支

支章移反十 禔福 巵酒器 枝〻樹 疧病 祇適又巨支反 觶

移弋支反十 暆東暆縣在樂浪 迻〻遷 䍡獸名似犬見則有大兵

〻歈手相弄又以 遮反歈字以周反 酏酒 匜柹杯似 椸衣架 𥝩架 為薳支反又偽反二又

出新陽 媯姓居為反一 麾許為反三 噅口不正 撝謙 逶於為反五 痿枯死 萎 椄田器

覶 好視 縻 〻繫靡為反四 縻 穄 縻 爵〻 糜 爛〻 ◯ 毀 許規反三 眭 〻盱健皃盱字旭俱

反 觿 角錐童子佩觿 髶 髮落直垂反二 錘 八銖又馳偽反 垂 是為反三 陲 邊 倕 重羈

力為反一 吹 昌為反又尺為反二 炊 鈹 敷羈反五 帔 又芳髲 鮍 魚〻 披 耚 耕 陂 彼為

反四 詖 辯辭 碑 罷 隨 旬為反二 隋 虧 去為反一 闚 去隨反一 奇 渠羈反又居宜反六

琦 玉名 騎 鵸 似鳥三首六尾 鬾 小兒鬼 碕 曲岸又巨機 祇 地神巨支反八

〻路 郊 邑 馶 勁 疧 病詩云俾我疧兮 軝 剗 犧 許羈反七 羲 焁 焁欱貪者見食

皃 桸 杓 巇 〻險 羛 地名在魏 㵟 水名在新豐

踦 脚跛 宜 魚羈反五 儀 䣡 地名在徐 鸃

〻氏縣在蜀 提 是支反七又弟泥反 匙

羅 心憂 璃 〻瑠 欐 陳 驪 馬

口〻 蘺 䕻 草木附地生皃 疵 疾移反四 茈

鴜 鳥水又疾移反 𪕭 鼠似雞 訾 思

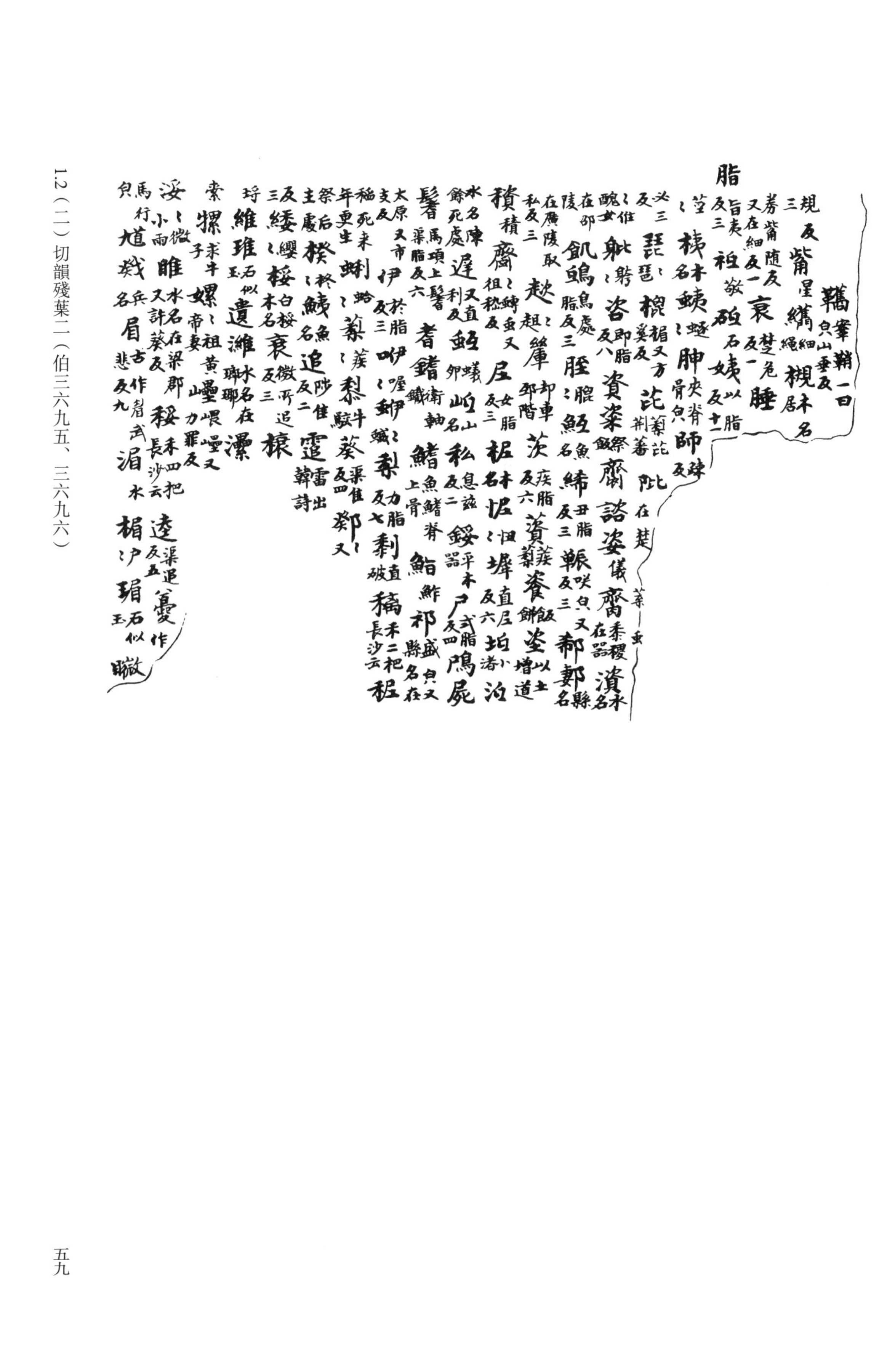

1.2（二一）切韻殘葉二（伯三六九五、三六九六）

竹名又無非反　黴〻黎垢腐貝又莫背反　糜　蘪蕪〻　悲府眉反一　錐職追反六　佳　麈

鹿一歲　騅　騅　萑木名似桂　誰視隹反二　雕生處　惟清悲反一　邳下邳郡符悲反三

峚山　鮏大鱗　丕敷悲反五　伾有力　秠黑黍　駓桃花馬色　䫠大面　倠仳倠許維反一

鎚直追反三　槌　顀頭亞　椎尺隹反一　䏡熟　穀始　紕繒欲壞足夷反二　嶉高貝醉綏反一

檇以木有所擣春秋越敗吳於檇李　巋小山而衆丘追又丘誄反　狋犬怒貝牛肌反又巨員反一

之止而反二　芝　飴与之反十二　怡悅〻　圯〻橋名　貽貺遺　頤　詒言〻　[illegible]玉名　宧室東

北隅　沶水名　[illegible]豕息貝　[illegible]魚名　姬王妻別稱　時市之反三　塒鑿垣棲　鼭鼠　疑

語基反二　嶷九嶷山　思息慈反九　司　罳罘〻　絲　伺　䈂竹有毒傷人即死　禗玉　蕬

麒　淇　鶀鳥名　綦紫綦似蕨　錤鎡　棊弈　璂弁飾　鯕鯿魚　祺福祥　綨

白倉色　詩書〻反二　邿地名　而如〻反十二　栭而木名子似栗而　需木　需

反菩蒱鱄魚蒲胡户吳反十四壺狐瓳〻甂餬寄食瑚湖

牛頸下垂鶘鵜鶘鳥名猢獑猢獸名似猨獑字士咸醐醍〻䴴粘或作黏弧乎湖狐

古胡反十五苽雕胡姑辜罪呱啼聲罛納䏦上泒水名在鴈门酤觚酒器

蛄螻蛄箛竹鴣鷓鴣鳥名橭木名𦨣漢書越巫𦨣祠在雲陽沽水名在高密徒度都

反十七屠瘏病塗泥途道峹山〻酴酒鵌鳥名与鼠同穴涂水名在益

州梌木名荼苦菜𨡕醬〻啚思度圖畫廜〻廨草庵奴乃胡反六砮礪

鶩帑戮孥笯鳥籠呼荒烏反五膴無骨腊又武夫反憮大怯㤉葫蒜吾

五胡反十吳鼯似鼠浯水名菩草名㹳猨屬珸琨珸美石次玉蜈蚣〻部鄉名在東

莞梧桐租則胡反二蒩茅藉封諸侯蒩以茅盧落胡反十五鑪壚黑田籚竹

蘆葦顱頭鱸魚名櫨柱轤轒轉木櫨圓黸黑甚獹韓犬名鸕〻鷀

艫舟後纑布縷蘇思吾反三穌更生𢋄〻屠徂往昨姑反二殂死

嗚呼〻杇泥槾〻字莫寒反洿水不流鴮魚〻鴮釫鏝欠口相烏

弙滿弓有所向逋博孤反四餔晡庯平屋

米不精倉胡反二麤行路瑹美玉他胡反二稌稻都

又時遮反𥟂豆𥟂胡反鯆魚名𨂜馬

齊

祖稽反五臍膍〻麡〻名似狼獸麋而齊〻

蔾莉茈〻荊織黧黑而黃𦅻惡

雲凄寒

長蛮 枚 反十

来反 晦眣 背宍又亡代反 脄 孕始也

傀 大皃 雷 路回反四 罍 酒器 儡 同

䳓 似鳶而又人名 犢 頽 秃 崔

餖 餅 堆 聚土 摧 折昨坂昨反三 崔 嵬ㄟ字 嵬与

三反 桵 縶 裴 薄坂反五 徘 徊ㄟ 培 益 陪

肧 懷胎一月芳杯反四 坏 燒反赤 㾱 弱 醅 酒未漉 鮠 回反三魚

嵬 崔ㄟ 輫 車盛皃他回反二 蓷 草名 㰐 古之善塗者乃回二 捼 摩

哈

笑呼来反二 殴 殺段唉聲 開 苦哀反二 𣪏 殴ㄟ 哀 烏開反三 埃 塵 唉 慯譍又於其反

臺 徒哀反六 檯 舉 苔 魚衣濕者曰濡苔 炱 煤ㄟ 嬯 㜁鈍 薹 ㄟ蕓 該 古哀反九

孩 豕四蹄白 垓 八極又垓下地名在沛郡項羽敗處 荄 草根又古諧反 郲 鄉名在陳留 殣

羊胎 剴 又五哀反 木鐖一曰摩 陔 殿階之曰垓 裁 昨来反六 纔 僅或作裁 財 才 材 䣍

䢧 来 落哀反六 萊 藜又東萊郡在青州 郲 地名在蜀 騋 馬高七尺 崍 ㄟ嵻山 㱯 鄉名

在扶風又力之反 灾 祖才反三 栽 種 𢦏 精 疑倉才反二 偲 才 胎 湯来反四 鮐 魚名

台 三台星名 郃 地名在始平或作鄿也 孩 始生小兒胡来反二 咳 小兒笑 緦 魚類藏 𢐂 ㄟ檯

栭 碎米 𩞄 角中骨 皚 霜雪皃五来反四 嵦 ㄟ崍山 敱 有所治 殪 殺羊出胎 能 獸名年来反一

真

職鄰反四 甄 姓又居延反 振 又之刃反 禎 以真受福 春 昌脣反一 脣 食倫反三 漘 水際 蒼

牛脊草名似蒯青黑色 匀 羊倫反一 淪 没力乇反十 倫 等 論 又盧 侖 敘 侖 侖

1.3（三）切韻殘葉三（斯六一八七）

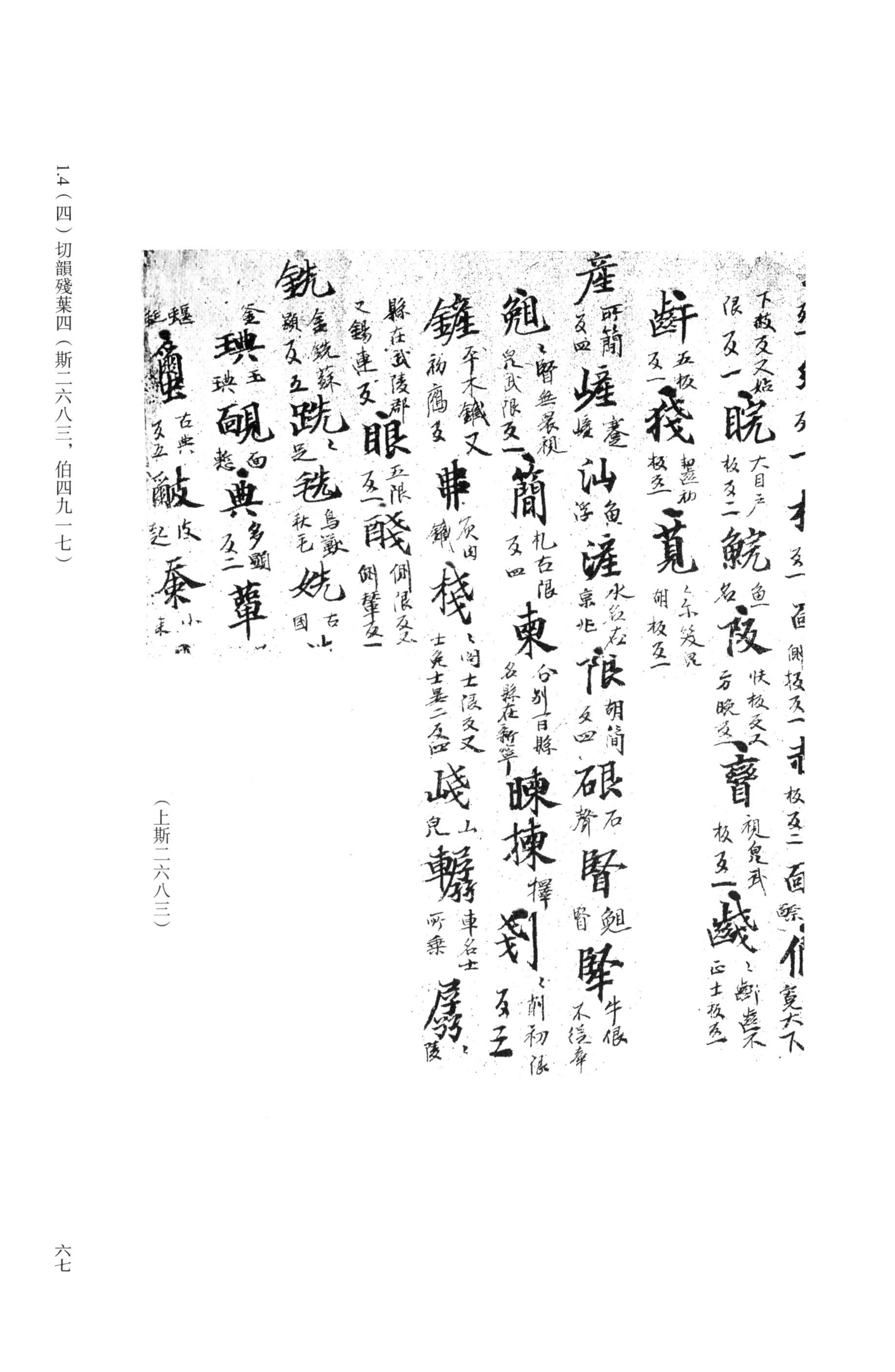

（上斯二六八三）

首[illegible]

黲 暗色倉敢反 顉 低頭[illegible]反一 昝 人姓子感反三 寁 速 揝 動 桚 [illegible]

感反四 糌 粰糌 𩟳 馀鐇 坎 竅藏苦感反二 歁 食未飽 頷 胡感反五

媕 媕婄惡性 撼 動 淰 水和泥 菡 菡萏 壈 坎壈盧感反二 燣 黃焦色 黕 滓垢都感反二

眈 虎視皃

敢 古覽反三 橄 橄欖木名出交阯 澉 澉淡無味 覽 視盧敢反三 擥 手擥 攬 擥撮 菼 薍也吐敢反二

[illegible] 緂 青黃色 膽 肝膽都敢反二 紞 飾 噉 噉食或作啖徒敢反三 澹 澹淡水皃 [illegible] 竹名 黲

日暗色倉敢反一 婄 鄉名在河東[illegible]謨敢反一 䆙 食無沫子敢反一 槧 削板牘才敢反又七廉反一 埯

沈 安敢

日暗色倉 媕 鄉名在河東倚 氏謨敢反一 䭚 食無味子敢反一 槧 削板牘才敢反又七廉反一 埯

敢反一 坎安敢反一

養 餘兩反三 痒 疾 癢 瀁 滉瀁水 像 詳兩反四 象

蟓 桑上蠁 橡 木實 獎 即兩反三 蔣 剖竹未去節又秦丈反 槳 欌舃 兩 良獎反五 魎 魍魎

腩 腂腩 柄 腂松柄脂 勨 強 勥 其兩反一 鞅 於兩反四 柍 木名 秧 穰 䬬 飽皃 仰

魚兩反一 磢 凡石洗物 剛兩反三 刅 傷皮 槍 頸槍杖出史記 想 息兩反一 掌 職兩反一 䗂 蛛兩反三

繈 綴纓 鷞 鷫 鵁 敞 昌兩反三 惝 悦 氅 鷩鳥毛 響 聲許兩反四 饗 蠁 蚃

享 又普庚反 䋿 絲有節居反兩反三 鏹 錢 襁 褓 丈 直兩反二 杖 㼚 通丑兩反一 壤

如兩反 蓋菁 蜀 識兩 曭 日兩 食 歸古作

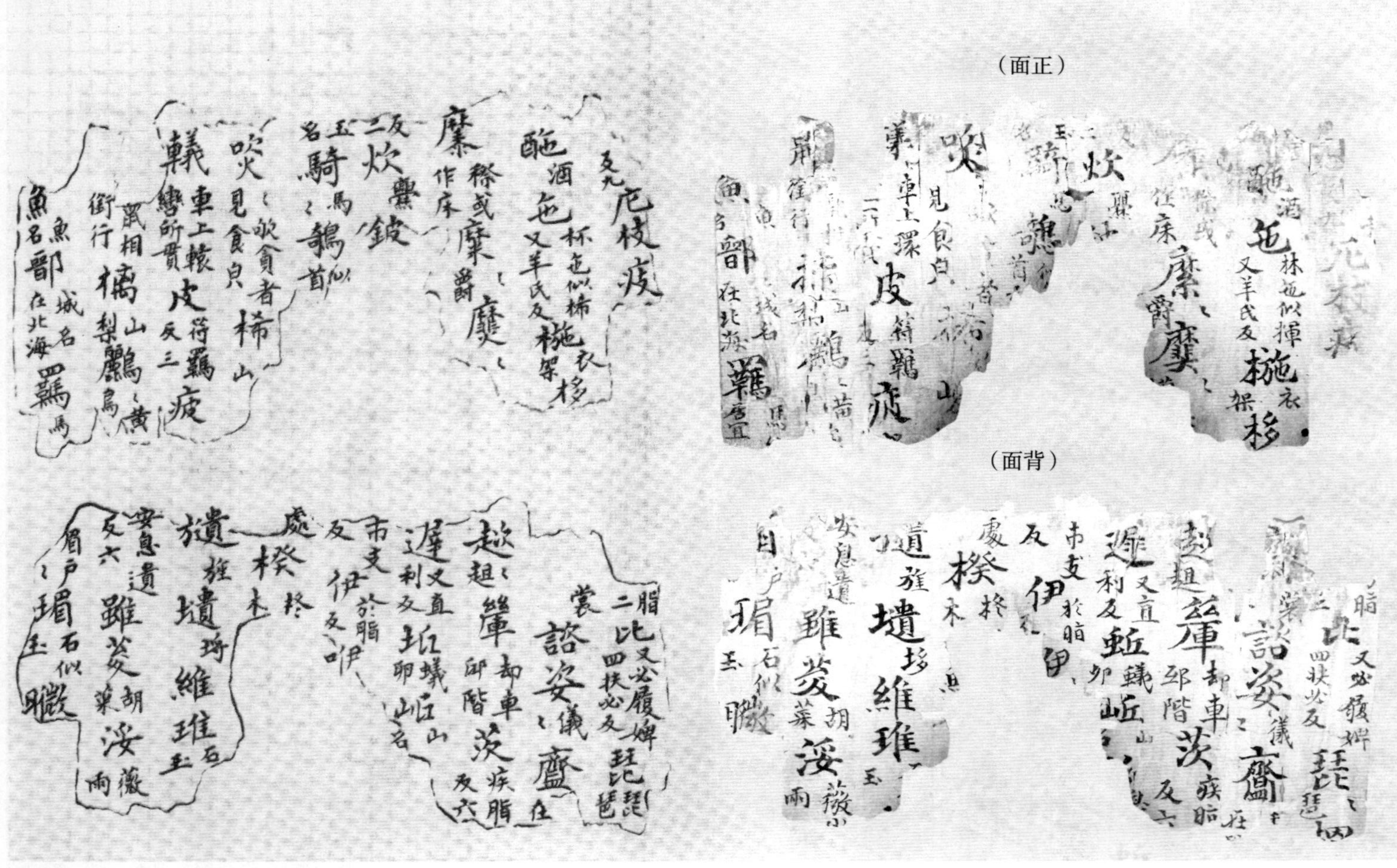

（面正）

（面背）

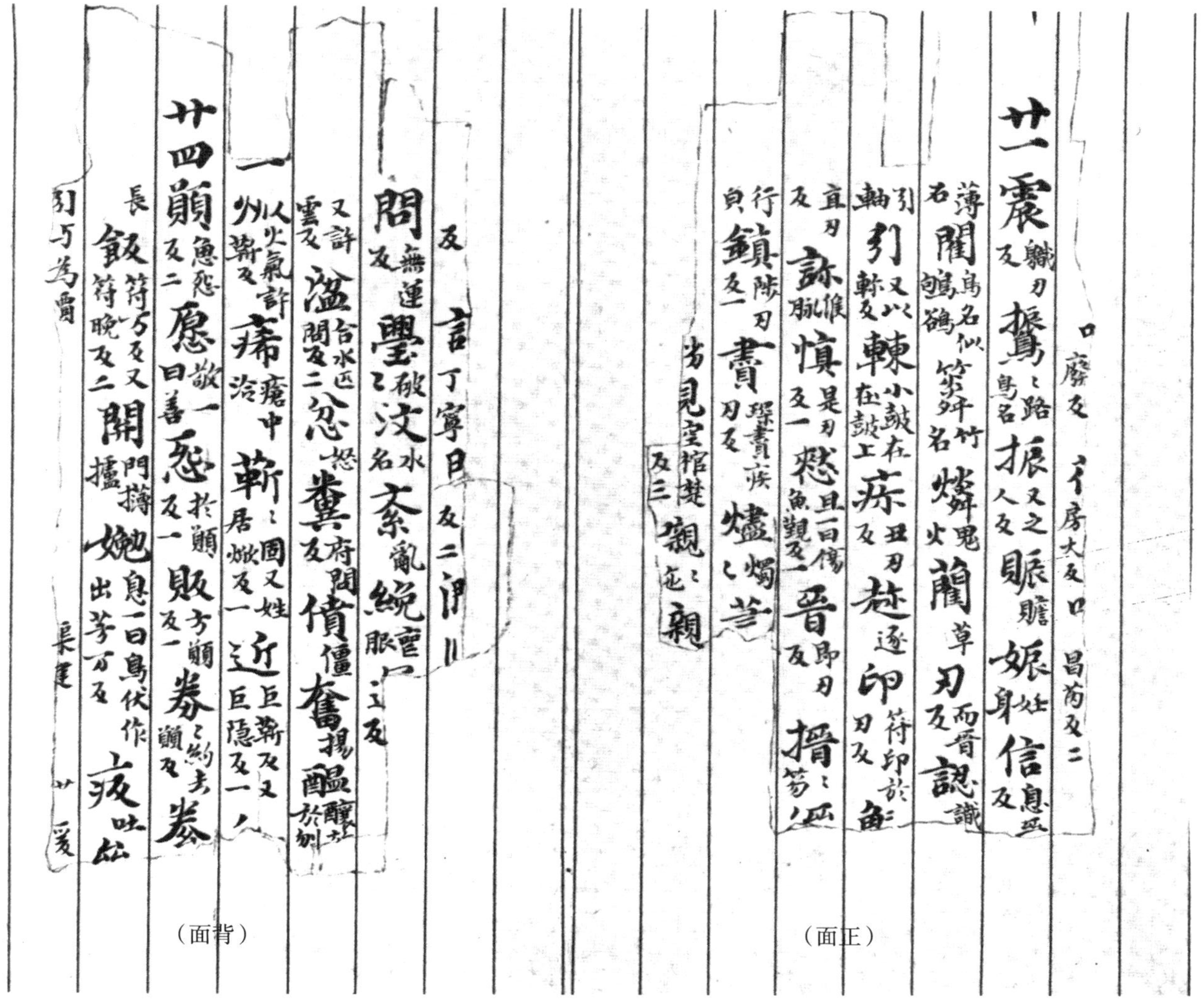

（面背）　（面正）

第二類

箋注本切韻

第二類　箋注本切韻

這一類有三種不同的寫本切韻。共同的特點是以陸法言書爲底本，而文字和訓解有增加，注文中兼有案語，大抵都是依據許慎説文解字箋注形體異同，或增廣義訓。三種寫本性質相同，所以歸爲一類。第一種（斯二〇七一）闕卷首，作者無可考，存平上入三聲；第二類（斯二〇五五）卷首有陸法言序和長孫訥言序，書中只録平聲東韻至魚韻九韻字；第三種有四葉，三葉在巴黎，一葉在倫敦，所存有上去入三聲，但都不完備，體例與第二種相同。後兩種可能同是長孫訥言箋注的傳本。不過，第二種寫本當中有一段是采用王仁昫刊謬補缺切韻抄配上去的，這是抄寫上的問題，與前面幾韻原著無關，所以仍與第三種寫本做爲一類。

這三種寫本的照片都不甚清晰，均依次另附摹録本與後。前兩種采用的是王國維的摹本，摹本中稍有錯字，讀者可與照片比觀。

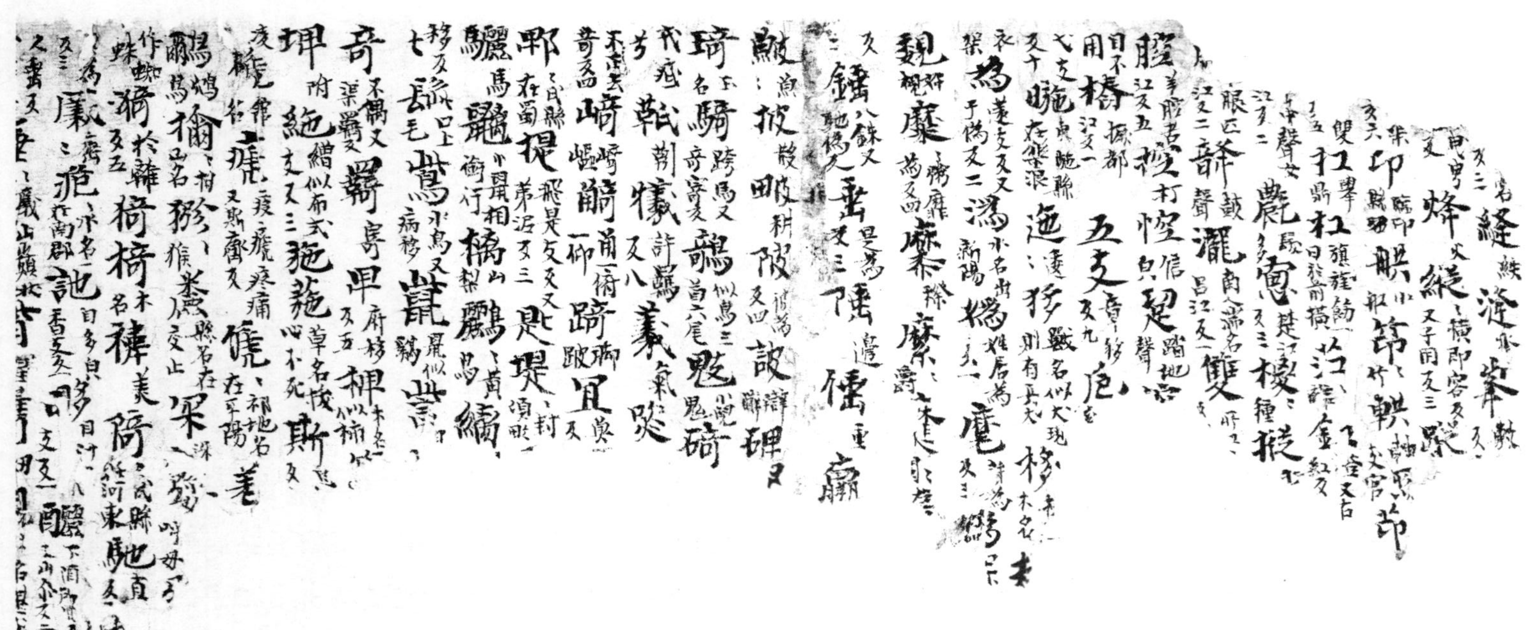

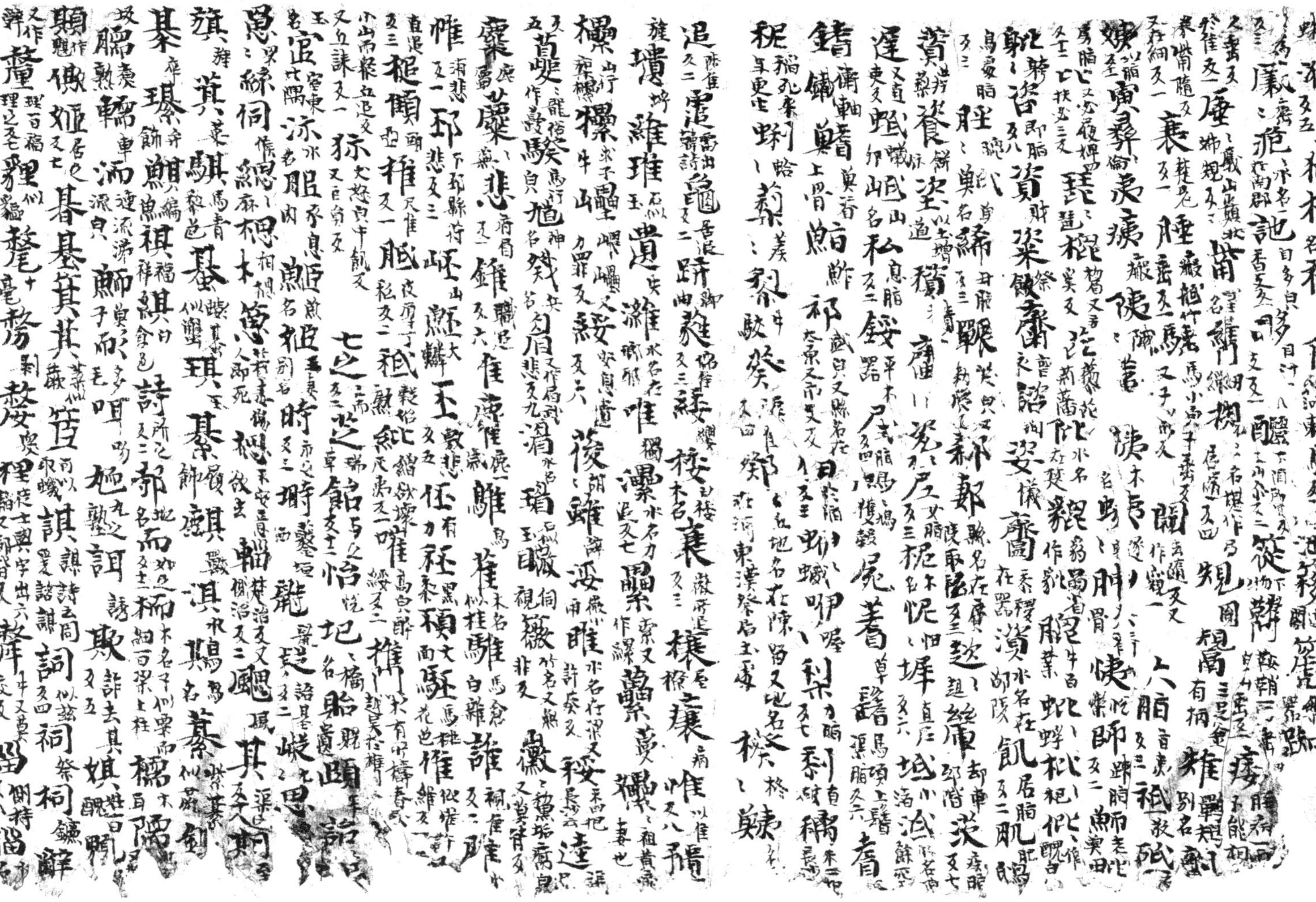

2.1（七） 箋注本切韻一（斯二〇七一）

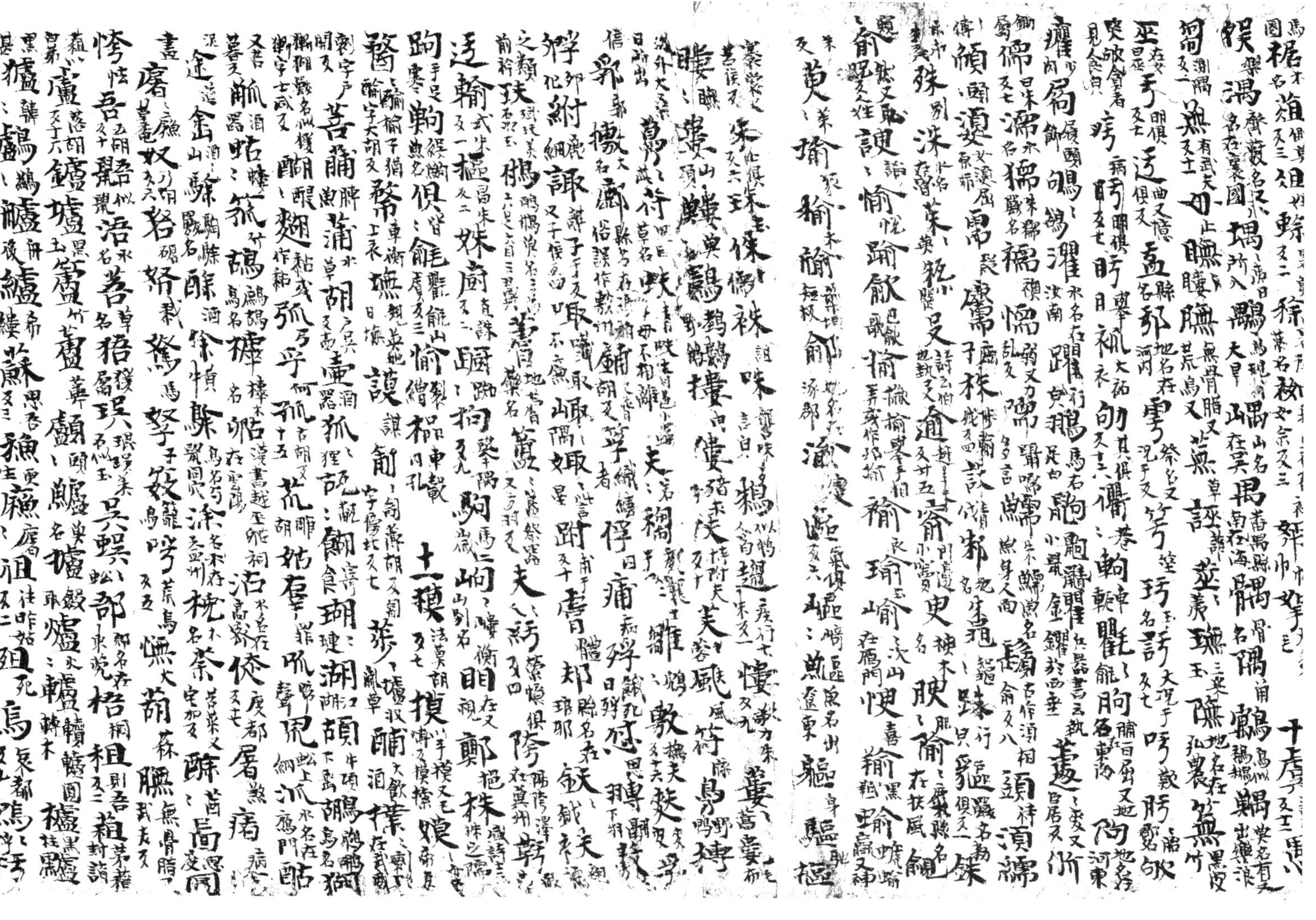

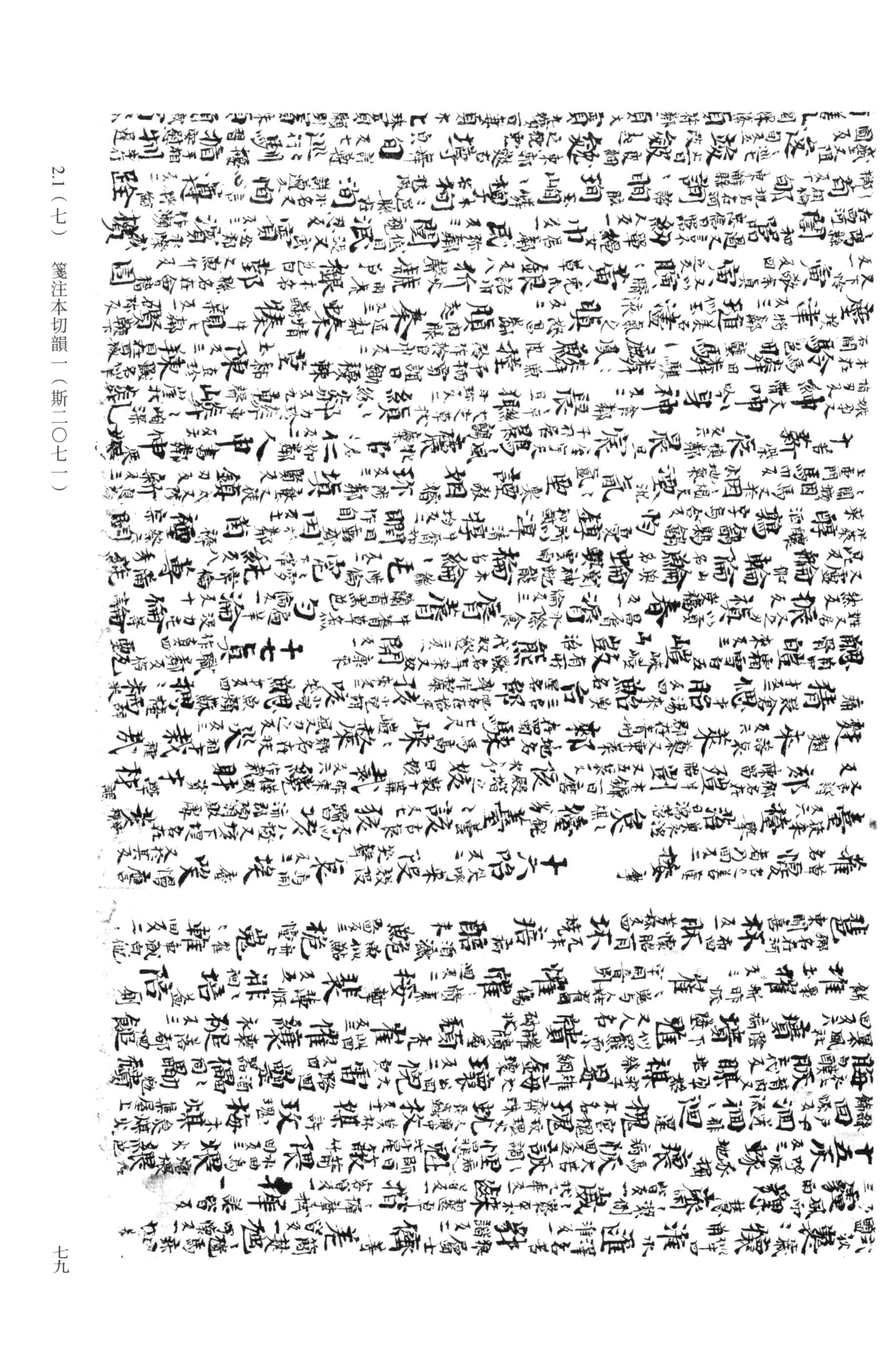

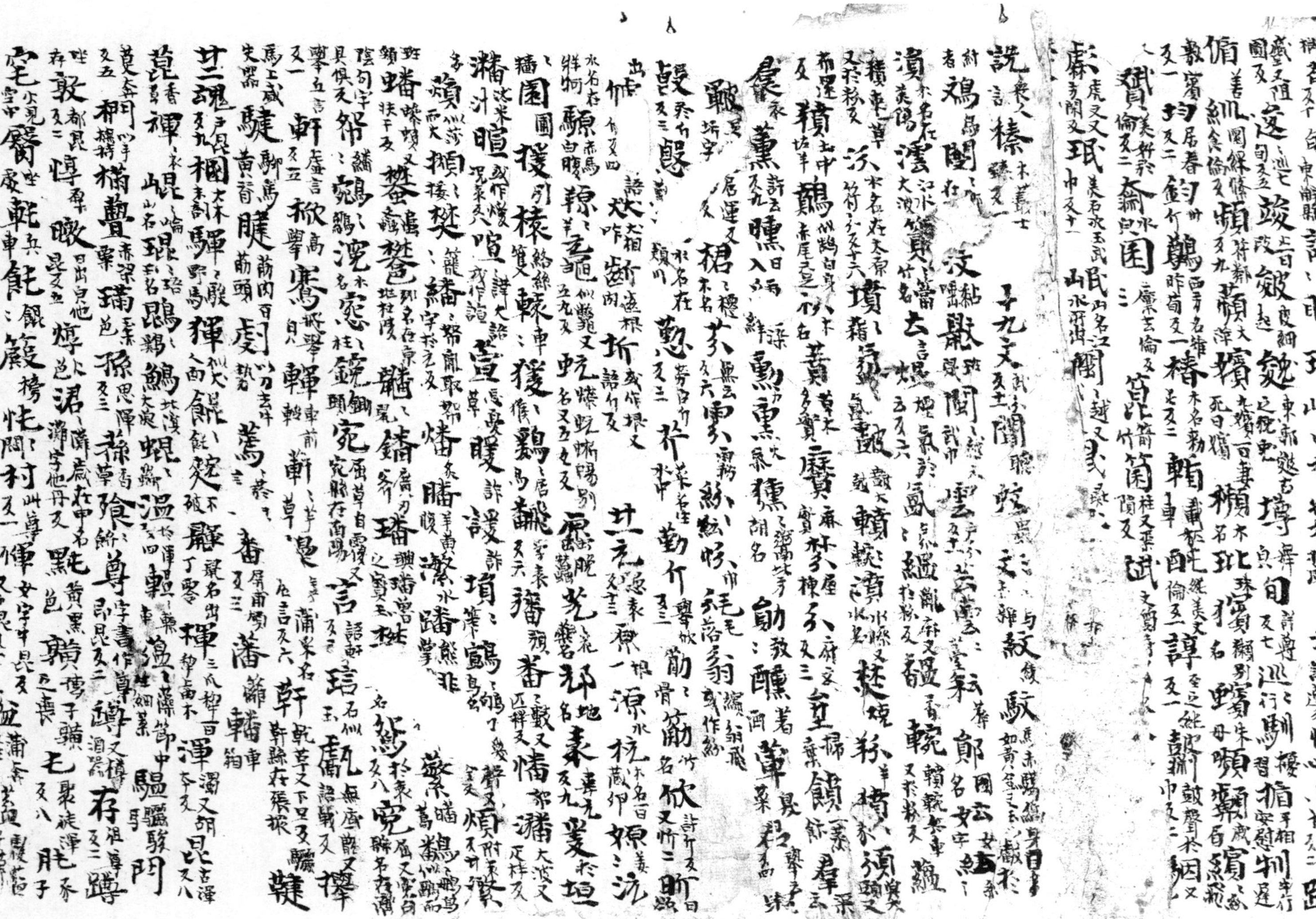

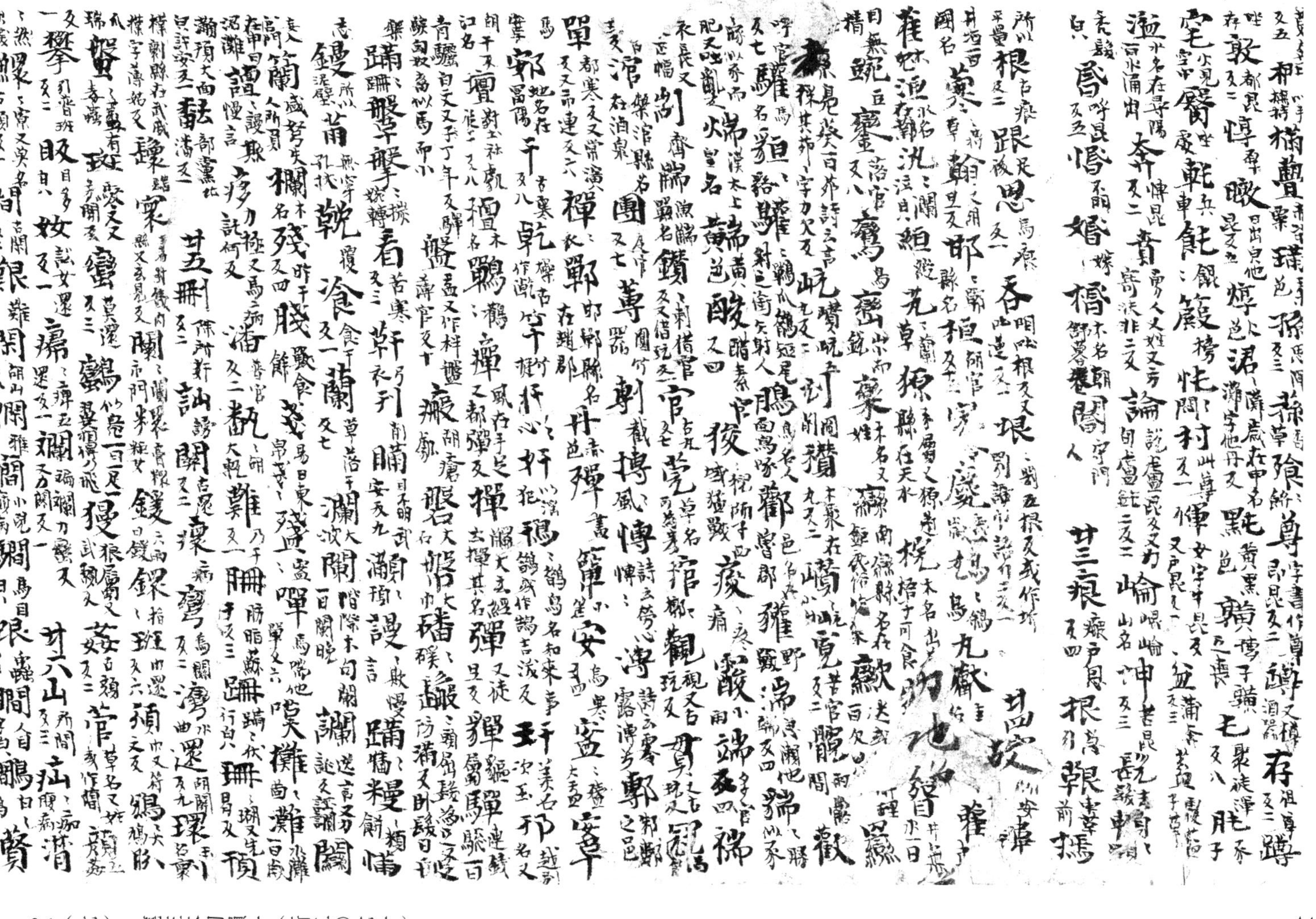

切韻卷第二 平聲下廿八韻

一先蘇前 二仙相然 三蕭蘇彫 四宵相焦 五肴胡茅 六豪胡刀 七歌古俄 八麻莫霞

九覃徒含 十談徒甘 十一陽与章 十二唐徒郎 十三庚古行 十四耕古茎

十五清七精 十六青倉經 十七尤雨求 十八侯胡溝 十九幽於虬 廿侵七林 廿一鹽余廉

廿二添他兼 廿三蒸諸膺 廿四登都滕 廿五咸胡讒 廿六銜戶監 廿七嚴語驗 廿八凡符芝

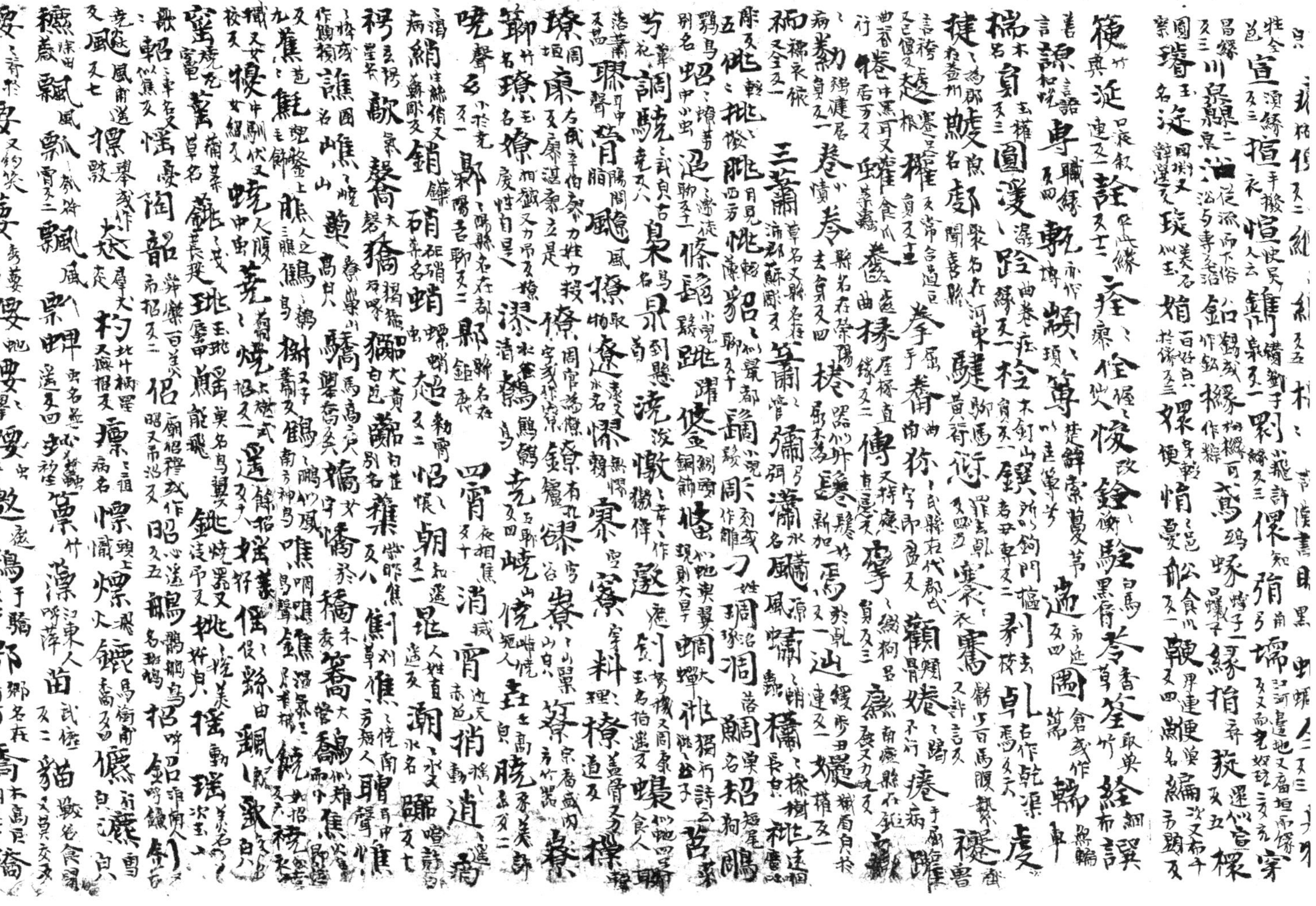

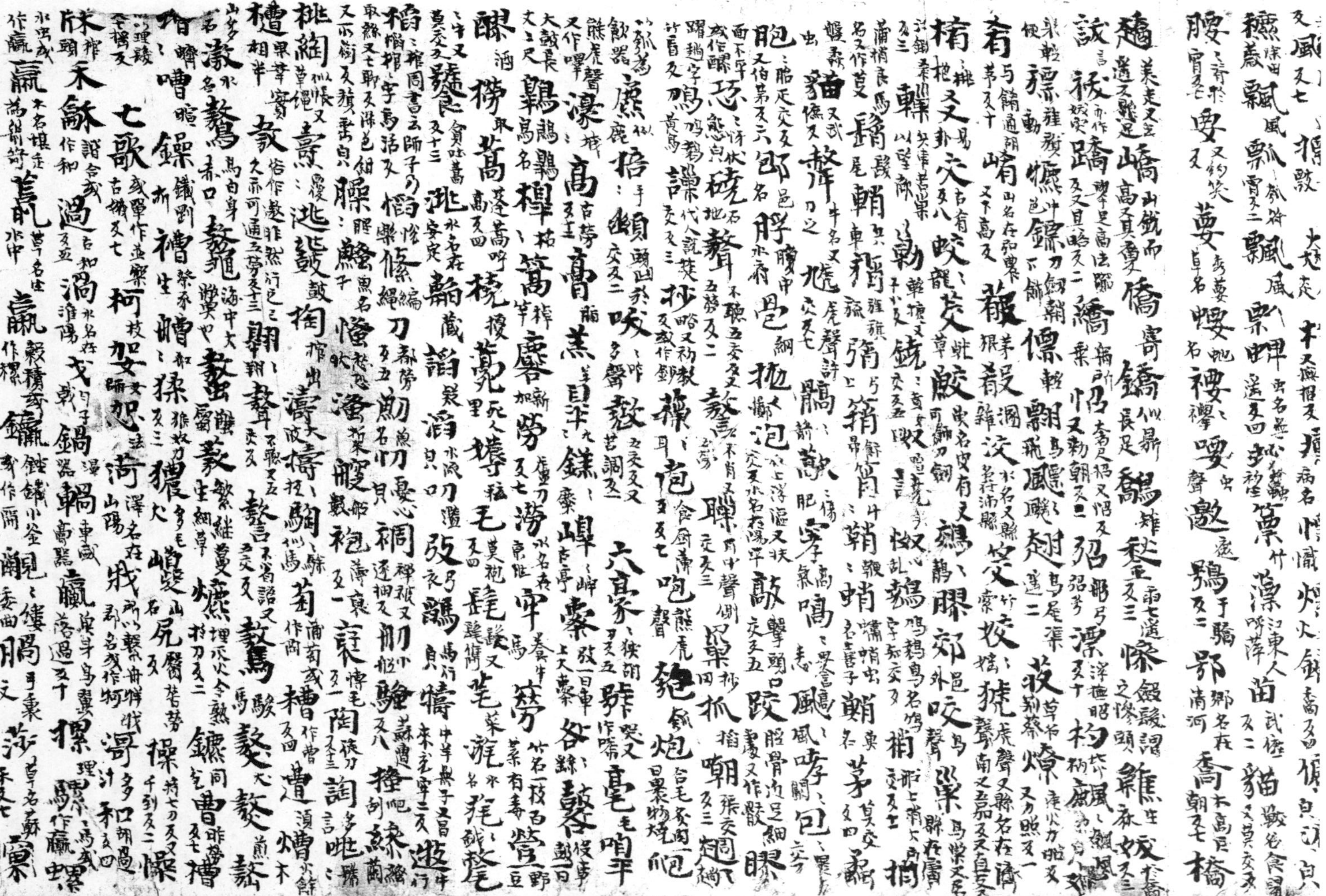

2.1（七）　箋注本切韻一（斯二〇七一）

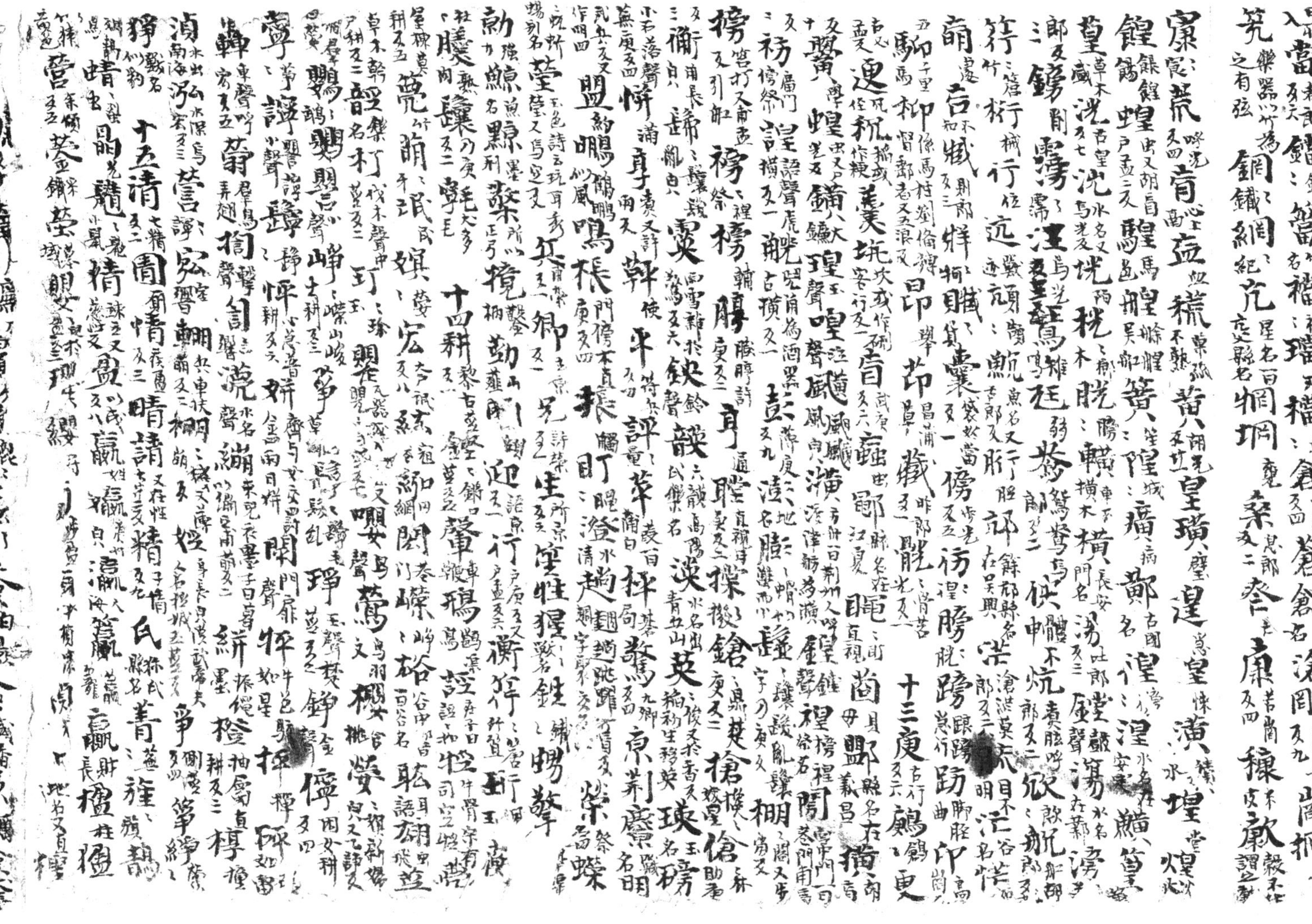

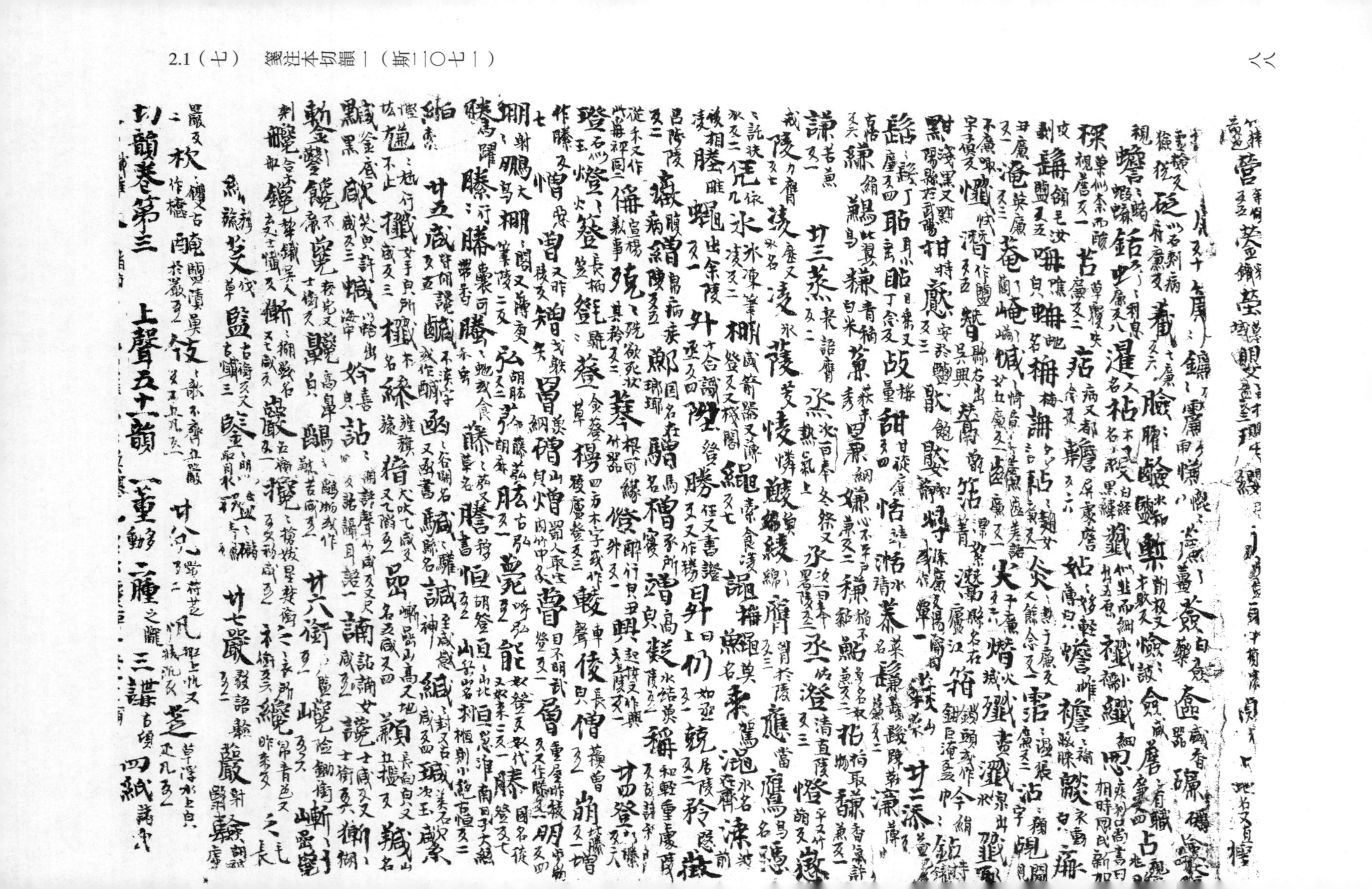

切韻卷第三　上聲五十一韻　一董　二腫　三講　四紙

切韻卷第三

上聲五十一韻

一董 多動 二腫 之隴 三講 古項 四紙 諸氏 五旨 職雉 六止 諸市 七尾 無匪 八語 魚舉 九麌 虞矩 十姥 莫補 十一薺 徂礼 十二蟹 胡買 十三駭 諧楷 十四賄 呼猥 十五海 呼改 十六軫 之忍 十七吻 武粉 十八隱 於謹 十九阮 虞遠 廿混 胡本 廿一很 痕懇 廿二旱 胡滿 廿三潸 數板 廿四産 所簡 廿五銑 蘇顯 廿六獮 息淺 廿七篠 蘇鳥 廿八小 私兆 廿九巧 苦絞 卅晧 胡老 卅一哿 古我 卅二馬 莫下 卅三感 古禫 卅四敢 古覽 卅五養 餘兩 卅六蕩 堂朗 卅七梗 古杏 卅八耿 古幸 卅九靜 疾郢 卌迥 戶鼎 卌一有 云久 卌二厚 胡口 卌三黝 於糺 卌四寑 七稔 卌五琰 以冉 卌六忝 他玷 卌七拯 無反語 取蒸之上聲 卌八等 多肯 卌九𩫕 下斬 五十檻 胡黤 五十一范 之上聲

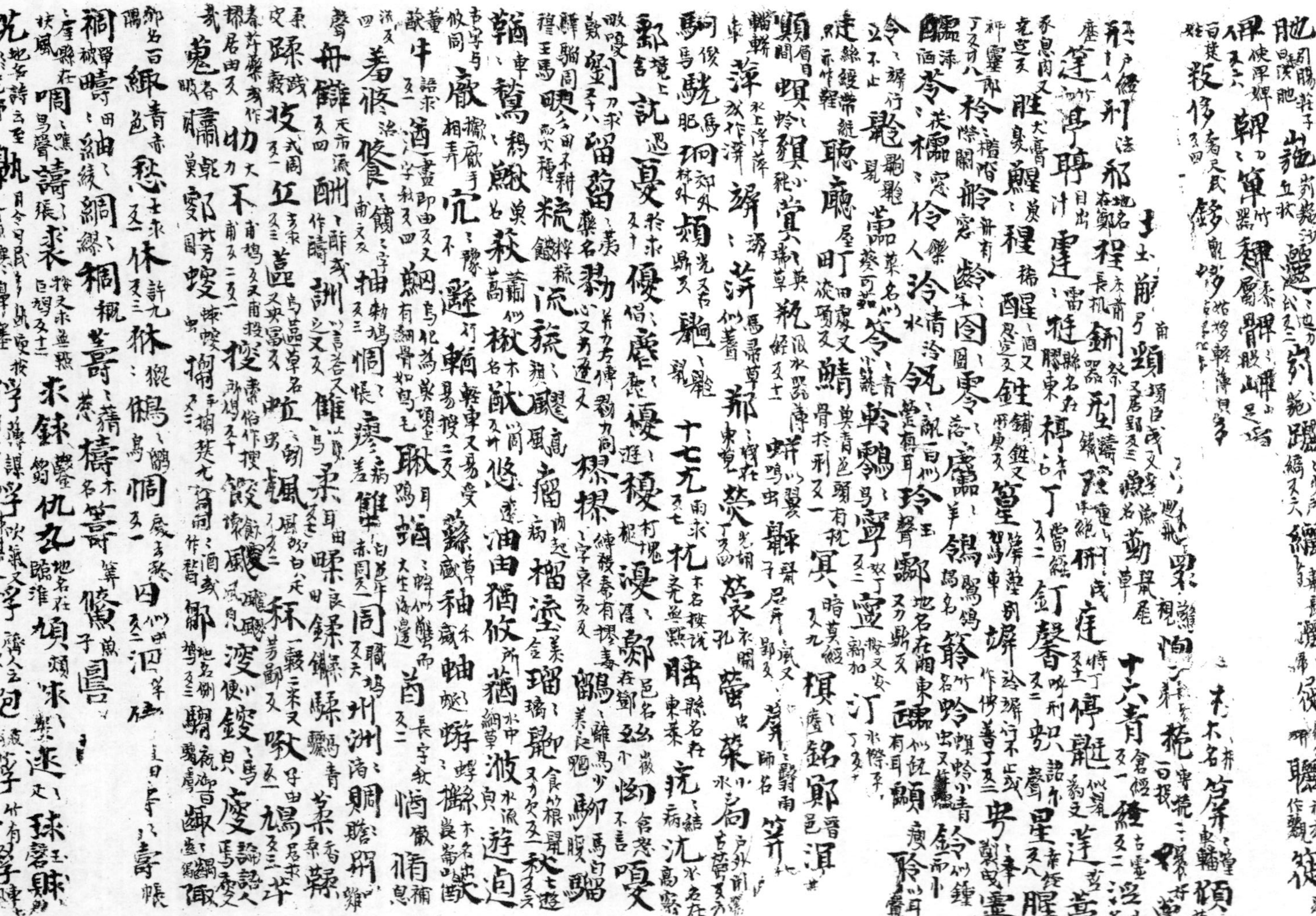

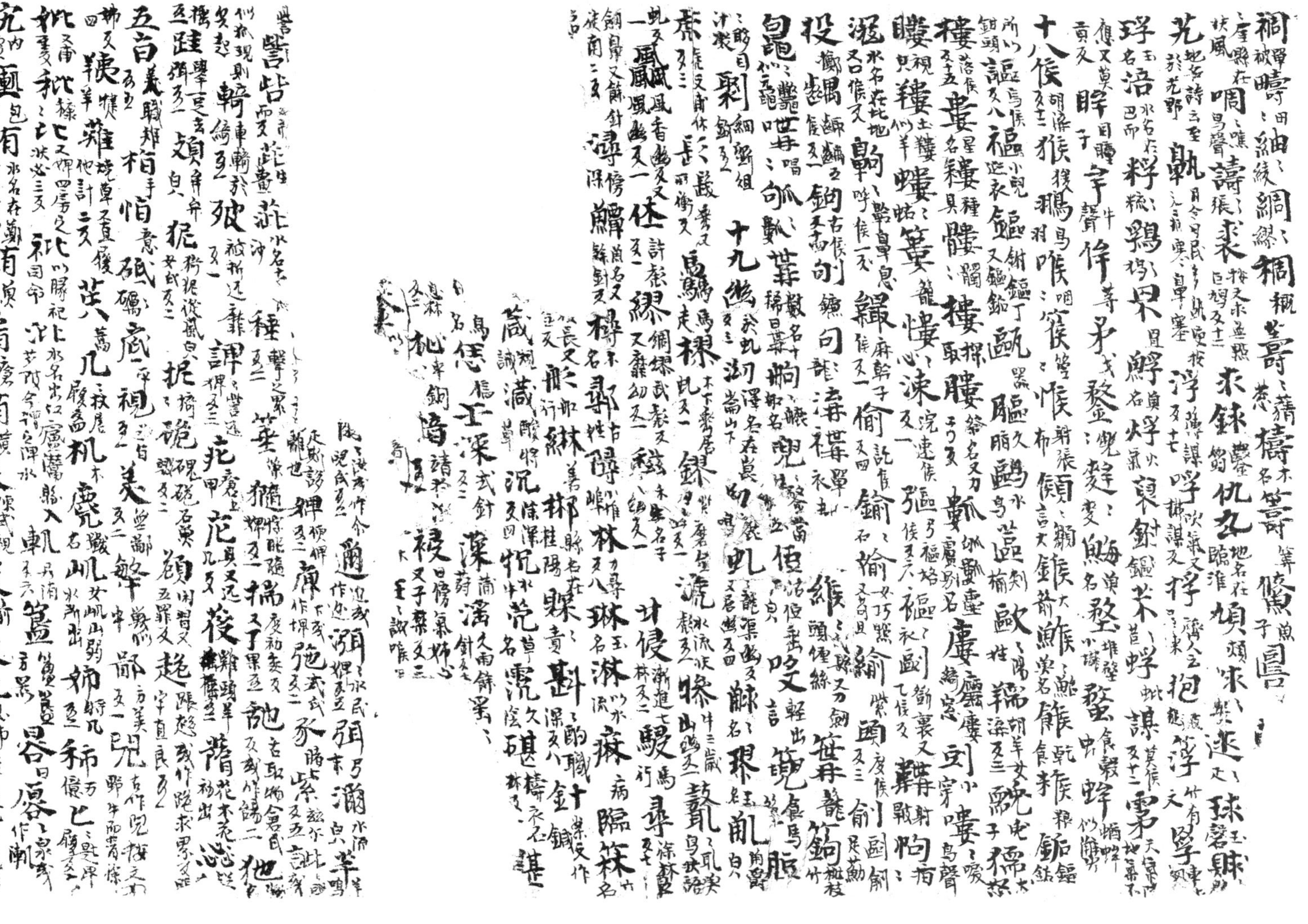

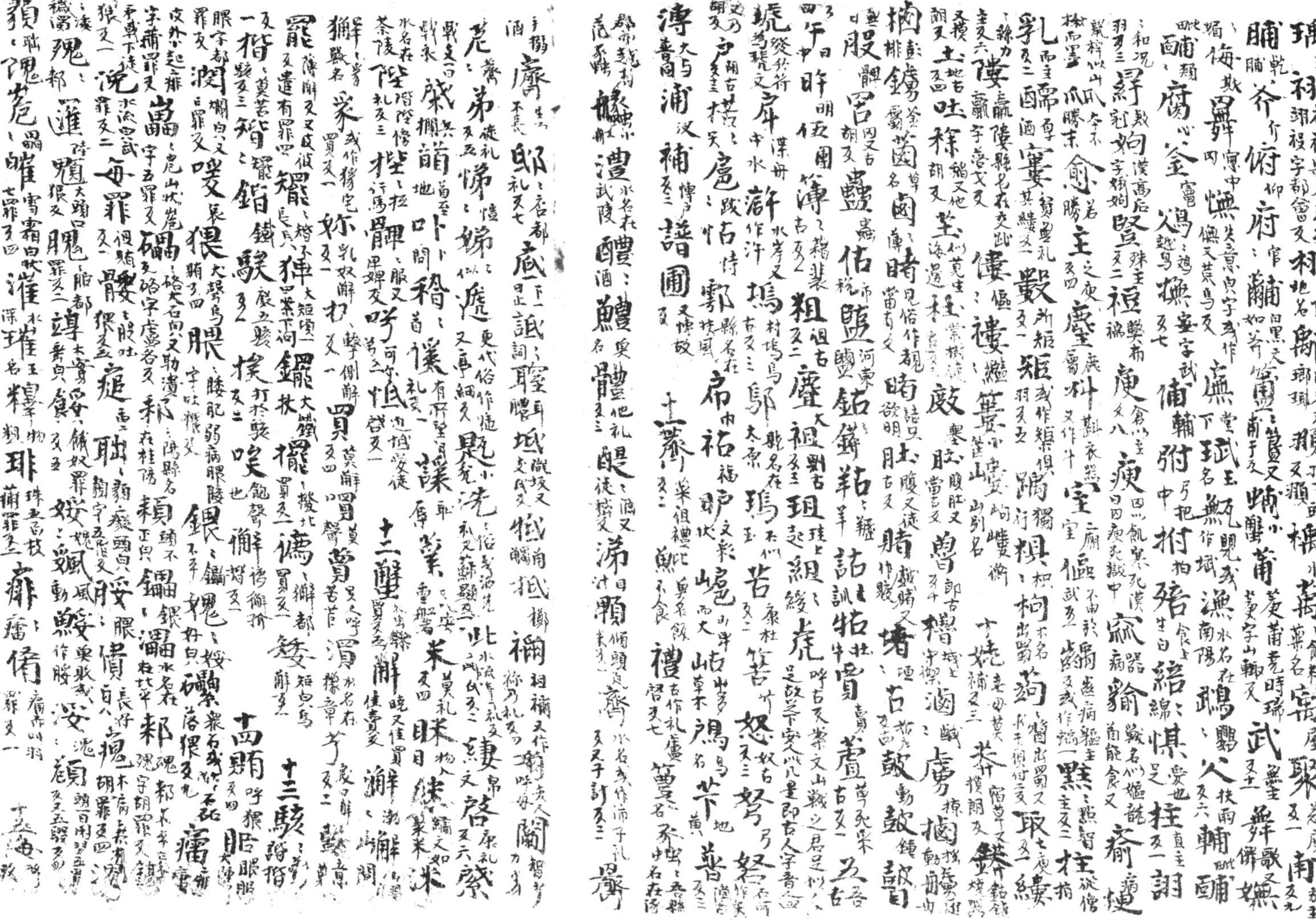

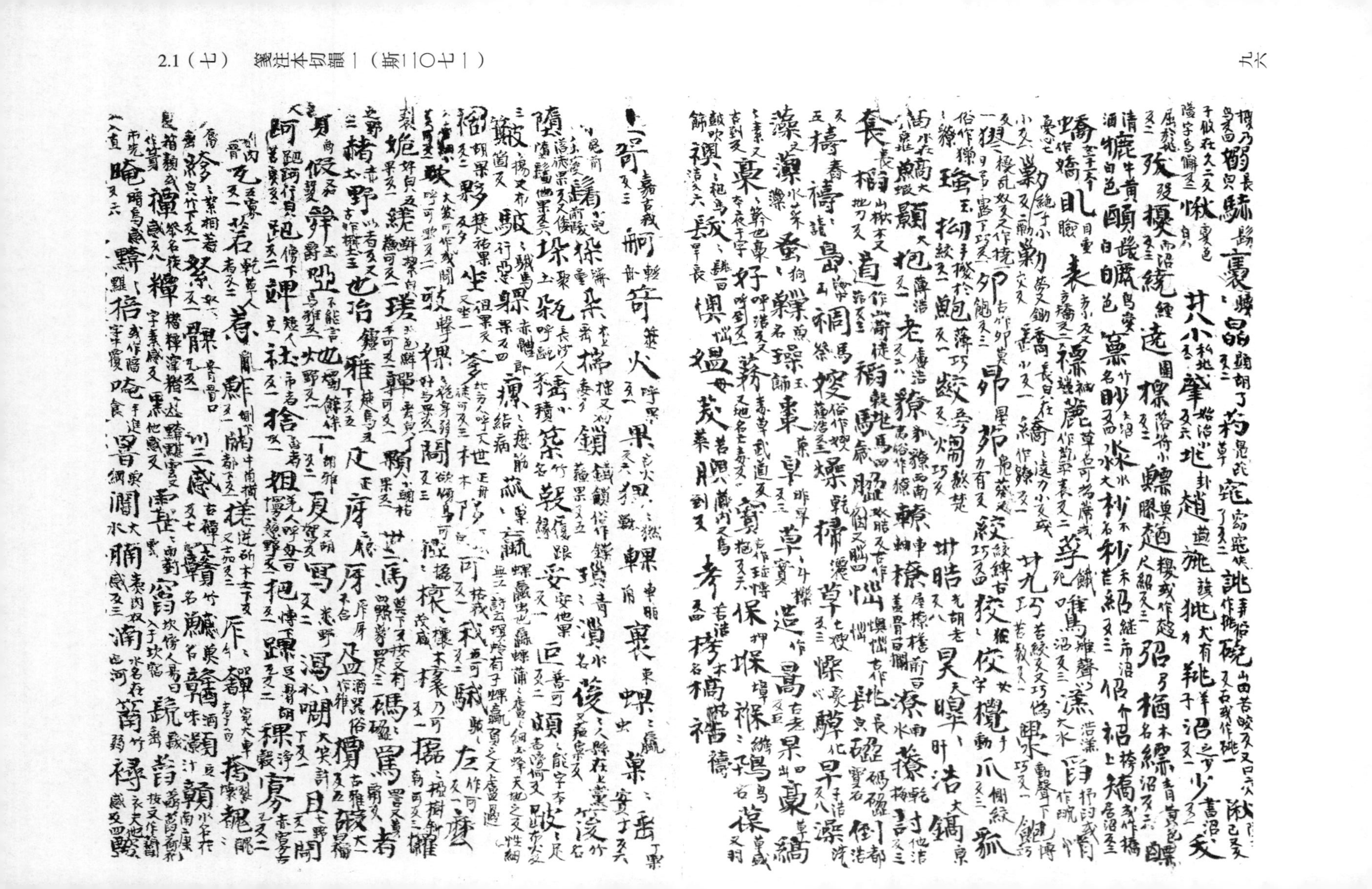

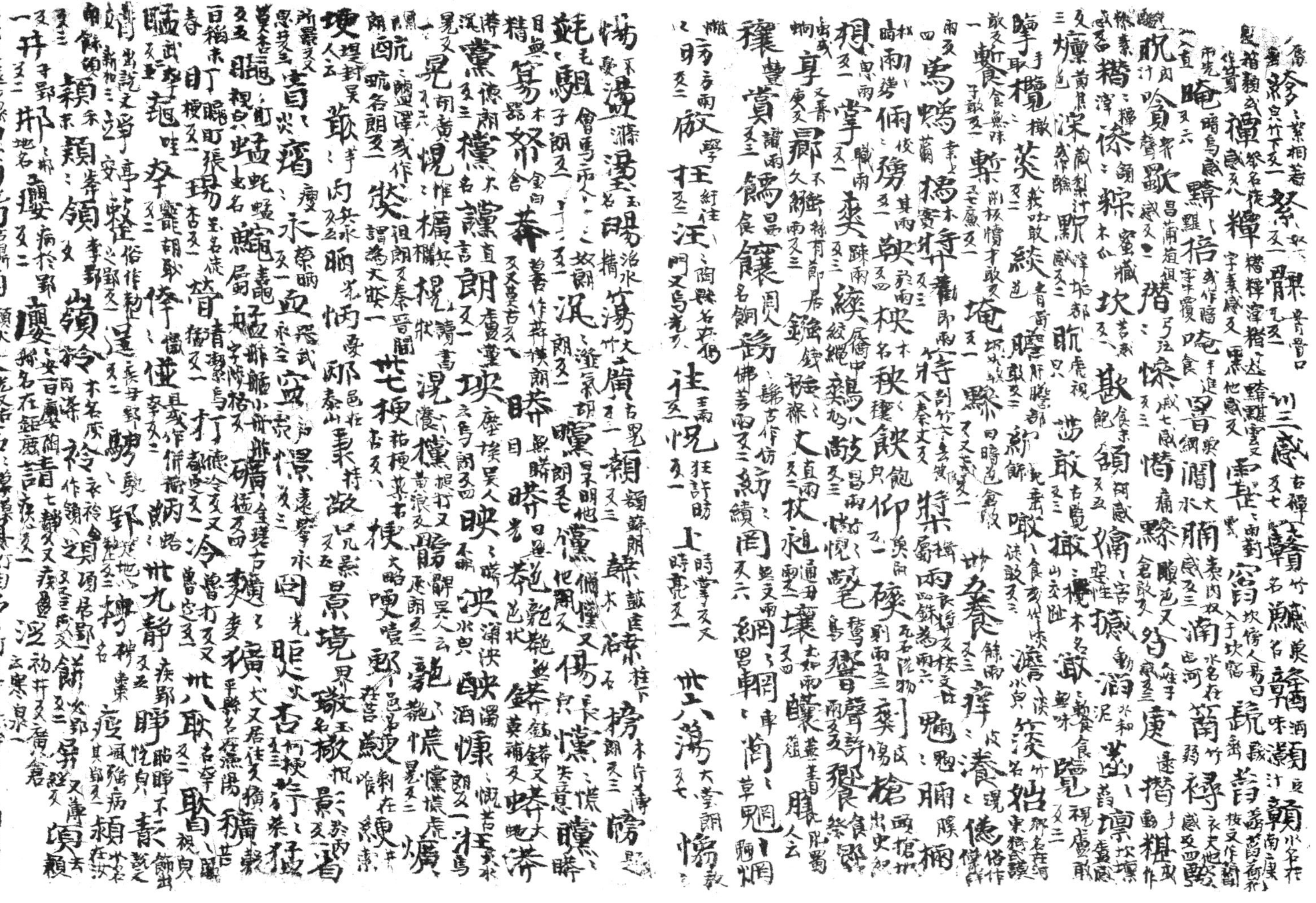

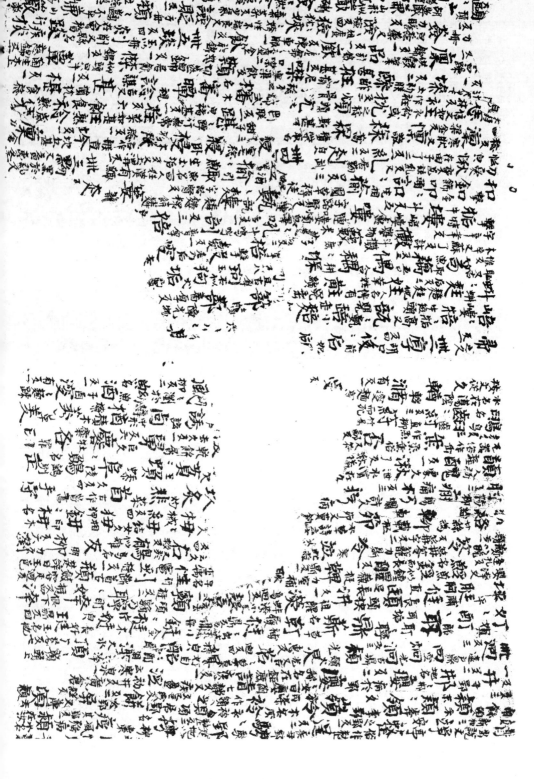

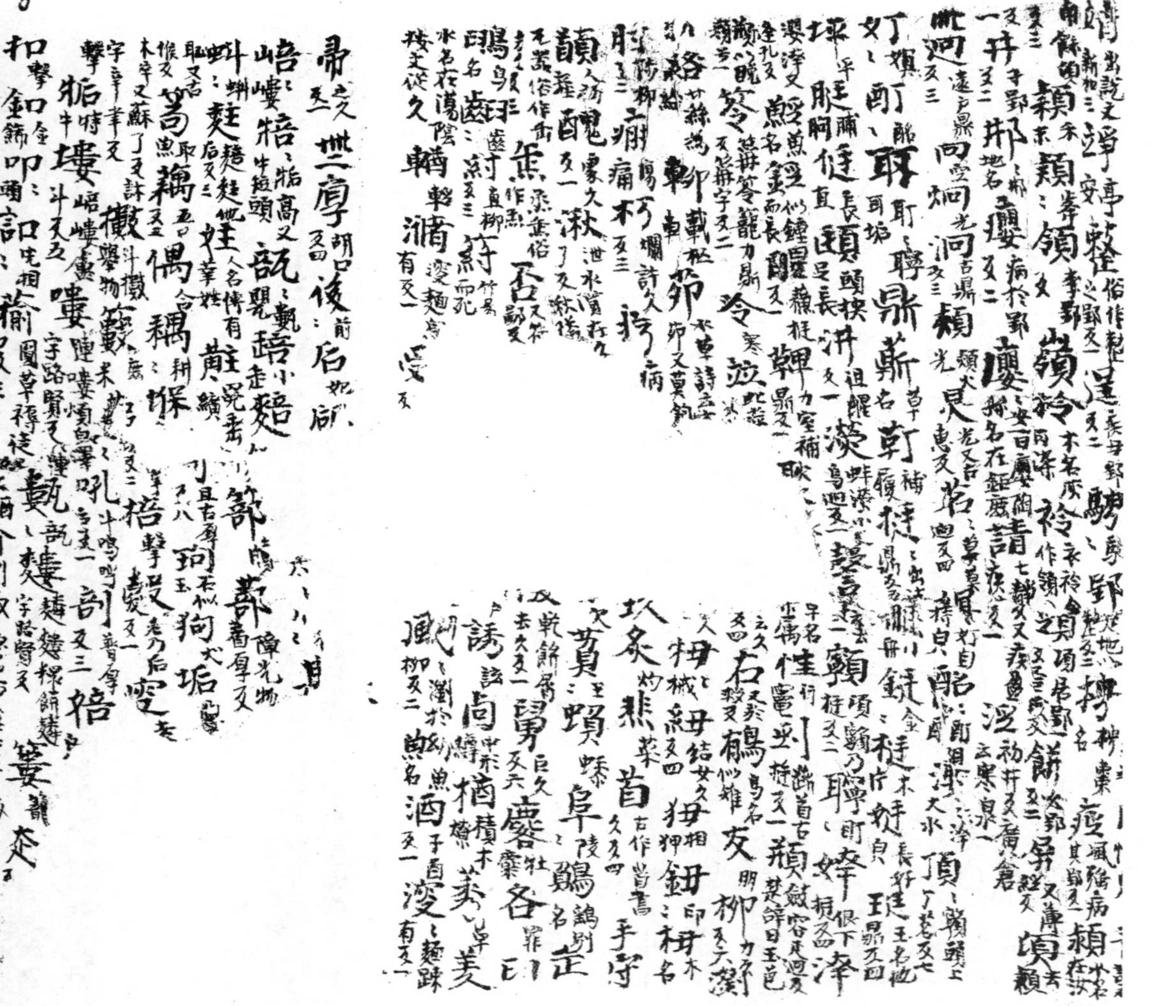

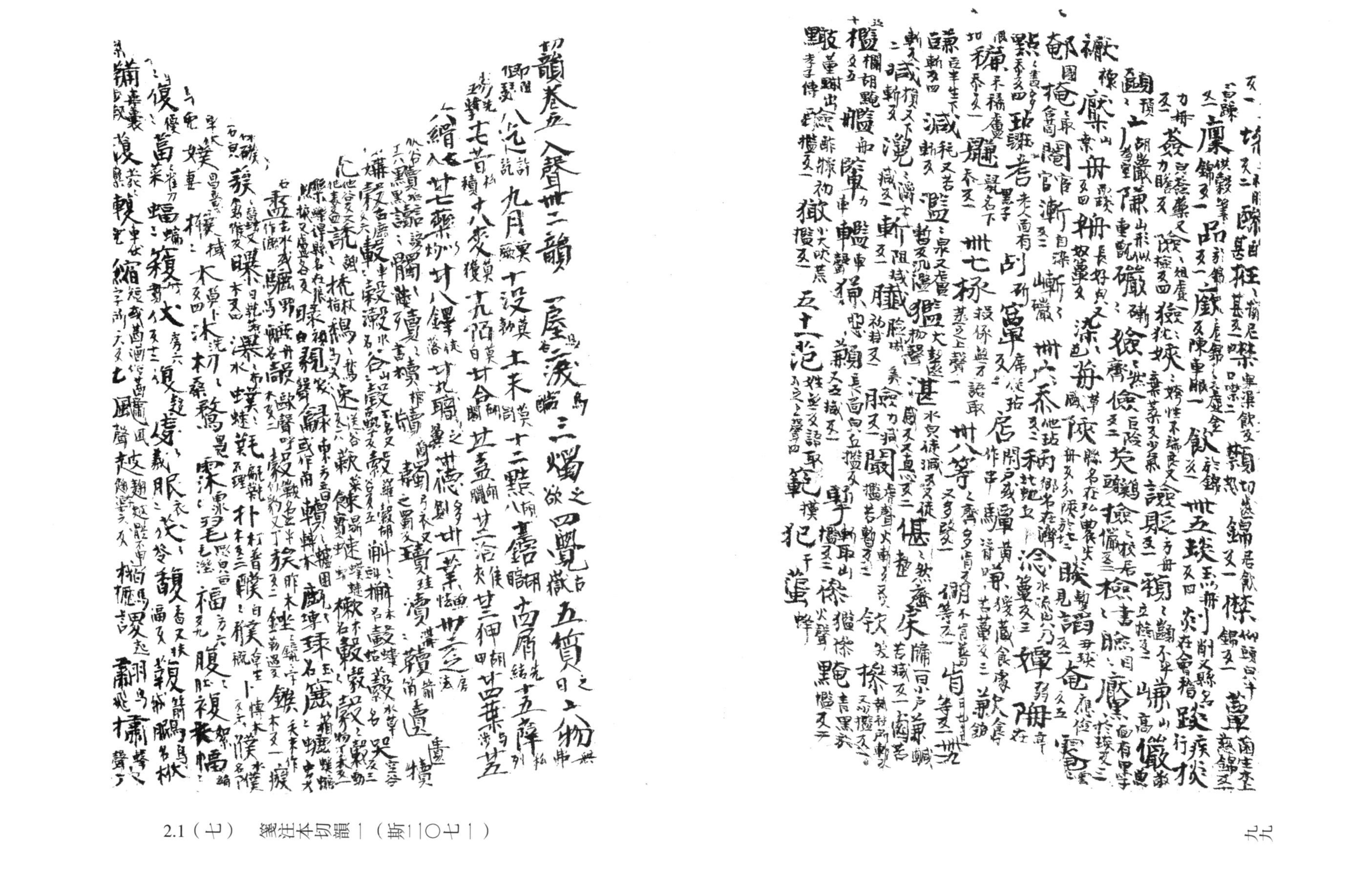

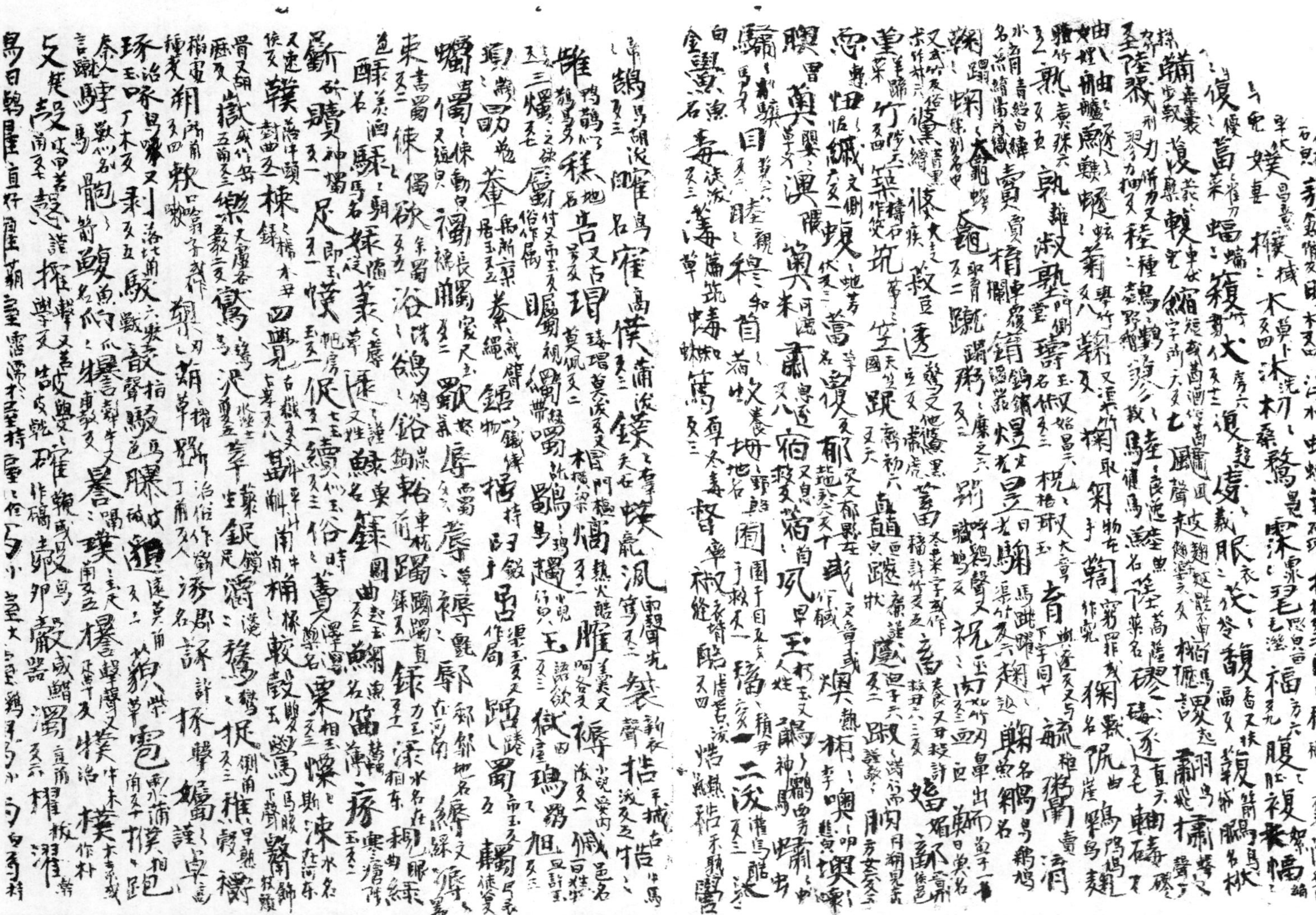

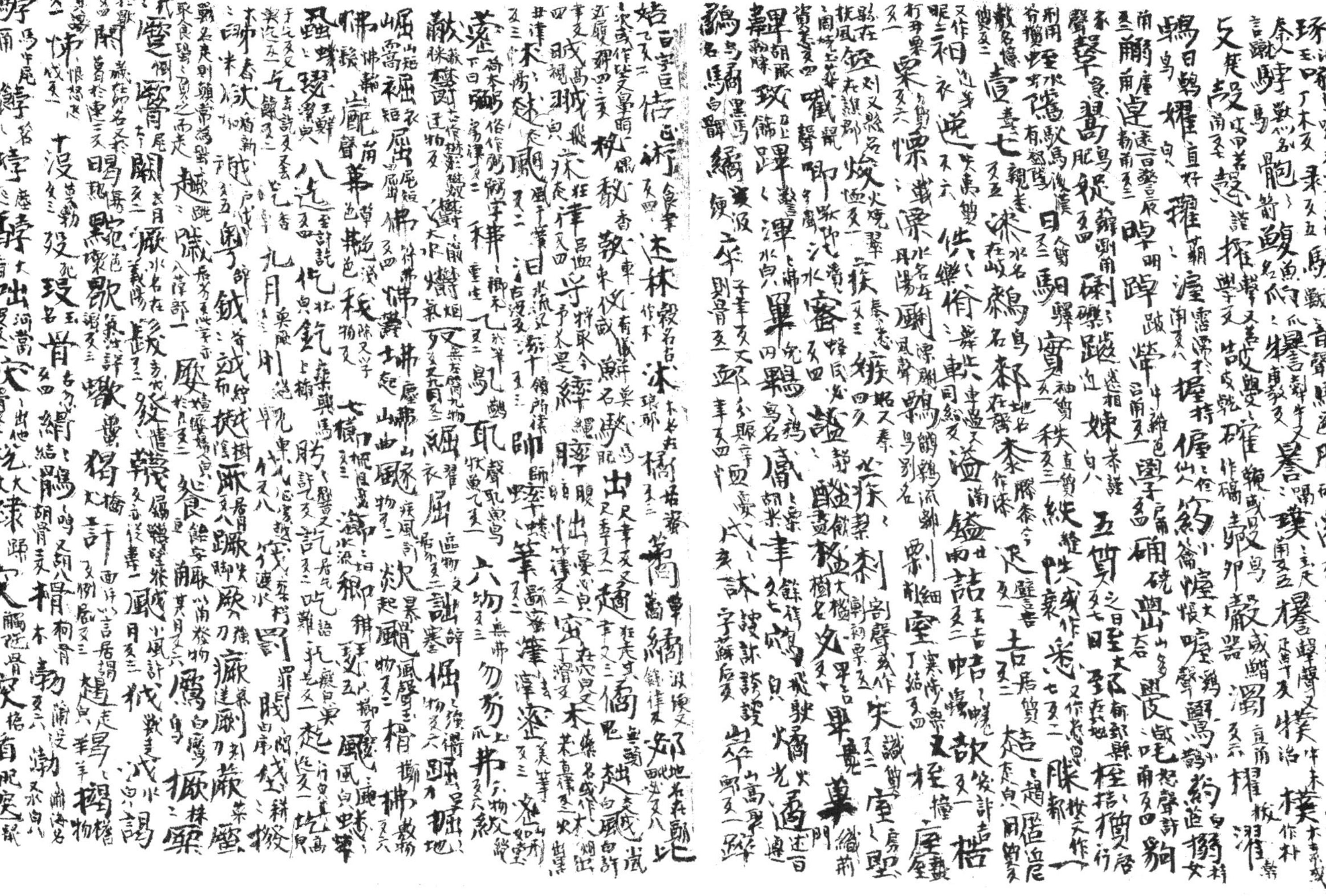

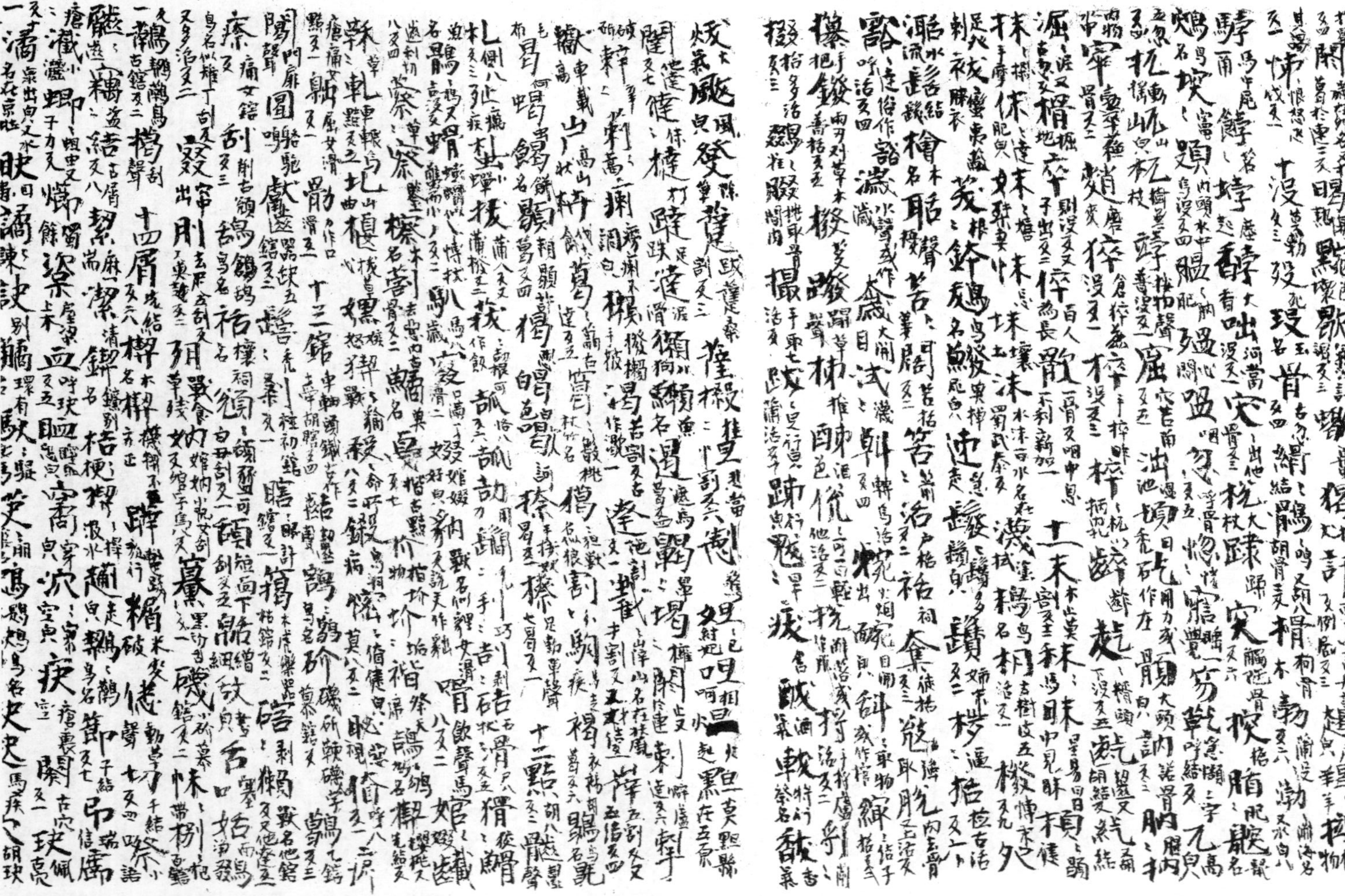

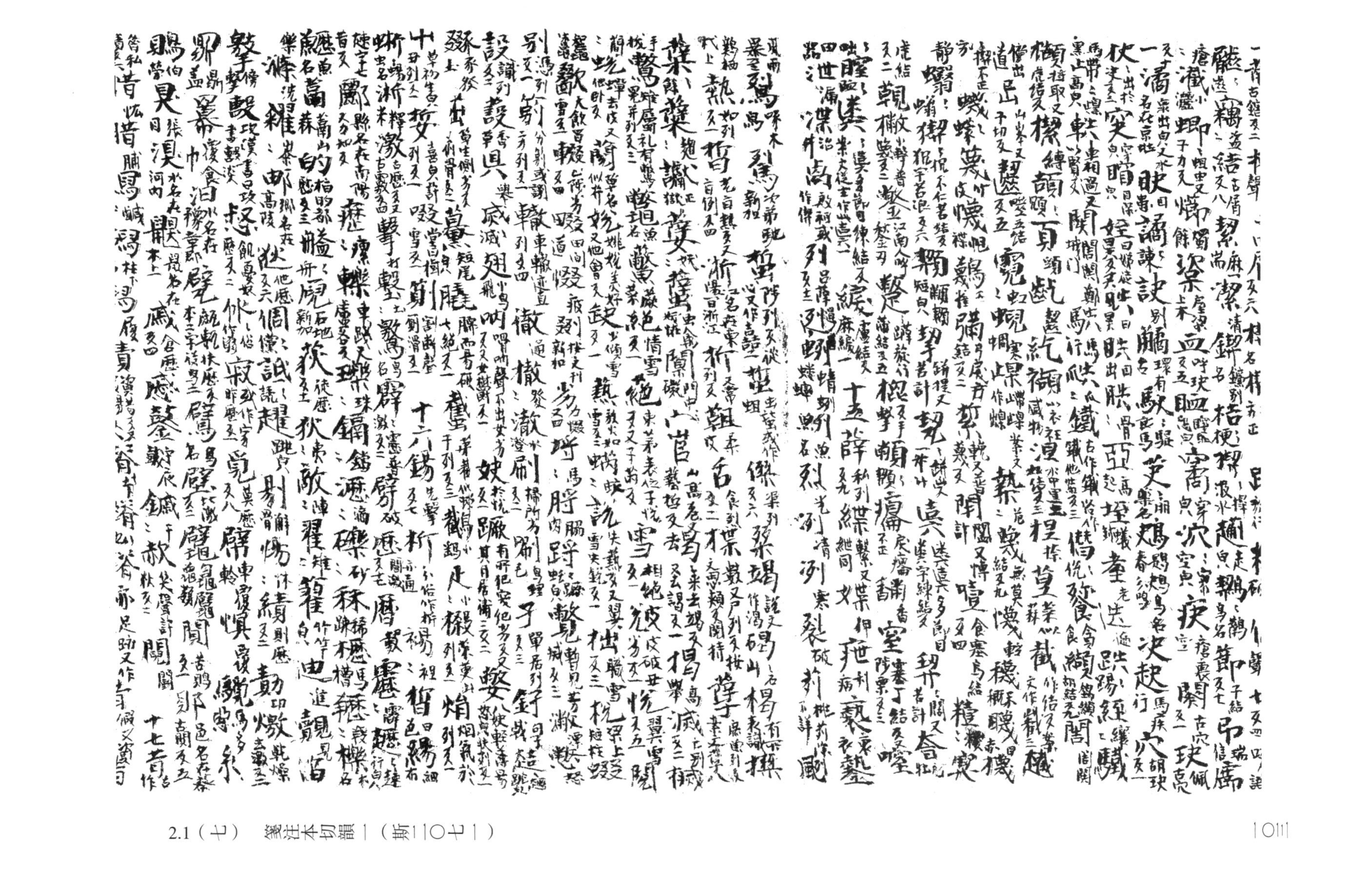

2.1（七）　箋注本切韻一（斯二〇七一）

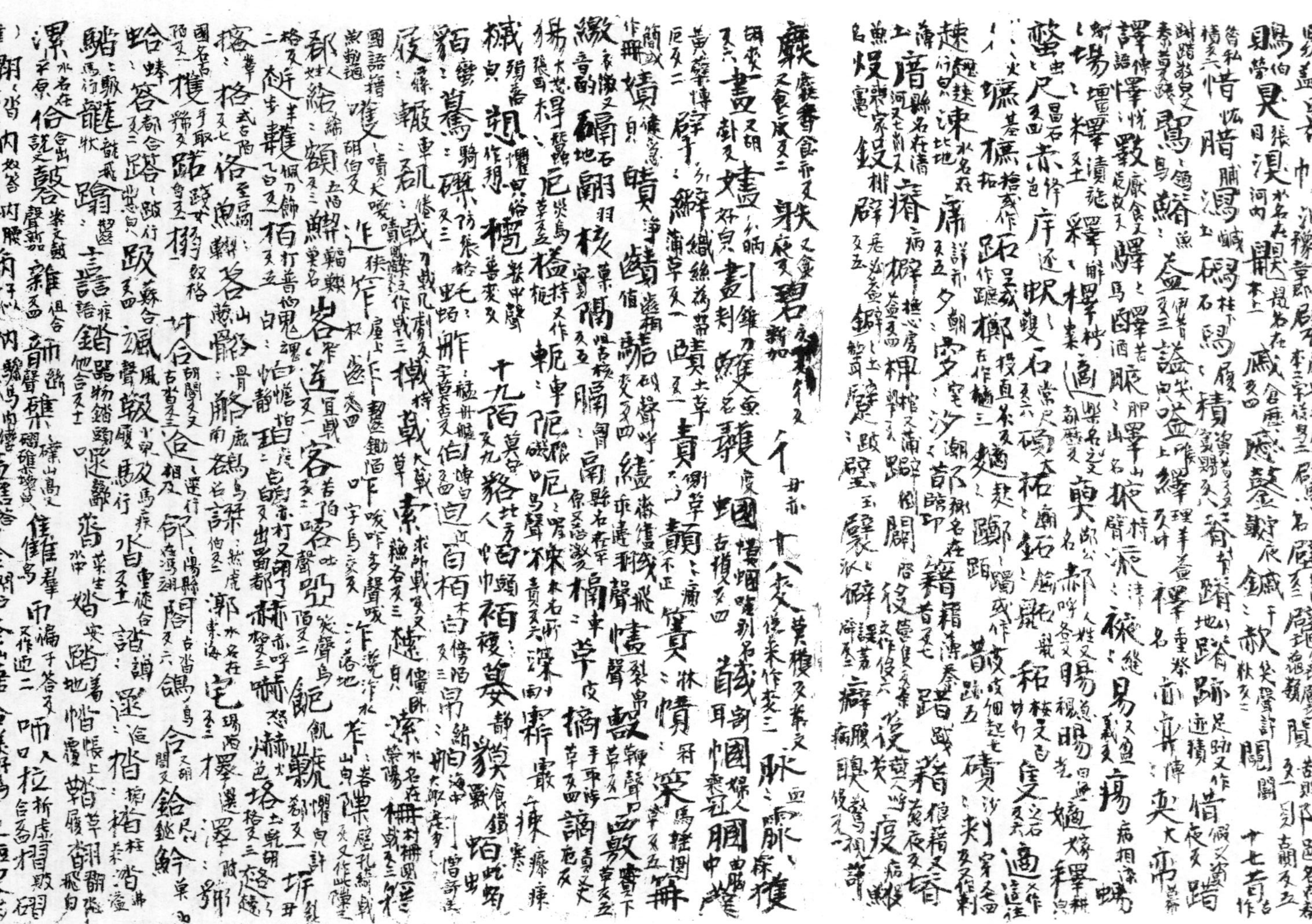

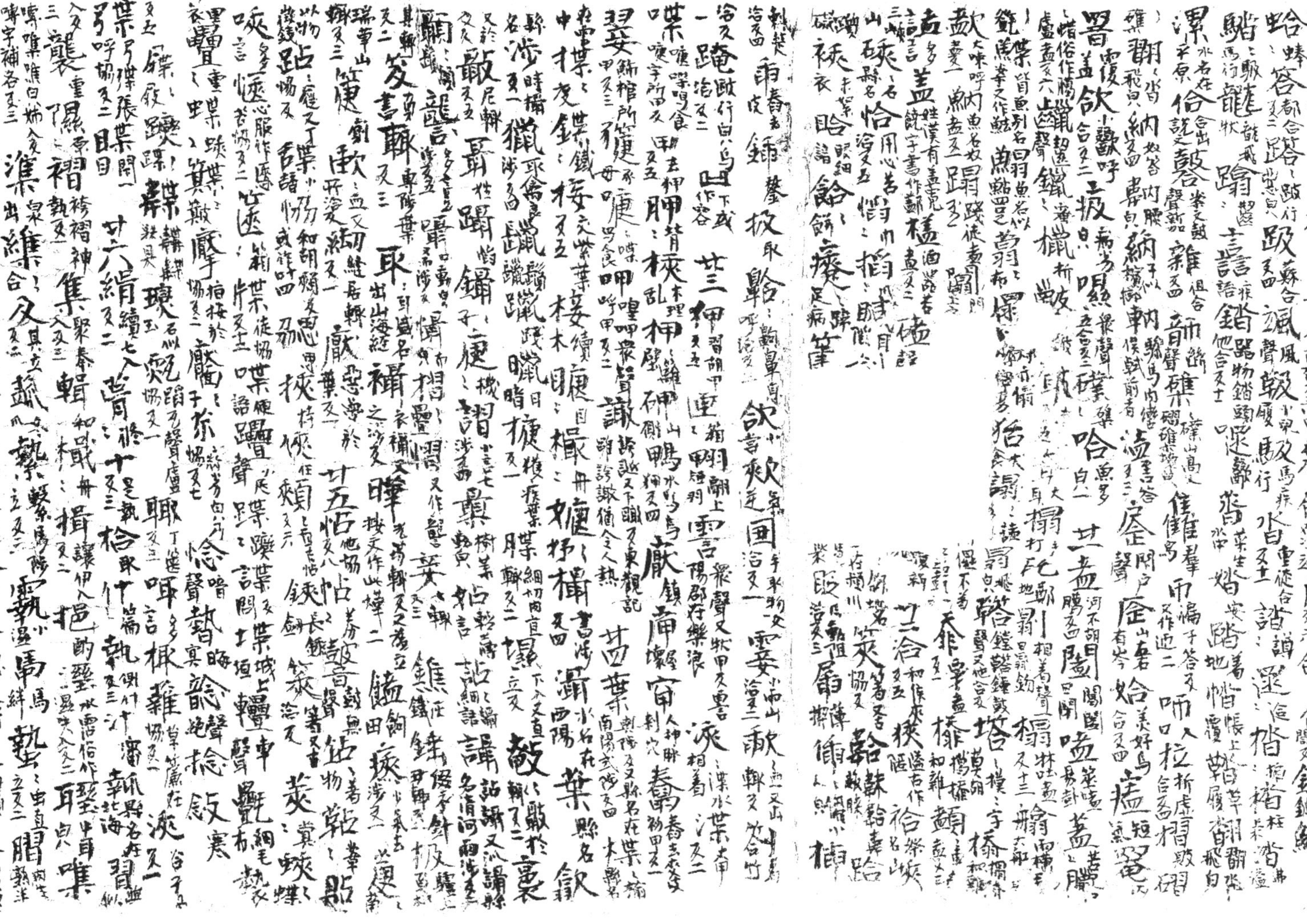

上厂 下乛

唐寫本切韻殘卷三

容反三縫紩漨水峯巄反

电考反烽大縱〻横即容反又子用反三蹤

渠容反六邛臨邛縣名舼小舡笻竹〻䡃輁軸所以支官䓖

古雙反五扛舉鼎杠旌旗飾一曰方前橫江〻蘺釭燈又古紅反

耳中聲女江反二䆿髮多憃楚江反三㼷〻橦摐打

胮脹匹江反二䜶鼓聲瀧南人湍名呂江反一雙所江

腔羊腔苦江反五控打悾信皃跫蹋地聲

目不用椿撅都江反一　五支章移反九巵

弋支反十匜東匜縣在樂浪迻〻遷移獸名似犬現則有兵大栘木名

衣架為遠支反又于偽反二溈水名出新陽媯姓居為反一麾許為反三噅口不

好視覘靡〻粥麇為反四縻繋糜〻蔣縻〻

反錘八銖又馳偽反垂是為反三陲邊倕重𩕄

鮍〻魚披散鈹耕陂彼為反四詖辯碑

琦玉名騎跨馬又奇寄反䳄似鳥三首六尾魑小兒鬼碕

號我嵯鈘剝犧許羈反八羲氣焱

郫〻縣在蜀提飛是支反又弟泥反三匙堤〻封

不正去奇反四崎崎嶇觭角一俯一仰踦脚跛宜魚反

驪馬䮻小鼠相銜行樆山梨鸝〻黃鳥䴇

移反七　騠口上毛　鸃水鳥又疾移　鵹鶅似鵲　鸒

奇不耦又渠羈反　羇寄　卑府移反五　椑木名似柿

埤附　絁繒似布式支反三　施　葹草名拔心不死　斯息移反

淺　虒名餘　𤸫瘦瘽疾痛　傂ㄟ祁地名在平陽　差

鶶鶅鳥　撝ㄟ掎山名　獼ㄟ猴　㶜縣名在冞　冞深　婆吁母

作蜘蛛　猗於離反五　漪　椅木名　禕美　猗ㄟ氏縣在河東　馳直反　池　簃連閣　篪竹器　踟

為反王　羲ㄟ巇　沱水名一在南郡　訑自多皃香支反一　眵目汁支反一　釃下酒所宜反又山介反二　簁下物　𪆰𪆰鵹一曰鴂皃山垂反一　痿肩病一曰不能相及

人垂反　於佳反一　㕒ㄟ巇山巔狀姊規反三　觜星名　纗細繩　槻木名堪作弓居隨反四　規圓　鬹三足釜有柄　䳏鶪鵗別名　劑

秭䳏隨反　又在卿反一　褭　羌危反一　睢　瘢𤼴竹垂反一　騷馬汁皃子垂反又子䍤反　䦌夫垂反又作𢕄　𡯁　脂旨夷反三　䳬　祇敬　𡇢

姨以脂反十一　寅　彝　侇　夷　痍瘢　陝ㄟ戚　荑　桋木名　蛦ㄟ蝊　胰夾脊　恞悅　師疏脂反二　獅　鰤魚老䱇

毗鵧比又女履、婢四、扶必三反　琵ㄟ琶　椑蓖又方奚反　芘蓖芘荊藩　沘水名在楚　貔豹屬亦作豼　膍牛百葉　蚍ㄟ蜉　枇ㄟ杷　仳ㄟ催醜皃

鴜ㄟ鶿　咨即脂反八　資財　粢祭飯　齋　諮問　姿儀　齍黍稷在器　澬水名在邵陵　飢居脂反二　肌肥　鳰

鴟處脂反三　胵ㄟ膍　鵄魚名　絺丑脂反三　郗　䐊笑皃又勑辰反　郗鄉名在廣陵取私反三　趑ㄟ趄　䓸卻車　邵　茨疾脂反七

蒺　餈餅　垐以土增道　𥠧積　齍ㄟ　瓷瓦ㄟ　尼女脂反三　柅木名　怩忸ㄟ　姉直尼反六　坻渚小　泜水名涞餘死處

遲直尼反又直吏反　蚳蟻卵　岯山名　私息脂反二　鋖平木器　尸式脂反四　鳲ㄟ鳩獲穀　屍　蓍草　鬐馬項上鬐渠脂反六　耆長

䥣衛軸鐵　鰭魚脊上骨　鮨鮓　祁盛皃又縣名在太原又市支反　伊於脂反三　蛜ㄟ蝛　咿喔　棃力脂反七　剺直破　𥝩禾二把長沙云

秜稻死來年更生　蜊ㄟ蛤　蔾蒺　犂牛駁　葵渠隹反四　鄈ㄟ丘地名在陳留又地名在河東漢祭后土處　揆ㄟ揆　𩑶名

追陟隹反二　䨨雷出韓詩　龜居追反二　踦曲腳　儽儽佳反三　䕼　桵白桵木名　衰楚危反三　榱屋橑　痿病　惟以隹反八　𩗗

䧱ㄟ　壝埒　維　瓘石似玉　遺失　濰水名在琅邪　唯獨　灅水名力追反七　纍索又作縲　藟蔓　嫘ㄟ祖黃帝妻也

欙山行乘欙　欙牛　壘ㄟ嵔力罪反　綏安息遺反六　荾胡　雖　浽微雨　睢水名在梁又許葵反　䅗禾四把長沙云　遂渠追

反五 夔ˎ龍，俗作夔 騤馬行皃 馗神名 戣兵名 眉武悲反九，又作眉 湄水名 瑂石似玉 䁇視 䉋竹名，又無非反 黴ˎ黑，垢皃，又莫背反

麋鹿 縻ˎ系 悲府眉反一 錐職追反六 隹 䧳鳥 萑木名，似桂 騅馬倉白雜 誰視隹反二 脽尻

帷洧悲反一 邳下邳縣，符悲反三 岯山 魾大鱯 丕敷悲反五 伾有力 秠黑黍 䫌大面 駓馬桃花色 倠仳倠，許維反一

直追反三 槌 顀顡 推尺隹反一 胝皮厚，丁私反二 秖穀始熟 紕繒欲壞，匹夷反一 唯高皃，醉反二 雟以木有所擣，春秋越吳於雟

小山而眾丘，追反，又丘誄反一 狋犬怒皃，牛飢反，又巨員反 七之止而反二 芝草瑞 飴与之反十三 怡悅 圯ˎ橋名 貽遺 頤 詒ˎ

宧室東北隅 沶水名 胒豕息 鮞魚名 姬王妻別名 時市之反三 塒鑿垣 鼭鼠 疑語其反二 嶷九ˎ 㠘

思ˎ采 絲 伺候 緦麻 楒相思木 䈜竹有毒，傷人即死 禗不安意，欲去 鶅楚治反，又側治反二 颸風 其渠之反十六 期

旗旌 萁菜 騏馬青驪色 蜞蟛蜞，似蟹 琪玉 綦履飾 麒麟獸 淇水 鶀鳥名 藄綦，似蕨 錤

碁弈 璂弁飾 鯕魚 褀祥福 綨白倉色 詩所之反二 邿地名 而如之反十三 栭木名，子似栗而細，一曰梁上柱 檽木耳 隭

胹煮熟 輀車 洏漣洏，流皃 鮞魚子 耏多毛 咡吻 𡔫丸之墼 諆謗 欺詐，去其反五 娸娸姓，一曰醜 魌

䫏作醜 僛 姬居之反七 朞 基 箕 萁菜，似蕨 笸可以取蟣 諆謀，詩云周爰諮謀 詞似茲反四 祠 辞 辭

又作辝一 釐理，一曰福，理之反七 貍似猫 氂十毫 剺剝 嫠寡婦 狸徒士厥字出六韜，又都皆反 斄牛又莫交反 甾側持反八 淄水名

輜車，又楚治反 錙銖 緇黑繒 鶅 鯔魚名 僖樂，許其反十二 歖喜 熙和 娭美一曰戲 禧福 譆痛聲 憙

尹 瞦目精 娭戲 嘻 嘻ˎ 欸笑 醫於其反二 噫恨聲 癡丑之反五 齝牛吐食 笞打 治直之反二 持

蚩蟲名，赤之反二 嗤笑 疵疾之反三 鷀鸕鷀，鳥名 兹子之反九 孳息 嵫崦ˎ 孜孜 滋多 嗞吟ˎ

聲 黳黑 鎡鎡基，鋤之別名 鼒小鼎 茌ˎ平縣名，士之反一 漦涎沫，俟之反一 八微無非反四 溦溦雨，小雨 薇菜 𧀿似茗，又武悲反

輝許歸反七 暉日 揮張 徽美 翬飛皃 褘后祭服 䲘魚有力 幃香囊，王非反七 闈門內 圍 韋姓 䪔

違 遲 違 水名 霏芳非反六 妃美女 菲又芳尾反 𣯸細毛皃 婓ˎ往來皃 騑驂騑馬 斐ˎ貌，見左傳 匪肥反八 飛 扉

尸 緋綵 非不 蜚山午，一曰白 鯡魚 騛ˎ兔馬，而兔足 肥符非反五 腓腳腨 淝水 痱風病，又作痱 威於非反五 葳ˎ蕤

巍ˎ又於鬼反 楶 ˎ陵 𧋍 祈渠希反九 頎長 旂旗 蘄 鬿鬼 畿ˎ 崎山傍曲岸，又作圻 刉以血塗門

危又公衣反 腴肉頰 機居希反十一 譏誹 蘄縣名在譙郡 嘰小食 璣珠 禨 鞿 蘄草 磯大石激 鐖

鞿馬 饑穀不熟 禨祥 希虛機反六 睎日氣乾 莃菟葵 鵗北方名雉 稀 欷 晞視 依於機反五 衣 譩痛

陎天陎縣在酒泉 悠痛 沂水名魚機反一 巍語韋反一 歸馬蒺似蔡而大丘韋反 歸俱韋反 九魚語居反六 漁

陽 䱷捕魚 齬齒不相值又舉魚反 鋙鉏鋙 䁥馬目白 初楚魚反 書傷魚反六 鵨鳥名似鵲 璩玉 舒開 紓

地名在廬江 居舉魚反六 据手病詩云予手拮据 裾衣衿 琚玉 腒 鶋鶢鶋鳥 渠强魚反十三 蘧 璩 磲

蕖芙蕖 籧籧篨 醵合錢飲酒 䝪 渠 腒 鶋 鸒 余与魚反十九 蜍蟾蜍 餘殘

又与庶反 𤜵 旟 鸒 璵璠 艅艎 畬 䶛 歟 譽 輿 好 䰻 山

又餘佇反 歟 鸒馬行 與 胥思餘反七 諝 蝑 笙竹器 湑 稰 糈 婿 蝑 疽七余反十一 岨石山戴

土 趄趑趄 苴 狙 沮水名在北地 狙 疽 苴 蛆 砠 鉏助魚反 摅舒 初居

樗 踈 疏 蔬菜 梳 虛許魚反五 驉 歔 嘘 魖 徐似魚反三 鄃地 稌

於 央魚反五 菸 淤 瘀 唹 豬陟魚反 潴 櫫 臚 盧 驢

鬛 閭門 廬 蘆 櫚 驢 盧 蕠 蘭 攄 諸章魚反五 櫧 儲 陼 水名在

藷 蔗 甘蔗 儲 除直魚反七 躇 篨 滁 蒢 藸 宁門屏間又直呂反 如

女魚反四 挐 洳 水名在 駕 且子魚反三 砠 蛆 蝍蛆 墟 去魚反五 袪 怯

馬 据 木名 葅 側魚反三 狙 姓 砦 紓 稌 粔 挈 毛 十虞語俱反 愚

娛樂 渮 嵎 鶋 鶋 嵎山名 禺 番禺 髃 隅 鸆 䳜

蜀 乳 無武夫反十 毋止 膴 鄦 蕪 誣 巫 璑 潕 膴 黑

巫 亏羽俱反 迂曲又 盂 邘地名在河內 雩祭名又 竽 玗 訏 吁 肟 欨

烏 疛病 盱 盱 衹 劬其俱反 衢 鼩 氍 朐 鴝 䵶 約

麝 鸜 鸜 灈水名在汝南 臞 鼩 鑺 兵器 遽 衢

鈿屬 儒日朱反七 濡水名 獳朱獳獸名 襦襖 懦弱又乃亂反 嚅囁嚅多言 鱬朱鱬魚名魚身人面 顬石作頭相俞反八 鬚 須 繻

傳 頫頭ㄟ 婁女須又媰原婦 需 懦疑 㦎子庾 株陟輸反四 誅責伐 邾地名 鼄蜘ㄟ 跦行皃 軀歐不神俱反一 銖

市朱反六 殊 洙水名在魯 茱茱萸 㪔小罍 殳詩云伯也執殳 逾越羊朱反廿五 窬門邊小竇 臾 楰木名 腴肥 腧摩縣名在扶風 鍮

窳 俞 諛又䜂呪又人娃反 諭諂 愉悅 踰 歈巴歈歌 揄揶揄舉手相弄或作邪揄 褕衣 瑜玉 崳崳ㄟ汝山在雁門 㥚喜 羭黑羖 貐貙獸又 狎

朱反 萸茱ㄟ 𧮬豕 榆木 蕍華 𦳣短板 鄃地名在涿郡 渝變 區氣俱反六 嶇崎 鰸魚名出遼東 軀身 驅 毆 樞

褰裳又苦侯反 朱止俱反六 珠 侏侏儒 袾 咮詛 咮囑咮多言 鴸似鴟人首 趨庾行七朱反一 慺敬力朱反九 蔞蔞蒿 氀毛布

瞜ㄟ瞜 蔞山頂 鏤魚 鸜鸜鵒野鳧 摟曳 𧐖豬求子 扶持附夫反十 芙芙蓉 颫風 符瑞 鳧野鴨 榑

海外大澤日所出 蒦ㄟ 苻鬼目草名 蚨青蚨子母不相離 夫ㄟ若 𧐕𥝔土子反二 雛鷄 敷撫夫反六 趺跏 孚

信 郛郭 檄木名 鄜縣名在馮翊俗誤作鄜州 鋪又普胡反 荂者 稃 俘 痡病 殍餓死 怤思 膊鄣下羽 敷

孵卵化 紨細 諏謀子于反又子侯反四 陬 㔩 娵星 跗甫于反十 膚 鄜縣名在琅邪 鈇 柎 𦜆

之鳥 玞石似玉 鵂鵂鶹六足六目三翼 膚地膚藥名 簠簠簋祭器又方羽反 夫人ㄟ 紨 反四 傍陽傍澤在涼州 㸬

迃 輸式朱反一 摳昌朱反二 姝 廚直誅反二 蹰 拘 又舉隅反 駒 峋峋嶁衡山別名 朐 鄃 株詩云

跔手足寒 鮈魚名 俱 䞲 氍氍毹 瞿 腧 榆 襦又 㝢 十一模 法莫胡反七 摸以手摸又莫博反 嫫 模嫫母黃帝

𩡱 𩙁 榆字 模大胡反 𤦊 䅂衣 㮋 縷 謨謀 匍匐蒲胡反 匍 字傍北反七 𧗠 𧗠蹴 莆草 酺大飲 蒲 在武威 𤲎

剣字戸 善蒲 胸蒲草 水 胡戶吳反 壺酒器 狐理 瓳瓳 餬寄食 瑚璉 湖江湖 頡牛項下垂 鶘鵜鶘 鶘名 䴴

𩨐 蝴名 翢 𧐏 狐弓 乎何 弧 孤古胡反 𥬒 菰 姑 辜 孤 咕 罛 呱 沽 釦 酤

又古暮反 觚 鮎 姑 菰 鴣 鵴 鴣名 棒 榛 船 漢書越巫祠在雲陽 沽水名在高密 徒度都反 屠 𤼵 瘏病

泥 途 道 涂 余山 酴 𤕥 駼 騊駼獸名 酴 酒 𢉩 黃牛 駼 馬名与鼠同穴 涂水名在益州 梌 木名 荼 苦菜又宅加反 酴 ㄟ 酯 啚 圖

𤬪 廜廜ㄟ屠蘇 奴乃胡反六 帑 𧝏 帑 駑 駑馬 孥 子 𡛹 鳥籠 呼荒烏反五 㷻 大 𦘀 膴 無骨腊又武夫反

㬿 㮰 吾五胡反十 𪇰 似鳶 浯水名 𧆛 草名 梧 𤡮 𤬪 瑎 琨瑛 石似玉 吳 蜈蚣 郚 鄉名在東莞 梧 桐 租則吾反二 𧥄 苔 封 䝡

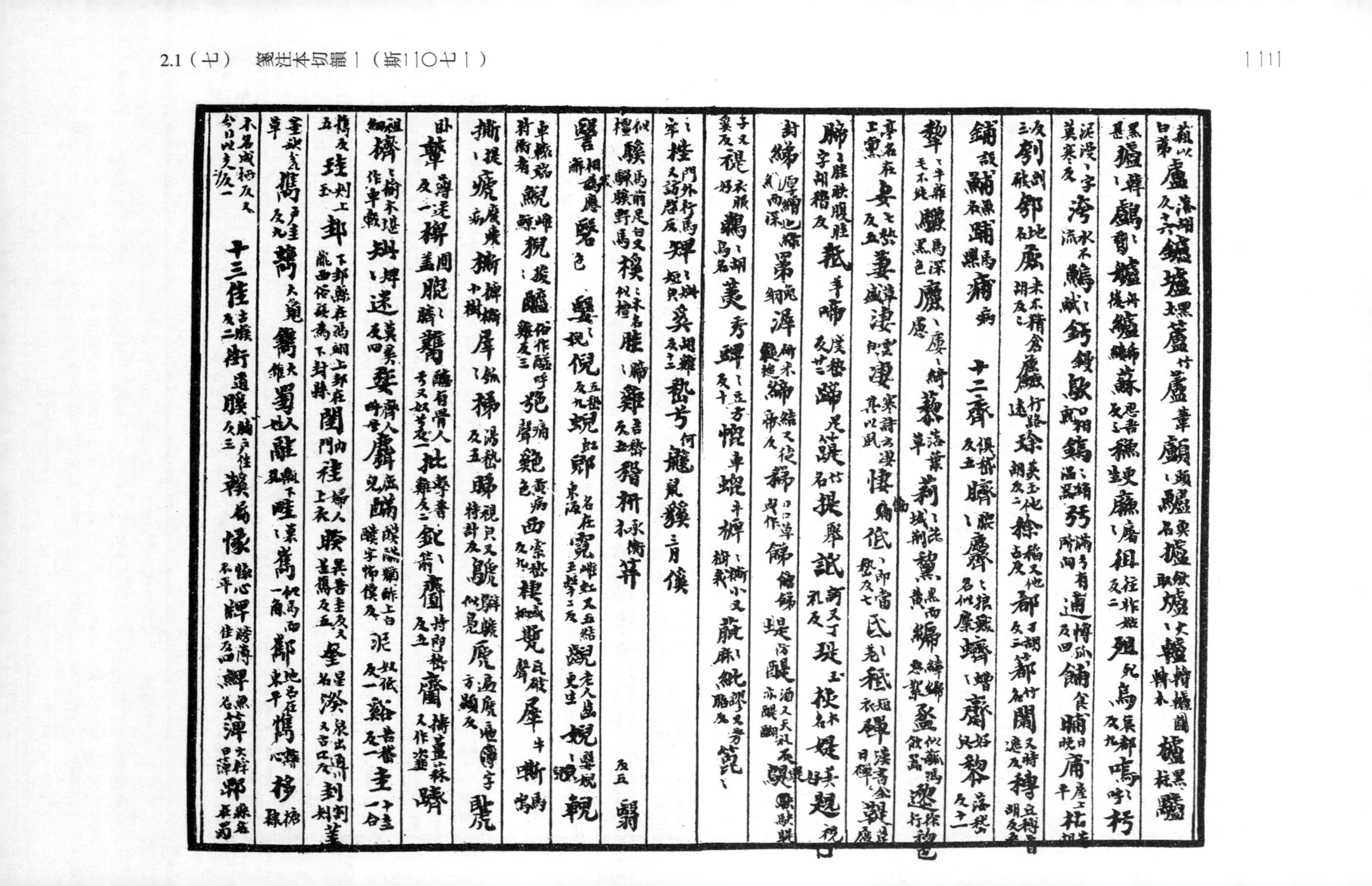

又符羈反 媧女媧氏，姑華反，三 緺青緺綬 蠲蠲闟 哇蝦蟇屬，烏緺反，一 咼口戾，苦哇反 絓絓礙 柴薪，士佳反，四 祡祭天 㸶㸶齒不正

䗊⺀胡，菜名，又齊革、鋤佳反 釵楚佳反，二 靫䩛靫，海布反 㒓物不正，大咼反，一 䍲䍲羺，胡羊，妳佳反，一 崖岸，五佳反，四 啀啀喍，犬鬪 涯水際 睚睚眦⺀

娃美女兒，於佳反，三 洼水名，又烏瓜反 哇淫聲 㤎呼彼之稱，山佳反，又山宜反，一 㜳火佳反，二 咴欬咴，氣逆 扠以拳加人，亦作搋，⺀字，丑佳反，一 膭視兒，𡰪佳反，一 㖆

十四皆古諧反，十 偕俱 龤龤和 喈鳥聲 階階級 稭 𧄍 湝⺀𧄍，草名，似舌，是 痎 瘧 𦺓 瘧 諧和，戶皆反，五 湝風

骸骨，戶皆反 揩石黑 騃馬性和 排推，步皆反，四 𦺓 俳俳優 牌 乖古懷反，一 懷戶乖反，七 褢⺀褢，衣 櫰木 褢

式䜣 蘬 ⺀櫰 淮水 匯澤名，苦淮反，一 豺狼屬，士皆反，二 儕等 差蕭差，楚皆反，一 虺⺀隤，馬病，呼懷反，一 埋

三反 霾風雨土 㥣 齋⺀潔，側皆反，一 崴⺀嵬，乙乖反，一 𪘏齧，卓皆反，一 揩⺀摩，客皆反，一 搱諾皆反

十五灰呼恢反，三 豗豗地 虺虺隤，馬病 恢大，苦回反，五 詼詼⺀ 悝病，⺀悝，一曰悲 魁師，一曰北斗星 䰎箭竹 隈水曲，烏恢反，三 煨煻煨 緭色

回戶恢反，十 洄逆流 徊徘⺀ 迴還 槐宮槐，木名 瑰玫瑰，火齊珠 蛕人腹中長蟲 枚莫杯反，十一 媒 玫玫瑰 梅木 煤炱煤，大屋上

脢背肉，又莫代反 腜孕始 禖求子祭 𤇤 鋂大環，一環貫二 傀大兒，公回反，二 雷路回反，四 罍酒器 儡⺀ 勗 䨲

暴風，杜回反，六 頹 隤隤下 魋似羆而小，又人名 㱕 穨 𩕊禿 崔此回反，三 催 縗衰衣 磓落回反，三 䭔

餅 堆都回反，三 推 𢗃 頧 𢆯 崔⺀嵬，字同音別 摧傷 𤢖 㩻⺀嵬，素回反，二 接 裴薄恢反，五 徘徊 培益 陪

𨜒鄉名，在河東聞喜 杯布回反，一 肧懷胎一月 坏瓦未燒 𤸇病 醅酒未漉 鮠魚名，似鮎，五回反，三 䑓舟上 嵬 ⺀ 䪀

蓷草名 𢹂 ⺀ 挼 奴回反，二 摩 十六咍 呼來反，二 咍笑 䶣笑聲 哀烏開反，三 埃塵 唉 又於其反

臺徒來反，六 擡舉 𤂺 炱煤 𡏖 𤎅 嬯 臺 ⺀ 儓 古哀反，七 𨜓 䧅 垓八極 又垓下，地名 郂 陔 胲 荄

又古諧反 郲 陳留 鶆 賫 𧀢 又五哀反 䑋 皚 陔 殿階之次序 𡔑 裁 昨來反，六 纔 財 才 材

𧿑 來 落哀反，六 萊 萊又東萊，郡在青州 郲 騋 馬高七尺 崍 邛崍 庲 猜 倉才反，二 偲 胎 湯來反，四 鮐 台 三台，星名 邰 地名，在始平 孩 戶來反，二 咳 小兒笑 䑋 鰓 才反，四 䚡 䚡 𥈤 𩋅

𩓡 𤸇 騃 五來反，三 皚 皚 開 苦哀反，一 十七真 職鄰反 𡈼 甄

娃 又居之反 蓁 愼 以貢 春 昌脣反，一 漘 水際 脣 水脣 蓴 𦻐 蓴草 匀 倫 𥁕 淪 沒 倫 輪

又盧昆反 輪 車輪 倫 山名 崘 魚名 蜦 蛇神能興雲雨 棆 木名 綸 綸絲 屯 陟倫反二 窀 窀穸 純 常倫反八 蓴 蒲秀 莼
酶 水葵菜 醇 酒醲 鶉 鶉鶴字 鶉鴿 馬合反 恂 憂 錞 所以和鼓 淳 清 犉 牛脣 均 如 瞤 目動 作眴 因 於鄰反十一 禋 禋祭 宗 六 闉
闉 闉城上重門 駰 馬 又於巾反 烟 烟熅天地氣 湮 沉 氤 氤氳 垔 塞 諲 敬 姻 婚姻 珎 陟鄰反三 填 壓 又徒賢反 鎮 戍 又陟刃反 新 息鄰反
辛 苦 薪 柴 辰 植鄰反六 晨 旦 宸 屋宇 天子所居 鷐 鷐風 麎 牝麋 臣 臣君 仁 如鄰反二 人 申 書鄰反六 伸 展 娠
振 孕 又指刃反 紳 紳帶 呻 吟 身 神 食鄰反二 䢅 平旦 獜 犬走草状 尹珎反二 繽 繽紛 鄰 力珍反九 轔 車聲 嶙 嶙峋 山深崖状 粼
駗 馬色 石闔 木在 驎 壘 騶 田 麟 麒麟 鱗 魚 鳳 皮 撞 手柄 鈴 作 珍 鈴 貿 誼曰 鈿 稷 䅟 陳 直珍反三 塵 土 蔯 蒿 陳 又 䉣 名 似 羊 目 存 耳 後
塵 埃 津 將鄰反三 璡 美石似玉 濜 液 氣之 瞋 怒 昌鄰反二 䐜 肉脹起 秦 匠鄰反三 螓 螓蛘 獉 牛 親 七鄰反一 嚫 親 嚫 珎 反
又下珍反一 寅 敬 余真 又以之反四 夤 腹 膂 黃 黃草 乃 銀 語巾反八 圻 大聲 齦 齦 又 㦟 未詳 郡 縣名在會稽 又魚斤反
誾 陽縣 在四河 誾 和 嚚 過 又言不忠信曰嚚 紉 單繩 女巾反一 巾 居鄰反一 民 彌鄰反三 閩 閩 泯 視 泯 又武盡反 賓 必鄰反三 濱 水際 或作瀕 擯
郇 相倫反十 郇 地名在河東解縣 詢 咨 眴 目 珣 玉 峋 嶙峋 栒 木名 栒 邑名在扶風 洵 水名 又詳遵反 恂 心 言 遵 將倫反二 跧
越 逡 巡 圓反 逡 逡巡 七倫反五 竣 止 一曰 皴 皮細起 䝼 東郭 狡兔 墫 舞 旬 詳遵反七 巡 行 馴 擾 循 手相 撫 揗 拊 趁 行 遵
脣 善 紃 圓絛 食倫反 頻 符鄰反九 蘋 大萍 嬪 九嬪 一曰妻 櫇 木名 玭 珠 獱 獺 名 蠙 蜯 別名 顰 蹙眉 繽 繽紛 飛
敦 寶 均 居春反二 鈞 竹 鶤 西方名雉 肫 䏝 又 椿 木名 勅 輴 車 載柩 醇 純 美 又 諄 至之 章倫反一 鷷 鷷 鼓聲 於巾反二 駰
贇 美好 於倫反二 贇 文 見 囷 三 麇 去倫反 箘 箘簬 竹 箘 桂 又渠隕反 蝨 文質
虨 虎文 又方閑反 珉 美石次玉 武巾反十二 岷 山名 江水所出 閩 閩越 又 罠 彘
十九文 武分反十二 聞 聽 蚊 蟲 芠 赤蘼 紋 綾 駁 馬赤鬣縞身目若黃金 文王以獻於 詵 眾人言 獉 本叢生 藻 鋤臻反一
紛 鳲 者 闅 在鄉 汶 鼢 鼠 闅 武巾 又 雲 戶分反十二 芸 芸臺 耘 耨 鄖 國名 紜 紛紜 女字 絲
濆 水名 在 美陽 澐 江水 大波 篔 篔簹 竹名 云 言 熅 煙氣 於云反六 氳 氤氳 縕 亂麻 又於粉反 馧 香 輑 輑輑 兵車 又於粉反 蒕
積 束草 又於粉反 汾 水名在太原 符分反十六 墳 墳 羒 羊 羵 䊗 鼢 鼠 豶 大 轒 轒輼 濆 水際 又水名 焚 燒 粉 羊 羵 鐼 頒

布迷反 獖 牡羊 䳕 似鴨白身赤尾六足 枌 木名 蕡 草木多實 黂 麻實 棼 棟 分 府文反 三 芬 芬芳 饙 飯 饙 羣 渠云反 大

褮 衣 薰 許云反 九 曛 日入 纁 絳 熏 火氣 燻 燻 蘍 北方 勳 功 醺 醉 軍 舉云反 君 舉云反 四

䩿 足 居運反 裙 裳 芸 王分反 六 雲 霧 紛 紜 帉 巾 耘 ◻ 翁 ◻ 雰 或作 氛

殷 於斤反 三 慇 懃 懃 巨斤反 三 芹 菜名生水中 勤 筋 骨 欣 許斤反 昕 明

出 㶶 斤反 四 䜣 言 齗 齒根 圻 或作垠 廿一元 愚袁反 三 原 根 源 水 杬 木名 嫄 姜嫄 沅

水名 騵 赤馬白腹 羱 羊 黿 蚖 蝾螈 芫 藥名 祁 袁 雨元反 九 爰 垣

䳁 園 圃 援 引 猿 蝯 鶢 鶋 轅 車 番 蕃 播 旛 幡 幡 藩 大 潘 ◻

蕃 汁 米 暄 或作煖 況袁反 八 喧 或作諠 萱 草 暖 護 壎 塤 鵷 鶵 鸒 咺 煩 附袁反 繁

多 蘋 似莎 ◻ 樊 蘩 蹯 燔 膰 羊 璠 番 濼 蹯 非

蟠 蚓 ◻ 蹮 蠜 蟠 蟠 蹮 蠶 璠

陰 字 鵷 鵷 鶵 沅 水 怨 狂 鵷 頭 宛 屈草自覆 言 語軒反 三 㗂 玉名 甗 無底 ◻

舉 言 軒 虛言反 五 攑 舉 騫 飛 幰 車 褰 掀 搴 揭 言 居言反 六 犍 駿

馬 上盛 騝 腱 筋頭 劇 番 藩 籬 轓 車

廿二魂 戶昆反 九 㮯 輝 餛 飩 鯤 鼉 渾 昆 古渾反

崑 香 褌 衣 崐 山名 琨 玉名 鵾 雞 鯤 大魚 蜫 蟲 溫 於渾反 四 轀 車 縕 麻 榲 瘟 溫 細 門

莫奔反 五 捫 摸 門 樠 木 璊 赤 稱 玉 孫 思渾反 三 蓀 香 飧 餔 尊 祖昆反 二 罇 酒器 存 在 蹲

坐 敦 都昆反 二 惇 厚 暾 日出 焞 火色 涒 灘 崴 黮 黑 䵎 鶉 七 粱 肫 豚

宅 ◻ 屯 徒渾反 飩 餛 頓 豚 拕 村 此尊反 一 㿃 盆 蒲奔反 盆 噴 子

㴼 水名 奔 博昆反 二 賁 勇 論 盧昆反 又力 崙 昆 侖 坤 苦昆反 三 髡 影 ◻ ◻

門 昏 呼昆反 五 惛 不明 婚 閽 守門 廿三痕 戶恩反 四 根 跟 ◻ 䜶 ◻

所以平量 根古痕反二 跟足後 恩烏痕反一 吞吐根反又吐㥂反一 垠ゝ剉五根反或作圻又語斤二反 廿四寒胡安 韓

并垣一曰閂名 寒ゝ草 翰又胡旦反 邯ゝ鄲縣名 桓胡官反十五 完全 麑鹿一歲 鵈ゝ鴝鳥 丸 [illegible]名桂 雚葦

雈木兔 洹水名在鄴 汍ゝ瀾泣皃 絙緩 芄ゝ蘭草 豲豕屬又豲道縣在天水 梡木名出蒼梧子可食 㓉 智廿無水一曰

目無精 睆 [illegible] 欒落官反八 鸞鳥 巒山小而銳 欒木名又姓 灤南縣名在 矩庶俗作 [illegible]一曰欠負 [illegible]理 [illegible]

[illegible]一曰茆詩云言具茆ゝ字力大反 岏巑ゝ五丸反二 刓圓削 欑木聚在丸反二 巑ゝ岏小山 寬苦官反二 髖髀 歡

呼官反七 驩馬名 貛ゝ貉 [illegible]射之衝天射人 鸛小雀短尾 [illegible]鳥名八而馬喙 酄邑名在魯鄉 貛野豕 湍急瀨他端反四 貒ゝ似豕 [illegible]豚

ゝ豚似豕而肥又吐亂反 猯漢太ゝ星名 黇黃色 酸醋素官反四 狻ゝ猊師子猛獸 痠ゝ疼痛 霰小雨 端多官反四 褍

衣長又衣正幅 剬齊 鷒鵲鳥名 鑽ゝ刺借官反又借玩反一 官古丸反七 莞草名可為席 棺ゝ槨 觀視又古玩反 貫又古玩反 冠冠飾

又古玩反 涫ゝ㶁縣名在酒泉 團度官反七 蓴ゝ蒲叢 剸截 摶ゝ風 慱詩云勞心慱ゝ 漙詩云零露漙兮 鄟郝鄟之邑

單都寒反又常演反又市連反 之 襌衣 鄲邯鄲縣名在趙 丹赤色 殫盡 簞小筐 安烏寒反四 盌ゝ盤大盂 鞌

馬鞌 鄿地名在富陽 干古寒反八 乾燥古作漧 竿竹ゝ 肝心ゝ 奸以淫犯 鳱ゝ鵠鳥名知來事或作鶂吉流反 玕琅玕 邗越地又古名

胡干反江名 壇封土社壇徒干反八 檀木名 驒ゝ鷄 癉風在手足又都彈反 撣[illegible]玄經云撣其名 彈又徒旦反 [illegible] 驒[illegible]一曰

青驪白文又丁年反 騨[illegible]似馬而小 盤盂又作柈槃薄官反十 [illegible]胡瘦 磐大石 槃大 磻ゝ溪 [illegible] 般

樂 蹣ゝ跚 搫ゝ擭蜿蜒 看苦寒反三 刊削 衎 瞞目不明武安反九 [illegible] 謾ゝ欺 慲 [illegible] 饅餅

志 鏝所以泥壁 蔄無穿孔狀 覯 飡食干反一 蘭草落干反七 瀾大波 闌[illegible]一曰闌[illegible] 讕[illegible]誕 闌

妄入宮門 𧀄八所員 欄木名 殘昨干反四 戔[illegible]食 餕 [illegible]易曰東帛戔ゝ 嫚 嘽馬喘他單反六 嘆 灘水灘一曰[illegible]

在中曰梁灘 讀ゝ謾欺慢言 瘆力梃又馬病亂何反 潘普官反二 藪大執 難乃干反一 跚蹣ゝ行皃 珊ゝ瑚 姍又先旦反 頇

瀨預大面 只許安反一 馯部黨北 濡反一 廿五刪所姦反二 訕謗 閷 還古還反二 瘝病 彎烏關反二 灣水曲 還胡關反九 環玉名 刓

樸剝縣名在武威 㯕字薄姑反 鬟髻 寰王者封畿內縣又玄見反 闤ゝ闠市門 鬟黃擬女 鍰六兩日鍰 鐶指 班布還反六 頒布又府還反 鳻 [illegible]

纏ゝ 蠻莫還反 蠻 斑駁文又方關反 鱷 鶡似鳧一目一足一翼相得乃飛 撥狼屬又武顛反 姦古顏反二 菅草名又姓或作蒲 顏五姦

一反 攀引普班反二 眅目多白 姦訟女還反一 孉ㄑ痺五還反一 斕斒斕力艱反又力閒反一 廿六山所閒反三 疝ㄑ痂腹病 潸
ㄑ䍒串瘻 鰥ㄑ寡又魚名古頑反一 閒古閑反二 艱難 閑胡山反八 㵎雅 癇癇病 䴏馬目白 𧉰 嫺 𥈍人目多白 鷴鳥白ㄑ 贇
㑶鶃侵鮮反 慳恡苦閑反二 覸人名出孟子 虥虎淺文白非閒反 羴羊臭許閒反人失聲反一 訮爭語呼閒反二 𤝎犬鬭聲 頑五還反二 顆
二反 貚羊 斒ㄑ斕色不純方閒反又方艱反二 虨虎文又甫巾反 斕斒斕力閒反一 嘫諾閑反 孃女狀 媆狀

切韻卷第二 平聲下廿八韻
一先蘇前 二仙相然 三蕭蘇彫 四宵相焦 五肴胡茅 六豪胡刀 七歌古俄 八麻莫霞
九覃徒含 十談徒甘 十一陽与章 十二唐徒郎 十三庚古行 十四耕古莖
十五清七精 十六青倉經 十七尤雨求 十八侯胡溝 十九幽於虯 廿侵七林 廿一鹽余廉
廿二添他兼 廿三蒸諸膺 廿四登都滕 廿五咸胡讒 廿六銜戶監 廿七嚴語驗 廿八凡符芝
一先蘇前反又蘇見反二 𠐁蹮蹁蹮旋行 前昨先反一 千倉先反五 阡阡陌 汘水名 仟千人長 芊草盛皃 𠏉ㄑ義則前反又作箋四 濺水名又子賤反 棧
蘢小兒 㟋ㄑ𡼖 天他前反二 䵺ㄑ䵺不正 𠁅 堅古賢反十 鋻剛 㹷縣名在東萊又下堅反 惤布名 幵羌列反 肩 鳽鳥名又五革反
豣大豕又三歲一豕 菺蜀葵 䴞鹿有力 賢胡千反六 弦ㄑ弓 胘ㄑ肵 舷船邊 絃ㄑ琴 蚿馬蚿蟲 𪂹烏𪂹四反 蔥又於見反 咽
ㄑ喉 㶣香草 蓮又五 憐愛恡 嗹ㄑ嘍煩 縺ㄑ縷 𦇂𩧆 𢈂蹟又 𩗡又 田徒賢反九 佃作田 畋取禽獸又
徒見反 盷平皃 𥅫地名在 填塞又陟陳反 闐ㄑ轟 鈿鑽地 畸 𨪐鋋 鈿金 年奴賢反二 秊 鄍鄉名在馮翊 顛傾都 反七
顛牙 瘨病又 槇木 驞馬 滇ㄑ池在建寧 𧼥走 𤘘ㄑ引 反四 苦賢 繂 𥽏惡絮 字落稀反 邢地名在河
內又音 汧水名在安定又苦見反 妍ㄑ淨五賢反三 䳍鶃 研磨 眠莫賢反一 蹁蹁蹮田反七 蠙蠙ㄑ珠 駢部田反 軿四面屏蔽婦人車又
傍丁反 騈馬三 𩩅 胼胼胝 𣶬水名 痯骨病 鵑 弶 箯 剸 𦩥 穎聲 消水流 玄反六 睊 鋗
草名 背 稍 𦎧 鷁鶂 鋗銅銚大 騧青驪馬 邊布玄反八 籩竹器 𦨴 蝙蝙蝠 編次又方顯反 猵
欄 𥞤 扁 𥞦 𥝂 鮮ㄑ又鳥獸 玄胡涓反五 懸 眩ㄑ亂 駭馬一歲 弦 漢有 𧻓 二仙相然反六 𪂪 名竹 吅 仙草名 似 蒐

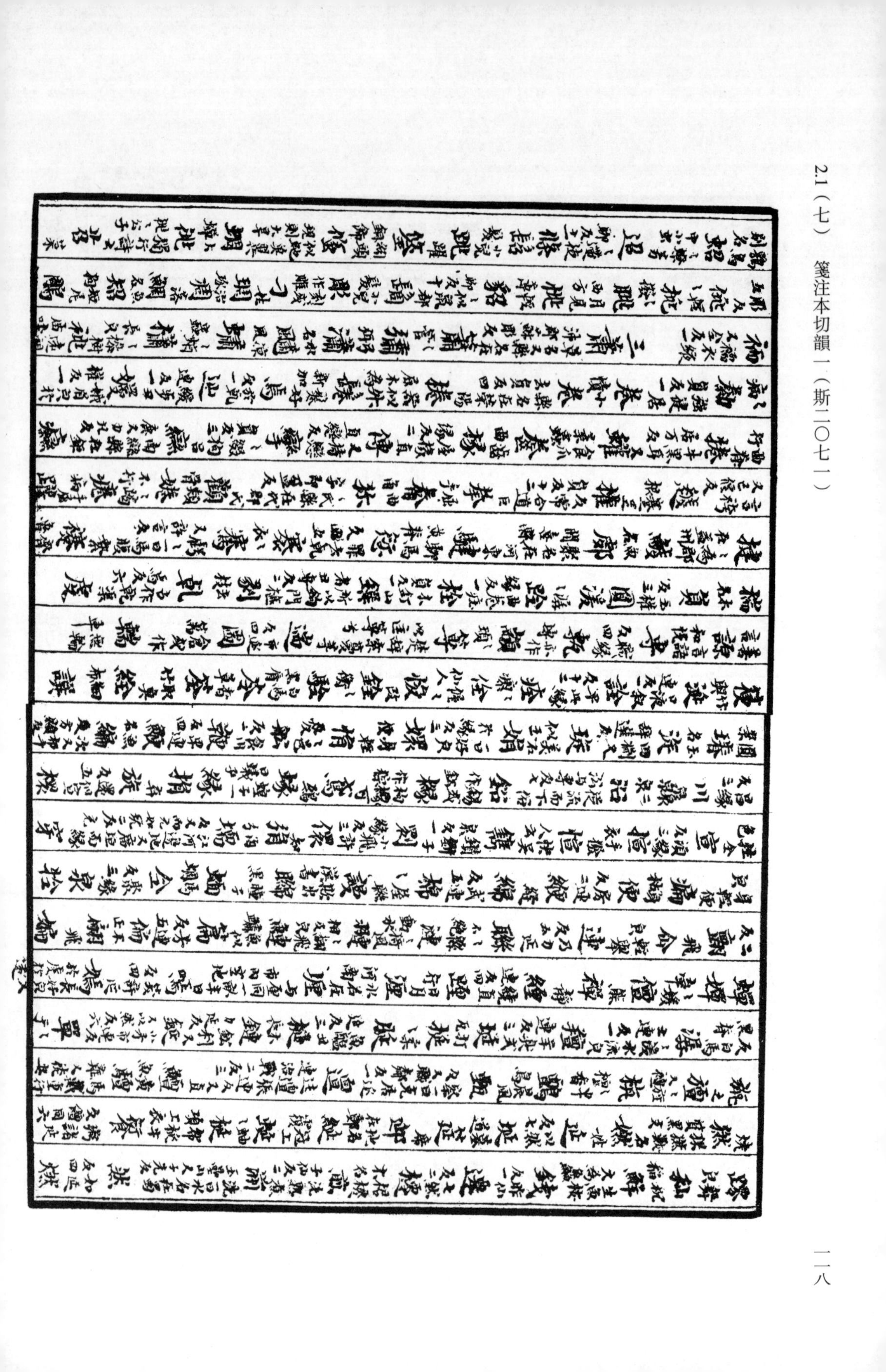

芀葦花 調 驍武皃古堯反八 梟鳥名 県到首懸 澆沃 憿憿幸亦作僥倖 邀遮 釗弩機又周康王名招遙反 蟰似蜘蛛四足食人

落蕭反卌 聊耳中聲 膋腸間脂 飉風 撩取物 遼遠又水名 憀無憀賴 寥空 寮穿 料理 橑蓋骨又力道反 轑轑

㙩周垣 廫鳥氏辛伯廫力姓又敖反廫湛廫豆是 僚同官為僚字或作寮 鐐有孔鑪 磟空石 嶚嶚山皃 簝宗廟盛肉方竹器 嵺

簩竹名 璙玉名 嫽相戲人力弔反嫽戾性目是 潦清水 鷯鷦鷯鳥 堯五聊反四 嶢山 僥僬僥短人 垚土高皃 膮豕羹許幺反二

曉聲 幺於堯反一 鄡鄡陽縣名在鄱陽苦聊反二 郻縣名在鉅鹿 四宵 宵夜相焦反十 消滅 霄近天赤色 捎動搖 逍逍遙

痟渴病 綃生絲又蘇彫反 銷鑠 硝硭硝藥名 蛸螵蛸虫 超勅宵反二 怊怊悵 朝知遙反一 晁人姓直遙反 潮潮水又水名 [illegible]噬詩反十

枵玄枵星名 歊氣 [illegible]大鬚 獢猲獢短喙 [illegible]犬黃白色 [illegible]白豆別名 蕉葉即焦反八 劁刈草 僬僬僥南方短人 膲耳中聲

憔悴或作顦顇 譙國名 嶕嶕嶢山 [illegible]高皃 驕馬高六尺舉喬反六 嬌女字 憍矜 穚禾秀 蕎大 鷮似雉而小 焦大焦又即遙反

反九 蕉芭蕉 [illegible]兜鍪上毛飾 膲人之三膲 鷦鷦鷯鳥 樵又子肖反 鷦鷦鵬似鳳南方神鳥 噍啁噍鳥聲 鐎溫器三足有柄 饒如招反六 襓劍衣

撓又女教反 擾牛馴伏又女紹反 蟯人腹中蟲 蕘芻蕘 燒式昭反一 遙餘招反六 嬈美好 傜傜役 繇由 颻飄颻 歘氣出皃

窯燒瓦竈 蕘薪蕘草名 [illegible]茙蕘楚 珧玉珧蜃甲 鰩魚名鳥翼能飛 銚燒器又徒弔反 姚姚美好皃 搖動 瑤美石次玉 謠

歌 軺軺車名又以焦反 愮憂 陶 韶舜樂一曰美市招反二 佋廟佋穆或作昭又市沼反 昭心遠反五 鵃鶻鵃鳥名斑鳩 招呼 鉊淮南人呼鐮鉊

堯反 颷風甫遙反七 摽舉 爂亦作𤎼 猋群犬走 杓北斗柄星又撫招反 瘭瘭疽病名 慓慓悍 熛火飛 鑣馬銜甫嬌反四 儦行皃 瀌

穮除田歲 飄風 瓢瓠杓符霄反二 顠風 蜱虫名撫遙反四 蛸蟲蛸初生 䕯竹 漂江東人呼萍 苗武儦反二 貓獸名食鼠又莫交反

腰腰脊於宵反七 要又約笑反 葽秀葽草名 [illegible]蚴名 [illegible] 喓蟲聲 邀遮 鴞于嬌反 鄡鄉名在清河 喬木高曰喬巨朝反七

趫善走又去遙反 嶠山銳而高又巨廟反 僑寄 鐈似鼎長足 鷮雉 鍫鍤七遙反三 幓斂髮謂之幓頭 [illegible]麻生 [illegible]於喬反三

訞言 祅亦作妖災 蹻舉足高去遙反又其略反二 繑絝所乘 怊尺招又昌召反二 弨弓弛 漂浮撫昭反十 杓北斗柄 飆飆颻吹皃

嫖身輕便 旚旌旗動 膘牛色 鏢刀劍鞘下飾 僄輕 翲鳥飛 䬙飄颻 [illegible]鳥尾渠遙反二 蔈草名荊蒸 燎庭大燭力昭反又力照反一

肴與餚通胡茅反十二 崤山名在弘農 [illegible]下高反 殽茅根 殽雜 淆水名又殽名在沛縣 筊竹索 姣妊 猇虎聲又縣名在齊南人音加反又直交反

梢挑花 爻卦爻 交古肴反八 蛟龍 茭草乾 鮫魚名皮有文可飾刀劍 鵁鵁鶄 膠 郊邑外 咬鳥聲 巢鳥巢又居盤

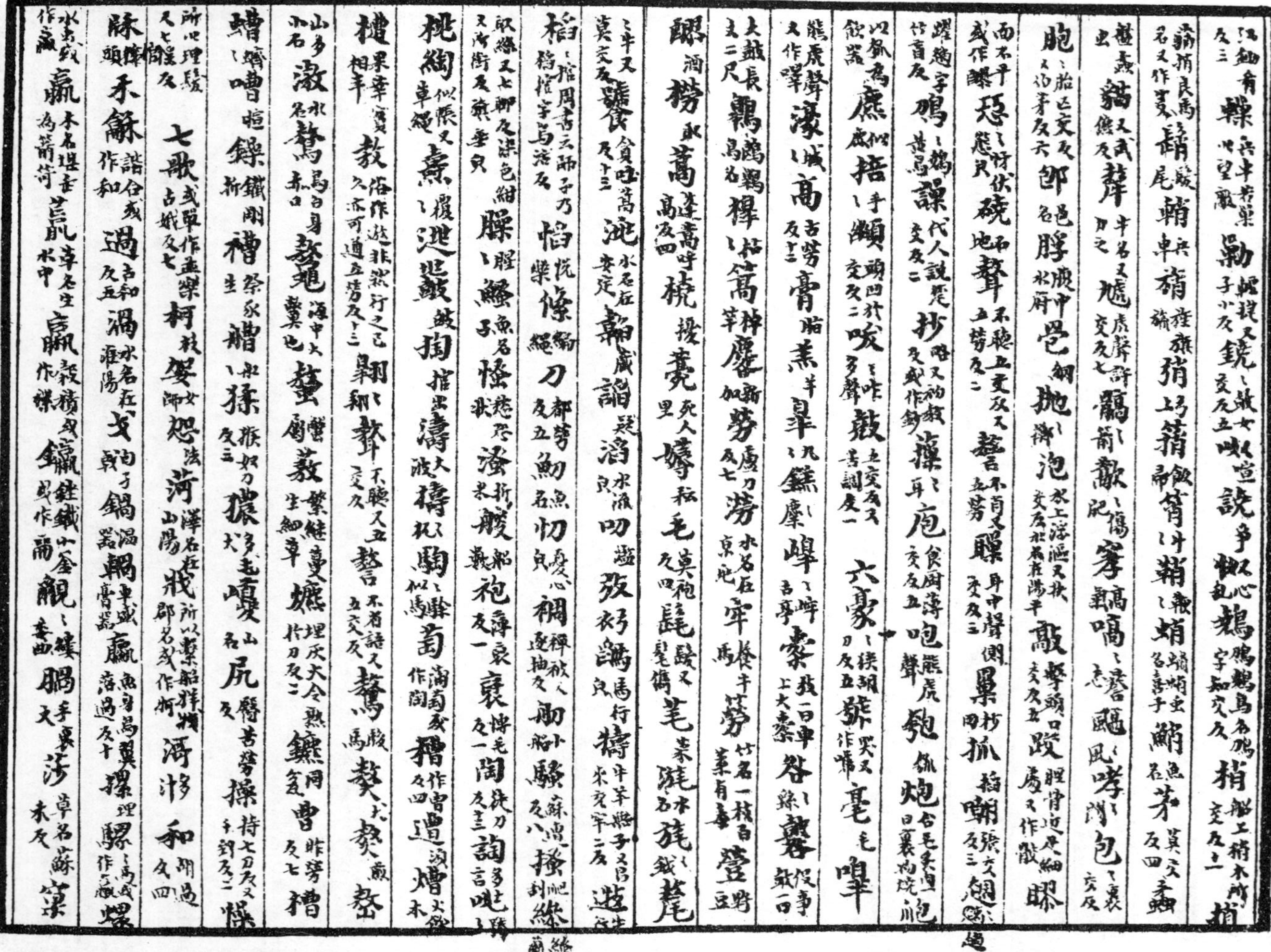

鯊名魚 莏〻挱 㟧〻嵯縣名在永鄉 𧺆〻病 蓑可以為雨衣又蘇禾別 梭〻織 痤〻癤昨和反三 矬短 銼小釜 訛謬五和反三 鈋〻角
囮網鳥者媒 科〻段苦和反七 窠〻窟 薖草名 棵青棵 萪〻藤生海邊葉助可為茂 蝌〻蚪 犐牛無角 倭東海中女王國烏和反二 渦
水〻迴 蹉跌七何反四 瑳玉名 搓〻碎 磋治象牙 多得何反一 娑淒娑素何反三 挱〻摩 傞舞不止 婆薄波反三 鄱〻陽縣名
皤白頭或作嶓 摩研莫波反 麼尼 魔鬼 麿偏病 磨〻按此是研拼手者是手摩多脫錯 駞駱駝徒何反八 鼉似龜又徒寒反
㸰〻負 紽絲縷又戈反 鮀魚名 陀 沱〻滂 䴸似羊四耳九足 酡日酒作何反八 暛殘歲田 瘥病 鄌縣名在沛郡 𤸱中瘦 䶪
𧻮別名 嵯〻峨 蒫薺實 莪草名似𦮙蒿五哥反八 峨〻嵯 娥美好 哦吟 鵝〻鴨 𧍧〻蠶 俄〻頃 䫏齊 他託何
又丈三 拖曳 疼馬病又力極他單反 羅盧何反三 蘿〻蔔 籮〻筛 那何又朝那縣在安定又奴何反五 難 挪〻挼 𩫕似牛白尾 儺
逆痠 何胡歌反四 河 苛煩政 訶責虎何反又或作呵二 𩑔頭傾 波博何反四 皤老人色白貌又薄何反 紴錦類又縷滑 嶓〻冢山名在隴西
牠牛無角徒何反一 犤〻牲無角 軻又苦賀反 阿烏何反二 婀娜不決字烏含反 痾 訑欺吐何反二 沱水名在西河 挼〻挲奴何反一
頗滂河反二 坡坂 珂苦何反二 縈小堆丁戈反一 伽求迦反語助之平聲一 八麻莫霞反三 蟇〻蝦 車昌遮反二 硨〻磲寶石
奢〻侈式車反二 賒不交 邪琅邪郡名以遮反六 釾〻鏌 斜又似嗟反 耶中谷名 椰木名在交州 䓉竹名生臨海 擨〻歈舉手相弄歈字以朱反
遮斷止奢反二 爹吳人呼父 嗟子邪反二 罝罔 蛇毒虫食遮反篆文作蛇一 華戶化反五 驊〻騮周穆王馬 鷨鳥名似雉 鏵〻鍫又作釫
爪古華反四 騧馬名 蝸〻牛小螺 花呼爪反 譁諠 誇大言若瓜反二 胯〻骹以髁手人 拏牽女加反三 詉語詉語不正 挐
絮相牽又女余反 嘉古牙反十五 家加 葭〻蘆 笳〻蒲卷蘆葉吹 麚麋 豭牡豕 痂〻瘡 駕〻鵞 耞〻鏁大連枷打聲
袈〻裟 𧊅未中黑虫 茄荷莖 迦〻釋 珈婦人首飾 遐遠胡加反九 蝦水中虫蝦蟆 鍜〻鏴 霞赤氣 瑕玉病 騢馬色 鰕大鯢 瘕
腳下 躓顱顛言語不節 葩草花白普巴反一 鵶鳥別名加反三 鍜〻鋋 宲〻茶作姿態茶字宅加反 巴伯加反五 鈀兵車 笆竹有刺 豝豕 芭
叉交初牙反二 砂〻石所加反六 鯊魚名 裟〻袈 桬木名在莫 紗〻絹 沙文 牙五加反四 衙縣名在馮翊一日衙府 芽〻萌 齖〻齵不正
樝似梨而酢側加反四 苴芋楚葜生水中 皻鼻〻 䶥以指 詫宅加反五 𡑣〻蹢行難貌 荼春草又宅加反 㢒庇 郲亭名在部陽 搽
春藏草葉可為飲曲南人日蔎茶 槎木西或作斜似嗟反二 斜 闍〻高闍閣城上重門視奢反又德胡反一 窊凹烏瓜反二 洼深又於加反 䞨婦人喪冠莊華反
撾打陟瓜反一 爬掻或作把蒲巴反三 琶琵〻 杷枇〻 楂水中木或作槎鉏加反二 䶥才〻 侘〻傺失意勑加反一 爹張陟加反三 譇〻詉語不正 䐗

南 庚 㰰 大氣 火含反 又呼咸反 二 呀 哈呀 哈字 呼含反 䶃 ?醓 加反一 九覃 徒含反 十三 鄿 ㄟ城在 潭南 潭 水深 曇 雲布 譚 水名 作潭

撢 本名 可染 蟫 衣中 白魚 譚 大 䢻 䢻ㄟ 走兒 燂 火熱 壜 瓶 甔 䆄 蟫 橝 倉含反 四 驂 駕 驂 ㄟ 傪 ㄟ 好兒

南 那含反 三 男 枏 ㄟ 水 諳 記 憶 烏含反 六 䳺 鶉 ㄟ 䶈 香 媕 婀 不決 ㄟ 婀 庵 十草舍 腤 煮魚肉 含 胡男反 六 涵 泳 ㄟ 菡 萏

捦 ㄟ 挻 㩚 提 脂 胎 排 束 柄 鍳 鐳 別名 婪 貪 或作惏 盧含反 四 㜮 邑名 嵐 地名 嵐 風兒 貪 ㄟ 婪 他含反 二 探 取 簪 作含反 二 撍 □ 簪 ㄟ

苓 亦作 蓩 衣 又作 㦤 反 䐑 □ 䐑 䭕 䭕 昨含反 二 撏 取 䖔 丁含反 五 眈 視近 而志遠 妉 樂 ㄟ 耽 耳 ㄟ 酖 酒 ㄟ 龕 塔 一日 龍兒 口含反 五 戡 殺

領 醜兒 堪 ㄟ 任 戡 剪 ㄟ 嵁 又 谷大 含反 三 酣 面 紅 黬 ㄟ 香 毿 毛長 蘇含反 一 弇 古南反 後漢有 耿 弇 又 那含反 二 䶂 鼠 ㄟ 淦

㪨 入 船 又古 婿 反 或 省 作 洤 十談 徒甘反 六 郯 國名 在 東海 憺 憂 錟 長 鋌 淡 水 汎 又 淀 濫 反 痰 胸 上 水 病 甘 古三 反 五 苷 ㄟ 竹 柑 橘

昝 ㄟ 草 藥名 泔 米 瀋 㜠 ㄟ 負 都 甘反 二 儋 人名 漢書 田 儋 聸 ㄟ 耳 國名 三 蘇甘反 二 帆 衣 破 藍 染草 盧甘反 六 䨮 鬟 鬖 籃 ㄟ 陳白 襤 褸 ㄟ 檻

梼 𨱔 籃 籠 ㄟ 濫 泛 道 坩 ㄟ 瓶 苦 反 字 艶 甫反 一 蚶 吐 舌 甜 他 酣 反 三 聃 耳漫 無輪 老子名 埘 水 衝 岸 壞 憨 非甘 反 二 蚕 鍪 䤹 ㄟ 飲 甜 甘反 三

甝 白虎 螙 桑上 蟲 蚶 老 女稱 武 酣反 一 蚶 蚌 屬 出會稽 大 酣 反 三 憨 癡 䲤 長 面 作 三 反 一 十一陽 与章 反 十三 暘 日 出 暘 谷 椽 文

喝 煬 ㄟ 釋 金 錫 兵 名 揚 舉 楊 木 禓 道 上 祭 一日 道 神 又 舒羊 反 昜 飛 也 西 南 夷 在 交 阯 羊 ㄟ 瘍 頭 創 蛘 蟲名 徉 徜 徉 從 徜 ㄟ

禹 頭 日 鍚 詳 審 似 羊反 又 許 狂 以 章 反 五 翔 洋 水 流 兒 祥 庠 養 老 宮 良 呂 張 反 十 粱 凉 粱 米 ㄟ 蜋 蜣 蜋 螳 蜋 飈 涼 又 力 向 反 量

粮 人 粮 踉 ㄟ 跳 輬 ㄟ 轀 輬 車 香 許 良 反 二 薌 穀 氣 鄉 商 書羊 反 九 商 賈 ㄟ 殤 死 傷 蔏 ㄟ 陸 觴 ㄟ 酒 禓 道 上 祭

鶬 ㄟ 鳥 庚 塲 ㄟ 耕 房 前 符 方 反 三 防 魴 魚 章 諸良 反 漳 水名 在 鄴 樟 ㄟ 豫 璋 圭 半 麞 ㄟ 明 ㄟ 墇 麞 章 鄣 名

在 慞 惶 昌 處 良 反 五 裮 衣 被 不 帶 倡 優 猖 ㄟ 狂 閶 ㄟ 闔 門 羌 發 語 端 去 良 反 三 蜣 ㄟ 蜋 䖵 西 戎 薑 菜名 居 良 反 十 殭

羊 長 脊 一日 白 脊 羊 繮 馬 紲 疆 界 ㄟ 殭 死 不 朽 礓 ㄟ 石 橿 名 橿 木 一 百 鋤 橿 姜 蟺 蚕 白 死 繮 ㄟ 作 又 臣 羊 反 長 直 良 反 五 萇

椴 䄉 䈬 生 枝 文 羊 䄉 張 跳 ㄟ 腸 ㄟ 腹 塲 祭 神 處 又 治 穀 處 張 陟 良 反 三 餦 ㄟ 餭 餳 粻 食 米 糧 禾 莖 洪 陽 反 九 穰 以 手 御 亦 又 而 亮 反 鄭 ㄟ 名

在 南 陽 驤 疾 行 瀼 露 濃 白 襄 ㄟ 荷 ㄟ 蘘 荷 ㄟ 除 殃 祭 勷 迫 兒 勷 ㄟ 劻 攘 ㄟ 戎 屬 方 府 良 反 八 坊 肪 脂 ㄟ 蚄 ㄟ 好 邡 什 邡 縣 在 廣 漢

鴹 ㄟ 鸛 鴹 鳥 枋 木名 又 屬 以 木 揺 魚 為 枋 鈁 鍾 ㄟ 屬 襄 息 良 反 九 相 廂 ㄟ 廊 湘 水名 在 零 陵 箱 竹 器 緗 淺 黃 儴 ㄟ 徉 驤 馬 低 仰

[illegible] 懷 扶 驤 馬 騰 躍 將 即良 反 五 漿 鱂 鱂 魚名 蔣 ㄟ 菰 醬 ㄟ 寒 瘡 疾 楚 良 反 一 亡 武 方 反 六 望 看 又 武 訪 反 䀮

忘又武放反芒草端鋩刀端硭硭硝杗屋梁邙縣名在沛郡一曰洛北邙山孃女良反二勷不步寅貝又如羊反床舊古作牀士庄反一疘桃作

莊側羊反三䊋粉〻裝治又側亮反常時羊反六裳嘗尚又時亮反鋿車輪鐵鋿鱨魚名霜所良反四孀寡婦驦馬鸘鳥

墻垣墻疾良反五嬙婦官檣船上檣薔薔薇戕他國臣來殺君鏘鏗鏘七將反七瑲玉聲槍拒蹌和鳴蹡蹡〻又病羊反斨斤斧牄鳥名

匡去王反八筐籠蚟海中大蝦邼邑名框棺礼記曰土不虞框洭水名在始興恇怯劻〻勷迫兒王雨方反一央於良反六鴦鴛鴦又烏郎

反殃鉠鈴聲秧〻稻又於丈反泱水流貝強巨良反四僵橫身又己羊反鱑鱑魚別名彊弓有力葁草名褚羊反三倀失道出風記

蠰蟷蠰芳敷方反二妨害狂病渠王反軖紡絲車十二唐徒郎反十五煻〻煨大煨塘字烏四反糖飴又粖糖堂䧜

〻棠一曰〻三易腸棠搪〻揬磄大䃕餹〻餳秦實餳篖符篖竹螗牛〻螳〻螂塘陂塘螗蜩

郎魯當反廿稂似莠桹桄榔木名廊步廊榔檳〻鋃〻鐺鎖頭一曰鐘聲硠〻磕鵖〻鶒鳥浪滄浪水名又䖶䖶

蜋服由蟣字害光反蜋蛆蜋䱶魚〻琅〻玕石似玉筤籝筤竹器狼〻虎欴〻欶貪貝蓈〻草名踉〻蹡莨〻鬯崀峻崀山名

昂日入當都郎反六鐺〻鋃簹〻竹名襠〻裲璫珠璫檔〻車倉七崗反四蒼鶬鳥名滄剛古郎反九崗犅特牛

笐樂器以竹為之有弦鋼鐵〻綱紀〻亢星名一曰人頸舡縣名堈甕桑息郎反二桒康苦崗反四穅米皮㰠飢不謂之㰠

㝩〻宮荒呼光反四肓心上鬲衁血穬不熟黃胡光反廿皇璜璧遑急惶怵潢積水堭堂煌火狀

鍠鐘鼓蝗虫又胡孟戶孟二反騜馬色艎艅艎船䪄〻隍城〻癀病鄺古國名徨徬〻湟水名在金城鰉黃

葟草木盛光古皇反七洸水名又烏光反垙陌桄〻榔木胱膀〻輄車上橫木橫長安門名湯吐郎反三鏜鼓聲蕩水名在鄴湯

鎊削〻郎反三滂〻沛汪烏光反三鴦鳥〻鳴尪弱䳁鳥名又郎反二佒〻不申炕〻胘呼郎反二欴〻航〻胡郎反九

杭〻行行伍迒獸迒頏頡〻魧魚名又古郎反斻〻邟縣名在吳興沆莽沆漭郎反六䀪目不明吭名恅怖

萌邊吉不知胻〻郎反三䑺〻胻䟘貨〻稂囊奴當反一傍步光反五彷〻徨膀〻胱蹡〻跟蹡行跡曲卬高五崗反

五䣕千里馬柳係馬柱劉偷縛習郎者又五浪反昂舉昌蒲草藏昨郎反一䐔骨苦光反一十三庚古行反六鶊鶬〻更

又古遐反迒逕稻稅〻作秔羹坈坑丘庚作硎客行反一盲武庚反六䖟虫鄳縣名在江夏䁅〻直視䍧母貝鄳縣名在義昌橫胡盲

十及反黌學蝗虫又戶光反鐄大鐘瑝玉聲喤泣聲䡏〻兵潢舟一曰荆州人呼渡津舫為潢鍠鐘聲䄓祭名閎宮中門一曰巷門

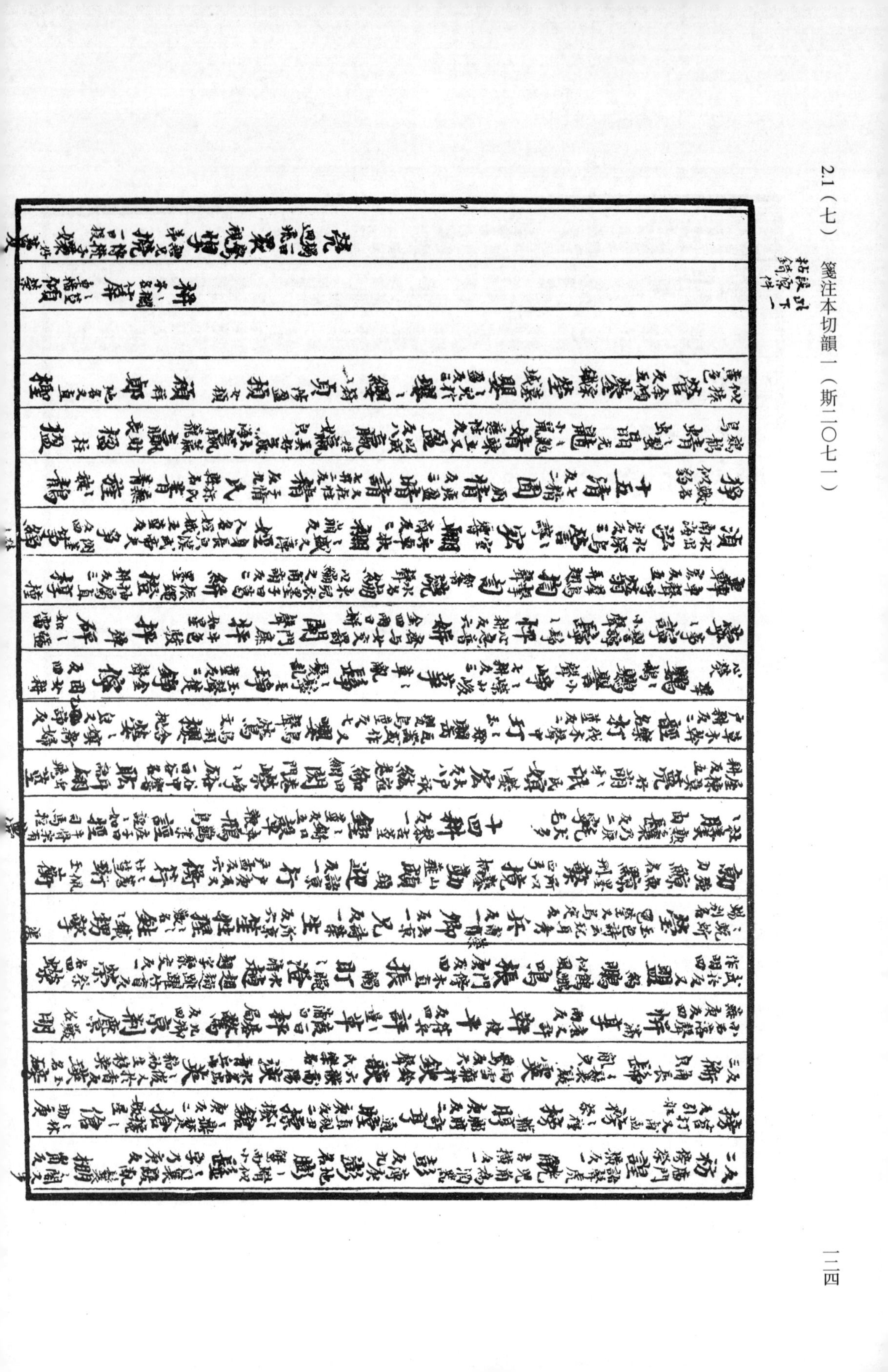

竮 䴵 頩 經 勬 十五青 倉經反一 經 古靈反二 涇 水名

形 戶經反八 刑 法 邢 地名在鄭 桯 鉶 祭器 型 鑄 陘 連山中絕 侀 成 庭 特丁反十二 停 鼮 莛 葶

𠪚 䗴 亭 渟 霆 雷 蜓 榳 丁 當經反 釘 馨 呼刑反二 蛵 星 桑經反八 腥

胜 鯹 醒 鉎 箵 騂 甹

竮 䍅 聆 齡 囹 零 鴒 軨 鈴

醽 苓 櫺 伶 泠 瓴 玲 鄰 醽 䰱 聆

蛉 䴇 蕶 笭 䡼 鴒 䴕 寧 奴丁反二 寍 汀

綎 聽 廳 町 鯖 冥 莫經反九 螟 榠 銘 鄍 溟

顛 䳇 䵩 𦝠 蓂 䒌 瓶 𦸈 屛 䳇 萍

𦘸 萍 𡑝 䴵 熒 螢 蘥 滎 扃 古螢反六

駉 駧 驍 垌 頻 駫 十七尤 朹 騰 疣 沈

郵 訧 憂 優 麀 懮 瀀 鄾 𢆯 蚴 嚘

𠻜 劉 留 畱 瀏 勠 瑠 鶹 騮 鰡

縣 𦘨 流 旒 飀 瑠 颰 瀏 鏐 翏

鶖 鰍 萩 楸 啾 㥣 悠 油 由 猶 攸 莜 滺 遊 逌

一 㕰 㕰 穷 㟈 䓝 䱂 䫋 䖻 䖺

罍 亽 適 𠔄 㺑 鯈 蝤 酋 㺕 𤢝 [illegible]

𩭹 𥬳 㐱 𩞥 㽳 [illegible]

舟 鵃 酬 訓 犨 柔 䧙 鍒 鞣 䰆 揉

𦘨 踩 收 式周反一 丘 去求反三 蓲 蚯 飂 䮫 啾 鳩 居求反三

泰汴蔡戎作 保居由反 勃力大 不甫鳩反又甫救反二 捜索作搜所鳩反十 餿飯壞 颼颼颾風兒 溲小便 鎪鏤 廋論語人焉廋人

蒐春獵 膢乹魚 鄒國北方 螋蛷螋虫 搊手搊楚尤反二 篘酒篘作篘 鄒地名側鳩反三 騶廏御一曰騶虞 陬隅一曰陬訾

緅青赤色 愁士求反一 休許尤反三 咻 鵂鵂鶹鳥 惆怯去愁反一 囚似由反二 泅浮 儔直由反 幬帳

裯單被 疇田疇 紬紬綾 綢綢繆 稠穊 壽 犨牛名 籌籌策 儔 鯈魚子 嚋誰咎

□座縣在扶風 啁啁噍鳥聲 譸譸張 裘 求巨鳩反十三 銶鑿 仇 厹地名在臨淮 頄頰 蛷蛷螋 逑匹 球玉磬 絿

艽地名詩云至于艽野 觩月令曰氐多觩鴟 浮縛謀反十七 呼吹氣 桴屋棟 抱鼓 䱐 罦 莩 竹膜 郛

桴 浮水名在 □ 蜉蜉蝣 鶹鳩鳥 罘罝 烰 孚信 縛謀 枹鼓 蝥 謀 莫侯反十二 雺 天氣

應又莫侯反 眸目瞳子 牟牛聲 侔等 矛 鍪 兜鍪 蝥 麰 大麥 鴾 堥 小堆 蟊 食苗虫 蛑 蝤蛑

十八侯胡溝反十二 猴猿 鍭 鍭鳥 喉 咽 篌 箜篌 帿 射侯 餱 乾食 鍭 箭 䥔 鯸 鯸鮐魚名 候 鍭

所以鉗頸 謳烏侯反八 樞 小兒 涎衣 鏂 鏂鉤 甌 瓦器 膒 久脂 鷗 水鳥 藲 刺榆 歐 吐 蓲 胡羊 齵 齒不正 䰲 魚

摟落侯反十五 婁 星名 樓 棟樓 髏 髑髏 耬 摟 膢 祭名 螻 螻蛄 廔 屋麗廔 䁖 鏤 剅 小穿 嘍 嘍鳥聲

瞜 視 鞻 玉鞻 螻 螻蛄 蔞 蔞蒿 熡 漊 沈 溝 侯反一 軀 弓弨 恰 驅 區 衣 剾 斷 耩 拘 指

涺 水名在北地 又口侯反 鉤 鉤鼻 鯸 侯反一 偷 託侯反四 鍮 石 媮 好巧 又以朱反 緰 紫 頭 度侯反三 投 頭 鍮 劍

投 擲 鯫 魚 鉤 古侯反五 句 劬 溝 溝渠 篝 衣篝 緱 刀劍頭纏絲 構 茸 𧥺 鉤 枝

龜 龜 嘍 唱 謳 甒 區 鉤 飯甑 兜 兜鍪 侸 但 侸 立 呴 吐 兜 食馬 胆

三彬 汗 凝 剸 細斷 鉤反一 十九幽 於虯反三 泑 澤名在昆 崙山下 呦 鹿鳴 虯 渠幽反四 觩 角兒 璆 玉名 鼂 鳥

虪 虎文甫休反三 彪 所衛反 驫 眾馬走 摎 木下垂 居虯反一 鏐 紫磨金 力幽反一 流 水流兒 犛 牛 彪 三歲 山幽反一 飍 風 鳥 北語

釗 阜又餘針反一 颵 風 風 凶 反 又 休 許彪 一 繆 綢繆 又靡幼反一 犙 牛 二十侵 七林反七 駸 馬行 尋 徐林反七 鐔

侵 又子 林反 二 鷐 駸 尋

挑 南二反 鄩 鄩 潯 傍深 鱏 魚名 又餘針反 樳 木名 鄩 地名 燖 小爇 林 力尋反八 琳 玉名 淋 以水沃 痳 病 臨 箖 竹名

枝 長又全反 彤 船行 綝 善 郴 縣名在桂陽 琛 寶 謀 深 式針反 針 職深反八 斟 作鍼

箴規誡 䁩酸漿 沉除深反四 抌木 芫草名 霃久 碪擣衣石 椹
鵀鳥名 㤕信 壬如深反七 深式針反七 䆴 蒲 淫餘針反七 婬
心息林反二 杺木名 愔於淫反一 祲日傍氣 子心反三
岑 音 訦
廉力兼反十 簾 鐮刀 薕 幨帷 䊵 螹 鐮 撿
䃎 砭 以石刺病 尖子廉反六 纖 鬑 䜺 占 曕 古視 䀡
蟾 銛 暹息廉反八 䊷 纖 𢗺 細 相時 加
探 䑎 苫 痁 病 䪜 妬 絥 䐧
䫡 嗁 蜥 譣 黏 䀴 沾 覘
覃 海 菴 庵 㛪 鹹 覘 髟 殲
㦦 潛 簪 蕁 䕭 䂊 鍼 黔 鉗
黚 拑 𤷁 𣭯 𢻻 𦞦 蘇 發
䛳 貼 沾 怗 恬 湉 甜 䑙 謙
縑 鶼 䅐 蒹 𪏕 兼 黏 拈 嗛
謙 廿三 𢥎 冰 丞 澄 㽅 懲
凌 冰 陵 𨻳 䮚 𧍞 鷹 鷹 凴
凭 冰 棚 繩 䌳 乘 澠 㴉
塍 蠅 升 隥 勝 昇 仍 兢 矜 殧

呂陟陵反二 𤸊病 繒帛 疾陵反五 鄫國名在琅耶 驓馬名 橧豕所寢 矰高 凝水結 魚陵反一 稱知輕重 處陵反 ……

徙木又作 㯖祠同 偁宣揚 殑殑欲死 其矜反二 𡍩根可緣竹器 僜僜行 丑升反一 興起 又作興 虛陵反一 廿四登 都滕反六

璒石似玉 燈 簦大笠 長柄 鐙 甑 𤼵 金登草 撈 四方木 字或作 稜 盧登反三 輘輷 倰 長皃 僧 蘇曾反一 崩 北滕反一 增

作滕反七 憎 惡 曾 則又非 矰 弋射矢 罾 魚網 磳 山皃 熷 蜀人取生肉竹中炙 䁅 目不明 或 登反一 層 重屋 昨稜反二 又作 䁅 朋 步崩反四

堋 射 鵬 大鳥 堋 閣 又溝 庚反 弘 胡肱反二 苰 藤 胡麻 肱 古弘反一 薨 呼弘反一 能 奴登反 又奴代 奴來二反 騰 國名 從 登反七

騰 躍 滕 行 滕 懷可 膝 地 稱 食 藤 草名 螣 螣蛇 又 謄 移 書 恒 胡登反五 峘 山 岳山名 栢 恒 意 縆 南 大 縆 小 緪 古恒反二

絚 索 廿五咸 胡讒反五 諴 和 鹹 不 字 或作鹹 函 函谷關名 又函書 𩍌 𩍌 縣名 誠 至 咸 感 神 緘 封 又古咸反四 瑊 美石 次玉 𨭎

慳 𢢃 不止 嵰 𢢃 行 櫼 女手皃 所咸反三 攕 木名 䌕 旌旗 旒 揞 犬吠 又乙陷反一 嵒 嶄 巖 山高 又地名 五咸反四 顑 長面皃 又丘檻反 𪋻 山名

黬 釜底黑 㰹 笑皃 許咸反三 蜬 似蛤 出海中 妗 喜 皃 詀 詀諵 語聲 竹咸反 又尺 諵 詀諵 女咸反一 讒 士咸反 又士銜反六 嶄 嶄 斬 劖

原本此行不空

鑱 鑱 不 廉 毚 狡兔 又士銜反 䂁 鳥 𪇟 鵮 鳥 物 或作 草 苦咸反一 廿六銜 戶監反一 巉 險 巉 嶄 巉 劖

刻 𩞁 合不 鑱 犁鐵 吳人 又士懺反 攙 攙搶 彗星 楚銜 又初咸反一 巖 五銜反一 攙 攙搶 妖星 又七咸反 衫 衣 所銜反 又 𦄜 帛青色 又 毛長 非未反 久

䌫 旗旒 芟 伐草 監 古銜反 又古懺三 鑑 明 以取月水 礛 礛𥓂 青礪 廿七嚴 語 𪋻 巖 廣 醃 嶮 胡 虛

嚴反二 杴 鍬 古作𨪆 醃 鹽漬魚 於嚴反一 欱 歠 不齊 丘嚴反 又丘凡反一 廿八凡 符芝反二 帆 船上帆 又扶泛反 芝 草浮水上皃 匹凡反一

切韻卷第三 上聲五十一韻 一董 多動 二腫 之龍 三講 古項 四紙 諸氏

五旨 職雉 六止 諸市 七尾 無匪 八語 魚舉 九麌 虞矩 十姥 莫補 十薺 徂禮

十一蟹 ……買 十二駭 諧楷 十三賄 …… 十四賄 呼猥 十五海 呼改 十六軫 之忍 十七吻 武粉 十八隱 於謹 十九

阮 虞遠 廿混 胡本 廿一很 痕墾 廿二旱 何滿 廿三潸 …… 廿四產 所簡 廿五銑 蘇典 廿六

獮 息淺 廿七篠 蘇鳥 廿八小 私兆 廿九巧 苦絞 卅皓 胡老 卅一哿 古我 卅二馬 莫下 卅三感

禫 徒感 卅四敢 古覽 卅五養 餘兩 卅六蕩 堂朗 卅七梗 古杏 卅八耿 古幸 卅九靜 疾郢 卌迥 戶頂

卌一有云久　卌二厚胡口　卌三黝於糺　卌四寑七稔　卌五琰以冉　卌六忝他玷　卌七拯無反取蒸之上聲

卌八等多肯　卌九豏下斬　五十檻胡黤　五十一范無反取凡之上聲

一董多動反一　嗊　螮蝀謂之虹　蠓蠓蠓虫　鸏水鳥　孔康董反一　敂搏擊揔反一　侗直一曰長大他孔反三　桐ˎ木　橦

ˎ攏欲曙　揔作孔反六　蓯蘢蓯山白　嵸立　瘲ˎ　總ˎ奉聚束　澒水銀滓胡孔反一　蓊ˎ鬱烏孔反四　滃大水兒　䈵氣盛

呂　𩈘ˎ　鞻多又於容反　琫佩刀飾方孔反三　菶草盛　䋽不見　朧朧力董反五　蘢蘢又盧紅反　巃ˎ嵸　寵ˎ孔　蘢

竹器又盧紅反　動徒董反四　挏　酮酒壞　峒　挏項直　眮目　䉖女動反又女容反一　二腫之隴反四　病之　種又之用反　踵足後　𨃴相跡　䡅

隴又力董反又盧紅反二　壟ˎ丘　擁手擁於隴反二　壅ˎ塌又於容反　冗ˎ散又作宂而隴反四　𩅰ˎ不肖一曰偏嗜　芳勇作搶鞾　䩞稻　㲓毛鳥

直隴反又直用反五　䆍又力董反　銅魚名又直隴反　冢大知隴反二　塚自墓　奉扶隴反一　捧敷隴反一　勇餘隴反八　甬草花　涌泉ˎ

踊跳　溶水兒又餘封反　踴　𧿆　搈搖　俑人　恐墟隴反一　尰足病時穴反一　拱手抱居悚反九　拲兩手共械　栱　㧬又者　鞏　䂬水邊　石

以用反又束物又樂名春河南　蛬蟋蟀　珙璧又巨恭反　拲手　𢄕　悚息拱反六　竦　慫敬謹　駷馬搖　聳高　𩓿足　攏ˎ　䌰　𩦎

ˎ溶水激又許拱反又許容反　三講古項反四　港水流　耩ˎ　𦔛耕　傋ˎ佅　㭋打或作㭋步項反四　蚌蛤或作蜯　棒大杖　𤗝地名　㦎很戾　項胡講反一

胡講反二　鋁受錢　㝸ˎ　偂ˎ不媚兒武項反　鳩ˎ　四紙諸氏反八　坻與命同　只　軹縣名在河內　枳　酉王子娶降䛤

枳　咫尺ˎ　抵ˎ掌　泜水名出狗咀山　是承紙反三　氏　媞江淮間呼母　靡文彼反一　彼ˎ山南　弭相尒反二　敉　被ˎ衾皮彼反又皮義反

遺有罪又許彼反　毀許委反二　燬火　委於詭反三　骫骨曲　餧飢　䵋吐毛　跪去委反二　硊　詭過委反八　垝ˎ垣　跂

騃又九委反　鬼　䫊鬐　詭戾　餡　恑變　蛫蟹　姽婐　䣀郡　累力委反二　擢　䉬中有　犧　纍

歷　技渠綺反又作伎三　妓女樂　綺立　倚於綺反三　猗　持ˎ依掎反三　觭一腳　居刷　剞曲刀　度　閣食　𩛁　鉹

綺只　好　碕ˎ　䮒ˎ　趌行兒　蟻蚍蜉魚倚反五　錡三足鼎一曰蘭錡兵藏　礒ˎ　犧又其宜反　崎嶬二反　齮齧　蟻

蔿姓為委反六　鄬地名　𩀱花　鷬口　闒　䦧　遠　紫　訾作紫一　此雌氏反五　跐　玼色鮮　佌

泚水清又千禮反　䐁四　池　陊　褫奪衣　䢩　徙斯氏反二　璽印　酏ˎ酒移　迆邐ˎ迤　袘中衣袖

肔引腸莊子曰長洪肔　䗁　䕥　邐ˎ　力紙反二　𨇑ˎ步所綺反六　纚　蹝　䍤　屣ˎ　䜤　躧祖作　灑

俾并弭反六 鞞〻刀 箄竹器 𥝩黍𥝩 髀股〻 崥山足 爾〻汝或作尔兒氏反二 邇近或作迩 瀰〻水兒綿婢反五 弭弓末 濔水流兒 芈羊鳴

枝〻一曰徒姪 侈奢又氏反四 鉹甑 姼姑字比移反 姼輕薄兒 誃離也又斯詡 婢便俾反二 庳下或作埤 弛武氏反二 豕豬 紫將此反五 訿〻毀亦作

訾皆又市而反 此 生 泚水名在長沙 跐將此反二 蹝之累 箠策 髓骨中脂息委反一 揣度初委反又丁果反一 鞁書取物多戈反 作鍋 褫𢘆二

似狐現則兵起 輢車輢於綺反一 彼補靡反三 被衣被 詖 疕瘡上甲 疕匹婢反一 庀具又匹几反 俷 跂 捶又丁果反二 蒍花盛 𧈨草木花 綺 疑 才

烓 跬舉一足去弭反一 頍舉頭良似 㩻奴氏反二 𡨸 搋〻 徙從風兒 鞬 碑 魏石魚五罪反 頠閑習又 𧾷 跪渠委反又字 起 亦 雉 良 跪

五百 美無鄙 洧 水 芍 鞔 疏 视 承旨反一 美無鄙反二 𩕔 𠤎 鄙方美反一 兕古作兕牸牛而青 㒃

姊將几反四 𦫺 蓶 稊 他計二反 𦷅 芪蘭 几 居履反四 机木名 麂 𩜾 𧜄 姊將几反二 秭 億 匕〻匙卑履反六

𡚁又甫至反 杜 〻 秕比 又卑履四 秕 以 𥐾 祀 水名出江陵 沘水名出廬江灊縣入 沘 𥐾 秘 六 奸 方 𥐾 匕 𥐾 日 魄 作 𥐾

宄 內盜 匭 〻包 洧 水名在鄭 鮪 魚名 痏 瘡 䲡 白黃 夫 陳式視 反三 笑 箭 屎 死 息姊反一 雉 直几反一 㴾 水名在魯

兆 狀 陂 反又 式 盼 反一 履 力几反一 水 式軌反一 壘 力軌反八 磊 碨 〻 雉 作 鸓 飛生鳥名 蘲 〻 藟 藤 誄 作 諡

誰 禾 田器又盧猥反 揆 癸 反二 楑 水名 趡 之水反二 踓 〻 跂 〻 杔 絡絲柎又易曰金柎 癸 居誄反一 否 方久反五 瘖

腹內結病 圮 岸毀 仳 別又房已反又房脂反 化作醜女 殍 草木枯落 靡 莫彼反一 蘼 繫 靡 作 菲 葙 蕜 大還 菡 草木實節 生如蟲反一 唯 以水反四

嶉 似馬非而一角可食 觽 子 蠵 嶲 〻 瀢 魚盛兒 欹 於几反一 䑠 〻 澤 計遺 罧 鸅 鳥 嶉 山兒 觜 雖 惟 而 成 說

歸 丘追反一 蘮 蘮蒬 蠢 鐵 鎡 所 鉄 孔 有 縱 犖 寬 跽 長跪 暨几反一 六止 諸市反八 時 祭地又時 止反 洔 小渚或作沚

昌 齒 侍 反 趾 足 址 基 阯 交阯 郡 庤 市 時止反二 恃 依 峙 陟里及宫 嶷 又 喜 〻 歆 虛里反一 以 羊 已 止 反三 苡 芣 苡 似

詳里反六 祀 年 一曰祭祀 娰 姓 已 辰 耜 耒 汜 江有汜又水名在河南成皋縣一曰潁川襄城縣一曰在襄陽中牟縣流入河又符嚴敷劍反 紀 經紀 居里反二 己 身 史 踈士反三

使 又跡吏反 駛 疾 者 耳 而止反三 洱 水名出羅谷山又而志反 駬 騄駬周穆王馬 里 良士反九 裏 理 鯉 魚名 李 痙 病 娌 妯 〻 俚 南人蠻 郢

亭名在西鄂 一曰色 始 詩止反一 枲 麻 胥里反五 葸 〻 畏 一曰葸 菓 〻 胡 蔥 〻 貌 偲 〻 言且思之 崎 丑里反五 痔 病 跱 躊 時 行 難 進兒 庤

諸 置 偫 看所望而往 起 墟里反五 杞 木名 又 杞 屺 山無草木 玘 佩玉 芑 白梁粟 士 鉏里反三 仕 柿 〻 俟 待 鏉 涘 水岸 史 反二 子 即里反四 虸 〻 蚄 虫

秄 雝 苗 梓 木名或作杍 梓 子紀反一 擬 魚紀反三 儗 僭 薿 草盛兒又 魚力反 齒 昌里反一 恥 敕里反二 祉 福 剌 剸 初紀反一 滓 側李反四

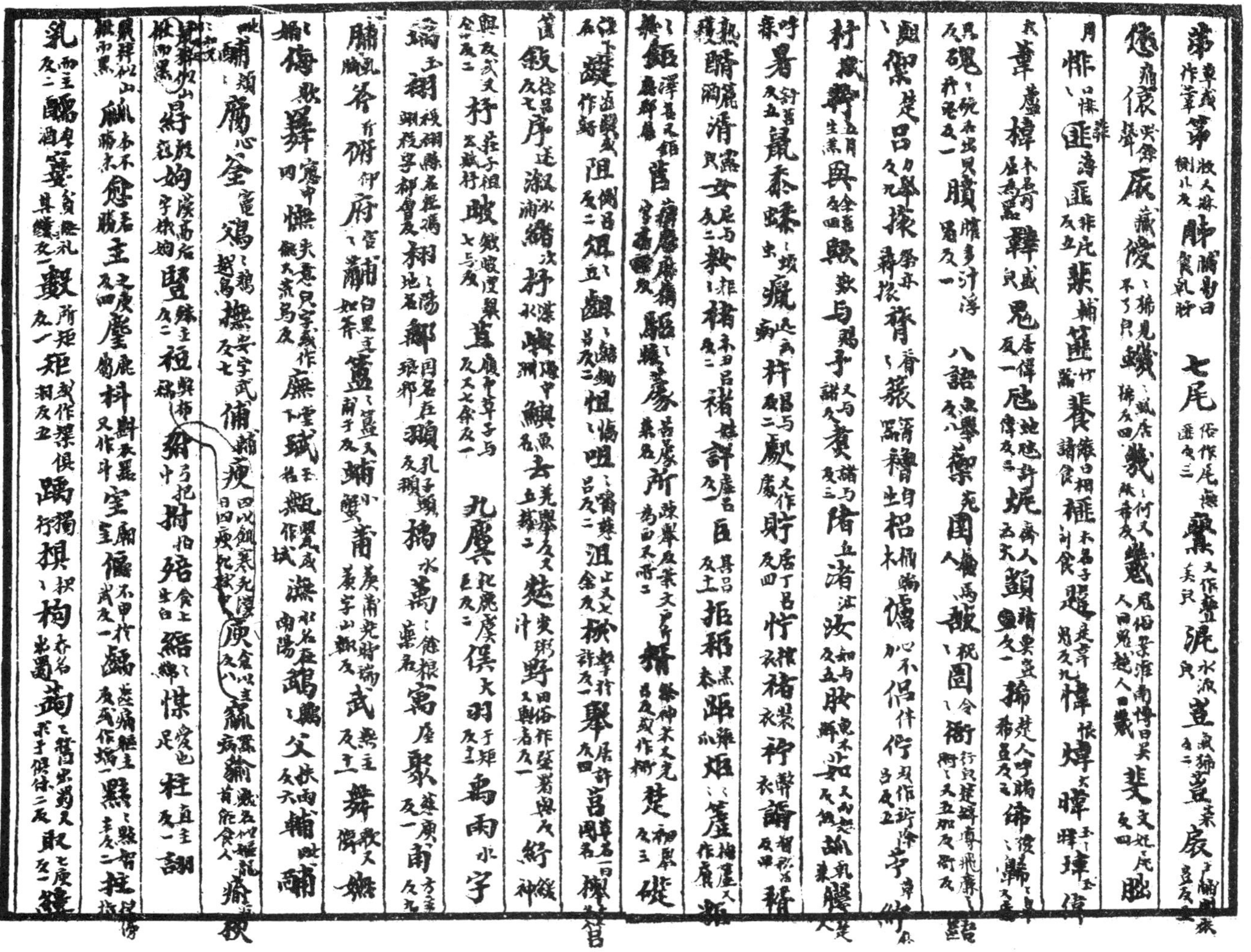

猶〻 隗 嵬〻磊 嶉 雪霜白狀 七罪反四 漼 水深 璀 玉名 䆀 粗物 琲 珠五百枚 蕜 蒲罪反二 蓓 痛不明 羽非反一 十五海 呼改
醢 肉醬 反二 愷 樂 苦亥反五 改 凱 古亥反三 頦 〻明 美也 凱 〻樂 塏 苦亥反二 騃 駘 殆 危 待 逌 反 怠
紿 言不實 乃 古作迺 奴亥反一 改 古亥反三 頦 〻頰 絠 解繩 亥 胡改反一 啡 唾聲 採 倉宰反五 采 〻文 綵 〻繒 寀
彩 光〻 茝 香草 昌待反一 等 多改反又多肯反一 縹 又莫代反一 在 昨宰反一 倍 乃反一 䆀 相㴉 反三 毐 嫪〻 挨
倍 〻多 薄亥反二 蓓 黃蓓草 十六軫 之忍反九 縝 結 胗 小起 畛 田間道 賑 之忍 鬒 髮〻 稹 木
衣胗 安也 春秋減 而能 賵 而 肥 尸反三 蚓 動 蹸 作 準 古作 尸反三 埻 的 紖 牛 尹 余准反四 允 信 狁 〻
䡅 迍 害 羊 尸反三 蓂 悲 屑 殞 閔 傷 憫 默〻 敏 抿 拭 尸反二 臏 骨 殯 閔反二
隕 墜 窘 急 渠殞反四 菌 竹名 磒 玉名 箘 地名 紖 牛 鈏 錫 朋 ... 糿 反一 引 余軫反三 蚓 〻 螾 鈏 錫
忍 而軫反三 荵 隱荵 草名 涊 水名 㷀 〻 哂 笑 緊 居忍反二 脉 〻 盡 慈忍反一 泯 ... 眲 作晩
〻 侼 作 豸 齔 〻 踞 ... 臂 時忍反三 蜃 蚌 賑 〻 敃 〻 釿 斧 引反一 屒 于 殞反一 十七吻 〻 武粉反三
刎 頸〻 抆 拭 粉 方吻反二 黺 憤 房吻反三 墳 〻 鼢 鼠 蒀 起 敷問反一 惲 厚重 於粉反二 薀 藏 韞 韜 〻 䗃
一反 十八隱 於謹反五 磤 雷聲 䨸 〻 㦩 小起 濦 皮上 縕 相着 謹 居隱反六 新 兒 齡 犍 犅牛 堇 〻菜 卺 酒
巹 婚禮 槿 〻木 近 其謹反二 听 笑牛 謹 巹 毀 反一 十九阮 魚遠反一 遠 雲晩反一 偃 〻仰 於幰反八 放
獿 物相 鼴 鼠 鶠 鳳 郾 地名 鼹 鼠 鰋 魚 褗 衣領 湕 水名 在南郡 揵 舉 蹇 居偃反二 女字 言
語 偃 反一 言 言 急 唐偃反一 㫃 〻 旌旗 大屑 䗃 字 居反一 㥀 虛偃反三 㦀 手約物 蝘 〻 蜓 晩 無遠反三 娩 〻 挽 引 反 復
遠 反四 逖 〻 坂 高 橎 木名 綣 黃豆 晩反二 圈 獸闌 具卷反 婉 於阮反八 宛 紫 菀 苑 園內 踠 體 蜿 〻 蜷 畹 田卅畝
琬 玉名 宛 〻 綣 相近良去 況反二 綣 〻 攤 蘆 甽 日氣 反三 暖 日大 暄 況晩反 飯 扶晩反二 㤇 朝饍 羍 苯 〻 蓁
紅反 廿混 〻 流 一曰沌混 陰陽未分 胡本反八 渾 〻 輥 戶昆反 鯶 魚名 緷 大束 焜 光 俔 觀 〻 腪 付 倉本反二 刌 切 縨 綑
布忖反 畚 草器 本 尊 損 蘇本反四 瘁 〻 痛 所本反 膸 切 膪 謹 肉 更 輤 〻 㩐 頻反四 噂 〻 噂 聲 尊 孳 孳
傳 穩 安穩 坐 本反一 囷 小廩 損 反四 旮 沌 〻 混 伅 〻 僎 本反一 䜑 魚名 本反四 藿 大 衣 〻 緄 帶 暉 〻 無慮

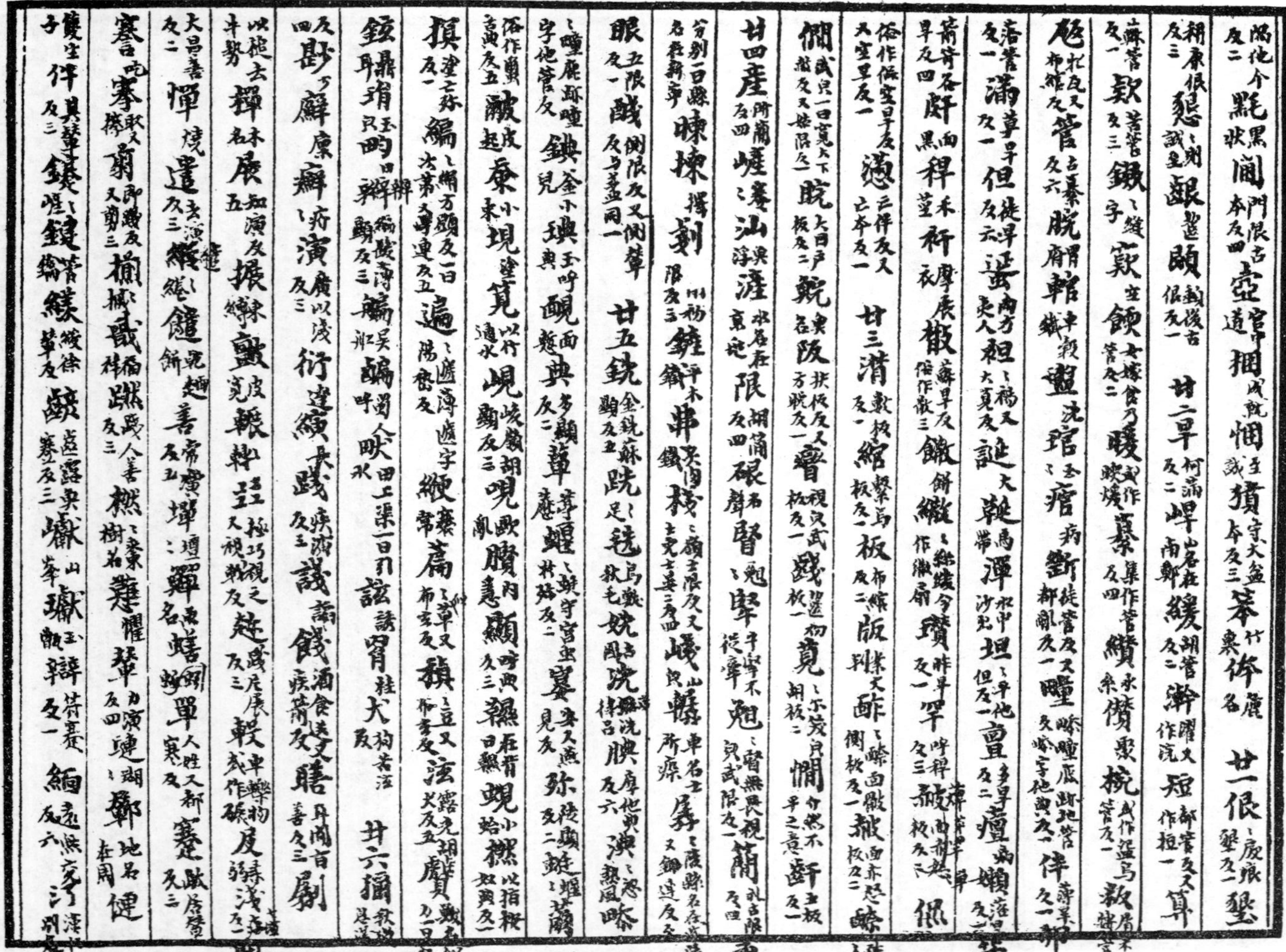

悁恩 㔸𤔔 湎酒 䨑〻池縣名在弘農又乞忍反又作黽 褊衣急方緬反一 吮欶徐兗反又祖兗反三 雋鳥肉肥又作儁 雋〻窩 臇臛少汁姉兗反

辡罪人相訟方兗反一 兗以轉反二 沇濟水別名 臠力兗反二 孌美好 囀力兗反一 捲吉轉反一 圈〻獸渠篆反又求晚反一 輭而兗反六

蠕虫動 䋘紅藍一曰藥名 蝡 瑌石似玉 愞〻弱又奴亂反 㬉〻刺取蛹作 喘息 荈草名 膞切肉視兗反三 腨腓腸 鄟地名 篆

〻書治兗反三 瑑璧上文 沇水名在江夏又徒混反 剸細割旨兗反二 孨孤露可怜又莊卷反 選擇思兗反又思絹反一 撰士兗反三 僎具 譔名 媆

〻兗反 蜎香兗反一 楩木名符善反一 免黜亡辨反七 俛府 冕冠 鮸魚名 娩生子 勉 勔 晚兗 𧄶〻長 鱓〻長 魚反三

犿旌旗柱 㦰備一曰 擇〻 廿七篠細竹蘇鳥反三 𩸞魚 謏謏善 皎光吉了反七 皦玉珮 儌行膝 皎月光白詩云月出皎兮 鐃

皛白又匹白反 皦珠玉白貌 鳥都了反五 蔦綢布 杓 𠃌懸 蔦樹上寄生 了盧鳥反四 蓼菜 瞭目精朗 膫〻長貌 朓

月見西方 窱窈〻深遠 曉呼鳥反一 杳烏皎反六 窅〻 窈〻窱又窈窕美貌 偠〻嬝身 嬈好貌 騕〻褭神馬 㓡〻勦 勦〻 繞長 㔆

擾乃鳥反四 嬲長貌 騕 褭〻 鳥〻蠅 茑胡了反二 䓬見芊 窕窈窕徒了反二 誂弄俗作誂 㨘山田苦皎反又口交反一 湫隘子了反

子攸在又二反 湫 燋竹小 廿八小私兆反六 摽〻 肇 趙 兆 旐旗 挑〻 芍力 䍨犬有 羊子 沼之少反一 少書沼反

屆於兆反二 殍殍 擾而沼反三 繞 遶圍 鐐〻落符小反 鰾魚 膘 趟 椶或作摽 褾尺紹反二 弨弓 䕯木名 縹青黃色沼反六 醥

清 𤍊牛黃白色 皫白色 皫鳥 䍺 䈰竹名 眇亡沼反四 淼水大 杪木名 秒禾芒 紹市沼反三 佋介 袑袴上 矯居沼反三 撟或作撟

蟜女字一本 乱目重 表方小反 又方嬌反二 褾袖端 䕯草名可為席 蔈 鷮雉聲以沼反三 溔浩溔大水 舀抒臼或作㧃 悄

憂心七小反二 勦絕子小反二 勦勞又鋤交反 驕長良在 嬌〻 遶力小反 或作繚 反一 廿九巧苦絞反又巧偽 䆕 飽巧博

一反 摎撓亂奴反又作撓一 卯古作丣莫飽反三 昴星 茆鳧葵又力有反 絞〻縛古巧反四 狡〻狂 佼女字 攪手動 爪側絞反三 𤓰

佫作搖〻 璙玉 拗手撥於絞反一 鮑薄巧反一 皵五巧反一 𤏡熱 䢸巧反 卅晧胡老反八 昊天 暤〻 晧 鎬大鎬京

濶東兆 鰝大蝦 顥大 抱薄浩反一 老盧浩反六 獠〻猟 獠西南夷俗作獠 轑車軸 橑屋橑檐前一曰欄 潦水雨 䕩 討他浩反三

褎長 稻山楸木又杝刀反 道徒浩反三 作衜 稻 縠 駣馬四歲 腦奴晧反古作𡿺 俗作 惱懊惱 𣎅 㒯長貌 碯碼碯寶石 倒都晧

五反 檮春 禱請〻 島海中山 禂馬祭 嫂俗作㛐蘇浩反三 燥乾 埽 草七嫂反三 懆憂心 騲牝 早子浩反八 澡洗

藻文藻 澡水菜 蚤〻狗 繰名 璪玉飾 棗菓 早非早反三 草〻斗 寶 造作 暠古老反五 杲日出 槀草 縞

敢反一 饗 食無味子敢反一 槧 削板牘才敢反又七廉反一 埯 坑坎取反一 黲 日暗色倉敢反又七感反一 卅五養 餘兩反三 痒 ㄟ疾 瀁 ㄟ滉 像 俗作像

兩反四 蔦 蔦木上寄生 獎 勅兩反三 蔣 剗竹木去節又奉丈反 槳 櫂 兩 良獎反按丈廿四銖為兩 魎 ㄟ魍 膎

柘 腑 ㄟ腑 倆 ㄟ伎 勥 其兩反一 鞅 於兩反四 秧 禾名 秧 穰ㄟ 鞅 鞅貌 仰 魚兩反一 磢 瓦石洗物 剔兩反三 剩 傷 搶 頭搶地出史記

想 息兩反一 掌 職兩反一 奘 (?) 兩反三 繈 繈褓 綈 鶃 鳩八 敞 昌兩反三 惝 惝怳 氅 鶖毛 響 聲許兩反五 饗 食

虫 享 又普庚反 鄉 向不 灀 兩反三 鏹 錢 襁 褓ㄟ 丈 直兩反二 杖 杷 漫 而兩反一 壤 如兩反四 釀 釀 蓸 膿 蘸 人云

穰 實 兩反三 鵝 ㄟ鐁 名 偽 髣 ㄟ髴 古作仿 佛 芳兩反二 紡 ㄟ績 罔 無文兩反六 網 罟ㄟ 輞 車ㄟ 蛧 (?) 蝄 魍 ㄟ魎

湖 昉 方兩反一 倣 斆 枉 紆往反二 汪 門又烏光反 往 王兩反一 怳 狂許昉反一 上 時掌反又時亮反一 卅六蕩 大堂朗反七 惕 放

惕 不盪 盪 滌 瓚 玉名 盪 治水 精 蕩 大竹 廣 古晃反一 顙 朗 反三 磉 柱下石 榜 不正 蒡 朗反二 髈

㲓 ㄟ駔 駔 會馬市人 子朗反二 曩 奴朗反一 滉 ㄟ瀁氣胡朗反一 曭 日不明 他朗反七 儻 倜儻 又 偒 長 皃 慷 ㄟ慨 失意 曭 曭ㄟ

日無精 莽 莫 朗 ㄟ 葬 柰 草 古 作 莽 模 朗 反 又 莫 古 反 蟒 蛇 目無暗 晄 晃 日無 㿠 色 皏 㿠 無 錵 鈷 錵 又 莫 補 反 蟒 蛇 大 泱 …

漭 黨 德朗反三 欓 木名 讜 直言 朗 盧黨反一 坱 塵埃 吳人云 烏朗反四 昳 ㄟ昳不明 泱 滃泱 水 㳫 䀨 瀁 ㄟ悅 吾朗反一 灊 大水 …

晃 胡廣反六 幌 帷 櫎 ㄟ 攩 兵 榥 讀書 滉 瀁 㨪 擴 打 黃浪反四 髒 胖 吳人云 尺 蔽反二 䗯 䗯ㄟ 慌 懭慌 虎晃反二 嫌

開朗 骯 ㄟ髒 體 (?) 作 奘 徂朗反 秦晉閒 謂 麤 大 奘 一 卅七梗 古杏反八 梗 桔梗 藥名 哽 咽 骾 哽 鯁 (?) 鄍 邑 在 …

鯁 人云 卝 (?) 丙 兵永反五 炳 光 怲 憂 邴 邑 在 泰山 秉 持 警 几 影 反五 景 境 界 獷 猛 撖 撥 毃 反 叮 …

所景反五 眚 ㄟ痍 猹 ㄟ痍 永 榮 兩 反一 皿 器 又 武 永 反二 㝘 ㄟ 戶 穴 㝘 憬 遠 懼 永 反三 冏 光 䚌 火 杏 何 梗 反三 荇 菜 ㄟ 猛

莫杏反五 黽 蛙黽 蜢 蚱蜢 鯭 鼃 黽 艋 舴艋 小船 礦 金璞 古猛反四 蹴 ㄟ麥 獷 犬 又 居往反 橫 平 懞 名 在 漁 陽 穬 ㄟ 穀 芒

一日 打 ㄟ 羁 打 張 挭 反一 場 盂 名 徒 杏 反一 瞢 清 潔 皃 楚 挭 反一 打 德 冷 反 又 都 定 反一 冷 魯 打 反 又 魯 定 反一 卅八 耿 古 幸 反二 瞽 ㄟ 瞎 視 皃

睚 武 幸 反二 泡 吃 幸 ㄟ 寵 胡 耿 反二 倖 ㄟ 僥 徑 且 或 作 併 蒲 幸 反二 餅 ㄟ 蛤 卅九 靜 疾 郢 反五 睜 臨 睜 不 悅 皃 靜 飾 出 說 文

靖 思 靚 又 疾 郢 反 新 加 三 竫 安 整 之 郢 反 一 逞 丑 郢 反 二 騁 馳 郢 楚 地 以 整 反 二 梬 梬 棗 名 癭 於 郢 反 一 潁 水 名 在 汝

南 餘 頃 反 三 穎 禾 末 穎 ㄟ 穗 領 李 郢 反 一 嶺 冷 可 藥 名 巾 衿 衣 衿 今 作 領 頸 居 郢 反 又 巨 成 反 鉼 必 郢 反 二 屏 又 薄 經 反 頃 頚

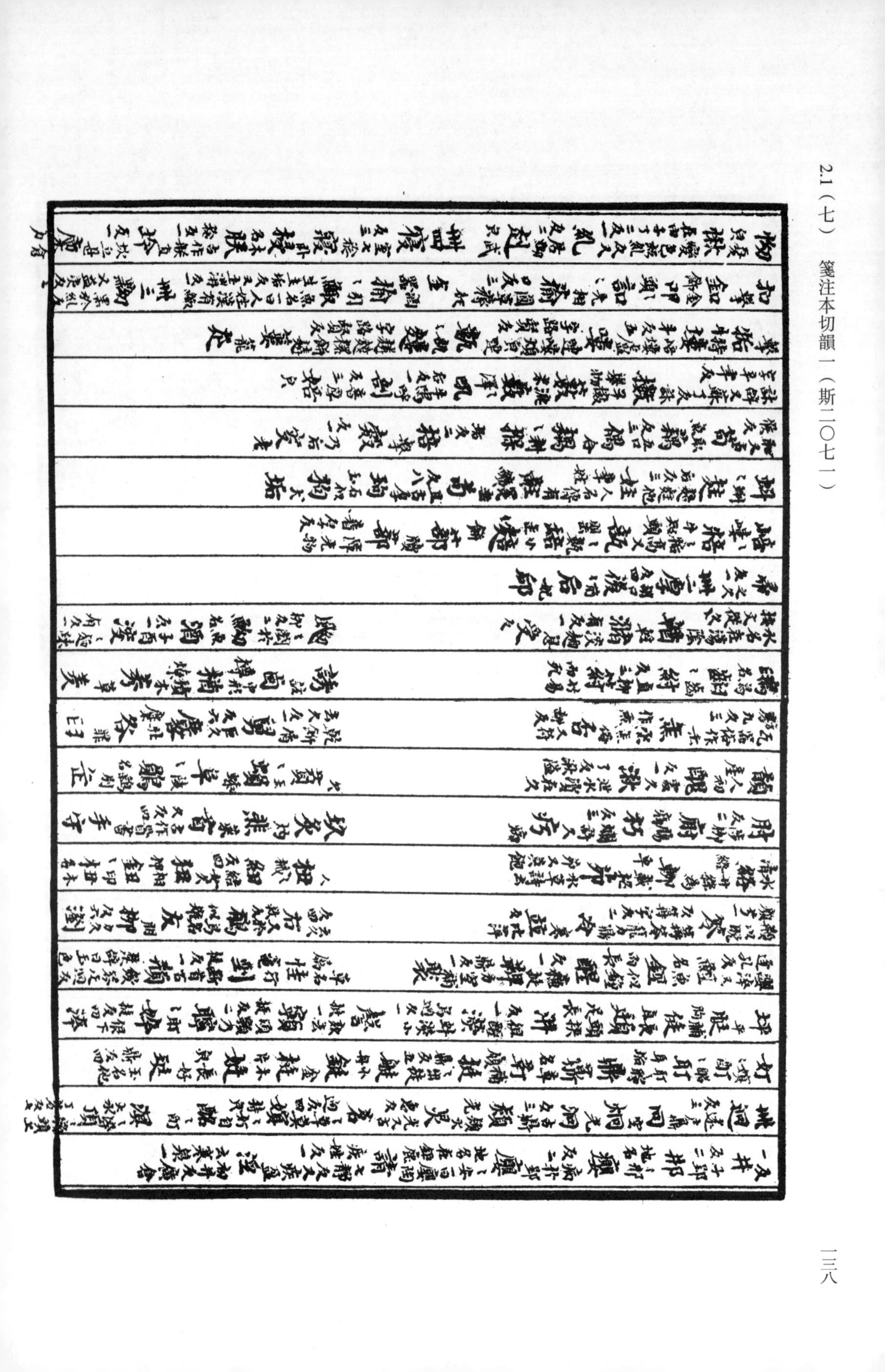

…檢反。四 凜 寒状。又渠金反。 懍 敬 痳 寒病 槑 積柴取魚。斯甚反。 自朕反。一 踸 踸踔，行無常。丑甚反。一 荏 菜。如甚反。六 飪 熟食 稔 歲熟 集

恁 本弱貝。信。又如甚反。 衽 衣衿。或作袵 枕 之稔反。二 頓 頭骨 沈 古國名。又式稔反。五 橎 木名 審 諟 諗 謀。古文 是 植枕反。一 椹 倉稔反。一

沈 汁。尺甚反。一 墋 土物朕。丑甚反。二 䫴 酢甚 踸 踸踔。丑甚反。一 噤 寒噤。渠飲反。口噤。二 顉 切齒怒 錦 居飲反。一 傑 仰頭貝。牛錦反。一 䑣 菌生木上。慈錦反。

㐭 寒貝。踈錦反。一 品 丕飲反。一 廞 虛錦反。又虛金反。陳車服。一 飲 於錦反。一 卅五琰 以冉反。四 剡 縣名。又在會稽 琰 …

㺬 刀滑反。二 奄 白險反。又刀賺反 險 虛檢反。四 獫 玁狁。 姎 女惡性不端貝。又葉蓁。及少氣 諂 丑琰反。一 䫞 頭不平。五拾反。二 嵰 嵰山高。 …

顩 顩顩，鬼。 广 胡忍反。因岩爲室 㬎 重甎 礹 礹嶮 儉 巨險反。二 芡 鷄頭 撿 撿狡。居儼反。二 檢 書檢 瞼 目瞼 𪊿 𪊿，於琰反。 …

襝 襝衣 㡌 山高貝 冉 而琰反。四 姌 長好貝。又奴簟反 染 染色 苒 草盛 陝 縣名。在弘農。失冉反。又弘 睒 暫見 奄 衣檢反。五 罨 雲

鄣 國 掩 掩取 閹 宮閹 漸 自染反。二 嶃 嶃巖 卅六忝 他點反。二 㮇 鄉名。在濟北地 丘 淰 水流貝。乃簟反。三 嬋 弱 湷 在

點 多忝反。四 玷 玉玷 者 老人面有黑子 㓠 斫 簟 簟席。徒玷反。三 㕊 閉戶聲 驔 黃脊 嗛 猿藏食處 歁 歁食不飽

很 手稀虛 貘 貘，鼠名。下忝反。一 卅七拯 無反語，取蒸之上聲。一 卅八等 多肯反。又多改反。一 倗 不肯。普等反。一 肯 可等反。一 卌九

𡑺 丑半生下。斬反。四 減 耗。又苦斬反 濫 泉。又盧暫反。汎濫 㨫 犬聲 湛 水貝。徒減反。又直心反。二 偡 偡然。 鼶 苦減反。 醶 苦

斬 側減反。二 減 損。又于減反 澉 澉濄。士減反。一 斬 阻減反。一 䫲 鬼䫲。初減反。一 臉 力減反。一 闞 虎聲。又斬反。又苦暫反。三 欠 笑 撡 執 撿 又汝撿反。一

檻 胡黤反。五 艦 船 轞 車聲 獑 懸 顩 長面貝。又五減反。一 䴸 斬取山 摻 撿摻 黤 青黑。於檻反。二

黲 重黲。出孝子傳 醶 酢醶。初檻反。一 㺀 小犬吠。荒撿反。一 五十一范 姓。無反語，取凡之上聲。四 範 模 犯 干 䖑 蜂

切韻卷五 入聲卅二韻 一屋 烏谷 二沃 烏酷 三燭 之欲 四覺 古嶽 五質 之日 六物 無弗

櫛阻瑟　八迄許訖　九月魚厥　十沒莫勃　十一末莫割　十二黠胡八　十三鎋胡瞎　十四屑先結　十五薛私列

錫先擊　十七昔私積　十八麦莫獲　十九陌莫白　廿合胡閤　廿一盍胡臘　廿二洽侯夾　廿三狎胡甲　廿四葉與涉　[illegible]

六緝七入　廿七藥以灼　廿八鐸徒落　廿九職之翼　卅德多則　卅一業魚怯　卅二乏房法

黷徒谷十六　讟謗讟　髑髏　殰　櫝書櫝　牘　韣弓衣又之蜀反　瓄珪　瀆溝瀆　犢　匵匱　櫝

嬻女六　穀古鹿　轂　縠　瀔水名　谷山谷　㝅　斛胡斛　槲木名　螜螻蛄　嗀　哭空谷反三

禿他谷反又他彥反四　誎　㧺指禿　鵚鶖鳥名　速送谷反六　涑　餗鼎實　蝀蟲　樕木名　觳　㲉　殼丁木反一

鰊　睩視　綠　轆　鵦　櫝　碌　簏　蝶

盝　騼野馬　殼　族作木反二　鏃　鏃

碌石名　簇倉候反　睩　漉水　螰　蛛　扑打　醭白　樸　濮水名　濮

蹼　嫫　木莫卜反四　沐洗　霂　鶩鳧　毛　福方六反九　腹肚　複衣　蝠蝙

復　蝠蝙　箙竹　伏房六反十二　復　虙　服衣服　茯苓　馥香　鶝鳥名　栿

鞴　蕧　鞁　縮所六反七　颼風　趗　掮　謖　翻　㩜　六

陸力竹反十二　戮　勠　稑　鵱　蓼　睦　逯　綠　蓫　磟　逐直六反七　軸　碡

妯娌　軸　蝤　蹴　菊居竹反八　鞠　掬　匊　鞫　鵴　陗　鵴鳩　麴

熟殊六反五　孰　淑　塾　璹玉名　俶昌六反三　祝　琡玉大璋　育與逐反又與下字同十　毓　鬻　賣　消

緎水名　縮　賣　稙　堉　煜　昱日光　驈　趜　鵴　鴝

踘蹋　粥又之六反　鬻　蹴　粥　祝　肉如竹反三　朒　鰴

叔式竹反四　俶　儵　菽豆　蓫　鸀　畜　蓄　鄐

葍　竹陟六反四　築　筑　竺　蹜　蹙子六反二　蹴　踧　腳

恧　忸怩　縬　蝮　薁　郁　彧　燠　㮋　喚　墺

膜肓膜 蘡蘡薁草名 薁限 蕿可混未 肅息逐反八 宿又息救反 蓿苜蓿 夙早 玉朽玉又人姓 鸘鸘鸘西方神鳥 蟰蟰蛸虫

驌驌驦馬名 目莫六反六 睦親 穆和 苜苜蓿 牧養 坶坶野地名 圓圓圍牙目反又牙救反一 蓄蓄積丑六反一 二沃烏酷反三 鋈

白金 鸒魚名 毒徒沃反三 䓯萹蓄草 蝳蝳蝐 篤冬毒反三 督率 裻衣背縫 酷虐苦沃反四 焅熱氣 秸禾熟 嚳

滈鵠鳥胡沃反三 鸐鳥名 崔高 僕蒲沃反三 鏷美石 蠼蠼 颯雨聲篤反二 褻新衣聲 梏手械古沃反五 牿牛馬牿

雝鴟鳥 鵠鳥名 稶地名 告又古号反 瑁璫瑁莫佩反二 楣門楣横梁 熇熱火酷反二 臛羹又呵各反 褥小兒衣内沃反一 僬邑名一曰將

三燭之欲反七 屬付又市玉反俗作屬 矚視 綿繳帶 躅 鸀鳥 燭行貌 玉語欲反三 獄囚 琭屋 瑦 旭旦許玉反三

項頊頊 勖勉 犨居玉反五 蠢 鋦以鐵縛物 挶持 曰手 局渠玉反又作局 跼蹐 蜀市玉反五 韣弓衣

蠋虫 獨 襡長襦 觸尺玉反二 歜怒氣 辱而蜀反六 蓐草 褥 鄏郟鄏地名在河南 縟繁文 瘃

束書蜀反二 倲倲侗 欲余蜀反五 浴洗 鵒鴝鵒 鋊銅屑 輍車枕 躅蹢躅直録反二 錄力玉反十一 淥水名在相東 覿眼曲 綠

色 醁美酒名 騄騄駬馬名 娽隨從 菉草 逯謹又姓 綠魚名 曲起玉反二 䱚魚名 苗薄 瘃寒瘡

斸斫 贖神蜀反一 足即玉反一 幞帊房玉反一 促七玉反一 續似玉反三 俗 賣澤瀉藥名 粟相玉反三 慄 涑水名在河東

又速 僕落牛頭封曲反一 棟木 四覺古嶽反又古孝反八 斠平斗斛 角 桷椽 較 玉 鷽馬腹下聲

骨又胡 嶽或作岳五角反三 樂又盧各五教反 鸑鸑鷟鳥 浞水士角反五 鋜鎖足 濁 鷟鸑鷟 捉側角反

稻穱 朔所角反四 嗽口嗽 槊 箾 草 擉治 斲作斲 涿郡名 諑 擊 䦃 卓高

琢治玉 啄鳥啄丁木反 剝落北角反五 駮 縛 邈遠莫角反二 雹雨氷蒲角反 跑

秦人言蹴 驛 皰 䰊魚名 灂 攫 璞 樸 撲 朴

攴楚 殼皮甲苦角反七 愨謹 推擊學反 確 穀 濁直角反六 櫂拔 濯

鷃曰鸐 雉 擢 渥 握持 偓偓佺仙人 箹 喔鳥 鷟 葯白 搦女

角 䍀 逴 踔 犖 學戶角反四 礐山多大石 嚳 豞

豕聲 鷟急 肥 娖 碏 躖 五質之日反 郅 桎 櫍

刑用蛭水蛭 隲駁馬後漢有鄭隲 日人質反二 馹驛 實神質反一 秩直質反三 紩縫 帙袠 悉又作悉思七反二 膝脛又作都一

數名蹏賓反二 壹 壹 七親悉反五 漆水名在岐 鶺鶺鳥名 郗地名在齊 桼木名今作漆 疌 嚳吉反一 吉居質反二 趌趌趨走皃 㘈近虛質反

又作衵近身衣昵二 逸夷質反六 佚佚樂 佾佾舞 軼車過又同溢 溢滿 鎰廿兩 詰去吉反二 蛣蛣蟩 欯喜許吉反一 㗌

新栗 栗力質反六 慄慄戰 溧水名在丹陽 颲颲風聲 鷅鶹鷅流離鳥別名 剽細削 窒塞陟栗又丁結反四 挃撞 座 蛭

縣在扶風 銍刈又縣名在譙 郅 㛃大燒 疾秦悉反三 嫉妒又秦四反 蒺蒺藜 剌割聲或作啣初栗反一 失識質反二 室房室 聖

周燒上塟蘘悉反四 䳇鼠聲 唧啾唧多聲 沁潰水 蜜蜂民必反四 謐靜 醓飲盡 櫁大櫁樹名 必早吉反十 畢竟 蓽蓽門 纖荊

韠胡服蔽膝 珌刀上飾 蹕警蹕 滭滭沸水皃 篳篳門 鷝鷝鳥名 觱觱篥胡樂 聿餘律反七 鴥飛皃 燏火光 遹述 遵曰

鷸鳥名 驈黑馬白髀 繘汲綆 卒子聿反又則骨反一 卹分賑辛聿反四 恤憂 戌戌亥 訹誘訹 字蘇后反 崒山高 崒鄭反一 踤

姞一曰字乙反二 佶正 術食聿反四 述 秫穀名古作朮 沭水名在琅耶 橘居蜜反三 繘 繘汲綆又餘律反 邲地名在鄭毗必反八 比

次戒作虛又鼻肭必反 柲偶 䬛 數中裹 㢡有 𩝐 馺馬肥 出尺聿反又尺季反一 趉狂走 㑁無頭鬼 趉走皃白 飆

聿反四 䟖高視 䴷飛皃 㾁狂走 律呂恤反四 寽捋取手不見 繂綆 膟腹脂 怵心鬼竹律反二 窋在穴皃又丁滑反 朮藥名或作秫 直律反二 炪火出 黜

丑律反三 怵惕 䞞走 颭風反二 汩水流又古沒反 率領所律反三 帥 蟀蟋蟀 蒂反二 㵐去 崒反二 山形如臺

䖞荷本下曰 弼房律反二 俗作彌字 輔車 乙於筆反二 鳦燕 鳩鳥取魚鳥 乙反一 六物無弗反三 勿 芴土瓜 弗分物反六 紱綬

㪿縣名 讚古作連物反 灪大水 鬱氣 欻許物反又九月反三 緫衣 屈區物反二又 詘辭屈 倔倔強物反六 䠇 掘掘地

崛山短而高 䘕衣短 䵺尾短曰屈 佛符弗反四 怫怫鬱 坲塵起 岪山曲 𩙿疾風物反二 欻起 颮風聲物反二 拂 拂敷物反六

咈 㶎 茀草 韍 七櫛櫛阻瑟反三 瀄瀄汩水流 瑟所櫛反五 飋飋風 蟋蟋蟀

蝨蟣 㻇潔 八迄許訖反四 訖 汔 仡壯 釳乘輿馬上飾 肸肸蠁許乞反 詘居乞反二 吃語難 疙癡 乞 起去乞反一 圪高

乞去訖反又去既反二 芞香草 九月魚厥反三 刖絕 軏車 伐房越反八 筏 罰 閥閥閱 垡 撥

木春秋 越王伐反五 粤 鉞斧 狘獸走 樾樹陰 厥居月反八 蹶 劂刻刀 蕨菜 蟨

蟨名走則顛常為蛩蛩駏驉負之而走 蹷 嶡 居 餐 鷢 撅

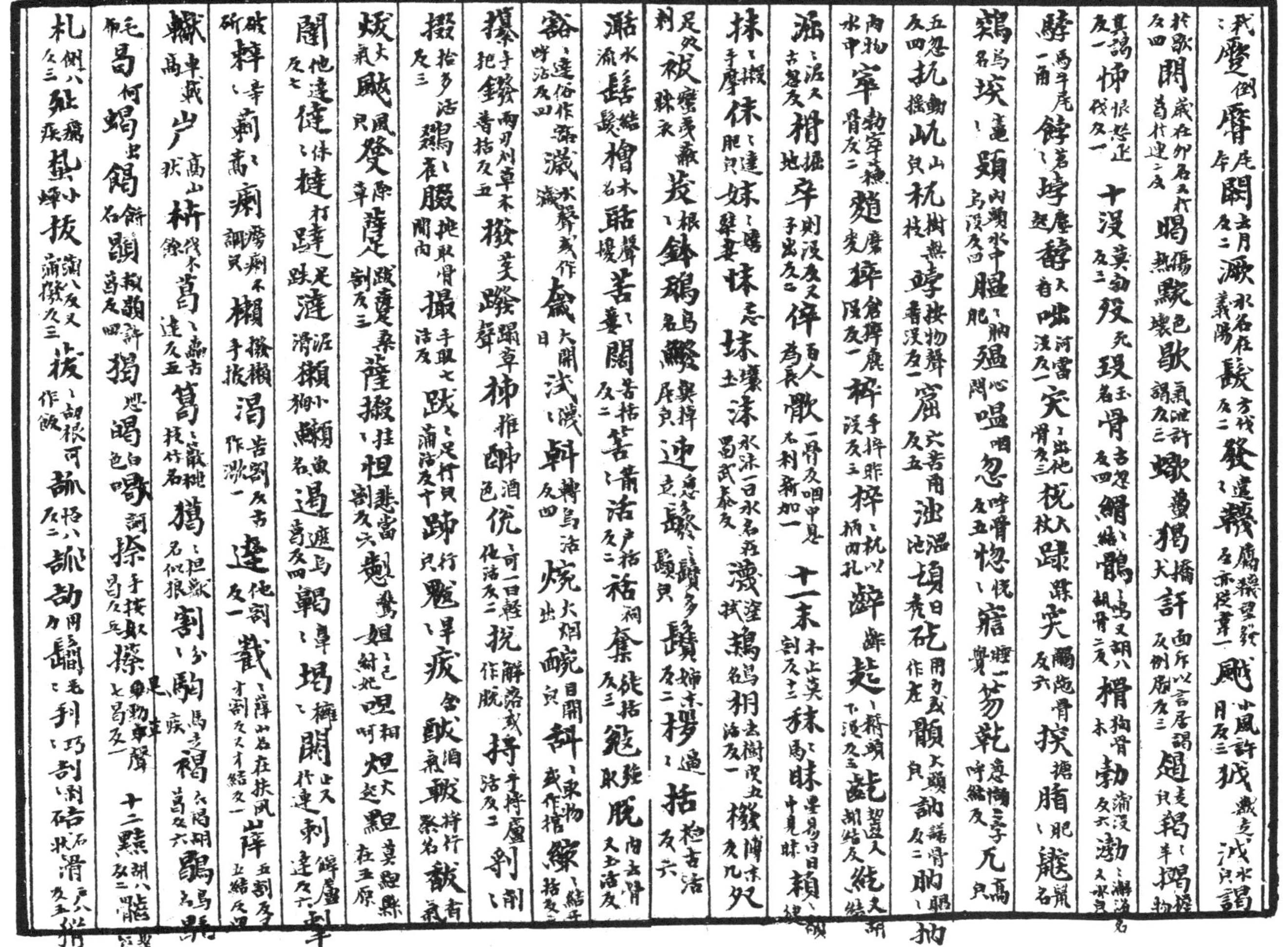

魚名 鶻 鶻鳩，又古沒反 蜎 蟛蜎，似蟹而小 八 博拔反。二 馴 馬八歲 𥨍 口滑反。二 媙 好皃 豽 獸名，似貍，女滑反。說文作貀 嗗 飲聲，烏八反。二 婠 婠媙 [illegible]

八反。口 蔡 草 察 [illegible] 擦 木名 劀 去惡肉，古滑反。二 鰝 魚名 戞 揩，古黠反。七 扴 揩物 玠 玠珪 稭 禾藁 鶡 鶡鴠，鳥名 鞨 [illegible]

菻 菻草 軋 車輾，烏黠反。五 扎 扎山曲 楬 楬心 螺 螺螔 [illegible] 殺 所八反。二 鎩 鳥羽病 傄 傄作，呼八反。二 䀨 [illegible] 疒 [illegible]

瘡痛 𪘲 女黠反。一 勖 勿滑反。一 十三鎋 胡瞎反。車軸頭鐵，古作舝。四 轄 [illegible] 鶻 鳥名 砎 礣砎 [illegible] 鶷 鳥名 [illegible]

闍 門扉聲 圓 騧 [illegible] 鬝 [illegible] 髻 [illegible] 刹 [illegible] 瞎 眼 [illegible] 鎋 [illegible] 礑 [illegible] 獺 獸名，他鎋反 [illegible]

瘵 痛，女鎋反 剳 刹吉 [illegible] 鶷 鳥名 鵠 [illegible] 領 [illegible] 頢 短面 [illegible] 鬜 [illegible] 舌 [illegible] 姡 [illegible]

鳥名 [illegible] 人多活反 [illegible] 刖 [illegible] 朔 [illegible] 㚈 [illegible] 礣 [illegible] 帓 [illegible]

一 鸛 [illegible] 撥 [illegible] 十四屑 先結反 [illegible] 楔 [illegible] 切 千結反。四 [illegible] 小語

齧 [illegible] 竊 [illegible] 結 古屑反。八 絜 [illegible] 潔 [illegible] 鍥 [illegible] 拮 [illegible] 桔 [illegible] 鵠 [illegible]

瘡 [illegible] 灑 [illegible] 子切反 [illegible] 節 [illegible] 上木 血 呼決反。五 [illegible] 疾 [illegible] 闋 苦穴反。二 缺 [illegible]

抉 抉出，於決反。三 宎 穿皃 瞲 目深皃 鴂 [illegible] 決 [illegible] 越 [illegible] 穴 胡決反。一

抉 抉出，於決反。三 宎 穿皃 瞲 目深皃 姪 曰姊徒結反。六 瓞 瓜 昳 日昃 眣 目出皃 胅 骨差 [illegible] 高起 垤 蟻封 耊 老 迭 遞 跌 跌踢 絰 縗絰 䬼

馬黑 嵽 嵽𡾡，高皃 軼 車相過，又徒結反 閉 閇閉，閭門 䮀 馬行 䥐 鐵 古作銕，俗作鐵，他結反。三 餮 饕餮，貪食 𩌄 [illegible] 閴 [illegible]

擷 捋取，又虎結反 纈 [illegible] 頡 頡頏 頁 頭 [illegible] 紇 [illegible] 襭 以衣衽盛物 涅 水中黑土，奴結反。三 捏 捺 苴 菜名 截 作結反。說文作㦰。三 巀

儳出 𡶅 山峯，又子切反 嶭 嵲 五結反。五 蜺 寒蜩 止 作蠮 熱 危 [illegible] 禊 [illegible] 桎 [illegible]

𨂀 蹩不正 蠛 蠛蠓 蔑 莫結反 懱 [illegible] 篾 [illegible] 䳽 [illegible] 猘 [illegible] 犻 [illegible] 閉 [illegible] 嗑 [illegible] 榼 [illegible]

靜 蠮 蠮蝓 擳 [illegible] 苦結反。六 [illegible] 短皃 挈 [illegible] 苦計 [illegible] 一非行 [illegible] 多節目 [illegible] 苦計 [illegible]

及二 [illegible] 小聲 [illegible] 及二 [illegible] 江南人呼 [illegible] 蒲結反。五 [illegible] 及寸 [illegible] 不正 [illegible] 香 窒 [illegible] 陟栗反。三 [illegible]

[illegible] 多節目 [illegible] 結反 [illegible] 一 十五薛 私列反。九 緤 [illegible] 押 [illegible] 病 [illegible] 衣 [illegible]

四 泄 [illegible] 渫 [illegible] 作 [illegible] 列 呂薛反。三 迾 遮 蛚 [illegible] 魚 [illegible] 光 洌 清 冽 寒 裂 破 [illegible] 不鮮 [illegible]

風雨暴至 䴕 啄木鳥 鴷 次第𧉲 新加 蜇 陟列反 從心 又作䖿二 蜇 虫螫 蛆 傑 渠列反六 桀 碣 說文作渴 山名 楬 有所表識 榤

鷄栖杙 熱 如列反一 哲 光 百熱反 又旨列反四 浙 江名在東陽 一曰浙江 折 又常列反 䩞 皮 舌 食列反二 揲 數 又尸列反 挾 孽 庶 魚列反 業文孽八

櫱 餅 ~ 櫱 麴 巘 ~ 𡾊 ~ 𧒈 虫齧 妭 ~ 閑 門中 礙 嵲 山高危 又 埶 嵲 反 竭 渠列反 又去謁反一 揭 高舉 滅 亡列反二 搣

手拔 鷩 雉屬 似有鷩 冕 并列反三 鱉 魚名 虌 菜 絕 情雪反一 蕝 束茅表位 子悅反 又子芮反 雪 相絕反一 䘿 皮破 乃劣反一 悅 翼雪反五 閱

蒲 ~ 蚻 蟬 去月反 又他卧反 蔄 草名 似芥 娧 美好 又他會反 𢾊 方傾雪反一 爇 燒 如雪反二 蜹 蚊 說 失爇反 又舒芮反 又失銳反一 拙 職雪反三 棁 梁上柱 蝃

老 ~ 歠 大歠 昌雪反一 輟 止 陟劣反四 畷 田間道 惙 疲 剟 挾 又刊 新加 劣 力輟反四 埒 ~ 膟 腸內 蛶 蚨只 瞥 暫見 芳滅反三 潎 ~ 嫳

別 憑列反二 別 分別 又方列反一 轍 車轍迹 直列反四 徹 通 撤 發 澈 水澄 㓖 掃 所劣反二 唰 鳥理毛 孑 居列反三 鈌 ~ 趨 跳只

設 識列反二 蔎 香草 具 ~ 威 滅 翅 飛 鷩 小鳥 吶 吶聲不出 女劣反 又女骨反一 妜 ~ 蹶 有所記 居月反 又居衛二反二 㜸 八 ~ 怒只 非列反一

毲 永發 士 茁 草生 側劣反 又側滑反二 纂 短尾 鵽 ~ 而易 七絕反一 蕝 茅蕝 似蟬 千列反二 鵽 小 ~ 鳩 叕 ~ 綴 陟列反一 焆 烟氣 ~ 列反一

屮 草初生貌 丑列反一 㛸 喜貌 許劣反一 啜 嘗 ~ 雪反一 剟 割斷聲 廁滑反一 十六錫 先擊反七 析 分 俗作析 裼 ~ 裼 皙 白色 緆 細布 磿

蜥 蜴 淅 米 激 古歷反 又古叡反四 擊 打 墼 土 鷩 鳥名 霹 ~ 靂 普激反二 劈 破 歷 ~ 靂 ~ 趯 ~ 趚 行只

趚 字式 音反 酈 縣名在南陽 又力知反 歷 ~ 轢 車踐 又盧谷反 礫 珠 鬲 ~ 瀝 滴 礫 砂 秝 稀疏 櫪 馬槽 皪 ~ 櫟 木名

鷊 鳥名 蔏 ~ 蔏 山蒜 的 指的 都歷反三 艢 舟 ~ 覿 石地 新加 狄 徒歷反十二 荻 ~ 敵 ~ 翟 ~ 籊 竹竿貌 迪 進 覿 見 笛

樂 ~ 濼 沈 ~ 䍽 ~ 鄡 鄉名在高陵 逖 他歷反六 倜 儻 ~ 誂 ~ 趯 跳貌 剔 解骨 惕 怵 ~ 績 則歷反二 勣 功 㨮 乳 ~ 又激反二

擊 傍擊 毄 攻 ~ 書 ~ 怒 飢 奴歷反二 休 ~ 俗作溺 寂 ~ 作歷反一 覓 莫歷反八 幦 車覆軨 幎 覆 ~ 馬多 糸

鼏 鼎蓋 冪 覆食巾 汨 水名在豫章郡 覓 ~ 扶歷反 本二字從鳥二 鷿 鳥名 壁 北激反二 甓 ~ 鼊 ~ 闃 苦鶪反一 郥 邑名在蔡 古闃反五

鵙 伯勞 狊 張目 湨 水名在河內 鼳 鼠名在木上 戚 倉歷反四 慼 ~ 鼜 守夜鼓 鏚 千 ~ 啾 笑聲 許狄反二 閴 ~ 十七昔 古作

昔 私積反六 惜 恡 腊 脯 潟 鹹土 磶 柱下石 舄 履 積 資昔反 又資賜反八 脊 背 蹐 ~ 地 踖 跡 足跡 又作蹟 迹 借 假 又資夜反 踖

躤 踐 又秦昔反 鵲 ~ 鳥 鶺 鴒 益 伊昔反三 嗌 笑皃 嗌 喉上 繹 理絲 羊益反廿 釋 重祭名 易 又盈義反 蜴 蜥 ~ 亦 奕 大 弈 ~ 蜴

驛 ~ 場 ~ 悅 斁 厭 又徒故反 驛 馬 醳 苦酒 腋 肘 ~ 嶧 山名 掖 持臂 液 津 ~ 袘 縫 易 又盈義反 瘍 病相染 蜴

譯 ~ 懌

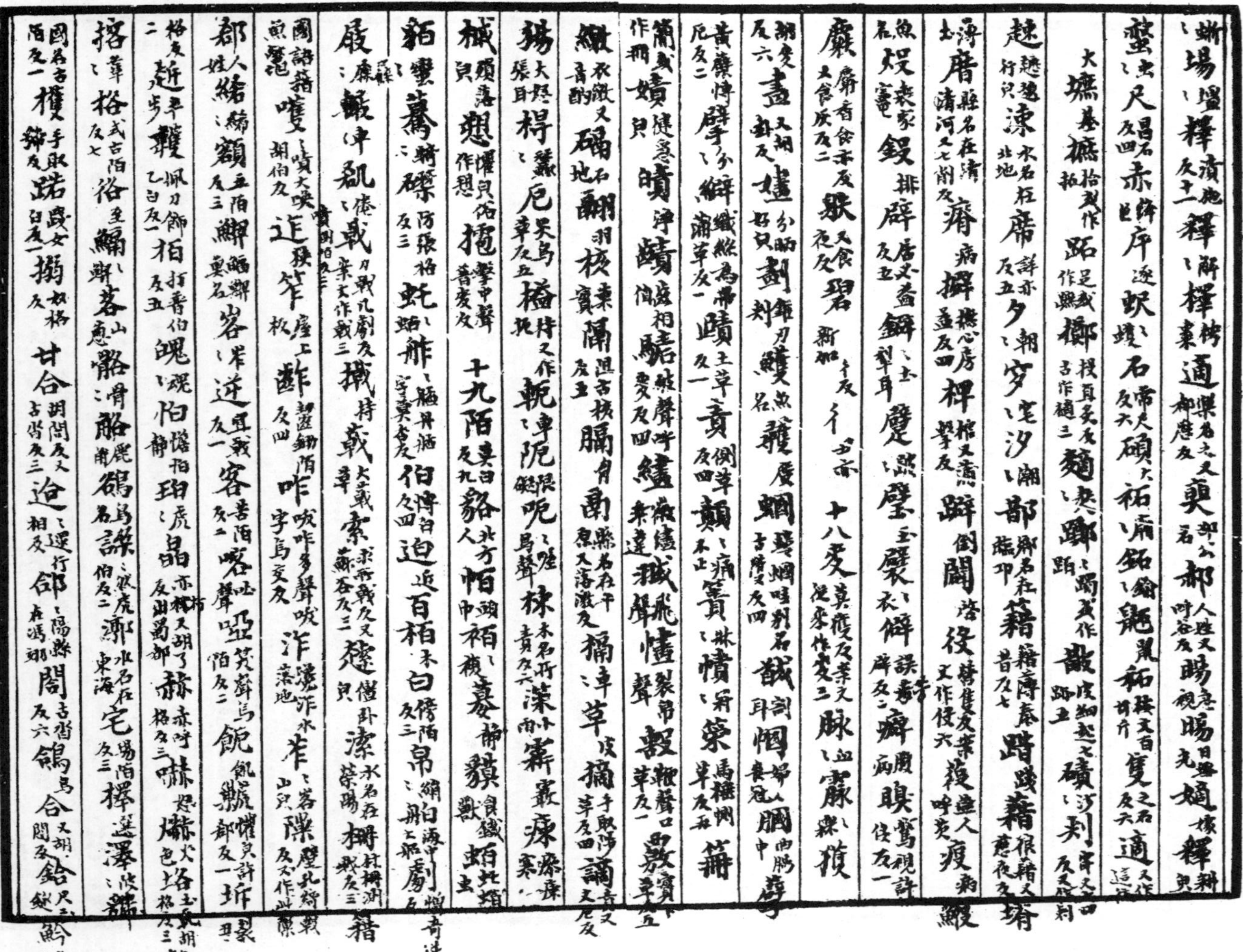

蛤蛙蛤 荅都合反二 䶀䶀跋行皃 趿蘇合反四 颯風聲 靸小兒履 馺馬疾行 沓重疊徒合反十二 誻誻誻 遝迨遝 揩揩指 搭拄木 㴍㴍㴍

𩍀𩍀跋馬行 龖龍飛狀 䶀飛蹋 䠓言語 諸疾語 錔器物錔頭他合反十二 嚃歠 沓菜生水中 嗒安 踏著地 㯓帳上 䵬車履 翻翻翻飛皃

濕水名在平原 佮合也說文 㽮柴文皺聲新加 雜徂合反四 䪞斷聲 磼磼碟山高又磼碟壞皃 雥鳥羣 帀徧子答反又作匝二 哢入口 拉折虛合反 㭼破 䃷

搨翻翻飛皃 納奴荅反四 䪞䪞皃 納子納積鄉 軜驂馬內轡佚軾前者 溘奄口荅反三 㕎開㕎聲 㕎山左右有岑 姶美好皃烏合反四 痷痷 罨罔

罯覆盒 欱小歠呼合反二 疲病劣皃 噏眾聲五合反二 礏礏礏 哈魚多皃一 廿一盍何不胡臘反四 闔閶闔日閉 嗑筮嗑易卦 蓋蓋臘

蝤蝤俗作臈盧盍反六 䶁䶁䶁聲 鑞鑞錫 擸折擸 䏰䏰啟 䟣都盍反五 耷大耳 搨手打 砬地鄭 剔相著一曰剔枸 榻牀吐盍反三 毾毾毲大亦

鰈鰈比目魚別名說文作魼 鰨魚名似鱸四足 鶍鶍布 傝傝赤傝儜劣 括大食 謵謵諸多言 翕飛皃 鞳鏜鞳鼓聲又他合反 塔塔樸字真胡 搭搨掛和雜

歃大味呼盍反一 魶魚名奴盍反一 蹋蹬徒盍反一 闒門上屋 儑不著五盍反一 𥝔惡才盍反一 𢴤揚𢴤和雜 䪞五盍反三

譫多言 盍盍漢有盍寬饒字書作鄯 榼酒器苦盍反二 磕聲 霅覆斯加 廿二洽和侯夾反五 狹隘古作陿 祭名 峽

三峽山 硤石縣名 恰用心苦洽反五 㡊巾 掐爪掐 眨目 劒 郟地名在潁川 筴著又古協反 鞈鞈鼙蔽膝 路

蹟 衱衣未禦 眨眼細諳 䶞餅 蹇足病 寁 馬眼 眨目動洽反三 庘庘 倆人皃 插

剌楚洽反三 臿舂去皮 鍤錖 㧝取 齁卑守洽反三 欲小嗇 㰹氣逆 囲手取物女洽反一 霎小雨山洽反二 歃血又山輒反 箚竹著

洽反一 䠍䠍跋行皃烏洽反二 凹下亦作窊 廿三狎胡甲反五 匣箱 翈短羽翮上 霅聚聲又狀甲反 霅陽郡在樂浪 浹相著 渫水又渫

喋唼喋鳥食 甲古狎反五 胛背胛 押乱 押木理 押篳 硤側 鴨水鳥烏狎反四 廊鎮 庘屋壞 窀人神所葬穴 䎓春去初甲反一

翣扇棺所甲反三 㲜母 啑喋 呷吸聲呼甲反二 譀誇譀又下瞰反東觀記 誇譀猶今人熱 廿四葉與涉反縣名在南陽式涉反四 牒

捷疾 鍱鐵 捷 踥 楪木 睫目 㩮 嬞 攝書涉反四 灄水名在南陽 葉縣名 歙

涉時攝反一 獵取禽良涉反四 鬣 躐踐 䮚日 睫 堞 㪉 裛

魰尼輒反五 聶姓 躡蹈 鑷子 讘小言七聶 樹葉動 姑言 謵

顳顳顬 囁口動 攝 輒陟葉反二 鍱

苶 鄹 耴 攝 疌

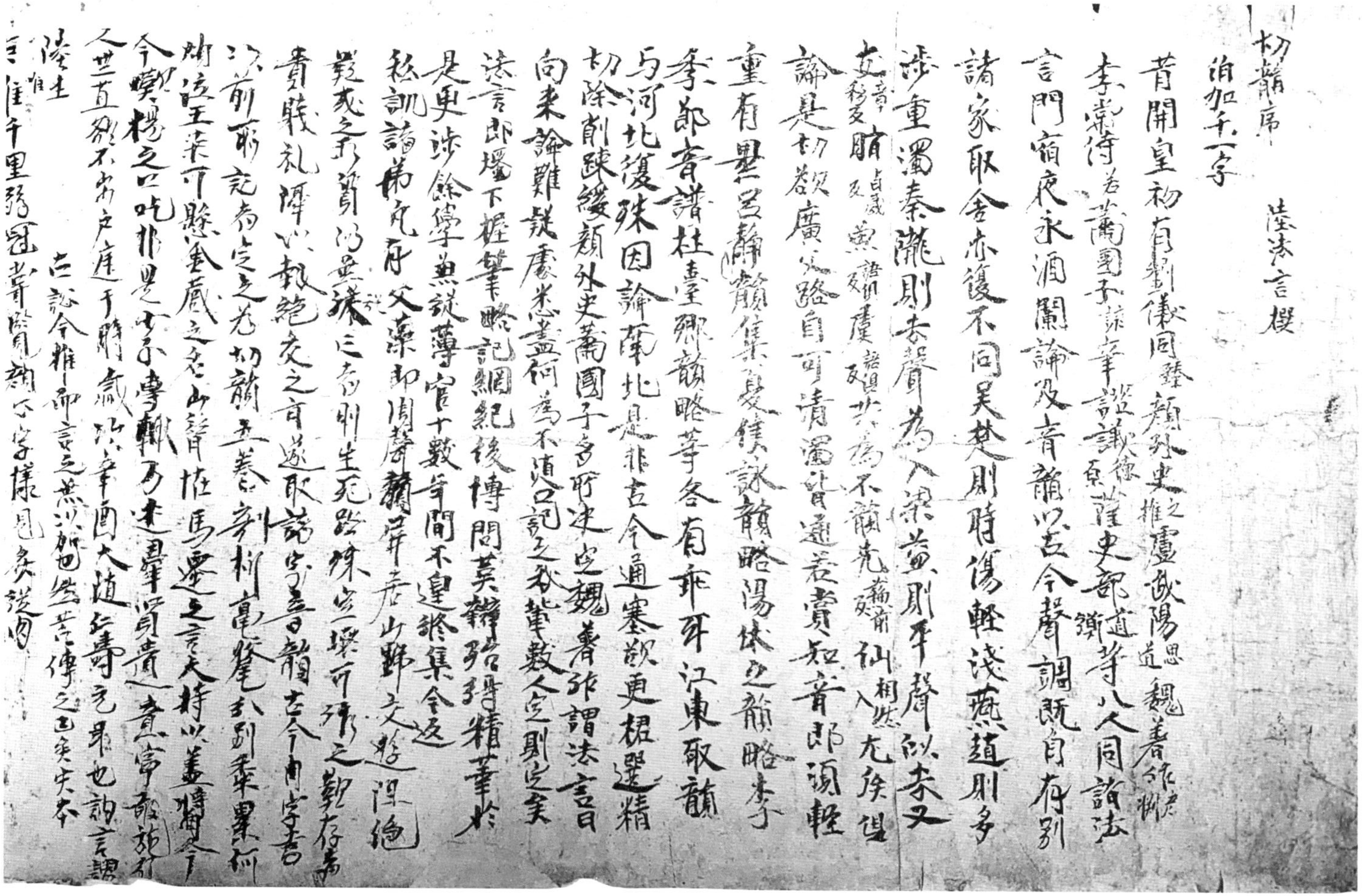

切韻序　陸法言撰

伯加千一字

昔開皇初，有劉儀同臻、顏外史之推、盧武陽思道、魏著作彥淵、李常侍若、蕭國子該、辛諮議德源、薛吏部道衡等八人，同詣法言門宿。夜永酒闌，論及音韻。以古今聲調既自有別，諸家取舍亦復不同。吳楚則時傷輕淺，燕趙則多涉重濁；秦隴則去聲為入，梁益則平聲似去。又支章移反脂旨夷反、魚語居反虞語俱反，共為不韻；先蘇前反仙相然反、尤侯，俱論是切。欲廣文路，自可清濁皆通；若賞知音，即須輕重有異。呂靜韻集、夏侯詠韻略、陽休之韻略、李季節音譜、杜臺卿韻略等，各有乖互。江東取韻與河北復殊。因論南北是非，古今通塞，欲更捃選精切，除削疏緩，顏外史、蕭國子多所決定。魏著作謂法言曰：向來論難，疑處悉盡，何為不隨口記之？我輩數人，定則定矣。法言即燭下握筆，略記綱紀。後博問英辯，殆得精華。於是更涉餘學，兼從薄宦，十數年間，不遑修集。今返初服，私訓諸弟，凡有文藻，即須聲韻。屏居山野，交遊阻絕，疑惑之所，質問無從。亡者則生死路殊，空懷可作之歎；存者則貴賤禮隔，以報絕交之旨。遂取諸家音韻、古今字書，以前所記者，定之為切韻五卷。剖析毫釐，分別黍累。何煩泣玉，未得懸金。藏之名山，昔怯馬遷之言大；持以蓋醬，今歎揚雄之口吃。非是小子專輒，乃述群賢遺意；寧敢施行人世，直欲不出戶庭。于時歲次辛酉，大隋仁壽元年也。訥言謂陸生此製酌古沿今，無以加也。然苦傳之已久，多失本原。詎唯千里。弱冠嘗覽顏公字樣，見炙從肉

2.2（八）　箋注本切韻二（斯二〇五五）

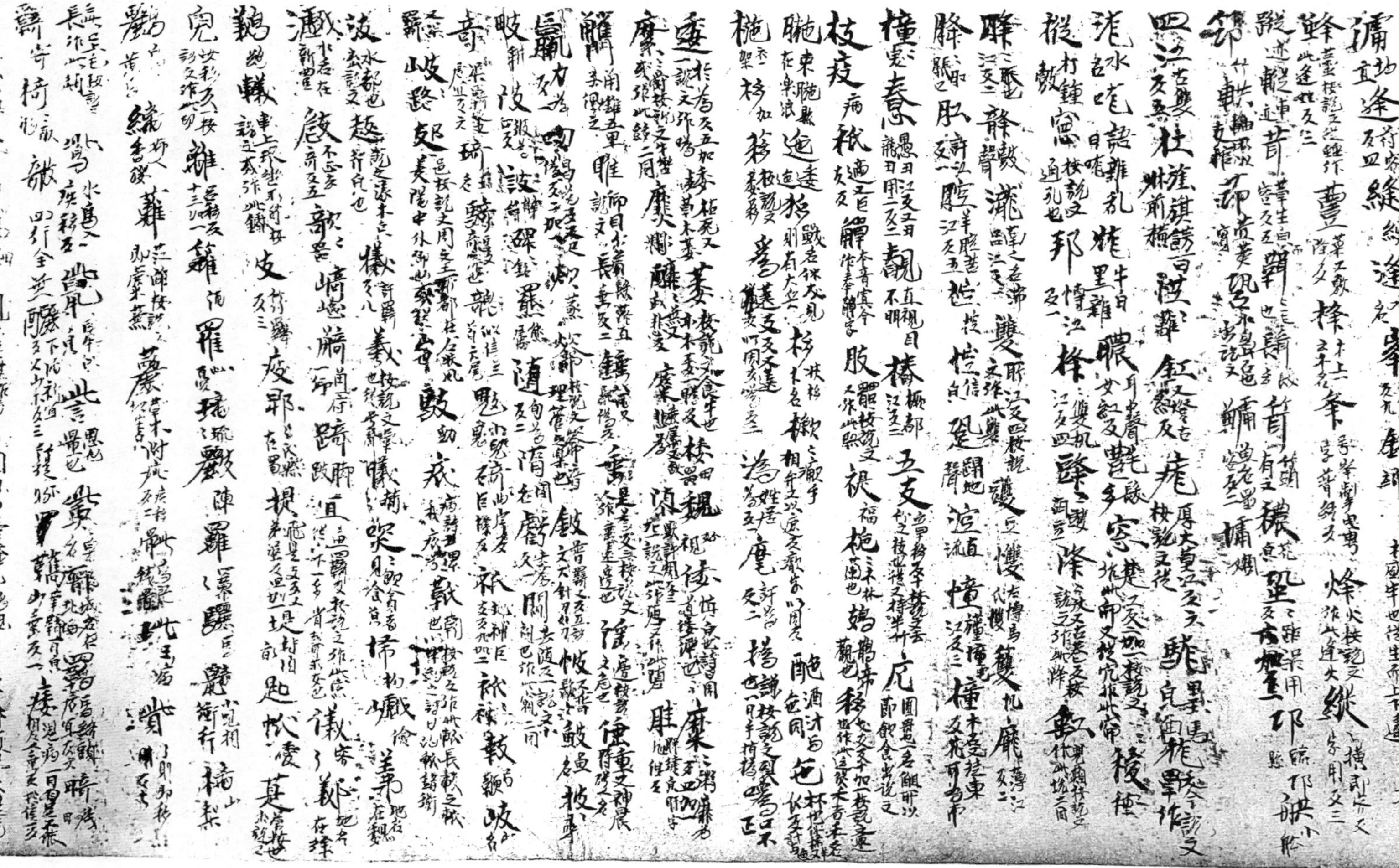

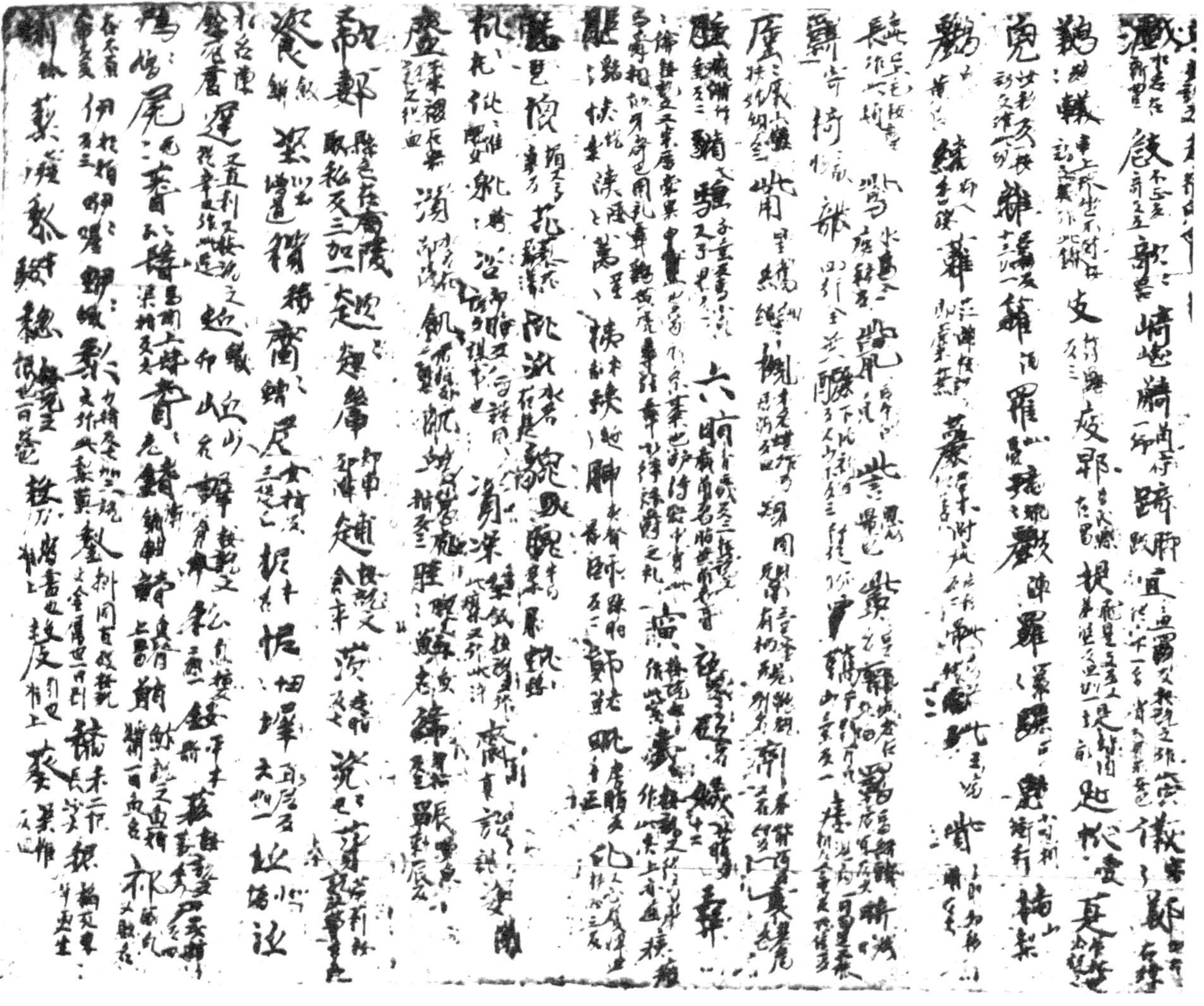

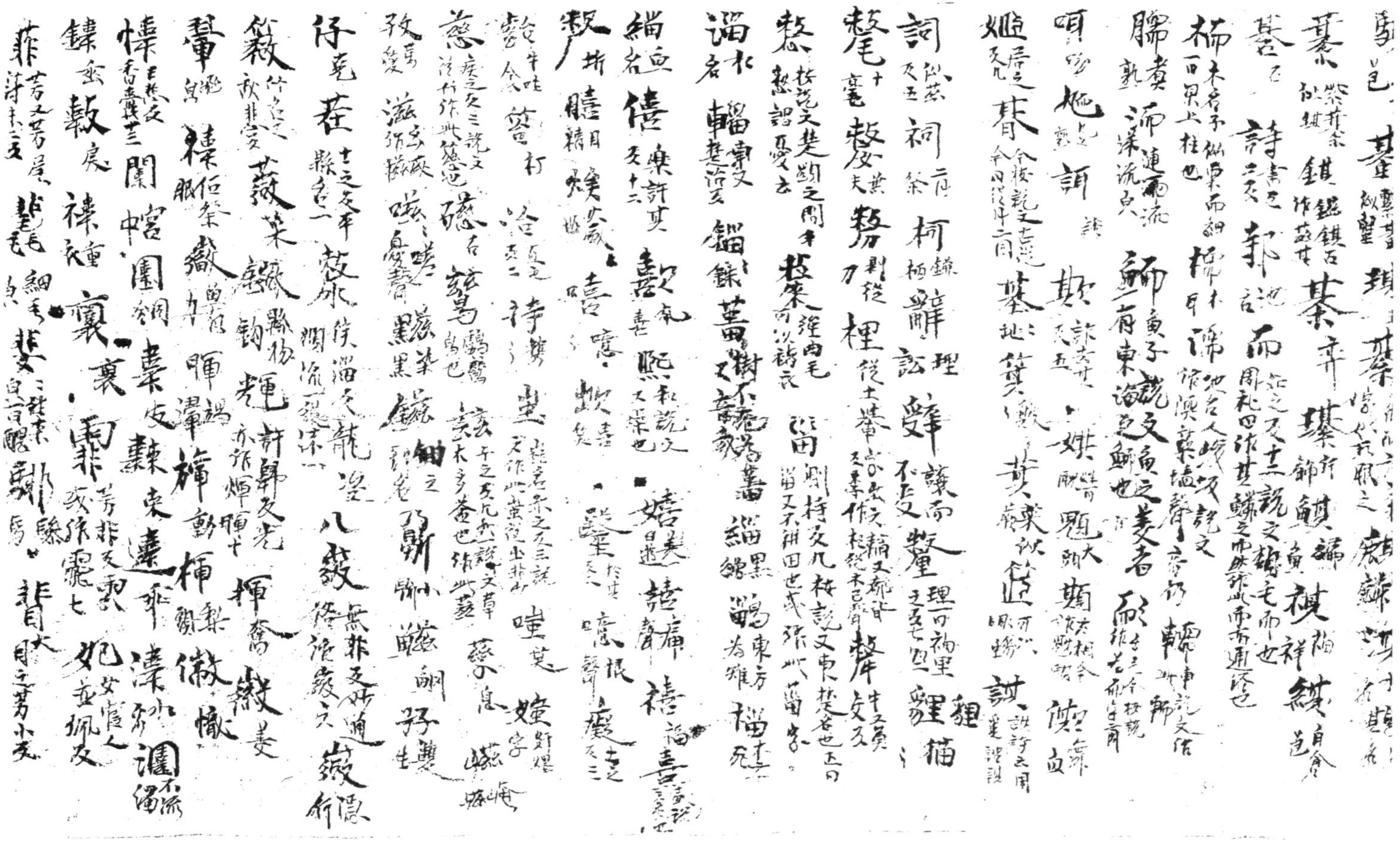

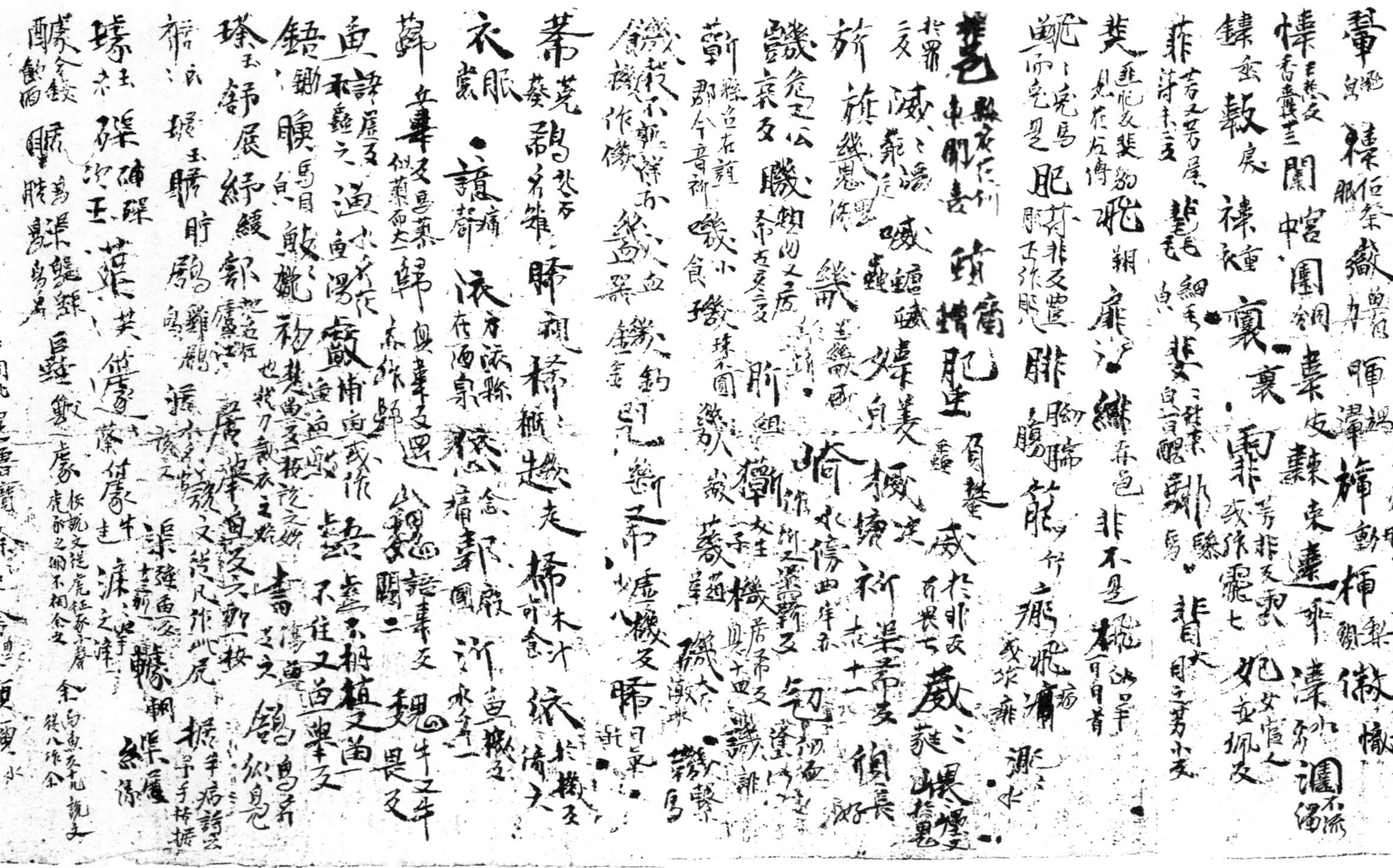

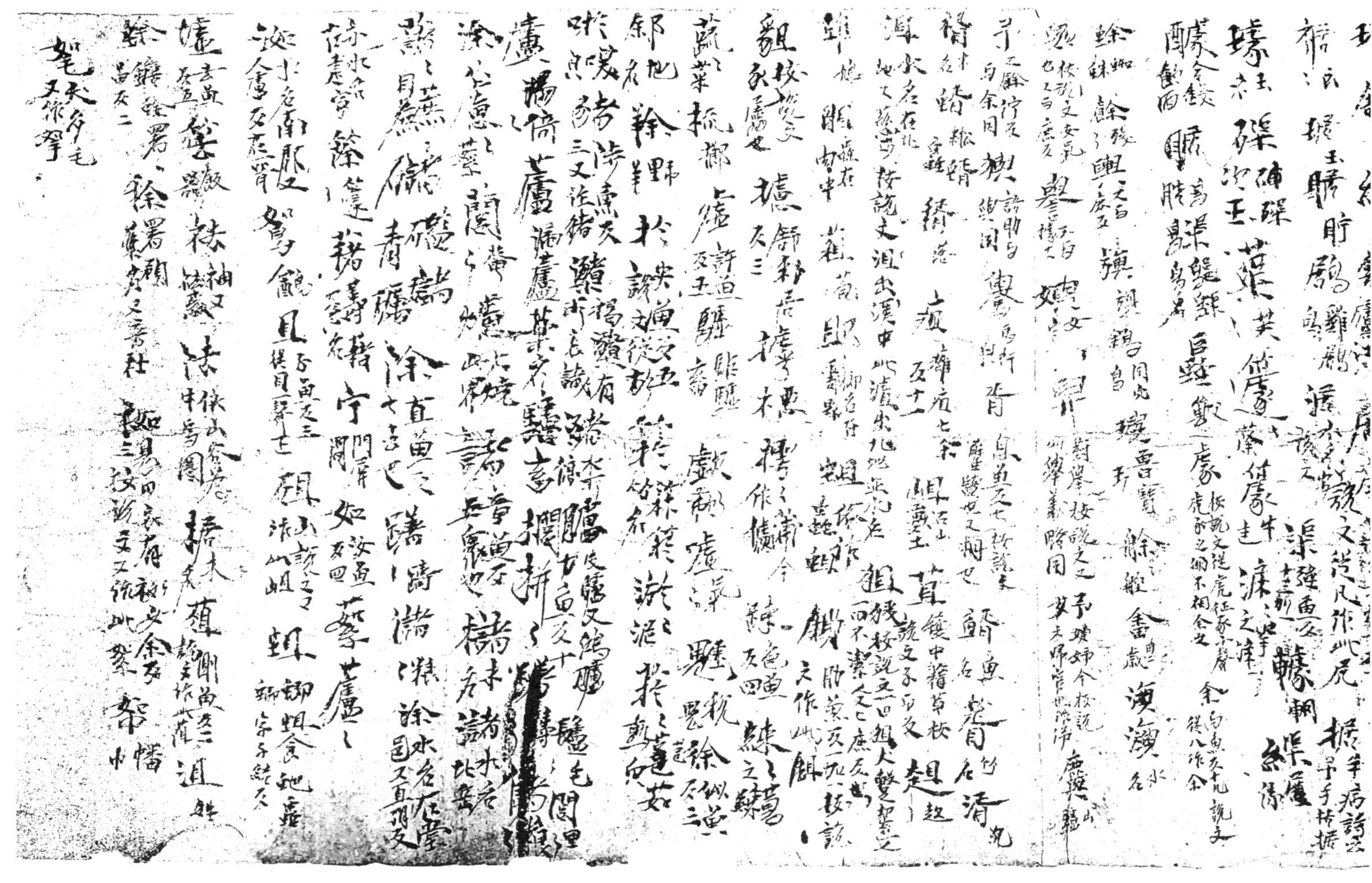

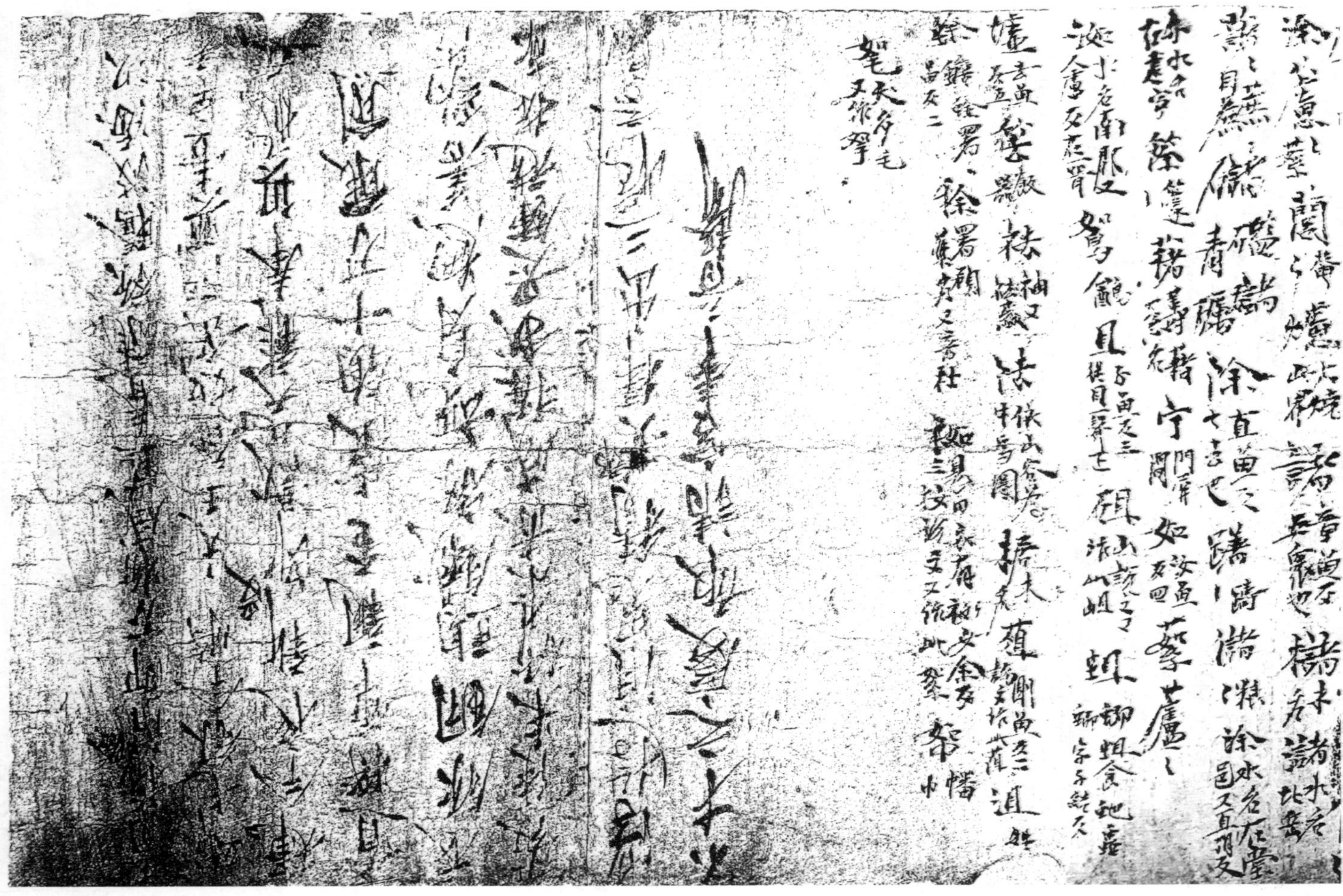

唐寫本切韻殘卷

行款照原本有數行未遵原本者以上記之

切韻序　陸法言撰

↑伯加千一字

昔開皇初有劉儀同臻顏外史之推盧武陽思道魏著作彥淵
李常侍若蕭國子該辛諮議德源薛吏部道衡等八人同詣法
言門宿夜永酒闌論及音韻以古今聲調既自有別
諸家取舍亦復不同吳楚則時傷輕淺燕趙則多
涉重濁秦隴則去聲為入梁益則平聲似去又
支章移反脂旨夷反魚語俱反虞語俱反共為不韻先蘇前反仙相然反尤侯
俱論是切欲廣文路自可清濁皆通若賞知音即須輕
重有異呂靜韻集夏侯詠韻略陽休之韻略李
季節音譜杜臺卿韻略等各有乖互江東取韻
与河北復殊因論南北是非古今通塞欲更捃選精
切除削踈緩顏外史蕭國子多所決定魏著作謂法言曰
向來論難疑處悉盡何不隨口記之我輩數人定則定矣
法言即燭下握筆略記綱紀後博問英辯殆得精華於
是更涉餘學兼從薄宦十數年間不遑修集今返
私訓諸弟子凡有文藻即須聲韻屏居山野交遊阻絕
疑惑之所質問無從亡者則生死路殊空懷可作之歎存者
貴賤禮隔以報絕交之旨遂取諸家音韻古今字書
以前所記者定之為切韻五卷剖析毫氂分別黍累何

泣玉未可懸金藏之名山昔怪馬遷之言大持以盍醬今
歎揚 之口吃非是小子專輒乃述羣賢遺意寧敢施行
人世直欲不出戶庭于時歲次辛酉大隋仁壽元年也　訥言謂
陸生　古誼今推而論之無以加也然若傳之已矣失本
詐唯十里弱冠嘗覽顏公字樣見炙從肉
輙意形聲固當從夕及其揩矣彼乃乖斯　他皆倣
此須以佩經之隟沐雨之餘揩其紕繆疇茲得　鈎栩閲晉豕
成羣盈構行披魯魚盈貫遂乃廣徵金篆遐泝石渠略題會意
之詞仍紀所由之典亦有一文兩體不復備陳數字同歸惟其擇善
勿謂有增有減更應不同一點一撇咸資則像又加六百字用補闕遺
其雜 並爲訓解但稱案者俱非舊說傳之弗謬遮　箋云于時
歲次丑大唐儀鳳二年也　切韻弟一 平聲上 廿六韻　一東 德紅　二冬 都宗
三鍾 職容　四江 古雙　五支 章移　六脂 旨夷　七之 止而　八微 無非　九魚 語居　十虞 語俱
十一模 莫胡　十二齊 徂奚　十三佳 古膎　十四皆 古諧　十五灰 呼恢　十六咍 呼來　十七真 職鄰
十八臻 側詵　十九文 武分　廿殷 於斤　廿一元 愚袁　廿二魂 戶昆　廿三痕 戶恩　廿四寒 胡安
廿五刪 所姦　廿六山 所閑
一東 德紅反二按說文春方也動也從日又云日在木中　凍 水名　同 徒紅反十八　童 古作僮今爲童子從辛〻亦聲辛古者子字頭向〻上而亂辛非辛也男有罪
日奴〻曰童女日妾從辛童妾字不從辛　僮 古作童子今爲僕也　銅 按說文青鐵也　桐 木名准上　峒 〻空　洞 獸名以豕出秦山　硐 磨　䂢 [illegible]
烔 烔〻熱兒　瞳 〻曨欲明　筒 竹名　瞳 目子　䡴 乙罿　罿 車上網又戶容反　犝 無角牛　箽 竹名　潼 水名關名又他紅昌容二反
中 按說文和也陟隆反又陟仲反三　衷 按說文衷褻衣也　忠　蟲 按說文有足虫直隆反四　沖 和　种 稚亦人姓　盅 按說文更有此一字老子曰道盅而用之盅器虛

終 按說文絿絲也今為終始字職隆反十 衆 之仲反又 洤 水名在襄陽 潨 小水入大水又在冬反 柊 木名 螽 蝗說文螽虫也 眾 小雨 鼨 豹文鼠

蔠 蔠葵蘩露也 忡 憂也勑中反一 崇 按尔雅重也高也充也鋤隆反二 崈 屬鋒 嵩 息隆反四崇說文小名又高 娀 有娀契母 菘 菜 戎 而隆反四

䓘 蜀葵 棫 木名 駥 八尺馬 弓 居隆反四按說易絃木為弧卽弓也 躳 按說文作躬身也 宮 室也 涫 縣名在酒泉 融 餘隆反二和也長也說文氣上出也 彤

絭 名又勑林反 雄 羽隆反二 熊 獸 瞢 目不明莫中反三 夢 又武仲反 𧃒 邑名在曹 穹 去隆反二 芎 芎藭 藭 渠隆反三芎藭也說文作营

竆 羿竆 馮 扶隆反三姓也邑也 汎 浮又浮劒也反 芃 草盛皃 風 方隆反二按說文從凡虫聲 楓 木名 豐 敷隆反六按說文豆之滿者從豆 酆 邑名按說文周

王所都在京兆杜陵西南 蘴 蕪菁 灃 水名在咸陽 豐 大屋 麷 煮 充 處隆反三 珫 珫耳 茺 茺蔚 隆 力中反三 癃 病也

𪔝 鼓聲 空 苦紅反七 涳 涳濛字 埪 土埪 㙅 崆 崆峒山名 硿 硿青 椌 椌楫 公 古紅反七按說文從厶八 功 工 功治也治擘也

疘 下病 蚣 蜈蚣 玒 玉 釭 車釭又古雙反 冡 玉女草說文從冂七保反莫紅反十一加二 濛 朦 幪 艨

䃧 大谷 櫳 檻也養禽獸所 瓏 玲瓏玉聲 蘢 蘢從兩皃 𢊅 房 朧 明 曨 日 聾 大聲 龓 馬頭 瀧 瀧涷沾漬

䡁 軸頭 聾 鸗 嚨 喉嚨 櫳 桊 蘢 草名 洪 胡籠反十一加一 訌 潰 釭 箭 紅 虹 又古巷反

鴻 洪 山名 葒 草名 仜 大身肥 硔 大 谾 紅 赤 浲 水不遵道一曰降下也出說文 蔥 古作蔥草生也祖紅反一加一 叢 聚

翁 烏紅反四按說文頸毛也 螉 蠮螉虫 鶲 魚 蓊 蓊鬱木盛皃 悤 古作悤倉紅反八加一 蔥 揔 樬 檻 鏓 四

驄 青白色又細絹 騘 驄馬 鍯 鍯鏓 𢈢 屋中會也說文通 通 他紅反四 蓪 蓪草藥名 侗 大 恫 痛 葼 木細枝子紅反十二加一

椶 栟櫚 緵 縷 鬷 竆 飛而斂足子則頁反 艐 鑁 嵕 九嵕山 豵 豕生三子 鯼 魚名 稯 緎 鬉 馬鬉俗作騣

堫 按說文種也一曰內其中 蓬 薄紅反四 篷 篷車 芃 芃芃 韸 織竹以編覆蓋船車 烘 大皃呼同反三 魟 河魚 心驚 䬅 風皃

𢗾 蘇公反小雞又先孔反二 艐 緵元音入冬韻 𡾰 小廣皃五公反一 二冬 都宗反二 苳 草名 彤 赤從冬反二 疼 痛 佟 姓 𤆸 火盛皃他冬反

𪇰 鳥名出山海經 鼕 鼓聲 賨 西域在宗五反 琮 玉名 悰 慮日樂 潨 小水入大水又戚隆反 淙 水聲 農 如東反三按說文作辳又作辳

膿 血 儂 我 恭 駒東反四 龔 按說文給也古字与工同 供 珙 璧 蛬 蜻虫光恭反二 淞 水名出吳郡 樅 木名七恭反二 鏦 短矛

攻 伐古冬反二 碚 𥗽 碚碚聲戶冬反一 隆 力宗反一 宗 作琮反二 鑅 錝 鎝鄙亂皃私宗反一 三鍾 須麗反九加一 鐘 樂器 蚣 虫名 忪

虫心 蚣 長節 松 征松行兒 𪃖 大 粉 小 龍 力鍾反四 瓏 主為龍文 瀧 行兒 鷹 小 鳥名 春 𨂂 踊 鳥名

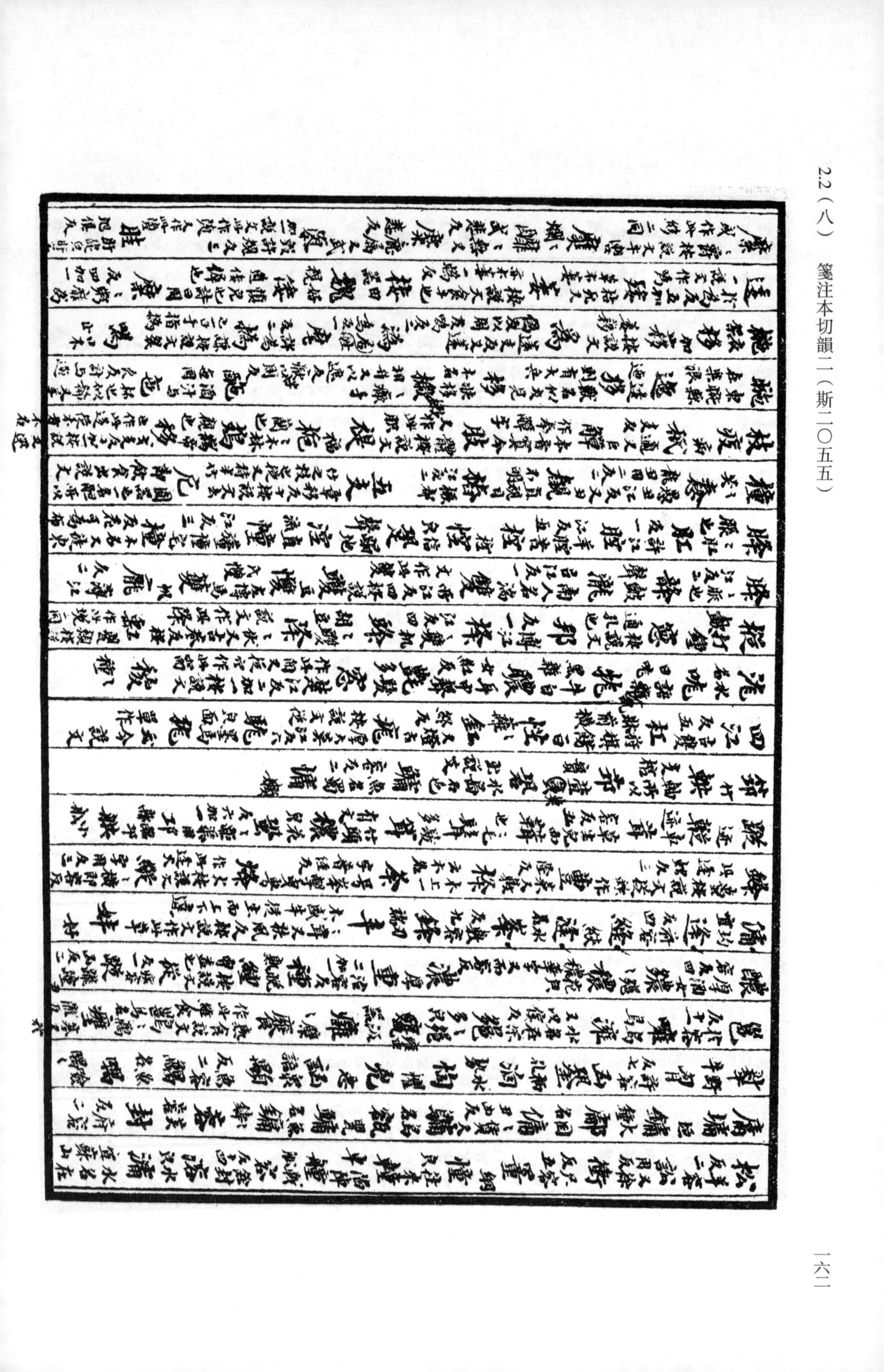

䲢角錐童子佩之 䚮仰目出說文 䫌髮落貞垂反二 錘八兩又馳偽反 垂是爲反三按說文遠邊也人作埀 陲邊按說文危也 倕重又神農時巧人名
羸力爲反一 吹昌爲反又尺偽反二加一 炊爨 䶵按說文從龠竒聲理管之樂也 鈹普羈反五說文大針刃如刀 帔又普髮女 鮍魚名 披手〻
陂彼爲反四 詖辯 碑〻碣 羆熊屬 隨旬爲反二 隋國名 虧去爲反一 闚去隨反一說文小視也作此窺二同
奇渠羈反又居宜反六 琦玉名 騎馬又奇寄反 鵸似烏三首六尾 魌小兒鬼 碕曲岸巨機反 祇地神巨支反九加二 衹〻裷 䄢弓 岐山名
𦐊又渠羈 岐〻路 郂邑按說文周文王所都在右扶風美陽中水鄉也或從山也 跂動 疧病詩云俾我疧兮 軝按說文作此軝長轂之軝也以朱約之詩曰約軝錯衡
汥水都也出說文 䟗說文渝木兒行兒也 犧許羈反八 羲按說文氣也從兮義聲 曦〻赫 㰤〻欲貪者見食兒 俙約 巇險 𦧺地名在歙
瀸水名在新豐 戲不正去奇反五 㩘嶇〻 崎嶇〻 觭角一府一仰 踦脚跛 宜魚羈反按說文作此宜從山下一多省聲 儀容 鄯地名在徐
犧〻䴈 犧車工操所貫按說文或作此䥺 皮符羈反三 疲 郫〻縣在蜀 提飛是支反又羊溼反四加一 堤封 題 起 怯愛 𢓜卓按也出說文
兒汝移反一按說文作此兒 離呂移反廿三加一 籬酒 罹心憂 璃琉 𢇁卑 羅〻 䍦 驪馬 躧小兒相衙行 樆山梨
鸝黃鳥 縭婦人香纓 蘺江〻蘺按說文 蘼蘼蕪 䴡草香附地生兒 疧疾移反二 胔鳥獸殘骨 玼玉病 貲〻財即移反七
髭口上毛按說文作此頿 鴜水鳥又疾移反 鼒〻鼠似 訾思也量也 觜星名 郪城名在北海 羈馬絡頭居宜反六 畸殘田
羇寄物 犄〻取 攲四行全無 釃下酒所宜反又山尒反五 簁下物 籭篳籭一曰見山垂反一 痿溼病一曰兩足不能相及人垂反於佳反
㕒〻巇山巓扶姊規反三 嶲星〻 縭細縄 槻木名堪作弓居隨反四 規圖 鬹三足釜 鴂鵆鴂別名 劑券前隨反又在細反一 衰楚危反
䅫〻𤸊竹垂反二 錘戈 騅馬小白子垂反又子累反一 六脂旨夷反三按說文戴角者脂無角者膏 祗敬 砥石 姨以脂反十二 彝
〻倫按說文又宗廟常器也象形系綦也所持器中實也与爵相似以聲也周禮彝雞彝鳥彝虎彝雉彝以待祼將之禮 寅按說文作此寅 夷按說文從弓聲作此夷工亦通 痍瘢
胰豬〻 恞悅 䧅〻戚 荑〻莖 桋木名 鮧〻鯷 胂夾脊骨 師疎脂反二 鰤老魚 紕房脂反十三 比又必履必至扶必三反
琵〻琶 楣又方奚反 芘芘藜 莣 沘水名在楚 貔獸 膍牛百葉 蚍〻蜉
枇〻杷 伲〻雖醜女 䵝〻 咨即脂反八与諮同說文謀事也 資 粢祭飯按說文作此齋又作此粢 齋〻衰 諮〻謀 姿儀
𥻘穄在器說文從四 瀆水名在邵陵 飢居脂反二飢也 肌 鴟鳥名處脂反三 胵〻膍 䱥魚名 絺丑指反三 䡙嗔只
䣐縣名在廣陵取私反三加一 趑〻趄 𡭊郅縣 𧻕按說文倉卒 茨疾脂反七 瓷瓦〻 薋蒺藜按說文草多皃

餈 飯餅 垐 以土增道 穦 積 齎 蠐 蠐螬 尼 女脂反 三從ㄙ 柅 木名 怩 忸怩 墀 直尼反 六加一 坻 小渚 泜
水名在陳 徐死處 遲 又直利反 又按說文從辛 又作遟 蚳 蟻卵 岻 山名 [illegible] 按說文 息聲 私 息脂反 二加一 鋖 [illegible] 𦮃 按說文草秀 式尸反
鳲 鳲鳩 屍 死 蓍 蓍草 鬐 馬項上鬐 渠指反 六 耆 老 [illegible] 鰭 魚脊上骨 鮨 按說文魚脂 一曰魚名 祁 盛皃 又縣名
伊 在太原 又帝堯姓 於脂反 三 咿 咿喔 蛜 蛜蝛 梨 力指反 又加三 說文作𥝢 梨菓 [illegible] 剝同 直破 按說文金屬也 一曰剝 [illegible] 禾二把 長沙云 秜 稻死來年更生
蜊 蛤 蔾 蒺蔾 黎 [illegible] [illegible] 按說文 恨也 一曰急也 [illegible] 微畫也 准上 [illegible] 引也 准上 葵 渠惟反 四
鄈 地名在陳留 又地名在河東 漢后土處 楑 楑 [illegible] 追 陟隹反 二 按說文作追 [illegible] 當出韓詩 [illegible] 儲隹反 二加一 說文 章木
綏 [illegible] 桵 白桵 木名 [illegible] 着 相 衰 所追反 三 微也 榱 屋椽 說文秦名為椽 周謂榱 齊云桷也 [illegible] 病 惟 以隹反 八 [illegible]
壝 埒 維 繫 琟 石似玉 遺 又才季反 濰 水名在琅邪 唯 獨 此 瀢 水名 力追反 七 纍 大索 [illegible] 又作縲
樏 山行乘 樏 標也 縲 求子牛 嫘 嫘祖 黄帝妻 壘 𡾊壘 又力罪反 綏 安息遺反 六加一 雖 按說文從虫 唯聲 荾 胡荾 香菜 又作荽
浽 浽微 小雨 睢 水名在梁郡 又許葵反 䅗 禾四把 長沙云 夂 楚危反 行皃 詩曰雄狐夂夂 合作此夂字也 今從綏字誤矣 達 渠追反 丘
夔 夔龍 俗作夒 按說文作此夔 騤 馬行皃 馗 說文與此 逵義同 戣 兵器 眉 古作𦣼 武悲反 九 湄 水 楣 戶楣 按說文秦名
屋聯 櫋 周謂之 齊謂之楣 瑂 石以玉 䉋 竹名 又無非反 黴 黴 又莫背反 麋 麋鹿 [illegible]
悲 府眉反 一 錐 職追反 六 隹 按說文 鳥之短尾總名 䳡 鳥 騅 馬名 萑 木名似桂 按說文 草名 皃
[illegible] 二 [illegible] 下邳縣名 悲反 四加一 [illegible] 山 [illegible] 說文 矩 [illegible] 𢼸 [illegible]
伾 有力 秠 黑黍 [illegible] 大 駓 桃花馬色 [illegible] 鎚 直追反 槌 按說文作此 椎 擊也
[illegible] 頭 [illegible] 推 尺隹反 一 胝 皮厚 [illegible] 紕 繒欲壞 嶉 高皃 [illegible] 木 有 [illegible]
秋 越 數 吴 歸 小山而衆 丘追反 又 丘誄反 一 [illegible] 巨員反 一
七之 之 止而反 二 芝 [illegible] 飴 与之反 十二加一 怡 按說文 又有此 悅樂也 圯 圯橋名 從土已聲 貽 遺 頤 顄 籒文從
文作 [illegible] 頰也 象形 詒 言 [illegible] 玉名 宧 室東北隅 按說文 作此宧 養也 食所居 沂 水名 胹 [illegible] 魚名 妃 王妻
洍 水名 一曰 詩江有洍 娭 悅 時 市之反 五 塒 [illegible] 垣 [illegible] 疑 語基反 二 說文從 [illegible] 嶷 九嶷 山 思 息茲反 九 [illegible]

司但說文臣司事於外者也息茲反后 罳罘ゝ 絲 綸ゝ 伺 候 緦麻ゝ 楒相楒木 葸廿有麦 鴘八郎丸

𢘑不安欲去意 輜楚治反又側治反二 颸風 其渠之反十八加一按說文作丌舉也 朞限 旗旌ゝ 萁豆莖

騏馬青色 蜝蟛蜞似蟹 琪玉 棊 䫏醜說文未嫁女所服之 麒麟 淇水名 䳢鳥名

綦綦綦似錤 錤鎡錤亦作鎡其 萁 齊 璂弁飾 鯕魚名 祺福祥 綨白倉色

碁石 詩書之二反 郝地名 而如之反十二說文頰毛也周禮曰作其鱗之而然作此而亦通俗也

栭木名子似栗而細一曰梁上柱也 檽木耳 陑地名人峻按說文作陾築墻聲音仍 轜喪車說文作輀

胹煮 洏漣洏涕流皃 鮞魚子說文魚之美者有東海之鮞也 耏多毛今按說文作耏而字亦同

㖇吻 𧋍丸之 諆謀 欺詐去其反五 娸姓一曰醜 頿大頭 䫏方相亦作魌頭 僛舞皃

姬居之反九 朞今按說文古從今日從月二同 基址ゝ 箕ゝ箕 萁菜似蕨 𪄿似 取蛘 諆諆詩云周爰諮諆

詞似茲反五 祠二月祭 柌鎌柄 辭理訟 辤讓不受 釐理一曰福里之反七加二 貍貓

氂十毫 嫠無夫 剺剝從刀 狸從土𤜣字出六韜又都黎反李作𤜣從木已 犛牛又莫交反

甾按說文楚顯之閒謂憂云 𣯍強曲毛可以箸衣 菑側持反九按說文東楚名缶曰甾又不耕田也或作此菑字

淄水名 輜車又楚治反 錙錙銖 菑樹不死為菑又音栽 緇黑繒 鶅東方為雉 椔木立死

鯔魚名 僖樂許其反十二 歖喜 熙和說文燥也 嬉美一曰遊 譆痛聲 禧福 熹盛說文炙也

𤖼析 瞦目精 焈大盛皃 嘻噫ゝ 欸歎喜 𩋎於其反二 噫恨聲 𤸰出之反三

𪗪牛吐食 笞打 治直之反二 持捉ゝ 蚩蟲名也赤之反說文作此蚩從之非山 嗤笑 媸姸媸字

㾏疾之反三說文從竹作此箷也 鷀名 鸕鷀鳥也 兹子之反九加一說文草木多益也作此茲 孳息 嵫崦ゝ

孜篤愛 滋多或作滋 嗞ゝ嗟憂聲 䅵黍 鎡鎡之別名 鼒小鼎 鶅 孖雙生

仔克 茬士之反平縣名一 漦俟淄反龍沫又順流一從漦一 八微無非反妙通但作微云 微隱行

薇什名又武悲反 薇菜 䥩蘇物鈎 揮許歸反光亦作煇暉十 楎 徽美

翬飛皃　褘后祭服　嶶魚有力　䙅(?)渴(?)　潷(?)　禪動　䅏(?)頭裂　㵟(?)㵟

幃王悲反香囊十三　闈宮中　圍同合　韋皮　韡木達乖(?)　湋水名　潿不流濁

鍏𣏌(?)　𢾾戾　褘重衣　𡨥裏　霏芳非反雪或作霏七　妃女官又芳佩反

菲芳又芳尾符未二反　䨽(?)細毛皃　斐往來白一日𩚷(?)　騑騑馬　昔(?)肭之芳小麦(?)

䨾(?)匪肥反斐豹見在左傳　飛翔　扉戶扉　緋赤色　非不是　䬠(?)似羊一日白首

騑騑馬而兔足　肥符非反豐肥亦作肥八　腓腓腸　萉竹　痱飛病或作𤸰　淝淝水

蘄(?)縣名在何東聞喜　蟦蠐　蜰負蠜　䨝(?)扶非反可畏七　蘬(?)葵　𩚰(?)又扶鬼

(?)於衆二反　𩽋(?)𩽋(?)蝛　𧐴(?)蝛蠐　嬉(?)美皃　械(?)決塘　祈渠希反求十一　頎長好

旂旗　鬿鬼俗　畿玉畿或作圻　崎水傍曲岸亦作沂又渠羇反　𠤎似匙(?)

鐖危又公衰反　機頭內又居希吉㚒(?)二反　肵俎　𢆋犬生一子　機居希反具十四　譏誹

蘄縣名在譙郡今音祈　嘰小食　璣珠不圓　𥜌(?)　蘐(?)草　磯大石激水　驥(?)馬

饑穀不熟　𥝍(?)祥亦𥝍作饑　盞(?)器皿　鐖鈎金　刉斷　希虛機反少八　晞日氣乾

莃莬葵　𪄠(?)北方名雉　睎視　稀穊　趡(?)走　桸木汁可食　依於機反倚六

衣服裳(?)　譩痛聲　𣄴(?)方𣄴縣在酒泉　悠(?)念痛　郼國　沂魚機反水名一

蘬丘韋反馬蒸似蒸而大一　歸俱韋反還亦作歸　巍語韋反闊二　魏牛又牛畏反

魚語居反水蟲六　漁水名在(?)　𢿣捕魚或作漁(?)　齬齒不相值又魚舉反

鋙鉏鋙　䁥(?)馬目皃　䲣(?)　袽楚魚反一按說文㡾也從巾(?)殘衣之㡾(?)　書傷魚反六　鶋鳥名似梟

璑(?)玉　舒展　紓緩　鄃(?)地名在廬江　居舉魚反六加一按說文從几作此凥　据手病詩云予手拮据

𥡴(?)衣　琚玉　腒脯(?)　鶋鶢鶋鳥　涺水名出說文　渠強魚反十三加一　蟝(?)蚵(?)　𦅻(?)䌗(?)

璩玉名　磲硨磲次玉　蕖芙蕖　籧籧篨　篨(?)　𧞤(?)牛居(?)　渠(?)渠(?)

醵 合錢飲酒 腒 鳥腊 鸒 鸒斯鳥名 蟨 䖏 豦 按說文從虍從豕小聲 虎豕之鬭不相舍之 余 与魚反 十九 說文從八作余

蜍 蟾蜍 餘 殘餘 輿 又与庶反 旟 旟旗 鵌 鵌鳥同穴 璵 璵璠玉 𪀭 𪀭鶋 畬 田二歲 瀩 水名

歟 按說文安氣也 又与庶反 譽 又与據反 嬩 女字 舁 對舉 按說文又共舉 義略同 好 婕妤 婦官也 按說文作仔 [illegible] 山

予 人餘行反 与余同 與 語助 与與同 鸒 馬行 胥 相也 又蟹醢也 又相也 按說文 諝 魚名 箿 竹名 潸 沇

楈 木名 蝑 蝑蟲 稰 落 疽 癰疽 七余反 十一 岨 石山戴土 苴 履中藉草 按說文子与反 趄 趑趄

沮 水名 在北地 又慈与反 按說文沮出漢中房陵 出北地 直水名 狙 猨 按說文一曰狙犬暫齧人 一曰不絜人 又七庶反 也

雎 鳩 䍜 蟲在肉中 葅 菹 郥 鄉名 在鄘縣 蛆 蠅蛆 俗作蛆 鋤 助魚反 一加一 按說文作此鉏

貙 按說文豕屬也 攄 舒 抴 居 反三 樗 惡木 摴 摴蒱 作樗 踈 今 疏 色魚反 四 綀 綀葛

蔬 菜 梳 櫛 虛 許魚反 五 驉 駏驉 畜 歔 歔欷 噓 噓氣 䲅 挩 徐 似魚反 三

邪 地名 羭 野羊 於 央魚反 五 說文從扵 菸 菸菸 竹名 淤 淤泥 菸 菸邑 不知臭

𠰍 笑兒 豬 陟魚反 三 又作猪 藸 褐藸有所表識 瀦 水所停 臚 皮臚 又鴻臚 力魚反 十 鑪 毛 閭 里門

廬 倚廬 蘆 漏蘆 藥名 驢 畜 櫚 栟櫚 躇 躊躇 儲 儲粮

涂 藘 茹藘 蕳 菴蕳 爈 火燒山界 諸 章魚反 五 衆也 櫧 木名 瀦 水名 北岳

藷 藷蔗 甘蔗 儲 礛礑 青礪 除 直魚反 七 去也 躇 躊躇 篨 粮 滁 水名 在堂邑 又直胡反

滁 水名 在建寧 篨 籧篨 藸 藸藸 草名 宁 門屏間 如 汝魚反 四 蒘 蒘藘

洳 水名 出郇 又入廬 又在晉 鴽 鴾鳥 且 子魚反 三 [illegible] 目 一聲 砠 山 說文又作此岨 蛆 蝍蛆 食蛇 [illegible] 子余反

墟 去魚反 五 筥 飯器 袪 袖 又袪蔵 呿 依山谷為牛馬圈 椐 木名 菹 側魚反 二 說文作此葅 沮 姓

蜍 蟾蜍 署 預 藷 藥名 又音杜 袽 易曰衣袽 有 三 按說文又作此絮 女余反 帤 巾帤

毠 大多毛 又作挐

[illegible]
八口兗州九州沇地故以兗為名　沇濟水別名　臠力兗反二　孌美好說文作嫋　轉陟兗反一按說文作轉　卷居轉反一　圈、歐渠篆反又求晚反一　輭柔而兗反六加一俗作軟也　蝡
虫、動　㮕紅藍一日東名　䓴木名　碝石次玉說文作碝惢同　愞弱又奴亂反　耎稍前大　舛、剌或作踳昌兗反三　喘息　荈草　膞切肉視兗反三加一　腨腓腸　鄟地名
䏝出卮有蓋出說文　篆、書治兗反三　瑑璧上文　沌水名在江下又徒混反　剸、細割旨兗反二　[illegible]又丘卷反　選思兗反二思絹反一　撰撰錄也具士免反三　僎具　鱄魚
魚名　蜎、蜎井中虫狂兗反一　蠉香兗反一　楩木名符善反一　免黜亡辯反七　娩娩、　勉罰說文強　俛俯說文作頫　冕說文冂亡辨反　鮸魚名　挽生子免身　[illegible]、振長甚善
反又一[illegible]　𢮦丑善反四　鋋長　㫋旌旗柱按說文大丞　蕆備一曰去貨　𤍠式善反一意膳　嬗也出說文新加　嫸之善反一好人語也說文　[illegible]　篠細竹蘇鳥反四說文作此筱從攸
魡魚名　鱎、魚名　謏小也礼記謏足以謏聞　皎光古了反七　璬玉佩　儌行縢儌脛　皛月光白詩云月出皎兮　鐃鐵文說文鐃　皛白又疋日反　皦珠玉白皃　鳥都了反五說文
長尾禽惣名也為形鳥之足　杓絹布頭垂　𠃌懸皃　蔦樹上寄生　了盧鳥反四　蓼菜　瞭目精朗　蹺、蹻長皃　朓月見西方此鳥反二　[illegible]
似卜從卜按篆文作鳥木全依三點　杓頭　[illegible]
窈窱　曉呼鳥反一說文從白　杳烏皎反六說文從日在木　窅一包反　窈、窱又窈窕皃　騕、褭神馬　㜵、㜵身弱好皃　𨁯、䠷長不利　陽賊
遠皃　長　䠷蹯　裊　褭騕　嫋便　嬈苛也一曰擾戲弄也　皛顯也胡了反二　䖄草　窕窈窕挑　䠷弄俗作挑
皃長　𥊝一日媚出說文
湫隘子小反又子攸反一　小私兆反一　肇始治小反六加一　兆說文八八也從八又作兆　趙　旐旗　𪀰　祧　大有　佻說文　𦻎
屎、八兆反二　𩿢　擾而沼反三按說文作此擾　繞、繚　遶圍　擾又二　鰾魚　𩴾、膘又各府小反　𧊵、燒或作𤋃　弨尺沼反三　弓
清酒　㸃牛黃白色　顠馬白色　䒒說文　䚦竹名　膘䐃也　眇亡沼反四　淼大水　杪木末　秒禾芒說文杪也一曰𥞊　𤆂繼
或作橋居　𥔀女字一本　𠘧目重瞼　蕉竦身也　𦯂方小反又方𢈱　見自有察　[illegible]草名

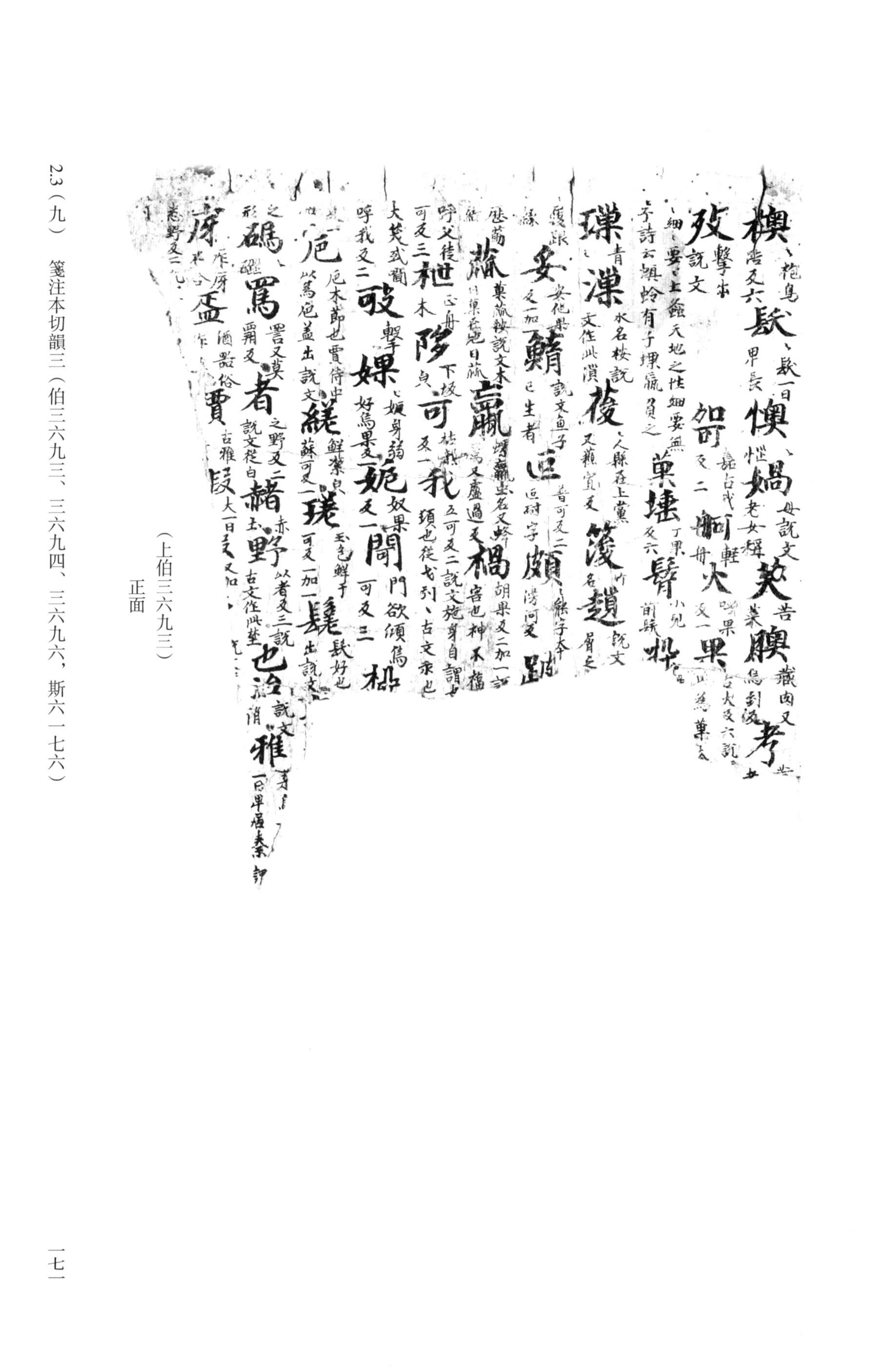

（上伯三六九三）

正面

草也為…

一又壙 壙吳人… 烏朗反四 晄 不明 … 明 … 田名…

丘晃反 一新加

欓 桄打又黃朗反一 髈 髀吳人云…朗反… 䯁 …晃反二 … 明 … 邑名…

梗 梏梗藥名古杏反七說文山枌榆有刺莢可以為蕪荑 梗 大略也 生梗 哽 咽 鄍 邑名 在… 更 剌在…

丙 兵永反五 眪 炳 … 邴 邑名在太山 秉 警 几影反四 說文戒 景 境

瘤[?] 瘦 … 說文 … 永 榮眪反一 皿 器武永反一 寍[?] 上穴 憬 遠…

艋 舴艋小舟 舴字 … 磺 金璞古猛反四說文從黃 … 麦 橫 大居往反 縣名在魯…

打 德冷反又都挺反一 冷 魯打反又魯挺反一 … 耿 古幸反二 說文耳… 耿光也從大聖省…

蛙 黽 胡耿反二說文 … 文吉古晃反 倖 僥倖 … 並 且或往蒲幸反二 鮩 蜯… 說文 …

出說 文 崢 … 靖 安也立靖 … 細皃並出說文 … 郢 之郢反一 說文作 此… 從… 俗…

潁 水名在汝南 餘頃反三 穎 禾秀 領 李郢反三加 一說文頸也 嶺 … 柃 木名 可染

說文 井 子郢反二說文中有點八家一井象構井韓之形韓字胡子反 邢 邑名 郱 地名 癭 痛於郢反二 癭 …安一日… 縣名在巨鹿

少作此 有 湝[?] 前為渝[?] 出說文 … 迥 遠戶鼎反三 回 空 炯 光又音 洞 洞 誠 洞

黝、劉於糾反。二。 䱙 魚名。 酒 子酉反。一。 溲 說文從此叜。 麴 麴跡… 帚 之久反。一。 厚 胡口反。五。說文作此垕。 後 后

妃 母 莫厚反。六。說文從女，為懷子形。 牡 牝牡。 某 梅 楳 大 畝 說文作此晦，或作畮。此畮從十久聲。 莽 莽草。 部 蒲口反。七。說文作此部。 岩 山。

兒 踣 小兒、走。 𪍾 餅。 鄙 牘。 斗 當口反。四。 𣁾 柱上。 陡 阪或作陡。 蚪 蝌蚪。 𪍾 麩𪍾，他后反。三。今作此䬲餉 鍮

且古厚反。八。說 䍧 犬。 垢 惡。 笱 取魚。 者 黃耇。 詬 耻又古假反。 笱 取魚。 玽 玉。 耦 五口反。三。說文作此藕。 偶 合

文從竹句聲。 穀 乳子后反。加一。 閱 説文 叟 蘇后反。七。 嗾 使狗聲。 瞍 瞽。 謏 誘、詠。 又蘇了反。 擻 斗擻。 藪 澤

穀 穀為塗字。 洀 水名，出說文。 正名作叟。 擻 舉物。

牛鳴呼后。 吼 厚怒聲。 剖 普厚反。三。 掊 婦人良。 蔀 小。 歐 吐。 嘔 鳴口。 㧑 擊。 犄 特牛。 塿 培塿。 嘍 嗹嘍。 𪍾 瓿𪍾，說文山

叐一加一。 出說文。 𪍾 子厚反。一。說文作 叐三 斗叐五 煩良。 莽並從𡐦

上正中通下俗。 籠 籠。 𪍾 𪍾𪍾 粮餅。 走 此走從夭止聲。 口 苦厚反。六。 扣 擊。 俗 音寇。 𤧃 牿。 釦 金飾。 叩 頭。 杜達 葉從皂 詗 可 偷 先相 草 園

從任意也。 縷 粮餅。 此走從夭止聲。

桮 鄙 酒器。說文作此 𤇴 又單作此 𤇴 引 鯫 魚名，一曰人姓，漢有鯫生，士垢反，又士溝反。一 黝 黑，於幼反，又於糾反。二。 𪍾 𪍾𪍾，憂皃 萩 青色。 葱 紀反，又居黝 糾 紀反。蓋黄反。二。 糺 二

反三。 𣂲 武皃，說文作此叫字亦然。 闔 門可出。 說文 寑 室七稔反，三加一。 寢 卧，說文作寢。 㰋 木名。 𥩟 病卧。 說文 𪍾 古作朕直稔反。一

加一。說文作 赴 遂者作巾二同中字已周反。 稟 倉力稔反。四。說文作此亩，穀所振入宗廟粢盛，倉黃𪍾而取之，故為之入亩。 懍 敬。 菻 蒿。 凜 寒。 罧 積柴取魚

糾 繩三合。 廩 從入為屋形中有戶牖。又作亩，從木無點。顧監從禾有點也。

坅 坎丘，甚反。一。 𪍾 鹹。 稔 熟，歲 𢡁 念 集 木名 枕 之稔反。五。 煩 頭 沈 古作郯，式荏反。五。 審 說文

醬 小蚶子， 朕反。一。 踸 踸、踔，行無常。良褚甚反。一。 荏 菜，如甚反。五。 飪 熟食。說文作飪，火熟。 白 𪍾 骨

作審 播 木名。 瞫 竊視。 諗 告，又謀。說文深諫。 椹 食稔反。一。說文作此葚。 瀋 汁，尺甚反。一。 醦 酢甚 𪍾 𪍾 𪍾 良反。二。 埁 土 𪍾 𪍾 𪍾 居。 𪍾 甚反。一。 噤 寒。 渠飲反。二。 類 切齒怒。 錦

作采 名。 視 文作此葚。

居飲反。 𪍾 仰頭皃。 蕈 菌生木上。 𪍾 植枕反。一。說文安樂也，從 一 甘。 寒皃，踈錦反。 𪍾 𪍾 供穀筆錦反。一。說文 𪍾 於錦反。一。說文 𠮛 不

（上伯三六九三背面）

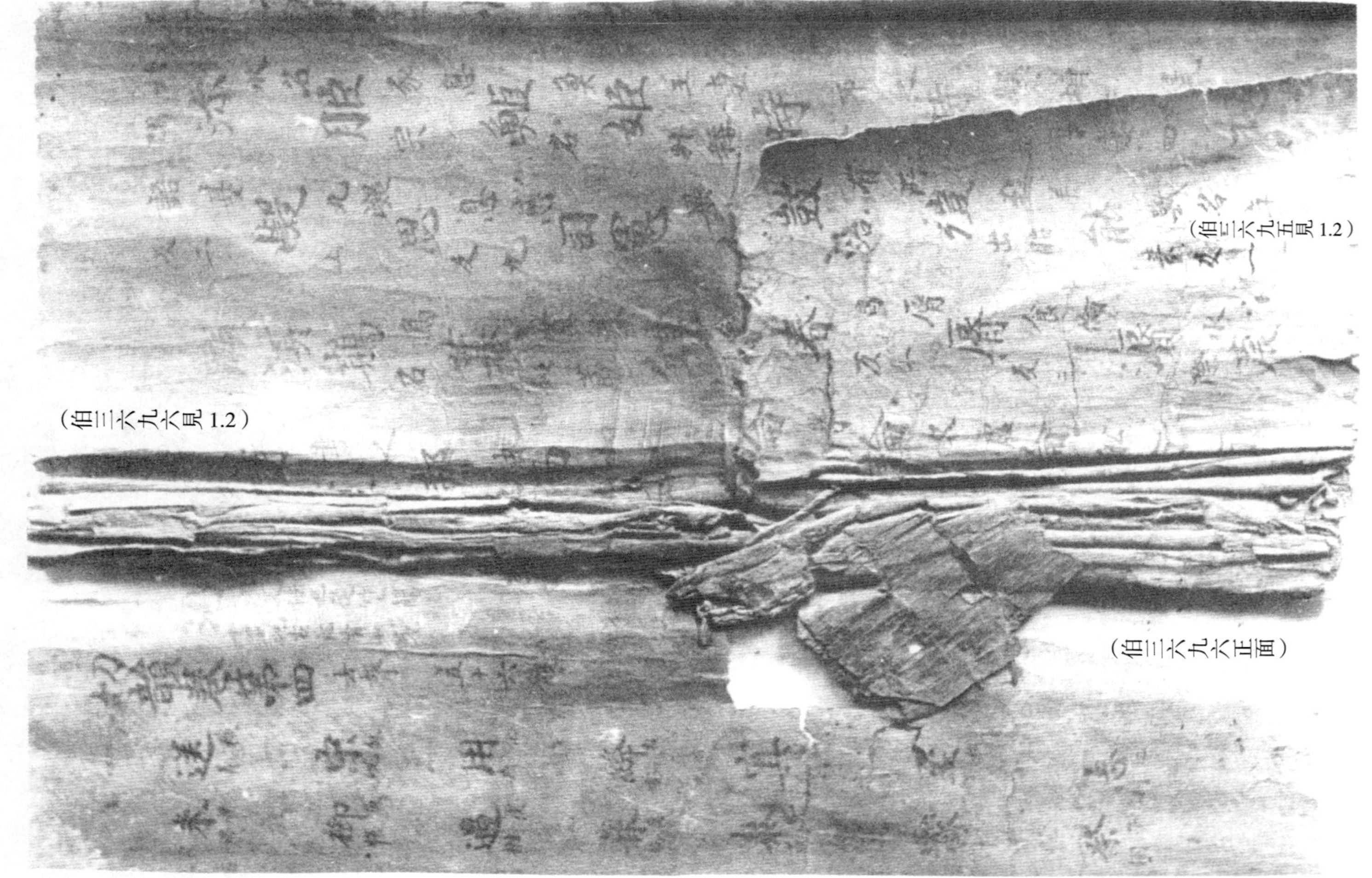

（伯三六九五見 1.2）

（伯三六九六見 1.2）

（伯三六九六正面）

（伯三六九六正面）

（伯三六九五正面）

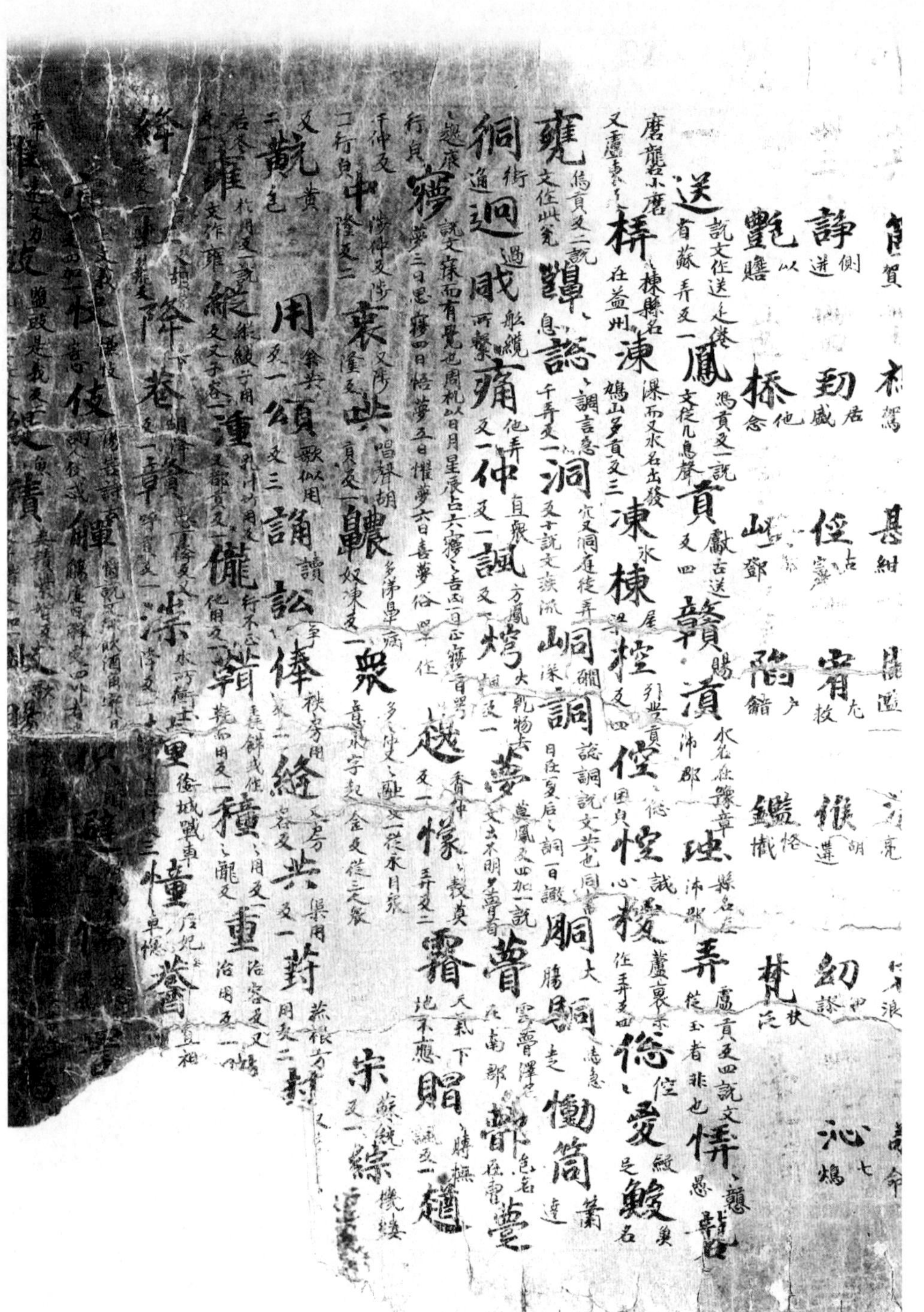

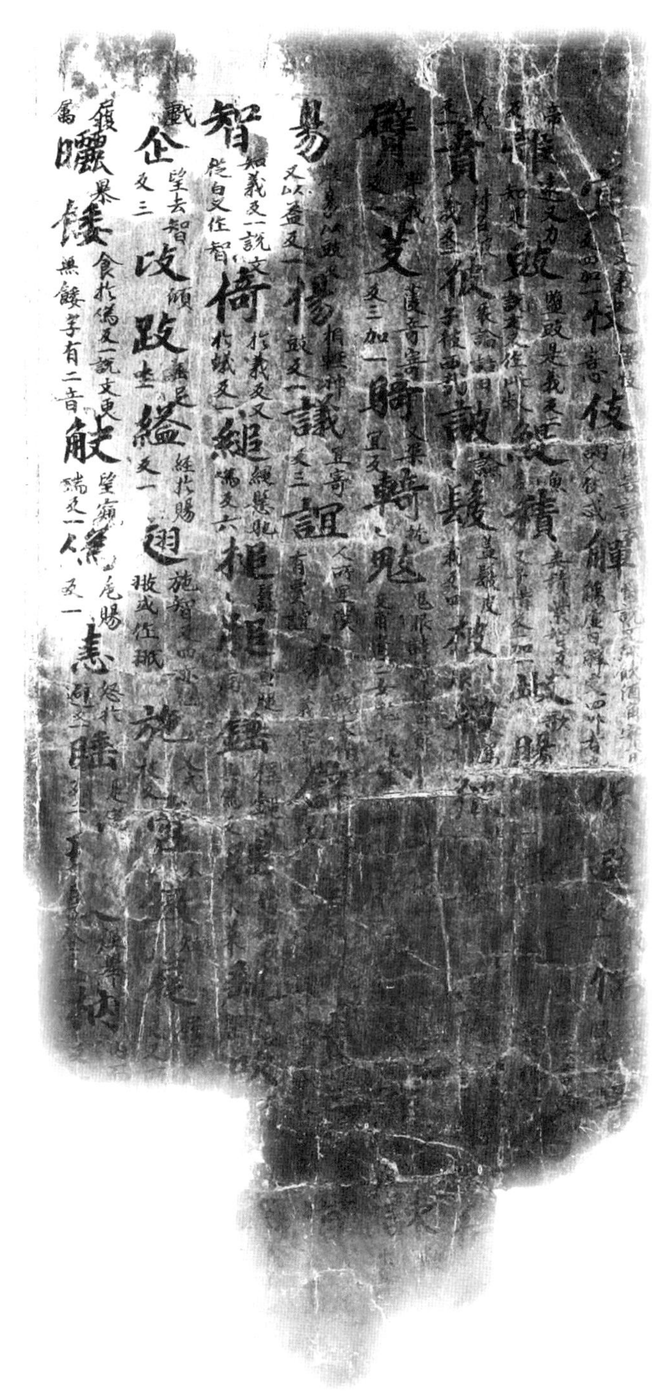

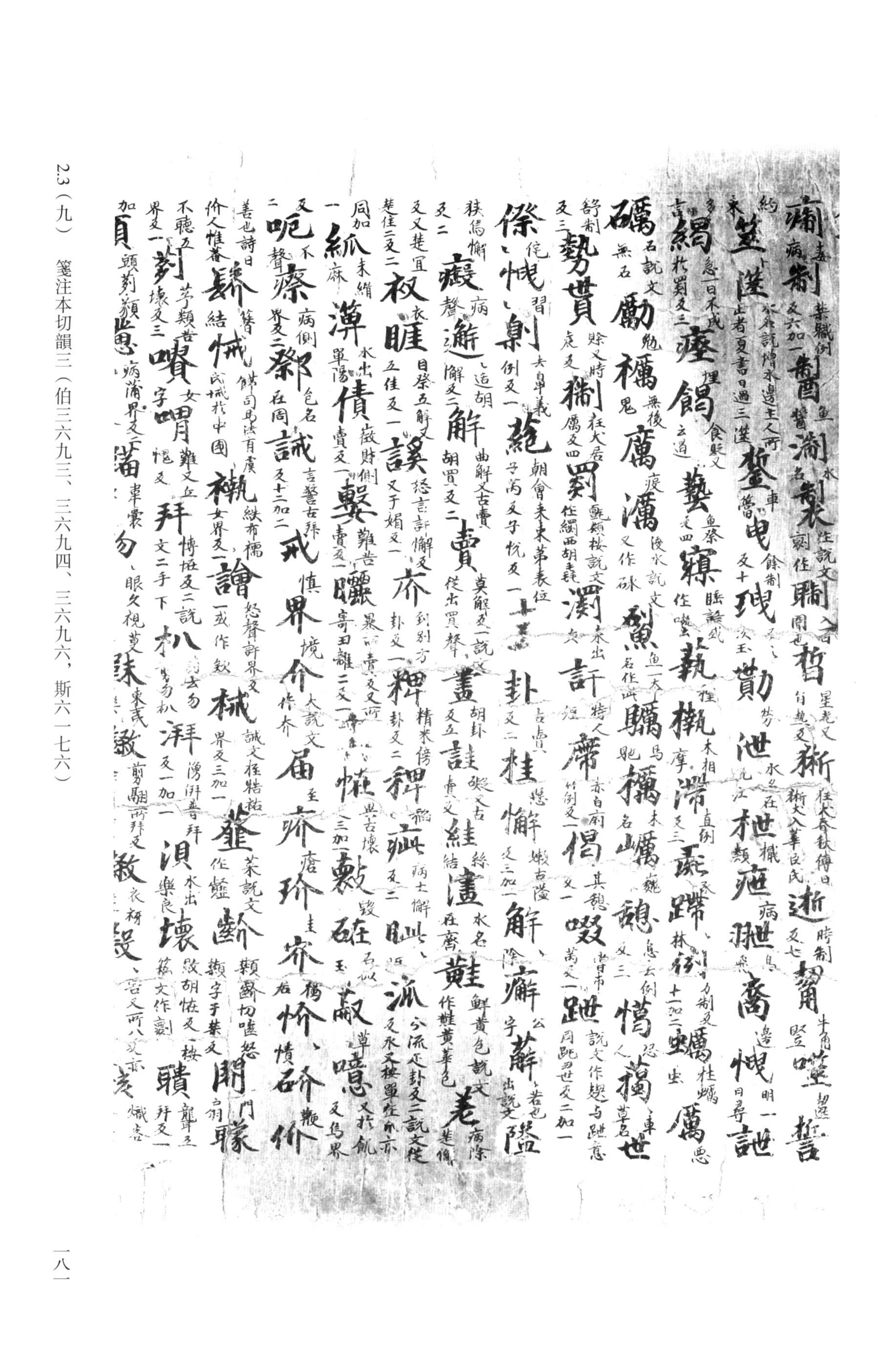

2.3（九）　箋注本切韻三（伯三六九三、三六九四、三六九六，斯六一七六）

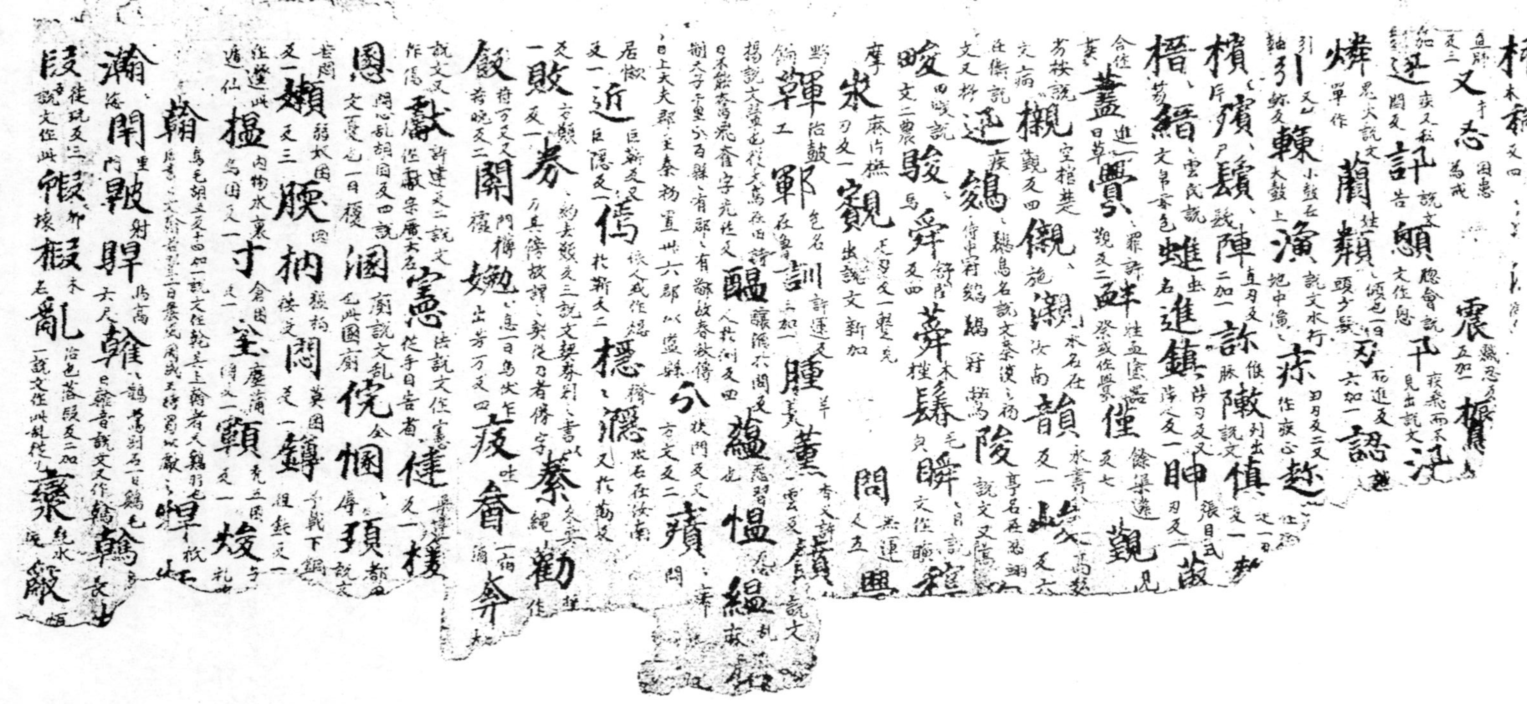

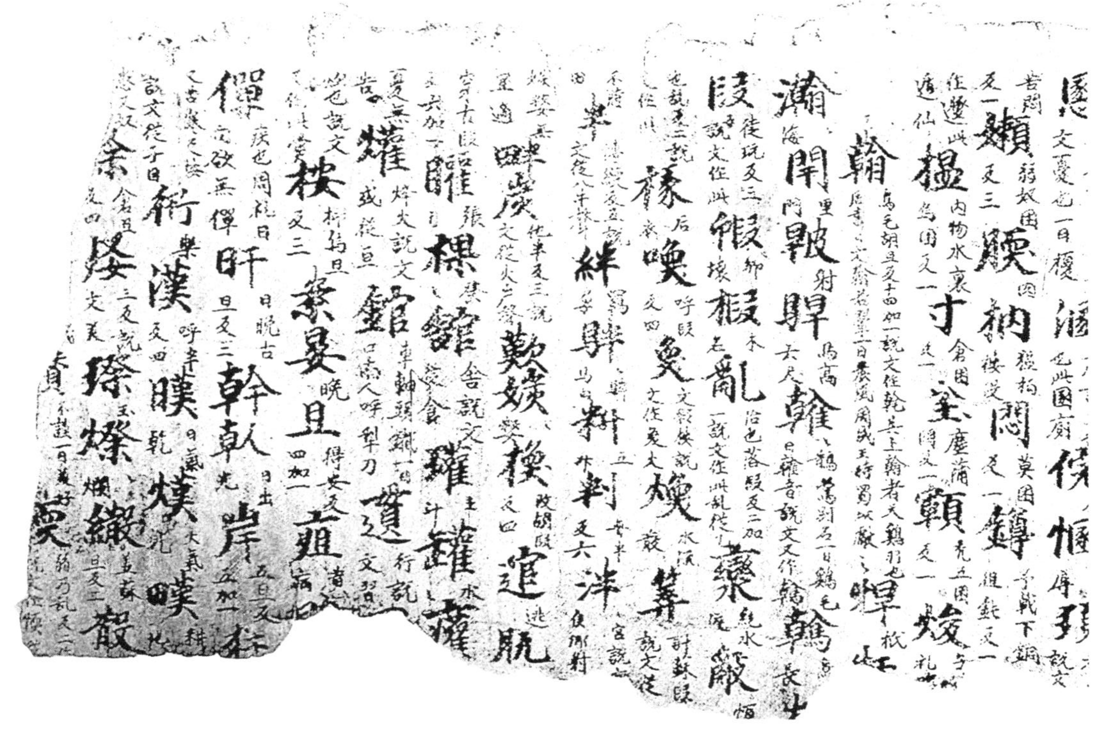

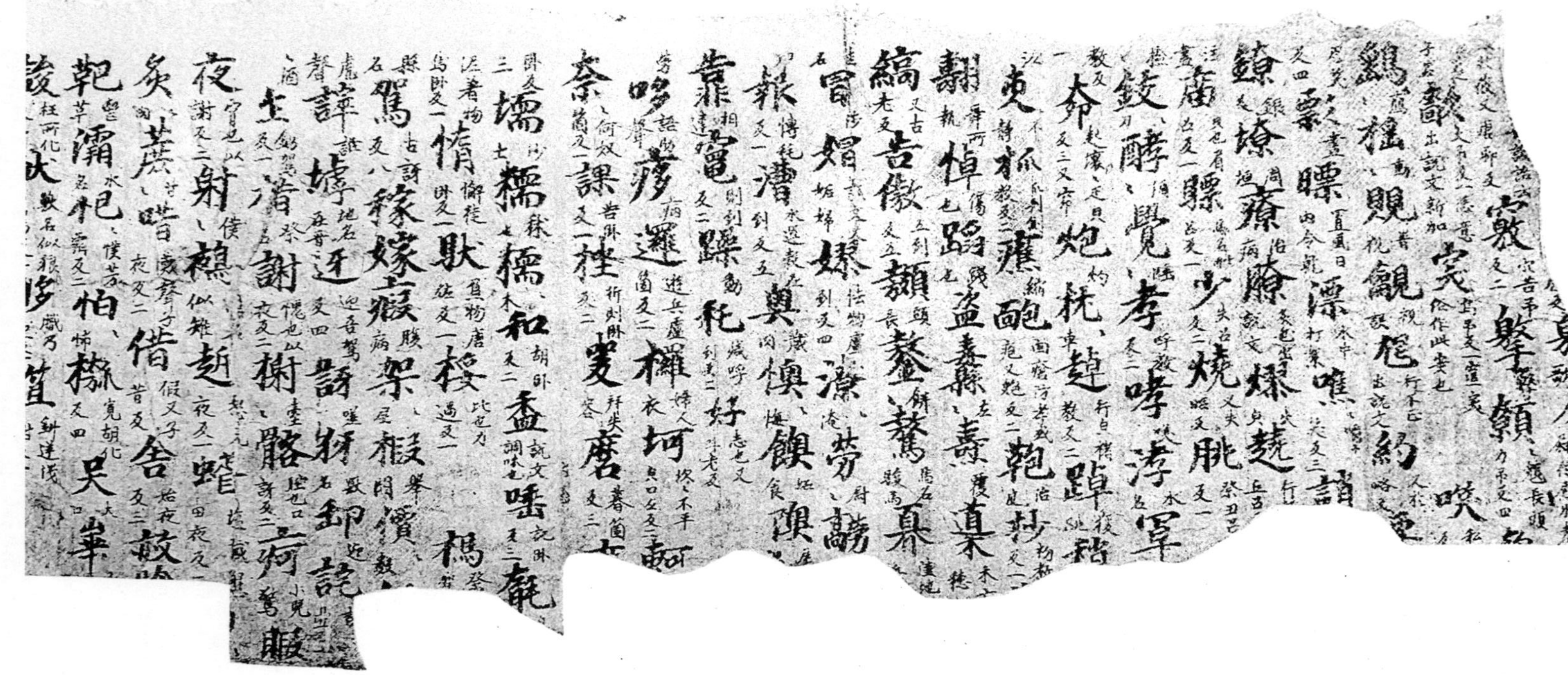

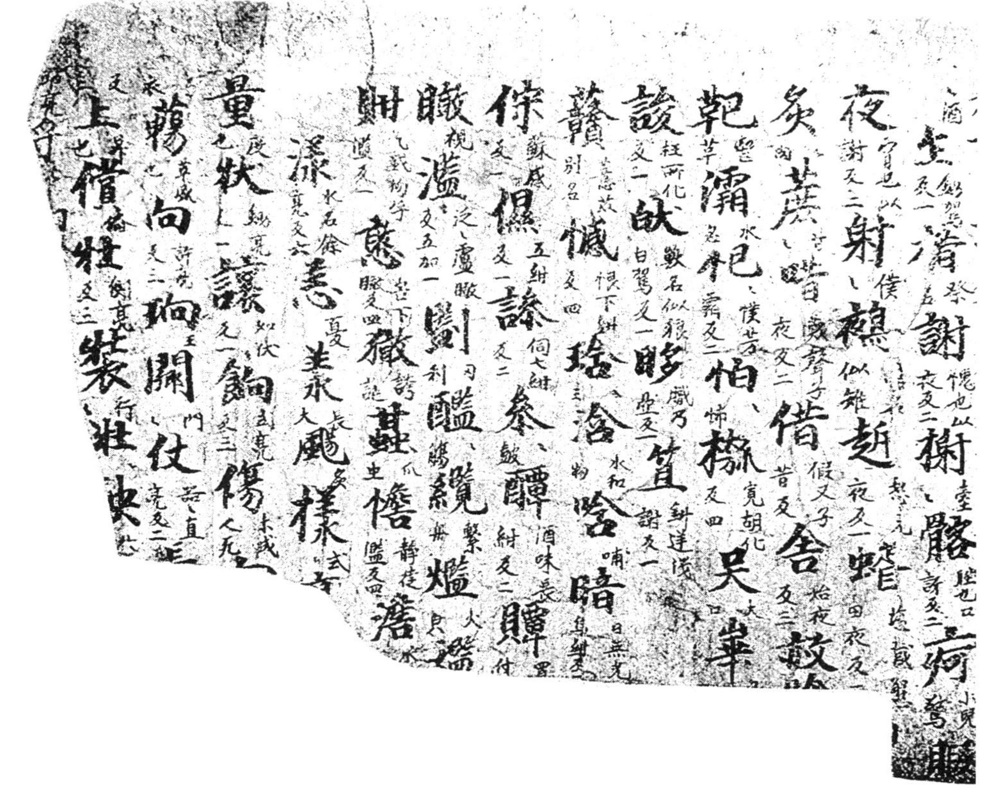

（伯三六九四正面）

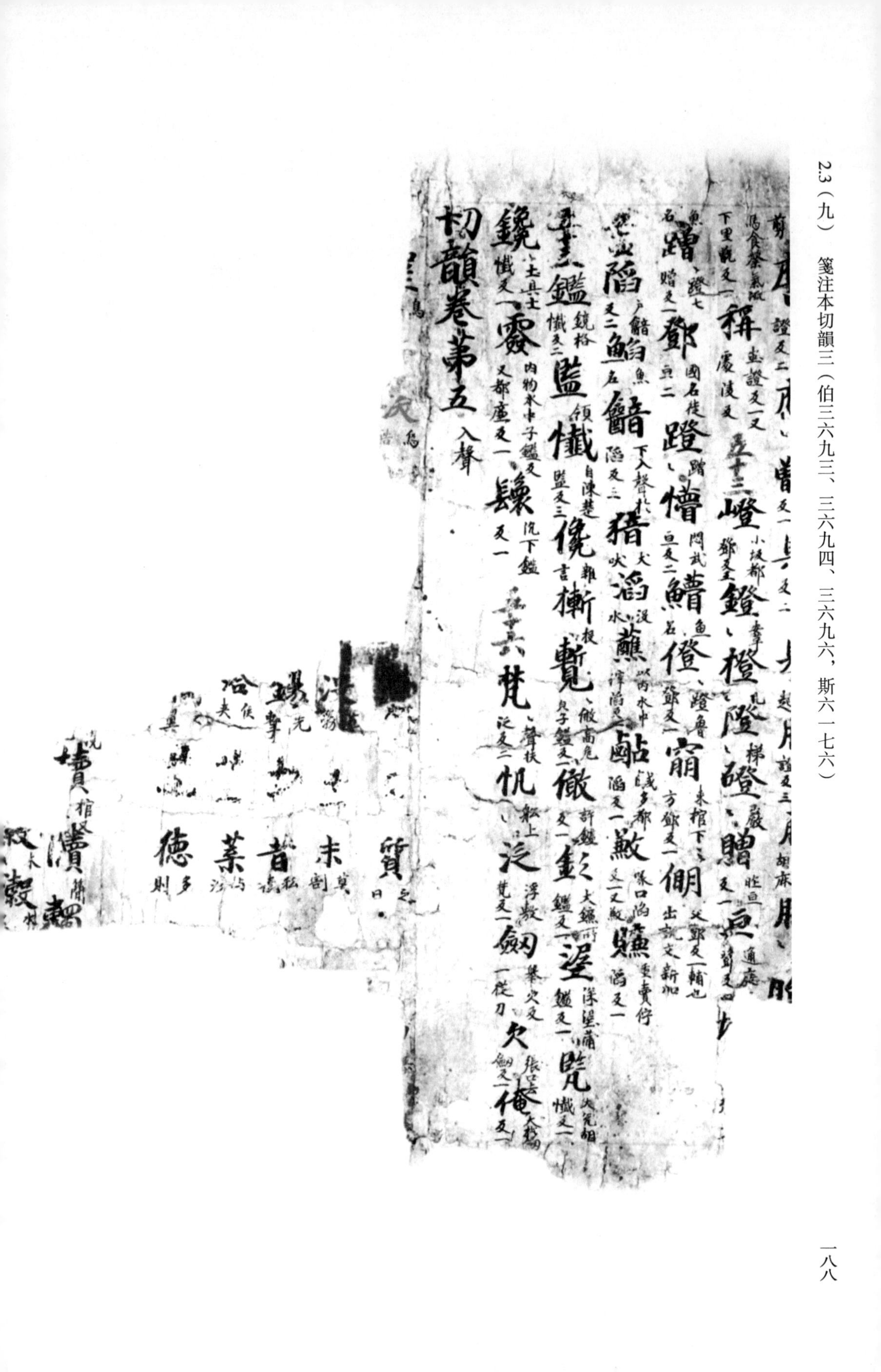

切韻卷第五 入聲

（伯三六九四背面）

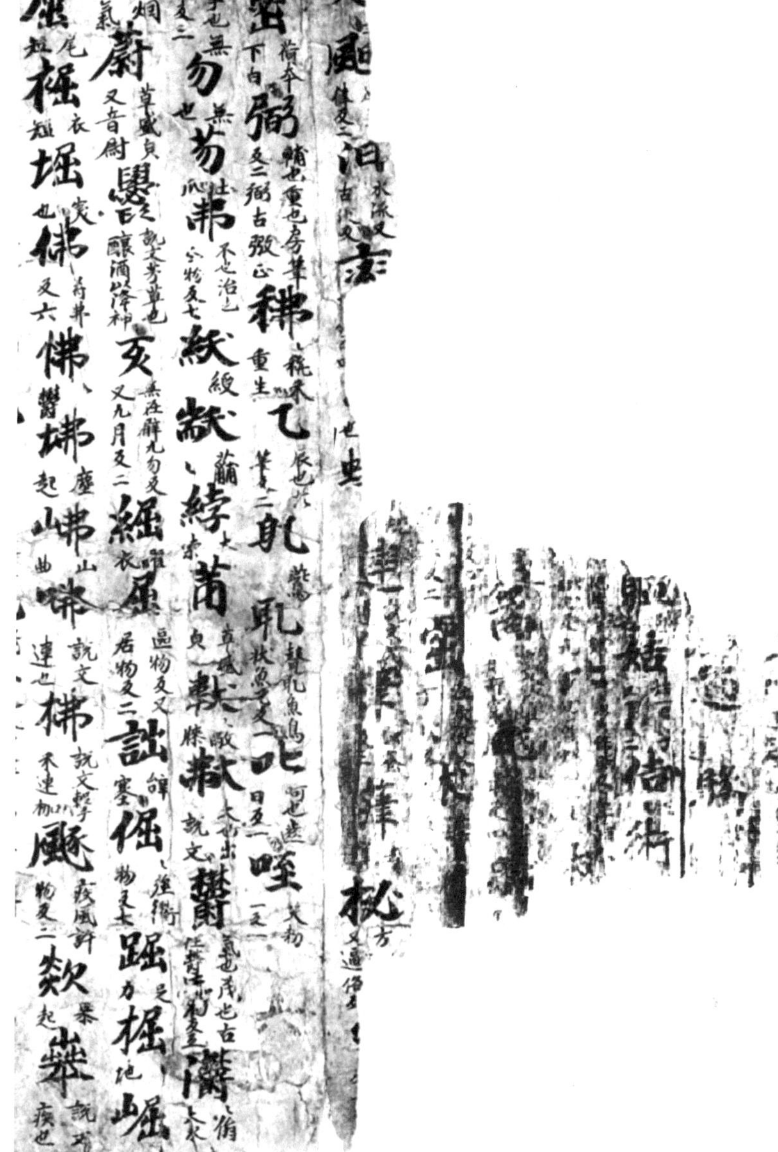

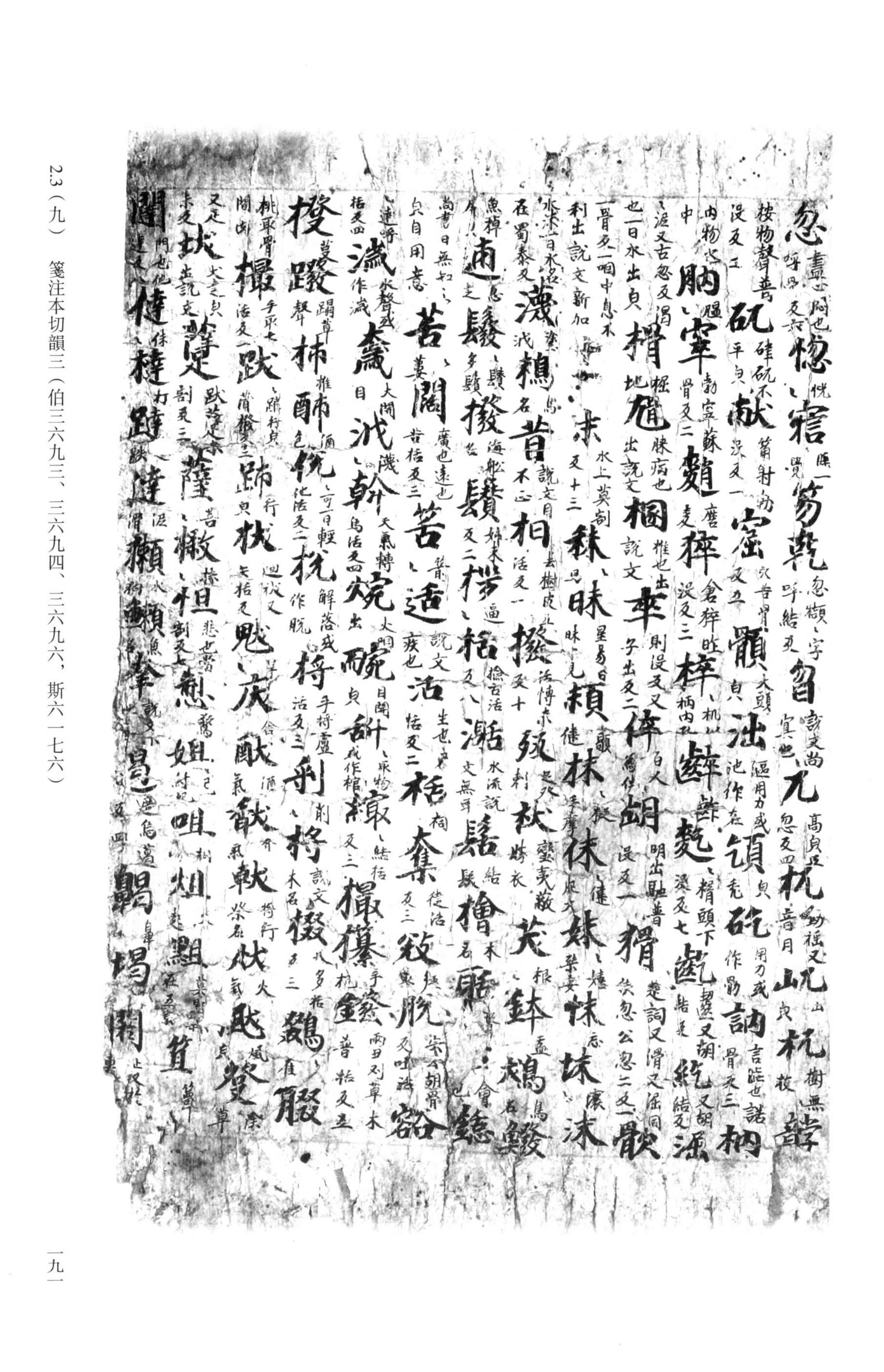

2.3（九） 箋注本切韻三（伯三六九三、三六九四、三六九六，斯六一七六）

（伯三六九三正面）

泯田處跡金 ①

蠒古典反五 文作此

一 奴 椇 塗巳 弥反一 緬

䵴反三 臢 急 哯 歐乳 顯

〻筑草 泫 露光 胡犬反四加一 䝮 獸名似犬多力一曰對爭貝說文分別也從𧷢對爭貝 鉉 鼎耳說文舉鼎也易謂之鉉礼謂之鼏

蜀人呼𥁕 畎 田上渠一曰引水古泫反三說文作此甽二同 誸 誘 𦋐 挂 犬 狗苦泫反一 廿六 獮 秋獵息 文從

演 廣以淺反三按說文作此演長流 衍 達按說文水朝宗於海故從水行 縯 長 踐 疾演反三加一 諓 諂按善諓一曰譔 餞

以槌去牛勢 樿 木名 𩕳 偝視也出說文 展 知演反五 搌 束縛 皽 皮寬 輾 極巧視之又視戰反 趁 踐足 文奴弥

大昌善反二按說文同 燀 燒 遣 去演反三按說文作此遣 繾 〻綣 饉 乾麵餅 善 常演反五加一說吉作篆文作

寒〻反 僐 作姿也出說文 蹇 跛居輦反三 謇 吃 搴 取說文作此攓〻二同又作攓同 翦 即踐反三加一說文亻為前字此以前下更加刀

說文羽生也一曰失羽也今人共用為翦割字 蹨 踐人善反四 橪 〻棗說文酸棗別名 戁 懼說文敬 熯 乾皃也詩云我孔熯矣 輦 力演反四 璉 瑚〻 鄻 在周 亻

其輦反三 鑳〻鏈 鍵管籥 縒縒徐輦反一也 蹮蹮蹇反二 巘山峯 緬遠無兗反六 沔漢水別名俗作汅 愐思 勔自強 湎〻酖 𤰞〻池縣

名在弘農又亡忍反 褊衣急方緬反一加一 𩍐憂也一曰急𩍐出說文 䏝膗少汁姊兗反三 吮嗽又徐兗反 蔦蓄蔦草 𠥴罪人相訟方免反一 兗以轉反二說文典反山閒陷泥地

八口兗州九州渥地故以兗爲名 沇濟水別名 兗 臠力兗反二 孌美好說文作嫡 轉陟兗反一按說文作轉 卷居轉反一 圈〻獸渠篆反又求晚反一 輭柔而兗反六加一俗作軟也 蝡

虫動 [illegible]紅藍一曰桑名 䓴木名 碝石次玉說文作碝䃹同 愞弱又奴亂反 耎稍前大 舛、剝或作踳昌兗反三 喘息 荈草 膞切肉視兗反三加一 腨腓腸 鄟地名

[illegible]小卮有蓋出說文 篆〻書治兗反三 瑑璧上文 沌水名在江夏又徒混反 剸細割旨兗反二 孨孤露可憐又莊眷反 選擇思兗反又思絹反一 撰錄也士免反三 僎具 鱄

魚名 蜎〻蠉井中虫狂兗反一 蠉青兗反一 楩木名符善反一 免亾辨反七 娩〻娩 勉勖說文強 俛俯說文作頫 冕說文冃亡報反 鮸魚名 𡥈兔生子免身 𣟓〻根長基善

反一 𢶀丑善反四 鏟長 斺旌旗柱說文大 蕆備也去貨 𠑊、式善反一意態也出說文新加 嫸之善反一好書格人語也說文 廿七 篠細竹蘇鳥反四說文作𥳑筱從攸

[illegible]魚名 礵〻石砄 謏小也礼記足以謏聞 晈光古了反七 璬佩玉 憿行縢憿脛 皎月光白詩云月出皎兮 鐃鐵文說文鐃 皛白又走白反 曒珠玉白皃 鳥都了反五說文

長尾禽總名也鳥形鳥之足似匕從匕按篆文作㒟全三點 𢘊縎布頭 𢘊垂 乚懸皃 蔦樹上寄生 了盧鳥反四 蓼菜 瞭目精朗 鬗〻鬗長皃 朓月見西方吐鳥反二 窱

窈窱遠皃 曉呼鳥反一說文從白 杳烏皎反六說文冥也從日在木 窅深目說文一包反 窈〻窱又窈窕美皃 騕〻褭神馬 偠〻傜身弱好皃 駣〻騁長而不勁 䮴戲相

長皃 騑駣 褭騕〻 傜偠〻 嬈苛也一曰擾戲弄也一曰嫽也出說文 皛顯也胡了反二 葯鳥莁草 窕窈窕徒了反三 誂弄俗作挑

湫隘子小反又子攸反一 廿八 小私兆反一 肇始治小反六加一 兆說文分也從八又作兆 趙 旐〻旗 狣犬有力 佻說文䠷 䠷

②

屈竹兆反二 殀殀 擾而沼反三按說文作此擾 繞繚ㄑ 遶圍 𢷘落符小反二 鰾魚膠 麨糗或作麨尺沼反三 弨弓 槽

清酒 犥牛黄白色 顠髟白 皫馬䮽色 篻竹名 瞟說文瞭也 眇亡沼反四 淼大水 杪木末 秒禾芒說文㰹也一曰訬獪 紹繼反

或作橋居沼反三加一 嬌女字一本作蟜 [illegible]目重瞼又紀小反 [illegible]竦身也出說文 表方小反又方矯反二加一 褾袖端 䚋目有察省見出說文 藨草名可爲

鷕雌雉聲以沼反三詩有鷕雉鳴 溔浩溔水大 舀抒臼或作抭或作𦥺也 悄憂心七小反一 勦ㄑ絶子小反二說文又作剿 勦勞又鋤交反 䯨ㄑ繞反二

炙或作𤏳 卅九巧苦絞反又巧僞苦教反一說文從丂枯老反 [illegible]動水聲下巧反一說文夏有水冬無 飽博巧反一 獶擾乱奴巧反一曰事露下巧反一 卯古作說文

又力有反 瑬玉 拗手撥於絞反一 絞ㄑ縛古巧反四加一 狡狂 佼女字說文作此姣好也 攪手動乱 烄交木然之出說文 爪側絞反三手爪也

鮑薄巧反一說文瘞魚 齩五巧反一 [illegible]熬焦巧反一說文又作此鬻 卅晧光胡老反八加一 昊說文從夰夏天 暤ㄑ旰 浩 鎬ㄑ京

鰝大蝦 夰敖也說文昊天從夰從夰者非 抱薄浩反一 老盧浩反六說文從人毛匕作此[illegible]匕 獠貑獠西戎俗作獠 橑屋橑簷前木一曰蓋骨一曰欄 潦

[illegible]長 槄山楸木又他刀反 道徒浩反三 稻 駣馬四歲 腦奴浩反四說文作此匘 惱懊ㄑ [illegible]長皃 碯馬碯石寶石 倒都浩反五加一

禂馬祭 檮說文斷木 嫂俗作嫂蘇晧反三 燥乾 埽說文弃也從土 草七掃反二 懆憂心 早子浩反八 澡洗

狗ㄑ 鱢魚名 璪玉飾 棗說文從重朿 皂昨早反三 [illegible]櫟斗實 造艁 暠古老反五 杲日出 槀草 縞

夜干 好呼浩反一 蓩毒草武道反又地名亡毒反一 寶古作珤傳抱反六 保說文作此保 堢埤跳 褓襁褓按說文從糸 鴇鳥

禊〻袍烏皓反六 䳼〻鵔一曰鼻長 㥯〻㥯 媧女說文老女稱 苵苦菜 䐶藏肉又烏到反 考苦歹

歿擊木說文 卌一 哿嘉古我反二 舸輕舟 火呼果反一 果古火反六說文木為菓

〻細要土蠡天地之性細要無子詩云螟蛉有子蜾蠃負之 菓 捶丁果反六 䯄小兒前髮 揉

㻚青〻 漼水名按說文作㴵 䐣〻人縣在上黨又蘇寡反 篵竹名 趙說文屑之

履跟 妥安佗果反一加一 鮹說文魚子已生者 叵普可反二叵耐字 頗〻能字本滂河反 跛

瘯筋結 菰菓菰按說文木曰菓在地曰菰 蠃蜾蠃虫名又蜂屬又盧過反 禍胡果反二加一說文害也楚不福

呼父徒可反三 柂正舟木 陊下坂皃 可枯我反一 我五可反二說文施身自謂也頃也從戈手〻古文垂也

大笑或嘲呼我反二 𢘅擊 婐〻姽身弱好鳥果反一 姽奴果反一 閜門欲傾可反三 椏鳥

反二 卮卮木節也賈侍中以為卮蓋出說文 䋞鮮潔皃蘇可反一 瑳玉色鮮千可反一加一 鬌髮好也出說文

之刑 碼〻磤 寫䍐又莫霸反 者之野反二說文從白 赭赤土 野以者反三說文古文作埜 也 治說文消 雅楚烏一曰鼻居秦謂

厍厍不合 盃酒器俗作雅 櫝古雅反 叚大一曰又文加

悉野反二

④

（伯三六九三背面）

反一坱塵埃吴人烏朗反四映

欓槌打又黄朗反一髈髀吴人云乇朗反二艵ㄟ䒀慌晃反二火明酉眖各

五晃反一新加卅七梗桔梗藥古杏反七說文山枌榆有刺莢可以為蕪荑梗大略亦梗哽咽郠邑名在莒更判

丙兵永反五眪光炳憂邴邑名在太山秉警几影反四說文戒景境

痟瘦媘說文減永榮眪反一皿器武永反一寍ㄟ戶王穴憬遠舉永反

艋舴艋小舟字陟格反礦金璞古猛反四說文從黄麷ㄟ麦獷犬居往反獷縣名在漁

反一打德泠反又都挺反一泠魯打反又魯挺反一卅八耿古幸反二說文耳耿光也從火聖省

蛙幸寵胡耿反二說文吉古晃反倖僥ㄟ㒭且或作蒲幸反二鮩鮩說文隋奈為癰

出說文竫亭安也立靖ㄟ或曰靖細皃並出說文㥢之郢反一說文作此㥢從正㥢俗逞

潁水名在汝南餘傾反三穎禾秀領李郢反三加一說文頸也嶺柃木名灰可染

說文從匕 井 子郢反說文中有點八家一井象構井韓之形韓字胡干反 邢 ＜郢地名 廮 病於郢反二 癭 ＜安一曰廮縣名在巨鹿

少從此省 渻 减也一曰水一曰水出前爲渻出說文 卌 迥 遠戶鼎反三 冋 空 炯 光又音洞＜詗 泂

濙 ＜涬大水 頂 ＜顙頭上丁挺反六 奵 嫇＜ 町 ＜聹目怡 鼎 說文作此鼎三足兩耳和味之寶器易曰卦巽木於下者爲析木以鼎也從貞省古以爲鼎 酊

從鼎反五 艇 小舟 鋌 金＜ 梃 木片說文一枚 娗 長好貌 珽 玉名他鼎反四加一 圢 平 脡 脯胸 侹 長直 頲 狹頭頲＜也 逌出說文也 汫

＜斂去挺反二 㷀 就 顈 項顈乃挺反二 聹 ＜＜ 婞 很也直也下挺反五 涬 濙涬又逕孔反 鮏 魚名 脛 脚＜ 鋞 似鍾而長 醒 蘇挺反一

口迥反三 䔢 草名枲屬 烓 行竈 剄 斷首古挺反一 頩 斂容疋迥反一 竝 比蒋迥反二 鮩 白魚 卌一 有 云久反四 右 鷳 鳥雉

力久反六 瀏 水清 綹 廿絲爲綹 輙 載柩車 茆 鳥葵水草詩云言採其茆又莫飽反 窌 奧梁 丑 勑久反二 杻 械＜ 紐 結女久反四 狃 相狎 鈕

朽 爛許久反三 疛 病 殠 臭 久 舉有反說文作此久加五 九 玖 玉名 灸 灼 韭 ＜菜說文草 首 書久反四說文古文作眥人頁

瓬久反一 湫 浅水潰在久反又子小反二 婦 房久反七說文服也從女掃帚執用婦 蝜 ＜蝂 負 說文從作此貝 萯 王萯 蝜 蜯＜ 阜 陵阜文作

缶 丞缶 否 不說文 蹂 踐人久反二 楺 屈木或作燸 粸 乾飯屑去久反一 舅 巨久反六 咎 臼 齨 齒齨說文老如臼馬八歲曰

直柳反三 紂 竹易根而死 鮦 ＜陽縣名在汝南又直隴反 酉 与久反七加二古文酉 牖 誘 說文相呼誘也從厶羑聲作䛻二同 卣 中形樽 槱

湯陰說文進善也從羊久省聲文王所居羑里在湯陰 作羑 㰻 言意也出說文 庮 屋木也周礼牛夜鳴則庮臭如朽木 滫 溲麵息有反一 受 植酉反四說文作壽

⑥

飀〻劉於柳反二 鰍魚名 酒子酉反一 溲〻麵，踈有反一，說文從此叜 帚之久反一 卅二厚胡口反五，說文作此垕 後 后

妃 母莫厚反六，說文從女，為懷子形 牡牝 〻某 梅大指 畝說文作此晦，或作畮，此畂從十久聲 莽草 〻部 部蒲口反七，說文作此部，其一邊同者皆然 峿山中

覞 錇小缶 趫〻麩餅 篰牘 斗當口反四 垢惡 枓柱上方木 阧〻陖，或作 蚪蝌蚪虫 䴵麩䴵，他后反三，今作此鈄鍮 妵

且古厚反八，說文從艸句聲 狗犬 垢惡 笱〻，扇縣名，在交阯 耇黃〻 詬耻，又古候反 笱取魚物 玽玉 藕五口反三，說文作此蕅 偶合

棓擊 㲉乳，乃后反一加一，鬭㲉鳥塗字 涊水名，出說文 叟老，蘇后反七，正作叜 嗾使狗聲 瞍瞽 〻謏〻誘，又蘇了反 擻斗擻，舉物 藪澤

牛鳴呼后反一加一 呴厚怒聲，出說文 剖普厚反三 婄婦人皃 郶小 歐吐，烏口反三 毆擊 犃特牛 塿培塿，盧斗反五 嘍嗹嘍，煩皃 䫫䚋䚋，說文並從婁

上正中通下俗 作㑖意也 簍籠 䴞䴞糫餅 走子厚反一，說文作此𧺆，從夭止聲 口苦厚反六 扣擊，俗音寇 犃〻牿 釦金飾 叩〻頭，杜達，葉從邑 訽可 蔲先相 𦳇圓草

褠後口反三 鋀酒器，說文揄引，又單作此豆 揄〻引 鯫魚名，一曰人姓，漢有鯫生，士垢反，又士溝反一 卅三黝黑於糾反，又於糾反，益夷反二 怮憂皃 㰶變色，在由子了二反一 糾居黝反，又糾反二

加一，說文作糾繩三合 赳武皃，說文作此赳字亦然，今以遂省作丩，二同丩字，已周反 鬮鬥取，出說文 卅四寑室七稔反三加一 寢臥，說文作寑 梫木名 寢病臥，說文 朕古作𦩍，直稔反一

坅坎丘甚反一 㐭倉力稔反四，說文作此亩，穀所振入宗廟粢盛，倉黃㐭而取之，故為之亩，從入，為屋形，中有戶牖，又作稟，從禾無點，顏監從禾有點也 懍敬 菻蒿 凜寒 罧積柴取魚，斯甚反一

醬小甜子朕反一 踸〻踔，行無常皃，褚甚反一 荏菜，如甚反五 飪孰食，說文作餁，火熟 稔歲熟 恁念 栠木弱皃 枕之稔反五 頣頭骨 沈古作𣳪，式稔反五 審說文

作宷 瀋木名 瞫視 諗告，又謀，說文深諫 椹食稔反一，說文作此葚 瀋汁，尺甚反一 醦酢甚，初朕反二 墋土 㾕〻𤸫，居甚反一 噤寒，渠飲反二 顉切齒怒 錦

居飲反一 傑 仰頭皃牛錦反一 蕈 菌生木上慈錦反一 甚 植枕反一說文安樂也從甘匹耦也又古文作𠤖足 痒 寒皃踈錦反一、大寒作瘁 稟 供穀筆錦反一說文作稟賜穀也從禾也 飲 於錦反一說文作歓 品 錦

反一 卌五 琰 玉以冉反三 剡 削又縣名時琰反又在會稽說文銳利 ⿰足炎 疾行 斂 力冉反二 薟 白薟藥又力瞻反 險 險阻虛檢反四 獫 獫狁說文又力險反 嬐 嬐姱性不端良又去業反少氣少力

譣 譣詖說文作𠤖憸者此愉者閒 貶 方冉反一 頩 頩頷不平丘檢反二 嵰 山高 儼 敬魚檢反六 顩 顩頩 广 因巖為屋 隒 山形似重甗 礹 礹磛 嬐 嬐嬐𢺊齊按說文

儉 巨險反二 芡 鷄頭 撿 撿校居儼反三又按巨名為撿乎字 檢 書檢又按說文杜迮業字樣為檢 瞼 瞼目 黶 面有黑子於琰反四 ⿰衤黶 禳 𡾊 山穴

皃又奴簟反 染 染色 苒 草盛 ⿱雨染 濡出說文 陝 縣名在弘農失冉反二 睒 暫見說文作𠤖覢見 諂 丑琰反也

掩 說文斂小上曰掩取 閹 宮官說文豎宮有弇婁、 揜 按說文自關已東謂取為揜一曰覆也与掩略同 弇 蓋也出說文古文弇

反一火行微燄、也新加出說文 卌六 忝 他玷反二 ⿰禾西 鄉名在濟北虵丘 淰 水流皃乃簟反三 ⿰女覃 弱 ⿰阝冉 亭在

簟 席徒玷反二加一 扂 開戶或作此串 驔 驪馬黃首出說文 嗛 獲藏食處口、苦簟反二 歉 食不飽 慊 慊恨切

⿰木忝 殺溺無反語取忝之上聲俗作⿰木忝一 卌八 等 齊多肯反一說文齊簡也從竹寺、官曹之等平 倗 徒𡨕反又徒感直反二古文作湛

半生下 咸 秏又古 監 嵁 所斬反檻反一 𤢛 獵𤢛犬聲 黬

⑧

（伯三六九六正面）

前軌　笵說文法也從竹〻簡書也氾古法有竹

切韻巻第四 去聲 五十六韻

一送蘇弄　二宋蘇統　三用余共　四絳古巷　五寘支義　六至脂利　七志之吏

八未無沸　九御魚㯄　十遇虞樹　十一暮莫故　十二泰他盖　十三霽子計　十四祭子例

十五卦古賣　十六恠古壞　十七夬古邁　十八隊徒對　十九代徒戴　廿廢方肺　廿一震職刃

廿二問無運　廿三焮許靳　廿四願魚怨　廿五慁胡困　廿六恨胡艮　廿七翰胡旦　廿八諫古晏

廿九襉古莧　卅霰蘇見　卅一線私箭　卅二嘯蘇弔　卅三笑私妙　卅四効胡教　卅五号胡到

卅六箇古賀　卅七禡莫駕　卅八勘苦紺　卅九闞苦濫　卌漾餘亮　卌一宕杜浪　卌二敬居命

卌三諍側迸　卌四勁居盛　卌五徑古定　卌六宥尤救　卌七候胡遘　卌八幼伊謬　卌九沁七鴆

五十豔以贍　五十一㮇他念　五十二嶝都鄧　五十三陷戶韽　五十四鑑格懺　五十五梵扶泛

一送說文作遊辵省蘇弄反一　鳳馮貢反一說文從凡鳥聲　貢獻古送反四　贛賜　湏水名在豫章沛郡　埬縣名在沛郡　弄盧貢反四從玉者非　㛘〻贛愚　䶬

礲礱小磨又盧東反 梇〻棟縣名在益州 涷瀑雨又水名出發鳩山多貢反三 凍冰 棟屋梁 椌引苦貢反四 倥〻偬困貟 悾誠心 糉蘆裹米作弄反四 偬倥〻 㲀鍛足 鯼魚名

䙕烏貢反二說文 𨆢〻息 謥〻詷言急千弄反一 洞穴又洞名徒弄反七說文疾流 峒山峒深 詷譀詷說文共也周書日在夏后之詷一日譀 㢠大同 胴腸 駧馬急走 恫 筒簫達

痛他弄反一 仲直衆反一 諷方鳳反一 焪火乾物去諷反一 夢莫鳳反四加一說文 瞢雲瞢澤名在南郡 鄸邑名在曹 夣

星辰占六寱之吉凶一日正寱二日咢……六日喜夢俗單作 趬香仲反一 懞莫弄反二 霿天氣下地不應 䁅〻䁅諷反一 趙

齈多涕鼻痛奴凍反一 衆多之仲反一 音 字 念反

二宋 宋蘇統反一 綜機縷子宋

訟〻爭 俸秩〻房 縫 共渠用反一 葑菰根方用反二 封又方

䩠 種 重 反又

憧 子

幢后妃車幰 瞕直視

⑩

義

智知義反一說文從作

企望去智反三

屣屬曬暴餧　　觖窺瑞反一僞危反一

（伯三六九六背面）

䰄　綼音啼　目　屮　女　礻　金加足單

衆說文從七　睽視　細　些楚音　栖雞西宿先奚反　智

計古詣反八　係連　繼紹　繫　薊

心不了　稧飲　契　翳

隱語莫計反一　閉　壁　箄　戢　慧

⑪

銳以芮反三叡作此𦶇說文草生狀綴

同斃死幣帛敝說文一曰敗毳重犛或作楚歲反

鎩手戟類又所恠蔱椒掣曳尺尺折反三

聅入一曰聞也晢星光又旨熱反猘犬逝時制反七觢牛角竪噬齧誓

筮䡖車簹曳餘制反十𤥅石之次玉勩勞泄水名在九江枻楫類疶病𦐅鳥飛裔邊怈明一日尋詍

多言緆於劂反二瘞埋餲食敗又云遏藝魚祭反四寱睡語或作囈埶種槸木相摩滯直例反三彘〻豕蹛〻林例力制反十一加二蠣牡蠣虫厲惡

礪石說文無石勵勉禲鬼無後厲疫濿渡水說文又作砅鮤魚一本名作此䮥馬馳櫔木名巁巍山憩息去例反三愒恐人藒〻車草名世

舒制反三勢貰賒又時夜反猘狂犬居厲反四罽氈類按說文作繝西胡毳瀱泉出貞訐持人短𤺌赤白痢竹例反一偈其憩反一啜嘗市芮反一跇說文作趩与跇意同跐丑世反二加一

傺侘〻怈習〻劓去鼻義例反一蕝朝會束茅表位子芮反又子悅反一

十五卦古賣反二桂懸懈嬾古隘反三加一解〻除廨公宇薢薢茩也出說文隘

⑫

狹鳥懈反二　瘕病聲　邂ˎ逅胡懈反二　觧曲解又古賣胡買反二　賣莫懈反一說文從出買聲　畫胡卦反五　詿礙又古賣反　絓絲結　澅水名在齊　黊鮮黃色說文作黊黃美色　差病除楚懈　⑬

反又楚宜楚佳二反二　衩衣　睚目際五解反又五佳反一　謑怒言許懈反又乎媧反一　夼到別方卦反一　粺精米傍卦反二　稗稻ˎ　𤵸病士懈反二　此ˎ目睚　派分流匹卦反

同加一　紪未緝麻　澥水出單陽　債嶶財側賣反一　𩯭難苦賣反一　曬暴所賣反又所寄丑離二反一　十六怪異古壞反三加一　𣪞毀　砝石似玉　蔽草　噫

反二　呃不聲　瘵病側界反二　䣾邑名在周　誡言警古拜反十二加二　戒慎　界境　介大說文作夼　屆至　疥瘡　玠圭　夼獨居　忦ˎ憒　砎硬　价

善也詩云价人惟蕃　𩭤髻結　悈飾司馬法有虞氏悈於中國　褹紩布襦女界反一　譮怒聲許界反一或作欸　械說文桎梏界反三加一　薤菜說文作䪥　齘類齘切齒怒類字于禁反　閞門扇　䁗

不聽五界反一　𠜾芥類苦壞反三　嘳女字　喟歎又丘愧反　拜博怪反二說文二手下　八詩云勿扒　扒翦勿扒　湃滂湃普拜反一加一　湏水出樂浪　壞敗胡怪反一按籀文作𧝎　瞶聾瞶五拜反一

加一　頯頭頯頯出說文　憊病蒲界反二說文作偹　韛韋囊吹火　盼ˎ眼久視莫拜反一加一　𩍐東夷樂　鎩翦翮所拜反又所例反三　褹衣袂縫　殺ˎ害又所八反亦從殳亦作𣪩　炌ˎ熾客界反一

十七夬決易有夬卦古邁反二　獪狡ˎ　快苦夬反二　噲漢有樊噲　邁莫敗反二　勱勉　話下快反一會合善言籀文又作譮　敗薄邁反二說文作䞁壞　唄梵聲　䵳淺黑快反一

嘬食盡臠楚夬反一　芥菜名又莫芥古邁反三　𩣡馬行疾　犗犍牛　蠆ˎ毒虫ˎ丑芥反一　喝嘶聲於芥反　曷飯臭又　𠵣喝𠵣聲敗所芥反一　咶息聲火夬反一　譪譈譪火芥

反譈字火懱反一　十八隊聚徒對反四加一　䨴黕䨴雲狀　對草盛　𨻼說文𨻼　懟怨不　薄背加一　珮玉　孛又步

文點筆又　每

柿研木穢反四

魚肺反三 乂才 忍困患為戒 廿一震職刃反五加一 𪅊鳥

加 迅疾又私閏反 訊告說文 顖腦會說文作囟 卂疾飛而不見出說文 汛

燐鬼火說文單作 閵姓 頿〻傾也一曰頭少髮 刃而進反六加一 認識

引又以軸 引軫反 輔小鼓在大鼓上 濥說文水行地中濥〻 疢丑刃反二又作疹 趂作

檳〻斤 殯〻尸 鬢〻髮 陣直刃反二加一 訫悷脉 敶列出說文 慎是刃反一 [illegible]

榗〻䇮 縉〻雲氏說文帛赤色 𧍮虫名 進 鎮陟刃反又陟人反一 眒張目式刃反一 [illegible]

合作婁 盡進一曰草 釁〻罪許覲反二 衅牲血塗器祭或作釁 僅餘渠遴反七 覲見

労棲說文病 櫬空棺楚覲反四 儭〻施 瀙水名在汝南 韻永妻反一 峻高私反六

在衛說文又杼 迅疾 鵔〻鸃鳥名說文秦漢之初侍中冠鵔鸃冠鷩 陖亭名在馮翊說文又高 歺

畯田畯說文農 駿馬〻 舜舒閏反四 蕣木槿 鬊毛貞 瞬〻目說文作瞚 橓

⑭

摩朮麻片撫刃反一覮疋刃反一覮之見出說文新加廿二問無運反五璺
野餉韗治皷工鄆邑名在魯訓許運反三加一臐羊羹薰香又許雲反鐼鐵說文
揚說文翬也從大鳥在田詩日不能奮飛奞字先反醖釀酒於問反又於刎反四縕也慍習怨緼乱麻桾
制天子千里分百縣〻有郡〻有鄙故春秋傳日上大夫郡至秦初置卅六郡以監縣分扶悶反又方文反二積〻痱悶廿三
居焮反一近巨靳反又巨隱反一傿依人或作㥯於靳反二檼椅〻濦水名在汝南又於勤反
反一販方願反一券〻約去願反三說文契券別之書以刀其傍故謂之契從力者勌字繾束要縛勸獎作
飯符万反又符晚反二閞門欂櫨嬔〻息一日鳥伏乍出芳万反四疲吐畚一宿酒奔大
說文又作僫獻許建反二說文作獻宗廟犬名憲法說文作憲從手目害省健渠建反一楥
慁悶心乱胡困反四說文憂也一日擾溷廁說文乱也㘓圂廁俒全慁〻辱頓都困說文
苦悶反一嫩弱奴困反三腝肉枘榅枘按没悶莫困反一鐏矛戟下銅徂鈍反一
作遯此遁仙榲内物水裹烏困反一寸倉困反一坌塵蒲悶反一顐禿五困反一焌子礼吹
廿六翰鳥毛胡旦反十四加一說文作翰其上翰者天鷄羽也周書曰文翰若翬一日晨風周成王時蜀以獻之捍抵犴

瀚ㄑ海 閈里門 䟍射 騂馬高六尺 雗ㄑ鶾鷽別名一曰鷄毛曰雗音說文又作鶾 䮧馬長阜
段徒玩反一說文作此 毈卵壞 椴木名 亂治也落段反二加一說文作此乱從乙 𤅫絕水渡 𢿢煩
他乱反二說文作 褖后衣 喚呼段反四 奐文彩按說文作奐火 煥水流散 筭計蘇段說文從
不蒔田 半博縵反五說文從八牛聲 絆羈 䮾ㄑ騂馬白 㪵五升 判普半反六 泮宮說文侯鄉射
㜕婺無宜適 畔 炭他半反三說文從火屵聲 歎 㜕ㄑ婺 換改胡段反四 逭逃 肒
穿古段反六加一 矔張目 祼祭ㄑ 館舍說文從食 瓘玉斗 鑵水ㄑ [illegible]
憂無告 爟烽火說文或從亘 錧車軸頭鐵一曰江南人呼犁刀 遦行說文習 冖
炊也說文作此爨 按柳烏旦反三 案 晏晚 旦得安反四加一 疸黃病 鴠
僤疾也周礼曰句欲無僤 旰日晚古旦反三 幹 倝日出光 岸五旦反五加一 犴
又苦寒反說文從手目 衎樂 漢呼半反四 暵日氣乾 熯火氣乾 𤳉耕地
患又奴 粲倉旦反四 㛑三女說文美 璨玉ㄑ 燦ㄑ爛 繖蓋蘇旦反二 散
戔 賛不謹一曰美好 [illegible]弱乃乱反二說文作愞

⑯

（斯六一七六背面）

歷反 㝵歌 屌屍從尾水聲

論語云以杖莜又唐聊反 𥨊穴苦弔反二 𩕢擊 顤〻䫜長頭力弔反四 尥

涅子名 歊火弔反一悲意出說文新加 窔烏弔反一窅窔俗作此窔也 卅三 㗛私反

鷂鷹〻 榣動〻 覞普視 䚀視誤 䞘行不正出說文 約又於略反 要

足笑反四 䙃〻畫 瞟置風日中令乾 漂水中打絮 噍〻嚼才笑反三 誚

鐐銀美 嫽周垣 療治病 燎炙也出說文 爆火貟 䞤行輕丘召反

注盡 廟貟也眉召反一 驃馬名毗召反一 少失召反二 燒又失昭反 朓祭丑召反一

撿〻 鉸〻刀 酵〻酒 覺〻睡 孝呼教反三 哮喚 涍水名 窞

〻教反一 奅起壞〻疋貟反三又窌 炮灼 抌〻車 踔行貟褚教反二 踔獲跳 稍

沍 朿不靜 抓爪刺側教反二 㿔縮 皰面瘡防孝反又疱又炮反二 鞄治皮 抄初教反一

翿舞所執 悼傷也 蹈踐也 盜 纛〻左 纛覆 導 禾六穗

縞又古老反 告 傲五到反五 䫜頭長 鏊餅〻 驁馬名駿馬 奡陸地舟

主名 冒 沙 媢說文夫妬婦 嫪怯物盧到反四 潦〻淹 勞〻尉 髝

卯 報愽耗反一 漕水運穀在到反五 奧藏南 懊〻悔 鐭妬食 隩屋隅

靠相違 竈則到反二 躁動 秏獄呼到反二 好志也又呼老反 卅六

勞口聲 哆語助 㾖病 邏遊兵盧箇反 纙婦人衣 坷坎〻不平良口左反二 軻

奈〻何奴箇反一 課苦卧反一 挫折則卧反二 莝拜失容 磨暮箇反三 森

卧反三 壖沙土 糯秫也 檽木〻 和胡卧反二 盉說文調味也 唾託卧反三 毻鳥

泥着物烏卧反一 惰懶徒卧反一 馱負物唐佐反一 椄比也力過反 卅七 禡祭駕

縣名 駕古訝反八 稼 嫁 瘕腹病 架〻屋 椵舉閣 價〻數

虎聲 謼〻誑 墟地名在晉 迓迎吾駕反四 訝嗟 犽獸名 御迎 詫言丑亞反一

〻酒 乍鋤駕反一 褯祭名 謝愧也以夜反二 榭臺〻 髂月也口訝反二 疴小兒驚 睱

夜宵也以謝反三 射僕〻 鵺鳥名似雉 赿怒走夜反一 蝑鹽藏蟹思夜反

⑱

炙〻肉 蔗甘〻 唶歎聲子夜反二 借假又子昔反 舍始夜反三 赦 騇

靶轡草 灞水名 帊〻幞芳霸反二 怕〻怖 擨寬胡化反四 吴大口 崋

諺枉所化反一 䖮獸名似狼白駕反一 ⿰目多⿰目戠乃亞反一 笡斜逆淺謝反一 卌八

贛薏苡別名 憾恨下紺反四 琀〻玉 淦水和物 唅哺 暗日無光烏紺反三

倧蘇感反一 儑五紺反一 謲伺七紺反二 叅〻鼓 醰酒味長紺反二 ⿰貝覃買付

瞰視 濫泛〻盧瞰反五加一 ⿰監刂刃利 ⿰酉監〻⿰舟易 纜繫舟 爁火皃 ⿰女監

⿰貝甘气戲物呼濫反一 憨害下瞰反四 譀誇誕 ⿱甚虫瓜虫 憺靜徒濫反四 澹水

卌 漾水名餘亮反六 恙憂 羕長大 颺炙 樣式 上

量度也 狀鋤亮反一 讓如狀反一 餉式亮反三 傷未成人死

⿰韋昜弓衣也 草盛 向許亮反三 珦玉 ⿰門鄉〻門 仗器〻直亮反二 巨

上昇也又三 償倫 壯側亮反三 裝行〻 壯〻 央於

即亮 𢎗〻卩

（伯三六九四正面）

乃定反三 佞諂 濘泥 腥豕息肉定反二 醒酒ㄟ 脛腳ㄟ户定反一 定特徑反二 廷朝ㄟ 矴ㄟ石丁定反三 釘丁也

反二 罄盡 聽他定反二 靘ㄟ靘青黑千定 䩄莫定反二 暝夕 鎣ㄟ錆烏定反三 瀅小水 憆丁心恨也 卌六 宥寬尤救反十 又復也 佑

佐 右左 盍杼水器 祐神助 酭報 宧ㄟ頤 囿園又于目 侑勸食 救助也久右反五 究窮也 灸艾火 疚貧病也 廄養馬舍 冑

衞也直右反七加一 宙往古于今 酎ㄟ酒 繇卦兆辞 籀ㄟ史 伷系 紬訓 冑說文兜鍪從月 晝日中陟救反一 狩舒救反三 獸 首伏 臭ㄟ氣尺救

反一 由似祐反三 岫 袖 柚牛黑 齅以鼻取氣許救反二 嘼ㄟ産 呪詛職救反一 舊巨救反二 柩屍ㄟ 瘦ㄟ損所祐反三 漱水含 皺面ㄟ側救反三 瘷小縮 甃

井 副敷救反三 ㄟ 髻假髻 覆 蓋 富充一日廢初救反一 冨府副反三 輻ㄟ轐 䡔 鍑釜而小口 畜丑救反二六畜也 俞人姓 溜水ㄟ力救反六 廖人姓 霤

中ㄟ又廣中庭也 嬼美好 鷚鷚子晚生 餾ㄟ飯 秀息救反四 綉 琇玉名 鏉鋤祐反一 僦賃即就反一 就疾僦反二 鷲鳥名 糅雜女救反

三 䭀雜飯 䐝嘉膳 復扶冨反二 𤸰再病 狖獸名似猨余救反四從豸 貁虫名 槱積薪燒ㄟ 柚橘ㄟ 授承秀反三 𠯗口ㄟ 售賣 輮軍輣人又

反一 卌七 候迎也胡遘反六 鮜魚名 郈地名 逅不遇皃邂逅 詬罵 睺半盲 寇賊也苦候反五 滱水名 怐ㄟ愗愚皃 㲉ㄟ稽無暇 鷇鳥子

茂盛也莫候反八 貿易ㄟ 戊ㄟ己 鄮縣名在會稽 愗怐ㄟ 瞀ㄟ婺 袤廣ㄟ 楙木瓜 仆倒乞豆反一 豆徒候反九 竇水ㄟ 逗ㄟ留 酘

ㄟ酒 荳ㄟ蔻 䇺邊ㄟ 脰項ㄟ 郖地名 餖飣ㄟ 鬭丁豆反三 䛠譳不能言 噣鳥口 耨除草奴豆反三 譳䛠ㄟ 檽構ㄟ不解事 瘶欬蘇豆反二 漱

盪口 奏則候反一 透跳他候反三 欸嗽ㄟ 𧺧自投 漚漬於候反二 埜地名 遘遇古候反十一 構累 媾婚 覯見 姤卦 購贖 𧵈

⑳

廩給 彀張弓 𤛓取牛羊乳 㔷、檢 雊雉聲 輳輻輳倉候反六 湊水會 嗾使犬 腠膚腠 𩷴南夷名 蔟大蔟律名 陋盧候反五 漏更漏 鏤刻

屚屋水 瘻瘡 𥶇苙苙呼㑋反四加一 狗豕聲 頜勤 詬怒 豞吼聲 卅八 幼伊謬反一 謬靡幼反一 踉蹌行皃丘幼反一

卅九 沁水名七鴆反二 吣犬吐 浸浸淫子鴆反一 妊妊身汝鴆反四 鵀戴鵀鳥 任佞也又汝針反 鴆鳥名直任反二 沉又直任反 枕職鴆反二

針舌下病巨禁反三 舲舟 紟帶 禁避居蔭反一 賃乃禁反一 蔭於禁反三 窨地屋 喑聲 滲瀝所禁反一 闖從門出丑禁反一 譖譖讒

側讖反一 讖讖書楚譖反 椹椹擊陟鴆反二 䋵土 五十 豔美以贍反三 爓光 焱火 贍賙市艷反一 染而贍反一 厭飫也於豔反二或猒懕 㤿

快 閃闚式贍反三 𦧟犬行皃 饜飽又於廉反 窆下官方驗反二 砭石針又方廉反 𢦏不廉子豔反一 塹遶城水七贍反二 槧槧 殮殯力驗反三 斂聚 澰水泛

一曰水波 驗證語魚窆反二 噞噞喁魚口 占將豔反一占固也 五十一 㮇火杖他念反二 䑙舌出 念奴店反二 淰 店舍都念反五 坫 沾水名 痁病 墊

下 䃸碑雷光先念反一 𥖪徒念反一 趝疾行皃 僭於念反一 賶閉目思漸念反一 兼古念反二 鰜魚名 僭擬子念反一 𠑭

五十二 證驗諸應反二 烝熱又諸陵反又作烝 孕懷子以證反三 䰳面黑子 賸增 媵送女實證反三 乘車 䱍魚子 認

草不 譍以言對於證反二 應物相應 𠁕子孕反一 興樂許應反二 臖腫起 勝負詩證反三 藤胡麻 塍 緤織機 胎

馬食穀氣流下里甑反一 稱蚩證反又處陵反 五十三 嶝小坂都鄧反五 鐙 橙几 隥梯 磴巖 贈昨亘則反一 亘通度古嶝反四

魚名 蹭蹭蹬七贈反一 鄧國名徒亘反二 蹬蹭蹬 懵悶武亘反二 鱛魚名 僜蹬僜魯鄧反一 堋東棺下方鄧反一 倗父鄧反一輔也出說文新加

五十四陷戶韽反二　鮨魚名　韽下入聲於陷反三　猎犬吠　淊沒水　蘸以肉水中淬陷反一　䶣鹹多都陷反一　歁喙口陷反一又歁　賺重賣佇陷反一

五十五鑑鏡格懴反二　監領　懴自陳楚監反三　儳雜言　㨻投　覱、𠏃高危貞子鑑反一　𠏃許鑑反一　釤、大鎌所鑑反一　埿深埿蒲鑑反一　覽大笑胡懴反一

鑱、土具士懴反一　霰內物水中子鑑反又都廬反一　𧝎沉下鑑　𩬊反一　五十六梵、聲扶泛反二　帆船上、　泛浮敷梵反一　劍舉欠反一從刀　欠張口去劍反一　俺大於劍反一

㉒

切韻卷第五、入聲

一屋烏

四覺古嶽　五質之日　六

沒莫勃　十一末莫割

錫先擊　十七昔私積

洽侯夾　卅三葉與涉

之翼　卅九德多則

櫝棺又　牘簡　韣　殳木　瀫水

（伯三六九四背面）

唧啾々 ⿰氵七

畢織荆門 韠胡服蔽膝 珌刀

火光 遹述一曰遵 驈黑馬白髀

䘏賑也 姞姓一曰字巨乙反二 佶正 術

地名在鄭毗必反九 比々次或作坒又鼻脂必履婢四三反 柲

走 矞說文以錐有所穿 颭小風皃許聿反四 眓視

怵憂心竹律皃反二 窋在穴皃丁滑反 朮藥名直律反或作茦二

十蟋也虫 達說文先達也 筆鄙密反三 潷去滓 柲方言又俗

愓走 颰筆反二 汩水流又古沒反 宓

山形如堂 蔤荷本下白 弼輔也重也房筆反二弼古弼正 ⿰禾弗々禾禾重生 乙辰也於筆反二 鳦鷰 耴鳌耴魚鳥狀魚乙反一 匕呵也匹口日反一 咥笑勅一反一

六

物萬物也無弗反三 勿無也 芴土瓜 弗不也治也分物反七 紱綬 ⿱山紱蔽々 綍大索 茀草盛皃 韍蔽膝 ⿰弗犬大也出說文 鬱氣也茂也古作鬰迂物反五 灪々滃大水

爩烟氣 蔚草盛皃又音尉 鬱說文芳草也釀酒以降神 孓無左辟九勿反又九月反二 ⿰糹屈翟衣 屈區物反又居物反二 詘辭塞 倔々強衢物反七 ⿰⻊屈足力 掘々地 崛山

山短而高 屈尾短 ⿰衤屈衣短 堀窦也 佛符弗反六 怫々鬱 坲塵起 岪山曲 咈說文違也 拂說文擊禾連枷 颮疾風許物反二 欻暴起 崒說文疾也

颶風聲王物反二 榾榔 拂拭也除也敷物反七 怫鬱 巤崩聲 茀道草多 艴淺色 祓除又孚物反 柫方言打穀連枷 七

櫛梳阻瑟反三 瀄〻汨水流 楖柫 瑟所櫛反五 飋〻颭風皃 蟋〻蟀 蝨蟣〻 璱玉鮮潔皃 八 迄至許訖反 乞〻壯 乞

乘輿馬上插翟尾者 肸〻蠁又許乙反 訖竟也止也居乞反二 吃語難 疙癡皃魚乞反一 趌行皃其迄反一 圪高皃于乞反又魚迄反一 乞去訖反又去餼反二

九 月魚厥反四 刖絶說文作跀斷足也 軏車〻 杌動也又兀音 伐征房越反八 筏乘大桴渡水 罰罪 閥〻閱自序 垡耕土

說文 越逾也於也曰也揚也王伐反六 粵辝 鉞斧〻 娀伃布戉絨 樾樹陰 厥其也居月反八 蹶失脚 𠢸強力 蹶〻跳 瘚氣逆

獸名走則顛常為蛩〻取食蛩〻負之而走 噦逆氣乙劣反一此字亦薛部 𡣝嬉𡣝婦人皃於月反二 䬑餡安豆 𧤼以角發物其月反六 鷢白鳥 橛株〻 橜〻杙 蹷倒 𦢊尾本

闕少也去月反二 瀱水名在義陽 髮方伐反三 發草生 沷風寒也出詩 韈履韈望發反一從韋 颰小風許月反四 狘獸走 泧水皃 翍〻颭飛也 謁請也告也於謁反四

閼歲在卯又於葛於連二反 暍瘍熱 黦色壞 歇氣泄許謁反三 蠍蠆 猲獢犬 訐面斥以言居謁反又居例反四 趨走皃 羯〻羊 𥟨草出於〻 楬

檜物其謁反一 怫恨怒扶伐反一 钀鑣也魚揭反一 十 沒沉也密也莫勃反三 歿死 𤤯玉名 骨〻骼古忽反五 縎〻結 鶻〻鵃又胡八胡骨二反 榾枸榾木

汩汨也書作汩或渥 勃速也作也蒲沒反七 渤〻澥海名又水皃 𩧬馬牛尾一角 餑茗〻 𡋯起塵 馞大香 悖〻逆盛也勃起凶悖 咄訶也當沒反一 宊〻出他骨反三

柮木枝 𨁽蹎 突觸陁骨反七 揬搪〻 腯肥〻 鼵鼠名 鶟鳥名 堗竈〻 凸出也又徒結反 𩓞內頭水中烏沒反四 膃〻肭肥 殟心悶 嗢咽

忽盡也呼骨反六 惚怳〻 寣睡一覺 笏 乾忽櫎〻字呼結反 㫚說文尚冥也 兀高皃五忽反四 扤動搖又音月 屼山皃 杌樹無枝 䪨

㉔

楼物聲普沒反二　矹硉矹不平皃　⿰朩犬箭射勃沒反一　窟穴苦骨反五　顝大頭皃　泏漚池　⿰乞頁皃秃　矻用力或作勂　訥言澁也諾骨反三　枘

內物水中　朒朒腽　窣勃窣蘇骨反二　⿰麥肖磨麥　猝倉猝昨沒反三　椊、杌以柄內孔　⿰齒卒齚　麧、糏頭下沒反七　齕齧齕又胡結反　紇又胡結反　淈

、泏又古忽反濁也一曰水出皃　搰掘地　⿺走骨腂病也出說文　㧾椎也出說文　卒則沒反又子出反二　倅百人為倅　朏明出融普沒反一　榾楚詞又滑又淈同佳忽公忽二反一　⿰骨欠

一骨反一咽中息不利出說文新加　十一末　末木上莫割反十三　秣、馬　眜星易曰眜中見　⿰末頁、顝健　抹、摋手摩　佅、健肥大　妺、嬉桀妻　怽忘　⿰土末壞土　沫

水沫一曰水名在蜀泰反　瀎塗泧　⿰末鳥鳥名　首說文目不正　枂去樹皮五活反一　撥治博末反十　夊足犮蠻夷蔽　夕剌袚膝衣　茇根、　鉢盂　鳥鳥犬名　鱍

魚掉尾　⿺辶朿急走　⿱髟發、鬢多鬢　撥海舩名　⿱髟贊姊末反二　⿰木劳逼、　栝檢古活反八　⿰氵聒水流說文無耳　髺結髮　檜木名　聒聲擾　佸會也　懖

尚書曰無知、、皃自用意　⿱艹舌、蒦　闊廣也遠也苦栝反三　筈箭、　适說文疾也　活生也戶栝反二　⿰礻舌祠　奪徒活反三　敓強取　脫肉去胡骨反吐活　豁

、達呼栝反四　濊水聲或作濊　奯大開目　泧瀎、　斡天氣轉鳥活反四　⿰火宛火烟出　⿰面宛目開皃　⿰舌升、取物或作棺　⿰糸敢、結括反三　樶⿰扌纂手把　鏺兩刃刈草木普栝反五

橃蔓　蹳蹋草聲　柿椎　⿰酉市酒色　侻、可一曰輕他活反二　棁解落或作脫　捋手捋活反三　⿰寽刂削、　⿰木寽說文木名　掇拾多括反三　鵽、雀　⿰月發

桃取骨間肉　撮手取七活反一　跋、跟行皃蒲撥反十二　⿰足市行皃　柭迴柭又矢栝反　魃旱、　废舍　⿰酉犮酒氣　馛香氣　軷將行祭名　炦火氣　颰風皃　癹除草

又乇反出說文　坺犬走皃　薩跋薩桑割反三　⿱艹隆菩、　攃拭、　怛悲也當割反七　⿱怛心驚　妲、己紂妃　呾相呵　炟火起　⿰黑旦莫⿰黑旦縣在五原　笪

闥門也他達反八　⿰亻達休、　橽打　躂足跌　澾泥滑　獺水狗　⿰魚賴魚名　羍文　遏遮烏葛反　⿰鼻曷鼻、　堨擁、　閼止又於

第三類

增訓加字本切韻

第三類　增訓加字本切韻

這一類包括八種不同的切韻寫本殘葉，作者都不可考。從體例和内容來看，分韻都與陸法言書相同，而訓釋和文字頗有增加。其中大多數的寫本，習用的字仍不加訓解，惟有伯三七九九訓解加多，幾乎所有的字都有訓釋。在收字方面，這一類大都比前一類多。前一類雖然也是就陸書有所增加，但性質是箋注，重點在於以説文訂補切韻，這一類則着重於增修。或增訓，或增字，取材較廣，而不以説文爲限。其中在注文上雖然也有接近於前一類的地方，如伯二〇一七和斯六〇一三等寫本，但畢竟有所不同。因此，把這些寫本另立爲一類，統稱爲增訓加字本。可是每種著作的年代，從内容來看，同前一類還是很接近的。這裏的第七種和第八種寫本韻目下有子注，與王仁昫刊謬補缺切韻相同，但不是王仁昫書，所以也歸在本類。

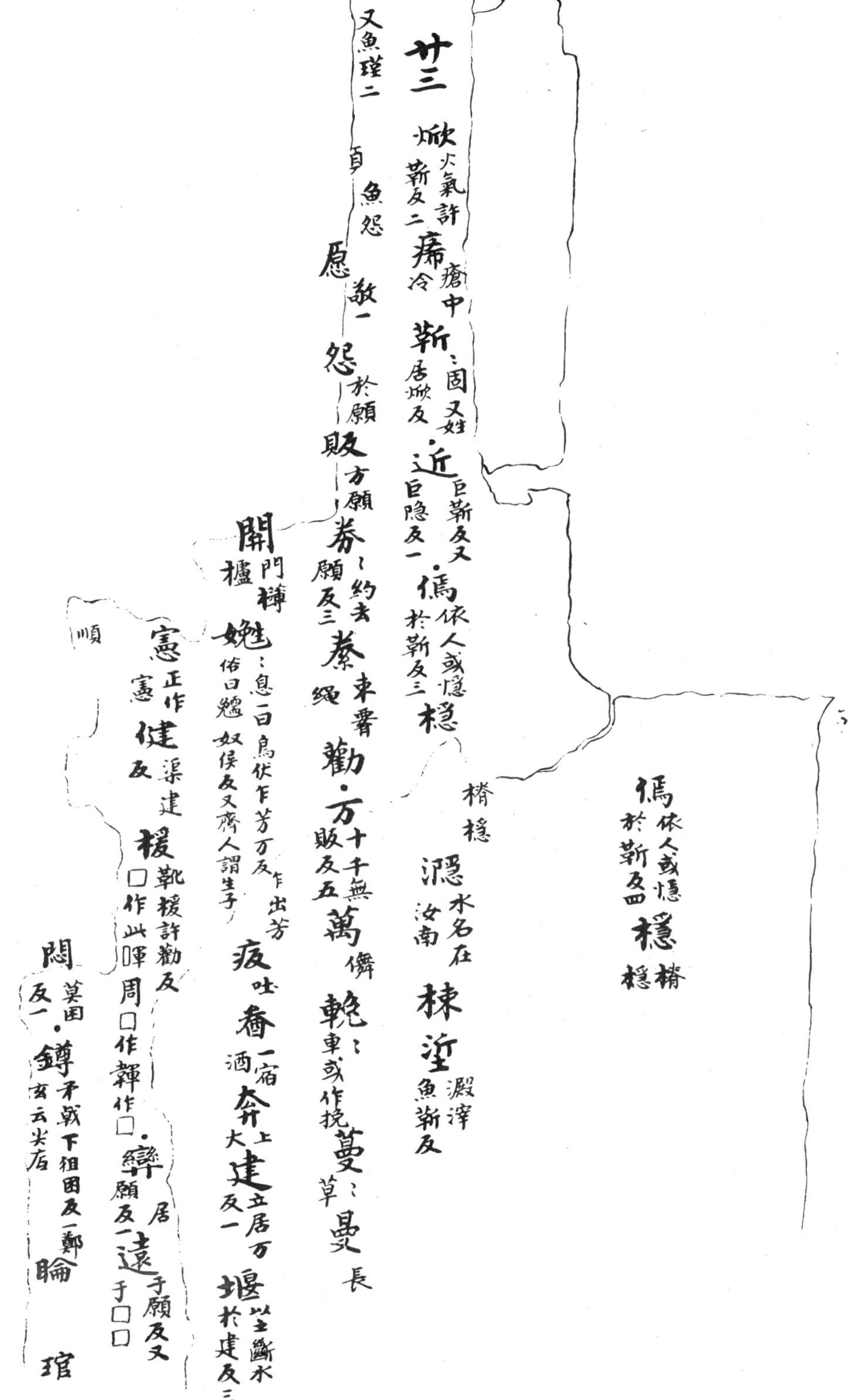

頰面旁協反六 鋏長鋏劒 筴箸又古洽反 莢〻 蛺蛺蜨 唊多言 愜服

唊便語 躞小走聲 跡〻躞 諜間反 堞城上垣 轞車聲 疊細毛布

鬑〻 鬞 渫渫渫水 懾桜於協反二 懾〻子 恊乃協反六 捻指捻

燮和燮協反二 屧屐 躞〻跡 鞢鞢射具 瓡似石 𨄮踏乏聲 聑

䕭萆莢在協反一 浹洽子協反一 㵆乏㵆張呼協反三 牒閉目 茖字林茖也說文竹箕

廿六緝七入反一 咠多言 挕打釘

十戍數是執反三 拾取 什篇〻 執持也之入反三 汁瀋 報縣名在北海 習學似入反三 襲重 隰原〻 褶袴褶

神執反一 集聚秦入反三 輯和 楫舟楫 戢藏戢 入尒執反一 揖讓伊入反二 挹酌 溼水霑俗作濕失入反二 𦖋牛耳白 喋

𠯗集子入反 嗥補各反三 潗泉出 雧合 及与也其立反二 蘵冬荒 縶絆馬陟立反三 霵小雨 馽馬中絆 蟄〻蟲隱也靜也直立反二

𦚔血生熱半 立力急反六 䇐聲 粒米粒 苙西〻 䲞水鳥 苙白芷又其立反 急假也又其立反 給供給 汲引

伋子思名 級階 岌馬頭別名 岦小山高皃魚及反一 泣落淚去急反二 𣇿欲燥 歙不皃履光立反二 㗶忍寒聲 吸入氣又魚

伋子思名 級階 笈烏頭別名 岌小山高白 泣落淚去急反二 㬂欲燎 㲉小兒履光立反三 㗩忍寒聲 吸入氣又魚

及反源 許及反五 歙後漢有來歙又縣名在新安 郤涉反 翕合火炙一曰起也 譆~諿語聲 潝水流白 濈色立反三 鈒戟 雭雨聲 戢

歮也阻立反 聚也藏戢五 䁒淚出白 䚘角多 咠衆口 葺菜名 邑累也英及反六 悒憂 裛香~ 浥濕 苣~花 餲

食 湁~湒沸丑入反一 熠火白為立反二 曄曄曄又筠輒反 廿七藥瘵病以灼反九 躍跳躍迅壯 礿祭名

籥藥器 龠蕍麥草名 鑰開~ 瀹煮 爚熠爚~光 櫟~陽宮 略謀也龍灼反三 䂮~鉄尺云利也 脚

居灼反二 屩草~ 灼燒之藥反九 斫刀~ 彴横木渡水 㣿痛 勺周谷樂名 酌~酒義若 繳繒~ 焯火氣 穛王穀皮又苦酷反又齊地

爍灼爍書藥反四 鑠銷鑠 獡犬驚又羕 ⿰女樂美好白 若順也善也辝也詩桀汝不若而灼反七 [?]杜若草或若 箬竹葉 楉~榴似㮈

蒻荷莖入泥又菜名出蜀 弱軟~ 鄀地名在襄陽 綽寬也緩也處灼反三 [?]火眉白山崖户字言憶反 婥~約美好白 約~~省也於略反又於噭反一

卻退也去約反二 郤地名在河東 虐酷魚約反二 瘧病 謔戲虐虚約反一 妁媒~市若反四 杓杯~ 彴~約流星 芍蕭議云芍藥

是藥草又香草可和食芍字張約反藥字良約反又 似莞而大

芍陂在淮南七削反又蓮芍縣名在馮翊之若反又鳧茈草胡 丑略反四 婼姆孫婼 逴略道行白 辵乍行乍止

[?]剉也息[?] 斮斬側略 [?]封即略 雀鳥 爵請六 嚼嗟 爝炬 鵲鳥也七 𧾷行 一

是藥草又香草可和食芍字張約反藥字良約反又
芍陂在淮南七削反又蓮菂芍縣名在馮翊之若反又鳧茈草胡[illegible]
削刮也息灼反一 斮斬側略反一 爵封即略反二 雀鳥 皭白皭靖[illegible]反
[illegible] 䏊敬 䏊駮 [illegible] 温虔[illegible]反 一 [illegible]蹻[illegible]

似莧而大 婼䠼孫 逴略道 辵乍行
丑略反四 婼 行皃 乍止
嚯 爝炬火 鸖鳥也七雀反五 䟒行皃 [illegible]
一 美作姿[illegible] [illegible]繫[illegible] 一

煜、曄

頬面吉協反六　鋏長鋏劍　筴箸又古洽反　莢莫〻　蛺〻蝶　唊多言　悏　辝徒協反十三
唼便語　躞小走聲　蹀〻躞　諜反閒　堞城上垣　轞車聲　氎細毛布　褺　蜨〻蛺
籋籋〻　渫決渫曰水　㦗按於協反二　鬳子〻　苶病劣皃乃協反六　捻暗聲　暬　指　鍂小釘
籋和蘇協反二　屧屧〻　躞蹀〻　韘鞢韘射具　𤪌似石　甄蹈瓦聲盧協反一　聑　反三　呫多言　枛打
雜草籥在協反一　浹洽子協反一　弽弓弽張呼協反二　䁋閉目　笘字林笘也說文竹籤斫牘　廿六緝續七入反一
十成數是執反二　拾取　什〻篇　執持也之入反三　汁瀋　𨸜縣名在北海　習學似入反三　襲重　隰〻原　褶袴褶
神執反一　集聚秦入反三　輯和　楫舟楫或檝　入尒執反一　揖讓伊入反二　挹酌　澀水澀俗作濕失入反二　[illegible]牛耳皃　[illegible]
噂噂喋子姊入反噂補各反三　潗泉出　𦆯合〻　及与也其立反二　[illegible]冬蔵　縶馬縶陟立反三　霵小濕　馽馬絆　蟄〻蟲隱也靜也直立反二
[illegible]宍生熟半　立力急反六　[illegible]齧聲　粒米粒　笠〻雨　鴗水[illegible]　苙白芷又其立反　急假也又其立反　給供給与　汲引
伋子思名　級階　芨烏頭別名　岌小山高皃魚及反　泣落淚去急反二　[illegible]欲燥　㲺小兒履先立反二　㗩恐寒聲　吸入氣又魚
及反又許及反五　歙後漢有來歙又縣名在新安舒涉反　翕合火炙一日起也　[illegible]語〻聲訶　滃水流皃　澀色立反三　鈒戟　雭雨聲　戢
止也阻立反聚也或戢五　[illegible]淚出皃　[illegible]角多　咠衆口　[illegible]菜名　邑　悒累也英及反六　憂　裛香〻　浥濕　[illegible]〻　[illegible]
食〻　湁〻湒沸丑入反一　熠火皃為立反　曄曄曄又筠輒反　廿七藥療病以灼反九　躍跳躍迅壯　禴祭名
籥樂器　籥燕麥草名　鑰〻關　瀹煮　爚〻熠光爚　櫟〻陽宮　略謀也龍灼反三　[illegible]紩　䂮雅云利云　脚
居灼反二　屩〻革　灼燒之藥反九　斫〻刀　汋橫木渡水　[illegible]痛　勺周公樂名　酌〻酒或若禁　繳〻繒　焯火氣　[illegible]五穀皮又公酷反又齊地　楉〻樛榴似
爍灼爍書藥反　鑠銷鑠又美　獡犬驚　[illegible]美好皃　若順也善也辭也詩御不若而灼反七　[illegible]杜若草或若　箬竹箬
蒻荷莖入溼菜名出蜀　弱〻軟　鄀地名在襄陽　綽舒也緩也處灼反三　[illegible]大脣皃屵屵字言懪若反　婥〻約美好皃　約省也於略反又於喫反一
却退也去約反二　郤地名在河東　虐酷魚約反二　瘧病　謔戲〻虛約反一　妁媒〻市若反四　杓〻杯　彴流〻星約　芍云蕭芍藥該

是藥草又香草可和食芍字張約反藥字良約反又
芍陂在淮南七削反又蓮芍縣名在馮翊之若反又鳧茈草胡
削刮也息灼反一　斮斬側略反一　爵封即略反二　雀鳥　嚼白反
宋國　昔敬　昔駮　豦嗢噱咲不　驕蹇

似莧而大　婼竹孫　逴略逴行皃　辵乍行乍止
丑略反四　婼婼
嚯　爝火炬　鵲鳥也七雀反五　趞行皃　踖
蒦又作姿夒　尃　繫　苻　玃

通若賞知音即須輕重有異呂靜韻集夏侯詠……陽休之韻李季節音譜杜臺卿韻略等
各有乖互江東取韻與河北復殊因論南北是非古今通塞欲更捃選精切除削疏緩顏外史
蕭國子多所決定魏著作謂法言曰向來論難疑處悉盡何為不隨口記之我輩數人定則
定矣法言即燭下握筆略記綱紀博問英辯殆得精華於是更涉餘學兼從薄宦十數
年間不遑修集今返初服私訓諸弟子凡有文藻即須聲韻屏居山野交遊阻絕疑惑之所質問無
從亡者則生死路殊空懷可作之歎存者則貴賤禮隔已報絕交之旨遂取諸家音韻古今字書以前所記者定
之為切韻五卷剖析毫釐分別黍累何煩泣玉未可懸金藏之名山昔怪馬遷之言大持以蓋醬今歎揚雄
之口吃非是小子專輒乃述群賢遺意寧敢施行人世直欲不出戶庭于時歲次辛酉大隋仁壽元年也

平韻五十四

一東二冬三鍾四江五支六脂七之八微九魚十虞十一模十二齊十三佳十四皆十五灰十六咍十七真十八臻十九文廿殷廿一元廿二

上韻五十一

紙五旨六止七尾八語九麌十姥十一薺十二蟹十三駭十四賄十五海十六軫十七吻十八隱十九

去韻五十六

一送二宋三用四絳五寘六至七志八未九御十遇十一暮十二霽十三祭十四泰十五卦十六怪十七夬十八隊十九代廿廢廿一震廿二問

入韻卅二

一屋二沃三燭四覺五質六物七櫛八迄九月十沒十一末十二黠十三鎋十四屑十五薛十六錫十七

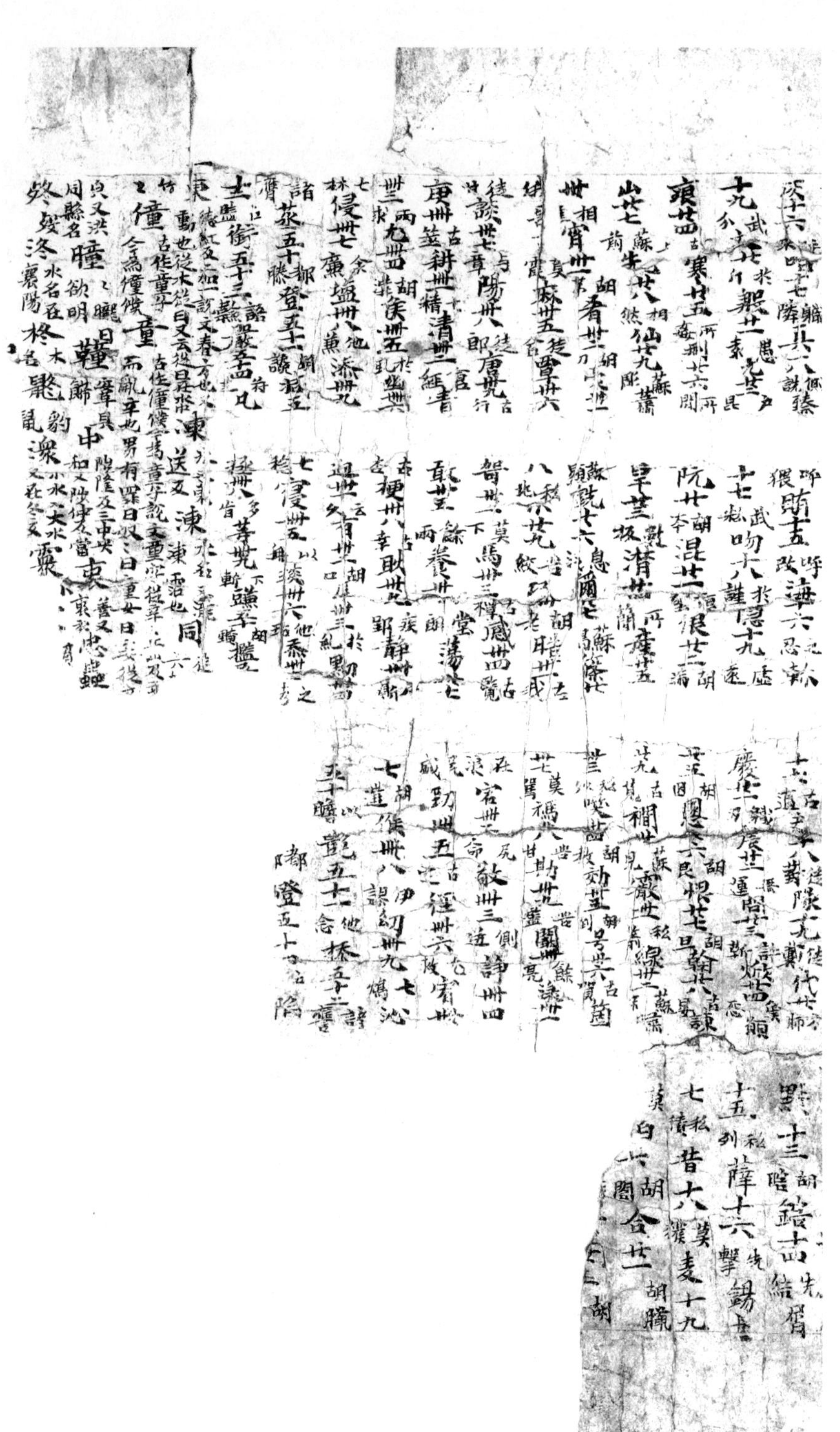

支章移反脂旨夷反魚語居虞語具反共爲一韻

通若賞知音即須輕重有異呂静韻集夏侯韻略陽休之韻略李季節音譜杜臺卿韻略等各有乖互江東取韻與河北復殊因論南北是非古今通塞欲更捃選精切除削疎緩顔外史蕭國子多所決定魏著作謂法言曰向來論難疑處悉盡何爲不隨口記之我輩數人定則定矣法言即燭下握筆略記綱紀文藻即須明辯殆得精華於是更涉餘學兼從薄宦十數年間不遑修集今返初服私訓諸弟凡有文藻即須聲韻屏居山野交遊阻絶疑惑之所質問無從亡者則生死路殊空懷可作之歎存者則貴賤禮隔已報絶交之旨遂取諸家音韻古今字書以前所記者定之爲切韻五卷剖析毫氂分別黍累何煩泣玉未可懸金藏之名山昔怯馬遷之言大持以蓋醬今歎揚雄之口吃非是小子專輒乃述羣賢遺意寧敢施行人世直欲不出戶庭于時歲次辛酉大隋仁壽元年也

平韻五十四

一德紅東 二都宗冬 三職容鍾 四古雙江 五章移支 六旨夷脂 七止而之 八無非微 九語居魚 十語俱虞 十一莫胡模 十二徂嵇齊 十三古膎佳 十四古諧皆 十五呼恢灰 十六呼來咍 十七職鄰真 十八側詵臻

上韻五十一

一多動董 二之隴腫 三胡項講 四諸氏紙 五職雉旨 六諸市止 七無匪尾 八魚舉語 九虞矩麌 十莫補姥 十一祖礼薺 十二蟹買蟹 十三諧揩駭 十四呼猥賄 十五呼改海 十六之忍軫

去韻五十六

一蘇弄送 二蘇宋 三余共用 四古[illegible]絳 五之義寘 六脂利至 七之吏志 八無沸未 九才御 十虞樹遇 十一莫故暮 十二他蓋泰 十三子計霽 十四子例祭 十五古賣卦 十六古壞怪 十七古邁夬 十八徒對隊 十九徒戴代 廿方肺

入韻卅二

一烏谷屋 二烏酷沃 三之欲燭 四古獄覺 五之日質 六無弗物 七阻瑟櫛 八許訖迄 九魚厥月 十莫勃沒 十一莫割末 十二胡八黠 十三胡瞎鎋 十四先結屑

十九武分文廿於斤殷廿一愚袁元廿二戶昆
痕廿四胡安寒廿五所姦刪廿六所閒
山廿七蘇前先廿八相然仙廿九蘇彫蕭
卅相焦宵卅一胡茅肴卅二胡刀豪卅三
古俄歌卅四莫霞麻卅五徒含覃卅六
徒甘談卅七与章陽卅八徒郎唐卅九古行
庚卌古莖耕卌一子精清卌二倉經青
卌三雨求尤卌四胡溝侯卌五於虯幽卌六
七林侵卌七余廉鹽卌八他兼添卌九
諸膺蒸五十都滕登五十一胡讒咸五
十二戶監銜五十三語驗嚴五十四符芝凡

十七武粉吻十八於謹隱十九虞遠
阮廿胡本混廿一胡墾很廿二胡滿
旱廿三數板潸廿四所簡產廿五
蘇典銑廿六息淺獮廿七蘇鳥篠廿八
私兆小廿九苦絞巧卅胡老晧卅一古我
哿卅二莫下馬卅三古禫感卅四古覽
敢卅五餘兩養卅六堂朗蕩卅七
古杏梗卅八古幸耿卅九疾郢靜卌戶鼎
迥卌一云久有卌二胡口厚卌三於糺黝卌四
七稔寑卌五以冉琰卌六他玷忝卌七之乃
拯卌八多肯等卌九下斬豏五十胡黤檻五

廢廿職刃震廿一無運問廿三許斤焮廿四魚怨願
廿五胡困慁廿六胡艮恨廿七胡旦翰廿八古晏諫
廿九古莧襇卅蘇見霰卅一私箭線卅二蘇弔嘯
卅三私妙笑卅四胡教效卅五胡到号卅六古賀箇
卅七莫駕禡卅八苦紺勘卅九苦濫闞卌餘亮漾卌一
杜浪宕卌二尻命敬卌三側迸諍卌四
尻盛勁卌五古定徑卌六尤救宥卌
七胡遘候卌八伊謬幼卌九七鴆沁
五十以贍豔五十一他念㮇五十二諸膺
都鄧嶝五十四戶陷

十五私列薛十六先擊錫十
七私積昔十八莫獲麥十九
莫百廿胡閤合廿一胡臘
心　胡

一東德紅反二加一說文春方也又動也從木從日又云從日在水中　凍冰又東送反　涷水名又瀧涷霑也　同徒六
竹く僮古作童子今為僮僕　童古作僮僕今為童子說文童字從辛く丘山反而亂辛也男有罪曰奴く曰童女曰妾從
良又洪く同縣名　曈く曨日欲明　犝く牛具飾　中陟隆反三中央和又陟仲反當　衷善又衷衣　忠　蟲
終く殁終く　泈く水名在襄陽　柊く木名　鼨豹鼠　潨小水入大水又在冬反　霥小

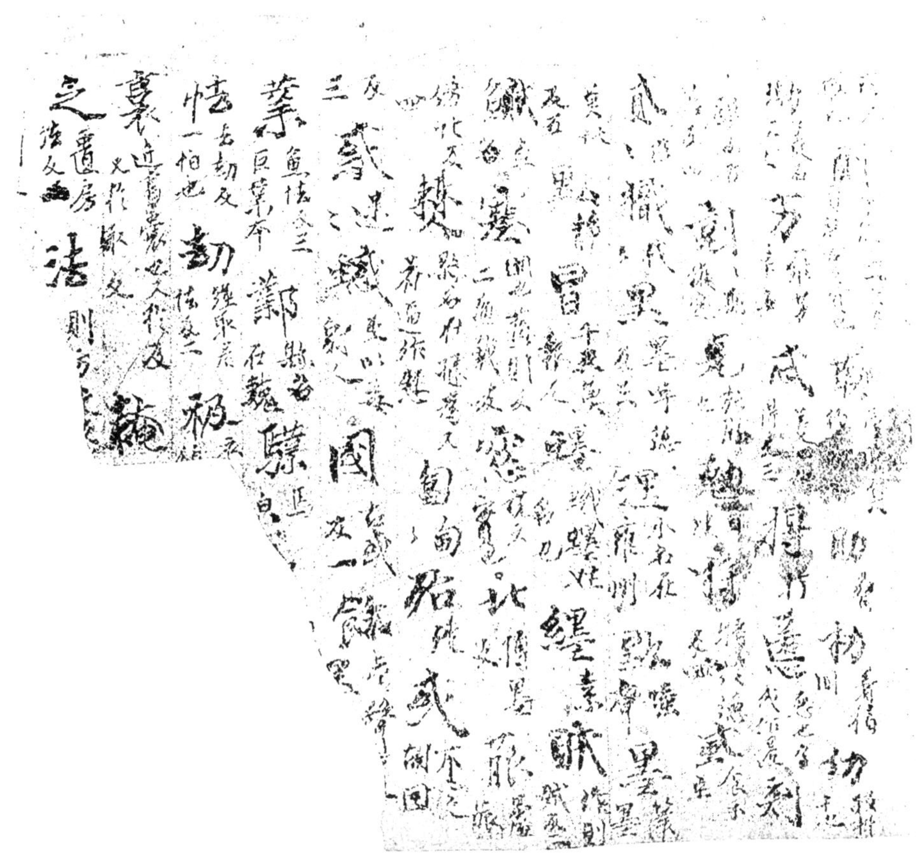

絡草　禾
相　襋衣交領本從棘　棘
雍州　翌明日云飛皃　廙敬也云行口不卻
隿繳射　翼䎗翹　妣婦官　瀷水名河
說文趩進趩如也　·即子力反八　稷黍　稷木名　蝍又
〻戚迫急　·逼彼側反二　皕二百　·域逼反四　罭魚網　棫
木蘱　蜮短狐䖑　洫溝也況逼反二加一　閾門限　緎衣縫　淢疾流也出文　䁟䁟
堛土芳逼反七　愊〻　䭯飽　副坼也　揊擊䮤　稫〻稜木密皃　·稄阻力反七
昃日〻　〻惻〻丁　仄〻陋　萴子　側〻傍　夨頭傾　·㥄假符逼反三　腷〻臆意不
浅　𤎅以火乾肉新加　、抑於棘反一　·嶷出魚抑反　薿茂皃黍稷薿〻也　嶷小兒有
知　煏蒱逼反一扨也　卌 ○ 德　得行有所得　㝵

說文取也　·則子德反一文□□□古文□也、　勒　肋脅　朸着指間　仂
玏美石次玉　艻蘿艻草名　忒差也得反三　搙打　慝惡也字或作𢘙、刻
〻鏤苦德反四　刻〻□□□　克能勝也　勊自強　·特特徒德反四　蟘食禾虫
貣假〻　樴〻杙　黑〻呼德反六　潶水名在雍州　𪑹嘿聲　·墨筆墨
莫比反五　默靜　冒千又莫報反　蟔蟘蟔姓名也　纆索　賊作則賊反三
鰂魚名　塞滿也蓏則反二藴、戴反　窸說文實也　·北博墨反　菔蘆菔
彷北反，四　䴠縣名在犍為又通作䵊　匐〻匍　踣殪、　或不定胡國
反三　惑迷〻　蜮以毒射　·國古或反一　餩噎聲業
業魚怯反三巨業本　鄴縣名在魏　驜馬皃
怯去劫反一怕也　劫強取居怯反二　衱衣領
裛近又於輒反　裛蒙也又於及　𥞔

二
乏匱房法反一　法則方乏反

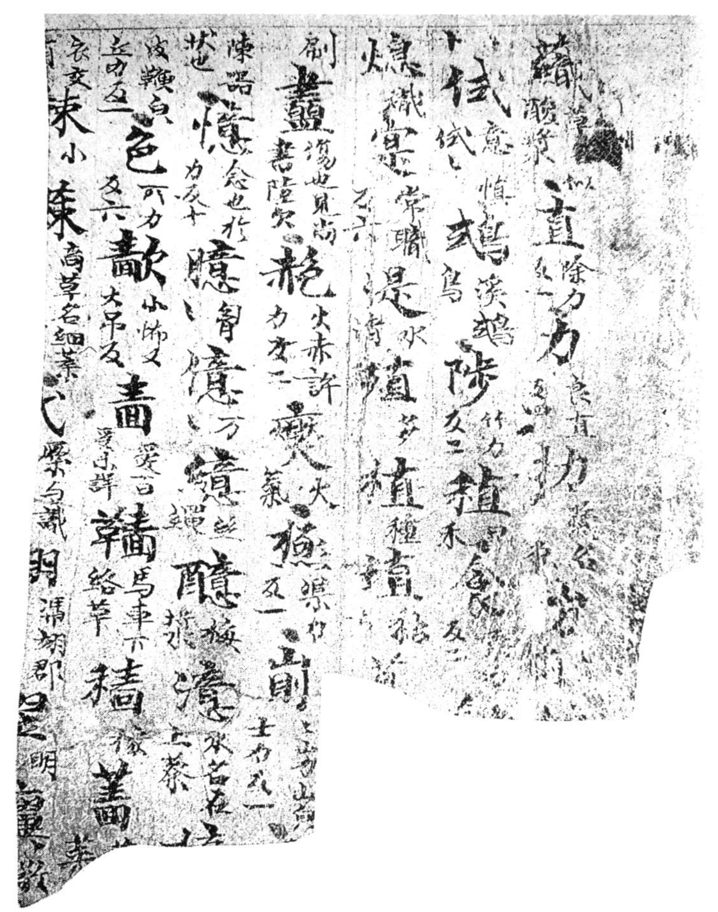

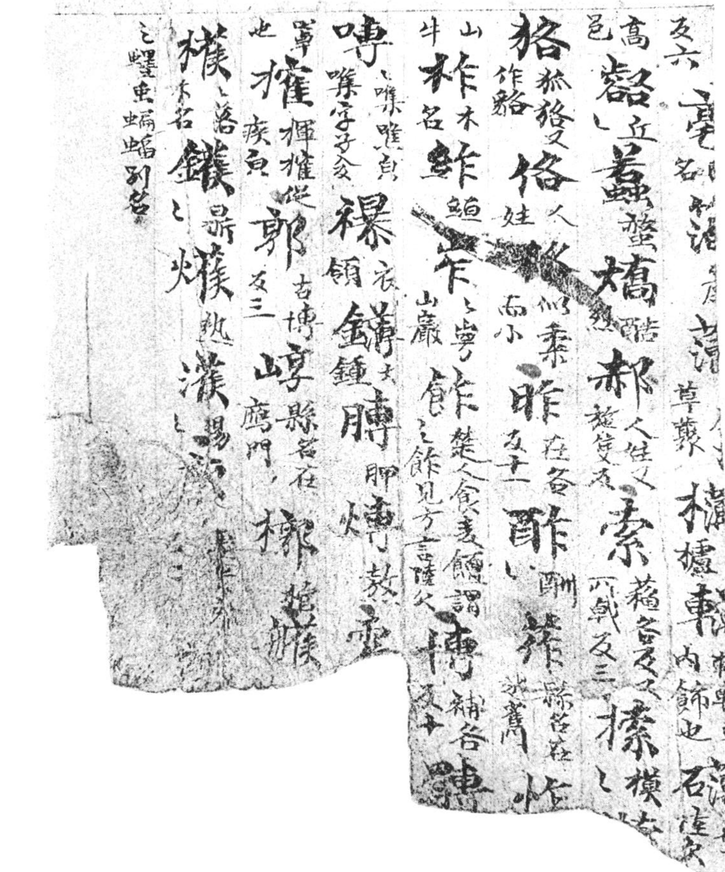

3.5（十四）　增字本切韻殘葉二（斯六〇一二）

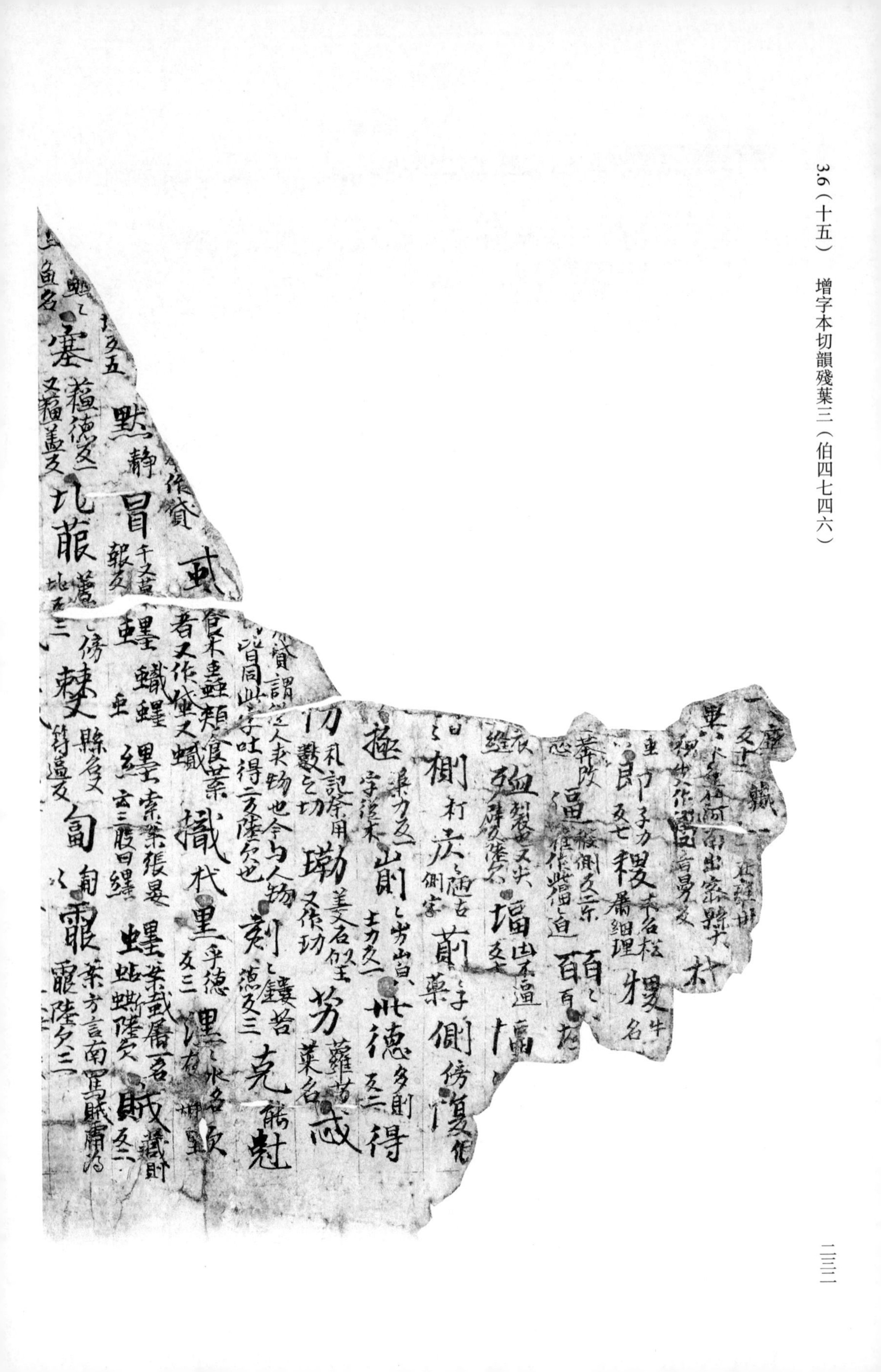

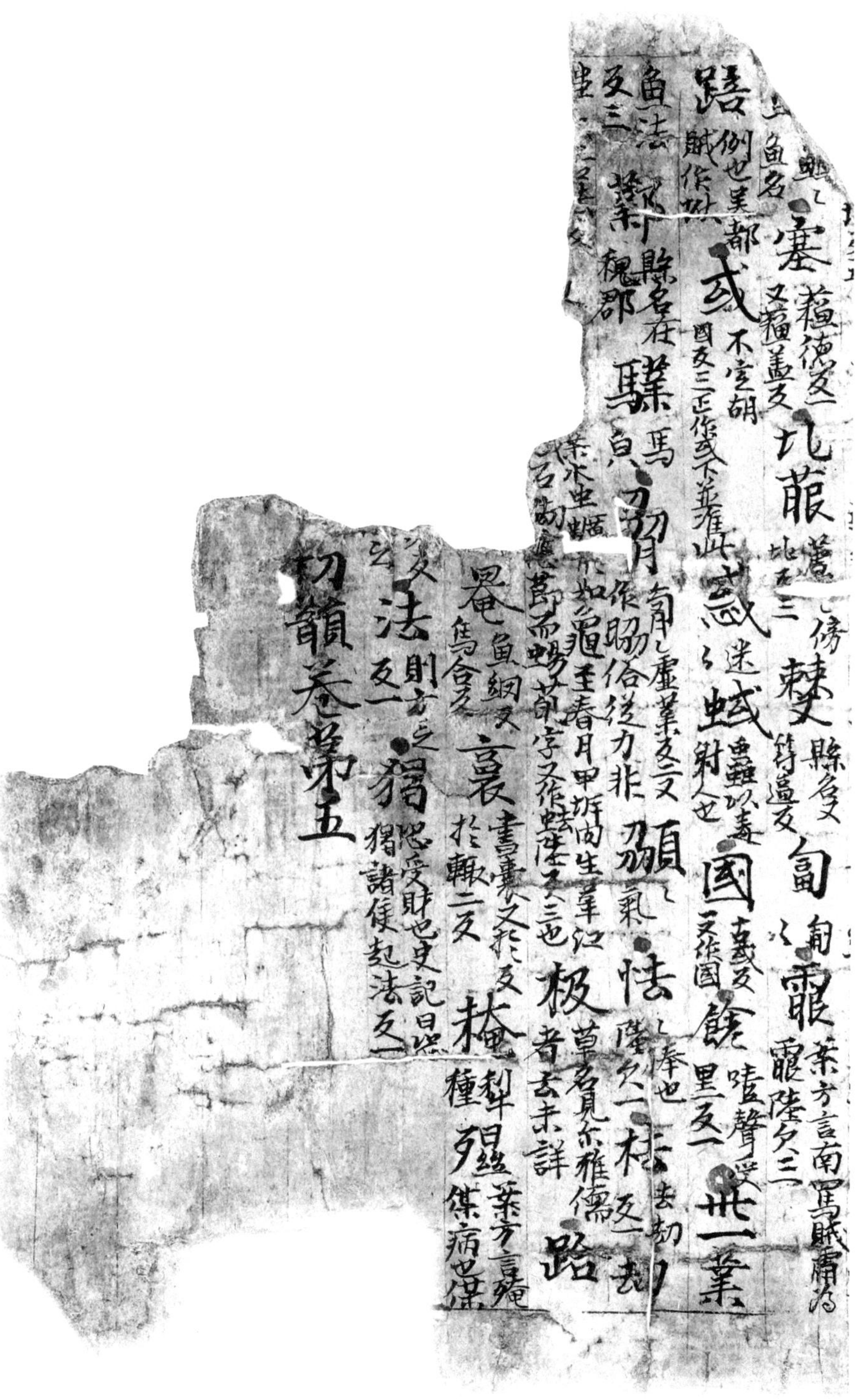

3.6（十五）　增字本切韻殘葉三（伯四七四六）

（伯四七四六）

□在雍州

潩水名在河南出密縣大驪山又作潩又音易反 杙

垂 即子力反七 楖木名松屬細理 㮨牛名

莕改 逼彼側反二介雅作此偪ㄑ迫 皕百二百百 域

心衣縫 殈裂也又尖辟反陸欠 堛凷不逼反十 愊

日ㄑ 萴衦 仄側ㄑ字ㄑ陋 古 萴藥ㄑ子 側 傍 愎很

極渠力反一字從木 崱士力反一ㄑ屴山皃 拭 德多則反二 得

扐禮記祭用數之扐 玏美石似玉又作玏 芀藋芀菜名 忒

□貸謂從人求物也今与人物 刻德ㄑ鏤反三苦 克能 尅

皆同此字吐得二反陸欠也 黑呼德反三 潶水名在ㄑ□州 默

作貸 貣食禾蟲類食萘者又作蟘又蟘 樴杙

靜 冒干又莫報反 蠌 䘍蟔 纆索索張晏云三股曰纆 蠌案蛅蟖陸欠 載屬一名 賊藏則反二 罵賊庸爲

北反五 默上 穙德反一 北 蔔北反三 蘆ㄑ 傍 䔾 縣名又符逼反 匐ㄑ匐 霰霰陸欠三 案方言南

鰞ㄑ 塞又蘇蓋反 𡌅 不定胡國反三正作或下並准此 惑ㄑ迷 蜮以毒射人也 國古或反一又作國 餕嚏聲憂黑反一 卅一業

踣魚倒地吳□作城 鄴魏郡縣名在 騲馬良 脅脅ㄑ虛業反二又作脇佑從力非 嶖ㄑ氣 怯ㄑ奉也陸欠一 袪去劫反一 劫

强魚怯反三 水虫□□如龜至春月甲坼肉生華江石蜐口節而蝪䖬字又作蛣陸欠三也 极草名見尒雅者云未詳 儒 跲

罨魚網又烏合反 裛書囊又於及於輒二反 裺犁種 殗方言殗殜病也殜

不及之 法方乏反一則 猲恐受財也史記曰恐猲諸侯起法反一

切韻卷第五

3.7（十六）　增訓本切韻斷片（斯六一五六）

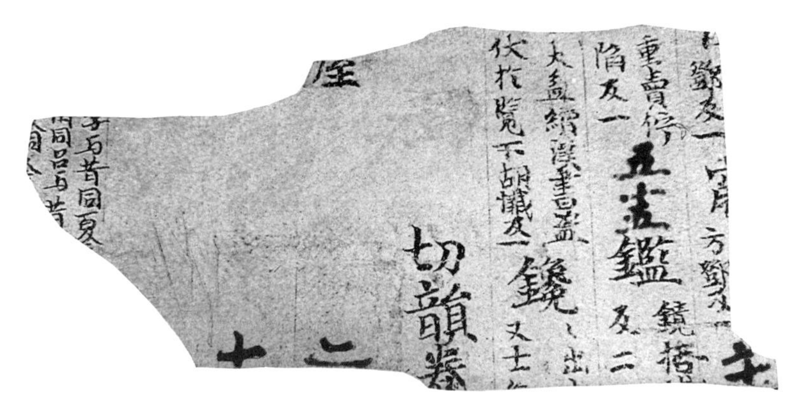

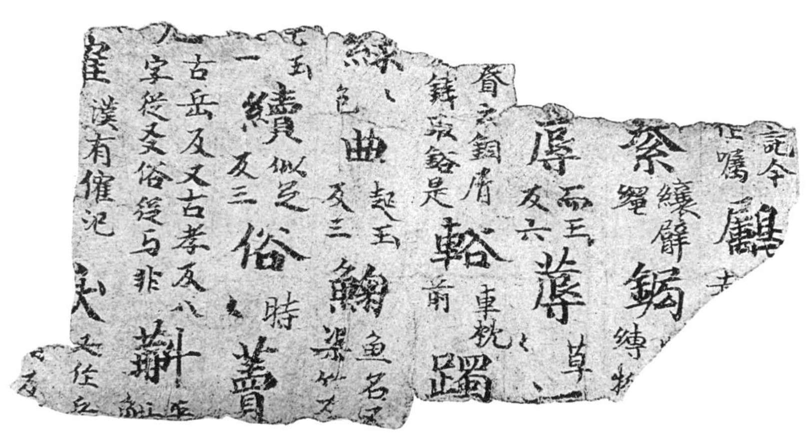

3.8（十七） 增字本切韻斷片（列TIVK75，TIV70+71）

共八片，詳見考釋

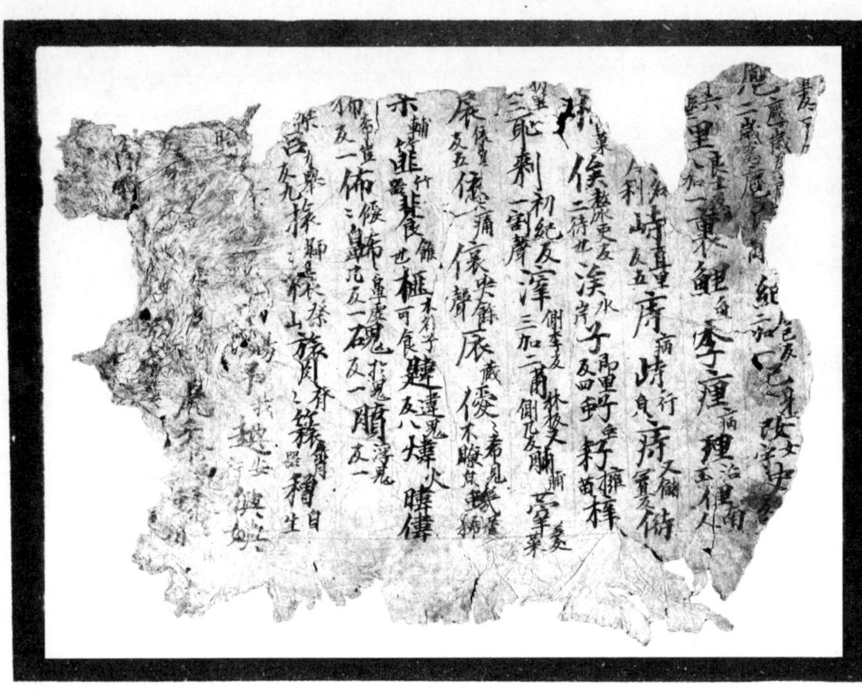

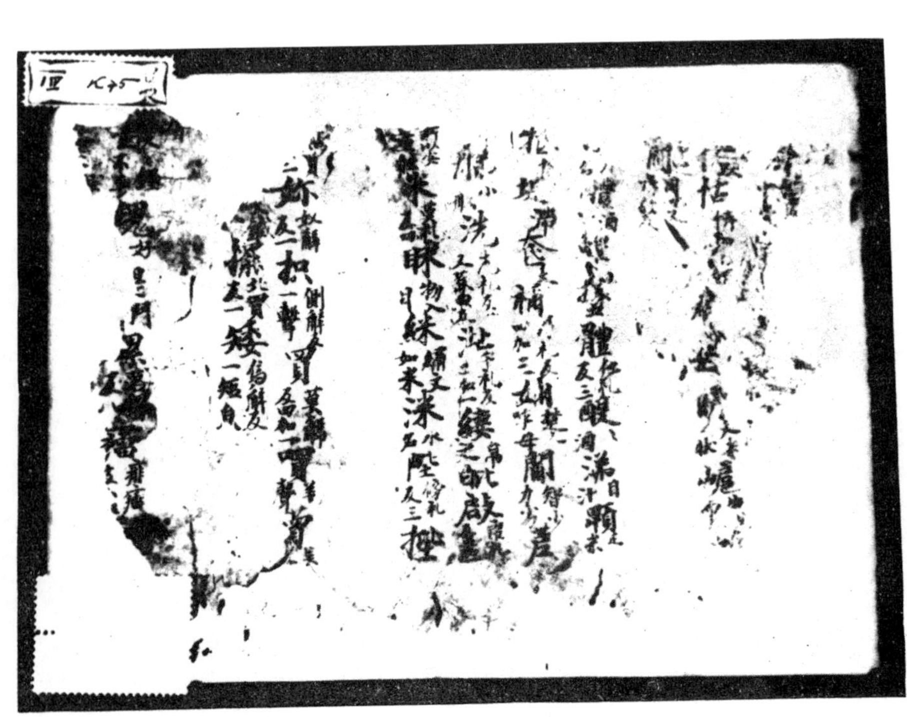

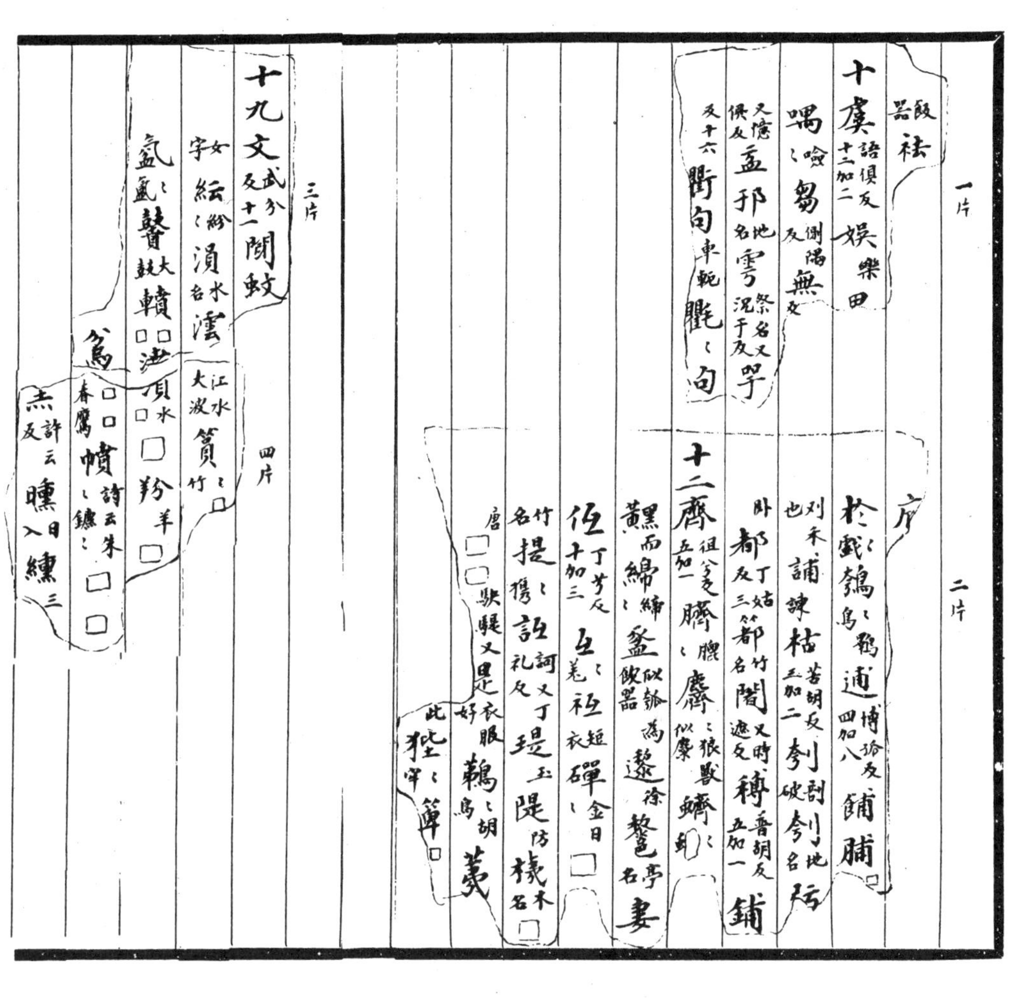

一片

飯器 祛

十虞 語俱反 十二加二 娛 樂 田

喁 喁 𩿨 側隅反 無

盂 又億俱反 邘 地名 雩 祭名又況于反 䍞

[illegible] 反十六 句 車軛 [illegible] 句

二片

於戲 [illegible] 鳥 逋 博孤反 四加八 餔 脯 □

也 刘禾 誧 諫 枯 苦胡反 五加二 刳 刳破 刳 地名 [illegible]

卧 都 丁姑反 三 都 竹名 闍 又時遮反 稃 普胡反 五加一 鋪

十二齊 徂奚反 五加一 臍 臍 麐 狼獸 似麋 鱭 魚

黑而黃 綿 綿 盌 似鉢而飲器 [illegible] 鼙 亭名 妻

低 丁兮反 十加三 氐 羌 袛 短衣 磾 金日磾

竹名 提 携 詆 訶 又丁礼反 瑅 玉 隄 防 [illegible] 木名 □

唐 □□ 駃騠 又是 衣服好 鶗 鶘 鳥 胡 荑

此 狴 牢 箄 □

三片

十九文 武分反 十一 聞 蚊

女字 紜 紛紜 湏 水名 澐 江水大波 篔 竹 □

氳 氤氳 鼖 大鼓 轒 □□ [illegible] □□ 湏 水 □ 羒 羊 □

四片

[illegible] 春鷹 □□ [illegible] 詩云朱 [illegible] □ □

[illegible] 許云反 曛 日入 纁 三

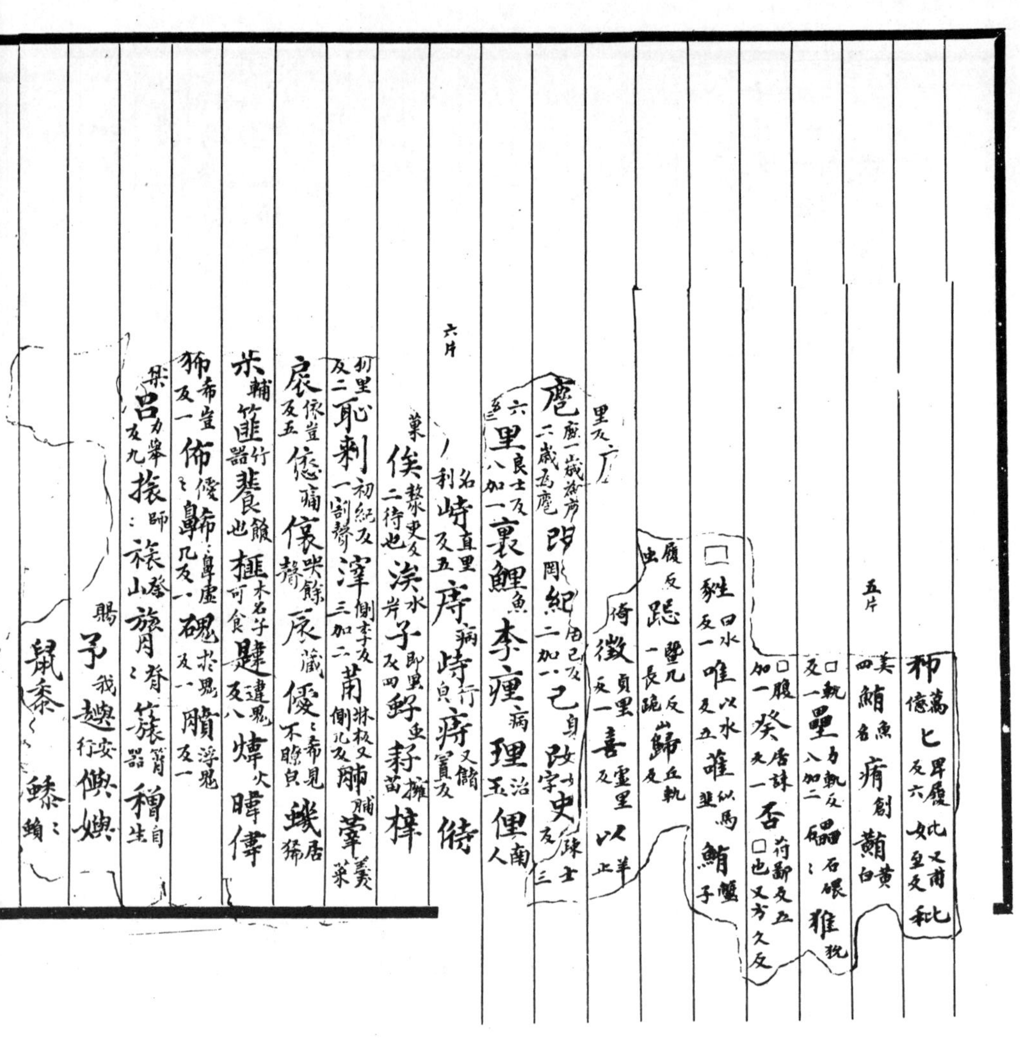
五片
秭 億萬 匕 卑履反六 妣 又甫鄙反 秕
美 四 鮪 名魚 痏 創 蘱 白黄
□軌反一 壘 力軌反八加二 礧 石 碨 ﹅ 雅 …
□腹加一 癸 居誄反一 否 符鄙反五 □也又方久反
□ 雉 口水反一 唯 以水反五 蓶 似馬韭 鮪 子蟹
履反 出 跽 暨几反一長跪 歸 丘軌反
倚 徵 貞里反一 喜 虛里反 以 羊止
里反 广
庌 庶一歲在庌 二歲為庌 改 剛 紀 居己反二加一 己 身 汝 字 史 踈士反三
六 里 良士反八加一 裏 鯉 魚 李 痙 病 理 玉治 俚 南人
六片
名 峙 直里反五 痔 病 跱 行自 痔 又儲賓反 徛
菓 俟 牀史反二 待也 涘 水岸 子 即里反四 秄 虫 耔 苗擁 梓
初里反二 恥 剩 初紀反一 割聲 滓 側李反三加二 莆 牀枚又側几反 胏 脯 莘 菜
扆 依豈反五 偯 痛 偯 哭餘聲 扆 縅 偯 ﹅希見 不瞭皃 蟣 居豨
米 輔 篚 竹器 蜚 良也 飯 榧 木名子可食 䰟 達鬼反八 煒 火 暐 偉
狮 布豈反一 俙 優 ﹅鼻 鼻虛几反一 磈 於鬼反一 𩑶 浮鬼反一
朵 呂 力舉反九 捩 師 ﹅ 祣 山祭 旅 膂 脊 ﹅ 篆 器 稆 自生
賜 予 我 䢩 安行 㒜 嬩
鼠 黍 ﹅ 鱗 ﹅

七片

肂 三卌 鄔 在

巴跋 中水 怙 恃 鄠 帍 巾 祜 盻 状 文采 崌 山甲而大 岵

圍 圄 迴又 博故反

水名 醴 酒 鱧 魚 㯃 體 他礼反三 醍 酒 渧 目汁 䫆 求

抵 擲 堤 滯 㡗 大 禰 乃礼反 四加三 嬭 楚人呼母 閵 智少力劣 茞

小 艛 小船 洗 先礼反一 又蘇典反 泚 千礼反 二加一 縷 帛文 䘨 啟 康礼反 五加一

所以安車船 米 莫礼反四 眯 目物入 䋛 繡文如米 洣 水名 陛 傍礼反三 梐

買 妳 奴解反一 扠 側解反 一擊 買 莫解反 四加一 𧷸 賣 羊 賀 人美

大鐵 擺 北買反一 矮 烏解反一 短白

[illegible]

鍇 鏗 不平 媞 好 㫔 門 罷 落猥反八 㾬 病痱 支中

八片

卌六 敉

五十 賂 以 艷 呂與梵同百 與怵同今並

五十四 豏 戶 陷 李與鑑同夏侯別今依夏侯 五

口首 貢 古送反 四加一 贛 賜 䃭 小杯 澒 水名

空心 誠 䡖 馬 椶 作弄反四

列TⅣ·70+71

第四類

王仁昫刊謬補缺切韻

第四類　王仁昫刊謬補缺切韻

這一類所收爲王仁昫書，包括序文寫本一種，原書的寫本兩種。這兩種原書的寫本，一種出自敦煌，五卷都有殘闕，在法國巴黎國家圖書館；一種爲我國故宫博物院所藏，全部完整，毫無闕損。兩種内容大體相同，略有差異。前一種錯字少，後一種脱誤較多，兩者可以互相參校。王仁昫書分爲一百九十五韻，比陸法言書增多「嚴」韻的上去二聲兩韻。反切和紐次雖然大都與陸書一致，但收字數量大增，而且字下都有訓解，這代表唐代韻書發展的一個新的改變。

王韻出自敦煌的，一般稱爲敦煌本王韻，原書紙色較暗，照片不甚清晰，今另附所校劉復敦煌掇瑣抄刻本，以便參照。故宫博物院所藏王韻，末有明初宋濂跋語，一般稱爲宋跋本王韻，其中有漫漶不清處，唐蘭先生曾據原件校補，今即以故宫博物院舊印本影印。

刊謬補缺切韻序 朝議郎衢州信安縣尉王仁昫字德温新撰定
大唐龍興廣問寧縣有江東道巡察黜陟大使侍御史平侯嗣先有璟
國鼎族京兆冠蓋博識多才智周鑒遠觀風察俗政光令肅清即特
秀理諭而鷄鶩集聲擎古難銓異令之何殊爰屆衢州精加采訪昫狀一解守
職絕私奉公直因以退食餘閑莫不以從書自悦所撰字樣音注律等謀
承清白之譽叨眷注撰之能蒙索書看曲垂幽旨遂顧謂昫曰陸法
言切韻時俗共重以為典規然苦字少復闕字義可為刊謬補缺切韻削
舊濫俗添新正典并各加訓啟導愚蒙救俗切須斯要者既
字該樣式乃備應危疑韻以部居分别清切舊本墨寫新加朱
書兼本闕訓亦用朱寫其字有疑涉亦略注所從以決疑謬使俗區
析不相雜甭則家家競寫人人習傳濟俗救凡莫過斯甚[illegible]

[illegible]舊本墨寫新加朱
書兼本闕訓亦用朱寫其字有疑涉亦略注所從以決疑謬使俗遐
析不相雜前則家〻競寫人〻習傳濟俗救凡莫過斯甚沐承高
旨課率下愚謹依切韻增加亦各隨韻註訓仍於韻目具數云爾
陸詞字法言撰切韻序曰昔開皇初有劉儀同顏外史盧武
陽李常侍蕭國子辛諮議薛吏部魏著作等八人同詣法言門
宿夜永酒闌論及音韻以古今聲調既自有別諸家取捨亦
復不同吳楚則時傷輕淺燕趙則多涉重濁秦隴則去聲
為入梁益則諸家取捨亦復不同平聲似去又支脂魚虞共
為不韻先仙尤侯俱論是切欲廣文路自可清濁皆通若賞
知音即須輕重有異呂靜韻集夏侯詠韻略陽休之韻
略李季節音譜杜臺卿韻略等各[illegible]

清濁皆通若賞
知音即須輕重有異呂靜韻集夏侯詠韻略陽休之韻
略李季節音譜杜臺卿韻略等各有乖互江東取韻
與河北復殊因論南北是非古今通塞欲更捃選精切除削疏
緩顏外史蕭國子多所決定魏著作謂法言曰向來論難疑
處悉盡何為不隨口記之我輩數人定則定矣法言即燭下握
筆略記後綱紀後博問辯士殆得精華於是更涉餘學
兼從薄宦十數年間不遑修集今返初服私訓諸子
弟凡有文藻即須聲韻屏居山野交遊阻絕疑惑之
所質問無從亡者則生死路殊空懷可作之歎存者則貴
賤禮隔已報絕交之旨遂取諸家音韻古今字書以前
所記者定之為切韻五卷[illegible]

所質問無從亡者則生死路殊空懷可作之歎存者則貴
賤禮隔已報絕交之旨遂取諸家音韻古今字書以前
所記者定之為切韻五卷剖析毫氂分別黍累何煩
泣玉未可縣金藏之名山昔怪馬遷之言大持以蓋醬
今歎揚雄之口吃非是小子專輒乃述羣賢遺意寧
敢施行世直欲不出戶庭于時歲次辛酉大隋仁壽元
年也　書首僧善惠記

金光明最勝王經序品第一

三藏法師義淨奉　制譯

如是我聞一時薄伽梵在王舍城鷲峯山頂於
最清淨甚深法界諸佛之境如來所居與大苾

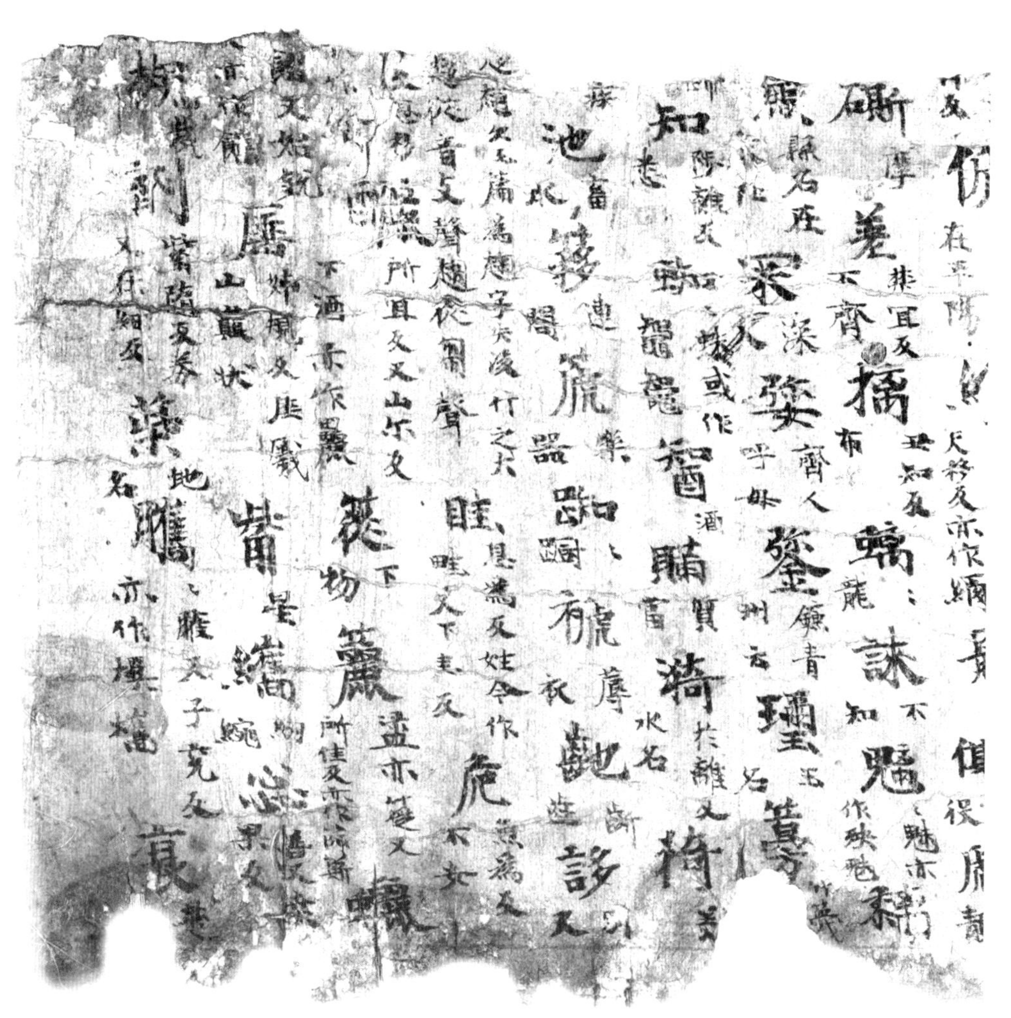

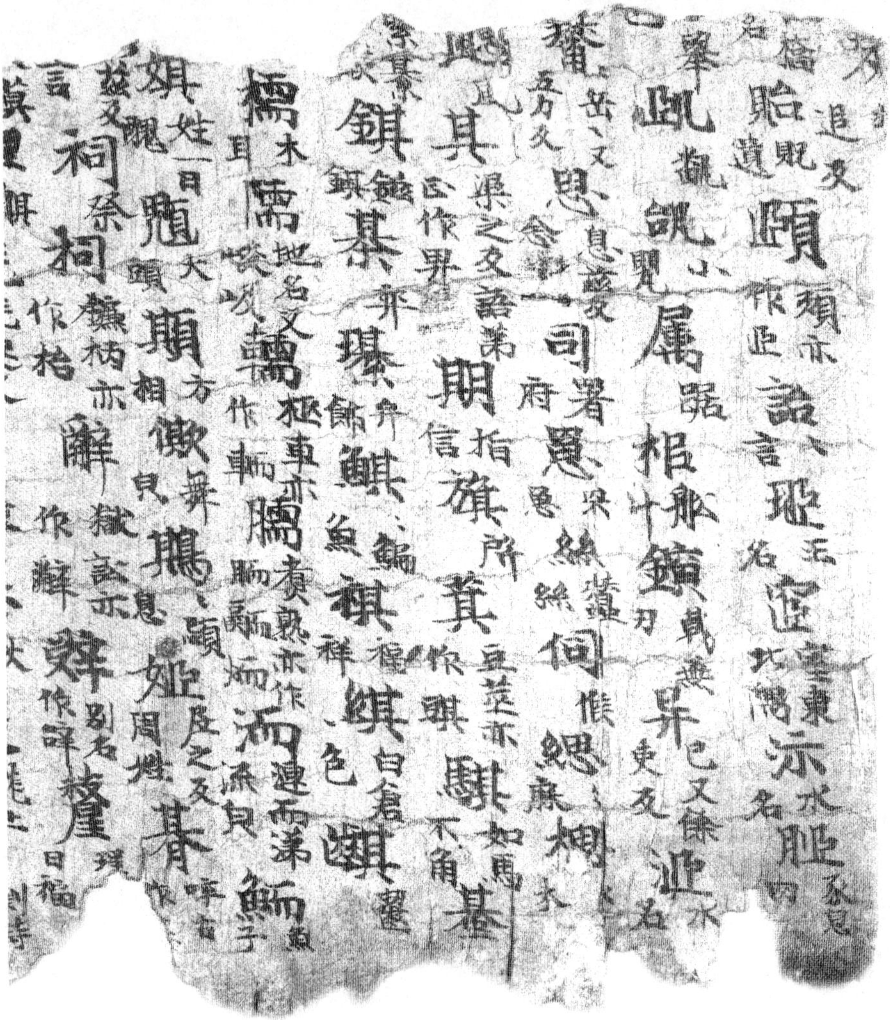

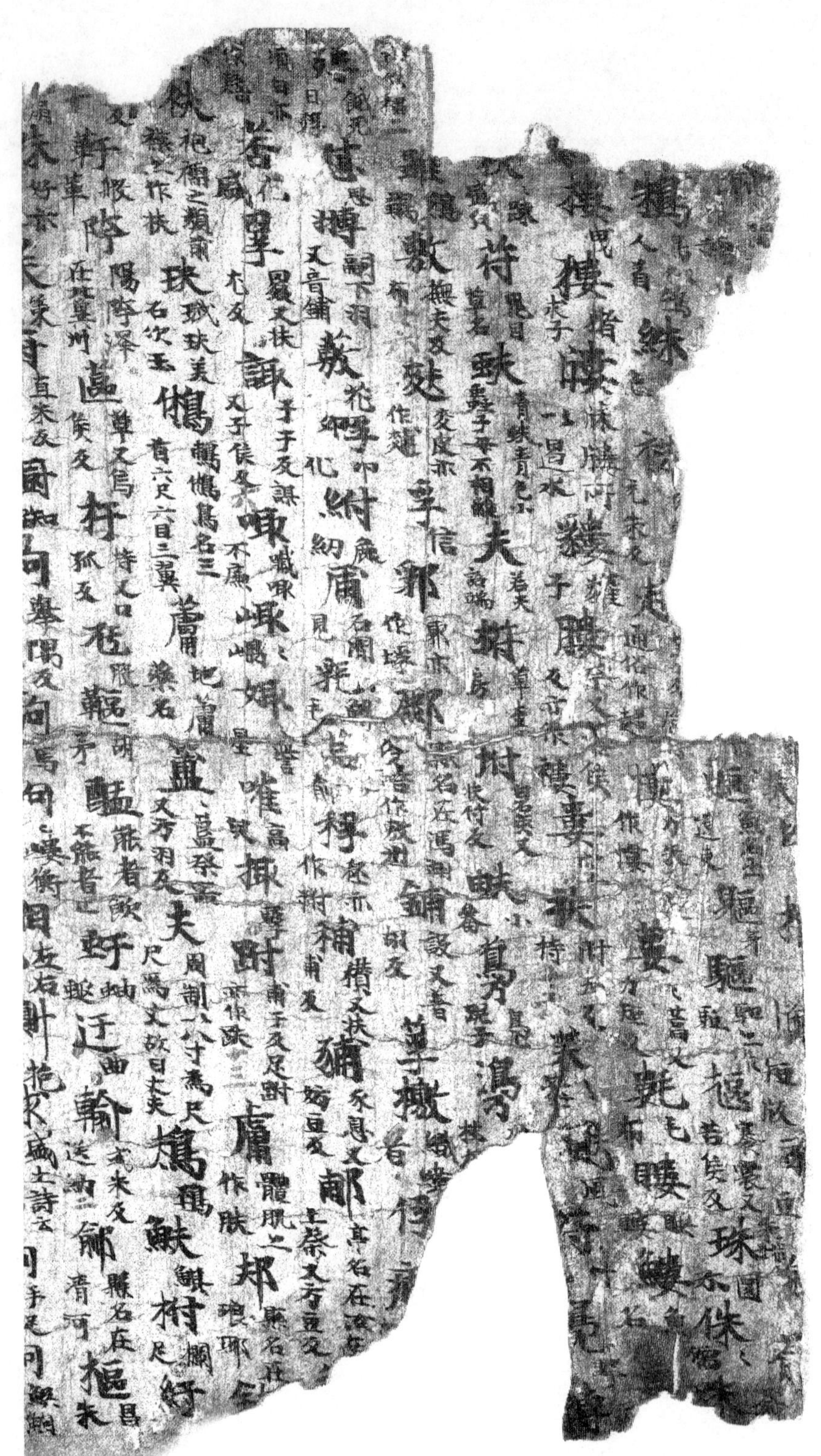

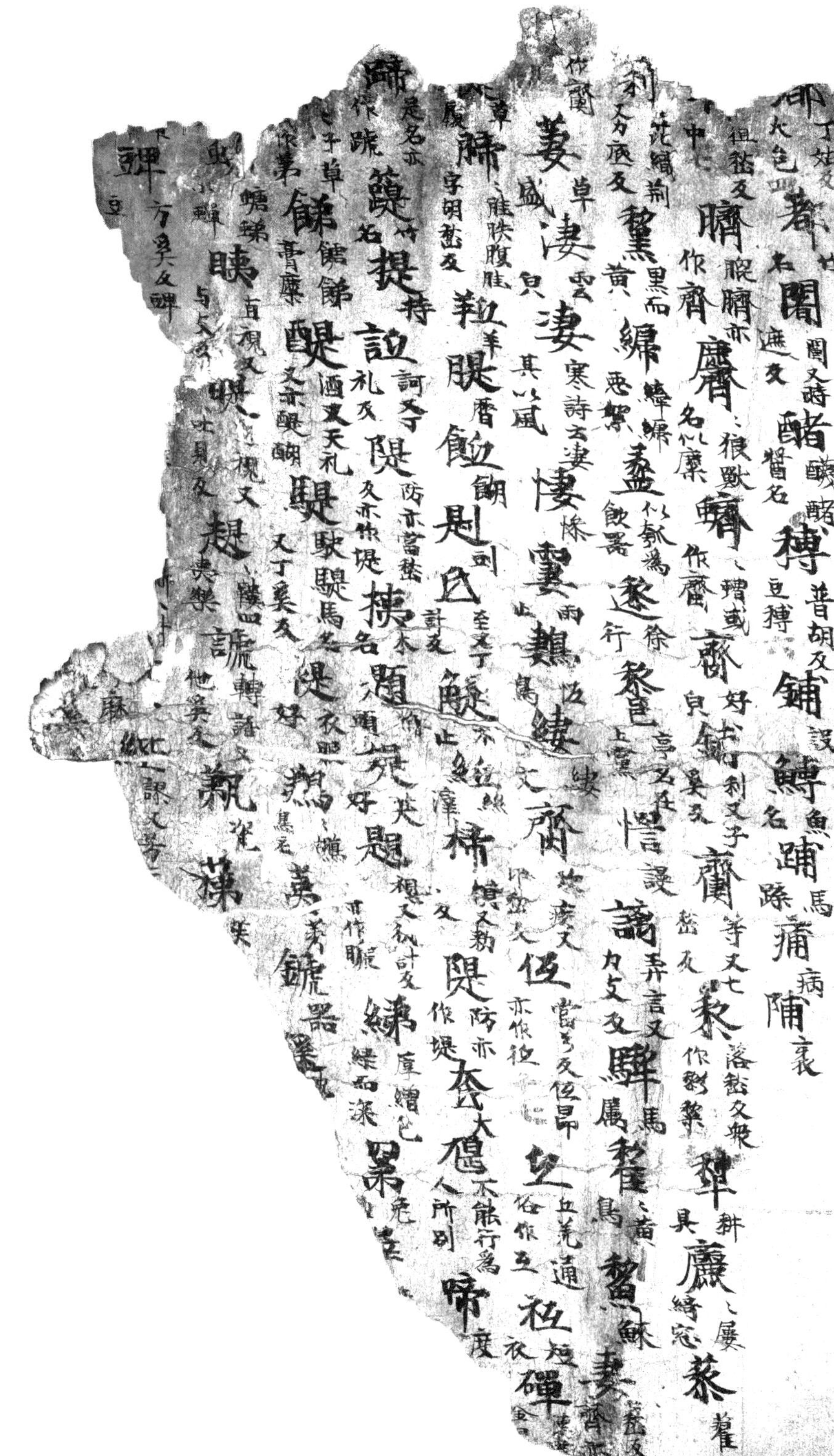

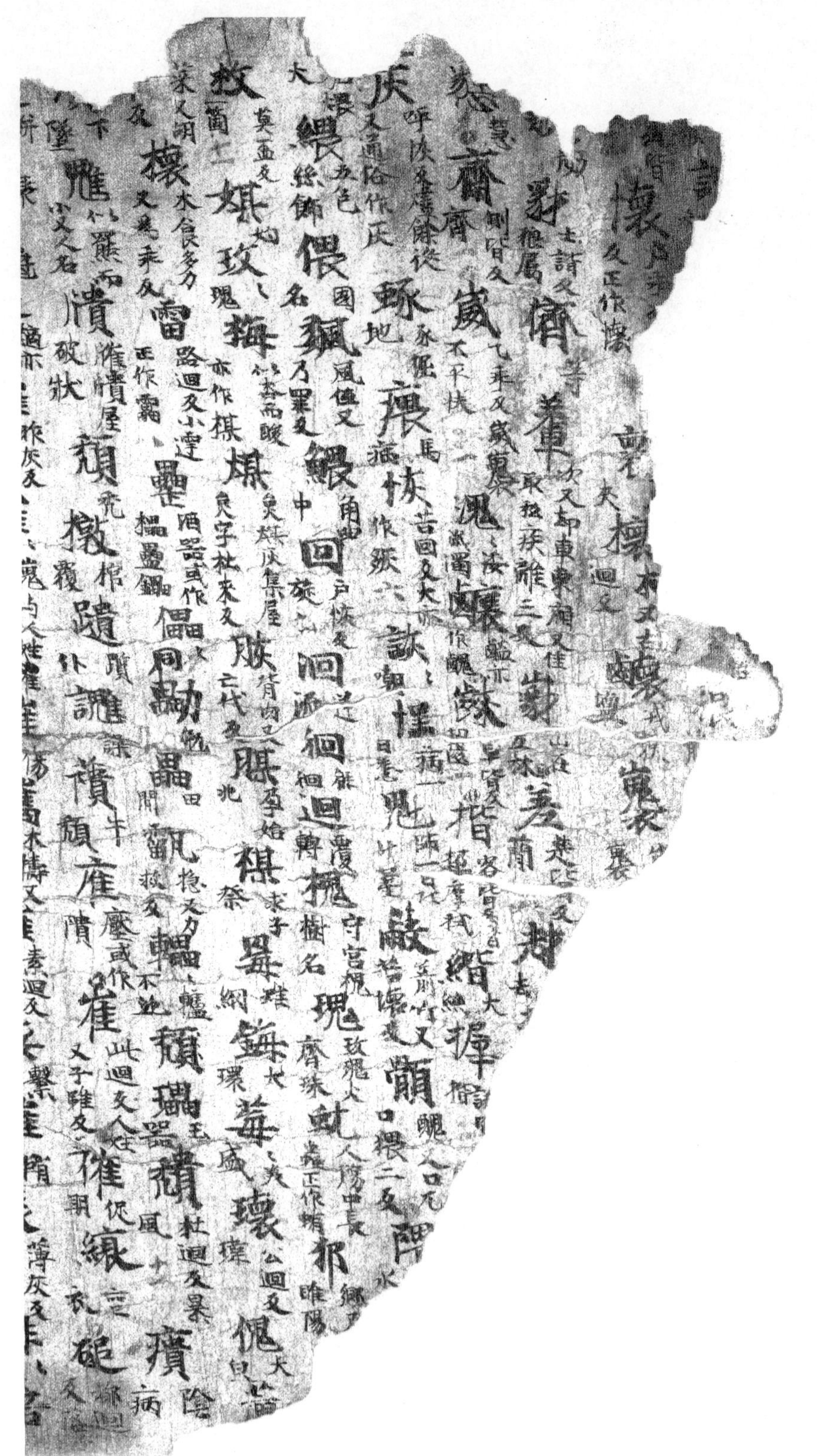

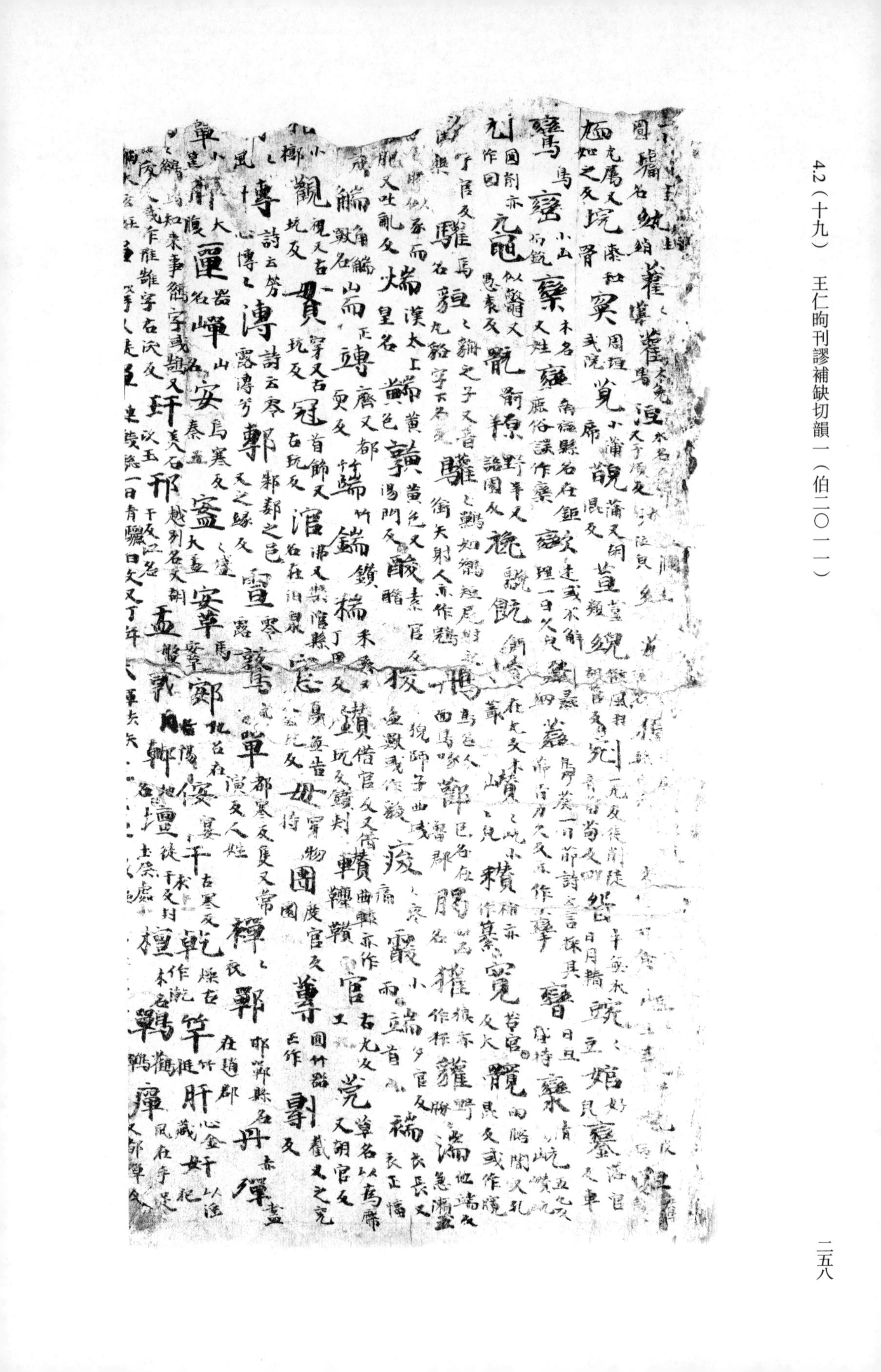

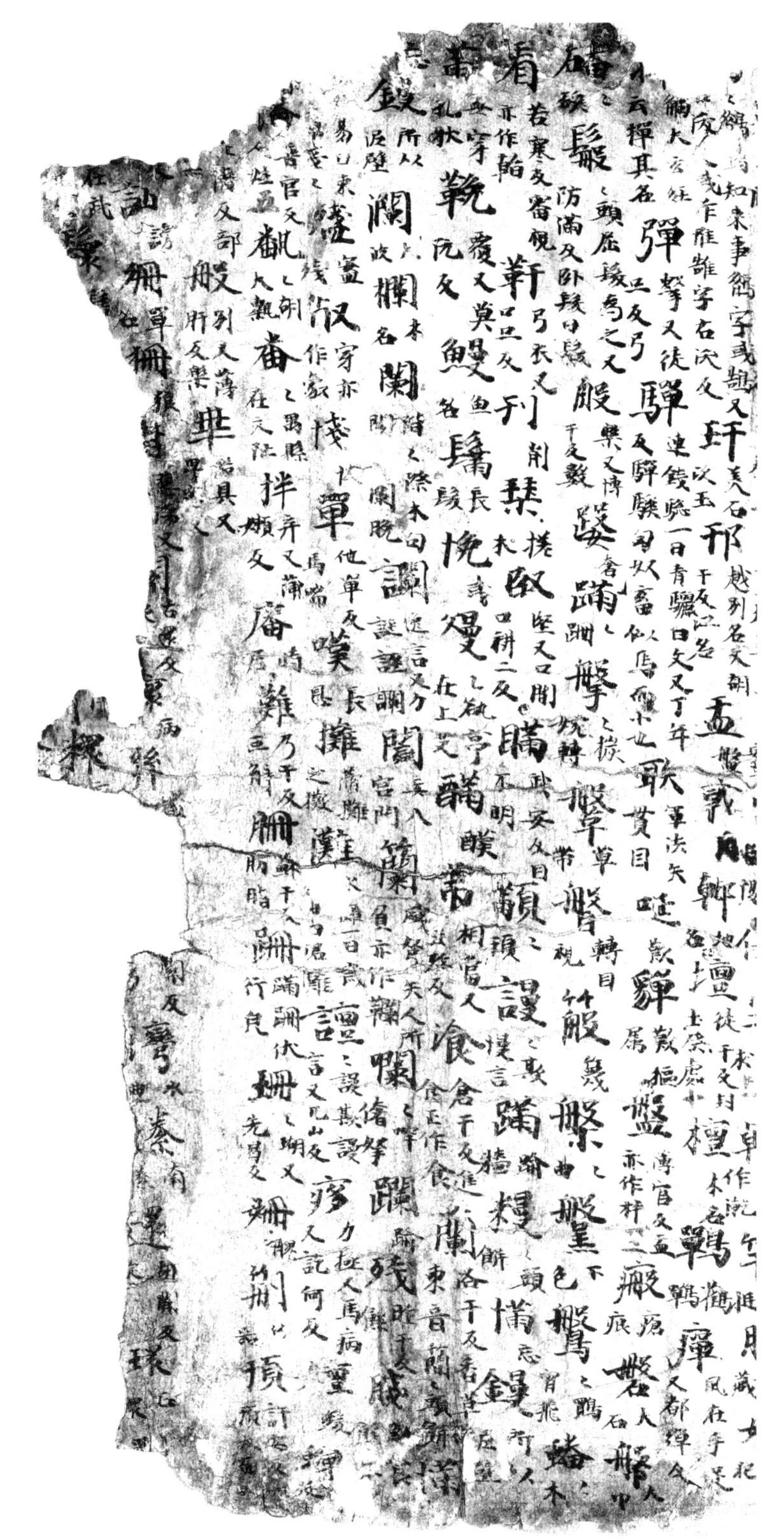

川各亦作川　泉線三泉　沿与專反從流而下俗作㳂二　鉛錫䩭俗作鈆　櫞枸櫞亦作稼　旋齊　蝝蝗子一　蟓歷　蠓之屁　蠸高　鰻魚　腞

漩　旋似泉反還　檈圓案　璿玉名　漩回流　琁美石次玉　𠥓　嫙好兒作嫙　鏇自鑪又四縮　蜁　圓　蛸　嬛

之挖　船繩川反舟通俗作舡　鞭卑連反馬杖　楹　鯿魚名　編次又布千　篇竹　蹁　延　詮此緣反　銓病之衡

痊病　瘃　佺偓佺仙人　悛改　駩白馬黑脊　荃香草　筌取魚竹　絟細布　譔善言　諓言語　遵　剶　峑山

丁全　專職緣反　甎燒墼　顓　篿竹器楚辭　剸　嫥　遄市緣反速　圌　輲　椯

相讓　員王權反　圓　湲　棬　篡　恮　鐉　剶　乾渠焉反

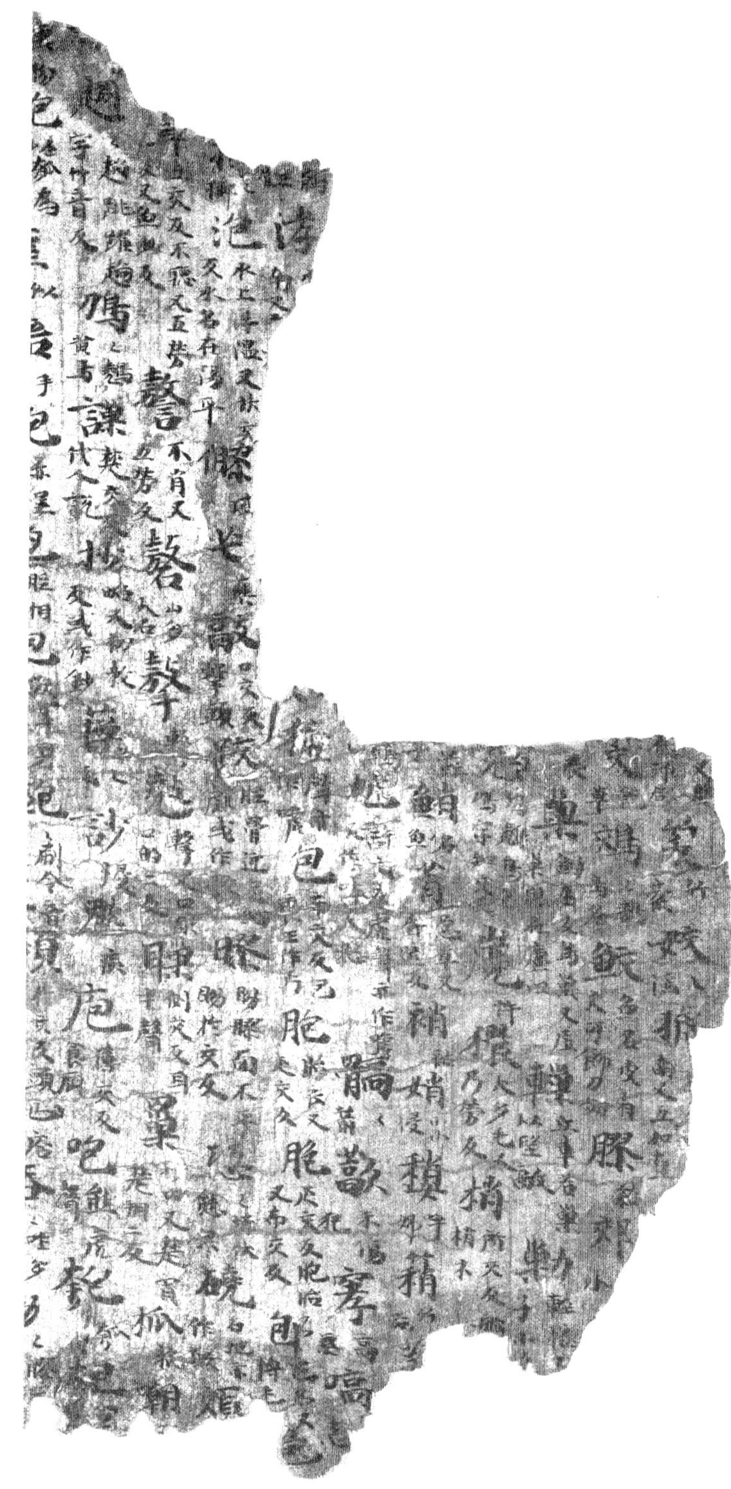

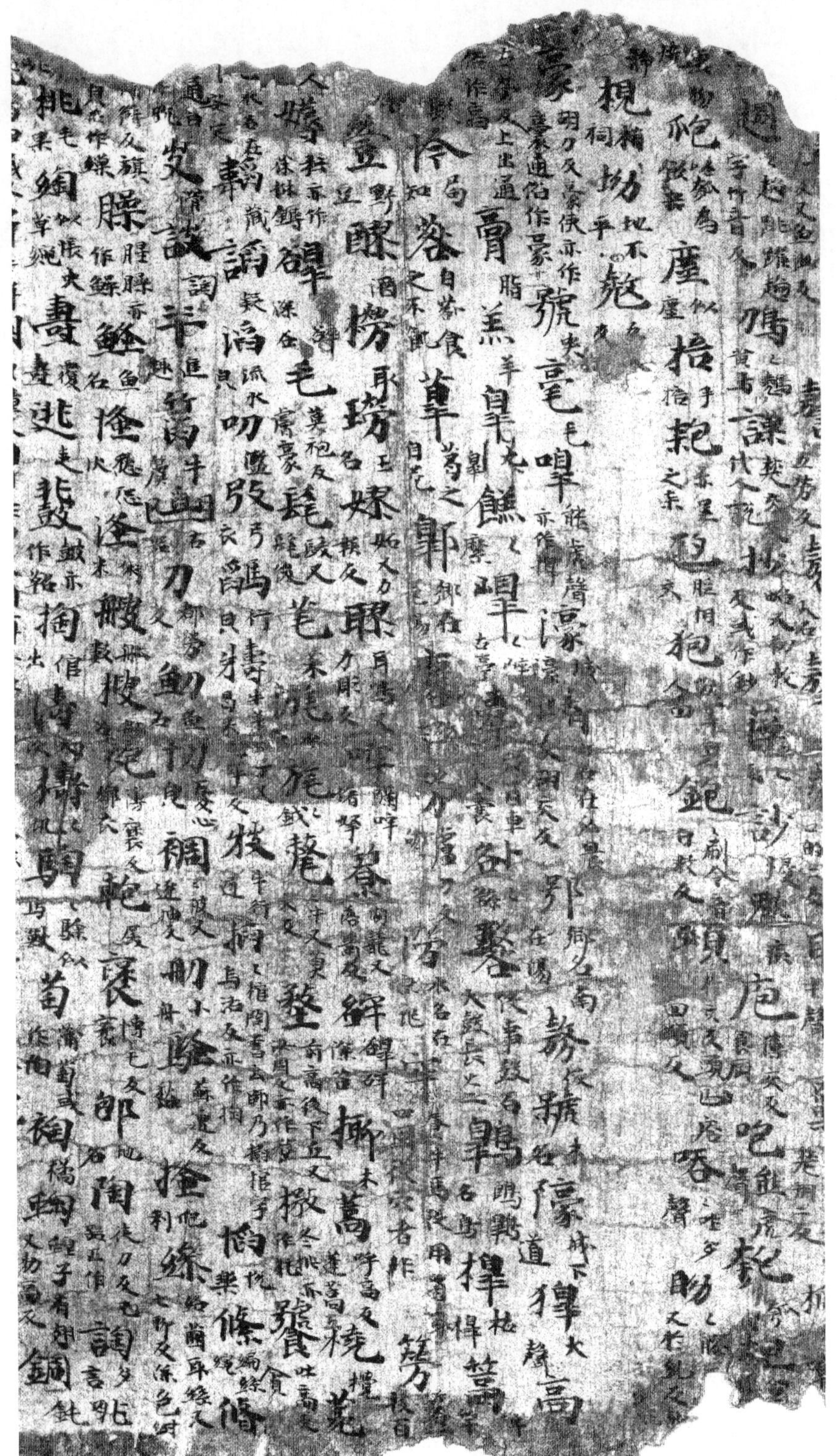

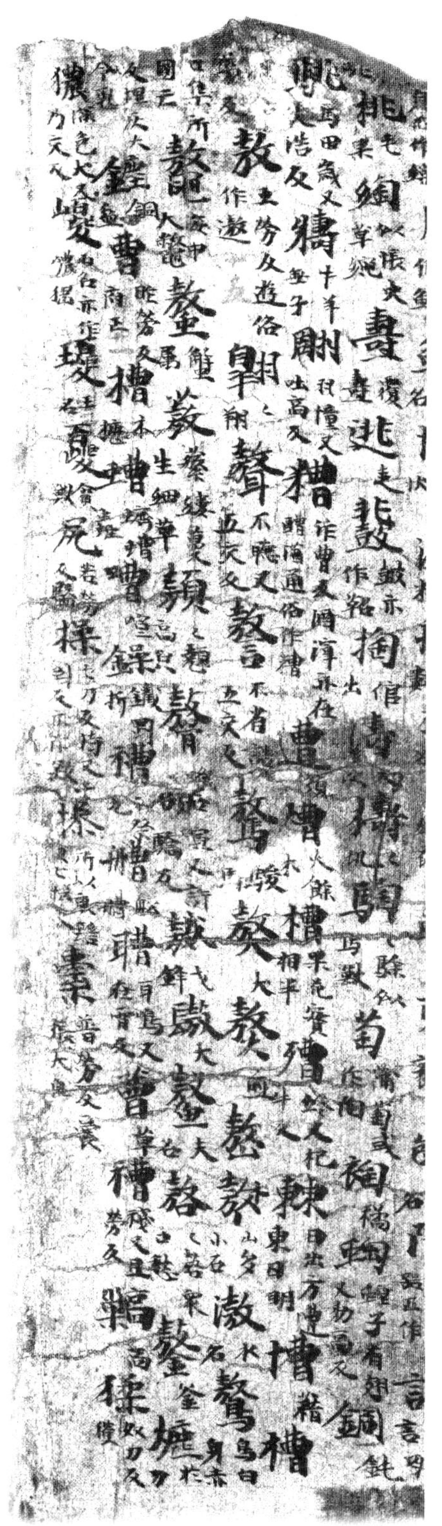

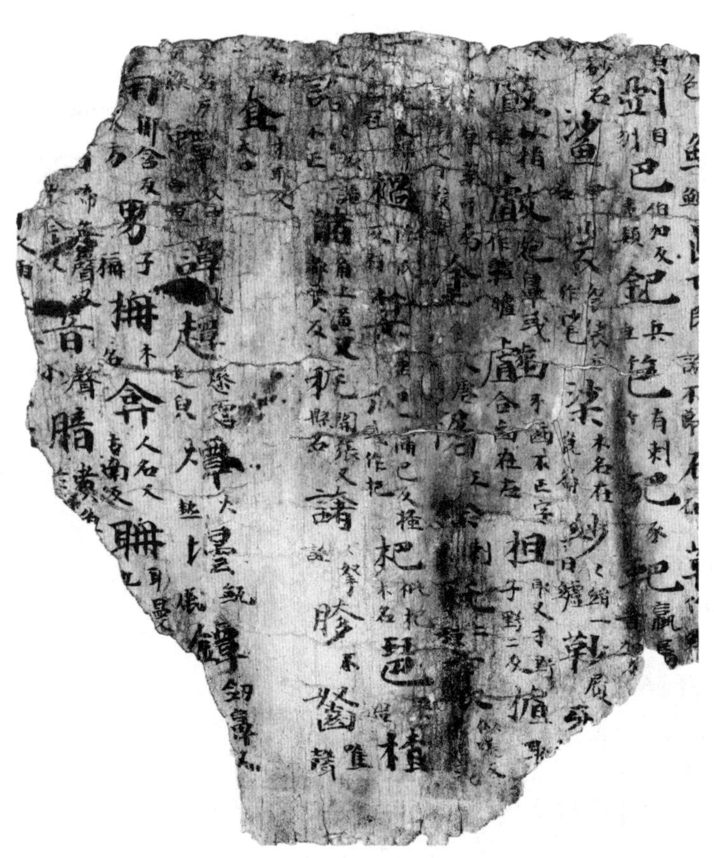

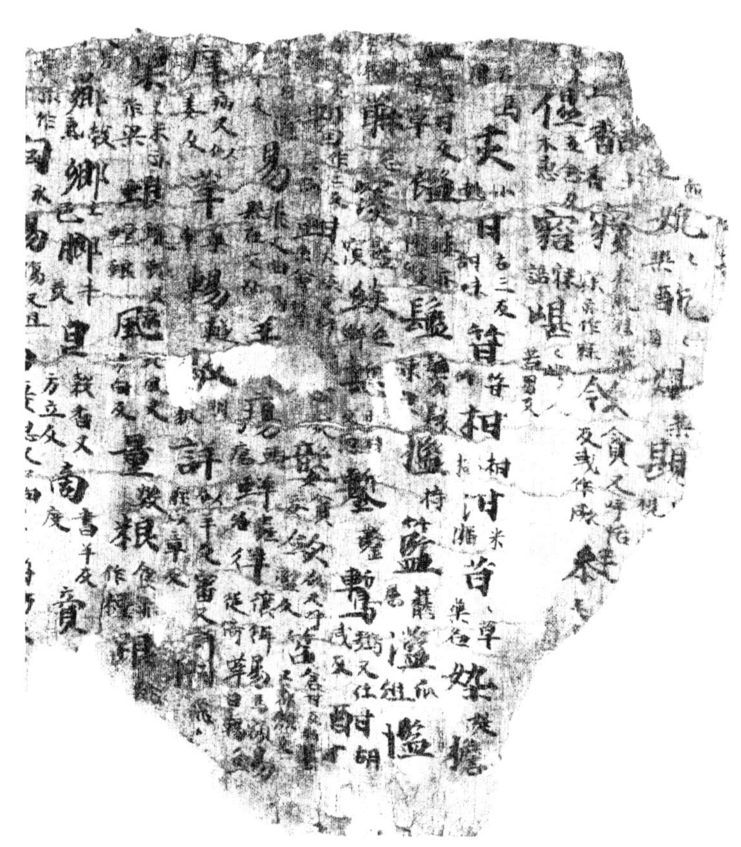

4.2（十九） 王仁昫刊謬補缺切韻一（伯二〇一一）

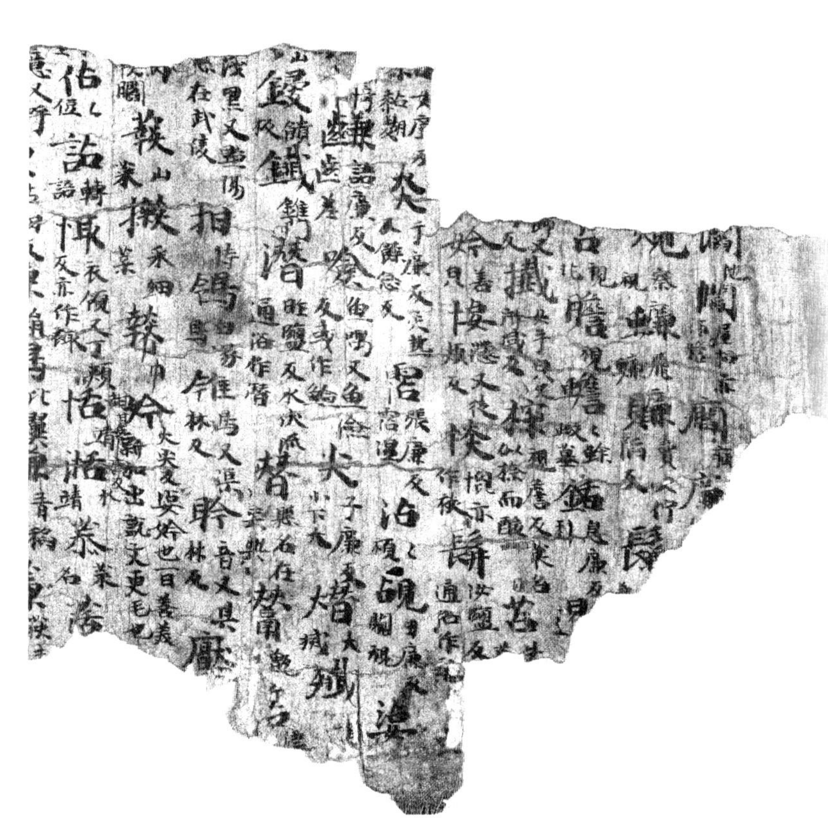

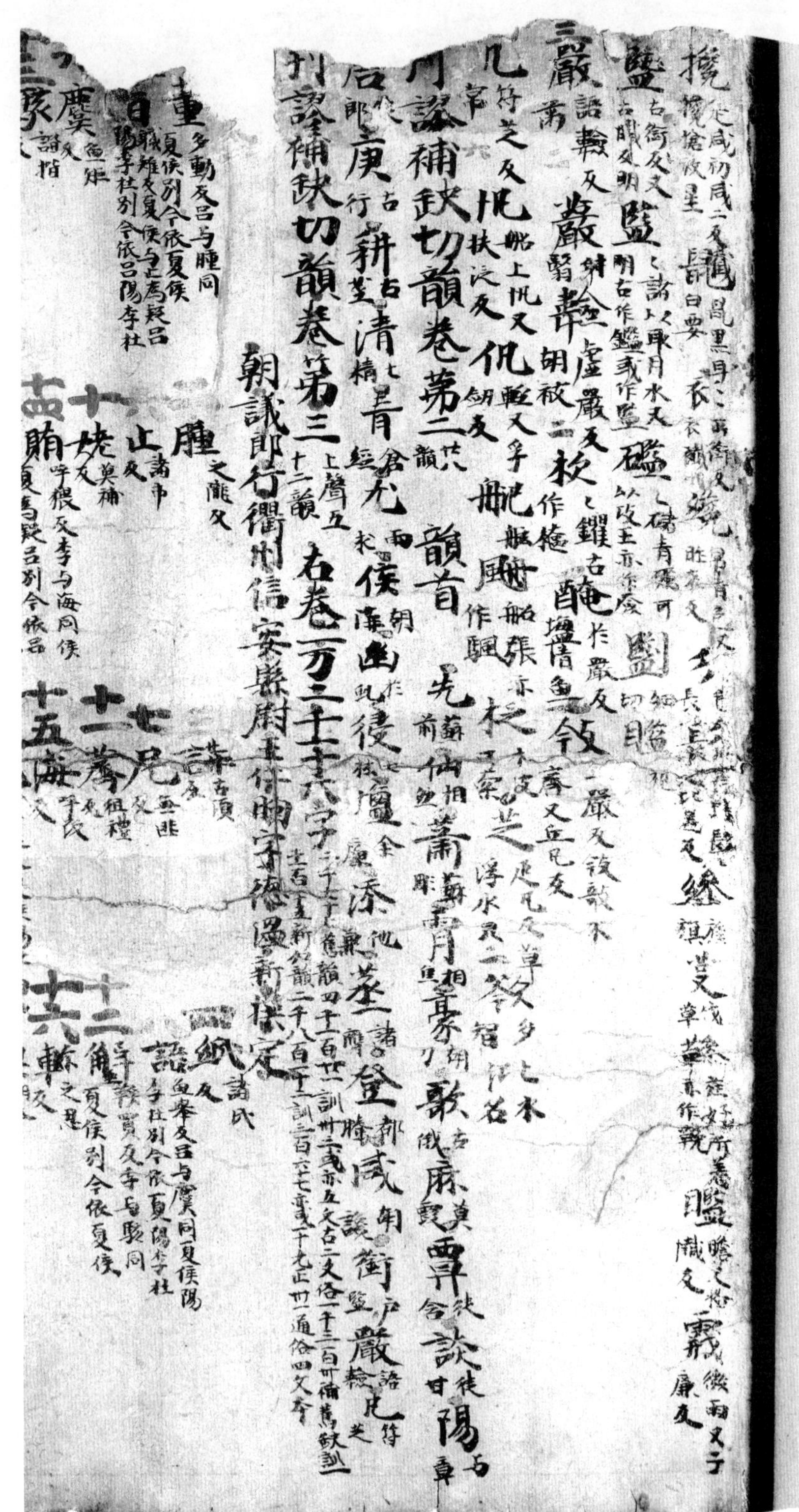

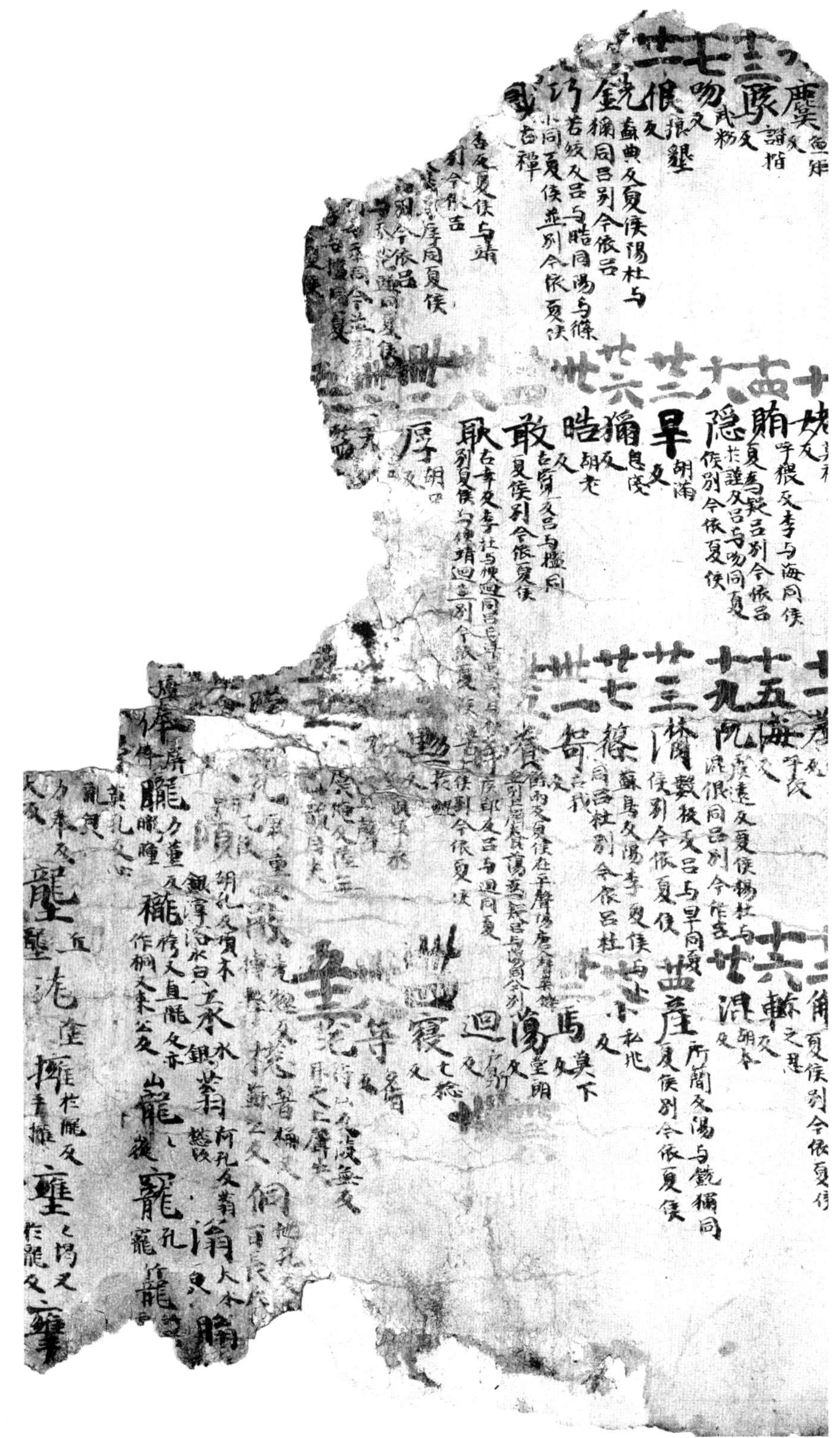

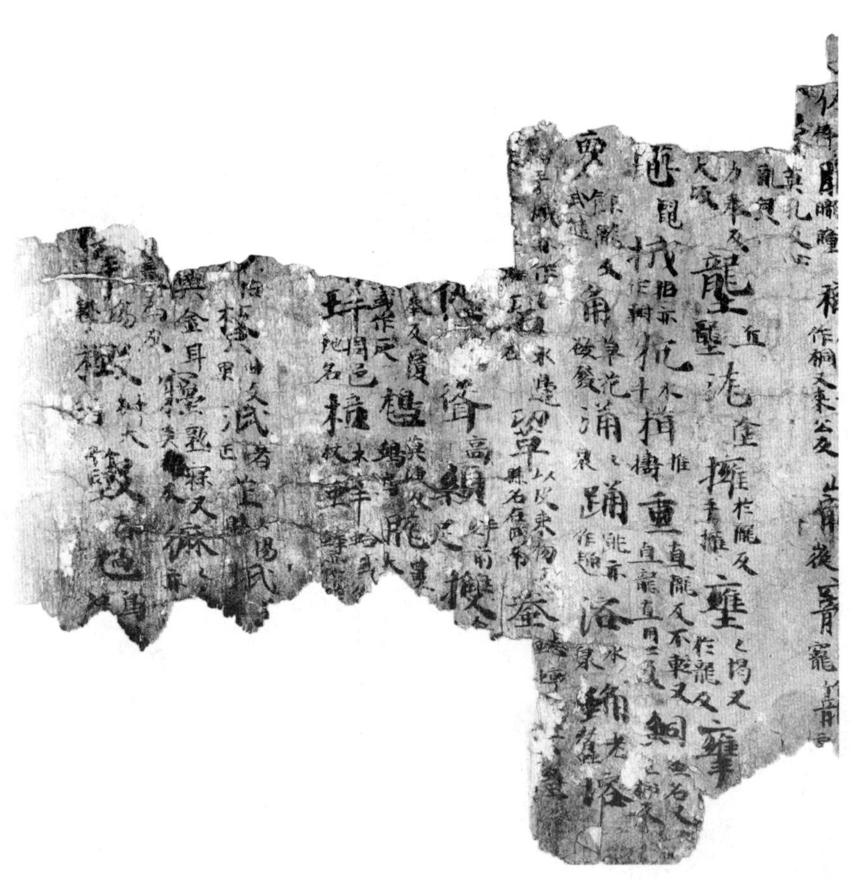

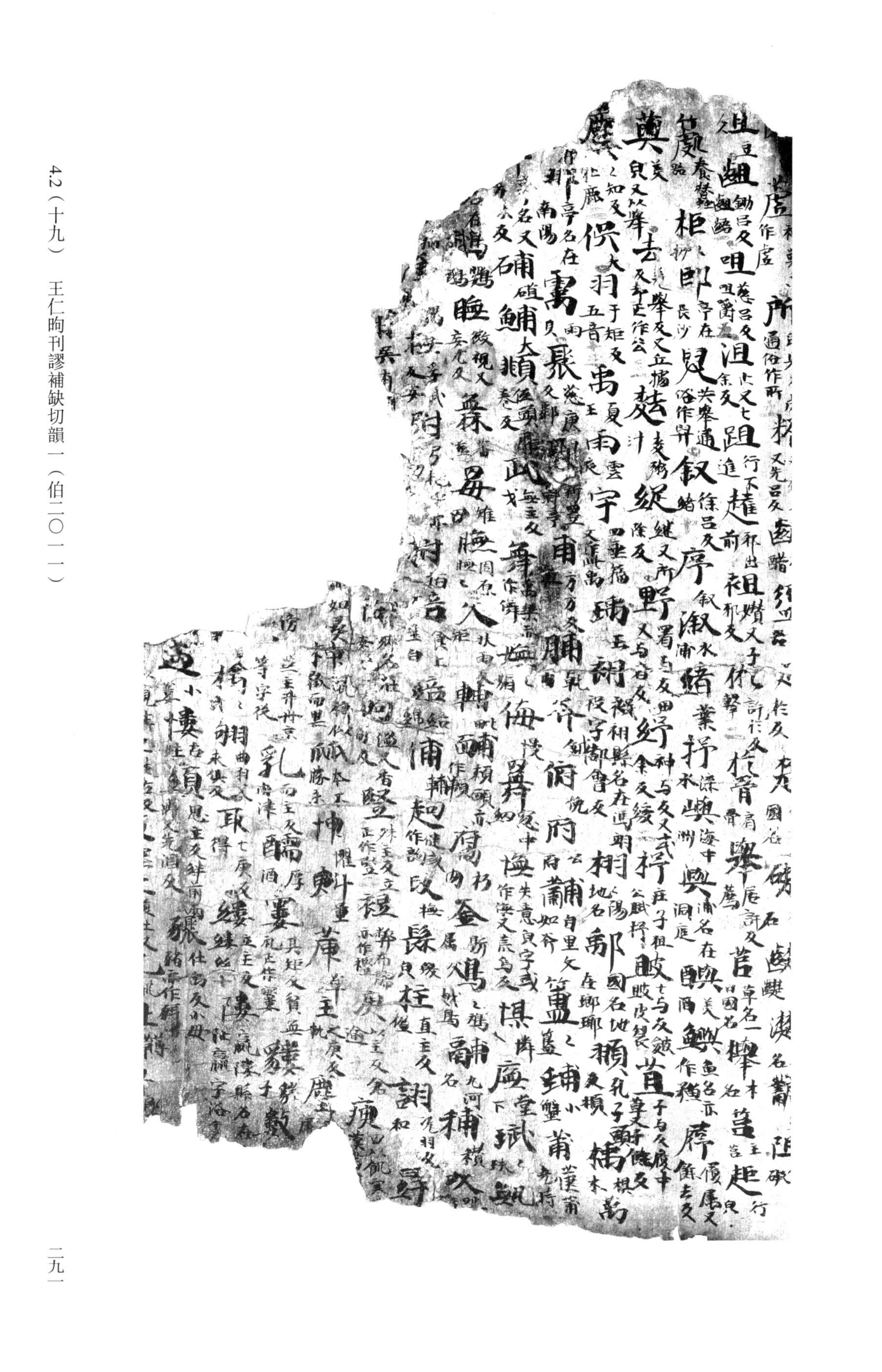

4.2（十九）　王仁昫刊謬補缺切韻一（伯二〇一一）

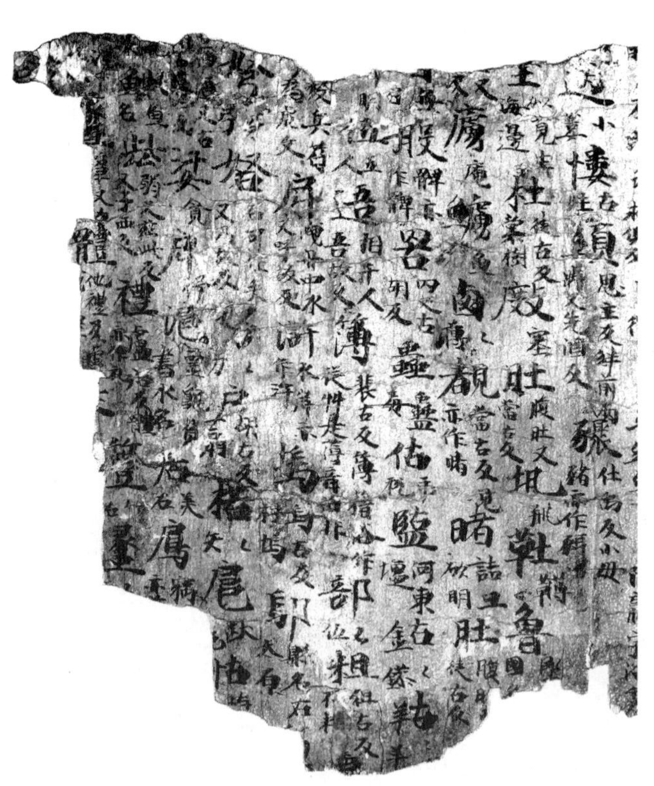

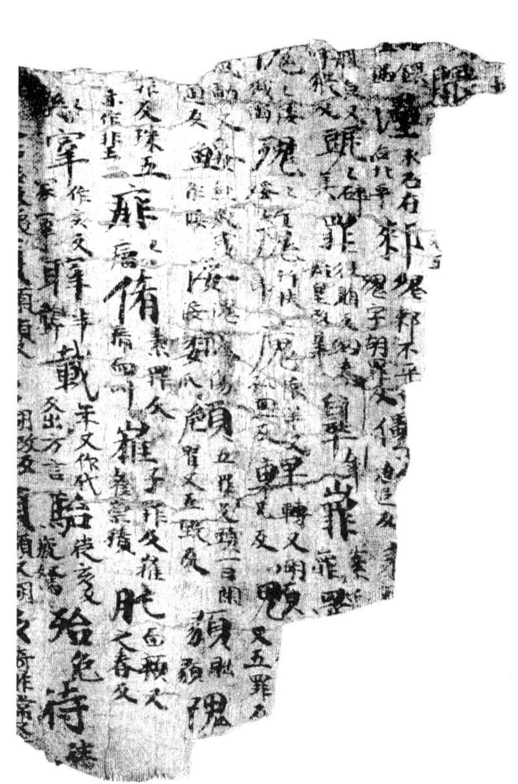

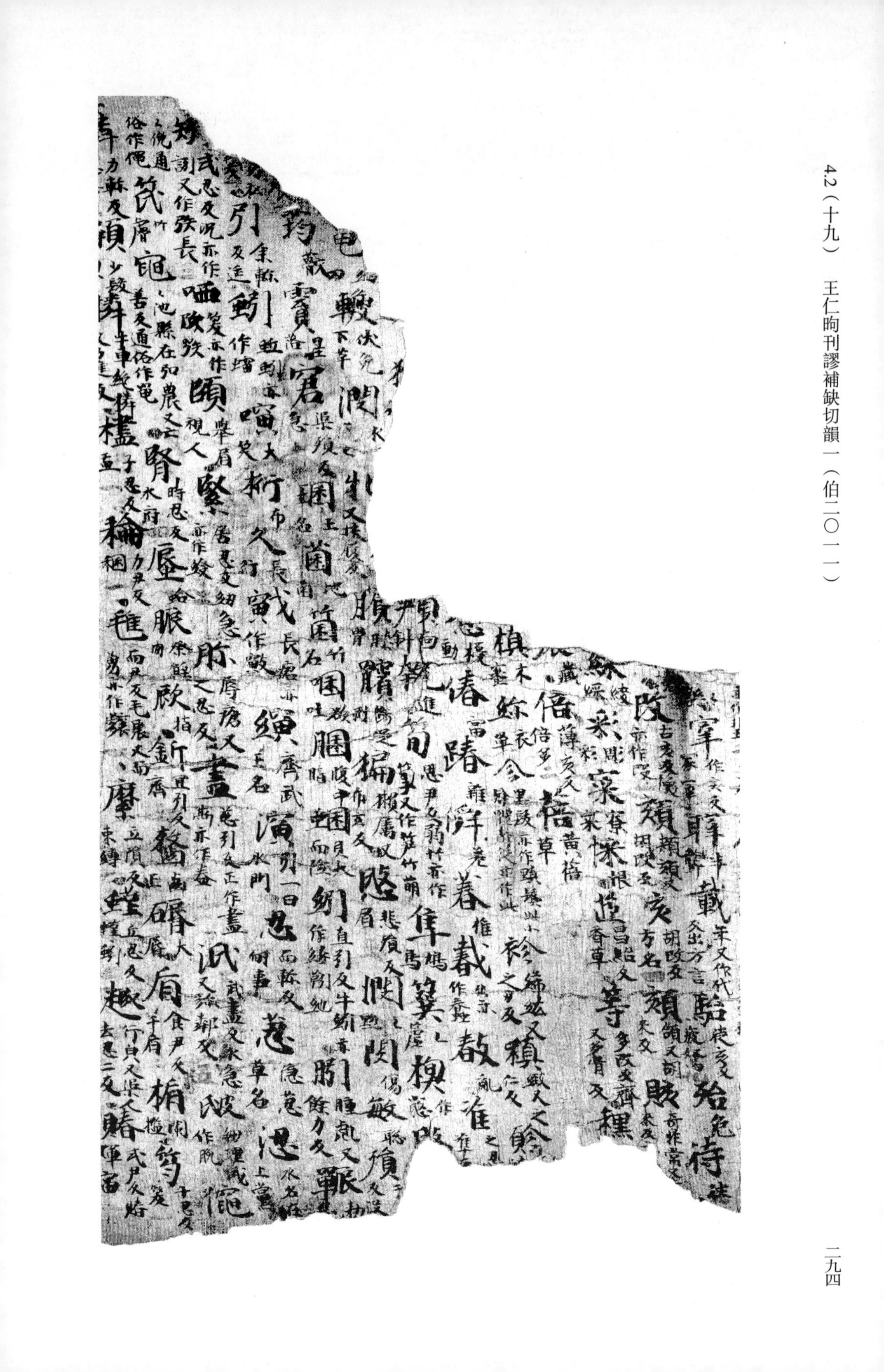

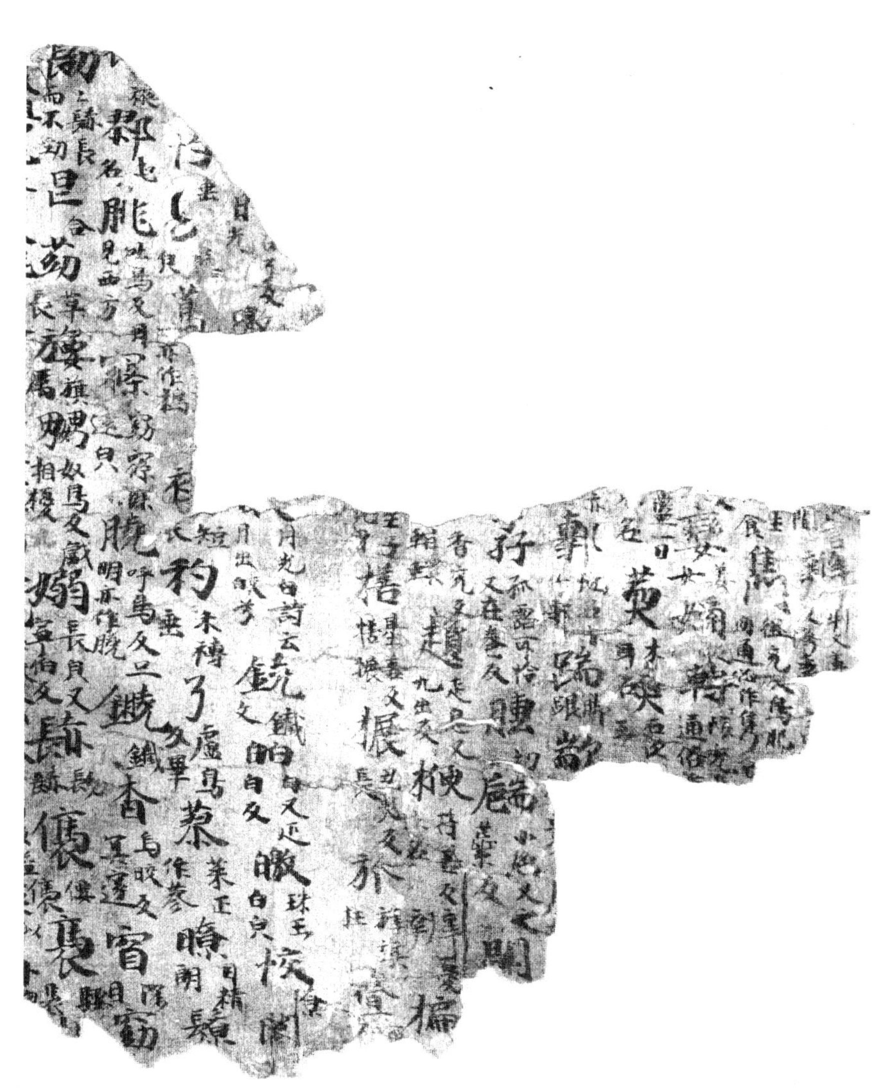

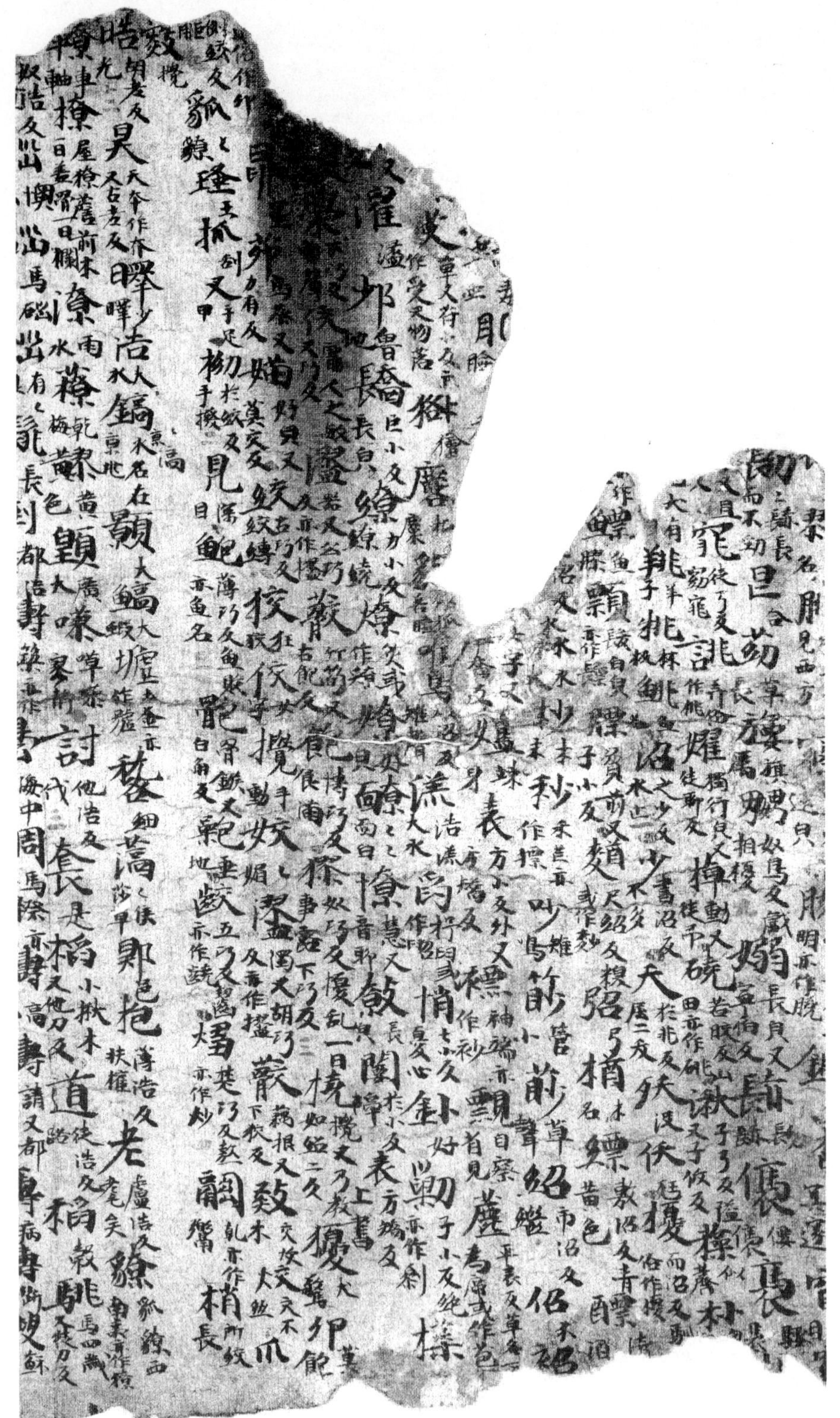

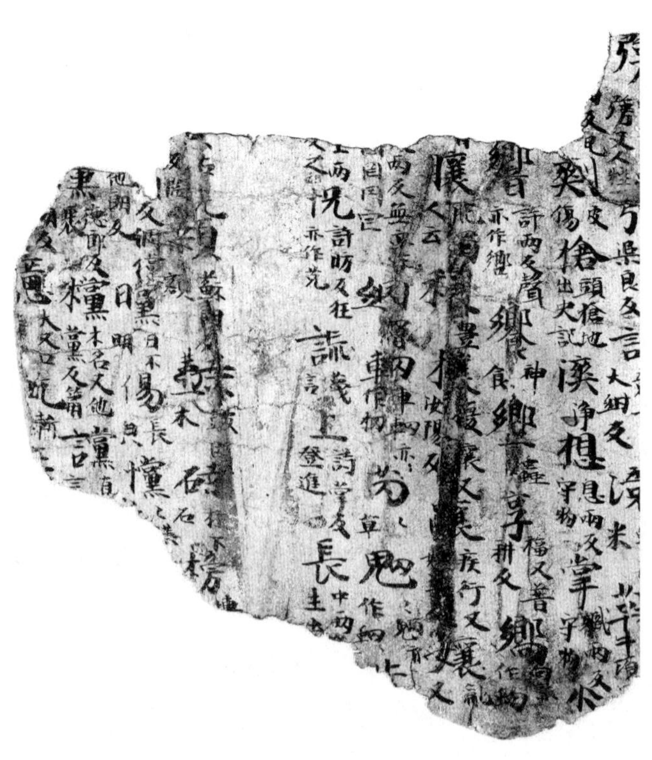

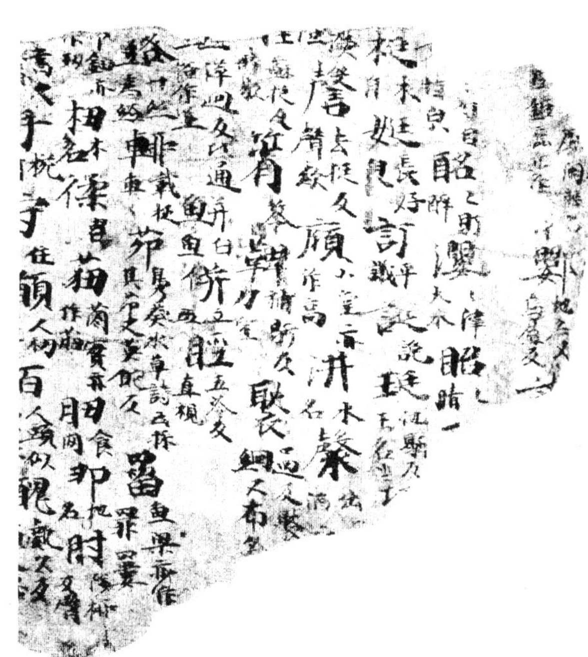

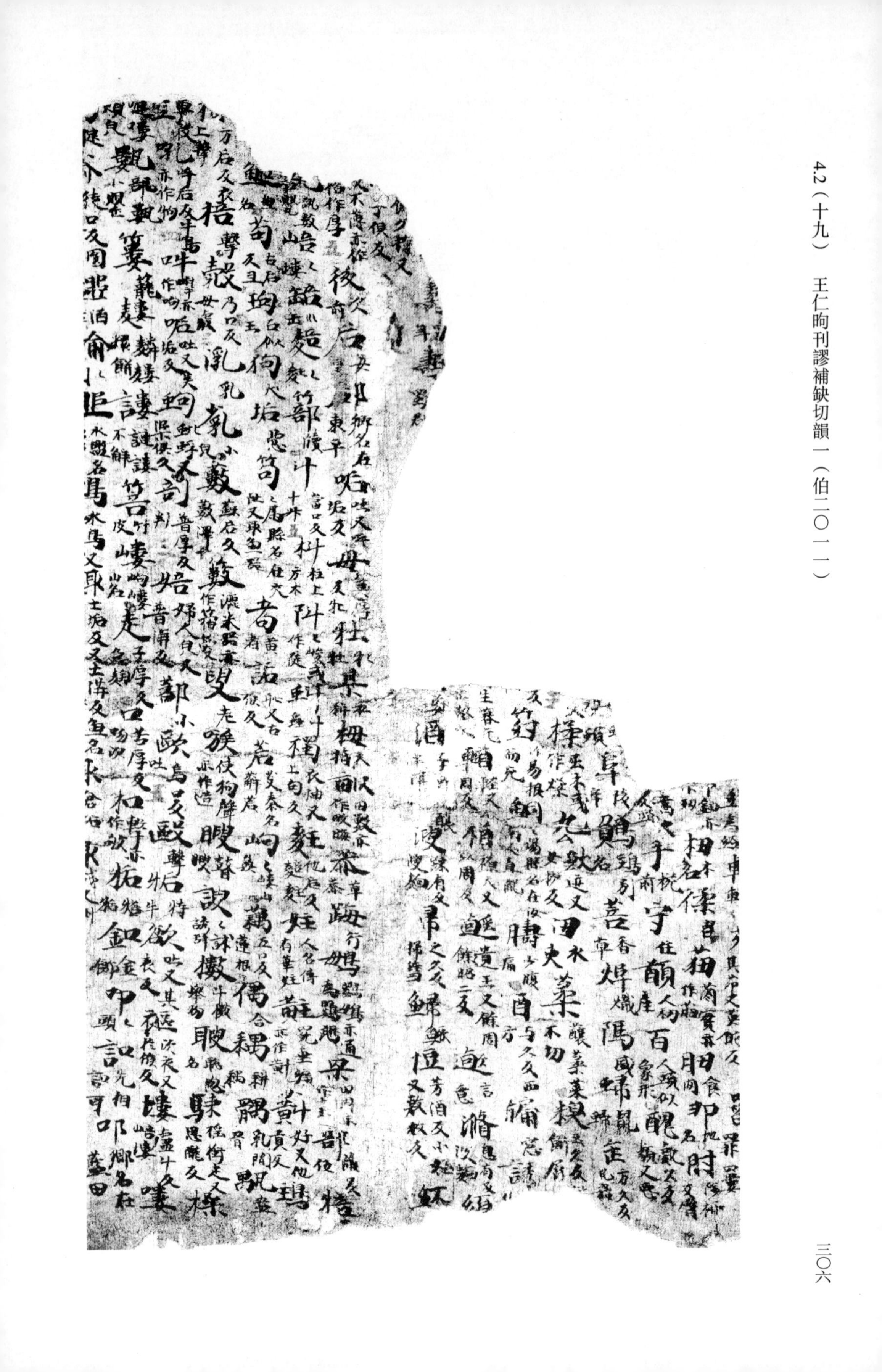

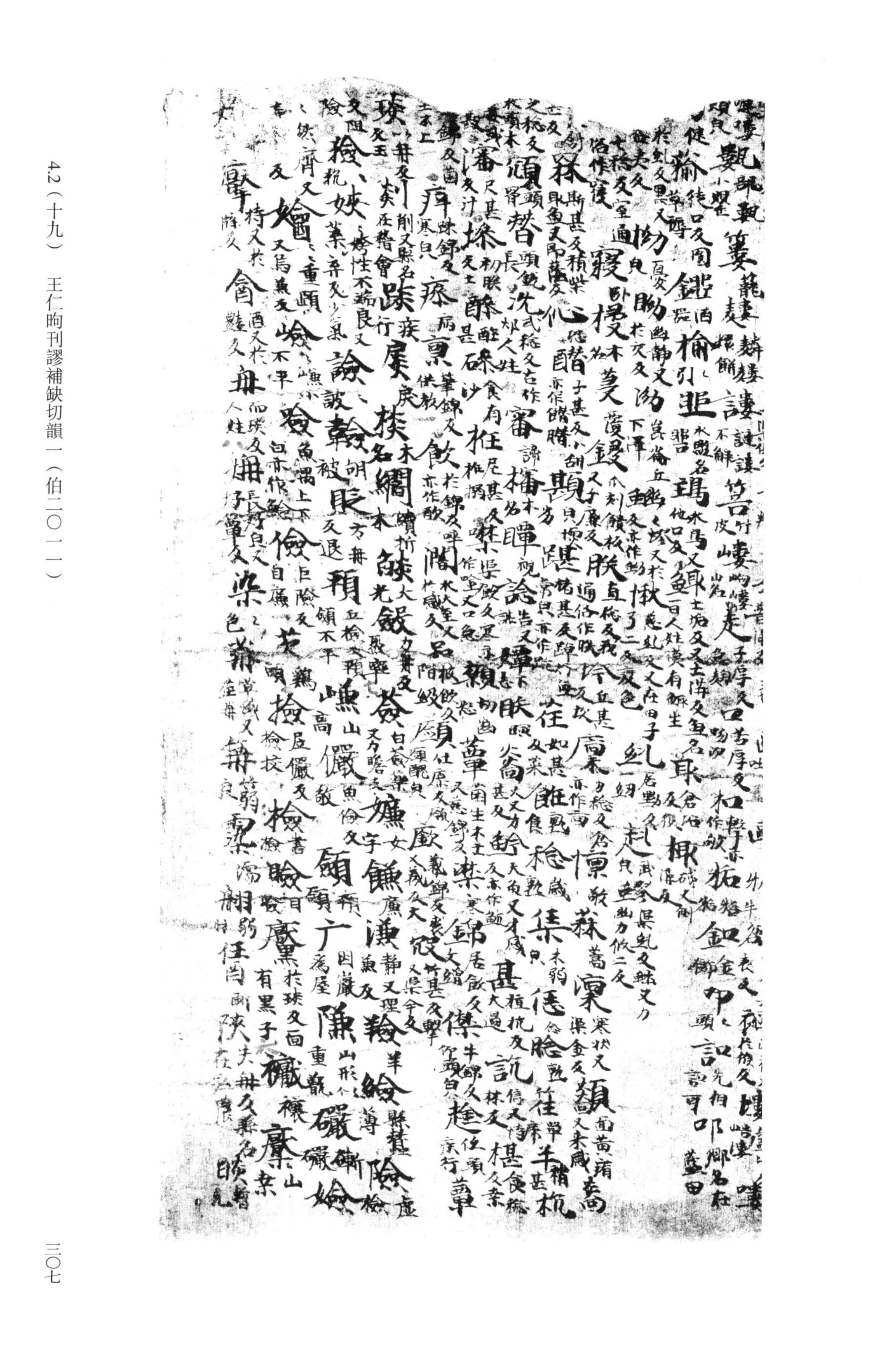

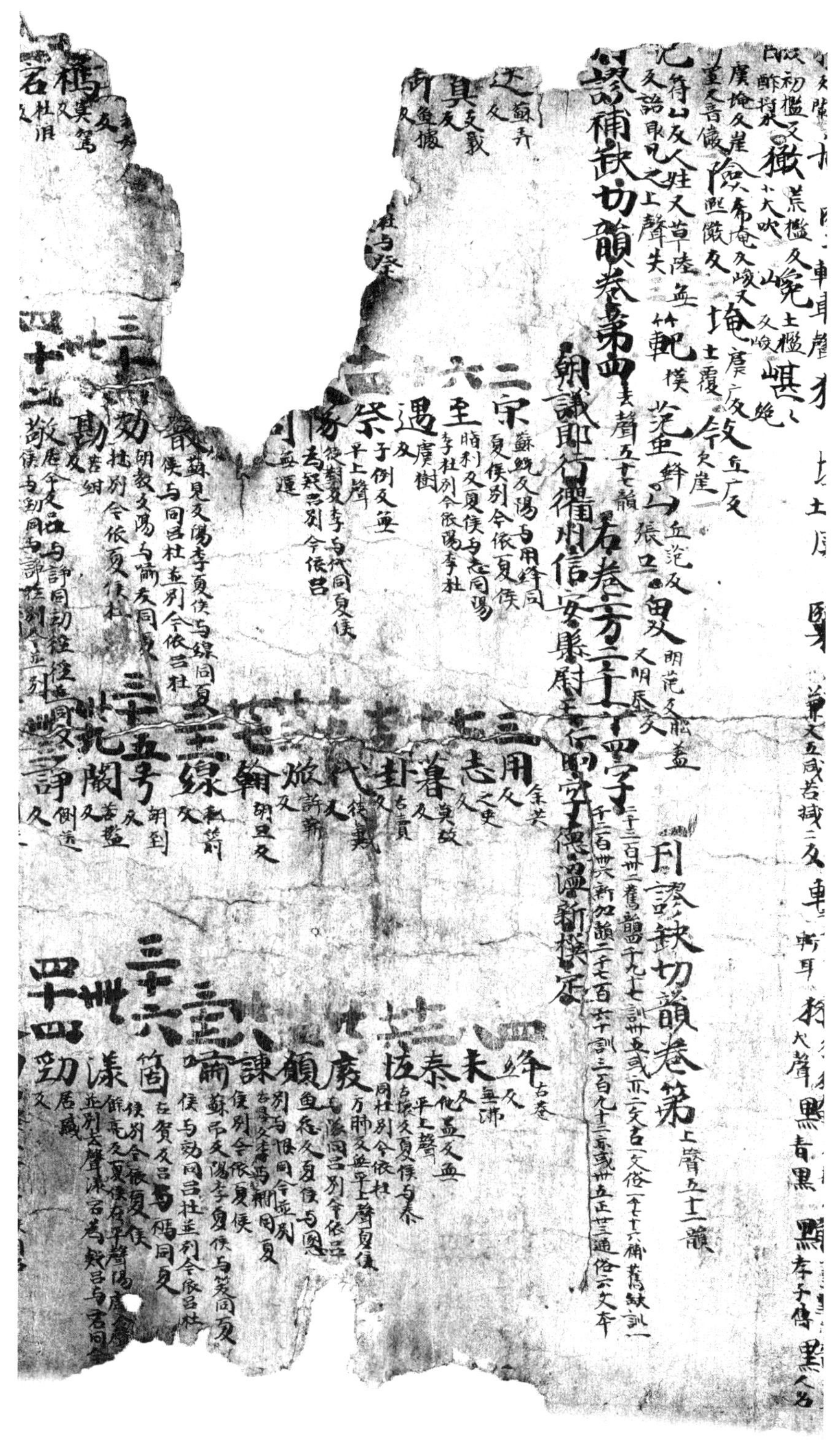

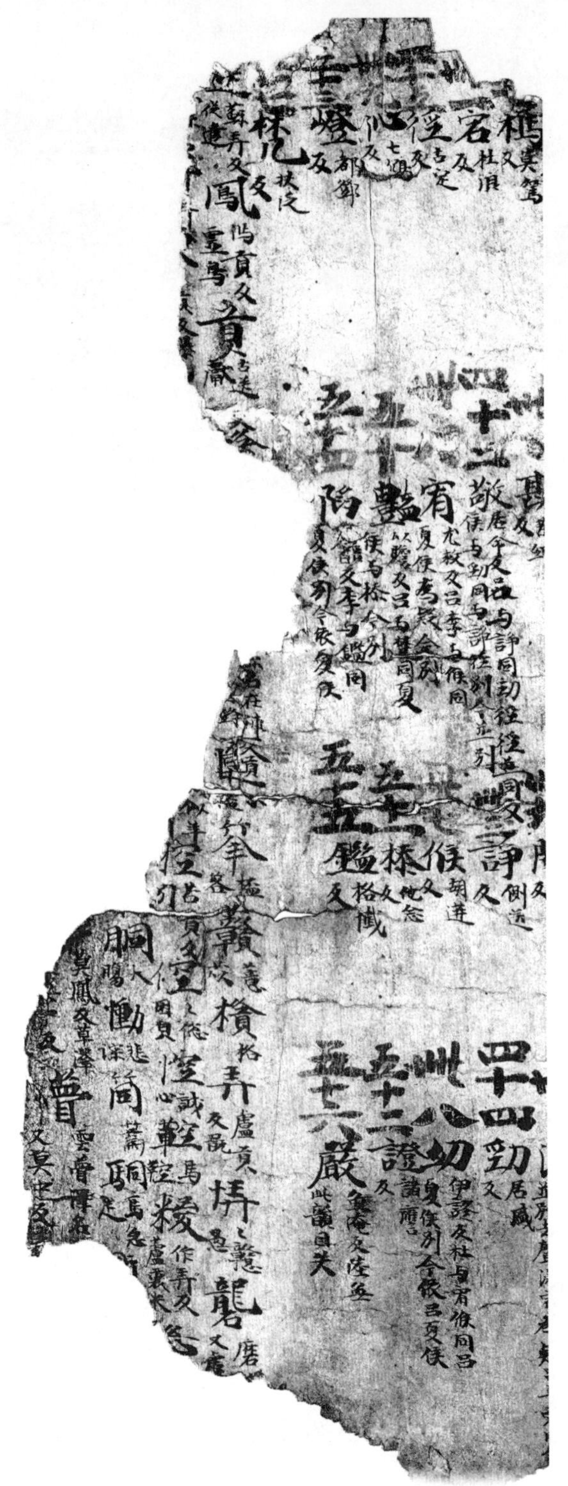

4.2（十九） 王仁昫刊謬補缺切韻一（伯二〇一一）

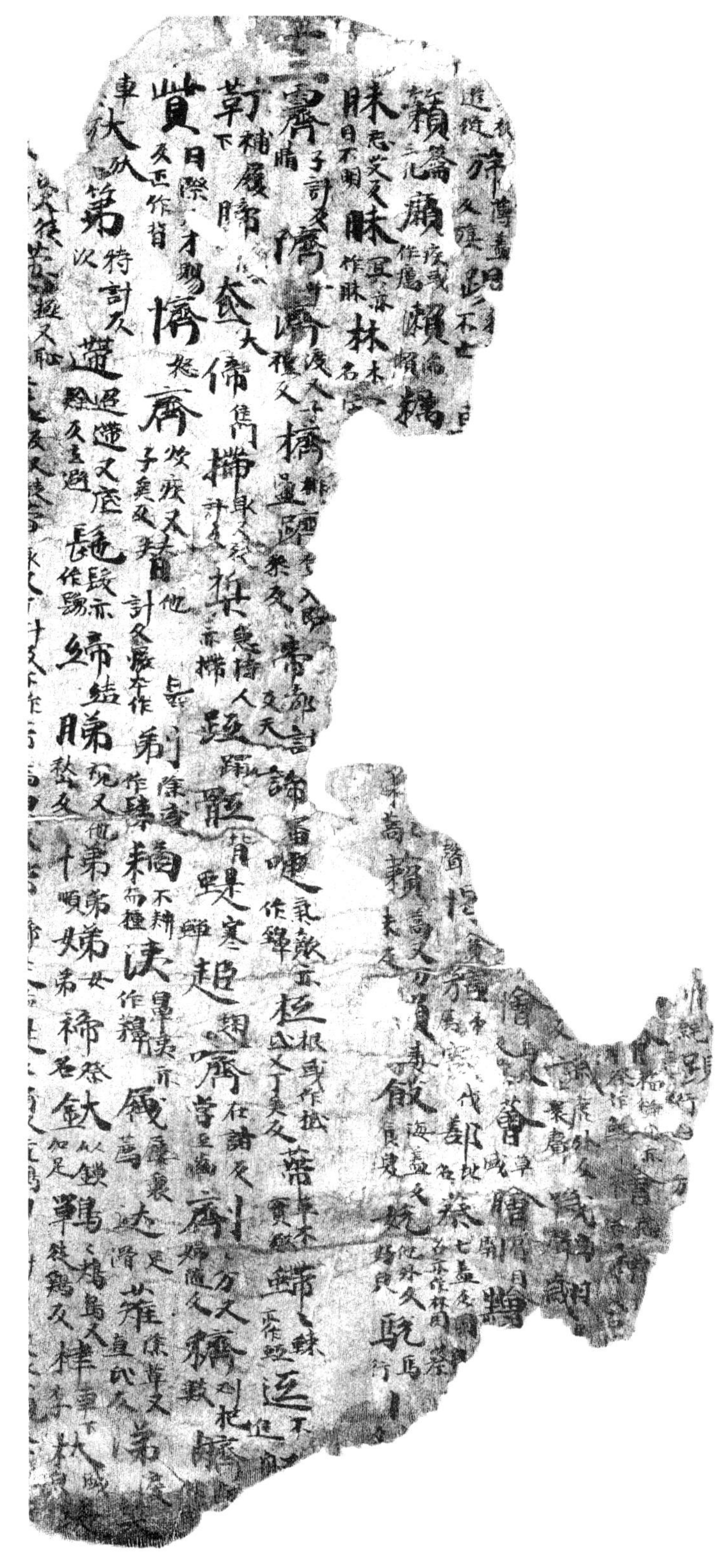

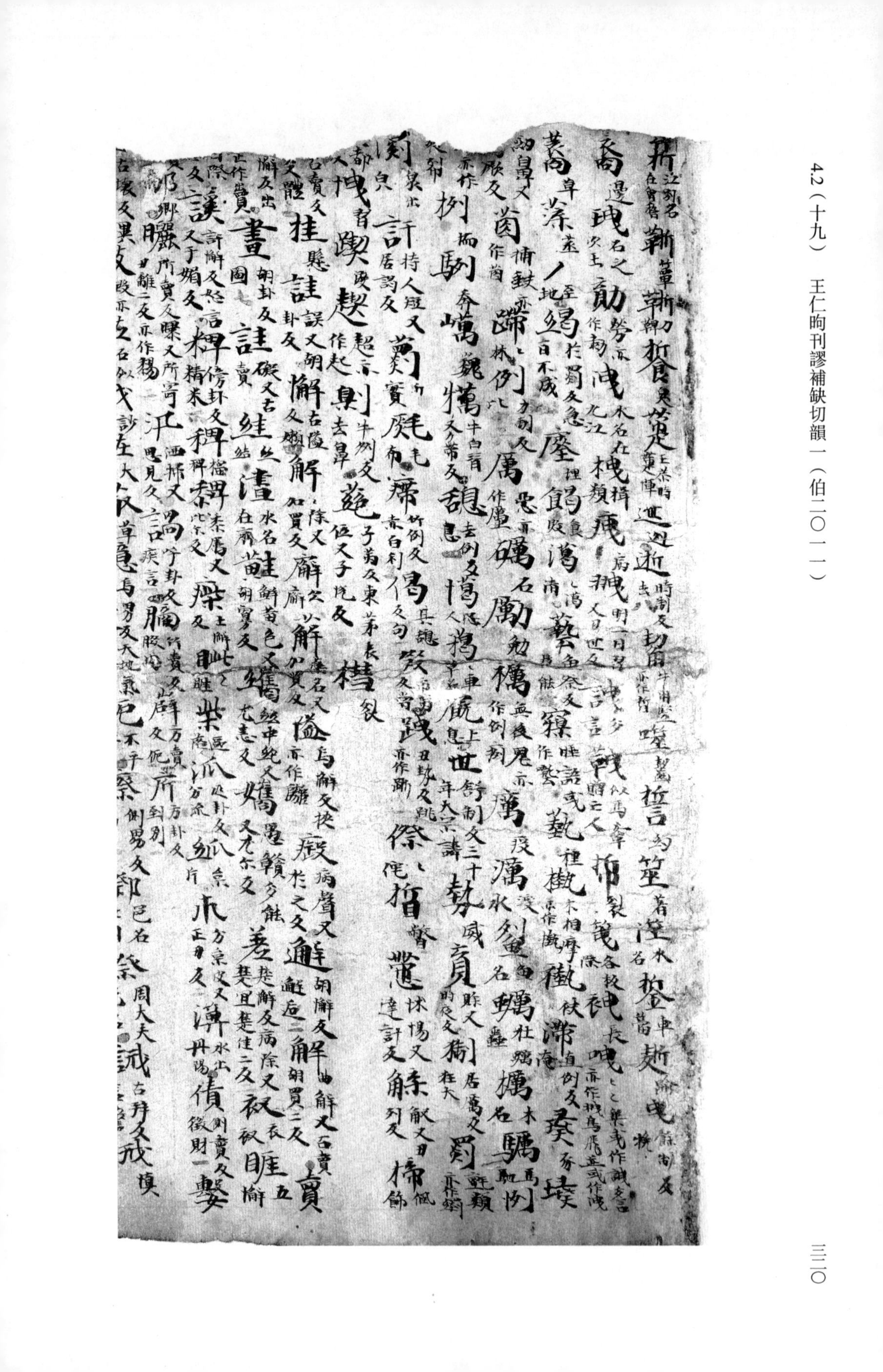

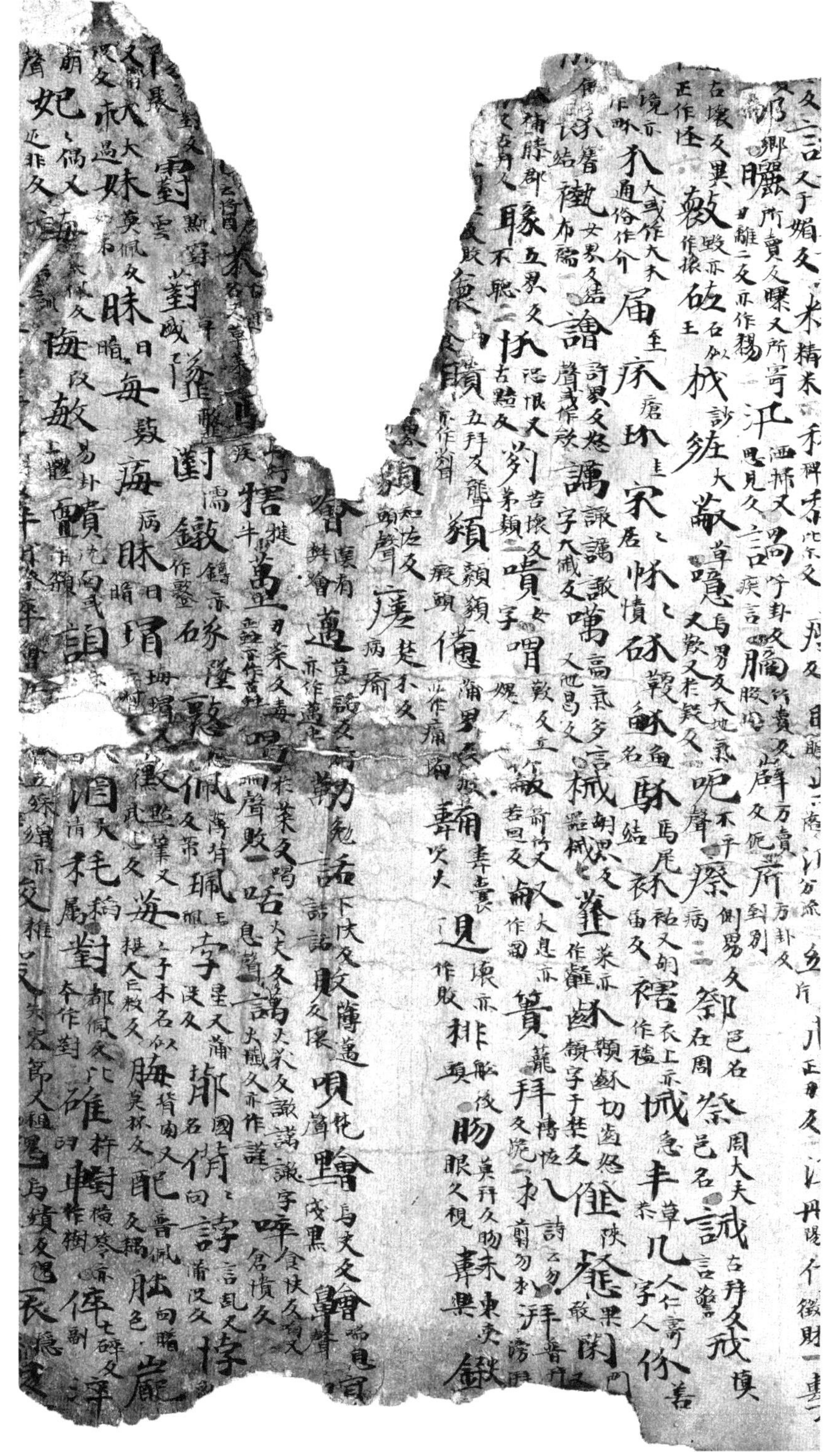

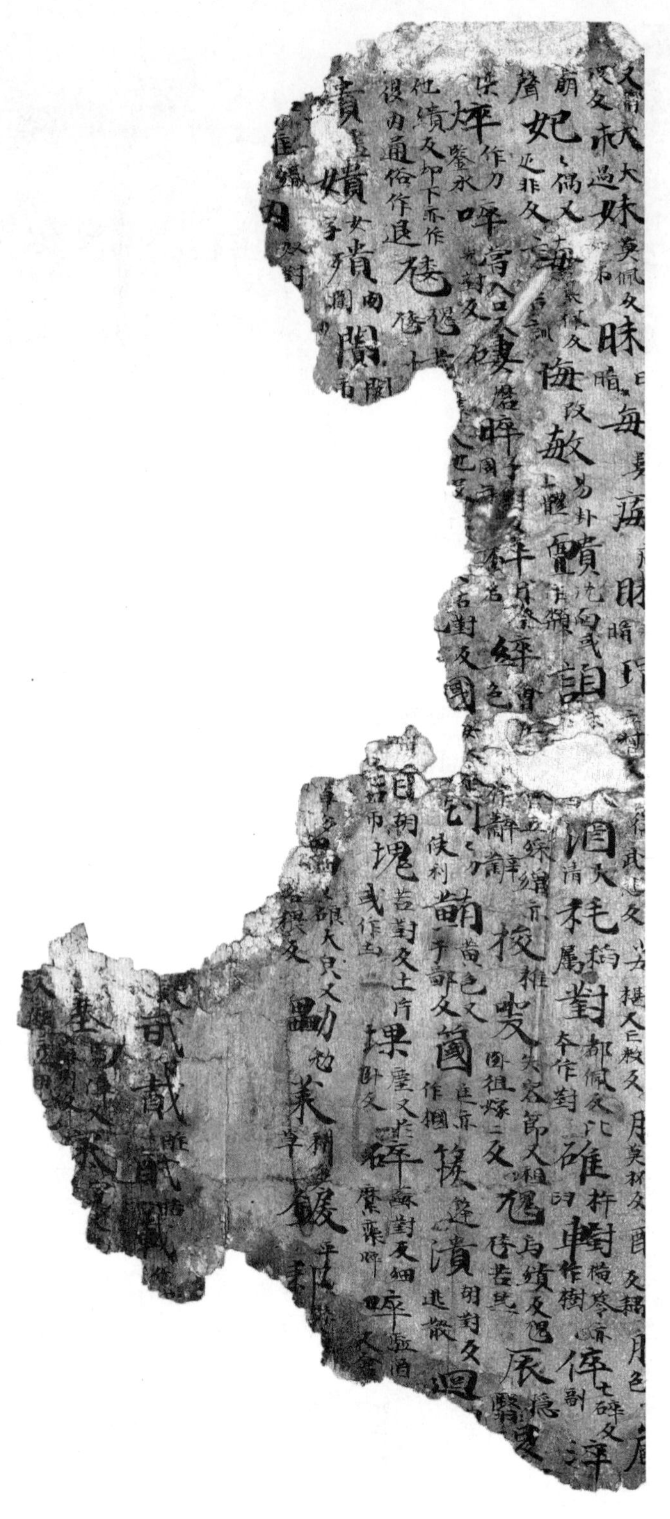

4.2（十九） 王仁昫刊謬補缺切韻一（伯二〇一一）

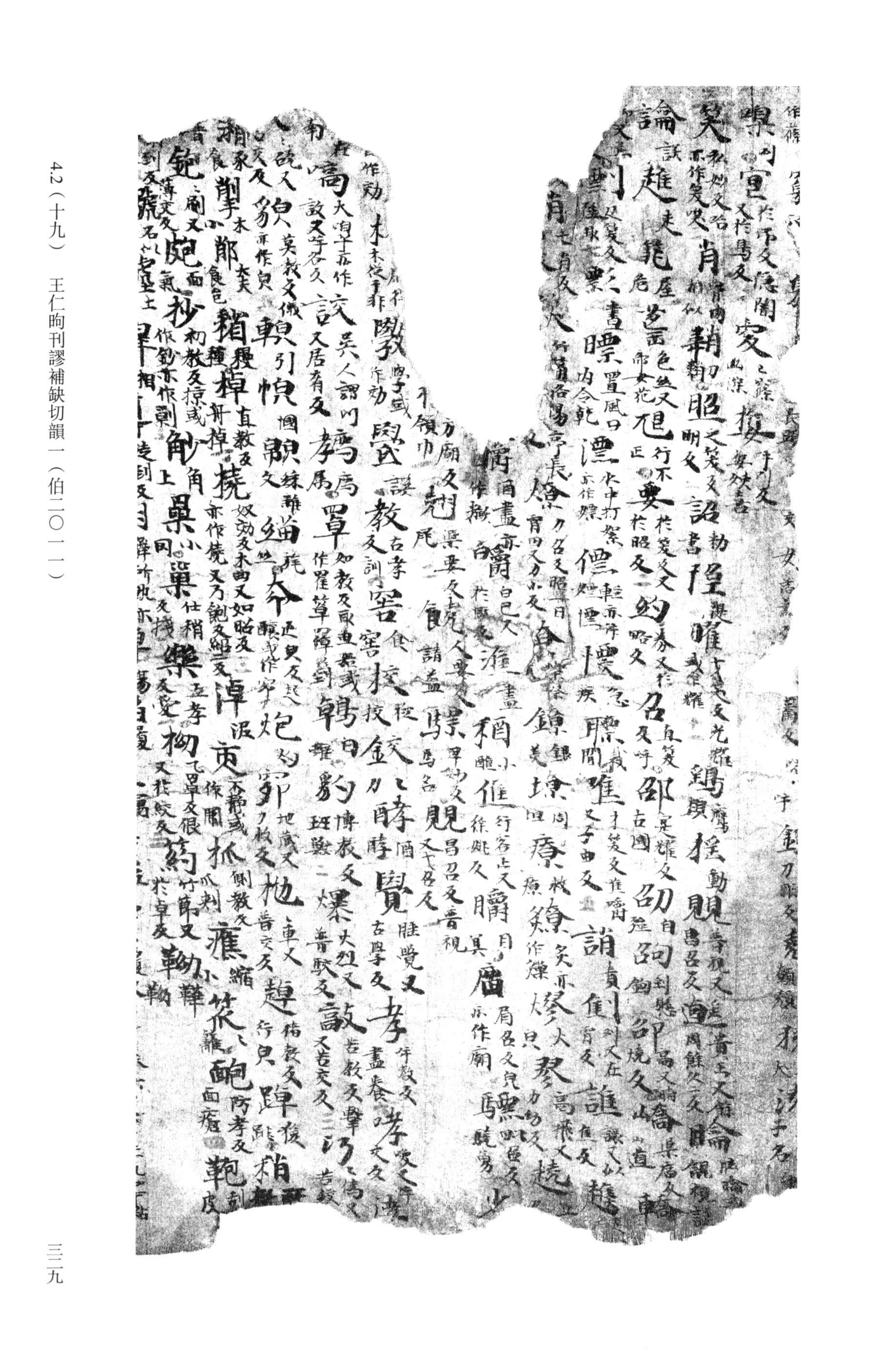

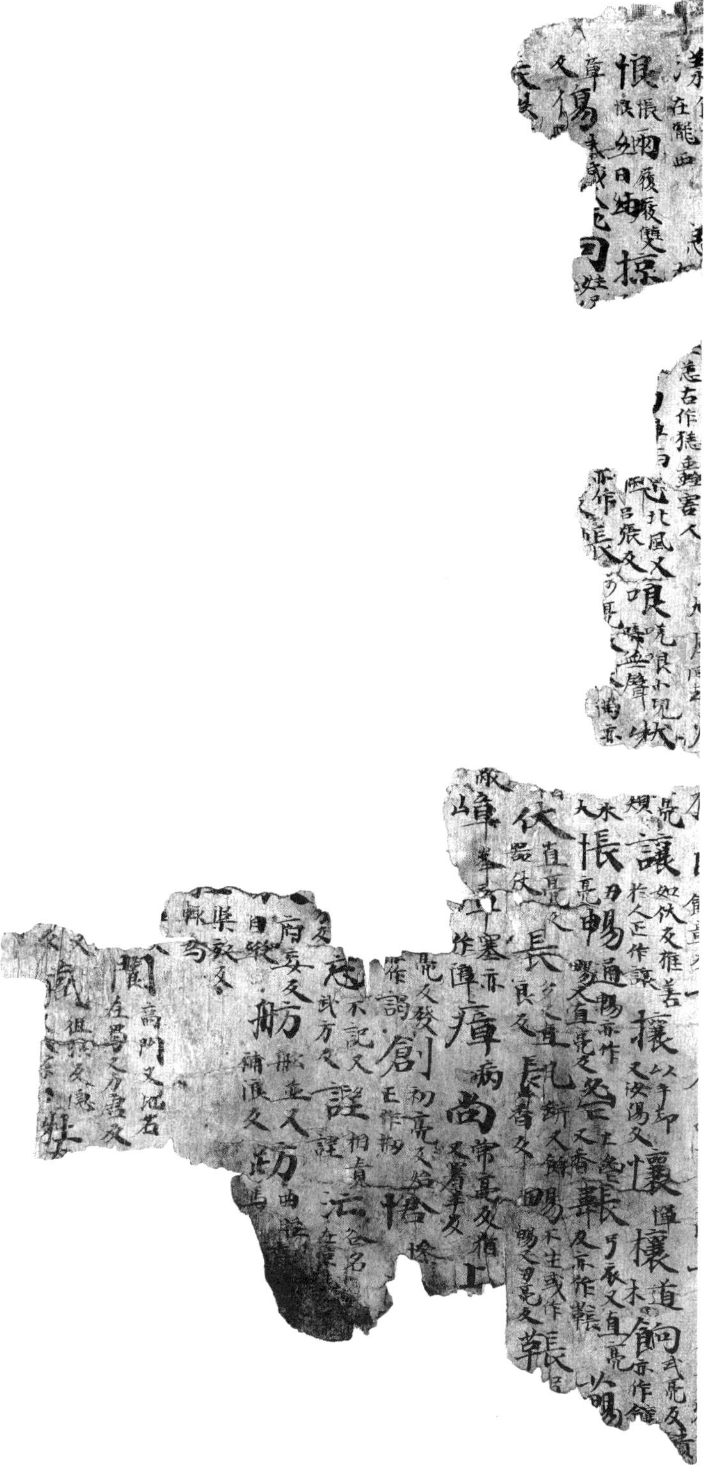

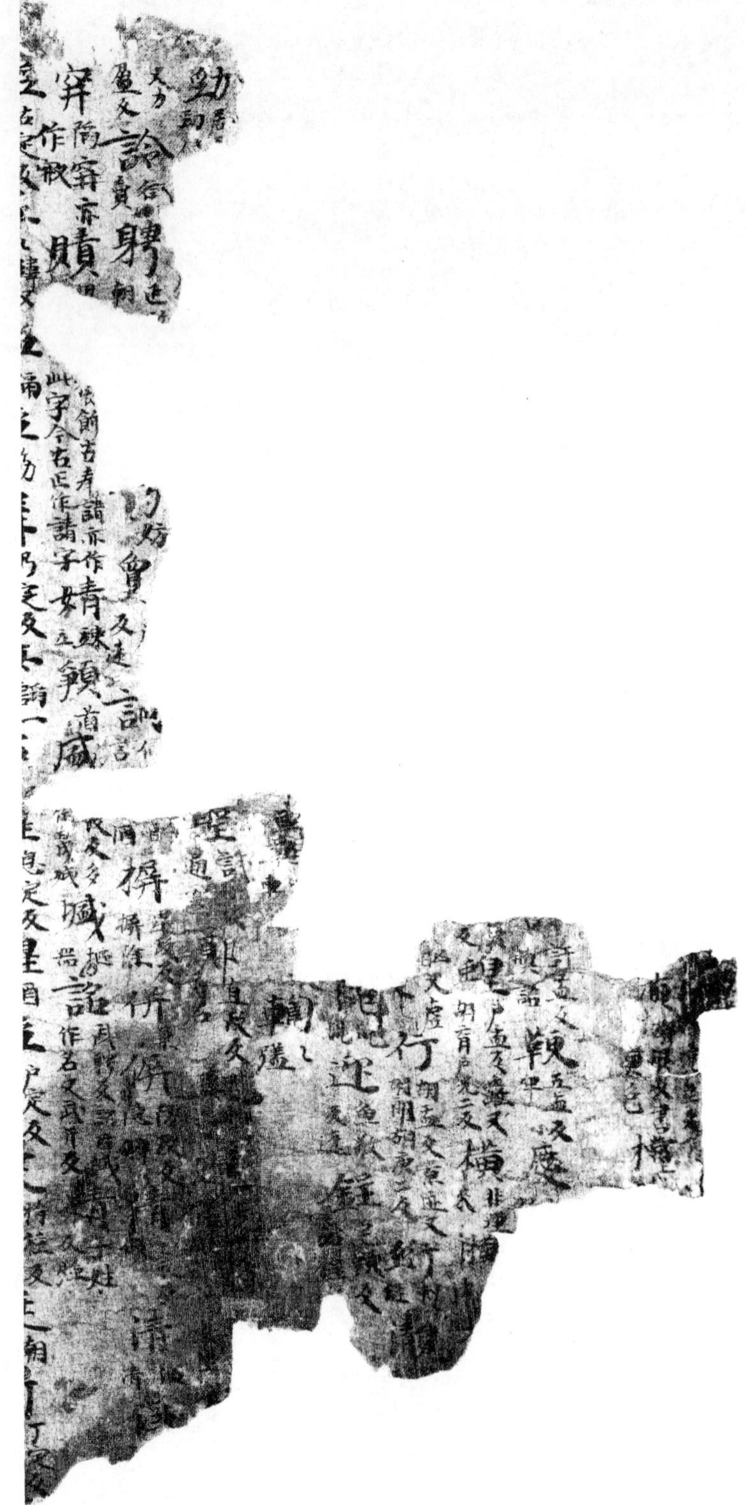

4.2（十九）　王仁昫刊謬補缺切韻一（伯二〇一一）

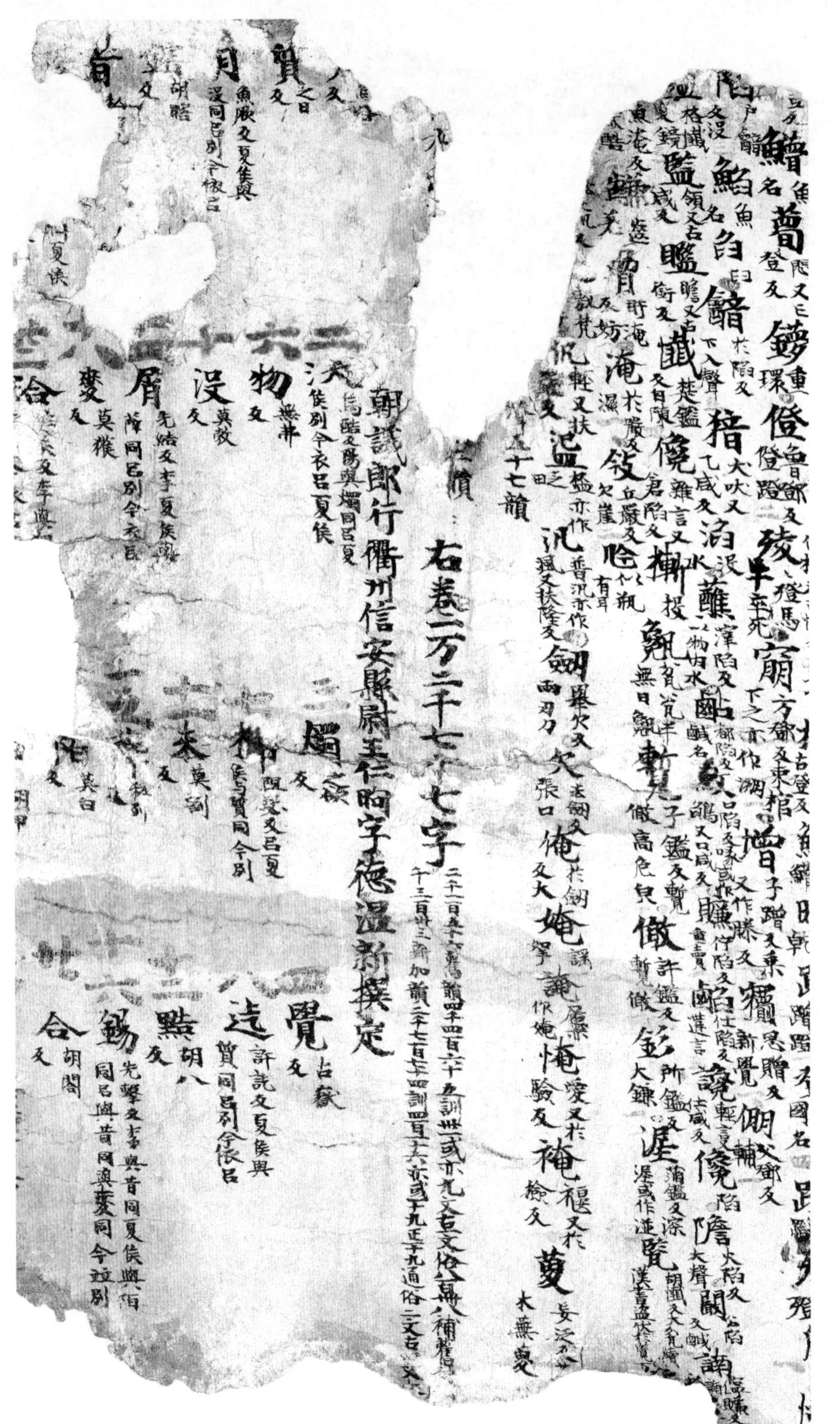

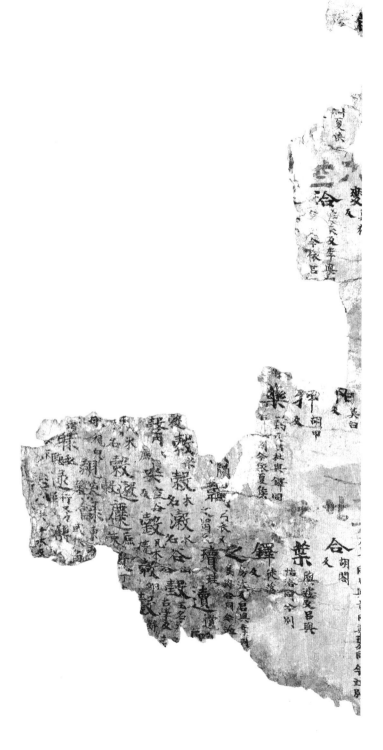

4.2（十九） 王仁昫刊謬補缺切韻一（伯二〇一一）

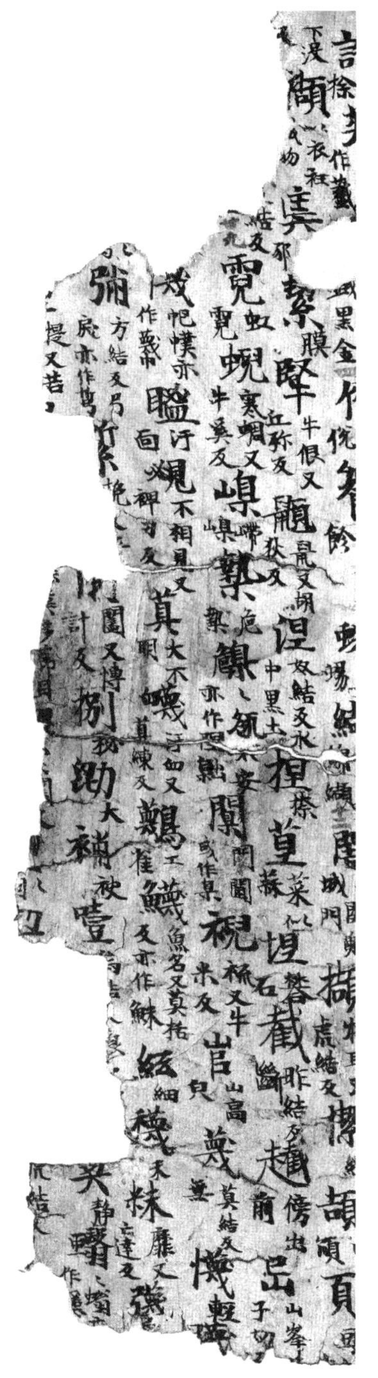

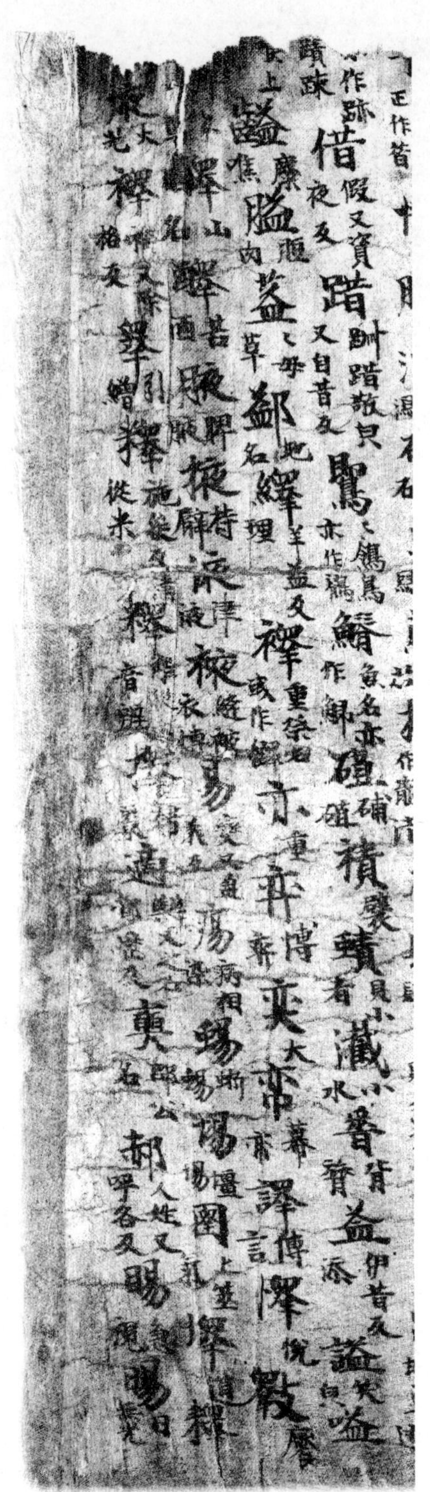

讃案蒔闕當是鸝字

當作鞞

首九字原闕

原闕

又

當是篩簁二字見劉氏鈔本

○山梨鸝〻黃鳥或作鵹縭婦人香纓離〻江蘺草木附地生皃欐〻黍○

弄言又呂泥反漓水入地劙分割鸝鵹黐黏䍦羃離疵疾移反病觜○

髭口上毛鴜水鳥又疾移反𪕮鼠似雞訾思鮆魚名鄑〻城名在北海

媊明星又子踐反覊居宜反馬絡頭七畸殘田羇寄掎〻角攲〻取物○奇○

卑益亦作裨鞞牛鞞縣在蜀顊顊美錍鎞〻又普啼反陴符支反城上女墻亦作𩏽

○反繒五施為亦作㢮葹草名拔心不死覗誘亦面柔䗙蟴斯息移反此廿二

㾷痿㾷疼痛又斯齊反傂〻祁地名在平陽縰經緯不同又尺移反亦作纚鼶鼠廝賤役㒋〻顃

磃磨差楚宜反不齊一摛丑知反布七螭〻龍誺不知魑〻魅亦作魅黐○○

麊縣名在交阯罙深入嫛齊人呼母鏊鏟青州云瑿玉名簁竹器亦作籭

●知涉離反悉四蜘〻蛛或作䵹䵺智酒䝷質當猗於離反水名八猗美

池畜水𥝀連閣篪樂器踟〻蹰褫奪衣齝齒斷謻離訣

公玉篇為趨字失從行之夊●夊息為反姓今作「危魚為反

夊從音攵聲趨从芻聲眭眭又下圭反一●危不安三

又息移●釃所宜反又山尔簁下物籭簁亦簁又所𧕮○

反作給●䤙反下酒亦作釃襹物䉤佳反亦作口蠡○

朗又始鋭●㕒姊規反㕒巇觜星觿細善又桒摫裁

亦作口㕒山顛狀五纗繩惢心果反

謨案攙原在劑上故當本居隨反此誤置

第二頁 之

本書字之位置與原本不合者擇要乙正

案頗字當從瓦

案屬當作屬，五篇之切踞也，凡从此諸字放此

案本與之反，是屬，非此同廣韻屬入脂韻

鬐下之岳之當作岳，岳岳即嶽字，見漢書朱雲傳

居當作居

秋當作愁

所謂之文當是持字

攙裁 ●劑觜隨反券又在細反三 棐地名 𦢊𦢊朧又子宛反亦作爔𤒎 衰楚危反○

圯圯橋名 貽遺 頤顋亦作𦣻 詒言 瑂玉名 宧室東北隅 洍水名 𦚏豕息肉

岴舉凡 颸颸小 颱兒 屬踞 相斗 鎡錤戟無刃 异巳又餘吏反 洍水名

鬐〻岳〻又五力反 ●思息茲反念十一 司署府 罳罘罳 絲絲蠶 伺候 緦〻麻 楒〻木

颸風 ●其渠之反語第正作亓廿一 期月指信 旗旂 萁豆莖亦作萁 騏如馬不角 碁○

○綦綦基 錤鎡錤似鎌 綦弈碁 璂弁飾 鯕鯕魚 祺福祥 綨白倉色 𪗁齒𪗁

檽木耳 陑地名又阪 轜柩車亦作輀 胹煮熟亦作胹 洏漣洏涕流皃 鮞魚子

娸姓一曰醜 魌大頭方相 欺皃 鶀〻鶀鳥 ●姬居之反周姓七 朞古作稘

●詞似茲反言五 祠祭 柌鎌柄亦作枱 辤獄訟亦作辭 辝別古作辤 ●釐理之反一曰福廿

貍莫 𣯍毛起又莫力反 斄貍毛 𩈯莫臺○ 孷〻孳雙生 𦓁秋龍吐沫 嫠憂 ●甾側持反不耕田

椔木立死 鯔魚名 郿鄉 ●僖許其反樂十五 歖喜 熙和 嬉美一曰遊 禧福

暿熱 ●醫於其反巫三 噫恨聲亦作譩 嫛又於擬反 瘞羸又乙賣反 ●癡丑之反騃四

執 ●蚩赤之反蟲名六 嗤笑亦作蚩 䖙告又乃經反 䗫羽盛 媸妍媸 妛輕侮 ○ 㸺○

滋多或作嵫 嗞〻嗟憂聲 䵷黑黑 鎡鎡錤鋤之別名 鼒小鼎 鯔鯔魚

物 ●暉許歸反光亦作煇暈十 揮奮 徽美 翬飛 褘后祭服 𪇆魚有力

微

第三頁

韋皮 韖京 違乖 湋水名 潿濁不流 鍏臿 韍戾 襴衣重

𩑈𩑈 霏芳非反雨小 妃女官又普佩反 菲芳又芳尾 斐符未二反 䨽毛細 婓婓往來皃 騑驂 暃大目又匪 肥反 斐豹見左傳八 飛翔 扉

戸扉 緋赤色 𦐉不是 飛似羊一曰白首 䬠飛 鯡而兎足 肥符非反豐肌 腓脚腨 䈈竹 痱風病或作疿 淝水 𧍯聚名在河東聞喜 蟦蟦蠐 蜰

負蠜 威於非反可畏七 葳葳蕤 㞇㞇於罪二反 隇隇隗 難危 蝛蝛蛜 虫 媁美皃 楲楲 㙈 祈渠希反求十一 頎長好 旂旗 𩰫鬼俗 譏王 譏

或作 崎水旁曲岸亦作圻渠羇反 刉以血塗門 嘰哀反 饑危又公古亥二反 幾頪內又居希 肵俎 獑犬生一子 機具十四居希反 譏誹 蘄縣名在譙郡今音祈 璣

小 璣珠不圓 幾微 䔷蕺草 磯大石激水 𩦺馬 饑穀不熟 禨亦作譏 鐖器 鐖血 鐖鉤 刏斷 希少 虛機反八 晞日氣乾

莃菟葵 𪂹北方雉名 睎視 稀稀 𥡵 𧺹走 楖木汁可食 依於機反倚六 衣服裳 譩痛聲 㹇天隊縣在酒泉 悘痛念 郼殷國 沂

魚反 衣 蘬丘韋反馬蓼似蓼而大一 歸俱韋反還亦作帰一 巍語韋反闕二 魏牛又牛畏反

幾字當屬於居希反，今誤屬香衣切二

又水名一

魚

漁魚爲漁之訛

魚語居反水蟲六 漁水名在漁陽 𢿘捕魚或作敷 齬齬不相值又魚舉反 鋙鉏鋙 䮐馬二目白 初楚魚反始一 書傷魚反文書七 鵨鳥名似鳧 琽玉名 舒散

郚地名作魚 廬江 𦖌 居舉魚反止亦作𡰣八 据手病詩云予手拮据 裾衣下 琚玉 鶋鵛鶋鳥 涺水名 菬苴菬草 腒乾雉又鉅於反 渠 彊

。。 𧇊輒 緁履緣 璩玉 磲碑磲次玉 蕖芙蕖 籧籧篨 篨牛 淭淭之 醵合錢飲酒 腒鳥腊又九魚反 鶏鳥 驉驒驉 鼩獸

口。口。口。 藩籬 蕖菜 蘧麥 躆跳 蘧蘇 蟝蛷蟝 豦豕又居御反 余與魚反我亦作予 悆同余廿三 蜍蜘蛛 餘殘 輿車又庶反 旟

鳥 旟 䳜鳥同穴 璵璵璠寶玉 艅艅艎 畬田二歲 澦水名 歟詞末亦同與 譽美稱又似豫反 𡟪女字 舁對舉亦作舉 好婕妤婦官 輿

山驢 驢馬行 狁予又予佇反 懙謹敬皃 趣安行亦作 𢝊篨 雒蜀雒 胥息魚反相通 鰅魚名 䈝竹名 潽路 稰落 楈口 蝑

蚣蝑 蝑 諝有才之稱又相 疽七余反癰十三 岨石山戴土亦作宜 趄趑趄 苴履中藉 沮水名在北地又慈與反亦作瀘 狙猨 雎雎鳩 且

岨 蹟塲又七慮反 覷 相似視又七慮反 䢐 此 鋤 助魚反大斲三 鉏 鉏又仕舉反 狙 豕屬 攄 勑居反舒 樗 惡木 篨。

疏 條亦作延又所去反 䟽 跡 延 青通 釃 下酒又所宜反亦為釃 疋 詩古文為雅字又口舉反 虛 許魚反空又作虗 虗 通俗作虗 驉 馬驉 歔 欷歔 嘘 吹嘘 魖。

郤 地名 狳 野羊 篨 竹名 唹 笑皃 豬 陟魚反豕正作豬三 潴 水所停曰潴 橥 揭橥有所表識 廬 力魚反□

閭 里 藺 菴藺 爐 火燒山界 諸 章魚反眾□ 櫧 木名 渚 水名在北岳 藷 藷蔗

第四頁 虞

虞改為敬之誤

㒁 短皃

䰻 魚名出遼東 軀 身軀 驅 馳亦作駈 摳 苦侯反褰裳又 朱 止俱反赤 珠 圓珍 侏 侏儒 咮 □。□。

鴸 鳥似鴟人首 袾 □。□ 袾 □□□□朱反 趨 □。□。□。□。通俗作趍一 慺 力朱反悅亦作慺十三 蔞 蔞蒿又力侯反 氀 毛氀布 瞜 瞜瞜 艛 魚名 𡺳 山頂

摟 曳 貗 猪求子 膢 腜膢所以過水 䝏 貗子 膢 祭又落侯反亦作膢 婁 空 扶 附夫反持十六 芙 芙蓉 颫 風 鳧 野鴨

扶 扶疏盛皃 荷 鬼目草名 蚨 青蚨青色小蟲子母不相離 夫 若夫語端 苻 苻草木白石英又子房 坿 扶付反 蚨 小 蚹 □ ↑ 鳺 鳺鴀子 瀀 □

雛 鵻鵻 敷 撫夫反布廿六 麩 麥皮亦作麱 孚 信 郛 郭亦作垺 鄜 縣名在馮翊俗語作鄜州 鋪 設又普胡反 筟 筟。 簳。 織緯者 俘 囚 痡 病

殍 餓死曰殍 怤 思 䍖 翻下羽又音鋪 旉 花 孵 卵化 紨 □。 甫 石間見 毦 □。毦 莩 莩莕 稃 秠亦作稃 䅶 作稃 秿 秿又扶 豧 豕息 豧 妨豆反 鄜 亭名在汝南上蔡又方豆反

荂 花盛 孚 尤反 䍖 罦又扶 諏 子于反謀又子侯反六 陬 隅 娵 不廉 㻢 陬隅 娵 星 嵎 □ 喁 高皃 掫 擊 跗 甫于反足跗亦作趺十三 膚 作肤 體 肌亦 邞 縣名在鉄 琅琊

袄 袍襦之類前襟亦作帙 玞 珷玞美石次玉 鴸 鳥名三首 柎 六足六目三翼 蕛 地膚藥名 簠 簠簋祭器又方羽反 夫 周制以八寸為尺□十尺為丈故曰丈夫 鳺 鳺鴀 鈇 鈇鯕 柎 欄足 紆。。

□

靬 于 般 陓 陓陽陓澤在冀州 藘 草又侯反 于 鳥 扜 持又□孤反 瓬 股 甌 甌𤭛 䤈 能者飲不能者止 虷 蚰蜒 迂 曲 輸 式朱反送納二 郇 縣名在清河 樞 昌朱

。。

姝 好亦作□ 筞 筞 廚 直朱反饔室二 躕 躑躕 枸 舉隅反執十一 駒 馬子 岣 岣嶁衡山別名 盯 視左右 鄭 挹 捄 梂 盛土詩云捄之陾陾 跔 手足寒 鮈 魚名

不刻

此行爲第五紙殘缺，以下接次行，下不相符合

模

礰礰䃰石䃰一日邪又許力反毹山虞反氍毹三𢄼裂繪𣞤車轂內孔

模莫胡反法九摸以手摸又毛搏反摸㨯嫫〻母黄帝妻䋈車衡上衣䤅〻𨡾子醬𨡾字大胡反謨〻亦作𦽆橅規度墓地亦作無𩈲醜篻竹𨈨蒲胡反𨈨𨉖手足行七𦳝〻攎收亂草

↑酒。飲𧃍〻劚縣在武威樸撲劚字戶關反𦬼䕯蒱大腩魚蒱蘭。胡戶吳反何十九壺酒器正作壼狐狼屬𦞙䉌䉌𩝦寄食亦作餬䚛胡〻牛頸下垂或作咽瑚璉䴊

鶘鵜鶘𤞑䖘𤞑獸名似猿𤞑字上咸反䤕〻醍醐麴黏麴亦作黏弧弓乎詞已聲又雲烏反正作兮從兮厂聲厂音曳箶竹𥯸䉿。棗大𦈣銳上𦁟被𣳽陂䶻鼠狐

古胡反單廿一𦴱彫胡姑且辜罪呱啼聲𤵸內病松上泒水名在鴈門酤買酒又胡古護二反觚酒器蛄螻蛄𢓁竹鴣鷓鴣鳥名橭木名㸹古漢書越巫𣁕祠在雲陽沽

水名在滹沱保名高密嫭任𦙶息瓜大脖肫膆䟽程䴵爪。𦙶。瓠。䉉徒度都反空又或作𨑨步行𡈄屠𠳵告瘏病塗泥亦作涂又火如反泥飾途道塗通𤬪〻山駼𩧼〻

𤛛黄𤛛牛鵌烏名與鼠同穴涂水名在益州又直魚反梌木名荼苦菜又丈加反𨡾𨡾酴醿圖思度意今因循作圖云說文音鄙訓難圖畫說文書計難從口啚音韋啚〻難意用啚作圖非

[illegible]

廜廜𪊨草菴𪊨鵵鳥屠馮翊郚亭名在𤛛。胡〻別又他胡反𢊁蜘蛛反荼穗又弋虎反𥢃杖奴乃胡反徒〻四駑駘馬吳國名通俗作吳䶜似鼠亦作鼯浯水名䒷

口。口。亦作口𤠣倭屬𤤺堄𤤺美石次玉吳〻蚣蜈蚣郚鄉名在東莞梧〻桐鼯鯃魚大租田稅二粗側胡反苴茅藉封諸侯藉口。口。盧落胡反俗作盧器通廿三鑪大爇壚

黑土籚竹名䕡〻葦顱頭顱亦作顱鑪魚名攎斂取櫨柱轤轆轤圓轤大木黸甚黑獹韓獹犬名鸕鸕〻鵜鳥艫舟後纑布縷壚碧玉

𧆛𧇊餔飾器蘆草𢉖鼓無首蠦蟲杇木名又力租反穌息吾反䅇麻甦更生徂昨胡反往殂死虘虎不柔又烏

口。口反嗚〻呼杇泥鏝。字洿水不流鰞魚名鳴〻側鎢鏝歍口相烏就鴮〻鋘溫器汙滿弓又所向扜又口孤反瑦石似玉又於故反鳴〻𣓌青柿鵜鶘鳥蝪

令〻戲又方典魚反逋懦孤反𨗡懸八餔歠晡申時庯屋上平鋪設又普故反抪布展舒又補路反逋〻趦𨓏鵠枯苦胡反死木亦作殆七刳剖破郀地名又扜揚

𢏟張弓又於孤反亦作𢏟𨊻車橭木四布又古胡反麤倉胡反不精三𪋻行路遠麤草履玗美玉五稌他胡反稻又他古反琈玗琈㻌銳又達胡反𧺀伏地

齊

•都丁姑反大邑四 鄌竹名 闍闉又時遮反 醏醶醏醬名 䄻普胡反豆䄻六 鋪設 鯆魚名 䟽馬踈 痡病 陠衺
齊徂嵇反中七 臍脃臍亦作齊 蠐ㄑ蠀名似蠹 䖢ㄑ螬或作蠐 齌好亦利又子等又七 齎貝 銇奚反 䶒嵇反 •黎落嵇反眾亦作黎棃十五 犂耕具 䍦ㄑ縭 䆸䔧
莉ㄑ茈織荆又力底反 黧黑而黃 䍦縭縭惡絮 蠡以瓠為飲器 邌徐行 鑗亭名在上黨 㦒謑詬 䴡弄言又力支反 騠馬屬 雞ㄑ黃鳥 鵹鶆 妻七嵇反齊亦作齌十
萋草盛 淒雲貝 淒寒詩云淒其以風 悽慘 霋雨止 鶈鳥 鶈鳥怪 緀文 䙯 齎即嵇反 齌疾又 低當兮反亦作低十七 氐俗作互 羝羊羌通 衹短衣 磾漢有金日磾
鞮革履 䏲ㄑ胜胅腹胜字胡嵇反 羝羊 腁脣 䬪餬 䟿到 氐至又丁計反 䑐不正 紙絲䌨 䱱指又勑細反 隄防亦作堤 奃大 尵不能行為人所引 啼□□□
䟡?□□□□ 踶足名亦作蹏 䖙竹名 提持 詆訶又丁禮反 隄防亦當嵇反又作堤 桋木名 題頭 媞好 㮣視又口計反 鶗次亦作䳇 綈厚繒色綠而深 罤兔網
䬾餹䬾子草或作苐□ 𩟄醍酒又天禮反亦醍醐 騠駃騠馬名又丁奚反 禔衣服好 鵜ㄑ鶘鳥名 荑 虒器
蟾螗蛦小蟬 睇直視又與支反 睼遠視又吐見反 趧ㄑ趧四夷樂 謕轉語又他奚反 𦤈 䬾 紕繆又芳脂反
•䠟方奚反 鼙豆 鼷鼠

第六頁

皆

懷戶乖反正作懷八 褱ㄑ夾 櫰木又古迴反 䃶戎狄 瀤鹽 褢ㄑ歲
•豺士諧反狼屬四 儕等 犲次又車東廂又却佳反 䜊取私疾離三反 豺五林 㟴山在 差楚皆反簡三 趖起去
㾕慧 齋側皆反齊一 •崴乙乖反崴嵬不平狀三 嵬ㄑ㟴 澮濊濁 䃶作䰎 䶩齹一 䟠卓皆反 揩客皆反指超摩拭二 䵶大絲 揩諧皆反指二

灰

灰呼恢反燼餘從又通俗作灰三 豗豕掘地 𤸈馬病 恢苦回反大亦作㳄六 詼ㄑ啁 悝病一曰悲 魁帥一曰北斗星 鮠箭竹又苦懷反 頇醜又口兀口猥二反 隈水曲□□□
□煻煨火 •緭五色絲飾 偎國名 颰風低又乃罪反 鍡角曲中 回戶恢反旋九 洄逆流 徊徘徊 迴覆轉 槐守官槐樹名 瑰玫瑰火齊珠 虺人中蟲 䖼長玉作蛕 邰鄉名在睢陽 □

顋寫脊誤入

𠙴枚莫盃反一箇十一 媒妁 玫玫瑰 梅似杏而酸亦作楳 煤炱煤灰集屋炱字杜來反 脄背肉又亡代反 腜孕始兆 禖求子祭 䍙雉網 鋂大環 莓莓美盛 瓌公迴反瑰瑋四 傀大良 嵬

茱又胡罪反 櫰木食多力又爲乖反 雷路迴反小雷正作靁八 罍酒器或作櫑罍鑘 儡儡同 勄兔 畾田間 𤮚擩又力救反 轠轠轤不絕 頹禿頁 瓃玉器 穨杜迴反暴風十一 隤陰病

𠙴下墜 魋似熊而小又人名 膭膗膭屋破狀 頹禿 穨棺覆 蹪蹪仆 讉誤 藬牛頹 隤壓或作隤 崔此迴反人姓又子雖反三 催促期 縗喪衣 磓都迴反落五

餽餅 堆聚土 頧冠名 搥擿亦作譙 摧昨灰反折四 崔崔嵬與人姓崔者字同音別 慛傷 欈木擣又子淚反 膗膗膭三 挼素迴反 鞼繫 鞻鞘 裴薄灰反人姓七 俳俳徊 培益

陪廁 鄭鄉名在河東聞喜 碩曲頤又方骸反 輫箱 不布迴反似椀而淺或作盃一 肧芳杯反肧胎一月 匹尤反正作胚五 坏不凡未燒 痦弱 醅酒未不凝 衃凝血又匹尤反 鮠魚似鮎五回反三 桅舟上幢 嵬崔嵬亦作嵔阢 䧟他迴反車盛皃亦作輴四 蓷草名益智一名鵻菼 㞂㞂進 推乃回反古之善塗者又奴罡反二 挼摩 脧子回反赤子陰

又作㞂粗者疲二

咍

咍呼來反笑亦作欸二 咳欬咳笑聲 開苦哀反張或作闓三 欬咳 䁗多亦作夤 哀烏開反悲五 埃塵 唉慯譍又於其反 欸歎 焕熱 臺徒哀反高九 擡舉 菭魚衣濕者曰濡菭 炱炱煤 嬯鈍劣 薹蕓薹 跆蹋 籉竹萌 箈水衣 該古哀反帀十六 豥豕四蹄白 垓八極又垓下堤名在沛郡項羽敗處 荄草根又古諧反 郂鄉名在陳留 殪羊 剴大鎌一曰摩又五哀反 陔殿階之次序 姟數十萬曰姟 餩 䄎樂章 𪗾作猑 胲足大指 戒夏 𩰚牙 頦奇非常又胡改反亦作佽 頦備 肉毛 栽昨來反製七 纔僅或作裁 財貨 才能 材木 𡘜好 麪 芽 來落哀反回俗作来八 萊藜又東萊郡在青州 郲地名在蜀 騋馬高七尺曰騋 崍崍山 鄈鄉名在扶風又力之反 毛毛起又力之反 䅘反亦作𥝠 鶆鶆鳩 爽 鯠鯠 猍貍別名陳楚江淮間云 麳小麥亦作䅘 琜瑲玉 徠還又力代反 騋 黑大黑 庲舍 淶水名在北地廣口

第七頁

寒

丸一小圓 瓛圭名 𤡬犬生 萑蓳鳥 木兎 洹水名在鄴又干原反 汍汍瀾泣貌 紈綾 芄芄蘭 狟

桓口口可食

䊵丸屬又如之反 垸漆和骨 寏周垣或院 莞小蒲席 皖蒲又胡混反 荁堇類 紈候風羽胡管反 刓一完反陡音當苟反四 眢井無水目月精 豌豌豆 婠好貌 鑾落官反車鈴十七 鸞鳥 巒小山而銳 欒木名又姓 灤南灤縣名在鉅鹿俗誤作欒 䜌迷惑不解理一曰欠貌 𦆆納 𦆆鳧葵一曰茆詩云言采其茆音力欠反亦作蘗 𣈶日且昏時 孌 攣 𥳷 元五丸反 岏巑岏七

刓圓削亦作园 黿似鼈又愚袁反 髨䯏 羱野羊又語園反 𩥄䳁 𩚩餌 欑在丸反木叢三 巑ㄑ屼山皃 穳小矟補㕟亦作篹 寬苦官反大二 髖兩胯間又孔昆反或作臗

·歡呼官反樂九 驩馬名 貆ㄑ貉之子又音丸貉字下各反 鸛鸛如鵲短尾射之射人亦作鵺 鴅鳥名人面鳥喙 酄邑名在罾郡 腸°四凶名 獾°狠亦作犿 貛°野豚 ·湍他端反急瀨五

謀案所脫正文是貒字

□ㄑ似豕而肥又吐亂反 煓漢太上皇名 黇黃色又湯門反 ·酸素官反醋四 狻ㄑ猊獅子西域 痠ㄑ疼痛 霰小雨 ·端多官反首九 褍衣長又衣正幅

觿角觿獸名 耑正 剸齊又都□反 鍴竹 鑽 穑禾垂又丁果反 鑽借官反又借玩反鑽刺二 欑曲輮亦作欑欑 ·官古丸反工九 莞草名以爲席又胡官反

口°ㄑ槨玩反 觀ㄑ視又古玩反 貫穿又古玩反 冠首飾又古玩反 涫沸又樂涫縣名在酒泉 悹憂無告又公玩反 毌穿物持 ·團度官反圓九 篿圓竹器正作□ 剸截又之兗反

口°ㄑ風 慱詩云勞心慱ㄑ 漙詩云零露漙兮 鄟邾鄟之邑又之緣反 𩅰零露 鷻鳶 單都寒反隻又常演反人姓九 襌衣ㄑ 鄲邯鄲縣名在趙郡 丹赤 殫盡

簞小筐 䈲大腹 匰器 嶭山名 ·安烏寒反秦五 盎ㄑ盎大盎 鞍馬ㄑ 郊地名在當陽 侒宴 ·干古寒反求十一 乾燥古作漧 竿竹挺 肝心金藏 奸以淫犯

口°ㄑ鵲鳥知未來事鵲字或作雗 玕美石 邗越別名又胡千反江名 盂盤 戟盾 鄿地名 ·壇徒干反封土祭處十 檀木名 鷤鷤鶾 癉風在手足又都彈反

口°又口沃反或作稚雗字古沃反 王次玉

口°觸大玄經彈攣又徒□反 云撣其名 彈ㄑ旦反弓 驒連錢驄一曰青驪白文又丁年反驒騱駭匈奴畜似馬而小也 聅貫耳 嘽歎 貚歎貙豖屬 ·盤薄官反亦作柈十六 瘢瘡痕 磐大石

皤大番ㄑ 嶓巾 磻磎 鬆ㄑ頭屈髮爲之又防滿反卧髮曰鬆 般樂又博干反數 蘩°奢 蹣ㄑ跚 鞶ㄑ革帶 𢫬ㄑ撥 鞶婉轉 瞥轉目 䁪視 篵篋 槃ㄑ曲 鷭下ㄑ鵑 鷭色宵飛 蟠

鼠 看苦寒反看視亦作翰五 刊削 衎口旦反 栞槎木 𡱇堅又口間耕二反 瞞武安反目不明 顢ㄑ頇 謾ㄑ欺謾言 蹣ㄑ踰牆 槾ㄑ頭餅 㥸ㄑ忘 鏝所以泥壁

口°無穿孔狀 鞔免覆又莫阮反 鰻魚名 鬘髮長 悗惑 縵在上艾 饅ㄑ欶亭 醽醭 市相當又亡殄反 ·湌倉干反進食正作飡一 ·蘭洛干反香草從柬音簡ㄑ頭餅十

鏝所以泥壁 瀾大波 欄木名 闌階ㄑ際木勾闌一曰闌晚 讕逸言又力誕反誣讕 闌宮門 籣盛弩矢人所負亦作韊 𠷉ㄑ哶 偺攣 躝踰 ·殘昨干反餘六 腃飲食餘亦朔

戔易曰束帛戔ㄑ 盞殘 奻穿亦作叡 幨帙 ·嘽他單反馬喘八 嘆長息 攤蒲攤 灘水灘一曰歲在申曰涒灘 譠ㄑ謾欺謾言又几山反 痑力極又馬病又託何反 嬗緩

·潘普官反人姓五 䍠ㄑ胡大瓢 番ㄑ禺縣在交阯 拌弃又蒲嬾反 𡸣居崎 ·難乃干反臣解一 刪蘇干反肪脂五 跚蹣跚伏行皃 珊ㄑ瑚又先昌反 姍醜 笧竹器 ·䈀

第八頁

刪

許安反顢頂大面皃一 •番去北潘反部黨 般別又薄肝反樂 革器具又口密反

。訕謗五 珊單于 列名 狦狠 潸ㄑ涕又口口反 •關古還反閉 𨷿。。 •彎烏關反二 灣水曲 •還胡關反返。。。在武姑反 䴉膏䴉粔籹

先

縺字。。厚又閑反

。鳱鵶 研磨或作研本硯犨 俓急又口耕反 㽴。 研口 •眠莫亦。 旁作密 瞑聽 𩬩燒煙畫眉 寫不見 •蹁部田反蹁躚

骿跛賀。 軿四面屏蔽婦人車又防丁反 •駢駕二馬 瓟黄瓜亦作瓝 胼益 腷國也 楄。 •淵烏玄反深水武帝諱八 痟骨節疼 弰弓勢

削曲前亦作剛 𪔂鼙鼓聲又於市反 迦行皃 鷀鳥羣 蛸撓。又勳弦反 •涓古玄反水流六 睊視皃 蠲除 肙草名 稍麥莖 鵑杜鵑鳥

•鋗火玄反銅銚五 駽青驪馬 䀏直視 梋椀 圓規又辭沿反 •邊布玄反四陲又𢉡十二 籩竹器 䍲小盆 蝙ㄑ蝠 編次又甫連 獱獺屬

𥖍籩上豆又北蔺反 萹ㄑ竹菜又北蔺反 偏身不正 蹁足不正 邊水名 牑床上板 •玄胡涓反虛玄七 懸無依古縣 眩ㄑ亂 駭馬一歲 玹漢有趙玹 昀

目大皃 胘牛百葉 眩。

仙

•仙相然反神壽八 𥳇竹名 茴草名似莞 蹮舞皃 秈秔稻 鮮生魚 毨毛罽 硟似石衦繒 •錢昨仙反帛貨一 •遷七然反徙二 櫏椐櫏木名 •煎子仙反熟煮二 㶒。

洗一曰水名在蜀玉壘山又子先反 •然如延反是七 燃燒上然从火已是燒更加火非同䌖加木失 㸐猓然獸白質黑文 嘫姓 肰犬肉 䕼竹。 蘸草 延以然反長九 埏墓道 筵席

郔地名在鄭 綖冠上覆 蜒蚰蜒蟲 䘰衿旋。牛項上衣 鋋小矛又市延反 䞨。相顧視 饘諸延反粥饘亦作餰六 旃之。亦作旜 旜ㄑ旗 栴ㄑ檀香木 氈毛席

鸇晨風亦作鷏 颭又居延反察一曰免又職憐反人姓一 邅張連反又直連反迍邅三 驙馬載重行難又徒安反白馬黑脊 鱣黄魚亦作鱓 潺士連反潺湲水流皃七 虥虎淺毛皃

仕限巉二反 孱小弱 鋛鑿 犦門聚 轏軒 羶式連反羊臭六 挻打凡又柔挻又丑連反從手 煽火盛皃又式扇反 脠生肉醬 鱣。 梴䂑 脡丑延反 鯅魚䲍又

式連反四 埏木長 鏈鉛又力延反 𨑒山。緩步又丑連反 •鋋又市連反小矛又以然反六 單ㄑ于 蟬蟲 嬋ㄑ。嬡牽引 儃能 禪靜 纏直連反繞通俗作纒八 躔日月行或作𨇹

瀍水名在河南　墭一畝畢一曰城市內空地　廛屋與墭通　鄽市通俗作廛曰郊鄽作廛從省作鄽　邅移又除善反　蟺。守宮口　嗎許延反笑亦作嘆四　嫣長皃好皃

又於建於遠二反　[illegible]飛　仚輕舉皃　連力延反及十　聯〻緜不絕　漣〻漪風水動　[illegible]〻翩飛相及皃　鰱魚似鱅　鏈鈆松。又丑連反亦作鏈　[illegible]水名出王屋山　[illegible]齒露

[illegible]泣血　槤簃　篇芳連反簡札六　偏不正　翩飛　媥身輕便皃　[illegible]身正　萹萹竹又補殄反　便房連反不惡六　緶縫　箯竹輿　楄木食之不噎　[illegible]沙蟲亦作[illegible]

諞巧言論語友諞佞　綿武連反精絮十　棉木棉　謾欺出漢書　[illegible]瞳子黑　蝒馬蜩　[illegible]雙生　[illegible]忘　杣木名　[illegible]蟬屋　宀深屋　全聚緣反具或作仝五　泉

水源　牷牲全牛色　葲葲葈。　[illegible]白質黃文具。　宣須緣反吐四　揎手發衣或作擐　愃快吳人云又況晚反　頢圓面或作團　鐫子泉反鑽斲亦作鋑通俗作鎸二　[illegible]又且鈒反

・翾許緣反小飛七　儇智　弲角弓　[illegible]疾。　蠉蟲行　[illegible]姸又有矩反　[illegible]童子又下犬反　・壖而緣反。又廣垣又而兖奴玩二反三　。堧壖河江邊地　[illegible]促衣縫　撋摧亦作撋挼又而爲乃口二反　穿昌緣反貫又通三

川谷亦作巛　[illegible]泉三　・沿與專反從流而下俗作㳂十一　鉛錫通俗作鈆　櫞枸櫞亦作粽　捐弃　鳶鴟　蝝蝗子一曰蟻子　緣歷　鳶〻尾射干　阸高　[illegible]魚　豚。

短　・旋似泉反還十　檈圓案　璿玉名　漩回流　琁美石次玉　[illegible]炊篹　嫙好亦作嫙　鏇圓鑪又因絹反　佺偓佺仙人之　蜁螻蜁亦作螲　圓規又於俗反　娟於緣反一曰好皃三　嬛身輕便　悁

〻悁　・船繩川反舟俗作船一　・鞭卑連反馬杖六　鯾魚名　編次又布千方繭二反　箯竹輿　揙擊又苻善反　㢟敘連反口液正作次亦作口　・詮此緣反平十六　銓〻衡亦作硂

憂　痊病瘳　佺偓佺仙人　悛改　駩白馬黑脣　荃香草　筌取魚竹　絟細布　・譔善言又仕卷反　謜言語和悅　恮謹　遵。簿　剶剔又先全反　峑山顛

[illegible]丁　・專職緣反精一六　[illegible]整　顓〻頊　篿竹器楚辭索蔓以篿　鄟邾婁邑又專兗反　[illegible]徒桓反　嫥好皃　・遄市緣反　圌倉或作篅又時規反　輲無輪車亦作輇　椯木名

口相讓又究絹反　・員王權反官數三　圓圜　湲潺湲　・栓山員反木丁二　[illegible]〻車軸又所卷反　・恮小曲卷一　[illegible]莊緣反撰丑專反所以去枝　・[illegible]門樞者二　[illegible]去　・乾渠焉反天古作乾不省與乾同六　虔

恭　[illegible]〻爲郡在益州　[illegible]魚名　鄟聚名在河東聞喜　騝騝馬黃脊　愆去乾反䚾五　褰〻衣　騫虧少一曰馬腹縶又許言反　[illegible]又己偃反　[illegible]跛足　・權巨負

反」反」常合道亦作口十九　拳屈手　觠曲角　[illegible]〻氏縣名在代郡氏字郎盈反　顴頰骨　婘美好　[illegible]曲脊行　踡〻跼不行　[illegible]手屈病　犈牛黑耳又居万反　蠸瓜葉虫　齤齒曲

[illegible]鴝鵒　[illegible]蟲刑詰詘　[illegible]盌　鬈髮好　[illegible]曲脊　[illegible]〻脥醜皃　嬽好皃　[illegible]直緣反屈椽二　傳於。權反通俗作傳　[illegible]轉又持　・孿呂緣反攣綴　[illegible]狗亦作[illegible]四　[illegible]病　[illegible]〻南

讙集源當作源見玉篇

第九頁

題所謂見[illegible]字

[illegible]玉篇作[illegible]

縣在鉅鹿又口九反 孿蜷 ·勬強健居員反一 弮去員反縣名在滎陽五 棬小器似升屈木為之 彏弓曲 鬈髮好 焉於乾反何又矣語已聲三 漹水名出西河又於彥反 嫣〻孿音孿 嬽

於權反娥眉皃一 ·全居負反䟃曲伏三 勬強健 腃目眇 辿丑連反緩步一 褑人全反衣縫一 嬽丁全反一 嬽九也出說文新加一

蕭

·蕭蘇彫反草名又縣名在沛郡十二 簫管亦作䉏 蟰蟰蛸 蠨蠨蛸蟲名 橚〻椽樹長皃 瀟水名 飀涼風 綃生絲綃又相焦反 撨擇又先鍫反 箾舞箾又山卓反 鮹魚

翛羽翼蔽皃 祧吐彫反遠祖廟亦作庣八 挑撥挑 朓月見西方 恌輕薄 聎耳病 趒雀行又他弔反 斛斗旁耳 蓧苗 貂都聊反似鼠亦作貂十九 髫小兒髮 彫

刻俗作雕誤 刁姓 琱琢 凋落 紹短尾犬 鯛魚名 鵰鳥名亦作雕 鳭鷯鳥別名 蛁〻蟟茅中亦小蟲 瞗視 苕葦花亦作芀又音迢 弴天子弓又丁昆反 刟取穗亦作刓 舠吳船

鵰大鳥亦作鵃 鵃〻鵝又作聊反 褭棺中衣 ·迢徒聊反迢遰十七 條枝 髫小兒髮 跳躍 鋚紖頭銅飾或作鋚 鯈似蜩魚翼見則大旱 蜩大蟬亦作蚒 佻

獨行詩云佻〻公子 苕 芀葦花音彫 調正。 嬥獨行皃。又徒了反 鬌髮名 卣草木實卣〻然 條柚 鯈魚又直流反 𩗬飄又許幺反 ·驍古堯反驍武九 梟鳥名 梟。

徼〻幸或作傲 倖亦作僥 邀遮又於霄反 釗弩機又周康王名又指遥反 螅似虵四足能食人 僥僞又五聊反 ·聊落蕭反誠然卅一 聊耳中鳴正作膠 膋口 呂

遼遠又水名 憀無憀賴 寥空 寮穿 料理亦作䉆 墂周垣 橑短椽又力道反 撩取物 摷擊。 廖左氏辛伯廖。又姓力救反蜀書云後有二廖湛廖立

寮值寮有孔 鐐爐

肉 鷯鷦鷯 篛竹名 璙玉名 嫽相戲又力弔反 嫽戾姓自是 漻水清 瞭目明 䉍草器

·堯五聊反高遠俗作尭五 嶢嶕嶢山危 僥僬僥短人 垚土高皃 顤頭長 膮許幺反豕羹口

宵

怮〻〻憂又於流反 ·鄡苦聊反鄡陽縣名在鄱陽 鄡縣名在鉅鹿 𣪠擊

銷鑠亦作焇 硝硭硝藥名 蛸螵蛸蟲 ·䂆長皃又火學反 踃跳

潮水潮亦作淖 鼂鼂匽 朝參覲 嚻許嬌反喧或作囂又五高反

·樵昨焦反柴亦作樵 劁刈草 僬〻僥南方短人 䁱耳中聲

（數或即是數字）

第十頁

肴

驕馬高六尺古今共用作□□□□□喬通俗作高 憍矜

筊□□□ 姣人婟 猇虎聲又縣名在齊南又五加反 □乾草 鵁鵁鶄鳥名 鮫魚名皮有文可飾刀 膠人漆 郊邑外

•巢鋤肴反鳥巢又屋巢縣在盧江 轈兵車若巢以望敵 勦輕捷又子小反

麍忤 獶犬多毛又乃勞反 梢所交反梢木

鮹魚名 萷惡草又胥邀反 䘯袛 娋小侵 嫂呼姊 箾竹器

虓許交反虎聲亦作猇 髇人箭 歊禾傷肥 㚪高氣 嗃○○

包布交反包裹正作包二 胞胎衣又匹交反 胞匹交反胞胎又布交反 □邑名又布毛反

泡水上浮漚又扶交反水名在陽平 茾藥 敲口交反高擊頭 骹脛骨近足細處或作骹 膠膠面不平於交反 怓人悠伏態皃 磽石地亦作□ 䫜□□□□□

□□□□□□□□□又魚□□□

謷不肖又五勞反 嶅山多大石 摮擊 敲擊又口彫口的二反 䎐側交反耳中聲 䍜抄網又楚宵楚朔二反 抓搯 嘲○○

趙人趙跳躍趙字竹音反 鵃人鶻黃鳥 譟楚交反代人說五 抄略又初教反或作鈔 摷人取 訬慢 魐疾 庖薄交反食廚十一 咆熊虎聲 匏瓠

瓟以瓠為飲器 麅似麞 掊手掊 䶌赤黑之朱 胞脛相交 狍獸羊身人面 鉋人刷今音白教反 顱於交反頭凹又面䶌反五 㕭人咋多聲 眑人膠又於

交□人祐反 梎棍 坳地不平 •磝五交反

豪

•豪胡刀反豪俠亦作豪通俗作豪十一 號哭 毫毛 嗥熊虎聲亦作獋 濠城濠 崤山名在弘農又羽交反 鄗鄉名在南陽 獒俊 號木名 壕城下道 獋犬聲

高古勞反上出通俗作高 膏脂 羔羊 皐○○ 櫜弢一曰車上大囊 咎人 鼛役事鼓一曰大鼓長丈二 鷎鳥名鳴鷎 槹桔槹 篙竿

悷□知 苕白蒿食之不飢 蒿白花 鄗鄉名在范陽 •勞盧刀反 澇水名在京兆 牢養牛馬四固從穴者 簩竹名一枝百葉

豋野豆 醪酒 撈取 璬玉名 嫪妬又力報反 聊耳鳴又力彫反 哰囒哰撦拏 簝肉籠又落蕭反 窲䆗窲深谷 栁木 蒿呼高反蓬蒿五 撓攪

薧死人里 嫴耘亦作茠拺鎒 皐窲䆗深谷 毛莫袍反膚豪八 髦髮又髦俊 芼菜 旄水名 旄㇀鉞 氂㇀牛又莫交反 堥前高後下丘又汝周反亦作嵍 柭冬桃亦作枆 饕吐高反貪十八

囗㇀水名在安定 韜藏 謟疑 滔流水皃 叨濫 弢弓衣 騊馬行行皃 犒牛羊無子又昌來充牢二反 犉牛行遲 搯㇀捾周書云師乃搯 搯㇀字烏括反亦作掏 慆悅 絛編絲繩 幍

目通白亦作口 叏滑 詨謅 丰進趣 䈰牛䈰器 刀都勞反五 魛刀魚名 忉憂心皃 裯㇀被又逐抽反 舠小舟 騷蘇遭反馬愁又 搔刮 縧絡繭取絲又七聊反深色紺又

所銜反旗垂 臊腥臊亦作鱢 鰠魚名 慅愁恐狀 溞淅米 艘船數 㮴船名 袍薄褒反綿衣二 軳戾 褒博毛反衰二 郷地名 陶徒刀反瓦器正作十九 詾多言 咷

號咷 桃果 毛 綯草繩 幬似帳又 𧝛覆 逃走 鼗鼓亦作鞀 掏出 濤大波 檮㇀杌 騊㇀駼馬獸似 萄蒲萄或作陶 裪褕 蜪蝗子有翅又勑高反 錭鈍

駣馬四歲又徒浩反 犤牛羊無子 翢羽幢又吐高反 糟作曹反酒滓亦作醩 醩通俗作糟八 遭須 嘈火餘 槽木 䒃果花實 槽相牛 殰終又杷牛反 䡨東日出方東日明 糟遭藉 槽

木 敖五勞反遊俗作遨十五 翱翱翔 聱不聽又五交反 謷不省語五交反 驁駿馬 獒犬 熬煎 嶅山多小石 滶水名 鷔鳥白身赤口

集所國以 鼇海中大鼇 螯蟹屬 蔜蘩䕩蔞生細草 顤㇀顟高皃 嗸口口 囂喧又許驕反 戡戈鋒 獓大 鰲魚名 嗷㇀口愁衆 鏊釜 爊於刀

反埋物灰中令熟二 鏪銅盆 曹昨勞反府正十一 槽櫪 螬蠐螬 嘈喧 鐰鐵剉 褿㇀祭 嘈口口 艚船 𦗶耳鳴又在䨴反 䒃草 褿又且勞反 鷎高 猱奴刀反獿五

獿深色犬又乃交反 巎山名亦作巙 嶩猺名 夒獸 尻苦勞反臀一 操七刀反持又七到反亦作敹二 𢹎所以裹髻又七播反 橐普勞反囊張大皃一

第十一頁

［歌］

歌古俄反音曲亦作謌通俗作歌七 柯枝 㹉法 妿女師 菏澤名在山陽 柯所以繫舟 牁牂牁郡名或作牱 渮汁 和胡過反諧四 稞禾頭 禾穀 龢管合或作和字 過古和反經七 渦水名在淮陽

戈句孑戟 鍋温器 輠車盛膏器亦作檛 鴰鳥名 蝸蠕蠃又古卧反 蠃落過反鳥翼十二 騾㇀馬字或作驘 螺水虫螺蚌或作蠃 蘿木名堪為箭笴 䕙殼積或作稞 鏍㇀鑹小釜

或作 覶㇀縷委曲 腡手裏文 斗亦鍋又公科反 蔿盛土草器又力焦反 蠃桑飛 莎蘇和反草名八 魦魚名 挱挼挱 㚐㇀縣名在涿郡 趖疾 蓑草名可為雨衣與莎別 梭織梭亦作櫯

唆嗢唆 痤腓和反痤瘡五 矬㇀短 銼小釜又倉卧反 脞麥李 桗麥李 訛五和反謬化亦作吪六 鈋角 囮網鳥者媒又餘周反 卬木節 䕈草又于彼反 譌動亦作訛 科古和反科段十一

窠窼〻 薖草名 稞青稞麥 萪〻藤生海邊葉朋可爲筭耳 蝌〻蚪蟲 牠牛無角亦作牰 䅂竹名。 痥禿 課差又苦臥反 過〻軸 ·倭鳥和反東海中女王國四 過水迴 渦水坳」

和反又 逶濁 蹉七何反蹉跌六 瑳玉色 搓〻碎 磋象 傞〻〻不止舞 䶫齒跌 多得何反過數二 儺漢書盜儺宗 娑素何反婆娑三 抄摩抄 傞舞不止又七何反 娑

薄波反老母稱四 鄱〻陽郡名 皤白頭白或作皤 䋿人姓漢有䋿延又扶蕃反 摩莫波反研七 㱻尼 磨石 魔鬼 䃺偏 髍病 䯵漏 磨杯又莫加反 䭾徒何反駱駝十六 鼉

黿類又徒寒反 紽負 紽絲數 鮀魚名 陀坡陀 羚似羊四耳九尾 跎蹉跎 鞁尾 䭾馬 䭾神 袉裾又達何反 沱滂沱 駝鼠 䴱凡 㲃疾 驒連錢

駞 醝昨何反白酒十三 瑳白 瘥病 鄜縣名在沛郡 瘥小疫 䴾鹹 嵯〻峨 蒫薺實又相邪反 䅉作䅉 鄼縣名又子旦子管二反 虘虎不

柔 䳡齒 鑫鑫 𨃍亦作蹉 莪五歌反草名似斜蒿十 哦吟哦 娥美好 峨嵯峨 鵝〻鵞 蛾蠶蛾亦作䖸 俄〻頃 䫀齊 誐善 涐水出蜀汶江

·他託何反非己四 拕曳 䭾馬病又力極 佗又他單反 它蛇害人書儀云無它謂此 ·羅盧何反綺五 蘿蔦〻 籮〻 儸傶儸 欏木 𨚗縣在安定六 那諾何反又朝那 難獸名 犐

似牛白尾 犘 犓多 鸃亦作䍴 巂麋鹿 鬌 魑除疾人亦作 魑通俗作儺 何韓柯反問六 河水 荷蓮葉 苛煩政 魺魭 蚵蚌 訶虎何反責或作呵五 哬頭傾 妸女字又㳓何反 抲

擔 乙反子氣已舒 波博何反濤四 皤人老色白皃又薄波反 𥿁錦類又條又補靡反 嶓〻冢山名在隴西或作嶓 頗傍何反語第二 坡坂 珂苦何反馬珮飾 軻轗軻又苦賀反 ·阿

烏何反曲六 㛆婀娜不決 娿字烏合反 痾病亦作疴 妸女字又虎何反 鈳鉌 䋍細繒 ·訑吐和反詑欺四 涶水名在西河 詑讁詑又吐各反 讁他擊反訶 䅏惠 挼奴和反挼莎一 ·牠徒和

反牛無角亦作牗 碢碡展 ·鞾〻鞋無反語胡屩亦作靴或作屐火戈反 又布波反陸無反語何口證於今古二 𦘐化 捣 ·睉丁戈反又丁果反小堆亦作埵垜一 ·呿去墟迦反張口二 㰦去 迦居呿反仙名一 ·伽去迦反法

·𨓦過于戈反人相應一 小 ·脞倉和反脃二 矬訬疾又子和反 ·侳子過反二 侳小〻人〻倉和反

麻

麻莫霞反亦口口口口枲四 蔴牛 𧍱蝦蟇 蘑榼又莫柯反 車昌遮反車二 硨〻磲寶石 ·奢式車反奢侈三 賒不 賖亦作 畬〻田 ·耶以遮反 琊瑯耶郡 斜亦似嗟反 斜斗衰中谷名

笳竹名。 歈〻歈舉手相弄 𪂯臨海 歈歈字以朱反 茶荼枲名 犐属 穄穗又達胡反 ·遮止奢反斷三 奢吳人呼父 庶〻儸 ·嗟子邪反咨亦謹嗟」 □

差口 虘口 口口 ·蛇食遮反又吐何反毒蟲古者口口口口口口口口一 ·華戸花反美 華〻 騮周穆王馬 鷨鳥名似雉 蕐蟲名似蛇 鋘〻鏵 ○ ○

案：所闕正文當是婐字

女侍又反 抓引 花呼瓜反樹采二 譁諠譁亦作誇 誇市瓜反大言 骻〻骫體柔人 姱 ○ ○ ○

筊鳥籠又拏胡反 菽猪菽〻 毟□衣 ·嘉古牙反善十九 家室□ 加増 葭〻蘆 豭 ○ ○

袈〻裟亦作髦 貑米中黑蟲 茄荷莖 迦釋迦又居佉反 珈婦人首飾 迦不得進 㗇 ○ ○

騢馬雜色 鰕大鯢 蝦下脚 𩔳〻頗語不節 䪪傾言 碬礪石 鞎履跟亦作鞎

到自刎 ·巴伯加反夷類口 䩇車 笆有刺竹 豝豕 蚆贏屬又普加反

砂石 鯊魚名 裟袈裟亦作髦 柴木名崑崙 紗〻絹一曰纑 靿履 牙

皻以指按 𪓐皰鼻或作皻 齇牙齒不正字 齹合齒在左 担取又才野子野二反 摣取

塗飾又唐口反 潳江 梌刺木 秅〻稀 ·衺 ○ ○ ○

所闕當是爬字

□ □ □□巴反搖□作杷三 杷枇杷木名 琶琵〻樂器 楂木或作槎 䈚鉏加反水中

䐯角上廣又都賈反 ↑ 䆂開張屋又縣名 譇〻詐 挐不□ 謯嚌聲

·查才邪反大口

覃

䲋水中白魚 譚大 趯趯走皃 燂火熱 壜罌屬 鐔劍鼻

·南那含反火方 男子稱 柟木名 弇人名又古南反 聃耳漫

曰姊無聲又於含反 音聲 腤煮魚□

所闕是暗字

此處既行所闕簪是霱字

二頁

妉〻 酖〻樂酒 媅樂 䁞視十又而

稔香 合小 欀不脫冠帶 寀亦作𤢅 欦貪又呼恬反或作㰹 毵蘇含反 毵毛長

【談】

偡五含反 不憲三 啗語 寁 湛人嶃又苦男反

馬 天熱 甘小古三反 甜味六 筸竹 柑橘 泔米瀋 苷人草藥名 ○○

藍盧甘反染草 襤人褸亦 襤褸 鬛鬑髮疏皃 擥持 籃籠 藍瓜葅 憺貪

酣胡甘反 飲四 暫少時 妄 貪欲又呼 䖟鏨 咸反 甘仕 □□ 毯 □□ 蔪葱別名 慚昨甘反 慙三 又都 倉甘反 竹垂

原無蔪字
酣以下另起一行，皆字原無，囊上殘損別者僅上
殘字，正文意闕不可識

【陽】

易飛又曲易縣在交阯 羊羊 豕瘍頭瘡 蛘蟲名 徉徙倚 祥 鴹 馬額 赤

痒病又似羊反 羊羊藥草 暘 明 詳似羊反 審又 翔飛

粱人米亦作粱 蜋螳蜋 颺北風又 力向反 糧 粮作糧 跟

鄉穀氣 鄉邑 卿 上 卅 穀香 又 立方反 商書羊反 度口 賈 人買

作 阳水名 觴傷又且羊反 恦憂思又尸向反亦作傷 房符方反 傷室四 防守

彰 樟 讓反 章又止 似 麞鹿 鄣邑名在紀 葦草 暲明

羗西戎牧羊人從羊從儿 奇字 犬非 薑居良反菜名亦作薑十 疆界正作畺 或作彊

萇人楚 桃蔓生 跟 腸 腸腹 場祭神處又打穀處 場从易音羊

壤以手 而亮反 禳 行 蘘荷

獽戎 屬 禳除殃 祭 勷 勵勷 襄 迫 兒 鬤 髮亂又女 鬤 被髮又女 良反或作 瓤 瓜實又 女良反 孃 衡 〇〇〇

上 鄺縣名在 南陽

梁當作梁

〔剛〕　〔唐〕

邡什邡縣在廣漢　鴋鷑鴋鳥　枋木名又蜀以爲枋　魴魚　鈁鍾屬　牥牛　匚受物器　襄息良反上又邑八　廂廊　相視　湘水名在零陵

纕馬腹帶國語懷挾纕纕　驤馬騰躍　瓖　將即良反欲通俗作将六　漿米　鱂魚名鱂　蔣菰蔣　蹡　羘羊作牂　搶搶扶亦　瘡楚良反痍古作創

望看又武放反亡失謂有而出望從亡聖省　芒草端亦作　硭硭硝藥　硭　邙縣名在沛郡一日洛北邙　忘遺又武放反又不記　萌郎反　孃女良反　嬢稱四

瓝瓜內實又如羊反　孃女号　鑲兵名　床士莊反簀通俗作床二　疒病又女戹反　莊側羊反飾俗作庄四　裝行具又側亮反　妝飾　粧粉　常時羊反恒六　裳下衣　嘗曾　償　鱨魚名　鑲鐵

魚名　鴹鷞鷞鳥　霜所良反凝霜四　孀寡婦　孀婦居　驦驌驦　鸘鷞鸘鳥　牆疾良反垣牆亦作牆通俗作墻七　嬙婦官　檣船柱亦作檣　薔薔薇　戕他國臣來殺君　戕在頭　嬙　強巨良反又（其兩）反

弱　鏘七將反鏗鏘十　瑲玉聲　蹌和鳴　蹌蹌又疾羊反　蹡行兒　斨斧　搶拒　蹩趨　閶門　鶬和　鶬鴰　鶬羊反　鶬鳥又尸　鶬食　匡去王反正九　筐　匡蝦國

邑　框棺禮記曰不廣框　恇怯　勆勷　洭水名在匡車　眶　王雨方反往天下之所歸往二　蚟蟒蚟　央於良反已七　鴦鴛鴦　秧禍　鞅秧稻又於丈反　泱水流兒　胦

名　強巨良反壯或作彊四　僵僵身又居良反　疆弓有力亦作彊　彊　鱷鯨魚別名　葍草名三　倀失道兒出禮記　鏊鼓聲　芳敷方反香三　妨害　滂水名　狂渠王反病正作狂

軖紡車　䳷鷔鷔鵭

唐徒郎反國名廿九　煻煻煨火煨　糖字馬同反　糖飴　堂基　鼱鼱鼠一月　搪搪揬　棠木似梨　蓎蓎蒙女蘿　瑭玉　餹餹餳黍膏餳　篖竹行篖竹　犝牛　塘

陂亦塘　螗螗蜩蟷　螳螗螂　䗂蝩　毻毻毛　踢跌又杜浪反或作逿　閶盛貌又吐郎反　閬門高又力盎反　榶榶棣　橖車橖又達庚反　隚殿　瑭隄　䣘地名　獻䣘瓷　鎕鎕錦瓷　䉎䉎

輴軥輴　䡊䡊輓　郎魯當反魯邑二十三　桹桃桹句桹　稂莠　桹普木名　廊步廊　榔檳榔　鋃鋃鐺瑣頭一日鐘聲　硠硠磕　䍚鷎鳥名　浪滄浪又盧宕反　䯁䯁骯股內骯字苦光反

蜋螳蜋　䱶魚脂　琅琅玕玉名　筤康筤空貌又盧黨反　蓈藥名　欴欴飲貪兒　踉踉蹡　莨童梁　崀崀峻崀山冬日所入　䱶短鈹　艆海中船　駺馬尾白　筤籃

當都堂反八　鐺鋃鐺　簹竹名　襠裲襠　璫珠　檔車檔　瓽瓜瓽中瓜　蟷蟷螂亦作蟷螂　倉七崗反困五　蒼青　鶬鳥名　滄水名　鶬雎鶬　剄

古郎反強十一　崗山脊　㭎舉　笐樂器以竹爲之有絃　鋼鋼鐵　綱綱紀　亢星名一日亢父縣名俗加點作亢失　犅特牛　堈甕　魧魚名又胡郎反　颹　桑息郎反蠶

𧄼木又搏桑東海神木日所出處四 𥃨亡 驨馬色 䌨黃 康苦岡反泰亦作㝩八 糠米皮亦作糠 㱧穀不升謂之㱧 㝩㝩𡧛 躴躴長 𣄠亦作䡅 漮水虛

蝱𧌃蜋蛣蜣 荒呼光反田不熟十 㡆果蓏不熟 肓心上鬲 㠩血 㡃韓子名 㡃意蒙又莫郎反 帍幭 巟絲絨 謊夢言 𩢍馬奔 黃胡光反地色廿八

皇天謂大道色泊如 璜璧 𨗹急 惶怵 潢積水又胡浪反 堭堂壯 煌火 餭餦餭 騜馬色 艎艅艎吳舟 簧笙簧 隍城池 癀病 鄌古國名 湟水名在安定 徨

彷徨 鰉魚名 篁竹叢 𦽳草木盛 郋縣在會稽 凰 堭殿 媓母 𪂹雉 𩀮 翌羽舞 䅣䅣 蟥蚌 蝗災虫又胡孟二反 光古皇反明色九 洸水名又烏光反 垙陌

第十三頁

桄桄根大 胱膀胱 輄車下橫木 橫長安西北門名又橋名又胡盲反 英 莣莣作𧄼 黃武亦 湯吐郎反沸水五 鏜鼓聲亦作鞺䡾闛鼞 鴹水名在鄴 蝪蛛蝪 蕩 蕩遼馬尾亦作蕩 滂

普郎反滂沱五 鎊削 雱 霶霶雱 斛斗量溢又薄庚反 雱霶盛 汪烏光反汪汪雅量四 𪄳雉鳴 尪弱 洸水名又古皇反 鴦烏郎反鴛鴦四 佒體不申 㿮瘖 姎女人自稱又烏黨反

航胡郎反船亦作𦨴十二 笐竹 笐𥫣 桁械 行位 迒獸迹亦作𨗹 頏頡頏 魧魚名又古郎反 䀪 邟縣名在吳興 蚢食蕎 亢今州名又苦浪反 茫莫郎反滄茫十一

口。 䀮目不明 不 谷 㟐知 芒怖 莣 邊又武方反 蘉勉 帍 幌又呼光反 寎寐言 宋 大 鄗鄉名在藍田 臧則郎反善三 牂 羘 羊又章反 贓贓賂 囊奴當反 㚂二

蟷蠰 蟷蠰 傍步光反依又蒲浪反八 彷彷徨 膀膀胱亦作髈 蹡跟蹡 趽腳脛 䟫曲 嵭側又亭名在安南銅陽 䅊䅊穋 騯馬盛 卬五剛反高六 駠千里駒 枊係馬柱 劉備縛督郵

者又五 昂舉 芇草 菖昌蒲 䩕履 藏昨郎反匿通作藏一 骯苦光反骯髒一

庚

庚古行反西方六 鶊鶬鶊 更代又古孟反 遈逕 秔稻或作粳 羹和味亦作鬻鬻 坑客庚反坎或作硎四 阬 砊 硠 院塹又口盆反 盲武庚反無目六 蝱 䖟

縣名在江夏 䁀䁀町 䀮直視 䀮 鄳縣名在義昌 橫胡盲反從橫又古皇反十三 黌學 蝗虫又戶光反 鐄大鐘 璜玉聲 喤泣聲 颹颹風貌 𣛮 方舟一曰荊州人呼渡津舫為橫

通俗作鄳 䁀直視 𦞦 坤 義昌

禜祭名 䞀 𩏲 弘 㤯 㤯 䚽 聲 䙵起兒 閍巷門四 㲒 宏 甫盲反宮中門 謗謁 㓛 大 祊廟門傍祭或作鬃 諻語聲三 喤虎橫反 喤聲 嚝嚝嚝 觥古橫反以

兕角爲酒器亦作 觵通俗作觥三 侊小 㺃 亦作㽊 彭薄庚反 姓十五 澎彭地名又 膨膨脝 蟛蟛蜞似蟹而小 髶髶鬡髮亂 鬔字乃庚反 棚步崩反 搒打 又北孟反引船

祊祭 祊祊 禜 榜輔 憉憉悙 自強 斛斗量溢又普郎反 篣籠 蒡隱葱 輣車 騯行 脝膨脝三 亨許庚反 亨通又普庚反煮 又虛掌反獻神 雖三音皆一字籀文作此 音依

𩿠作亨顧野王以享不繫要爲亨於亨加火爲烹强生分析不及依本同長音止長音太豈亦別作字乎也此本是𠂤子春寫字用亨彭悙湞水名又直耕反瞠丑庚反直視亦作瞸三橕ㄑ撐鐺正視鎗楚庚反鎗鼎通俗作鐺二

搶攙搶ㄑ祆星傖助庚反傖楚人別種三衡角長貞鬇ㄑ鬡髮亂皃霙於驚反雨雪雜八鍈鈴聲韺六韺高陽氏樂名渶水名出青丘山英俊又於香反稻初生曰英瑛玉光楧。

鶧繼鶧鶧磅撫庚反小石落聲五怦滿亨煮又許兩許庚二反[illegible]木彭弩澎水聲又薄庚反平符兵反坦六評ㄑ量苹葭一曰蒲白胓牛羊脂泙谷名蚲蚲□

京大古音經通俗作京荆楚地麖獸名亦作麠明武英反皎淨四盟約亦作盟鵬鷤鵬似鳳鳴鳥聲棖直庚反門旁木盯ㄑ盯澄水清

憕ㄑ惝失志皃趟竹盲反趟趟跳躍趟字張交反二䬋颶䬋狂風榮永兵反華美

兄許榮反

牲。猩ㄑ狌

第十四頁

清

尤

尤羽求反甚七𣏓木名腄縣名在東萊疣疣結病亦作肬肬沋水名在高密訧過郵境上舍憂於求反亦作𢙳優ㄑ倡

↑優ㄑ遊櫌打塊椎鄾邑名在鄧𢆶微小㤹含怒不言嚘歐嚘嘆妷鼻目間恨纋弁中[illegible]柰欬氣憂逆劉力求反殺亦作鎦□

留住俗作畄藰ㄑ荑藥名勠并力左傳勠力同心又力逐反摎縛殺秦有摎毒ㄑ字哀亥反亦有摎鶹ㄑ離鳥少美長醜駵馬白腹。騮驊騮周穆王馬𤳅田不耕而火種[illegible]粰梳饊流水行亦作沠

旒ㄑ旗亦作旈飀高風瘤肉起病榴石榴鎏美金瑠ㄑ璃䶉食竹根鼠又力久反憀賴又力彫反蝣蜉蝣又餘周反蟉蟉蟉又力幽渠糺二反硫硯懰烈[illegible]豆

[illegible]竹聲又力久反硫ㄑ黄藥鷚飛鸓秋七遊反時十鞧車鞧亦作緧鞦緧鶖鶖鳥亦作鶬鰍魚名楸木名萩蕭似蒿[illegible]吹筩又且燒反[illegible]鷄雛鰌鰌。龝

蚰。蚊亦作蝤猷以周反三十五悠遠油脂由從亦作𤳆猶犬又佝攸所蕕水中細草浟水流皃遊遨逌氣行歋揄歋以手相弄揄字弋支反冘冘豫不定

輶輕車又易受易授二反蘨草盛䌌禾盛蚰ㄑ蜒蝣蜉蝣櫾木名出崑崙山庮久屋木又弋久反亦作庮囮因鳥媒又五戈反亦作[illegible][illegible]鳥曰又翼朱反

[illegible]空[illegible]木更生亦作由戶蟉蜉蟉又力周反[illegible]𥛺又以帚反遥。遺玉又餘九餘昭二反邮亭名在高陵𧡨深視䍃凡器斿斿十二。[illegible]病[illegible]草[illegible]薰[illegible]牛語求反大

口。一逎卽由反又字秋反盡六　鰌鳥化爲魚項上有細骨如鳥毛　鶖秋耳鳴　蝤蝤蛑似蟹而大生海邊　啾小聲　湫水又字秋反亦作蘸　遒字秋反周亦作逎十二　雔。朿泉又卽由反　酋長亦作醬
楢傲　瞅耳鳴聲　揫東又卽由反亦作雛　醔液　殧終又子牢反　煪燰　䲡鵃射收角亦作䲡　緧馬紂　蝤蚴　脩息流反脯七　羞進亦作膳　饈饊饊字甫文反　修理
鏅鑢　輶輕　楢木名　抽勑鳩反拔亦作搊五　惆惆悵　瘳病瘥　婤好貝又止由反　聊他狄反　脩。失意視又　犨亦周反白色牛一　周職鳩反市亦作匊　賙八　州水中可居洲。。
鶹呼鶏　州聲　舟船周女字又　婤音抽　雕惟反　輈車垂　雔市流反四六　酬作醻　詶酬以言答又之又反　讎雙　鶖鳥　魗弃亦作𩴧　鮋魚又直流反　柔耳由反鍒十
鍒鐵　睬田　騥馬青驪　韖柔く皮又人又反　蹂踐穀　鞣前高後下又莫侯反　丘　頄面和　腬肥　鄾鄉名　收式州反取通俗作收一　丘去求反大阜五　蓲烏蓲草名又央留反
𧊈蚼　訄迫又巨鳩反　邱地名　𩗗匹尤反風吹兒七　秠一稃二米又芳鄙反　衃凝血又匹才反　胚孕一月又普才反　𣪍坏不盛兒又音醉　鳩鳥居求反鳩五鳩　九鳩名亦作𠀃四
𠃼聚　鬮鬥取　丩繚　糾。　勼居虯反　𢕰大力四　朻　𦭝秦芀藥或作艽亦樛木下垂　疒急。　不甫鳩反弗又甫救反　殕九二反一　搜所鳩反索俗作搜十四　餿飯壞　颼颼く風　溲
小　𩡧く馬　便　鞍耳　廋廋哉　蒐春獵　鱐乾魚　鄋北方國　螋蠷螋蟲　㯋牛三歲　䬒不進　獀獵　醙白酒　搊楚尤反手搊三　篘く酒或作搊　拘
。鄒側鳩反地名亦作鄹十　騶御一曰騶虞　掫く取　鯫鰌偏或作鯫又仕角反　陬隅　緅青赤色　黀麻莖亦作黀　獸足　菆草又薪又叉名　緅垢反　舟船　愁士求反悲憂二　𢞇腹中水　休

第十五頁

許尤反止俗作休　貅　鵂鶹鳥　庥廕　脙脊又渠尤　赤黑　髤馬　汗　惆去愁反　囚似由反人　泅浮亦作汓　慒慮又似
加點俗作休謬九　貅獸　鵂鳥　庥　胑反或作髹　桼　鵂名　貅獸月面　惆㞳一　圄在獄五　泅又餘州反　慒冬反
酉　芝　𩷿白　鯈　儔直由反類古作𠷎字廿二　疇く疇　幬帳　禂禪被　疇田　晭疇　紬く　綢く繆　稠穊　籌草　木名　儔魚子　籌筭　鬻洛　怞
朙　嶹呑　𩘿颼　菗茶　紬動又遅　菗草　妯六反　設縣物作穀亦　鮋魚又常州反　鄒在蜀　鄒江　鳥南方　䲡雉名　輈車轅四　譸張流反　䜱在扶風　啁鳴聲　譸く張誑亦作侜　鳩
反皮衣卅　求干。求鑿　鈒厲　仇讎　厹地名在臨淮亦作叴又人久反　頯頯　蛷く螋亦作蠽　逑匹　球玉聲　求財　𠃼地名詩云至於𠃼野　鼽鼽嚏亦作鼽　訅安　芁白芷
球終　釚鈗　觓努荊　莍椒實　欲亭　朹李似　絿求　紈引　頄作頑　執緩　賕脊又反亦作𦚩　肍醬又呼尤　肍肉　仇怨　㠲仇迫又去牛反　郝地名　宋
索　浮薄謀反虛廿一　䍙吹氣又拂謀反　桴齊人云屋棟　枹鼓槌　𥬀竹有文　罦車上網或作罟　琈玉名　涪水名在巴西　桴く粰糠　鵧く鳩鳥　罘く宜　鯙魚名　芣

く蜉蚍蜉亦苡蜉作蠹 烰火氣 裒減又蒲溝反 鉜く鏂 雺雨雺く 泭編木渡水 艀舟 務多 謀莫浮反圖十七 霿天氣降地不應又莫貢反 眸目瞳子

牟牛聲 侔等 矛戟 蝥蝥蛻 䍒く麥 鉾魚名 堥小堆隴 蟊食穀蟲亦作蟊蛑䗬 鴾鴾 劺勵 䒜草 䵹醹醬 𠂇本為侔字今為牛又渠口

反 鬏髮至眉或省作髟

侯

侯胡溝反候亦作帿十五 猴猿 糇粮 翭鳥羽 喉咽候 篌箜篌 帿射張布 鴂顙く額丑言 鍭大箭又胡遘反 鯸く鮐魚 餱乾食 銗鏂銗所以鉗頸 睺半盲又胡遘反

骺骺く谷在 郈成皐 謳烏侯反吟哥或作嘔十 嘔小兒嘔 褔逅衣 鏂鉜鏂丁又鏂銗 甌器 膒久脂膒 鷗水鳥 蓲刺榆 歐く陽姓 瞘深目又口投反 剾剜又恪侯反 [illegible]

奴溝反胡羊三 㝹兔子 獳犬怒 樓落侯反臺榭二十三 婁星名 耬種具 髏髑髏亦作顱 摟探取 膢祭名又力于反亦作褸 瓡瓝瓡土瓜 廔麗廔綺窗 剅小穿 嘍く嗅

鳥聲 瞜視貞 𦏃土𦏃似羊 螻く蛄 簍籠 褸衣領 㺏求豕子 鄋鄉名在南陽 僂傴僂 慺敬 艛舟名 𨻳縣名 鱇鰊 鞻鞮鞻氏掌夷樂 涑速侯反浣三

樵推又先幺反 嗾使犬又乘豆反或作唆 彄恪侯反弓彄九 摳く衣 剾斲裏又乙侯反 韝射鞁 怐指怐 漚水名在北地又口侯反 瞘深目又一投反 夠多 䞝縛 齁呼侯反鼻息一

緅子侯反鄹口麻曰緅二 鯫魚名又士垢士溝二反 偷託侯反竊四 鍮く石亦作鋀 媮女巧黠又苟且 緰紫 頭度侯反頂 𠜾剅創足筋又剜刻 投擲物 腧近身衣 歈歌

䌊麻䌊一 窬穿 緰布 𨡈く醔醬 齵五侯反齵齵一 鉤古侯反曲鉤十五 𠛎鐮 溝渠 褠單衣亦作構 韝臂捍 緱く氏縣名

䇭桃枝竹 𪛇く鼈似龜 𠹳唱𠹳 㼴く斷 𦨻く口口名 冓口口口口口口 句句留 兜當侯反兜鍪口 侸佑侸垂下貞

剅剅 䜴小裂 鯫魚名又子溝士垢二反

幽

[虫幽]く蟉又於糾反亦作蚴 𢆶微 虯渠幽反虯龍又居幽反或作虬 觩匕角貞 璆玉名 觓角爵貞

滮扶彪反水流一 䅧子幽反禾生名 𤛆山幽反牛三歲一 鰲語虯反鰲取魚鳥狀一 飍口口口口口口

侵

鱏魚名又餘針反 樳木名 鄩古姓 𨼆小堆阜在三輔 撏取 [糸尋]續 鬵釜屬 口口口

霖〻雨　琛丑林反琛寶　棽木枝長又所金反　彤行舟　綝善　郴縣名在桂陽

斟〻鄩古國　葴□。□。葴酸。草。撢　沉除

忱信　煁行竈　瘎復故病或作疢　•任如林反堪六　鵀鳥名　恁信　壬〻子

蟫白魚蟲　鷣鷂之。別名　𣧇熱　冘行皃从人出門首口亦作佔又以周反　鱏魚名

窨地室又猗禁反　祲姊心反日旁氣又柿禁反　梫木名　兟〻銳意

埐地又子心反　𪚺掘地亦作鈂　醰甚熱　飪。

炈禁又竹甚反　鈙持止　雂鳥又渠炎反

菳似蒿草名　•吟魚音反永歌亦作訡詅

黅。小。帶又□口反　襟袍襦前袂又作裣

•蓡人蓡藥名或作葠　曑〻辰星俗曑爲參

•簪側琴反笄　瑨石似玉

第十六頁　鹽

澗汙　櫩屋〻亦作檐　𤺊病　廉。

覝。察視　蠊飛蠊視蠊　賺賣又佇陷反　鬑。

占視兆　瞻視　蟾〻蜍蝦蟇　•銛息廉反利　暹

攕女手皃又所咸反　•棎視詹反菓名似㮈而酸一　•苫室廉反草覆

妗善良 𢡟又徒煩反 惔亦作㥕 髯汝鹽反頷毛通俗作頿

黏女廉反黏𪏮一 炎于廉反炎熱又餘念反一 𩅰張廉反𩅰濕二 沾𣱢占 覘丑廉反闚視二 婜妗又失廉反

𪙊語廉反齒差二 噞魚𠮘又魚儉反或作𩸁 尖子廉反上小下大口 𤒻火滅 殲盡

山𨪌板 鑯鑴 潛昨鹽反水伏流通俗作潛六 𬯀縣名在吳興 𪑀𤭛 箔漂絮簣

黚淺黑又黚陽縣在武陵 拑持 鳹鳥 白喙 隹鳴又渠令反又其林反 聆音又其林反 懕於鹽反安

內 㷋山 䆲細 𢄐巾 㚊火尖反媕㚊也一曰善美新加出說文更毛也 䦧四 䕭菜 𣗥 菐 𦵥

佔佔𠊲 詀語轉 㡧衣領又丁頰反亦作袡 甛徒廉反甘 恬靖 湉水靖 菾菜名 萜草藥

意又呼二反 兼古甜反并六 縑絹 鶼鳥比翼 䭠青稻白米 蒹荻未秀

㸂黃黃色 欿貪欲又呼男反亦作欿 𩟍持意又云廉公函二反 𦳝廉香 𤸘瘺

脀凝 承署陵反次一日奉從手作承受字通俗作承二 丞佐從卩音渠恭反從已山音隅此佐翊字 澄直陵反水清

［蒸］

竹縢戒 澂清 陵力膺反欺亦作□ 凌歷又水名 凌冰 菱芰 倰恃 鯪魚名 綾錦 掕止 餧馬食穀又力凱反 夌越 𧼒去又居力反

膺於陵反胷亦作膺四 鷹鳥名 應當 蠅蟬 凴扶冰反依凴託四 凭几 淜無舟渡河 碯硼石又子騰奇兢二反 冰筆陵反水凍三 棚盛箭器又薄登反又棧閣 弸霑□□

繩食陵反索俗作絕九 譝稱 鱦魚名 乘駕 澠水名在齊 溗波前後相淩 塍畦又埒亦作塖 憴譽 騬乘犗馬 升識承反十合五 陞登 勝任又書證反亦作務

昇日上 抍上舉 仍如承反因四 芿陳草 訒乃就 扔木名 兢屈陵反今作兢慄懼二 矜又渠巾反矛柄亦作㮗從令俗從令失 徵陂陵反四 癥腹病 𣃔旌旗 方杜 𢧐召 繒

疾陵反帛五 鄫國名在瑯琊 驓馬名 橧豕所寢 增高 凝魚陵反水結二 仌堅 興虛陵反起又許應反二 鄋地名 稱處陵反知輕重通俗作稱三 偁宣揚美事 爯

本殑其矜反殑殊。稱殑欲死狀二 𦷗根可緣竹器 殅山矜反殑殑一 僜丑升反醉行皃又魯鄧反一 磳綺兢反磳𥗊石皃又口本反一

【登】

五十登都縢反上七 璒石似玉 燈く火 簦長柄笠 氃毛氄 𣯀 䔲金䔲草名 豋禮器亦作。𣟂𣟂盧登反四方木或作棱通俗作楞五 輘車聲 稜威稜 倰長皃 棱柧棱

·僧蘇曾反緇徒一 崩北縢反頹一 增作滕反加亦作譄通俗作増十 憎惡 曾人姓又昨稜反 譄 矰弋射矢 罾魚釣 磳山皃又仕氷反 熷蜀人取生肉竹中炙 竲。巢 䎖 䰝

飛 瞢武登反目不明二 瞢く無光又亡増反 層作棱反重屋又作滕反二 𡾊騰反 朋步崩反黨又古作朋文鳳今爲朋五 堋射堋 鵬大鳥 棚く閣又薄庚反 倗輔又普等反 𦍽筆陵二反

弘胡肱反く大 苰藤苰 肱古弘反臂二 通俗作弘三 䡏弘軾中。亦作鞃 薨呼弘反諸侯亡二 儚惛迷或作𩕢 能奴登反獸又多技又奴代奴來二反通俗作能一 騰徒登反國名通俗作滕十一

𦩍。躍 縢竹𦩍 縢囊可緘く 螣蛇或 藤く茲又 艢移 䲍。美目又 𪔀鼓 𩸴魚 黱黑 𪊕虎 恒胡登反常二 恒く山北岳名 揯古恒反急 淮南子曰

大弦縆則恒大 小弦絚三 縆索 鼟他登反鼓聲一

【咸】

·咸胡鑱反皆八 鹹不淡或作醎 函く谷關名又函書亦作函 𩣡縣名 椷杯又古咸反 稴稻不黏又胡兼反亦作穛 蠊海虫可食 諴至誠感神 𡿝又五咸反 緘古咸反緘封八 瑊美石次玉 麙

𣻊く尬中間者 椷栝又胡緘 黬黑又止咸反 鍼釜底 𨍭車 攕所咸反又手皃 櫼木 𣄢旗 𢻰 微 九謂非好 非惡 𢸹反或作摲 黲黑林反 轞車聲 攕又息廉反五 𣄢名 𦇧旒 𩃬雨 𧂼作杉 猎乙咸反犬吠五 又乙陷反一 嵒咸

反嶃嵒山高 頵長面皃又 䶢山羊亦 鹹釜底 𡽱又 又地名七 𪉟丘檻反 羬作羬 黬黑 戲有力 諴和又 誠戲 碞午金反 僭差又 𣣺許咸反 䶠似蛤出海中 䗡 笑皃四 䶠 又 𩠸 喜令 䀡 詀竹咸反 女皃 面䀡 詀諵

語聲又尺涉反 鵮鳥啄物又 䀡く䶪 諵女咸反 𩠸小頭 諵語 𧮴一 讒士咸反士 銜反 𤞤く 𩠸 通俗作讒九 𤞤 獑猢 鑱 鑱 饞不 㲯 鵮廉 毚狡兎又士 衜反五 鷍 鼻高 𩠸 鼻 𩠸 貪 𩠸 㓥

鵮苦咸反二 詀

詀譠耳語三

邙宋鵮苦咸反鳥鵮物又竹 地 䶣咸反又或作𪖰一

【銜】

銜戶監反馬 𩋾口三 瞰 調凡乾凡 𩋾鋤銜反 嶃く嵒亦刂剸 鑱合木 𩋾犁鑱 吳人云 獑く猢獸名 瀺 𩋾 兼屋 嶃 險七 嶃作𡾉 劖 𦨶 舩 鑱又士懺反 獑又士咸反 涔 𧮂 𧮂反 巖五銜反𡿤 广 下 亦作礹二 𡽱 呷

攙楚咸初咸二反 攙搶祆星三 𪕱鼠黑耳 鼬 白要 衫所銜反 衣 襳 𩋾 𩋾 九 鑱 昨來反 彡毛長 髟長髮彡彡 又比遥反 縿旌旗 芟草 苵亦作 𦿇 𦿇伐 縿旌 姈所着 監瞻又格 懴反 𩆲微雨又 子廉反

·𧝃 古銜反又古 懴反明五 監く諸以取月水又 監明古作鑑或作監 礛く礛青礪可以 攻玉亦作磏 劖切細 䁪視

第十七頁

嚴　凡

嚴語驗反肅二　巖射䶫　•䶫虛嚴反胡被二　杴ㄑ鍬古作檢　•醃於嚴反葅漬魚一　•𢻔丘嚴反𢻔敵不齊又丘凡反

凡符芝反常六　帆船上帆又扶泛反　仉輕又孚劍反　舤舤颿船張亦作颿　柉木皮中索　芝匹凡反草浮水負三　欱多乙水智沚名

刊謬補缺切韻卷第二　廿八韻

韻首　•先蘇前　•仙相然　•蕭蘇彫　•宵相焦　•豪胡刀　•歌古俄　•麻莫霞　•覃徒含　•談徒甘　•陽与章

•唐徒郎　•庚古行　•耕古莖　•清七精　•青倉經　•尤雨求　•侯胡溝　•幽於虯　•侵七林　•鹽余廉　•添他兼　•蒸諸膺　•登都騰　•咸胡讒　•銜戶監　•嚴語驗　•凡符芝

刊謬補缺切韻卷第三　上聲五十二韻　右卷一萬二千一十六字　二千七十七舊韻四千一百廿三訓卅三或亦五文古三文俗十三首卅補舊缺訓一千一百一十五新加韻二千八百一十二訓三百卒七亦或十九正卌一通俗四文本

朝議郎行衢州信安縣尉王仁昫字德温新撰定

一董多動反呂與腫同夏侯別今依夏侯
二腫之隴反
三講古項反
四紙諸氏反
五旨職雉反夏侯與止爲疑呂陽李杜別今依呂陽李杜
六止諸市反
七尾無匪反
八語魚舉反呂與麌同夏侯陽李杜別今依夏陽李杜
九麌魚矩反
十姥莫補反
十一薺徂禮反
十二蟹鞵買反李與駭同夏侯別今依夏侯
十三駭諧揩反
十四賄呼猥反李與海同夏侯爲疑呂別今依呂
十五海呼改反
十六軫之忍反
十七吻武粉反
十八隱於謹反呂與吻同夏侯別今依夏侯
十九阮虞遠反夏侯陽杜與混很同呂別今依呂（楊）
廿混胡本反
廿一很痕墾反（墾）
廿二旱胡滿反
廿三潸數板反呂與旱同夏侯別今依夏侯
廿四産所簡反陽與銑獮同夏侯別今依夏侯
廿五銑蘇典反夏侯陽杜與獮同呂別今依呂
廿六獮息淺反
廿七篠蘇鳥反陽李夏侯與小同呂杜別今依呂杜
廿八小私兆反
廿九巧苦絞反呂與皓同陽與篠小同夏侯並別今依夏侯
卅皓胡老反
卅一哿古我反
卅二馬莫下反
卅三感古禫反
卅四敢古覽反呂與檻同夏侯別今依夏侯
卅五養餘兩反夏侯在平聲陽唐入聲藥鐸並別上聲養蕩爲疑呂與蕩同今別
卅六蕩堂朗反

廿七□□反夏侯與靖同呂別今依呂　廿八耿古幸反李杜與梗迥同呂與靖迥同與耿別夏侯與梗靖迥並別今依夏侯　廿九静疾郢反呂與迥同夏侯別今依夏侯　卅迥戶鼎反

卅一□□□李與厚同夏侯爲疑呂別今依呂　卅二厚胡口反　卅三。　卅四寑七稔反

卅五。范䑣同夏侯同今並別　卅六。　卅七。　卅八等多肯反

卅九。　五十。　五十一广虞俺反陸無此韵目失　五十二范符凵反陸?無反取凡之上聲失

董

孔康董反甚又穴一　敂先揔反搏擊二○　揔箸桶又蘇公反　侗他孔反直一曰長大

較　輪

澒胡孔反澒水銀○滓溶水皃二　汞水銀　蓊阿孔反蓊鬱　滃大水滃皃　暡氣盛暡皃

俸屏俸　曨力董反曨曈五　襱袴又直隴反亦作裥又來公反　巃巃嵸　籠孔籠　篭竹器又盧紅反

懵莫孔反心亂皃

腫

力奉反三𡒄丘𡒄　浝塗　擁於隴反手擁　壅〻堨又於龍反　擁持

鼠　㧐抈亦作蚪　牤水牛　搑推擣　重直隴反不輕又直龍直用二反　鮦同魚名又直柳反

勇餘隴反健九　甬花草欲發　涌〻泉　踊跳亦作踴　溶水溶皃　蛹蠶　㙐埇㙐不安

𥑮水邊石　鞏以皮束物又縣名在河南　蛬蟋蟀亦作蛩

聳高　䋭紕前定　㩳執亦推

𪇰□○□○□○□○□○□○　肐□○□○

玤周邑地名　棓大杖　蚌蛤或作蛖蜯

講

紙　第十八頁

[illegible]曲枝果 泜著止 芷く陽縣
○○輿金耳 寱熟寐又莫禮反 [亻麻]くく猶遲遲亦[亻麻]
恑憂 蛫蟹 祪毀廟之祖 桅短矛
倚立 錡釜
婍良好亦作倚 碕く礒 趌行良
檥整舟向岸亦作艤 𦍙く陽鄉在魏郡
地又爲反 ●觜即委反烏喙或㖢通俗作嘴
䄬奮衣 𥻸黏 陊山崩
迆邐迆 袘中衣袖 肔。引腸莊子曰長洪肔。
○鬍髮者 屣人不攝根亦作躧 躧視 徙。
反汝亦二 邇近亦作迩 ●渳彌婢反渳水 弭弓末亦作猊 瀰水流皃亦作猊 芊。
埤 ●侈尺氏反奢 㛄姑㛄輕薄皃 鉹甑 垑恃土地 哆張口 誃離又直移反
●紫茲此反色六 訿くく毀或作呰 呰弱漢書曰呰窳媮生又𡝩西祖禮二反 泚水名在長沙 茈。
又反 騹馬小又子垂反 ●揣初委反度亦作敾又丁果尺反𥫣二反 ●𤡬隨婢反㹀豚一 ●虵。食紙反舌取物亦蝪
此輢何傷甚一 䩛又作於綺 ●批側氏反拳㧗人一 ●破匹靡反披折三 披開 被水波錦又補柯反

茾草木初生又惟畢反。隋小竆亦豸作䝟。癘創裂。恖才棰反疑一。跬去弭反舉一足亦作趌頭半步二。頍弁皃。

嬀好皃又才累反。鵗布危彀。趡求累反張趡一。虒勑豸反又直尔反一。攱陟侈反衣絮偏指二。䃽䄠。䌊。

旨

指手指。恉意。砥〻礪。視承旨反亦作眡三。望（獸似）牛。娓美善。鄙方美反邑二。啚嗇。兕徐姊反正作兕似牛四。銕餘几反。䍶羊又他計二反。薙燒草又直履。

几居履反几杖曲憑八。机木。麂獸名亦作麐。屼几女屼山弱阝地山水所出。𩤍几獸几名。犭几名。屌鳥石聲。犯赤石墮。姊將几反女兄二。秭万億。匕畀履反匕匙八。妣至反。比母又甫。秕糠秕或為粃。比方又。

比以豚祀。祇司令。沘水名出廬江灊縣又入芍陂今謂之泚水芀音張略反。疕頭禿。髀。軌居美反口從古文。匭國又非從九八。簋篹祭器。晷日〻。厬泉或作漸。宄內。頯小頭又。跀盜。追反。

氿水涯。氿枯土。洧榮美反水名在鄭四。鮪有魚名。痏瘡有黃皁又。黃下悔反。矢式視反陳三。笶箭。屎糞亦作菌屎。死息姊反亾一。雉直几反野雞三。薙芟又徐。澧水名在魯陽。

牝扶履反又毗忍反雌一。履力几反踐從彳舟一。水式軌反流津一。壘力軌反塹十。礧礧硍石礧。犭。鸓飛生鳥名。鸓飛且乳。藟蔓藤藟。櫐藤。誄田器又禱亦行未盧猥反謚作讄。灅水名出雁門。

揆葵癸反度五。楑木名。悸又楑惟反。嫢細又聚惟反。湀泉出通川又水名。趡千水反走二。踓。柅女履反易曰金柅一。癸居誄反北方一。否符鄙反塞又方久反。痞腹內結病。

圮岸毀亦作䧠。仳匕離又芳匕反。殍草木枯落。𣦶。嚭。鼻徂壘反。㠜匹鄙反。嚭大三。比支反。秠一稃二米。又卿悲反。蕊如壘反草木實節生一。唯以水反諾八。𩡶似馬。

黃可。觽子。遺。壝位反。嬇。攜弃。踓走。欵於几反欷。䑅嚍鳴一。濢遵誄反汁漬三。嶉鳥山狀又。崒醉綏反。蔿眡几反紩禮有。

蔵刺。夂從後至。䍘綺履反就寬一。跽暨几反長跽或作。𦣹許癸反恚視。䠐暨軌反上跪又訛類反一。跽亦作曩二。郿山名。

止

止諸市反已九。峙祭地又時止反。洔小渚或作沚。茝香草又昌待反。趾足。址基。阯交阯郡。𧮳許〻。底柱。市時止反𡊮一。恃依。𢘉配火一。喜虛里反忻一。以羊止反古作㠯用五。已止。苡。

薏苡。佁癡。𢻮大。似詳里反類七。祀年一曰祭名。姒夏姓一曰娣姒。巳辰。耜耒耜。汜音似者在成皐東是曹咎所渡水音几者在襄城縣南汜城是周王出居城曰南汜音匹劒反者在中牟縣汜是晉伐鄭師于汜曰東汜三。

口各別陸訓不當。鉰鍵。紀居似反經紀四。己身己字。妀女字。𠯑說。史疎士反記言三。使役又疎事反。𢘅香之美者。耳而止反聽聞五。洱水名出罷谷山又而志反。駬騄駬周穆王馬。

故不錄亦作泊。

緷〻〻𦁥盛。𪕂鼠。里良士反五鄰九。裏內。鯉魚名。李人姓。㾖病。娌妯娌。俚南人蠻屬。理直。䣈亭名在西鄂一曰邑名。始詩止反初一。枲胥里反麻六。葸竹篋又曰息。䒗胡草亦作葈。

五二九

第十九頁

當作幬

葸質慤皃。諰言且思之。㢕右利。峙直里反。山聳。六　痔病　跱踦跱，行難進皃　庤儲置屋舍　偫具。亦作峙　看所望而往。畤儲　起虛里反。興。六　杞木名。又苟杞　屺山無草木。亦作岐　玘珮玉

芑白梁粟　郘縣。在南陽　已又渠記反。　士鉏里反。一　仕官。從　柹木名。　俟史反。亦作竢。竢妃反。四　涘水涯　汜水　已雷　縴系縄。履　子即里反。姊生。七　虸虸蚄，蟲　耔擁苗。亦作秄　梓木名

仔克。　茆草木盛　杍杍。　矣于紀反。詞。矣二　英蒿　擬魚紀反。度。五　儗僭　薿草盛皃。又　𦶎盛　薿黍稷盛　齒昌里反。齔牙。一　恥敕里反。惡。俗作耻。二　祉福　剌初紀反。剳聲。二

㪘齒　滓側李反。㴓。亦作𣿰。三　笫牀板。又胏　胏脯。易曰：食乾胏。亦作𦙶　譩於擬反。恨。又於其反。一

尾

尾無匪反。鬍後毛。通俗作尾。四　亹美皃。又音門。又羲覲反。俗作亹。失　浘水流皃　餛微　豈氣稀反。無有。二　豈　扆依豈反。戶牖間。五　偯痛聲。哭依　依　㤜藏　僾僾俙，見不了皃　蟣

居俙反。蟣蝨。四　幾幾何。又既希反。通俗作幾　禨禨禾　鬿鬼俗　斐妃尾反。文。五　朏月出　菲芳。又芳非反　䨾鳥如梟。又　悱口悱悱　匪非尾反。不。七　棐輔　篚竹器　餥餱。一曰相請食

榧木名。子可食　蜚虫。或作斐。又扶沸反　蜚猝。　韙韋鬼反。是。亦作愇。九　暐光暐暐　偉大　瑋玉　葦蘆　韡木名。可屈為盂　韡盛　愇逆　鬼居偉反。歸。一　虺評偉反。虺虺。五

娓齊人呼。娓美。又妄　云火秘反　𩆬震𩆬　虫又除中反。　螭一　頍魚豈反　狶希豈反。楚人呼猪。三　俙僾俙　唏鼻　唏又　磈於鬼反。磈硊　碨石山皃。二　嵬𡼏嵬，山高下曲　膭浮鬼反。臟多汁

䅐稰紫莖不黏。又扶畏反

語

•語魚舉反。對言。十　圉養馬人　敔柷敔，樂器　圄囹圄　衙行皃。楚辭　導道　齬鉏齬。又魚家反　禦禁　御鉏鋙　亦作齬　鋙作鑢　呂力舉反。陰管。十二　㩲師　祣祭名　膂。

脊。簇器。亦作篆　稆自生　梠木　桷端　慮心不　侶伴　莒大　筥筲　絽紼　竚除呂反。待。亦作竚。十　貯張目　苧草　紵布　杼機杼　羜五月生羔

器數。亦作𥮏　𡋯塵　宁門塾間。又直居反　與余筥反。付。五　歟歎　與与　予我　藇藇藇，蕃蕪。又徐與反。或作藇　煮諸與反。湯熟。或作鬻。三　陼丘　渚沚　汝如与反。尒。五

女魚不鮮　茹熟菜。又而恕反　𩞄楚人呼鮭。又仁諸乙庶二反　㲽黏　暑舒莒反。熱。五　鼠穴蟲　黍黏　蠕蠕蟲　瘋病　杵昌与反。　處几居所。或作处　通俗作處　貯丁呂反　褚綿衣

佇知　許知　紵亦作紵。　楈載盛米　杼栩。又時　𧙍衣　諝私呂反。智。亦作諝　稰熟穫　醑酒　湑露　糈祭神　女尼與反。女子。二　籹粔籹　楮丑呂反。木名。二

褚姓　許虛呂反。然。一　巨具呂反。工。十五　拒抗　秬黑黍。亦作䄔　距鷄距　炬火　虡栒虡　粔粔籹　鉅澤名　苣苣藤。胡麻　詎詎　駏駏驢　蒘苦菜　莒　齟齬　𪘧腫

虡。神獸亦作虡 •所 踈舉反處通俗作所五 糈 祭神米又先呂反 齭 所傷齭䶥 𪏰 藏器 𧺝 記又於山反 •楚 初舉反國名五 礎 柱下石 𪘏 齭𪘏 濋 水名 𩸛 鮮 •阻 側呂反礙二

狙 又豆 •齟 鋤呂反齟齬一 •咀 慈呂反咀嚼五 沮 止又七余反 跙 行不進 𧼯。邪出前 祖 嫧又子邪反 •𢭃 詐於反擊二 膂 肩骨 •舉 居許反鳶九 莒 草名一曰國名 櫸 木名 筥 匡筥 𧺼 行皃

𩜾 養蠶器 柜 〻柳 郘 亭在長沙 𡰾 共舉通俗作𢍉 •敘 徐呂反緒十一 序 叙 漵 水浦 緒 葉。 抒 渫水 嶼 海中洲 潊 浦名在洞庭 醑 美酒 鱮 魚名亦作鰁 屖 履屬又餘去反

與 美皃又以舉反 •去 楚舉反又丘據反郪正作弆三 𩱨 𩱨汁 紓 緩又所除反 •野 暑與反田又與者反一 •紓 神與反又式余反緩二 杼 莊子狙公賦杼 䏕 七與反皴皮皴一 •苴 子與反履中草又子餘反一

麌

•麌 〻〻知反牝鹿二 俁 大 •羽 于矩反五音十三 禹 夏王 雨 雲液 宇 四垂籀文作此㝢。 瑀 玉 祤。祋祤縣名在馮翊祋字都會反 栩 地名 𨙸〻陽國名地 𩒛。孔子頭 𩑶羽反頫 楀 棋木 萬

。郱 亭名在南陽 𩅐 雨皃 •聚 慈庾反鄹二 鄹 新豐〻亭 •甫 方方反近十三 脯 乾肉 斧 鉞 俯 俛 府 公府 𪏐 白黑文如斧 簠 〻簋 蜅 小蟹 莆 莆蓂堯時瑞草

。亭名又方珠反 䃜 䃜 鯆 大。 頫 低頭又靡卷反 •武 無主反戈十六 舞 禹樂亦作儛 嫵 嫵媚 侮 慢 𦑈 窗中網 憮 失意皃字或作憮又荒烏反 𢝔 憐〻 膴 堂下 珷 玞 䟦 毀

鵡 鸚鵡 膴 徵視又妄尤反 𣓒 藩滋 𪏰 雉肉 膴 無周原膴〻 •父 扶雨反矩十二 輔 毗 𦢊 頰輔亦作頼 腐 朽肉 釜 鼎屬 𩿨 〻〻鴗越鳥名 䳕 九河 𥟊 積

。〻陽縣 •撫 孚武反安九 弣 弓把中亦作□□ 拊 拍 𣩬 食上生白 䋸 結綿 俌 輔 𧺽 健或作𧺽 𢼂 撫 𩬓 髮皃 •柱 直主反楹一 •詡 況羽反和九 [illegible]

㽛 鄉名在安邑 昫 温又香句反 •豎 殊主反正作豎二 裋 弊布襦亦作𧜟 •庾 以主反倉逾十一 瘐 囚以飢寒。。

楰 鼠梓似山楸而黑 瓜 瓜木不勝末 惥 懼 斞 量 萸 草 •主 之庾反執四 麈 鹿屬

•黈 主□□京等字從 •乳 而主反肉津二 醹 厚酒 •窶 其矩反貧無禮正作窶二 貗 貗貙子 數。

楀 〻氏 翑 曲羽又求俱反 •取 七庾反得一 •縷 力主反絲縷十 𨻰 〻𨻰縣名在交阯 [illegible] 字洛于反

𨗹 小 僂 古姓 𩓼 思主反腳又先酒反一 [illegible] 絆前兩 豫 仕禹反小豬亦作貙一 [illegible] 母

姥

芏 似莞生海邊 •杜 徒古反棠樹五 敗 塞 肚 腹肚又當古反 芼 [illegible] 靯 靯鞴 •魯 郎古反國名

第二十頁 所刊是[illegible]字

〔[illegible]〕 〔洧〕

所刊是海字

〔海〕

虜麁 鱸魚 鹵薄〻、 覩當古反見亦作睹九 睹詰旦欲明 肚腹肚又徒古反

股髀亦作髀 罟冈又古胡反 蠱蠱毒 估市稅 鹽河東鹽 鈷鈷〻鉧 羖羊

伍五人 逜相干又吾故反 簿裴古反簿籍俗作从草是薄音口非二 部部〻伍 粗徂古反不精

琥兵符虎文 戽渙舟中水又呼故反 滸水岸亦作浒 塢烏古反村塢 鄔縣名在太原

弩弓 砮石可作矢又乃古反 努努〻力 戶胡古反一扇 楛楛〻矢 扈跋扈 怙恃

娞貪 戽扜 滬鼊龜負書一曰水名 居美石 鳸。

茈弱又茲此反又子西反 禮盧啟反亦作礼 豐竹名

灅水名在北平 郲魏鄉不平又魏字胡罪反 儡傀儡又力追反

□燗貞又呼猥反 踓〻碎 罪徂賄反辠秦始皇改辠三 辠辠 嶵嶵葉

浼〻浽穢濁 魏〻磈 籧竹狹節 蒐懷羊又孤迴反 輠轉又胡凡反 䫥口猥反大頭又五罪反

□風動又迴反 鮾魚敗或作腇 浽浽溰 𤓰傷瓜 頠五罪反頭一日閑習又五毀反五 顡聏頊 隗姓

琲蒲罪反珠五百枚亦作琣二 痱痱〻痛 倄素罪反痛而叫一 嶊子罪反摧嶊崇積二 肫面頰又之春反

宰作亥反冢宰三 𦕜牛䐐 載年又作代反出方言 駘徒亥反疲駑 殆危 待住

改古亥反換亦作攺二 頦頰頦又胡改反 亥胡改反方名四 頦頷又胡來反 賅奇非常又古來反

綵綾綵 彩彫彩 寀寮寀 𢜛恨 茝昌紿反香草一 等多改反齊又多肯反一 [illegible]○○

辰藏 倍薄亥反倍多二 蓓黃蓓草

準

槇木尓衣䆀紑單 㐱黑髮亦作黰鬒此小篆體□從乇作此 袗絺紘又之刃反 稹緻又之仁反 眕。

惷攘動 偆富 蹖雜 僢差 䞐推 蠢出亦作蠢 敊亂 准之忍反古準三

䪾面斜 𣓭進 筍思尹反弱竹亦作笋又作笋竹萌五 隼鳩鳥 簨簨簴 蕠作槫 敀

毳細冈 轒。伏兎下革 潣水流浼〻 牝毗忍反蜱又扶履反四 臏膝骨 髕斷足刑 猵獺屬又布玄反 愍悲。殞反眉四 憫〻默 閔傷敏 聽 殞于閔反歿

玓蘞 實星落 窘渠殞反困急七 珚玉名 菌地菌 箘竹名 咽欲吐 胭腹中脂 蜠貝大而險 紖直引反牛紖亦作緣紖紲二 𦝫腫處又餘刃反 䡅勅忍反欲

笑皃又𠲛私反一 引余軫反延八 蚓蚯蚓亦作螾 嗔大笑 衍布 廴長行 戭長槍亦作戭 縯齊武王名 演引一日水門 忍而軫反耐事三 荵隱荵草名 涊水名在上黨

矧式忍反況亦作訠又作矤長三 哂笑亦作欣㰥 頣舉眉視人 緊居忍反糾急亦作紾二 胗脣瘍又之忍反 盡。慈引反正作盡盡澌亦作盎 泯。武盡反水急又弥鄰反五 皎細理或作晚 僶

〻俛通俗作僶 笢竹膚 黽〻池縣在弘農又亡善反通俗作黽 腎時忍反水府四 蜃蛤 脤祭餘肉 㰰指。 釿宜引反齊三 齗。齒正 䃀大唇 盾食尹反干盾二 楯闌檻 笉七忍反笑一

說文作⿱兟灬

僯力軫反慙耻三 䫰少髮皃 橉牛車絕橉又力進反 ⿰木盡子忍反孟一 耣力尹反耒耣一 毴進而尹反毛聚又而勇反亦作氄 麇。丘隕反束縛一 螼丘忍反螼蚓二 赾行皃又渠人去忍二反 賰式尹反賰賰富一

輑牛隕反軸一 巾飢緊反飾一

吻

吻武粉反口吻亦作脗五 刎〻頸 抆拭 伆離又武弗反 歾覆 粉方吻反化米為麵二 黺。〻綵文 憤房吻反怨亦作憒九 ⿸疒賁病問 鼢鼠 坋分又扶問蒲頓二反 扮握 膹切熟肉

羵。土精又扶云反 ⿰忄奮田穀滿裂 蕢 獖狗。 忿敷粉反怒又敷問反二 魵蝦別名 惲於粉反厚重七 蘊藏蘊〻 韞韇 輼兵車輼輬又於云反 醞釀又於問反 榲柱

賱賰賱富 齳魚吻反無齒亦作齫三 䞨走意 ⿱厶大大〻 抎于粉反有所失三 䪻頵〻黃面急 ⿸疒賁病又尤問反

隱

隱於謹反藏正作㥯通俗作隐十 磤雷聲 ⿰車隱車聲 癮〻胗皮外小起 ⿰糸隱縫衣相著 ⿰阝隱水名出汝南 㥯病 乙。遲邐 㥯謹 㐆歸依又於幾反 謹居隱反慎九 ⿰黍斤黏皃 ⿰牛堇

牛𩍐茶名 槿木槿 巹敬 𢿌瓢酒器婚禮所用陋訓巹大失 樿𣓉 墐黃土黏 慬慇又渠殷反 近丘謹反跛行皃一 听牛謹反笑一 齔初謹反毀齒一 近其謹反 脪興近反腫起 忻熱 逼一 或作𤻀二

阮

阮虞遠反阪三 䍃小 邧泰元邑 遠雲晚反遙遠二 頵面不正 偃於幰反偃仰八 㫃旌旗 匽物相當 鶠鳳 郾縣名 鼴鼠 鰋魚 蝘蝘蜓亦作此 鼴 𩢨居偃反水名在犍為 犍 犍吃 𨏻 寋具偃反女字二 攓攓闕 𡌢語偃反六言唇急陸生載此𡌢言二字列于切韻事不稱𡌢便涉字祇悄不削除庶覽者之鑒詳其謬四 㕞人碻大唇皃 𡿄山如甑 碻字虛灼反 䞿丘板反 𩢲露齒又 幰虛偃反車幰 攇手約物 螝蝟 蝘蚓蟲 晚無遠反晚六 娩婉娩 挽引 浼色肥澤又 𧞣皮脫又無願反 輓履空革 返府遠反覆五 反作彼 坂坡 𣖪木名 𨋍車耳 𦸙求晚反黃豆二 圈獸闌又其卷反 婉於阮反美亦作畹卜一 菀紫菀藥 苑苑囿 踠體屈 蜿人蟺蚯蚓亦作䖤 畹田卅畝 琬圭 㼝 𨛳鬱又於萬反 䘼人然 綩 𢢽惋又去 蹇 遠反 䘼 綣去阮反相近皃五 綣繾綣亦作𦃻 藼蘆筍亦作蘿 𢓇惋又於遠反 𦆑粉 亦作䊷 㮧 況晚反目氣又古鄧反五 𥇔大目 暄兒啼 𣈅不止 朝 𨛳 宣 苑閑 烜火 㭓 扶遠反車㭓二 飯 進 餅 鮮 云

混

混胡本反混流一曰混沌陰陽未分十三 渾人元又戸昆反 鯶魚名亦作鯇 緷大束 焜火光 倱人佪 囵 掍同 𥆒大目又古遁反 涽 泉 㶇流 梱木折 亦作 𣡍 鯀大皃 醰酒 䤊 酷 忖倉本反相度二 刌切 本布忖反根三 畚草器亦作㮥 苯竹裏又 損蘇本反毀四 㣟 𤸩人㾕惡病 膿 𦛗 膞切熟肉 剸 兹損反減五 噂人噂 嗒 𦸝 䔿草叢生 僔衆 撙從 㳫 鱒鳥本反 䟎聚一 囤徒損反小廩六 盾 𥉈 鈍 沌混沌亦作㕍 坉 忳 𥠀 箽 屯屋下 藏 鱒徂本反魚名二 𡈳 大 縣 古本 𣵀 反 䔿 䕐大 䆃 本反 䤄 又 𦉉 九 壼 東 衮衣 緄帶 悃亂 錕 𨌭 䠷 磙 硍 䃂 聲 巾 一 通 上下 𦧷 他本反 畽 㲄 𢧅 䜣 罱 䔃 舁 甿 壼 黑 䵯 行無廉隅二 黗 黃黑 憨 盧本反 𥈡 𥈱 恕二 𢰦 𠧪 力尹二反 𠍇 㔀 怨又力均 閫 苦本反 宮中 梱 成就 亦 𡈲 壼 道 𩠫 禿頭又 䐋 聲 𦛮 門限 八 梱 作 𡈮 悃 至 誠 頵 口沒 反 梱 織 䠅 足 硱 石磳 又 口水反 猑 犬六 笨 竹裏 体 庅 麤 兒 𥡵 牝 麻 扌 弓 車 𩍐 穪 稇 𥝖 䌛 莫本反 愁悶 又亡頓 亡但二反一

很

很痕墾反 很戾一 墾 康很反 耕三 懇 人 誠 至 齦 齒 𪘂 頣 古很反 頰後一

當作大
摩當作磨

旱

旱何滿反九　峘(?)山名在陽山南鄭　睅大目　睆白(?)　緩胡管反慢或作緩七　澣濯亦作浣　睍視　睍大　篹(?)　曼人姓(?)　鯇胡官反　俟風羽又　睆睆(?)　賄(?)小有　短都管反不長三　斷當　攤(?)

轉(?)　算蘇管反數　篹　籑亦作匴二　纂　款苦管反申亦作欵通俗作款四　窾空　梡斷木亦作梡　䯊又胡管反　𩔖(?)乃管反女嫁食三　暖暄或作暖　渜湯又奴館反　煗作暖(?)　纂作管反集六　纂(?)

〻組亦作纘　纘承系　儹聚　酇音字家又子旦在何二反縣名　攢　鑽錐　椀烏管反或作盌　盌亦作鋺二　睕(?)　粄博管反米餅三　叛(?)　𢇍(?)布綰反　㬇熱氣又呼半反　管古纂反　筦七　館(?)

府　輨鐵　胃(?)官車轂　盥洗又古玩反　琯玉　痯病　輨車　斷徒管反截通　斷俗作斷二　䠪(?)履後　䡵帖　疃他管反鹿跡　疃亦作暖二　躖行　躖負　伴薄旱反　伴侶三　扶(?)　拌普般反

管反　滿莫旱反平三　懣憤又亡本亡頓二反　箭竹器　但徒旱反語第八　蜑南方夷　袒〻裼又大莧反　誕大　澶水中涉出　𩥇(?)馬帶　膻免衣　僤掉又大旦反　坦他但反平二

亶多旱反信六　担笞　笪篆條又都達反　癉病　觛小觶又都爛反　狚獦狚　嬾洛旱反惰或作懶　懶通俗作嬾二　糷飯相雜亦作𩞬(?)　笴各旱反箭笴五　皯面黑　稈禾莖亦作秆

䔕草　散蘇旱反冗亦作㪚正作散又乘旦反六　饊餅　䉎桃竹　繖〻絲綾今作繖扇字　傘〻蓋　鏾〻　鐟昨旱反有柄圭二　趲散走又則幹反　罕呼旱反希四　䍐(?)

侃空旱反正又空旦反正作侃一　攤(?)奴但反按又他單反一

反　𣳔(?)布綰反

潸

□　鉼(?)　蝂〻蝜　醡側板反　䣜面䣜一　赧怒板反面赤四　䤆(?)醡　暴濕溫　𢚩(?)善反　僴古板反武貌一曰寬大

昄扶板反坂又方晚反一　𣀔(?)武板反視貌二　蕨(?)可食　棧士板反　齺(?)齒不正二　𥫗(?)　䶔(?)　𣦘(?)初板反　齤五板反齫齤一　莧。

□

產

限胡簡反礙四　硍石聲　𦞡(?)腎　𩰜(?)牛很不從牽　𠑜(?)武限反無畏視貌一　簡古限反札口　柬分別一曰縣名在新寧　𣊟(?)明

□

棧士限反棧閣又士免士晏二反五　𡾊山貌　輚車名士所乘　孱〻陵縣在武陵郡又鋤連反　虥虎淺毛又士連反　眼五限反目亦口貌一　𩈘(?)

所缺正文見之補字

銑

𠔃(?)所交反　箸箭又簡　䉶(?)　腆他典反厚　淟〻涊熱風　錪釜　琠玉　靦面慚亦作[illegible]　打(?)　坦　踐行處　悿(?)

畽(?)〻鹿跡疃

蝘蝘蜓　宴安又於見反　𡟰(?)女字又晏視〻　殄徒典反滅二　蜓蝘蜓　繭古典反蠶衣亦作䌹𥿋　皵(?)皮起黍。

著

·峴 胡顯反 峻嶺

晛 小兒歐乳 亦作听 俔 譬喻又苦見反 橪 意難 詪 語又古恨反 纂 黑白

蹨蹂 撚 亡典反 坔二 节 相當又亡寒反 ·編 方䕠反編次第又卑連反 緶絹曰

鉉 鼎耳 琄 玉貝 鞙 鞙䩞 䩞 童子又下鐲反 睍 。晥。 眴 目搖 ·辮。

竪 口典反 不重 豤 齧地 繄 稀又見反 蜸 蜸蚕 蚓

獮

踐 疾演反 蹈 亦作𨁮 諓 諂 餞 酒食送又疾箭反 衡 踐 㦗 小㾏

顯 保視 聸 下視止 劗 擊口

赤 弱 蹍 蹈 跈 履 淺 七演反 不深

䝢 小塊 堅 牛輿又胡結反 善

剪 卽踐反 截 揃 人 搣

辨 別

·雋 祖兖反 烏肥 通俗作雋

孌 美好 ·轉 陟兖反動 通俗作口

㮕 木名 碝 石次玉

鄟 地名 踹 脚跟 歂 。。

孨 孤露可怜又在卷反 膞 切肉 腨 小危又之蘂反

第卅二頁

□香彘反蛸螵 趭走皃又九出反 楩符善又木名 辮辛憂

撎擅基善反擅振一 搌丑善反長二 㫃旗 旂柱

晈月光白詩云月出晈兮 皢鐵白又匹文白反 皦珠玉白皃 恔憭

䳂短衣 杓禾穗垂 了盧烏反畢七 蓼菜正作蓼 瞭目精明 䁯。

篠

𠃑懸皃

鄡屯名 朓吐鳥反月見西方二 篠遠皃 窱窕窱深 曉呼鳥反旦明亦作曉二 鐃鐵。 杳烏皎反深冥遠九 窅目 窈。

𡕑人而不勁 㞋長 弔合 葋草長 旟旗屬 嫋奴鳥反戲相擾六 嬝長皃又寧伯反 䠫䠫 褭騕褭 㒡

窕徒了反窈窕四 誂弄俗作挑 嬥獨行皃又徒聊反 掉動又徒弔反 磽苦皎反山田亦作磽 湫子了反隘又子攸反三 藻似小木忽 蕭杪高

兆羊子 桃林 桃板 鮡魚名 沼之少反水止一 少書沼反不多一 夭於兆反屈二 殀 仸 擾而招反俗作擾 馴

小

鰾魚膠 顠髮白皃亦作鬚 膘脅前又子小反 麨尺紹反糗或作麨三 弨弓 櫂木名 縹敷沼反青黃色七 醥清酒

淼大水 杪木末 秒禾芒亦作𥝓 吵雉鳴 篎小管 蔈草聲 紹市沼反繼三 佋介 ↓詔

𡡯身諫 表方小反外又方矯反三 褾袖端亦作𥚹 覞目䁌 䴴䴴皃 薸平表反草名可為席或作苞口

受又符小反亦作受 𠬪物落 狢 狢 麃牡 鷕以沼反雉聲三 溔浩溔大水 舀抒臼或作䑞 悄七小反憂心二 劋子小反絕 勦亦作劋

燿 瀊 眇地 矯巨小反長皃二 繚力小反繚繞六 燎炙或作𤎅 嫽好 僚 慧又 皛長皃 䡬面白 憭音聊 䕀 闄於小反隔一 表上書一 表方矯反

巧

梟下巧反動聲四 佼又巧反 㤱肅人之敏 㩈器又公巧反亦作㩈 䈆竹筍又古文反 飽博巧反食滿一 爪事露又下巧反三 㧰奴巧反擾亂一曰攪又乃教 撓如紹反 獿犬 㹛驚長名 卯莫飽反

昴星 茆鳥聚又力有反 媌好皃又莫交反 絞古巧反絞縛 狡狂狡 佼女字 攪手動 姣人媚 㩈濁又胡巧反亦作㩈 筊下狡反炎木 𢽘藕根又交 炊交 烄交然 不 爪

側交反爪五　𤝞々獠　瑵玉　抓刮又　叉手足甲　拗於絞反手撥二　皃深目　鮑薄巧反魚敗亦魚名三　骲骨鏃又白角反　䶌地　齩五巧反齧亦作齩一　煼楚巧反熬亦作炒四　䰞乾亦作鬻　梢所絞反長二

𢿣攪

晧

晧胡老反光十二　昊天本作昦又古老反　皞少々　浩大々水　鎬京　滈水名在京兆　顥大　鰝鰕大　𨫒大釜亦作鏊　壚作墺　暠細　薃々侯莎草臭　𨚖邑　抱薄浩反扶擁一　老盧浩反耄矣九　獠狐獠西南夷亦作獠

轑車轑屋橑簷前木一曰蓋骨一曰欄　潦雨水　藔乾梅　䵏黃黃色　顥廣大　嘷嘐寥靜　討他浩反伐三　套長是　槄小楸木又他刀反　道徒浩反路三　稻穀　駣馬四歲又徒刀反

腦奴浩反頭髓五　惱々惱　碯寶石　㛴恨　䯾有々長貌　倒都浩反仆八　擣築亦作擣舂　擣　島海中山　禂馬祭亦作騊　𡏖高土　禱請又都導反　燾病　檮斷木　嫂蘇浩反老稱正作嫂乾正　埽刷　掃除又蘇到反　又俗作嫂五　燥作燥

艸七掃反一曰草揔名四　懆憂心　嘷々無々　騲牝馬　早子浩反速九　澡洗　藻文　藻水菜　蚤狗蚤

亦作鰠　鰵魚名　璪玉飾　棗亦棇通俗作棗　巢石以玉丸　皁昨早反黑色三　草々斗櫟實　造作　暠古老反明八　杲日出　槀草　縞々素又古到反　夰放又胡老反　栲木名　臭

白澤又□石反　皡　好呼浩反精一　務武道反毒草又地名又亡毒反二　冃重覆又古校反　寶博抱反古作珤十一　保任　堡障　褓緥襁褓亦保緥　鴇鳥名亦作鳵　葆草盛又羽葆鼓吹飾　𠦂

賓有　宲藏　翸羽　鴇鳥　駂驄　襖烏浩反短袍九　髮々跳曰早長　懊々惱　媼母　芺苦菜　腴藏肉又烏到反　𩪂骨藏　鷄鳥　奧子　考苦老反氏通俗作考七

栲木名亦作柷　槁枯亦作熇　禱　丂氣欲舒　攷校　攷對擊　頪五老反大面配一

哿

哿古我反嘉二　舸輕舟　火呼果反燬二　炯地名　果古火反木實加草者非七　猓々然獸　輠車脂角　裹包束　蜾々蠃蟲　划刈又云戈臥反　惈敢　埵丁果反堆九　鬌小兒剪髮　揣稱量

綞冕前垂　朶木上垂　揣搖又初委反量　𢶀試又初委反　䲦尺轡二反　𥝢禾垂貌又丁丸反　鎖蘇果反鐵鎖俗作鏁九　璅青璅　溑水名　葰々人縣在上黨又蘇寡反醜葰名　䔋竹動

惢心疑又才隨反　䞿麥屑　鄋亭在河東　墮徒果反落又隨髻又他果反十二　妥聚土　䫁長沙呼甌　𥟑小積　笶竹名　𥬙履跟　鬌遺髮　嶞山高　鰖魚子已生又翼水反

嫷美又辭背反　篕竹車笭　鍋又大罪反　妥他果反安五　陊徒果反　𨻵藏　橢器　嶞山貌　叵普可反不可二　頗々能又滂河反　跛布火反跛足亦作尥三　簸揚又布箇反　駊々騀

馬行　騍郎果反亦作騾保赢禾四　瘰々癧筋結亦作䖀　蓏　臝蜾蠃虫名又□　鸁又盧過反　禍胡果反不祐亦作𥚑二　夥楚云多果多　顆苦果反小頭二　堁塵又研理又口過反　坐徂果反正亦作坐一　䒐徒可反北方人呼父　惡

第三頁

柁正舟尾木。頉視白。又大可反灺妻又四者反亦作炨它袂又遛柂柯反可枯我反中二軻轗軻又苦賀反我五可反己四駊駊𩣺側升亦駊我作俄𢧄差。可反左右一䃍䃍細小一呵呼我反大笑或

作㗨三叵擊亦作𢿱頗傾頭視又達可反婐烏果反婐妸身弱好又佳華反二䅳多妸奴果反婐妸二扼摘。𦣣烏可反欲傾四椏㮁椏㮁㮁木茂盛亦作𡉏旖旗旖又猗嫷反㮁乃可反㮁

二橠㛊多㛊柂勒可反𢺗極樹斜四攞裂斫擊砢磊砢石衆。娿五果反好貝又丫委反二㛊木節又五戈反縒蘇可反鮮絜貝一瑳千可反玉色鮮二髮髮好貝𩮰鬌丁可反垂貝三𩬊𩬊厚頞

醜貝叵胡可反急三硰細碎䂳小石爸蒲可反父子一𨑹丁果反秦晉之間語一

馬

馬莫下反驢畜三碼碼碯石罵詈又莫霸反者之野反詞絕二赭赤土野以者反澤三也詞絕冶鎔雅五下反楚烏五疋正庌廳。痄痄疨口不合。盃酒器俗作雅槚

古雅反木亦作榎八嘏大一曰福假借又加詐反賈人姓斝玉爵叚本假椵柚屬瘕病又公詐反啞烏雅反不能言一灺徐野反燭餘又待可反一下胡雅反情屈又胡訝反又賤稱三夏中夏又胡

馬反時又胡下反地名廈舍寫悉野反轉本四瀉瀉水䲹桼𧳋獸啁許下反大笑二閜大裂且七野反發詞一跒苦下反跁跒行貝一跁傍下反跁跒二𨁋短人立社市者反土神一捨

書野反䭊餢姐慈野反羌人呼母一曰媼三担取又在加才野二反飷無味把博下反手捉物二笆有刺竹又白加反踝胡瓦反足骨八裸淨穀䕸黃冠䃓楚瓦反罄瓦戈踝踝口輠車䡵罷反

釋二𩵸鯉𩞁麵寡古瓦反無夫通俗作寡二冎剔肉置骨䯊五寡反牝瓦亦作瓦一若人者反乾草二惹亂又奴灼反鮓側下反采鮑。魚亦作𩺢四痄痄瘂又士馬反𧧅訝䇿

炭籠亦作䉵䉵都下反牛角橫一槎士下反又士加反逆斫木四𤸎廚舍痄疨又側下反奓自大奢𨌥車者反寬大五撦裂壞𩴂醜䰩哆唇垂撦擊䋬竹下反䋬絮相著貝一䋬

奴下反縕或作袈又女於反一髁口瓦反腰骨二跨跨步又口化反硰又瓦反雌黃一𦺮蘇寡反好醜𦺮一

所謂正文當是萬字

感

感古禫反動靈六䉞竹名鱤魚名䲭酒味灨水名在南康𤃬豆汁禫徒感反祭名𦼮糟糟潭洋黮黕黮雲又他感反䨲䨲雲窞坎旁入易曰入于坎窞髧髮垂菡菡萏

荷花亦作菡萏𠰲莊子云大甘而𠰲晻烏感反暗八黭黭黤揞手覆唵手進食罯魚網闇水大至又於甚反𪑹青黑又蹇黤烏黤反一腩奴感反煮肉亦作䑙䐑四湳水名在西河𥶚竹弱

□□長□□襑他感反衣大四醓醓醢䏙肉汁𠽸衆聲欿徂感反蒲葅三䠅弓弦鈐大魚又才枕反憏七感反慽六𢠹痛黲淺色又倉敢反䫲好又先感反

頷五感反頷䫲搖頭二嵁含怒昝子感反人姓三寁速撍手動糂素感反羹粮或作糝亦作餘四糣糣洋䅟䅟頷糁蜜藏木瓜坎苦感反窞亦作埳四欿食未飽

。舞曲。頷胡感反頤九 𢘊ㄑ害性惡 撼動 滔水和泥 菡ㄑ萏亦作菡萏 㮀雍耳亦作㮀 𠩏ㄗ嘾 庫草木垂實 欿欲得 壈廬感反坎壈五 黮黃黑色 顑面黃 𩞄有又。

。坎轗困極 醂林桃酒葅 紞都感反𦁐垢 黕又丁甚反五 眈虎視近而志遠 抌擊 𩓨罌 䫲被 顑呼感反飯不飽 感又呼紺反一

木名 澉ㄑ饕食無味 覽。

敢

又力反 菼吐敢反菼亦作𦳝四 緂青黃色亦作䬔 㢶崄又五金反 𦈲毳衣 膽都敢反肝心

淡 䈞竹名 憺安又徒濫反 黲倉敢反日暗色一 𡟗莫敢反鄉名在河東荷氏 䰼子敢反瀲饗

養

。羕上 蔏 橡木實亦作樣 䄈飾 •將即兩反勸四 𥮐剖竹未去節又秦丈反 獎。

•彊其兩反彊又口四 弶弓力又渠良反 誩競言又大紺反 滰乾漬米 •鞅於兩反牛項䩕

反瓦 𠜂皮傷 搶倉頭搶地出史記 爽淨 •想息兩反守物 •掌職兩反守物一 □

•響許兩反聲亦作響 饗神食 蠁蟲 享福又普耕反 嚮向亦作鄉

曩肥蜀人云 穰豐 攘擾攘又汝陽反 躟疾行又如羊反 孃亂又

罔文兩反無亦作□罔□网网 網网 輞車輞亦作棢 莔ㄑ草 魍ㄑ魎亦作蛧 □

•往王兩反之一 怳許昉反狂亦作兌二 詤夢言 •上詩掌反登進一 •長中兩反生出

蕩

[亡]古晃反闊一 •顙蘇朗反額 𣙰。鼓匡 壺木 磉柱下石 •榜。。

「儻」他朗反倜儻又他[朗]反七 曭日不明 傷長負 爣ㄑ慌失意

黨德郎反 □聚□ 欓木名又他黨反 鏑 讜直言

朗反 盪大又口 軏□ [ ]

廣字

原本有此行

第廿四 靜

迥

㝕〻安一曰縣名在鉅鹿亦作口 鄍地名又烏盈反

嫇嫇奵自持皃 酩〻酊酔 濙〻涬大水 眳〻睛

梃木長片 娗好皃 訂平議 誔詭 珽他鼎反玉名

•謦去挺反謦欬七 廎小堂亦作口 汫水出名 [illegible]酒

•醒蘇挺反醉歌二 箵笭 •鞞補鼎反刀室一 褧口迥反褧絅又布名

•竝蒲迥反比通俗作竝三 鮩白魚 併立竝 •䁝五剄反直視一

綹十絲為綹 軿載柩車 茆鳧葵水草詩云言采其茆又莫飽反 罶魚梁亦作昴翼

有

杻木名亦 狃習 莥菌實亦作蒞 肚食肉 邘地名 •肘陟柳反臂〻

•首書久反頭五 手腕前 守住 䪼人初產 百人頭似象形 醜處久反類又惡

阜陵阜 鵃鶪別名 萯香草 熄熾 隝。盛 蜏鼠 •缶方久反瓦器口

揉曲木或作煣 𤜷獸跡又女柳反 沑水吏 茥蘱菜不切 •糗去久反餅屑一

箹竹易根而死 鮦人陽縣名在汝南又直隴反 𦛂小腹痛 •酉與久反酉方口 牖窗牖 誘

◦朝生暮死又原救反 輶輕又以周反 䄂禮天又以周反 邎遺玉又餘周餘昭二反 滫息有反溲麴

•酒子酉反釀牛津一 •溲踈有反溲麴一 •帚之久反掃篲二 鯞鯫 㤹芳酒反小怒又敷救反

厚

厚胡口反不薄亦作垕俗作厚五 後次前 后皇 郈鄉名在東平 呴吐又呼垢反 •母莫厚反牝九 牡牝牡 某私稱 拇大指 畝田數亦作畞晦 𦬼草 踇行 鵡鸚鵡亦為鸚鵡 呆 •部蒲口反伍七 棓。。

䚰人歐嚭嚭 䳼音人山嘍 䨆小音缶麰 䞭人缶麰麰 䚰贕 㪷當口反十升五 枓柱上方木 阧人峻作陡 或蚪斗蟲斗。 褠衣上句反 䄙又麥麩麩 䞓他后反 姤人名傳有華姓五 黈冤垂纊亦作黈 黈好又他貢反 鴂

水鳥又鯫魚名大口反 䱾魚名 苟古后反且九 玽石似玉五 狗犬 垢惡 㡚人扁縣名在交阯又取魚器 耇黃耇 詬耻又古候反 苟芝秦名 蕎蔛苫 㱁人嘍 峋山嶺 藕五口反 蕅蓮根五 偶合 耦耕 髃骨 䯁乳間 䚰益

探方后反衣上擊二 掊擊 瓿乃口反 毆毋虎三 潃乳小 㲃負 數蘇后反 藪澤十 籔漉米器 䉤亦作籔 叟老 㖩矦 傻犬聲狗 瞍瞽 嗾亦作䁦 謏小 謏誘 擻文抖擻 擻舉物 瞍聰名 馺。搖衛走又思隴反 樷

車轂空 吼呼后反牛鳴亦作呴四 吽嘷亦作呴 㖃吐又美垢反 蚼蚼蟉又渠俱反 剖普厚反又音判三 婄婦人皃又曾溝反 部小 歐烏口反吐五 毆擊 㸸牛特 欬吐又其 嘔姿又 塿盧斗反 嘍 㒑於侯反 塿峼塿穴

嗹嘍煩負 鬬訊鬬小器 簍籠 䴸䵃䵃糧餅 謱謰謱不解 笱竹皮 嘍峋嘍山名 走子厚反急趨一 口苦厚反吻次八 扣擊亦作敂 䧁牿䧁 鉤金飾 叩人頭 訽訽可 叩先相 鄉名在藍田

䫀健 蔀徒口反草䓷五 鋀圓 鋀酒器 揄人引 盟水盟名盟口 鴂水鳥又他口反 鯫一曰人姓漢有鯫生一 鯫士垢反又士溝反魚名 取倉垢反獲二 棷䃢又側溝反

黝

黝於糾反黑又於夷反五 怮憂 怮負 眑幽靜又於交反 泑昆崙丘下澤 蚴人蟉又於虯反亦作蚴 愀慈糾反又在由子了二反變色一 糾居黝反 糾。糾二 赳武負 蟉渠糾反蟉又力幽力攸二反一

寑

寑七稔反室通俗作寑五 寢臥 梫木名 蔓覆 鋟爪刻鏤板又子廉反 㶾直稔反我通俗作朕一 坅丘甚反坎一 㐭力稔反倉亦作㐭六 懍敬 菻蒿 凛寒狀又渠金反 顉面黃痟又來感。 谿

火舒又力甚反 罧斯甚反積柴取魚又卽蔭反二 佡恐 醓子甚反小甜亦作䤇䤇二 頣負甚妼 踸褚甚反踔行無常負亦作跉一 荏如甚反菜八 餁熟食 稔歲熟 集木弱負 恁念 腍熟 䫀單席 甚稍 桃

之稔反口頭木三 類頭銳 髑骨長 沈式稔反古作邥鄉人姓九 審諦 㯲木名 瞫視 諗謀 諗告又 嬸志 䁞下 瞫火又力今 大魚又才感 甚反 䰼魚反亦作魫 甚植枕反大過二 訦信又侍林反 椹食稔反桑實

毒或 瀋尺甚反汁一 墋初朕反土三 䤈酢 醓甚沙 䅟食有 拰尼甚反拰搦一 噤渠飲反寒亦作唫又口急四 顉切齒 勤怒 蕈菌生木上又慈錦反 噤寒 錦文縉一 僸居飲反頭負二 趛牛錦反低頭仰疾行 蕈

慈錦反菌生木上一 痒跦錦反寒負二 瘮病 寁共教一 歁於錦反亦作歆二 㵪水大至又於感反 品披飲反階級一 願仕瘀反頻醜負一 欽又於義錦反 寖竹甚反擊又渠今反一

琰

琰以冉反玉七 剡削又縣名在會稽 𨂊疾行 扊扊扅 棪木名 糲 燄火光 歛力冉反聚率七 蘞白蘞藥又力贍反 嬚女字 濂廉靜又理兼反 羷羊 䉁薄 驗

反阻 獫猃犹險五 婡人娉性不端良又弃莃反少氣 諂人敍胡 貶方冉反退一 䫡丘檢反頳頷不平二 嵰山高 儼魚儉反敬九 顩頏顩 广因巖為屋 隒山形似重甗 礹礹

く然齊又 嬐くく重頤又 嶮人嶮不平 噞魚口噞喁上下亦作嬐 儉巨險反自廉二 芡雞頭 撿居儼反撿挍三 檢書檢 瞼目瞼 黶於琰反面有黑子六 襝襝 㢛乘廉反

第廿五頁

忝 拯 等 豏 檻 广 范

𡑗持又於脥反 㜝酒又於黶反 冄而琰反人姓八 姌長好皃又奴簟反 染色人 苒草盛亦作茌苒 𥫣竹弱皃 䨔濡 䎃弱羽 𨒂漸 陝失冉反縣名在弘農五 䀹暫見

亦作覘 閃視又武贍反 陜不媚 䁢數眴又式涉反 諂丑琰反曲媚二 讇諛 奄應儉反忽十三 霑雲狀 䣍國名 掩取亦作揜 閹官名 渰陰雲亦作霑 旊掩又於業反 檶䆛 崦人嵫山又

猗廉反 腌屋腌雀 罨丙又於苔反 裺褗又殃緞反 弇蓋 漸自染反稍四 磛人䃎 嚵啐 𦕈麥芒亦作䕭 憸七漸反詖又思廉反二 䤷。酢 𩞄子冉反薄味一 脥苦歉反腹下一

忝他點反發語詞三 𥝩丙鄉名在濟北蚺丘 鍩。取 淰乃簟反水流皃三 嬗弱 䧑亭名在鄭 點多忝反點畫四 玷玉瑕 耆老人面有黑子 刮研亦作䂴 簟徒玷反席五 㐆閉戶或作距 蕈菌

橝屋相又大堪反 驔馬黃脊 嗛苦簟反猨藏食處三 歉食不飽 慊恨切 穪盧忝反禾稀一 鼸下忝反鼠名三 嗛頰裏貯食 獫犬吠又胡斬反 嬐居點反竦身一 㚇明忝反䀖。蓋又明范反正作㚇

拯無反語取蒸之上聲救溺亦作撜拼本作丞一

等多肯反齊一 倗普等反不肯一 肯苦等反可一 能奴等反多一

豏下斬反豆半生五 減耗又古斬反 濫泉又盧暫反氾濫 獵犬齧物聲 糮淦 湛徒減反水皃又徒感直沁二反二 偡人然齊整物 㦿苦減反牖一曰小戶亦作槏三 㨔危 顩長面皃又丘 㺝古斬反咸丘檻二反 鹼鹹四

㺝損。竹名 鹼鹵又七廉反 攙士減反攙濟一 斬阻減反斫一 臓初減反臓羹一 臉力減反臉臓一 闞火斬反虎聲又火檻苦暫二反二 欦笑 摻所斬反執袂又沙檻反一 喊子減反聲一 㘅女減反魚內一

㒮丑減反癡一

檻胡黤反闌人 艦船 轞冈車車聲 獑惡 埯堅 𤠂勇 𧶮憚 顑丘檻反長面皃又五咸苦減二反一 𡾋山檻反斬耳二 獑猛獑犬聲 黤於檻反青黑三 敢董歎出孝子傳 黯汲黯人名

醶初檻反酢漿一 㺑荒檻反犬吠一 巉士檻反峻二 嵃絕

广虞埯反崖室又音儼一 嶮希掩反峻又熙儼反一 埯虞广反土覆一 㪁丘广反欠崖一

范符山反人姓又草反語取凡之上聲失三 範模 蓲蜂 凵丘范反張口一 㚇明范反腦又明忝反 蓋

刊謬補缺切韻卷第四 去聲五十七韻 右卷一万二千一十四字 二千三百廿三舊韻四千九十七訓或亦一文古一文俗二千七十補舊缺訓千二百卌六新加韻二千七百六十訓二百九十二亦或三古二通俗六文本

刊謬補缺切韻卷第 上聲五十二韻

朝議郎行衢州信安縣尉王仁昫字德温新撰定

一送蘇弄反
二宋蘇統反陽與用絳同夏侯別今依夏侯
三用余共反
四絳古巷反
五寘支義反
六至脂利反夏侯與志同陽李杜別今依陽李杜
七志之吏反
八未無沸反
九御魚據反
十遇虞樹反
十一暮莫故反
十二泰他蓋反無平上聲
十三。杜与祭
十四祭子例反無平上聲
十五卦古賣反
十六怪古壞反夏侯與泰同杜別今依杜
十七。
十八隊徒對反李與代同夏侯為疑呂別今依呂
十九代徒戴反
廿廢方肺反無平上聲夏侯與隊同呂別今依呂
廿一。
廿二問無運反
廿三焮許靳反
廿四願魚怨反夏侯與慁別與恨同今並別
廿五。
廿六。
廿七翰胡旦反
廿八諫古晏反李與襇同夏侯別今依夏侯
廿九。
卅霰蘇見反陽李夏侯與線同夏侯與同呂杜並別今依呂杜
卅一線私箭反
卅二嘯蘇弔反陽李夏侯與笑同夏侯與效同呂杜並別今依呂杜
卅三。反
卅四效胡教反陽與嘯笑同夏杜別今依夏侯杜
卅五号胡到反
卅六箇古賀反呂與禡同夏侯別今依夏侯
卅七禡莫駕反
卅八勘苦紺反
卅九闞苦濫反
卌漾餘亮反夏侯在平聲陽唐入聲藥鐸並別上聲養蕩為疑呂與宕同今
卌一宕杜浪反
卌二敬居命反呂與諍勁徑並同夏侯與勁同與諍徑別今並別
卌三諍側迸反
卌四勁居盛反
卌五徑古定反
卌六宥尤救反呂李與候同夏侯為疑今別
卌七候胡遘反
卌八幼伊謬反杜與宥候同呂夏侯別今依呂夏侯
卌九沁七鴆反
五十豔以贍反呂與梵同夏侯與㮇同今別
五十一㮇他念反
五十二證諸鷹反
五十三嶝都鄧反
五十四陷户韽反李與鑑同夏侯別今依夏侯
五十五鑑格懺反
五十六嚴魚俺反陸無此韻目失

据3693校

卅七梵扶泛反

[送]

送蘇弄反遣一 鳳馮貢反靈鳥一 貢古送反獻八

㺬縣名在沛或音絳 匵小㮣㮣 笭𥫱笭 贛憃贛 橨格 弄盧貢反翫五 挵人驚愚 龏。磨人、又口

似羊

控苦貢反引四 倥人偬困臭 悾誠心 鞚馬鞚 糉作弄反蘆裹米

胴大腸 慟悲深 筒簫 駧馬急走

䒍莫鳳反草澤□□莫中反 夢雲夢澤名又莫中反

第卅六寘

[寘]

欪歐 賜斯義反與 澌盡 杫。

彼哀論語子西彼哉 詖險詖 䕯草又補為切

騎乘又渠宜反 𦯬積 汥水戾 輢車輢 䰎鬼服又音奇

㡿偏㡿屋 朿木刂芒 莿針。 庛未人

宜人相依 誎數諫 易以豉反難易又以益反一 傷神豉反相輕三 伿惰。 [illegible]

誼人所宜漢有賈誼 義訓文又宜 譬匹義反喻二 漢蜀漢云水洲 漬在知反潤四 胔骨亦作骴亦作髊殊 眥目眥又在計反 積䝭 智知義反心惠一 倚於義反依又於蟻反

槌蠶槌又直追反 膇重腿病亦作㾽 錘稱錘又直為反 腄縣名在東萊 甀小口罌又直追反 硾鎮 吹尺偽反噓氣又尺為反二 龡習管又充垂反 戲羲義反謔一 企去知反望四上 攱傾 跂舉足 跂視

吱行喘息 縊於賜反自經一 翅施智反鳥羽亦作𦐊六 施惠又式枝反 啻不啻鍦作𦐊 鉇短矛或作鍦 鳥鴟亦作鵄 䳅甲虫 𥝡米中 屣所寄反履不躡人 躧根又所綺反四 掃鞋屬 曬曝 餧於偽反飯牛

觖窺瑞反望一 偽危睡反假一 恚於避反怒一 睡是偽反眠四 瑞祥 王符 䅜雅鳥又 垂時規反 種積馬疆一 企小支舉企反 枘而睡反內一 縻靡寄反羈一 多充豉反慶一 䞶恩累反滑二 諉四把 娷。。

瓗以睡反玉名二 繣絃中絕又胡卦反 諉女恚反課二 㛤陂

[至]

贄國名亦持 贄。 礩柱下石 鷙鷙鳥 鷙 魚旨杠絲亦作輊 懥怒 䥽田器又先列反 位又洧冀反列一 郿美秘反縣名在扶風今音眉七 媚嫵媚

摑

遂徐醉反。因。事十五　彗帚。一日妖星　墜墓道。亦作隧　䢔贈　旞羽葆旌上。亦作旜　璲玉　穗禾秀。正作采　檖楊檖木名。子可食

邃苗好。亦作䆲　隊　䉌　蟪。　鐆陽燧　醉將遂反。酒昏二　檇以木有所擣。又子回反　邃雖遂反。深七　祟禍　誶言。

燧亦深。　類力遂反。狀六　淚悲。　禷祭名　瓃玉器。又力追反　隸臨。　䐈肉祭。　祕鄙媚反。密十　毖慎。一日遠　閟閉

鄪邑名。在魯　眡直視　柴惡米　遺遺位反。遺之八　饋餉。亦作餽　蕢草器　繢織餘　櫃篋　隤以水反　蕢草　䕟強作䕟　鞼韋繡。亦　濞匹備反。水聲六

嚊喘聲　膞盛　㿰氣滿　寙敗貞　備平秘反。具十　奰狀。一日迫　亦作勛　鼻壯大。又　膞音鼻　糒糗　犕牛具　犕齒　贔人屭　贔肥壯　鞴車軾。亦作鞁　韛紼　鞴等。又並扶福反　構名

䳄鳥如梟。又孚匪反　媿軌位反。慚。亦作聭媿謉　魄馬　騩色　䨚渠追反　帥所類反。又所律反　率統。又所律反　喟丘愧反。太息　蕢人。木腫節　櫃又苦拜反。五可爲杖　䫥漆加髹　鬢

豷許偽反。豕息二　燹火。又息淺反　嗜常利反。欲。亦作嗜　醋腊膳酳三　視比。又神至反　眎視　利力至反　颲烈風　瀝臨　覝求視。又　涖人人　䁱女利反。目深貝。又　䀵一活反　醲重酒

劓魚器反。割鼻　亦作劓一　屁匹鼻反。氣下泄　懿作糦一　致陟利反。送。正作致十　懫止　躓礙　囗口口　輊車前重　䡹亦作輊　騺馬脚屈　騭馬　疐跲。又於進反　駤駤　摯到　鷙交　質正作贄三　疐詰利反。捐

肩背身坐牀　結。又口系反　緻多　螏密二反　緻直利反。密通俗作緻九　稚幼　遲待。又直尼反　穉晚禾。亦作稺　懘物　試當　語諱　緻語　治又直之反　莅一知　㑬　㝃

䶖人牀　殼多詐　跮㥨反　至跛。又丑利反　四隂。　劓　訵知　墅　翼　棄　冀几利反。中州。通俗作異六　覬人覦　䶙稀　穊亦　驥騏驥。亦作驥　洎肉汁。又渠器反　懻強直　㡾具器反。輿詞六　瞥　洎

自坚。　息水　鱀魚　悸其季反。心動三　瘵瘵熱　瘁病　悴色三　犀上肉　漯尾　潔不二　二而至反　貳副　樲酸棗　恣資四反。縱二　殛死而復生　次又七四反

坔土　溉　瀵名　腹　鳥七四反　鴦鳥　飛漢　鶬名　𩋘武官名　㦘以漆　䕪涂器　䌬績所未　緝　繞　髮鳥名　鷐死生　鶿　懿乙利反　饐陰　欭傷　噫噎　壹五　歕　撎手　四息利反　泗四數九　肆極

亞八

囗

栖角　泗水名　駟駟馬　牭牛四　柶上　泗在魯　牭歲　荖　韋　棣上下通又　㛅杜外反　器去冀反　皿一　季癸悸反　末二　覞視　眉　鼻眦四反　中岳十　比近。又必履符　比細　紕扶必三反　節

禠脚氣　祀祀司　地相次。或作　比又毗㥨反　鼻命　二反　䐈盛。又　䛠首　芘草　瞲許鼻反　恚視三　睢恣睢暴戾貝　䁝又許癸反　醜。又許葵反　痹冷濕病四　必至反。脚

畀與　庇蔭　痹足氣　萃集四　疾醉反　顇顦顇　崒待　瘁病。亦作悴　地徒四反　磅礴一　鼻許器反　鼻息六　屓屓贔　殪有虞夏后氏　咽息。又丑致反　呬陰知曰咽　㽻

呻又火尸反 靅見雨止息 ・肄羊至反習七 𨽻假埋道側 𦀚重亦作㢝 隶及又徒載反 豨猪名又徒計反 貤重物次第又神至反 庚倉廩 示神至反垂信三 謚易名從蓋省从益非 貤重物次第 自

疾二反從二 嫉く妒 墜直類反落二 懟怨亦作譈 ・出尺類反生一 ・轛追類反車橫軨二 遂前頂又口黠反 ・遺以醉反贈又以隹反六 㥏く情佞漢書王子侯表 繸忘 ・䜅嬑亦作贀 蜼仰鼻長尾又餘救反

𧑡蚌 ・屍矢利反似皺一 ・痓充至反惡一 皻楚類反粟體一 ・血火季反靜又麾逼反一

第廿七頁

〔志〕

志之吏反意四 娡有莘氏女[illegible]娶之 𦮃遠志 誌言意 ・値直吏反遇三 植種又市力反 治理大帝諱又直之反 ・寺辞吏反館舍三 嗣繼 飤食 ・蚝七吏反蛓蟲一 笥相吏反篋笥二 伺候 試

式吏反考能三 弑逆殺 幟旗又昌志反 胾側吏反大臠四 椔木立死又側持反 鶅東方雉名又側持反 事く刃又鉏吏反 吏力置反執事二 𢟪憂 ・字疾置反文字く滋曰字四 牸牛 孳く尾 芓

苴麻亦作茡 眙丑吏反佳視 佁く儗不前 魅厲鬼 餌仍吏反食亦作鬻十二 珥耳餌 衈開刑書殺雞血祭名 咡口吻 刵割耳 毦氅毦 洱水名出罷谷又而止反 㛅女字 聛耳目不相信 聑以牲耳告神欲聽 胹

筋犍 佴次 ・駛所吏反疾六 使拼又所里反 𣳾水名在河南 𩣡阜突 𧳜獸似貍亦作𧳜 𩧯烈省 廁初吏反雜一 ・異餘吏反奇二 异异哉歎又退 躓陟吏反寘二 𢐬青州謂彈弓 事

鉏吏反務二 餕牧 ・侍時吏反承三 蒔種 𥞮。枝不種 忌渠記反諱亦作諅九 邔縣名在襄陽 惎教一日謀 𦁻連針 𩷫魚名 諅忌 鵋鵙 帺繫又渠基反 𠔱舉又渠基反 熾

昌志反盛四 饎熟食亦作𩞄糦 𢦔。土 幟旗亦作幟 ・意於記反志四 鷾鳥名 乚深黑 𪐴乚貪又猗壹口反 ・記居吏反言憶一 ・𠫤去吏反數二 唭く疑無聞見 ・憙虛記反情好二 咥笑又諸異徒結知吉三反

𩴹魚記反怨四 譺啁 𪌾大瞿 儗佁儗不前 𢍰焉記反連茗一

〔未〕

・未無沸反將欲五 味滋甘 菋五菋子藥 頛面前 䤬。饋亦作𡰪 貴居謂反屎二 瞶極視 ・謂云貴反言十六 胃肚亦作胃 㥜佛慣不安 媦楚人呼妹 䑊運船 緯經緯 彙類 渭

水名 蝟蟲一曰彙蝟 煟火光 䕁草木盛亦作䕁 𦸈類 䬑大風 𩷤魚如蛇 緭繒 𤛱牛名又魚歸反 魏魚貴反人姓一 ・沸府謂反水涫亦作濆灒六 疿熱細瘡 誹く謗 芾小皃又方蓋反

𢀖覆耕 䘐蔽膝亦作𩏵 費芳味反多損又房味反又音秘四 髴髣髴亦作佛 昲光 橨木 ・𥻸丘畏反細米一 ・慰於謂反撫九 尉理 畏懼 罻羅 熨火熨 蔚文 𤛕牛名 螱飛螘 㷉

祪 ・諱許貴反名忌三 卉百草苗正作芔从三屮 𩲡。扶沸反獸名十一 怫く悁又扶物反佛鬱 𨁈刖足 𥆗病 菲菜名又芳非芳味二反 屝草履 翡く翠 蜚蟲亦作𧔥 扉隱 狒梟羊 𥶿

稻不黏又口既反 ・旣居未反𣅀。正作既三 暨諸暨縣在會稽又其冀反 禨福祥又居希反 毅魚既反敢果通俗作毅四 藙茱萸亦作藙。 𢗅怒 豙怒毛 ・氣去既反息二 乞與人古作雲乞又去訖反 ・欷許既反歔欷十 唏啼 墍

○○○餼生餉亦作槩 愾大息 鎎怒 摡拭又古載反 氣靜 餼飽 監獸似蝟赤尾又音氣 衣於既反依又於機反一

御

●御魚據反制七 馭駕 語誥又魚舉反 虘助 鑢錯亦作鋁 櫖山藟 驉傳馬 據居御反弔八 鋸刀鋸 踞蹲 倨傲 椐靈壽木 澽乾 艍角似雞亦作艍 豦家又朱於反 覷

○○慮○○○三 胆蝇胆亦作蛆 坥蜞塲又七余反 㰦却據反欠㰦六 去離又却吕反 麮麥汁又羌舉反 呿卧聲 胠脅又去魚反 𡨋閉又公苔反 署常據反記二 曙曉 恕式據反恕心三 庶衆幾 樜木名

著張慮反表記又持略張略二反一 翥之據反飛亦作翥四 [齒庶]篋 𩞄犬糜 [甶庶]舂 疏所據反書義 飫於據反飽亦作饇九 瘀血 鄔縣名在太原又烏古反 醧私燕 棜無足樽 淤水濁又約渠反

懙假寐又仁諸如與二反 於臭 遽渠據反急三 勮勤務 詎末 絮息據反綿四 助鋤據反佐 耡秘又仕魚反亦作筯 麆麢子 怚子據反憍子二 沮〻洳 詛側據反呪

豫余據反予逸十二 預安 譽毁〻譽 礜石 驈馬行疾 輿車輿又與屢反 鸒〻斯烏亦作舉 悆悅 [illegible]大鹿 [illegible]舉食者 [illegible]高平 [illegible]履屬又徐舉反 嘘○○

○○𤸋痴𤸋不達又勑口反痴音丑之反 楚初據反心利一 悇勑慮反憚憂二 𤺏痴𤸋不達又直庶反 處杵去反居所一

○○樹殊遇反木物名四 耈老人行貌 尌時雨又之戍反 侸立或作佢 住持遇反止亦作跓二 牏築垣短板又之句反 附符遇反依 坿白坿又附夫反 袝○○

贈 駙副馬 鮒魚名 蚹〻蛇 注之戍反水注又丁住反注記九 疰病 咮小笞名 狂犬 鑄鎔鑄 馵馬足白 澍時雨又殊遇反 獳鄉在河南 袾訓

遇

○○○正作屢七 句詞〻絕 玽〻瞖又其俱反 絇絲絇 瞿視貌 郇邑名 䀠左右視 昫香句反温四 酗醉怒亦作酌 姁嫗又朱俱反區幺又況羽反 蚼蠶 戍傷遇反守六 腧五藏腧 輸送又戍朱反

𧼯馬跳𧼯 喻曉名又戍于反 䩱刀鞞 裕羊孺反饒或作袞五 覦覬覦又揄拘反 諭譬或作喻 籲和 [illegible]面衣 孺而遇反幼亦作孺三 乳育小又而主反 擩〻莝 赴撫遇反奔亦作趴迣七 [illegible]疾

訃告喪 仆偃仆 簠〻簋祭器又甫于反 眛額 趎疾 務武遇反恕事十二 婺〻女 霧天氣 騖馳騖 [illegible]六月生羔 [illegible]雞雛 [illegible]髮巾 [illegible]丘 [illegible]强 [illegible]長踞

[illegible]纚掩餘 蟱蝥 緅子句反青赤色二 足添又資欲反 懼其遇反畏三 具備 臞癯 芋羽遇反一名蹲鴟三 雩雨音 霔雨兒 屢李遇反數正作屢一 埾才句反埰二 聚積

捒色句反裝捒二 數分計又色矩色角二反正作數 訓 搏擊又補洛反 陚丘名 娶七句反取婦二 趣向又七俱反亦作取 註中句反解 鉒置又送死人物

駐立馬 軴車軴 壴陳樂 亍小步又耻録反 足案縁字陸以子句反之此足字又以即具反之音既無別故併足 尠思句反少又息蒭反一

暮

暮莫故反晚 墓墳

鍍金鍍物 度法又徒各反 ⿱⺮度籧⿱⺮度 路洛故反途 露滑 潞縣名

⿰月乇〻胍大腹 ⿸疒乇乳病 ⿰言乇奠酒言爵 蠹○○

固堅 錮〻鑄又禁錮 棝射鼠斗

互差互亦作𠫪 ⿰忄蒦□□布濩又

第廿八頁 泰

襘福祭

•⿰言歲虎外反衆聲 噦鳥聲 ⿱歲羽羽聲鳥飛

•⿰忄會□□□□ 薈草盛 瞺眉目間 ⿰黑會淺黑色

愒貪 ⿰犭害豕屬 ⿰害殳伐 ⿰蔡阝地名 •蔡七蓋反國名亦作𦵰 ⿰蔡鳥〻鳩鳥

藾蒿又力□反 □火毒 餀海蓋反食臭一 •娧他外反好貌 駾馬疾行

•旆薄蓋反旗 䟴蹎䟴行不正

籟簫三孔 癩疾或作癘 瀨湍瀨 糲麁米

眛莫艾反目不明三 昧冥亦作眛 柰木名

霽

霽子計反晴五十三 隮升 濟渡又子禮反 擠排擠 躋登又昌黎反 帝都計反天十七 諦審 嚔氣歕亦作𪖐 柢根或作柢又丁奚反 ⿱艹帝草木實綴 螮〻蝀亦作蝃 迊進不□

𩌏補履革下 腣肤腹 𡘧大 偙傳 揥取又徒計反 ⿱折手急持人亦揥 跃蹋 骶背 蝭寒蟬 趧趨 嚌在詣反嘗至齒七 劑〻分又姊隨反 穧刈把數 䶒鹹亦作口

眥目際又才賜反正作眥 懠怒 齌炊疾又子奚反 替他計反廢本作十 剃除或作鬀 ⿰耒啇不耕而種 洟鼻洟亦作鼻 屜履裏薦 达足滑 薙除草又直氏反 涕泪 笑

軑車大 殀殀節 第特計反次廿一 遰迢遰又底隸反去遊 鬄髮亦作鬀 締結 睇視又他禘反 悌順 娣女弟 禘祭名 釱以鎖加足 鶗〻鴂鳥又徒鷄反 棣棣李 杕車下大盛貌 踶○

題□□封又徒鷄反 懘極又恥厲反

揥取又丁計反亦作㨗兩指急持人 ⿰土帶高貌又徒結反 諦諦 鯷鮎 鶗〻肩又達鷄反亦作鵜 砌七計反階 切衆 瞟視 聣聽

壻女夫或作婿婿通俗作壻 洵水名出汝南 詣五計反就 羿古能射人或作𢏚 睨睥睨 棤枍棤殿名 眄恨視又下戾反 覞旁視

作絓 繫纏 薊草名今用爲𨙸 髻綰髮 𨙸燕都 檵苟杞 蘻狗毒害 毄係 繫𢇍 鑿絓 蠿く蜜蜂

恝心不恝 盻恨視又吾戾反 閉門扇又胡介反 瘛小兒病又尺制反 契苦計反約又苦結反十 栔刻已 𢼛腨腸又 肩枯禮反 𪘏 盭

䩫難又口買反 頪恐 敐省視 艓舟 𩌄蓋斲 翳於計反羽葆一曰隱十三 曀陰風 㾜靜 栘く棺 堅塵 殪死 医藏弓弩器 瞖目瞖 豷豕息 㙠天陰塵

譩諦 㝃安 𩍬擊中聲 謎莫計反隱語二 欐栽 閉博計反掩閉四 嬖愛 箄䉦 𩋓鼓又補米反 慧胡桂反解十一 憓愛 潓水名 惠仁通俗作恵

蟪く蛄小蟬 蕙草名 槥木 譓才智亦作憓 鏸銳 翽羽翽亦作䎀 儶𠌯 桂古惠反香木五 昋人姓或作炅亦作炔 筀竹名 眣眣 殅殀極 嘒虎惠反聲二

睥小星 媲匹詣反配亦作䴽四 睤く睨 渒水名在汝南亦作潩 濞水聲又敷備反 薜薄計反薜荔三 蘗草思烈反 盭所以理苗殺 醴鬛 麗魯帝反美廿五 丽鹿皮本作麗

戾乖亦作盭 𥂜僕亦作隸 儷等 縿綵色或作緱 音力結反 𨦟割 唳鶴唳 蜧大蝦蟆 莀草紫 倪佷 沵氣妖 荔薜荔 捩琵琶撥 𥝢

亦作劙 蜦神蛇亦作蜧 𪊨草木生惡土 颲急風 䫉木名 𪊨師 𧡍求視又蟻反 浰泣又力二反 睿竊視 悷懍 癘瘦黑又力翅反 欐小船又力底反 妻七計反嫁女二 捿

泥奴細反過澤又飾二 濘陷濘又尼證反 㰟呼計反氣越息三 㕧肥 殢極困 㱮大

【祭】

祭子例反祀七 際畔 穄黍穄 鰶魚名 䰡露髮 讆言 𥟖穄又才計反 歲相芮反正首三 槥小棺又似歲反 繐疏布又似歲反亦作𦅾 衛羽劌反姓六 轊車軸頭鐵 璏劍鼻玉恭辟劍

䄟又直例爲厲二反 衛竹名 衞牛蹄 𧗿豕屬亦作𧖠 芮而銳反草生狀三 汭水曲 枘圖捽 贅之芮反贅肉三 叕卜問吉凶 𣪠吉凶 啐山芮反小歠 毳此芮反細毛十一 韢

纛類又徐醉反 脃肉肥亦作膬 帨佩巾亦作帥又時師字 涗温水又式芮反 𧌐虫又會反 口挩 㓻小 𧽍重禱又楚歲反 𣻍飲又須面反 䬸斷又又芮反亦作剪 竁穿地又楚歲反 銳以芮反利五

叡聖或作睿 稅草生狀 蜹毒蟲 鏊銅生五色又時制反 綴陟衛反連又丁劣反四 醊祭又力外反 畷兩陌間道 輟車小缺 稅舒芮反斂六 說誘說 裞衣送死人又他活他外二反 蛻く皮又他

㳔温水又外此芮反 餟小餟又郎外反亦作饊 獘毗祭反困亦作斃四 斃死 幣帛 獙獸名 蔱楚歲反重禱或作䥍二 竃穿壙 鏏囚歲反掃帚又蘇類反四 鏏大鼎 槥小棺又相芮反

第廿九頁

轄車軸頭亦作𨊻䡪 𩌦必袂反掩二 䜮縣名在牂牁 鷩雉又畀滅反 劌居衛反傷三 鱖魚名 劂剖劂斷割 袂彌弊反袖標一 𢅥所例反殘帛三 鎩矛戟類又所恠反 蔱椒 掣尺制反曳又尺折反或作摯六 瘛小兒驚又胡計反 瘌毒病亦作㾕 狾狂 [illegible]除利 懘音不和又尺紙反 制職例反禁十二 [illegible]魚醬 [illegible]作 聅入意一曰聞亦作聅 晢星光又旨熱反 [illegible]折蝗子

銴[illegible] 鞜折刀 餮臭 [illegible]王莽時蘧惵 泄泄 逝時制反去入 觢牛角豎亦作觢 噬齧 誓約 筮著 澨水名 轚車當 [illegible]踰 曳餘制反挽十八

裔邊 玴石之次玉 勩勞亦作勚 洩水名在九江 栧檝類 㵩病 𣨥明一曰習 詍多言 䩻以馬䩻贈亡人 㓔裂 𩜶各板際 袣長 呭〻〻樂或作詍多言亦作𠵌 [illegible]作𪁋鳥飛並或作𠵌

蓺草 藝蒸 𠂆至地 𥜒於罽反急一曰不成四 瘞埋 餲食敗 𤅢〻〻濤 䱶魚祭反技能五 寱睡語或作囈 𥝣種 槸木相摩亦作槸 𣗥袂 滯直例反淹五 彘豕 𤜯

劓鼻又魚器反 𡿪 𦉡? 𥉁 [illegible]作茵 𨀛 蹛〻林 例力制反比十六 厲惡亦作厲 礪石 勵勉 𦔃作𦔃 癘疫 濿渡 𩷈魚名 蠣牡蠣蟲 櫔木名 䮥馬馳 㓯

帛餘亦作𣏰 栵栭 𩢯奔 㠕巍 犡牛白脊又力帶反 憩去例反息四 愒恐 𨏖車止 𧄈草名 惕息 世舒制反三十年太宗諱 勢威 貰賒又時夜反 猘居厲反狂犬六 𦍑䍈類亦作𦍑

泉出 𨖝許 持人短又居謁反 薊芥 𣮈毛 蔡[illegible]白利 𢆲 猲竹例反亦其憩反 偈句一 噬市芮反 曳丑勢反跳亦作𨂾九 傺侘〻 晢瞥 㥏怵惕又達計反 𩞀餬又丑列反 𢃽飾佩

又都計反 㤡習 跩渡 𧾷超亦作起 劓牛例反去鼻一 𦇇子芮反束茅表位又子悅反 掣裂

卦

卦古賣反卜又古買反 挂懸 詿誤又胡卦反 懈古隘反嬾四 解〻除又加買反 廨公廨 薢藥名又加買反 隘烏懈反狹亦作𨸚 𤷓病聲又於之反 邂胡懈反邂逅二 解曲解又古賣反 䪥胡買二反

莫懈反出物 畫胡卦反圖七 𧩲言𧩲 絓絲結 澅水名在齊 黊鮮黃色又胡寡反 繣絃中絕又尤恚反 嫿又尤尒反 差楚懈反病除又楚宜楚佳二反二 衩衣衩 𥇒懈

正作賣 畫 卦 詿 挂 䟞[illegible] 𣦰 𧫽 𨀛 𥠉 𩎖 [illegible]

反目眦又許懈反怒言 𢶡傍卦反 𢸯擺 稗黍屬又𥝲士懈 眦〻 𥉞匹卦反 𥸬分流 𣲵 尖匹刃反二 瀿水出丹陽 債側賣反徵財一 𥉁

五加反一 諺又于媚反一 粺精米三 稗稗 𥤝比尔反 𤼍反三 眲睚 柴䪥 𠙄分流二 絍庁 朮匹刃反二 瀿 債

口口口口 𨛍鄉 灑所賣反曝又所寄丑 𣲵洒掃又 譮呼卦反 𦠆竹賣反 𢃄方賣反 𢈒方卦反

𣴑所賣反 曬離二反亦作𣆶二 汎思見反 話疾言一 膪臠肉一 𡲵𠨎一 庌到別一

怪

恠古懷反異 𣪘毀亦 𢻮 作怪六 𡔷作𡔷 𡒄石似 𢦏 𢻂 𢽟 𢨋 噫嘆又於疑反二 䆕塞 𩔟草烏界反天地氣又 呃不平 𤸪病三 瘵側界反 鄈在周邑名 祭周大夫邑名 誡古拜反言警廿 戒慎

界境亦作畍 介大或作尒 尒通俗作介 屆至 疥瘡 玠圭 价〻居 𢄈〻幘 𣏠韍 魪魚名 𩣡馬尾結 𧙃袺又胡屆反 𧛗衣上亦作襘 械器 丰草 芥 几人仁 字人 价善

髽簪結 紭女果反結布襦一 譮許界反怒聲或作欸三 譪大餓反 譪譪譪字 噧高氣多言又他曷反 械胡界反器械七 薤菜亦作韰 齘類齘切齒怒類字于禁反 𢠽陜 𢠽果敢 閡門扇又口

价補膝衸又古拜反 聧五果反不聽二 忦怨恨又古黠反 㓗苦壞反茅類大二 嘳歎又丘字 喟愧反 䈊箭竹又苦迥反 敾大息亦作餇 簣籠 拜博怪反跪二 扒詩云勿翦勿扒 𢱧普拜反 湃澎湃

聵五拜反聾亦作聉二 顡頭顡癡 𤺔蒲界反疲亦作𤺔痛備四 韛吹火韋囊 退壞亦作敗 棑船後頭 昒莫拜反昒眼久視二 韎東夷樂 鎩。。

夬

顡知怪反頭聲一 瘥楚夬反病瘉一

噲漢有樊噲 邁莫話反行亦作𨘢二 勱勉 話下快反語話一 敗薄邁反壞二 唄梵聲 黵烏夬反淺黑口 𪖴喘息鼻聲

芥古邁反菜名又草芥三 㧓馬行疾 犗犍牛 蠆丑芥反毒蟲亦作蠤一 喝於芥反喝喝聲敗一 咶火夬反息聲一 譪火芥反譪譪敗字亦作𧬮一 嚽食快反啗又倉憒反

隊

䨴䨺雲聚八 䨺草盛 鐓 懟 墪 鐓鐏亦作鐜 磓墜 懟怨 佩蒲背反帶八 珮玉珮 孛星又蒲沒反 背名 偝向 誖言亂又蒲沒反 悖心亂

又蒲沒反 昧犬過 妹莫佩反女弟九 昧日暗 每數 痗病 眛目暗 瑁瑇瑁又亡督反 黴點筆又武悲反 苺子木名似椹又亡枚反 脢背肉又莫杯反 配普佩反耦四 朏向曙色 䆀

崩乚偶又 聲妃匹非反 誨荒佩反教訓七 悔改 敏易卦 靧洗面或作湏上體 䪌作類 詯。。

洄大毛 稍清屬 碓都佩反比杵 對本作對三 確臼 鑆作樹 倅副五 淬七碎反 焠。。

深焠作刀鑒水 啐嘗入口又先對反 𥕎口 晬子對反周年五 祽月祭名 綷會五綵繒亦作䌨䌨 挼推 𡜠失容節又祖臥反俎嫁二 隗烏潰反隗𢈔苦熱二 𢈔隱翳

退他績反却下亦作退復通俗作退三 𤞝隗𤞝 口古對反口口口 幗口口口口 刉刀刉使利 藬黃色又于鄙反 䕫筐亦作欖 篠籧 潰胡對反逃散 迴。。

多 繢畫 嬇女字 殨肉爛 闠闤闠市門 詯胡市 塊苦對反土或作由二 𡊿片臥反 塊塵又於碎反 碎蘇對反細靡亦作𤮐 啐送酒聲又倉碎反

礧礧大皃又落猥反 勵勉 耒耕草 鋷多平 𨙸縣

戝甘 䣸酢 酨𨡴 載。。

代

塞口口又蘇則反

第卅頁 震

●信息晉反給言著 迅疾又私閏反
鷵鳥名似鶻鴝 箨竹名 燐鬼火亦作粦 藺。
儐。 認識 䏰牢 仞七尺 韌柔韌 軔礙車輪

。木名 杒益 忉枕巾 胤與晉反繼八 酳。 。。在脊肉又上 胂直引反 鈏錫 濥水脈行地中 疢丑刃反二 趂逐 印符。。
。魚名身上如印 眣又作眒四反 儐必刃反相通俗作儐六 又嬪〻親又匹人反 陣直刃反軍列四 診候脉 䏰登 敶列又直珍反 慎是刃反謹 。
式刃反張目一 鼓去刃反香蒿可炙食亦作䵝二 趣行貌 賮疾刃反琛賮四 燼燭餘亦作䵝 藎進一曰草 璶石似玉 慭魚覲反且一曰傷二 㹜犬怒 晉即刃反地名亦作進正作晉五
縉〻雲氏又絳 螼蟲名 進前 鎮陟刃反防一 釁許覲反罪牲血塗器或正作釁二 衅作釁口口 僅渠遴反餘九 覲見 墐塗 殣埋 瑾 饉饑 廑小屋 口。
病少小 櫬初遴反空棺五 䞋〻施 瀙水名在汝南又七刃反 齔去齒通俗作齓 儭〻裹又七刃反 韻為捃反音和一 峻私閏反高亦作陖埈十 濬深 浚水名在衛 陖馬翊 迅疾亦作卂 鵕
〻鶲鳥名 睃早又子峻反 弢弓人為弓口其俊 賰益 迿出表辭又胡盷反 殉辭閏反以人送死三 徇自衒名行亦作徇 侚以身送物 儁子峻反爽或作俊十 晙早 餕食餘 畯田
㕙東郭㕙古之狡兔又七旬反 隺才 焌火 夋皮 鵔石鼠 舜施閏反 蕣木槿 鬊毛亂 瞬〻目亦作瞚 稕束秆 諄之閏反告之 䁣鈍目
「汖撫刃反麻片又口賣反一 親七刃反〻氏為婚相謂曰親家三 寴至或作儭 瀙水名入類 呁九峻反嘕三 詢欺 攈古音居韵反今音口運反拾或作捃

問

絻喪服亦作晚 莬新生 運云問反輦七 暈〻氣 餫野餉 韗作韇工亦作鞾又況万反 鄆邑名在魯 覞眾視 殰。。
薰香又許云反 鐼鐵類 溢亡問反含水三 忿怒 濆水名 糞府問反五 僨僵 奮揚 坌掃 殰殰 醞於問反釀
愠怨 緼亂麻 蘊習又於吻反 捃居運反拾亦作攟三 皸足瘃又居雲反瘃音刃格反 䝑蟓又求物反 郡渠運反古縣一 分扶問反段別通俗作兮三 瘖〻痱腫悶 坋分又房口蒲頓二反

焮

焮許靳反火氣三 㾙瘡中脹 肵瘡肉出又興近反 靳居焮反靳固又姓一 近巨靳反親又巨隱反一 傿於靳反依人或作𠋩四 檼檼 濦水名在汝南又於謹反 㥯裏 垽語靳反濁澱一

第卅一頁

願

願魚怨反，情欲四 愿敬一曰善 傆黠 顛大頭 怨於願反，恨二 䖀從又於阮反 販方願反，鬻貨一 券去願反，券約四 絭束腰繩 勸奬 拳曲 万無販反，十千十 萬舞 輓ㄑ車，亦作挽

蔓草ㄑ 曼長 脕肌澤，又無遠反 輓戰車以遮矢 䡔皮帨，又無遠反 鄚鄭邑 贎貽貨 飰符万反，飯食三 閞門構櫨，又陂變反 粖粉 嬎芳万反，嬎息一曰鳥伏乍出十 疲吐，亦作嚾 畚

奔上大 怌急性 䜌量 汳水名，在睢陽 䉊小舂，亦作䉛 娩䜌 䡊說文其義闕 建居万反一 堰於建反，堰四 鄢地名，在楚 䞁引物爲價，又於韗反 嫣笑長皃 憲許建反，法三

進 𨖷走意 𨖼渠建反，𨖼一 楥許勸反，韗楥二 韗作鼓工，又禹愠反，亦作。 𨼅居願反，𨼅物一 遠于願反，又于返反一 㼟語堰反，瓢二 膚高屬 圈曰万反，邑名一

慁

慁胡困反，悶亂四 溷廁 俒全 㥵辱ㄑ 頓都困反，止，亦作𣪠二 扽撼扽 巽蘇困反，又卦四 潠含水 遜遁 愻順 困苦悶反，苦於事三 顐耳聞，又苦昆反 涃水名 嫩奴困反，弱三

腝肉腝 抐搵抐，按沒 悶莫困反，愁二 懣煩，又亡本、亡但二反 鐏徂困反，矛戟下二 𤨎魏時張𤨎，人名 睔古鈍反，大目四 琯玉光 睴出視 鄆水名 噴普悶反，吐氣，亦作歕一 鈍徒困反，不利三 遁逃，亦作遯

口鶻 遯豕鳥 搵烏困反，內物水裏二 饐相謁食，又於恨反 寸倉困反，十分二 鑄凡器，又千見反 坌蒲悶反，塵二 坋分，又扶問、房吻二反 顐五困反，秃二 饐食，又五恨反 論盧困反，講言一 惛呼困反，姓惛一

奔逋悶反，急赴一

恨

恨胡艮反，怨一 艮古恨反，卦二 詪語又胡曲反 饐五恨反，饐饐一

翰

翰胡旦反，鳥毛，亦作鶾十九 捍抵捍 扞以手扞，亦作扞 鼾ㄑ睡 垾小堤 釬ㄑ金，亦作銲 汗熱汗 悍猛 瀚瀚海 閈里門 䵎皮射䵎 駻馬高六尺，亦作騿 雗雗鶾 鶾鸕鶿別名，一曰雞 韓曰韓，又何干反，亦作䳚 翰

天雞 忓善 豻縣名 矸䂢 䮧馬毛長 䡀毛長 玩吾段反，習，或作翫，亦作貦三 忨貪 妧好 段徒玩反，分三 㲉卵壞 椴木名 亂落段反，理，亦作乿，作乱𤔔三 𤅐絕水渡 敽又不理 鍛

蟲 鍛都亂反，打鐵六 腶腶脯 碫作礟 斷決獄，亦作斷 瑖石次玉 踹足跟 彖他亂反，彖象二 褖衣 喚呼段反，呼七 煥火光 奐文采 渙水散 䁥國名，在流沙 㬇急，又虛元反 嚾呼召 筭

蘇段反，計三 蒜葷菜 祘明示數 縵莫半反，無文，又莫晏反七 幔帷 漫大水 槾不蒔田 獌狼屬，亦作㹖 墁以塗飾牆壁 謾欺 𢿒數 半博漫反，中分五 絆羈絆

伴傷孕，又半ㄑ 䮿馬白 𣁾升 判普半反，分割七 泮宮 沜崖 胖牲半體 拌ㄑ合夫婦 泮冰散 姅傷胎 叛薄半反，背三 媻宜適 畔隴畔 炭他半反四 歎長息 㜕ㄑ㜕

𢾭ㄑ數無采色 換胡段反，五 逭逃，亦作𨗿 肒 垸骨漆曰垸 漶㵄漶不可知 穳子筭反，矛下 鑽錐鑽 惋烏段反，驚歎三 腕手腕，亦作掔 𤥪ㄑ珪，又於阮反 貫

古段反穿十九 矔張日 祼祭祼 館舍通俗作舘 瓘玉 罐汲水器 瘽病 鸛人雀亦作雚 樌藂木或作灌 鑵臂環 爟楚人云火 懽憂無告 爟烽火 錧車軸

頭鐵一曰江南人呼犂刃 遦行 冠首飾又古桓反 觀樓又觀 悹疑又公緩反悁人愉人憂無極 婠好皃又於丸反 •竄七亂反逃三 鑹小矟或作穳 爨炊 •按烏旦反抑六 案

驗又几 晏晚 荽草 郣里在當陽 案欒禾 •旦得案反初曉七 疸黃病 鴠鶡鴠鳥 狚獦狚獸名似狼 悬爽忒 觛小觶又丁但反 笪笞 憚徒旦反懼三

彈○放太弓又徒丹反 僤○明○又○勅旱反 •旰古旦反日晚六 𠦝强 倝日出光 盰張目 骭夸骬 𩩍赤色 •岸吾旦反崖七 犴獄 豻野犬 頇頭無髮吾葛反 駻駻駍 㟁

○○ 㸐火色 偘苦旦反正作侃四 看審視又苦寒反 衎樂 靬乾革又苦寒反 •漢呼半反水名八 暵日氣乾 𡊄耕地 熯火乾 䮗○呼 灘水濡乾 𦔮冬耕 厂山石之崖 •爛

盧旦反火熟亦作𤒭三 瀾波又盧丹反 彰文章 •攤奴旦反按攤五 灘水灘又奴丹反 難溫 𢝉憪 •粲倉旦反白粲四 𥸮三女或作㛑 璨玉光 掩又且見反 •繖蘇旦反蓋又蘇但反四

○分又散旱反亦作饊 𢿱未束枲 帴二幅又所黠反 •讚𨘚幹反稱則十 贊助 酇縣名在南陽又作管在河二反 饡美和飾 趲散走 濽濺水 嬻女從 襸衣好 攢訟 鬢光澤 㜺

○○反不謹好皃一 •偄乃亂反弱四 稬稻亦作穤 愞弱又乃過反 渜浴餘汁又奴管反 •攢在翫反聚一 •鍁口煥反燒鐵火二 鰴魚撞罩聲

諫

•諫古晏反忠言三 澗谷亦作礀㵎 鐗車鐗鐵 •鴈五晏反陽鳥亦作鳫鳫二 贗僞物 •晏烏澗反正作晏五 騴馬尾白 鷃人晏雀 䁙目相戲 鴳鴳鷃 •訕山所晏反謗又所攀反五

○魚乘 狦獸名似狼 䍐取魚冈 麪山餅麪 •骭下晏反脛骨亦作䯎一 •慢莫晏反怠六 謾欺 縵緩又草半反 𤺋牛馬病又莫鷰反 嫚惰 㭨○別 患胡慣反妨八 擐○

○仕 轘車裂人 豢穀養畜 𦍒獸名似羊無口 槵無槵木名 繯𦅆○環 慣古患反習或作串四 丱髮角 貫○習○ 倌主駕人 •孿山患反雙生又山眷反 •篹楚患反奪

○草 襻普患反衣襻一 蝬士諫反蟲名六 棧人木道又士限士免二反 䍀在谷上 輚卧車亦作輚 𧸛鶵毛又 𠏧仕板反 栅所晏反栅籬一 •姦女患反訟一 •鏟初鴈反劉三 𪍠穀麥

○侯辨反柰 蒉餘 辦薄莧反具 辨俗作辦二 瓣瓜分 •盼匹莧反白眼美目二 䀹視皃 幻胡辦反化一 羼初莧反羊相間又初鴈反一 •莧莫莧反人姓一

案所闕當是袒字 袒録當補訓字

襇

霰

□又徒亶反 鱓口口鱓 覼 •霰蘇見反雨雪雜下亦作霓五 先在前又蘇賢反 𢿱散亦作㪚 汛洒掃又所賣反 •倩倉見反草盛九 茜染草名 輤載柩車亦作䡵 綪青赤色

名 䅹掩又且爛反 禱袒 谸祖谷望山谷青 𦉮又倉先反 鑛紡錘又忩鈍反 •絢許縣反文采亦作絢四 •敻深遠又詡政反 狗擊又呼宏反 讂流言有所求 •縣𦃄又古縣反郡名作寰字十一 衒好衣 眩

瞑眩 炫火光 衒自媒亦作衒行且賣 姰狂又相倫反 [illegible]朘獸似犬又後䝮胡犬反 眴揺目或眴 迿出表辞又思俊反 駽鐵驄 睊古縣反視皃十一 讂流言 [illegible]瓮底孔 羂羅鳥罥 綰

悁急 衙車檐 縳絹又直轉反 酳下酒 獧跳 彋[illegible] 電堂見反靁光十 畋平皀 甸郊甸 殿堂又都見反 奠設 澱滓亦作[illegible] 淀淺泉 細寶細今通用作此鈿又蘇計反

佃一輚車中佃 寘今作窴亦作闐又徒賢反 瑱玉名 滇又徒賢反 水名 睼迎視又吐奚反 練落見反吐練奚反十 鍊く金亦作煉 湅水疾流 揀く擇亦作揀 楝木名 [illegible]瓜 棟

壚在 䏹平 莧魚蓺白 蘞鐵 [illegible]奧鷺 理 ○木解 見古電反睹又戶練反二 鋻人鐵 ○奴見反日光 亦作嬿二 嫙人姓又舒善反 俔苦見反罄又胡繭反一 現戶見反謁遵 涀水名在定陵

䆂無 遷 硯五見反筆 硯或作研 豣又 ○。○

讌く燕會 驠馬名 燕乙鳥或作鷰案說文燕會燕子字並單作後加言加鳥通 嬿女字又於典反

咽嗌 洼大水皃 齎田。○

蘥畜養 遍周三 徧帀 懤見反 頊く研 麵莫見反麥 粖亦作麪

○烏縣反饜飽 [illegible]呼見反在背曰 亦作肙 [illegible]顯又呼典反

噴大笑 便避面反利

第卅二頁

線

嘯

嘯蘇弔反聚屬 出聲亦作歗

○人星 釣く魚亦作鈞 狂病 窵く窅深皃

窱深邃皃 銱鉳 銚數 弔多嘯反問凶

又鳥反 激水急又古歷反 尿奴弔反小便正作溺或作屎一 蓧徒弔反亦作蘿 銚燒器 掉。○

○草器亦作 竅苦弔反穴三 墼擊 ○度又落蕭反 嘹呼病 鐐美金又刀彫反 顤五弔反 鷜顤五 獟狂犬 澆子名

噭叫 窔於弔反隱闇又於鳥反二 窔く篠幽深 嫈呼叫反 嫈嫉喜

笑

笑私妙反怡 亦作笑咲 肖骨肉相似 鞘刀鞘 照之笑反明反三 詔書勅 隉 曜弋笑反光 耀或作耀十一 鷂鷹類 搖動 覞普視又昌召反 遙貴玉又餘周餘久二反 瞺眩瞷或作[illegible]

譑誤 趭走 篠屋危 [illegible]色緑又帝女花 嗂正 行不 要於笑反又於昭反二 約券又於略反 召直笑反呼 邵寔耀反古國四 劭自勉強 召鉤 吊到懸 卲高又時饒反 嶠渠廟反山道二 轎。○

剽匹笑反強取七 㬓畫 瞟置風日內令乾 漂水中打絮亦作嫖 僄輕亦作嫖慓 㦟急疾 驃聞 譙才笑反嘨嚼又子由反五 誚責 [illegible]刈又在霄反 譙讓又似焦反 趭走

○七肖反。口竹箭洛陽亭長所吹。燎力召反照一曰宵田又力小反。寮柴祭。鐐銀美。墂周垣。療救療。𤻲灸亦作爒。爒火貞。翏高飛又力幼反。趬丘。○

釂酒盡亦作。𨡕白色又於慨反。潐盡。醮小醮。僬行容止又徐姚反。䁢目冥。庿眉召反貞亦作廟一。驃毗召反驍勇一。少。○

○方廟反領巾一。翹渠要反尾一。饒人要反請益一。驃卑妙反馬名一。覞昌召反普視又弋召反一

不從手非

斆學或作効。斅誤。教古孝反孝訓六。窖窖食。校檢校。鉸交刀。酵酒酵。覺睡覺又古學反。孝呼教反盡養六。哮嘐呼交反

[効]

口水在河南。嗃高大嘷亦作詨又呼各反。詨吳人謂叫又居肴反。𪇆鷹鷹。罩如教反取魚器或作罩箄羅。箌二。鵫白卓雉。豹博教反班獸二。爆火烈又普駮反。敲苦教反擊又苦敲反三。巧く僞苦絞反

○く磽又口交反。貌莫教反儀亦作皃五。䫉引。㡌幗。覒絲雜文。緢旋絲。奅匹皃反起釀或作窌四。炮灼。窌地藏又力救反。䩉く車又普交反。踔指教反行皃二。趠跳。稍猴。○○

○豕木口食。鄛大夫省。○𦬶小鼻食邑耕種。棹直教反舟棹一。橈奴効反木曲又如照反亦作橈又乃飽口及紹二反三。淖泥。閙不靜或作閙。抓側教反爪剌三。𤕦縮。笊く小籬。皰防孝反面面瘡四。鞄刮皮

鉋く刷又薄交反。皰面氣。抄初教反掠或作鈔亦作剿三。觘角上。罩小罔。巢仕稍反棧一。樂五孝反愛一。拗乙罩反很又於絞反三。箹竹節又於卓反。靿韃靿

[号]

号胡到反号令四。號石似玉。墍土坌。䜁相欺。導徒到反引十二。翢舞所執亦作翿翢。悼傷。蹈履。盜物。纛左纛。燾覆又大刀反。纂禾穗十六。耄年九十。糙粘

○長又乃到反。纆不青不黃。到都導反至二。禱祭。誥古到反書五。郜國名在濟陰。縞素又古沃反。告語又古沃反。烄交木然亦作。○傲五到反自高五。𩕄頭長。鏊餅鏊

馬名又口因。奡陸地行舟人。帽莫報反頭巾亦作帽本作冃十一。耄老亦作𦒱尚老。芼菜食。眊目少精又忘角反。瑁圭名。冒涉又莫北反。䁎細視又許六反。覒視。𣯍鳥毛盛。毷剌

媢夫妬婦。嫪盧到反恅物六。潦く。或作澇。勞慰勞。勞く高又盧刀反。𩢨𩢨急皃。鱳施紋於編。𥢶例水云服毒又力彫反。藻。操七到反持又七刀反四。造至又昨早反。慥言行急。鄵鄭地

暴薄報反古作虣五。瀑甚雨。菢鳥伏卵。褒衣前襟亦作襮。𠧞姓。報博耗反迴信一。漕在到反水運穀。奥烏到反深九。䐿藏肉。懊悔。𩜹食。隩隅

燠熱。墺四墺古文作𡊄。譟告。𩋑長鱢。喿蘇到反羣鳥聲五。譟羣呼。瘙疥瘙。髞高髞。埽除又蘇道反。犒苦到反餉軍亦作犒三。䪁相大顪頭。竈則到反炊

竈三。通俗作躁動。𧼛疾。秏呼到反減亦作歊二。好又呼老反。韜他到反韜臂衣一。腦奴到反腦優皮三。臑臂節。髞長皃又從倒反

箇

第卅三頁

箇古賀反一枚一 賀何箇反慶二 袦袖亦作襱 佐作箇反助五 左左右又作可反 𠂇副 㝾行不正 袏襌衣 跢丁佐反小兒行四 癉勞 哆語助聲 瘥病 邏盧箇反遊逅 邏

婦人衣 坷口佐反坎坷不平良三 軻孟子居貧轗軻故名軻字子居又苦哥反 㪍擊 餓五箇反飢無食一 播補箇反揚三 簸く揚又布火反 譒敷 貨呼臥反賄一 臥吳貨反一 奈奴箇反奈何又

奴蓋反一 挫側臥反折二 髮拜失容又子對徂嫁二反 侳安又子過反 磨莫箇反研亦作䃺二 塺塵 摩按摩又莫波反 剉麁臥反研三 銼蜀呼鈷鏻 莝斬草 愞乃臥反弱又乃亂反四 堧

沙土 堧城外隍內地 稬稌木作穤亦作糯 和胡臥反應哥又胡戈反諧三 咊和 盉調味 唾託臥反口津四 毻鳥獸易毛 蛻蟬蛻去皮 䙕無袂衣又徒臥反亦作裿 過古臥反失又古和反經三 划鎌又公禍反亦

作鍋 蝸蠕蠣又古和反 破普臥反物毀二 頗語節又普和反 涴烏臥反泥着物四 汙穢又烏故反 堁塵又口對反 踒足跌 惰徒臥反懈作隓惰二 䙕無袂衣又他臥反亦作裿 馱唐佐反馬負物一 課苦臥反責功三

髁髂骨或作尻 敤研理又口果反 䯫郎過反瘦傫四 纙紃 瘰疫病又力臥反 臝膝中病 棵丁果反木本二 㛃量 膹先臥反臂高一 侉烏佐反痛辝一 拖吐邏反牽車又徒我反 些

蘇箇反語詞 坐在臥反罪二 座小牀 磋七箇反磨一 欨呼箇反大笑又呼可反一

禡

禡莫駕反祭名七 榪牀頭橫木 鬢婦人結帶 [疒馬]牛馬病又莫晏反 䣕縣名在馬犍爲 罵惡言 駡增 駕古訝反牽乘十 稼布種 嫁歸 瘕腹く病 架く屋 椵舉閣 價く數 假

休又古雅反 䝞背膂不容 幏賓布 亞烏訝反次六 俹倚 㰳驢鳴 婭婚家相謂 晉姓 覀覆要賈覈覃等字從此 嚇呼訝反笑聲又呼格反六 罅孔鏬 唬虎聲 諕誑

○地名在晉 煆赫又許加反 迓吾駕反迎三 訝嗟 犽獸名 詫丑亞反言誑一 吒陟訝反吒歎四 奼美女又都故反 烢火聲 奼く黃芩 詐側訝反言誑一 乍鋤駕反忽五 䄍祭名或作蜡 詐語 謷

○失容飾又子對祖臥二反 溠水名出義陽又作雌反 謝似夜反拜恩三 榭臺榭 𤀹水名 髂口訝反髖骨或作骬髂三 痾小兒驚 呀張口 暇胡訝反閑容三 夏又胡雅反 下向卑又胡雅反 褯慈夜

反小兒碏三 耤以藺茅藉地又慈亦反 鈹鏡鈹 夜以謝反夕三 射僕射 䳡鳥名 迮充夜反怒一曰牽又丑格反一 蜡司夜反鹽藏蟹又息余反三 卸く馬去鞌 䈰笞 柘之夜反木名六 鷓鳥○○

蟅く蟲名 炙之石反又 蔗甘蔗 嗻多語 唶子夜反歎聲二 借假又子昔反 舍始夜反室四 駘馬名亦作騇 赦放 捨水名出酈山 射神夜反武藝又神石以謝二反亦作䠶二

○獸名 覇博駕反把四 弝弓弝 靶轡革 㶚水名 帊芳霸反帊襆二 帕白帊 摦胡化反寬亦作攨四 吴大口 樺山西嶽通俗作華 檴木名又胡郭反亦作樗 化霍霸反變四 魄鬼化變 匕○○

譌疾言 跨苦化反越亦作跨又口瓦反一 䟆所化以柱 皅白駕反獸名似狼亦作狛三 鮊白海魚 杷作田具又蒲巴反 䏧乃亞反多肥二 髽結亂 笡斜逆一 沙色亞反汏物二 厦く屋 坬古罵反土堆二 謑

○䆴烏坬反峪一 ○塗徒嫁反飾又丈加唐都二反三 蛇水毋 䖏開張秖屋 ○凡五化反苦屋一

勘

○苦紺反校五 䤢凝血 鹹䤢〻轲又 埳苦感反 贛擊 紺古暗反青赤色三 淦新淦縣在豫章 贛意苡別名 ○憾下紺反恨五 琀含玉 浛水和物 唅哺 䏎食肉不厭亦作嗛 ○暗烏紺反無光

○儑他紺反儑〻口口貟七 撢深取 西無光又吐念反舌出貟 偒〻偒不自安又吐盍反 䐔㦰 憛〻詑悇詑競言又乾佈反 ○保蘇紺反儑〻保凝貟一 ○偡五紺反偡〻偡一 ○謲○○

賵買物逆付錢 䤢羊血凝亦作𧗇 䐔括又徒含反 ○駝丁紺反冠幘近前二 撍祖紺反針撍 ○儧郎紺反儧保非清潔亦作撢一 ○顑呼紺反餅不飽面黃

闞

反 瞰視 鹵監味 ○㖊呼又工覽反苦 亦作嚂 ○濫盧瞰反泛濫 劖入刀口口利 ○纜口口繫舟亦作纜 ○爁火濫反 ○䁪 嚂食或作𠽋 ○䆴吐濫反夷人監以財贖罪四 ○𧶍

無占候視又薄 ○䤢公覽反味目勑豔反䖈味鹵䤢䀬二 ○䤢䤢口 ○䏎呼濫反乞戲物或作斂又呼甘反二 ○䖈虎下瞰反害又 ○敢大吠 ○譀誇誕東觀漢記雖譀猶 ○䖈怒呼甘反五 獭 ○譀令又熱甲反亦作謙 ○䖈 ○𥁰

瓜 ○𢥁徒濫反蟲蝕靜四 ○𤁆水淡或作啖 ○𦢳貟相飠 ○淡無味或作倓 ○暫𩆅𢗌反少須亦作蹔二 ○䁪小 ○鑑都濫反 ○擔負二 ○䤢凡〻石大兒

漾

四十漾餘亮反水名在隴西九 ○恙憂古者草居為恙所害故 ○䗁口口口 恙古作䘗蟲害人 ○羕長大 ○颺風物從風去 ○煬炙 ○様式 ○䍩美目又餘章反 ○𧬶 ○謜 ○饟餌 ○亮力讓反朗九 ○諒信 ○掠奪一日強取又力強反

恨帳恨 𦃥履屐又𦃥目𦃥 ○悢○○ 口口口 ○颹北風又吕張反 ○哴啼無聲 ○哴啹呾小兒 ○狀鋤亮反類一 ○讓人正作讓四 ○攘如仗反推善於人 ○攘以手却又汝陽反 ○懹憚 ○欀木 ○餉式亮反饋亦作饟又口章反

←反 ○傷未成人死口口口 ○向姓 （亦作）嚮 ○涉亮反帷 ○水 ○悵丑亮 ○暢通暢亦作暘大 ○鬯又直亮反 ○韔弓衣又直亮 ○𩐤又香 ○韔反亦作韔

○仗直亮反器仗 ○長多又直亮反 ○颩餅又餘亮反 ○暘不生或作暢又丑亮反 ○韔弓衣

嶂峯 ○障塞亦作障 ○瘴病 ○尚常亮反又署羊反 ○上○○

○唱尺亮反發歌亦作誯一 ○創初亮反始正作刱 ○愴惨

○忘不記又武方反 ○望相 ○諻謹 ○責 ○汒谷名在京兆

○放府妄反自縱口 ○舫方舩並又補浪反 ○𨁂曲脛 ○𩦅馬

○渠放反 軭爲一

闖 高門又地名在蜀又力唐反

藏 □□□□ 徂狼反隱 奘○○

宕

第卅四頁

○許孟反 䞋語一 鞕 五孟反 牢一 慶○○

敬

蝗 戶孟反蟲又胡盲戶光二反□ 橫 非理來 潢○○

反虚 行 胡孟反景迹又胡朗胡庚二反二 絎 刺縫 潁 見○○

迎 魚敬反 逆一 鋥 宅鞕反 磨鋥□

𩍐○○ 鞫 く 韁

諍

勁

勁 居正反 勁健 聖 聲正反 通一 鄭 直政反 國名□

く又力盈反二 詥 衒賣 䞁 朝 匹○○ 䀢 □□ 反遠 摒 卑政反 摒除二 併 兼 偋 防政反 隱僻一 倩 七政反 假倩 凊 溫凊

穽 陷穽亦作 䏂 賜く 裝飾古奉。 請 亦作 婧 竦立 頸 首 盛 承政反多 壚 墟器 詺 武聘反 詺目或 精 子姓反

作 穽 此字今古正作請字 □□□城二 作名又武并反 米强一

徑

徑 古定反 蹊四 經 經く緯又古靈反 䡖 隔 輕 飾 甯 乃定反 邑名三 佞 諂一 曰才 濘 泥 腥 息定反 息肉二 醒 醒酒 脛 戶定反 腳脛一 定 特徑反 不移二 廷 朝廷 矴 丁定反 矴石六 □

下釘又 飣 貯食或作莨 題 題 錠 鋤。 丁 食 磬 苦定反 磬石三 罄 盡。 聲 金 聽 他定反 審聞三 汀 く 滢 遂志 不 侹 侹 徑 靘 千定反 靘青黑色 倩 椊

䩄 莫定反 䩄靘䩄二 暝 夕 鎣 烏定反 鎣く玉光 飾或作鎣 非鎣飾字二 濙 小水 熒 胡定反 暫見一 零 力徑反 隻一

宥

又更 佑佐 右左右又于久反 𥁕栯亦作□。又余久反 □。神助酭有報 疚顫亦作煩 囿園又于目反 侑勸食 姷耦。狖走意 𨗨。

遛謹行 究窮 䆒。□ 廄養馬 胄直祐反胤十二 宙宇宙同伷 酎く酒 繇卦兆辭 籀史籀造篆書 伷系 □

兜懤愁毒 晝陟救反書日二 噣鸜又丁豆反亦作咮 狩舍救反冬獵四 獸犬嘼之惣名 收穫多 首自陳 臭尺救反臭氣亦作殠一 岫。

袖□□□亦作褎 牰牛黑背 齅許救反以鼻取氣二 嘼く產正嘼俗作畜又褚救反 呪職救反呪咀三 祝祭祠又之育反 椆木名 舊巨救反久二 柩屍柩 瘦所救反損正作瘦三 岫漱

漱口又口豆反 鈙鐵鋑鉎 皺側救反面皺四 𤸰縮小 甃井甃 縐甃亦作縐 副數救反貳四 鬌假髮又四力反 覆蓋又敷福反 㤷小怒又充缶反 簉初救反充一日齊二 造草根 □

□畗く𩞄□軍鏡聚 鍑釜而大口一日小釜 畗。 畜許救反養又許郁反又丑六反聚通作嘼產俗二 俞人姓 溜力救反水溜十二 廖人姓漢有廖湛 霤中霤 媹劉美姓 鶹雛子一日鳥 翏名亦作雡

○く餅 戮併力又力竹反 塆 僇癡行 飂颮又力。迴反 窌窖又魯孝反 翏高飛又力反正作翏 秀息救反挺出五 繡文繡 螃蟲名 琇玉名 宿星 驟鋤祐反數

○卽就反僦賃又聚二 稸春屋稅亦作粙 就疾僦反從二 鷲鳥名亦作鳩 糅女救反雜三 飷雜餅亦作粈 𦠆膳 復扶富反又夫福反正復五 遂 瘦病 複再繪 機持 餾兩阜問

亦狖余救反獸作㚬狖名似猨九 鼬蟲名似鼠 熛積薪 槱燒之 柚橘柚又直日反亦作櫾 酭輕又似 䡇車周反 牰牛黑背 犹禺 貁屬 蜼似獼鼻仰又余悸反 螃不知晦朔蟲又余九反 授承秀反付四

喽口喽 售賣州荅又市云詶流反五 輮車輮四 蹂踐 煣火蒸木使曲 鞣輭皮又如周反 齅牛救反鼻昂一

侯

侯胡遘反伺十二 鯸名鮐 郈地名在晉 逅邂逅 呴罵 瞜牟盲又胡鉤反 趕蹇行又蒲北反 銗胡遘反 候候射又 蠡似蠓二足 𧊌十。 鋷石 窰 腢膜 䐊貪財 鍭器 侯く腰 后受錢 寇苦候反賊七 滱水名 呴

○○鬉く 督 鶩鳥 詬詈又許遘胡遘二反亦作呴詬 喪 莠 茂莫候反草木盛古作楙十四 貿く易 鄮縣名在會稽 愗愗 瞀目不明又妄角反 袤廣 楙木瓜 姆

女懋勉亦作懋 莓箭實似桑葚可食又亡佩反 荄細草叢生 蕪草 冃重覆又亡保反 仆匹豆反倒又扶北撫遇二反 欱語而不三 音不受 豕息又匹于反 豆徒候反菽十二 竇水 逗逗留 讀說文作豆句反

又土 骰く 荳く 豆頭 郖地名在 餖飣 酘酒 蔻豆 郖弘農 餖河東 豆革具 毭毛 車鞍 鬪丁豆反戰不從門从門本門通俗作鬪六 詎 豆く譳不能言 噣鳥口或作咮又丁救反

短く譳 斗斗 話 蜀斛 䙰衣袖又大口反 耨奴豆反除草三 獳解事 槈柱亦作口 瘷蘇豆反欬六 嗽湯口又所救反 嗾使犬又先侯反或作 欶上氣 鏉利 鍬く鍋 奏

第卌五頁

則候反薦一 透他候反跳又書育反四 歌唾歌亦作音 起自投或作毀 否語唾不受亦作歌 漚於侯反漬又於侯反三 棷地名在竟陵又市由反 福頭衣又於部反 遘古候反遇十四 構累 媾婚 覯見
見 姤卦名 購贖 賻貨贖 彀張弓 雊雉聲 𦳝取牛羊乳 䆷僻邪 磚罰 句句撿 莓積財 輳車輻輳七 湊水會 嗾使犬 腠膚腠 𪊁南夷
名鹽 蔟大蔟律名又倉谷反 榛橘類 陋盧候反鄙陋八 漏屋水漫下一曰箭漏縣名在交阯亦作漏 鏤刻鏤 瘻瘡 蔄姓 蓾藥草 鏞鏞 瞍瞍 蔻荳蔻七 豞呼候反
豕聲 頏 勤 訽怒恥辱又呼 佝愁 呴呼垢反 吼聲又呼后反 腤蒲侯反豕肉醬二 鞲衣 偶五遘反不期一 剽昨侯反細切又徂鉤反一

幼

卌 㓜伊謬反小 謬靡幼反錯正作謬 繆紕繆
亂又武彪武陸二反 鼳丘幼反鼳蹌行又香仲反一 䠓渠幼反䠓鼳行一

沁

卌一 沁七鴆反水名在上黨一 吣犬吐亦正作𧜀二 㾕作鴆反妖氣 浸漬 妊汝鴆反妊身四 紝織紝 鵀戴鵀鳥 任又汝計反 鴆直任反鴆鳥名二 沉沒又直任反 枕職鴆反枕首木又之稔反二 針刺病 𦧲巨禁反舌下病
或作噤亦作矜齡三 岑蜀 舲船紖 今〻帶或作襟又舉音 衿小帶 禁居蔭反又居音 限避王莽家諱改曰省二 襟 賃乃禁反傭一 蔭於禁反稽又於鹽反二 陰亦作 窨地屋亦作癊 喑聲 滲所禁反滲漉二 罧積柴取魚又斯甚反
闖丑禁反。從門出二 覘私出頭視又丑心反亦闖 譖側讖反讒一 讖楚譖反讖書二 揕陟鴆反擬擊史記右手揕其胷二 紞宜禁反 吟長詠一 臨力浸反朝夕哭 甚時鴆反太過又植枕反

豔

卌二 豔以贍反美色 豔亦作艷五 爓光 燄火 焰淹反 爓熱又于 掞舒贍反 豔 贍市豔反 贍亦作儋一 䶄而贍反吃色又如撿反一 㦽於豔反抑三 㤿快又於驗反 𩟄飽又於廉反 窆方驗反下棺又方鄧反二 砭石針方廉反 驗語窆
反證 驗〻嶮亦作驗 閃式贍反闚又舒斂反二 占火行皃又 炎他念反 瞰子豔反 塹七贍反遷城 城水又坑 塹水又坑二 𥫱札 殮力驗反殮殯六 斂聚又力險反 瀲泛一曰水波 小雨又子廉反 膠長市先 賺人值
潛疾豔反水伏流又子廉反一 占支豔反誑欺又護占 田義在漢書成紀一 譫充豔反謂之譫子一 覘丑廉反小障泥伺候二 閃侯視又齒濫反 𢖍於驗反又於豔反或作俺

㮇

卌三 㮇他念反火杖亦作棪栝五 舔舌 餂舐 煔炎光 咁京兆 亭名在 念奴店反一 店都念反店舍十 坫墇 沾水名在上黨 痁病又式廉反 墊下又墊協反在巴 從 䀡目垂又下兼反 唸呻亦作欲 窺又丁頰反
㗑寒下又乃頰反 𩅆先念反𩅆霅電光一 磹徒念反磹礢一 趝行皃一 僭紀念反疾 苦味一 潛於念反擬一 僭子念反 𥈿漸念反閉目思一 兼古念反又古嫌反 䱛魚名又陷音 㥦苦僭反從人一 稴力店反禾不熟又力點反一

證

卌四 證諸膺反驗二 蒸熱又諸陵反 孕以證反懷子五 䚈面黑黑子 賸增益 媵送女又實證反 䱙魚 乘實證反車乘又實陵反三 賸送女又以證反 鱦魚子 認而證反認物又而振反三 扔牽 艿草不
譍於證反以言對二 應物相應又於陵反 甑子證反炊器亦作鬵三 磳于 餕馬食穀多氣流下又里甑反 興許應反樂又許陵反三 嬹悅 起 媵詩證反負又詩陵反三 嵡麻 縱機 艠艠

眙丈證反直視一　餕里飢反馬食穀多氣流下子孕反一　覴丑證反直視一　丞時證反地名一　凴皮孕反凭一　稱尺證反銓衡一

嶝

嶝都鄧反小坂四　鐙鞍鐙　隥梯隥　磴巖磴　贈昨亘反貽送一　亘古嶝反通度亦作亙柜又古恒反五　堩路　搄急引又古登反　亘亘日　鮔鱔　暅乾　蹭七贈反蹭蹬一　鄧徒亘反國名四　蹬蹭蹬　殑殑殑　縢囊　憎

懵武亘反悶四　鱈魚名　瞢悶又亡登反　鏳重瓔　僜魯鄧反僜蹬二　䔲く䔲馬　殑牛卒死　崩方鄧反束棺下之亦作堋　增子贈反　䂔又作滕反　驓思贈反新覺一　倗父鄧反輔一

此行祖誤據廣韻補

陷

陷戶韽反沒三　䧟魚名　韽於陷反下音入聲三　猪犬吠又乙咸反　淊水沒　蘸滓陷反以物內水一　䣼都陷反鹹名　欿口陷反喙或作鶼鴿又口咸反　賺佇陷反重賣一　𩏩仕陷反讒言三　譀輕言又仕咸反　僋陷　𧬈火陷反大聲一　闞公陷反　喃諵口　倄賺反

鑑

鑑格懺反鏡三　監領又古銜反　䁗瞻又古衡反　懴楚鑑反自陳四　儳雜言又倉陷反　摲投　鑱無巳鏨　覽子鑑反高危貝一　獤許鑑反　覽儳一　釤所鑑反大鏅一　淦蒲鑑反深或作淓　胡懺反大瓦續漢書溢伏於甖下

嚴

嚴魚淹反酷二　嵰齒齊芙　盱淹反姤一　淹於嚴反濕一　𢘖丘嚴反欠崖二　似瓢有耳

梵

敷梵　䫲輕又扶嚴反　温作泛又扶隆反　劎舉欠反兩刃刀一　欠去劎反張口一　俺於劎反大五　婎譁孳作婎　諳匿亦　俺愛又於驗反　裺裺又於檢反　莫妄泛反木蕪口

聲五十七韻

二韻　右卷一万二千七十七字　二千一百五十六舊韻　四千四百六十五訓　卅一或亦九文古一文俗八百卅八補舊缺訓　千三百卅三新加韻　二千七百七十四訓　四百一十六亦或　二十九正　一十九通俗　三文古　四文口

朝議郎行衢州信安縣尉王仁昫字德溫新撰定

一屋烏谷反　二沃烏酷反陽與燭同呂夏侯別今依呂夏侯　三燭之欲反　四覺古嶽反

五質之日反　六物無弗反　七櫛阻瑟反呂夏侯與質同今別　八迄許訖反夏侯與質同呂別今依呂

九月魚厥反夏侯與沒同呂別今依呂　十沒莫教反　十一末莫割反　十二黠胡八反

十三鎋胡瞎反　十四屑先結反李夏侯與薛同呂別今依呂　十五薛私列反　十六錫先擊反李與昔同夏侯與陌同呂與昔同與麥同今並別

十七昔私積反　十八麥莫獲反　十九陌莫白反　廿合胡閤反

第卅六頁

屋

廿一盍□□□ 夏侯 廿二洽侯夾反李與狎同夏侯別今依夏侯 廿三狎胡甲反 廿四葉與涉反呂與怗洽同今別

廿五 廿六 廿七藥以灼反呂杜與鐸同夏侯別今依夏侯 廿八鐸徒落反

韣弓衣又之蜀反 匵□ 遺匱

穀米 穀木名 瀔水名 谷山谷 㲉玉名又古學反

[illegible]〻〻麁 哭空谷反七 [illegible]凡米燒

木名穀遬穀 [illegible]鹿跡

視皃䚄笑聲

䎼秋聽 逯行又□□□□

塊卜博木反墣 濮彭濮國名

艒小艇 [illegible]毒草

業濱 鶝戴勝 伏房六反匐

〇故道通復作㚆 鰒海魚 [illegible]見鬼皃 箙盛箭器

謖起 𦒍鳥飛 𢹬擊聲 摵到又子六反 謏小

磟〻碡 坴大塊 淕凝雨 [illegible]地蕈 𨋩〇〇

〇物在手 鞫躬罪或作究 𤝵獸名 [illegible]曲岸 鵴〇〇

鞫大鞠蘧麥　坈水外爲坈　趜○○　麴駈竹反酒母亦作𪍿　匊曲脊又渠六反　孰殊六反誰

淑○○　名　俶昌六反始四　柷柷梧　琡大璋玉　埱品○○○　稚　鷟賣亦作鷟　緕青經白緯緕陽所織　濇水名　賣亦作○　楕○○

○鎢錥温器　○日𥍯光　𥍯望　逭步　𦳌山韭　育草　ロロ反馬跳躍九　趜く趨　䱵魚名　鵴く鳩　鞠く　蜘く蜍別名　谷在上文　匊○○

𣶃皮丸　鼀取育反鼀蝸二　蹴蹋　粥之竹反糜粥三　喌呼雞聲亦作咮　祝巫祝　肉如竹反骨膚三　衄鼻出血　鮞魚子一目魚名　叔式竹反弟亦作𣢬　𩸚青黑繒　倏犬走疾亦作儵儵𩡾　𦯂

透驚又他豆反　黳黑虎　鮇鮪　畜許竹反冬菜字或作稸七　畜養又丑救反許救畜六反三　婚媚　郁晉邪侯邑　蓄羊蹄菜又𢡱力反　慉興　睸目細視又莫報反　竹陟六反非草非木五　築擣古筑亦

筑筝　竺天竺國又當毒反厚　珿初六反齊亦作娖三　𪗹直廉謹狀　蹙子六反迫十三　踧く踖行而謹敬皃　𧮯咨　噈柔又子合反　摵到又所六反　䐹脚　椒又欸　𥮡　槭木可作車　䃐

好　縬縮　蠖尺蠖　啾嘆　肭女六反月朔見東方五　恧慙　忸く怩　狃刺　蚰く蜙蚰　縅側六反文一　蝮芳伏反蝮蛇四　蓄草名　覆反　𡓶地室亦作𥦗　郁於六反文又郁郅縣在北地十五　彧文彧

䘸　燠熱　栯く李　噢く悲伊　墺く壥　膑胃　薁く蘡薁草名　澳隈　奧可濾水　喊聲又呼麥反或作歘　鏕温器又力屋反　稶盛秋　縬羊裘縫亦作口　黬ロロ緎反爲逼

○息逐反敬十二　宿夜止又ロロロ　蓿苜蓿　夙早　玊琢玉工又人姓　鷫く鷞西方神鳥　驌く驦馬名　蟰く蛸　鱐魚母　鱐艏　擊　艏艒　磃石又思鳥反　自莫六反七　睦親和　穆

○く野穀　𧄉細　鼀子目反圍又于救反二　地名文　𪊑吐　稸丑六反稸積亦作蓄四　蓫羊蹄　苗又徒歷反　柼痛

沃

客四　毒篇筑草蓐　蝳く蝳　蝳蝳作瑇瑁　𪓟大龜或作𪚥　鴇冬毒反厚或作竃四　督率又察亦作督　𥚃衣背縫亦作𥚃𥚃　𧡩舌　酷苦沃反虐五

𥝢禾熟　焅氣又作　嚳帝嚳亦作告　傦山皃　鵠胡沃反鳥四　鸖白　隺高　熇灼　僕蒲沃反賤隸三　鏷く鏷矢名　蹼　濼雨聲二　𧝓新衣聲　梏古沃反手械五

牿牛馬牢　鵲鴰鵲似鵲鳥名亦作鵠　䅖地名又之藥反　告誥又古号反　瑁莫沃反瑇瑁又莫代反三　楣門樞橫梁　媢丈夫妬　熇火酷反熱三　臛羹臛又呵各反　嚛食新　褥內沃反小兒愛一　傶

ロロ反邑名又姓二　𨍏穿

燭

燭之欲反ロロロロ十　屬付古作屬又市玉反　矚視　襡緣帶通俗作襹　斸託通作斸　鸀く鳿　趨小兒行皃　蠾蠾蠋　韣弓衣又徒谷反　欽吹或氣　玉語欲反昭華三　獄　鳿鸀鵝玉鳿

頊顓頊亦鶡䯊 勗勉 輂居玉反轝所乘十 䋰纏臂繩 鋦以鐵縛物 挶持 臼斂手又居六反 拲拮拲而桎又居奉反亦作恭 轝輂。舉食者 纏連

粟。素屬 局渠玉反碁枰亦務曹三 跼踡跼 ⿰耒局耕麥地 蜀市玉反西南夷七 韣弓衣又徒谷反 蠾蟲正作蠋 㑽く俕動又短皃 欘似柳大葉 屬著又之欲反或作屬通俗作属 襡長。襦。

又作襡 觸尺玉反突亦作觕三 歜怒氣 臅狠臅膏 辱而蜀反恥又柱九 蓐草蓐 褥氈褥 鄏郟鄏地名在河南 溽く暑 嗕憐 鸀。大鼎 戩矛 ⿰黑辱黑 束

書蜀反二 倲⿰亻蜀倲 欲余蜀反貪六 浴沐浴 鵒鴝鵒亦作雊 鋊炭鋊 輍車枕前 ⿰犭谷獨浴又古斛反 躅直錄反躑躅亦作躅一 錄力玉反條疏十三 淥水名在湘東 親眼曲 綠色 醁

美酒名 騄く駬馬名 娽隨從 菉く蓐草 逯謹又姓又力谷反 籙圖籙 鯥魚名 趢行躍 曲起玉反紆三 鮈魚名又渠竹反 笛蠶薄亦作茴 瘃陟玉反寒瘡亦作瘃四 斸斫

孎謹 豖豕行又丑足反 贖神觸反輸貨取本一 足即玉反脛下一 幞房玉反帊 促七玉反短四 ⿰片足迫。 趗速 誎促 續似足反接三 俗下里 藚澤寫草藥 粟相玉反禾實三 僳く斯 涑

水名在河東又速侯反 ⿰革菐封曲反絡牛頭今音補沃反一 梀丑錄反梀樕木五 㙉牛馬所陷 亍步止又竹句反 ⿺走豖小彡豕行又行豖知足反

第卅七頁

覺

覺古嶽反又古孝反知十一 斠平斗斛 角骨鋒 桷椽 較直 瑴雙玉或作玨 ⿱𦥯馬馬腹下聲又於角反 觷飾杖頭角又胡歷反 搉舉又苦角反 觮樂器聲 ⿰馬隺馬白額 嶽五角

反或作岳五山名六 樂好又盧各五教二反 鸑く鷟鳥 顎面前 捔枰 ⿰牛隺白牛 浞七角反水濕八 ⿱艹浞。草叢生亦䇬 鋜鎮足 灂く灂 鷟鸑鷟 齺齒相近又側遊反通俗作齺 捔攙捔

又阻古反亦作敝 耑速 捉側角反搦五 穛早熟穀 穱稻處種麥亦作穛 ⿱艹穛葵毒 燋灼龜木又子躍反 朔所角反北方八 欶口噏字亦作嗽 槊刀槊亦作矟 蒴く藋草 揱纖又思聊反

箾舞象箾又象箾蕭堯反 ⿰木朔木 鑿械 斲子角反理亦作斲斲斲十二 涿郡名 諑訴 㧻擊 孎く攻謹 琢玉 卓高 啄鳥啄又丁木反 倬大亦作菿 晫明 豛擊聲 豝

龍尾亦作豚 剝北角反落十 駮六駮獸 駁馬色不純 ⿰音交指聲 ⿰月暴皮破 趵足擊 ⿰骨隺骱骺 肑豕腹肉 箹足筋鳴 皵 邈莫角反遠七 藐紫草 眊目少精又亡到反 ⿰犭育目不

明口口 𣯛好 皃貌貌 雹蒲角反雨冰十四 撲相撲 跑秦人言蹴 䮳獸名似馬 骲く箭 鰒魚名 箔竹名 瓝瓜瓝亦作瓝 嚗嗃嚗 犦封牛又甫教反 窖

彼駿波反皮皰 㩧擊又普角反 樸木素或作朴 璞玉璞九 𤛑牛特 攴楚又赴上反 𢷾擊聲又延草 墣塊或作圤 懪悶 暑自免 攴小擊 鞄攻皮之工又蒲教反 㱿苦角反皮甲七

慤謹 搉擊又古學反 確鞕或作碻亦作周 皵皵皮乾 㲉鳥卵 觳盛脂器 塙高皃 燩火乾 硞固 㟗幬帳象又口江反 濁直角反渾九 擢拔 濯澣 鵫く鳥

口。直好貞 藋蒴藋 鐲鉦 貛獸名 蠗小蟨 渥於角反霑濡十五 握持 偓偓く佺仙人 鷽山鵲 箹小籥 幄大帳亦作楃 喔鷄聲 葯白芷 䲨馬腹下聲

口。誇韓燭傚 䐁厚脂 㼂。英蒻 剭刑或作黫 媉好貞 •搦女角反亦作皺四 䚥屋角又弓亦作舟弱 搙搵 觘握 •逴勑角反遠曰驚夜。四 晫明 踔跛亦作窧覰 戳杖

•犖呂角反牛雜色毛一 •學戶角反斆五 确磽确亦作埆 嶨山多大石 澩く皴 礐渟泉又下巧反 •吒許角反怒聲七 豞豕聲 𪏆急 鷽鳥肥 觳吐亦作㱿 苑。聲

樂酢 •娖測角反謹五 剝く磬 齺齒相近 娕恭謹皃或作嫌 籗奞帶

質

•質之日反直十 胵大 郅郁郅縣在北地 桎梏 櫍砧行刑用斧櫍 蛭水蛭又都結反 騭。駿馬後漢書有鄧騭 嚌く。野人言 懫塞 礩柱下石 •日人質反明精三 馹驛亦作口

臸到又職而反晉字從此 •實神質反滿一 •秩直質反祿或作豑五 紩縫 帙書衣或作袠亦作袟 鉄駃 •悉息七反皆從釆音辨通俗作悉二 膝亦作䣛 •一伊室反數名二 壹專

反八 漆水名在岐 鶔鳥名 䣛地名在齊 桼膠桼 䓅似蘇 榛木可為杖亦作楱 朿木汁亦作桼 •匹譬吉反配一 曰卌尺一 •吉居質反善三 趌く趨走皃 䞈意 昵尼質

日䵒粘亦作黏 蠱小 •逸夷質反失十一 佚樂 佾舞 軼車過又徒結反 溢滿 鎰廿兩 劮豫 駃馬疾又達結反 鴃鋪鼓 泆淫泆 欥辭 •詰去吉反問二

蟲 欯許吉反笑三 吹訶又丑出反 趌走皃 •抶丑栗反打三 咥笑 眣目不正又達結反 •栗力質反果十 溧水名在丹陽 慄慄 颲く風皃 䴈細 鷅鶹鷅流離栗鳥別名

瑮玉之英華本作瑮 凓寒 䅓䅓 㮚牝麤 •窒陟栗反塞又丁結反十 挃撞又之逸反或作秩又作秷穫聲 庢盩庢縣在扶風 銍刈又縣名在譙郡 㗌咄 蛭齧堅聲又大結反 螲螻蛣

遷口觸又徒口反 •焌翠恤反火燒一 •疾秦悉反亦又急七 嫉妬又秦四反亦作族 蒺く藜 揤拭又子翼反 愱毒苦亦作謓 槉栟槉 螏く蟍 •刺初栗反割聲或作𠛔一 •失識質反遺忘七 室。

唧啾唧 𣲾七水 㧗擿又子列反亦作𢱕 虫蜻 •蜜名必反蜂食亦作蠠七 謐靜 醯飲盡 榓木榓樹名 䁇くく不可測量 盜拭器 宓安 •必。。

珌飾加上 蹕警蹕亦作趕或為譁 滭人沸水皃 畢兔冈 鷝鳥人鵖鳥名 觱又有勿反 趕止行 鮅鱒 嫜人母 縪。。

風 彈射 𢼌口。口。 樺木名 熚火皃 畢㚘棄器方安反 觱又發寒風皃 聿餘律反始 鴥鳥飛駃穴皃 燏火光 遹述一曰遵 鷸鳥名亦作鷸 驈黑馬白髀亦作口

窬穿又況出 欥詞 茾草木初出又羊箠反 卒子聿反終又則骨反賤役亦作猝二 鮆辛聿反分賑五 䘏憂 戌く亥 訹誘訹誘字蘇后反 鵔鳥 •姞巨乙反姞一曰女字 。

正 趉直行 鮚吉會稽獻鮚醬二升 獝狂 ·術食聿反奇藝七 驈又以律反 述僪亦作遹 秫穀名古作朮 沭水名在瑯琊 蟜蟥 鉥長鍼 橘居蜜反甘果名四 蕎草繘 繘。

醑醬 ·崒才卹反山高二 崪崒崪摧 ·邲毗必反地名在鄭十二 比人次或作坒又鼻脂必履婢四三反 柲稷 馝香 鞸車束俗用鞸為韠字 佖有威儀又房律反 鮅魚名 駜馬肥 㧙擊 怭慢 縪

紒又補侈反 飶食香 ·出。。 ·趫其聿反狂走五 僪無頭鬼 趉走皃 獝狂 趫走意又呼術反 颰許聿反小風皃 瞲高視亦作矞瞲晨䁟 䎗飛皃 狘狂走 怴怒 囗

𡚕。。 [ ]□亦作□□□ 脺腹脂 葎蔓草有刺 ·怞竹律反憂心又丑律反四 窋物在穴皃又丁滑反 㞜短面皃 泏水出皃 朮直律反或作□□□□□三 炪烟出 茁

貀獸名 怞憂心 欪訶又丑一反九 炪火光又呼出反 ·颮于筆反風三 汩水流又古沒反 遹草 ·率師茁反領三 帥。。 蟀蟋蟀亦作蛪

亦 ·密美筆反秘六 宓。。 下白 貟不見 勿塵濁 樒香木 ·弼房律反輔亦作弻㢸 𥝋人稠禾重生 佖。。

水流皃又 ·齣仕乙反 齚一 ·茁尤律反出°禾又口率反 [illegible]力析反

物

韍° 韠韍° 綍大索亦作紼

黦黃黑亦作黦

屈短尾

第卅八頁

迄

亦作乞 魚乞魚遊 ·疙。。

月

罰罪罰 閥人閥自序 垡耕土

娍輕兒 𥠸曝乾 ·厥居月反其

走

鱖魚丨°短又九丿 魚名孓口?反 鈎逆 乚其又禾本 ·嶡。。

麼。。餮食。又於物反 安。豆亦作𩟔 𩚲其月反 觼角發物 以口。鳥 白鷢 橛株 橜杙 橛橜 蹷倒亦作蹶 臀尾本亦作臀 𡱂磨 𡱂

闕去月反 門觀 髮方伐反 頭毛四 發動又舉 颰疾風 䟦 颰風 韤望發反 屬韤正作韈 韈亦作韤 帓 妹 袜一 颰許月反 小風四 狘獸走 泧水 泧飛 羽 謁口口言

肕名 於 ○傷熱亦作𩟔 色 作𤷒瘍 黜壞 歇許謁反 氣洩三 蠍 蠆 猲人。亦作 獦 獥 訐居謁反又居例反 面斥以言 趨走 揭人羊亦作羯 鍻金 揭其謁反 擔物又

蟩口口反 高一

【沒】

十沒莫勃反 溺水五 歿死 玫玉名 頞內頭水中 又於骨反 㱓沉 骨古忽反 骸十 縎人結 鶻鶻鳩又胡八胡二反 榾枸榾大 中箭笴 淈泥又下沒反 啒人憂 呼骨反 愲心亂

𥬟刷亦作 䔁 𦰏不實 草 𩞳膝 病 勃蒲沒反 猝十三 渤又水名 𩣡人解 海名 𩣡馬牛尾 一角 餑麪餑亦作鬻 誖塵起 𩚫香 悖大強 艴人然 不悅

脖肶。齊 悖逆又蒲潰反亦作詩 䨲鳥雉 咄當沒反 訶一 突他骨反 突出四 梲大杖 隸 對反 凸又他 獨十一 揬搪 腯肥 𩙵鼠名 鼵鳥 埃竈 埃

䅣耕禾 間 蒪 鈍 頊不孝子 頭鳥沒反 內頭水 心 嗢咽 又鳥八反 膃人 肭肥 㪅咽中 息 忽呼骨反 欻十四 惚恍惚 寣睡一 覺 䬍寢 覺

又 乾 愈 頓 頓字 呼結反 憂良 ○古 突狂走亦作忽 器 颮疾風亦作颮 㧾高 𥿑微 䳮出氣 屬 臂 兀五忽反 高兒九 扤動 屼山兒 杌樹無枝 疣病

䟣勒沒反 角射三 硉 礣 戧 不利 窟苦骨反 穴 䯧大頭 淈麻 良 浀池 頊禿 良 作 用力 或 四 突出又 胡八反 搰擊 出人 腯臂

山禿 訥口口反 言遲 內膃肭亦作口吶 內物 窣蘇骨反 勃窣 磨麥亦 訥古奴刮反三 朒或 又知劣反 朒水中 窣亦作䆯三 麩作麫 卒 猝倉猝三 拗 紉 捽手捽 鶻麁沒反 卒昨沒反

乳齕 齚 角始生 麧下沒反 麧紇 麥又胡 人泥又 頭八 齕結反 淈古忽反 搰地 掘又 礙反 紇 秙 膝 手 則沒反 鏃徒又 百人 卒 稡 搰病 推 子出反 終三 倅為倅 稡 鶻胡骨反古

搰掘地又下沒反 䀹耳聾 㧵揖 日穿

【末】

末莫割反 木上廿二 秣人馬亦作𧝂 眛中見昧 眛星易曰日 穎健 抹手摩 休人 肥大 妹人嫿 𡡔忘 沫壞 𣳚水沫一曰水名 在蜀又武泰反 䍪塗 鳥 㭴名 䵍麪 𥼶米和 細屑 眜

○遠視又口反 昒目不正 鮇魚名又莫拨反 䬴馬食穀 𩿳鳥又亡結反 醱醬 䉬又亡結反 ●枂五活反去 樹皮一 撥博末反 擺十四 八足刺 䟦膝衣 茇草根 鉢

悅字音他活反 此脫反語

鱍魚掉尾皃　适急走　髮〃鬢多鬢　怖意不悅又孚吠反　筏箄　䑺大舩亦作橃　䥽馬怒　帗一幅巾　鬢髮〃鬢三　撥逼　括古活反檢十二　㶜水流　髻結髮　檜。

○聻人　耳擾　苦人莫　佸會　頢小頭又五括反　䶎〃無知之皃亦作懖　适逅。　䒷菝䒷瑞草　劀斷　闊苦括反廣三　筈箭筈　蛞蝦蟆名蛞子　活戶栝反水流六　栝　佸人　婚又音刮

頢小頭又古活反　髻以組束髮亦作髻　秳舂穀不潰　奪徒括反失正作奪八　𩫖彊耳　脫肉去骨又吐适反　捝解又吐活反　莌草生江南又他活反　疣馬脛傷　䫄皮剥　鮵鮰　豁呼括反豁達大度七

空　濊水聲或作濊　㩧大開目　泧濊　眓視　斡抒又烏括反轉六　捾烏活反　焥火出　䀔目開皃　斡人取物或作搰捾　䁝日深黑又女刮反　䀡小媚　繓子括反結二

撮手把　撮捉撮又七活反　䥽曹括反兩刃刈草木十一　撥芟　䟦蹋草聲　柿推　䤵酒色　䁤目不明　鱍魚掉尾又音撥　袚襖　䪌古姓　侻解落或作脫　脫肉去骨又徒活反

●莌活莌反又徒活反　捋盧活反手捋亦作寽三　劉削　劉　蛶蚵　掇多活反拾五　鵽鳥人雀　腏挑取骨間肉　祋殳又丁外反　剟削又陟劣反　撮七活反手取二　襊衣游縫　跋蒲撥反跋𨃰行皃十八　跡

行跡口　魃旱魃　废舍　醱酒氣　酦香氣　軷將行祭名　炦火氣　颰風氣　癹除草　坺一臿土或作墢又扶發反　妭天女　犮射繁　拔又蒲八反　犮犬走　胈　䟦人　菝䒷瑞草　鮁。

䥽雉具又方吠反　躠桑割反跋躠六　薩菩薩　攃抹攃　珊〃瑚又蘇干反　姍音姍　𥹬糤　怛當割反悲七　怛驚　妲人己紂妃　呾相呵　炟火起　黙莫黙縣在五原　靼柔革　●闥

他達反門十　達侏達　撻打　躂足跌　澾泥滑　獺水。又他鎋反　獺魚名　噧多言又許介反　笪遾篨又丁誕反　𦍑小羊　遏烏葛反遮七　齃鼻齃亦作頞　堨壅堨　閼止又於連反　㗇語　㱚

大呼　用力　㵣屋　迫●剌盧達反十三　𤮸研破亦作㼘　辢辛　辣　剌人　瘌瘌痢　不剌　撥剌。　攋手披　䪐䪐聲　瓎玉名　䁱目不正　藾蒿又力蓋反　楋木名　㢋庵　䳱拂著

渴苦割反渴竭三　渇古作　骱肩骨　秺禾長又屈孽反　達正作達一　巘陁割反通　截木割反又才結反　嶭巘山名在扶風三　囐曹嗟聲　咁五曷反　囐鼓聲又五割反　嶭五割反又五結反巘嶭十　巘

○戴高山　岸高　㭜伐木餘　𢏿擊　歹殘又丞反　𪕍頭戴亦作　嶭　喝人嘶。　嚈人戒。　啐嘈啐聲又才曷反　囐鼓聲　葛古達反葛藟蔓草八　箈箈桃枝竹名　獦獸名似狼　割人截

㾿馬疾　駂馬走　鄗鄉名在南陽　轕轇轕　匃乞又古賴反　褐胡葛反衣褐九　毼毛布　鶡鳥名　曷何　蝎虫　餲餅名　髑〃骱肩骨　骱骨堅　檜木轉　顅許葛反頏顅四　猲恐

暍白　嗽訶　䶎臭　捺奴曷反手按三　㩂痛　𧉑蟁　攃七曷反足動草聲二　纈繎殺。

第卅九頁

黠

黠胡八反慧三　齸齒聲　䵶麻莖　札側八反片牘三　殺疾　蛆蟬　拔蒲八反又蒲撥反抽二　菝人菝　誠根　𡋐苦八反可作飲　劼用力　齾秃　𠠗極巧　剠剥　鶷鶷　硈石狀亦作硞　鵠木虎

樂器名又枯鎋反亦作楷黠黑 滑戶八反泥利六 猾狡猾 鰨魚魚 鶻人鳩又古沒反 蜎蟛蜎似蟹小 鳩骨差 八博拔反數二 馬八馬八歲 䯏丁滑反口滿三 娺婠娺好皃 聉人聉無所聞知

又牛口反 豽女滑反獸名似狸亦作貀無前足一 嗗烏八反飲聲四 婠人娺 嗢咽又烏沒反笑 歇氣息不利 齺初八反齺利五 蔡草蔡亦作蔚 察監亦作詧 檫木名 𥈻視 劀古滑反去惡肉二

鰝魚名 戛古黠反擊十二 扴指扴物 圿垢惡 稭祭天席 鵠人鶡鳥名 楔櫻桃又先結反 秸草亦作秸稭 㤣恨又公齘反 契刮 樺鼓 鵊鳥名亦作鶦 秸秸又公鐵反

乚烏黠反軋車輾五 圠乚山曲 揠拔草心 嫼嫉怒 猰人貐獸名 殺所八反訁念四 鎩鳥羽病 榝茱萸亦作榝山列反 帴二幅又思爛反 傄莫八反傄傄健皃四 聜惡視 髖人骨小骨 黖黑 傄

呼八反傄傄四 䀏視 䶕氣息 痆女黠反瘡痒 鼿五滑反屈二 聉聉聉 劼口滑反力正一 汃普八反水聲一 穵乙八反穴二 魚乚鯇

「鎋」

鎋胡瞎反車軸頭鐵亦作轄正作舝八 齧聲 鶷鳥鶷鳥名 砎礣砎字 鞕 礣暮鎋反 瑎石似玉 䂮因突出又口沒反 萿野蘇 䗻螻蛄 鶡乙鎋反鳥四 閜門扇聲 圊駱駝鳴 九乚

亂九 齾五鎋反器缺三 鬜禿鬜 鶡鶡 剎初鎋反柱一 瞎許鎋反瞎眼亦作䁧二 鬠鬟 鶛枯鎋反水虎樂器名又苦八反二 磍剥磍 獺他鎋反獸名又他達反一 瘵女鎋反痛一 刮古頒反削四

鴰鶬鴰 禰祠名 劀利 𩓣丑刮反頒頢強可皃一 頢下刮反頒頢強可皃 䫀下刮反短皃六 䯏繙細 敌刮盡 𠯗塞口 姡面淨 咶息 鵽丁刮反鳥名似雉又多活反三 䆐穴中出 錣策端有鐵

○刮反去足又魚越反三 刖獸食草殘 刖訶 妠女刮反婠妠小肥婠字烏八反二 颳颳亦作颰 𪑾初刮反黑二 𣂱斷又又斷亦作𣃏 礣慕鎋反礣砎二 帓人帶 捌百鎋反捌杷一 鶷○

口口反鶚鷅鳥名 搗刮 薖祛剎又薖 楬禾舉出又屈

口口字古屑反四 搗聲 薖車香草 楬遏反亦作穄

「屑」

屑先結反碎八 楔木楔亦作榍栖又古黠反 揳揳揳不正方 躃蹩躃旋行 糏米麥破 偦動草聲或作偦 脟膽中脂亦作 ○搣搣滅 切千結反割四 嚓小語 齧人屑齒 竊淺私聞 結古屑反繫十四

○一扃又結反 潔清案說文無此字後俗相承共用於義無傷亦可通俗或从彡音水 鍥鎌別名又口結反 桔人梗 楔人汲水 橰 趧走負 鶵人鶡鳥名鶡字公 䴕害反又古鎋反 契清 魝魚 割理

持衣上衽 又蟔蠸 拮人掘 節子結反限又木竹之次通俗作節十一 吅瑞信 癤瘡癤亦作癤 瀐山灑 蝍人蛆蟲又子力反 𧏻蠲餘 𥺁屋梁上木 岊高山之節

○睷瞴 窡穿人寥皃 穴空皃 疾瘡裏空 坹空皃 詄奴呵 閖戶門 茁草止四 閼苦穴反 缺器破或作鈌 闋閼閔無戶門

水 䁱目惠 譎人諫亦作憰 訣別 觼環有舌亦作鐍觼 駃人騠良馬名 英人明藥名 鴂鶗鴂鳥名春分鳴 決穴 趹○

口疾行口趹　襭衣　絬〇〇〇　抉縱弦　觖觖　肤孔亦作閲　狊獸似貍　疦瘍沉水浪皃　穴胡決反小空二　袕鬼衣或作絬　·抉於夫反抉出四　窔穿皃　䁟

〇〇　熿火光　·姪徒結反姪娣廿五　眣目眣出　胅骨胅　凸陸云高起字書無此字陸入切韻何考研之不當　垤此蟻封卽高詩云鸛鳴於垤言是高處　耊老　迭遞　跌人踢　絰經絰縗口

○馬赤黑色　嵽嵲高皃　軼車相過又以質反　闑閶闑城門　鴩鄭馬行　駃疾　瓞瓜瓞亦作𤓰　墆停又徒計反　戜利　𩣝失驪又知七反　咥齧又虛記諸異二反　啲竹一反　𦖵至齧堅聲又　窒塞　摕　挃。

詄忘　捺　芺蕛亦作䒾口　○他結反古作黑金四　僣僣倪　餮貪食亦餮　蛈蛈蜴　纈胡結反綈纈十二　閉閉城門　擷捋取又虎結反　擷縛　頡頡人　頁頭

下沒　襭以衣衽　奊頭邪　絜　騕　堅牛很又丘𥧑反　鼳鼠又胡狄反　·涅奴結反水中黑土四　揑捺　菍菜似蒜　㙞礬石　截昨結反斷四　巀巀前　𡵉山峯又子切反

反　穢盛物　結反　霓虹霓九　蜺寒蜩又牛奚反　嵲嵽嵲　槷危槷　𩨂𩨂亦作隉䡾　闑門闑或作臬　䙺袮又牛米反　㠯山高皃　·蔑莫結反無　懱輕懱。

㡚帊㡚亦作䕼　䁾汗䁾不相見又面必禰刃反　莫明　鐖火不　衊汗血又　鵓莫練反　鸌雀　鱴魚名又莫栝反亦作鮇　紅細　穙禾　秣糜又亡達反　䉾

·𢮠方結反弓戾亦作𢎛　蔑輓　○閉閉又博計反　柲柲　𠠶大　袝袂　·噎烏結反食塞　窢。靜　蠮蠮蠮亦作蠛

提又苦　結

第卅頁

薛

·別憑列反分別口體一　䇷〇〇　·轍直列反車轍　徹通　撤發撤　澈水澄　𠲕鳥埋毛

媎　趑皃　·設識列反施二　蔎香草　㫑許力反舉目使人又七威反　威滅威　𧾷小鳥飛　䫾小風　𢦤盡　吶口口反又女劣反聲口　吶聲不出

犯突　豥豥發　二反四　𣪠土　餟觸　䍮劣反　罬罬又陟劣反　茁草生又側滑反二　𪇔短黑皃初刮反　𩪸　纃七絕反　脃而易破二　絟細布又此全反　𧍢似蟬　〇〇

鷩口口亦作鷩　鬠束髮又作許反　批摘又子一反亦作摰　𣦸死　㧘又山八反一　㖃於列反烟氣一　·屮丑列反草初生皃一　㛸許列反喜皃一　𤇍列反　·𡝩

啜樹雪反嘗二　削廁別反割斷聲　部側八反　𧺤寺絕反拈戾一　丿普折反左戾二　𨁟枯寺絕反

錫

錫先擊反賜十　析分亦作析　裼袒衣　晳白色　緆細布亦作𦆃　蜥蜥蜴蟲　淅櫸米　惁敬　𣨰癖　蝀蝀蜆　·激古歷反　𢼌㲃又古屋略二反　擊攻

鷩鳥名 敫歌又公弔反 𦺇草又公地反 窫迎窫陈 霹普激反霹靂四 劈破 𢢞急速 鋠裁木爲器 靂閭激反霹靂 趚く趚行皃趚字七昔反 酈縣名在南陽

癧瘰癧病亦作瀝 轢車踐又盧各反 瓅珠瓅亦作礫 鎘鏑鎘亦作磿 礫砂礫 秝稀疎 櫪馬槽 䍦羖羊 檪木名 鱱魚名 蒚山蒜 鬲縣名在太原又口口口

[過] 磿石聲 曆く象 醽下酒 擽捎 𦢊腷 㽁鼎屬 𡳶履下 剺剓 鷊鳥名 鰨角鋒 櫟○○

[亦作勹十六] 適從又之石始石二反 嫡正嫡 𩗗颮𩗗 靮馬韁 鏑箭鏃 馰馬駒顯白額 滴水滴 肑腹下肉 碻磓

弔至又都叫反 䤋量 鼩鼠 芍蓮中子又下了且略二反 杓柄 檄胡逖反符檄五 覡巫覡 菂蓮實又丁了反 椺鐘椺又胡老反 鬻

鷁五歷反水鳥或作鶂亦作鷊鶃四 艗く舟亦作艦 虉綬亦作虉 𡋆石地惡 荻徒歷反藡亦作藡十五 狄北狄 翟雉く 篴竹干皃又他歷反 迪進亦作廸 覿見

□

[口笛亦 遂] 滌洗 糴入米 鄡鄉名在高陵 [曲] 頔好 楸格 苖蓨又他六反 𤛗特牛 𪉞鹹又幽亦反 逖他歷反遠十二 倜く儻 詆く誂 趯跳皃亦作躍 剔解骨亦作鬄 惕怵惕

[意闕] 覞覞視亦作覿 [及] 慗慗敷 鞴蓧 𤆡望見火 籊竹 績則歷反續三 勣功 樍欜 燩去激反乾燥七 擊傍擊 毄攻漢書曰攻苦毄淡

鷁鷖鷁又五交彫二反亦作敫 鉸吹 𥝖矛 惄奴歷反飢憂三 溺沒水 愵憂亦作惄 寂昨歷反或作家靜亦作口宋三 𠻳嗼 覛目赤 覓莫歷反求十五 幦車覆

幎覆 䮠馬多鷟 糸細絲 鼏鼎蓋 幂覆食巾本作冖 汨水名在豫章亦作溟濆 蜆蝒蛝 醽塗酩醛 塓塗 覭小見又莫經反亦作䁥覭 蓂○○

𦄲䋁 豟白豕黑頭 䫾扶歷反䫾飄三 鷿鳥名 椑大棺又辟弥反 壁北激反壘四 鼊䵹鼊龜類 廦室屏 綼給又蒲袟反 闃苦鶪反寂二 𨁊踞 郥

古闃反邑名在蔡六 鶪伯勞或作䴈 狊張目 湨水名在河內 鼳鼠名在木上 犑牛 戚倉歷反親七 慼憂 鼜守夜鼓 鼜夜戒鼓 鏚干 𧑇增蠩 䚂睊

欯許狄反笑聲五 閴閴闃 𧩾私訟 䨮籬屬 憬惶恐 𪖊胡狄反鼠又口狄胡姪反

昔

昔私積反古正作㫺十 惜愛 腊脯 潟鹹潟 磶柱下石 舄履舄 苢芣苢 䩉皮甲或作鞜 焟乾 鬚[髭鬚] 積資昔反又資賜反聚十三 脊背 蹐く地 迹足迹

口亦作跡蹟踈 借假又資夜反 踖跛踖敬皃又自昝反 鶺く鴒鳥亦作鶺 鰿魚名亦作鯽 磧磧礄 襀襞襀 蜻小者 濈小水 膌背膌 益伊昔反添七 謚笑皃 嗌喉

上鹹益麋嗛 膉胑肉 蓋く母草 郄地名 ·繹羊益反理二十六 襗重祭名或作繹 亦重 弈博弈 奕大 帟幕帟 譯傳言 懌悅 斁厭

嶧山名 醳苦酒 腋脾腋 掖持臂 液津液 被縫被衣口 易變又盈義反 瘍病相染 蜴蜥蜴 埸壃埸 圛上氣 墿道 釋。

焲火光 襗袴又除格反 睪引繒 ·釋施隻反漬從米十五 釋解又音辨 檡楊棗 適樂又之石都歷反 䣢邵公名 郝人姓又呼各反 睗急視 暘日無光

第卌一頁

嫡嫁此從女傷俗單作典要 釋耕負 螫蟲螫 睪視

古 尺昌石反十寸七 赤丹深 斥逐 蚇く蠖 郝鄉名

臭白澤又公老反 滷鹵又思席反 石常尺反凝土七 碩大 祏廟主 䳭鳥 䄷百廿斤 鼫く鼠有五不能 隻之石反單九 適往又施隻反 炙燔口。

摭拾或作拓 跖足或作蹠 趚行負 躃反 被袖 ·擲直炙反投古作擿四 擿 躑躅或作蹢 𪐘直謫反 土得水又 皵七迹反皮細起 洓水名在北地 磧砂磧

刺穿又七四反通俗作刺 趚倉卒 𨛡郡秭 席祥石反藉五 夕夜 穸窀穸 汐潮汐 郗鄉名在臨卭 ·籍秦昔反簿籍正作藉十 耤狼藉又慈夜反耤田 踖く踐亦作蹐 塉。

瘠病 籍擊 膌臞 萴茹草又財客反 猎黑狗似熊 ·擗房益反撫心七 椑棺 躃倒く 闢啟 彃弓彈 殤死 䨳雨 革衣 ·役營隻反使正作役十 疫。

疫病 鮁魚名 㐊寥家竈亦作投 䨞く霙大雨 鵼鳩 豰豬 鈠。 ·辟必益反君六 鐴く土犁耳 甓瓴亦作甓 璧玉 襞く衣 躄理 僻。

癖腹病亦作躄 廦幽 ·瞁許役反驚視四 眂 洫裂 砉く然 麝食亦反又食夜反麝香 ·䵂竹益反黏又竹格反亦作𪏰一 彳く亍步二 甂瓶

麥

麥莫獲反口穀四 脈血脈 霢く霂小雨 䀛く覛人視 ·獲胡麥反六 畫分又胡卦反 嫿分嫿好負 劃錐刀刻劃 鱯魚名 蠖度蠖 蟈古獲反蟈蝈蛙別名五 馘割耳 幗婦人喪冠 膕曲脚

。愽厄反黃蘗二 擘分擘 ·繴補革反織絲為帶三 䌟 轚車 賾士革反深賾四 萴茹草又財亦反 積灰中 矠矛屬 責側革反謮十一 嫧。

簀床簀亦作積 幘冠幘 嫧鮮好 謮怒亦嘖 咋大聲 笮矢 迮迫或作窄 舴舴艋 蚱蟬 ·策側革反馬棰亦作敕九 冊簡或作册 曹通俗作口

。健急負 齰齒相值 捸扶 𢷝耿豕 賾正 筴著 茦草木刺 ·騞呼麥反破聲九 繣乖違徽繣 𩙪飛聲 𦃃裂帛聲 嚄咸聲又於六反或作歌 扐裂聲

膕曲脚中 憊不慧 ·䪂止革反鞭聲三 禣作襞亦 䌦紩 ·䨪下革反實口 繳衣繳 碥石地 翮羽本 核果核 翮翼 棫燒麥稷胡的反 鬲。

縣名在平原 槅車槅 革改 愅知亦作諽 諽更亦作愅 靃雨 鞕䌸革首 虩虎聲 謫責又丈尼反 •摘陟革反手取五 猲犬怒張耳 㭨○○

又通亦作

○喔く喔烏鳴 豟豕五尺亦作貑 覛驚覛視 啞笑聲或作諲又烏陌反 䬻饑又烏陌反 㦌○○

摵殞落皃 愬懼皃 霂○溹く雨下 虩虎驚又許逆反 •擭普麥反射中聲二 檗○○

驀騎驀 洦水淺 謈死寂嘆 •磔陟格反張 蚝く蛨 舴く艋小舟艋字莫杏反

○博白反長

陌

第卌二頁

盍

○吐盍反合沝十四 𦨴雨槽大船 毾く毾 鰈口口口別名 鰨口口口魚四足

𩐰字而勇反醇酉或作搚革 •欱呼盍反大喙一 •魶奴盍反魚名一 •蹋徒盍反踐 闒門樓上屋 闟○○

傝 •䃺才盍反惡二 搕擸搕和雜 •䫀古盍反䫀車七 䛩多言 蓋姓漢有蓋寬饒字書古作盇

•鰪安盍反鰪鯯魚名二 盦覆蓋 •㗱倉臘反助舞聲 𪔵鼓聲

洽

山山

恰苦洽反用心七 帢巾帢亦作㡇冒 掐爪刺 䁊目陷 㓣入亦作㪌 帢士服缺 𪗪嗞聲

夾○○○俗作夾夾十三 郟郟鄏地名在潁川 筴著又古協反 韐韎韐韋蔽膝又古荅反亦作韐 跲躓疑 袷未絮衣 䀫眼䀫眨 餄く餅 𨂴く蹄足病 䶢嗛聲又鳥口狎反鵊名

韐○履合蘽又公根市反 •箑士洽反行書三 渫湯渫又與涉反 䮢馬驟 眨阻洽反目動三 㞎薄楔 偛く傝小人皃 •插楚洽反刺通俗作揷五 臿舂去皮亦作𦥯五 鍤鍫 扱取

○斛亦䶢又千廉反 笈負書箱又奇䡬反 •欱呼洽反鼻䶗鼻息四 㰰小歃嘗 欬氣逆 敆盡 囝女洽反手取物又女減女㕇二反一 •霎山洽反小雨三 㰹く血又山輒反亦作歃 萐扇亦萐蒲瑞草

○竹洽反又著二 𧊧蚢身小寅 •踚烏洽反跛行皃 凹下或作容正作㕩案凹無所從傷俗尤甚名之切韵誠曰典音陸采編之故詳其失

又 匣箱 翈翮上短羽 霅霰聲又杜甲反霅陽郡在樂浪 浹く渫冰相着 虖虎習搏 柙檻 •渫丈甲反濕二 唼唼喋鳥食字所甲反 •甲古狎反鎧五 胛背胛

碑。山側亦作岬 鞈靮 鴨烏狎反水鳥六 壓鎮 庘屋壞 ⿱穴甲人神脉刺穴 押今作押署 閘閉門 ⿱奄臿初甲反舂去麥皮一 ●翣所甲反棺飾五 ⿰豸箑豕母

○く唼疾飛又鳥食 翜山立反 帹衣而 ●呷呼甲反喤呷衆聲二 謏誇誕亦作嗷 ●渫士甲反水名出上黨

葉

葉與涉反菻草木之類敷於枝莖者又縣名在南陽式涉反七 楪く榆縣在雲中 揲く度 鍱く鐵鍱 煠爚又尹涉反 殜。病 欇枊大端又力葉反 ●接紫葉反交九 ●椄續木 睫目睫

○舟檝 婕く妤 淁水名 ⿰氵疌漃 萋蕃荼 鯜魚 ●攝書涉反追七 灄水名在西陽 ⿰耳疌。く睫動目又式冉反 弽射決亦作韘 葉縣名在南陽 歙縣名在新

口又許及反 欇虎藟 ●涉時攝反步渡亦作𣳚一 ●獵良涉反取禽廿 鬣鬚鬣 躐踐 ⿰目巤目暗 鬣。髮馬鬣 鱲魚名 犣羊牡 ⿺毛巤毛長亦作鼠獵 儠長壯皃

擸擇持 邋邁 ⿰彳巤聚在上艾 ⿰巤刂削 ⿰木巤枊首又余涉反亦作檝 ⿰立夾 捷 徢邪出 踕齊有公子踕 崨く業山皃 疌疾 ●⿰月枼直輒反細切肉二 塌

○○ ●⿰奄攴於輒反⿰奄攴⿰聶攴二 ⿰糹刂く⿰糹業 ●⿰聶攴尼輒反⿰奄攴⿰聶攴 聶姓又而涉反 躡蹈 鑷く口。 ⿰足取足不相過 㚔くく以盜不止 ⿰日聶小煗亦作⿰火聶 ⿰馬取馬行 ⿰糹業紲緤

聿捷 ●謵叱涉反小語八 聶。樹葉動皃 ⿰女占輕薄 詀く讘細語亦作⿰亻聶呫又他黏反 ⿰阝聶女子態 ⿰口舌多言又山涉反 懾。偛 ●讘而涉反詀讘又孤讘縣在清河五

○口動皃 顳く顬䰅骨 ⿱出口多言 ⿰氵疌 ●讋之涉反多言 囁口動又而涉反 懾怖皃 襵衣襵又涉葉反 ⿱執言拾 聶。凮又尼輒反 襵襞

4.3（二十）王仁昫刊謬補缺切韻二（北京故宮博物院藏）

4.3（二十） 王仁昫刊謬補缺切韻二（北京故宮博物院藏）

僕夏侯詠韻略陽休之韻略李季節音譜杜臺卿韻略等各有乖互江東
取韻與河北復殊因論南北是非古今通塞欲更捃選精切除削疏緩顔外史
蕭國子多所決定魏著作謂法言曰向來論難疑處悉盡何爲不隨口記
之我輩數人定則定矣法言即燭下握筆略記綱紀後博問辯殆精華
於是更涉餘學兼從薄宦十數年間不遑修集今返初服凡訓諸弟有文
藻即須聲韻屏居山野交遊阻絶疑惑之所質問無從亡者則生死路殊
空懷可作之歎存者則貴賤禮隔已報絶交之旨遂取諸家音韻古今字
書以前所記者定爲切韻五卷剖析毫氂分別黍累何煩泣玉未可懸
金藏之名山昔怪馬遷之言大持以蓋醬今歎揚雄之口吃非是小子專
輒乃述羣賢遺意寧敢施行人世直欲不出戶庭于時歲次辛酉大隋仁
壽元年也

刊謬補缺切韻卷第一

平聲五十四韻

右卷一万二千六十三字

一東 德紅反　二冬 都宗反　三鍾 職容反　四江 古雙反
五支 章移反　六脂 旨夷反　七之 止而反　八微 無非反
九魚 語居反　十虞 語俱反　十一模 莫胡反　十二齊 徂嵇反
十三佳 古膎反　十四皆 古諧反　十五灰　十六咍 呼來反

十七真 職鄰反。呂與文同，夏侯陽杜別，今依夏侯陽杜　十八臻 側詵反。無上聲。呂陽杜與真同，夏侯別，今依夏侯　十九文 武分反　廿殷 於斤反。陽杜與文同，夏侯與臻同，今並別

廿一元 愚袁反。陽夏侯杜與魂同，呂別，今依呂　廿二魂 戶昆反。呂陽夏侯杜與痕同，今別　廿三痕 戶恩反　廿四寒 胡安反

廿五刪 所姦反。李與山同，呂夏侯陽別，今依呂夏侯陽　廿六山 所閒反。陽與先仙同，夏侯杜別，今依夏侯杜　廿七先 蘇前反。夏侯陽杜與仙同，呂別，今依呂　廿八仙 相然反

廿九蕭 相彫反　卅宵 相焦反　卅一肴 胡茅反。陽與蕭宵同，夏侯杜別，今依夏侯杜　卅二豪 胡刀反

卅三歌 古俄反　卅四麻 莫霞反　卅五覃 徒含反　卅六談 徒甘反。呂與銜同，陽夏侯別，今依陽夏侯

卅七陽 與章反。呂杜與唐同，夏侯別，今依夏侯　卅八唐 徒郎反　卅九庚 古行反　卌耕 古莖反

卌一清 七精反　卌二青 倉經反　卌三尤 雨求反。夏侯杜與侯同，呂別，今依呂　卌四侯 胡溝反

卌五幽 於虯反　卌六侵 七林反　卌七鹽 余廉反　卌八添 他兼反

卌九蒸 諸膺反　五十登 都滕反　五十一咸 胡讒反。李與銜同，夏侯別，今依夏侯　五十二銜 戶監反

五十三嚴 語杴反　五十四凡 符芝反

一東 德紅反。木方。二　凍 凌水從～音冰　同 徒紅反。二十二　童 古作僮，今為童子，非　僮 古作童子，今為僮僕　銅 赤金　桐 梀木　峒 崆～　狪 獸名，似豕，出泰山。亦從豸作貆　硐 磨　筒 竹名　艟

艨　瞳 目～　瓶 瓦　罿 車上網。又尺容反，徒冋　潼 水名，關名。又他紅、昌容二反　筩 竹～　犝 牛　橦 木名，花可為布。又宅江反　曈 ～曨，日欲明。又他孔反　衕 通街　烔 ～旱氣貌　𩍅 被具飾

中 陟隆反。景正。又陟仲反。四　衷 衷　忠 讜言　𦬕 草　蟲 直隆反。螺蛹。五　沖 和　种 稚　盅 器虛。又勅中反　爞 旱氣。又徒冬反　終 職隆反。畢。十一　衆 多。又之仲反　泈 水名，在襄陽

潨 小水入大水。又在冬反　𣨶 ～殞　螽 秋蟲。亦作𧒂　霳 小雨　鼨 豹文鼠　蔠 ～葵，蘩露　柊 木名　𪔵 鼜鼓。又徒冬反　忡 勅中反。忡～之憂　盅 器虛　崇 鋤隆反。敬。亦作宗　𠞊

鍾　嵩 息隆反。中嶽。亦作崧，通俗作嵩。三　娀 有娀，帝嚳母　菘 ～菜　戎 如隆反。西戎。四　茙 ～葵　㭜 木名　駥 馬八尺　弓 居隆反。射具。四　躬 身。亦作躳　宮 室　涫 縣名，在酒泉　融

餘隆反。明。通俗作融。二　肜 ～～祭名。又勅林反。從舟，音職由反　雄 羽隆反。壯。二　熊 獸似羆而小　瞢 莫中反。目不明。三　夢 草澤。又武仲反　鄸 邑名，在曹　穹 去隆反。四　芎 ～藭。亦作营　𢛶 憂　[illegible]

～藭。又去龍反　窮 渠隆反。三　藭 芎～　竆 邑名，羿所封　馮 扶隆反。又姓。從冫，音冰。五　汎 浮。又孚劒反。亦作渢　芃 草貌　鄷 ～姐之國　梵 木得風貌。又防欠反　豐 敷隆反。多。正作豐。六　酆

4.3（二十） 王仁昫刊謬補缺切韻二（北京故宮博物院藏）

4.3（二十） 王仁昫刊謬補缺切韻二（北京故宮博物院藏）

4.3（二十）王仁昫刊謬補缺切韻二（北京故宮博物院藏）

4.3（二十） 王仁昫刊謬補缺切韻二（北京故宮博物院藏）

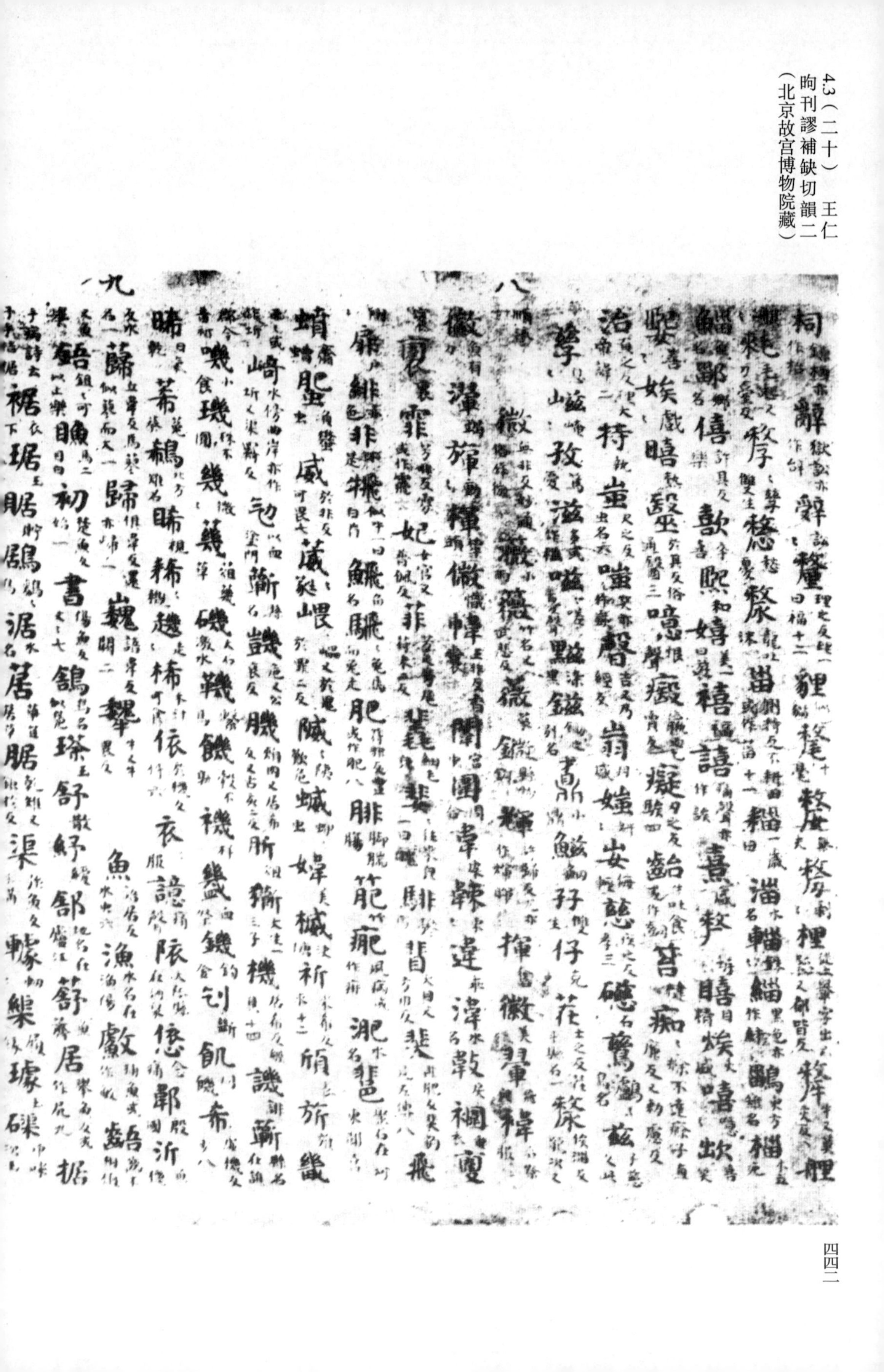

4.3（二十） 王仁昫刊謬補缺切韻二（北京故宮博物院藏）

4.3（二十） 王仁昫刊謬補缺切韻二（北京故宮博物院藏）

4.3（二十） 王仁昫刊謬補缺切韻二（北京故宮博物院藏）

4.3（二十）王仁昫刊謬補缺切韻二（北京故宮博物院藏）

謕弄言又丁奚反 騠駃騠馬 鷤鷤鶘鳥 鷈黃鳥 鮧鮧魚似鮎 妻七嵇反齊也 萋草盛 淒雲雨起 凄寒風 悽愴 霋雨止 鶈鳥 緀文章

齎疾反又即嵇反 伍齊正作𠑽十七 𧯬𧯬是通俗作𧯬正作𧯬 䙌短衣 䙌祭服 禔喜 䪘靸靴也 鞮革 䑙牡 羝牡羊 䱱䱱字胡嵇反 䭒餬 䎮剌

氐丁計反 鯷鮧正 紐細 綈方厚繒 隄防亦作堤 大鳧 䟡不能行為人所引 嗁口聲四十 蹄足名亦作蹏 䳇竹名 提持 謕 䚦 䚷 䚦

梯木梯 題頭 媞 媞好 䚷 綈細繒 䋒 䋒石而深 罤 罤 䖙 鵜鵜鶘 鶗 鷤 䖙

騠駃騠馬名 禔衣服 鵜 媞好 鶗鶗鴂鳥名 䚷 䚷 䗖 螮 蝭 蝭 暆

睼迎視又吐見反 謕 語又他奚反 趧 趧 䅠 䅠 䟡 䟡 諦 禔 䚦 䚦十三 䚦

蜺寒蟬 梯 摘小樹 梯 麻 䌥 綈 䍆 䍆 篦 䍆 䍆 䖙門外行馬 䍆 䍆 䍆 鶈 鵜 鷤 胡鶘鳥 䳇

兮詞從八兮音亦俗作兮非 鼷小鼠 谿 傒 蹊 螇 騱 騱 鼷 騱 騱 䧅 䑙 郎

雞水鳥又古嵇反 稽 雞 䳇 䳇 䳇 䈚 蠐 䗖 𦐞 鸄

翳 醫 黳 䴊 緊 黳 黳 黳 黳 䴊 䴊 䴊 䴊 䴊

蜺 輗 猊 鯢 郳 睨 䴊 䴊 鬩 䴊 䴊 䴊

㩉 楷 西十二 棲 䉢 犀 嘶 撕 𤸇 撕 犀 撕 嘶 䴊

梯 䶏 䴊 䴊 䴊 䶏 䴊 䴊 䴊

鵹 䴊 䴊 䴊 䴊 䴊 䴊

䴊 䴊 䴊 䴊 䴊 䴊

泥 䴊 䴊 䴊 䴊 䴊 䴊 䴊 䴊 䴊

䴊 䴊 䴊 䴊 䴊 䴊 䴊

4.3（二十） 王仁昫刊謬補缺切韻二（北京故宮博物院藏）

4.3（二十） 王仁昫刊謬補缺切韻二（北京故宮博物院藏）

4.3（二十） 王仁昫刊謬補缺切韻二（北京故宮博物院藏）

4.3（二十）王仁昫刊謬補缺切韻二（北京故宮博物院藏）

4.3（二十） 王仁昫刊謬補缺切韻二（北京故宮博物院藏）

4.3（二十）王仁昫刊謬補缺切韻二（北京故宮博物院藏）

4.3（二十）王仁昫刊謬補缺切韻二（北京故宮博物院藏）

班布還反又百閒反亦作班辨八 鳻大鳻 肦瑞 盤 蝥毒虫 斑瑞 鬉白 籛賤事 班亦 頒布 蠻莫還反南夷三 鸝似鳧一目一足一翼相得乃飛 獌狼屬又武

頑反 姦古顏反詐三 菅草名 葌香草名亦作蕑 顏五姦反色一 攀普班反引或作扳二 眅目多白貌 奻訟一 㚹女還反 [illegible]五還反 豩呼關反 擐凡馬反擐又所山反

廿六 山所閒反宜三 疝疝病腹病 屾山名 鰥古頑反又魚名一 閒古閑反二 艱艱難 閑胡山反安九 嫺雅 癇小兒癇病 騆馬目白 蝒虫名 瞷人目 鷴白鷴鳥

孱笑餘又仕辨反 憪靜 慳苦閒反恡七 覵人名出孟子亦很視或作覵 顅少髮又苦班反 掔固又却賢反 羥羊名 𡦟又口耕反 掔堅 戲虎淺反

鬝髮秃七 潺潺湲水聲 孱小弱 𡓪門聚 囅軒 羴許閒反羊臭又失然反一 獮聲五 詽爭 虤虎怒 𠷑訟詞亦作狠

圁縣名又宜巾反 湹吳鰥反 䃸鈍 黰深黑三 羥 殷又於斤反 斒方閑反又百閑反斒色不純二 虨虎文又 斕力閑反又力蠻反一 嘫奴閑反語聲二 䶛[illegible]

廿七 獮虎山反喚一 窀除頑反穴中見大一 譠凡山反譠一 嫚於鰥反娟一 先蘇前反人三 躚蹁躚旋 跣[illegible] 𦈢昨先反進正作𠓜說文從舟謂止舟而進或作前四

蕑胡藥草又王似黎又子賤反 箭龍又子田反 騚四騚白 千倉先反六 阡陌亦杜俗 汗水名 仟人長 芊草盛 千進 牋則前反牋表亦作箋

藨葥 瀳水名 幨小兒 韉鞍韉 箋 箋菁亦作籛 津草 湔 天他前反上玄三 祆 吞 祅呼烟反胡神 訮詞 堅

古賢反 鑋剛 搄縣名在東萊 𣑐布 幵 肩亦作肩 鵳鳥名 豣大豕一百歲亦作豜 菺 麉鹿有力 鶙 鵳

鰹大鮦 絟堅 賢胡千反 弦弓 舷船舷 絃琴 蚿馬蚿虫 胘牛百葉 䪜有 刎 越 蜆 縊女之 㤆急 [illegible]

地名又 煙烏前反火氣五 燕國名又作鄢 咽喉亦作胭 菸 蓮路賢反芙蕖五 憐愛俗作怜 漣 鏈 纏

䙜䙜 字 田徒賢反地十二 佃作 畋取獸 畇地名 窴塞又陳 闐 鈿 蜓蝘蜓 滇大水

槇 磌 鷏 年奴賢反 鄢鄉名 顛都賢反 巔 瘨病 驒 槇 滇 趙

走 傎 蹎 驒 鷏 牽 [illegible] 雅

二 [illegible] 蚈 妍五賢反 鳽 研 [illegible] 眠

[illegible]

4.3（二十）王仁昫刊謬補缺切韻二（北京故宮博物院藏）

4.3（二十） 王仁昫刊謬補缺切韻二（北京故宫博物院藏）

4.3（二十） 王仁昫刊謬補缺切韻二（北京故宮博物院藏）

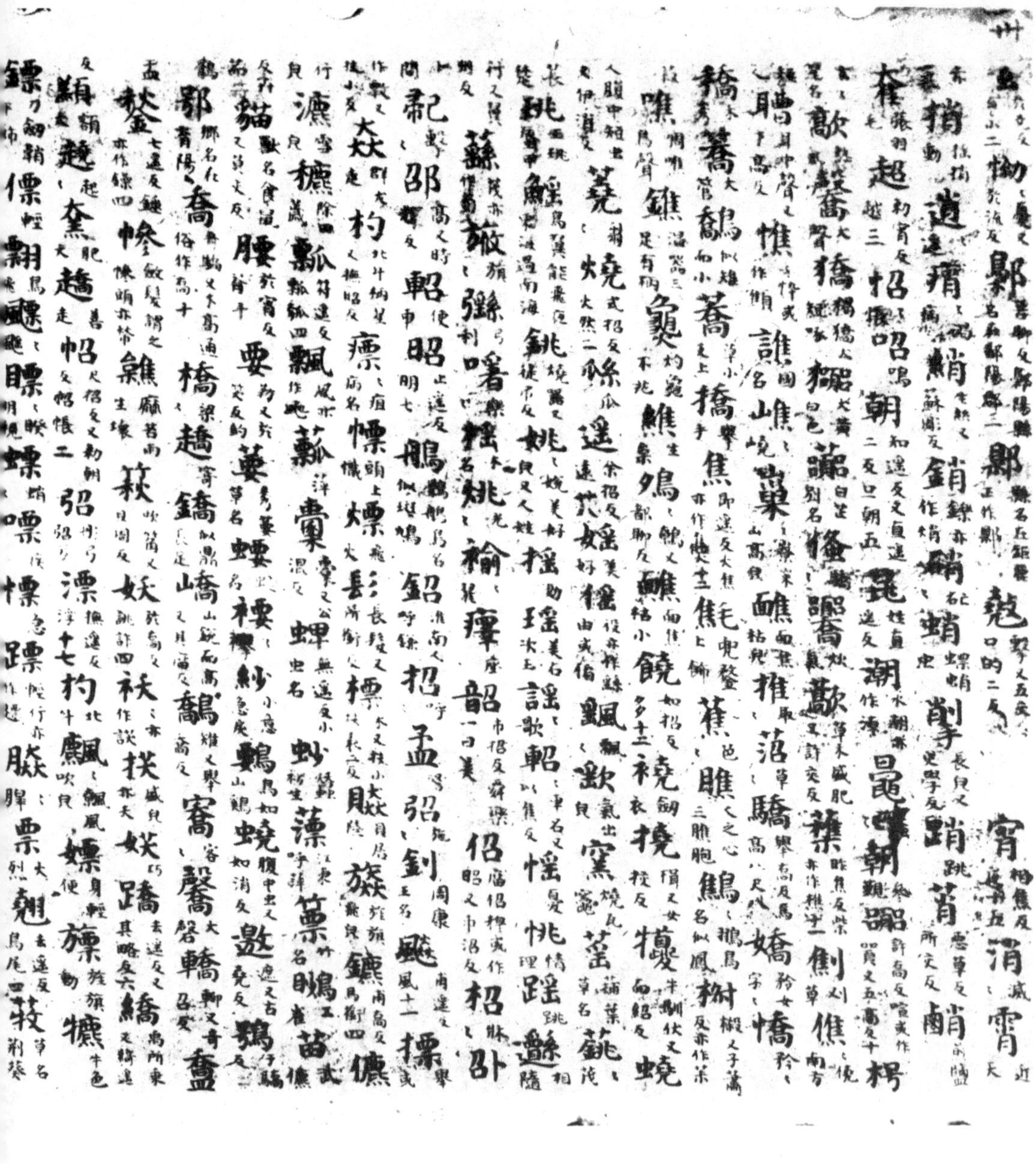

4.3（二十） 王仁昫刊謬補缺切韻二（北京故宫博物院藏）

4.3（二十）王仁昫刊謬補缺切韻二（北京故宮博物院藏）

4.3（二十） 王仁昫刊謬補缺切韻二（北京故宮博物院藏）

廿四

袉何反 沲、 鼉、 瓵瓫 䡐良 驒丁年反 輫、 絁數 鮀名 陀坡 鞁耳九尾 跎尾、 鞀

馬尾 鼉神、 醝酢何反白酒十二 瑳殘 瘥病 酇縣名在沛郡 㾷小疾 鹺鹹 嵯、峨 蒫薺 㽨擣亦作嗟 酇縣名又子旦子管二反

虘虎不信又在都反 齹齒 蹉踏亦作蹉 莪五歌反草名似斜蒿 哦吟 峨、峨 鵝、鴚 蛾蠶 俄頃 䫏、齊 誐善 涐

水出蜀汶江 娥美好 佗非己四 拕曳 㾃馬病又他單反 它蛇害人 羅盧何反五 蘿、蔦 籮、筛 儸、儸 欏、橡 那諸何又六 難

獸名 犘似牛白尾 挪、多 䴥麋鹿亦作腰 [illegible]除疫人俗作儺 何韓柯反問六 河水、 荷、蓮 苛煩政 魺魚 蚵蜉作蚵 訶虎何反責或何呵

頗傾頭 婀女字又於何反 抲擔 波博何反水汶四 皤人老色白又薄波反 䋽鄱類又補靡反 嶓、冢山名在隴西 頗詖第工 坡、坂 坷苦何反馬

二翫飾 軻轗軻又苦賀反 阿烏何反二 娿婀娿不決 痾病亦作疴 鈳、鉾 絅細繒 訑吐和反欺四 涶水名在西河 詑謫詑又吐谷反謫字他擊反 譇

慧、、 桵奴和反 挼一 牠徒和反牛無角亦作𤛓二 碢輪碢 鞾、鞋無反語火戈反又希波反陸無反語古今二 𢪃撝 隓小堆亦作埵一 呿墟迦反張口二 㰦去

迦居呿反釋迦佛名一 伽求迦反伽法一 虵夷柯反又吐何反食遮二反一 咼於戈反一 脞食和反脆二 娷訬疾又子和反二 挫子過又和反小又在

麻莫霞反臬四 䴙牛、 蟇蝦蟇 麿、林又莫柯反 車昌遮反居二 硨、磲寶石 奢式車反侈三 賖不交 畬田 耶以遮反鄉耶郡九 斜谷名 衺中

又似嗟反 鎁鏌鎁劍 椰木名 節竹名生臨海 揶、歈手相弄歈字以朱反 茒、菜 偌梟 䊢穗又邈胡反 遮止奢反斷三 奓呼 嗻吳人 庶儸

嗟子邪反亦作謇六 罝兩亦作罝組同 䣝鄜亦作䣝 䄊縣名又似乌反 瘥小疫 謯、詠 虵蝕虫一 華戶花反茂七 驊、騮穆王馬 𪄻鳥似雉 蟒

虫名 似蚍 錗鍪 鏵鍷 銙或作 兩刃𨰵 瓜古華反蓏屬五 騧馬名 緺青綬 蝸、牛小螺又於戈反 抓引 花呼瓜反樹榮二 譁、謔 誇苦瓜

反大 言 髂、骶以體 姱、 奢 髃骨 髂上 拏女加反 牽六 詉、諸詉諸誐 挐絲絮相牽亦作詉詉 笯鳥籠又 奴挐胡反 𢇍 䋈衣

嘉古牙反善完家 室 加增 葭、蘆 笳、葉吹之 麚鹿 豭豕 痂、瘡 駕鳥名 枷、枷打殺 袈、裟衣 胡人衣

蝦米中 黒虫 茄荷莖 迦釋迦又居呿反 珈首飾 迦不得進 猳牛絕有力 獨貜 瘕病 遐胡加反遠十 鰕水中虫 鍜鍜 霞赤雲

瑕玉 騢馬色 鰕大鰕 蝦下 譺語不節 碬石 礣 豭作綬 葭、領根亦 葩普巴反草花俗作葩二 䶕白加反 鴟鴟烏加反 鎝鎝鎝

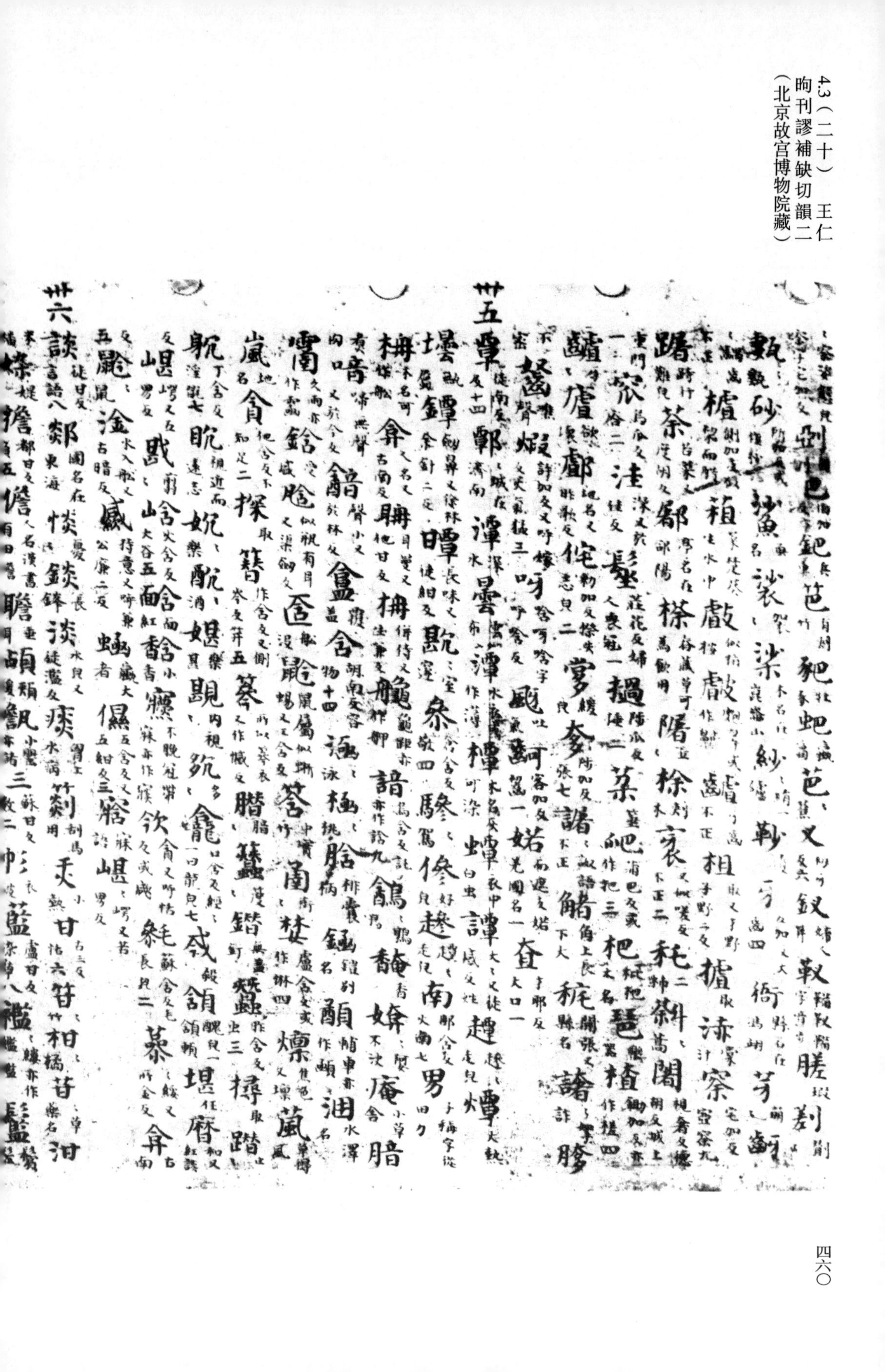

4.3（二十）王仁昫刊謬補缺切韻二（北京故宮博物院藏）

4.3（二十） 王仁昫刊謬補缺切韻二（北京故宫博物院藏）

檻 籃 婪 濫 甘 甜 聃 坩 蕑

窞 緂 黮 鬖 鷩 甜 酣 蚺 邯 炶

蚶 甘 蜬 憨 苫

卅七

陽 与章反 暘 日出暘谷 煬 錫 揚 禓 昜 羊 瘍 蛘 佯

鸉 鰑 睗 鷌 詳 楊 痒 羊 輰 楊

詳 似羊反 翔 洋 祥 庠 痒 佯 良 呂張反 梁 涼 粱 蜋

量 粮 踉 輬 綡 椋 香 鄉

鄉 膷 皀 商 傷 蔏 殤 觴 禓 鬺 塲 慞

房 防 魴 鴋 章

諸良反 漳 樟 幛 彰 璋 麞 鄣 蔁 暲 璋 昌

裮 倡 猖 閶 鯧 羌 蜣 薑 橿 韁

殭 礓 壃 橿 姜 僵 長 萇 膓

場 塲 張 餦 粻 穰 攘

蘘 瀼 穰 儴 勷 鬤 孃

蘘 方 坊 昉 邡 鴋 枋 鈁 牥 匚 襄

廂 湘 箱 緗 相 儴 纕 驤 將 漿 鱂

蔣 牂 瘡 刅 亡 望 朢 芒

4.3（二十） 王仁昫刊謬補缺切韻二
（北京故宮博物院藏）

4.3（二十） 王仁昫刊謬補缺切韻二（北京故宮博物院藏）

4.3（二十） 王仁昫刊謬補缺切韻二（北京故宮博物院藏）

卌三

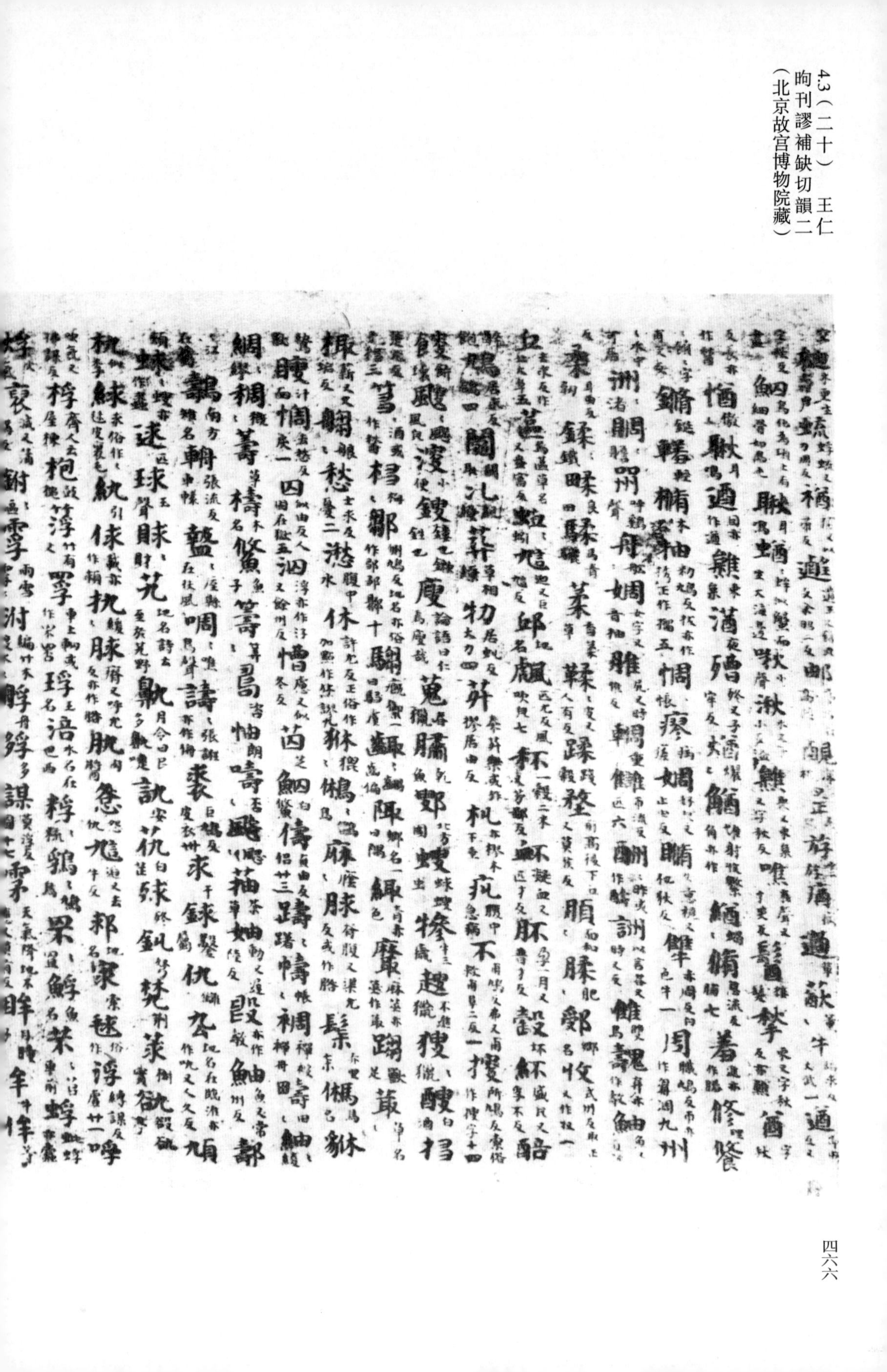

4.3（二十）王仁昫刊謬補缺切韻二（北京故宮博物院藏）

4.3（二十） 王仁昫刊謬補缺切韻二（北京故宮博物院藏）

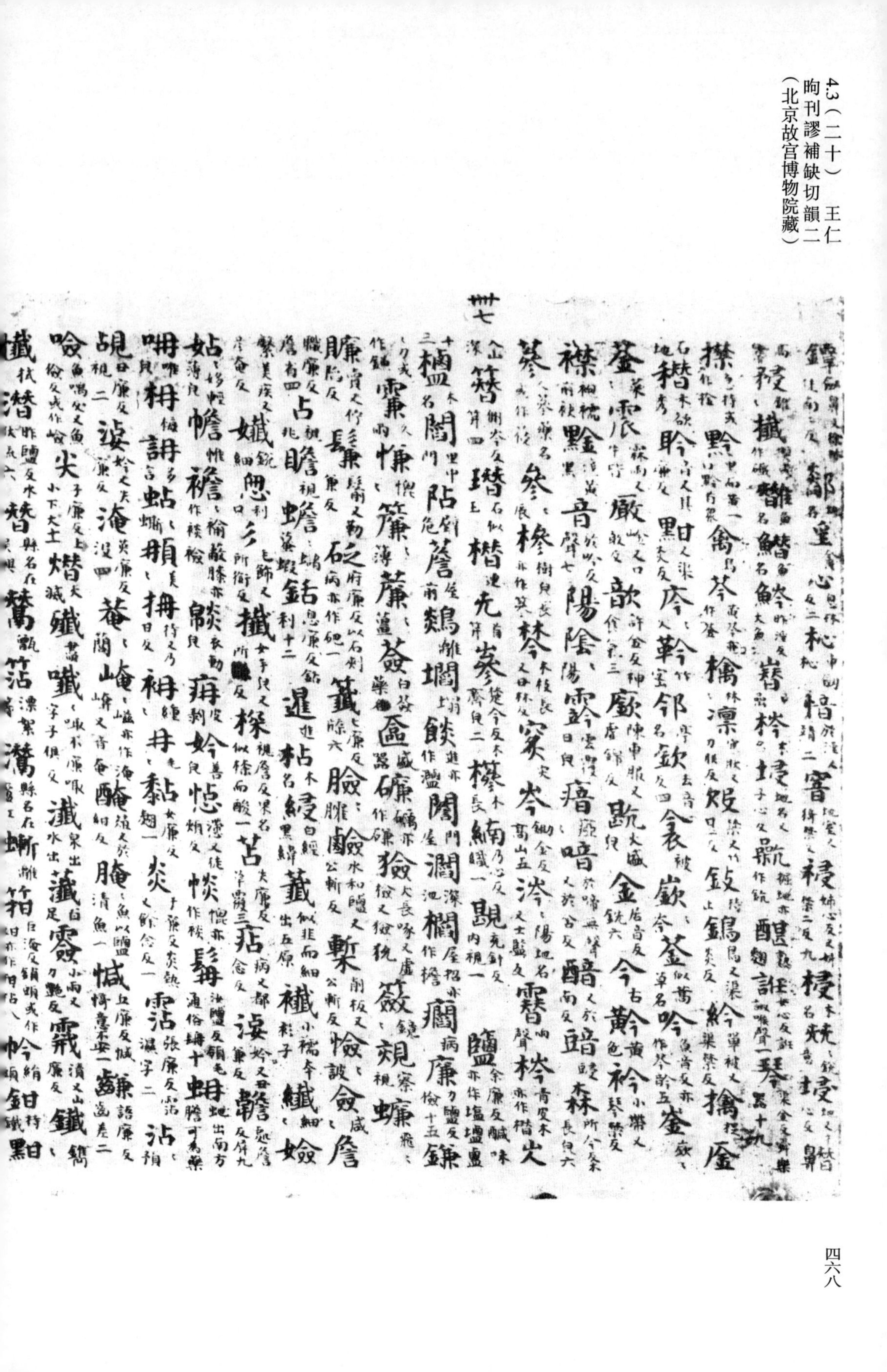

卌七

4.3（二十） 王仁昫刊謬補缺切韻二（北京故宮博物院藏）

43（二十） 王仁昫刊謬補缺切韻二（北京故宮博物院藏）

椷栝不胡鹹反 黬黑又上林反 黬釜底黑 轗車聲 攕所咸反女手五 櫼 楔 𣐝木名亦作杴 揞又乙陷反 嵒五咸反山高 顩

長面皃又丘檻反 羬山羊亦作𦍩 𪋻羊絕有力 諴和 碞僭差又午金反 欦許咸反又笑皃一 蝛似蚌出海中 妗喜皃 䶢面〻 詀竹咸反詀諵語聲又丑涉反詀讘耳語三 鵮鳥

物苦咸反 䶢〻䶢小睸 諵女咸反一 讒士咸反譖作讒九 獑〻猢 鏨小鑿 饞不廉 毚狡兔又士銜反 嚵高鼻皃 儳貪 劖剗 酁宋地 鵮咸

反鳥鵮物人竹咸反或作𣀒一 嵌 銜戶監反馬勒口三 䶫調 𪗋乾瓦屋 巉山險七 嶃〻巖亦作嶄 劖剚 鑱合木 鑱犁鐵吳人 舟舟 鍂五士懺反 獑〻猢名又咸反

浛潛又鋤𥗿反 巖五銜反山〻三 嚵呻 攙楚銜反又初咸反 攙搶妖星二 䶬鼠黑白 衫所銜反九 縿帛青色又昨楽反 彡毛長 縿旌旗 髟長髮 芟代草

䩶旌旗所着 𥈭瞻又格懺反 䨲微雨又子廉反 監古銜反又古懺反明五 鑑〻諸以取月水 礛〻䃴青礪石 𠝹細切 䁲視

嚴語𩑈反 䶫二 𪋷射 𩈣虛嚴反 𩈣胡被二 杴〻鑱古作𣠽 醃於嚴反鹽漬魚亦作腌字同一 𢾍丘嚴反𢾍歁不齊又丘凡反

凡符芝反常六 帆船上帆又扶泛反 㠶輕又孚劒反 舤船 颿船張亦作𩙪 杋木皮可索 芝匹凡反浮水皃三 欦多智 汎水名

切韻卷第二 一萬

右卷一万二千一十六字 二千七十舊韻四千一百廿一訓卅三或亦五文古二文俗一千三百卌補舊缺訓一千二百一十五新加韻二千八百一十三訓三百六十七或一十九正卅一通俗四文本

切韻卷第三 上聲五十二韻

一董 多動反呂與腫同夏侯別今依夏侯　二腫 之隴反　三講 古項反　四紙 諸氏反

五旨 職雉反夏侯与止為疑呂陽李杜別今依呂陽李杜　六止 諸市反　七尾 無匪反　八語 魚舉反呂与虞同夏侯陽李杜別今依夏侯陽李杜

九麌 虞矩反　十姥 莫補反　十一薺 徂礼反　十二蟹 鞵買反李与駭同夏侯別今依夏侯

十三駭 諧楷反　十四賄 呼猥反李与海同夏侯為疑呂別今依呂　十五海 呼改反　十六軫 之忍反

十七吻 武粉反　十八隱 於謹反呂与吻同夏侯別今依夏侯　十九阮 虞遠反夏侯陽杜与混佷同呂別今依呂　廿混 胡本反

廿一佷 痕墾反　廿二旱 胡滿反　廿三產 數板反呂与旱同夏侯別今依夏侯　廿四潸 所簡反陽与銑獮同夏侯別今依夏侯

廿五銑 蘇典反夏侯陽杜与獮同呂別今依呂　廿六獮 息淺反　廿七篠 蘇鳥反李夏侯与小同呂杜別今依呂杜　廿八小 私兆反

廿九巧 苦絞反呂與晧同陽与篠小同夏侯並別今依夏侯　卅晧 胡老反　卅一哿 古我反　卅二馬 莫下反

4.3（二十） 王仁昫刊謬補缺切韻二（北京故宮博物院藏）

卅三感古禫 卅四敢古覽反呂與檻同夏侯別今依夏侯 卅五養餘兩反夏侯在平聲陽唐入聲藥鐸並別上聲養蕩為疑呂與蕩同夏侯別 卅六蕩堂朗反

卅七梗古杏反夏侯與靖同呂別今依呂 卅八耿古幸反李杜與梗迥同呂與靖迥並別今依呂 卅九靜疾郢反呂與迥同夏侯別今依夏侯 卌迥戶鼎反

卌一有云久反李與厚同夏侯為疑呂別今依呂 卌二厚胡口反 卌三黝於糾反 卌四寑七稔反

卌五琰以冉反呂與忝范豏同夏侯與范豏別與忝同今並別 卌六忝他玷反 卌七拯無韻取蒸之上聲 卌八等多肯反

卌九豏下斬反李與范檻同夏侯別今依夏侯 五十檻胡黤反 五十一广虞埯反陸無此韻目失 五十二范符山反陸無反取凡之上聲失

一 董多動反正三 蝀螮蝀虹 蕫薡蕫又□□根 蠓莫孔反蠛蠓蟲三 鸏小鳥 幪大皃 孔康董反一 □先揔反搏擊二 䅵禾束又蘇公反 侗他孔反直一曰長皃三 桶木桶 曈曈曨

揔作孔反俗作摠九 嵸巃嵸山皃 嵷嵸嵷立 鬆鬆𩯭又私宗反 熜煴熜又倉公反 偬倥偬 䡯輪 總聚束 澒胡孔反水銀滓二 蕦

滃烏孔反大水皃六 暡暡曚日 □多多 𦑣□ 䈵竹盛 繷奴動反繷𦑣四 琫方孔反佩刀飾亦作鞛四 菶草盛又蒲蠓反 䋌小兒衣又□□ 俸□□ 曨□□

襱袴又盧董反亦作裥又來公反五 巃巃嵸竹器又盧紅反 寵□ 動徒揔反五 酮酒壞 姛直皃 眮大目又 挏引擁 菶蒲蠓反草盛二 唪

二 懵莫孔反心亂皃一 腫之隴反病四 種之用反 踵亦作歱 𦑣□□ 湩□ 寵丑隴反 塎塎𡑞不安 隴力奉反大坂 壟□ 沈□□ 擁□隴

三 𡙇持□ 㝃於隴反 宂而隴反散 八 𦏆□□ 稸□□ 毦□□ 𣮎毛 𪕴□□ 戎□ 𤚩牛 搑推擣 重

四 鮦魚名又直柳反 㣫□ 襱□又來公反 冢大二 塚□□ 奉扶隴反 捧敷隴反掬 勇餘隴反健十

甬草花 涌泉 踊跳 溶水皃 蛹 埇 俑木人送葬 悀 傛不安 恐墟隴反懼一 尰時冗反足腫病亦作瘇一 拱居悚反手抱十二

拲兩手械亦作桊又居辱反 巩水邊石 鞏以皮束物又縣名在河南 蛬蜻蛚亦作 珙璧 拜 巩 𢀜 𢪛 拱 𢍃 蛩

鯾鯾魚 悚息拱反九 竦敬 慫驚 聳高 㧐執 愯懼 傱 駷馬搖銜走 詾

𠄊 湩都隴反 重□□□□□□□□□□□□□□□□□□□ 𢾭□□□ 𦩑鵝鳥二 𠤃大 渠 𦮱 𠎘

三 講古項反 港水流 耩 傋 棒 玤 棓 蚌 𣻍 𪃎 悩

四 紙諸氏反 只 抵 軹 𧺴 傂 䝯 [illegible]

4.3（二十）王仁昫刊謬補缺切韻二（北京故宮博物院藏）

4.3（二十）王仁昫刊謬補缺切韻二（北京故宫博物院藏）

五

六

4.3（二十）王仁昫刊謬補缺切韻二（北京故宮博物院藏）

4.3（二十） 王仁昫刊謬補缺切韻二（北京故宮博物院藏）

4.3（二十） 王仁眗刊謬補缺切韻二（北京故宮博物院藏）

十一

十二

十三

十四

㢒 許 塢 鴻 鄔 珸 趆 鶘 若 箬 怒 弩

碧 努 户 楛 扈 怙 鄠 祜 昈 嶇 鳾 芐

黏 姕 戽 滬 居 鳸 普 溥 浦 誧 埔 補

譜 圃 薺 鮆 呰 禮 豊 蠡

蠡 澧 醴 鱧 豊 酈 欐 蠡 體 醍 涕

娣 緹 䩚 睭 濟 霽 㨈 卵 邸

底 詆 䏲 坻 抵 牴 弤 鞁 軧 堤 禰

嬭 闒 茋 泥 坭 䰾 薾 檷 鞢 弟 娣 悌

媞 匙 洗 洗 洗 洒 啓 棨 綮 䏌

箸 叶 啓 偯 啟 軫 傒 謑 㮨 醬 乙

米 眯 絲 洣 寱 蘇 陛 梐 髀 蛙 吭

詆 垷 梘 睨 晲 覞 鶃 覞 戦

灑 懈 獬 豸 妳 扨 買 嘪 蕒 渭 鸍

婺 腊 罷 羅 羅 擺 矮 商 覼

解 嶰 觟 懈 嶰 駭

十四 挨 唉 鍇 楷 賄 胎 倗 猥 偎

4.3（二十） 王仁昫刊謬補缺切韻二（北京故宮博物院藏）

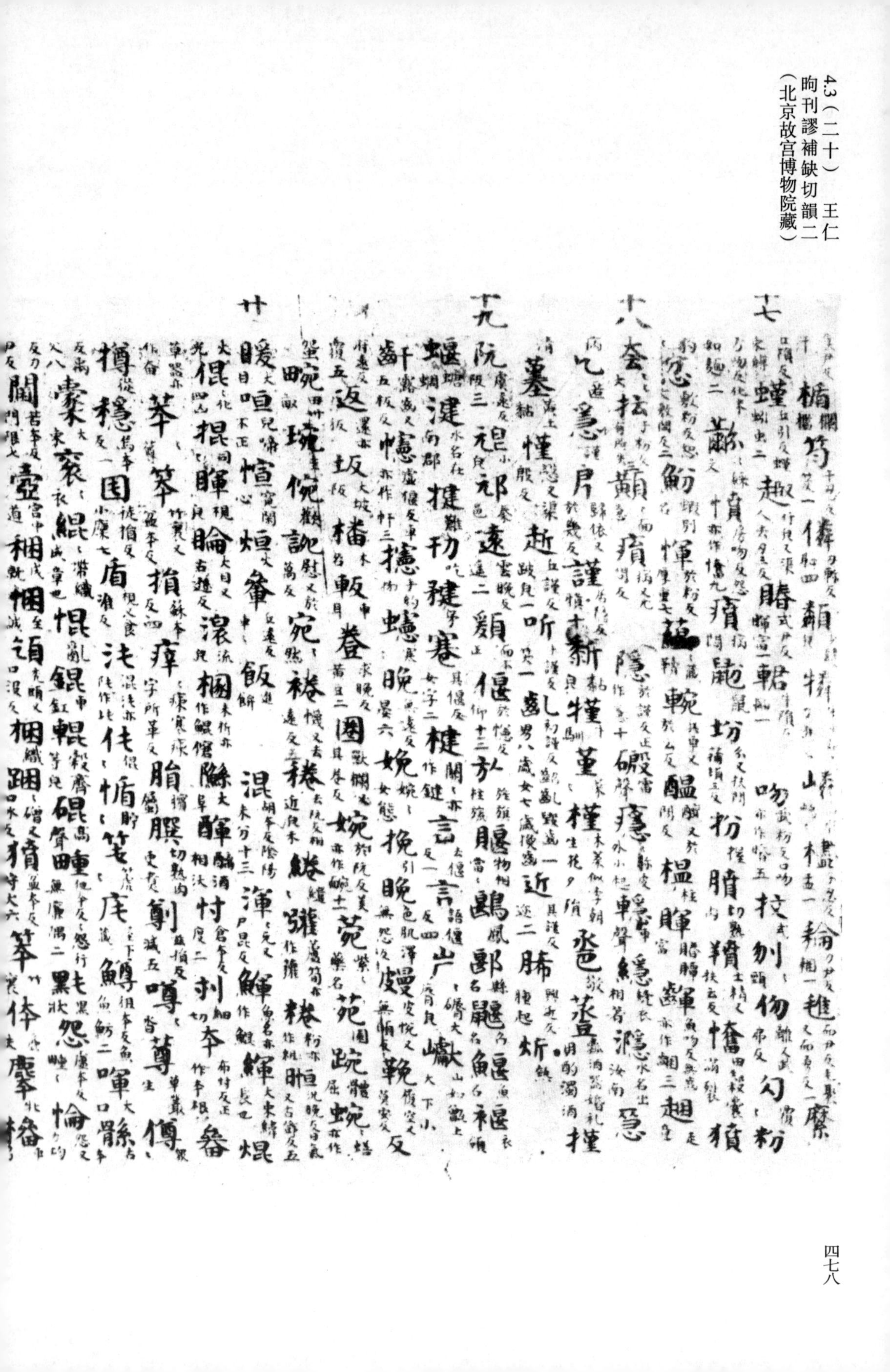

4.3（二十）王仁昫刊謬補缺切韻二（北京故宮博物院藏）

4.3（二十）王仁昫刊謬補缺切韻二（北京故宫博物院藏）

緬 峴 俔 諓 莧 絸 晛

峴 蜆 狝 撚 涊 跈 捵 节 編 匾

鯾 萹 扁 泫 贙 鉉 玹 鞙 縣

隕 甸 辮 編 扁 褊 畎 詃 罥 掮 犬 堅 狠

廾

綮 堅 獮 尠 癬 尟 燹 演 縯 衍

踐 諓 餞 衕 殘 俴 驙 剸 樿 饘

皺 檀 膻 嬗 顫 膳 剸 橏 搌 醆 展 搌 輾

珏 赼 反 蹍 跈 淺 闡 燀 嘽 單

幝 繟 遣 譴 鑓 簡 眚 蠻(?) 饘 善

墠 鱓 蟮 單 僐 蹇 謇 搴 縺 剪

摵 截 嫸 鬋 揃 錢 翦 湔 踐 戁 熯 僎

蕲(?) 輦 璉 鄻 健 楗 燃 件 鑳 鍵 鱶 齴

巘 辯 辡 諞 緬 沔 愐 勔 湎 黽

褊 鶣(?) 雋 吮 雋 癄(?) 輲

臏 覵 宛 洗 台 莌 駗 竇 孌 嬽 轉 卷

卷 圈 菌 輭 蝡 耎 甇 硬 愞 嫨

反 犿 喘 荈 腨 歂 膞 腨 鄟 踹 歁

轉 篆 瑑 沌 瑑 椽 縳 劇 孖

臇篆反 䐗門利 鮸去兗反 選反或作僎一 撰本作巽三 僎 鱄魚名 蜎井中虫一 蠉反 蜎

三趬走意又𨁥出 稬米名五 韗夏反 㩪擊又 𠏉領 鶣 艑 免亡辡反鮅七 娩娩 勉勖 俛俯亦作頫 冕 鮸魚名

二𤯠生子免身 墡基善反二 𢯱振一 鳣長六 放旌旗杠 𧷏去皆備一口 鞬駿具又廿井反 蚩行 辿安步又丑延反 放於蹇反旌旗偃二 趙走 𢡆式善反物二

廿七 嬈女自姿又奴鳥反 篠𥳎鳥反細竹俗作篠四 鮉魚名 謏誘又所六反正作謏 礵墨砥又思六反 晈古了反光十二 璬玉珮 皦行縢 皎月光白詩 皢去月出皢兮

鐃鐵白 皛白又匹白反 皦珠玉白皃 闋 譑糺 曒明亦作皦 袨小袴 鳥都了反飛禽七 㠥幧帛 杓 懸皃 蔦樹上寄生亦作樢 褭短衣

杓禾穗垂 了盧鳥反十一 蓼菜亦作蓼 瞭目精明 髟 鷯 撩扐又力彫反 蟟小蟧 鳥 憭拭 衦被 鄝地名 憭心明又力彫反

朓吐鳥反月見西方 窱窈窱深遠皃 曉呼鳥反旦明亦作曉二 鐃鐵 杳烏皎反深九 窅目深 窈窈窱又窈窕美皃 偠偠褭身弱好皃 騕騕褭神馬亦作駠 𩢲

嬲騎長而不動 昌合 葯草長 嫽 嬲奴鳥反戲相擾六 嫋長皃又寧的反 駣駣 驃馬 褭偠褭 皛胡了反白三 葯葯藋草亦作藐又胡

激 芀道中子又且略都歷二反 窕徒了反窈窕四 誂弄俗作挑 嬥獨行皃又徒聊反 掉動又徒弔反 磽苦皎反山田亦作窕一 湫子了反隘 藻蕭似朴 小息

廿八 小私兆反一 肇直小反始十亦作庫八 兆億 趙名 旐旗 垗界 狣犬有力 狣犬有力 鮡魚名板 沼之少反水止一 少書沼反不多一 夭於兆反屈三 殀 伕

擾而沼反動五 繞繞繚 遶圍 嬈戲 擾牛柔 標符小反又甫遙反三 鰾魚膠 顠子小反又 麵亦作麪 紹火紹反 弨弓 楢木名 縹敷沼

反青白色八 醥清酒 縹牛黃白色 皫鳥變色 藨竹名 蔈苕花 瞟瞭又撫招反 眇亡沼反小七 淼水大 秒禾芒亦作標 杪木末 吵雉鳴 篎小管

十 芍草 紹市沼反續三 佋介 袑袴上 矯居沼反或作撟七 蟜毒虫 䀭目重瞼 敿指 鱎魚長 嬌女字又舉喬反 爐 表方小反又方矯反三

褾袖端亦作衭 覭見目有 藨平表反草名亦作藨七 殍死 歋 莩草又符小反亦作芆 貓 麐 貔似狐善睡 鷕以沼反雉鳴

三 謏 舀抒臼或作舀 悄七小反心憂三 釥好 剿子小反絕亦作剿六 勦勞又亦作剿 摷擊 膘扶了反 灈 鄡 蟜巨小反地長皃一

廿九 繚力小反繞六 燎 嬌好 醶面皃 敹 表方矯反 巧苦絞反工 四

佼膚又之敬又古巧反 灦 鼓 拖 獿 昂五

卯 茆 媌 鉸 狡 䬵

卅

□炊□本燋 爪側絞反 㺍﹅ 璲玉 抓側絞反 叉甲 □足 拗於絞反 手拗 覞□ 鮑薄巧反 魚敗 亦魚名三 皰胃䏁又 白骸反 齙□ □反

亦作鉸 焯楚巧反 熬亦作炒二 䬺乾亦作 □□ 稍所絞反 長二 㪗攪亦□ 皓胡老反 明光十二 昊天 皞﹅少 浩大水 鎬﹅京 顥﹅大 鰝大蝦 墭

□ 鵞細 薃﹅莎草 郻邑 皓白 ﹅ 抱薄浩反 扶擁一 老盧浩反 耄九 獠﹅西南夷 亦作獠 轑車轆 轑屋﹅簷 潦雨水 橑

乾 黃□ 顥大 嘐﹅草 寒静 討他浩反 伐二 套長皃 㣞﹅山楸木又 他刀反 道徒浩反 路三 稻﹅穀 駣馬四歲 徒刀反 腦奴浩反 髓四 惱﹅ 碯﹅寶石

山有所 女很 髡長皃 倒都浩反 仆八 擣築亦作搗﹅ 島海中山 禂馬祭亦作騆 壔高土 禱請又都道反 瘍﹅病 檮斷木 嫂蘇皓反 老稱正

作嫂俗作㛐五 燥乾正作燥 掃刷 埽除又蘇倒反 籔十數 草七掃反四 懆憂心 䜹﹅嘐無人皃 騲牝馬 早子浩反 速九 澡洗 藻文

藻﹅菜 蚤狗虫 鱢魚名 璪玉飾 棗亦棯通俗作棗字 璪石似玉 皂非甲反 黑色三 草﹅斗 櫟實 造七到反 修﹅又 暠古老反 明八 杲日出 槀

草 鰝﹅素又古到反 夰放又胡老反 槀木名 臭白澤又昌石反 槀﹅葬 好呼浩反 精一 蓩武道反 毒草又地名又亡毒反二 冃重覆又亡報反﹅ 寶博抱反古

作珠琛十一 保任 堡堢 褓繦﹅亦作緥 鴇馬名亦鵖 葆草盛又羽﹅鼓吹飾 毋相吹 倸有﹅ 宲藏 翿采羽 騭馬驄 襖烏浩反 短袍九 鴁鴁鬣

一曰早長 懊﹅惱 媼母 芙苦菜 䐿藏肉又烏到反 腽藏骨 䳼﹅鳥 䴈子 考苦浩反 成俗作考七 栲木名亦作杇 槁枯 䅾禱 丂氣舒吹

卅二 殑按殑擊 䩬反老反大 面醜一 哿古我反 嘉二 舸艒船 火呼果反 燬二 邩地名 果古火反 木實加草者非七 猓﹅然獸 輠車脂角 裹

蓏﹅果 蠃﹅ 剡判又公斲 慄敢 埵丁果反 堆丸 髼亦鬌髻小兒剪髮 㯝橘量 縹冕前垂 朶上木 揣推又初委反量 鎍鈌 䗴試又初委

尺㲝反 穡禾垂皃又丁丸反 鎖蘇果反 俗作鏁九 璅青﹅ 澡水名 蔆﹅心縣在上黨又積寡少反 醜﹅ 蓌作名 捎動 惢心疑又才規反 趙髮 屑 鄖亭在

河 墮徒果反又他 南果反十二 㩊土 㯝 颭長沙人呼颭 䅜小積 箂竹名 䊓餌缺 䪾鬌小兒遺髮 隓山高 鰖魚子已生又翼水又 髓美又辞 嫷贊反

隋竹 䦟車鎗又大罪反 妥他果反 安五 墮徭﹅髻又徒果反 隋祭又肉 桶器 隓山皃 叵普可反 不可二 頗﹅能又滂河反 跛布火反 跛足亦作㢸三 㩊

﹅揚又 駊﹅騀馬行惡之皃 躶郎果反 赤體亦作裸 蠃□ 裸夏禹化之解衣析然四 瘰﹅癧筋結亦作癧 蓏果﹅ 蠃蜾﹅蟲名 禍胡果反 亦作𥜿二 夥楚人云多 顆果枯

反小頭二 𩑶研理又口過反 坐徂果反 俗作𡋯一 䏙徒可反 北方人呼父六 柁正舵尾木 陊下阪皃 𩕸傾皃又大可反 杝亦是又田者火反亦柂 袉衣帶 可枯我反 中二 軻﹅轗

又若賀反 我五可反 己四 騀駊﹅ 頿側并亦作 㧴差 左則可反 ﹅右一 㕙□奴可反 ﹅四□ 歌呼我反 大笑又下哨三 □可 □擊亦作 □反 頎傾頗祖又□可反 婐

4.3（二十） 王仁昫刊謬補缺切韻二（北京故宮博物院藏）

4.3（二十） 王仁昫刊謬補缺切韻二（北京故宮博物院藏）

4.3（二十） 王仁昫刊謬補缺切韻二

（北京故宮博物院藏）

魚梁亦作䈏 嬼妖 劉力周反 熮火爛 𪕋似鼠而大 飀颼飀 紐女久反結也六 杻相柳 鈕印鈕 杻木名 槢習

䓯菌實亦作䓯 肘陟柳反臂二 疛腸痛 朽許久反爛亦作㱙三 疚病 殠臭 久舉有反淹時六 九次八 玖玉名 灸灼 韭菜 㚼女久字 首書久反頭五

手腕前 守住 䭭人初生 𩒚人頭象形 醜處久反惡二 䤩荻蕬 湫在久反湫水潰又子小反二 愀變色 婦房久反婦狄於夫十一 萯蠭 負背將物亦作偩

萯王ㄟ 蝜蟓ㄟ 阜陵ㄟ 鵨鶅鵨名 菩香草 焊熾 偶鹹又麻化反 益蝜 婦鼠 缶方久反瓦器 䍂烝蒸ㄟ 否不從 婄好色又普來反 痞病

殕餅敗有氣 䳕鳺 不鳥飛上不下 不弗 蹂人久反蹂踐五 楺屈木或作煣 𠃚獸迹又女柳反 沑水吏 莯蘽ㄟ不切 糗去久反乾餅屑一 舅強久

反母之兄弟七 咎灾 臼舂ㄟ 齨齒 麔牝麋 鴭鳥名 臯𥻨米 紂直柳反馬緧諡法曰賦多殺臣曰紂也四 䈜篘根而死 鮦ㄟ陽縣在汝南郡 𦡆少腹痛

酉与久反西方十三 牖牕 誘ㄟ誘言 卣中形鍾又餘求反 梄積木燎 莠草 羑進善文王所拘ㄟ里在陽陰獄 庮久屋木又余周反 蜏朝生暮死又餘救反 輶

䢊又以周反 禉禱天下以周反 遙遺玉又余周反余昭二反 𨖴言意 滫息有反ㄟ麵亦溲字二 綇絆前兩足又先主反 受殖酉反容四 壽富年 𨟠水名在蜀郡 綬

帶佩綺ㄟ 颵於柳反風三 䱂魚名 懮姿 酒子酉反醉人二 溲踈有反ㄟ麵一 帚之久反箒二 鯞鰍ㄟ 恒芳酒反小怒二 紑鮮又孚丘反 掫側久反持

卅二

又子俱反一 厚胡口反不薄亦作𠩺又作㫗五 後次前 后女皇 郈鄉名在東平 㖃吐又呼垢反 母莫厚反牝九 牡牝ㄟ 某私梅 𪏭大梅 畝田數

莽ㄟ草 𨂂行ㄟ 䳇鶅ㄟ亦作鵡 罘内周作桌字 部蒲口反伍七 犃ㄟ牸偏高又牛短頭 瓿ㄟ甂小甖 培ㄟ嶁小塚 錇瓦器 麰ㄟ餅麬 篰牘ㄟ 斗

當口反十外器五 枓柱上方木 阧ㄟ峻或作陡 蚪科ㄟ虫名 襡衣袖又上句反 𪎭他后反麰ㄟ六 妵人名傳有華ㄟ 黈冕垂纊亦作𪑇 䵵好又他黃貢反 鳺水鳥又大口反

鮔魚名 苟古厚反且九 玽石似玉 狗犬 垢塵ㄟ 笱ㄟ扁縣名在交阯又取魚器 耇黃ㄟ 詬恥又古候反 茩芰葵名蔛ㄟ 岣ㄟ嶁山巔 藕五口反蓮

根偶合 耦耕 髃乳間骨 甌盎ㄟ 掊方垢反衣上擊二 掊擊 穀乃口反母虎乳 𧮯乳ㄟ 㹗小皃 陾衆ㄟ 藪藪后反澤十 籔

瀍米器 叟老ㄟ 嗾使狗聲亦作𠵎 瞍瞽ㄟ 謏ㄟ誅誘諄 擻斗ㄟ舉物 聦聦 駷搖銜走又思隴反 樔車轂空 吼呼后反牛鳴四 吽嘷亦

作呴 呞吐又奚垢反 蚼蚍蜉又渠俱反 剖普厚反判四 婄婦人皃又普溝反 蔀小ㄟ 鴮雀 歐烏口反吐五 毆擊 𤛛特牛 歐吐又其表反 摳

於侯反次表又 塿盧斗反八 嘍嗹ㄟ煩皃 甊小甖 簍籠ㄟ 䝏麰餅䴷ㄟ 謱謰ㄟ不解 簍竹皮 嶁岣ㄟ山名 走作口反急行一 口苦厚反吻次八 扣擊亦

作敂 牯糈 鉤金飾 叩ㄟ頭 訽先相詬 邙鄉名在藍田 竘健 蒟徒口反草僋三 䝏水盟名 𪀗水鳥又他口反 鯫士垢反士溝反魚名一曰人姓漢有鯫生一

4.3（二十） 王仁昫刊謬補缺切韻二
（北京故宮博物院藏）

卌七[illegible] 亦作撿揪亦作冰一 卌八等 [illegible]齊一 倗 不肯一 肯 苦等反 可一

卌九豏 下斬反豆半生五 減 徒又古斬反 濫 ~泉又盧甗反汎 䲨 大嚚物聲 糂 涂~ 湛 徒減反水貌又徒感反又直沁反二 偡 ~然齊物 床 苦減反牖一 戶亦作槏三

撖 危~ 顲 長面貌又五感反五檻二反 䶠 古斬反四 減 損 篾 竹名 鹼 鹵~七廉反 瀺 士減反瀺灂一 臟 初減反臉~ 臉 ~臟一 䁬 力減反~ 閷 火斬反

五十檻 胡黤反櫚~八 艦 船 轞 車聲 㯺 車

檻若覽二反二 欿 ~ 槮 所斬反 喊 ~聲一 囡 女減反 䀹 魚~ 僴 ~ 癡 𡏖 堅~ 㒂 勇~ 𩞂 ~ 𡊷 ~ 𡞣 女減反 獑 莫檻反

嵰 士檻反 嵌 ~ 𡸹 嶃~ 巉 嵃 摲 山檻反斬取二 𢭺 大聲 黤 於檻反青黑三 黯 孝子傳人名 𪌆 初檻反 𪓫 ~ 醶 醋 𤜫 小犬吠一

五十一广 又音儼一 虞埯反崖室 險 希埯反 㠋 逡 儼 魚一 埯 ~ 广 又虞广反 㤿 ~ 岌 丘广反 崖一

五十二范 符山反人姓又草陸無反 範 模~ 犯 干~ 䗪 蜂~ 山 張口~ 𠕀 丘犯反 明犯反 𦔼 明泰反一 語取凡之上聲失四

切韻第三卷盡

切韻第四卷 去聲五十七韻

右卷一万二千一十四字 二千三百卌二舊韻四千九十七訓卅五或亦二文古一文俗一千七十六補舊缺訓一千二百卌六新加韻二千七百六十七訓三百九十三亦或卅五正廿三通俗六文本字

一送 蘇弄反 二宋 蘇統反陽与用降同夏侯別今依夏侯 三用 余共反 四降 古巷反

五寘 支義反 六至 脂利反夏侯与志同陽李杜別今依陽李杜 七志 之吏反 八未 無沸反

九御 魚據反 十遇 虞樹反 十一暮 莫故反 十二泰 他蓋反 無平上

十三霽 子計反李与杜与祭同呂別今依呂 十四祭 子例反 無平上 十五卦 古賣反 十六怪 古壞反

十七夬 古邁反無平上李与怪同呂別与會同夏侯別今依夏 十八隊 徒對反李与代同夏侯為疑呂別今依呂 十九代 徒戴反 廿廢 方肺反無平上夏侯与隊同呂別今依呂

廿一震 職刃反 廿二問 無運反 廿三焮 許靳反 廿四願 魚怨反夏侯与恩別

廿五恩 胡困反呂李与恨同今並別 廿六恨 胡艮反 廿七翰 胡旦反 廿八諫 古晏反李与襉同夏侯別今依夏侯

廿九襉 古莧反 卅霰 蘇見反夏侯陽杜与線同呂別今依呂 卅一線 私箭反 卅二嘯 蘇弔反

卅三笑 私妙反 卅四効 胡教反 卅五号 胡到反 卅六箇 古賀反呂与禡同夏侯別今依夏侯

4.3（二十） 王仁昫刊謬補缺切韻二（北京故宮博物院藏）

4.3（二十） 王仁昫刊謬補缺切韻二（北京故宮博物院藏）

4.3（二十）王仁昫刊謬補缺切韻二（北京故宮博物院藏）

4.3（二十） 王仁昫刊謬補缺切韻二（北京故宮博物院藏）

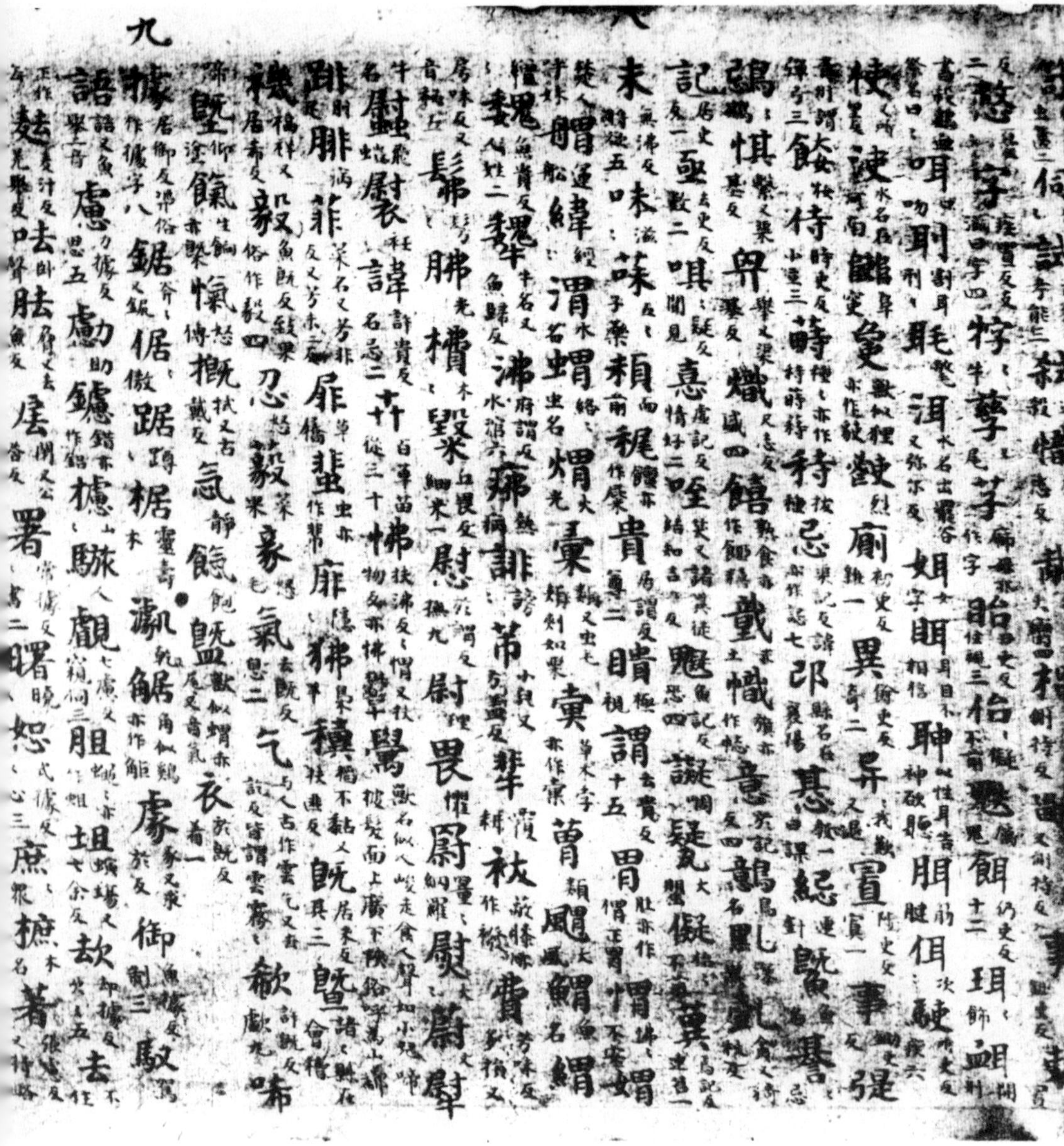

4.3（二十） 王仁昫刊謬補缺切韻二（北京故宮博物院藏）

4.3（二十）王仁昫刊謬補缺切韻二（北京故宮博物院藏）

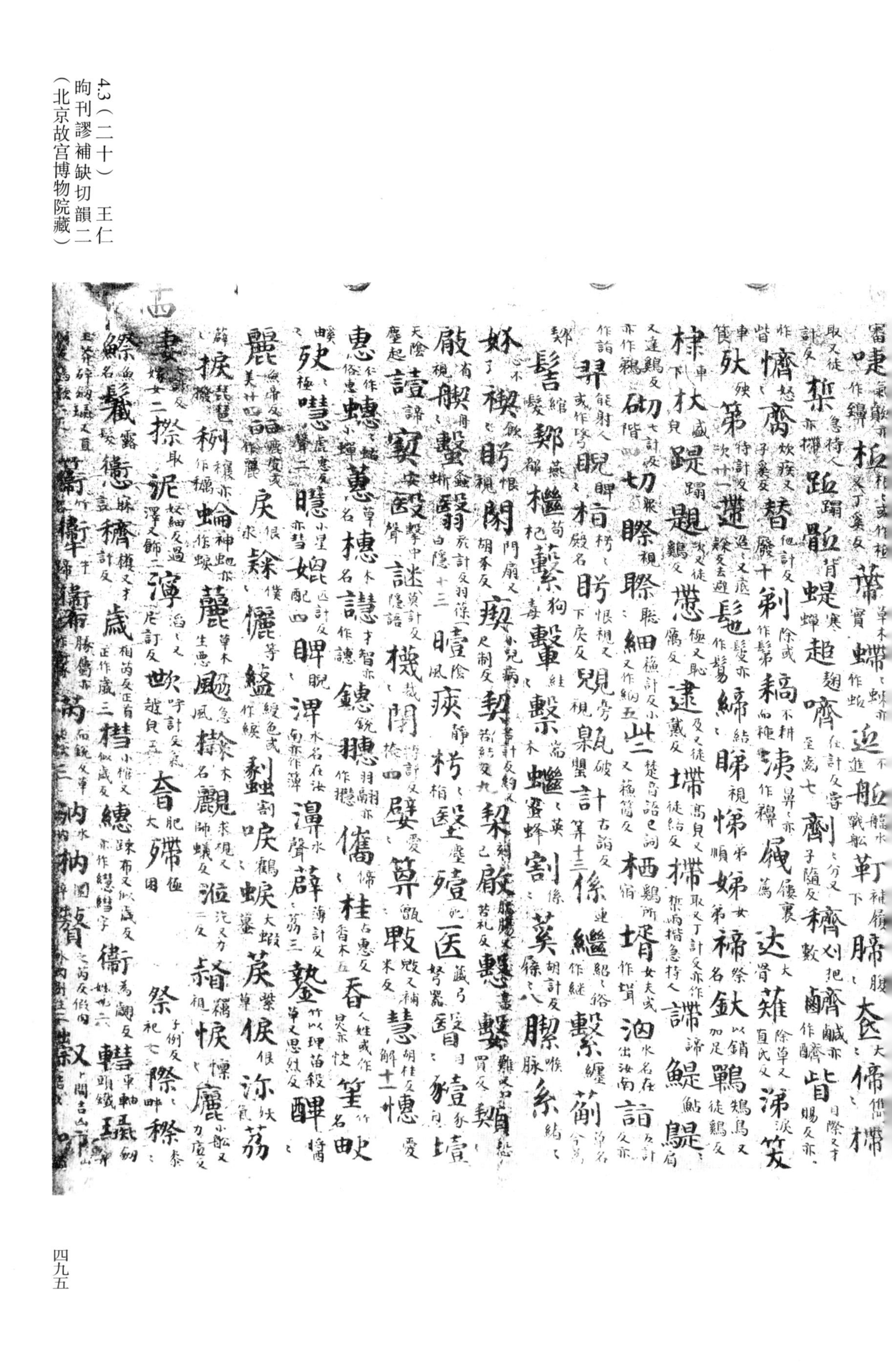

4.3（二十）王仁昫刊謬補缺切韻二（北京故宮博物院藏）

歠 毳毛十一 韢 脆 帨作帥 涚式芮反 𥻃 劆 橇楚歲反 𩑠

竁穿地又楚歲反 銳以芮反 叡聖元作睿 莌草生 蜹蚊 鍂銅也五色又特制反 綴陟衛反又丁劣反 醊祭又力□反 又酹 餟外反 閒道 軗車軚

稅舒芮反 說 說誘 裞衣送死人又他活反 他外反二 蛻 涚水 䬇小餟又醊水 又亦作鐩 弊毗祭反亦作敝四 斃死 幣帛 獘

歠 橇楚歲反 竁穿 𥈜 壻四歲反俗作婿 𨬓 欁小棺又 轊車軸 蔽必袂反 又擁蔽 掩三 鷩 犦 鷩雉又

名 毳 𦒏 穿 甄 又卜殉反四 鏏 又欁 𨎶 䡮 捴 羫 牂

歲 居衛反 傷三 鱖 劌割 𠛯 斷割 袂 彌弊反 袖襟一 㡜 所例反 殘第三 鎩 所祭反 殺 又殺 𥘸 製 尺制反 又見又尺折反 或作𢯱 六 懘 又胡郭反

瘌 毒病 作瘵 狾狂犬 烈 祭 除列反 遰 音不和又尺制反 制 職例反 禁十二 𤷇 䎃 水名 泂 製 作 𦟀 亦作淛 晢 星光又旨熱反 𣂔

蜥 浙 江別名 會稽 蒯 筋 草 𩋲 斮 斮刀 𩛢 饏 㵸 王莽時 ‧‧ 逝 去九 遰 時制反 ‧‧ 留 牛角豎亦作𦏭字 噬 切齧 誓 約 筮

藩 澨 水名 鐅 趨 踰 曳 餘制反 拽 十七 裔 邊 玴 石次玉 勩 勞亦作𠛬 洩 水名在九江 枻 楫 𤻊 病 䄿 馳 㹭 明一 曳 日習

弢 詍 多言 𩌨 臘 帖 𥳊 ‧‧ 袖 長 呭 作訛名言 𦼐 藝 薙 私曰燕 𦼫 壞 裛 細 㵓 於列反 息 廖

䬣 食敗 䕟 青 藝 魚祭反 伎能五 埶 種 寱 睡語 槸 木相摩 亦作槸 䅡 機 滯 直例反 滯 五 𤣡 勢 瑧 鼻 𠑅 蹛 補 𢽎 踥 林 例 力制反 十六

厲 惡一 礪 石 勵 勉 禲 鬼 無後 癘 疫 濿 渡水 𩏸 魚名 蠇 蛎 糲 木名 䮥 馬 鮤 鮀 悷 作𢤲 栵 禲 栭 駉 馬 𡽹 崔 𡿭 山

𥫽 𧫾 牛白脊又 力滯反 憩 去例反 息 𢡨 恐 褐 草名 䞕 止息 世 舒制反 勢 威 貰 賒又時夜反 猘 狂犬 居厲反 罽 𣰉 㲎 𤄷

泉出 訐 持人短又居謁反 蒯 實 𣯍 布 𧐲 竹例反 亦 㦽 一 偈 其憩反 又 又句一 啜 小嘗又 叕 跇 丑勢反 跳九 愒 快不得志 晢 慸 極

又達列反 𨟻 殺又 又 𢯱 佩飾又都梯反 㨗 習 𧿒 䟡 起亦作𧼓 劓 牛例反 去鼻一 𥘹 子芮反 子悅反二 㯰

十五卦 古賣反 𧮂 趙三 絓 礙 誤又胡卦反 懈 古隘反 懶四 解 除又加買反 廨 公 𧓍 薢 藥名加買反 隘 烏懈反 陜二 𤸰 病聲又於之反 邂 胡懈反 逅二

解 賣 莫懈反 出賣 正作賣一 畫 胡卦反 畫 𡈼 七 絓 礙又古賣反 絓 絲結 澅 水名在齊 䵷 黃色又胡麻反 纗 絃中絕又尤恚反 差 楚懈反 叉 衩 衣二

睚 五懈反 目際又五佳反一 謑 許懈反 言怒一 粺 傍卦反 精米三 稗 稗 稗 比卜反 𥀂 䮑 士懈反 病三 眥 目睚 柴 㞋 皆反 斷也 𣲖 匹卦反 分流四 𥿀

𢙟 𠈇 分泉反又 瀤 水出 陽 債 側賣反 徵財一 𧮙 苦賣反又 口 郼 鄉 曬 所賣反 𦘕 又所 寄曬反二 𣳦 灑 呼卦反 諣 一

4.3（二十）王仁昫刊謬補缺切韻二（北京故宮博物院藏）

4.3（二十） 王仁昫刊謬補缺切韻二（北京故宮博物院藏）

4.3（二十） 王仁昫刊謬補缺切韻二（北京故宮博物院藏）

4.3（二十） 王仁昫刊謬補缺切韻二（北京故宮博物院藏）

4.3（二十） 王仁昫刊謬補缺切韻二（北京故宮博物院藏）

4.3（二十） 王仁昫刊謬補缺切韻二（北京故宮博物院藏）

4.3（二十） 王仁昫刊謬補缺切韻二（北京故宮博物院藏）

憛 憛愖 諳 鼓言 傺 氣仰反一 傔 五紺反 僋傺 一 謲 七紺反 伺 三 參 鼓 暸 暸 醰 徒紺反酒味長 四 贉 買物逆付錢 䃫 疑 瞫 指又徒含反 馻 丁紺

卅九 闞 苦濫反 近前一 揞 組紺反 斜揞一 㑣 郎紺反一 顄 呼紺反 飾不飽 面黃又呼感反一 妠 奴紺反 取一 闞 苦濫反 魯邑 四 瞰 視 䲗 味 喊 可又工 反亦作䲗 濫 盧瞰反 汎 八

𠜾 刀利 䲗 䁋 爁 火 㜮 監 食武 濫 炎 吐濫反 𪘨 䑠 視之 瞰 相 䲗 味 喊 澉 薄味 䆾 公暫反 䆾 二

鹹 口 甘 呼濫反 二 虤 憨 呼甘反 五 譀 誇誕又呼甲反 亦作䛞 覽 聶 澹 腅

卌 淡 無味 暫 慙濫反 亦作蹔 二 鏨 小鏨 擔 都濫反 負二 甔 大甖 漾 餘亮反 水名 十 恙 問無恙 羕 長 颺 從

風 煬 炙 漾 式 眻 美目 諹 讙 饟 餉 養 林山木 又餘上反 亮 力讓反 朗 九 諒 信 掠 笞一曰掠取 悢 悢 緉 履緉 緉 兩 書云武王戎車

三百 颹 北風又呂張反 哴 哴 小兒啼 無聲貌 狀 鋤亮反 類一 讓 如狀反 責又於人 四 攘 以手卻物 又汝羊反 懹 憚 儴 遍 餉 式亮反 饋食 亦作饟 山 傷 未成人 死又式

良 向 姓又許亮反 惕 痛 亦作痾 又式羊反 帳 陟亮反 帷 三 脹 滿 漲 水大亦作漲 悵 丑亮反 怏 七 暢 通 鬯 又香 韔 弓衣又直亮反 亦作韔 鬯 草 鬱

脹 失志 向 許亮反 背 五 珦 玉 嚮 不久 曏 闢 兩階間 仗 直亮反 器 五 長 多又直良反 䩫 跴又除 暘 不生又丑亮反 韔 弓弢又丑亮反

亦作 醸 女亮反 醞酒 亦作釀 二 蘸 菜 匠 疾亮反 巧工 三 䲸 鳥 雀 趥 行貌 障 之亮反 亦作墇 郭 四 嶂 峯 墇 壅亦作漳 瘴 病 尚 常亮反 三 上 時掌反又 貴

掌反 償 備 壯 側亮反 多力 三 裝 行 側良反 洸 米 怏 於亮反 不平心 四 鞅 詇 知 䩕 而 諒 其亮反 一 唱 昌亮反 發歌 亦作誯 一 創 初亮

反始正 作 愴 三 愴 悽 滄 寒 醬 即亮反 以豆成味 二 將 帥師 䣼 語向反 䣼 二 仰 魚兩又 妻人又 訪 敷亮反 問 二 妨 礙又 妄 武放反 虛誕 五 望 遠 祖

又武方反 忘 不記又武方反 諹 相 汇 谷名在京兆 況 許妨反 三 貺 貺 賜 誑 九忘反 欺 亦作 狂 又巨 旺 美 盛又于方反

慥 誤 放 府妄反 自縱 四 舫 舩 䟘 曲脛馬 鴋 鳥常在澤中見人則 鳴呼之不去亦雄 相 息亮反 又息良反 一 防 扶反 鎮 彊 居亮反 勁 一 喪 立亮反 三 䁂 目 病

卌一 䑗 陳桓公子名 蹡 七亮反 蹡行貌 一 狂 渠放反 輛爲一 宕 杜浪反 洞屋 一曰過 五 踼 跌 行不正 碭 石又山名 縣在梁 逿 過又徒郎反 蕩 蘭蕩 浪

郎宕反 水波 五 閬 高門又地名在蜀又力唐反 埌 冢 䕞 藹 浪 吭 下浪反 鳥咽 二 行 行第 盎 烏浪反 盆 二 醠 酒 枊 五浪反 馬柱 一 葬 則浪反 楚

傍 蒲浪反 側邊 一 徬 又蒲郎反 二 臧 徂浪反 藏 積物 二 奘 大 讜 丁浪反 言中 五 擋 不中 黨 大 黨一曰 艡 船 當 抗 姓

苦浪反 閌 閌 炕 犺 伉 頏 亢 謗 補曠反 誹 二 螃

4.3（二十） 王仁昫刊謬補缺切韻二（北京故宮博物院藏）

鐵縛 皺 側救反 麬 面々 四 麻 々 甃 井甃 綯 感亦作緰 副 貳 四 髱 假髻又匹力反 殰 盡又敷福反 恒 小怒 䢋 初救反 一曰齊二 薵 草根 富

府副反 貨 盈足 四 輻 々輳 競聚 鍑 釜而大 一曰小釜 當 草 畜 許救反 又許郁反 二 俞 人姓 溜 力救反 水々 十三 廇 人姓 漢有廖湛 霤 中々 蟉 好美 鷚 鶵子 一曰鳥名

餾 々飯 㽌 側力反 又力竹反 墺 々 僇 行 瘤 飗 又力迴反 䨨 宮又 孝反 翏 高飛 又力救反 秀 息救反 十々 五 繡 文 綉 虫名 琇 玉名 宿 星

驟 鋤祐反 走々馬 一 僦 即救反 賃 又聚 二 稚 春 雁 稅 亦作 柚 就 疾僦反 從二 鷲 鳥 糅 女究反 雜 三 鈕 雜飯 亦作 䊆 𩠂 嘉膳 復 扶富反 又五 㾓 病 複

機杼 臯 面具 闒 閒 狖 余救反 獸名 似猨 九 鼬 虫名 似鼠 楢 積薪 燒之 柚 橘 䡇 輕 又以周反 㹨 牛黑 眥 貁 穴虫 蜼 似獼猴 鼻仰 雨則懸其鼻向下

蜏 不知晦朔 嗅 臭 售 賣 訓 善又市流反 壽 壽年 終 輮 人又反 車𣏌 四 蹂 踐 煣 火蒸 使曲 䋰 安皮 又如周反 鼽 牛救反 鼻仰 一

卅七 候 胡遘反 伺 十二 鮜 魚名 郈 地名 在魯 逅 邂々 詬 罵 睺 半盲 又胡鉤反 䞀 蹇 行 又 鍭 箭鏃 又胡遘反 鱟 似蟹 有十二足 兩々相乘 行 子可為醬 南人重之 餱 石

不黑 膜 睺 々瞜 鉤 受錢 貪財器 寇 苦候反 賊 々 五 滱 水名 怐 々愗 愚貌 㲄 々 稃 無皮 鷇 鳥子 茂 莫候反 古作 懋 亦作 茂 十二 貿 々易 戊 々己 鄮 縣名 在會稽

瞀 目不明 又安角反 愗 怐々 袤 廣 楙 木 𡝩 女師 懋 勉 々 苺 草實似桑椹 可食 又亡佩反 菽 細草 叢生 𦭹 草 冃 重覆 又亡保反 仆 匹豆反 倒 又扶北反 頓遇

反 鬬 諸候反 鬭 不受 豆 徒候反 菽 十一 竇 水瀆 逗 々留 酘 々酒 荳 々蔻 脰 項 郖 地名 在弘農 餖 々飣 涇 津名 在河東 毭 毛毭 䄈 車轂 鬪 具 鬥 斗

戰 逗 々譳 不能言 噣 鳥口 亦作咮 婯 々譳 斣 鄰 䄈 衣袖 又大口反 耨 如豆反 除草 四 譳 譳 々 檽 々欀 不解事 擩 擩 々 柱 瘷 々瘶 五 漱 口 瀽 盪

又所 㪌 々 氣 鏉 々鏽 利 嗾 使犬 又先侯反 奏 則候反 一 透 他候反 跳 四 歑 唾 亦作 咅 趨 日 投 或作 敨 吿 衣 亦作 歔 漚 於候反 三 㺑

救反 口 逗上 𢽱 䞨 蝺 衣 又於郁反 遘 古候反 遇 十四 搆 々 結果 媾 婚 覯 見 購 贖 購 賞 鉤 背財 彀 張弓 亦作 𣪈 姤 卦名 雊 々 雞鳴 犛 取牛羊乳

地名 在竟陵 又布市由反 寠 郎 斛 礴 罰 句 亦 句 𩨻 撿 々 篝 作 𥴰 積財 亦 輳 輻 々 七 湊 倉候反 水會 㖵 聲 腠 膚 々 𪖬 嗾 南 齅 蔟 太 々 律名 楱 橘 類 陋 盧候反

反 鄙 々 巷 八 漏 屋下 水 鏤 刻 瘻 々 瘡 蔄 姓 扁 々 蘆 草 藥名 鍑 鐵 瞜 々 躿 蔻 豆 々 七 呴 呼候反 聲 詬 勸 怐 愁 㖵 恥 又

卅八 吼 呼垢反 聲 又呼后反 嚆 蒲候反 又扶晦 䁱 二 䪦 兵 衣 偶 五遘反 不期 一 剩 昨候反 又祖鉤反 一 幼 伊謬反 小 々 一 謬 靡幼反 錯 俗作 謬 二 繆 亂 㸗 丘幼反 行貌 又

卅九 香仲 訬 渠幼反 又 一 蹀 々 躞 一 沁 七鴆反 水名 在上黨 二 吣 吐 祲 作鴆反 妖氣 二 浸 々 漬 妊 汝鴆反 々 身 四 紝 織 鵀 戴 々 鳥 任 使 又汝針反 鴆 直妊反 鳥名 二 沈

浸 枕 㯝 鴆反 永首 又之荏反 二 針 斟 々 吟 巨禁反 古 吟 蜀 黔 給 々 帶 噤 口閉 禁 居蔭反 限 又 避 㯝 諱 又 畄 省 二 襟 格 積 乃禁反 一

卆 …… 諳 …… 譣反又
一言 揕 …… 紞 …… 吟 宜禁反 長詠一 臨 力譣反 哭一 豓 以贍反 美色 亦作豔五 爓 焱 火焰 赤反 炎 熱 淪反
揲 贍 市豔反 …… 一 染 而豔反 改色一 厭 於豔反 …… 日月大蔽 三 擠 驗反 饜 飽 窆 方驗反 下又 方鄧反二 砭 石針 又方廉反 驗 證語
反證 噞 閃 式贍反 闚二 㓠 他念反 蘸 子豔反 不廉一 塹 七贍反 坑二 槧 截反 斂 力驗反 聚又力 …… 六 歛 險反 瀲
五十一 泛言 霑 …… 占 之豔反 又 …… 規 ……
五十一 㮇 他念反 五 …… 忝 …… 㤐 …… 阽 …… 京兆 念 奴店反 …… 一 店 都念反 舍十 坫 墇 沾 水名在上黨 墊 溺 下 點 目垂 丁兼反 唸 呻 亦作
䫙 窮又丁 炶 …… 玷 玉有瑕 …… 𩃲 寒 埝 下又乃 念反 磩 先念反 電光一 磹 徒念反 磩一 趝 紀念反 疾行一 酓 於念反 苦味一 僭 子念反 差一 瞥 漸念反 閉目思
五十二 兼 古念反 并二 鲇 魚名 慊 苦僭反 從 稴 力店反 禾不 熟 又力點反一 證 諸應反 驗二 烝 熱又諸陵反 孕 以證反 懷子五 䵤 面上黑子 䐪 增益 亦作𦠆
媵 送女 鱦 小魚又 時證反 乘 實證反 車三 鱦 魚子 媵 送女又以證反 認 而證反 又而振反三 扔 強牽 芿 草不 剪 䧺 於證反 言對二 應 物 䎕 子孕反 炊
甑 子孕反 糣 …… 餕 …… 馬食穀多流下 興 許應反 樂 又許陵反三 嬹 悅 勝 詩證反 亦作勝 字四 𧄼 苣 黑 胡麻名 縢 機縢 賸 美目又大登反 眙 證
五十三 又直 餕 里 鄧反 規一 瞪 直視一 丞 時證反 一 凴 扶孕反 任几一 稱 尺證反 譽二 嶝 都鄧反 小坂四 鐙 馬鐙 無足曰鐙 有足錠 亦鐙字也 隥 梯 磴
贈 昨亘反 …… 送一 亘 古嶝反 通 亦作緪 路五 堩 路 搄 引急 緪 鱛 䱴 日 乾 蹭 七鄧反 蹬 鄧 徒亘反 姓四 蹬 蹭 䔲 鱛 幐 囊 懵 武亘
…… 鱛 魚名 䔲 閧 又吾 登反 䁅 …… 㬐 …… 增 …… 魯鄧反 倰 癡二 殑 殑 牛卒死 崩 方鄧反 亦作堋一 增 子贈反 又作縢一 䆀 思贈反 眠 新覺一 倗 父鄧反 輔 一
五十四 陷 戶䭕反 沒 三 䲲 魚名 臽 臼 䭕 於陷反 下入聲三 猎 大吹聲 又下乙咸反 淊 沒水又他刀反 蘸 責陷反 以物内水一 㶄 都陷反 又減 多一 歉 口陷反 又口咸反 一 賺 佇陷反 重
五十五 蔵 讒 士陷反 讒言三 儳 輕言 隮 陷 闞 火陷反 大聲一 䫡 公陷反 鹹一 諵 諵 語 佇賺反 罵一 鑑 格懺反 鏡二 監 領 懺 楚鑑反 自陳四 儳 讒言
五十六 嶃 複 鼰 覓覓 半無 由 覱 子鑑反 又亡 儉 許鑑反 覱 罵兒 危一 彡 所鑑反 大 鉃一 涊 蒲鑑反 亦作涊一 𩑵 胡懺反 反下一 鑱 士懺反 穿土 具又士咸反三
五十七 梵 扶泛反 讚 三 帆 船上 泛 敷梵反 浮 四 仭 輕又扶 嚴反 䛴 杯亦作𧾍 汎 普 亦作汎 又扶 淹反 劒 擧欠反 兩刃刀一 欠 去劒反 張口一 俺 於劒反 大 五 媕 女有 惡俗作赶
諂 …… 亦 嫌 惓 …… 䤿 …… 亦 襜 …… 檢反 䕳 ……

切韻卷第四 盡

切韻卷第五　入聲 凡卅二韻

右卷一万二千七十七字 二千一百五十六舊韻 四千四百六十五訓 卅一或亦九文古一文俗 八百卅八補舊缺訓 一千三百卅三新加韻 二千一十七訓 四百一十六亦或 一十九正 一十九通俗 三文古 四文李

一屋 烏谷反

二沃 烏酷反。陽與燭同，呂、夏侯別，今依呂、夏侯。

三燭 之欲反

四覺 古岳反

五質 之日反

六物 無弗反

七櫛 阻瑟反。呂、夏侯與質同，今別。

八迄 許訖反。夏侯與質同，呂別，今依呂。

九月 魚厥反。夏侯與沒同，呂別，今依呂。

十沒 莫勃反

十一末 莫割反

十二黠 胡八反

十三鎋 胡瞎反

十四屑 先結反。李、夏侯與薛同，呂別，今依呂。

十五薛 私列反

十六錫 先擊反。李與昔同，夏侯與陌同，呂與昔別，與麥同，今並別。

十七昔 私積反

十八麥 莫獲反

十九陌 莫白反

廿合 胡閤反

廿一盍 胡臘反

廿二洽 侯夾反。李與狎同，呂、夏侯別，今依呂、夏侯。

廿三狎 胡甲反

廿四葉 與涉反。呂與怗洽同，今別。

廿五怗 他協反

廿六緝 七入反

廿七藥 以灼反

廿八鐸 徒各反

廿九職 之翼反

卅德 多則反

卅一業 魚怯反

卅二乏 防法反。呂與業同，夏侯與合同，今並別。

[illegible]

4.3（二十）王仁昫刊謬補缺切韻二（北京故宮博物院藏）

4.3（二十）王仁昫刊謬補缺切韻二（北京故宮博物院藏）

4.3（二十） 王仁昫刊謬補缺切韻二（北京故宮博物院藏）

五

4.3（二十） 王仁昫刊謬補缺切韻二（北京故宮博物院藏）

4.3（二十）王仁昫刊謬補缺切韻二（北京故宮博物院藏）

4.3（二十）王仁昫刊謬補缺切韻二（北京故宮博物院藏）

鴇馬名 趃趃 䅣細穀 眜目不明 昒亡忽反 首目不正 鮇魚名又莫決反 餘穀 鬗 醱 粖亡結反 抹

反活反去 撥博末反手足 犮 茷根 鉢器 鵽水鳥 鱍魚掉尾 䟞急走 髮髮鬢 多髮 怫意不悅 筏

樹皮 一 撥十四 犮刺 祓膝衣 括古活反檢十三 䦟水流 髻結髮 檜柏葉松身曰 聒聲擾 著 佸會 頢

草 般大船 驋馬 帗一幅巾 鬢姉末反 髮 撥 斷 闊苦括反遠三 苦 蛞蝦蟇 蛞子 活戶括反水流六 栝 姡面醜也 頢小頭又

手括反 小頭又 鬠 髻 會 萿瑞草 劊斷 蛞 括 栝 婠

鬠以組束髮 栝春穀 奪徒活反強取八 敓取 脫肉去骨又吐活反 捝解又吐活反 莌草生江南 痥馬病 鬐 剝皮 鋭小 鋾 吁括反

空 渷水 奪 婠 斡烏活反 鵽六 婠 眓目開 䁖 斗 𦐇 䀹 眓

六 濊聲 奪 目 沬 目 斡鳥活反 鵽六 婠大 眓目開 斟 魁 穭 婠

反三 抹 拔 撥草木九 撥 蹬躡草之聲 柿推 䤩酒色 瞢目不明 鱍魚掉尾 柿 秫 柿 佖

稅解落亦脫 脫肉去骨 莌 捋取三 劀 蜉 掇多括反拾五 鵽 䫄 骸 殺 劌

七括反 稍 戴 縫 跋 行十七 跡 魃旱 庅 酦酒氣 馞香氣 䟦行 炦火氣 颰風 發 坺土 妭

射 犮 肬 茇 鮁 鱍 躠 粲 蔻 撥 珊 喝 怛

懕 鶖 妲 呾相 炟大 靼 羍 闥 健 撻 達 獺

歎 鮪魚名 噧多言又許介反 笪丁達反 羍 遏 鬝 堨 閼 嗢 遌 膶 剌

盧達 剌 辢 蘞 揦 䟽 哴 賴 楋 瘌 刺

反十三 剌 作刺 辣 瘌 揦 列 蠤 辣 喇 賴 楋 瘌 刺

渴苦割反 歁三 獻 褐 達 癘 嶭 輵 巘 山

栫 欁 嵑 歺 歇 嗑 啐嘈 獻聲 蔦 葛 獦 割 鵾

馬 鄗 轕 䫄 鶡 褐 毼 鶡 曷 蝎 餲 鶡 骱 楬

䫘許葛反 猲 鶡 嚇 鶡 搽 瘵 蛆 藦 縿

十二 黠胡八反 黠慧三 黠 䵜 札側八反 扎 紮 拔 抜 齾 鬜 劼 剞

4.3（二十） 王仁昫刊謬補缺切韻二（北京故宮博物院藏）

[illegible] 又名[illegible] 黠 滑泥利又 猾 [illegible] 鮚名 骨 鶻 蝟而小於鼈 八反二 馬 識 𧮯 口滑三 [illegible]

好 聉、聉無兒耳所聞知 貀 女滑反獸名似猨似貍亦作貀无前足一 嗗 烏八反飲聲四 婠 、𡞹 嗢 咽又烏沒反笑 歇 氣息不利 齾 初八反齾缺五 蔡 草蔡出作蔡 察 作詧亦

𣟇 木名 䁟 視 䂒 古滑反草二 鰫 魚名 戛 古黠反戟也札十二 扴 揩物 㑹 圿 、垢恚 秸 祭天席 鶷 、鵽 鳩名 楔 櫻桃又先結反 鞂 草亦作秸稭

𢚐 恨又公㪽反 契 韧 㮖 五鵽 鶡 鳥 秸 又公鐵反 軋 烏黠反輾五 圠 山曲 揠 拔草心三 嫼 疾怒 楔 、𢟭 殺 所八反終命四 鎩 鳥羽又所界反

𢧵 莫二幅又息旦反 幭 巾二反帥也 幭 健兒四 𥈆 惠視 䫻 、䫻 小骨 䵇 心人名黑 傄 呼八反三 䀾 古視 鬜 息氣 疕 女黠反一 䵣 出五滑反屈二

十三

聅 聅、無知之兒 劀 口滑反刀作一 汃 普八反水聲 穵 乙八反空二 魛 魚名缺 、 鎋 胡八反車軸頭鐵八 齾 器 鶷 鶡 鳥名 砎 礣 、䪅 石似

王 𩬰 內突又白沒反 𦼮 野橋 㝬 蛙蛣 鶡 乙鎋反鳥名四 閜 門扉聲 圓 駱駝聲 𠃞 、勅 齾 吾鎋反刀斧器缺三 鬠 禿 鶡 、鶡 剎

栒 鎋反幡柱一 瞎 許鎋反眼盲亦瞎二 鬠 髮結 、 䕸 括鎋反木虎樂器也三 䂕 刮 獺 他鎋反魚獸一 瘵 女鎋反痛痛一 刮 古頒反削四 鴰 鶬鴰 桰 檜祠名 劀

䐸 無去惡瘡肉也劀也刊也 頢 丑刮反強可兒一 𩓤 下刮反面短六 䯏 細骨 鬝 刮盡 舌 口中肉 姡 面淨 咶 息 、 鵽 丁刮反鳥二 竅 莫端有纖 刵 五刮反草殘三

䀎 聰耳又知㪽反 訬 訬 妠 女刮反婠 、小肥二 𩪾 䰽亦作䰿 䰿 初刮反黃黑短兒二 斷 斷又丈莾反亦作斲 𥒞 莫鎋反砎二 帓 、帶 捌 百鎋反把一

十四

鵽 古鎋反鵽 、鳥獨 㝬 刮聲 、二 鐑 秋刹反香草二 稭 居遏反木舉出 𪀗 古札反一 、鶖 鳥 屑 先結反碎八 楔 木 、 楔 擭 、不正 蹩 蹩 、旋行

䊝 米麦破 憠 動草聲亦作僭 腤 臆中脂 滅 、 𤁷 切 千結反割四 䗛 小語 齧 齒 竊 淺又私閉 結 古屑反繫十四 絜 麻一束 潔 清 鍥

鎌別名又作鍥 桔 梗 楔 、楔汲水 趀 走兒 鴂 、鶪 鳥名 契 清 刴 割也治魚也 䫥 頭傾 襭 衣上衽又公八反 蛣 蛣蝠 拮 拮据 𥳇 子結

反 𨨝 瑞信 𤻤 、瘡 𧅬 山 薢 蝍 、蛆蟲又音即 熫 燭餘 㮑 屋梁上木 岊 高山之 、 𢭏 拭 、 𠬸 、 鬣 理 束髮 予小 血 肉丸 呼決反

䀏 䀏 惡視 窗 穴 兒 沆 、 𡨦 空兒 痃 空 瘡裏 坹 空兒 訣 奴 呵 閲 關 、無戶門 苖 草 閲 上四 鈌 器破 又作缺 闋 戶閉 無戶門

泆 通流又 苦穴反 玦 古穴反 珮十八 潏 泉出兒又水名出京兆 眏 目患 譎 、諫 訣 別 鱊 魚 環有 駃 、騠良馬 芙 、明藥 鴂 鶪 、鳥 決 穴 赽

馬疾行一 橘 衣袖 紟 縷一條 抉 縱弦 彄 𡄢 缺 肒 孔 𩡶 歐似 𩡶 痃 瘍 流水浪兒 穴 胡玦反小空二 袕 鬼衣亦紟 抉 、於決反出四 窒 穿兒

䀏 䀏 眴深兒 焆 火光 焆 、 姪 徒結反廿四 眣 目異 眣 目出 胅 骨胅 凸 肉高起 垤 蟻峯 耋 老 迭 遞 跌 、踢 絰 縗 麻繩也 𦐊 、 驖

4.3（二十） 王仁昫刊謬補缺切韻二（北京故宮博物院藏）

馬赤黑 墆〻㟔高皃 軼車相 閞閞〻城門 駃馬行疾 瓞〻瓜 戜利 跌踵又知七反 咥口 齧〻聲又竹一反 挃摘 恎恎性恩 詄妄

芺蘵〻亦作 鐵他結反或作銕 鐵黑金 僣〻僣又他結反 餮貪食亦作飻 蛈蛈〻蜴 纈胡結反錦〻 閪〻閆城門 擷捋取又虎結反 擮縛〻 頡

〻頡 齕〻齧 紇丘乞反〻之名 襭以衣 㓞斷 絜束又公節反 𦟪膜 臬牛很又五結反 齫 涅奴結反黑九 捏手〻捺 苴茅似 菻 埕

垔 哩訶〻 捻手〻傷 胅腫 篞竹名中 䃞石 截昨結反截四 巀巀〻前 岊山崖又子結反 嶭〻巀山高 䶫五結反嗔九 霓

虹〻又 蜺寒蜩 嵲山嵲 槷 臲危 鷍〻危安皃 闑門〻 褹袂又牛反 𡶒山高皃 蔑莫結反廾 幭〻輕 䁾目赤 㩉擮 蠛蠓

在〻亂飛 小虫也 懱㤲 懱〻 篾竹〻 䁱〻血 覕不相見又 朾刀反 鷍工在 眞明 衊未不 衊汙血 䱴魚名又作 紇細 蔑米 粖糜又亡達反 鷩

攠〻 瀎泧〻 鑯小鋌 䳸〻鷩 䳸方結反 又指弓六 㸷 閉 閇 撆擬 䭱大 〻 潎 噎烏結反食塞喉五 饐饐〻 窦〻靜〻

蛪羽〻 蛪蝇 狾 獸名 猰若結又〻猰 顛短皃 頡〻 挈提又苦計反 觢角〻 契 瘛多 鍥利 鐭斷 鍥齧 奊肥虎結反壯四 覞

擷捋取又胡結反 㩦束之下結反 撇又手二 䥐江南呼 鐅刃 撆 𨁼蒲結反足九 擊手 𠞰斷 瘪病〻 香〻香 咇〻〻 肰肥

十五 飶食 蛂蛣 窒丁結反又陟栗反四 咥咥〻 吼 眰〻 蛭水虫 綼紩結反二 紩色 𪌈私結反在囗 正作辪十五 紲緤亦作縲紲 媟狎 瘌

利病〻 褻裹衣亦褻 埶器田 洩漏 渫牛 禼殷祖 結堅 幭帛 𪗛齧亦 世 齧羊 噬 薛斷又魚乙反二 蘖〻 列

呂結反 迾行〻十六 迾遏 蛚蜻〻虫名 鮤魚名 列 烈光 洌清 冽寒〻 列衣 裂〻 颲風雨暴至 鴷啄木鳥 埒 膝 鴷

次第 裂〻 夷水流兒亦作冽又魚乙反 哲智也陟列反 䗖虫 蜇 桀渠列反又渠万 人上俊曰〻七 碣〻說文作渴山 揭表識有所 榤杙 鷚

杙上 偈武兒又其例 熱如列反 焫二 茶疲 徹 浙江名源在東陽 折斷 鞢亦斷 腁 晰明 舌食列反言卞二 揲數又列反

孽魚列反餘八 蘖〻 麴 讞正獄 藥妖〻 孼 蠥虫妖 闑門中 巕山高 櫱斫木〻殘〻 蝎去蝎反 楬立 揭樂 朅息 滅亡列

反二 𢦏手 齧〻 有〻雉六 齾缺 鼈四足 鱉一 尊 鷩急性 鷩〻 絕情雪反斷一 蕝子悅反束茅表位之事兩一 雪相 絕

反冬 櫼四方反 皮破一 悅樂五 閱〻 蛻他卧反 蛻去皮之 蘭〻名 姥〻美皃 缺少一 口 歲乙劣反逆氣一 爇火亦作焫 雪反發

二 蝸 蚼〻奴 言遍〻 說失熱反宣言一 拙職雪反不巧六 梲梁上梁柱 蝃蟧蛛 蝦 鼠名 醊 大欱土 醊

4.3（二十）王仁昫刊謬補缺切韻二（北京故宮博物院藏）

4.3（二十）王仁昫刊謬補缺切韻二（北京故宮博物院藏）

十七

騝 糸 鼏 冪 汨 螟 䤸 塓 覭 蓂 綆 覛

冖 甓 鷿 椑 辟 鷉 廦 綼 閴 踑 鄓

鶪 狊 湨 鼳 犑 戚 慼 鼜 磬 鏚 慽 覡

摵 闃 謋 萬 潤 顯 昔 惜 腊

潟 碣 舄 舃 錯 鬄 積 脊 蹐 迹 借 踖

鶺 鰿 碏 積 蹟 蟦 瀐 脊 益 謚 嗌 謚

膉 益 鄯 繹 釋 亦 弈 奕 帟 譯 懌 斁

驛 醳 嶧 掖 掖 液 腋 易 瘍 蜴 埸 圛 墿 直

釋 𤚲 釋 睪 釋 釋 釋 適 蓢 郝 睗

十八

睗 蝺 釋 螫 䁺 㡛 髮 奭 尺 赤

斥 蚸 郝 皇 謫 石 碩 祏 鉐 碣 䄷 䶛

隻 適 炙 摭 摭 跖 趄 辟 褯 擲 蹢 躑

䚡 𢾅 趚 𤣷 刺 趚 㥛 磧 席 夕 穸

汐 鄯 籍 籍 藉 踖 塉 瘠 癖 籍 膌 蹐

猎 擗 椑 躃 闢 躄 萆 役 䘸 疫 鍜

役 霞 鵖 殺 鍛 辟 鍛 壁 壁 譬 䇷 僻

癖 癖 䁺 督 腹 䴙 書 躃 射 貔

彳 航 麥 脈 霢 脈 獲 畫 嫿

4.3（二十） 王仁昫刊謬補缺切韻二（北京故宮博物院藏）

4.3（二十）王仁昫刊謬補缺切韻二
（北京故宮博物院藏）

4.3（二十） 王仁昫刊謬補缺切韻二（北京故宮博物院藏）

4.3（二十）王仁昫刊謬補缺切韻二（北京故宮博物院藏）

呫嘗又叱涉反 惵衣領又子集反亦作褋袺 協胡頰反和〻 勰思 挾〻持 俠〻任 劦同力 浹〻浹水來 綊紅 叶〻言 頰古協反面七 鋏長劍

筴箸又古洽反 莢〻莢瑞草知月之大小 蛺〻蝶 唊多言亦作詼 䩡〻韉 愜〻心服四 篋〻箱 悏快 匧〻緘 牒徒協反牘亦正牒廿口

便 躡〻走 蹀〻躞 諜〻間 堞城上 𠞰疊車聲 㲲毛細布 褺重衣 疊〻重 蝶〻蛺 𧍑 牒板 褋禪衣亦作襍

褶袷又時入反 褺下江〻都念反 慴〻懾 惵安〻 渫〻浹 鰈魚如 擪按二 䦧 鍤子 鋡奴協反 小釘九 茶兒 埝下

又都 聲 諳 捻 篛 鑷 𥷤 寋 䪞 𤯝 𦂡 贍 䩥 肷

使 㦻 蜨 ... 鑷亦作鑈 ... 夾 ... 苫 ... 薙 ... 浹

反洽 二 䩞 䠓 睫 嵲 貼 ... 眲 ... 㩁 ... 窊 ... 䉆 ... 笘 ...

十 敷二 什 拾 執 汁 ... 執 習 襲 隰 ... 緝 咠 ... 諿 ... 聲 ... 葺

䬍 䬍〻 騽 黃脊 槢 鵑 鰼 ... 槢 ... 集 ... 輯 ... 檝 ... 穗 ... 𨥂

䥒 作鍓 十 入 廿 揖 挹 ... 湒 ... 䞗 ... 噍 ... 濈 ... 縶 ... 濇

執 𣞀 ... 莝 及 苙 笈 ... 庋 ... 騺

㪤 馽 蟄 ... 㝵 ... 立 ... 粒 笠 鴗 苙 ... 砬

急 ... 給 笈 汲 伋 級 ... 廅 ... 皀 ... 鳥 ... 岌

泣 ... 涪 ... 驫 ... 霫 ... 卌 ... 吸 ... 歙 ... 翕

翕 ... 歙 ... 熻 ... 鄎 ... 漇 ... 鈒 ... 霅 ... 㵫 ... 翜 ... 戢

陰 ... 𥁕 ... 嗇 ... 品 ... 蕺 ... 濈 ... 戢 ... 邑 ... 悒 ... 浥 ... 𩚵

食 湆 ... 𩂣 ... 煜 ... 曅 ... 熠 ... 鵖 ... 𧊵 ... 屋 ... 裛

芒 藥 ... 躍 ... 礿 ... 禴 ... 籥 ... 龠 ... 岸 ... 鸙 ... 爍 ... 䶦 ... 爍

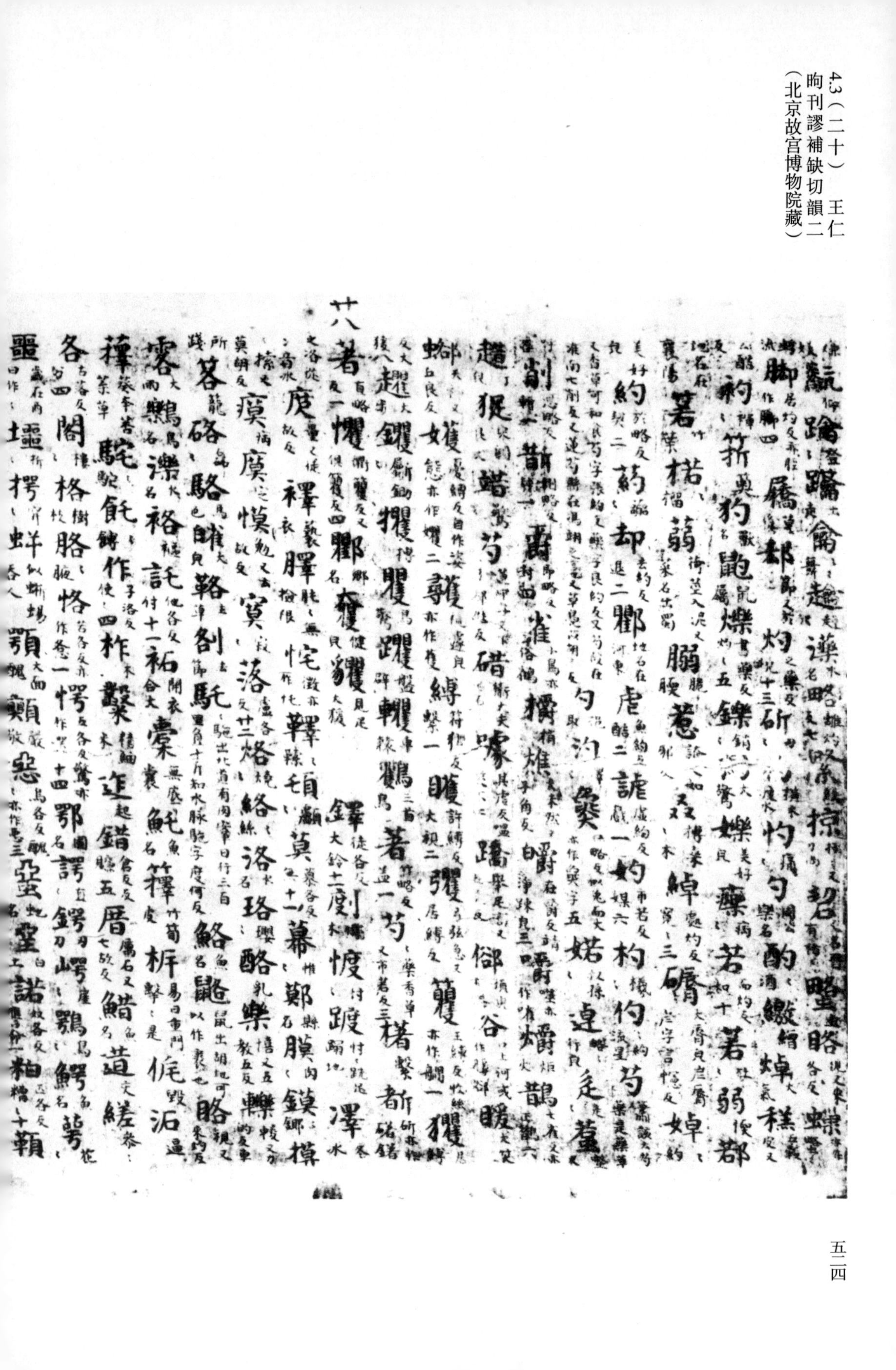

4.3（二十） 王仁昫刊謬補缺切韻二（北京故宮博物院藏）

4.3（二十） 王仁昫刊謬補缺切韻二（北京故宮博物院藏）

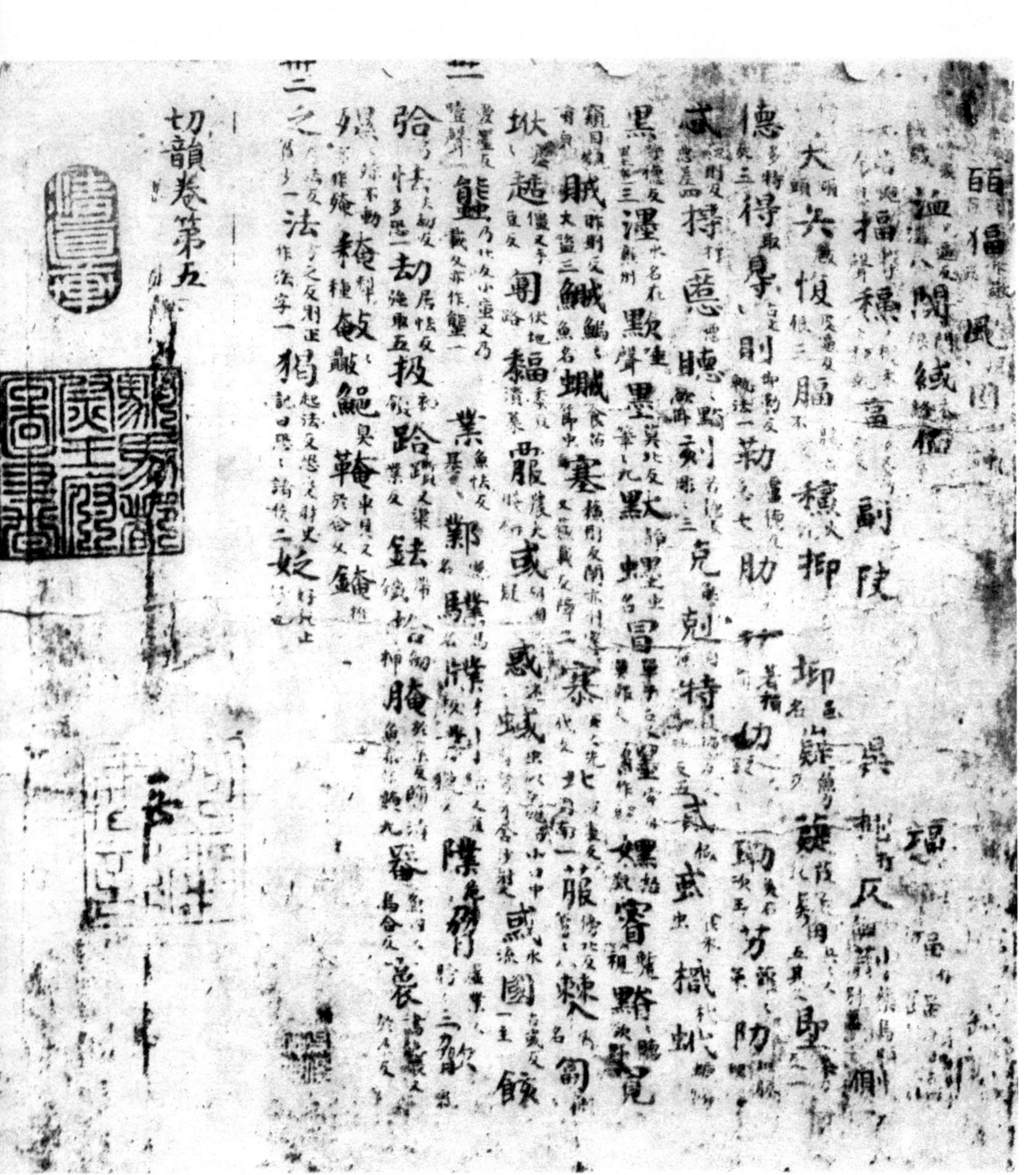

4.3（二十） 王仁昫刊謬補缺切韻二（北京故宮博物院藏）

刊謬補缺切韻序 刊謬者謂正訛謬 補缺者謂加字及訓　六万三百七十六字 舊二万三千九百二十二言 新二万六千四百五十三言

朝議郎行衢州信安縣尉王仁昫字德温新撰定

以上標題

少復闕字義可[illegible]補缺切韻削舊濫俗添新正典并各加訓啓導愚蒙救俗切清須斯使要省點字該樣式乃備應危疑韻以部居分別清切舊本墨寫新加朱書兼本闕訓亦用朱書其字有疑涉亦略注所從以決疑謬使

以上叙

總色青黄又細絹 緵絣繝 縷緵ゝ 騘馬ゝ騘 傯作孔反 艐數 艐船著沙不行 翪上下 蝬ゝ蝬 十 蓬薄紅反草 五 筊船ゝ 蓋船 髼髮亂 韸鼓聲亦作芃 篷車ゝ在上 烘呼紅反 二

悤屋中會又子孔反 蟌青蛉 通他紅反 徹 四 猣犬生三子 豵豕生三子 鯼魚石首 椶 減ゝ 夋飛而斂足又則貢反 吴人音

二

魟河魚似鱉 䉥蘇公反小籠 又先孔反

冬都宗反 四時 二 苳草名 彤徒冬反 丹亦赤 十五 疼痛 佟姓 炵火盛貌又他冬反 鳭鳥名出山海經 鼕鼓聲

憹憂 㤝惶 痋動病 [illegible] 宮聲 鉵大鉏 爞旱熱又除中反 赨赤亦作烔 䳩鼫又之戎反 賨在宗反 西戎 七

農奴冬反 業田 正作農 亦作辳 四 儂我 乃公 漢高祖猶有此稱

蜙蛛 渠龍反 蜙先恭反 蜙蝑 蟲 亦作蚣 四 淞水名出吴郡 凇凍落又詳容反 倯語 樅七容反 木名松葉柏身 曰ゝ樅 四 鏦短矛 亦作錝

硿戶冬反 石聲 二 㗅胡宋反 隆力宗反 䃔隆石 二 鼜鼓聲 宗作琮反 尊 一

鬆鬆亂髮

三

鍾職容反 酒器 十 鐘樂器 蚣蟲 忪心動 笗竹長節 妐夫兄 衳裈 征征ゝ行貌 橦今作木橦又 伀志及 衆 龍力鍾反 俗作龍 四 瓏 龍又龐通 蠪

蹱ゝ小兒行貌 鷛鳥名 舂書容反 杵擣 六 摏撞 踳 鷞鳥名 蝽 惷愚 丑江反 亦 松詳容反 梓道 亦作榕 三 訟爭獄又徐用反 凇凍落又先容反 衝

䳮尺容反 罿網 憧ゝ往來貌 幢車 艟艨船 潼關名又徒紅反 種短矛亦 樁 容餘封反 形 十九 溶水貌 鄘水名出 蘇山 墉垣亦

以上一東二冬三鍾

枳刺~ 咫尺~ 抵掌~ 沢水名，出拘扶山 恀怙 𧶜曲果 泜著止 芷~陽縣 坻著

以上四紙

始詩止反，在西鄙。一曰邑名，初。一 枲胥里反，麻。六 葸竹籮，曰葸 萆胡~，亦作蒖 葸質，懟貌 諰言且思之 㞒石利 峙直里反，㠊。六

以上六紙止

簿~，斐五反，~文~。二 部~五 粗徂古反，不精。四 𤸫大 徂淺，亦作粗 觕長角又助角反，亦作觕 祖則古反，宗。三 珇圭上起 組~綬 虎呼古反。四 琥發兵符，為虎文~珀

以上十姥

闄於小反，隔。一 表方矯反，上書。一

飽博巧反，食滿。一 𤜻奴巧反，擾亂。一曰事露，又下巧反。三

昴日出 茆鳧葵，又力有反 媌好貌，又莫交反 卯猶冒 絞古巧反，縛。九 狡~狂 佼女字 攪手動 姣妖媚 䥲濁，又胡巧反，亦作𨩲 䕧藕根，又下狡反 筊

以上廿八小廿九巧

䃭石，林反 𪄸鷹鳥 噉徒敢反，食，或作啖。四 澹~淡，水貌 䓳竹名 憺安，又徒濫反 黲倉敢反，日暗色。一 埮謨敢反，鄉名，在河東猗氏 暫子敢反，潄餐。一 𣁮才敢反，削

以上卅四敢

卅七 拯無反語，取蒸之上聲，救溺，亦作抍撜𢪐，作承。一

以上卅七拯卅八等

卅八 等多肯反，齊。一 倗普等反，不肯。一 肯苦等反，可。一

種之用反，下穢，又之隴反。一 重持用反，再。一

降下，亦作𨺢 洚下江，又胡冬反 巷胡降反，邑街。三 衖道，或作郱

胮普降反，~脹，~真。一 戇丁降反，愚~，又呼貢反。一 䅟又降，不耕而種，又又江反，亦𡑦，又子紅反。一

𧩁不知 䞓多 伿惰，又神敢反

以上三用四絳

胾側吏反大臠四 椔木立死又側持反 鶅東方雉名又側持反 事鉏吏反 吏力置

以上七志

稒稒陽縣在五原 故舊 酤酒又古胡反 痼大疾 固堅 錮鑄又禁錮 捆射鼠斗

梧梧枝 逜于又吾古反

以上十暮

王莽碎斬懸又直例反又爲歠二反 簕竹名 衛牛蹄 衛帶隊屬亦作衛隊 芮而銳反草生狀三 汭水內 枘圓枘 贅之芮反假外內別生二 叡上聞吉凶吉吉 啐山爲

及小歠 毳此芮反細毛毛十一 帨佩巾亦作帥 濊歲又頂面反 [illegible] 輟車缺

以上十四祭

頪盧對反𩏑絲十 耒耒耜又力軌反

背補配反四面二 輩俗作輩 磑五對反磨一

䨴䨴䨴雲狀 甙甘 [illegible]糖

以上十八隊

廿七

翰胡旦反鳥羽亦作鶾十九 捍拒捍 扞以手扞亦作扞 䶀䶀睡 垾小堤 釬釬金亦作銲 汗熱汗 悍猛 澣澣海 閈里閈 䩐䩐䩐 駻馬六尺 [illegible]

以上廿七翰

狷狂狷褊急 鄄鄄城縣在東郡也 瑗王眷反玉名又于願反五

以上卅線

坷口佐反坎坷不平皃三 軻孟子居貧轗軻故名又苦哥反 [illegible]擊 餓五箇反飢餓 播

補箇反又補過反字布三 簸簸揚又布火反 譒譒敷 貨呼臥反賄一 臥吳貨反眠一 奈奴箇反又奴蓋反一 挫側臥反折三 莝拜失容又子對徂臥二反 侳安又子過反

以上卅六箇

蕀〻菀 𧏮力繩反去官又 弋与職反射十八 翊飛〻 翌明日 廙敬

潩水名在河南 杙木名 㦴鉈 𨑹進 匿鼎附耳 [illegible]耕 芅羊桃 釴鼎耳

又秦意反 鄉棺 𤜖犬生三子 逼

域人名漢有 餗〻 鹹器 戲

堛苦逼反由十 愊悃 踾踾地聲 楅

捯打〻 仄陋

昃

[illegible]穀麦 [illegible]射繳 [illegible]鵻 [illegible]婦人官夫人名

即子力反就十二 稷木名 [illegible]牛名 蝍〻蛆

皕〻百彼側反近 偪水驚皃 颶風〻 𡇤〻國 域姓 棫柴

洫溝洫况逼反八作緎綵縫 閾門限 緎縫衣 侐清淨

鶝析也 搕擊聲 稏〻稯未乾 畐多又房六反 副判 陖

腷〻臆意不泄 稸大乾 抑於棘反二 𨛬邑名 員

肋脅 扐著指間 仂礼記祭用數之〻

以上廿九職廿德

王韻影印既竣以紙墨皆闇敝版有未晰蓋故宮當局嘉惠來學亟欲使盡善屬余為校一過因補寫其可辨者如上此書原本以兩紙合為一葉故兩面均光滑也書脊黏連又兩兩書均與西方書同余嘗為北京大學購得一經疏亦如此故疑此類葉子亦仿於僧徒也故宮舊藏項跋本王韻原記為廿七葉然合殘缺之餘猶得廿八葉向以為疑今乃知原一葉子兩面書今揭開裝為冊頁併所缺當得五十四開也此種葉子裝當為書籍由卷變冊之始其後乃為蝴蝶裝更後則為今通行之裝法矣

此書字跡之模糊者一由於書脊之黏損如輟下云車缺嘗下云口閉不開車及不開二字今俱不可見再者由於葉口之被磨損蓋諸部過多之故唐時已重揩若干字其字跡惡劣者皆是也凡此兩端今俱補寫其不能辨者仍闕之不敢妄增也舊有以雌黃點定者今多脫落如臧下部為於偏反美好改為鄙□反文質所改大半脫落今亦不能詳也艽庚有賡字古行反續六至有自字疾二反均在格外亦校者所增也此書以朱絲為闌書法近顏平原麻姑仙壇記唐韻闕校畢復記時廿六年歲終

伉ㄑ儷 黈黄色 阬閬又口庚反 頏咽又胡堂反
曠目不明 爌光明 儴奴朗浪反緩一

以上卅一宕

蔭於禁反庇ㄑ三 窨作廕 暗
滲上漏向下二 罧積柴取魚又所禁反 闖門出二 覘私出頭視又丑心反 譖側禁反讒ㄑ一 讖楚譖反又

以上卌九沁

鏕[illegible]又[illegible]反 磟ㄑ碡 殼呼木反聲 㱿獸名似豹又丁木反

以上一屋

鋜足鎖 澓瀧ㄑ 鷟鸑鷟鳥 齺齒相近 捔擉ㄑ又ㄑ祖古反 蔫速 斮斷亦䏿 捉側角反五 穛早熟穀 穱稽麥亦作糕 [illegible]藥毒

以上四覺

硈石狀 楬竹木虎樂器又名柷 黠黠 滑戶八反泥剡五 猾ㄑ狡 鰨魚名 鶻鶻ㄑ鳩 螖螖蠌似蟹而小於蟹 八博拔反二 馬八歲 窡丁滑反口滿三 婠婠ㄑ

以上十二黠

叕連叕ㄑ 輟車具 罬罬又居劣反 蠿蟊蛛

以上十五薛

劃錐刀刻ㄑ 鱯魚名 韄 嚍叫亦作咟 蟈古獲反蛙別名五 聝割耳 幗婦人喪冠 膕曲腳中
裂 蘗黃ㄑ二 擗ㄑ 繴絲

以上廿七昔廿八麥

庰辟ㄑ 硤ㄑ石縣名 𥈲相著 恰苦洽反用心七 帢巾ㄑ亦作帢帢 掐爪刺 䁊 劄入亦作剳 帢士服缺四角 𪘁又公洽反 夾古洽反十三 郟ㄑ鄏地在
袷衣未絮 䀫眼ㄑ眨 餄ㄑ 䮣 𪙞嗁聲又口䧟反 鵊子鳩ㄑ 鞅馬根
𡱒薄楔 倢ㄑ偈人負 插楚洽反亦作挿 臿舂去皮亦作臿字六

以上廿三洽

第五類

裴務齊正字本刊謬補缺切韻

第五類　裴務齊正字本刊謬補缺切韻

這一種韻書是根據長孫訥言箋注本切韻和王仁昫刊謬補缺切韻等書配合纂録而成的。分韻雖然也是一百九十五韻，同於王仁昫書，但韻次、反切以及收字的多寡、字的訓釋等等與王韻差别很大，所以另立爲一類。原書卷首題王仁昫撰、長孫訥言注、裴務齊正字，是否爲裴務齊所作不可知，今姑且稱爲裴務齊正字本刊謬補缺切韻，以與以上兩本王韻相區别。

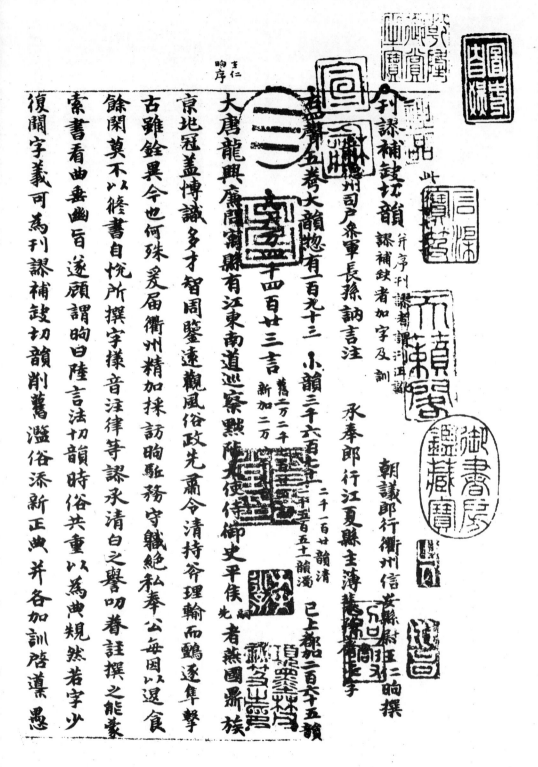

朝議郎行衢州信安縣尉王仁昫撰

刊謬補鈌切韻 幷序刊謬者謂刊正訛謬 補鈌者加字及訓

[illegible]州司戶參軍長孫訥言注

承奉郎行江夏縣主簿裴務齊正字

王仁昫序

四聲五卷大韻惣有一百九十三 小韻三千六百七十一 二千一百廿韻清 二千五百五十一韻濁 已上都加二百六十五韻

[illegible]十四百廿三言 舊二万二千 新加二万

大唐龍興[illegible]縣有江東南道巡察黜陟大使侍御史平侯嗣先者燕國鼎族

京兆冠蓋博識多才智周鑒遠觀風俗政先肅令清持斧理輸而鷁遂隼擊

古雖銓異今也何殊爰届衢州精加採訪昫胝務守職絶私奉公每因以退食

餘閑莫不以修書自悅所撰字樣音注律等謬承清白之譽叨眷註撰之能豪

索書看曲垂幽旨遂顧謂昫曰陸言法切韻時俗共重以為典規然若字少

復闕字義可為刊謬補鈌切韻削舊濫俗添新正典幷各加訓啓導愚

長孫序

蒙拯俗切韻斯便要省既字該樣式乃備應危疑韻以韻居分别清切舊本墨寫新加朱書兼本闕訓亦用朱寫其字有疑亦略注所從以決疑謬使各區折不相雜廁則家家競寫人人習傳濟俗救凡莫過斯甚晌沐承高旨課率下愚謹依切韻增加亦各隨韻注訓仍於韻目具數云尔訥言謂陸生曰此製酌古沿今權而言之無以加也然若傳之已久多失本源差之一點詎唯千里弱冠常覽顏公字樣見炙從肉莫究厥由輒意於聲固當從夕及其悟矣彼乃乖斯若靡馮焉他皆倣此須以佩經之隙沐雨之餘指其紕謬曠茲得失銀鉤掀閱晉豕成羣盪櫛行披魯魚盈貫遂乃廣徵金篆遐沂石渠略題會意之詞仍記所由之典亦有一文兩體不復備陳數字同歸惟其擇善勿謂有增有減便慮不同一點撇成資别據又加六百字用補闕遺其有類雜並為訓解但稱按者俱非舊說傳之弗謬庶埒箋云于時歲次丁丑大唐儀鳳二年也

丶竹柱 丿夕乔 乛筆淩 卜公李 辶式軌 夊所咸 夂相俞 乚古外 巜古犬 巛苦昆 川昌緣 巛祖才 州職鳩 亅以支 厂呼旱又古旦反 广牛坎反因巖為屋又魚儉反

亥 女厄又士疾 㐬 田略 㐬 上同 㐬 以忍 㐬 此正上同 孖尸 鸁 臓 亼 之忍 亽 此正上同 夊 以丞 丁 分象皮迟卦又迟刀反 詹詹 上正下通 同 空武永又古鼎反

丿 普結 乀 餘制又分物 冂 莫歷 宀 武連 冂 古螢 冃 莫郭 曰 牛語 廾 求羊 廾 居羊 十 居虬 巢巢 巢 丘蓮反上正中通下俗 斗 當口 弁 宜戟

半 他勞 攴文 普卜上古下今 亻 如鄰 彳 丑益 亍 丑足 与 才昌 孑 竹 冏 言遲如雪反 皿 通上器也 乚 烏點又居偉反 乙 於筆 屮 丑列 艸 七柿反上古下今

𣎳 子木 𣎳 古官下通 十 是執反一是東西丨為南北也 廿 尔執 卌 先立 屮 上正下通 巾 居鄰 口 王非 吅 況袁又呼官 呂 力舉 吕 㗊 郎丁 品 丕飲 㗊 阻立

厶 息脂 网 良蔣 易曰巨天网地 从 力珎 㐺 力雍 毋 武夫 毋 古段 毋 莫厚 毌 楚江 爪 舉六 爪 公爭 瓜 古華 爪 側絞 才 昨來 丰 書久 日 人質 曰 正 白 王伐

岩 士角 岩 苦角反又口江 丱 丱 拜 三字駒冬反又居勇反上古中篆下今 渠龍 手也 冋 冋 冋 上正中篆下 石經巨往反 囟 女咸又女 減女䜌反 国 女合 國 彼側 凸 徒結

卩 起玉 凵 烏浴 弓 尸 尸 瑞信也子結反上古中今下俗 弔 多嘯反 丣 魯帝 丙 丙 正 殳 殳 上正徒亂反 幺 於堯 丝 於求 糸 七秋反又胡計反 子 即里

孑 居月 孓 居月 㔾 都了 丂 苦老 亼 子入又秦入反 匕 匕 卑履 匕 霍罰 勹 布交 丁 餘制 𦥑 居玉反又居六手捧也 疋 足 上所魚反下五下反 匸 匸 上正普光 刀 都勞

刀 都聊 乏 之 亦小上正下通 召 白 伯 他勞上正中通下俗 凵 去魚又丘範反口 言 去偃 言 語偃 言 七涉 言 而涉 西 西 呼嫁反又於嫁又火下反下俗 肖 㒵 貞

真 胡結下正 東 古限 甾 叓 聊 壴 五 壺 壺 力竹上古下今 皀 皀 皀 上正中今下通 蒸六反 殳 殳 下通市朱 兴 兵 餘利上古下今 亾 隂 胃 几 魚欣

几 市朱 几 居祈 眀 音于 朋 於命 商 之赤 商 書羊 𤕫 而妙 𤕫 丁劣反 陟衛反 岸 丘逆 辰 牛令 肉 肉 如竹又作宍 月非下通 票 票 必遥上 今下正 宍 而勇

秭 秭 子心 下通 㐄 姉列 歺 魚乙又力 折下通 之 以老 𠂆 𠂆 昷 丂 魚陵 𡕒 他勞 求 逐刃 耑 多官 𦓐 莫元 㚘 薄旱 畐 普域 華 士兵反 又子木 𠂤 他鼎

王 于方 𤣩 如林 木 衣 於機 𢚈 急 於謹 下通 夗 補寺 秝 閭激 凡 乑 𠃓 吴宲反上正 中通下俗 叐 胡茅 孑 上通 箕 算 林 芳賈 孑 𠂈

上 陟駕反 下 古凡反 𡈼 至 古拜 下通 垂 餘針 𡍮 𡍮 餘拋 下俗 戌 辛律 戊 王伐 戊 莫候 夂 反 狐兔行思唯反 詩曰雄狐夂夂 豸 池尒 豕 竹足 彖 宅 㡀

荒 烏上 正下俗 阝 房久反又英反及凡在字左為阜字右為邑 丰 數容 夆 胡江 癹 普末 𦏲 以其 叚 胡加反又古雅 叚 叉徒玩反 巳 居似 己 詳里 巳 羊止 正 古本反

𩂣 相俞 巂 戶圭反子巂鳥名一名望帝蜀王杜宇冀婬其妻化為子巂之鳥避帝曰呼為望帝鳥隹即鳥出山以像其冠同音豹下同以聲省之也

切韻平聲一

一 德紅 東　二 都宗 冬 無上聲陽与鍾江同呂夏侯別今依呂夏侯　三 職容 鍾　四 古雙 江　五 与章 陽

六 徒當 唐　七 章移 支　八 章夷 脂 呂夏与微韻大亂雜陽李杜別今依陽李　九 止而 之　十 無非 微　十一 語居 魚　十二 語俱 虞

十三 莫胡 模　十四 徂嵇 齊　十五 古諧 皆　十六 呼恢 灰　十七 徒來 臺　十八 職鄰 真 呂与文同夏侯陽杜別今依夏陽杜

十九 側詵 臻 無上聲呂陽杜与真同韻夏別今依夏　廿 武分 文　廿一 舉圻 斤　廿二 都滕 登　廿三 戶安 寒　廿四 戶昆 䰟　廿五 戶恩 痕

一

東 按說文春方也万物生動也從木從日又云日在水中德紅反二加二 涷 水也又多貢反 鶇 獸似羊角在耳後又徒弄直隣二反 涷 瀧涷水名 同 和也徒紅反十六加六易曰天火同人也 童 古作僮今為童子未冠之稱也按說文童子從辛辛丘山反辛從干古者干字頭向上曲而乱辛非辛字也男子有罪曰奴奴曰童女子曰妾從辛重省聲也

僮 古作童子今為僮僕也 銅 赤金也說文青鐵也 桐 木名又人姓 峒 崆峒山名在上郡又徒弄反 狪 獸名似豕出泰山 硐 磨 舸 船 烔 烔烔熱皃又云星氣 曈 曈曨日欲明又他孔反

筒 竹名籦又筒簫又徒弄反 瞳 目子 䡴 凡 罿 車上網又尺容反 犝 牛無角今無角牛 潼 水名關名又他紅昌容二反桼潼關在華陰東 橦 桼木名其柔毳可績為布出永昌 羶 無角羊 衕 通街又徒弄反 鼞 鼓具 筩 竹筩

葉竹名長丈餘無節可以為射箭回名之出交阯 中 陟隆反和也當也又陟仲反三加一 忠 貞也誠也 衷 善也按說文裏褻衣又陟仲反 茽 草名見尔疋 蟲 直隆反三加四有足曰蟲作虫非 沖 和也虛也 种 稚又人姓 盅 老子曰道盅而用之盅虛器也

螽 鼓聲 ⿰忄盅 ﹅﹅心憂 爞 旱氣又徒冬反 終 職隆反十加二緘絲挛也今為終始字 衆 多也又之仲反 泈 水名在襄陽又勑中反 潨 小水入大水又在冬反 ⿰冬殳 殳 螽 案螽螽蟲名又作蝩 ⿱雨衆 小雨 鼨 豹文鼠今謂鼨

鼠也 蔠 ﹅葵蘩露郭注尔疋云露草也大莖小葉花紫黃色也 柊 木名 ⿸虍冬 虎文 ⿰冬龜 龜名又徒冬反 ⿱自冬 古文笑也 忡 勑中反一加一憂也 盅 虛器又直隆反 崇 鋤隆反四重也高也充也案又作崈 ⿰崇刂 鍾屬也

嵩 息隆反四高也又山名又作崧 娀 又直隆反有娀契母 菘 菜名 崧 山名 戎 如隆反四丘也西戎牧羊人 㭜 木名 駥 八尺馬 茙 蜀葵 弓 居隆反四易曰弦木為弧即弓也 躬 謹敬也又作躳 宮 室

⿰氵宮 縣名在酒泉 融 餘隆反二案和﹅﹅也長也案說文炊氣上出也 肜 祭名又勑林反案殷祭 雄 羽隆反二雌雄 熊 案獸名大豕足黑色山居冬蟄 瞢 莫中反三加二目不明 夢 又武仲反 鄸 邑名在魯 ⿱瞢言 寐言 ⿰土夢 澤水

穹 去隆反二加二天也又穹廬 芎 ﹅藭藥名司馬彪云似藁本苗曰蘼蕪根曰芎藭 ⿰忄宮 憂 ⿱竹宮 籠又渠龍反 竆 渠隆反三又作窮字 藭 芎﹅ ⿱穴龜 契所封邑 馮 扶隆反三加一姓也邑也從水作非 汎 浮又孚劒反又作渢 芃

草木盛皃詩曰芃其麥也 風 方隆反二加二案說文伏羲姓 楓 木名似白楊葉員如岐有脂而香今楓即是也 瘋 病 豐 敷隆反六豆之滿者俗作豊 灃 水名在咸陽案灃水在鄠縣南山豐谷北入渭 寷 大屋 麷 煑麥 充 處隆反三加二 珫 ﹅耳 茺 ﹅蔚草名

⿰充黃 黃色 㤝 心動 隆 力中反三加一高也豐大也 癃 病 ⿰鼓隆 鼓聲 漋 水皃 空 苦紅反七加二 箜 ﹅篌 崆 ﹅峒 硿 青色 椌 稲稈 涳 ﹅濛 埪 土﹅ ⿱空鼓

鼓聲 悾 ﹅女 公 古紅反八加一爵也君也正也 攻 陷也擊也又古冬反 功 勳也案王功曰勳從力 工 ﹅巧善其事又 疘 下病 蚣 蜈 玒 王 釭 東釭又古雙反 愩 憒 蒙 莫紅反十一加五女羅草又玉女草又菟絲草 濛 水名又濛記曰入處又小雨寄

雲之皃 曚 ﹅鼓蒙有眸而不見日曚 艨 ﹅艟戰也又武反 饛 盛色滿皃 鬉 馬垂鬉 ⿰馬蒙 驢子 朦 大 檬 似槐黃葉 ⿰酉蒙 麴生衣細屑也 冡 覆 霿 雨寒 幪 衣蓋又作 懞 暗

鸏 水鳥 ⿰酉龍 洶酒 籠 盧紅反十五加七又 礲 谷 櫳 案說文房室之 曨 日欲出 ⿱龍言 大聲 龓 馬龓頭 瀧 ﹅涷霑漬 聾 無聞 ⿰禾龍 ﹅桒 ⿰車龍 軸頭 瓏 玲瓏王聲

⿱龍言 斷又盧貢反 巃 ﹅嵸山高皃 ⿱龍木 木 櫳 檻也養禽獸所 嚨 喉 襱 [illegible] 鸗 鳥名 [illegible] 凡噪 蘢 草名又音 蠪 蟲名水蛭 蠬

洪 胡籠反十二加二大也 訌 諠潰 鉷 弩牙 紅 茜色 虹 又古巷反 鴻 鸑鷟陽鳥 洚 水不遵其道降下出說文又戶冬反 葓 草 ⿰糹洪 草名 仜 大肥 谼 大谷 粠 赤米 ⿱工羽 飛聲 䧆

棠從洪坑出銅在雲南也 叢 徂紅反二加一聚也古作菆 藂 草聚生 潨 水會 翁 烏紅反三加二案說文鳥頸毛也又尊老之稱 螉 蠮螉 [illegible] 魚名 蓊 蓊鬱草木盛又烏孔反 [illegible] 頭下毛 悤 倉紅反八加四古作悤王作悤 蔥

韭屬 楤 楤﹕ 轗 檻車載囚 聰 ﹕明 繱 青色又黃細絹 璁 石似玉 驄 馬色 憁 屋階中會也出說文 蟌 蜻蛉 鍯 大鑿 熜 熅又子公反 通 他紅反四達也 蓪 蓪草藥名 侗

大也壯也謹也 恫 痛 葼 子紅反十四加六木細枝葉皃冀語 椶 椶﹕ 誠 嵸 巃嵸 䲀 鯼案一曰江東呼為魚鰂曰鯼 騣 馬騣又騣 椶 栟櫚 鬉 髮乱又鬉 㚇 飛而斂足又則貢反 鬷 釜屬 嵕 九嵕山在馮翊

猣 犬生三子 豵 豕生三子案毛萇云豕一歲也鄭云豕生三日也又作猣字 鯼 石首魚案頭有石也 磫 石磫上下 翪 案尔足鳥飛竦翅 蝬 案蛉屬甲上有三角刺 艐 船着沙不行 堫 種也一日内其中 稯 稯十 稯 數 逢

薄切反四加四 篷 織竹編苇以覆蓋船車 筝 車 芃 草名又扶風反 [illegible] 草名見尔雅 韸 鼓聲 蠭 蟲名 髼 髮乱 烘 呼同反二火皃 魟 河魚以鱉 葓 蕻公反一小蘢又先孔反新加 敳 擊 赨 赤色

冬 都宗反十二終四時也 苳 草名 彤 徒冬反五加十一 疼 痛 佟 姓 炵 火盛又他冬反 鴤 鳥名出山海經 鼕 鼓聲 鼟 又徒登反黑虎也 爞 案尔雅爞﹕重也又除中反

反二 鉵 大鋤 [illegible] 予 痋 動病 𢥞 憂皃又見尔足 [illegible] 龜見字書又之戎反 [illegible] 怪也又惾惶遑也 賨 在宗反五加三西戎稅也又賩 琮 玉 悰 慮一曰樂 慒 謀又似冬反 潨 小水入大水又職隆反 淙 水聲

鬃 大高 [illegible] 梵 農 奴冬反三加一同案田也俗作農 膿 血 儂 我 [illegible] 露多 恭 駒冬反四加三案字從心作恭 供 具也奉也給也又居用反 龔 案人姓又給也与恭同 珙 璧又勇反 共

三王官名見尚書又渠用反 [illegible] 嘴睚 [illegible] 竦手又渠容居勇二反古作廾 蜙 先恭反二加三蜙蝑蟲名又蚣 淞 水名出吴郡 凇 凍落又詳容反 倯 倯﹕恭法也見方言 鬆 鬆﹕髮乱兒 樅 七恭反二加二木名柏葉松身 鏦 短矛案又楚江反 從 從﹕容動也又徐容反 摐

橦也又楚江反 攻 古冬反一加二伐也又古紅反 釭 燈又古雙反 玒 宛 酆 敷隆反二邑名在長安西北又在杜陵西南周文王所封 豐 蕪菁又作葑又敷容反 硿 戶冬反一加三硿礲石落聲 [illegible] 洚 夅 隆

力宗反一加二礲隆石落聲 鼕 鼓聲 宗 作琮反一尊也大也 [illegible] 曲恭反二矛𣪍 𣪍 矛刃之下穴處受之所也

鍾 職容反九加三酒器 蚣 蟲案即蜙蝑也又古紅反 忪 心動 䇍 竹長節 彸 征彸行皃 衳 小褌 [illegible] 案籠竹名踵節菜弱 橦 木 妐 夫兄 蝩 蝩﹕蜾 伀 說文志及衆也 龍 力鍾反四加四

鱗蟲又八尺馬也 壟 見埤疋 瓏 案說文圭為龍文以禱旱 躘 躘蹱小兒行 鸗 鳥名 蘢 草名見尔疋又盧紅反 籠 案籠竹名又盧紅反 竜 古文 舂 書容反五加二 惷 愚也

又丑江反又丑用反椿₌橦踳蹋鶺蠋₌蝽虫名鼨䆳鼨鼩鼠名·松詳容反二加二木名凇凍落又先恭反訟諍訟又徐用反宩古文·衝尺容反五加四通道也又衝罿

納又徒紅反憧往来皃幢陷車艟戰舩劏刺也兵器穜短矛橦褣潼關名又徒紅反·容餘封反十四加八寛也皃也受也滽水名出宜蘇山又水溝見山海經庸中也用也墉

垣犝似牛領有肉䆳猛獸名今犎牛也出郊州又犝鎔鑄䆳器之範皆曰鎔鏞大鐘鄘國名見毛詩䆳殷紂封畿內之地名自城而北曰鄘南曰鄘東曰衛也傭賃又丑凶反鷛鳥名䆳鷛鳥似鶩而黑尖口鶏呈顔師古今之水鳥也颵颶屬鱅魚名

又鎔又蜀容反蓉芙蓉₌蟰䆳山海經云鮭蟰狀如黃蛇魚翼入水有光見則大旱搈動傛不安鎔鉤褣種₌𤛭牛胅槦鵃榕木容曺古文頌形又似用反溶水皃封府容

反又二加一大也玉也封閉也又方用反犎野牛出西域見山海經峯古文㐫許容反八加一禍也各也匈心上銎柄孔洶水勢恟懼兇惡徒訩衆語匈₌奴·顒魚容反三大也頭皃顒₌君德也見尔疋

鰅魚名䆳張揖云鰅魚狀如犂牛其音如彘鳴又䆳荊南異物志以為牛魚方負三丈兩髀近席尾長五尺皮庸或黃白斑駮有文章郭璞云鰅魚有文采者也喁噞₌·邕於容反十一加一和也又鳥聲雍姓也睦也又於用反噰鳥鳴䢢₌襛多皃灉水名在宋又以佳反

𤪌玉器罋汲器饔熟食按說文又饔廱辟廱又天子之學名又廱癰疽又癰䳝₌鶏鳥名䆳雀禽也謂其領者青色飛則鳴行則搖壅塞又於隴反·醲女容反四厚酒也𨓒₌䢢襛花多皃又

襛華字又而容反襛䆳林厚衣又而容反·重直容反三又直隴反又直用反種晚熟䆳前種後熟又之隴之用二反緟增益·從疾容反一加二又疾用鏦䆳方言桂林謂鶏也彸古文·蹱躘蹱丑凶反二𨶅均直又作傭又余封反

·逢符容反三加三遇也縫紩韸猾予韸被上聲逢䆳水逢池在滎陽開封縣或曰宋之逢澤夆牽又敷恭反·峯敷容反九加一巖也鋒兵刃端丰₌茸又伏風反草木盛皃妦好䆳燕代之間語也

蜂蟲又螽蠭䆳又作蠭又敷隆反桻₌木名一云木上夆甹夆掣曳又符容反甹普經反逢火又作烽葑菜名·縱₌横即容反又即用反三加二又縱蹤₌迹䡮車迹𣭰罽樅

木名見尔疋·茸而容反五加二丰茸草木盛䩸毛毿飾又馬鞶飾䰰鬖多亂皃䇯竹頭有文又云竹名穠花皃又女容反搑推而擣也·蛩渠容反六加五張揖云蛩₌青獸狀如馬前足鹿後足兔前高不得食而善走距虛

似蠃而小孫炎云蛩₌即距虛也負蟨鼠而走也邛臨邛縣名𦨴小船䆳艇小而深曰𦨴又作舼笻竹名輁軸棺所以支𥒬水島石出說文䓖[illegible]𢪞支臼兩也𧌑蘢桏拒拱䆳大伐又居勇反

·鱅蜀容反二加一魚名慵嬾鏞不廉·銎丑凶反一鑿也又曲恭反

四 江古雙反五加二瀆之一水又作洚 杠旍旗飾竿一曰牀頭橫木棊聚石水中橫渡彴謂之石杠也 扛橫關舉鼎又舡 茳~蘺安張揖云茳蘺草蘼對之蘼蕪郭璞云似水薺張叡足錄云茳蘺出臨海水中正青似乱髮足也 釭燈又車轂口鐵又古紅反 玒玉名又古紅反 •厖莫江反六加五厚大 駹黑馬白面 狵犬名 䵨深黑 浝水名 哤語雜 牻牛白黑雜 蛖蒸尔足蛖蟲名似螻蛄也 䳀蒸鶶鳥似鷹而白又武項反 娏神女 ⿰山尨蒸五⿰山尨山在蜀又云參差也 •⿰耳農女江反二加二耳中聲 ⿰農毛髮多

⿰髟農鬆乱 ⿰食農強食 •窻楚江反三加二蒸窻牖也又窗囱窓牕同 ⿰禾恩弔 稯種又楚降反 摐打鐘聲又七恭反 鏦蒸橦也又七恭反 邦博江反二大曰邦小曰國 𡵨古文 •栙下江反四加一栙雙帆也 ⿰豆夅~⿰豆雙胡豆 降~伏又古巷反 缸甖類又瓨 洚消又古巷反 •胮匹江反二加一胮脹又薄江反 韸鼓聲又薄紅反 艂艭~吳舟 •瀧呂江反一南人名湍 •雙所江反四加一手持二隹從又者手也亦作䨇非 䉶帆 ⿰豆雙跭~ ⿰忄雙左傳曰駟氏~ 艭艂~吳舟 •龐高屋也姓也薄江反二 胮~肛大脹又匹江反 肛許江反一加一胮肛脹皃 啌嗽 •腔苦江反五羊腔也 控打也又苦貢反 悾信皃 涳直流 崆蒸崆高皃又苦紅反 幢旛幢宅江反三 橦木名花可為布又徒東反 撞~突 •惷愚丑江反二又書容丑用二反 ⿰舂見直視目下明 •椿都江反~橛也

五 陽与章反日氣廿七 暘日出處亦崵 煬釋金 鍚兵名 楊木名又姓 禓道上祭 蝪蛈蝪蟲又太堂反 洋~滿耳善也 昜曲昜縣名 羊~豕 瘍頭瘡 颺飄~又餘亮反 痒病又似姜反 鰑赤鱺 崵首崵山名 蛘虫名 徉儴徉 䮁馬額口靻 ⿰扌羊捉也又子郎反 ⿱昜鳥似鷹 ⿰夕羊多 敭~明 詳~狂又似羊反亦佯 眻美目又餘尚反 ⿱楊皿杯 ⿱艹羊藥草名 輰轣 •詳似羊反審也又以章反七 翔翱~ 洋水流皃 祥福~ 痒病 ⿰歹羊女鬼 庠養老宮 •良呂張反十六 梁棟

涼〻冷 粱〻米 蜋蛝蜋又音郎 飉北風又力向反 量𥝀量又力向反 粮〻食又作糧 踉〻跳 輬輼輬車又作輬 椋木名 𥞊薄又力向反 綡〻纊 䣼漿 惊

牛又力向反 賿賦 ·香許良反四 薌穀氣 鄉〻里 膷牛羹 ·商書羊反度也十四 殤死 蔏〻蓙 觴酒器 禓道祭 [illegible]〻鳥 塲耕〻

傷哀 饟〻饋又式尚反 慯憂思 湯水勢 鬺煮 淌水名 鍚傷又且羊反 ·房符方反室也四 防守 魴魚名 鶭澤虞鳥又敷罔府二反

·章諸良反篇也十二 漳水名 樟木名 慞懼 璋大珪 彰〻彩 墇雍又止讓反 麞〻麃亦獐 暲明 蔁草名 鄣邑名

障隔又之上反 ·昌處良反日盛七 裮衣披不帶也 倡優 猖〻狂 閶〻闔閶門 菖〻蒲 鯧鮫魚 ·羌去良反似笛三 蜣〻蜋虫 [illegible]西戎 ·薑

居良反菜十二 彊〻界 [illegible]牛長脊 彊弓有力又渠兩反 僵〻仆也又蹶又渠良反 畺田 韁馬紲繩亦繮 殭死不朽 礓〻石 橿一名檍万年木名 姜姓 [illegible]蠶白生

·長直良反又直亮陟兩反七 萇〻楚似桃葛生 [illegible]〻跄 腸榮處 場道 餦餅又除尚反 [illegible]〻蠨 ·張陟良反開也三 餦〻餭食 粻食米 ·攘汝羊反十五自來而取曰攘又以手御又而亮反

[illegible]縣名 瓤瓜內實又女良反 鑲鉤鑲兵名 孃又女良反 [illegible]因盜 躟疾行 蘘〻荷 瀼露濃白赤[illegible] 穰禾莖 獽戎屬 禳除災祭 [illegible]莫

勷勯勷迫皃 鬤鬟亂皃又女行反 ·方府良反道也法也十一 坊〻巷 肪〻脂 蚄虸蚄食苗虫也 邡什邡縣名 牥牛 匚受物器 鴋鷝鴋鳥名 枋木名 枋

[illegible]枋木又偃魚木名 鈁鏇屬 ·襄息良反上邑十二 廂夾室 相木名又息亮反 湘水名在零陵 箱竹器 緗淺黃繒 儴〻徉 蠰蟷蜋別名 瓖玉 欀大樹也皮中有白如米屑

纕馬腹帶 驤馬躍 ·將即良反大也行也又即亮反六 漿〻水 鱂蟸〻魚 螿寒〻 [illegible]扶也亦𢱉 ·瘡楚良反疾也二 刅刀傷 ·亡武方反俗亡十二 望看又武訪反 朢弦〻

莣草名 芒草端亦杧 鋩鋩端 忘相忘又武訪反 硭〻硝 [illegible]相責又武光反 杗屋梁 [illegible]惡又莫郎呼光反 邙縣名 ·孃女良反又如羊反老稱也四 瓤瓜內實 娘

女子之稱 鑲兵名 ·牀仕莊反俗作床二 疒病又女厄也 ·莊側良反四 裝理也又側亮反 粧〻粉 妝飾 ·常時羊反恒也七 裳衣〻 嘗曾也口味 鋿車輪僥鐵

六

鱨魚名 鸘鷫鸘鳥名 尚尚書官名又食亮反 ·霜所良反凝露四 孀寡婦 鸘鷫鸘鳥名 驦驌驦馬名 ·牆疾良反垣也亦牆七 嬙婦官 檣船柱 奘妄強大也又在郎反

薔薔薇 戕他國來殺君 牂羊 ·鏘七良反鏗也十二 嶈嶈嶈高皃 閶閶闔門 鍚傷又户羊反 瑲玉聲 鶬鳥獸 槍槍拒 蹌蹌蹌和鳴 蹡行皃 斨斧

蹚趪皃 爿又爿古人名 ·匡去王反正也十 筐籠 ⿰虫匡海中大蝦 邼邑名 框棺礼云已不震框 眶目匡 軭車戾 ⿱髟匡 洭水名 恇怯 劻劻勷遑皃

王雨方反又于放反二 蚟蚟蟝一名促織也 ·央於良反中也七 鴦鴛鴦又烏郎反 姎災 鉠鈴聲 秧稻秧又於大反 泱水流皃 胦脖胦 ·強巨良反又彊四 僵僵身又己羊反 彊弓有力

⿰魚畺鯨魚別名 ·蕩褚羊反草名三 倀失道皃 韔鼓聲 ·芳敷方反芬芳三 妨妨礙 淓水名 ·狂渠王反三 軖紡車一曰輪車 鵟鵟鳥一曰佐鳥五色有冠

唐徒郎反國名古陽卅 煻煻煨灰火 糖飴 堂堂親 ⿰鼠唐鼠一曰三易腸 棠棠杜木名 榶榶棙又榶倲 蓎蓎蒙女蘿 瑭玉 餹餹餳膏 篖筕篖竹也 ⿰牛唐牛 螗螗蜩

螳螳蜋 塘陂亦隄 闛盛皃又吐郎反 閬門高又力當反 橖 𨻰殿 鄌地老 ⿱竹堂草 榶棣 甋瓷 鶶鶶鷎鳥名 蝪蛈蝪似蜘蛛在穴中 ⿰唐毛

腓 踼跌踼又杜良反又邊 鎕鎕銻 溏池 䡘䡘鞮軨 ·郎魯唐反廿四 稂莠 桹桄桹勾檳並木 廊廊步 榔檳榔 駺馬白尾 筤籃 鋃鋃鐺鎯頭 硠石

磕 鵖鶊鵖鳥又盧宕反 浪滄浪又盧宕反 艆艆艆 蜋蟷蜋 䱶魚名 琅琅玕玉名又琅琊 ⿱宀良宸空皃又盧當反 ⿰矛良短矛 艆海中船 狼虎 欴欴貪皃 蒗蒗毒藥草 踉

踉跨 莨童梁又作粮 崀岌崀山冬月所出 ·當都郎反九 鐺鋃鐺 簹竹名 襠襠襦 蟷蟷蠰 𤬪瓜中 蟷蟷蜋 璫珠 檔車 ·倉七良反穀藏也五

星名又縣名 蒼白色 鶬鳥名 滄滄海 䳓鶬鴰 ·剛古郎反強也亦剛十一 崗山脊一曰山岡 掆擧 笐樂器 鋼鋼鐵 魧魚名又胡郎反 䚘覺 綱綱紀 亢

犅特牛 堈甕亦堈 ·桑息郎反三 喪亡也又息浪反亦喪 騻馬色又驦 ·康苦岡反安也古康十 穅米皮亦糠 㱂穀不升謂之㱂 㝩㝩宸 ⿰虫康蜻蛉也 漮水空 ⿰康風

亦㱂 槺槺梁 躴長皃 𨛍城 ·荒呼光反十三 慌又莫郎反 㡛幭 巟水廣大 穔蕪穢不熟 謊夢言 朚遠又武方莫郎二反 ⿰巟鳥

馬奔 絖絲延 睆狼睆南市東國夜市金 肓心上隔 盎皿 ·黃胡光反亦蕃卄 皇王 璜璧 遑急遽也亦偟 惶懼 潢積水池也又胡光反 堭堂 煌

﹅灼又水狀 鍠餦鍠餳 騜黃白色馬 艎艅艎吴船 郒地名 媓母 ⿰隹皇榮 ⿱羽皇羽舞 ⿰禾皇穰程穇也 蝗蟲又胡盲胡孟二反 簧笙 隍城 癀

病 鄌古國名 湟水名在安定 徨彷徨 鱑魚名 篁草木盛 篁竹叢 蟥蟲 儣武良 穬野穀味似依 ·光古黃反明也又充九 垙陌 茪

葟羌羊躑躅 ⿰馬黃鳥旋毛在背 桄﹅桹木名 胱膀胱 輄車下橫又光軌 橫長安門名 恍武良又趙 ·鴦烏郎反鴦鴦鳥又於良反六 佒體不申 ⿰犭央﹅彊 ⿱央黽水蟲 咉脣

姎女人自稱又烏黨反 ·炕呼郎反煑胘二 ⿰亢欠飲﹅ ·航胡郎反船也十五 筕﹅篖竹又戶庚反 桁檥 行伍 迒獸迹 頏頡﹅ ⿰亢羽飛高下 魧魚名又古郎反 ⿰阝行陘 邟餘邟

縣名亦杭 杭﹅州又口浪反 苀草名 蚢蠶類食蒿葉 吭烏咽 笐竹名 ·茫莫郎反滄茫十二 ⿰巾巟帛也又呼光反 ⿱亡山山 吂不知 ⿰目巟目不明 汒谷名 恾怖

⿱山明遽又武方武光二反 [illegible]眠言 [illegible]勉 [illegible]大梁 鄍縣名 ·臧則郎反五 牂﹅牁郡名 贓﹅賄 羘羊名 樣槌又餘章反 ·囊奴當反二

蠰﹅瑭 ·傍步光反邊側八 彷﹅徨 旁側又亭名 髈跟蹌行急又膀胱 騯馬盛 蒡﹅萁 䅭﹅穆穇 趽曲脚胫 ·卬五剛反高也六 ⿰馬卬千里駒又五浪五郎二反 枊

係馬柱又五浪反 昂舉 茚菖蒲 ⿰革卬履 藏昨郎反又徂浪反二 觥苦光反觵 ·湯吐郎反沸水七 鏜鼓聲 簜水名 薚蓫薚馬尾蕩 盪突又直浪反

趤走 蝪蛈﹅ ·滂普郎反又滂沱六 雱雪狀 鎊削 霶﹅霈 榜枝又薄庚博郎二反 斛﹅量又薄庚反 ·汪烏光反深廣也五 [illegible]雉鳴 尪

弱 洸水名又音光 尢曲脛

七

支章移反十一加八持也膝也舉也又計也說文云去竹之持又持半竹無點 卮圓酒器以玉為之受二所外狀如雞頭一名觛所以節飲也出說文 只語云又諸氏反 枝柯 ⿸疒支病 秖適也從禾 衼﹅衹 觶本音寘今作奉觶字 肢體又胑

梔﹅子木蘭茱萸樹半有椹半無椹亦謂之梔 禔福又氏支反 馶馬強 鳷鳷鵲鳥名漢有鳷鵲觀 疻痛也漢書音義云以杖毆擊人剔其皮膚起青黑無瘡者律謂之疻痏 ⿱艹汥榆莢 榰柱 ⿰女氏方言南楚謂妻之父母為⿰女氏姼 ·移弋支反十

加十六說文遷也禾名也又作迻 暆 東暆縣名在樂浪 迤 逶〻 移 獸名以犬見則有兵 栘 扶栘木名 衺 地名 搋 〻搋手相弄又以遮反 酏 酒汁 匜 杯匜似榹又羊氏反 [illegible] 箋說文萎蕤草 椸 箋說文衣架又箷 衪

衣袖 訑 言白又淺意也 移 加又離 杝 箋木名似白楊 螔 箋螔蝓蝸牛也 鉹 箋梁州呼甑又音侈 忯 愛又渠支反 傂 〻偷 簃 閣邊小屋 謻 外室明名又音池 [illegible] 不青事又餘枳反

[illegible] 箋螻蚳似虵大如車轂又作蛇 [illegible] 又作炊箋字書熪火不絕燫音廉 箷 似杖 爲 施也蓮支反二加二又蓮僞反俗作為 溈 水名在新陽 鰞 大魚 䧑 鄭地坂 嬀 姓也居爲反一加一 鄬 地名 麾 揮也許爲反三

噅 口不正 撝 箋說文裂也一曰手指 逶 於爲反五加五逶迤又作蟡 倭 慎良詩曰周道倭遲 婑 枯死 萎 說文牛馬食又草木萎又一僞反 桵 田器 覣 好視 蝼 箋蝼虵虫 [illegible] 黯 蟡 水精名 痿 病

糜 靡爲反四加五糜粥又作䊳 縻 〻爵箋說文牛轡又作紖 [illegible] 穄 蘼 蘠蘼箋本草云天門冬也一名滿冬秦名羊韭齊名爰韭楚名馬韭越名羊蓍見山海經也 醾 酴醾酒名 爢 〻爛 [illegible] 乘輿金耳又文彼反

劘 分也易曰我爵吾与汝劘之 䊳 碎 隓 毀也許規反三加三又陸 睢 仰目出說文又許葵反 眭 〻盱健良盱旭俱反 觿 角錐童子所佩箋以象骨爲之用以解結也 [illegible] 果實之白 隓 相毀 [illegible] 駭籓直

垂反二加一又 錘 八兩又馳僞反又秤錘字 [illegible] 颶又馳累反 垂 是爲反三加四邊也傍無點 陲 邊也又危 甀 小口甖 倕 重也又神農時巧人名 [illegible] 雅又時惴反 篅 箠又市緣反 [illegible] 草木花懸 [illegible]

力爲反一庱也 吹 昌爲反二加一又尺僞反 [illegible] 說文〻理管之樂 炊 爨也古作籥 鈹 敷羈反五加三大鍼也一曰劍而刀裝也 帔 又芳髲反衣不帶又巾也 鮍 〻魚 披 開也又撿 [illegible] 耕 旇 旗 岥 器破又皮義反

被 水阻 陂 彼爲反四加五地不平 詖 辭治 碑 銘立石爲碑古人之跡 羆 箋似熊而長黃色頭高腳猛憨多力能拔樹木關西謂之猳羆 犤 牛名 䥯 拾 襬 關西記裙也 [illegible] 鋸 藣 草又

碑賜反 隨 逐也旬爲反一加三俗作随 隋 箋左傳漢東之國隋爲也 [illegible] 箋碎肉 [illegible] 璀 虧 去爲反一加一氣損也 [illegible] 箋聲類又毀也又許宜反 闚 去隨反一加一箋闚闞也又作窺 奇 異也渠羈反六加五又居宜反 [illegible]

木別生 蚑 虫行 琦 玉名 騎 騎又渠寄反 鵸 似烏三首六尾可以禦凶 魌 小兒鬼又渠寄反 碕 曲岸又巨機反 [illegible] 山名又巨支反 錡 釜又魚倚反 弜 強 祇 巨支反十加九地神也

大也從示 衹 〻枝 岐 山名又渠羈反 [illegible] 弓鞭 歧 〻路 郂 邑名在扶風周太王所居 [illegible] 疧 病詩曰俾我疧 [illegible] 軝 箋朝楚車轂詩曰約軝錯衡長轂之軝 [illegible] 箋左太冲魏都賦泜泜精衛又是支反

跂 箋行謂足跟不著地 汥 水都也 䞫 說文緣木一曰行皃 芪 〻毋 [illegible] 古文与岐同 蚔 毒蟲 忯 愛又弋支反 犧 許羈反八加六牲也 [illegible] 角上 羲 氣也又帝号 [illegible] 〻欨貪者見食皃 桸

杓 巇 險〻 [艹羲] 地名在魏郡 瀸 水名在新豊 虗 器 曦 赫 [土戲] 毁 [扌戲] 擊 欦 欷 蠘 蝨 ·攲 去奇反四加七不正又攲字 觭 角一俯一仰又居倚反 踦 脚跛

崎 〻嶇 攲 〻器 婍 弃世又九奇九紙反 [忄奇] 惐又去倚反 猗 武牙 [奇阝] 地名 倚 石橋 [虫奇] 案長蟡蜘蛛長脚者 ·宜 魚羈反五加一當也善也便也祭社也又作宐 儀 容也義也匹也 [義阝] 地名在徐

鸃 鵕鸃荼許慎云鷩雉也顏師古云似鷄而小五色鮮也 轙 車上繫轡所貫又作钀 蟻 古文 ·皮 符羈反三加二革也膚也 疲 倦 郫 〻氏縣名在蜀 椑 木下交 [艹皮] 古文 ·提 是支反又弟泥反六加六飛也又作題字

匙 匕〻 堤 〻封頃畝又丁奚反 [艹是] 草安也 扺 批 茋 藥草 眂 〻目 柢 碓衡 禔 安 [竹是] 簧屬 怟 愛也又渠支反 ·兒 汝移反一俗兒 ·離 呂移反十四加十四分別也

籬 蕃〻院 醨 薄酒 罹 心〻憂 璃 瑠〻 [麗攴] 陳 驪 馬 劙 分割 [离鼠] 小鼠相衘行 樆 山梨 蘺 草木附地生貝 鸝 黃鳥又鶬 縭 婦人香纓以采介屬

蘺 江〻 褵 婦人內衣 䍦 羃 麗 勾麗東夷 謧 欺謗之言 [离鳥] 鵹 斄 引又力脂反 [虫麗] 蚰蜒又山奇反 穲 禾〻把 灕 淋灕秋雨 穲 黍生 孋

〻姬晉獻公妃 漓 水入地 [忄离] 多端 [木離] 張 ·疵 疾移反三加七病也 骴 鳥鼠殘骨 玼 玉病 [此食] 噍食 茈 姕 〻妓不媚 胔 人腸 枇 棆 呰 古文 鴜

鳥名又即移反 ·貲 即移反七加九貲財也布也 髭 口上毛 鴜 水鳥又疾移反 訾 思又訾城在河南偃師 [此冀] 負名 鄑 〻城在北海 [此巾] 巾 [木觜] 〻檇木名 [此虫] 鼠鳥狀如鷄而鼠尾又鼩出山海經 [此支]

[此攴] 姕 婦人皃 [艹此鳥] 菜 [此阝] 谷名在西縣 [女觜] 星明又子踐反 觜 西方宿名 鈭 釜屬又千支反 ·羈 居宜反五加二馬絡 畸 殘田 羇 寄 掎 〻角 攲 〻取物 奇

不偶又渠羈反 婍 姕 ·卑 必移反六加五下小也 鵯 〻鶋鳥名 椑 木名 萆 取負具 裨 衣褊益 鞞 牛鞞縣在蜀 錍 鈭錍釜也 顊 頒鬢半白 蜱 〻蛸蟷蠰卵也 庳 安牝

鵯曰庳 萆 按草蓖草名 ·裨 頻移反五加二副持也助也 陴 城上女墻 脾 心脾水藏 郫 姓也又縣名 [麥卑] 麴餅 埤 附又埤音 [麥比] 〻麴 絁 式支反三加三繒似布 施 布也張也 葹

草名拔心不死 𪓰 說文鼀蟾蠩也許曰得此𪓰鼀言其行𪓰鼀 鸍 紫鳧也似鴨而小見尔疋 [皃見] 誘又面柔 㐌 古文 ·斯 息移反十二加十三按說文此也析也 虒 似虎有角能入水行 [雨鮮] 小雨 榹 榹桊榹桃似桃而小不解核 [氵虒]

〻涯又小出趙 廝 〻養 澌 凌〻 磃 館名 燍 焦臭 𤺗 疫瘶瘶痛又斯齊反 傂 〻祁地名在平陽 [虒瓦] 器破 [亻斯] 賤伇 [虒頁] 顬〻 謕 〻謕 [艹斯] 菜名出水中花可食

說從大

八

鼈郭璞云青州呼截為鼈拂犲款去八角鼈蟲　錗平木器　鼶業鼠穴居　螔業方言海岱為螔蜍蚍　磃磨　蟖業蠡蟖蚣　縭經緯不同又尺移反　蘄業草木張揖云似燕麥徐廣云草生水花可食　褫按福

差楚宜反一又楚佳反楚皆楚辭三反　樆丑知反五加二文也舒也　螭::無角龍　謻不知　魑::魅　黐所以黏鳥　攡大　离業許慎云山神也　彌武移反八加四益也又弥　鵹鶹鳥　榆::栒山名　獼

::猴　麊縣名在交阯　冞深入　鏊鑣青州::云　婆齊人呼母　麛鹿兒　䐈肥　瓕合玉名　簃竹器又籬　雌七移反二加二雄雌　貲小賭　𦍩蹄羊皮　鴜

鉚又子離反　知陟移反二加二　蜘::蛛　智::質　𨢷::酒　漪於離反五加五水波文也　猗美　椅木名　禕美又王非反　陭::氏縣名在河東也　犄禾茂　𤸎身精病　犄

旗舒　攲欹難　𣰆鬉容也　馳遞也直知反六加六　池::沼　簃連閣　箎說文作鷈管七孔　褫纏::衣　虒輕薄　傂此　趍走　蚳斷蟲　踟::蹰　龍

古樂名　誃離訣　眭息為反一人姓　危魚為反三加一從人厄　㕒屋屢又牛規反　洈水名在南郡　郈邑名　㕓古文　訑自多皃香支反一加一　𡘽::敵貧　眵目汁凝叱支反一　釃所宜反二加三下酒又山尔反

簁下物　撕業析也詩曰斧以撕之　凘流　蘺遥　䰄山垂反一摯頼::日垂皃　痿於垂反一加一濕病一曰兩足不能相及又於危反　颹業風緩皃　厜姉規反三加二厜儀山峯頭狀　觜星　纗紐綬　嫢

盈姿　惢善又桒果反　槻居隨反四加三木名堪作弓　規圖字從夫規矩　鬹三足釜有柄　雗鸛鷗別名　槼小頭　槻業方言梁益間裂帛曰槻　劑紫隨反一加二䕭也又在細反　䔳地::星　闚::摧又克反

衰楚危反一殺也降也繊也姓也　腄竹垂反一加一瘢胝　箠節　恑逐畢反一惡性也新加　𪓰與規反二加一業觜蠵大如龜甲有文似瑇瑁　蓨草名　欈橢::本名　𧲮弋垂反一豬也出說文新加　騹子垂反一馬小兒又子累反

脂旨夷反四加五業說文戴角曰脂無角曰膏　祇敬又作袛　砥石　泜水　鴲小青雀　茋::蒩　指木　𣳀水名　瓻古文　姨以脂反十四加九母族也　彝::倫常器象形糸綦也

卯搏器中也周礼有六彝象彝鳥彝雞彝虎彝黄彝食彝以待祼將祼齋之礼也　寅平旦又以泰反　夷平也傷也說也蕆也又東方人名字從弓從大　痍瘍　恞悅懌　陝::臧　荑茎::　胰::豬　桋木　蛦蟃::

䏏夾肉　跠蹲跱　𡰥古文晉有潘尼　洟鼻嚔::　咦嚔::　侇多尸　𢓡行平易也　眱窺視　杝橋　椙樸善没水器也　羠羊名　𣛮木名

鏔兵器　師疏脂反二加四　篩蘿　鰤老魚　䮞野馬　鶳鳥名　獅犬生三子　毗房脂反十四加七和也滿也厚也輔也　比又必履婢四被必五反近也　琵琵::　𣚍椢又邦蒐反　膍

牛百葉 蚍ミ蜉 枇ミ杷 仳ミ倠醜女 芘蘩芘荊藩 阰山名 貔獸名 芘取蝦具 沘水名在楚 麮麦 䖩草名似蒿見尔疋 毘箄 魮案魚名鳥頭魚尾鳴如磬

肶腹膍 魾案魚名似鯿 鵧鷑小鳥似鳥色以鳴相呼 䠋髀ミ 咨即脂反八加二謀也 資取也用也 粢稷穀杜預云黍稷曰粢郭璞云江東呼粢為粢也 諮謀 齍緝也纏也 姿儀也態也

齍黍稷在器与粢同 澬水名在邵陵 齎持又子奚反 䨞雨雲 飢居脂反二加二餓也又作饑 肌ミ膚 虮虫名 机木似榆又音巳 鵄處脂反二加二鳥名又作鴟 胵脾ミ 䱟魚名

請怒 絺丑脂反三加二細葛也 囅笑皃又勑辰勑忍二反 郗人姓又地名 瓻瓶 誎不知 郪次私反三加三縣名在廣陵 趑趑趄趄遅 趀說文食卆 𢋰卻車邳階 屄比 䙺

視 茨疾脂反六加五茅覆屋 薋蒺薋詩曰墻有薋又草名 積積 齌ミ蠐 瓷瓦器 餈鉼餅 螧蛸虫 絧補 垐以土增道 䪞次又士諧反又丑佳二反 澬

水名在常山 尼女脂反三加四女也 柅木名 怩忸ミ 蚭案方言北燕謂蚰蜒為蚰蚭 䛏告 呢叩呢言訥 𢖽古字 坭直尼反六加七庭塗 坻小渚說文秦謂陵阜曰渚坻 泜水名在常山陳徐死處 謘

案說文語諄謘 蚳蟻卵案周礼有蚳醬 遲徐也又直利反 岻山 阺坂 貾水介虫一名貝見尔疋 荎著味 𢓊迴旋 眂黃質白點 屖古文 私息脂反二加三昵也 𥝌案說文茎秀

鋖平木器 玈石似玉 厶姦又与之反 尸式脂反四主陳也 鳲ミ鳩稭鞠 屍死礼曰在床曰屍在棺曰柩 蓍蒿屬可以筮 鬐渠脂反六加五馬頸上鬐 耆老 鍺鐵軸衛 鰭魚背上骨

鮨鮓ミ案說文魚胳醬一曰魚名見山海經 祁盛皃又縣在太原又市支反 麎牝麋 覩視 𧫦詷怒 愭思敬皃見說文 𥞊麦下種 伊於脂反三加一誰也發語辭 咿喔咿承顏 黟

黑木又縣在丹陽 蛜ミ蝛 棃力脂反七加九菓也 𨧻直破 䅻禾二把長沙云 秜稻死來年更生 蜊蛤ミ 蔾蒺ミ 犂牛駮 鵹案說文鵹黃楚雀又作鸝又呂移反 𪐝案說文恨也一曰怠

㣌嶶盡 𢿍引 鑗比ミ 黧黑 鑗金屬 鯬魚名 𪌉麩ミ麵也 葵渠隹反三加四菜也 鄈ミ丘地在陳留又在河東癸后土處 揆ミ揆 𩸆魚名

𪂊案秦漢謂小鳩為𪂊鳩 𢙒悸又祇癸反 睽曜 追陟隹反一加二喚也 䨨雷出韓詩 娺疾悍 龜居追反二加二案說文舊也又尔疋龜有十名一曰神二曰靈三曰攝四曰寶五曰文六曰筮七曰山八曰澤九曰水十曰火 跰曲脚 螝案尔疋蛹 騩

馬淺黑色 蕤儒隹反三加四律管名案說文草木華垂 緌纓ミ 𣘜染也沽也 桵白桵木名 㮃摧又雨專反 浽水皃又作濉 葰薑菫 衰所追反三嶽也耗 榱屋椽案說文秦為榱周為椽齊為桷 痡病

九

惟以隹反八加一想也 旜旌 壝埒 維繫也又綱維 琟石似玉 遺忘也失也 唯獨 濰水名在琅琊 蠵肥〻蛇名一首二身六足四翼見則大旱出山海經 ·纝力追反七加十水名 纍〻索

虆〻葛蔓 樏山行乘〻 㹎牛 嫘〻祖黄帝妻 𡿖隈〻又力罪反 絫十黍為一絫 耒手耕 瓃玉器 儽乘也又力罪反 䁂視 蘽盛土草器 𧒂

鼺鼠 鸓飛聲 誰就又十隹反 纍落 緌息遺反六加五安也 錐語辭又假 荾胡〻香菜又荽 浽〻溦小雨 濉水名在梁又許葵反 䅗禾四把長沙云 稄薑屬可香口 陮水皃

夂狐兔行皃詩曰雄狐夂〻 奞鳥張羽毛 蜼虫 ·逵渠追反五加十一道也 夔〻龍山海經大荒東海中有流波入海七千里其中有獸如牛蒼身一足出入水中見必風雨其光如日月其音如雷電其名曰夔是也 騤馬行皃 馗首 戣兵亦鍨 𩒚紫尓足中央高兩頭銳曰頯蓋水虫

𠈉左右兩視 睽膗 夅持 跭曲胠 䫥大也又飢位反 𠐲使 雋顧 犪業野牛見山海經 頄頯 尣遠 ·眉武悲反九加六瞼上又壽老也

湄水湄業水草交曰湄 楣戶楣又業說文秦名屋連綿周謂之檐楚謂之梠 瑂石似玉 𥌓伺視 薇竹名又無非反 黴〻藜垢腐又無非莫背二反 麋麀 蘪〻蕪 溦水名 𣞣

荾之別名 郿地名在扶風 葿莁葿藥名見本草 𩑼金飾馬 鶥鳥名一名鴰鶥 ·悲傷也府眉反一 ·錐職追反六加二鑽也 隹專也業說文鳥之短尾惣名 𪋈麀一歲 騅馬色

萑木名似桂 𪕬業宛野謂鼠也 ·誰視隹反二訶也 脽坐處 ·帷侑悲反一帷幄也 ·邳符悲反三加四下邳縣名 岯山名 鴀山海經飲鴀化為大 魾大鱯魚 䫠頭髮短皃 鴀鳥名

鉟齊旗名 丕大也敷悲反五加六 鴀大又符悲反大鵄也 伾有力 秠黑黍 䫠大面 駓桃花馬色 狉業尓足狸別名 𨚮別 怌憂 㞳山 髬〻髵毛鬛 ·倠許維

反二加一比隹 厜姿又雉 睢仰視又息徐反 ·鎚直追反三加一 槌打又䥡持又馳累反 椎柊楑 顀頭出 ·推尺隹反二加一排也又他雷反 蓷業茺蔚草也 𧬟就讙 ·胝丁私反二皮厚 秪再種禾

紕疋夷反一加二繒壞 㱱屋破 𢻫器破 ·嗺醉綏反二高也 𨷾以木有所擣者春秋敗越於檇李 ·巋丘追反二又丘誄反山小而衆也 蘬草名似葵 ·覣聚惟反一細而有容 𥿋牛肥反二太怒又縣名在代郡又巨貞反 衰誠又所追反 ·屎喜伊反呻吟也一

之上而反三加一語助說文至也 芝 𦤶到又如一反 屮古文 飴与之反十二加九餳之別名 怡悅樂 頤面下又養 圯〻橋名無水有橋曰圯 貽遺也貺也 詒美言 𤥽玉名五色 宧

室東南隅 沶水名 𦨉豕息肉 𩶅魚名 𣐈船斗 姬王女別稱又居之反 洍水名在鳶陰一曰江有洍 眙盱眙縣名 枱銘柄 鏔戟無刃 台我也又吐來反 颱長沙云小流 㠯巳也又餘吏反

鮐 ~鯸 ·時 市之反三加二是也 塒 鑿垣栖鷄 鼭 鼠 榯 落榯持槌也尒疋云制雇着户木持者 旹 古文 ·疑 語基反二加二猜 嶷 九~山 雅 鳥名 觺 獸角又五力反 ·恖 息兹反

九又作思 罳 ~罘 絲 蠶吐 伺 ~候 楒 相~木名 緦 ~麻 葸 竹有毒傷人即死 司 禗 神不安欲去意 齝 牛食又齝 ·輜 楚治反二輧車衣又側治反 颸 風 ·其

渠之反十四加七 旗 旌 期 契 萁 攑 騏 駿之無角曰騏又鳥名 琪 玉 綦 履飾綦葉未嫁服 𩬙 ~髮 麒 ~麟雄曰麒雌曰麟 淇 水名衛 鵸 鳥又去其反 綦 紫綦

似箴 錤 鎡錤鉏之别名 碁 弈 璂 弁飾 鯕 偏魚 禥 福祥 綨 白蒼色 朞 古文 ·詩 書之反二加二言志也 邿 地名在濟北平陰 詘 古 呞 牛哨 ·而

如之反十三加二語助也 栭 木名子似栗而細一曰梁上柱 檽 木耳 隭 地名又嶐阪在安邑 輀 說文柩車 胹 煮熟又作𦞅同 鮞 魚子又魚之美者 咡 吻 鴯 九屬 誀 誘 髵 鬃髵毛鬣 𡰥 凡之屬

擊又口郿口的二反 ·䎌 側交反耳中聲四 𠻻 字林小兒又莊由反 罺 杪冈又楚貿楚鞠反 抓 搯 嘲 張交反亦啁又啁嘐四 𧼯 ~~趒跳趯趙字竹昌反 鵃 鶻~鳥 鳭 ~鷯黄鳥 ·䜈 楚交反代人說五 抄 略又初教反亦鈔 訬 輕薄之稱

𩴌 疾 橾 ~取 ·庖 薄交反食厨也十三 咆 熊虎聲 匏 瓠 炰 合毛炙肉一曰裹物燒 䋂 赤黑色 胞 胵相交 嘐 ~~不實事 狍 ~鴞異獸羊身人面 瓟 似瓠為飲器 麃 似鹿 鉋

~刷又白教反 掊 手~ 捊 引取也亦抱 ·䫜 於交反頭曲也六 咬 ~咋多聲 窅 深目皃 眑 ~䀗面不平又於糾反 梘 梢桐 坳 地不平亦窊 𪌉 五交反一

卅

·豪 胡刀反十 號 哭 帚亦號 毫 毛 嗥 熊虎聲俗作嘷 濠 城~亦壕 勢 ~強又俊 嶅 山名又胡交反 郒 鄉名在南陽 椃 木名 獋 犬聲 ·高 古勞反俗髙十九 膏 脂~

羔 羊兒 皐 九~俗睾 餻 ~糜 嵲 古亭 皐 ~嵲 䒵 草名似蘭 僘 毀 覞 見 櫜 弦一曰車上大橐亦櫜 斛 ~錄 𦯬 食之不飢 鼛 ~事一曰大鼓長丈二

鷱 鶻~ 槹 桔~ 鬱 ~鬱 鄗 鄉名在范陽 篙 竿棹 ·勞 盧刀反勑~十八 澇 水名在京兆又力道反 牢 養牛馬又固也 嫪 姻又郎到反 聊 耳鳴又力彫反 嘮 ~~讙 簩

肉籠又洛蕭反 橑 木名 簩 竹名 𥸥 野豆 醪 酒 撈 取 璙 玉名 嶗 山名 𧯓 ~𧯓急皃又盧到反 蟧 蛄~蛤屬 嘈 ~嘈聲 峷 山名 ·蒿 呼高反又蓬也五 撓 攪又奴絞反

薧 死人里今蒿 嫽 ~私㸋㸋傳 𥖟 碎~谷 ·毛 莫袍反九 氂 ~皁公行之官 髦 ~俊又𤠔 芼 菜又莫報反 旄 ~鉞 㲠 水名 楙 冬桃亦枆 犛 ~牛又莫交反 堥 丘名 ·饕

玉高反貪也廿一 洮水名 韜藏也從舀 滔流皃 謟疑 叨ㄑ濫 挑ㄑ達相見皃又土彫反 弢弓衣 駣馬行皃 犃牛羊無子又昌來充牢二反 牬牛行遲 搯ㄑ棺 慆悅樂 絛編絲為之亦縚

槄今之山楸 䕞謂趙箬為菖 䏂目通亦曉 㕞滑 詃謟 匋古器 夲進本取大十也從 刀都勞反五 魛魚名 忉心憂皃 裯禪被又逐由反 舠小船 騷蘇遭反愁十

搔爬刮 繅絡繭取絲又七聊反深色 臊ㄑ腥亦鱢 鰠魚名 慅愁思皃 颾高風 傜ㄑ行緩皃 溞淅米 艘舫又音蕭俗艘 袍薄褒反二 軳戾 褒博毛反亦衰二 鄡地名

陶徒刀反姓又餘昭反器也廿二 詾言多 咷ㄑ號 桃菓木 綯又直留反 裪禍 錭鈍 犃牛羊無子又土刀反 綯似帳又草繩 燾ㄑ覆 逃亡 蜪蝗子未有翅者又勑高反 匋

𥡥ㄑ 駣馬四歲又徒浩反 鼗鼓 梼大波棺出 濤大波 檮ㄑ杌 騊ㄑ駼似馬 匋瓦器 翢羽幢又吐高反 檮析木 糟作曹反酒滓又醩九 殰祀又殂牢反 𨍏日出 槽栈又才

慒藉勞反 遭遇 燶火餘木 檣菓花實相半 傮迎 敖五勞反姓也遊也俗遨廿一 翱ㄑ翔 聱不聽又五交反 謷不省語也一曰哭不止也又五交反 驁駿馬 獒大高四尺

嚻喧又許驕反 𢧢戈鋒 贅大夫衛 鏊釜 熬煎 嶅山多小石 𩮲長髮 㲈小水 𧷤ㄑ蟹 嗷叫又警 鷔鳥名 鼇海中大龜 螯

蟹屬 𧅄ㄑ蘷蔓生細葉也 𩒺ㄑ顥高皃 爊於刀反埋灰中二 鑣銅温器 曹昨勞反又替九 槽ㄑ木 螬ㄑ蠐 嘈聲 䜊耳鳴又在宵反 蓸草名 褿祭先 艚船ㄑ

膔脆 獿奴刀反猱也亦狃四 獶多毛犬又之大又乃交反 峱山名又仙狃 瑙玉名 尻苦勞反臀也一 櫜普勞反櫜大皃一 操七刀反持也又七到反亦敥二 懆懆又七遥反 所以襄 [illegible]

廿五庚古行反四方八 鶊鶬ㄑ 更ㄑ代又古孟反亦㪅 莖莖 稉稻又作粳 埂秦謂坑為埂 浭水名出北平 羹從羔亦羮 阬客庚反坎也亦硎五 㼽 砊硍 院口蓋又 阬道亦

盲武庚反無目八 䖟虻 鄳縣名在江夏 鍚ㄑ銷 笪竹名 甿ㄑ直視 萌具母 鄳縣名 橫胡盲反從也十五 黌學名 蝗蟲又戶光反 鐄大鐘 瑝玉聲

喤泣聲 鍠鐘聲 鐄織縢 𪓈紞 憆 颹ㄑ風皃 韹聲 𤫏起皃 潢方舟荊州人呼渡津舫曰橫 禜榜ㄑ祭名 閍道盲反宮中小門一曰巷四 祊大 祊廟門旁祭

嗙謌聲 諻虎橫反語聲四 𧹞ㄑㄑ 𠵣ㄑ聲 喤聲 觵古橫反兕角為酒器或觥三 𦉼內滿 侊小皃 彭薄庚反姓十六 膨ㄑ脝脹皃 澎ㄑ地名 憉ㄑㄑ自強 𧥝又益量

普郎反 騯行 蟚蟚蜞似蟹而小 鬔鬔鬤髮乱 棚棚閣又步崩反 榜答打又補孟反 榜榜檠 蒡草名隱忍 篣籠 騯馬盛 軿車音 榜輔又普郎反又博郎反 脝許庚反

膖ㄋ 四ㄋ 悙憆ㄋ 湞水名又直耕反 亨通 瞠丑庚反直視亦瞠三 覴正視 橕橕撥也 鎗楚庚反俗鐺非二 槍欃槍妖星 傖助庚反ㄋ傖楚四 衡角長良亦楠 崢ㄋ嶸 鬇

ㄋ鬤鬇亂皃又作鬇 霙於驚反雨雪雜七 鍈鈴聲 韺六ㄋ高陽氏樂名 楧雀梅 鷬繼鳥 渶水名出青丘山 英ㄋ俊智又於香反稻初生 瑛玉光 磅撫庚反小石聲五 怦滿 椁木弩

享許庚反又許兩反二 澎ㄋ水聲又薄庚反 平符兵反亦乎七 評評量ㄋ 苹蘋一曰藾白 䏰ㄋ脚牛羊胎 枰ㄋ仲木名 泙谷名 蚲蛢 驚舉卿反六 [illegible]虫名 京

大也俗京 荊華 麖獸名亦麠 鶁南方有鳥名曰ㄋ黃頭五色也 明武兵反亦朙明四 盟約 鵬鶊ㄋ似鳳 鳴鳥聲 棖直庚反門傍木七 瞪直視 桯舉 憕ㄋ悵失志白

盯瞪ㄋ 澄水清又直陵反 棖ㄋ觸 趟竹盲反趟ㄋ跳皃二 䫬颺ㄋ狂風 榮永兵反又華美六 禜祈晴禜城門又詠音 蠑ㄋ蚖蜥蜴別名 瑩玉色又烏定反 楻檢 嶸峥ㄋ又嶸又户明反 兵補榮反一

兄許榮反昆一 卿去京反官名一 生所京反進也出也象草木生土中亦牟七 麈如兔而小 笙ㄋ竽 牲牛羊等 狌ㄋ獸 鉎ㄋ鐵又音生 甥外ㄋ 擎渠京反舉八 勍強力 黥黑刑亦剄 鯨大魚名

檠所以正弓 [illegible]鐙柄 [illegible]山藪又渠征反 [illegible]頸 迎語京反一 行户庚反又下孟反又下綱反九 衡柜 筕ㄋ篖竹笪 珩珮 衡ㄋ牡 洐溝行水 䯒熟肉 桁林 鶊離黃

鬤乃庚反鬡ㄋ四 𣯷大多毛 儜弱惡 [illegible]可作[illegible]纓

廾六耕 古莖反犂亦畊一 鏗 口莖反ㄑ鏘亦鎗十三 轟 車鞕一曰車聲 鳽 鵁鶄鳥亦鴈又枯堅反 誙 莊子曰誙誙如 牼 牛骨宋有司空牼 硻 餘堅也又口耕口閒二反 羥 羊名 殸 敲 硜 小兒皃 樫 撞 揁 琴聲亦鏗

輷 堅 峌 谷 甍 莫耕反屋棟九 夢 箬 薨 在 甍 竹 懵 ㄑㄑ在 䁅 視ㄑ皃 萌 芽ㄑ 氓 民亦甿 嫇 嫈ㄑ 宏 戶萌反大十二 宖 大屋深響 鈜

金聲 紘 冠綦 嶸 崢ㄑ又作嵤又永兵反 谹 谷中響一曰谷名 耾 耳語 翃 蟲飛亦耾 閎 巷門 彋 揚雄甘泉賦云帷弸彋其拂 竑 輪轄廣 紭 納網 莖 戶耕反草木榦也四 䪫 樂名 鈃 似鐘長頸

桱 牛脥下 朾 中莖反伐木聲三 玎 玲ㄑ玉 𥨍 ㄑ宏開大 罌 烏莖反瓦器也亦甇九 嚶 呷吟聲 褮 鬼衣 鶯 鳥羽又鳥 櫻 桃ㄑ 嫈 嫇ㄑ新婦皃又於營乙爭二反 鸎 鳥ㄑ 譻 小聲

鸚 ㄑ鵡 崢 士耕反ㄑ嶸山峻皃亦崝嵤三 𦱊 ㄑ𦱊草亂皃 鬡 鬇ㄑ毛亂 琤 楚莖反玉聲四 棦 剌ㄑ 嚶 呷吟 錚 金聲 儜 女耕反困也六 鬤 亂 饓 充寧也

𧭈 譻ㄑ小聲 鬇 ㄑ鬡 𦱊 ㄑ𦱊 怦 普耕反心急皃九 姘 齊人與女交罰金四兩曰姘 閛 門扇聲 拼 使也又必耕反 弸 彋ㄑ 娦 急 䶄 使 抨 使 𤘫 牛色駁如星 砰 ㄑ磕如雷聲亦硑

轟 呼宏反車聲亦軥輷九 訇 聲又呼縣反 𦑣 羣鳥翔 䂫 石落聲 𦑟 ㄑ飛聲 揈 擊聲 訇 水石聲 鍧 鏗鍧鐘聲亦鈜 㤥 ㄑ惆好嗔怒 繃 逋萌反束兒衣也三 拼 使又普耕反 絣

振繩墨 橙 直耕反柚類八 楟 橕亦敦 瞪 ㄑ盯直視 湞 水名又普耕反 虰 ㄑ蟻又音丁 䁝 安審 𥨉 響 𥤚 窔 泓 烏宏反水深三 䚾 ㄑ諍 𥦗 室響 輣 扶萌反兵車五 弸

弓弸皃 㥊 惆ㄑ好瞋怒 棚 棧ㄑ又薄崩反 庄 平 娙 五莖反身長好皃漢武夫人娙娥二 俓 急又牛燕反 爭 側莖反競也六 箏 ㄑ芋 埩 埋 綪 縈ㄑ 猙 獸名似豹 鯖 魚名長頸

廿七清 七精反天氣又水清三 圊 廁 鯖 魚名又諸盈於刑二反 情 疾盈反五 睛 受賜 晴 日色 請 又在性七性七井三反 夝 雨夜除見星 精 子情反十二 氏 狝ㄑ縣名 菁 蕪ㄑ 旍 ㄑ旗亦旌

鶄 鵁ㄑ 蜻 ㄑ蛚虫 睛 目ㄑ 聙 聽聰 𤅷 水名 晶 光 鼱 ㄑ鼩小鼠 婧 竦立又慈性反 盈 以成反又滿九加一 嬴 姓 嬴 好女 瀛 大海 籯 籠

楹 柱ㄑ 櫺 陳宋謂櫓負 溋 魯大夫名 贏 財長也亦及 𤢃 似狐黃尾 營 余傾反四 鎣 采鐵又烏定反 塋 墓域 謍 耳目 嬰 於盈反ㄑ兒亦孆六 纓 冠ㄑ 瓔 ㄑ珞

賏 頭飾 攖 攢 鄍 地名又一井反 貞 陟盈反正也七 禎 祥 楨 ㄑ楨女ㄑ冬樹 湞 水名 鄭 地名又直貞反 偵 候又勑貞反 𨻦 丘名 檉 勑貞反木名七 偵 候又陟盈反 赬 赤

赤也 趵跉ㄑ行不正 窺正視 酲病酒又直貞反 虰蠪亦蝗 成市征反七 城ㄑ郭 盛物在器又食正反 誠信 宬屋深 郕地名在東平 箴ㄑ筐織具 呈直貞反平也亦也六 程ㄑ期又姓

篁遳 程佩帶又恥領反 酲病酒又勑貞反 珵玉名 聲書盈反音二 [illegible]無形而響 征諸盈反行也亦征六 鉦鐃ㄑ 正ㄑ朔又之盛反 怔ㄑㄑ懼皃 征ㄑ伀行遽皃 鯖煮魚煎食曰五侯又於形反

輕去盈反三 鏧金聲 [illegible]一足跳 名武并反二 洺水名 跉呂貞反ㄑ趵二 令使人又呂鄭反 幷府盈反三 栟ㄑ櫚木名 䈂ㄑ車輴 傾去盈反又吴也一 餳徐盈反又餂一

縈於營反繞五 嫈小心態又烏莖反 [illegible]聲 [illegible]覆 褮鬼衣又胡均反 瓊渠營反玉名十二 焭獨孤又学 睘驚視 惸無兄弟 [illegible]樽ㄑ子木名根 嬛好亦惸

蔓ㄑ茅草名 [illegible]車輮規也一曰車輪 [illegible]貪女色 儝侍 [illegible]獨行無所依 藑草旋白 騂息營反馬赤色四 垶赤土 觲角弓 [illegible]赤 頸巨成反又居郢反三 鮏魚名

葝鼠尾草又居成反

卅八 冥

冥莫經反暗十四 榠ㄑ樝 銘名記 鄍晉邑 溟ㄑ濛小雨又亡冷反 顭眉目間 熐乾酪 瞑目ㄑ合眼 嫇ㄑ奵 覭小見又亡狄反 [illegible]隋米 螟ㄑ蛉食菜虫 [illegible]小豕

蓂ㄑ莢瑞草 青蒼經反東方色也三 鯖魚名 綪深碧 經古靈反常也三 涇水名 鵛鷄 形户經反成也十二 刑戮 邢地名 桯牀前長机又音汀 鈃ㄑ祭器 [illegible]

酒器亦鈃鉼 滎小派 [illegible]郡名在密 型鑄鐵 陘連山中絶 侀成 娙長好又五丁反 庭特丁反直十九 停住 鼮似鼠 莛草莖 [illegible]軏 鯙魚名 [illegible]

定息 葶ㄑ藶 筳ㄑ竹 亭ㄑ館 聤耳出汁 霆雷ㄑ 梃縣名 渟澄 廷朝ㄑ又音定 狿猛獸名 [illegible]蠶眠又蠶二眠 娗好皃 楟木名 丁當經反五

釘鐵ㄑ 叮ㄑ嚀 虰ㄑ蛵 阝丁丘名 馨呼形反香三 [illegible]小言聲 蛵虰ㄑ 星桑經反晶光亦曐也十 腥豕肉又先定反 胜犬膏臭亦鮏 鯹魚名 程稀 鮏魚臭 醒

ㄑ酒又息定反 鉎鐵生又所庚反 狌犬吠聲 [illegible]ㄑ別駕車 竮ㄑ伶行不正亦伶俜六 甹ㄑ逢掣曳又匹丁反 艵美色又普迥反 頩色又普丁反 姘男女合會 俜使 靈郎丁反神也善也卌六 櫺ㄑ檻階

際欄又欞 [illegible]草名 怜了ㄑ 泠ㄑ陽江將察也 舲舟有窓亦艆 齡年ㄑ 囹ㄑ圄 鴒鶺ㄑ 麢ㄑ羊 笭竹名 蛉螟ㄑ小青虫 鈴似鐘而小 零ㄑ落沉 醽

淥酒亦醽 伶樂人⺀傳 翎鳥翢 ⿸疒令病 呤語聲 舲船 霝雨客 苓茯⺀ 駖⺀礚車騎聲 岭深 魿垂車行又渠巾反 毴毛氈 餇 紷緸絲百廿

䨩空 櫺窓櫺于亦霝 泠清水⺀ 鈴⺀鼩似鼠有耳 玲玉聲 酃地名在湘東又力鼎反 鑐似餅有耳 ⿰霝頁瘦 聆以耳取聲 鴒鳥 龗龍 䨩山神亦龗 ⿱雨女女字

跉⺀跰行不正 䶨⺀鼩鼠 蘦菜名似葵可茹 苓小⺀蓍龍 軨車闌亦轜 寗奴丁反六 寍安 嚀叮⺀ 鵆⺀鵢 ⿰靈虫螻蛄 㬳告又力⺀反 汀他丁反水際平亦𣲷十 評平又訂

桯碓⺀又音刑 綎絲綬帶亦鞓 絓綬亦縕 頲又他頂反人名 聽耳聆又他定反 廳屋⺀ 艼蘈又洽反 町田處又丁徒頂反 鯖魚青色有蹤殒有骨於刑反一本作䲔又音征清二音 瓶薄經反水器十二 蛢似蝉又丁令鼠 屏

⺀風又音必郢反 荓⺀𩇯雨師名 軿輜⺀車 萍⺀是水上浮草亦蓱 竮⺀竛 蓱馬帚草名似蓍 郱⺀城在東莞 畊竹器亦𦈸 鮩魚 鼱⺀鼩子 熒光也又乎丁反星名六 褮衣開孔 螢

光垂亦熒蛈 瞢或唯并反 朐貨 滎小水 扃古螢反戶外閉門十 駉駿馬 坰郊外林 冋象遠界 絅引急 熲光又古鼎反 檾枲屬賦云檾有紫⺀ 鼩鼫⺀ 駫馬肥 瀅水名易陽或云改易水洛水可以淬劍也

卄九 歌

歌古俄反古作哥並樂八 柯枝也柄也亦牁 㤩法近 妿女師 滒澤名在山陽 哥古作歌今俗謂兄父為哥也 牁所以繫舟又牂牁郡名亦柯也 渮多汁 盉胡戈反調五味六 和又胡過反 鉌⺀鈴 䅎棺頭散

禾穀五 龢諧⺀亦和 過古禾反經也又古卧反十 戈勾戟子 渦水名在淮陽亦過 咼⺀士 蝸蝸蠃之別名又古卧反 鍋溫器 輠車盛膏器亦楇 緺綬 瘑疽 ⿰戈鳥鳥名 鸁洛過反鳥身

㯉理十三 驘⺀是馬亦騾 鸁桑飛 臝木名堪作蒲萄 虆草名出水中 蠃穀積亦稞 螺水蟲亦蠡 鏍鉌⺀又公科反 覼⺀縷委曲 腡手中文 蔂盛土草器又力追反

莎藾禾又草名十 髿髿草鬆垂也又素何反 魦魚名 桫⺀欏 㟼⺀頭縣在涿郡 趖疾⺀ 蓑繖草為雨衣 梭織⺀亦桫 誈⺀偒 唆小人相應 痤昨禾反⺀癤五 矬⺀短 銼小釜

睉小目 矬麥秀 訛五禾反謬也又吪六 譌動 鈋⺀角 卬木節 蔿草又于彼反 囮網鳥者媒又餘周反 科苦禾反⺀段十一 窠⺀窟 薖草名 稞青⺀麥亦䅳 萪

藤⺀生海邊 蝌蝌蚪⺀蟲 課⺀卷又苦卧反 萪竹名 薖⺀軸 瘑禿 犐無角牛亦牫 倭烏禾反東海中女王國四 濄水迴 渦水坳又人姓又古禾反 涹濁 蹉七何反⺀跌五 齹齒差亦䶩 瑳

玉色 㮎⺀碎 磋理象牙 多得何反古作三 㚉南楚謂婦妣曰母㚉婦考曰父㚉 䔢漢書云群盜䔢宗 娑素何反婆⺀三 挲摩⺀ 傞不正又七何反 婆薄波反四 鄱⺀陽縣名 皤白頭亦皤 縏人姓又扶蕃反

摩莫何反〻杪七 麼尼 磨林又莫加反 魔鬼 劘〻銷 𪎭偏病也亦䵎 磨〻研 驝徒何反駱〻亦駝十八 鞁馬尾 䯪神〻 鼉鼠 䡐疾皃 驒連錢驄又丁年反

鼉亦鼉類又徒寒反古作鼉 䡐〻頁 佗賈〻晉大夫名 跎蹉〻 紽絲縷亦䋦 鮀魚名又鮀 陁陂〻不平亦陀 羘似羊四耳九尾也 䬇凡貪 袉裾又達何反 酡醉 沱滂〻 醝昨何反白酒十四

𤰲殘歲田 瘥病 䁟春又䞞 艖小舩 虘虎不信又才都反 䣜縣名在沛郡 酇縣名又子旦子管二反 齹齒齹 躦蹋亦嗟 瘥小瘦病 醝酸別名亦䣼 嵯〻峨 䰈

蘼寶又子祁反 義五哥反草名似蒳蒿十 蛾蠶〻 涐水出蜀 誐文善言 䀉視 俄〻頃 額齊 哦吟〻 峨嵯〻 娥美好 鵝〻鴨 他託何反非己三 拕

曳 羅盧何反從网七 蘿〻蔔 籮〻筛 儸僷木 欏橼木 邏遮又婁箇反 𣶒泊〻水名在屋原府投處 那諾何反何也縣在安定七 難歎名 䋻多 鸋麋鹿〻亦鸋

儺〻驅逐疫鬼 犐似牛白尾 椰〻桲 何胡哥反姓六 河水名 荷芙蓉 苛〻煩虎政 鮖魱 蚵蛘 訶虎何反責也亦呵五 頎傾〻 婀女字又於何反 抲擔

丂丁氣已舒 波博何反淪也五 皤人老色白又薄何反 紴錦類又補靡反 番勇也〻〻 嶓〻冢山在隴西亦嶓 頗滂何反不正又滂可反三 坡坂 陂〻陁不正 珂苦何反珮飾三 軻轗〻又苦賀反 𩩲膝骨

阿烏何反山曲七 𡛳女衣又於女反 娿婀〻不決 妸女字又虎何反 鈳鏺〻 䋍佃繒 痾病亦疴 詑吐禾反欺四 涶水名在西河 𧧭〻譎又吐谷反 譑慧 挼奴禾反〻莎一 牠徒禾反

牛無角亦觰二 犄乖搏亦𤙓礙也 鞾希波反鞾佮作靴二 批偽 陊丁戈反又丁果反小堆亦墖塜一 茄巨羅反〻子二 枷〻杖 佉墟伽反張口二 𣤫去 迦居呿反仙名又音加一 虵夷柯反又吐何食遮二反蛇二 伽〻法反

丁戈 過又古臥反十一 䐯倉禾反脆一 㛗訬疾又子禾反一 侳子過反又安一

佳古膎反美也二 街道 膎戶佳反脯也五 𢷤〻挾 䙎袖 鞋扁屩又鞋 㥳心不平 牌薄佳反牓又步皆反五 鯶魚名 簰大桴也木曰桴竹曰〻 郫縣名在蜀又扶羈反 犤牛又犤騎反

媧姑柴反女〻氏亦媧六 緺青〻綬 蝸 諣讙〻隋 騧馬色 歇娃〻 蛙烏媧反蝦蟇屬正作鼃三 咼苦蛙反口戾亦喎 絓惡絲 柴士佳反薪也姓也七 祡燔〻祭天 齜〻齵齒不正 崖

精 輦連車 瘵病 茈〻葫草又茲尔反 釵楚佳反婦人歧笄七 艖南楚人謂小船 䁟瑕 剗剷 靫〻 䩛〻鞴 差〻舛又楚宜楚皆三反 𡦎口偏張 𦝼矮雞

覣妳佳反~~胡二　諕言不正　崖五佳反岸也六　啀犬鬭　厓山邊　涯水涯　㾹病聲　䶂齧　娃於佳反美女皃四　哇淫聲又烏瓜反　洼水名又烏瓜反　哶嗑　崽山佳反呼彼之稱又山

皆　籭簁又山綺反二　嗝丈佳反又笑也二　欸歎氣　扠丑佳反以拳加人亦擁一　膭莫佳反又視皃二　䚑　諰所柴反語也一

卅一麻莫霞反枲屬五　䯢~牛　蟇莫柯反又槛　蟆~蝦　鼃水虫似龜大如車蓋出沙上生三百子肉多膏可食　車昌遮反又尺居二　硨~磲玉　奢式車反~侈三　賖不交　畬田　邪以遮反琅~郡名又似嗟反九

斜似嗟反又谷名　釾鏌~　荼菜名　㮇梟屬　𥝱又穗　椰木名胡遮反　鄒邪亦州　𥰭竹名亦海　歋~揄舉手相弄歈字又以朱反　遮止奢反衡也三　奓父呼人又吴　䠛䠛　嗟子邪反亦諸嗟字

罝子邪反亦網　苴亦菜　䔛蕃菜　䶕詠　嫭亦謯　嫭驢亦嫭　祖縣名又似與反　𤊾小痩　蛇食遮反毒虫亦虵又託何反土何反二　茶苦菜　華戶花反亦華六　驊~騮　鷨鳥名似雉　蝉

鋘似嗟反蚶~　鍤鏊亦鍤　鈚而呷　釾古華反又茶　𧗿又菽屬六　騧黃馬　娨女侍　㕸引　䯞青綬　蝸~牛小螺　花呼瓜反又西華二　譁諠~　誇苦瓜反又大言七　夸奢　䠸以~䠸

跨吴坐　荂敷榮　姱好也　䯞䯞骨　拏女加反又牽七　詉~語不正張加反　挐手挐　拏相牽又持也　笯鳥籠又拏胡反　㧱衣　䜮猪　嘉古牙反又善十九

家宅　加增　葭蘆葦之未秀　茄~蕖荷莖　麚牝鹿又豕　痂瘡　駕鴐鵝　跏不得進　枷~鎖又打穀具　袈~裟　瘕病　猳牝豭　豭豕

遐胡加反又遠十三　蝦~蟇又水中虫　鍜~鎀　霞赤雲　瑕玉病　碬厲石　䩵䩵根亦𨍮　䪼四翮　騢

蕸芙蕖又音遐　䗚米中黑虫　茄荷莖　迦釋迦又居呿反　珈婦人首飾　遐　蝦　鍜　霞　瑕　碬　䩵　䪼　騢

赤馬白雜色　䱹大䱹　蝦下　蝦　鍜~鎀　䰘不語言節　葩普巴反草花白亦䒆二　虵水虫貝屬又白加反　鴉烏加反又烏之別名四　鈀鎀~　窊~窫作窳宅加反　劋自刎　巴伯加反又巴夷類六　鈀兵車　笆有刺竹名　豝豕

芭 蕉ˎ 蚆 䗪屬又普加反 叉 初牙反交二 杈 杈ˎ把 砂 所加反ˎ石七 沙 ˎ汰 桬 木名在崑崙 鞘 履 紗 絹ˎ一曰𦇩又作䋏 裟 袈ˎ 鯊 魚 牙 五加反齒正亦古十三 芽 萌ˎ

衙 縣名在馮翊一曰衙府 枒 杈枒不正 齖 齺ˎ齒不正 楂 取 溠 水名出義陽 苴 茅 柤 柂也取也 戱 以指叡 皻 ˎ皰亦䶥 䶥 牙齒不正 [illegible] ˎ汁 茶 宅加反亦二十一 秅

稀ˎ 瘵 瘏ˎ癜 蹅 ˎ跨行難貌 嵞 内曲与鵌ˎ 陼 丘 梌 判木 荼 苦菜又度胡反 涂 塗汙 鄌 亭名 搽 一本作茶春藏草菜亦茶 衺 似嗟反不正亦斜三 邪 ˎ 斜 ˎ蒿

闍 視奢反闉ˎ城上重門又德胡反三 佘 姓 鍦 短矛 窊 凹烏瓜反二 洼 深又於佳反 髽 莊華反婦人喪服 檛 陟瓜反打也二 簻 箠 爬 蒲巴反搔也亦杷三 杷 枇ˎ木名 琶 琵ˎ樂器 楂 鉏加反水中木亦查槎

同 四 䶥 ˎ牙又音樝 䶩 欲破 鄌 地名 侘 敕加反ˎ傺失意貌二 㝴 ˎ口 奓 陟加反ˎ張七 䏧 不蜜 䶰 唯聲 譇 ˎ詉詐不正也 觰 角上廣又都賈反 𧩦 ˎ拏詐

秺 開張屋 煆 許加反火氣也猛也又呼嫁反四 颬 出氣 呀 口 岈 嵖ˎ峼字呼合反 𪘂 客加反又齧四 搹 扼 咤 内曲達利張加反 挓 ˎ抄舒張貌 婼 而遮反ˎ羌國名一 査 市邪反大口一

卅三侵

侵 七林反漸進三 駸 馬行 𧯷 幽豆 尋 徐林反逐也亦尋十二 鐔 劍鼻又徐針徒南二反 潯 瀺深又水名 鱏 魚名又餘針反 㨋 取 䌸 續 䰼 大釜屬 灊 水名 樳 木名

鄩 古姓 𨼆 小堆阜 襑 衣大又他感反 林 力尋反藂木八 琳 玉名 淋 以水沃 臨 大 箖 竹名 𤃫 水出貌 霖 三日雨 痳 病 琛 丑林反ˎ珍八 棽 木枝長又所林反 肜 祭名又餘終反

舷 行舟 綝 善 賝 ˎ賮 覘 私出頭視又丑鴆反 郴 縣名 斟 職深反ˎ酌九 針 亦鍼 䲔 ˎ鶱名鳥 箴 竹名 鱵 魚名 𡊸 ˎ鄩古國 黬 黑又居咸反 瀸

酸將草 葴 規誡 沉 除深反沒也亦式稔反姓也六 𤙴 小水牛 䒞 草名 霃 天陰 鈂 鍤屬 𥘺 水石 碪 知林反擣石俗砧三 椹 椹也析木質 枮 又思廉反 諶 氏林反誠也亦煁諶四 忱 信也亦忱

瘎 復故病又瘎 煁 行竈 任 如林反又堪也六 鵀 鳥名 恁 信 壬 ˎ子 妊 孕 紝 織紝機上縷又女林反 深 式針反又水二 𦺼 藕蒻 淫 余針反ˎ佚十二 婬 ˎ奸 䇮 竹名

蟫 白魚 鐔 劍鼻又徐林徒南二反 鷣 鷂之別名 𨞎 地名 𡊃 貪 鱏 魚名又徐林反 芺 熱 霪 久雨 冘 行貌亦佑又以周反 心 息林反二 杺 章ˎ杺 愔 於淫反晴二

窨 地屋又猗禁反 祲 姊心反九日傍氣又子禁反 梫 木名 兓 ˎ銳意 鋟 鐫 櫼 楔或䃏 䨾 雞 𩸄 魚名 埐 地名又才心反 䭽 高鼻 鮗 昨淫反大魚曰鮗小魚曰鮗七 嶜 ˎ崟

梣木名 灊水名 埐地名又子心反 [illegible]極 醰熟麴 𧦝女心反：：誠唯聲二 絍組：： 琹渠今反舜樂廿一 𢹿急持亦捦 黔黑而黃一曰：：首衆 庈：：父 䈤竹䉷 [illegible]亭名

禽鳥之惣名 芩黃：： 擒捉 檎林：： 澟寒狀又力朕反 [illegible]石地 澿 鵭鷂又渠錐炎反 伶古之樂人 鈙持：： 紟單被又渠禁反 [illegible]竹甚又禁反 [illegible]禾欲秀 耹

音又其廉反 黚黃黑又渠炎反 欽去音反敬四 衾被亦衾 嶔：：岑 崟似嵩 歆許今反神食氣三 廞陣車服亦廞錦反 歁大盛皃 金居音反銑也七 今古今亦今 黅黃色 衿小帶又琴禁反

襟袍襦 禁：：得又居陰反 襟：：心 音於今反六 陰：：陽 霠雲霞日亦陰 韽聲又於南反 瘖啞 喑極啼無聲又於含反 森木長所今反皃六 蔘人：：參：：辰亦參

槮樹長 棽木枝長又丑林反 寮突 岑山小而高五 涔：：陽地名又士監反 霫雨聲 火入山深 梣青皮木亦橉梫 簪側今反笄七 瑨石似玉 潛水 鱘魚 笒

撍束 兂首笄 嵾楚今反一：：嵯不齊皃亦參 唫魚今反咏歌也亦訡訡五 芩菜 䨩霖雨又牛皆反 崟：：嶔 㞬衆立 䫀視一 兂針

卅三蒸

蒸諸膺反衆也六 烝冬祭又熱氣 篜竹炬 脀熟 薀葅 胷 [illegible]癡 承署陵反次也一曰奉二 丞佐 澄直陵反清又直庚反五 憕平又竹萌反 澂戒 瞪

直視皃直庚丑升二反 淩歷又水名 陵力膺反大阜土 𡽀：：蒿皃 餕馬食穀又力凱反 棱止 䔖：：去又居力反 陵草 䅋福 凌冰 蔆芰亦蔆 㥄怜 綾

：：錦 鯪魚名 夌越 膺於陵反胷四 應當 鷹鳥名 䗀寒蜩 凭扶冰反託五 凭依几 淜無舟渡水 凴：：陵 磳硱：：又子騰竒二反 冰筆陵反

凍五 掤所以覆手 弸覆天又作棚 淜：：河 棚盛箭器 蠅餘陵反虫一 繩食陵反絜索九 譝稱 䱍魚名 憴譽 騬㹐馬 乘駕 澠水名在齊 溗波前後相凌

艂睦也埒也亦埁隥 升識承反十合五 陞登 勝任又書證反亦勝務 拼上擧 昇日上 仍如承反古荷五 扔引 芿陳草 認就 杒木名 兢居陵反懼二

矜憐古矜 嶒陟陵反也五 癥腹病 鄫古國 旍旌旗桂皃 崣 繒疾陵反帛七 曾：：崚山高皃 騬健馬 鄫國名 驓馬名 橧豕所寢 竲高皃

凝魚陵反水結一 興虛陵反起也又去聲三 鄍地名 蕇：：菓 稱處陵反知輕重也二 偁宣揚美事亦稱 硱綺陵反：：磳石又口本反一 殑其矜反：：欲死狀三 䅿根可緣竹器 磳：：硱又子滕反又變冰反 殑山矜反

一 ＝＝ ·僜 丑升反䳵行皃又魯鄧反四 睖 ＝瞪直視又直陵直庚二反 庱 亭名 絠 緩也縧也亦詒非

卌四尤 羽求反甚也從乙聲八 杙 木名 脞 縣名亦𦛙 疣 ＝結病亦肬黕 沋 水名 肬 贅 訧 過 郵 境上舍 ·憂 於求反十七 優 ＝昌又饒 瀀 ＝渥 𨟵 邑名 𣣯 氣逆

獶 ＝猴犬 𤺌 牝麀亦𪊨又於虯反 穮 穮種 呦 鳥鳴 婯 鼻目間恨 纋 笄中 優 ＝遊 蓃 菜 櫌 打塊槌 丝 嶶小 怮 含怨不言 嚘 ＝歐歎 ·劉 力求反鎦也卅二

鶹 ＝離鳥少美長醜 留 按說文從卯 蒥 ＝荑藥名 虾 水虫亦蚯 藰 竹名又力九反 飀 飀＝風聲 勠 并力左傳曰勠力同心又力遂反 摎 縛殺亦㨨 駠 赤馬黑腹 騮 驊＝ 𤲞 田不耕而種 鷚 鳥名 廇

麻＝ 觩 角皃 遛 逗＝ 硫 ＝黃藥名 瀏 水清 憀 賴又力周反 粈 糅＝米𥺞 流 水行 蟉 𧊜＝又力幽反又渠糺反 䄂 視覼 懰 怨 𨂃 豆 旈 旒＝ 飂 高風 瘤

肉起病 橊 木名 鎏 美金玉飾 瑠 ＝璃 𪕂 食竹根鼠又作𪕰力九反 秋 七遊反禾熟也十二 鞧 車＝亦緧 鰌 鰼 𪓰 蝤蛟 鶖 鵚＝鳥 鼀 ＝似蝦蟇 鰍 魚名 篍 吹簫又具燒反

萩 蕭似蒿 楸 木名 蟗 ＝蜘蛛別名 𪆟 雛雞 ·猷 以周反玃屬也亦猶卅 悠 遠也憂 油 水名又麻汁 由 用亦音 猶 如也尚也 攸 所 蕕 水中細草 滺 水流皃 𦿆 薰亦蕕

邮 ＝亭名 鮋 魚名又丈流反 斿 旌旗土斿 遊 遨＝ 逌 氣行古攸 㪌 擻＝擧手相弄 冘 ＝猶不定 𨗨 行 輶 輕車又易爱易擾二反 蘇 草盛 蚰 ＝蜒 䚻 從 𦳝 草

覙 深見 遺 遺玉又餘九餘昭二反 游 浮 垩 覺 䱂 魚 洩 ＝帛名亦酒洩 𤺞 臭氣 偤 待 蝣 蜉＝ 櫾 木名 𡩋 久屋木又弋久反又作𡩡 囮 內鳥媒五弋反亦圝 鳩

鳥 𦤀 空 𣐈 木更生又臾 䖻 蝣＝又力周反 楢 𣛻又以帚反 秞 禾盛 ·牛 語求反大武一 遒 即由反盡也又字由反亦迫也聚也十一 䲡 鳥化為魚項上有細毛 啾 小聲 湫 水名又子小反 𨿅 聚 𨿽 雀聲又

才笑反 䯻 接鬢 揪 耳鳴 蝤 ＝蠐似蠏 楢 木名 揫 禮云秋之言揫也又字秋反 酋 字秋反長也亦酋醳酒也十一 愁 緧 馬緧 蛁 蝤 熘 㸁 䲡 以帛撃射也 湫 漩

𣩬 終又子牢反 揫 束也又即由反 崷 ＝崪山高皃 鰌 海魚 ·脩 息流反脯也七 羞 進也亦脯 修 理 饈 ＝餚音甫文反 鎀 鋌 輶 輕 橚 木名 ·抽 勑鳩反亦楢七 惆 ＝悵

婤 人名又止由反 瘳 病瘥 𨐗 瘥 妯 ＝動也＝娌 睭 失意皃又他秋反 犨 赤周反白色牛一 周 職鳩反忠信又姓十 洲 渚 淍 水名 雕 居又時惟反 賙 ＝賵 婤 女字音妯 𠹭 呼雞聲

輖重 舟船 州ヽ縣 ·讎市州反。上六 酬ヽ酢。亦醻 詶以言荅。又之由反 雔雙鳥 魗弃 鮋魚名 ·柔耳由反。軟也。安也。十六 鍒ヽ鐵 楺ヽ挻 蝚螻ヽ蛄

鶔鶔鷜ヽ。鶔鳥。鶔字音福 鬏馬黄驪 畕柔良田 騥馬青驪 葇香草 瓇王名 堥前高後下。又丘莫侯反 腬面和 腜肥 鄾鄉名 鞣ヽ皮。又人久反 蹂踐穀 ·收

式周反。取也。俗作收 ·丘去求反。五 蓲烏ヽ草名。又央留反 蚯ヽ蚓 訄迫也。又渠鳩反 邱地名 ·颩匹尤反。風吹。八 秠一稃二米。又芳鄙反 䆺ヽ聲 衃凝血。又芳才反 肧孕一月。又普才反 𣪍坏 紑盛。又良

孚正反 醅醉飽 ·啾子由反。ヽ唧。二 䳕雀雛 ·鳩九求反。五 艽秦ヽ藥。亦樛。又居由反 勼聚 䦔鬭取 朹大力 ·不甫鳩反。又甫救、甫九二反。三 鴀鳺ヽ。楚鳩。鳺音夫 ·搜所鳩反。取也。俗。十五 餿飯壞

颾風ヽヽ良 溲小便 醙白酒 鎪馬ヽ耳 廋蒐 犙牛三歲 趍不進 嫂雜膆草 豵獸名。似猨 蒐春狩名 䐹乾魚 鄋北方國 螋蛷ヽ

·搊楚求反。手ヽ。亦搯。三 篘ヽ酒。亦䈑。篝 𥻨粉ヽ ·鄒側鳩反。地名。亦鄹。郰。十 騶廐御。ヽヽ。一曰虞獸 齺ヽ齵齒偏。亦作齵。又仕角反 菆草名 棷薪。又塢 陬鄉名。一曰隅 緅赤青色 䠷犬走 齱

麻荃 䑼ヽ艆 ·愁士求反。又憂也。二 潹腹中水 ·休許尤反。又無點。十 㹯ヽ貔 𩢍馬名 貅ヽ猰 痳下病 瞜汗面 鵂ヽ鶹鳥 髤ヽ漆 庥ヽ廕 脙脊腹。又渠尤反。亦胳

槐 ·惆去愁。又長也一 ·囚似由反。囹在獄。五 泅浮水上行 莤ヽ瑞草 慒慮。又以冬反 鮂白鯈 ·儔直由反。又ヽヽ躇。四 幬帳 躊ヽ躇 裯單被 疇田ヽ 紬ヽ絹 綢ヽ繆 稠

薵ヽ藉怨 檮木名 儵魚子 籌筭 𪄹南方雉名 鮋魚名。又常州反 𨟠江在蜀 邑咨 怞朗 嚋否 䬞颸 菗茶草 𣪮縣名。又擊

妯動也。又直六反 懤愁毒。又直音曹 𥇓ヽ詞 輈張留反。車轅。五 盩ヽ厔。縣在扶風 啁ヽ哳聲 譸張誑 侜擁蔽 ·裘巨鳩反。亦求。廿三 求索 仇怨 厹地名在臨淮。亦作仇。又人久反 頄頰

銶鑿屬 求亦強額 蛷ヽ螋 逑匹 球玉名 賕財 艽地名 鼽病寒鼻 梂鑿首 肍魚肉 𥾛引 絿急 訅謀也。安也 賕ヽ嘆。又呼尤反。亦胳

宋霥 捄ヽ縷。亦穀 㪩ヽ谷 𦬾ヽ蘢 朹木名。子如柰 犰白苜 毬ヽ終 釚ヽ弩 梵荊 莍榛實 㤹怨仇 訄迫也。又去求反 邦地名 ·浮

父謀反。泛也。廿六 哹吹氣。又拂謀反 桴屋棟 桴杷 䛘小言 脬肉䏝 雱ヽ雨。雪皃 艀舟 罦覆車 棓捧 枹鼓槌 箁竹有文 罘車上網 琈玉名 涪

粰水名﹅桴 鳺﹅鳩 罘罝 鯙魚名 芣﹅苢 蜉﹅蝣 烰火氣 泭編木渡水 裒聚也薄講反 稃多 鍑﹅釘 謀莫浮反廿也 眸目童子

雺天氣下地不應又莫貢反 牟牛聲 侔等 蝥螌﹅ 蛑蝤﹅ 繆絲十累 矛戟 鍪兜﹅ 麰﹅麥又旋麥 劺勉 鴾鴾﹅ 鉾 鰵魚名

莽草 瞀﹅䁅 蟊食穀亦蜂蝥 蟄雉﹅小雛 髳﹅髮至眉

五侯胡溝反十九 猴﹅猻 糇糧 翭羽 鶲鳥 喉咽 篌箜﹅ 睺目出方言半盲也又胡遘反 鯸魚 䂉﹅谷亦䂉 郈地名 帿帿桗梨栗 骰骨 帿布也 張

鍭 錐大箭胡﹅反 鯸魚鮐 餱乾食 䞀﹅揄衫 鉤鋸﹅所以鉗頭 謳烏侯反亦歌十四 樞小衣兒 鏂鉗﹅丁又鉛 甌凡器亦嘔 䡆久脂 瞘目 睺深目又口根反

頭 醧甘 樞木名 櫙刺榆木名 歐﹅陽姓又作甌越 漚﹅漚 毆﹅頭足又恪侯反 䲰女溝反胡羊三 䨲兔兒 獳犬怒 樓落侯反廿四 蔞﹅樹 婁姓也又星名 䁖

髏髑﹅ 樓﹅耶 膢祭名又力于反 鄹﹅邾臺 𪏆豬子 鄽南陽亭 艛周官有鞻氏掌四夷之樂 樓﹅祭名 褸衣領 艛舟 廔﹅廲﹅窓牖 剅

䁖小﹅具 䭑﹅餅名 鏤﹅鏤 嘍﹅咲百舌鳥鳴 瞜視兒 䫫似羊 蝼螻﹅蛄 蔞蔞﹅ 慺﹅﹅心之敬 僂﹅傴 涑速侯反浣也亦漱三 樵又先侯反 嗾使犬又桑豆反亦嗾

彄恪侯反弓弦十 樞﹅衣 劬劉裏又乙侯反 韝﹅ 裪 𥈾深目又一根反 鞻 傳 鞲射韝 怐﹅恂 溝水名又口侯反 𪄾呼侯反 鉤﹅鉤鼻 鏂子侯反麻幹亦

䢱 掫夜戒守有所擊 鯫魚名又士垢反士溝反三 偷託侯反竊也四 鍮﹅石 媮女巧又苟且 緰紫布 頭度侯反首十一 劍剷﹅ 投﹅擲 逗﹅射 䴚鴉 麻麻﹅

窬穿 緰布 𧙏 歈歌 腧近身衣 䲹﹅五侯反鄹 鉤古侯反又曲針十五 句﹅劍 句﹅﹅留又句龍又音遘又俱芋反 溝深尺四 褠單衣亦構 篝

緱﹅縣名 䫫 辮 䪷 篝 籠 筠 枇杷竹 鞲 ﹅ 鞴 似甑 軥﹅ 𧮵 鉤 𤬪 韝﹅ 絇 左思賦云繁富夥夠 夠 艞﹅艞 船名 篝 數名 兜 當侯反﹅鍪 六 叟 輕言 出

篼 食馬籠 眍 ﹅眗目汁凝俗作眍 剅 劍 䬒 小裂 侸 佔﹅立兒 剷 祖鉤反細斷亦剷二 鯫 魚名又子溝士垢二反

廾六幽 於虯反隱也暗也六 泑 澤在崑崙山下 呦 鹿鳴 怮 憂皃又於糾反 𢆶 微也亦作幽 蟉 ㄑ螺又於糾反 虯 渠幽反龍又於幽反六 觩 角皃 蟉 ㄑ 球 角皃 璆 玉名 觓 角皃亦觓 觩 角上曲

彪 補休反虎文三 髟 髮垂皃又所銜反 驫 馬走 樛 居虯反木垂下五 朻 高木 丩 腹中急 𢎘 相糾 艽 草之相糾 鏐 力幽反紫磨金又力幼反又怒二 蟉 蟉ㄑ又力救反又渠糾反 滮 扶彪反水流皃一 𥡝 子幽反

又袖名一 犙 山幽反牛三歲一 聱 語虯反又ㄑ耴魚鳥狀耴字魚乙反二 飍 香幽反風又風兒幽反一 䖣 武彪反綢ㄑ又靡幼反二 鷚 天鸙鳥又力救反 休 許彪反美也一 讙 千侯反訖也又千隹反一

廾七鹽 余廉反鹹味十二 檐 木名 壛 壛里中門 閻 里中門 𤸷 病 阽 壁危 灩 汗 簷 屋前亦櫚 閻 門屋 佔 行皃 餤 進食亦鹽 鵮 雞離 廉 力兼反又伶 [illegible]

鎌 ㄑ刀又鐮 䨬 久雨 慊 恨 磏 赤石 槏 木名 簾 ㄑ箔 蘞 蘞ㄑ 鐮 ㄑ稜 鬑 鬑ㄑ長皃又鬚也一 燫 火不絶 蘞 ㄑ蔓生野 薟 白蘞ㄑ 奩

盛香器亦奩 磏 礪石又礦 獫 犬長喙又虛檢反獫狁 籢 鏡ㄑ 覘 窺視 䁠 賣又佇陷反 螊 ㄑ蜞 砭 府廉反似石刺病又音窆一 纖 七廉反也六 臉 ㄑ臛 鹼 水和鹽又公斬反 㦰 削板又才敢反 憸

ㄑ詖 僉 咸 詹 職廉反ㄑ省亦詹四 占 視兆 蟾 ㄑ諸蝦蟇屬 瞻 視 銛 息廉反ㄑ利十二 嬐 ㄑ美疾又奄反 彡 毛飾又所銜反 暹 進 枮 木名 綅 白經黑緯 攕 女手皃又 韱

ㄑ仙 非而細 出吳京 纖 細 纖 小ㄑ 憸 疾利口 孅 銳細 𩅰 屋 也八 姑 ㄑ妗又薄皃 憺 怗 襜 小襦亦襜褕 𢝊 ㄑ懕樂不和也出禮 𧜟 衣動皃 䄮 亦襜 𤸷 皮剝 髯

汝鹽反 頷毛亦 髯十 呥 唯皃 蚦 蛇名 髯 毛 㚩 持又乃甘反 㚩 梅 𧋍 蝨ㄑ 詀 多言 䛁 時上眼 冄 毛ㄑ也亦冊 黏 女廉反ㄑ糊令枯三 㷸 [illegible] 䬯 楚謂麦ㄑ 䀹 于廉反鬼又餘念反一

霑 張廉反ㄑ濕二 沾 ㄑ預字 覘 丑廉反又窺視二 㜝 姈也又失廉反 淹 英廉反漬也又於檢反五 醃 菹又於紺反 菴 ㄑ蔺 崦 ㄑ嵫又音奄 閹 男無勢 㥐 丘廉反ㄑ悟氣不安一 𪙊 語廉反齒差二 噞 ㄑ喁又魚儉反

ㄑ詖 鹷 亦 尖 子廉反十 鑯 ㄑ 㡨 ㄑ 熸 火滅 霽 小雨又力驗反 䨲 清又上廉反 孅 畫 攕 拭 瀸 泉水出又漬 鋟 鑽 版 嚵 ㄑ不廉 潛 昨鹽反水伏流也六 簪 縣名 𧂅

鬩 蠘 離 蘚 漂絮 蔪 縣名在廬江 箝 巨淹反鎖頭亦鉗 羚 小衣帶 黔 ㄑ鎖 鈐 持鐵 黚 又其林反 黚 淺黑 鶴 烏亦錐又其林反 鍼 ㄑ又虔姓 箝 持 𢡆

於鹽反又安也五 猒 飽 懕 和靜 𩋾 含怒又魚檢反 棔 ㄑ苗美又於鵮反 熼 徐廉反湯瀹肉又錄四 蕤 山菜 𧅄 菜細葉 𢄔 中 㯿 視占反ㄑ又蘗名似柰而酸 苫 室廉反又草覆三 姼 姈又尹無反

函

痁病又都念反 妗火尖反渠〻一曰美善一

卌八添 添他兼反益也俗添三 黇黃色 舚〻舑舌出 髻丁兼反〻鬖七 佔〻佔 詀轉語 㡇衣領又丁頰反亦祄 䀡目垂又丁念反 敁稱量 聑耳小垂又丁念反 甜徒兼反甘也亦甛五 恬靖 湉

水靖 菾蘩草 蒹菜名 鬑勒兼反鬖鬑鬑三 濂溓絕 嬚大不絕 謙苦兼反敬也虛也受益也一 兼古甜反并也六 縑絹 鶼比翼鳥 [illegible]青黏白米 蒹荻未秀 鼸

納二 嫌戶兼反心不平二 稴稻不黏胡減反 鮎奴兼反魚名三 餂餅 拈手取 馦許兼反香氣六 [illegible]黃色 欦貪欲又呼男反又𢾾 㰹蒋意又公廉公函二反 [illegible]香 㾾病瘠

卌九覃 覃徒含反及也從㫗十五 鄿〻城在濟南 潭深水 壜雲布 藫水衣亦藫蕁 橝木名 蟫衣中白魚 襌〻䅬 醰長味又徒紺反亦譚字 [illegible]〻〻室遼 譚大 [illegible]

趛〻走皃 鐔劍鼻又尋淫二音 燂火熱皃 壜甒屬 參倉含反又色今反亦參四 驂〻馬 趛〻趯 傪好皃 南那含反火方七 男〻兒 柟木名亦楠 弇人名又古南反

聃耳漫又他甘反 [illegible]併持又生兼反 [illegible]龜距亦髀 諳烏含反記憶亦諳十一 鵪〻鶉 馣香 錌〻鐗 婪貪愛 喑啼無聲又於今反 [illegible]小聲 盦覆蓋 媕〻娿不決

庵小草舍 腤煮魚肉 含胡男反從今十六 [illegible]〻胡瞋皃 蜬小蠃也又古舍反 鋡受感 䑐似瓶有耳又渠劒反 [illegible]舩沒 涵〻泳 菡竹名 梒〻櫻桃亦極 肣牛肥類肉 䶲鼠名又

公南反 笒竹實中 [illegible]銜亦函 [illegible]排囊又柄䑐 [illegible]鎧別名 頷面黃又上聲 [illegible]久雨又作涌 顄顄頤也出說文 婪盧含反貪也亦惏四 燣焦色 葻草得風 嵐地名 貪他含反

〻婪二 探取 簮作含反〻欽屬又側岑反亦簮蛙八 篸所以〻衣又作𧜗減反 糣羊鮑 [illegible]地名貝丘 [illegible]〻上 蠶蔟 [illegible]腊〻 鐕無蓋丁 蠶昨含反三 撏取 [illegible]上

躭丁含反淫躭八 耽〻耳 媅淫色 眈視近而志遠 [illegible]力視 [illegible]多 妉〻樂亦媅 酖〻酒 龕口含反塔一曰龍皃八 戡殺 顉醜白 堪任 欿

貪惏也又口含反 戡〻翦 [illegible]和又江談反 嵁〻岈又五男反 [illegible]大含反大谷六 [illegible]面紅 [illegible]小香 [illegible]酒苦 [illegible]不脫冠帶寱亦寱 欽貪又呼括反亦歁 毿蘇含反毛長三 鬖鬖髮白皃

蔘〻綏又邢令反 弇古南反又那含反五 䶲〻鼠 蜬蠃屬 淦水入船又古暗公廉反 [illegible]特意又呼兼公廉反 [illegible]五男反不惠也又五紺反 [illegible]寐語 嵁〻岈又口含反

五十 談 徒甘反說八 郯 國名 倓 安憂 剡 國名 錟 長鋒 淡 水名又徒濫反又以冉反 𧚊 小熱衣物 痰 胷上水病 甘 古三反味也正曰六 笴 竹 柑 橘 苷

草 泔 米汁瀋 㜮 嫚 擔 都甘反負也五 甔 瓦 䫲 頰 儋 國名 聸 耳 三 又三 帄 衣破 叁 倉含反 三本音 藍 盧甘反染草十 襤 無緣亦繿

鬛 鬖鬑 亦鬛 礛 礛儲 青礪 嚂 貪 懢 貪 䆾 薄大 檻 持 籃 筐 灆 瓶 坩 苦甘反 𥬖 一 坍 他酣反吐舌 六 窓

絯 色鮮 聃 耳漫無輪又老子名又那含反 坍 水衝岸壞 蓢 慙 昨甘反慙也四 鏨 鏨又去聲 暫 鷱 又士咸反 暫 少時又作蹔亦去聲 酣 胡甘反樂 四 邯 戲 甝

白虎 亦含 甝 蚶 𧋐 上垂 姏 武酣反老女稱 一 笘 倉甘反竹垂也又徒頰反 一 𪈿 作三反長面 一 蚶 火談反蚌屬出會稽三 婪 貪 憨 癡 歛 呼監反又欲也又乞人物

五十一 咸 胡讒反 九 椷 木匣又古咸 稴 不黏稻又胡兼反 鹹 可食 海虫 鰔 淡 亦䶢 諴 至誠 咸 神又五咸反 函 開名 又書 䶢 䶢魚名 鰔 亦鰔 緘 古咸反封 八 瑊 美石似玉 椷 又胡緘反

黬 黑又士林反 輱 車聲 鹻 𢡏 慳 𧾍 不正又非行 好非惡 玪 石似玉 𡜲 女平貌 所咸反 䶢 木名 毿 毛長 貌 毿 犬 嵐 雨 㭙 木名 亦杉 縿 旌旗旒 猎

乚咸反犬吠又於陷反三 黯 深黑又上聲 滔 渡水 嵒 五咸反嶃巖山高貌八 顑 長面貌又丘檻反 䶢 山羊大而小角 亦䶢 鹻 鹵 巖 羊絶有力 諴 和又音咸 碞 僭差 金又 黬 釜底黑

歁 許咸反笑貌四 蝛 似蛤而小出海中 酓 酓 𩑶 面 妗 喜貌 詀 竹咸反諵語聲又尺涉反三 䶢 小頭 鵮 鳥啄 又苦咸反 讒 士咸反讒謗也又士衡反 鼶 鼠黑身白 嚳 𪋻 又鉏衡反 鑿 小鑿 鄭

宋不地 饞 不廉 欃 欃 之別名 儳 貪 劖 劖 毚 狡兔又士衡反 鱎 高鼻貌 鵮 鵮物亦歛又作咸反

五十二 銜 户監反馬嚼三 譀 調 颿 馼凡屋 巉 巉險 九 嶃 嶃嵒 劖 作此欃 艬 合木船 鑱 犁刃又士懺反 讒 又士咸反 涔 潛也又鉏簪反

衚 衚獸名又士咸反 儳 儳不任不齊出說文 巗 五銜反三 䶢 山上有石 巗 岬 欃 欃槍妖星一 衫 所銜反衣亦襳十 纔 帛青色又昨來反

䕾 旌好所著 又作𧃲字 艦 艦艦又格 懺艦反 䶢 微雨貌 子廉反 彡 毛長貌 長 屋翼又長鬣貌又比逕反甫休二反 杉 木名 摻 覽持也又山斬反 芟 刈草 監

吉銜反又口懺反從人臨字之類五 鑒ㄟ諸以取月生又大盆也 礛ㄟ䃴青礪也 矙視 劖細切 灆藍銜反濫行二 嵌ㄟ巖山谷深邃皃又口銜反

五十三嚴 語驗反發也肅也又射𩰥 ·䩎虛嚴反胡被三 杴ㄟ鑱古櫨 薟辛 ·醃於嚴反鹽漬魚一 ·鈙丘嚴反鈙歆下齊又丘广反一

五十四凡 符芝反常也亦凡凡八 帆舩上ㄟ又扶汎反 颿馬疾走出說文 仉相輕謂之仉方言扶劒反 氾姓又水名在襄城縣又亾劒詳里二反 舥舡 䑺舩張亦颿 柉木皮可為索 ·芝

[illegible] 沘水名

上聲卷第三

一董多動 二腫之隴 三講古項 四養餘兩 五蕩堂朗 六紙諸氏 七旨職雉

八止諸市 九尾無匪 十語魚舉 十一麌虞矩 十二姥莫補 十三薺徂礼 十四駭諧揩

十五賄呼猥 十六待徒改 十七軫之忍 十八吻武粉 十九隱於謹 廿等多肯 廿一旱胡滿

廿二混胡本 廿三很痕墾 廿四銑蘇典 廿五獮息淺 廿六潸數板 廿七産所簡 廿八阮虞遠

廿九篠蘇鳥 卅小私兆 卅一絞古巧 卅二晧胡老 卅三梗古杏 卅四耿古幸 卅五請七靜

卅六茗莫迥 卅七哿古我 卅八解鞋買 卅九馬莫下 卌寑七稔 卌一拯無韻 卌二有云久

卌三厚胡口 卌四黝於糺 卌五琰以冄 卌六忝他玷 卌七禫徒感 卌八湊徒敢 卌九減古斬

五十檻胡黤 五十一广虞掩 五十二范無字反取凡上聲

一

董多動反三 蝀螮蝀 蕫蘋蕫又莫孔反 蠓莫孔反蠛蠓虫四 鸏水鳥 朦文貝 曚瞳曚日未明 孔康董反甚也通穴也一 [illegible]先揔反傳擊二 摠著摠又小籠也又蔟公反 侗他孔反直一曰

長大也三　桶木桶　曈曈曨欲署又音同　揔作孔反章九　嵸山巃嵸山皃　㟅衆皃　鬆鬆角　熜熅熅又青公反　𢡱會又且公反　輚輪　蓯蓯蓯草皃　總取束也

澒胡孔反澒溶水皃又水銀澒一　蓊阿孔反蓊鬱五　滃水大皃　勜屈強皃　篛竹盛　𦑣氣盛　醲奴動反一　琫方孔反佩刀飾亦莑四　俸屏俸　菶草盛又𦽋蓊反　䋽

小兒瓏又瞳繩履　朧刀動反曈朧五　襱袴又直襱反亦祠朱公反　巃巃嵸山皃　竉竉孔　籠竹器又盧紅反　動徒孔反搖五　硐酒壞　峒項直皃　眮瞋目又大貢反　桐推引　唪步孔反大聲二

菶草盛又方孔反　懵莫孔反心亂皃一

二

腫之隴反病四　種種類也又之用反　踵足後　偅相迹　寵丑隴反愛也二　㙂㙂塎不安　隴力奉反大坂三　壟丘壟　㟖塗　擁於隴反手擁三　𢹬持　壅壅遏又於隴反　宂

而隴反散也從人𠃍俗亦宂八　𨙾不肯一曰偈亦茸　㲓鼠　㧋拊亦軵　𣳔水牛　𣗶推檮　穁禾稍　𣯫鳥毛亦雉𣯫又而尹反　重直隴反不輕也又直用直龍反三　鮦魚名又直柳反　湩遅　冢知隴反大也二

塚墓　奉扶隴反進止一　捧敷隴反掬也一　勇餘隴反健九　甬花草欲𦲐　涌泉涌　溶水皃　㙂㙂塎不安　俑木人送葬　蛹老蠶　㗬不安　踊跳　恐墟隴反懼也一

尰時宂反足腫病又瘇一　栱居悚反手把土　拲兩手共械亦𢪿　𥑮水邊石　鞏以皮束物又縣名在河南　𧒂蜂𧒂亦亜蟲　珙璧　𢱕把持　拱𢴦　𩶁鮿魚子　𢪿兩手　䡗內　悚息拱反怖九

竦敬也又善　㨰　愯惧　縱走縱皃　駷馬搖銜走又思口反　聳高　䋧絆前足　㩳執亦推　洶許勇反洶溶水又許恭反一　湩冬恭反濁多也冬之上聲一　𪆷充隴反小鳥飛一

㧐且勇反𢃇亦㧐悚一　縱子冢反禪衣一　覂方奉反覆也亦乏一　䳯莫奉反二鳷鳥　䝬豐大

三

講古項反教四　港水流也　耩耩地　𠈌𠈌佬　棓步項反亦棒四　玤周邑地名　棓大杖　蚌蚌亦蜯蛤　㘙烏朗反佷戾一　項胡講反頸後二　缿受錢器

佬莫項反𠈌佬不媚皃

四

養餘兩反畜又作敎四　痒皮痒　瀁滉瀁　勨勨動　象詳兩反獸六　像大獸三歲亦作像一乳　鐌上鐌　橡木實　襐飾　勨勉　奬即兩反勸四　蔣

人姓槳檝屬亦栧蔣剖竹未去節又秦丈反●兩良奘反再也古兩八脼：膜裲：枝緉履兩頭又力尚反兩勆：強魎：魍⿰金兩山之精物裲襠勥其兩反又人姓五弜弓力又渠浪反

⿰言竟竟言又大紺反滰乾漬米強勉亦彊●鞅於兩反牛項羈十二秧穰：柍木名怏小光紻纓詇早知眏無瞢⿰央色氣流皃⿰食央飽岟山足坱埃

仰魚兩反偃：一●磢測兩反凡石洗物四⿰爽刂皮傷搶頭地：漺淨●想自兩反思一●掌職兩反守物二爪：反●爽踈兩反明也亦覞五縔屬中絞繩鷞：鳩⿰爽風

半破騻驌騻良馬●敞昌上反虛闔四惝：怳氅鳥毛⿱尚足蹋●響許兩反聲也俗嚮五蠁香饗神食嚮向又音向亦餉享又普庚反●繈居兩反絲有節四

鏹錢襁：褓⿰骨強筋：●丈直兩反十尺四杖笞：仗[illegible]痮病●袒勅兩反通一●壤如兩反土八欀：又汝陽反躟疾行又如羊反孃亂也又如羊反⿰石襄

惡雄黃釀蕪菁蒩䑋肥穰豐●賞識兩反酬：也二⿰食象日西食亦餉●髣芳兩反：髴古作彷佛三紡：績鴋：澤虞又符方反●罔文兩反無六網罻輞車內亦輞㞷誑

菵：草魍：魎亦蛧●昉方兩反日色三倣學瓬瓶●枉紆兩反屈也從木四汪：陶縣名在鴈門又烏光反欳侮又音居携反牧曲侵●往王兩反之一●怳許昉反狂二謊夢言●上時掌反登進

長丁丈反生出一●⿰爽頁丁反䰋也二傸惡●⿱⿰氵爪木渠往反乖也𤞫往

五蕩堂朗反大也十像仿：愓不憂盪滌璗玉名暘春米精婸戲簜竹箭潒洸又水閣處⿱竹湯大竹●廣古晃反闊一●顙

蘇朗反額也三⿰壴桑鼓：磉柱下石●榜愽朗反木片五牓題𣭴毛：⿱髟並鬔盧鎊似蝦蟇●駔子朗反會馬夷人在古反俗驡一●曩奴朗反久一●沆胡朗反：瀣氣二頏直項●曭

他朗反日不明六儻倜：又丁朗反矘：瞞目無精傷長皃簜竹器帑無帛舍●莽莫朗反又莫古反草名古牪七⿰日莽日無光⿰目莽無二目⿰莽色：無色狀⿰金莽鈷：又莫補反蟒大蛇

漭：洸●黨德朗反聚也五欓木名又他黨反讜直言⿰黨阝鄉⿰尚阝地名●朗盧黨反明也亦朖誏二㝗康：虛空●坱烏朗反塵埃吴人云六映䁳：不明泱滃：水皃醠濁酒又

烏朗反姎女人自稱：娥又烏朗反英無色皃●慷苦朗反：慨三⿸广⿱亢心大又口廣反⿰車亢軥●⿰氵枉烏朗反大水一●晃胡廣反光五愰帷：櫎兵闌榥讀書牀滉：瀁●欓

真郎反又都朗反又挺打也一 髈普朗反髈吴人云亦膀一 慌虎晃反又慌二四 爌開朗 宂廣 晄旱熱 䮈各朗反䮈鹽澤二 吭陌 奘在朗反大也一

六 紙諸氏反蔡倫所造十五 只詞又諸彩反 坻隴坂又當礼反 軹縣名在河南又車輪小穿 枳棘 咫尺 抵掌 恀怙 䝨曲枚果 泜著上 芷陽縣名 坁坂 鴲鳥如烏 枳開

沢水名出灼扶山 是丞紙反實九 跃積聚 諟審 徥行皃 禔衣服端下 扡狼 氏族說文無點 媞江淮閒呼母 舐以舌食 靡文彼反無四 骳與金耳又美為反 𥩺熟寐又

[illegible]莫礼反[illegible][illegible]猶遅遅亦[illegible] 彼甫被反二 [illegible]相分解 被皮彼反又皮義反寢衣也二 罷遣有罪人又平陂又薄解反 毀許委反壞也七 燬火亦焜 嫛惡 擊擊墯 檓樹文者 毇舂 [illegible]鳥吐毛如丸

委於詭反依也四 骫骨曲 餵鷙鳥食吐毛 蝛鼠婦 跪去委反拜也三 [illegible]山名 [illegible]刖一足 詭居委反詐也十 垝垣亦隗又居偽反 攱杭又九偽反 [illegible]庪鋸齒 觤獸角不齊亦觽

恑變 蛫蟹 祪毀廟之祖 [illegible]短矛 庪縣上 髓息委反骨汁又髓四 嶲越嶲郡名 靡靡草翁良 餽餲餅 累力委反三 樏似小盤中有隔 [illegible]法者以之納心

技渠綺反俗伎通五 妓女樂 徛立 錡釜屬 [illegible]蟬 倚於綺反依四 輢車輢陸本別出 旖旖旎又阿我反 椅椅柅 掎居綺反牽一腳六 剞曲刀亦刻 庋食閣 猗

[illegible]弃又丘知反又九奇反一足亦踦 敧去 綺墟彼反綾七 婍好皃亦倚 [illegible]感又去奇反 碕碕礒 觭牛角又丘奇反 庴座又於蟹反 [illegible]行皃 蟻魚綺反亦螘蚍蜉七 錡三足鼎一曰蘭錡兵藏又宜綺反

檥檥舟向岸亦艤 羛羛陽鄉在魏郡 礒碕礒 齮齧 [illegible]釜亦鈘 蔿為委反姓又于弋反九 鄬地名 蘤花 [illegible]鳥口 闖闠 薳人姓又薳復 僞

不安 寪屋皃 𨻻地名在鄭又虔為反 繠而髓反花心一 此雌氏反又斯正此八 佌舞皃亦[illegible] 跐蹈 玼水清 [illegible]小皃 [illegible]淺渡 [illegible]直大 [illegible]馬名 豸池尔反又垂豸九

阤落 [illegible]角端下正 傂佌佌又直知反 杝析薪又直可反 褫舊衣 [illegible]黏 廌解廌獸又子見反又作𧣾字 陊山崩 觜即委反鳥喙或嗽通又觜一 徙斯氏反移二 璽王者印

酏移尔反酒八 迆迆邐 迤迤林 袘衣袖中 肔引腹疰子曰長洪肔 柂加又離又弋支反 [illegible]不憂事又餘支反 崺岓崺沙 邐邐迤力氏反二 岓岓崺 躧所綺反躧步亦[illegible]又所解反六

灑灑掃 纚韜髮者 屣履不攝根又作[illegible]同 矖視 蓰蘺 俾卑婢反使十 鞞鞞力 箄竹器 [illegible]黍屬又平懈反 髀股髀 崥山足 稗彼

七

萆 鼠草 埤 容 𥘯 以肶祠司命 爾 兒氏反汝也亦尒二 邇 近也亦迩 濔 民婢反水七 弭 弓末亦㢽 瀰 水流皃亦洴 芈 羊鳴一曰姓亦咩 侎 安亦侎敉 𨷲 尒禰又乃弟反 葞

春草 婢 避尒反女奴二 庳 下亦埤又音被 侈 尺氏反奢十一 垑 恃土地 哆 張口 誃 離又直移反 灑 音不知又昌屬反 㢋 廣 㶴 晟 袳 衣張亦袲 豸 豕 姼

姑ゝ 輕薄皃 鉹 甑 弛 式氏反廢也又號弛三 豕 豬 袘 衣中褏 紫 將此反色七 訿 ゝ毀亦呰 呰 前漢書云ゝ窳嫿生之姉西祖礼反 泚 水名在長沙 茈 生薑 呰 口毀 批 捽又子采側氏二反 捿

之累反擊五 騒 馬小又子垂反 沝 二水又資遺反 菙 箠又時蘂反 觽 小危又之兗反 揣 初委反亦敪又丁累尺窩二反一 𤢖 隨婢桴豚一 𦧇 食紙反舌取物亦舓舐二 狏 獸名似狐見則有兵 𢪛 拳加人側氏反一 𣧫 匹靡反枝折三

披 開 紴 水波錦文又補柯反 諀 迮婢反訾四 庀 具又迮几反 疕 瘡上甲 𧦝 具 𦺖 芈ゝ擣反雞頭五 芈 草木初又帷草反 𧲝 小猪亦豶 𤸬 瘡裂 䔺 草木花初生

惢 才捶反疑一 跬 舉一足去弭反二又作趌頸半步 頍 弁皃 狔 女氏反猗ゝ從風皃三 柅 檹ゝ 旎 旖ゝ柔旗 硊 魚毀反硊ゝ石皃三 姽 好皃又才果反 𩿧 市鷇 頠 又五罪反閑習ゝ 趡 求累反踶ゝ

褫 勑豕反衣絮偏又直尒反一 㩽 陟侈反栺二 𥠅 衧 𩎼 興倚反去諦一

旨 職雉反美也正旨四 指 手ゝ 恉 意 砥 ゝ礪 視 承旨反亦望眡一 美 無鄙反精好三 犛 獸似牛 媄 善 鄙 八美反邑也二 啚 啚 兕 徐姊反似牛正兕四 𤘽

羊ゝ又餘几反 薙 燒草又直理反又他計反 芙 蒿 几 居履反杖曲楇八 机 木 麂 獸名亦麐 屼 女ゝ山弱水所出 邔 地名 犱 獸似兕 𡲪 赤鳥 䃽 石隨聲 姊 將几反女兄二 秭 万億

匕∴匙卑履反八 妣母又兩至反 秕穢∴又作粃 比又婢志反又房脂扶必反 [illegible]似豚祀司命 疕頭秃 髀股外又旁礼反 沘水名出廬江灊縣人芳敞令謂之沘水芳音張略反 軌居義反疰也八 簋簋∴竹器 晷日 氿

水崖水 頯小頭又峗巨反 匭匱 厬∴泉亦㶇 宄內盜 洧榮美反四水名在鄭也 鮪魚名 痏瘡 䵋黃白色又下悔反 美武視反陳也三 [illegible]蕭 屎糞亦作屎関字 死息姊反上一

雉直几反野雞三 滍水名在魯 薙芟又徐姊反 牝肤履反又毗忍反一 履力己反踐也從彳舟一 水式軌反流潭一 壘力軌反壍十 礧∴磥 [illegible]狁 鸓鳥名飛生且乳 藟葛∴ 櫐藤

誄∴行 讄禱亦讄 灅水名出鴈門 耒田器又盧猥反 揆葵癸反度五 楑木名 悸悸又待隹反 嫢細又娶惟反 湀泉出通又水名 趡千水反走二 踓蹴 柅女履反俗綠樹易曰今柅一

癸居履反一 否符鄙反又方久反塞八 痞腹內結病 圮岸毀亦岯 仳離又芳匕反 殍草木枯落 [illegible]悷裂 [illegible]醬亦山鄙 嶊但壘反∴嵬 嚭大也匹鄙反四

[illegible]邑名 [illegible]破又疋支反 秠一稃二米又𦩑悲反 唯以水反又諾二 嶉山崒皃又醉綏反 黹賊几反鍼縷所失礼有∴冕亦黼八 [illegible]似馬悲而黃可食 鮨鱃子 墤埒又逵位反 孈愚戇多態又丸扑反

[illegible]弃 踓走 遺魚盛皃 歖於几反歖驢鳴一 濢遵誄反汁清五 嗺鳴∴ 嶉山皃又醉綏反 [illegible]刺 夂從後至 跽暨几反長∴或巨軌反一 睢許葵反恚視又詡類反二

鄙山名 跪墅軌反上∴又具軌反

八

止諸市反己也九 畤榮名又地止反 洔小渚亦沚 茝香草又昌待反 趾足 阯交∴郡名 [illegible]許 庢柱∴山 址基 市時止反二廛俗市 恃依 [illegible]陵野又擊一 喜虛里反又忻一

以羊止反用五 佁癡 攺大堅 已止 苡薏∴芣苡 似詳里反又類七 祀年一曰祭祀 姒又夏姓一曰娣∴ 巳辰 鈶鉏 耜耒∴ 汜江有∴又水名在河南城臯縣東曹各所度水處又符嚴反在潁襄城南汜城造周王出居 城曰南汜是又敷劒反在滎陽中牟縣汜流入河汜澤是晉伐鄭師子汜曰東汜是詩曰江有汜羕滕也 水名在罷谷山又而志反

紀居似反經∴四 妀女字 [illegible]說 己∴身 史踈士反記言又姓三 使役又踈事反 [illegible]香之美者 耳而止反聽門五 洱

駬騄∴周穆王馬 [illegible]𦃇∴盛 [illegible]鼠 里良士反鄰九 裏內 鯉魚名 李姓又木名 [illegible]病 理直 娌妯∴ 俚南人屬壹 [illegible]亭名在西鄂一曰邑名

始詩止反初一 枲胥里反麻也六 葸竹篾一曰息 草胡草亦葸 蒠貭鬆良 諰言且思之 廙石利 峙直里反又偫六 痔病 跱躇∴行難通 庤儲置舍

侍 看所望而往返具也亦時 畤 田 峙 儲 起 墟里反興也六 杞 木名又蔔ㄷ 屺 山無草木亦峐 邔 縣名在南郡又渠記反 玘 珮玉 芑 白梁粟 士 鉏里反命三 仕 從宦 柹 木名 俟 鉏使

又待四 涘 水崖 戺 雷外 縡 緇須 子 即里反姪七 虸 虸蚄虫 耔 擁苗亦秄 杍 木名 仔 克 朿 草木盛 秄 ㄷ材 矣 于紀反詞也二 莫 蒿 擬

魚紀反度五 儗 僭 孴 盛 𥝌 黍稷盛 薿 草盛皃又魚力反 齒 昌里反牝牙一 耻 勑里反恶二 祉 福 剩 初紀反剖聲二 歠 [illegible] 滓 側里反料三 第

柹 柭又側几反 胏 脯易曰食乾胏 譩 於擬反恨又應又於其反一 豈 氣里反無有二 [illegible] 菜 扆 於豈反戶牖間五 偯 痛 偯 哭餘聲亦偯 扆 蔵 僾 ㄷ俙見不了皃 蟣 居狶反蝨四

幾 ㄷ何又既狶反 機 木ㄷ [illegible] 鬼俗

九 尾

尾 無匪反爵後四 亹 正作亹俗疊美皃又青門又欃覩反 浘 水流皃 [illegible] 山嶶 斐 妃尾反文五 菲 芳又芳非反 [illegible] 鳥如梟又平利反 悱 口ㄷㄷ 朏 月 匪 非尾反不七 棐 輔 篚 竹器

餥 饑一曰相諸食 蜚 虫亦蜚又扶沸反 [illegible] 猝 榧 木名實可食 韙 韙鬼反是也亦愇九 煒 光 暐 ㄷ曄 偉 大 瑋 玉 葦 蘆ㄷ 椲 木名可屈為盂

[illegible] 遂逞 韡 盛皃 鬼 居葦反歸一 虺 許葦反ㄷ蛇五 [illegible] 齊人呼火 娓 美又亡秘反 [illegible] 震雷 虫 鱗甲惣名 顗 魚豈反靖一 狶 虛豈反楚人呼猪五 俙 僾ㄷ也

[illegible] ㄷ鼻又虛几反 磈 ㄷ硊石山皃又於鬼反 嵬 山高下曲 膭 浮鬼反臛多汁二 [illegible] 稰紫莖不黏又扶畏反

十 語

語 魚舉反對ㄷ十 禦 苑 圉 養馬人 敔 柷ㄷ樂器 圄 囹ㄷ獄 衙 行皃楚辭曰導飛廉之衙ㄷ 齬 齟ㄷ又魚加反 禦 禁 御 ㄷ鉏 籞 翳亦御 呂 力舉反陰管也十二

旅 師衆 祣 祭名 膂 脊 [illegible] 箸器亦筥 穭 自生稻 梠 楣端木 儢 心不欲為 侶 伴ㄷ [illegible] 晉大夫名 [illegible] 箭笴 絽 絆 佇 除呂反待也亦竚同九

眝 張目皃 [illegible] 器數亦盧盧 坾 塵 [illegible] 織ㄷ 宁 門間又直居反 紵 布 杼 機ㄷ 羜 羊子 與 余舉反又付也五 歟 歎 藇 ㄷ冀蔬又徐與反亦歟同 与 與

予 我也余又音 [illegible] 諸与反湯熟亦鬻三 陼 渚 沚 汝 如与反尔五 䏔 魚不鮮 茹 飯菜又而恕反 [illegible] 黏 [illegible] 楚人呼寐又仁諸反二 暑 舒莒反熱五 鼠 穴虫

黍黏禾 𧒂頸〻虫 癙病 杵昌与反舂米二 𠘿居所俗處通 貯丁呂反八居也 𦈢楯載盛米亦䤊 佇知 詝智 杼相又 䘢衣 㤖着亦 褚棺衣裝衣 諝私呂反亦謂四 稰熟穫 糈祭米神 醑露 女居宁反女子二 籹粔〻 楮丑呂反二木名 褚姓 許虛舉反然也一 巨其呂反大十六 拒抗 秬黑黍作譽同 距雞爪 炬〻火 虡栒〻 粔〻籹 鉅澤名 苣〻藕胡麻 駏〻驢馬 豦苦〻 冔冔 齟〻齬 岠嵂 簴䇦 虡神獸又作虡 所踈舉反處也正所五 糈祭神米又思呂反 齭傷醋 盨戴器 疋記又山於反 楚初舉反國名五 濋水名 [illegible]鮮 礎柱石 齼齒〻 阻側呂反礎八 俎豆〻 齟〻齬鋤呂反 咀〻嚼慈呂反 跙行不進 趄邪出前 狙蜡又子邪反 沮止又七余反 於於許反擊二 膂肩骨 舉居許反薦十二 𧼯行皃 簴養蠶器 柜柳〻 郘亭在長沙 舁共舉 櫸木名 𣟴浦名在洞庭 䣢美酒 [illegible]屐屬又余去反 藇美皃又以舉反 莒筥〻 敘徐舉反次也又順也述也七 序頭〻 溆水浦 緒絲〻又端 汿漵水 嶼海中洲 齟嚼又側呂反 去羌呂反除也又丘據反四 鱮魚名亦鸒 紓緩又所除反 麮麦粥汁 墅時与反田又与者反一 紓神与反又式余反二 杼莊子祖公賦〻 皻七与反皮皺〻裂一 苴子与反又子余反猶中草一

十一 麌

麌虞矩反牝鹿四 俣大 噳欲笑 喁噞〻衆口皃 羽于矩反五音十三 禹夏王 雨雲液 宇四垂籀文寓 瑀玉 祤祋〻縣名在馮翊祤字都會反 栩陽地名 鄅地名在瑯琊 頨孔子頭〻 楀〻祖 萭〻餘粮藥名 䣁亭名在南陽 䨞雨皃 聚慈庾反集也二 鄹新豐〻亭 甫方主反近也無點篆又作此甫十三 脯乾肉 斧鉞 俯〻仰 黼白与黑文形如斧 簠〻簋 蜅小蟹 莆蓂莆瑞草 郙亭名又方朱反 䃱磑 鯆魚名 𢂫伍頭又靡卷 府文書藏 武無主反十六 儛萬舞亦舞 嫵〻媚 侮慢 䍢窓中納 憮失意皃或憮又荒烏反 𢘍憐 瞴微視又妄九反 蕪蕃滋 [illegible]雞内 膴周〻 珷〻玞石似玉 甒瓶 潕水名在南陽 鵡鸚〻 廡堂下 父扶字反十二 輔毗 䫙頰〻亦輔 鬴九河名 䄮稭 [illegible]鶵鍻 疛病 滏〻陽縣 㕮〻咀皃 腐朽肉 釜鬴屬 𪀕〻鳩越鳥屬 撫敷武反安也九 䞯健或䞯 俌輔 拊

柘 攺欂 髫鬏皃 豿弓把中亦鉤劃 殕食上生白 絡~帛 柱直主反櫨~一 詡況羽反~和悅九 𦐂殼冠 姁漢高后字娥姁又求俱反又香句反 珝吳有薛~ 栩木名 欨吹又況于反 呴呈示

眗鄉名在安邑 昫温又香勾反 豎殊主反亦竪二 裋弊巾襦亦裋同 庾以主反食十一 瘐因以飢寒死漢書曰因瘐死獄中 窳器病亦窊 瘉病 愈差 貐猰~獸名似貙龍首能食人又~如嬰兒見則天下大水 楰

鼠梓似山楸而黑 𤬪本不勝末 愥懼 斞量 萸草 主之庾反執五 麈麋屬 枓斟水~又嘴斗 宔廣室亦作砫 炷燈~ 傴於武反不申二 迂曲迴 齲驅主反齒病又齲一 黈

知主反點~二 柱從旁指 乳而主反肉汁二 醹厚酒 窶其矩反貧無禮二 貗貒子 數所矩反計一 矩俱羽反則也亦榘九 踽獨行 椇枳~ 枸木名出蜀 聥張耳所聞 㰲曲支果

𦒎曲羽 蒟~醬出蜀又求俱反俱村反 楀~氏 取七庾反一 縷力主反絲~十 𨻻羸~縣名在交阯羸洛于反 僂傴~ 簍小筐 嶁岣~衡山別名 褸襤~ 蔞草可亨魚又力俱反

漊雨~~又汝南謂飲酒習會之下醉為漊 遱小蔞 慺古姓 縜黑主反伴前兩腳又先酒反一 豠仕雨反小母猪又豧一

十二

姥莫補反老母六 莽宿草 [金莽]鈷~燒器又模朗反 媽母 楳愛 [山老]山名 土他古反又地四 吐歐出 稌稻 芏似莞生海邊 杜徒古反棠樹五 𢿐[illegible] 肚腹也又當古反

[土凡]䫑凡 靯韉 魯郎古反國名十三 擼城上守御 滷鹹汁 虜北~又奴名 樐樸 櫓彭排 艣進船 橹木名又力胡反 𢊊庵 [魚虜]魚名 鹵

~薄 蓾草名 䕡草可以束 覩當古反亦睹見九 睹詰旦欲明 肚腹~又徒古反 賭~戲 堵垣~ 楮木名亦柠 [者皮]素皮 㥩懵 居美石又胡古反 古姑戶反昔十七

皷動~鐘 鼔動 瞽無目 股髀又骰 罟网又古胡反 蠱~毒 估市稅 鹽河東鹽 鈷~訓 盬器 夃移貨利 沽屠~ 夗象人左右蔽泥從此

詁故~ 牯牛~ 𪊲恩 蘆采古反草死一 五吾古反次四五 午日正中 旿明 伍五人 逜相干吾又吾故反 簿裴古反~籍一 粗似古反不精四 麆大~ 伹淺亦粗

捔長角又助角反亦觳 祖側古反父之父三 珇珪上起 組~綬 虎呼古反五 琥發兵符為虎文 戽減船中水又呼故反 滸水崖又作汻 䣜地 塢烏古反村~六 鄔縣名在太原 瑦

石似~玉 [氵烏]水名 設相毀亦謨 䞇走頭輕中 苦枯戶反不甘二 [竹苦]竹~ 怒奴古反嗔四 弩弓~ 努~力 砮石可作矢又乃胡反 戶胡古反扇也十八 楛~矢 扈跋~

怙恃 鄠縣名在扶風 帍巾 祜福 眗丈采狀 嶇山大而卑 岵山多草木 酤一宿酒又古胡反又古暮反 姿貪 戽抒 滬水 扈靈扈自書 居姜名又音顧

鳸竊脂鳥又作鶚 鳲鳥名 芐地黃 普滂古反徧三 溥大 浦水內 補博戶反敝三 譜譜籍亦諵 圃博故反園也大也又

十三薺徐礼反菜三 鱭魚名又鮆 呰訿又茲此子西反二 禮盧啓反亦礼十二 豊竹名 蠡吾縣名在涿郡亦越有范蠡 艬小船 澧水名在武陵 豊行礼之器 鱺希 欐

欚小船又力計反 江中大船 蠡瓠又力西反 醴醴酒 鱧魚名亦鱺 體他礼反亦體七 醍醍酒 緹縛色又音提 䞶大橫首狀 睇目去淚 涕目汁 徥難進 濟子礼反又子計反水名亦沛三

擠手擠 齊生而不長 邸都礼反邸店同十二 底下上 詆詆詞亦訿呰哦 𦗦耳體 坻隴坂又文氏反亦訿 牴角觸亦觝 弤羿弓 䟡隱 軧大車後 堤竹䉕又

苨苨 禰乃礼反亦祢祖十 泥濃露 埿地名 鬍鬚白 薾茂 檷絡絲鉄亦鑈同 鞮鞶帶 嬭楚人呼母亦妳 闢知少又奠礼反亦閉 苨薺苨草 弟徒礼反悌也

娣愷悌又徒帝反 遞更代俗遞通又亭細反 𧱤小瓮亦鍉 洗先礼反又蘇典反浴又作洒一 泚水清淺千礼反三 玼色鮮亦皉 緀帛文 啓康礼反俗啓開也九 棨棨戟 綮戟衣又戟支 䏿

懷畫開往 褮開衣亦領闔 脊肶膓又公悌 軫至 䭫首至地亦稽 卟卜問 傒胡礼反有所待望五 謑待也亦謑 匸有所挾藏 謑恥辱 篡所以安重船 米莫礼反穀實六 眯物入目

絳繡文如聚米 寱寐不覺又明孔反 蔝草 洣水名在茶陵 陛傍礼反階二四 梐梐枑行馬 螷蚌 髀胈股又畀婢反 㖳一弟反可介二 誇譍 覞吾礼反女嬭六 掜不從 睨又明晚

十四 踶戰戰又五雞 䚡角曲 䄫祇又牛蛭反 𪏺補米反黖又補計反一 駭乎楷又驚二 駴擊鼓 楷苦駭反模三 鍇

罷〻 鍇鐬 騃五駭反癡也二 娾喜樂之皃 挨於駭反打二 唉䛩聲 ·鍇古駭反堅又古諧反一

十五

賄呼猥反古作脢〻財也四 脜腲〻大腫皃腲字都罪反 熌爛皃又巨罪反 𤎚火 猥烏賄反犬聲七 腲腲〻腇肥䐁病 鍡鍡〻鑸不平 㛱好皃 磈磈〻碨亦碨 碨碨〻矮不知人也 㠕〻㾨病罪 礨落猥反衆石或磊十三 癗痱〻皮外小起 𡾰〻嵔山壯 礧〻硌大石皃又勒潰反 郲〻陽鄉在桂陽 鑸鍡〻 灅水名在北平 櫐〻藟 礧〻碨 儡垂皃又力追反 頛頭不正 郲〻猥不平皃

儡傀〻子字胡罪反 鐓徒猥反矛戟下三 陮高亦崔 錞車轄又徒果反 ·浼武罪反水流皃四 熌爛皃又呼猥反 踓碎其 每頻 ·辠徂賄反犯也古作皋秦始皇改皋頭似皇字，改從网非言行非人則入罪网也二 嶊〻紫

·骽吐猥反〻股二七 瘣重 聉〻頟癡頭五罪反 腲〻腇 僓長好皃 㞂〻猥 崣山長皃 ·瘣胡罪反木病無枝六 浘〻浽穢濁 篦竹扶節 藱懷羊又孤迴反 輠轉又胡

凡殯〻殘 ·𩓬口猥反又七罪五罪反大頭三 顝大首又口兀口壞二反 傀傀儡〻子 腲都罪反〻腇二 𡐾木實垂皃 ·餧奴罪反又餧六 㛱〻娞 颹風動又烏迴反 鮾魚敗亦腇 𤓰爪傷 浽

浘〻 ·頠五罪反又五毀反頭一曰閑習五 䫋〻聉 隗姓 峞〻嵔 顀頭不正 ·皠七罪反又霜白狀五 漼水深亦皃淬 璀玉名 䊴物粗 滜新 ·琲蒲罪反亦琲珠五百枚也二

痱〻瘖 ·𠈃羽罪反痛而叫一 ·嶉子罪反〻嵬又二崇積 朏面頯又之春反

十六

待徒亥反往九 駘瘦 殆危 𠾱〻唸不正言 蕠茼 軩轅 怠懈 迨及亦逮 紿不言實 ·乃奴亥反古迺三四 𩦝騎 轑棲 𨗺草名

·改古亥反又㨼二 頦頞 ·亥胡改反四 頦頷又胡來反 胲奇非常又古來反亦侅 忋恃 ·咍出唾聲又延愷反 ·採七宰反取也古作采從爪木今加手加糸加彡以別字亦並可通用也六 采〻取 綵〻綫

寀寮〻 彩〻彫 倸恨 茝昌待反香草一 ·等多改反齊也又多肯反一 ·穤莫亥反又莫代反不傷雨 梅貪 ·在昨改反又昨代反存一 ·倍普乃反又不肯一 ·欸於改反相然辭 ·毐誒毒嫪字根

挨擊 辰蔵 ·倍薄亥反〻多二 棓黃〻草

十七

軫之忍反車枕又憂十五 縝䋭 胗瘾〻皮外小起又作胗之忍反 畛田閒道 紾黑〻亦鬒 袗絺綌之羽反 稹緻又之人反 眕顏色眕〻事也 胗目有所恨 眕〻於祀記鬼神 診候〻脉 賑〻救也又作眕

又之刃反 鬒ミ髮 稹木密 紾單衣 蠢尺尹反蠢動徒春九 賰肥 惷擾動 偆冨 蹖雜 僢舛 蹐推 蠢出亦蠢 敱亂 准

之尹反古準三 埻射的 紖縿 尹余準反官名又姓九 允信 狁獫 駞馬毛逶 玧寶美充耳 䪿面斜 𣱟進 鈗侍臣所執兵 沇水 筍思尹反筍又作筝也五

笋竹牙又筍 隼鳩 蕈ミ藁 榞懸鍾磬 愍眉殞反悲十 箘竹中空亦箘 督不畏死 犟獸似牛 罨細网 輴伏兔下草 憫ミ默亦憫 潤

水流浼ミ 閔傷 敏聡 朼毗忍反又扶履反雌四 髕斷足刑 獱獺屬又布玄反 臏膝骨 殞于閔反殁四 筠藪 霣星名 隕隧亦碩 窘渠殞反急七 珚玉名

咽欲吐ミ 腘腹中胎 䐃貝大而險 菌地ミ 箘竹名 紖直忍反牛縄亦靷二 肕腫瘣又餘忍反 𩑖勅忍反又勅私反欲笑貌一 引餘軫反又延ミ九 嚝大笑 衍布 縯武齊王名 演

引一日水門 允長行 戭長瘡亦戭 蚓䖝蚓亦蚓 釼 鍚 忍而引反亦耐事三 荵ミ隱草名 涊水名在上黨 矧式忍反況也亦矤三 頣舉眉視人 哂笑亦吹咲 緊居忍反縺急亦紾二

昣唇瘡又之忍反 盡慈忍反澌也亦盡一 泯武盡反又弥隣反水貌五 眡細理亦脕 僶ミ俛俗僶 笢竹膚 黽ミ池縣在弘農又巨善反俗黽 腎時忍反水府四 蜃蛤 脤祭餘肉 欿指

齗宜忍反齊三 齳齒正 礩大唇 盾食尹反又千盾二 楯欄檻 笉千忍反又笑一 僯力軫反甈取四 顂少髮貌 轔牛車絕轔又力進反 嶙ミ嶙 䲍子忍反又一孟 輪

力尹反又一稛 䵻而尹反毛聚又而勇一 䐿丘殞反又束縛一 蝁丘忍反ミ蚓二 趣行貌又渠人去刃二反 賰式尹反ミ賑冨一 輴牛殞反ミ軸一 巾飢臂反飾一

十六吻

吻武粉反口ミ亦脗五 刎ミ頸 抆拭 㧗離又武沸反 刎覆 粉方吻反二 黺ミ文 憤房吻反忿亦憤同九 坋分又扶問反頭二 扮握 膹切熟肉 羵土精又扶云反 憤

田穀叢滿裂 䐹猶 癀病悶 鼢鼠 忿敷粉反又敷問反怒二 魵鰕別名 惲於粉反厚重七 輼ミ輬兵車又於云反 醞釀又於問反 榲柱 暉睛ミ冨 韞藏

韞ミ韇 齳戶吻反亦齫無齒貌三 䞇走意 奀大ミ 抎有反所失三 䪴面ミ急 痟病又尤問反

有

卌三

肘 陟久反臂節亦胕二 㾨 腸痛 朽 許九反亦歹爛三 疛 病 殠 臭 久 舉有反遠六 九 次八 玖 玉名 灸 灼 韭 菜按說文無草又作韭 姕 女字 首 書久反頭五 手 〻 守 〻掌

百 人頭象形 頧 人初產 醜 處久反〻類也惡也二 䤈 荻蕕 湫 在久反一又子小反泄水濆 蹂 人久反踐五 厹 獸似狐又女久反 沑 女水吏 莱 䔰〻菜不切 楺 屈前亦煣 糅 女久反乾餅屑一 舅 巨久反七 臼 〻碓

咎 寃 齨 齒〻齒如臼馬八歲曰臼 麐 牝麕 䳏 鳥名 粠 糗米 紂 直久反牛鞧四 䉤 竹易根而死 䐢 腹痛 鮦 〻陽縣名在汝南又直隴反 酉 與久反十三 牖 〻窗 誘 誘〻 卣

〻中形 槱又餘求反 楢 積木燎 莠 草 羑 水名在蕩陽按說文進善也從羊久省聲文王所居羑里在蕩陽獄作羑字 銹 朝生暮死又餘救反 輶 輕又以周反 槱 積天又以周反 遊 言意出說文 遺 遺玉又餘救反又余照反 庮 久屋木也周禮牛夜鳴則庮臭如朽木又餘周反

滫 息有反〻麵亦溲同二 緧 絆前足又先主反 受 植酉反承也四 壽 〻命 鄯 地名在蜀 綬 組〻 颵 於柳反〻瀏三 魩 魚名 懮 姿 酒 子酉反釀〻計一 溲 踈有反亦溲通一 帚 之久反掃二亦菷 鯞

鯫 恒 芳酒反小怒又敷救反二 紑 鮮又孚丘反 棷 側久反又持又子俱反 厚 胡口反重亦厚五 後 前〻 后 按說文繼體君 郈 鄉名在東平 呴 吐及呼垢反 母 莫後反從女象子懷子形九

牡 牝〻 某 〻甲 栂 大柏 畝 二百卌步亦畮 莽 草名又莫朗反 踇 行 䳇 鷐鴾亦通 罘 罔周不作罘 部 蒲口反伍七 峼 〻嶁 棓 〻柸偏高又牛短頭 䫏 〻瓿 錇 小缶 㼙

〻麩餅 蔀 幘 斗 當口反十卅五 枓 柱上方木 阧 〻陵亦陡 鈄 蚪〻虫 襡 衣袖又上句反 䞿 他后反䞿〻令作䬯飷通六 婎 人姓有傳〻華 黈 黈纊亦䵻 蘣 好又他貢反 鷏 水鳥又大口反 鮏 魚名

苟 古厚反且十 玽 玉名 狗 犬 垢 惡 笱 〻縣名在交阯又取魚器 耇 黃老 詬 恥又古候反 茩 茨秦名薢〻 岣 〻嶁山巔 枸 〻杞木 藕 五口反蓮根四 偶 合 髃 乳間骨

耦 〻耕 掊 方后反衣上擊二 棓 擊 穀 乃后反又楚鬬反〻烏塗也四 㲃 乳 㝹 小皃 陾 衆 叟 蘇后反亦変十 嗾 使猶聲 瞍 瞽〻 謏 〻訹誘又辥蘓反 擻 抖〻舉物 𦗋 〻愁名

駷 搖銜走又思隴反 擻 車轂空 藪 〻澤 籔 漉米器亦箱簍 吼 呼猶反亦㖃吽呴嚾三 蚼 蚍蜉又渠俱反 呴 厚怒聲出說文又吐又異垢反 剖 普厚反判也分也四 婄 婦人貞亦普溝反 蔀 小 鷗 雀 歐 烏厚反吐也四

毆 擊 欲 吐又其表反 [衤區] 衣次又於候反 塿 盧斗反〻峿八 嘍 嗹〻煩皃 甊 甌〻小甖 謱 謰〻不解 箁 竹皮 嶁 岣〻山名 簍 籠 䴹 麩〻餅糕 走 子厚反叢此走從犬止俗走急趍一 口 苦厚反

所以言八 扣 擊亦敂 𤞑 犃〻 釦 金飾 叩 〻頭 叩 鄉名在藍田 𧥻 先相可〻 竘 健 蕍 䟚口反圓草褥六 鋀 酒器 𧯞 水盟〻名〻口 鴸 水鳥又他口反 揄 〻引又單作此豆 鯫 魚名一曰人姓漢有〻

生仕后反又士涛反也 婦防不反服也從也從女掃持執掃十 𧓍ㄷ蝨 負背持物從人古俌 萯王ㄷ 蝜蝂ㄷ亦歸 阜陵ㄷ亦𠂤 䳕鶉之別名 菩香草 焯盛熾 隑盛

缶方負反瓦器 缶丞ㄷ 娝好色又普來反 痞病 殕敗 鴀鴀 不鳥飛上不下 否不 䬏倉后反ㄷ 捬側溝反又䬏 闅闚取

卅四 黝於糺反黑又益夷反五 怮憂心 眑幽靜又於六反 泑岷崘丘下澤名 䖤ㄷ蟉又於由反亦䖤 愀慈糺反又在由反又子了反變也一 糾居黝反糾繩合三 赳武皃ㄷ叫字亦作赳令遂者作斗二同

卅五 琴ㄷ渠糺反䖤ㄷ又力幽力攸反一 琰以冉反玉七 剡削又縣名在會稽又時琰反說文利也 琰行 㕔戾 棪木名 䋮續木折 㷖大光 歛力冉反聚䈪七 薟白ㄷ藥名又力瞻反

嬚女字 鐮廉 濂靜又里兼反 羷羊 䌈鬑鬑薄 黶於琰反面上黑子七 檿檿桑 𢾊ㄷ足 嬐婦名 㜸持又於險反 酓酒又於豔反 冉而琰反又姓七 姌

長好良又以冉反 䉜翁皃 㬢漸 染色 苒草盛荏ㄷ 䨲濡 陝失冉反縣名在弘農也五 閃視 陜不良 睫 目不武涉反 暎視 諂丑琰反諛也又讇一 漸自琰反進也五

磛ㄷ石巖 蹔進 㠋嘷 嶃麦甚亦䕢 錟由冉反大嶽行ㄷ也一 憸七漸反詖又思廉反二 醶酢 㰹苦斂反下腹一

卅六 忝他點反辱詞三 郋鄉名在濟北蛇丘 錉取 淰乃簟反水流皃三 嬋翁 阽亭名在鄭 點多忝反ㄷ畫四 玷玉瑕 耆老人面黑子 𦦙斫亦黏 簟徒玷反竹席五 扂閉戶亦䖪 蕈菌

橝屋梠又大甚反 驔驪馬首 嗛苦簟反猨藏食處三 歉食不飽 慊恨切 稴盧忝反禾稀一 䶢下點反鼠名二 嗛犬吠又胡漸反 嬐居點反辣身一 䁙明忝反䁙蓋又明范反二

卅七 禫徒感反祭名八 糟ㄷ滓 黮雲又他感反 䨵霸ㄷ雲 窞坎傍入易曰入于坎窞 髧髮垂 嘾弦子云而ㄷ太甘 萏菡ㄷ荷花亦蘭萏同 感古禫反動也靈也六 竷竹名 鱤魚名 贛

酒名 醰豆汁 灝水名在南康 晻烏感反暗八 揞手覆 唵手進食 㶏水大至又於甚反 罨蹇ㄷ 黤黭 黭青黑色又烏檻反 罯魚網 腩奴感反煑肉亦䑋腤三 湳水名在西河 萳竹翁

襑他感反衣大四 醓醓ㄷ 肕肉汁 嗿衆聲 歜徂感反菖蒲葅三 魿大魚又才枕反 彉弓強 㦧七感反又六感也 憯痛 朁曾 僭好又先感反 噆銜又子膳反 黲暗色又食敢反

顉五感反ㄷ㑴柱頭二 䫲含怒 昝子感反人姓三 寁速 撍手動 糂蘇感反又羹四 糝ㄷ糟滓 㑴顉ㄷ 䊅蠶䕶衣 坎苦感反ㄷ窞又埳四 歁食未飽 轗䪍曲 㥏恨

頷胡感反頤八 媕宮惡性 撼動 滔水和泥 [illegible]癰耳亦極 [illegible]草木垂實 欿欲得 菡〻萏亦蘭 壈盧感反坎〻五 顄面黃痏久雖甚反 轗坎〻困極 醂〻柹 [illegible]黃焦色

黕都感反又丁甚反滓六 眈虎視〻送志 抌柦 伔璽 衴被 [illegible]〻箱 顑呼感反飯不飽又呼紺反

卌八

淡徒覽反薄五 啗食啖噉同 [illegible]〻淡水皃 憺安又徒濫反 [illegible]竹名 黮倉感反日暗一 [illegible]謨敢反鄉名在河東倚氏一 敢古覽反果決也三 橄〻欖木名出交阯 澉〻[illegible]食無味 覽盧敢反視四 攬〻[illegible]

擥手取物亦攬 檻持又力紺反 菼吐敢反荻亦剡四 緂青黃色亦毯 [illegible]嶮又丑令反 [illegible]毛毛衣 膽都敢反肝〻五 黵黑 䃫石〻 [illegible]鷹福鳥 紞冕垂飾 [illegible]子敢反澉〻食無味一 槧

卌九

才敢反又七廉反又七㪁反削版牘一 埯安敢反坑〻一 [illegible]工覽反又可又工淡反亦作濫一 減古斬反又下斬反四 鹻鹹 [illegible]竹名 鹼七廉反又[illegible]反 豏下斬反豆半生五 減又古斬反耗也 [illegible]塗

濫〻泉又盧暫反汎濫也 [illegible]大[illegible]物聲 湛徒減反水名又徒感直減二反二 偡〻然齊整 瀺士減反〻灂一 斬阻減反斫一 [illegible]苦減反亦楗牖一曰小戶三 [illegible]危 [illegible]長面皃又五減反丘檻反 [illegible]初減反〻羨也一 臉力減反〻臘一

闞火斬反虎聲又火檻苦蹔反二 欿笑 摻所斬反執袂又沙檻反二 [illegible]子減反〻聲一 [illegible]女減反魚納一 [illegible]田減反癡一

五十

檻胡黯反闌八 艦船 [illegible]車円 轞車聲 壏〻醎 [illegible]勇 [illegible]欄 獫惡又犬吠不止 [illegible]丘檻反長面皃又五減反苦減反一 摲山檻反斬取二 [illegible]獵〻犬聲 黤於檻反青色三

黯沒〻人名 [illegible]董〻出孝子傳亦黶 醶初檻反酢漿一 [illegible]荒檻反小犬吠一 巉士檻反峻也二 嵁〻絕

五十一

广魚儉反又音儼室屋九 儼敬 [illegible]〻預 隒山形似重甑 礹石〻 嬐〻然齊敏奄廣反 [illegible]〻〻頭又烏兼反 嶮〻巇山不平 噞魚喁上下皃亦𩸂 險虛广反峻也阻也又虛儼反五 獫又力劔反 [illegible]〻性不端又奄甚反 少氣

譣〻詖說文作𧬱諂者問 [illegible]胡被 檢居儼反校三 瞼目〻 撿書〻 儉巨險反又自廉二 芡雞頭 奄應險反又衣廉反十四 霘雲雨狀 郁國名 掩〻取亦揜 閹宮官說文豎也宮中〻閽〻門者

渰雲雨皃詩云有渰淒〻 淹〻 [illegible]陂 旍又於業反 [illegible]柂 崦〻嵫山又猗廉反 [illegible]屋崔 罨网又衣作罯 裺又衣檢反 弇蓋 [illegible]彼檢反又退一 [illegible]〻頢不平丘檢反三 嵰山高 [illegible]丘广反又丘嚴反崖一

五十二

范無反語取凡之上聲亦得符山反說文作從水又姓也六 範模也說文〻軓祭神曰軓祭訖車〻而行故曰軓 犯干 [illegible]蜂 軓車前軾也周禮曰立當前軓 笵法也從竹簡書也記有法有竹形 凵丘范反又張口一 [illegible]明范反臘〻又明忝反一

全聲卷第四

并此五十七

一凍多貢　二宋蘇統　三種之用　四絳古巷　五樣餘亮　六宕杜浪

七寘支義　八至脂利　九志之吏　十未無沸　十一御魚據　十二遇虞樹

十三暮莫故　十四霽子計　十五祭子例　十六泰他蓋　十七界古拜　十八夬古邁

十九廢方肺　廿誨荒佩　廿一代徒戴　廿二震職刃　廿三問無運　廿四靳居焮

廿五磴都鄧　廿六翰胡旦　廿七恩胡困　廿八恨胡艮　廿九霰蘇見　卅線私箭

卅一訕所晏　卅二襉古莧　卅三願魚怨　卅四嘯蘇弔　卅五笑私妙　卅六教古効

卅七号胡到　卅八更古孟　卅九諍側迸　卌清七政　卌一瞑莫定　卌二箇古賀

卌三懈古隘　卌四禡莫駕　卌五沁七鴆　卌六證諸鷹　卌七宥尤救　卌八㑗胡遘

卌九幼伊謬　五十艷以贍　五十一㮇他念　五十二醰徒紺　五十三闞苦濫　五十四陷戶韽

五十五覽胡懺　五十六嚴魚欠　五十七梵扶泛

一

凍多貢反。氷也。又音東。五　涷瀑雨。又水名，出薛鳩山。又音東　棟屋梁　鶇獸名，似羊，一目，出泰戲山　湩乳汁。又都隴、竹用二反

送蘇弄反。遣也。說文送一

鳳馮貢反。瑞鳥，從凡鳥，姪玄玄皇形似鸖，五彩成文，尔疋云雄曰鳳，雌曰皇。漢書易傳云高五尺。一

貢古送反。獻。九　贛賜也　𧷒薏苡　𣚻格　䉺楊雄甘泉賦云登椽欒而䉺天門　𩓿小杯也，亦𣚻　湏水名，出豫章　陎從從山名，在雲南來唯縣顏師古音胡工反　㻅縣名，在沛郡。亦虹

弄盧貢反。從玉。玩弄。五　哢口哢　梇梇䉺，縣名，在趙魏間語　𢭱

〻棟縣名在益郡亦木名 礱磨〻小磨又盧東反 控苦貢反引也告也四 倥〻偬困皃 悾誠心又音空 鞚馬〻 糉作弄反亦粽菉裹米五 偬倥〻 㚇斂足而飛又子紅反 鯼石頭魚出南海 睃窺覦視皃 甕烏貢反

凡器又罋瓮通二 齆鼻塞病又此𪖈通用 謥千弄反〻詷急言一 洞徒弄反穴又洞庭說文疾流九 峒山〻礀深 詷謥〻又共也一曰譀也 胴大腸 眮瞋目視吳楚間云丈孔反 絧相通 㗢歌 筒〻簫通底王褒所賦哀也𢡖也悲也

慟哀〻 痛他弄反傷也病也二 蓪好又他口反 仲直衆反一 諷方鳳反詠也讀也一 焪去諷反火乾物二 [illegible]寒〻皃見張衡思玄賦 夢莫諷反不明五 瞢雲〻澤名在南郡 鄸邑名在曹 [illegible]

〻趬疲行皃 㝱說文夢而有覺也周礼以日月星辰占六夢之吉凶一曰夢二曰罜夢三曰思夢四曰悟夢五曰懼夢六曰喜夢〻作此㝱此夢亦通用耳 𧼮香仲反任頭行二 䠉行皃又丘幼反 懞莫弄反〻𢡣蓋中三 霿天氣下地氣不應又云細雨也似霧 艨大又莫紅反 [illegible]檢諷反車馬幽喪時二

𧾋敷〻麦 [illegible]千仲反行皃也一 中陟仲反當又陟隆反二 衷析〻又陟隆反 哄胡貢反唱聲二 閧兵鬪又胡降反 齈奴凍反鼻渧二 癑痛 衆之仲反多又之融反說文從三人衆立一 戇呼貢反又丁降反[illegible]三 銃

二

充仲反銎一 𠜶仕仲反一 宋蘇統反居也殷之後徙國一 綜子宋反機縷二 猔豕三歲 統他宗反紀也二 䵯黃色

三

種之用反又之隴反又種一 用余共反一 頌似用反盛德三 誦〻讀 訟〻爭 俸房用反秩〻二 縫又房容反衣〻 共渠用反一 葑方用反葑〻又方容反二 封又方容反 供居用反一設也又居容反 雍於用反障也又於容反

縱子用反縱也又子容反二 瘲病 湩竹用反乳自出汁又都貢反又𥖁巷一 惷𥖁巷反又書容反一 〻〻他用反行不正一 𩌏而用反毳飾〻𩌏一 重治用反復又治容反二 緟繒縷也今重 朧良用反貪一

四

絳古巷反赤色也三 虹蟒蝀又胡籠反 降下也又下江反 巷胡降反有㸃古衖二 鬨鬪也孟子鄒与魯鬨呂氏春秋相与私〻 戇丁降反愚又呼貢反一 漴士降反一水所衝漴水聲 幢直降反衝城戰車三 憧后妃惲〻 憧戇〻說文音洞意不定

五

𥅈田降反直視一 胖迭降反〻脹皃一

樣餘亮反式也六 瀁水名在隴西 羕長大又良水長也 颺風〻 煬炙也又与章反 恙憂古者草居爲〻所害故相問曰無恙古作𧊅害也 亮力讓反朗也九 諒信

椋〻𥮶強 喨平原謂啼極無聲曰〻音丘向反 悢恨〻 緉屨屐雙曰〻俗量誤 量𣂁又音梁以北方稻黍中容一千二百籥二籥合十合爲升十升爲斗三斗爲一大斗十斗爲一斛 掠牛雜色 兩車一日兩又良癢反 狀鋤亮反從犬〻一 讓如仗反責〻也三 懹方言憚

攘推又如羊反 餉式亮反五 殤未成人而死又式良反 向姓又許亮反 惕憂 蠰亦是云螿蠰桑虫也似天牛長角有白㸃又音襄螳蜋別名 悵陟亮反〻惆三 脹滿 漲大水 帳田亮反五 暢通〻 鬯𣧛又丑亮反〻

百草釀酒曰〻 韔弓衣 蕩草盛茂 向許亮反五 珦玉 闀兩階間 鄉曩也國語云而言獻 嚮向 仗直亮反器仗二 長多又直良又張兩反 釀女亮反醞〻一 匠疾亮反木工二 𧼰行皃

障之亮反遮四 嶂峯 瘴癘 墇塞 尚常亮反三庶幾也曾也又署羊反 上居之高處顛之構也又時兩反古上 償備 壯側亮反三 裝行〻又側良反亦裝 洲〻米 怏於亮反不服勤二

鉠餉 弶其亮反取獸機又彊一 唱昌亮反又倡一 創初亮反初也古作刱三 愴傷 滄寒〻又滄又七崗反 醬即亮反二 將〻師又即羊反 鞝語向反〻〻二 仰又魚兩反 訪芳向反二 妨〻礙又敷房反

妄武放反四 望又武方反 忘又武方反 [言望]〻責 況許放反從水三 貺賜 眖山名字林水名 誑九妄反欺也亦誆說文狂往也字林作㞷三 暀美光又作睢 王又于方反 放府妄反弃二 舫船又補浪反 相息亮反

六

又息良反二 誆謀言又其放反 唴丘向反〻〻喨一 宕杜浪反洞房一曰過也七 踼跌〻行失正 碭石又山名亦縣名在梁郡 逿過 圂碎〻聲 嵣〻崖山皃 蕩蘭〻毒草 浪郎宕反六

閬高門又地名在蜀 罠莽〻寬廣皃見吳都賦 埌塚 閬〻薚 晾暴〻 吭下浪反鳥咽又胡江反二 行又下孟反又下庚反又乎對反 盎阿浪反瓮又甕一 枊五浪反繫馬柱一 葬則浪反從艸一 傍蒲浪反附地行從彳又抄傍紫二

傍側邊又補郎反 藏徂浪反又徂郎反二 奘大駔從大 讜丁浪反言中又讜三 儻不中又儻 黨大貧一曰井梵 抗苦浪反以手〻物又從木六 閌〻閬 伉〻敵見傳 炕大旱 犺獟〻爲不時也獟苦結反 伉〻儷〻陽又歊也

謗補浪反誹〻也二 螃蚕名似蝦蟇 儻他浪反又他朗反二 擴排又盪 曠苦謗反三 壙墓穴 纊絮又統 儾奴浪反緩也一 檔剛浪反敲〻一 𡾉莫〻反嵣〻一 廣姑曠反戰車又姑朗反三 光飾 絖

織布縷也漢音義八十縷二升布又扠浪反 喪蘇浪反匚又蘇郎反俗喪一 㶌呼浪反裝〻書也二 櫎木名 寘支義反亦置七 忮懻又忮害也心也 伎傷害也詩云鞫人伎忒 觶爵受四升說文鄉飲酒角賓曰觶虛曰觶 伿惰

七

鼓多 詖扶孟注真〻可爲 避婢義反違也一 惴之睡反憂〻懼一 詈力智反罵〻從网三 荔〻芰草又盧帝反 離遠又力知反 豉是義反鹽〻三 鯷鮎魚又音是 [弓是]揮青州云 積紫智反委〻又子昔反五 㰣歐

積艸 澌蠲盡又斯義反 精羊相縷〻今爲精非 賜斯義反與也四 𧄼艸 澌蠲盡又作凘 杫內机後漢書尚書郎無被杫机 爲榮僞反助也又榮危反一 賸諂僞反賭也實也三 [illegible]瘃 柀尔疋云杫山又麻

帔被義反衣〻三 被水〻祖 襬衣 賁彼義反卦飾也又博昆反五 彼衺也論語子西彼哉 詖險也佞也論也字書辯慧也 坡阪 貱肥亦膍 髲皮義反益髮也四 被〻服也亦覆被又補被反 鞁馬具 [弓皮]〻弓又張也所以張弓

累羸僞反重也相屬託也古作絫亦爲委五 寄居義反寓也三 騎肉〻〻四 徛聚石爲橋 臂卑義反肱一 芰寄義反也望也四 騎又渠宜反 踦〻具四向用 魌鬼鬾也韓詩傳云鄭交甫逢二女鬾服一曰小兒鬼也又平聲 刺此豉反刺又七亦反六

[illegible]偏〻 莿尔疋云〻針草 朿木芒 直人相依〻 諫數〻 易以豉反難〻從日勿又以益反二 傷相輕侮神易反亦易 議宜寄反〻論三 誼信〻也漢有賈誼又所宜反 義宜也亦恩〻亦誼同 譬匹義反喻也一

而

八

漬在智反潤二三 䴖病亦瘦一日曾亦紫同 眥目二又在計反 智知義反明從白古作智同一 倚於義反依也又於蟻反三 輢又於蟻又車又倚寄反 踦二氏又平聲 縋馳僞反繩懸下六 槌蠶 膇重二病 錘又直僞反稱二

䫂小口覺 䐈縣名在東萊又竹垂反 戲義義反說文三軍之偏也一曰兵也今共爲二弄俗戲亦同一也 企去智反望也踵也亦跂同也四 攱傾 迉避 跂垂足坐 縊於賜反自經也二 翅施智反翼也亦翄翍五 施惠也又式支反正施字 鍦短矛 柂

持物惠人 髲面衣 瞖不二 翨勁賜反亦翅瓶周官有翨氏三 翨鳥也亦支 馶強 屣所寄反履也躧又所綺反四 灑二洒又所綺反 縰舞履 曬二 餧於僞反飯牛又奴猥反一 䚤窺瑞反望也一音跌字一

僞危賜反詐也假一 恚於避反怒也一 睡是僞反寐也四 瑞二應萬信 倕堯時巧工見山海經 鵻鵻 枘而睡反內也杌也又心清也而語肥謂之枘三一 觜爭義反觜又稱衣不出二 䶦二鈹皮仲鈹字爭益反 吹尺僞反鼓二之又尺爲反二 䅑

二糧也詩曰餱二日粃 䄖鄉義反跛二 諈二諉置睡反 諉女睡反一 孈呼恚反愚戇皃一 至旨利反六 摯國名又二持也 贄禮所執 鷙擊鳥 礩柱下石 䞇

魚名居也山水流出看 位洧冀反位次一 郿美秘反又音眉縣名在扶風又眉通六 媚嫵姿 魅鬽二物佐 蝞水虫似蝦蟇如蠅尾在螺田中一名寄生虫 篃竹名 䉋蒲竹出漢中筍冬生 遂徐醉反從八本十二 彗帚一曰妖星 墜墓道

旞羽旄上 璲瑞玉亦璲 穗秀苗 檖楊二木名子似梨可食 燧烽火亦火母 遂田間小溝深二尺 襚贈二 繸璲玉 鐆陽二取火於日 醉將遂反三 檇以木有所擣 嶲二里吳地

邃雖遂反深五 祟神禍 誶言誶又歌以二止又讓也 粹純二不雜 睟視皃 類力遂反似……從米犬五 淚涕二 禷祭名 瓃玉器又力追反 纍……水名 秘鄙媚反十 毖慎……遠 祕

閟神閉 祡地名 䮹馬二 鉍矛戟柄又柲 泌泉皃狹流也又父一反 粊惡米 鄪邑名在魯 遺以位反贈也又……六 饋餉 蕢草器一曰亦蕢又匱 繢織餘 壝

土器 櫃 蕢々 潩 迈倫反水聲四 嚊 喘息聲 淠 水出汝南 𤸺 脹滿 備 平秘反防也具也從人古备萷亦俗九 䨆 々眉也一云迴亦 鼻 壯大 犕 牛具 糒 糗 贔 々屭壯肥 䡵 車軾

●椭 木名出蜀中 鞴 韋囊 媿 軌位反慙也亦愧媿聭謉俗愧通二 騩 馬淺黑色 帥 所類反又所律反二 率 又所律反 喟 丘愧反大息又苦律反二 樻 棬々木腫節可為杖又軌跪反 韇 馬韁 髻 髻 髖 地加腓 豷 許位反

豕息又許莫反二 㱾 大 嗜 常利反欲亦饍 醋一 利 力至反茵也六 颲 烈風 澨 臨也亦涖莅 䫉 求 痢 病 䖏 臨 膩 女利反肥一 劓 魚器反割鼻也亦劓一 屁 迄鼻反氣下泄又糟一 致 陟利反運也從攵又知里反六

𩡌 止 躓 礙 疐 跲也俗疐 輊 車前重亦輊 鷙 馬腳屈又馬重皃 ●棄 詰利反除也古弃三 蟄 蝨々螆 結 多 ●寐 密二反睡一 緻 直利反密也堅也八 稚 幼小禾亦 遲 待又黎直反 稺

晚禾亦稺 縒 繊 縒々 植 持物使相當 儨 會也俗云㩰々 㩰 履屨 扆 田利反窗扆二 誎 不知 冀 几利反幸也從北異六 覬 々覦希望俗作兾非 懻 巨書云直強曰々 穊 稠也又從艸兾 驥 騏々千里馬 洎 內汁又開西呼澆灌為

々周禮々灌又音暨 臮 其器反衆與詞五 暨 日見亦頗反 垍 堅土 潨 小水 鱀 似鱓魚鼻在頷上 悸 其季反心動四 猤 左思吳都賦云々䝟猤 㒗 左右兩視 寱 熟寐 翠 七醉反青雀出鬱林二 臎 鳥尾上羽

二 而至反古式四 貳 疑也或副具 樲 酸棗 佴 次也又仍吏反 恣 資四反一 㳄 七四反九 鵚 鳥名又即次反 佽 々助也詩云胡不佽焉亦漢武官名 漆 漆物亦次 髹 以漆塗器 絘 績所未緝 蛓 蚕名 螧

尔疋云螢蠭蛓蟲蜘蛛別名字音秋也 䖪 按說文戰見血曰傷亂或為惛死復生為䖪又䖪 懿 乙利反一本作懿美八 㰆 方言貪欲施曰々 鷧 鶂々鷧一音翳字 墜 陰皃 饐 飯傷熟又傷濕 歅 噫々歎不平 撎 舉手下手 倚 任几又於蟻反 四 息利反八 駟 々馬

𦙶 上也又角上 牭 四歲牛 泗 水名在魯 肆 陳也故也遂亦伸從長俗肆 㒧 々猶細碎也史記小㒧 䔳 草 器 去冀反從大凶器非一 季 癸悸反少稱一 畀 毗志反五 比 近也又必里反必志反又必四反扶必反 枇 細櫛又音毗 痺 腳氣不至

頔 蒼頡篇云昔子曰々 矈 許鼻反恚視一 痹 必至反腳冷濕病六 庇 蔭 畀 與也又畀 比 偕也又必里符脂扶之扶必毗四四反 秕 似豚祭司命 萆 草名莧屬可為蓆蜀中 萃 疾醉反聚也又草節生三 顇 顦々憂也或悴 瘁 病

地 徒四反籀文作墬字一 䵹 許器反鼻息六 屓 贔々 呬 息也又丑致反 豷 夏后氏澆々 覞 見雨而止息 眉 贔眉也怒亦眉從目大 肆 羊志反習也或肄俗肆亦斬而更生也五 䊮 瘞也亦假羅道側 貄 尔疋云狸子又音四又肆貄同 廁 水漕倉亦倉廡

勩 勞也又以世反 示 神至反玉篇猶語四 謚 行之跡亦死號從言益 貤 重物次第又與企反 眎 呈 自 疾二反從二 嫉 々妒一音疾 墜 直類反落也隤二 懟 怨也恨也亦譵 出 尺類反々黜一 轛 追類反車橫軨一 遺 以醉反

贈也又賵又以隹反五 瞶 目病 𩓺 々青侯出漢書王子侯表 戀 恚 雖 獸似獼猴鼻向上尾三歧礼有雖 侐 火季反詩曰閟宮有々云靜一 訣 失二反說文志俗有不々之言俗嗇字嗇音迴達也一 痳 釋泥及病也二 寀 寮趙魏間語

九志之吏反四 嬑有莘氏女醜耳 蒠遠 誌記 值直吏反四 植種又市力反生也 治理 稙江南呼稙 寺辝吏反廷也三 嗣繼 飤從人飼俗餧 䊸七吏反二又氈一 笥相吏反 伺

䚂音絲 覗覰 思息吏反又音司 試式吏反三 弑逆煞也俗弒 幟旗也又昌志反 㦸側吏反三 椔木立死俗從甾 倳又鋤吏反置也 吏力置反職使一 字疾置反五 牸牛 孳 牸 孖

雙生子 孳 眙丑吏反住視三 䫋說文癡鬼 㙷書有夏氏之阝 餌仍吏反鬻粉餅也八 珥耳飾 衈血祭 咡口吻 刵割耳 毦氂 鉺鉤 佴次也又而志反

駛所吏反急疾三 駛 使又所里反 廁初吏反雜一 異餘吏反二 异 置陟吏反四 事鉏吏反 侍時吏反二 蒔種 忌其既反七 郋縣名在襄陽 惎

教謀 緦 ：連 𩓑 ... 䭲 㥯 誋誡也成信也 熾尺志反二 饎酒食 意於既反二 鷾鳥名 記居吏反 亟去吏反又數 憙許記反又好 噫笑

十未無沸反三 味口 菋五味子藥名 𦞦 胃于貴反俗作胃十 謂言 䲁 渭水名

㲸負記反恐二 豙按說文豕怒毛豎也

𦚭一曰虫名 焻 熭 𦑮楚呼 緯經又渭 彙類 魏魚貴反二 𩓐 犚牛名又歸 沸府謂反五 疿熱瘖 怫方言南楚謂 誹謗 䰽

䊸丘畏反一細米 尉於胃反安也一曰恚怒 尉說文從上案下從尺二寸 罻羅 䝐牛名 熨火 蔚文也 𧾌 䞽社 䲴蜚蠊有翅 畏怕也 諱許貴反二 卉草之物名

𪊨扶沸反十三 𪊨 怫又扶勿反 𧿳刖足 䨽病 菲菜食又芳非反 𩇢草屬 𧑜尔尾 翡翠 蜚虫 屝隱 痱小瘡 𧎿 費姓又方味反

旣居未反俗既四 曁諸曁縣在會稽 禨祥 旡飲食氣逆不得息 毅魚既反二 藙茱萸 氣去既反 乞 欷許既反 唏 塈

气乞作 瓶 概 䊠 鑖 衣於既反又於機 黖深黑色

十一御魚據反有三 馭 語又魚舉反 𧇽力據反二三 勴助 鑢錯 據居御反俗作據五 鋸刀 倨傲 踞蹲 椐靈壽木又椐樻 𪄊 𨶫 鶋 䣘

㰦却據反又欠六 𪏰 去却又去 呿臥聲 胠腋下 𧍞 署常慮反二 曙曉 恕式據反心文仁二 庶衆也 著張慮反又張略反通一 翥

翥三 齵笸 饃大 麋 踈所據反書又平聲一 飫於據反飽六 瘀血 鄔縣名在太原又烏古反 醞私 讌 棜無足樽 淤水濁又約渠反 筯治據反匙筯或箸一 遽渠據反急也四 勮勤務

懅淒戰栗 詎辞端 絮息據反一 助鋤據反從且三 耡又士魚反亦鋤 麆尓足麆子亦麡 怚子據反憍又嫭二 沮沮洳漸濕 詛側據反呪一 洳而據反沮洳又洳字二 茹菜茹又音如 豫余據反逸也一曰獸名十象屬亦豫

預安 譽揚譽又与魚反 礜礜石藥 鸒馬行疾 轝車轝又与居反亦舉 鸒鸒斯烏 悆忛悆 䴢大麃 舉畢食 嘘虛據反吹也又許渠反亦歔一 女乃據反又尼与反妻也一 䖏昌據反又昌呂反俗處一

十二遇虞樹反逢也四 𡟫始也女子遇於男子 寓寄又庽 禺母猴屬 嫗紆遇反老＝一 樹殊遇反四 𦒘老人行皃 澍時雨又之戍反 尌立也從寸持之又樹同 住持遇反二 𢂑築垣短板 附符遇反近七 怤

白＝ 祔祭名 賻錢助喪 坿益 駙副馬又近也疾也 鮒魚名 注之戍反水注又陟句反六 疰病 罜小罟 澍時雨又殊遇反 鉒垂＝ 㹏犬名 鑄鎔＝ 馵馬名又馬後左足白

屨俱遇反屨五 句章＝ 蒟＝醬又其俱反 絇絲五兩 瞿視皃又鷹隼之視 煦香句反又況也三 昫日出溫也一曰赤色皃又火于反 䣙醉怒又作酌 戍傷遇反守邊也從人持戈五 腧五藏 隃鴈門又音輸 輸委＝又式朱反

𧼯馬䠷＝ 裕羊孺反寬也古衮四 覦覬＝又羊朱反 諭曉亦喻 籲和也商書籲＝衆戚也 孺而遇反稚或孺三 乳又而主反 臑＝荎 赴撫遇反奔也又作趴五 [?]疾 訃告喪 仆又蒲北反 趏

僵也 務武遇反趣也十 敄強也又音武 霧＝露亦雺 騖馳 𦍩六月生羊 𩀍雞雛 婺＝女亦州名 𡡉汝亦女 𢄑疑巾 嵍丘 緅子句反又子侯反青赤色一 懼其遇反三

具俱＝ 臞瘦又音衢 芋羽遇反一名蹲鴟二 雩雨行 屢李遇反數一 豎才句反染二 聚又淨雨反 數色句反又色矩反又色角反二 捒裹＝ 付府遇反四 賦斂也聚也 傅相＝

𩬅露髻 娶七句反二 趣七句反又七俱反 注陟句反又之戍反六 註解 鉒置也又送死人物也 駐立馬 軴車＝ 壴陳樂也立而上見 驅主遇反又匡愚反按說文作此敺一 菆[?]反鳥窠一 足即具反添也又之欲反一

十三 乚竹句反步上徒反沙一 𦃇武付反㵖淹餘也一 暮莫故反＝晚也五 墓塚＝ 慕悲也貪愛也 募勇字林廣求也 𥴳礼記竹苫 渡徒故反越水四 斁猒也一曰終也

詩云服之無＝又羊益反 鍍以金＝物 度又徒各反尺丈也稈黍中者一分十分為寸十寸為尺一尺二寸為大尺十尺為丈 路洛故反容三軌九 露霧＝ 潞縣名在上黨 輅車又胡格反 璐玉皃 賂財＝ 鷺白鳥 簵竹名 虂

＝婺 妬當故反嫉也按說文婦妬夫從女戶俗從石通 秏禾束又縣名在濟陰又作秺 奼美女 𣍦＝脈大腹脈音孤 𤵸乳病 𦊱尊酒爵 蠹食桂虫又＝害 殬敗也商書彝倫攸＝又大故反又作斁 兔湯故反獸名四 菟＝絲藂名 鵵鳥名

十四

吐又湯古反 顧古慕反俗頋十一 雇賃也又音戶又鳥名 稒〻陽縣名在五原 凅西京賦凅陰沍寒 㲉郭璞云方言關西謂之雞雛曰㲉 故事又音古 酤賣又古乎反 痼久病 錮鑄〻又禁錮 鹽監 誤

五故反錯也謬也亦悞八 寤寤寐 忤逆犯也 迕遇見亦迕 晤明 悟覺 梧枝梧相搖不安也見亦迕 護胡故反十 瓠瓠瓟 嫭美好 婟嫪婟惜 互俗牙 枑門外行馬

濩布濩又湯濩樂又濩澤縣名 穫周穫也又胡郭反 篗所以收絲 沍寒凝又下各反 訴桑故反告也無然又謝愬俗訴六 泝逆流而上曰〻 傃向又遡 嗉鳥〻 素舊也白也 祚昨故反福也祐也位也四

胙祭餘 阼東階 䕷魚醬 笯乃故反盛鳥籠二 怒又奴古反 布博故反二 圃園又博古反 汙烏故反又汙涂也三 惡烏各反又憎惡 𧩂相毀 怖普故反亦悑二 鋪普故又普胡反 厝倉故反

置一曰礪石詩云他山之石可以為厝也三 措舉也投也置也 醋醬又作酢 袴苦故反又絝四 庫倉 胯股 酤醋蒩 捕薄故反又捉也八 哺食在口 步從二止左一右行又步一 餔〻餹 鮬魚名 鞴

〻敷 鵏鳥名 艕短而深曰〻 霽子計反雨止四 隮陞 濟成也渡也又子礼反 擠墜也排擠也 帝都計反君也諦也天也八 諦審 嚏氣噴古鍼詩云願言則〻也 柢

根也 蔕草木實綴 螮〻蝀虹別名 摕撮取 𤸱下痢病 嚌在細反嘗至齒七 劑〻分也又子隨反又齊也 穧刈把數 懠怒 齏〻齧 𪉖〻鹹俗酉 眥目際又才賜反 替他計反

廢也又俗相〻代又八 䅐不耕而種亦穧 涕鼻〻 屜屧裏薦 剃除也〻鬀也亦鬀 鬀大人曰髡小人曰〻 达足滑 薙除草 髢髮又特計反底綠 第特計反又從竹十八 苐宅 遰迢〻遠 鬄髮〻 締結亦締

睇視 悌孝〻 娣〻姒 禘祭名 釱以鐵加足又音大 鷉〻鷉鳥又徒雞反 棣車下李 遞更〻俗遆 杕盛皃一曰樹皃詩有杕之杜 睼迎視又夫兮反 踶蹋 題封又徒雞反 蹏竹

砌七計反階三 切衆從七又千結反 䁦視 細穌計反從由五 卋楚音林 栖雞宿所又先奚反 壻夫也從士胥又胥通 泗水名出汝南 詣五計反四 羿能射人從羽开古羿 睨睥〻亦䁰 栺〻殿名 計古詣反九

係連 繼紹 繫縛 薊草名說文作此薊 髻頭〻 𨟙燕都今相承作薊非 蘻草名 檵枸杞 蒵胡計反又㩗〻六 𦡝喉脈肚 系說文作此系又臣狄反 妎心不了 稧

〻飲 徯恨 契苦計反約也又苦結反從刀丯三 栔剋己 鬄尒足盡 翳於計反一曰隱也羽葆十 曀陰風 瘱靜 㩎〻指 𡓮塵埃 㙆死 医藏弓矢器 瞖目〻 殹

擊中聲 𡨘靜 謎莫計反隱語一 閉博計反二從才俗作閇又布穴反 嬖愛 箅甑〻 慧胡桂反解 憓愛 潓水名 惠仁 蟪〻蛄虫 譓順 蕙草名似麻花紫色

槥木名　桂古惠反四　昋姓亦炅　筀竹名　罣掛也又音畫　嚖虎惠反聲也無心亦同二　暳小星　媲匹詣反配也四　濞水聲又敷備反　睤ㄑ睨斜視　渒水名在汝南　薜蒲計反ㄑ荔二　鐅

所以理蕃敹草　蠡魯帝反蠡行也好也十七　戾郎節又呂結反　縩僕ㄑ亦縩　珕蜃屬　颲ㄑ急風　儷等逐也　盭綟色或作綟　劙割ㄑ　唳鶴ㄑ　蜧大蝦蟇能興雨　栵木名　荔紫草也

俱很ㄑ　沴祆氣　[illegible]方言南楚謂竊視也　荔薜ㄑ　棙琵琶撥　淚泥戾反隋ㄑ又力定反二　迡近　[illegible]田戾反又杖胡反竹名方言以篆為筡亦筡也一

十五

祭子例反五　際畔　穄黍屬亦作穄　鰶魚名一本作鯀　鬣露髻　歲相芮反又從山非古歲三　槥小棺又似歲字　繐疏布又似歲反又作䌐　衛羽歲反六　轊車軸頭鐵　璏劍鼻玉　彗日中必ㄑ

䉛竹名　躛亦䘙　芮而銳反草生狀四　汭水名又水北曰汭　蜹秦人呼蚊為ㄑㄑ又人劣反亦蚋　枘柄　贅之芮反ㄑ以物質錢出一　啐山芮反小歠一　毳此芮反細毛又恍芮反七　韢囊類又徐醉反　脃肉脆ㄑ

帨佩巾又式芮反　涗溫水又式芮反　竁說文穿地一曰小鼠聲周禮大喪用ㄑ也　[illegible]謹　銳以芮反利主　叡興睿同聖也又叡深　[illegible]草生狀　綴陟衛反連也又丁劣反三　醊祭亦餟　畷二陌間道　稅舒芮反斂也五　說誘又舒梲二反

裞祭　襚以衣送死人又他活他外二反　蛻ㄑ皮又他臥反　斃毗祭反破也困也從犬或与死同四　獘死　幣帛　敝狀也敗也　毳楚歲反重擣也或毀同一　篲囚歲反又埽帚二　鏏大鼎　蔽必袂反又掩二　鼈

縣名在牂何　𦒀居衛反利傷四　鱖魚名　𤛾蹶ㄑ牛展足　劌剔ㄑ斷剖　袂弥獘反袖一　憏所例反殘帛三　鎩矛戟類又所拔反　蔱又叔　掣尺制反又尺折反四　瘛小兒驚　懘怗ㄑ樂音

瘌妻病　制職例反禁也蔡雍獨斷曰說王者之言必為法制也詔告二世無文秦漢有漢為八　鯯魚醬　淛水名　製作又𢥠　聅入意一曰聞　晢星光又旨熱反　狾狂犬　𢞩孕病　逝時制反往八　𦐿

牛角豎　噬齧　誓約　筮卜　澨水名三ㄑ說文埤水邊土人所止　遾逮還也　䡓車害　曳餘制反動十　裔衣裾也亦苗裔亦邊也　玻石似玉　疶病　勩勞　泄水名在九江

枻檝屬　抴鳥飛　㥏明也習也　詍多言　緆於罽反急也不成也三　瘞埋　餲食敗日ㄑ又於既反　藝魚祭反ㄑ葉也四　寱睡語亦藝　埶種　槸木相摩　滯直例反四　䟹

除利　蹛ㄑ林　𧲲豕　例力滯反次十五　厲惡謚又ㄑ已也　礪ㄑ石又無石　勵勉　禲無後鬼　癘疫　𣦼魏都賦去泰餘從ㄑㄑ　濿渡水又作砅　蠣蚌ㄑ又壯ㄑ虫　䮥馬ㄑ馳也

秝黍秀　犡牛名又里大反　欐木名　巁巍　鮆魚名又作鮆　憩去例反息五　揭高舉也又去竭反　愒恐人　甈尔反瓠壺也　䅗車ㄑ草名　世舒制反又代今國也三　勢ㄑ力也

十六

胄賤也又時夜反 猘居例反江南呼狂犬也六 綱西胡毳布俗作罽同 㵐泉出良 罽魚納又姜憩反 蘮〻蒘似芥實如大麥蒘音茹 訐持人短又居謁反 㿃竹例反赤白痢一 偈其憩反句一 啜市芮反嘗也又市雪反二 跇丑世反跳亦趨二

傺侘〻失意良 劓義例反去鼻一 蕝子芮反朝會東茅表位又子悅反一 泰他蓋反從水滑也大也三 忕奢 太大 盖古太反覆也亦蓋二 丐乞 艾五蓋反又蓬類三 豛

〻綴豙 鵽巧婦鳥 藹於蓋反臣盡力之美也 堨清 殪死 䶎小鼠相銜行 壒塵 馤香 靄雲雨狀又於曷反 𣊧日色 藹蓋 曖隱 㮈奴帶反菓木名又柰三 奈

如也又奴箇反 毻毻〻多毛 大徒蓋反又太也五 汏濤〻 軑車轄 鈦鉗〻又音弟 駄鳥名 害胡蓋反從手俗吉通一 帶都蓋反又伸五 跢倒又移 蔕方〻郡 摕方言齊人捍也 𦩺方言南楚人薄艇也

貝博蓋反海虫也居陸名森在水名蛸六 沛郡名又普蓋反 芾小詩云蔽〻甘棠 狽狼〻 浿水名又普賴反 犻牛二歲 霈普蓋反又大雨三 沛又音貝 怖恨怒 會黃帶反一 兌杜會反二 䩣

補〻 儈古兌反十 膾屠〻俗鱠 襘福祭 檜栢葉松身又古活反 巜水流澮〻也方百里爲巜也 旝木置石殺敵 澮畎〻廣二尋深二刃亦作云俗注瀆澮也釋名云澮會也以瀆之所會又云水名也在平陽郡是也 鄶國名在滎陽 廥芻稾藏也

䯤說文骨擿之可會髮者也詩云〻弁如星也 最作會反說文從冃一 譮虎外反聚聲四 噦鳥聲 翽鳥飛聲 鐬鈴聲 穭苦會反麤糠秦音苦活反一 酹郎外反以酒祭地四 毲馬色 閱門 頪難曉說文從夕遠也

外吾會反遠一 祋丁外反〻祤縣名在馮翊一 懀烏外反惡也二 薈草名 最在外反〻爵二 襊衣緣 旆蒲外反旌旗垂貝三 䟺跟〻行不正貝 軷祭道神又蒲割反 磕苦蓋反硠〻石聲四 鶡〻鴠鳥字林作鴇

轄車聲 愒貪 蔡七大反國名一 賴理大反贏也從貝束也九 籟簫三孔大者謂之笙中者曰籟小者曰箹 癩疾也亦癘 瀨湍〻 糲麤米一曰糲同 襰襤 犡牛名又力勢反 䲚魚名 藾

〻萬 餀海蓋反臭也一 娧他外反好良二 駾馬行疾良詩曰昆夷駾矣 界古拜反境也十五 誡言 戒警省又通 介大也獨也善也俗亦隔也說文芥 届至 疥瘡 玠珪

十七

尬居獨 忦情〻 砎硬 魪魚名 价副使詩云价人惟藩亦善也 𩬄髻 悈飾也司馬法有虞氏〻於中國 鴧雀 紒女界反紩布繙一 譮許界反怒聲亦欬同一 械戶屆反說文桎梏也有盛為械無盛為器五 韰

菜或薤通俗薤說文韰 齘齘〻切齒怒〻字于禁反 𩯭玉篇〻〻猓猫狸也 閞門扇 聵五界反不聽或欬〻二 譺詞 蒯苦拜反茅類五 嘳字 喟歎也又丘媿反 簣竹云亦足 𠜾斷也謂截物也 拜博怪反從二手下也二

扒詩云勿翦勿〻拔手也 湃普拜反滂〻二 浿水名在樂浪 壞胡怪反敗也亦毀二 蘾草名 瞶五拜反又聲二 顡頭〻 憊蒲界反病極又備同二 韛吹火又囊也 盼莫拜反眼〻又視二 韎東夷樂名 鎩

十八

殺° 所界反 剪㓻也 又所例反三 ⺀宮又所八反從殳 通亦殺 襏 衣袂 縫 烤 客界反 燻也一 喊 許戒反 喝也二 懣 ⺀悠剁鍜也 又天界反 出玉篇 恠 古壞反 異也四 斅 毀 砝 石似玉 蔽 草 饐 烏界反 又於飢反二 㞛 不平聲 瘵 側界反 病也三 鄃 邑名在周 祭 周大夫邑名又子計反

夬 古邁反 決也二 獪 狡獪 又作狭 蔽 竹 快 苦夬反二 噲 漢有樊噲 邁 苦話反 裹也 又遠行也 過也三 勱 勉 佅 東都賦云佅兜離 話 下快反 又胡快反 語話也 又會合也 又著二 𧗿 過也 出傳 亦譮 敗 薄邁反 亦頹壞也 毀也 俗文二 唄 梵聲 黵 烏夬反 淺黑也一 嘬 楚夬反 一舉盡臠也一 芥 古邁反 菜又草三 馻 馬疾行 犗 犍牛 蠆 丑界反 蜂毒蠚二 憊 ⺀茶 喝 於界反 聲嘶四 餲 餅臭 又於罰反 欸 韻集 欸噫也 亦欸 噫 玉篇 飽食息也 亦欸 𠹭 所界反 喝喝聲 嚘敗一 唶 火夬反 鳥聲一 譪 火界反 譪譪 怒聲字林火誡反一

十九

廢 方肺反 舍也七 癈 病 䥺 賦 䥺鈸 橃 木⺀ 祓 福 䕠 蘆⺀ 䟦 說文 雄射收繁具 肺 芳廢反 又內藏名二 柿 斫木札 穢 於肺反 惡也四 薉 蕪薉 濊 ⺀貊 烏膾反 鐬 吠 符癈反 犬聲三 鼣 鼠名 茷 草名 又房大反 喙 許穢反 口也 又昌芮反三 㱥 困也 詩云昆夷㱥矣 餯 餅臭 𦙶 巨穢反 牛觸人一 刈 魚廢反 又⺀稱也四 乂 才 怠 曰患 為戒 亦懷 鳺 尔雅 鷦鷯 鷦之雌者鷯 鷯即巧婦

廿

誨 荒佩反 亦五 悔 悟也 恨也 晦 日晝 𠜾 易卦上體 靧 洗面 亦類 對 都佩反 應也 從辛 又對三 碓 舂臼 又作碓 懟 中 倅 七碎反 副五 淬 深也 字林子內反 燒火器也 焠 作刀鑿 又子內反 䃜 礚之別名 見方言 啐 嘗入口 又先對反 晬 子對反 周年也四 椊 月祭名 綷 五會色 䘹 衣單 䫋 烏繢反 ⺀𩔈 若熱 從尤二 㞬 隱䏶 逯 他內反 俗退二 𩔈 ⺀傀 憒 古對反 心亂三 𢅥 女人喪首飾 𠜾 ⺀刀 又使劃反 潰 胡對反 逃散也七 迴 曲又胡梅反 繢 畫也 亦繪 同 𡎊 內闌 闠 ⺀闠 市門 嬇 女字 譮 中上 塊 苦對反 亦凷 土片二 堁 塵也 又苦卧反 碎 蘇對反四 誶 告 啐 馳酒 嘗 又七碎反 維 織⺀ 內 奴對反一 纇 盧對反 絲節也七 耒 ⺀耜 又力軌反 耕田曲木 又作耒字 儽 極皃 櫑 鼓 藾 草名 似蒲 勐 推 莱 耕多草 背 補配反二 輩 等 俗輩 磑 五內反 磑一 誯 戶𠚕反 弔 決後悔言也一 隊 徒對反 眾也五 䨴 黮⺀ 雲勢 薱 草盛 𨼓 䨴 懟 怨也 亦懟 周書 民不 佩 薄背反 帶也九 珮 玉 孛 星名 又步沒反 邶 國名 偝 ⺀向 誖 言亂 又蒲沒反 又籀同 悖 心亂 又蒲沒反 菋 弗 取 邶 齊邑 妹 莫佩反九 昧 日晦 䀛 數 又武罷反 痗 老病 眛 目暗 瑁 ⺀瑇 又亡對反 黴 點筆 又武悲反 沬 水名 出蜀 又火對反 莓 ⺀子 木名 似椹 配 普佩反 匹也 亦酒色三 朏 向曉色 又音普沒反 妃 ⺀偶 又匹非反

廿一

代 徒戴反 更⺀八 岱 東岳 黛 眉⺀ 亦黱 逮 以土斷水 逮 及也 又徒帝反 帒 囊⺀ 亦幐 俗袋 瑇 ⺀瑁 又徒督反 靆 靉⺀ 雲氣 載 作代反 又在代反三 再 重 穤 莫代反 禾傷雨 又莫亥反一 賽 先代反 報四

儨儨 簺格 塞又蘇則反 貸他代反亦貣三 儓〻儗癡皃 態意又能 瀩古礙反五 槩平斗斛 溉溉也詩云溉之釜鬵 瞖要病 愾太息又許既反 慨苦愛反慷〻四

欬瘶亦咳 鎧甲 闓門 礙五愛反止也四 閡外閉說文下代反 儗儓儗 懝〻也 騃 僾烏代反五 曖日 靉〻靆 薆草盛 僾隱也仿佛也詩云〻而不見 瀣胡愛反三

沆〻海氣 侅患苦 刴椎鍛從刀 耐乃代反能忍四 鼐大鼎桉說文小鼎 𧍪小蟲 能姓 戴都代反亦戴一 賚洛代反賜也四 萊又音來 睞旁視亦覞內視 勑〻令共爲戒勑 菜

埰倉代反三 採大夫食菜地 棌木名 載在代反又作代反三 裁製又在哉反 䵧醋

廿二

震職刃反七 鷙〻鷙鳥 桭攀杸也一曰舊又之人反 賑贍 娠妊身又尸人反

顉顏色又〻顉順事也 栕給也約也拭也 信息晉反七 迅疾又私閏反 訊俗作訙告也 顖腦會亦囟 卂疾飛而羽不見 汛灑 阠尒疋南方。陵 遴力進反行難十三 吝俗恡〻 躙蹂〻踐也

紀勝書俗恡 悋鄙〻 磷薄石 閵鳥亦人姓似鴝鵒 䔲竹名 燐鬼火亦粦 藺草 顊〻顉頭少髮一曰懟 轥〻轢 瞵視 刃而進反八 認識 肕牢

仞七尺 軔礙車輪 韌刃〻 牣物滿 訒鈍也難 胤與晉反從八繼也六 酳酒漱口 㣼引輪 引又以軫反 朄小鼓在大鼓上 濥水脈行地中〻〻 疢丑刃反俗疹二 趁逐俗趂 印

於刃反 符〻從爪 弓古弓二 𨟙奧名身上如印 儐必刃反相五 𧡤蔽也不見也 擯〻斥 殯權葬 鬢〻髮 陣直刃反四 診候脉 𨴈登 敶列 慎是刃反謹也古昚一 慭

負靳反且傷也問也謹敬也二 猌犬張齒 晉即刃反亦晉六 搢〻笏 □亭名在汝南平輿 縉〻雲氏又帛赤也 □蟲 進向前 鎮陟刃反又陟人反一 眒武刃反又張目一 菣去刃反香蒿可食二 趣行皃

賮疾刃反深〻四 濜水名 燼燭餘〻亦𤏐 藎許覲反進一曰草也 釁許覲反罪也古釁二 衅牲血塗器祭亦上同 僅渠遴反纔能也七 覲見 殣說文又道中死人所也詩云行有死人尚或殣之 墐塗壁 瑾玉〻

饉飢〻 瘽〻劣又病 櫬楚覲反空棺五 嚫〻施 儭〻藉裹 齔毀齒從七 濦水名在汝南 韻永燼反一 峻私閏反高也六 濬深亦睿 浚水名在衛又特 陖亭名在馮翊又汁〻 迅疾也又

音信 鵔〻鸃鳥 殉辝閏反以生送死四 徇尔疋〻徧也 侚自衒之行 侚以身從物 儁子峻反五才過千人又作俊同 晙早 餕食餘 畯食田〻又農矢也 駿馬〻 舜舒閏反四 蕣木槿字

林作𡕗 鬊毛乱皃 瞚〻目亦瞚 稕之閏反束稈正從𥞊下同二 諄告之丁寧也 閏如舜反餘月二 潤濕 順脣閏反二 揗摩 𣏟撫刃反麻一片從斗俗𣏐一 □迮刃反塹見一

廿三問 無運反六 璺 破未相離說文璺同 汶 水名 紊 亂 絻 喪服 鼢 尔足鼠名 運 去問反五 暈 日傍氣 餫 野餉 鞸 治皷工 鄆 邑名在魯 訓 許運反教也四 臐

羊： 薰 ：香又許云反俗作熏亦熏同 鐼 鐵類 溢 絲問反含水二 忿 怒也又敷粉反 糞 府問反亦糞四 僨 僵 奮 揚也說文翬也從奞田詩云不能奮飛鳥張毛羽也 瀵 御冠子云禹治水土失塗至北海之北國名終北國有山名壺領狀若甑頂有口狀

若圓環名曰滋穴有泉涌出名曰神瀵臭過椒蘭過醪醴一原分為注於山下國人飢倦之者飲之則志力平和過醉之者則經旬不醒沐浴則神色膚悦病者飲之則毒除盡也 醖 於問反釀酒四 蘊 習 慍 怒也又恐 緼 亂麻 桾 居運反捃也亦攈二 皸 足坼又居云反 郡 渠運反群也人所聚一

廿四 分 扶問反從八刀又方聞反二 [疒賁] ：痱問 靳 居焮反：固又姓一 焮 許靳反火氣三 脪 肉出 [疒希] 瘡中冷 近 巨靳反又巨隱反二 䢖 江東謂曰：又負靳反又臭撲反 傿 於靳反依人亦急也五

廿五 㥯 震 檼 椿： 濦 水名在汝南又於勤反 棟 東 嶝 都鄧反山坂四加一 隥 梯： 鐙 鞍： 橙 几： 磴 巖： 贈 眙瞪反迷也一 亘 古鄧反通五 恒

急引又古登反 堩 路 䱴 魚名 栢 竟 蹭 七贈反：蹬一 鄧 徒亘反國名二 蹬 蹭： 懵 武亘反悶也二 鱛 魚名 僜 魯鄧反：蹬一 [穴朋] 方鄧反來棺下也一 倗 父鄧反輔也一

廿六 翰 胡旦反大雞也羽也又丈二十七 扞 以手：与捍同 [韓毛] 鳥毛 [韓馬] 馬毛長 [韓金] 天雞虫 捍 桭： 骭 ：脛 垾 小隄 釬 金：說文臂鎧 汗 熱： 悍 猛 瀚 海： 閈 里： 豻

野猗又五旦反 皯 射： 駻 馬高六尺又作駿 鶾 ：䳚鳥別名一曰天鶏又作䳚 玩 五段反弄也或翫貦歡也春秋傳曰翫歲而濁日上略同一 段 徒玩反字林作段從山從𠬛又姓俗通三 毈 卵壞 椴 木名 亂 洛段反俗乱治也理也從乙又岡三 [亂水] 絕水渡亦亂 [亂攵] 煩：

鍛 都乱反打鐵四 腶 蔵脯 碫 礪： 斷 決獄又都管反又徒管反一 彖 他乱反：象吾鼠走二 褖 后衣 喚 呼乱反四 奐 文采明也 煥 火光 渙 水流散 筭 蘇段反計也從王俗筭二 蒜 葫說文作蒜正作雨来

縵 莫半反五 幔 帷： 漫 水： 槾 不蔛田 曼 汙 半 博漫反從八牛四一 絆 羈 姅 傷孕 [馬半] ：騂馬白 [斗半] 五升 判 普半反分六 泮 ：宮諸侯鄉之宮也 沜 水崖 胖

牲牛體 牉 ：合夫婦又音片 伴 水散 叛 薄半反半也亂也二 [半女] 嫉：無宜適也 畔 際： 炭 他旦反三 歎 息 [女炭] ：嫯 換 胡段反四 逭 逃 [肉丸] 胞 垸 漆： 穳 子等反

鋋 ：也二 鑽 錐： 惋 烏段反驚歎三 腕 手腕又作捥 踠 ：挫又於阮反 貫 古段反穿也十九 矔 張目 祼 祭名 館 舍從食亦館 瓘 玉斗 鑵 水： 癨 病 灌 澆 鸛 ：雀亦作雚

樌 叢生木 鏆 臂環 熐 楚人云火 懽 憂無告 爟 烽火又從亘 輨 車軸頭鐵一曰江南人呼犂刃 遦 行人習 冠 又古桓反 觀 樓：諦視又音官 悹 憂： 竄 七段反逃也三 鑹

小䅫 䆲 炊又仵䊲 按 烏旦反柳三 案 几 晏 晚又音烏惕反 旦 丹按反明六 疸 黃〻 鴠 鶡〻鳥 狚 獦〻獸似狼 㥁 信怗着明也詩云信誓〻 笪 笞 憚 徒旦反難四 𢠽

地理志云河南果縣有〻狐聚 僤 疾也周礼勾欲無〻 彈 又楚單反 旰 古旦反日晚四 榦 〻齋也強〻 𠦝 日出皃 榦 築墻木又枝也又𣞀 岸 五旦反七 犴 獄 豻 野犬又胡旦反 頇 頭無髮 駻 駻〻

㟁 不恭 㷔 火色 看 苦旦反又苦寒反從手從目三 侃 正從品又空旱反 衎 樂 漢 呼旦反四 暵 日乾 𤁸 耕田 熯 火乾 爛 盧旦反火熟說文上有草或從間七 瀾 波又盧丹反 讕 〻言書名

䦨 明 𤅩 粲名〻又爛今共用此爛 灘 水奔 難 患又奴丹反 粲 七旦反精米三 𡢃 〻女又美良亦姣 璨 玉名 繖 蘇旦反蓋也三 散 分也又蘇旱反正𢿙餘旁倣古𢿙 𢿙 飛〻 讚 則旦反稱六

贊 助也具 鄼 縣名在南陽 饡 羹和飯 趲 散走 灒 濺〻 𡤭 組粲反不謹一曰美好皃一 偄 乃乱反弱也煗懦同二 稬 稻亦穤

廿七 慁 胡困反悶乱又憂亦𢡟也五 圂 廁也俗溷 倱 全 溷 乱 㥵 辱 頓 都困反俗頓二 扽 撼 巽 蘇困反風體四 潠 含水 遜 遁 愻 順 困 苦悶反一 嫩

臑 奴困反弱三 𦡲 肉〻 抐 搵〻按没 悶 莫困反懣悶楚辭一 鐏 存困反矛戟下一 睔 古鈍反大目二 琯 出〻光 噴 普悶反吐氣也一 鈍 徒困反不利二 遁 隱亦遯 搵 烏困反勿內水中一 寸 七困反一 坌 盆悶反塵

廿八 䫢 五困反秃一 焌 子寸反火也礼云吹其〻一 恨 戶艮反一 艮 古恨反很也正昆同一 𩜑 恩恨反方言秦晉云祭食麦〻謂之〻郭璞云関西人呼食欲飽為〻饐一 𩞄 五根反一

廿九 霰 蘇見反雨雪雜也二 先 又蘇賢反 蒨 千見反草盛五 茜 染草 輤 載柩車 綪 青赤色 倩 美好 絢 許縣反文采也亦繾二 駽 青驪馬〻〻 縣 玄絢反古𥄵從倒首八 玹 玉名又音玄 袨

好衣 旬 目搖 眩 瞑〻 炫 火光 衒 自媒也又行且賣古衒 𧶠 又胡犬反 眴 古縣反視皃又作眴四 讂 流言又呼旬反 䑵 貧乳 𦌴 羅鳥 電 堂見反又音十 畋 平白又音田 甸 郊〻

魚名似鮎 殿 又都見反 寘 塞又于〻國名又音田 奠 設祭從酋六 鈿 寶〻又音田 澱 滓 淀 淺泉 𡰧 侍晨 瑱 天見反玉名又充耳三 滇 〻沔大水皃又徒賢反 練 洛見反帛七 鍊 〻金 鰊 又從火

洌 水名荊流 莧 草名羊〻 楝 木名 𨋉 爪〻 見 堅電反又戶練反二 鋻 〻鐵又戶練反 晛 奴見反日光也一 俔 苦見反譬二 𥐌 雨晝乾上 現 戶見反二 涀 水名在定陵 硯

見五反筆〻或作研二 豣 逐虎犬又苦莧反 宴 烏見反安也亦飲〻 讌 〻會 醼 飲 咽 呑也亦噎又一切反 驠 馬名 鷰 鳥玄 嬿 〻婉 曣 日出無雲 𡟪 日相戲又音晏 薦 作見反〻舉也說文宅也

〻獸似牛一角為黃帝觸邪臣三　薦上進也俻一百物曰〻又藉也解廌所食草名又〻席也　蔩畜食地　遍博見反通也二又作徧　䏰〻研也說文作𪖐　麪莫見反俗麵四　瞑斜視〻眩　眄斜視　澠〻演　片普見反判木從半木一

卅

荐在見反重也亦洊二　袸衣小帶又音在　䭈烏縣反饕餮二　懸〻戾呻吟也見尔疋從戾音虛伊反　線私箭反縷也又綫綖一　戰之膳反二　顫四支寒動　繕市戰反補六　檀專

禪封〻祭又市甎反　單〻父　鄯〻善西域國名　膳具食　彥魚變反美之稱從文四　喭吊說文作唁詩云歸〻衛侯　諺傳言　鬳凱亦鬳　譴遣戰反問也一　絹古掾反素三　鄄〻城縣在東郡

狷編急　瑗王眷反玉名又于願反五　援接〻又韋元反　媛〻淑　褑佩帶　院垣〻　面孫便反頭〻二　偭鄉也少儀之䞇〻其鼻作此面非　釧尺絹反環二　僎礼同卧　掾以絹反三　颻風氣每颻穀

緣邊又与全反　驏陟彥反馬土浴二　襢皇后衣　㬮人絹反城下田又而宛反一　箭子賤反五　煎熬也又子仙反　鬋女鬢垂皃　葥草名似覆盆子又似山梅　濺水迸〻　碊尺戰反展繒石一　扇式戰反四　煽火盛皃又失延反

傓熾盛也詩云方〻　蝙尔疋云蝙蝠〻捶翼　䚯於扇反怒嗔一　眷居倦反亦睠八　睠還顧　棬西〻縣名在河南　卷書〻又居轉反　桊牛拘杺　帣囊容三斛　䊴尔疋云革絶曰絶辨中辨曰䊴也　弃搏飭也凡卷之屬皆從弃

倦渠卷反二疲也說文作券同　綣繾綣亦䊴　戀力卷反慕一　豢田戀反走草二　鶨鳥名鶨鶨俗謂之癡鳥　變彼眷反更也從攴一　𩍼所眷反車軸二　孿一乳兩子又山患反　縓七選反又七全反說文赤黃色　卞皮變反縣名在魯九

抃擊也手也亦抃　弁冠　汴水名　播大鬭聲　閞門欂櫨　覍冕也從皃　䪻冠皃　昪喜樂皃　旋辝選反迴捌四　鏇裁器車又作旋　縼長繩繫牛馬放　嫙好　選息便反又息兗反一

饌士戀反具食三　襈緣　譔專教　傳直戀反又直負反又丁戀反從專一　賤在線反不貴三　餞酒食送人又食演反　羨似尚貪欲又從羊次又音因延反　㩊竪〻又懸繩二　叀專亦小謹　騗近扇反躍上馬一

輾女箭反又音展俗碾一　囀知戀反韻也四　傳鄭馬又直戀反直負二反　饔方言音饌取物而進　㢟獌〻大獸又音戈戰延亦通

卅一

訕所晏反謗又所攀反五　汕魚乘水上　栅補破蘿　㹽獸名似狼又所攀反　罺取魚納　諫古晏反三　澗川　鐧車鐵〻　鴈五晏反上無點又作雁二　贗偽物　晏烏澗反又音案四　騴馬毛白

鷃〻雀　矔目相戲詩云〻宛之求　骭下晏反脛骨一　慢莫晏反怠也俗曼五　謾欺　縵緩也又作嫚　獌牛馬病又莫駕反　嫚侮易也出說文　患胡慣反九　擐〻甲又作貫　宦仕〻　豢〻臣

轘車裂又胡關反　豢穀養畜　䍀獸名似羊無口　槵無患木名　繯所以懸樗陳楚云　慣古患反習亦串三　矔方言轉目　卝髮角　篡楚患反奪也一　薍五患反草名又蒸八月化為鵻一　襻普患反衣〻一

蛓 士諫反虫名二 棧 〻木道又士限反又士免反也 奻 女患反訟一 鏟 初鴈反削鏟又初限反三 [illegible] 穀麦〻 昦 温溼一日赤色㒵又烏晏反 [illegible] 田晏反赤白一

廿二 襉 古莧反〻襞三 犴 逐虎犬又五見反 間 廁又古閑反 莧 侯辦反菜二 [illegible] 莖餘 辦 薄莧反從刀判也具也二 瓣 瓜〻 盻 普莧反美目㒵二 [illegible] 白眼視又人㒵 幻 胡辦反化也一 羼 初莧反羊相閒又相[illegible]反一

廿三 蕑 莫莧反人姓一 袒 大莧反衣縫解又徒旱反二 組 補縫又作綻 願 魚怨反欲也願也頭也文作[illegible]二 愿 敬也謹也善也 傆 黠 惌 於願反恨也一 販 方願反賣也二 畈 田 券 去願反約也契也從刀從力是倦字三 桊 束署繩 勸 獎 方 無販反六 萬 草名舞 縵 〻縫大獸郭璞云長百尋音弋戟 輓 〻車亦挽 蔓 〻草葛蔓 曼 長也引也 飯 符万反從卞俗二 [illegible] 泉水 嬔 芳万反〻息一日鳥伏乍出 [illegible] 味

[illegible] 宿酒一 奔 上大 建 居万反立一 堰 於建反〻水四 鄢 地名在楚 郾 〻城縣名又於面反在楚 躽 引身為偃又於面反又作偃又於濆反 獻 許建反一日宗廟犬名二 憲 法從手 健 渠建反一 楥 許勸反韗〻亦楦一 韏 居〻反〻物一 遠 于〻反又居宛反二 [illegible] 又万反又米精三 [illegible] 令德良一日彩 糓 小舂又初万反

廿四 嘯 蘇弔反鳴二 [illegible] 廣疋云振許也 糶 他弔反賣米六 眺 視 趒 越 覜 聘 咷 叫〻又泣不止 窱 叫〻又吐鳥反 弔 多嘯反問終五 伄 〻儻不當㒵 瘹 〻星狂病 釣 〻魚 窵 〻窵深宜

叫 古弔反呼也從乙亦嗷同六 徼 小道 憿 行憿又古鳥反 譥 許 激 水急又古歷反 [illegible] 所歌 尿 奴弔反亦尿一 藋 徒弔反菜五 銚 燒器又以佋反 掉 振掉也又徒了反 調 嘲又音條 莜 草田器也又唐聊反

竅 苦弔反孔二 撽 擊 顟 力弔反〻顤長頸四 尥 牛脛交 嫽 憀又落蕭反 料 度又落蕭反 顤 五弔反顟〻二 獟 狂犬 澆 韓浞子名又[illegible]遙反 歗 大弔反悲音一 窔 烏弔反窱〻俗窔一

廿五 笑 私妙反從犬三 肖 骨肉不似於先故曰不肖也 鞘 刀〻 照 之笑反二 詔 誥也蔡邕獨斷云制詔王者之言必為法制三代無其文秦漢有 曜 弋笑反日光七 鷂 鷹 摇 動又餘招反 覞 普也 覰 視誤 [illegible] 行不正 燿 照亦耀

要 於笑反又於招反二 約 又於略反 [illegible] 持笑反哼也一 邵 常照反姓也晉邑四 卲 高有點 劭 自強又勉也 嶠 渠廟反山道一 剽 迮笑反從刀四 彯 〻〻畫 㬓 置風日中令乾 漂 水中打絮 噍 才笑反又子幺反〻嚼也又子由反三 誚 青也

[illegible] 刈 妙 彌召反一 峭 七肖反山峻亦陗二 篍 竹簫洛陽亭長所吹又七流反 燎 力召反又力小反照也八 尞 祡祭天 鐐 銀美 璙 周垣 療 治病 熮 火㒵周書味辛而不〻 獠 尒疋云宵田為〻又子管反〻獵畢弋從犬 膫 条又繚

趬 丘召反行輕㒵二 [illegible] 〻[illegible]而不安也 [illegible] 牛召反高一 醮 子詣反或醮冠娶礼祭五 釂 酒盡 皭 白色 潐 盡亦[illegible] [illegible] 博疋云縮也焦招也 庿 眉召反亦廟一 驃 毗召反馬名一 少 失召反又失沼反二 燒 又失昭反

卅六 䏚 田呂反祭一 𥺸 必履反亦廷云袱巾謂之ː 教 古校反令也蔡邕獨斷云諸侯言曰六 窖 倉ː 鉸 刀ː亦具 挍 檢ː杜延字樣從木 酵 酒ː 覺 曉ː又古學反 効 胡教反ː力亦效三

校 尉ː 斅 學也亦効 孝 呼教反三 涍 水名在河南 哮 嗼又呼交反豕驚 罩 都孝反取魚具一 豹 博教反ː二 爆 火裂聲又蒲角反 敲 苦教反又苦交反作敲擊也二 巧 偽又苦絞反 貌 莫教反容儀也正作皃象人面有容儀一 淖 泥

奅 匹豹反起釀也大也四 嗷 潘岳閑居賦云石雷駭 抱 ː車又普包反 炮 灼又薄交反 趠 褚教反行貌二 踔 𨃗跳又勅角反 稍 所教反漸有三 潲 豕食 掣 小木 棹 直教反ː一 橈 奴効反又女教反曲也又如昭反三

皃 不靜或作閙同 𤓰 側教反又爪刺三 𤹤 縮小 䒼 ː蘿 䶌 防教反面瘡說文亦皰二 靤 理又作飽理皮刀 抄 初教反亦鈔又楚交反二 𪇖 一豹反鞹ː又約同一 樂 五教反樂又五角反一

卅七 号 胡到反ːː令亦號三 𧨳 名 號 石似玉 遵? 徒到反又教也刃九 翿 舞所執 悼 傷垣 蹈 踐 盜 竊ː 纛 左ː 燾 覆又大刀反 䆃 禾無六穗莖 敦? 年十九 到 都導反三

禱 祭 受 姓從文 誥 古到反ːロ 郜 國名在濟陰又姓 縞 繒也又古老反 告 示又古沃反 傲 五到反倨六 顤 頭長皃 鏊 餅ː 驁 鳥名 驁 駿馬名 㮕 慢亦陸地行舟人 帽

耄 莫報反頭髮衣七 䎟 惛忘也說文作薹同 芼 菜香食又莫覆薹 眊 目少精 瑁 珪名 冒 涉又莫北反 媢 夫妬婦見礼 嫪 盧到反恡物四 潦 淹又盧浩反亦作潦 僗 慰ː又盧刀反 𥓠 ː𥓠急皃又盧刀反 橾 七到反又七刀反四 造

糙 麤又昨早反 慥 言行急 𨿅 薄報反虎也從水四 瀑 甚雨 㬥 曬也在日部 袍 衣 報 博耗反亦報一 漕 在到反運水穀一 奥 烏到反深六 䐿 藏肉 澳 浦ː又於六反 懊 ː悔又烏浩反 饙

卅八 隩 宮中隅 喿 蘇到反鳥鳴四 譟 群呼 瘙 ː疥 繰 緥ː 鎬 苦到反餉軍三 靠 相違 犒 ː勞 竈 則到反又竈俗竈同二 躁 動亦趮 秏 呼報反減稻屬二 好

亶 古孟反又古衡反改也從西又俗更一 命 眉病反使也從口令一 病 被敬反五 評 平言又音平 聖 地 枰 獨坐板又博局又木名 病 尔疋云三病為詠反 敬 居命反從苟五 竟 畢 鏡 監 映 於敬反二 眀 頸飾又於盈反

競 渠敬反五 儆 敬慎又音警 諍 爭言 倞 強 㔦 乾 譁 許孟反又瞋語一 䩋 五孟反牢也俗硬一 慶 丘映反善也亦急一 孟 莫鞕反又長二 䉦 ː倀失道皃又莫尚反又直庚反倀字猪猛也 鍠 戶孟反虫名又胡光反

卅九 攢 非理 瀠 小津一曰小舟渡水 柄 鄙病反一 詠 為柄反四 泳 水行 禜 祭名又永兵反 鐍 又酌虛政反 行 胡孟反又胡庚反又下浪反 絎 刺縫 瀴 楚敬反冷一 倀 豬孟反又丑良反二 掌 他孟反

劉 宅柱反一 鋥 磨又三 睳 視又直庚反 朾 出揳又吐丁反 諍 側迸反又訟一 迸 北諍反散走三 䥈 獸名 榜 引船又薄更反又苦打也 櫻 於諍反證也又乘也一

卌九 倩七政反寒二 倩假也見也 㨘畢政反除二 併兼也又並 偋防政反又蒲径反隱僻也一 勁居盛反健也俗力一 政之盛反正俗文三 正又止成反 証諫 聖聲正反一 鄭直正反一 遉丑鄭反邏俗古作偵三 偵役又門 聙買並圃 性息正反四 姃正 姓氏 䚀江東呼䚀 令力政反又力盈反一 騁逦正反又從耳俗騁二 娉娶 敻虛政反遠也四 矎視皃 詗自言長一曰知處告言說文作詗 醟酗酒

淨疾政反古瀞五 穽陷 䴖賜 靚裝飾古作奉朝請字又召也 顈好 盛承政反受也又恃征反齋盛從成四又桼殺在器王 墭墭 晟茂 詺武聘反自一 欱許令反含欱一 謦起政反行也一

卌一 暝莫定反亦作䁉二 瞑夕又作冥又墨丁反 徑古定反步道容牛馬行四 經經緯又古靈反 逕道近 俓俓直又役也一曰急腸 寗乃定反邑名又彭用也三 佞巧諂一曰高才從二女 濘泥 腥息定反豕瘜肉又音星二 醒酒解又音星 脛戶定反 定特徑反又從正二 廷朝廷又特丁反 矴丁定反石五 釘又得又庭 飣飣䭏又作饤 錠豆有足曰錠又曰鐙 顁詩云題顁也 罄苦定反樂 罄盡 聽他定反又從壬又他丁反三 汀汀濴不遂志 侹侹長皃

卌二 䩄千定反䩄青黑色一 鎣烏定反鎣飾亦瑩三 濴小水 憆憆丁心恨

箇古賀反又很二 个東西序 賀何箇反一 佐作箇反二 左左右又作䢔賀反 跢丁佐反小兒行也四 癉勞 哆語助聲 瘥病又託何反 邏盧箇反遊兵又平聲二 攞婦人衣 坷口佐反坎坷不平二 軻孟子居貧轗軻又苦何反 餓五箇反一 簸布貨反簸揚又布火反三 播種也布也宣也 譒譒言布之 貨呼臥反一 柰奴箇反柰何又奴蓋反二 課苦臥反勸一 挫側臥反又柳慦三 䂳拜失容 侳安 磨莫箇反磑說文作䃺又莫波反三 䃺䃺 摩摩挲又莫波反 剉麤臥反斫三 銼蜀人呼鈷鉾 莝斬草 懦乃臥反又乃亂反三 堧沙土又而緣反 糯是秫又乃亂反 和胡臥反相應又胡過反古咊二 盉說文調味 唾託臥反五 毻鳥獸易毛 涴蟬去皮 婧好 褙無袂衣 過古臥反又古禾反一 破普臥反二 頗又普和反又普過反

涴 烏卧反泥着物一 惰 徒卧反懈也又惰媠二 豬 猪 馱 唐佐反負物一 卧 五貨反寢一 𦄆 魯卧反下均 [illegible] 比也又力過反

卅三 懈 古隘反嬾五 解 ㄍ除又古買胡買胡懈三反 嶰 又買反 廨 公ㄍ 薢 苦ㄍ 隘 烏懈反狹二 瘕 病聲 邂 胡懈反逅二 解 曲ㄍ又古賣胡買二反 卦 古賣反兆三 挂 懸 鮭 揷鼻

賣 莫懈反說文從出買一 畫 胡卦反從田四六 註 礙又古賣反 絓 絲結 澅 水名在齊 繲 墨也吳楚或罣 黊 鮮黃花色又作䵷 差 楚懈反除病又楚冝楚佳二反 衩 衣ㄍ 睚 五懈反目際又仕佳反二 誒 許懈反怒言又于娟反一

庍 方卦反到別又作所一 粺 傍卦反又精米二 稗 ㄍ 瘵 士懈反病也二 眦 ㄍ睚 派 迊卦反沿泒亦派三 紙 [illegible] 㵐 水名在丹陽 債 側賣反又嶽財一 𪄫 苦賣反難也一 曬 所賣反又所寄反又田離二反一

卅四 禡 莫駕反軍行祭名六 榪 牀頭橫木 䯦 婦人結帶 瘍 牛馬病又莫晏反 罵 ㄍ詈 鄢 縣名在犍為 駕 古訝反籀文作格九 稼 種曰ㄍ斂曰穡鄭注云嫁者有女嫁相生也 嫁 娶 瘕 腹病 架 ㄍ屋

椵 舉閣 㯳 南郡蠻夷賨布也 價 數ㄍ 假 借又古雅反 亞 烏駕反ㄍ次也四 𣢾 驢鳴 俹 倚 婭 婿嫁相謂 嚇 呼訝反笑聲又呼格反五 䝞 孔ㄍ亦罅 唬 虎聲 諍 誑 㙱

迓 地名在晉 迓 吾駕反迎三 訝 嗟亦迎也周礼諸侯有卿訝 㹢 獸似玃長尾 詫 丑亞反誑ㄍ一 咤 陟訝反ㄍ歎三 姹 美女又都故反 灺 火聲 詐 側訝反二 醋 醋酒出王逸證俗文或作笮杔痄未詳 乍 鋤駕反二 䄍 [illegible]同䄍亦䄍

謝 似夜反二 榭 臺ㄍ 䜭 口訝反二 㿠 小兒欬 暇 胡訝反閑ㄍ四 夏 春夏又胡雅反 芐 礼記芐蒲不納說文夏金作夏 下 玉篇降也又胡雅反古下 褯 慈夜反小兒衣四 躤 踐 藉 以茅ㄍ地又慈亦反 鍦

鏡 夜 以射反夕三 射 僕ㄍ又神夜反又亦䠶 䳺 鳥名 𧼝 充夜反怒一曰䡾又田格反一 𧎥 思夜反鹽漬蟹又司余反二 卸 去馬從弓 柘 之夜反木名五 鷓 ㄍ鴣鳥名 䗪 虫名 炙 ㄍ肉又之石反 蔗 甘ㄍ

䁑 子夜反歎聲二 借 假又子昔反 舍 始夜反宅ㄍ亦舍三 赦 捨作赦通 騇 馬名 射 神夜反又神亦以謝反亦夜三 貰 賒也亦作賳 麝 獸名 霸 博駕反或作覇非四 弝 弓ㄍ 靶 轡革

灞 水名在魯 帊 芳霸反ㄍ幞二 怕 ㄍ怖 㶚 胡化反寬四 吴 大口 樺 木名 崋 西嶽山又作華 化 霍霸反教ㄍ四 匕 變也從倒人 傀 鬼變又幻化也 謌 疾言 跨 苦化反越也一 詫

杷 所化反枉世一 杷 琵琶駕反又薄巴又田具三 皅 色淺 𤜣 獸名似狼 䑲 乃亞反膩二一 苴 淺謝反斜逢一 杈 楚佳反木理亂又側沙反一 讝 㞋詐反相誤一

卅五 沁 七鴆反水名在上黨二 吣 犬吐 祲 作鴆反袄氣二 浸 潤 妊 女鴆反ㄍ身四 絍 織ㄍ又女林反 𠊷 ㄍ鳥 任 又汝針反 鴆 直任反毒鳥也又鴆二 沉 又直任反 枕 職鴆反又之稔反二 針 又之任反 紟 巨禁反舌病亦作噤三

艞 蜀舩 紟 帶也或襟又舉音反 襟 居蔭反忌也二 僸 〻侏 僋 刃禁反霑〻一 蔭 於禁反四 窨 地屋 喑 聲〻 癊 庇〻 滲 所禁反〻灑二 槮 尔疋云積木於水中取魚曰〻又所錦反

闖 丑禁反馬從門出皃二 覙 出頭視又勑斜反 譖 側讖反讒想也一 讖 側譖反〻書一 椹 陟鴆反擬擊史記云左手椹其胷二 紞 去一〻 森 力鴆反蔭也隱蔽也翳也一

卌六

證 諸應反驗也二 烝 熱又諸陵反 孕 以證反懷子四 䵶 面黑子 艠 增益俗從月 媵 送女又實證反 乘 實證反車〻又五食陵反 鱦 魚子 媵 送女又以證反 繩 麻又食承反 剩 長 認 而證反又而振反〻物亦認四

扔 強牽 艿 草不翦 扔 上車又如陵反 譍 於證反以言對二 應 物相〻當又於陵反 𪓰 子孕反二 䃘 江淮間謂汗出方言 興 許應反樂也又許陵反俗興三 𦟍 腫起 嬹 悦 賸 詩證反〻負也俗從月又詩陵反三

蕂 苣〻黑胡麻又作䔲 縢 織機〻 眙 丈證反直視又作䁤一 餕 里證反馬餘食穀氣下流一 稱 蚩證反權也以黏黍中者百黍之重為銖廿四銖為兩三兩為大一兩十六大兩為一斤又處陵反亦秤稱二字同也一

卌七

宥 尤救反寬十一 又 復 佑 佐〻 右 左右又于久反 𥁕 杼水器 祐 神助 酭 報 疚 顫〻 囿 囿又于目反䒳又作𪽉 侑 勸食 姷 說文耦 救 久祐反六 灸 又居有反 𪊨 馬舍〻者鳩聚也馬之

所聚也 疚 貧病詩云煢〻在疚 究 窮盡從穴又已六反 𣪌 掘強 疚 病 胄 直又反胤也八 宙 宇〻 酎 〻酒 繇 卦兆辭 籀 史〻造篆書又籀從示 䛆 訓 伷 系 冑 兜鍪從月 晝

陟又反日中也二 咮 鳥喙 狩 舒救反三 獸 禽〻從嘼 首 自告又音手 臭 尺救反〻氣從犬一 岫 似救反山穴亦峀三 袖 衣袂也亦褎 牰 牛黑眥 齅 許救反以鼻取氣二 嘼 〻擁俗畜非 呪 職救反〻詛二

鬸 髮多 舊 巨救反久也二 柩 屍在棺 瘦 所祐反俗瘦通三 漱 含水 鏉 鐵生 皺 側救反面〻俗皺同四 瘷 縮小 縐 衣〻襵 甃 井〻 副 敷救反三 䯱 假髻又逼力反

覆 又敷福反從襾 簉 初救反充也齊也頹也二 䒃 草 富 府副反三 輻 〻輳競聚又芳六反 鍑 釜而大口一曰小釜 畜 丑救反六〻又許救反又許六反二 俞 姓又音逾 溜 六救反水〻十 廖 人姓也漢有廖湛又落蕭反

霤 中〻庿中庭也 嬼 美好 鷚 鵰子一曰鳥名 廇 桼〻屋大梁桼音二 醹 開而又謂飄 窌 地名在北齊盧縣見左傳 餾 〻飯 翏 高飛從羽 秀 先救反吐苗五 繡 五色備 𧍍 虫名 琇 玉名 宿

星名又息逐反 驟 鋤祐反一 僦 即就反賃也一 就 疾僦反成也從京二 鷲 鳥名黑多子 糅 女救反雜三 䭓 雜食 腬 嘉膳 復 扶富反又扶福說文作復同 癁 疛病 狖 余救反獸似猨說文貁冡穴五 鼬 鼠名似

卌八

鼠赤黃而鼠又作鼬正音由 楢 積薪燒之 柚 橘〻又直目反 褎 盛服 授 承秀反予也三 𠹂 口〻 售 賣去 輮 人又反車輞一 候 胡遘反伺〻六 鮜 魚名 郈 地名在魯

逅邂ヽ 詬罵 睺半盲 寇苦候反暴也從攴完又姓也ヽ賊五 滱水名 怐ヽ愗愚皃 嫛ヽ瞀無睱 鷘ヽ鴨子 茂莫候反古作懋十 懋勉 貿ヽ易俗貿 姆鄭玄云婦人年五十無子出不復嫁以為婦道教人若今時乳母曰姆

戊ヽ己 鄮縣名在會稽 愗怐ヽ 瞀嫛ヽ 袤廣ヽ 楙木盛又ヽ長也 仆迸豆反倒也又扶北撲遇二反門邊一 豆徒候反菽也九 竇水穴又姓 逗ヽ留說文丈句反止也又吐豆反 酘ヽ酒 荳ヽ蔻 梪

籩ヽ亦豆 脰頸 郖地名在弘農 餖飣 鬪丁豆反諍ヽ從門ヽ音丁口反四 䛠ヽ譳不能言 噣鳥口或咮又丁救反字林云咮字亞柱反 斣易物多覽 穤奴豆反除草從木三金並通 譳ヽ䛠 檽檽ヽ不能事 㰴蘇豆反欶ヽ二 漱盪口

奏則候反一 透他候反跳也又書育反三 ⿺走殳自投亦毀 咅相与語唾而不受亦歃 漚於候反漬也又於侯反二 婪地名在竟陵又市由反 遘古候反遇也十三 冓交積才也又千万曰ヽ 搆累又從木 媾婚ヽ 覯見

姤卦名 購贖 朐稟給 彀張弓 勾ヽ檢又居遇反 𣪍取牛羊乳 雊雉聲 軥車ヽ索 輳倉候反輻ヽ七 湊水會 嗾使犬 腠ヽ膚 ⿰鹵奏南夷名鹽

楱小橘也上林賦云黄柑橙ヽ 蔟太ヽ律名又倉谷反 陋盧候反又側豆反說文作㔷六 ⿱艹屚蘆ヽ 漏刻ヽ 鏤雕ヽ 屚屋水一曰茍ヽ縣名在交阯 瘻瘡 蔻呼候反荳ヽ五 豞豕聲 䪷勤 詬

卌九

怒聲又古厚反耻也 吼聲 幼伊謬反小一 謬靡幼反狂者妄言一曰誤ヽ也一 ⿰足臭丘幼反ヽ蹌行皃一

五十

艷以贍反美色說文從豐四 爓光ヽ 焱火華與上同 ⿰火类光耀皃 贍市艷反賙也一 染而贍反又如檢反一 猒於艷反飽也從日月犬三 揜快又於驗反 饜飽也又於廉反 窆方驗反下棺又方鄧反二 砭石針也

又方廉反 ⿰方僉語空反證也三 驗馬色 噞ヽ喁魚口出水 閃式贍反闚也又舒斂反二 炶火行皃 ⿰口韱子艷反不廉一 壍七贍反遶城水亦塹二 槧插 ⿰扌斂力驗反ヽ擯也四 斂聚又力檢反 瀲水波一曰泛又作澰

五十一

獫長喙又虛檢反 覘勑艷反又丑廉反一 占將艷反占固又職廉反二 ⿰忄弇於驗反又於艷反一 㮇他念反火杖三 舚ヽ舌出 忝又土點反 念奴店反二 ⿰糸念揳舩 店都念反座賣物所七 坫屏墇

沾水名在上黨又張廉反 痁病也又式廉反 墊下又ヽ江又徒協反在巴郡 ⿱耂占老人面 ⿱雨埶寒也一曰早霜也傳曰ヽ泥 ⿰石韱先念反ヽ磹電光一 磹徒念反一 ⿺走念絶念反疾行皃一 酓於念反苦味一 僭子念反擬也差一 ⿰目替潛念反閉目思二 兼古念反

五十二

又古嫌反說文從二林二 鰜魚名 傔苦念反俗謙副字一 醰徒紺反酒味不長二 贉買物逆付錢又徒感反 憾下紺反恨也四 琀助葬口實珠玉 淦水和泥 唅哺 暗烏紺反日無光二 闇冥一曰猶又閉門

僋他紺反僋癡皃五 撢深取 探ヽ候俗用 西無光又吐念反 傝ヽ儑不自安又吐盍反 謲七紺反伺也二 叅ヽ鼓又倉含反又渠岑二反 馻丁紺反冠幘近前一 篸作紺反一 傸蘇紺反一 儑五紺反一 勘苦紺反三

五十三 䤋凝皿 鹹醎 紺古暗反青赤色三 淦新淦縣在豫章 贛薏苡別名 喃奴紺反貪滿口一 闞若濫反曾邑三 瞰視 㦗跨岸 濫盧瞰反泛七 𠟫刃利 醶醶醦 䌫

繫舟 爁火良 𡢃不好也過差也 㦨貪也淮南子美人不能〻或臨字 賧吐濫反夷人以財贖罪也二 䆾䆾〻無味 𪉟公暫反一 䀞呼濫反𧦥物也亦歛一 憨下瞰反害也又呼甘反四 㺖犬吠聲 譀誇誕事漢記云雖譀猶令人喜亦譀又呼甲反

𧒃食瓜虫 憺徒濫反靜也五 澹水名又徒敢反水搖也 啖或啖相飤 倓安 淡無味也又徒甘以冉二反 暫慙濫反不久也暫同一 檐都濫反負也又都甘反二 𩗗〻石大聲

五十四 陷戶韽反三 䱗臾名 臽小阱 韽於陷反又入聲三 猎犬吠又下減反 淊沒水 䜬滓陷反以內物水一 䶠都陷反又多甑一 歉口陷反喙也又口咸反亦歉一 賺佇陷反重賣一

五十五 覽胡懺反大貪也漢書盜伏於〻下一 鑑格懺反鏡三 鑒〻諸月中以取水器也 監領又口銜反 懺楚鑑反自陳三 儳雜言又士陷反 嶃㩜 𪾋子鑑反〻㩜高危皃又士銜反一 𠍱許鑑反一 釤所鑑反大鐮一 𡑿

五十六 𢸥鑑反深泥亦湴一 鑱士懺反犁土具又士銜反一 䨢內物水中子鑑反一 鬖下鑑反沉也二 檻檻 嚴魚欠反〻切又魚炎反一 俺於欠反二 㛪愛 欠去劍反張口氣一 劒舉欠反從刀一

五十七 梵扶泛反〻聲二 帆船上〻亦音凡 泛敷梵反浮四 氾〻濫一曰淹 汎普論語云汎愛衆 㔊相輕

入聲卷第五 并此五葉

一屋烏谷 二沃烏酷 三燭之欲 四覺古嶽 五藥以灼 六鐸徒落

七質之日 八櫛阻瑟 九物無弗 十訖居乞 十一德多則 十二褐胡葛

十三黠胡八 十四紇下沒 十五屑先結 十六薛私列 十七錧胡瞎 十八月魚厥

十九隔古核 廿覓莫歷 廿一緝七入 廿二職之識 廿三葉与涉 廿四怗他協

廿五沓徒合 廿六蹋徒盍 廿七洽侯夾 廿八狎胡甲 廿九格古伯 卅昔私積

卅 與怯 葉　卅 房法 乏

一屋 烏谷反二 鄏 漢書地理志南陽雉縣澧水地名也 獨 徒谷反說文羊為群犬為獨又北䣢山有獨狢獸 黷 黑垢 讟 謗 髑 ⺀髏 殰 傷胎 𣫍 屍亦同上 讀 誦⺀ 櫝 棺⺀ 牘 簡⺀ 韣 弓衣又之蜀反

瓄 珪⺀ 瀆 溝⺀ 韇 箭箙 嬻 媟⺀ 匵 遺 犢 牛⺀ 纛 ⺀翿又徒到反 襡 ⺀韜 鸀 ⺀鳿鳥名 罜 納 穀 古鹿反稻也從𣪊六 轂 車⺀ 榖 木名

瀫 水名又古學反 谷 山⺀ 瑴 玉名又古學反 縠 胡谷反羅⺀六 斛 ⺀斗 槲 木名 螜 螻蛄 蔛 水草名 礐 石聲 哭 空谷反三 㱿 卵⺀ 𪏰 凡未燒 秃 他谷反又他毒反四

誎 ⺀詆 梀 杖指 鵚 ⺀鷘鳥 速 送谷反籀文作遬古聲九 蔌 菜 遬 牡第金門 餗 鼎實 𧒂 蝶⺀虫 樕 木名 㲉 鷇⺀動物 涑 水名在河東又斯欲反 𨙼 鹿跡

豰 丁木反⺀豰動物二 啄 又丁角反 祿 盧谷反福廿二 鹿 從比 漉 滲⺀去水又盝同 鱳 ⺀得縣名在張掖又盧各反 濼 水名出齊郡 睩 視皃 𧢇 笑聲 逯 趚⺀ 錄 東方音亦作角 樚 周禮⺀鐸謂振

鏕 鉅⺀地名 轒 ⺀轤轉木 䴪 ⺀颿 䑼 艒⺀名 琭 玉名 簏 箱⺀ 螰 螻⺀虫 䍡 納 麓 山足 轆 趙魏間謂織車 碌 多石皃 騼 野馬 嗀 呼木反又許角反歐聲二

豰 獸名似豹嘯弥猴又丁木反又作𤜡似犬一云似羊馬尾大首從豕者小豚又蒲谷反 族 昨木反從矣二 銼 ⺀鑣小釜 鏃 作木反矢末又作族反一 瘯 千木反⺀瘰病也四 𥗐 ⺀碌石白 楝 短椽 蔟 蚕⺀又倉候反 曝 蒲木反日乾說文無日作暴同六 瀑 ⺀布水名又詩部反雨止皃

𧎸 ⺀蟣 𣯶 ⺀毛不理 菐 讀⺀也 僕 說文給使 扑 普木反打也又樸同五 醭 白⺀ 穙 ⺀草生稵 墣 塊 濼 齊魯間水春秋傳曰公會齊侯于濼 卜 博木反六 濮 水名 𨻏 彭國名 轐 車伏兔

嬟 昌意妻 樸 械⺀字林云棗 木 莫卜反九 沐 洗⺀ 朷 ⺀桑 楘 詩云⺀梁輈 鶩 鳧 霂 霢⺀ 鞪 軸 毣 思皃一曰毛濕 蚞 螇⺀ 福 方六反十 腹 肚

䈏 織具又蒲角反 複 褁衣 幅 絹⺀ 復 優⺀ 葍 ⺀蔓菜 蝠 蝙⺀虫 𥷒 竹實中 輻 車⺀ 伏 房六反十六 復 反也又扶冨反 𤨏 東萊間皮笙 复 行故道 虙 ⺀羲

服 用也事也 𡰥 倏理 茯 ⺀苓藥 馥 香又扶逼反 鞴 箭⺀又作箙 栿 梁⺀ 鵩 ⺀鳥 𩌏 韋囊步叉 蕧 ⺀藥名 澓 深淵上水旋轉也華嚴經弋琴 輹 車伏兔 洑 迴波 鰒 海魚 縮 所六反短也八

莤 ⺀酒亦湑 𩙣 風聲 𧾛 麴⺀醴不伸皃麴字渠竹反 樎 馬櫪 謖 起 䎘 鳥飛 橚 擊聲 六 力竹反十一 陸 高平地 戮 刑⺀亦剹 勠 併力又力柚反 稑 種⺀ 鵱 ⺀鶩野鵝 蓼

〻羲 騂 良〻健馬 鯥 魚名 陸 蔞〻藥名 磟 〻碡 逐 直六反八 軸 車〻 妯 〻娌 蓫 馬尾草 舳 〻艫 鱁 〻鮧 碡 〻磟 蝫 蚿虫 菊 舉六反大〻蘧麥八 蘜

草名一曰精俗作菊通 蘜 治蘠 掬 滿手 鞫 窮罪人俗作究 𤝞 獸名 陱 曲崖 鵴 鳲鳩鳥又渠竹反 趜 丘竹反俗麴一 孰 殊六反誰也俗孰五 熟 煑 淑 善也按說文清湛也 塾 門側堂

璹 玉 俶 昌六反始三 柷 〻梧 琡 大璋玉 育 与逐反養十一 毓 稚 鬻 賣 綪 青經白緯〻陽所織 淯 水名出弘農 賣 衒賣 棛 車轂欄 錥 鍑〻溫器 煜 火

昱 日光 鬻 稀飡也俗鬻 騙 渠竹反馬躍亦騙八 鮈 魚名出樂浪有兩乳 鵴 〻鳩 鞠 踢又音匊 蛐 大蟾蜍別名 毱 毛〻 䜯 在谷上芝 趜 〻蘧 竜 取育反二 蹴 〻踢 粥

之六反樂〻三 粥 呼雞聲 祝 〻至 肉 如育反俗宍三 衄 鼻〻 鮊 魚子又如之反 叔 式六反俗叔通八 儵 青黑繒 倏 犬走疾 菽 大豆亦菽 透 驚又他豆反 黷 黑虎 倐 疾也長

儵 飛趮 蓄 許六反冬菜又作稸又丑六反六 畜 養又丑六反又丑救反又許救三反 嬸 媚 鄐 邢晉侯邑 蓫 羊蹄菜 慉 起也詩曰不我能〻是 竹 陟六反五 築 擣古篫 竺 天〻國名 筑 箏 茿 萹〻草

珿 初六反齊三 矗 直〻皃 蹜 廣謹狀 蹙 子六反迫三 蹴 〻踖行而謹敬 嘁 嘆 朒 女六反月朔見東方四 恧 慙 忸 〻怩 衄 〻剌 縬 側六反一 蝮 芳伏反〻虵四 䔾 草名 蘛

蕧 子可食 覆 〻返 郁 於六反又有〻郅縣在北地十二 彧 文章〻彧戫与郁同 燠 熱 栯 〻李 噢 〻咿悲 墺 〻壤 隩 胃又烏到反 薁 蘡〻草名 澳 隈也又倚告反 篽 可漉米 欶 愁皃 黬

羞 褭之縫 肅 息逐反敬十 宿 又息救反 蓿 苜〻 颼 早風 夙 早也興也敬也 玊 朽玉亦人姓又後漢有玊說文許救反 鷫 說文五方神鳥也東方日出發明南方鷦鵬西方鷫鷞北方幽昌中央鳳凰 驌 〻驦馬名 蟰 〻蛸虫 艏 舳舡船名

目 莫六反古作𡇒七 睦 親 苜 〻蓿 穆 敬也一曰和又穋 𥄕 細文從〻 牧 養牛馬 坶 〻禁地名 囿 于目反又于救反園一 稸 丑六反積字林作蓄三 畜 〻牲 珛 又奧六反

二 沃

沃 烏酷反灌也三 鋈 白金 鷽 鳥名 毒 徒沃反五 薵 萹茿草又毒 蝳 〻蝫蜘蛛 瑇 〻瑁又徒戴反 𢤷 憧 篤 冬毒反〻厚三 督 率也察也視也從目一曰目病 裻 衣背縫亦裻 酷

焅 苦沃反虛四 焅 熱氣 秸 禾熟 嚳 帝〻亦酷 鵠 胡沃反鳥五 皠 鳥名白色 隺 高從冖非 㸕 灼 𪘏 〻牙 僕 蒲沃反急事者三 鏷 〻鉾石矢 纀 〻贏 瀑 先篤反雨聲二

䙝 新衣聲 梏 古沃反〻桎六 牿 牛馬牢 䧿 鴶鵴鳥似鵲 祰 告祭 𥝩 地名又之藥反 告 又古号 瑁 莫沃反又莫代反瑇〻三 椙 門樞橫梁木 熇 火酷反熱三 臛 羹〻又火各反 嚛 食 䙤

三

內沃反小兒愛 俶將篤反邑名又姓一 犦五沃反白色牛一

燭之欲反八 屬市玉反付又 矚視 纗綴帶 噣託令噣 鸀〻鳿鳥 趨小兒行皃亦趨

欶吹氣 玉語欲反旦 獄禁囚 鳿鸀〻 旭許玉反旦也三 頊顓〻 勖勉 輂居玉反直轅車禹兩乘六 絭纕臂繩 鋦以鐵縛物 挶持 臼叉手從二爪 輂大車駕馬

局渠玉反促二 跼〻蹝不伸 蜀市玉反六 韣弓衣又徒谷反 蠾蝑名 [亻蜀]〻倲動皃又短 屬之欲反又着也俗屬 襡長襦又作襹 觸尺玉反突二 歜怒氣 辱而蜀反七 蓐

草名 褥氈〻 鄏郟〻地名在河南 縟繁文采色 溽〻暑 戱戟丁 束書蜀反二 倲〻[亻蜀] 欲余蜀反俗慾八 浴沐〻 鵒鴝〻 鋊炭鉤 輍車枕前 狢獨〻獸

峪谷〻 躅蹢〻又直錄反 錄力玉反十一 淥水名在湘東 䚄眼曲 綠青色 醁美酒名 騄〻駬馬 娽隨從 籙圖〻 菉〻蓐草名 逯行〻謹又姓 鯘魚名

曲起玉反三 鵴鵴名又渠竹反 苖蠶箔 瘃陟玉反寒瘡二 斸斫〻 贖神囑反一 足子玉反從止口一 促七玉反急一 幞房玉反帊一 續似玉反連三 俗訛 藚蕮藻藥名 粟

四

慄相玉反五〻斯 涑水名在河東又速侯反 [牜菐]封曲反牛絡頭一 梀丑錄反〻楗木又短椽二 豖豕絆行 亍勑錄反彳亍不齊皃一 覺古岳反知又古孝反九 斛平斗斛又蔛 角〻 桷椽

較說文作較車騎也 榷商又苦角反 嗀瑴玉 [學馬]馬腹下聲又乙学反 觷飾杖頭胥又胡瓥反 嶽五角反亦岳同四 樂姓又盧各反又五教反 鸑〻鷟鳥 𩑈面前〻 浞士角反水濕六 丵藂生草

篧捕魚籠 鋜鐲足 灂瀺〻 鷟鸑〻 捉側角反四 穛早熟穀又穛 穱稻穛種麥也 燋礼云執燭抱〻 朔所角反俗朔通四 欶嗽口亦嗽 槊刀〻俗矟 蒴〻藋草 斲

丁角反今斲十一 涿郡名 諑訴 椓擊 [女蜀]謹〻 卓高〻正也 琢治玉 斀宮刑 倬明大也 啄鳥〻又丁木反 晫明 剢北角反落也六 駁六〻獸名如馬倨牙食虎豹 駮馬色不純

㪇柘聲亦箭 𦢊皮破 肑聲高 邈莫角反遠三 藐紫草 懇美〻 雹蒲角反雨水十一 檏相〻 跑秦人謂蹴 䮳獸名似馬牛尾一角 靤〻萹 鰒海魚 蔔

竹名又福音 箹小屐又作䉰 嚗鳴〻 犦犖牛又甫教反 豰小豚也又丁木反 璞匹角反玉名六 樸擊聲又匹草反 [牜菐]牛未治 樸木素又作朴 攴楚一曰小擊 靶柔皮 殼苦角反皮甲九 慤謹

㩴𣪊擊又古學反 確鞕亦碻 𥣫〻皮乾 硞嘏聲 㱿帷帳象 㲉鳥卵又空谷反 𣪕盛錢器一曰盛鰌鯙 濁直角反不清也六 擢抜也引 濯澣 鸐〻鳥 嬥直好皃 藋蒴〻

五

握於角反持也九 渥雨沾濡 偓偓佺仙人 箹小籥 幄大帳 喔喔雞聲 噣誇 鸒小鵲 葯白芷 搦女角反持也四 鰯屋角字林作鰯調弓 桌正也又徒弔反

鵫水出求如山 逴勑角反遠也又作逴字一曰驚夜三 晫明 踔跛 犖呂角反牛雜色二 學戶角反五 确磽确 嶨山多大石又嶨 礐礐䃧 鷽埋角 㕦許角反怒聲五 豹

豸聲 觳急亦觳草 鷽鳥肥 醸酌也酢也 婥側角反又辭也四 䂽䂽礫 齱齒相近 娕恭謹良 藥以灼反十二 躍跳 礿祭名 籥燕支草名

籥樂器亦籥 鑰關鑰 瀹煮 爚煜爚光 鬻內肉湯中薄出之 屵山岸上見 㪣白滈 略離灼反亦略三 䂮 䋎絆 䂮亦刃利 腳居灼反二 屩草履 灼之略反焼也九

斫刀 彴橫木渡水 杓痛 勺周公樂名 酌酒 繳繒繳又作繁 焯火氣 穛五穀皮又公酷反 爍書灼反灼爍光六 鑠銷鑠 猲犬驚 爍美好良 趯趯

纅絲 若而灼反順八 若杜若草又菜 箬竹葉 蒻因又弱 鄀地名在襄陽 楉榴 蒻荷莖又泥又菜名出蜀中 叒說文曰出榑桑叒 婥處灼反寬三 𥗪出人大脣出字語偃反 婥之灼美好良

約於略反又於笑反一 却去約反退二 鄽地名在河東 虐魚約反酷二 瘧病 謔虐約反戲一 妁市若反媒四 杓杯 彴流星 芍藥 㲋丑略反獸似兔而大頭似兔足似鹿俗作㲋四

婼州孫 逴略行良又勑各反 辵乍行乍止 削息灼反刀一 斮側略反斬也俗斮一 爵即略反封也禮器象爵形二 雀鳥從小隹古爵 皭在爵反三 嚼噬 爝炬火 䧿七雀反鳥也俗鵲六

趞行良 芍在亥反又淮南又市若反 捉宋國良犬 碏春秋石碏又敬 猎駮 噱其虐反唱噱笑不止四 蹻舉足高貝 傕須臾也亦俙 醵合錢飲酒又強臾反 嬳直縛反又作婆二 縛符獲反繫也一

矆許縛反大視三 彏弓弦急又居縛反 戄驚 籰王縛反或作籰所以收絲一 玃居縛反大猨六 趯大步 钁斫 鸐鳥白身三首 攫攫持 貜說文往欲逸走又視遽良 著張略反又治略反又張

六

𥗪處灼反俗著三 礑斫也研研也 楮置也 躩丘縛反足躩如也一 鐸徒落反大鈴八 剫治木 愎忖 踱跣踱足蹋地 澤楚辭云冬冰出水之澤 度量丈尺又徒故反

襗褻衣 頊顱 莫慕各反無也日冥也十二 幕帷 鄚縣名在河間 膜肉皮 眊目不明 鏌鏌鋣 模橑又莫胡反 漠沙 瞙目暗 瘼病 寞寂

落盧各反廿 烙燒 絡絲 洛水名古雒字 鉻剃 躒動 珞瓔 酪乳 樂喜又五教五各二反 轢淩又零激反 簬籠 駱白馬黑鬣 皬大白 䮾草生

剫去木節 馲〻駝又他各反 鮥魚名又五格反 䨶雨〻 鼦鼠 硌磊〻 託他各反嘱十 祏闕衣大領 橐無底橐 侂寄 㲰〻㲰 魹魚名 籜筍皮 檘

擊〻 柝欜 蘀草木落墮地 馲又盧各反 作則各反又則邏反三 柞木名一音昨 爨精細米 錯倉各反四 厝厲石 䱜魚名 逪这〻道 各古洛反四 閣樓〻 格樹枝

胳〻腋 恪苦各反恭一 愕五各反驚俗咢十三 咢讙訟也一曰徒擊鼓 鄂國名在武昌 諤直諤 鍔劍端 崿崖一作〻岸 鶚鵰〻 㓵折〻無壇界 齶齗〻 鰐魚名也

萼花〻 噩歲在酉日〻 惡烏各反又烏故反俗悪三 蝁虫似蜥 堊白土 諾奴各反又人者反一 顎巨各反面大皃六 濼波〻亦霖 雹雨皃 膊割肉 粕糟〻 轉車霍䡊 泊

傍各反止也五 亳國名 箔簾〻 䙏單衣 薄〻厚一曰草叢 臛呵各反又火酷反羹也俗臛七 鄗縣名光武改為高邑 壑丘〻 嚛辛〻 熇熱又火酷反 郝姓又施隻反 蠚螫 索

蘇各反又所革反二 榡模〻 涸下各反竭也四 洛〻澤水名 鶴似鵠長喙 貉狐〻說文似狸善睡 昨在各反十 酢酬〻 筰縣名在越嶲 怍慙 鑿穿 鑿鏨 䋏絙

笮竹索 柞木名又音作 牂山牛 博補各反從十十 髆肩〻 爆迫於火 搏手擊 䴬〻麩 鎛鍾磬上橫木 嚗嗅〻焦皃 襮衣領 鑮大鍾 簙局戲也亦無竹

攉虎郭反揮〻六 藿〻葉又香草 霩雨止雲消皃 靃國名 䨥飛聲 矆驚視皃 郭古博反四 崞縣名在鴈門 椁棺〻 𩫖度 臒烏郭反字林作臛善月三 䨼

味薄〻 蠖蚇〻 穫胡郭反刈六 㦜心動 檴〻落木名 鑊鼎大 濩水流皃 爦熱 廓苦郭反虛也四 鞹去毛皮 漷水名在魯 彍張弓弩出〻亦作[illegible]

七

質之日反成也九 晊大也明也 郅郁〻縣在北地 桎〻梏 櫍砧行刑用斧〻 銍禾垂 侄牢也一曰故也 隲駭馬又後漢有郅〻 嚔野人之言 日人質反太陽之精四 馹驛傳 [illegible]枕巾 臸

到 實神質反滿也又草木子二 秩直質反祿也常也智也七 柣閾也又大結反 姪今趙魏間呼兄弟子也 鉄帆索 紩縫 帙書〻亦袟袠 豑爵之次第 悉息七反盡也三 膝巳名說文作厀 蟋〻蟀 一

憶質反二 壹專〻 七親悉反六 漆水名在岐 鶔鳥名 𨞚地名在齊 桼膝〻今作漆 𧄼蜀〻藥名 迊譬吉反四丈也從八俗疋一 吉居質反二 趌〻趨走皃趨字居謁反 暱尼質反近也又昵同三

䵒暱 衵近身衣 逸夷質反失也逸八 佚〻樂 佾舞〻 軼車過也又徒結反 溢滿 鎰廿兩古文溢 泆淫〻 欥詮辭詩云〻厥寍 詰去吉反問也三 馲馬色 蛣蛣〻虫 欯

九八

許吉反。笑也。一 抶 丑栗反。打也。二 咥 笑 栗 力質反。八 慄 戰〻 凓 水名，在丹陽 颲 凓〻，風皃。一本作飃 㓶 細削 凓 寒 鷅 鷅〻，鳥 勑 剌 窒 陟栗反。又丁結反。塞。六 桎 檀〻

厔 盩〻，縣名，在扶風 [金窒] 螻〻 銍 刈。又縣名，在譙郡。穫禾短鎌 [齒至] 齒堅 焌 辛恤反。火〻。一 疾 秦悉反。從失。四 嫉 妒。又作𡜟 槉 柱上欂櫨 蒺 〻藜 刹 初栗反。剗聲。亦刹。一 失 識質反。縱。二 室

房〻 堲 資悉反。〻周。燒土葬。四 [口截] 鼠聲 喞 啾〻。多聲 [氵七] 瀎水 蜜 民必反。蜂〻。六 謐 諍語 [酉益] 飲盡 榏 木名 [必皿] 拭器 宓 安 必 卑吉反。十五 畢 竟 蓽

荊竹織門。又從竹 韠 胡服蔽膝 珌 刀上飾。亦[王畢] 蹕 警〻 滭 〻沸，水皃 罼 兔網 鵯 鵯鶋，鳥 篳 簡 [冫畢] 風寒 觱 〻栗，胡樂器 [畢攴] 治訖 縪 冠縫 熚 熚〻，聲

聿 餘律反。自也，辝也，遂也。十 鴥 飛駃鳥 燏 火光 遹 述也。一曰遵。又回避也 鷸 鳥名。知天將雨 驈 黑馬白髀。又食聿反 繘 級綆 矞 穿。從矛 鱊 魚名 噊 鳥鳴 卒 子聿反。又則骨反。又麁沒反。一 卹

辛律反。分賑。憂也。鮮也。五 戌 〻亥 賉 賑〻 訹 謏訹，誘也。謏字音蘇垢反 恤 憂也 姞 巨乙反。一曰女字。又姓。四 佶 正 仡 壯勇皃 鮚 蚌 術 食聿反。邑中道。五 述 循 秫 穀名。古术 沭 水名，在琅耶 鉥

針 橘 居蜜反。小柚。四 [艹矞] 草名 繘 汲綆。又余律反 [走矞] 走皃 崒 聚鄰反。山高皃。二 踤 〻權 邲 毗必反。地名，在鄭。又作珌。十 比 次。或作坒。又鼻脂、必履、毗志三反 [革必] 車束 泌 水，狹流 佖 有威儀 鮅 魚

駜 馬肥。一曰馬色 飶 〻食香 苾 馨香 柲 偶 出 尺聿反。狂走。又尺季反。三 [走矞] 其聿反。狂走。三 僪 無頭鬼 趉 走皃 [風戌] 許聿反。小風皃。四 [目戌] 高視 狘 飛皃 [疒术] 狂走皃 律 呂卹反。〻令。六

寽 捋取 繂 繩 葎 〻母草 膟 〻膋，腸間脂 嵂 崒〻 怵 竹律反。憂心皃。二 窋 在穴皃。又丁滑反 朮 直律反。藥名。亦茉。說文無點。二 [火术] 煙出 黜 丑律反。貶下。三 怵 〻惕 𧺓 走 [風聿] 于筆反

風 汩 水流也。又古沒反。二 率 所律反。領正率。四 帥 又所類反 蟀 蟋〻。亦虫 [辶率] 先導 筆 鄙密反。三 柲 方言剗 潷 去滓 密 美筆反。三 峚 山形如堂 蜜 荷本下白 弼

旁律反。輔也。古弼。三 [比卩] 輔信 𦓡 〻䎧，禾重生。䎧字阻瑟反 乙 於筆反。二 鳦 鷰。從乙 [耳乙] 魚乙反。聲〻。鳥狀。一 肹 許乙反。響也。又許訖反。一 吙 齒日反。吐。一

櫛 阻瑟反。梳也。三 瀄 〻汩，水流 楖 〻耕 瑟 所櫛反。五 飋 〻〻，風 蟋 〻蟀 蝨 〻蟣 璱 玉鮮潔皃

物 無弗反。方物也。從牛。三 勿 無 芴 土苽 弗 分物反。十 紱 綬。亦紼 黻 黼〻 笰 輿後草 蛂 甲虫 紼 大索。亦綍 茀 草盛皃 [弗阝] 姓 韍 蔽膝 [弗攴] 廢 欝

一千三百

行勿反本藻生古灪要五 灪〻滃大水 爩〻烟 蔚〻翁草威良又於謂反 鬱芳草也釀酒可以降神 亥九勿反無左臂又九月反三 緅翟衣 屈短尾從尾出 屈區勿反又居勿反二 詘辭塞 倔衢勿反強〻六 踀足力

崛〻地 崛山短而高 裾衣短 堀窟也詩云浮遊之〻 佛符弗反六 怫〻鬱 坲塵起 岪山曲 咈噴〻 拂擊木連枷 颮許勿反疾風亦颮四 欻暴起 捽疾

熚爩烟 䬐王勿反風聲二 橍櫛 柫敷物反七 髴髣〻見不明又仿佛同 帗鞴韍 巈崩聲 刜斫 茀道多草不可行 艴淺色 祓孚勿反除災也又孚吠反一 屈恭屈反刷三 趉走皃 剧剖曲刀

十 訖居乞反了四 吃語難 钦〻口 鮀魚名 迄許訖反至也三 仡壯皃 鳦乘輿馬上插翟尾者 疙魚乞反癡皃一 趁其迄反行皃一 扢于乞反又魚乞反高也一 乞去訖反又許氣反古作乞字作卜非作气乞同二 芞香草

十一 德多則反二 得獲 則子得反法一 勒盧德反以威德制物也六 阞胻着 扐指間 朸礼云祭用數之〻 玏美石次玉 艻蘿〻菜名 忒他則反差也四 㥀打 慝惡 貣求也又徒德反

刻苦德反〻鏤四 克能 勊自強勝〻己約身也 剋勝也從刀也 特徒德反從牛四 貣〻假 螣食禾虫 樴杙 黑呼德反三 潶水名在雍州 嘿嘿聲 墨莫北反筆〻五 默靜也從犬一曰犬暫逐人

冒千又反莫報反 蠌蟙〻蟲名 纆索 賊昨則反盜二 鰂鰞〻魚亦鯽 塞蘇則反又蘇戴反亦窫二 㥶說文實也 北博墨反方名二 邶郡名 蔔傍北反蘆〻菜名六 仆僵仆又音赴仰曰僵伏曰仆 殕殪

踣蔽也倒地出尔疋 僰〻道縣名在犍為又蒲逼反從人俗僰 匐匍〻伏地 或胡國反不定三 惑〻迷 蜮以毒射人 國古或反邑一 餕愛黑反噎聲一 刻胡北反法有罪一

十二 曷胡葛反衣褐字林衣也六 氉毛布 鶡似鳥雉 曷何也上闢曰 蝎虫 餲餅名 顯許葛反賴〻四 獦恐也又許謁反〻猲短喙犬 皛白色 喝訶 捺奴曷反手按一 攃七曷反足動草聲一本從手

十三 末莫曷反木上為末十四 秣〻馬 昧星名易曰日中見昧也 頛〻顛健也 抹〻擦手摩 佅〻健大肥 妹〻嬉藥妻 怽忌 垺壞土 沫水名一曰水〻在蜀又武太反 濊〻塗拭 鴸鴨 眜目不明

首目不正 枂五活反去樹皮一 撥博末反治也九 癶足〻剌又𤼵 袚蠻夷蔽膝衣 茇根〻 鉢器亦盋 鴔鳥似雌雉 鱍魚掉尾皃 𨒪急走行皃 髮髮〻髻多 鬢子末反三 洛

水衝石皃 桗逼〻亦稊通 栝古活反檢也九 湉水流皃亦無耳 髺結髮 檜木名栢葉松身 聒聲擾 萿蔞〻 佸會詩云曷其有佸 适疾 鍃書曰〻〻無知之皃 闊苦括反大也二 筈箭〻

活戶括反二 栝祠 奪徒活反失也亦奪三 敓強取 脫肉去骨又吐活反 豁呼括反〻達五 濊水聲亦濊 𧽒目開大 眓視高皃 泧濊〻 斡烏活反轉也四 焥火烟出 䀢目開皃

括～取物亦栝 繓子括反～結亦緫二 欑手把亦撮 鏺普括反兩刃刈草木八 撥 蹳蹋草聲 癹蹋草又蒲撥反 柿推 𨠯酒色 巿草木盛 怖～慎怒 侻他括反～可一曰輕二 梲解落亦作脫

捋盧活反手～物也三 㭩木名 𠞋削 掇多括反拾～也三 鵽～雀 腏桃取骨間肉 撮七活反手取一 跋蒲撥反蹳跋行十三 𨁏行皃 魃旱～ 坺壤 废舍 酦香酒氣

馛香氣 軷將行祭名 炦火氣 颰風皃 癹除草 犮犬走皃 拔迴～又蒲八反 躠桑割反蹳～三 薩菩～ 撒～抹 怛當割反痛也六 𢡍驚 妲～己紂妃也

呾相叱 炟火氣 䵣莫～縣名在五原 闥他達反門屏間九 㒓～倈 撻打 躂足跌 澾泥滑 獺水狗 鯻魚名 沙蹈 羍小羊 遏烏葛反遮也六 齃鼻～

頞字林鼻莖 堨擁～ 胺肉敗臭 閼止又於連反 剌盧達反僻也六 揧研破 辢辛～ 瘌～不調 攋撥～手披 ⿱艹剌～萵 渴苦割反盡也三 㵣欲飲亦渴

磕石動亦碣 達陁割反亦達一 巀才達反～嶭山名在扶風又才結反三 𣟴擊 𡅖嘈～聲 嶭五割反又五結反五 𨏵車載高 歺朽骨也 屵山高皃 枿伐木亦櫱㰃三同 葛古達反～蘁五 ⿱竹曷～蔽桃枝竹名 獦～狚獸名似狼赤首 割截從手亦割 騔馬疾走皃

十三

黠胡八反二 ⿰骨齒齧聲 札側八反從乙三 ⿰女止癘病 蚻小蟬 柭

菝蒱八反出又蒱撥反二 茇～菰根可作飲 䛽恪八反六 劼用力 鬜秃 𠛅巧～ 刮剝 硈石狀 滑户八反不滋六 猾狡～ 䱻魚名 鶻～鳩又古沒反胡骨二 螖～蠥似蟹而小

磆石可以為餅盞 八博拔反別也象相背之形四 ⿰馬八馬八尺 朳無齒把也亦拔或作捌通 扒擘 ⿱穴言丁滑反口食満皃二 娺婠～好皃 豽女滑反獸名似狸四 貀獸名似虎無前足而黑 肭膃～悅皃 㕯言之內亦訥 嗗烏八反飲聲三

婠～娺 ⿱穴手穿～ ⿰齒截初八反齒利五 察鑒 ⿱艹察草 詧言微～又音察也 檫木名 割古滑反去惡內二 鱊魚名 戛古黠反揩九 扴揩～物

⿰礻皆祭天席 鶛～鶡鳩名 楔櫻桃又先結反 鞂草～ 尬尷～行不正 秸稈 扴垢～ 軋烏八反車轢八 扎山曲 揠拔草心 嫼嫉怒 㹫～貐獸又苦結反 ⿱宀乙室大

⿰魚乙魚名 ⿰九乙～～屈䩼 殺所八反～命又所拜反二 鎩鳥羽病又所拜反 ⿰亻密莫八反～傄健皃二 𥇔惡視 傄呼八反一 痆女黠反瘡痛一 ⿰鬼出五滑反屈～三 聉無知之意 ⿰耳闕吳楚之外凡無耳者謂之～言若斷耳為盟 ⿰骨力口八反力作一 汃普八反西極之水尓疋曰西至于汃國謂之西極也新加一

十四

紇下沒反又胡結反姓也七 麧～糏頭 齕齧又胡結反 淈濁泥又古忽反 搰掘地 ⿸厂骨膝痛 ⿰扌圂手推 忽呼骨反忘八 惚恍～

䆔瞎一覺 笏手級 乾急𢱧〻字呼結反 昒尚冥又出為詞說文作曶 迢遠 總嶶細 骨古忽反〻肉五 縎〻結 汩治 鶻〻鳩又胡八反又胡骨二反 榾柮〻木中箭笴 沒莫勃反湛 歿

死 𤤊玉名 𠬛入水有所取今𠬛通亦𠬛非 勃蒲沒反八 悖〻逆兇〻 渤〻澥海名水皃 䮝馬面牛尾一角 孛天星一名彗 餑茗〻 埻塵起 馞大香 咄當沒反一訶 宊他骨反〻出三 梲

大杖 𨂗〻𨂗 窣陁骨反觸〻〻七 𢶍〻槽 腯牛羊豕肥曰〻 㞫〻出 鼵鼠名 鶟鳥名 堗竈〻 頞烏沒反內頭水中四 膃〻肭肥 媼心悶又溫 嗢咽〻 兀五忽反高良六 杌

〻動椌 屼山皃 矹〻硉不平 𦨈王篇舟不安也 杌樹皮 𣏦勒沒反射箭一 䇽普沒反桲物聲一 窟苦骨反〻穴五 顝大頭皃 泏瀘池 頹白秃 矻〻用力亦硉 訥諾骨反難也三 肭膃〻 抐

內物水中 窣蘇沒反勃〻二 䴛磨麥 猝麁沒反倉〻二 卒俗倉〻 捽昨沒反手〻三 椊〻杌以柄內孔 𪘁齰 卒則沒反又子聿反二 倅百人為〻 歇一骨反咽中息不利一 昢普沒反明未融一

十五屑

屑先結反動作〻〻七 楔木〻又古黠反 楔櫼〻不正方也 躠蹩〻旋行 糏半麥破亦𪍪此麯亦通 僁〻小聲 䏣膺中骨 切千結反從七四 𡁯小語亦䜺 𪘂〻齒 竊〻盜俗竊 結

古屑反九 絜麻一耑又胡怙反 潔清 鐭鎌〻 桔〻梗藥 𣟵〻槹以汲水也 趌走皃 鴶〻鶡皃屬䳠字公鎋反 拮口手共有所取 節子結反從竹八 卪瑞信印屬俗巴通 癤瘡

瀐小灑 蝍〻蛆又音即 爑燭餘 楶屋上短木 𩭿束髮少小 血呼決反六 䀏瞲〻惡皃 泬〻寥空皃 𤵸倉〻囊空 闋門〻 𥥈小空 闃苦穴反已閒門一 玦

古穴反珮十三 潏泉水皃又水名在京兆也 䀗目患 譎〻諫 詄別 觖舌頭語 觼環有舌 駃〻騠良馬 芵〻明藥 鴂〻鶗春分鳴 決〻絕說文流行也又水名出大別山從〻非 趹馬行疾 𧲞獸名似狸

穴胡玦反地孔二 袕裳衣孔 抉於穴反挑出三 𥤢穿皃 䁳目深皃 姪徒結反〻娣十九 昳日昊 眣目失 胅骨〻 㞫高起 垤蟻封 耋老 迭遞 跌〻踼

絰縗〻 驖馬赤黑色 泆〻蕩水動 㯂舉 嵽〻嵲高皃 軼車相過又以質反 𨳲閪〻鄭城門 䮤馬行疾 瓞瓝〻 戜利也一曰剔也 鐵他結反古鐵三 僣〻倪 餮

貪食字林作飻 纈胡結反〻錦十一 闃〻閴 擷將取又虎結反 𢷾縛 頡〻頏 頁頭 齕齧〻又下沒反 紇又下沒反 襭以衣衽盛物 麧糏〻麩 翓〻翔飛上下 涅奴結反水中黑土三 捏捺

𦰩菜似蒜 截昨結反亦䞕四 䞕出前 蠘蟹屬 岊山峯又子切反無點非 齧五結反噬五 霓〻虹 蜺寒蜩 嵲嵽〻亦嵲 槷〻危 蔑莫結反無也目眵精七 懱

輕二 䁾目赤 𢳆二 不方正 蠛二 蠓 篾竹皮 𢤱帊 襪 彍方結反弓𣁋三 嫳普蔑反 閉又博計反 鷊 噎烏結反食塞四 籺二 糓 䁾靜 蠟二 蛪 蟲

㓞苦結反二 狠不仁㓞字苦浪反又黑點反六 𩑶顗二 短皃 挈提又苦計反 覕二 覗受一斗 㵟 薛二 多節目 契二 闕又苦計反 奊㲎結反肥壯二 擷又胡結反 鞮急 蹩 撇普蔑反小擊三 𢾙人名盧 蕕二

撆江南人呼鍪刃 撆怫結反幸三 𢙧惡性二 颲二 風 瞥迳列反見二 瞥二 將落 蹩藩結反 二 蹮旋行云 捌反平擊 胅多肉 䫕二 䫕 癟二 瘦不正 𩐥香

窒丁結反又陟栗反塞四 噎二 瞦二 出眶 螲二 水虫又之逸反 㵟練結反二 㵟多節目四 戾曲二 又魯帝反 繚麻三 斤為二 唳嘹二 鳥聲

十六

薛私列反姓九 緤繫亦紲 媟狎又私 褻裏衣一曰私服也 㔭田器 泄漏亦洩 渫治牛 䕇㲲贓 卨殷祖或作偰 㓶呂薛反分解俗列十三 迾遏 蛚蜻二 蛬蟀

鮤魚名 洌水清 冽二 寒皃 烈光 裂二 破 莂桃二 除不祥 颲風雨暴至 鴷啄木鳥 䴕次弟馳 𣳚水流二 二 哲陟列反智也亦悊二 蜇虫螫 傑

桀渠列反六 楶行纤木謚法云賊行多累曰桀 竭 碣二 石山 揭有所表識曰二 榤雞栖杙上 熱如列反一 晢旨熱反光又職例反亦晣四 浙江名在東陽亦二 米 折又常列反 䟢柔皮 舌食列反

揲從手口三 揲數又尸列反又思頰反 折又旨熱反 孼魚列反庶子九 蘖二 餘 櫱二 麴 讞議獄 孽二 妖 蠥衣服歌謠草木佉曰妖禽獸虫蝗佉曰二 闑二 棖 巀山高危又藝晢反

臬射的 朅去竭反又去謁反二 桒去三 榪高舉 愒息 䥕巳列反從水二 㓶手 𣏰 鷩并列反雉屬礼有二 冕三 鼈似 鼈 蔽菜 絕情雪反一 蕝子悅反又子芮反束茅表位也一

雪相絕反又作雪從雨一 𩗗 𩗗丑劣反皮破一 悅翼雪反五 閱二 簡 蛻蟬去皮又他卧反 藅草名似芥 娧姚二 美好皃又他會反 䶤傾雪反器破俗歠通一 爇如雪反放火二 蚋蚊二 說失熱反又翼雪反失銳反一 拙

䪼職雪反不巧五 䪼 𩓥短頬 𪞷短皃 棁梁上短柱又作棳又他活反 蝃蜘蛛 歠昌雪反大飲一 輟陟劣反止也五 畷田間道 惙二 疲 𠛪刊 綴陟衛反又車 劣力惙反少力六 埒二 馬 腏腸肉

蹃二 蹶跳皃 杼木名 㲺 覕攝 瞥芳滅反又普見三 潎漂二 憋怒 𠟡馮列反分解一 𠜂蘡別反分二 亦訓一 轍直列反車跡四 徹通也去也又丑列反 撤發 澈水澄

㕞所劣反埽三 㕞鳥理毛 㓻 刷刮 孑居列反單也三 釨勾子戟 趌二 趣跳皃 設式列反二 蔎香菜 䀹許列反舉目使人三 威滅也又詩云赫二 宗周褒似威 翐小鳥飛 吶出女劣反又女𡇼反一 嗢吶聲不

嫳扶列反〻妖輕薄易怒皃一 娎於悅反一 蹶紀劣反有所犯突又其月反又其衛反三 豩豕發 叕速 茁側劣反草生又側滑反二 簒短黑皃 䶊七絕反腰而易破一 蕝姊列反茅〻似鏳三 鸐小鷄 乢小少也從山少 㩮

山列反茱萸一 焆於列反烟氣一 屮丑列反草初生皃一 娎許列反喜皃一 啜樹雪反嘗也一 箾廁別反割斷聲一 㩧峙絕反枯一 䦦嫣劣反罨一 䵵士列反治皮也亦䵵剝一 齥助列反齚一

十七 鎋胡瞎反車軸頭鐵口鎋六 䶎〻齧骨聲 鶷〻鳥名 砎礣砎鞕皃礣字莫鎋反 䔍長呼野 骱〻堅骨 鸛乙鎋反鳥三 闓門扇聲 圕駱驅鳴 齾五鎋反器缺皃三 髻〻 鸛

鸛又古鎋反亦剝 剎初鎋反柱亦剎二 蔱草〻亦蔱 瞎許鎋反〻眼一 鶷枯鎋反木兗樂器名二 磍〻剝 獺他鎋反獸名又他達反一 痆女鎋反痛一 刮古頒反削也正啓下三 鴰鶬〻鳥名 䯏禳祠名 頢丑刮反

〻刮強可皃一 頢下刮反短面皃五 䯏鬠細 敌盡皃 舌塞口正㕦 姡面淨 趏古滑反又走皃一 鵽丁刮反鳥似雉又多活反四 窡穴中出 窶面短 娺嫉悍 跀五刮反斷足俗刖二 朗獸食草殘

婠〻小肥女刮反婠字烏八反一 簒初刮反黑也一 礣〻砎莫鎋反二 帓〻帶亦幭 捌百鎋反〻杷俗八通一 鸛古鎋反鵝〻鳬屬又五鎋反二 擖刮物聲 髻而鎋反細毛皃一

十六 月魚厥反星〻五 刖絕 軏車〻 杌又音兀 枂析也 伐房越反征也九 筏乘大水桴渡 罰〻罪說文力罸俗罰同 閥〻閱自序 垡〻耕 橃〻栰海中大船 昁舂米也

敵盾 餓截也 越王伐反渡也於也亦踰六 粤辞也從弓 鉞〻斧 䟦蛇布 樾樹蔭 曰語端 厥居月反其也八 蹶失脚 劂力 趣跳 瘚〻氣逆 劂

刻刀 蕨菜 蟨獸名走則顛常為蛩〻取食蛩〻負而走 嶡乙劣反氣逆一 嬮於月反嫜〻婦人皃二 餮飴姿豆又䬶 觖其月反以角發物也六 鷢〻白鳥 橛〻株 蹷倒 橜杙也一日門梱 蹶

尾 闕去月反俗闕二 瀫水名在義陽 髮方月反從犬頭毛也三 發動也舉也 浚風寒 韈望發反說文從韋足衣也一 颰許月反小風四 䬗飛 狘獸名又走 泧水皃 謁於歇反叅〻見四 閼

單〻歲在卯又於葛又又於連反 暍傷熱 黦色壞又作黦 歇許謁反氣泄四 蠍蠆 猲〻獢短喙犬 鍻〻金字新加 訐居謁反面斥以言四 趨走皃 羯羊〻 鍻金 楬〻杙又檻物一 怖恨怒

十九 隔古核反障七 膈胷〻 鬲縣名在平原又洛激反 槅車枙 革獸名皮治去毛說文作革 愅知 虩虎聲 麥莫獲反從來久四 脈血〻 霢〻霂 覛相視 獲胡麥反得七

畫界也從田又胡卦反 嫿分明好皃 嚄〻咋又作咋一略反 劃錐刀劃 鸌名奧 籆度說文一䉡一略反 蟈古獲反螻〻蛙別名六 嘓聲 馘軍戰斷耳 幗婦人喪冠 膕曲脚中 謋

廿

趚言 蘗博厄反黄二四 擘分 檗吹米 餅生熟 薜山芹 繴草耩反織絲為帶一 賾士革反深也一 責側革反說文作賷求五 䫌頭不正 簀床 幘冠 讀謫

策惻革反馬棰八 簎亦策同 茦著也又辞 嫧健急皃又齊也 皟淨 冊告也從日 憡痛亦悚 齰齒相值 矠八白反矛角一 騞呼麥反破聲六 繣徽々乖違 䎗

㦌飛聲裂帛聲 𣿅水裂聲 翽飛皃 𣪍鞭聲口革反四 䩹器空又苦厄反 䙐裹裘 諽謹也飾也 覈下革反實也五 繳衣々又之略反 礐石地 翮鳥羽 核菓子 槅

陟革反手取五 謫責人也示罰又文厄反 𤞞犬怒張耳 棏具 黐黏亦黐 戹烏革反災也八 搤持亦扼 軛車々 阨限礙 呃喔々鳥聲 鼸鼠屬 槒把 蚅大虫似蠶 棟所責反木名七

溹小雨 霢霢 瘷瘷々寒狀 摵殞落皃一本從木 𢡗懼皃 瘷痛寒 𣝂普麥反射中聲一 鞷五革反補靴二 𢐀東弓 鶪徒革反骨間々廿一

覓莫歷反又覛九 幦車覆軨 幎覆又幔也 𡪍罿 䮭馬多惡 糸細絲 鼏鼎蓋 冪覆食巾 汨水名在豫章 錫先擊反似銀九 析分亦析 裼袒衣

緆細布 晳白色 蜥蜥蜴守宮虫 淅釋米 惁敬 𣦂々辟獮字蒲歷反 激古歷反又古霰反四 擊攻 墼土 鷩鳥名 霹普激反霹靂二 劈破

靂閭激反大雷廿三 𧾥趚行皃趚字七昔反 酈縣名在南陽又力知反 癧瘰々病 轢車踐又盧各反 瓅明珠色 鎘鐺々 秝秝々稀疏 𥌂々睩 櫪馬槽 𤪥玉 瀝滴々 𦏧

羖羊々 礫砂々 櫟木名 鱳魚名 歷過也經也 厤治 曆星也記也 磿治石聲 鬲鼎屬似釜大口亦甑 蒚山蒜 藶葶々藶屬 的都歷反指々廿四 旳明

適從也又之石反始石反亦適 嫡正々 𩗗颮々飄颮 靮馬韁 鏑箭鏃 馰馬々顙白額 滴水々亦適 㣿痛 肑腹下肉 玓玓瓅明珠名 鼩鼠 𨑩至 檄胡狄反符々亦檠二

覡女曰巫男曰々 鷁五歷反水鳥亦鶂同三 艗艗舟 𠪚石地惡 荻徒歷反蘆々廿二 狄羌々在北從犬 敵當 翟雉々 籊竹竿皃 迪道又進 覿見 笛樂器管武帝時丘仲所作

雷雨々皃 滌洗 糴市米 邮鄉名在高陵 逖他歷反遠也古逷六 倜々儻 謕々誂 趯跳々 剔解骨 惕怵々又逖 績則歷反緝也四 勣功 鰿鮒之別名

樍樫 燩去激反乾燥三 𩮰傍擊 毄功漢書云攻若々淺 惄奴歷反飢憂三 㵋沒水又作休々水名 愵憂皃 寂昨歷反亦宲二 𥈥日赤 甓蒲歷反瓴甋三 椑國君親屍之官 𣩫々㱸

壁北激反泥〻薜二　甓　鼊鼅鼊〻龜類鼊字古侯反　闃苦鶪反淨一　郥古闃反鄉名在蔡五　鶪伯勞鳥　狊張目視從目犬　湨水名在河南　鼳鼠名在木上　戚倉歷反親〻六　慼憂　鼜守夜鼓　鏚

干〻　磧湍〻又七迹反　慽痛又親也　欯許狄反笑聲五　鬩兵也爭也　虉藡〻　鬩恒訟從二斗　毄〻頭又體隸反　𥁢血塵反鳥卵破二　書皮骨相離聲

廿二　緝七入反績三　葺修〻蓋　咠聶言田和　十是執反三　拾取　什篇〻　執之十反𢹂也把也正執四　汁瀋　𨋍縣名在北海　慹怖　習似入反學也從羽五　霫〻蓍　襲

重衣　隰原〻淹地　騽驔馬黃脊　槢神執反褶〻一　集秦入反聚也亦雧五　輯和与集同　楫又子葉反　卙詞之集　亼三合也從入一又子入反　入尒執反進一　揖伊入反〻讓二　挹酌又挹也　溼

失入反水露也俗濕二　𦗢牛耳皃　噍姉入反噍集噍白嚊字音博四　潗泉出　𩌑〻合　湒雨下　及其立反逮二　蓛冬瓜　縶陟立反繫馬三　霵小濕　馽馬絆　蟄直立反〻虫藏

𦠗肉生熟　𡑲不入又直輒反　譶澀〻　漐小雨　立力急反說文從大一七　𪗾齧聲　粒米〻　笠竹帽　鴗水鳥　苙白芷又其立反　𥪕臨　急居立反疾六　給供〻

汲引〻　級階〻　芨烏頭別名　伋子思名亦姓　岌魚及反高皃一　泣去急反涕也三　㬤欲燥　湆肉汁　𣪠先立反小兒履二　𠽫忌寒聲　吸呼及反七　歙人名後漢有朱〻又舒涉反

翕火及反一曰起也　𧬘訶〻語聲　潝水流皃　熻熱　𨜏地名　澀色立反亦澁字林澁三　鈒戟　雭雨聲　戢阻立反斂也藏也止也六　䁒目出淚皃　品衆口　𩹎角多

蕺菜名　濈和〻　邑英及反六　悒不安　浥〻濕　裛〻香又於怯於劫二反　𨛜〻於　䬳食〻　湁沸〻渫田入反沸也一　熠為立反火皃又於熤反三　㬐暐〻日在上邊又筠輒反　爗

熸

廿三　霫心緝反奚〻東夷名二　𠽫寒聲　讋怳十反潝〻多言一

職之翼反又正從耳五　織〻　膱油敗　蟙〻蠷　蘵草名似酸漿　直除力反又直同一

力良直反氣〻四　朸縣名在平原　屴山崱山皃　仂不解　𥻨恥力反約也正勑八　飭草寄　淔水名　趩行聲　勅打　𧼈敕趙魏間語　栻卜〻局　恜意慎伏〻　鶒溪〻水鳥俗鶒　陟竹力反陛也二

稙早禾穀　食乘力反二　蝕日〻說文作蝕敗創　息相即反佳也喘息也五　𣚍木名　鄎縣名在汝南　熄火又熄種火　瘜惡肉　寔常職反止也實也是也五　湜水清見底　殖多　植種

埴黏土曰〻古文作戠　識聲職反知也古〻六　式法也從工　拭刷　軾車前木　飾〻裝　𥿭趙魏間呼棧綠為〻也　赩許力反赤三　衋傷痛　歔悲意又所力　極渠力反從木下安四點非一　崱士力反崱〻山皃一

匿女力反藏也二 匿虫食病 㴎初力反度也三 惻愴 畟陳器北字林音即 憶於力反念也滿也九 臆胷 億十万 繶絛繩 醷梅漿 澺水名在上蔡 檍梓屬 螠小蜂

薏〻苢藥名一曰蓮心 藙丘力反皮硬皃一 色所力反愛也八 嗇愛嗇也亦畫 轖馬車下綃草 穡稼〻 薔蘞菜 鄐邑名 歡小怖 繬紩 殛紀力反誅八 㥛

急性相及 襋衣交領 棘小棗從竝束 極 蕀草 [玉+棘]垂珠地名出美玉 荳息急穀 弋与職反桀也十四 翊〻郡在雍州一曰飛皃 翌明日 廙敬 默皂 翼扫古飛翼同 [麥+弋]麦糠

隿繳射 [鳥+翼]鳥名 [女+弋]婦人官 杙木名一曰雞棲木 潩水名在河南又作潩 [匚+異]田器 [走+異]趍進〻如也 即子力反就也亦即九 稷五穀之長 [木+畟]木名 [牛+畟]牛名 鯽 鯽

又子結〻蛆虫反也 畟〻藏迫皃 [扌+卽]〻裴縣名在魏郡裴字房非反 喞〻勤又咨悲反 逼彼力反迫也亦偪五 皕二百 騙〻駱 國門又姓 楅以木有所迫束 棫禁逼又亦械六 𩵚魚納 棫木名 蜮短狐蛊

鈛凡器 閾門限 洫況逼反廣深八尺六 緎衣縫 淢疾流 侐安 䫏頭痛 𡋣大 堛芳逼反土七 愊〻悃至誠 踾〻地 湢判〻析 䭰飽皃 楅擊聲 稫〻稄禾密滿

稄阻力反七 昃日〻 捑打〻 仄〻漏又反〻 夨傾頭 萴〻子藥 側傍〻 愎符逼反很〻也 腷〻臆意不泄 𤎅小火乾肉 𩣡羌人別種〻棘也 抑於棘反古抑二 𡋣地名

廿三山 嶷魚抑反岐〻四 薿茂盛皃又垂紀反 礙小兒有智 𧍧角〻皃 㯿 葉与涉反又式涉反四 楪〻榆縣名在雲中 楪〻度 鍱〻鐵 棲紫業反交也五 棲

續木 睫目〻 楫舟〻俗檝 婕〻妤 𢬏書涉反三 菒縣名在新安又許及反 㶒水名在西陽 涉時攝反一 獵良涉反取禽六 鬣〻鬚 䲜毛〻 躐踐又足傍 𣈆日欲入

儠〻長生儠 捷疾葉反捷也連也一 䐑直輒反細切肉二 㩮下入又直立反 䵷於輒反〻䵷一 𥍛尼輒反十 聶姓又附耳私小語 躡〻蹈 鑷〻子 㨗〻機 𩣑馬步疾也 𦼫葉 𥶽

箱 罬伺視 㚔所以犯驚一曰大聲一曰盜不止也 謵叱涉反小言四 𢶀〻樹葉動皃 姑輕薄又處詹反 詀〻讘細語 讘而涉反詀〻縣名在清河三 顳〻顬鬚骨顳字日朱反 囁口動又之涉反 讋之涉反多言六

嚅口動皃又而涉反 懾怖皃 𧝩衣〻又陟葉反 摺〻疊 慴〻伏亦作讋 妾七接反婦人賤稱五 𦵔續 𩞀鐵灸 鯜魚名出樂浪 淁水名在北地 鍤田輒反綴衣針又楚洽反一 极其輒反驢上負

二 极 笈負書 䩷陟葉反專也三 耴〻耳國名出山海經 𧝩衣〻又而涉反 曄云輒反光〻盛亦曄〻也亦燁曅三 燁燁〻盛熾 饁餉田 㾊去涉反少氣一 䇲山輒反〻箑瑞草三 箑扇 㪑〻歃又所洽反

緁居輒反縫也一　㾊於葉反惡夢一　睫次接反目〻一　緤義涉反縫紩也一

廿四

怗他協反安十　帖〻券　䪝鼓無聲又姑五反　鉆著物　鞊〻韋　貼以物質錢　跕〻屣又丁協反　呫口嘗味亦咕喋　䑜〻諮　䪞鼓音　協胡頰反同心和六　恊思之和　叶衆和同古叶通

劦同力　挾持衆之同　俠任〻　頰古協反〻面六　鋏長〻劒　筴箸〻箱　婡得〻志　莢蕢〻　蛺〻蝶　愜苦協反心服二　篋箱〻　牒徒協反十六　喋便語

惵玉篇云恐懼也又慴字　蹀〻躞　𨆌小步聲　諜〻譜　堞城上垣　𨏈車聲　㲲細毛布　疊重　⿱疊是舉　憄安　渫水淡流　褺重衣　蝶蛺〻

𥲤〻簸　擫於協反手按三　靨〻子　𡡾好　苶乃協反病劣皃七　捻暗聲耳又蹈下又都念反　𦗔晦〻瞑　䪩聲絕　捻指〻　錜小釘　敜寒　⿱壹夂穮協反和也五

屧〻屐　躞〻蹀　韘〻韝射具　⿰王燮石似玉　𩗉盧協反蹈風聲又作颲一　聑丁協反耳垂皃三　咡多言　掫打　⿱艹雜在協反草叢一　浹子協反潤也一　弽呼協反弓〻張三　䁋

廿五

閑一目　偞僕甲有所畏　笘竹涉反竹箕一　沓徒合反重〻二十一　誻譶〻　⿰石沓舂巳復擣也　遝合〻行及　榙柱上木　搭栺〻　涾沸〻　⿰馬沓〻駊馬行

⿰足翕齾　龖飛龍狀　譶疾言　錔他合反器物〻頭十　嚃歠　䓘菜生水中　㜓安　踏〻著　幍帳上覆　鞜草履　⿰沓羽翻〻飛皃　漯水名在平原說文作濕　鏧鼓聲又口荅反

合胡荅反又古荅反四　迨〻還行相及皃　郃〻陽縣在馮翊　詥諧　閤古荅反門傍戶九　鴿鳥名　合會也又胡閤反亦作敆　秴〻䄇也音圭　佮〻合　鉿〻尺鋌　鮯魚名　敆合會

韐〻鞈　荅都合反又畣對也俗荅通三　⿰足荅〻跛行惡皃　荅正名去豆　趿穮合反踏〻四　颯風聲　靸小兒履　馺馬行疾　雜徂合反正雜四　⿰音帀斷聲　磼〻磼山高又磖〻壞皃　雥鳥羣　帀子荅反遍俗迊二

咂入口　拉盧荅反〻折也五　摺敗〻　磖〻磼　菈〻蓫蘆菔　翋翻〻飛皃　納奴荅反又受六　⿰韋內腰　蒳草子似檳榔　軜驂馬內轡係軾前　妠娶　衲補〻　溘口荅反至也五

⿸广去開戶聲古文作廅　⿸厂至山左右有峯　䆟〻合　⿱殸合鼓聲　姶烏合反美好一曰女子六　㿯短氣　罨納又於劫反　罯覆盖　媕女有心〻　鰪魚名　欱呼荅反小歠又呼洽反二

㽺病劣皃　⿰口㬎五合反衆聲四　礏磼〻　哈魚多皃　㬎說文衆微妙

廿六 蹋 徒盍反。践。二四 榻 俗作窓竹扇榻 闒 樓上户 譶 〻譶妄語也 盍 胡臘反。何不也。六 闔 闔〻。一曰閭 嗑 噬〻。易卦 蓋 苦〻 䕩 蘧蒢 鄐 地名 臘 盧盍反。〻蜡。俗臈。同七 䶌

鑞 〻錫 蠟 〻蜜 㩉 折 擸 〻曄。飛起 皻 〻皱。皮良 皶 都盍反。〻〻。五 耷 大耳 搨 手打 毾 〻地 𠟍 相着。一曰聾。〻鈎 榻 吐盍反。〻床 艙 雨漕。大船

毾 〻毲 鰈 比目魚。別名。亦鰨 鰨 似鮎。四足 翕 〻布 偈 〻傑。亦儑 狧 犬食。亦䑙 謵 〻讋。多言 䎓 飛皃 鞳 鞺〻。鐘聲。又他合反 塔 佛圖。俗墖 搭 〻摸 𦑟 〻〻。飛皃

欱 呼盍反。大喙。一 魶 奴盍反。魚名。一 傝 私盍反。傝〻不謹皃也。一 㒌 五盍反。傝〻不着事。一 䶀 才盍反。惡也。從非开。猶平也。二 㩎 〻攞。和雜 𩓐 古盍反。〻車。二 譶 多言 盖 姓也。漢書有盖寬饒。字書作鄐 榼 苦盍反。酒器。二 磕

廿七 鰪 安盍反。鯦魚名。二 䖖 南都賦〻潛〻洞出

洽 侯夾反。和也。六 狹 隘也。古陿 袷 祭名 峽 巫〻。山。三 硤 〻石。縣名 鵊 〻唯聲 恰 苦洽反。用心。五 帢

巾〻。亦袹 掐 爪〻 䀫 目陷 㓣 入 夾 古洽反。持也。從大二人。九 郟 〻鄏。地名。在潁川。又在河南也 筴 箸。又古協反。亦筴 韐 韎〻。蔽膝 跲 躓〻 眨 眼〻語 餄 〻餅 𤸷 〻蹄。牛足病

箑 士洽反。行書。亦箑。四 煠 湯中小煠 𡟭 又株甲反。一媚姿也 騞 馬〻良 眨 阻洽反。俗眨。目動。三 㞘 薄〻。楔 偛 〻偈。小人良 插 楚洽反。刾。四 臿 舂去皮。從干臼 鍤 鍫 极 取 鮯 呼洽反。〻䶃鼻息。〻字呼狹反。三

欱 又呼合反。小嘗 欻 〻氣送 囲 女洽反。亦囥。手取物。二 𡡅 美〻良 凹 〻 霎 山洽反。小雨。二 歃 〻血。又山輒反 劄 竹洽反。着也。一 𨂜 烏洽反。跛行良。二 凹 下也。亦窊

廿八 狎 胡甲反。習也。六 匣 箱〻 翈 翮上短羽 霅 衆聲。一曰雷震皃。又杜甲反。〻陽。縣在樂浪 柙 檻也。似蔵虎兕 浹 水相〻着 渫 大甲反。二 喋 〻唼。鳥食。唼字所洽反 甲 古狎反。〻鱗。甲相衛。七 胛 背〻 柙 木理亂 押 〻也

砰 山側 䂿 辟 鉀 鎧 鴨 烏狎反。水鳥。六 壓 鎮 庘 屋壞 押 署 窜 人神穴勅 閘 開閉門 䕮 舂去皮。麥初甲反。一 翣 所甲反。羽飾棺。天子八。諸侯六。大夫四。士二。四 翜 〻捷。飛皃

獵 豕〻毋 唼 〻喋。鳥食 呷 呼甲反。〻吸。衆聲。字胡〻反。三 䛅 喻〻。聞知 譀 詐 眣 杜甲反。一 霅 杜甲反。〻陽。縣在樂陵。又胡甲反。一

卄九格古陌反二式九 佫至 鮥魚名 落山葈草 骼骨二 觡麋角 挌擊殺 鵅鳥名 貉[illegible] 謋虎伯反二[illegible]然二 漷水名在東陽 陌莫白反阡二八 帞頭巾 栢

複二 驀靜 貘食鐵獸 蛨蚝虫 貊二 [illegible] 驀騎又上馬 磔陟格反張磔也穰也五 蚝二 舴小艋 艋舴艋 宇古香反 毛草葉 負 托擢 伯博白反長五 迫近 百千 栢

名木 [illegible]井賛 白傍陌反二色三 帛絹二 舶海中大船 劇奇逆反增四 屐履二 輾車 [illegible]倦二 戟几劇反刀二俗戟三 㦸持 [illegible]草 索所戟反求也又蘇各反四

䞪儢仆 濼水名在滎陽 磙碎石墮聲 棚惻戟反村二三 豴磨豆 簎國語云矣鼈鼉 嚄胡百反二嘖大嘆也一 嘖側陌反五 窄迫也狹也俗迮 溶遮水吴人云 諎大聲亦嗜 笮

屋上柉 齚鋤陌反齧四 咋呋二多聲咲字烏交反 泎瀺二水落地 岝山峉二白 隙綺戟反壁孔四 [illegible]際見之白 郤人姓俗郄 綌絺 額五百反從各眉上四 [illegible]鰝二魚名 峉岝峉二

詻辯訟 逆宜戟反迎從羊非四 縌紱維 屰字林云不順也上屰迎也今相承作此逆爲不順也 嚴呻 客苦陌反三 喀吐聲 礊堅也出說文 啞烏陌反笑聲二 䬘飢 虩許陌反懼皃出易虎毛二一

坼丑格反裂也二正從㡿 趚半步 韄乙白反佩刀飾一 拍普伯反打也七 [illegible]疾 魄魂二 洦淺 珀虎二 怕憺二靜 皛亦打又胡了反出蜀都賦又莫百反 赫呼格反赤也三 嚇怒 焃火色

垎胡格反土乾四 趦趚二 㮟葦二 榔角械 宅場陌反家二五 擇揀 鷝鸅二 侘懼也 澤波 虢古伯反國名李讓令作錛干 擿捎也亦擲 擭一號反手取二

蒦度一曰視遽二 蹃女伯反踐 搦把 碧逋逆反美石一

卌

昔私積反俗昝八 惜悋 腊乾肉有骨 潟鹹土 磶柱下石又碏 舄屨又鵲亦誰 鬄髢髮 䳭二馬 積資昔反聚又資賜反九 脊背膂 蹐小步 迹踐亦跡 借

假又咨夜反 踖蹴二敬皃又自昔反 鵲鳥名亦鸛 鰿魚名 蹟同與跡新加 益伊昔反饒也從水皿 謚笑聲 嗌喉上 繹羊益反細理也卄三 睪伺人也一曰樂也 襗裳下 檡

祭名 亦從大此非 奕博二 𦌾引給 帟幕 譯傳言 懌悅 斁馬 嶧山名 掖宫 醳苦酒 腋肘二 掖持臂 液津二

袶縫 易又羊義反從日勿 瘍病相染 蜴蜥二 埸壇二 圛回行也 釋施隻反清也十八 釋解 檡棗 墿道 適樂也一曰之也又之石反 郥邑名

郝人姓又呼格反 瞿視皃 睗急視 晹日光無 嫡嫁 𦔿耕皃 墼𡐿玉 鬄：鬄 夾懷物盜竊 尺昌石反四 赤說文從大火作灻日色也 斥逐 蚇蠖 石

碩常尺反凡三六 䂖大石 鉐鍮： 鼫鼫鼠也尔雅云尾似兔好在田中食穀也 祏百廿斤也 隻單也一 炙之石反又之夜反也 適往也字有三音正遰 摭拾 樜 柘 [?]

蹠足赤 跖蹠跖 躃芳辟反皮也又 擲直炙反投也古擿三 擿： 躑：躅亦躅 皵七迹反皮細起五 磧砂：又十歷反 刺七賜反又亦刺 趚趚：行皃 涑水名在北地

席詳亦反：薦也五 夕暮也日半見 穸窀：塚也 汐潮： 節鄉名在臨邛 籍秦昔反簿：八 踖踐 藉狼：又慈夜反 耤田： 塉土薄 [?]縣名在清河又七削反 瘠

病 腊瘦 擗房益反撫心五 椑棺又蒲徼反 躄倒 辟周礼大：辟也又必益反 闢啓： 役營隻反使：七 復燕人呼茇 鍜：排 疫病 鰒魚名

[?]喪家竈 豣上谷名猪 辟必益反居也法也五 鐴犁耳：土 璧玉 襞衣： 僻芳辟反誤也四 癖腹病 壁墉 廦：𢈪又之石反 瞁

許役反驚也視也一 麝食亦反香也又食夜反二 射又食夜反 彳丑尺反小步一 [?]彳亦反跗：之屈伸任仰一

廿一 業魚怯反從業說文木版也所以懸鐘鼓也三 鄴縣名在魏郡 驜馬良 𦙶盧葉反：二 歜：氣一本作歔歜 怯去劫反亦怯一 劫居怯反強取以力脅止曰劫刀通二 衱衣領 腌於劫反

鹽清魚閉六 罨魚納反又烏合反 裛書囊又於及反又於輒反也 𦓖耕種 㜸：不動 [?]魚名腐臭

廿二 之房法反匱也一 法方乏反則也說文作灋法一 猲起法反又虛割反恐受財史記云諸侯也一

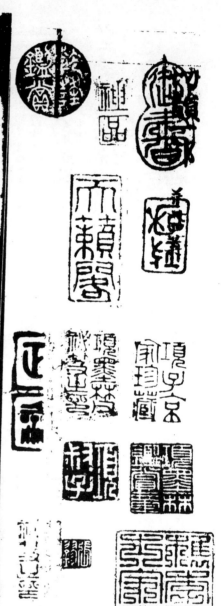

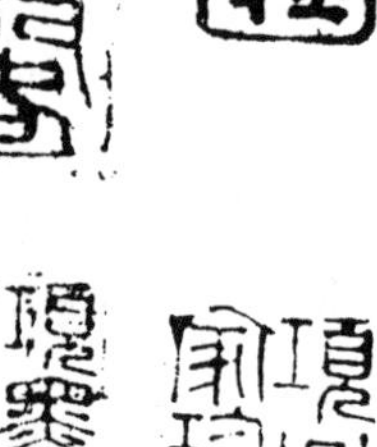

吳余嘗往人世矣蕭拙於爲生彩鸞爲以小楷書唐韻一部市五千錢爲糊口計然不
出一日間能了十數萬字非人力可爲也錢囊羞澀復一日書之且所市不過前日之數
由是彩鸞遂各乘一虎仙去唐韻字畫雖小而寬綽有餘全不類世人筆當於仙
品中别有一種風度予偶得此本遂述其本末行實使有所徵云
墨林山人項元汴敬題 時
萬曆壬午仲冬八日

唐女仙吴彩鸞小楷書四聲韻

項元汴真賞

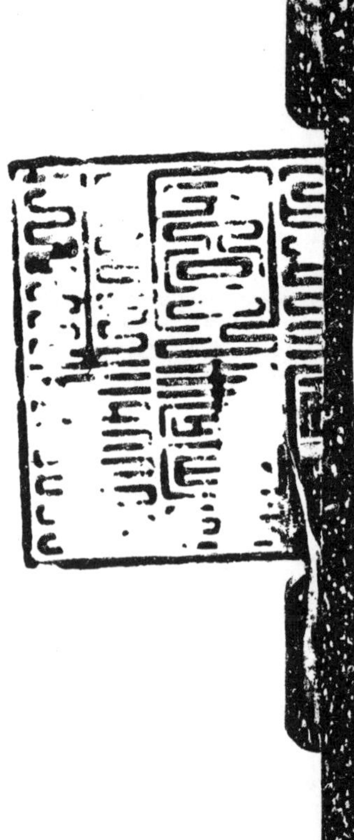

女仙吳彩鸞自言西山吳真君之女太和中進士文蕭客寓鍾陵中秋夜見於踏歌場中伺歌罷躡蹤其後至西山彩鸞見蕭偕往山椒有宅焉至其處席未暇煖彩鸞據案治事蕭詢之再四乃曰我仙子也所領水府事言未既忽震雷晦冥彩鸞執手版伏地作聽罪狀如聞讁詞云以汝洩機密事罰為民妻一紀彩鸞泣謝謂蕭曰與汝自有冥契今當往人世矣蕭拙於為生彩鸞為以小楷書唐韻一部市五千錢為糊口計然不出一日間能了十數萬字非人力可為也錢囊羞澀復一日書之且所市不過前日之數由是彩鸞遂各乘一虎仙去唐韻字畫雖小而寬綽有餘全不類世人筆當於仙品中別有一種風度予偶得此本遂述其本末行實使有所徵云

墨林山人項元汴敬題時

萬曆壬午仲冬八日　玉

周祖謨文集　第六卷

唐五代韻書集存

下册

周祖謨　編

中華書局

目録

下册

第六類　唐韻寫本……六三五
6.1（二十二）　孫愐唐韻序……六三六
6.2（二十三）　唐韻殘葉（伯二〇一八）……六三八
6.3（二十四）　唐韻殘卷（蔣斧印本）……六四一
第七類　五代本韻書……七三一
7.1（二十五）　切韻唐韻序一（伯四八七九、二〇一九）……七三二
7.2（二十六）　切韻唐韻序二（伯二六三八）……七三六
7.3（二十七）　五代本切韻（伯二〇一四、二〇一五、二〇一六、四七四七、五五三一）……七三九
7.4（二十八）　寫本韻書殘葉（伯二〇一六背面）……七七四
7.5（二十九）　刻本韻書殘葉（列 TIL1015）……七七五

7.6（三十） 刻本切韻殘葉（列 T Ⅱ D1a´b´c´d）……七七七
附　録　韻字摘抄和有關字母等韻的寫本……七八三
1. 韻字殘葉一（斯六一一七）……七八四
2. 韻字殘葉二（斯六三二九）……七八四
3. 韻字殘卷一（伯二七五八）……七八五
4. 韻字殘卷二（伯三〇一六）……七八九
5.「馬」字殘葉（伯二六五九）……七九三
6. 韻關辯清濁明鏡殘卷（伯五〇〇六）……七九四
7. 歸三十字母例（斯〇五一二）……七九五
8. 字母例字（北京圖書館藏）……七九五
9. 守温韻學殘卷（伯二〇一二）……七九六

下　編　考釋、輯逸、補遺、附表、筆畫索引

考釋一　陸法言切韻傳寫本……八〇七

1.1（一）切韻殘葉一（伯三七九八）……八〇七
1.2（二）切韻殘葉二（伯三六九五、三六九六）……八〇九
1.3（三）切韻殘葉三（斯六一八七）……八一六
1.4（四）切韻殘葉四（斯二六八三，伯四九一七）……八一九
1.5（五）切韻斷片一（見西域考古圖譜）……八二四
1.6（六）切韻斷片二（列 TID）……八二五
考釋二　箋注本切韻……八二七
2.1（七）箋注本切韻一（斯二〇七一）……八二七
2.2（八）箋注本切韻二（斯二〇五五）……八三四
2.3（九）箋注本切韻三（伯三六九三、三六九四、三六九六，斯六一七六）……八四二
考釋三　增訓加字本切韻……八五二
3.1（十）增訓本切韻殘葉一（斯五九八〇）……八五二
3.2（十一）增訓本切韻殘葉二（伯三七九九）……八五四
3.3（十二）增字本切韻殘卷（伯二〇一七）……八五六
3.4（十三）增字本切韻殘葉一（斯六〇一三）……八五八

3.5（十四）　增字本切韻殘葉二（斯六〇一二）……八六〇
3.6（十五）　增字本切韻殘葉三（伯四七四六）……八六二
3.7（十六）　增訓本切韻斷片（斯六一五六）……八六三
3.8（十七）　增字本切韻斷片（列 TⅣK75、TⅣ70+71）……八六五
考釋四　王仁昫刊謬補缺切韻……八六八
4.1（十八）　刊謬補缺切韻序文（伯二一二九）……八六八
4.2（十九）　王仁昫刊謬補缺切韻一（伯二〇一一）……八七一
4.3（二十）　王仁昫刊謬補缺切韻二（北京故宫博物院藏）……八八四
考釋五　裴務齊正字本刊謬補缺切韻……八九一
5.1（二十一）　裴務齊正字本刊謬補缺切韻（北京故宫博物院舊藏）……八九一
考釋六　唐韻寫本……九〇五
6.1（二十二）　孫愐唐韻序（見式古堂書畫彙考）……九〇六
6.2（二十三）　唐韻殘葉（伯二〇一八）……九〇九
6.3（二十四）　唐韻殘卷（蔣斧舊藏）……九一二
考釋七　五代本韻書……九一六

7.1（二十五） 切韻唐韻序一（伯四八七九、二〇一九）……九一六
7.2（二十六） 切韻唐韻序二（伯二六三八）……九一八
7.3（二十七） 五代本切韻（伯二〇一四、二〇一五、二〇一六、四七四七、五五三一）……九一九
7.4（二十八） 寫本韻書殘葉（伯二〇一六背面）……九四二
7.5（二十九） 刻本韻書殘葉（列TIL1015）……九四二
7.6（三十） 刻本切韻殘葉（列TⅡD1a、b、c、d）……九四四
考釋八 韻字摘抄和有關字母等韻的寫本……九四八
1. 韻字殘葉一（斯六一一七）……九四九
2. 韻字殘葉二（斯六三二九）……九四九
3. 韻字殘卷一（伯二七五八）……九五〇
4. 韻字殘卷二（伯三〇一六）……九五三
5.「馬」字殘葉（伯二六五九）……九五四
6. 韻關辯清濁明鏡殘卷（伯五〇〇六）……九五五
7. 歸三十字母例（斯〇五一二）……九五五
8. 字母例字（北京圖書館藏）……九五七

9. 守温韻學殘卷(伯二〇一二)……九五七
輯　逸　唐代各家韻書逸文輯録……九六三
1. 郭知玄切韻……九六八
2. 韓知十切韻……九七四
3. 蔣魴切韻……九七五
4. 薛峋切韻……九七七
5. 裴務齊切韻……九八〇
6. 麻杲切韻……九八〇
7. 武玄之韻詮……九八四
8. 祝尚丘切韻……九八八
9. 孫愐唐韻……九九〇
10. 孫伷切韻……一〇一三
11. 弘演寺釋氏切韻……一〇一五
12. 沙門清澈切韻……一〇二一
補　遺……一〇二三

附　表

附　表 …… 1
1. 切韻系韻書反切沿革異同略表 …… 1
2. 唐韻前韻書收字和紐數多少比較簡表 …… 11
筆畫索引 …… 25

第六類

唐韻寫本

第六類　唐韻寫本

這一類包括孫愐唐韻序一種和唐韻傳寫本兩種。孫愐唐韻序見清卞永譽式古堂書畫彙考，與今本廣韻卷首所載文字頗有不同。廣韻所載已經不是孫愐原書的序文。據卞永譽所記孫韻全書五卷分爲一百九十五韻，與王韻分韻數目相同。這裏所收的兩種唐韻寫本，一種闕書名，一種題名唐韻，兩者體例相同，當爲一類書。前一種只存東冬鍾三韻十四行，後一種存去入兩卷，但去聲不全，這就是通常所說的蔣斧印本。蔣斧本唐韻全書至少有二百零四韻，當爲孫愐以後人所修。唐韻〔一〕書中反切大都與蔣本唐韻相合。

〔一〕編者按：唐韻，原書作此，當作廣韻。

（據清卞永譽《式古堂書畫彙考卷八》錄）

唐韻序

朝議郎行陳州司法參軍事臣孫愐上

蓋文字聿興音韻乃作蒼雅爲首詩頌次之則有字統字林韻畧述作頗衆得失平分唯陸法言切韻盛行於代然隨珠尚纇和璧仍瑕遺漏字多訓釋義少若無刊正何以討論我國家偃武修文大崇儒術置集賢院召才學之流自開闢已來未有如今日之盛上行下効比屋可封輒罄謏聞敢補遺闕兼集諸書爲註訓釋州縣名目多據今時又字體偏傍點畫意義從才從木著彳著亻並

悉具言庶無紕謬其[有]異聞奇怪傳說【殊】姓氏源(原)由土地惣(物)
產山河草木鳥獸蟲魚略載其間皆引憑據今加三千五百字通
舊惣一萬五千文其註訓解不在此數勒成一家并具三教名曰
唐韻蓋取周禮之義也皆按三蒼爾雅字統說文玉篇石經聲類
韻譜九經諸子史【經】漢三國誌(志)晉宋後魏周隋陳梁兩齊等史
本草姓苑風俗通古今註賈執姓氏英賢傳王僧孺百家譜文選
諸集孝子傳輿地誌(志)及武德已來創置迄于開元廿年並列注
中等夫典誦戰汗交集恧媿上陳死罪死罪

據伯二〇一九、二六三八校改數字 加□為衍文 加[ ]為脫字 加( )為或體及錯字

色青黃又細絹 璁石似玉 驄馬色 蟌蜻蜓淮南子云蝦蟇為鶉水蠆為蟌加 通達也亦州名本漢梁又姓他紅反四 蓪

緵 緵〻 葼聚而斂足又側貢反 鬷釜屬又姓傳鄭大夫鬷蔑 嵕九嵕山 猣犬生三子 豵豕生三子 鯼石首魚 捘〻

鍐三鍐鈴屬出異物志 堫種也一曰內其中 蓬草名亦州〻門〻山名〻之說文從〻薄紅反六加四 䡫車篷 篷織竹以編箬覆船

二 冬〻終也亦姓前燕慕容儁左司馬冬壽都宗反二 苳草名 彤〻赤也丹飾也亦姓彤伯為成王宗伯徒冬反七加一 疼〻

賨西戎廣雅云戎稅藏宗反五 琮瑞玉 悰慮一曰樂 潨小水入大水又之戎反 淙水 農田也者同又姓

聲戶冬〻反二加一 洚水不依故道說文道也 隆力冬反二 宗衆也本也尊也亦姓伯宗之後出南陽又複姓宗伯宗正二氏作冬反

鍾樂器或作鏞 蚣蚣蝑蟲 忪心動 ⿱竹公長節竹 彸彸彸行皃 妐夫兄 衳小褌 伀說文云志及衆加 嫜字樣云本音同今為木橦字加 籦〻籠竹名加 龍〻音之後力鍾反七加三

瓏圭為龍文 蹱〻蹱小兒行皃蹱字丑凶反 鸗鳥名 驡說文云野馬加 龔廣雅云垂也加 䆍〻鍾〻龍竹名加 舂世本曰雍父作舂書容反五加一 樁橦也 踳蹋〻 ⿰舂鳥鸀

惷愚加 松玄中記曰松脂入地千歲為茯苓亦州名舜竄三苗于三危南羗是也祥容反二 訟爭又徐用反 衝當也向也㨔也說文通道也尺容反六加一 罿網 憧往來皃 䡴陷陣車 艟艨艟戰

潼河潼又音同加 容盛也儀也受也又姓八凱仲容之後以恭反十六加二 溶水皃又音勇 滽水名出宜蘇山 庸常也用也功也和也次也易也又姓 墉垣也墻也 ⿰犭庸似牛領有肉說

丈 ⿰犭庸 猛獸也 鄘國名 傭〻倩丑凶反 鷛〻鶏鳥名似鴨雞足 ⿰容氐 ⿰䀠氐 鱅魚名又音慵 蓉芙〻 ⿰虫庸條蟰色如黃蛇有羽加 傛〻華名加

封大也國也厚也爵也府容反又方用反二 犎野牛 胷膺也亦作匈肖許容反八加一 凶禍〻 銎懼也又斤斧柄孔 洶水勢 恟懼 兇惡 訩衆語

匈〻奴 顒仰也魚容反三 鰅魚名 喁噞〻 邕於容反九加一 噰

和也〻邕略同又雍奴縣名在

唐寫本唐韻弟一葉

去聲

狀沸反十三加二䠊則足悱憤又反䨽病又音肥菲菜食又妃斐二音屝草所創鞼造

蜚蟲名神異經云西方敗翼下有小蜚蟲明目者乃見之每生九子復戌九子兩…敗亦人知又歡名山海經云蜚如牛白首一目蛇尾

行水則竭行草則死…則有兵侵郭璞銘之無名體似無害所經枯竭甚於鳩厲万物攸懼思尔遐逝厞隱也陋也翡赤羽

雀出鬱林郡現字林蜚䗪蟦人姓夏禹之後也出江夏後漢有汝南費長房孫盛𧍿蟲蠦蜰神蛇加費

目不明或作眣出捭蒼加既已也盡也又姓吳王夫既之後居未反三曁諸曁縣在會稽又其冀居乞二反禨福祥

毅果敢也俗作殺魚既反二藙茱萸氣氣息去既反三加一乞又去訖反肐人姓出纂文加欷歔欷

許既反六加二唏啼塈仰塗餼生牲又餉也愾大息又苦愛反加鎎怒加衣衣著於既

又又於希反一加御理也侍也進也又姓左傳有大夫御卅牛據反三馭駕亂有

王馭鳴味鑾逐水曲過上舞文衢逐禽左語又魚舉又𢡃思也又見據又四加一勴助鑪錯

寶據言加亦作據依也又姓出何氏姓苑居御反六鋸刀鋸倨倨傲椐靈壽木又

蹲又踞踞大坐鐻樂器刑似夾鐘削大為之出埤蒼覷伺視七慮反二加一䖪蝇

有蝤六又音作加 欨尺欨反四 去又丘呂反 弆[illegible] 呿[illegible] 署常恕反三 曙

曉 㰦[illegible] 恕人署反二 庶商鹿也又姓 著開也所慮反又張略長略二反一 翥飛也

亦作[illegible]章恕又五加二 [illegible] 鱮又食 蠹蠹名[illegible]云[illegible]母精而生[illegible]

庶周禮有庶氏掌除毒蠱又音恕加 蹠記也所據反二加一 捒衣捒又色 飫飽也[illegible]

衣倨反六 瘀血 郚縣名在太原又音塢 醧私[illegible] 淤水淤又音於 菸[illegible] 筯[illegible]

箸遲倨反一 遽急疾又戰慄亦作遽其倨反四 勮勤務 詎又其呂反 醵飲[illegible]

絮息據反又抽據尼恕二反一 助牀據反二 耡亦作鋤士魚反 怚憍也[illegible]預反二 [illegible]

沮 詛呪助反二 阻馬阻[illegible]所反 洳沮洳又三加一 茹飯牛又[illegible] [illegible]

豫逸也備也亦獸名說文云象屬又姓史記晉有豫讓羊洳反十三加一 預[illegible] 譽光[illegible]

礜石名藥名蠶食 鸒馬行 鷽[illegible]

又方與縣名亦音余 悆悅 [illegible] 礖[illegible]

嘘吹噓[illegible]又又音虛 女以女妻人[illegible] 絮[illegible]

唐寫本唐韻弟二葉

去聲

十

處昌據反一加　絮和調食抽據反一

遇不期而會又姓何氏苑云今東莞人通云漢有遇沖為河內太守牛具反二

樹木揔名又姓何氏姓苑云今江東有之後魏官氏志樹洛于氏後改為樹氏常句反四加一　[illegible]行

戍又　尌主出說文出加　住止也又姓出何氏姓苑持遇反三　腧築短腧　逗人姓出纂文

寄也又姓晉書有附都督遇反八加一　帗白　祔祭名亦日合葬　賻贈死　駙駙馬官日碑肖

鮒魚名　䠵、䠵著衣也出字書　坿說文云益也加　注水注之戍反又丁住反　註記也加　㾦

小吕　狂黃犬黑首　鑄鎔鑄又姓堯後以國為氏　馵馬名又馬後足白　註、射出埤又音九駐

燈、　澍時雨又殊遇反　屨履屬九遇反六加一　句章句字樣無著么者　蒟、醬又矩二音　絇

瞿視良　䀠目驚䀠、貼出埤蒼加　昫温也說文無　酗醉怒　呴呴沫　戍味吐

遇也故從人一反六戈　腧五藏腧　輸又式朱反　踰馬踰前　軀軀䠵　隃雁門　裕或作

褰人也羊戍反四　覓　覞覞見又　諭譬也諫也或作喻音出豫章人也　籲和也呼也現書傳　䮝少也

冂孺又三乳人主反又孺〻埊手進物也赴奔也芳遇反又五加一鳧急疾礼云魚鳧鳧或作

一仆〻偃趏僵越出說文加務事務又姓列仙傳有務光亡遇反十加三婺〻女星名

〻騖〻馳⿰敄隹雞雛⿰敄羊六月生羊⿰敄巾髮巾嵍丘也出說文加敄强也出說

文加鶩鳥名又音目加緅青赤色子句反又子侯反一懼其遇反具備也又姓左傳有具丙臞

度又音鐸芋王遇反三雨又音禹羽鳥長毛又五聲宮商角徵羽晉書樂志云宮中也商而舒生又音禹埾

架也才句反二聚又奏雨反棟裝棟也色句反又所據反三加一數筭數也周礼有九數方田粟米差分少廣

商工均輸盈不足方程句服是也又色縐色角二反愉裁殘布帛加付方遇反又四賦〻頌傅姓夲自說

〻出傳山巖目以爲氏出於地清河二望⿱髟付露髻娶七句反二趣〻向又親足反七俱倉苟二反註解出

句反又音注六加一鉒止馬軴〻車住傳手又長句反壴說文古陳樂也加驅區遇反又區禺反一

菆芻窠蔞溢反一屢數也良遇反一足恭也即句反又子俗反一加

暮日暮又姓出何氏姓苑莫故反八慕思慕又虜複姓二氏前燕錄昔高辛氏稱王号燕永和八年廆孫儁僭号

蚄又有将草募與虎募墓〻增渡〻水徒故反四斁猒一曰終詩云服之無斁又音亦鍍

唐寫本唐韻第三葉

去聲

金鏤物　度 法度又姓後漢荆州刺史度尚又徒各反　路 道又姓本自帝摯出平陽襄城陳留安定東陽河南等六

望洛故反九　露 霜露亦露出又姓風俗通云漢有上黨都尉露平　潞 水名又州名　輅 車輅又格胡反　璐

玉名　鷺 鳥名　賂 遺　簬 竹名　蕗 、葵蘩蕗也　妒 、忌亦作妬當故反八加一　秅 禾束

又縣名在濟陰或作秺　奼 美女　⿸疒乇 乳病　⿰月乇 、脈腹大　詫 奠酒爵　蠹 食桂蟲　殬 敗也

出說文。又作斁加　菟 、絲草名又虜複姓後魏書。有菟賴氏湯故反三　兎 獸名說文。云[illegible]兎菟之類著一點者

行書　吐 又湯古反　顧 眷也又姓出吳郡下作故顧古暮反八　雇 本作户九鳥也相承借雇賃字　稒 、陽

縣名在五原　故 舊也事又姓出何氏姓苑　酤 賣又音姑　痼 久病　固 、堅、　錮 、鑄又禁錮塞也

誤 錯誤又作悞五故反六　寤 覺　忤 逆　迕 遇　晤 朗　悟 心了　護 胡誤反十加一

瓠 瓠也又瓠子隄名亦姓淮南子有瓠巴善鼓琴　嫭 美好　婟 、嫪悋惜也出聲類　互 差　頀

冱 、、布　枑 門外行馬　⿱竹互 所以收絲　沍 寒凝又下各反二　訴 桑故反六加一

愬 行也譖也或作遡　素 帛也先也空也又虜複姓二氏後趙録宜陽公素和䀿又有後魏書古素脒

二

菩繁氏ト 傃 向也加 作 詐祚誤反四 胙 祭餘 阼 ト階東階 䕯 魚醬 笯 鳥盛

籠𠬪、 恚又音怒 布 、帛周禮云錢行之日布藏之日泉又人姓陶偘傳布與傳故反一 袴 或作

絝苦故反三 庫 貯物舍 圃 園又音補 汙 染也烏故反四加二 惡 又烏各反 噁 音噁怒白

加也 [言亞] 說文相毀加 怖 惶懼故反二 鋪 普設也又普胡反 厝 置安厝倉故反七 措 舉也投也

醋 醬醋說文作酢 錯 姓宋太宰錯之後又人名史記有司馬錯又千各反 胯 股也韓信出於胯下 酷

酢菹 苦 困也今人苦車是加 捕 捉搏故反七加一 哺 食在口 步 行步又姓左傳晉有步楊食菜於步後因氏焉

又虜三字姓三氏後魏書步六孤後改陸氏孝文以為八姓又西方步鹿氏後改為步氏北齊書有步大汙薩 [艹革甫] 、藪盛箭也室

餔 餹餔作補 鯆 魚名 [馬步] 、馬習馬也出左傳周禮冬祭馬、[馬步]、神為災加 謼 號謼亦作

呼荒故反又火姑反一 泰 太也通也、太泣蓋反 忲 奢太二甚也

又漢複姓六氏漢有尚書太叔雄古今人表有太師何氏姓苑云征氏下邳人太王氏永喜人有太[illegible]也

古太反二 丐 乞或作匃 艾 草名亦人姓五蓋反二 [豕艾] 、豭豕 鴱

漢㝅於蓋反又七加二 壒 塵 譪 香 靄 雲狀又於曷反 [目盖] 說

唐寫本唐韻弟四葉

去聲

鼦 小鼠相銜而行加 㮈 木名或作柰奴帶反二 柰 如也如箇反 大 [illegible]

㿃 、下病出字林加 蹛 匈奴傳有蹛林又音多加 帶 、方、名加 州名

狽 出何氏姓苑 狽 、狼 犻 牛二歲 伂 郡名又姓出蘏八何氏姓苑也字書加 佅 石食伎人

霈 出山海經加 霈 霧霈又三加二也 沛 流皃又音貝加 眛 目不明也 坢 蒼加姓

漢有宮栩黃外反一 兊 突也卦名又姓杜外反二 䟿 補、 儈 合市古外反九 膾 奠作鱠亦 襘

禬 福祭 檜 柏葉松身又古活反 旝 木置石投敵 澮 水名在平陽又畎水 鄶 國名在滎陽 廥

薈、蔚 會 、稽山名又黃外反 最 祖外反一 譮 衆聲呼會反五 噦 鳥聲 翽 鳥飛 鐬

鈴聲 濊 水名在譙又音喙 䵳 䵳糠苦會反一 酹 以酒沃地郎外反四 䅣 難曉一日鮮白出說文 毦

䭿 色 餀 門祭 外 五會反一 祋 、祤縣名在馮翊又祋丁外反一 懀 惡也烏外反二 薈 草盛皃

蕞 小皃才外反一 襊 衣遊縫七會反一 旆 旗也繫旐曰旆蒲蓋反三 䟴 頼䟴行不正皃 軷 祭道

神又葛反 磕 硠磕苦蓋反四 鶡 鳥、鳴 轄 車聲 愒 貪也公羊傳云不及時而葬曰愒、急也

十三

亼 𥲅也国名又姓出濟陽 祭州之後倉大反一 鸏 、鵜鳥 出迩足 賴 說文從剌貝利也又姓風俗通 象也广

仙太守 盃反九 籟 簫三孔 瀨 疾又作癘 瀨 湍、 糲 麤米 藾 蔭壞 櫔 牛名

炙 乙 藾 、蕭或作蘱 餀 食臭呼艾反一 娧 好皃或作婧他外反三 蛻 字林云蛇易皮又音

嗜 䳪 字林云鳥毛又音嗜 眛 眛眛目不明莫貝反二 沬 水名又沬巴也是楚詞

霽 晴也子計反五 隮 升又計作躋又子奚反 濟 又子礼反 擠 排擠又將西反 鬄 說文云婦

人東小髻又音[?] 帝 許計反九加三 諦 審 嚏 鼻氣亦嚔 柢 木根柢 蔕 草木綴實

螮 螮蝀 𣠶 說文云鄭取也加 䑲 艦水載舩戰出字林加 薑 姓漢書王莽傳有中常侍薑惲

加四 齌 嘗至齒在詣反七 劑 、分又姊隨反 穧 刈把數 醶 鹹 眥 目際又才賜反 齋 火齊

似雲[?]香垂皆而開 色黃赤似金出日齊 癠 病 替 癈也代也俗以相代作頸 字古無他計反九加一 剃 除髮

稭 不耕而種 洟 鼻、 屜 履中薦 迖 足滑 薙 除草 褉 補也出說文 愷 寧悅心安

出字林扣 第 次第又漢複姓二氏後漢書第五倫傳云齊諸田徙園陵者多故以次第為氏有第八等特計反十四 遰

逮遰又底夂去避也 鬀 鬀髮 綈 繒 睇 視 悌 孝悌又音弟 娣 、姒 禘 祭名

唐寫本唐韻弟五葉

去聲

鈦以鎖加之又音大　鷈〻鴂鳥〻鵜音　棣車下李子似櫻桃可又姓王莽司馬棣並　杕木盛〻貌

踶蹋　題又徒〻雞反　砌〻七計反四加一　切衆也說文從七又千結反　睩覞　妻以女妻人又七兮反加

細蘇計反五加一　呰〻蘇啓反又音云　栖雞所宿亦作棲又先兮反　㣽女夫又作壻　洒水名在汝

詣五計反又四南加　羿至也說文從羽能射人名　睨〻睥　棙枌棙殿名　計籌計又姓漢有計子勳古詣反

係連繫九加一　繼紹　繫縛　薊草名縣名又姓後漢有薊子訓　髻紒髮　鄿燕都　𩰚

荀杞名也　繫伏繫梅也出〻疋加　蒵蒵胡麻〻計反六　䏖〻脉系緒又姓有系益　妎楚心不了又

音害　禊禊〻飲　繫〻，蟿蟿辞　挈〻約苦計反又苦結反四加二　㲉說文云器中盡加　㓞

刻　脊〻字林云臈腸也加　翳羽保一曰隱又鳥名似鳳於計反九　曀陰風　瘱靜也　枍茶也

〻栺　堅〻瘞埃　殪死　医藏弓弩器　瞖目〻　嫕婉嫕柔順良　謎隱語莫計反一　閉

〻受　箄〻甑　篲〻慧解也胡桂反七　憓受　潓水名出廬江　惠仁也亦惠點

〻蟪蛄　蕙草　橞木名　桂木名叢生山峯間無雜木葉長尺餘冬夏常青有

後漢太尉陳球碑有城陽炅橫ㄟ漢末被誅有四子一子〻十𡔲姓炅一子璧難居徐州姓香一子居幽州桂一子居華陰桂

快四子古惠反 昋 炅 快 姓昍人加 筀 竹名 嘒 聲急呼惠反二 暳 小星 媲 配也匹詣

又四 睤 睨ㄟ 渒 水名在汝南 潬 水聲又芳備反 薜 ㄟ荔蒲計反二 𥂕 所以理苗穀草 䕻

美也著也又姓出何氏姓苑郎計反十六加一 戾 乖也曲也字從犬出曲下身曲 隸 ㄟ僕 儷 伉儷等也 盭

綟 色又作綟又云䖵 劙 剖破也或作𠟫 唳 大 蜧 大蝦蓥 莀 紫草 悷 很 沴 妓氣 荔

薜荔草香又羌複姓有荔非氏 捩 琵琶撥 欐 梁棟之名又師礼二音 瀱 又埤蒼云滯瀱瀱也滯音帝

𥿗 埤蒼云札也加 泥 滯陷不通詩云致遠恐泥奴計反又奴低反二加一 涅 又奴低反加

𥿗 子例反五 際 會ㄟ 穄 ㄟ黍 鰶 魚名 鬣 露髻音霽 歲 相銳反三 槥 小棺又彗

衛二音 繐 疎布又似歲反 衛 護也国名姓又于歲反六加二 轊 車軎 𤪌 劍碎 衛

竹名 衛家 豕屬出說文加 槥 小棺加 芮 草生狀ㄟ姓周司徒芮伯之後而銳反四ㄟㄟㄟ一 枘 木出昌

蜹 蚊蜹又音䒤加 贅 ㄟ肉聚也得也又贅衣官名之芮反一 嚽 小歠芮ㄟ

芮反六加一 𩑶 囊屬以成賊頭又音遂 𦟝 肉肥脃古作䏶 悅 佩巾音帨 毛毛

唐寫本唐韻弟六葉

去聲

蕣穿擿出埤蒼加 銳 利又姓何氏姓苑云升平中鮮冄有御史中丞銳管以芮反三

忧 綴 車綴陟衛反又丁劣反三加一 醊 祭 畷 礼注云井田云畔畷無斁

稅 斂也舍也又姓盛弘之荆州記云建平信陵縣有稅氏五十人遺稟君舒芮反五 說 說 裞

月過乃聞喪而服曰稅又他括他外二反 蛻 丶皮又他卧他外二反 悅 又二脫 丨傳齊 曰也惡丶

𣦸祭反四 斃 死也又仆 幣 帛 敝 衣敗 毳 重擣或作毳楚歲反一 篲 掃帚祥歲反四加一也 鏏

大歸 彗 星名又音遂 𪔂 小鼎出埤蒼加 蔽 掩也必袂反二 鄨 縣名在牂牁 劌 傷也割也居衛

反三 鱖 魚名郭璞云大口細鱗有班文一曰婢魚 劂 剞劂斷割 袂 袖彌弊反一 憏 残帛所例反一 錣

矛戟類所戒反二 蔱 樧屬 掣 丶挽尺制反又尺折反三加一 懘 小兒驚 瘛 郭璞云瘛病加 制 禁制征例

又八加二 鯯 魚鯔 淛 水名 製 作 ⿰耳制 入意土曰聞 晢 光星又音析 狾 狂犬加 ⿱⺮析

開西謂簟曰簕弋言加 逝 時制反八加一 觢 牛角耳 噬 齧 誓 約 筮 龜曰卜蓍曰筮

澨 丶水際又 ⿱折金 車當結一曰銅生五色又音棧 ⿺辶筮 遠也出迣迾加 曳 牽也餘制反十二加二 裔 邊也

草 山 賦 送死 日 左 存

二玴 石之次玉 勩 勞 泄 水名在九江 枻 檝 疶 病 𩢲 馬迆 怈 明一曰習

小鳳六翮出 八字紘加 靾 馬鞁 人出埒 贈 鬌加 絏 急一曰 於反三 瘞 埋 亦通 餲

二 才能又姓出何氏姓 苏思絮反五加一 寱 睡語又作 囈又作㦎 蓺 蘇 槸 樹枝相摩

聲出迹 足加 褻 云林云 褻裾加 滯 廢也直例反二 彘 豕又姓左傳 有彘茶子 例 力制反十二加一 厲

惡也亦嚴整又姓漢有魏郡太守厲溫 礪 砥 勵 勸 禲 無後鬼蒼頡篇云亡國之臣 癘 疫 濿

以衣渡水由膝以上為濿又濿渡水 鴷 鳥名 蠣 杜蠣虫蚌蛤屬 欐 木名 䮥 馬馳 [illegible] 杜預云黍穰加

憩 息去例反四 [illegible] 、車草名 愒 恐人 揭 褰衣渡水論語云深則濿淺則揭 世 、代又姓風俗通云

戰國時有秦大夫世鈞舒制反三 勢 、形 貰 賒又時夜反 猘 狂犬宋書云張收嘗為猘犬所傷食蝦蟇膾而愈居

例反四 罽 氀類色細毛為之出西胡又作𦈷也 瀱 泉出貌 訐 持時人短又居列反 [illegible] 赤白𤿊竹例反

又帝音帶一 偈 其憩反一 啜 嘗也嘗芮反又昌芮反一 跇 跳也踰也又作趩丑例反二 傺 侘傺侘字勅加

又 劓 去鼻牛例反一 蕝 束茅表位子芮反又子悅反一

十五

卦 卦踞去卦桂也懸 桂古賣反三加一 桂 懸桂又刖桂弩矢鏃名潘岳射賦云屬刖桂以懸 詿 誤也又胡卦反

唐寫本唐韻第七葉

六

去聲

加懈嬾也古隘反五加二解除廨ㆍ公繲ㆍ浣衣出埤蒼加薢ㆍ苦蘗名加隘

狹也烏懈反二㾷病聲𨔝ㆍ后胡懈反二解曲解又古賣反古買胡買反賣莫懈反一畫胡卦

又五註礙也又古賣反絓絲結澅水名在齊𪎆鮮黃色差病除楚懈反又楚宜楚佳反二

衩衣ㆍ䀹目眥五懈反又五佳反一譺怒言許懈反又于婠反一庍到別方卦反一粺精米傍卦

又二稗ㆍ稍𤺺病士懈反二[目此]眭ㆍ派ㆍ水流匹卦反四加二䋎未緝麻渒水名出丹陽亦

作派出說文加[木𠂢]縑布出埤蒼加膎屬蜀人以之債徵財側賣反一[毄女]苦賣反一矖曝也所賣反又所寄

丑ㆍ廝二又一譮異也古壞反四加二毀砝ㆍ石似玉也加[商又]草名出說文加

噫ㆍ氣烏界反二呃不平聲瘵病也側界反三𨛜邑名在周祭周大夫邑又姓祭仲是也誡

言敬古拜反一十七加四戒慎也又齋戒易注云洗心曰齋防患曰戒界境介大也助也甲也又介也又姓介推

疥瘙玠大圭長尺二寸忦獨忦情砎破魪比目魚

一𧾢䜪行不正出埤蒼𧾢音械加㦤飾也司馬有虞㦤𪄊字林云𪄊雀似鷃而青出

卌七

加 說文加 𥳑結也出 褹 紩衣女介反一 譮 怒聲又作謉許介反一 械 器械杻械胡介反

加一 薤 齘 𪗊齘切齒怒 顡字于禁反 閞 門扉出說文加 䝅 不聽五介反二加一 譺 ㆍ誡出說文

文加 莿 茅類又姓出襄湯漢有莿通苦恠反三加一 也 噴 女字 喟 歎也又丘愧反加 拜 傳佐反二

扒 拔也詩云勿翦勿扒說文作扒 湃 湃湃普拜反二 湏 水名在樂浪出說文 壞 自崩胡怪反二加一

壞 𨑮足云鳥蒼也蒼字音孫加 聵 聾也五恠反二加一 顡 頭蓟顡出說文加 憊 病也蒲拜反二

韛 韋囊吹火 眇 ㄑ眼久視莫拜反二 韎 東夷樂人音未 鎩 翦鬬所拜反又所例反三加一 [衤殺] 衣衸

縫 殺 ㄑ害又所八反加 烗 熾也盛也又作烗苦戒反一

快也卦名古邁反二 獪 ㄑ狡 快 𢜮心不婎漢有快欽苦夬反二 噲 人姓漢樊噲又姓孝子傳有噲衛

珠之 邁 行也莫話反二 勱 勉也強也 話 語也下快反一 敗 自破曰敗又薄邁反二 音 八

[黑會] 淺黑□反一 嘬 一舉盡臠楚夬反一 芥 辛菜又草芥古喝反三 𠮷

犗 牛 蠆 毒蟲丑介反二 𢡄 極也方也又慸芥 噶 於芥反三 餲 餅 …

𧭁 讟火介反 識字作懺 唶 息聲火介反一 敗 破他曰敗北蓋又又音唄一 𣪤 言何 又一加 敗

唐寫本唐韻第八葉

去聲

六

隊 群聚徒對反六加一 霨 靆霨雲皃 薱 草盛 憝 大惡 錞 矛 一加

佩 遘也蒲昧反九加一 孛 星悖反又蒲沒反 郙 紂之畿內国名又東曰衛南曰鄘

誖 言亂又蒲沒反 悖 心亂又蒲沒反 背 弃背又姓出姓苑 琲 埤蒼貫珠

又蒲罪又五 珠五百枚加 妹 莫佩反九加一 昧 暗 每 數又武罪反 痗 病 目暗 瑁

顆筆又武悲反 莓 莓子木名似莓 罨 埤蒼云鳥網加 配 三加一 滂佩反 朏 向著 妃 字又匹悲 偶

又加 誨 教訓荒內反五加 悔 改 晦 日終 頮 上體 洗面之類 對 說文從辛 部隊反四 碓

杵 樹 車箱作轛考工記云立曰轛橫只軹 對 李作此對漢文以為多言非故去口 倅 副也七內反四 淬

淬也 焠 作火鑿也 啐 嘗入口又先對反 晬 周年子對反三 祽 月祭名 綷 會五色 㲞

乱 熱 磑 磨風若 鳥縯又三 扆 隱 扆字林 映隈 隈 他內反二 㾯 憒 心亂古對反四加一 憪

婦人喪 冠又古 胡對反 刉 刂 使利 悃 恨出埤蒼加 潰 逃散又亂也胡對反七 迴 音回 繪 書

嬇 字 八内 闠 闠 閾 菅 菜名 出呂氏春秋云菜之美者有雲夢之菅 塊 土塊本作凷苦對反一 碎

十九

偭彼蘱叶告唻迮滷聲縩織ˎ內奴對反一纇絲節盧對反七加二耒耜

儽極皃櫑ˎ鼓蘱草名似蒱一云似茅㔣說文云推也加耒說文云耕

也蒱女反二輩ˎ䓂磑磨也公輸作石之五對反一

代更代年代亦郡名又姓趙有賢者代舉徒耐反八岱太山名黛眉黛說文作黱埭以土堨水又作𡎖逮

及又徒帝反帒盛物囊瑇ˎ瑁亦玳瑇蝳靆靉靆雲狀載年也事也才代反三加一再事縡

事也出字林加𥟬禾傷雨莫代反又莫克反一賽報也先代反三簺格五戲說文云行棊相塞故曰簺塞

邊塞又穡則反貸借也他代反三加一儓ˎ儗癡皃儓厶音臺儗又音擬態意加溉灌又水名古代

反三加一槩平十斛摡滌也詩云摡之釜鬵加慨慷慨苦摡又五愾大息欬ˎ瘷鎧甲ˎ

閡門ˎ出說文礙止也又作硋又作㝵也五槩反四加一閡外閉儗儓ˎ懝騃也出說文加愛

烏代反六加二曖日又晻曖暗皃靉ˎ靆薆ˎ薱草皃僾隱也詩云僾而見加䇨隱出迹足加

瀣沆瀣氣也胡槩反㤥苦劾推ˎ耐忍也奴代反六加三鼐大鼎螚小蚉能技能亦態

又姓何氏姓苑云長廣人加𣈆日無光出埤蒼加佴姓出谷篡育佴湛加戴荷戴又姓都代反二賷

唐寫本唐韻弟九葉　　去聲

郭璞云衣領加。獻進也奉有大夫獻則許建反二 憲法也又姓出何氏姓苑 健渠建反一 楗韓偃楗閞

礼。韗〻又音運俗作楦虛願反一 [illegible]䠶物居願反一 遠于願反又王沉反一

廿六

慁閖乱胡困反五加一 溷濁 倱全 圂廁又從口豕在中加 慁〻辱 頓說文從乜亦姓

魏志華他傳有督郵頓多獻都困反三 扽〻撼 敦竪也又都昆都官二反 巽卦名蘇困反三 潠〻水

遜遁 困苦悶反二 涃水名 嫩弱又作嫰又作媆奴困反三 腝肉〻 抐搵抐按物水裏 搵

烏困反一 悶莫困反一 鐏矛戟下銅祖悶反一 睔大目露精古鈍反又又姑患反三 [illegible]水名出 琯〻

光又音菅 噴吐氣又作歕普悶反二 鈍徒困反二 遁逃又作遯 寸倉困反一 坌塵也蒲悶反一

顐秃五困反一 論盧困反一又魯昆反一加 奔補悶反又音犇一加 惛迷忘呼困反又呼昆反一

廿七

[illegible]怨也胡艮反一 艮卦名古恨反二加一 茛草名出玉篇加

〻〻毛又高飛亦詞翰又姓左書大夫翰胡侯胡旰反十五加一 捍〻抵 鼾〻睡 扞以手扞 垾

〻〻金鍚〻令相着 汗〻熱 悍猛 瀚〻海北〻海名 閈里門 䩐射韝以皮捍臂 䮧

翰馬高六尺　螒、鶾，鷽別名，又說文云雞曰螒音　螒天雞，蟲　馯人姓，加　炭火炭，又姓，西京雜記有長安炭虬，他

案反，五加二　歎、息，或作嘆　婩、𡡉，無宜適，良加　[illegible]、獸無文章，白出字統，加　桉柳也，烏旰反，三　案几屬

晏晚也，又於諫反　旦得肝反，六加一　疸病　鳱鳱鵠，鳥名，一名獦𤞤　狚獦狚，獸名，似狼　怛傷也

笪說文云笞也，加　憚難也，徒案反，五加二　彈又徒丹反　潬浸　僤疾也。周禮句欲無僤，加七

但辞，又徒亶反，加　旰日晚，古案反，六　幹莖幹，又姓，出姓苑　倝日出光　榦楨榦，築垣版　骭

汗、凝　岸五旰反，六加二　犴獄也，又五干反　豻野犬　頇顢頇，無髮　駻駻駻，馬又馬白額

[illegible]至脣，說文云火色，加　侃正也，苦旰反，又苦旱反，三　看又苦干反　衎樂　漢水名，注何氏姓苑云

東萊人呼旰，又五加一　暵日氣乾　𥇇耕田　熯火乾　罕枹罕，郡名，枹音狀，加　爤火熟，又明旰反，三

瀾波，又音蘭　𢒟、粲𢒟，文章，良出字　攤捧攤，奴案反，二　灘奔水，又他丹反　難又丹云　粲

鮮好良，又姓，何氏姓苑，倉案反，四加一　𣦼詩傳云三女為粲，說文云美好良　燦明……出。蒼去，加　繖

蓋也，𦅼旰反，又蘇旱反，二　散分也，又蘇旱反　讚稱人之美，則旰反，六　贊　饡

羹餅　趲散走　濽水濺　㜺不謹，一曰美好，良祖贊反，二　戔鑽，又作

唐寫本唐韻第十葉

去聲

丸

翫 玩胡又五加一 逭 逃 骯 鮀 垸 膝骨堍亦作骯又作垸也 疣 貸 鈋也 子竿

又二 鑽 錐、 惋 驚歎 貫反三 腕 手、 琬 圭、於阮反又 毋 漢有 玩又廿一

矔 張目 祼 祭名 館 舍、又作舘 瓘 玉 鑵 汲水器 瘵 作癉 漢有灌 又姓

嬰 雚 雀、鳥亦作鸛 樌 木藂生或作灌 鑵 臂環 爟 楚人火 懽 憂無告兒 八 烇 火

錧 車軸頭鐵一曰江南呼犁刃 遦 行 冠 冠、束又姓列仙傳有仙人冠先又音官 觀 觀又姓左傳

楚有觀起 渜 沸 悹 憂也出說文 盥 澡手又音管 竄 逃也誅也七乱反三 鑹 小矟 爨

灼亦或作爨又姓華陽国志云昌寧大姓爨習蜀志建寧大姓蜀錄有交州刺史爨深 玩 弄出說文五換反二 翫 習出說文

段 分段又姓徒翫反三 毈 卵壞 椵 木名似白楊 亂 理也不理也郎段反三加一 亂 絕水度詩云涉渭為亂

斷 煩出說文也加 鍛 打鐵丁貫反四 腶 戩脯 碫 礪石 斷 決獄或作斷 彖 易有彖象易歜

云彖斷也通亂又二 禒 后衣 喚 呼貫反四 煥 火光 奐 文彩明白又姓出何氏姓苑 渙 水散又呼會反

算 計也蘇貫反二 蒜 葷菜 縵 無文莫叛反六 慢 惰、 槾 不蒔田 鄤 、 獌

卅諫

狼篇 半 博漫反四 絆 羈絆 駯 騂馬行皃 料 五卄 判 剖判，普半反七 泮 泮宮

胖 牲胖體 牉 牉合夫婦 泮 水散 姅 傷孕，音半 叛 又奔他國，薄半反三 [illegible]

[illegible]良 畔 田界 偄 弱，亦作愞，奴乱反二 稬 稬稻

諫 諍，又姓，風俗通云漢有書侍御史諫忠，古晏反三 澗 水 鐧 車鐧鐵 鴈 又作鳫，五晏反二 贗

僞物，又作偐 晏 說文作晏，齊有晏氏，代為鄉大夫，烏澗反四 騴 馬尾白 鷃 鷃雀 晏 目相戲 訕 謗，所晏反

又所姦反四 汕 魚乘上水 狦 獸名，似狼 [illegible] 取魚網 骭 脛骨下，晏又音肝，一 慢 怠也，亦作慢謨

晏反五 謾 欺 縵 縵 [illegible] 牛馬病，莫駕反 嫚 侮也，易出說文 患 病，又病出何氏姓苑，胡慣反七加二

擐 擐甲 宦 仕宦，亦宦者，閹官，又左傳云宦三年矣，宦學 轘 車裂人，又音還 豢 穀養畜，又牛曰犓

犬曰豢 𦍙 獸名，似羊，出山海經，加 槵 無槵，木名，加 慣 習，又作串，古患反三 丱 總角 倌 主駕

官名，又音官 孿 雙生子患，又所眷反一 篡 奪也，初患反一 𦼮 草名，五患反一 襻 衣襻，普患反一 [illegible]

馬[illegible]名，士諫反二 棧 木棧道，又士限，又士免反 栅 柵籬，踈諫反一 奻 訟也，女患反一 鏟 削木器，初鴈反，又初

限反[illegible]二 [illegible] [illegible] 羼 羊相間視，見反一

唐寫本唐韻弟十一葉

卅一　世

去聲

襇〻襇古莧反三　犴逐虎七　閒廁也廉也代也迭也　莧菜名襇反二　蕡蓮餘　䬙又作

辯又作辨蕭莧反二　辦从〻剏辦迊足云剏犀　盼美目匹莧反二　瓣小兒白眼視皃　幻〻化胡辨辨反一也

𡲻初莧反又初𡲰反一　蔄姓出纂文亡莧反一　袒衣縫解又作綻〻字丈莧反一　扮打扮出字林晡幻反一

霰雨雪雜又作霹又作霓蘇甸反二　先〻後猶娣似又姓出何東又蘇前反　蒨草盛倉甸〻五　茜

染草名　輤載柩車蓋大夫以布士以葦席　綪赤青色　倩〻利又好女笑皃　絢文彩許縣反四加一

[illegible]現說文。休𠋫反　眴目動又音舜　駽青驪馬也詩曰駜彼乘駽加　縣郡縣古作寰楚王滅陳以為縣〻

名自此始也〻姓孔子子門人縣單父莫練反七　袨好衣　眩瞑〻　炫火光　衒自媒　[illegible]行賣又作衙衒　[illegible]

歔名音泫　睊視皃古縣反五　譞流言　瓹盆底孔　羂羅鳥　狷急又音絹　電說。文云陰陽激

糶唐練〻反九　畋平皃　殿宮殿又都甸反　奠設祭禮。注云薦也書。傳云定也　澱滓澱藍澱　淀

郊　佃營田　鈿寶鈿以寶飾器物又音田　瑱玉名他佃反又音田二　滇〻淛大水

練帛練又姓郎甸反八加二　鍊〻金　湅水疾流皃　揀〻擇　楝木名鵷鶵食其實

剌斷八 鰊魚名繩 健似雞未成者加 見視也又姓出何氏姓苑古電又又胡電反二 鋻

ㄟ鐵 睍日光奴甸反二加一 ⿰女然姓出纂文加 俔磬也苦甸反二加一 牽挽也又苦堅反 現露也

胡甸反三加一 涀水名在定陵加 見又古電反加 硯筆硯又作硯吾甸反三加一 犴逮虎犬又音㺟

趼ㄟ骨加 宴安也息也於甸反八加三 讌ㄟ會 驠馬名 燕玄鳥又作鷰字擛去借燕趙字 醼ㄟ飲古無酉今通用之卉

作宴 嬿ㄟ婉並也又於典反加 嚥吞或作咽出字書加 曣星無出說文加 薦ㄟ薦也進也如淳曰禝日薦洊日荐又姓出何

氏姓苑作甸反三 ⿱艹⿸广豕畜食 濺說文云激水散又音箭 徧或作遍博燕反一 麪說文作麫莫甸反四 瞑

ㄟ眩 眄斜視亦通 眄 ⿰氵⿰目丏滇⿰氵⿰目丏大水貞 片析木普眄反一 荐重至又魏有高士張臻戴䳿鳥巢陰者又徂悶反加

栫ㄟ圍也存左傳栫之以棘加 餰饘餡鳥縣反二加一 ⿰衤燕廣疋云衣襟袖曲處加 殿軍在前日啓在後日殿最…義

云上功最下功日殿都甸反又堂練反 韅在背日韅亦作㬎呼甸反又呼典反一

卅三

線縷…箭反二 綫私細絲也現書憲文字指歸 戰懼也亦征戰又光武諫議大

四反寒勸 繕補也聤戰反六加二 鄯ㄟ善西域國名 檀專 禪封禪

廣疋姿態也加 彥魚變反五 喭弔死 甗甗 諺俗傳言 唁

頭 僐…之奏

唐寫本唐韻弟十二葉

去聲

去戰反二 遣 人臣賜車馬曰遣車又去𨻶反 絹 繒廣雅云繁總鮮支穀絹也古縁反三 肙 …… 文作

縣在東郡 瑗 玉名王眷反又于願反四 援 援接救助亦人姓 媛 、 淵 院 頭作

面俗作靣者非也引箭反二加一 偭 鄉礼少儀云尊壺者偭其鼻加 釧 鐶尺反一 …… 反三 緣

衣、 [衤風] 陸無訓義 驏 馬士俗陟扇反二 襢 皇后衣 [田耎] 城又 人絹反一 …… 六、 䁕

鬋 女鬢垂 鬋 除鬢 葥 草名似覆盆 濺 、水又作旬反 煎 甲煎又將仙反加 碾 展繒石昌

戰反二 扇 式戰反三加一 煽 火盛皃又失延反 傓 熾盛加 躽 怒瞋於扇反一 眷 、屬居倦反七加一

睠 還顧 棬 西棬縣名在日南 弮 書弮今亦作卷 桊 牛拘 絭 連絭世絭共一韝出漢書音義

綣 繾綣說文作䌞 戀 慕也力眷反三加一 孌 又音乱 䜌 何承天云姓漢有䜌秘為汝南郡太守加

猭 走草田鳥 䳏 鳥名又音彖 變 化也通也又姓出何氏姓苑彼眷反一 篹 小車軸眷反二 [illegible]

一乳亦作孿 縓 絳色七絹反又七線反一 卞 縣名在魯皮變反六 抃 擊手 弁 冠名

汴 水名在陳留 閞 門欂櫨又音餅出說文加 [犭番] 大鬪聲出說文加 旋 迴泉辭選反四加一 鏇

卌

傳軸裁器旋 縼 長繩繫牛馬放之 旋 遶加 選 息絹反一 饌 具食士戀反二 譔

訓也直戀反又直專丁戀二反一 賤 輕賤又姓風俗通云漢有北平太守賤瓊才線反二 餞 酒食送人

二〻 貪慕又姓列仙傳有羨門似面反二 𨗨 㢟也出埤蒼 騗 躍上馬匹翦反二 偏 又音篇

揰 懸繩準時釧反一 輾 水輾亦通作碾女箭反一也 囀 韻又鳥鳴知戀反三 傳 郵馬又直戀反二

又 轉 流轉又張兗反又 衍 水也溢也豊饒予線反又羊淺反四 莚 蔓莚不斷 羨 延也進也 狿 獌狿大獸

名長八十尺 嘯 蘇弔反一 糶 賣米他弔反七 眺 視 覜 周禮云大夫衆來曰

覜寡來曰聘 頫 薛綜云任頭聽 趒 越 咷 叫咷楚聲又音桃 窱 窈窱深邃皃 弔 多嘯反五

加一 伄 〻儅不當皃 魡 〻魚〻 窵 說文云窵窅深也加 叫 叫呼古弔反六 徼 循也小道也 憿

行滕又古鳥反 譥 許 激 水急又古曆反 噭 噭〻深聲 尿 亦作溺奴弔反一 藋 蓧藋徒弔一

又五 銚 燒器又音姚 掉 振也搖也又徒了也 調 選也韻調也又音苕 莜 說文云草田器又音苕 竅

穴古弔反二 撽 說文云旁擊 顟 〻顤長頭皃力弔反五加一 尥 牛脛交 嫽 〻佼又音僚 料

〻庋又音僚 䍡 魚網加 顤 五弔反三 獟 狂犬 澆 韓浞子名又音梟 窔 隱暗處俗作穾東南

唐寫本唐韻弟十三葉

去聲

廿五

隅謂之窔烏叫反一 歗 說文云悲意也火弔反一
笑 說文云字林竹犬又作咲私妙反二 肖 似 誚 刀䩌又作誚 照 之妙反二 詔 上命 曜 日光七笑反七加一
鷂 、鷹 搖 、動又音遙 覞 普視 耀 光耀 燿 、熠 覦 視誤出說文加 要 於笑反又於昭反二加一
蔈 草盛皃又於昭反又加 召 呼真少反一加 邵 姓出魏郡周文王子邵公奭之後寔照反三 劭 自強 嶠 山道又山
銳而高渠廟反又音喬 剽 強取又輕也匹妙反七加四 票 、書 瞟 置風日中令冷 漂 水中打絮韓信之寄食於
漂母又撫招反又加 僄 、校輕迅加 䙞 飛白出字林加 驃 聽纔聞出字林加 噍 、嚼子么子由二反三 誚
責 𠜾 刈 妙 彌笑反一 陗 山峻亦作峭七肖反三 箾 竹簫洛陽亭長所吹又七流反 潚 峻水潚潚
燎 照一日膏田又放火力召反又力小反七加三 尞 柴祭天 鐐 銀之美者 壉 周垣 燦 火良司書曰日味辛而
不爆加 膫 炙也出說文加 療 、病加 趬 行輕皃五召反二 𪆿 、𪆿高不安皃 𪆾 牛召反又一 醮 祭又
卜 𥅾 白色 潐 盡皃也亦作 廟 廟眉召反一 驃 、騎官名亦作馬黃白色毗召反又卑笑匹召二反一
人漢複姓五氏說文姓也師氏照反又失沼反二 燒 放火又失昭反 眺 祭日呂反一

窌教反四加一　力劾驗胡　珓〻〻音教　斆學文作效　恔快出孟子加　教〻訓古孝反七加一　窖〻名

校〻校又孝校　鉸〻刀〻裝鉸　酵酒〻　膠〻黏物又音交　覺睡覺又音角加　孝〻順風俗通云畜孝

公之後呼教反三　哮呼又音虓　涍水名在河南　罩取魚具都教反二加一　鵫〻雉今白雉出爾疋。加　豹獸名又姓風俗

通云八元州豹之後北教反三加二　爆火烈又普駮反加　鼩玉篇云鼠屬能飛食虎豹出胡又音酌加　敲擊苦教反

又苦交反二　巧〻僞又苦絞反　貌儀貌又莫教反一又單作　奅起釀又作窌說文窖也匹皃反四　炮灼

抛〻車又普交反　皰面熱生氣　趠行皃褚教反二　踔猨跳　稍所教反三　潲豕食　揱水小

又作槊　棹檝也直教反二　濯浣衣又直角反　橈木曲又奴教反又奴昭反三　淖泥　吏不靜又作閙也

抓爪刺側教反三　𤻑縮小又作瘷　笊〻籬　皰面瘡防教反二　鞄攵治　杪略取又抄初　罺

字書云惡絹又初爪側拔二反　靿韓鞫於教反一　〻賊

𡧁〻令胡到反二　瑚石似玉　導引徒到反九加一　翿舞所執　悼　說文　六

從次音似　纛左纛以牦牛尾為之大如牛繫於左騑馬軛上　燾覆也徒刀　加

嗸年九十加　到至也又姓出彭城都導反五加三　禱祭　倒〻懸當老反　栂

唐寫本唐韻第十四葉

卅八

說文云衣背縫和 誥 古到反五 郜 國名在濟陰又姓晉有高昌長郜玖 告

ㄟ車又音高 傲 五到反六加一 顤 頭長 鏊 ㄟ餅 驁 馬名 奡 陸[illegible]冊

莫報反十加二 耄 老ㄟ 芼 菜食又擇也 眊 目少睛 瑁 圭名ㄟ 子所執 蓍

伍目細視良 旄 狗足旄毛加 毛 ㄟ鷹鷂鶉加 媢 夫妬婦ㄓ出說文 以物又姓苡 以到反

勞 慰勞又郎刀反 髝 ㄟ髞麁急皃又音營 操 持又志操七到反又七刀反四加二 造 至ㄟ昨早反 慥 言和

息出說文 [illegible] 米穀雜出蒼亦作糙加 暴 侵暴俗作曝薄報反四 瀑 雨ㄟ 菢 鳥伏卵 袌

衣前襟又云今朝服姓衣 報 ㄟ告又作報博耗反一 漕 水運穀在到反一 奧 深也烏到反六加一 隩 藏肉

坶蒼云烏胃也 懊 ㄟ悔 餽 妒食 隩 西南隅謂之隩 燠 ㄟ釜以水添釜加 喿 群鳥聲蘇到反四 譟

群呼 瘙 ㄟ疥 髞 髝ㄟ 鎬 餉軍苦到反二 告非 相違 竈 則到反三 躁 動 趮

菸 秏 ㄟ稻屬呂氏春秋云餅之美者南海之秏又人姓呼到反二加 好 愛好亦作壁孔也規周禮又出纂文又呼老反加

圖 ㄟ數又作介 賀 古賀反一 慶也又人姓出會稽河南二望本齊公族慶封之後漢侍中慶純辟安帝諱改為賀氏南燕錄

去聲 膏 ㄟ

ㄓ頭ㄟ帽

[illegible]

七水名作澇

卅九　　　卌

有輔國大將軍賀賴盧後魏書又有賀貞兒賀遂賀悅ㄅ氏胡箇反一 佐助也則箇反三加一 左丶亦又作可反 作

此跢小兒行丁佐反四 癉痑 痑病 哆語助聲 邏遊兵郎左反二 儸婦人

可不平口㐭反二 軻轗軻不遇孟子居貧轗軻故名軻字子居又苦哥反 餓五箇反一 馱負馱唐佐

反二 大又唐盖又 奈丶何奴箇反又奴帶反二 那語助又奴哥反 些楚語辞蘇箇反又音細一 呵噓氣呼箇反又呼哥反一

過古卧反二 裹包又音果 和胡卧反又音禾二加一 盉說文云調未加 挫摧也則卧反三 [illegible]詐也夾容拜

侳安也有也出說文 課稅也昔卧反三 科滋生也出字林又音窠 堁堀堁塵起貌 唾湯卧反三 毻

鳥獸易毛 蛻蟬蛻去皮 播布也揚也放也又姓播武殷賢人補過反二 簸丶揚又布火反 剉斫也麤卧反三 莝

斬草 銼蜀呼鈷鏻 磨模卧反又莫禾反二 摩挼摩又莫禾反 塺塺 懦弱乃卧反又乃乱反三又

壖沙土而緣如兖二反 破丶壞又[illegible]三姓普過反二 頗又普禾反 座牀座徂卧反二 唑被罪又蓐果反 卧

五貨反一 貨呼卧反一 惰懈也徒卧反一 涴泥著物亦作汚烏卧反又烏官於院阮二反一

一禡師旅所止地祭名莫駕反六 榪林頭橫木 鬕婦人結帶 㾺牛馬病又音慢 罵惡言 䣕

縣名在犍為又音馬 駕古訝反八 稼丶穡種曰稼斂曰穡 嫁家也故婦人謂婦曰嫁 瘕腹病 架

唐寫本唐韻弟十五葉

去聲

祭、椵舉閜 價數、 假借也本假又古雅反 亞次也衣嫁反四加二 俹倚 婭相謂曰婭人言姻婭 𡰱姓現纂文又字統加 嚇笑聲呼訝又呼格反五 罅孔 唬虎聲 謼謼是加 迓迎也音䮸又四加一 訝嗟 犽獸名 𪗾齬齖不相得兒現埤蒼加 詫誑 吒又一 㜳美女又丁故反 炨火聲 哆口多 奓大張也開也又陟加反加 詐偽側駕又三加一 、𣀹陟嫁又五加二 笮酒器又側格又在各反 溠周禮職方氏云河南曰豫州其浸波溠春秋傳曰楚子除道梁溠加 乍鋤駕又三 䄍祭名并作蜡廣足云夏曰清祀殷曰嘉平周曰大䄍秦曰臘 䶪齖 謝辭謝又姓出陳郡會稽二望辭夜反二 榭臺榭 骼晉肯枯䮸又二 痐小兒驚 暇閑胡䮸又二 夏又胡雅反 𥜹小兒𥜹懿夜又三加一 藉以蘭茅藉地 𨞓亭名在貝丘現埤蒼加 夜羊謝又三 射僕射 䳰鳥名似雉 𧾷赿懿一曰𤸰充 蜡蠟蜡蟹司夜又又又日余又又三 卸去鞍馬 瀉吐瀉又音土冨 柘木名又姓之夜反五 鷓鷓 庶各八一 䗪䗪蟲名 炙肉說文從肉之石反又 蔗甘蔗 唶歎聲子夜反二 借假貸又將 ……夜又四加一 赦宥 騇牝馬 厙姓出姓苑今台括有之昌舍又加 射、獵周禮有五射白矢參

卌

之焚地謝同族天子以為將軍出征不祥改為射氏神夜叉又亦夜叉二音 御謙尺牙儀又姓。賴。歸云漢有太鴻臚射咸本姓名服為北

麝 獸名。出尼云文麋又曰華山之陰多麝 覇 國語云覇把持諸侯之權又姓益部耆舊傳有覇栩必駕反六加二 弝 弓ミ

靶 轡革 灞 水名 把 刀把又北下又加 垻 蜀人謂平川為平垻加 帊 ミ幞普駕反二 怕 ミ懼

欛 寬也化反四 呆 大口 崋 ミ山西嶽又作嶪又姓出平原殷湯之後宋戴公考父食菜於崋其後氏焉 樺

化 木名德化變化又呼覇反四 匕 變倒人 化 變 鬼 鬼變 諣 疾言 跨 越也又兩股間苦化反一 詓

狂所化反一 䝞 獸名似狼白駕反二 杷 田器又白巴反 彤 贘乃亞反一 笡 斜逆謝反一 嗄 老子云終日號

而不嗄於介反三加一 萛 姓出姓苑新鄭有之加 沙 周禮云鳥皫色而沙鳴注云沙嘶也 蛇 水母也一名蜡形如羊冒無

目以蝦為目除駕反一 䕮 拔也若紺反四加一 䤈 凝血又作䗠 醯 鹹味 戜 ミ軻 壜

紺 也加青赤色古暗反四 淦 新淦縣在豫章 贛 贛意別名 章 貢二水合 ミ南 ミ童 長虞

憾 立縣便以為別恨也胡紺反四 琀 ミ玉送終口中玉 洽 水和物 唅 哺 闇

儋 寘一日弱ミ佅癡良他紺反四 撢 深取 西 無光又吐谷反又苦出臭加 偈 僋 佅

諵 蘇紺反一伺也七紺反二 綤 ミ鼓作傺 醰 酒味長徒紺反又音談二 瞫 紺醰 偯 儑 ミ

唐寫本唐韻弟十六葉

去聲

卌二

又一䯔冠幘近前丁紺反一䉞以針䉞物作紺反一

鬫魯邑又姓左傳齊大夫鬫止苦濫反二瞰視濫泛濫叨濫䑠瞰反六加一 光

艦維舟爁火皃𡢃食也失俗多[illegible]水加賧蠻人以財贖罪吐濫反二[illegible]鹹無 戲

物又作歛呼濫反二加一淊又加組出憨宕也果決也下瞰反又呼甘反五十、聲犬吠譀。。、東 記

去雖誇譀猶今人熱又呼甲反蜭瓜虫䐄炙合錎出熟亦作說文加憺恬靜亦作倓濫反又徒敢反五澹

水搖動皃腅相飲又作啖淡水味啗噉也食也暫亦作蹔濫反二蘸鏨鏨石又音鑿

卌三

擔負覩濫又二加一甔、石大䍃又蘇甘反加三、思蘇暫反又蘇甘反一

漾水名在隴西餘亮反八加一恙憂也又噬蟲善食人心羕長水颺風飛煬炙樣式樣

養供、眻美目皃出埤蒼加亮朗亦姓出何氏姓苑力讓反十加一諒信又漢姓後漢有諒輔掠

管一日強悵、恨緉履屐雙曰緉椋牛芭雜兩車數踉、蹡行不迅皃量合斗斛就

字。紇云事有不善曰𠡠薄又姓加也狀形狀鋤亮反一讓退讓責人攘反二攘文字指歸揖又音穰餉

殤式五 傷 未成人死亦作殤又音商 向 姓出河内又許亮反 蟓 桑蠶即桑蠶出延足 鄉 少時又久

又四加一 帳知 脹 滿 漲 大水又音張 張 張施又陟良反四加 悵 失志丑亮反大 暢 通暢

暘日出 日風俗 鬯 匕鬯又香草 韔 弓衣又直亮反亦韔 [illegible] 草盛 [illegible] 達也日長也又丑兩反

向 許亮反四加一 珦 玉名又音餉 鄉 大又音餉 闀 門頭也出說文加 仗 器仗直亮反二 長 多

釀 醞酒女亮反一 匠 工匠又姓風俗通云凡是氏於事巫卜陶匠是也疾亮反三加二 趞 行貌出說文加 [illegible] 郭璞云工

雀今謂之巧歸加 障 之亮反四加一 墇 塞 嶂 峯 瘴 熱出字林加 尚 庶幾亦作高尚

韻略云凡主天子之物皆曰尚尚食是又姓後漢高士尚子平又漢複姓有尚方氏時亮反三加一 上 又時兩反 償 備也還也又音

常加 壯 字從士側亮反三 裝 行裝又側良反 [illegible] 丶來 怏 情不足於亮反二 [illegible] 飽 [illegible] 丶取獸其

亮反又臭兩反一 唱 尺亮反二 廠 字林云路舍 創 初也懲也古作刱初丶又三加一 愴 丶悽 滄 寒也出說

文加 醬 即亮反二 將 帥 [illegible] 輻[illegible]臭 仰 丶又魚兩反二 訪 敷亮反二 妨 丶礙又敷方反

妄 月滿與日相望以朝君亦[illegible]名又姓何氏姓苑云今魏興人又音亡三 忘 又武方反 汒 谷名在京兆 況 匹擬說文云五紅

皆從水又姓何氏姓苑云廬江人許訪反四加一 貺 賜也與也 [illegible] 山名 況 寒水出說文加 誑 欺也居況反一 迋 往也

唐寫本唐韻弟十七葉

去聲

謗也于放反三 旺 美光 王 霸王又于方反 放 逐也甫妄反二 舫 並兩舫又音訪 相 親也助也又姓秦錄有馮翊

云作德纖賦又漢複姓三氏晉惠帝時空相機致平南將軍孟觀息亮反又息良反一也 蹡 踉蹡七亮反又一 防 守禦反一

卌四 宕 洞室一曰過徒浪反五 踼 跌踼行失正又徒康反 碭 石又山名縣名郡又音唐 逿 過 碭

閬 蒗蕩草名 浪 波浪謔浪魯當反五 閬 高門又州名在蜀閬風崑崙山名 埌 塚 蒗 蒗蕩 浪 浪

吭 鳥咽下浪在讓反二加一 行 次第加 盎 盆又姓出姓苑烏浪反一 枊 繫馬柱五浪反二 駠 馬怒五郎

葬 朋浪朗二反又一 傍 蒱浪反又蒱郎反一 蒼 祖浪反又祖郎反二 奘 大駔出說文 譡 言中丁浪反四

儅 加一 不中儅 甕 七瓮一曰井甃說文云大盆又姓姚弋仲時甕耐虎 當 主當也又底亦音璫加 抗 以手抗苦

閬 浪反四七 閬 閬閬高門 炕 炕火 犺 㹻犺不順㹻音契 伉 伉儷敵也又姓漢有伉喜為漢中大夫出風俗通云

高也旱也又往出姓苑 蚢 蟲名出迦疋 螃 蟲名似蝦甫曠反二 蒡 蒡 謗 誹謗 儻 倜儻也他浪反四 𣝣

蕩 蒗蕩渠又土浪徒郎二反 曠 室也遠也亦姓苦謗反三 壙 墓穴 纊 絮䌷子

緩也奴浪反一 喪 亡也喪亦通息郎反又音桑一 欓 廣疋云槌打也亦擴反二 潢 㨪名染書也又

卌五　　　　六

音黄 桄 織機桄古曠反又音光二加一 光 上色又古黄反加 䤮 古浪反又古郎反一

敬 恭敬又姓陳敬仲之後出平陽風俗通後有楊州刺史敬歆居慶反三 竟 窮也又姓出姓苑 鏡 晉大

將軍甘卓照鏡西失其頭視庭樹而頭在樹上 映 於敬反三 眀 頸飾 詇 說文云早知 競 亦作競爭也強涼敬反四

儆 敬慎又音警 誩 爭言 倞 說文云強 䛭 瞋語更反一 鞕 堅牢也亦作硬五孟反一 慶 賀也福也

亦姓左傳齊大夫慶封又漢複姓有慶師慶忌慶父三氏姓苑丘敬反一 更 易也說文又古衡反一 命 使也教也說文從口令眉病反一

病 皮命反四 評 平言又音平 坓 地名 枰 獨坐板牀一曰投博局又音平 孟 長也兒也莫更反三 朚

〻悵失道皃又音忙悵字猪孟反 盟 〻津又音明 蝗 蟲名戶孟反又音皇三 潢 小津一曰船渡出說文 柄 陂病

反三加一 怲 怲三憂心皃也 邴 邑名又姓左傳齊大夫邴洩加 詠 為命反四 泳 潛行水中 羕 祭名

周禮祭国名門以止雨又永兵反 醟 酗酒 行 景迹胡孟反又胡庚二反又胡郎反二 絎 縫紩 …也楚敬反一

倀 蒲倀猪孟反又丑良反一 牚 邪柱地他孟反一 榜 〻人船也北孟反一 呈 … 主 所敬

又又所京反一 諍 諫諍側迸反一 迸 散諍 … 靖詠

郭璞江賦云櫻以蘭紅

鸎迸反又烏耕反一

唐寫本唐韻弟十八葉

去聲

廿七

𨊢…健居正反一 政 、化亦姓出何氏姓苑之盛反三 正 、當亦姓左傳宋志有永昌太守一 …後…漢…

郎中正令宮又正聲反 証 諫 聖 風俗通云聖者聲也聞聲知情故曰聖武王… 自

術又音程 遉 羅候也又作偵丑鄭反一 性 、行息正反 姓 、姓貨殖傳 遇、 … 棵

力正反又力盈反一 騁 、問匹正反二加一 娉 娶加 敻 遠也休正反三加 刂自言長 … 命也

加 摒 、除政反二 併 糞 偋 隱辟又庰字統云廁也一防正反又蒱徑反一 倩 假政反二 、 …又 溫、

淨 古作瀞政反五加一 穽 阱穽又音靜 睛 睛賜、 靚 裝飾古奉朝請亦作此字加 請 延請亦朝請漢

官名之又秦 䴓 張禹首為 盛 親井二反 名也又姓後漢西羌傳有北地太守盛苞其先姓奭避元帝諱改姓盛承正反又音成三 墭

𡑞器 晟 明也熾也出玉篇 詺 、自單作名孫正反一 輕 墭正反又去盈反一 欽 令笑也出說文許令反一

卅八

經 步道古定 徑 、諱又古靈反又四加一 逕 說文云近也加 㗴 字林云犬聲 寗 邑名亦姓乃定反三 佞

諂一曰才 濘 泥或作佞 腥 豕息肉中似米蘇佞反又音星 醒 酒醒又蘇近先頂二反 脛 脚脛胡定反一 定 安也

說文從正徒徑反二 𨑻 胡廷又音亭 矴 、石丁定反五加二 釘 又得庭反 飣 貯食又作䈵 訂 字林云逗留加 定

題額、又徒加 謦壼也苦定反二 磬、石樂器 聽他定反三加一 汀、、濴不逕志又音廳加 侹徑、龍

青黑八反一 䵺莫定反二 暝夕又作冥 瑩、飾又作瑩烏定反二 濙小水 零、落郎定反又

宥寬也救反十一加一 觀也丁 又更 佑、猶佐 右左右

又于久反 盍極水器 酭報 疚甀疚亦作頯蓉䪭篇云病也 圁園圁又于目反 侑勸食 婧

說文云還也 祐神助加 救護也又姓風俗通漢有諫議大夫救人居祐反七加一 灸又居有反 廄馬舍又姓癸廄

並出何氏姓苑也 究窮又音菊 疚說文云貧病 猶迹足云猶如麻善登木又音由加 胄胤也胄子國名亦作胄反

姓出何氏姓苑直祐反八 宙宇、 酎三重醸酒 繇卦兆辭 籀史籀周宣大史名篆書 伷系 紬

訓 疛心腹病又作𤻲 晝日、又姓晝邑大夫之後也因氏焉出風俗通陟救反二也 咮鳥口亦作噣又鬪卓二音

狩冬獵舒救反四 獸禽獸字林云兩足曰禽四足曰獸 守本、 首自首前罪 臭凡氣之惣名俗作臰尺救

又一 岫迹足云山有穴為岫似祐反三 袖衣袂又作褎 犆牛黑眥 齅以鼻取氣許救反三加一 嘼

俗作畜 琇石玉出說文加 呪、詛職救反二加一 [illegible]髮多出說文加 舊故也亦人姓出何氏姓苑巨救反二

柩屍柩禮注云在牀曰屍在棺曰柩之言久也 瘦、瘠亦作瘦所祐反三 潄、口 鏉鐵鉎鏉 [illegible]

唐寫本唐韻弟十九葉

去聲

面皺側㑴反四 𤸱 縮〻 甃 井〻 縐 衣不申 副 貳也又虜姓後魏書副呂氏後改爲氏數㑴反五加一

𩭂 假髻又匹力反 覆 盖又敷福反 仆 前倒 㾈 病重發出字林加 蕧 充一云齊說文從草

初㑴反一 富 豊於財又姓左傳周大夫富辰方副反三 輻 〻湊競聚又音福 鍑 釜大口一小釜 畜 丑㑴

又畜也養也又許郁反有也又丑六反聚也反二加一 俞 姓有司徒掾俞連加 溜 水溜力究反九加一 廖 姓周文王子百

廖之後〻漢有廖湛 霤 中霤神名 𪆁 美好 鷚 鷚子一曰鳥名 餾 〻餅 瘤 赤瘤腫病出說文集略

窌 地名左傳古與之石窌之田 留 宿留停待音繡又音風流反 秀 息㑴反五加一 繡 五備色又姓漢

書游俠傳有馬君宿 [虫+秀] 蟲名 宿 星宿亦宿留又音肅加 驟 疾鋤祐反一 僦 〻賃即就反二加一 媨

媿老嫗良出說文加 就 成也迎也即也說文從京又姓後魏書苑頼氏後改爲就氏疾僦反二 鷲 鳥名黑色多子

糅 雜也女㑴反三 𩚵 雜飯 腬 嘉膳 復 扶富反又音服三 㾈 再病又音卜 伏 鳥伏抱子又音服 犹

〻 鼬 蟲名似鼠 槱 積薪燒之 柚 似橘而大 蜼 郭璞云似獼猴鼻露尾長以尾塞鼻又音

服〻飾風良 授 付也又姓出何氏姓苑承児反三 [口+受] 口〻 售 賣去手 輮 車輞人又反一

㣌 ㇑候又姓周禮有候人其後氏焉胡溝反十加一 鮐 魚名 郈 地名在晉 逅 邂、 詬 罵

睺 、盲 后 皇、 後 方言云先後猶娣姒 堠 今封堠字 鱟 郭璞山海經云形如惠文冠青黑色十二足長

五尺似蟹雌常負雄漁者取之必得其雙子如麻子南人以為醬 加 寇 、暴 苦候反五 出馮翊 滱 水名 鷇

鳥子亦作㲉生而須哺口鷇自食曰鶵 怐 、愁 愚皃 嫯 、瞀 無暇 茂 卉木盛古作楙莫候反九 貿 、易 又姓

何氏姓苑 云東苑人 戊 辰名 鄮 縣名在會稽亦姓出何氏姓苑 愗 、怐 瞀 、愗 袤 廣袤東西曰廣南

北曰袤 懋 木瓜 仆 倒也匹候反又匐覆二音一 豆 穀豆又姓後魏有將軍豆氏田候反九 竇 水竇 又姓

怢風觀津二望風俗通云夏后相妃遊自竇而生少康其後氏焉也 逗 、留 說文音住 酘 、酒 也 荳 、蔻 藥名 脰

須 梪 邊梪亦作豆 郖 地名在弘農 餖 飣 鬪 、競又姓左傳楚有大夫鬪伯比都豆 [illegible]

鳥口亦作咮又丁㪷反 讀 讀、 不能言 ⿰豕毛 、尾也張衡東京云日月會於龍⿰豕毛 丷、 除草 豆反三 擩 不解

譳 讀、 瘶 欬也蘇奏反二 漱 、口又音瘦 奏 進也則候反二 走 又 伽候反 奏三

⿰豆欠 噎⿰豆欠又作豆 ⿺走豆 自投下亦作⿰豆殳 漚 漬鳥候反又於候反二 [illegible] 陵 傺 三

構 架也合也說文從木 媾 重婚 字林 覯 見 姤 卦名 遘 遇 購 [illegible] 怅

唐寫本唐韻弟二十葉

去聲

五十一　五十二

𣪍取牛羊乳 雊雄雉鳴 句ˎ當又姓華陽国志云…大将軍時為之器語曰…並ˎ

軥ˎ車者 搆ˎ搆榬 搆ˎ 轃輻轃倉奏反七加一 湊水會 㖶…南夷

名 蔟太蔟律名 楱果名橘屬加 陋醜惡盧候反五 漏之屬滲之 甑又倉谷反 廿三 匹隅謂

鏤雕鏤也又姓漏並出孔何氏姓苑亦方諸反 屚屋水下 偏縣名 ˎ瘻 瘡 豆蔻實如

苺味辛而香呼候反五加三 㺃犬聲 𩔁字統云蓟作加 詬怒左傳楚靈王卜不吉投龜而詬加 㸴子牛加

幼少也說文從幺刀伊謬反一 謬誤靡幼反二 繆紕繆又姓漢書儒林傳中申公弟子繆生 踙ˎ蹌行貌丘繆反一

沁水名在上黨七鳩反二 吣犬吐 浸漬又浸清天文志作祲子鴆反一 妊ˎ身懷孕汝鴆反四 紝織ˎ 鴆

任已上四字並是壬音 鴆鳥名廣志云其鳥如鴞紫綠色有毒頸長七尺八食蛇蝮雄名運日雌名陰諧以尾歷飲食則殺人直禁反二

沉又直 枕ˎ頭之任反又之稔反二 針又之林反 紟牛舌下病人作禁 黔紟巨禁反四 舲蜀船 紟ˎ帶亦作

襟又㩴 鈙說文云持止亦作襟 禁制也辥王莽家諱改曰省又姓何氏姓苑今吳興人居蔭反二 僸孝經云東夷之

樂曰ˎ南夷之樂曰任西夷之樂曰侏北夷之樂曰襟居禁反 賃傭賃乃禁反一 蔭於禁反五 窨地屋 暗聲

〻〻心中病亦作〻出字林 飲 又居錦反 滲 漉水所禁反二 罧 爾疋云罧謂之涔積柴於水中魚得寒其中因

以捕取又所活二反 闖 從門出皃丑禁反一 譖 讒莊蔭反一 讖 〻書楚譖反一 椹 㭿擊史記

反 紞 掘地紞 臨 哭臨又偏向良紞反又音林一

五十五

豔 美色亦作豓以贍反四加一 爓 光亦作燄 焱 火〻 鹽 以鹽醃物加 贍 賙也時豔反一 染 而贍

反又如棯反二 髯 〻領又人占反 厭 於豔反三 [illegible] 快也又於驗反 饜 飽又於[illegible]反 窆 下棺方驗反又方亘

反二 砭 石〻針又甫廉反 驗 證也魚窆反二 噞 〻喁魚口 閃 闚頭舒贍反又舒斂反四 炶 火行皃 棪 舒棪出字

林。也 苫 以草覆屋又式詹反 [illegible] 〻取不廉子豔反一 塹 坑又遠城水七豔反一 槧 插也〻七廉才敢二反一 殮 殯殮

力驗反四加一 斂 聚也又力琰反 爁 〻焱火延行出字林。 瀲 泛一曰水波加 覘 候也勑豔反一 [illegible] 音。譫。云馬急行昌豔反二

幨 被衣亦作襜 潛 藏出音譜慈豔反一 占 章豔反占固也又職鹽反一

五十六

掭 火杖他念反三加一 舚 舌出 忝 又他玷反 念 思又姓魏太傅念賢奴店反二 [illegible] 字。統。云挽舩篾 店

〻舍崔豹古。今。注。云店置也所以置貨鬻之物都念反六 坫 墇也屏也 沾 水名在上黨 痁 病又式詹反 墊 下又

墊江徒協反在巴郡 [illegible] 〻寒 霜 [illegible] 〻磹電光先念反一 磹 徒念反一 [illegible] 疾行皃紀念反一 [illegible]

唐寫本唐韻弟二十一葉

去聲

苦莢於念反一 僭 擬差也子念反一 瞖 閉目思漸念反一 兼 古念古嫌二反二 鮎 魚名 㒹 ～從苦念反一

卌五

證 驗也諸應反二 烝 熱又音蒸 孕 懷子以證反四 䵒 面黑子 賸 增益良 媵 送女從嫁 乘 車乘實證反又食陵反四 鱦 魚子 媵 又音孕 認 ～物而證反又而振反三 扔 強牽又音仍 艿 草不剪

譍 以言對於證又以又音應 甑 說文作䰝子孕反一 興 許應反又許陵反二 [illegible] 腫起 勝 ～負詩證反又詩陵反三

藤 苣藤黑胡麻 縢 織杼縢 瞪 直視良陸本作眙直證反一 䬋 馬食穀氣流下里甑反一 稱 愜意昌孕反又昌陵反二 秤 平斤兩者又昌陵反 凴 皮䬋反又皮陵反一 凝 牛䬋反又牛陵反一 丞 縣名在東海主行所居常證反又音承一 殑 內典有殑伽其䬋反又其陵反一

卌六

嶝 小坂都鄧反四 鐙 鞍～ 隥 ～梯 橙 ～几 贈 昨亘反二 [illegible] 斷[illegible]面黑 亘 通～方言云竟也古鄧反四 恒 ～路 縆 急引又古登反 䱴 魚名 蹭 ～蹬七鄧反一 鄧 國名又姓徒亘反三 蹬 蹭～ [illegible] 陵[illegible]困病 鱛 魚名武亘反三 懵 不明又懜也 [illegible] 東棺下之方隥反二 堋 蜀王本記云張若雍江作堋漑 僜 ～蹬行良盖也魚鄧反二 [illegible] ～蹬

乍反四 䲛 魚名又古念反 臽 小坑 䐄 說文云肉不䐄又腤䐄 韽 不入聲於陷反三 𤞏 犬吠又乙

咸反 䜬 、 蘸 以物內水莊陷反一 𪉟 鹹多都陷反二 站 俗言獨立 歛 、喙口陷反又口咸反一 賺 重賣

佇陷反二 詀 被誑也字統作詁 鑑 鏡也格懺反又音銜二 監 領也亦姓又古銜反

懺 自陳楚鑑反四加一 儳 雜言又倉陷反 摲 拔 𤮐 覽屬也加 𧢝 、儳高危白子鑑反二加一 䨲

以物內水出。音譜加 㒚 𧢝儆許鑑反二 譀 、譹、字呼戒反 釤 、大鎌所鑑反一 泥 深澀亦作滋蒲鑑反一 覽

大瓮以瓮續。漢。書云盜犬於覽覽下胡懺反二加一 𥃩 說文云大檻加 鑱 、士具士懺反又士銜反四 䩥 水門又作艬出字

林。 𪇆 似雕而班白出音。譜 讒 譖也又士衫反

梵 、擊快泛反二 帆 舩使風亦作颿又音凡 泛 浮亦作汎孚梵反二加一 仉 輕也出方。言。加 劒 廣。疋。云龍可干

將莫耶斷虵魚腸純鈞燕支蔡倫屬鹿千谿里陽闕並劒也雀豹古。今。注。云吳大皇帝有寶劒六曰一□□二白紫電三曰□□卯四

日流星五曰青冥六曰百里列云孔周有三劒一曰含光二曰□□三□□□承吳王賜子胥屬鏤之劒而死周穆王有琨珸之劒切王如泥

欠 張口去劒反一 俺 大也於劒反三 裺 衣寬 㤿 甘心出字。林 嚴

唐寫本唐韻弟二十二葉

入聲

唐韻卷第五　入聲卌四韻

一屋烏谷　二沃烏酷　三燭之欲　四

六術食聿　七物無弗　八櫛阻瑟　九訖　十

十一沒莫勃　十二曷胡葛　十三末莫割　十四黠胡八　十五鎋

十六屑先結　十七薛私列　十八錫先擊　十九昔私積　廿麥獲

廿一陌莫白　廿二合胡閤　廿三盍胡臘　廿四洽侯夾　廿五狎胡甲

廿六葉与涉　廿七怗他協　廿八緝七入　廿九藥以灼　卅鐸徒各

卅一職之翼　卅二德多則　卅三業魚怯　卅四乏方法

一屋舍也具也後漢魏書官氏志屋引氏後改為房氏烏谷反二　剭周礼有剭誅丶大臣於屋下加　獨丶狢獸如虎徒谷反十八加二

黷垢黑　讟謗丶　髑丶髏或作歜　殰傷胎　讀丶誦　櫝函也又曰小棺　牘簡：

韣衣又弓又　瓄圭名　瀆溝丶　韇箭筩　嬻媟慢　遺遺丶　犢牛丶　䮷

〻睹 圭〻罿魚罟加 𠈇〻俫短出自書。加 醜良 穀五穀又生祿也善也古鹿反六 轂車 𣫞

谷山谷亦養也窮也又姓漢有谷永又欲鹿二音 瑴玉名又音角 縠羅縠胡谷加三 槲木名

入 螻蛄 蔛水草可食 礐說文云石聲加 觳周礼云三十加 哭哀聲字林云哭之属

也空谷反三 㲉〻卵 㱿未燒瓦 禿說文無髮也他谷反四 誎誎誺狡猾 捸枝指 鵚鶖〻

鳥名 速籀文作遬桑谷反九加四 蔌郭璞云菜茹之惣名 餗鼎實 蝀蟲〻〻 㪇 㲉一切物穀字

丁木反又加 樕槲樕木名 倲僌倲又音蜀東加 棟赤棟木名出迩。足。加 䴥麋〻跡出迩。又。 㲉〻〻戴

丁木反一 祿俸祿又姓紂子父之後盧谷反廿三加五 鹿獸名又姓風俗通云〻〻漢有巴郡太守鹿旗 淥〻汸〻〻 鱳〻得

縣名在張掖又音洛 睩視良 覼笑聲 龣東方音又作角 轆〻轤圓轉木又作轆轤 甂〻甎 艆舟名

琭玉名老子注云琭〻喻少 簏箱 螰螇螰蟲名 罷〻罜 麓山足 碌多石良 盝去水又作漉

騼驒騼馬 䃙〻礦又音六逐加 簶胡簶箭室出音譜加 𦗒〻聽似蜥蜴居樹上輒下齧人上樹垂頭聽聞哭

聲便去出字林加 谷漢匈奴傳有谷蠡玉蠡音离加 娽埤蒼云顓頊妻名說文云隨也史記云毛遂入楚謂平原君謂舍人曰

公等娽〻可謂因人成事耳又方玉反加也 嗀歐聲呼木反二 㲉獸名似豹而小食猴一曰名黃要又丁木反 族

唐寫本唐韻弟二十三葉

昨木反三加一 鏃 、鑹釜屬 宰刀戈反 鑿 、鏤花蕃 又音昨加 鏃 箭鏃作木 反二加一 鋜 姓纂文云 今彭城人

也加 瘯 、瘰皮病 千木反三 ⿰石族 磟碌 石良 蔟 蠶蔟又 千候反 暴 、布水流下 吉木反三 ⿰虫族 、蝗

毷 毷毿毛 不理 朴 打也普木 反五加三 醭 酢白 衣 撲 說文云 塊加 穙 草生 穊加 濮 水名 左。 齋 旮閒

傳云公會 齊侯濮加 卜 、筮龜曰卜蓍曰筮又姓 子弟卜商博木反八加二 濮 水名又姓出 何氏姓苑 ⿰阝菐 彭濮蠻 夷国名 轐 車下伏 兔 ⿰女菐

昌意 妻 樸 拭樸蘩生木也又 音僕樸棟小木 獛 、鉛南極之夷尾長數寸 巢居山林出山海經見加 蹼 足指間相著。足 云鳧鴈醜其足

蹼 加 木 樹木又姓 莫卜反六 沐 、浴又姓風俗通。云漢有東平太守沐寵 漢複姓有沐蘭氏何氏姓苑。云任城人 朷 、桑 鶩 鳧屬

霂 霢、 毣 思一日 毛溼 福 方六反 十加一 腹 、心 複 褁衣 幅 綃幅又姓出 何氏姓苑。 輻 車、 復 優、 蕧

蝠 、蝙 騰 箙 竹、 實 鍑 說文云如釜而 大口或作鍢加 伏 伏者伏藏之日房 六反十七加六 復 重 也 虙 、羲說文 云獸且又

姓虙子 賤是 服 、事亦衣服又姓漢 有江夏太守伏徹 茯 、苓 藥名 馥 香氣 芬馥 䪖 箭 、 鵩 不祥 鳥名 鞴 韋囊 步靫

輹 車輹兔 亦軛加 澓 、流又姓漢宣帝時 有東海澓仲翁加 椱 織椱卷繒者 出字林說加 洑 四流 加

器加 矢 𤥨 車笭間皮篋 出說文也加 癁 音譜云病 重發加 縮 短又笮酒作茜 字所六反八加一 颵 風 聲 蹙

入聲

趜趍體不申趜字渠竹反 槒馬摝 謖起 翻鳥飛 橚擊聲 槒抽也顏淵子納隣之婺婦執燭，盡槒屋以繼之也加

六力竹反十一 陸下平日陸又姓出吳郡河南二望 戮刑、 勠、力併力又音留 稑種稑先種後熟曰種後種先熟

鵱曰鵱、鷜野鵝 蓼、莪 蓤蔏蓤藥名 騄、良健馬 鯥魚名 磟、碡 逯直六反六

軸車、 碡磟碡田器又音祿獨 妯、娌 舳、艫 鱁、鮧本作逐夷 蝫蚿蟲 菊草名居竹

又十一加三 鞠稚也養也又渠竹反 椈 取 匊物在手 鞫告也又窮罪也亦作究 ⿰犭匊石⿰犭匊獸名食猴 鵴

鳲鳩鳥名 阮曲崖水外曰阮水內曰隩 ⿰目匊韭畦出埤蒼加 蘜此字從山、高自出埤蒼加 ⿰臾匊郭璞云魚名有兩乳加

麴、蘖又姓出西平漢有麴演駈菊反二 鞠埤蒼云姓出東來風俗通有尚書令平原鞠譚又菊麴二音 熟成也殊六

又五 孰又誰 淑善 塾門側堂雀豹古今注云臣來朝君至門外當塾更詳孰所應雍譽對之事故也

璹玉名 俶始也昌六反四加一 柷、敔止樂器也 琡璋大八寸曰琡 ⿰止叔至也出字統加 育余六反十二加三

毓稚 鬻賣也糜也又周姓有鬻熊為文王師 ⿰糸育青經[illegible] [illegible]

⿰木育車覆欄 錥鳥育溫器 昱日光 雚[illegible] [illegible]

者出論衡加 驧馬跳躍渠竹反六加 趜、趍 ⿰魚匊[illegible]名魚[illegible]

唐寫本唐韻弟二十四葉

謂之毬子菊麹二音 蜩〻鼁蝳蚙別名 鼁七宿反二 蹴蹋 粥糜也反四 [illegible]

巫祝又姓後漢有司徒中山祝恬 祝〻詃又音呪加 肉又作宍如六反三 衄鼻出又六 [illegible]

季父亦姓式竹反〻加一 儵青黑繒 倏〻忽大走疾 菽豆 透跛豆反 虪虎 [illegible]說文云疾

也長也加 蓄冬菜字又作稸許六反六加二也 畜除草〻養也又丑六丑救許救三反 㜅媍 鄐地名侯邑又漢有鄐

㴔為東海太守 蓫羊蹄菜亦作蓫 慉起也詩云不我能慉加 竹姓本姜姓為孤竹君其後氏焉張六反五加一 竺天竺

國名又姓出東莞 筑似箏十三弦 築擣名又作䇡 茿萹茿草名加也 珿齊也初六四加二 矗

真良又𣪍〻 [illegible]狀 閦衆也字統〇內曲〇有何閦如來加 蹙迫子六反四加一 蹴〻踖〻說文 [illegible]說文

云歎也加 朒月朔現東方女六反四加一 恧慙或作䶊 衄挫又音肉加 縮〻文則六反一 蝮〻蛇又蛙卓年說改正

惟良為蝮氏昔福反五加二 葍草名 覆反〻 蕧〻蓋草又音腹加 鬸〻度〇疋〇云假髻加 郁文亦郁郅

縣在北也又姓𦒺六以十四加四 彧文章良又作彧 燠熱又作奥 栯〻〻李 噢〻〻悲 墺〻壤 䉛鳥冒 薁蘡薁

草名 澳隈或作隩水內曰澳 䈞可以漉米 [illegible]愁良出〇說文〇加 [illegible]羊出說文〇加 [illegible]姓出何氏姓苑

入聲

二

加 懊 貪也愛也出說文加 肅 恭也進也亦姓出何氏姓苑息逐反十二加四 宿 素也亦姓風俗通云漢有鴈門太守宿

蓿 苜蓿所得種於離宮 夙 早也又姓晉大夫季夙之後 玊 朽玉說文云琢玉工又姓玊況字文伯光武以為司徒

一鷫 云五方皆神鳥東方曰發明西方曰鷫鷞南方鷦鵬北方幽昌中央曰鳳凰 蟰 〻蛸蟲又音蕭 驌 〻驦馬名 䬁

風聲出字指歸加 鱐 纂文云魚腊加 礵 郭璞云黑砥石又音篠加 目 莫六反七加一 睦 視也敬也又西胡姓 穆

和也美也亦姓穆〻又姓漢有穆生 苜 〻蓿草 牧 養也放也說文從牛姓風俗通漢有越巂門太守牧根 坶 〻野厭近郊地

名 繆 礼有繆公又姓加 囿 囿囿于六反又于㶇反一 稸 〻積田六反三加二 滀 水聚〻也加 畜 〻生加

沃 灌又姓太甲子沃丁之後出風俗通烏酷反三 鋈 白金 鱟 魚名 毒 痛也徒沃反六加三 䓯 葍荒 蝳

蜘蛛 瑇 〻瑁又音代妹加 纛 左纛又徒号反加 碡 碌碡農器出埤蒼加 篤 厚也冬毒反四加一 督

率也勸也又姓風俗通云漢有五原太守督瓚也 裻 衣背縫 督 察也一日日疾出字林加也 酷 虐也苦沃反四 焅

熱氣 秙 禾熟 嚳 帝嚳說文云暴急 鵠 鳥名又姓何氏姓苑云今東海人胡沃反四加一 皬 白鳥赤作鶮

隺 高 㸌 灼也出說文加 僕 僮僕詩傳云附也亦姓蒲沃反三 鏷 〻鏷矢石 蟔 〻蜺又蟔〻名蟲 濮

雨聲先篤反二 䙓 衣說文 梏 手械古沃反八加二 牿 牛馬牢 𨾏 鳿鵠鳥名似鶴 䊪 地名 告

三

唐寫本唐韻弟二十五葉　入聲

又音詰ㄟ上日發下曰詰　郜 国名又音誥　祰 説文云祰廟文祭加　[阝告] 説文云大阜加　瑁 瑇瑁莫沃反又莫代反二

[木冒] 門樞橫梁　熇 熱也火酷反三加一　臛 羹臛又音郝加　嚛 食新加　褥 小兒覆内沃反二加一　溽 三字

姓有庫傉官氏加　傶 呂名又姓ㄟ毒反一　襮 黼領博沃反一

燭 燈燭又姓左傳秦大夫燭之武之欲反八加一　屬 付也足也亦連屬又市玉反　矚 視矚亦通　[糹屬] 紬丨組帶

囑 託亦作嘱　鸀 ㄟ鳿鳥　趨 小兒行皃　𢧵 吹氣出説文加　玉 魚欲反四加一　獄 皐陶所造説文從二犬所

以守之　鳿 鸀鳿　頊 人姓頊頊又音勗加　旭 早朝許玉反三　頊 顓頊又謹敬皃　勗 勉　輂 舁乘直轅車居

玉反七加一　絭 繞臂繩　鋦 以鐵縛物　梮 持　臼 斂手　梮 舉食器　輂 曹局説文云大車駕馬也加　局

渠玉反三　跼 踡ㄟ　輂 曹局　蜀 市玉反七加一　韣 弓衣又徒谷反　蠋 蟲　㑁 ㄟ倲動皃又短皃也　襡 長襦

屬 附也賴也又音燭　钃 似鈴而大軍法司執之以止鼓又直角反加　觸 突也古作觕尺玉反二　歜 怒氣亦人姓齊宣王時有高士

辱 恥也又姓出姓苑而蜀反八加二　蓐 草ㄟ　褥 氊ㄟ　鄏 郟鄏地名在河南加　縟 文綵　溽 溽ㄟ暑

枝出埤蒼　媷 懈惰出倉頡篇　束 縛也又姓書玉反二　倲 ㄟ㑁　欲 余蜀反八加三　浴 洗　鵒

四

鵒〻〻 鋊炭鉤 輅車前 枕 慾嗜慾出字林加 𤞞獨猱獸出說文加 谷山谷又音穀 躅蹢躅直錄反一

錄采錄力玉反十一加二 淥水名在湘東 睩眼曲 綠色 醁美酒 騄騄耳駿馬名 娽隨從又音祿

菉〻蓐草名 逯謹也又姓風俗通云漢有大夫司空逯並 簶圖〻 趢茶錄出音譜加 䱚魚名 曲委曲又姓丘玉反

又三 鮈魚名 笛蠶箔漢書周勃織薄曲為生亦作曲 瘃寒瘡玉反二 斸斫也郭璞云钁也亦作钃 贖神蜀反一

足即玉反又將喻反二加一 哫王逸注楚詞云哫訾慄斯順顏色也加 𢤆怩也亭玉反一 促近也速〻七玉反二加一 誎飾也出說文加

續繼也似足反三 俗風俗 藚〻斷藥名 粟和實相足反四加一 憟慄斯 涑水名〻〻河東又蘇侯反加 玉[illegible]國名

亦姓又香新菊二反 撲落〻頭封曲反一 楝〻樗木名丑玉反二加一 亍彳亍加

覺曉也大也大嶽又又〻〻孝反士加三 斛平斗斛 角芒也競也觸也又姓後漢有角善 桷桷椽 較車箱又也略也又古

又孝 㲉雙玉又音穀 鷽馬腹下聲 觷飾杖頭骨又胡歷反 榷以木渡水今略汋加 捔加 搉揚搉

大舉 加 嶽又作岳五角反四加一 樂音〻 鸑〻鷟鳳屬 鵖說文古面前鵖加 〻〻 一 鷟士 草蘘生

鋜鎖足 濁〻澆〻 鷟鸑〻 捉〻搦側角反五加一 穛早熟 穱

朔亦作朔始也又姓何氏姓苑云南陽人所角反七加二 欶口噏又作嗽 槊力又 數

唐寫本唐韻弟二十六葉

入聲

須竹也 箾說文以竹擊人又舞名所執加 ⿱削糸埤蒼云緘也加 斲削也竹角反九加一 涿郡名 琢

攻玉 孎、謹 卓高也又姓蜀有卓王孫 啄鳥啄又丁木反 斀說文云去陰之刑加 剢 駮

六駮獸似馬鋸牙食虎豹 駁馬色 ⿰音攴指聲 ⿰目暴皮破 嚗李頤云杖聲又孚邈反加 邈莫角反

三加一 藐紫草 ⿱貌心美也出說文加 雹雨氷蒲角反十二加一 撲、相 跑秦人言蹴 ⿰馬孛獸似角 骲

、箭 鰒魚名 ⿱竹畐竹名 ⿰爪勺爪約又作⿰爪勺 㬥嗃㬥大呼 ⿰扌㬥封牛又兩教反 㲉說文云小豚 宊一

廣疋云窖也加 璞、玉匹角反六加一 ⿰扌菐擊聲又匹革反 樸木素 ⿰牛菐牛未劇 [illegible]楚 墣土塊出国語加

殼皮甲苦角反九加二 愨謹也善也 搉擊也又音角 確鞕又作碻 ⿰告皮礐⿰告皮皮乾 㲉鳥卵 觳

成鐯器 燩廣疋云火乾物加 嶨廣疋云山多石又作㟋加 濁不清直角反七 擢拔 濯澣濯又姓風俗通濯輯之

後 鵫白鵫鳥名 嬥直好皃 ⿰扌藋藋、 鐲似鈴又音蜀 渥霑濡於角反七 握持 偓、促又姓

列仙傳有偓佺 箹小籥三孔 幄大帳 喔雞聲又喔咿強顏皃 鷽山鵲又音學 搦持也女角反二 ⿰角弱屋角

一日調弓 逴遠、一日驚夜不作踔勅角反三 晫明、 踔跛 犖駁犖牛雜毛呂角反二加一 礐、確石相扣聲加

五

學 數也又姓出何氏姓苑胡角反六加二 确 磽确又苦角反 嶨 山多石又音觳 嚳 誥ヽ 鷽 山鵲赤喙長毛知来而不知往

角一 吒 怒聲許角反五加一 㹱 豕聲 轂 急 鷇 鳥肥 㱿 歐吐左傳云豬師子生穀而登

目有 尹耳卷将瞉焉加 娖 辨也測角反五加一 碌 礫ヽ 齺 齒相近 娕 恭謹良 擉 司馬彪注莊子云

擉𪗋𪘁剥𪗋𪘁也又音踔也加 質 朴也主也信也問也注所去終刀鉤之日反十二 晊 大 郅

郁郅縣名又姓漢有郅都 桎 ヽ梏在足曰桎 櫍 椹行刑斧櫍 蛭 水ヽ 騭 騭馬也書傳云定也後漢有鄧騭 劕 ヽ劑

券也長曰劕短曰劑出周礼加 [口質] 野人之言出說文加 懫 止出埤蒼加 侄 堅出廣足也加 日 人質反二 馹 驛傳 實

神質反一 秩 積也次也直質反七加四 紩 縫 帙 書帙又姓出纂說文亦作袠 柣 門限也出迹足加 翐 ヽヽ飛良

出莊子加 妷 兄弟之子加 豒 說文云次弟加 悉 說文從釆息七反三加一 膝 骨 蟋 ヽ蟀蛬也一名促織加 一 數名

於悉反二 壹 專ヽ 七 數名親吉反六加一 漆 水名在岐又姓 䳀 鳥名 𨛷 地名在齊 桼 膝ヽ [艹桼]

亦名汁可為漆出廣雅志也加 匹 偶也說文文字從八ヽ字捺一匹譬吉反 鵯 ヽ鶋雅鳥又音椑 吉 ヽ利又姓正馮詡居質反三加一 趌

ヽ趨走良 桔 梏出字書加 䁥 近或作昵質反二 衵 近身衣 逸 失也過也縱也奔也說文從兎走袁質反七加一 佚 ヽ樂

佾 八佾之儛佾行列也 失 車過又ヽ同結反 溢 滿 鎰 廿兩國語廿四兩為一鎰 泆 淫泆地名 詰 問也去吉反二加一

唐寫本唐韻第二十七葉　入聲

蛣、蛲、蜋蟲名加 詰笑也許吉反一 抶打也丑栗反二加一 咥笑加 栗菓木名又姓漢上安邑室有栗氏力質反八

加三 慄慄、 溧水名在丹陽 颲風皃 剽細削 鷅鶹鷅流離鳥別名加 凓凓、冽寒皃加 篥觱篥

觱篥亦單作栗加 窒塞陟栗反又丁結反五加一 桎橦 銍刈又縣名在譙 庢盩庢縣名在京兆 秷刈禾聲加 疾秦悉

反四加一 嫉戶妒楚詞注云害賢曰嫉害色曰妒 蒺蒺、蔾 㑵廣疋云賊也加 㓼割聲又作𠝤初栗反一 失錯也縱也

說文云作毛字從手乙式質反二 室屋 堲夏后氏堲周燒葬也資悉反四 [口截]鼠聲 喞啾喞多聲 [氵七]水瀆水 蜜

說文作𧖴山海經云穀城之上是蜂蜜廬弥畢反六加二 謐靜也安也 [酉𥁑]飲盡 [木𥁑]木[木𥁑]樹名 𥁑拭器也出說文也加 宓安也出說文加

必審也說文從弋八畢吉反十七加七 畢竟也又姓出太山本自姬姓畢公高之後 篳織荊門 韠胡服蔽膝 珌刀上

飾 蹕警、 滭、沸水皃 罼兔罟 鷝、鴓鳥名白面青色 觱、篥又作蓽篥 㓖風寒加 [女畢]

廣疋云母也加 [走畢]竈上祭出說文加 熚火皃出說文加 彃射也出說文加 縪冠縫出埤蒼加 [木畢]木名出埤蒼加 姞

、古結氏為巨乙反三加一 佶正也閑也 鮚說文云蚌也漢律會稽獻鮚醬二升又渠秩反也加 邲地名在鄭又兕皃眦

次毗批丨鼻三音 柲偶 馝香又虜複姓後魏書馝邗氏後改為邗氏 [車必]車束 佖有威儀 [illegible]飯五

一八

䮒馬肥 飶食之香者出說文加 颶口也于筆反二 汩流水又古沒反 率循也月也領也所律反五加二 帥佩巾又將帥

亦作師避晉景帝諱改為帥晉有尚書郎帥昌又所類反 蟀蟋蟀 達先導出說文加 剩割也斷也出埤蒼加 筆

秦蒙恬造 鄙密反三加一 潷潷去滓 鉍矛柄出埤蒼加 密說文云山脊也從山宓又靜也美筆反四加一 㟧山形如堂 蜜

荷本下白 宓埤蒼秘密又音謐加 弼輔古作㢸房密反二 [illegible]重生 乙辰名太歲在乙又乙速於筆反二 鳦燕

乚 聲耴魚鳥肬魚乙反一 叱呵也又虜複姓九氏東錄有將大匠叱干阿魏西有開府叱奴興南公叱羅協後魏官氏志又有叱呂叱門叱利叱李

叱列等氏亦虜複姓三字周有侍中叱伏列龜其傳云代郡西部人也昌栗反一也 墍姓吳尚書墍魋居乙反又泉既二音一

術術衛術枝術又氏姓苑食反四加一 述著述也又姓風俗通云魯大夫仲述之後 秫穀名古作朮 沭水名在琅琊

橘果名禮云橘踰淮而北為枳居律反四加一 蒪草 繘汲綆又音聿 遹說文云走意加 崒山高

踤摧 訹說文云誘也加 聿循也遂也律反十一加一 鷸飛鳥 火光 遹

繘汲綆又音橘 鱊小魚似鮒而黑一名鱖鯞 䫻疾風 潏水流 驈

卒終也子聿反 碎 卹分賑又五加一 恤憂 戌辰

后 珬珂屬 趫狂走其聿反四加一 獝獝狂無頭鬼 趉走貌 矞以錐說文

䫻小風

唐寫本唐韻弟二十八葉

入聲

聿反三 眓 高視 䎗 飛皃 律 呂律法字林從彳呂䘏反五加一 寽 捋取今寽禾是 [illegible] 三丁 腹腨

葎 音○譎○云草 子甲也加 黜 丑律反四加一 怵 惕 術 、 𧺠 走 炪 火光出 [illegible] 物在

穴臾又丁骨反 絀 縫 朮 藾名又作茮直律反二 [火朮] 烟出 出 尺律反又厶尺季反一 火 石上

物 万物鬼物又旗名文弗反五加一 勿 莫也禮記注云勿勿猶勉勉又虜三字姓有勿忸于氏出後魏 芴 土瓜 岉 崛岉山 沕

以帛素飾旆側州里所建出周禮 弗 分勿反十一加一 紱 綬 韍 黼黻 綍 大索葬者引車 茀 草盛皃 [illegible]

蔽膝 郝 姓漢有太守郝 [illegible] 㷆者所執出周禮加 柫 連枷打穀者出方言加 [illegible] 大也出說文加 髴 蒼卜

婦人首飾又芳沸反加 鬱 古作鬱草也又姓出何氏姓苑紆物反六加一 灪 、滃大水 爩 烟氣 尉 姓古有尉繚子著書又虜

複姓有尉遲氏其先氏之別尉遲部因而氏焉後單姓尉又音慰 蔚 草名又曰蔚 [illegible] 說文云草釀酒以除神加 [illegible] 氣左臂九

切又又九月又四加一 𦁎 翟衣 厥 夏曰獯鬻殷曰鬼方周曰獫狁漢曰匈奴魏曰突厥出漢書音義人音蕨 屈 、產地名出良馬亦楚姓

又音詘加 𡶡 拗曲又虜複姓有厥突氏複姓有屈男氏區勿反三加一 詘 辭塞 蝠 詰蛞蝠蝎蟲也出說文加 倔 、強[illegible]勿一

又七反加二 踻 䠞地 崛 山短而高 䘿 短尾鳥出韻略 襤 短衣 蝨 短尾犬出埤蒼加 堀 詩云蜉蝣之堀閱音

八　九　十

悦佛弟子曰漢明夢神人身白光飛在殿前以問群臣傅毅對曰天竺有佛将其神也佛者覺也自覺、他名曰佛符弗反五怫

塵起岪山曲咈戾颰疾風說文作颮許勿反三加一欻暴起崒說文云疾䬍

扣鄰拂敷物反七加一怫髴髴崛崩聲茀草多艴淺色祓除災求福

又方吠反剕擊也斫也出說文加⿰禾即積也阻瑟反三瀄汨、水聲楖梯楖、字音櫛瑟

樂器所櫛反五颾、颮風蟋、蟀又音悉蝨蟣蝨淮南子云大夏成而鷰雀相賀湯沐具而蟣蝨相弔俗作虱非璱王鮮白其色碧

迄迄足云迄臻極届至也詩乞反五加一仡壯勇釳乘輿馬上插翟尾者曰方釳、鐵也廣三寸肸、蠁又許乞反忔喜出廣足

也加訖居乞反二吃語難疙癡皃魚乞反三加一釳又音迄屹、崪山皃加趌行皃其迄反一圪

高皃于乞反又魚乞反一乞、取又虜複姓晉有乞伏仁國太元年稱秦王於金城去訖反又音氣二加一芞迄迄足云揭車芞與香草名也加

月魚厥反三刖絶也斷足刑又五刮反軏車轅端曲木也伐征伐也斬木也又自矜曰伐户越反八筏大曰筏小小曰桴柔

之渡水罰罪、閥、閱自序㟢耕土橃木、⿰日朮舂米越墜也、逆也王伐反七加二粵辭

鉞斧⿰立戉紵布樾樹音蚎彭蚎似蟹而小也加曰辭古粤加厥其也古作氒亦短也又姓京兆人漢陽衛山

王亥厥姬居月反八蹶失脚⿸厥力强力⿺走厥跳𧽍或作蹶瘚氣逆劂刻刀蕨菜蟨獸名

唐寫本唐韻弟二十九葉

入聲

走別驍望〻前足高不得食而善走歷宰望〻所食望〻目之而走 嬮 嬄嬮婦人皃 於月反三 餮 貽安 豆 䬴 以角取物其月

鷢 白鷢一名鸉 似鷹尾上白色 又六 橛 株橛亦撅 橘三掾名 橜 杙也又銜 橜馬勒 蹷 倒 蟨 本尾

闕 觀也缺少也又姓出下邳漢有荊州刺史闕翊 去月反二 厥 水名在義陽 髮 頭毛說文從犬 方伐反三加一 發 起也 沷

韤 說文古 寒水加 鶡韤 望發反一 颰 小風 許月反三 狘 獸走皃 泧 水名 謁 請也 爲之類 從止 許歇反四 閼

歲在卯名又於葛於蓮二反 暍 傷熱 䵦 色壞 歇 氣洩休息 許謁反三 蠍 迮足 杜 伯零 蠆蝎 猲 〻獢 犬 訐

面斥人以言 居謁反又居例反三 趌 走皃 羯 羊 揭 擔物又作揭 其謁反一 怫 恨怒怫 伐反一

十一

沒 出沒又虜三字姓有沒鹿氏 現 書 敎 又二 歿 死 骨 徐偃王有筋無骨出尸子及史記亦姓 古忽反四 縎 〻結

鶻 〻鳩又搰 搰 掘搰二音 榾 木名 敎 卒也 螖 名又水名 滑 〻澥海水 䮩 〻馬 獸名似馬牛尾一角又音雹

餑 茗〻 起 香 大 悖 逆也又音背加 艴 〻 向上皃 秀不成聚 出山字林加 咄 呵也 當沒反一

三 㮆 大杖又 音拙 䟾 蹶 突 觸也說文從犬 他骨反六 揬 搪〻 腯 肥 鼵 鳥〻鼠

鳥曰鵌其鼠曰鼵 而短尾 出爾疋也 鶟 〻胡鳥名似雉青身白首 堗 竈堗漢書云曲堗徙薪 頊

杌水中鳥 沒反五加一 膃 〻肭肥 殟 心悶 嗢 咽也又虜複姓後魏書有嗢盆氏虜三字有嗢石蘭氏 歇 咽中息說文加

忽 倏忽又姓〻一蠶為十忽十忽為一絲呼骨反六 惚 恍〻 寣 睡一覺 笏 一名手板品官所執釋名云笏有事書其上以備忽忘

乾 急擷也擷字呼結反 曶 古忽字亦向真 兀 高皃五忽反五加一 扤 搖動 杌 樹無枝皃 屼 山皃又五屹山在名捷鳥

矹 硉矹不穩皃 [立孛] 按物聲普沒反一 㪍 箭射勒沒反二加一也 硉 〻矹加 窟 〻穴苦骨反六加一 顝 大頭皃

淈 遏池 [乇頁] 白秃 矻 用力矻〻又作左 堀 宋玉云堀〻堁揚塵又音掘加 訥 塞訥奴骨反三 肭 膃〻 抐 內物水中

窣 勃窣蘇骨反二也 [走貞] 麦屑沒反一 猝 倉猝麁沒反一 捽 手捽昨沒反三 椊 〻杌以柄內孔中 [齒卒]

齕 麧 〻糏漢書云食糠麧耳下沒反四 齕 齧也又胡結反 紇 孔子父名又胡結反 淈 〻泥古忽反 搰 掘也胡骨

鶻 鳥名鷹屬又骨猾二音又四加二 尳 膝病出說文加 㩉 手推出說文加 卒 臧沒反又將聿反三加一 卒

〻倅加 扢 廣雅云摩古沒反一

二

何也曷 葛反七加

毼 毛布 鶡 鳥名似雞鬬必死出上黨 蝎 蟲名 餲 頪餲健又音噯 [曷頁] 餅

恐又音歇 [白曷] 白色 [口歇] 訶 [禾害] 香氣〻呼蓋反出字林也 怛 悲慘當反七加一

呾 相呵 炟 火起 [黑旦] 莫黖縣名在五原說文云色白而黑 狚 獦狚獸名似狼而赤出山海經加

唐寫本唐韻弟三十葉

三

撻打 蹉泥跌足 達泥滑、倒 獺水苟 羍羊未成亦作羍 達

臭名 遏遮也絶也烏葛反五加一 齃鼻齃又作頞 堨擁、 閼止也又於

褒也盧達反十加四 揧手研破 辢辛、 莿、蔦 瘌瘵瘌又調白 十

癩疥癩又音賴加 瘌瘌足去庵也亦獻室 轢車轢著又落二音加 丿飢渴反五

病出字林加 鶡、鳴鳥名加 嵑、嶭山皃加 磕石聲加 達通也達也亦姓出何氏姓苑又虜複姓三氏後魏獻帝弟

蔿達奚氏又達敎氏後改蔿奚氏周文帝達步生齊煬王憲他割反一也 𢧵、嶭山名又才結反二 嘈嘈嘈鼓聲亦作㘉加 嶭

五割反又五結反四 䡵車截高 屵高狀 枿伐木餘 葛、蔓古達反七加一 葛、蓛䉼枝竹名 獦、狚

獻 割剝也害也 騔馬走瘦也 匃乞亦作丐又音蓋 輵轇、戟形出玉篇 躠跋躠行皃桑割反四加一 薩

菩薩內典云菩普也薩濟也能普濟衆生也 撒、抹 𣪠放也說文云迸散加 擦足動草聲七曷反二加一 縩縩

出淮南子加 捺手按奴曷反一 末木上也無也莫割反十三加一 秣、馬 昧星也

易曰日中見昧 頼、頢佷 抹、撥手摩 妺、嬉桀妻 佅、佳肥大皃又西夷樂名 怽忘 坺壤土 沫

入聲

鱴、辥也 … 藘攊加 … 內 … 執

水沫一曰水名在參又武泰反 濊 塗色 䳱 鳥名 首 説文云目不正加 䀸 去樹皮柮䀸柱頭木五活反 柮 屑滑反一

癶 足癶剌 祓 蠻夷蔽膝衣 茇 根丶 鉢 丶器 鵽 鳥名 鱍 魚掉尾皃 䞳 急走

丶丶 鬡鬢 多 鬢 妹末反二 𢪽 逼 括 撿也結也至也古活反十加四 渦 水流 髻 結髮 檜

木名又作栝 聒 聲擾 䒷 𦗖丶 鴰 鶬鴰 葀 迹足云糜舌草加 适 説文云疾走加 銽 書傳云無知之皃加

闊 苦括反二 筈 箭筈 活 下死又水流皃戶括反四加二 栝 詞 越 鄭玄云瑟下孔又云蒲蒲蒻又音粤又作䞄加 佸

詩傳云佸會加 奪 奪亦逼徒活反三 敓 彊取又姓出説文古奪字 脫 肉去骨亦姓出何氏姓苑又土活反 豁 丶達又作呼豁呼括

又五 濊 水聲式作濊 奯 大開目 泧 滿泧丶 𣂑 瞅水出廬尺 斡 轉也烏括反五加一 焥 大明出 碗

目開皃 棺 丶取物又作斛 嬒 方言云可懀可憎也又作懀又烏外反加 繓 丶結括反二 擖 錯書 攥 手把 鏺

兩刃刈草普活反五 撥 芟 蹳 踏草聲 推 拂 推 醗 酒氣 侻 丶可一日輕他活反二 捝 解落

又作脫 捋 手寽郎括一二 剟 削丶 掇 拾也多括反五加二 鵽 丶雀又當刮反 䦈 𢴤取骨閉內 祋 丶栩樸名又都

又又加 咄 又都骨反加 撮 六十四黍為圭四圭撮丶手取會括反二 襊 詩傳云緇布冠加 䟦 丶蹳行皃蒲撥反十四加五 跡

行皃亦作跋 魃 丶旱 废 舍 酦 酒氣 軷 將行祭 炦 火氣 癹 除草 妭 鬼婦出文字指歸云女妭

唐寫本唐韻弟三十一葉

入聲

十四

秃無髮所居之處天不雨　犮犬走皃加　拔迴拔蒲八反加　胈夏禹治水腓無胈脛無毛㧺腦云胈胈上小毛也加　䳁鳥名似鶚加

黠胡八反二　䶎齒聲　札簡札側八反三　[歹+止]癘病　蚻小蟬　拔丶擢蒲八反又蒲撥反二　茇丶跋拘滑也根可作飲　[吉+犮]

㓞恪八反又六　刀用　鬝秃鬝字林作𩯭　㓤巧　㓞丶剥　硈石狀　滑利也又姓風俗通云漢有管亭滑興戶八反六

猾狡猾書傳加一　去猾乱也　鰭魚名鳥翼聲如鴛鴦　鶻丶鳩又骨猾二音　螖彭螖似蟹而小　䂕石加　八

博拔又二　馴馬八歲　竅口滿食丁滑反二　𡠿嫭𡠿好皃　婠烏八反二　䫄飲聲　豽獸名似貍蒼黑無前足善

捕鼠又作𤝞　說文女滑反一　齸齧利又𪙬齸初八反四　䕓草丶　察監亦姓出何氏　𩼔蔡亦作警　䕓木名梓屬　𠜴

內古滑反二　鰯魚名　戛指也古黠反八加一　扴指扴物　圿丶垢　稭祭天席　䳖丶鶻鳲鳩　秸書傳

古結　㰳櫻桃又先結反加　䔿草　軋車輾鳥黠反六加一　乢山曲　揠拔草心　嫼嫉怒　㰳

丶貐獸名　穵說文空大加　殺丶命亦作煞所八反三加一　鎩長刃矛　榝鳥弱病亦赤又山列反加　𠈕似茱萸而實

䀐𠇮惡視　僁呼八反一　㾴瘡痛女黠反一　𧺐屈也五滑反三加二　聐無耳吳楚語加　聉

劀刀作口滑反一　汃西極水名普八反一

鎋 車軸頭鐵說文作舝俗作轄非也轄字音磕胡瞎反四 齰 齧聲 鶷 、鶷鳥名似鴭也一名鶡 砎 礣砎破礣字莫鎋反

鸛 乙鎋反四加一 閼 門扇聲 圔 駱驢鳴 吅 相呵聲又當刺反加 齾 器缺五鎋反三加一也 鬠 禿

嵑 山中絕皃出嵑嵑加 刹 柱也初鎋反一 瞎 、眼許鎋反一 楬 木虎樂器名柷敔也枯鎋反二 磍 、刹 襰

獸名他鎋反人他達反一 瘵 痛痒女鎋反一 刮 、削古頢反三 鴰 鶬鴰名逆尾九尾出說文又音括 秳 禳名 頢

、頢強可皃丑刮反一 頢 、頢短面皃下刮反五 䯏 繒細 敌 畫皃 舌 塞口說文作咊 姡 面淨 鵽 、鵽鳥名似雌雉

脟無後所食出沙漠丁刮反二 窡 穴中出皃 刖 去足亦㓷刖危皃五刮反二又音月 𣧹 歐食草殘 妠 婠妠小兒肥女刮反

婠字烏八反一 篡 黑也初刮反一 礣 、砎莫鎋反二 帓 、帶 捌 方言無齒杷百鎋反 鸛 鸛鸛鳥名似梟

古鎋反鶡字音結反二 擖 刮聲 䀰 埒蒼去惡視皃荒刮反一

廿七

屑 屑屑不安先結反六 楔 木楔 揳 、櫼楔不方正皃 躃 蹩躃旋行皃 破 麦 㥦 亦 消 聲

切 說文從七刀千結反五加一 嚓 語嚓 䶫 、齒 竊 盜也淺也 柣 迭足 闑 蹋 古屑反 、加二

䌇 麻一耑 潔 清說文如㓗從手力 鍥 鎌別名也 桔 桔梗藥名 𣝪 鵊 、鶡

鳥名鶡字古鎋反 拮 手口共有所作詩曰予手拮据松 節 操也子結反九加一 卪 蝍

唐寫本唐韻弟三十二葉

入聲

〻蛆吳公 蝨入音即 桊屋上木梁 瀸小濡 爝燭餘 岊高山良加 巘 血半玦

反七加二 䀇瞎䀇惡良 窩穿良或作窒又作閔 泬〻寥空良 疦瘡空 決一并

〇〇莊子云決起而飛槍揄枋決小飛良加 閲終也亦穴反二加一 闃無門戶又音函或作突加 王古穴反十 潏竹一加

泉出貝又水名在京地又音聿 眣目惡 譎〻詐 訣別 觼環舌 駃〻騠七日一 八

〻葥藥名 鴂鶗鴂鳥名關東曰巧婦關西曰鸋鴂春分鳴秋分鳴明則衆芳歇也 決斷 赽馬行疾良 鈌破又乙穴

反出玉篇加 窫獸名似狸出玉篇加 觖〻望怨望也又羌季反加 穴窟也地氣使之然胡反一 抉〻出於決反三 突

穿良又音閱 瞲目深良 姪〻娣公羊傳云兄之子徒結反十九加三 昳日昊 眣目出 胅骨〻 凸高起

良也 垤蟻封左傳云皇窺門之關又曰塚前關也 耋老加至 迭遞加 跌〻踢又差蹉加 絰縗〻 驖馬赤

黑 㠫〻嵲高良 軼車相過又音逸 閍閶闔城門也 駃鄭馬行疾 瓞瓜〻約也 㘙貯也止也 咥

笑又𢧜又眙二音 𢧜利也又國名在三苗東出山海經 鐵又作銕俗云黑金也他結反三 僣〻俺 餮貪食 緆

帛纈胡結反八 閶〻閱 擷捋取又虎結反 襭衽 頡〻頏淮南子云蒼頡皇帝使官觀鳥跡文而作書天雨粟鬼夜

〻〻言是財誹傷萌生奪駢和辛新兼天知將饑為雨稟君𡧍刑列敎冥又姓風俗通云有韻衛古之賢者耳也頁頭齕

𠷈以衣袵𥁕物涅水中黑土說文從土奴結反五加一捏捺茎菾似蒜生水邊埕塞或作呈也加

一大管曰籥〻〻中曰涅小曰節加截廣足云盛也昨結反四加一𧼋傳出前岊山峯又子結反巀〻嶭

山名又蕃咼又加齧噬亦姓莊子有齧缺五結反八加二霓虹霓又音倪蜺寒蜩又音倪嵲嵽嵲說文從山

槷〻危臬礼注云門橜也迮足在云牆曰揮在地曰臬嶭巀嶭又五割反鶂〻卼不安又作䡾䡾加蔑

臬也說文從目戍首音末蔑亦通莫結反十一加四懱輕〻𥈒目赤說文云瞎𢷬〻搣不方正蠛〻蠓篾

〻竹𢤎恨懱鱴魛鱴魚也出廣足出紛分幭紉細也出蒼頡篇加衊污血也出說文衊〻心也小出說文心

字即列又加彌弓戾或作𢏄方結反三加一䉭軜又普篾反閉闔又博計反加噎食塞又作𠴫饐烏結反五

加一䉾穀屬窫靜又音翳蠮〻螉猒獸名似羊牛白首四角出山海經也加猰〻貐不仁古結反

七加〻𩓶〻額〻額短皃挈提〻𤭐〻瓶一升遱受一升迭多節目䢟字練結反栔苦計又闔又

絜迹足云絜〻斷絕也加𦞦肥壯虎結反二䚷急擊撇小擊又略也引也亦作撆普篾反五加三撆

江南呼鎣刃瞥暫見又芳擬反加𩭤廣足云小香加䉭韻略云馭右迴又芳結反加蹩足蹲旋行

七

唐寫本唐韻弟三十三葉 入聲

蒱結反五加二 撓 反手擊 顛 丶瓶加 瘍 戾瘍不正加 翤 香又音瞥覓加 窒 塞也丁結又陟栗反四 喹

丶丶咄 膣 丶丶軀 蛭 水蟲又音質 𧌒 丶丶說文從圭亦通練結反四加三 戾 罪也曲也又力計反加 捩 拗捩出玉篇又

又力計反加 綟 麻綟加 薛 國名亦人姓私列反十加二 緤 繫 媟 狎也嫚也 㾜 痢

作殘 褻 衣褻衣 䁯 田器 泄 漏泄亦作洩歇又姓左傳鄭大夫泄駕 渫 治井亦除去又姓渫子古賢者出韓子

禼 字林云蟲名又殷祖亦作偰 䶛 迭。尼云牛羊曰䶛和 列 行次又姓良薛反十 迾 遮 蜊 蜻蜊蟪蛄 䴕

魚名 烈 光又忠烈 洌 清丶 冽 寒貝 裂 擘破又姓出左傳 茢 禮注云桃茢可以為帚除不祥 颲

風雨暴至 鴷 啄鳥 栵 細栗出爾雅江東呼為栭栗楚人呼為茅栗加 哲 智或作悊陟列反二 埑 蜇或作蛆

傑 英傑渠列反八加一 桀 夏王名 竭 盡也說文作渴 碣 丶石山名 楬 有所表識 榤 鷄栖杙木

揭 高許二音 渴 又揭水盡出說文加 熱 如列反一 哲 光或作晣旨熱反四 浙 江名在東陽一

拗折亦複姓南涼王禿髮傉檀立其妻折掘氏為皇后又常列反 靻 柔皮 舌 山海經云長舌又食列反二 揲

孼 庶亦作孽魚列反九加二 糱 麴 巘 正巘 孽 妖孽說文作蠥去衣服哥證草

大一詺之妓禽獸蟲蝗之佐謂之蘖 闑 月中 旹 山高危皃也又藝哲反 蘖 ㆍ餘又姓何氏姓苑云東苑人今姓

薛辟仇跛馬 钀 高皃加 钀 又高皃加 朅 ㆍ來丘竭反又去謁反四加二 揭 高舉 藒 ㆍ車香草加 愒 皃也

說文又加 滅 亡列反二 搣 手拔 鷩 雉屬似山雞而小祀有敝冕并列反四也 鼈 魚鼈或作鱉 鱉

蕨菜 鄨 水名在牂柯 絕 情雪反又一 蕝 束茅表位子悅反又子芮反一 雪 拭也除也凝雨相絕反一 [illegible]

皮皺破勑列反一 悅 喜也弋雪反七加二 閱 簡閱閲閥 蛻 蟬去皮又他卧反 娧 娧娧美好又他會反 [illegible]

草名似芀 莌 草生而新達曰莌出方言加 說 傳說高宗相又失爇反加 鈌 小俗作鈌俑雪反二加一 蒛ㆍ 蓋

[illegible]覆盆草加 噦 逆氣乙劣反一 爇 放火如劣反二加 蜹 ㆍ蚊 說 吉也又悅稅二音 拙 [illegible]悅反四加一 棁

梁上楹本作棳 蝃 蝃蝀 准 應劭云准頯 摧拙也文穎云准鼻也又章允反加 歠 大飲昌悅反一 叕 上也陟劣ㆍ加三 蝃

畷 疲也又憂 惙 道 田間 罬 捕鳥覆車網一名罦加 㔍 刊也出說文加 个 說文小醊 三

埒 馬埒又孟康云等也 鋝 十二銖廿五分之十三出說文 跈 蹴跈跳踉出字統加 … 竹 肉

加 覕 暫見芳結反又芳結反四ㆍ一芳劣 潎 漂 憋 怒 瞥 目翳也說文加 [illegible] 分 或

作謝方列反二加一 莂 種概移蒔出埤蒼加 轍 車轍直列反四 徹 通也明也 撤 … 也

唐寫本唐韻弟三十四葉

入聲

括也或作㓹兩方反二加一 𠷔 鳥理尾加 孑 單也居列反三 䂝 句孑戟 趌 、跐 訬

香草 𡕦 畢目佡人許方反四加一 烕 威也說文從火戌 翓 飛 吷 小鳥 㭬 、不

出也女䔀又一 嫳 、姎輕薄易怒皃怏列反二 㧈 於悅又一 蹶 有所犯突居月居衛二切二 叕 茁

草生皃側劣又側滑反二 𦶷 短黑皃 䰕 髍而易破七絕反一 蠽 、蠽似蟬而小 、姊列 𣧑

小鵽 叕 小出說文 䶂 又 𢧵 茱萸山列反又音殺 焆 烟氣於列反一 屮 草初生皃丑列反五加 㯙 抽

徹 通又音譜加 㤵 㩻也周禮有司馬法小罪曰䏿 䏿 謂以箭貫耳加 哲 㨖䮬氏加 䀹 喜皃許列反一 啜

啻也殊雪反一 䎽 割斷聲廁 䙝 拈也專絕反一 掣 挽曳列又又昌制反 折 常㪣又又䊲列反一

㨨 羊列又又余例反一 錫 賜也与也亦鉛錫先擊反八加一 析 分也字從木片齊大夫析歸父 裼

䒷 白細衣色 緆 布 蜥 、蜴蟲 淅 釋米 菥 、蓂大薺蓂音覓出說文加 激 疾波古歷反四 墼

析於也擊亦通從毄音放此 礊 土 鷩 鳥名 霹 、靂普擊反三加一 劈 、破 澼 莊子有洴澼絖漂加

者 靂 霹靂郎擊反十九加五 䟐 趚行皃趚字七昔反 酈 縣名在南陽又力知反 癧 瘰、 轢 車踐又音

落爍 ˎ珠 鍢 ˎ鑊 礫ˎ砂 朸ˎ稀 櫪ˎ馬 轣ˎ殺 櫟 木名 柘属 又音藥 葍

大 歷 經歷 加 曆 ˎ曆 黃帝臣 容成作曆加 藶 葶藶 藥名 磿 說文云 石聲加

ˎ人又音䴢加 一安ˎ寂 的 指的 又明也 白額也 都歷反 十三加一 適 從又之石始石二反 嫡 ˎ正 甋 瓴甋 甎也 靮

馬韁 鏑 芳 馰 ˎ顙 馬白額 亦作的 滴 水ˎ 肑 腹下肉 弔 書傳云至也 又音釣加 蹢 蹢躅也 詩云 有豕

自蹢 加 䶂 鼠名 又音灼 出說文加 玓 ˎ瓅明珠 色出說文加 樀 梓樀 胡狄反 三加一 覡 巫覡 男曰巫 女曰覡 敵 的 也

蓮寶也 出 逐ˎ起也加 鷁 水鳥 或作鶂 五歷反 三加一 艗 ˎ艄ˎ頭 為鷁鳥 𠑿 石地 惡加 荻 蘿也 徒歷反 十二加一 狄

北ˎ 敵 匹又 鸊鷉 翟 ˎ雉 又姓 漢有上蔡 翟方進 又音澤 籊 竹竿 皃 迪 進也 道也 蹢也 覿 現

笛 樂器 晉協律郎和 善吹笛 糴 市穀米 又姓 國語 有大夫 糴茂也 郰 鄉名 在高陵 篠 盛種器 滌

草本旱死 出說文加 逖 遠也 古作逷 他歷反 寸一加五 倜 ˎ倜儻 不羈 詆 ˎ譊 狡猾 趯 趯ˎ 跳皃 剔 解骨

惕 怵惕 憂 悊 周礼 哲蔟氏 掌覆 鳥之巢 又丑列反加 擿 發動 又張 草反加 踢 踜踢 獸名 左右 有首 出山海經加 覿

說文云 目赤加 鬄 說文云 除髮加 績 緝績 又則歷反二 勣 功ˎ 燩 乾燩 擊又四 擊 苦 倚擊 毄

攻 漢書云 攻苦 毄淡 喫 ˎ食 或作嘋 愵 飢憂 奴歷反 三加一 溺 ˎ水 古作休 沒溺 說文云 篆文 人姓 惄 說文云 憂皃加

唐寫本唐韻弟三十五葉

入聲

寗丶靜本作寍或作甯前歷反二加一　覿目赤又音遡加　覓說文云視莫歷反十加二　帟車覆軨　幎

覆巾　䮩馬多惡　ㄙ丶細絲又胡許訁反　鼏鼎蓋　羃覆食巾又羃羅婦人所戴　汨丶羅水名在豫章

原所沉處又作湏覓加　蓂菥蓂　虩說文云白虎加　甓瓴甓甗㼽扶歷反二　鸊丶鷉鳥名似鳧小　壁北激

又二　鼊鼊鼊似龜而大湯胡無指爪其甲又黑朱文如瑇瑁可以飾物　闃寂靜苦鶪反一　郥邑名在蔡古闃反五　鶪

伯勞　狊說文云犬視從目犬亦獸名獲類脣厚而碧色　湨水名在河內　鼳鼠名在木上秦呼為小鼲郭璞云似鼠而啼一歲千

斤為殘馱　戚親戚說文從戉音越又姓漢有臨轅侯戚鰓倉歷反五加一　鼜守夜鼓　慼親憂懼亦作慽又近　鏚干鏚

斧鉞　䚉丶覞面柔字從匕從小詩本或作戚施加　欯笑聲許激反三加一　鬩鬩近足訟云相怨恨　𥎞矛也左思吳都賦云長𥎞短兵加

十九

公入昔往也又姓漢有烏陽令昔登出風俗通私積反八加一　惜悋　腊乾肉　潟鹹土　磶柱下石　舄履舄或作𩑈雀豹古今注

云以木置履下乾腊不畏泥溼故曰舄　蕮車前草　鬄說文云髲加　積資昔反又資賜反八　脊背脊　蹐丶地

借雀豹古今注云不借草履屨也以其輕賜易不假借於人漢文帝履不借以視朝又資夜反　迹迹足云或作跡蹟

𧿹敬皃又秦昔反　鶺丶鴒鶺鴒也一名錢母大於鷰頭下有錢文　鰿魚名或作鯽　益伊昔反四加一　謚

笑皃　嗌喉上漢宣帝崩昌邑王至京師城不哭云嗌痛　鄐地名加　繹理也陳也羊益反廿三加三　襗重祭名穀

日彤周日襗　亦ヽ猶惣也　弈ヽ美皃又博弈　奕大也又輕驟皃ヽ　帟幕　譯傳言周礼有象胥傳四夷之言東方曰

寄南方曰象西方曰狄鞮北曰譯　懌悅　斁猒　驛ヽ馬　嶧山名在魯　腋肘ヽ　掖持臂又掖名又掖庭

又姓　袘縫　易變易又姓齊大夫易牙又盈義反　液津液又姓急就章有液容調　瘍病相染　蜴蜥ヽ

場壇ヽ　圛說文云迴也商書曰圛ヽ者升雲半有半無加　襗長襦加　射無射九月律名加　檡捨也解散也清

也廢也又姓施隻反十三加二　釋解与釋略同　檡挮棗　適樂也近足云之適徂逝往也又姓出何氏姓苑　奭盛也出說文又

邪公名　郝姓又呼各反　睗睽睗急視　暘日無光　嫡嫁　穓耕皃也　螫蟲行毒或作蠚　鬄

鬄髮又音逖出說文加　夾盜竊懷物也字從兩入弘農陝字從此從二人者夾字古洽反丕出說文加　尺昌石反四　赤南方色赤姓出何氏

姓苑　㡿逐也遠也又斥候說文從干ヽ音逆俗作斥　蚸蠖ヽ　石山石又姓常隻反六加二　碩大　祏說文云宗廟

主一日大夫以石為主　鉐鍮ヽ　䄷說文云百廿斤也加　鼫ヽ鼠螻蛄也出說文加　[illegible]往又施郪歷

二反　炙說文從肉　墌址　摭拾又作拓　蹠足履踐或作跖　螷蛛蝟ヽ又音　鄭也古作且隻反

三　⿺走啇趚ヽ　蹢ヽ躅行不進或作蹢　皵皮細起七亦反五　磧砂ヽ　刺　太ヽ　趚

唐寫本唐韻弟三十六藥　入聲

趚 趚行皃 涑 水名在北地也 席 薦席又姓安定祥亦反六加一 夕 暮也蜀有高士夕冥

也窀夜也 汐 潮汐 鄐 鄉名在臨邛 蓆 大也出說文加 籍 簿籍秦昔反八 一日 簿籍秦昔

又八加一 踖 踧踖 藉 ○田藉借也借人以為之 塉 薄土 瘠 病 膌 又七 猎 獸名似熊

出山海經加 擗 撫心旁益反五加一 椑 榷 躃 倒 闢 啓 辟 便辟又法也五刑有大力 役 古從イ今

又營隻反五 蕧 燕人呼吹又羊捶反 疫 病 鰕 魚名有四足出文字集略 煶 塊竈 辟 必益反五 鐴 鐴土

犁耳 躄 跛躄 璧 圓玉 襞 襞衣 僻 誤又邪僻芳昔反三加一 癖 腹病 廦 牆也出說文加

麝 麝香食亦反又食夜反二 射 姓吳有中書郎射慈又郎神柘羊謝益三反加 瞁 驚視加也 碧 色也說文石之美者方彳反一

彳 說文云小步象人脛丑亦反一加 麦 麦夾麥並通莫獲反四加一 脉 血 霢 霢霂

脈 亦作覛覛䁂說文云斜視也加 獲 得也又臧獲亦姓晉有大夫獲之後胡麥反六 畫 計策又畫胡卦反 嫿 好皃 劃 刀劃

錐刀劃 鱯 魚名 彠 度也又烏號反 蟈 螻蟈蛙別名古獲反四 馘 截耳或作聝 幗 婦人喪冠 膕 曲脚中或

作膕 蘗 黃蘗博厄反三加一也 擘 分擘 薜 迮說文云山芹當歸也又曰山麻 繴 織絲為帶蒲草反一 蹟

賾士又一　責側革反五加一　䫀䫀頭不正　簀床〻　嘖大呼聲加　筞馬檛楚革反五加一也

冊古作𠕋　婧健急皃也　䶡齒相値　[illegible]〻筳[illegible]亦作策加　⿰馬責[illegible]破呼麦反四加一　繣

[illegible]　[illegible]聲　㦧㦧〻辭快出音。詩加　⿱毄石難聲口革反一　𩃗實也下革反四　繳衣繳文領中

又音酌　䃒石地　翮鳥羽　核果中核崔豹古。今。註。云烏孫國有青田核莫測其樹實之形中國者或其核耳大如六升瓠空之

以盛水俄而成酒味甚淳矣　隔古核反七加二　膈〻胷　鬲縣名在太原又九河名亦姓又音歷　槅車〻　革

改也獸皮也又姓漢。功。臣。表有責橐侯革朱　⿰魚鬲〻[illegible]魚名陸。八格韻加　愅謹也飾也出埤。蒼。加　摘手取陟革反四　謫

責或作讁又丈厄反　⿰犭易犬怒張耳　棏蠶椽或作槓　戹突也本作戹於革反七加二　搤持或作扼　軛車〻

⿰阝兒限礙　唲唲喔鳥聲　⿰豕兒豕高五尺曰⿰豕兒出說。文。加　⿰鼠益鼠屬出說。文。加　栜木名所責反六　⿰氵策小雨　⿸疒朿

⿸疒朿疾寒皃　⿱雨折⿱雨敫　槭殞落皃　愬驚懼皃又音索　⿰扌⿱雨乇射中聲普麦反一

廿一

陌阡陌東西爲陌莫白反九加一　帞頭帊　袹靜〻或〻〻複　⿱莫女靜或作⿱莫女　貘人[illegible]鐵獸　蛨蚱蛨蟲

貊蠻〻　驀〻山　⿰犭巨北狛驢父牛母亦作馲駱加　磔張也陟格反四加一　蚝〻蛨　舴〻艋小舟艋字

莫杏又　⿰犭毛〻栢加　白長也亦姓左。傳。晉有大夫伯宗傍陌反四　迫〻逼　百數名又姓晉趙王倫母曰栢夫人　栢木名又姓

唐寫本唐韻弟三十七葉

晋趙王倫妃曰柏夫人　白　四方色又姓秦師有白乙景傍陌反四加一　帛　幣帛又姓出吳神仙傳有帛和　舶　海中大舶　鮊　魚名加

劇　增也一日艱又姓有劇辛。說燕又四　屐　屩　䡈　車ㄟ　𠝣　ㄟ倦　戟　刀戟從倝從戈几劇反三　橶

撠　蕺　大蕺藥名　索　求也或作索所戟反又蘇各反四加一　趚　儸仆皃或作趚　溹　水名在滎陽　碩　碎石墮地聲出

說文也加　栅　村栅測戟反三　踖　磨豆　籍　剌也國語文籍魚鱉　嚄　大嚄胡伯反一　嘖　側伯反三　迮

狹　笮　屋上板又姓吳有笮融　齰　齧齧也或借作齰鋤陌反四　咋　唶咋多聲唶字烏交反　溠　瀺溠水落地　岞

ㄟ峇峇山皃　隙　壁孔也怨也閒也綺戟反四加一　郤　姓出濟陰河南二望左傳晋大夫郤獻子　綌　絺ㄟ　御

廣足立勞也加　額　五伯反四加一　鵴　鶚鵴魚名　峉　峉ㄟ　詻　鄭玄云詻ㄟ教令嚴加　逆　宜戟反三加一

縌　漢書云古佩縌加　㘍　說文云呻加　客　若格反三加一　喀　吐聲　㱿　說文云堅也加　啞　笑聲烏格反二

䬂　飢　䖇　懼皃許郤反一　㨨　裂也丑格反二　趚　半步　䪒　佩刀飾乙白反一　拍　打也普伯反六加二

皃　白　愊怕靜也又木名　皛　亦打也又胡了反出蜀都賦又莫伯反　皕　大杖加人出音譜加　𩑶　說文云疾也又

赤　赤也亦盛皃又虜複姓赫連氏其先匈奴右賢王去卑之後劉元海勃ㄟ以後魏天賜四年王於朔方國號夏以子從母之姓非禮也乃

入聲

廿二

云帝王者係為天子為徽赫實与天連因改姓曰赫連氏呼格反三也 嚇 恐 爀 火色 垎 土乾胡格反四加一 [illegible]、[illegible]

趦 、趚倒地 輅 輓車當胷横木加也 格 式度量也亦古伯反七加一 佫 至 茖 山蒜 骼 骨 觡

麋角 鵅 鵙鵋鳥名 挌 擊出說文加 謋 、然虎伯反三加一 漷 水名在東海又音廓 砉 又呼昊反出莊子加

宅 瑒伯反五加一 擇 選 澤 潤澤又陂澤亦姓出何氏姓苑 鸅 、鸆鳥毛名倫五色加 蘀 、鸆蘖草

車前別名加 貊 國名又人姓左傳晉大夫貊射古伯反二九一 敋 手打瀘足 擭 出 手取一貊反二 濩 、澤縣名 踖

踐也女白反二 搦 捉搦字統 擭 出 、攎戶工木衛戟反一

合 、同亦器名又姓左傳有宋大夫合左師又漢複姓高帝功臣表有合傳胡[illegible]閤又音閤反六加三 迨 合遝行相及良 郃 、陽縣在

國刑又音閤 榙 、樑果名似李出埤蒼加 ⿰木合 、楷木名加 詥 詥諧也出說文加 閤 古沓反六加二 鴿 鳥名 合 、集

又音迨說文作欱會 鉿 、尺鉍 鮯 魚名六足鳥尾出山海經 浩 、亹地名亹音門加 答 當也反六加四 跲 踧行惡良

搭 打出音譜加 荅 疋名云小豆也加 會 說文云對 袷 亣言去橫答小被加 吃 三兒沐谷 [illegible] 風 [illegible]

小兒履或作靸 馺 馬行疾 霅 靂足云雨霅、又音讋衆言 卌 說文卌三十并直以為卌三十字 複姓魏累氏後改 一[illegible]忙

為沓氏從合反十三加四 誻 譐誻或作噂嗒 遝 、合 ⿰木沓 姓上木 涾 沸溢 [illegible]

唐寫本唐韻第三十八葉 入聲

譶 疾言 𢶍 搭𢶍加 傝 傝㒌不著事傝字五合反加 蹹 躢蹹加也 䃺 夫……今…… 踏物 頭他合

又十三加四 遝 歃 沓 菜生水中 㛅 安 踏 著地 㯓 帳上 鞜 …… 濕

水名在平原 涾 犬食出說文亦作𨂀加 𩐨 鼓聲出說文加 佮 合也出說文加二 匕 …… 鞈 伯加 白太

雜 徂合又四 䪞 聲 䃮 䃮䃮山高皃 䃮 䃮䃮壞皃 雧 群鳥 帀 子合反 迊 或作迊 帀 口拉

折也盧合反四 搚 敗 䃘 䃘䃘 䎓 䎓䎓 納 內也又姓出何氏姓苑奴合反五加一 軜 腼皃 蒳 字統云香草出異

物志云葉如拼櫚而小似檳榔可食 軜 驂馬內轡係軾前者 衲 補衲紩也出廣雅加 溘 奄也奄也口答反九加一 㕎

閘閘 戶聲 㕎 山左右有峯 峇 峇峇合相當出字林加 㭘 㭘㭘合相當好皃亦出字林 𧖣 短氣 罨 網 罯 覆蓋又鳥

敢又 姶 女有心姶姶也出說文加 欱 大歠呼合二反 疲 病劣皃 噈 衆聲五合反四 磼 磼磼 傑 僭

哈 魚多皃 盍 何不也胡臘反七加三 闔 閶闔說文云門扇或作閤 口 嗑 噬嗑易卦 蓋

廿三

苦 …… 䗘 靜出說文加 䈢 䈢篨出字林加 盇 古盍字加 臘 蠟 臘蠟 蠟 俗作臈 巤 蠟 盧盍反六 鬣 聲

或作 鑞 錫 鑞 攋 折又攋播破壞 攋 播字才盍反 蠟 蠶 䠥 䠥 攋 陂皃 䝤 都盍又四 奋 大耳 搨

手打作榼或矺擲地聲又竹亞反𠜂相著聲日剟鈎榻林薮作榼吐盍反十四加一䑽兩榻大船毾〻㲪

魚名似〻䎓〻布傝劣又傝佐不謹皃〻𦐇亦傝𦚡傝狧犬食譶字古盍反〻譶多言猶〻

𨇊鞜鞈鼓聲又他荅反塔佛圖搭〻摸嗒〻然忘懷出莊子加一歃大歠呷盍反一䑶

魚名奴盍反一蹋跛也徒盍反二闒門樓上屋傝傝傝不謹私盍反一㒌傝㒌不著事五盍反𠫻恩又人姓

出纂文北海有才盍反二擸揭擸和雜頡〻車領骨古盍反三譶多言盍姓漢有盍寬饒字書作𨙫㯮

涓器苦盍反三加一磕石聲㯼〻加䲯〻䲯魚名女盍反二𥁋說文云覆蓋

廿四

洽和也侯夾反五加一狹隘古作陿祫祭名峽〻石縣名加恰用心苦洽反五掐爪〻帢巾帢魏武帝製

瞮目陷目剳入夾持也古洽反九郟〻鄏地名在河南又姓左傳大夫郟張筴著也鋏箭䶝又音頡

䳜鵅䳜蘇䳜路蹪蹗䘥複衣䀫眼細諳餄〻餅癦〻蹄足病𡱕行書士洽反三煠

湯〻騢馬騢眨目動側洽反三𨍰〻僖小人皃屟薄擠插刺入楚洽反四臿舂去皮或䑶鍤鍗也又作𨋺

𨍰𨍰鍗〻䩇𨍰　鍤鍪扱〻鵖〻齁鼻息呼洽反三欱小聲歃氣逆囲手取物女洽反霎小雨

山洽反二歃〻血又山輙反劄刺著箚帛竹洽反二𨄽跛行皃烏洽反二凵下或作𠙴䀫𥈁睿古視皃五夾反一加

唐寫本唐韻弟三十九葉

入聲

卅五

狎習也胡甲反六加一 匣箱 翈翈上短羽 霅衆言聲又杜甲反又霅陽障在樂浪又音颯 浹﹅水凍相着 柙檻也

以歃萆序光出說文加 渫文甲反二 偞唼喋鳥鴈食唼字所甲反 甲﹅兵又甲子古狎反六加一 胛背﹅ 梜木理亂

柙﹅櫳壁 ⿰石甲山側 鉀音。言云鎋鎧屬今單作甲加 鴨水鳥或作鵯鴳烏甲反五加一 壓鎮也降也 庘屋壞

豕屋 ⿱穴甲人神脉刺穴 閘開閉門出說文加 舂舂舂去麦皮初甲反一 翣飾棺形如扇以木為匡禮天子八諸侯六卿大

夫四仍甲反三 ⿰豕建豕毋 ⿰口建﹅﹅喋 呷㖞呷衆聲呼甲反二 譀誇誕

卅六

葉枝葉又姓又書涉反四 楪﹅榆縣在雲中 揲﹅度 鍱﹅鐵 接交接又姓三。輔。決。錄有接郎葉反六 椄﹅續

睫目﹅ 楫舟楫又作檝 婕﹅妤 菨荅水草可食 攝兼也錄也書涉反四加二 灄水名在西陽 葉

縣名又余涉反加 歙黝歙又許及反加 涉徒行度水又姓左。傳。晉大夫涉佗時攝反一 獵取禽獸良涉反五加一 鬣

鬚﹅ 躐踐 䁽目音 儠說。文。云長壯皃加 捷獲也姓漢。書。疾葉反二加一 寁速也出文。字。指歸加 䐑細切

十 [illegible]下入又直立反 敵﹅﹅敢於輒反一 敢尼輒反九加四 聶八姓聶州聶政 躡蹈 鑷﹅子

促或人捷 㚔大聲 睪司視也說。文。云吏捕目捕睪加 ⿰馬取說。文。云一面步也加 籋說。文。云箝也加 謵

芼

言比涉反四 聶 樹葉動皃 㚲 輕薄 訁 、讘細語 讘 詁讘又私讘姓名在清河而涉反二 顳 、顬鬢骨

讋 多言之涉反七加三 囁 口動皃又而涉反 懾 怖 慴 伏 慹 司馬彪莊子注云慹不動皃又音捻加 霅

說文雷震皃又蘇合胡甲杜甲三反加 摺 、疊出字林加 妾 七接反五加二 ⿰業刂 續 鏶 炎鐵 淁 水名出說文加 鯜

魚名 鍤 綴衣針丑輒反一 极 驢上負极其輒反三加一 笈 負書箱 衱 禮注云衱交領加 輒 陟葉反三 耴 耳、

國名出山海經又取祜也 襵 衣襵又之涉反 曄 光也筠輒反又為立反三 饁 餉田 燁 燁燁火盛 㿊 少□去涉

反 萐 、莆瑞草山輒反三 箑 扇 歃 、血又所洽反 緁 縫也居輒反一 魘 惡夢於葉反又於琰反一

怗 安也他協反八 帖 、[illegible] 鼛 鼓無聲 鉆 、著物 鞊 鞍、 貼 以物質錢 跕 、屣又丁協反 誺

小諮 協 和也古作叶胡頰反五加一 劦 同力也出說文 勰 思、 挾 持、 俠 任俠又姓戰國有韓相俠累 頰 面、

籀作文頰古協反六 鋏 長鋏鉗 筴 蓍莢榆莢皂莢 蛺 、蝶 唊 、多言出字林 愜 心、㥦反二 迲

箱、 牒 書板曰牒又虜姓後魏書牒云氏後改為牒氏徒協反十五加三 喋 便語 蹀 [illegible]

⿰足疊 細小走聲 ⿰疊毛 細毛布 褺 重衣 疊 重 ⿰車疊 車聲 蝶 渫 渫

又丈甲反加 ⿰疊鳥 鳥名狀如鵲赤色兩手四足可以禦大出山海經加 ⿰黑枼 、黔首出音諜加 擪 [illegible] 子、 苶

唐寫本唐韻弟四十葉

廿八

入聲

病劣良奴協反八加二 埝 暗聲 㬶 晦暝 䛸 聲絕 捻ㄑ指 錜 小釘 …… 入 說文

云塞也加 燮 和也說文從言又蘇協反六加一 屧 屐 躞ㄑ蹀 韘 韘射 …… 一 熟 知

字指歸云從辛妾反加 甈 蹈瓦聲盧協反一 聑 耳垂良丁莢反四 咠 言多 揶 …… 睫 …… 蘿

草蘼在協反一 浹 洽也浹辰十二日也子協反二 浹ㄑ渫又音狎 弽 弓弽呼牒反二 睞 閉目

緝 績也人入反二加一 葺 修補加 十 數名是執反三 什 篇ㄑ 拾 收ㄑ 執 之入反五加三 汁 瀋

𨻹 縣名在北海加 鏊 廣足云羊揺加 𡠗 字統云至也加 習 學也因也又似入反五加二 襲 重也合也又掩襲 隰

原隰又姓隰男齊大夫 鰼 魚狀如鵲而十翼鰼注翼鵲如鵲鳴加也 騽 袴騽神執反加 集 聚也秦入反五加三 輯 和

咠 冊擮又音楫 亼 說文云三合從入一聲合之類皆是又子入反加 𠦜 說文云詞之集也從咠十加 入 又執反二加一 廿

說文云二十也今人直如以為二十字加 揖 ㄑ讓又集伊入反二 挹 酌 溼 水霑俗作濕失入反二 䐈 牛耳鳴 嘁 嘁嘁良姊

入又嘁字補各 潗 泉出 縶 合也又寃夷質反 湒 雨良出說文加 咠 說文云聶語也詩云咠ㄑ幡ㄑ加

及 其立反二 蘕 冬ㄑ 縶 縶馬立反三 䨸 小溼 馽 馬絆 蟄 ㄑ蟲直立反五加三 䎚

艽

内生羊 俋 俋〻然耕皃，出莊子。加 屆 屆屆足前後相次。屆字初立反，出蒼頡篇。加 [illegible] 譅譅言不止皃。言語 立 行立。又複姓舊

如子一 𪗭 齧𪗭聲 粒 米〻 笠 雨笠，本草呼破笠為敗天公 鳿 水狗任近足云謂之天狗，注云小青鳥似

〻二 白止又其立反 䇐 臨，出延。足加 急 〻，疾苦。立反六 給 供給，又人姓。何氏姓苑 汲 〻引。亦郡名，在衛。又

姓。漢有中尉汲黯，河東人 伋 孔伋，字子思 級 階〻 芨 烏頭別名 泣 無聲出涕。去急反。三加加一 [illegible] 欲燥 湆

羹汁出字統。加 [illegible] 小兒履先。立反。三加二 卌 字統云：橐把。說文云：數也。今人直以為四十字。加 霫 字林云：雨皃。又奚霫，東北

夷名。加 吸 內息。許及反。五 歙 或作翕。後漢有來歙。又縣名，在歙州。翕涉反 翕 火炙。一曰起。又斂也，合也 𧬈 〻詷，語聲 潝

水流皃 澀 色立反。五加二 鈒 戟 雭 小雨聲 濇 不滑。出說文。加 㒊 〻言語。加 戢 止也，斂也。阻立反。六

加一 膱 濈出皃 鰑 魚多皃。或作[illegible] 㗊 眾口 蕺 菜名 濈 和也。出說文。加 邑 縣也。又複姓。有邑田氏，楚大夫養

由氏後避仇改焉。晉東莞莒縣有邑由義弟為郡口曹主薄。於汲反。五加一也 悒 憂 裛 〻，香。又於怯反 浥 溼潤

䭲 食䭲 湁 〻潗，沸皃。田入反。一 煜 火皃。為立反。三 曅 曅曅。又筠輒反 熠 〻燿。入反 手 孨 戢 孨

聚皃，出字林。尼立反。二加一 [illegible] 潗〻潗水。文皃。加 屆 〻屆。初戢反。一加 卙 字統云：會聚也。昌汁反。一加

[illegible] 說文云：〻病草。又姓，後漢有蘭陽太守河內蕠以均。又十四加五 躍 跳 礿 祭名。或作禴 籥 〻器。以笛 鑰

唐寫本唐韻第四十一葉

入聲

開、瀹燿爚光明爚櫟、陽縣又音歷龠量器名出說文加鸙白鸙繻加嶨岸上見人敫光景流加鬻

內肉湯中瀹湯出之並出說文加略簡略謀略又姓出何氏姓苑云今零後人離灼反五加三畧紩擽從手字統云擊也作掠劫

人財又音亮加䂮逆足云利也或作䂮晉有褚䂮加蟝渠蟝朝生暮死蟲一名蜉蝣加腳居勺反二屩草履灼

燒灼之若反十一加一斫刀斫又姓有斫胥氏何氏姓苑今云平陽人彴橫木渡水㣿痛勺周公樂名又複姓般人六

族有吉尸勺二氏也酌、酒繳、矰、焯火氣糕五穀皮又音桔也妁字林云媒介斟酌二好之宜曰妁又音扚謶

欺也出廣疋加爍灼爍書藥反五加一鑠、銷、獡犬驚嬫美好爚爚爚光白又音藥加若如也順也亦作

若而灼反八加一著杜若香草弱劣、鄀地名在襄陽箬竹葉楉、榴石榴加蒻荷莖入地處又

菜名出蜀溺水名出龍道不勝鴻毛又奴歷反加綽寬也說文作繛昌約反三䃗大脣白屵䃗屵字言懪反婥、約

、美、之好約、束又儉約亦姓韓子有古賢者約續於略反又於笑反二加一葯白芷葉出廣疋加郤退俗作郤去約反二𨟠

一酷也魚約反二瘧病謔戲也虐約反一妁媒也市若反四杓杯、彴、約流星芍

芍藥草又香可和食芍字張約反藥字良約反又芍、、陂在淮南七削反又蓮芍縣在馮翊之若反亮蔵草名胡了反[illegible]似鬼而大

廿

丑略反四加一 媎 姉孫媎魯大夫 逴 丑略反行皃 辵 說文云乍行乍止從彳止聲凡是辵之屬皆從辵 削 刻削息約反一

斮 斬也側略反一 爵 封古作𩰤爵俗即略反三加一 雀 鳥 爝 炬火莊子云日月出矣而爝火不息又音嚼加 皭

請𥋆蒼白色在爵反三 嚼 噬 爝 炬火 鵲 字林云鵲七雀反七加四 趞 行皃 䟕 行國良又 碏 敬也又姓衛大

夫石碏加也 芍 破石在壽春加 棤 迹皮云注木皮甲棤亦作皵加 舄 人姓篆文云古鵲字加 噱 嗢噱笑不止其虐反三 蹻

舉足高 郤 須臾亦倦 嬳 作姿憂縛反二加一 彠 廣雅云度入加 縛 繫也符玃反一 矆 大視或作矆許縛反三加

一 彏 弓弦急又居縛反加 戄 驚戄又視遽皃也加 篗 所以收絲從隻王縛反一 玃 大猨遽縛反五加一 趯 大步

也 钁 方言云關東名曰鹵斫 欔 榑 矍 視遽說文云隹欲逸走從又持之加 芍 藥香草張略反三加二 著

又直略反又加 碏 說文云斫也加 躩 說文云足躩如也丘縛反一

[illegible]大鈴又姓左傳晉上軍尉 鐸 遏冠徒落反十加三 劇 治 怍 村忖 踱 跳足蹋地 澤 水之冷澤云冬 說文 六

度 量也音渡 襗 褻衣 毛頁 顯出說文加 䠓 踱出廣雅加 韇

亦日冥也從茻音莽亦廣複姓五氏西秦錄有左衛判史莫侯春後魏末有亂寇莫折念生又有莫輿 涼州 廣三字

好姓周太暘廬寧楊纂姓 莫容暮各反十加二 幕 帷幕又姓風俗通 祖能韻頭者 縣名 莫

唐寫本唐韻弟四十二葉

入聲

州亦人姓 膜、肉 鏌、鋣劍名 摸、捺又莫胡反 漠、沙 瘼病 窅 。絺云日 ㄇ加、 瓔、

落零落盧各反廿加一 絡、絲又姓 雒字林云雎鶉鳥又姓絡雒並出何氏姓苑 烙、

酪乳 樂喜也五角五教二反 轢錯書 轢洛 笿籠、 硌、 白白 厂大

鞈生草 剫去木節 馲、駝又音馲託 鮥魚名又五格反 鼯、鼠名 榕榔榕出音譜加 𢌿說文云零加

託他各反十一加四 袥開衣令大 拓手承物又䧔複姓二氏周王 橐無底橐 魠魚名 籜、 柝

擊柝或作欜 馲、駝、加 蹃、蹅不進 蘀草木葉落加 侂說文云寄也又勑加反侂傺失志皃

加 作爲也起也又臧羅臧洛二反加三 柞木名又音昨 糳精細米從臼 錯鑪別名又雜也倉各反四加一 厝礪石

䱜魚名 道說文云交道也 各古落反四加 閣樓閣亦姓急就章有閣並 詻 格樹枝 胳腋、 恪

敬也又姓晉有郎中令恪苦各反一 愕驚也五各反十一加三 鄂國名在武昌又人姓漢安平侯鄂君 諤謇諤直言 崿崖、

鍔劍端與鍔 鶚鳥名 鰐魚名 萼花、 噩歲在酉曰作噩事出爾雅加 咢口中齗咢出字統加

蚅似蜥蜴長丈居水中潛吞人出說文加 惡烏各反又烏故反三 堊地名 堊白玉 顎面大皃各反五 濼

陂或作霈 粕 糟粕 膊 割肉 䡈 車復 泊 止也傍各反五加一 亳 国名 箔 簾 薄 厚薄又姓漢帝

、薄 礴 盤礴石 臛 羹臛呼各反又文浩反五 鄗 縣名光武改為高邑 壑 丘壑 蠚 螫 郝

盡也散也又所戟反四加一 㰛 摸㰛 漠 水名在滎陽又所戟反 蘀 、蘀加 涸 水竭下各反六加一

洛 、澤氷白 鶴 似鵠長喙 狢 狐、 佫 人姓 矐 望也出埤蒼加 昨 、日又羌複姓有昨和氏在各反十一加四 酢

酬、 葃 縣名在越雋 怍 慙怍 鑿 穿鑿 鏨 笮 竹索西南夷尋之以渡江 柞 木名又音

作 犾 山牛 岝 、崿山高皃 䅊 地名在蜀亦作䅊出蒼頡篇加 愽 廣也又姓愽勞善相馬補各反十二加四 髆 肩、

爆 白於火 搏 手擊 鎛 鐘磬上横木 噂 、集噿皃噿字子入反 襮 衣領 鑮 大鍾 簙 六簙棊類

出說文書本單作愽加 蟳 、蟭螳蜋卵加 猼 水名加 䪙 、鞑獸名似羊九四尾耳目在耳後出山海經加 諾 奴各反一

霍 揮霍又姓武王弟霍叔之後虛郭反七加三 霩 雲霄皃也 矐 驚視 藿 豆葉香草 矐 目開皃出字林

加 曤 明也出字林加 彍 張也或作彍說文云張弓弩開元十三年置横彍騎又音郭加 鄗 郭亦通城郭又吉博反三 崞

縣名在鴈門又山名 槨 棺、 雘 丹也烏郭反三 蠖 蚇、 𩝞 味薄 穫 刈穫胡郭反五 愯 心動皃 檴

、落人名 鑊 鼎、 爔 熱、 廓 虛也苦郭反三加一 鞹 皮 漷 水名在魯出說文又許𤢫反加

丗

唐寫本唐韻弟四十三葉

入聲

𩍐圭也。字林音徵。又姓，風俗通漢有山陽令𩍐洪之翼。又六加一 織組、 膱油敗 蟙、蠌蝙蝠別名 蘵草名似酸

脩漿 膱脯長二寸曰膱出儀禮也加 直正也。除力反一 力力筋。又人姓，黃帝佐力牧之後。林直反六加二 朸縣名在五原 屴

、崱山皃 仂不懈 鷘似鴨而小。亦作鳥。出字統。加 艻艻趙魏間呼艻出方言 勑誡也。古作敕。恥力反八加二 飭牢密

又整也又備也 淔水名 趩行聲 栻句又木名 恜憂且 侙意慎侙、 鶒鸂鶒鳥或作鷘 敕方言云趙

魏間呼打加 陟升也。竹力反二 稙早禾 食飲食。又戲名，博弈用也。又姓，風俗通有博士食子公，河內也。乘力反二也

蝕日月蝕。說文敗瘡也。亦蟲 息止也。媳息也。相即反六五加一 楒木名 鄎新息縣在豫州 瘜惡肉 熄畜火

謂種火加 蒠菲菜別名出迩足加 寔實也是也。常職反五 湜水清 殖多也生也 植種 埴黏土古、

作戠 識常寔反六加一 式法也敬也用也。又人姓，出何氏姓苑 拭、刷 軾車前 飾、裝 䋷方言云趙魏呼

經而未緯者為機䋷 赩火赤。許力反二 衋傷痛其心現書傳 崱、、山皃。士力反一 匿藏也。女力反二 蟲蝕

忇度也。初力反三 惻愴、 畟畟、陳器狀。又音即 憶於力反十加一 臆胷、 億万億。又度也

醷梅漿 澺水名 薏、苡亦蓮心 䕃覆頭出韻略加 螠小蜂 䩯皮鞕丘力

一反 色 所力反七加一 歛 小怖 嗇 愛惜又姓出何氏姓苑 轖 馬車下絡帶 穡 稼穡禮曰種曰稼收曰穡 蔷 蘩菜

轖 字書云車藉交革加 殛 誅也紀力反六加二 極 急性相及 襋 衣領 棘 小棗亦戟名又人姓左傳云棘社本

姓棘先人避難改為棘氏蓋大夫棘子成之後 亟 急也又音氣數也加 璥 埤蒼云垂璥名出美玉加 弋 繳射亦姓出姓苑與職

文十四加二 翊 馮翊郡又輔翊 翌 明日 廙 敬也又音異 戭 皀 翼 羽翼又姓漢有諫議大夫翼奉晉翼侯之後

䞕 ﹅麦 隿 繳射或作弋 蘱 藕﹅翹 妰 婦官 潩 水名出密縣大騩山 杙 藥木名實如梨 廙 說文云田

䟈 說文云趩進趩如加 即 就也亦人姓風俗通有華父令即費又複姓有城陽相齊人即墨氏子力反九加一 稷 五穀之總名

一曰黍屬 稷 木名似松 犪 牛名 蝍 ﹅蛆蟲又子結反 䁞 ﹅蹙迫良 鄉 ﹅襄縣在魏郡襄字虜非人 禝

社禝又人姓風俗通云后禝之後 畟 說文云理稼畟之進也詩云畟﹅良耜又音側 逼 迫也或作偪彼側反二 皕 ﹅百 域 塋

一五 罭 魚網 棫 木叢 蜮 短孤 䧕 字林云大力良加 洫 溝洫況逼反五加二 閾 限 緎 衣縫

洫 疾流也出說文加 湢 清淨加 堛 土由芳逼反九加二 愊 悃愊至誠 腷 腷臆

𩞄 馨聲 稫 ﹅稄禾密滿良 副 折也禮注云為子副花者副之巾以飾加 逼 ﹅言

具 ﹅﹅日 揊 ﹅打 仄 ﹅陋左傳云虔姓 𠠗 蜜足石附子一歲為附子山縣 ﹅﹅ 鎘 之

隘力 加一 ﹅ 陽 蒸 ﹅ 嶷

唐寫本唐韻弟四十四葉

入聲

側 傍 說文云仄 側頭加 愎 很也符逼反三加一 腷 [illegible]

又一 嶷 岐嶷魚力反三加二 薿 茂盛加 [illegible] [illegible]

又二加一 稷 字林云耕也加 極 渠力反一 [illegible] 德 [illegible]

在張揬出地理志或作得加 䫂 取出說文加 則 [illegible]

礼說文云祭用數之十切 芀 蘿芀香菜名胡荽 勒 [illegible] 忒 [illegible] 得 [illegible] 匿 [illegible] 惑 [illegible]

從人求物古說文 刻 刻鏤若得反三 克 能也勝也 剋 自 [illegible]

假貸又音貳 貳 或字從弋 蟘 食禾蟲 杙 黑 北反三 潶 [illegible] 默 [illegible] 墨 [illegible]

難是莫北反六加一 默 靜或作黙 冒 下也又莫報反 蟔 [illegible] 纆 [illegible] 万 万俟 [illegible]

昨則反二 鯽 或作鯽魚烏鯽名雀豹古 [illegible] 塞 [illegible] 寒 [illegible]

北 南北亦奔也博墨反一 菔 蘆菔蒲 [illegible] 匐 [illegible]

或 不定胡國反三 惑 迷 蜮 [illegible]

卅一

䳜鷰鳥食之年 國 邦國。又姓，太公之後，左傳齊有國武。古或反。一 䫨 嗤䫨。墨反。一 劾 推劾。[illegible]反。一 [illegible]

似鼅而小，斑，从黽。又三 䏁 字統云：埃也。又日日無光 祴 [illegible]衣

六加二 鄴 縣名，在襄州。又姓，風俗通云：漢有梁令鄴[illegible]。 騾 [illegible]高大皃 嶪 山皃。加 [illegible]

筍簴上懸鍾磬者。板加 [illegible] 繢出[illegible]。加 脅 [illegible]又三 [illegible] 歙 氣[illegible] 愶 以威力相恐愶。出說文。加

怯 去劫反。又一。加 劫 強取。居怯反。又二。加二 衱 領[illegible] 腌 鹽漬魚。亦作鮠。於劫反。又六 蜐 南越志云：石蜐生石，形如龜，腳得春[illegible]

雨則生花。加 罨 魚網。又烏合反。烏合二反。四 裛 書囊。又文字要略云：裛[illegible]於及於輒二反 稖 [illegible]穜 殗 殗殜，不[illegible] 殜 字音[illegible]

卅二

乏 房法反。疊也。一 法 方乏反。則，亦作灋。云正。一 猲 起法反。恐受財。說文曰：恐猲。[illegible]一 姂 好皃

第七類

五代本韻書

第七類　五代本韻書

這一類是在刊謬補缺切韻和唐韻以後所産生的韻書，分韻多，收字廣，而且注文也比較繁富，是其特點。這裏所收的有切韻唐韻序兩種，寫本韻書殘葉一種，五代刻本韻書四種。

切韻唐韻序寫本包括陸法言序、長孫訥言序、郭知玄序和孫愐序。陸序、長孫序、孫愐序在文字方面都與以上幾類書中所有不盡相同，而與廣韻卷首所載幾乎完全一致。另一種寫本韻書殘葉也是時代很晚的書，所以與五代刻本韻書歸爲一類。

五代刻本韻書，伯希和編號極爲錯亂，内容也比較複雜，現在根據平、上、入三聲韻次排列。刻本情況，詳見下編考釋。

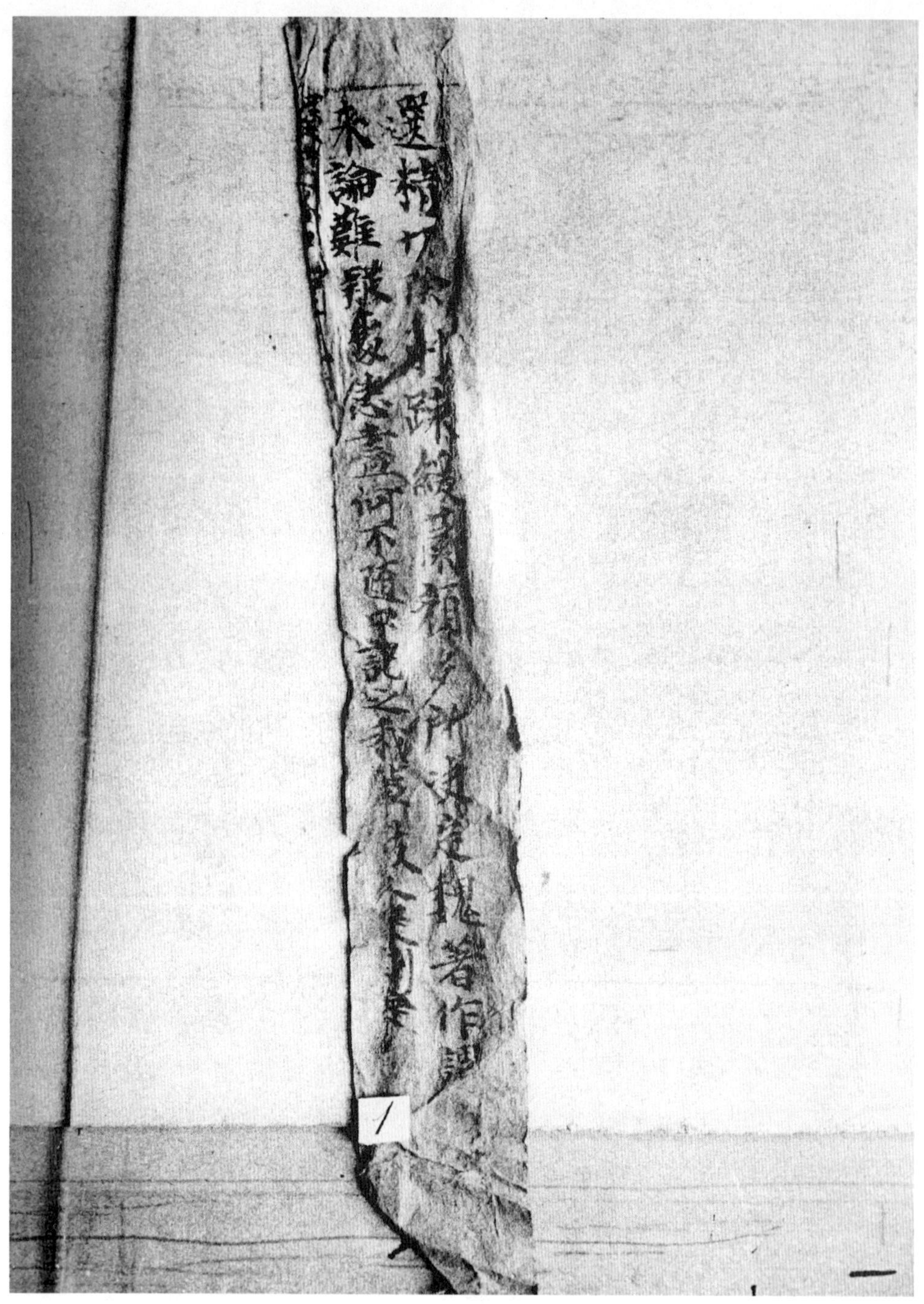

選精切除削疏緩蕭顏多所決定魏著作謂
來論難疑處悉盡何不隨口記之我輩數人定則定矣

1

（接前）

握筆略記綱紀博問英辯殆得精華於是更涉餘學兼從薄
十數年間不遑修集今反初服私訓諸弟子凡有文藻即須明聲
屏居山野交遊阻絕疑惑之所質問無從亡者則生死路殊空
可作之歎存者則貴賤禮隔以報絕交之旨遂取諸家音韻古今
書以前所記者定之為切韻五卷剖析毫釐分別黍累何煩
泣玉未得縣金藏之名山昔怪馬遷之言大持以蓋醬今歎楊雄
之口吃非是小子專輒乃述群賢遺意寧敢施行人世直欲不出
戶庭于時歲次辛酉大隋仁壽元年　　訥言此製酌古沿今無
以加也然苦傳之已久多失本原差之一畫詎惟千里見炙從肉莫
究厥由輒意形聲固當從夕及其晤矣彼乃乖斯若靡[illegible]
他皆倣此須佩經之隙沐雨之餘揩其紕繆疇茲得失銀鉤[illegible]
[illegible]

他皆放此須佩經之隟雨之餘揩其紕繆曉茲得失銀鉤
豕成群游游行披魯魚盈貫遂徵金篆遐泝石渠略題
意詞仍記所由之典亦有一文兩不得備陳數字同歸惟其擇
善勿謂有增有減便慮不同一點一撇咸資別據其有類雜並為
訓解傳之不謬庶埒 于時歲次丁丑大唐儀鳳二年 前將
州多田縣丞郭知玄拾遺緒正更以朱牋三百字其新加兩
反音者皆同上音 陳州司法孫愐唐韻
蓋聞文字聿興
音聲韻乃作蒼頡爾雅為首詩頌次之則有字統字林
韻集韻略述作頗衆得失互分唯陸生切韻盛行於世然隋
珠尚類虹玉仍瑕注有差錯文復漏誤若無刊正何以討論
我 國家偃武修文大崇儒術置集賢之院召才學之流自開
闢以來未有如今日之盛上行下效比屋可封輒罄搜文敢補遺
闕兼習諸書訓解州縣亦據今時字體從木從扌著彳著亻

開兼習諸書訓解州縣亦據今時字體從木從才著彳著
亻施攵施攴安尒禾並悉具言庶無紕繆其有異聞奇怪傳説
姓氏原由土地物産山河草木鳥獸虫魚備載其間皆引憑據
随韻編紀添數家勒成一書名曰唐韻蓋取周易周禮及按三蒼爾雅字
統

選精切除削踈緩蕭顏多所決定魏著作謂法言曰向來論難疑處悉
盡何不隨口記之我輩數人定則定矣法言即燭下握筆略記
綱紀博問英辯殆得精華於是更涉餘學兼從薄宦十
數年間不遑修集今返初服私訓諸弟子凡有文藻即須
聲韻屏居山野交遊阻絕疑惑之所質問無從亡者則生死
路殊空懷可作之歎存者則貴賤禮隔以報絕交之旨遂取
諸家音韻古今字書以前所記者定之為切韻五卷剖析
毫氂分別黍累何煩泣玉未得懸金藏之名山昔怪馬遷之
言大持以蓋醬今歎揚雄之口吃非是小子專輒乃述群賢
遺意寧敢施行人世直欲不出戶庭于時歲次辛酉大隋
仁壽元年　訥言曰此製酌古沿今無以加也然苦傳之已久
多失本原差之一畫詎唯千里見炙從肉莫究厥由輒意形
聲固當從夕及其晤矣彼乃乖斯若靡憑焉他皆倣此頃
佩經之隟沐雨之餘揩其紕繆疇茲得失銀鉤剏閱晉豕
成群盪櫛行披魯魚盈貫遂徵金篆遐泝石渠略題會
意詞仍記所由之典亦有一文兩體不得備陳數字同歸惟其
擇善勿謂有增有減便慮不同一點一撇咸資別據其有
類雜並為訓解傳之不謬庶埒　云于時歲次丁丑大唐儀鳳
二年　前費州多田縣丞郭知玄拾遺緒正更以朱牋三百字
其新加無反音者皆同上音　陳州司法孫愐唐韻
蓋聞文字聿興音韻乃作蒼頡爾雅為首詩頌次之
則有字統字林韻集韻略述作頗眾得失互分唯陸生
切韻盛行於世然隋珠尚類虹玉仍瑕注有差錯文復漏

則有字統字林韻集韻略述作頗衆得失互分唯陸生
切韻盛行於世然隋珠尚類虹玉仍瑕注有差錯文復漏
誤若無刊正何以討論我　國家偃武修文大行儒術置集賢
之院召才學之流自開闢已來未有如今日之盛上行下効比屋可
封輒罄搜遺文敦補遺闕兼習諸書或訓解州縣亦撰今時字
體從木從扌著亻著彳殳施攴安尒禾並悉具言庶無紕繆
其有異聞奇怪傳說姓氏原由土地物産山河草木鳥獸
蟲魚備載其間皆引憑據隨韻編紀添彼數家勒成一
書名曰唐韻蓋取周易周禮及按三蒼爾雅字統字
林說文玉篇石經聲韻聲譜九經諸子史漢三國志晉宋
後魏周隋陳宋兩齊本草姓苑風俗通古今注賈執姓氏
英賢傳王僧孺百家譜周何潔集文選諸集孝子傳
輿地誌及武德已來創置迄開元三十年並列注中等夫[illegible]
流汗交集愧以上陳　天心久有允青子吉成子者則汝陽侯
榮之曾孫卓尔好古博通內外直穎巖吐納自然抗志鈐
鍵栖神梵字淡泊無事希彧絕慄慄恕風異靈籙怡懌孝
竊史籍廣覽群書欲令清濁昭然昇之上有終日而忘食有
連宵而不寐按樓神記精怪圖山海經博物志四夷傳大荒
經南越志西域記西壁傳漢纂[illegible]論證俗方言御覽字府
及九經三史諸子中遺漏要字訓義解釋多有不載今並具
言之子細研窮究其巢穴澄漑微思鄭重詳思輕重
斯亦不令恩糅紙之金篋遜珠之寶之而已哉寧詞阻險敢不
竊談一沂懸心克諧雖況依次編記而不別番其一字數訓
則執優而尸之劣而副之其有或假不失元本以四聲尋譯
冀覽者去疑宿滯者豁如也又紐其唇齒喉舌牙部件

7.2（二十六）　切韻唐韻序二（伯二六三八）

其覽者去疑宿滯者豁如也又紐其唇齒喉舌牙部仵
而次之有可細〈紐〉不可行之及古體有依約之並採以為證庶
無壅而昭其憑起終五年精成一部前後惣加四万二千三百
八十三言仍篆隸石經勒存正體幸不譏繁于時歲次
辛卯天寶十載也
論曰切韻者本乎四聲紐以
雙聲疊韻欲使文章麗則韻調精明於古人耳或人不
達文性便格於五音為足夫五音者五行之響八音之和四
聲間迭在其中矣必以五音為定則參宮參羽半徵半商
引字調音各自有清濁若細分其條目則令韻部繁碎
徒拘桎於文詞耳

伯二〇一六

……必具言之子細研窮究[illegible]

[illegible]……分不合[illegible]採摭之金[illegible]之寶之而已哉

字詞阻險，敢不躬談？一者愚心克諧，雅況[illegible]論訖而不別番其文字數訓[illegible]

執優而尸之，旁而剗之，其有或假不失，本以四聲尋譯，與覽者去疑宿滯者豁

如也。又紐其脣齒喉舌牙部仵而次之，有可紐不可行之，及古體有依約之，並採以

為證，庶無壅而昭其憑。起終五年，精成一部，前後總加四万二千三百八十三言，仍篆

錄石渠[illegible]幸不識[illegible]，于時歲次辛卯天寶十載也。

切韻平聲上第一　凡廿八韻

一東德紅　二冬都宗　三鍾職容　四江古雙　五支章移　六脂旨夷　七之止而　八微無非　九魚語居　十虞遇俱

十一模莫胡　十二齊徂奚　十三佳古膎　十四皆古諧　十五灰呼恢　十六咍呼來　十七真職鄰　十八臻側詵　十九文無分　廿殷[illegible]

廿一元[illegible]　廿二魂戶昆　廿三痕戶恩　廿四寒[illegible]　廿五[illegible]　廿六[illegible]　廿七刪[illegible]　廿八山所閒

東[illegible]……德紅反[illegible]　凍[illegible]　鶇[illegible]　鯟魚名　倲[illegible]　蝀[illegible]　崠山名　涷[illegible]　䰤[illegible]　𩜍[illegible]

同[illegible]　峝[illegible]　筒[illegible]　㢘[illegible]　桐[illegible]　銅[illegible]　𦨴[illegible]　……

童[illegible]　僮[illegible]　瞳[illegible]　穜[illegible]　潼[illegible]　……

通[illegible]　……

必具言之子細研窮究其
巢穴澄鄭重詳思輕重其分不令恩糅紙之金篋珎之寶之而已就
言
穿詞阻險敢不躬談一泝愚心克諧雅况依次編記而不別番其一字數訓則
執優而尸之劣而副之其有式假不失元本以四聲尋譯冀覽者去疑宿滯者豁
如也又紉其脣齒喉舌牙部件而次之有可紉不可行之及古體有依約之並採以
爲證庶無壅而昭其憑起終五年精成一部前後惣加四万二千三百八十三言仍篆
𥿄石經勒存正體幸不譏繁于時歲次辛卯天寶之十載也

切韻平聲上第一　凡廿八韻

一東德紅　二冬都宗　三鍾職容　四江古雙　五支章移　六脂旨夷　七之止而　八微無非　九魚語居　十虞遇俱
十一模莫胡　十二齊徂嵇　十三佳古膎　十四皆古諧　十五灰呼恢　十六咍呼來　十七真職鄰　十八臻側詵　十九諄之純　廿文武分
廿一殷於巾　廿二元語袁　廿三魂戶昆　廿四痕戶恩　廿五寒胡安　廿六桓胡官　廿七刪所姦　廿八山所閒

東動〻四時之始在木中公西宗又複姓十四氏東里東野東萊東門東郭東郊東宮東閭東陵東周東方東陽東鄉東閭東樓德紅反十五　涷水出發鳩山又去又山　鶇獸名似羊一角一目〻在耳後
又去又音陳也　鍊隤犁又轄　鰊魚名似鯉　倲獨行皃又姓也　倲行皃　棟列水〻樋　崠〻如山山名　埬上〻地名　菄〻風草名　𧓕致〻科斗又蝱東　鶇鳥名　鶇
同上　䵧醜皃　同和〻齊同又胡同律人姓同蹄羌複姓又同陁亦姓徒　筒竹〻又去箭　詷聲　峒地下應　洞〻通　哃〻嗜〻大言　桐蒼梧又姓〻桐山名　挏摩〻推引又挏樺
〻提　桐木盛〻茂也　舡〻舩船名　烔〻烔熱氣　魚名　鮦〻鱁魚　字　粡同上　酮虫名虫　弓同弓〻鍩　𩍅同馬酪　絧布名　狪獸名似豕出太山又
侹　鵰〻鳴名鳥　鄗鄉名　童古〻僕字今童子正從辛里聲作㠉童又姓礼男有罪曰奴〻曰童女曰妾〻字亦從辛下女也　僮古〻子今〻僕又　瞳目〻子　犝無角牛　羶小羊　潼
水在華陰又潼關又赤容反河　橦〻朧日欲明　童裴東　童木名花可為布　衕通街宅江反　幢山名　云車上同又尺容反烏同　瓩井甃　鶇〻　觀
水鳥了　違巷也反九　箇竹名可以為眼　蓪〻草藥名　涌水名
龍山〻從山皃　龍大聲　龏　㠯
櫳房　龍〻

伯四七四七

紅反卅四饛盛食滿也濛〻汜日入處水名又小雨鬕馬毛朦大〻矇瞽〻⿰馬蒙馬子曚

⿰衤蒙襤衣懞心不明又上幪巾鸏水鳥冡覆〻霿零雨⿱冡皿竹器⿰酉⿱冡皿濁酒

織竹編箬菜以覆舩篷車上帆髼鬆乱又輽車聲蠭小舌乱飛熢〻爀芃〻茸盛皃韸

蟲反一·雄〻雌英雄囯隆反四硝〻石⿰豸古如虫似豕在地下熊〻羆又姓·弓弦木爲弧即弓矢又姓居隆反五躬

⿰氵宮縣名水名·穹〻天昊也穹盧穹曲去弓反五芎〻藭邛地名悹〻憂又怨⿱竹⿰弓虫〻籠·亠

從足始窮羿治有窮國名·䝐獸名如豕置弓反一·終〻竟〻絿〻絲也綿絲又姓職隆反十五泈〻水名柊〻木〻旅椎爲冬〻

戎人呼之螽蝗〻蟲〻春虫鼨〻色又疾眾多又去霶小雨又⿰魚眾又潨小水入大水又在冬〻反⿰豸眾

黃

蜀葵又稾日有五色又似木槿而光色亦茙葵也茙

炊氣上出又祝融後余陵反四瀜沖〻水皃融正字〻〻祭今省舟

融又虫盅器虛又虫烛火氣·蟲有足曰蟲俗作虫直

草名又节·隆高盛力中反鼕

妃吞乙祀⿰虫戎虫名⿰髟戎細毛崧而高曰〻硹

五代刻本切韻（伯四七四七）

伯二〇一四

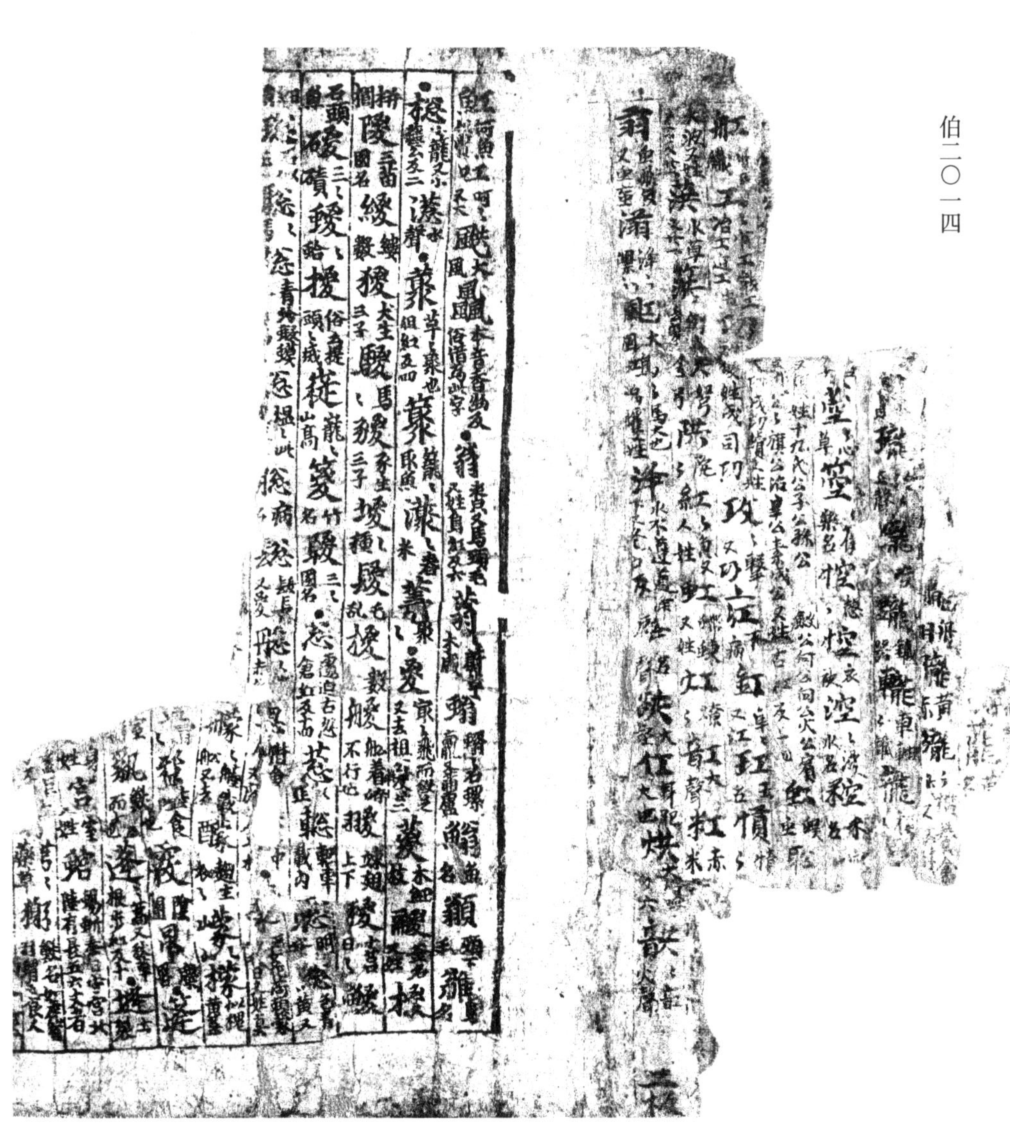

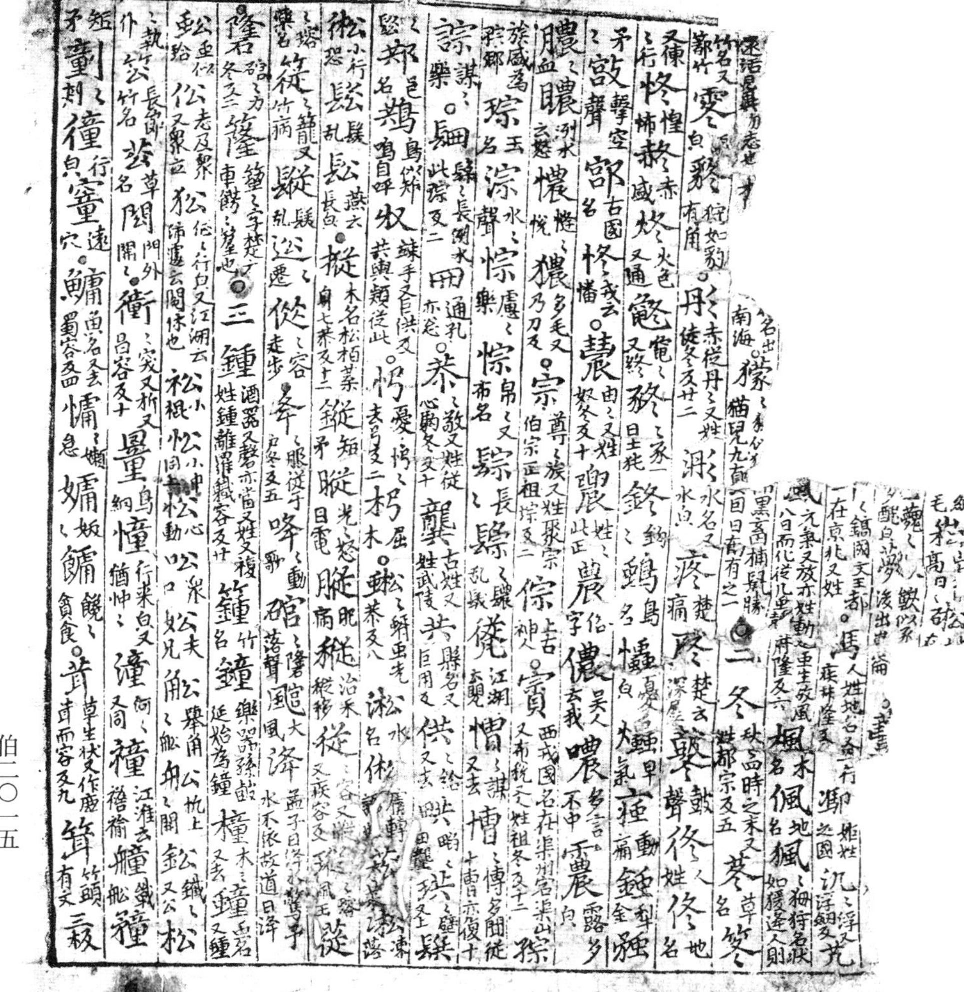

伯二〇一五

伯二〇一四

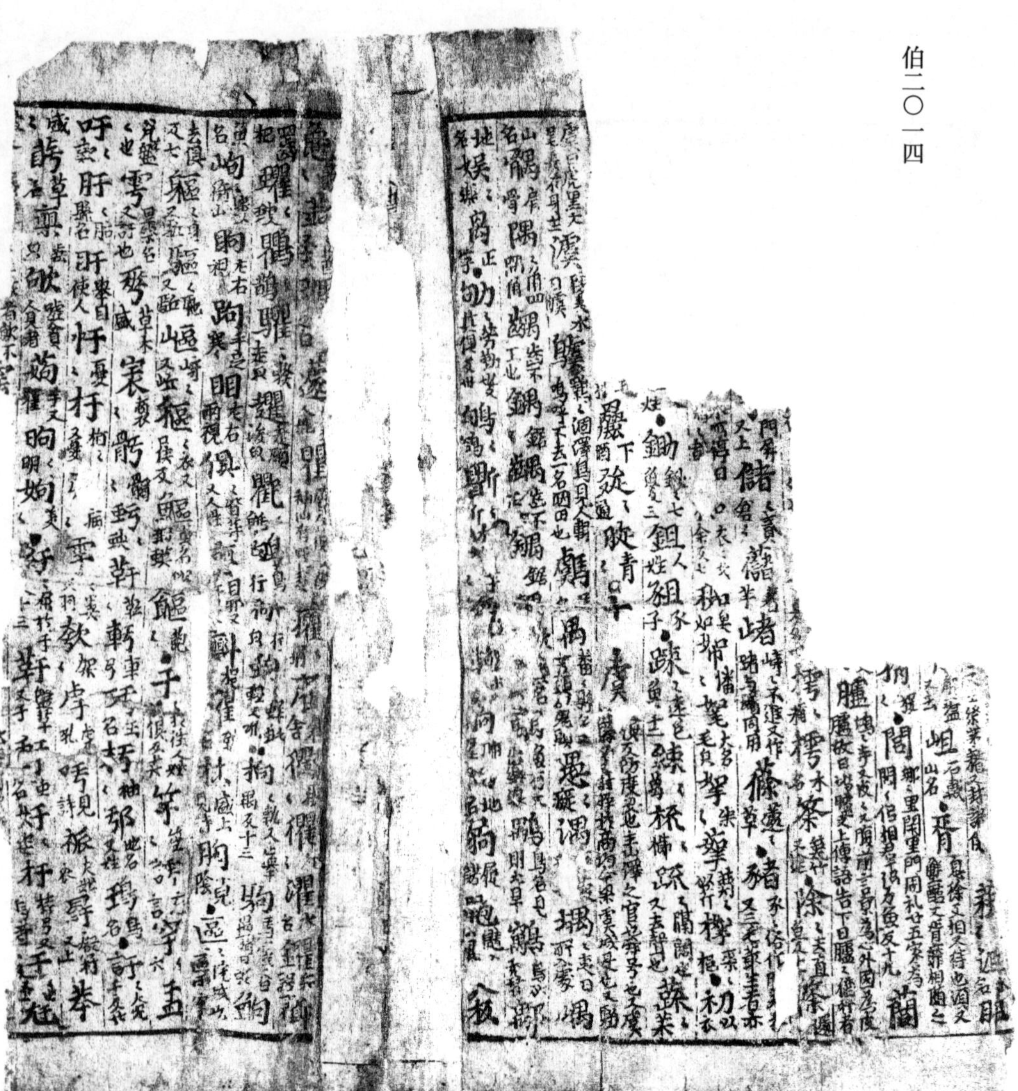

伯二〇一五

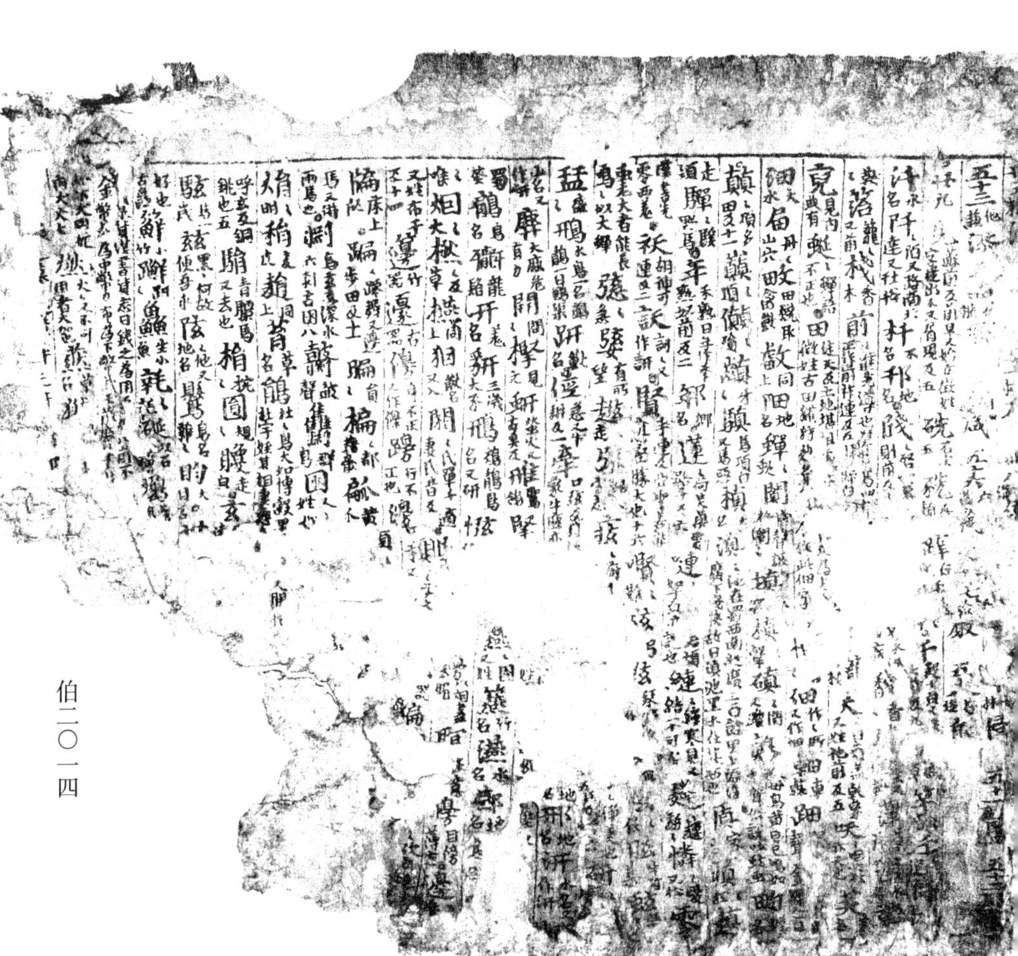

伯二〇一四

一郎唐 卅三

卅五精□清 卅六經□青 卅七求□尤 卅八□□侯 卅九乩□幽 五十林□ 五十一廉鹽 五十二□□□

五十三他兼添 五十四都登 五十五胡讒咸 五十六戶監銜 五十七語□嚴 五十八□□凡

○廿九先蘇前反前早又始亦徵姓字从出又屑現反五 硄石次玉 豜豕起 蹕行皃 蹘□〻 ○千數十□□□ 芊草□ 竿箱〻 迁進〻 仟長〻人

汘水名 阡〻陌又路南北達又仟䢘□ 杄木名 邘地名 ○戔〻啟小表〻片則□反十六〻七□□疾 馢香〻 湕□室又進□ 葏草茂 濝水名 鶈

韉〻 箈□□又前 棧香木 前〻進先導也□正作前祈連反 騚馬四蹄白 萷 箈籠〻又□ ○天〻曰員蓋䏻皃又姓他前反五 吠〻咽又姓亦天也 芺草名

莧見內典有 𧥾〻鐔語不正也 ·田徒天反土地堪相处亦徵姓古田□□□名十八 思□□皃□□□今作此佃字 㽕□〻 佃作田所又作□ 軥車轅 跙踏地聲 鈿金花鈿婦人首

𣲂大水 畐丹□山穴 畋〻□取禽獸 𢿱同上 阗地名 𧭡〻語 闐□聲振□□ 填塞〻 槙□擊 磌□□□□ 鷏□毋鳥黃日巳鳴如□□俗說吐蚊虫 畇地名

顛〻項多田反十一 巔〻頂 傎□ 齻□ ⿰馬真馬項白又馬□ 槙木名 滇〻池在蜀西南□廣三百餘頃上源深廣下淺狹故曰滇池黑水在其西也 𢈈□家 瘨〻狂 □真

走顛 驒〻馲野馬 ○年禾熟曰〻作秊熟奴前反二 ⿰年阝□名 ○蓮〻荷芙蕖□□□□□ 嗹□□□煩箏皃□也 縺〻縷寒□又結不可解 ⿺走粦〻趚□□ 憐〻愛不□ 零

漢書先零西羌 ○祆胡神可連反二 訞〻詞又作訮 ○賢辛連反亞聖□能愈堅勝大也十六 ⿰口賢〻□ 弦弓 絃琴瑟 □□□ □呟□□ 胘牛□ 蚿□□

虫之大者能長鳴□以文蚯□ 㥦〻急 ⿱弦女有所望 ⿺走玄〻走 ⿰弦女婦人守志 痃□□

⿱玄皿〻盤 鳽水鳥一名鳴□鵁一曰□渠 趼獸名 ○俓□又□□反一 牽□□反象牛脛亦

妍五弦反六也 研〻磨

地名 郉地名 汧水名又作□汧 岍

山名又作岍 𢇞大㕒危有力 開ㄑ問 撁見□ 豣虽□又古奚反 𤞿□□ 堅

蜀葵 鳾鳥名 𤞧龍□ 幵羌名 豣三歲大豕 鳽鳴鶄鳥名又研 ○㤥

ㄑ喉 烟火ㄑ 𤑇ㄑ□草 橪上同 狷獸名又入 𨶚ㄑ氏單于適妻氏音支 ○眠

又姓布千反十四 籩竹器 邊古器 𠐯身不正又作□ 𨇜行不正也 𤅬水名 [槙]

牑床上版 ○蹁ㄑ蹮舞又邊步田反十一 [日扁]員ㄑ 楄ㄑ鄰□□ [扁瓜]□瓜 □負

馬又併兩馬也 淵鳥玄反深水□□古困八 鼘淵鼓聲鼓 [雔鳥]群鳥 囦人姓 娟

焆ㄑ明 稍□皮 [走肙]上同 莦草名 鵑杜ㄑ鳥大如鵓鷇田□杜宇姪其相□□

呼玄反銅銚也五 駽青驪馬又去也 梋ㄑ [椀] 圓規ㄑ [貝夐]走皃 ○玄

[馬玄]馬一歲 玆黑ㄑ何故使君水 [阝玄]ㄑ他又地名 [鳥玄]□鳥名□ㄑ 䀏大目 ○卅

好也古 [竹鮮]小竹 [足鮮]跰□ [魚魚]魚ㄑ生小 [丰毛]ㄑ□以石 □鳥

○錢泉貨漢書貨志曰錢之為用□□□前幣□為中幣刀布為下幣

心□下火□肉七 燃火之不可用者火□也 [艹然]草名 [犭然]

燕ㄑ問又姓 [竹燕]竹名 [氵燕]水名 鄢地名□□□□

□□□盡 昀□□ □[目臱]目傍薄ㄑ ○邊□□

扁[幵]器 編 蹁足不正也

伯二〇一四

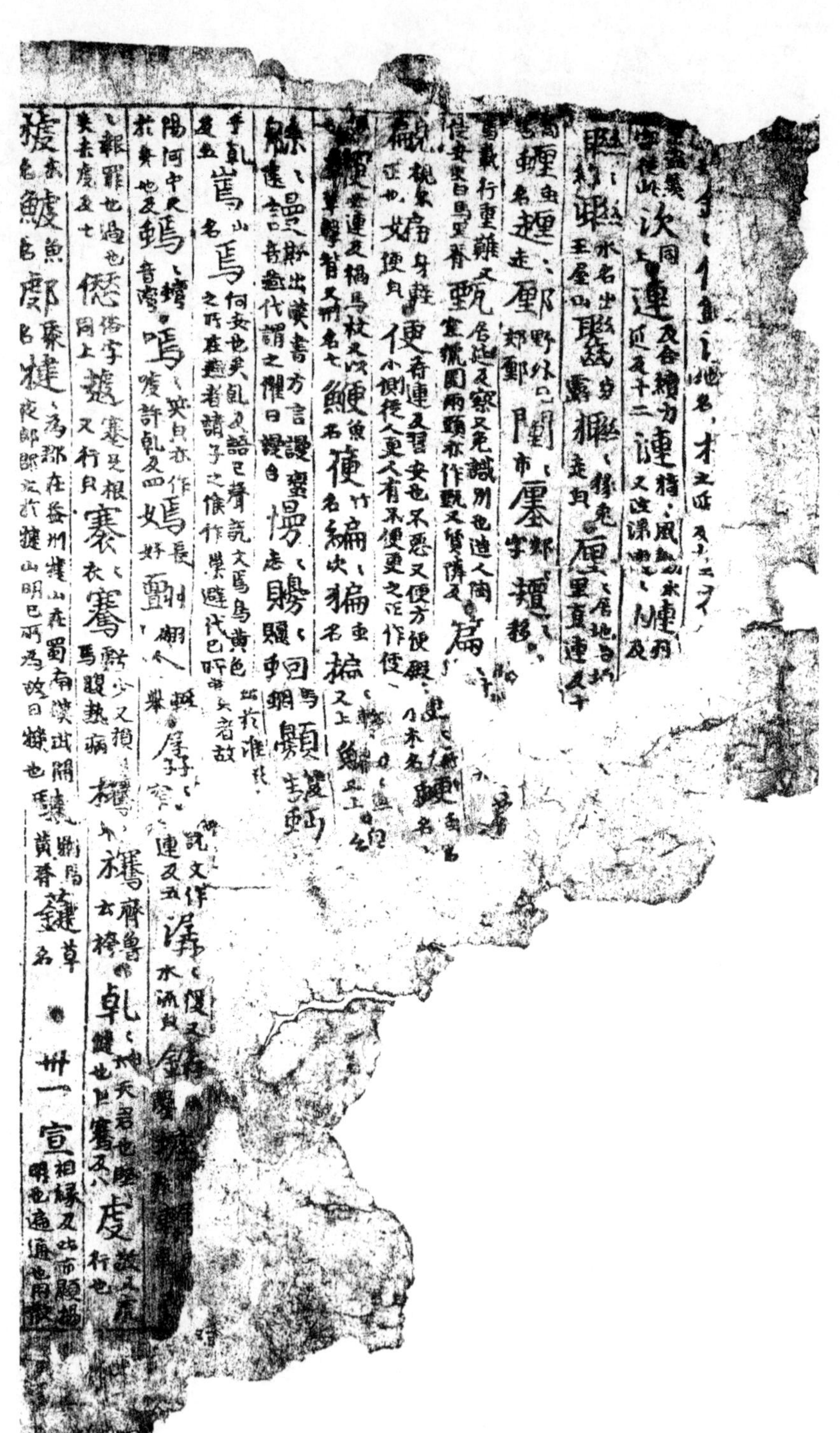

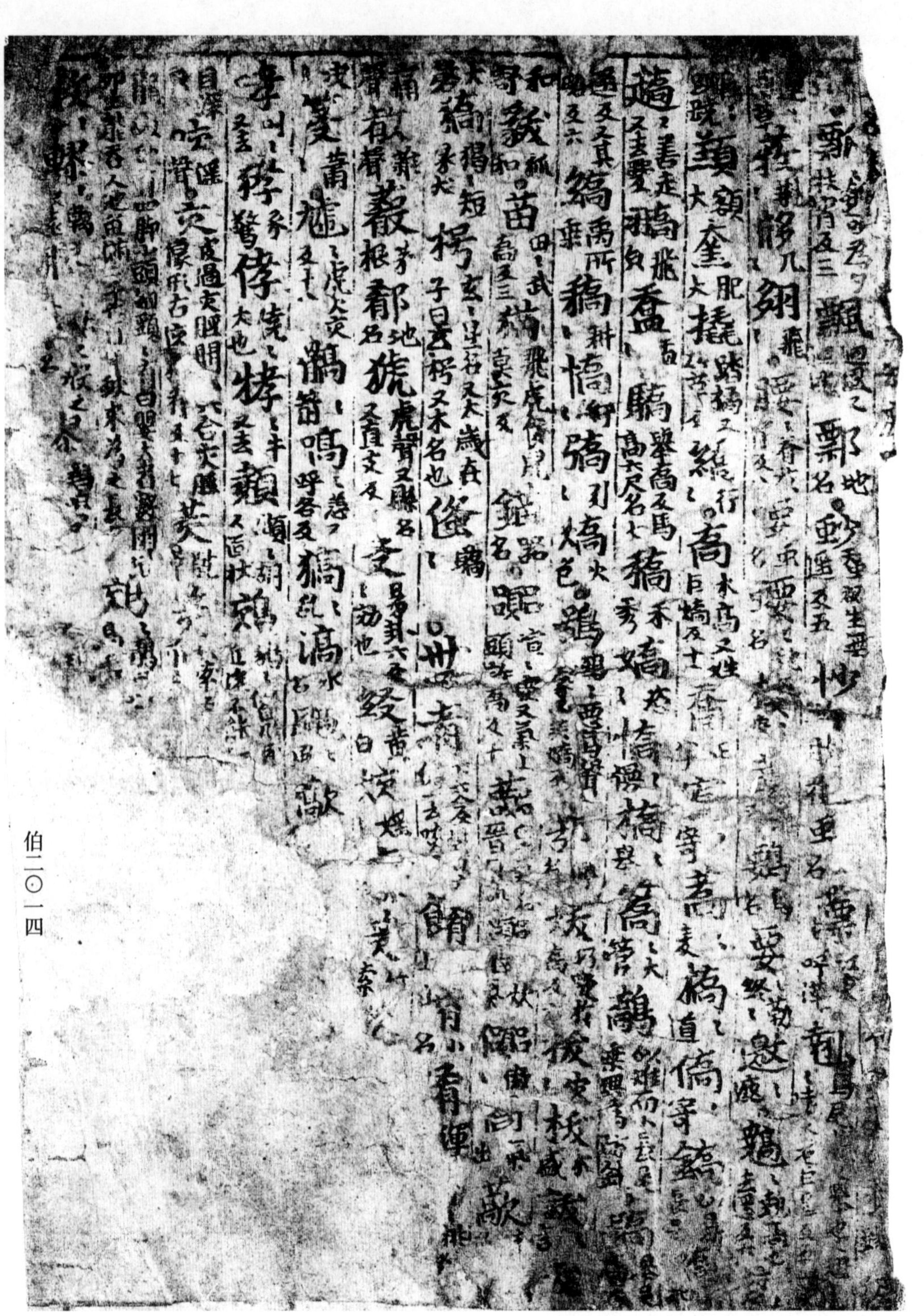

伯二〇一四

穚

雪皃。瓢〻□可為勺扶宵反三 飄迴風之迴飑 鄡名地。鈔虫吹生無遥反五 ⿰忄少□於□虫□ □呼□□□□ 翹鳥

□□□□ 茭□□□ 翲□ 腰〻脊於宵反□ 喓虫名 ⿰魚要〻鮫名 □□□ ⿰要鳥鳥名 要〻勒終 邀〻之。趫〻翹□了也去遥反六 僥

□□□□ 顤大額 奝大肥 撬踏橋又从荳反 繑行皃。喬水鳥又姓巨□反十□ 喬正字 ⿱宀高 蕎麦〻 橋〻道 僑寄〻 鐈□□□□ □

趫〻善走又去要反 翹飛皃 盉□□。驕舉高反馬高六尺名七 穚禾秀 嬌□ 憍〻□宕□ 簥舉〻大管 鷮似雉而小長毛乘輿而防□ □□□□□

遥反又其□反六 繑禹所乘 穚新〻 憍□□ 彍引〻 燆火色。鴞□〻惡鳥聲□□□□ 号□□□。姣巧□於 袨宕〻 校木盛 詨言〻 □㕭

和舒 豩狐和。苗田〻武喬反三 猫飛□□鼠莫交反 金以器名。⿰頁召喧〻□又氣〻頭□□反十 ⿱亠⿰頁召晉□□□ □⿰頁召□□□□ ⿰亻⿰頁召〻傲 □高氣出 歊

大聲 犒榻〻短喙犬 枵玄〻星名又太歲在子曰玄〻又水名也 傜〻□高 。卌四 肴□交反一云 □肴□□ 崤山名 □肴渾

痛聲 敿雜聲 毃芈根 鄗地名 虓虎聲又縣名又直交反 爻易卦六爻〻效也 ⿰至爻黃[白]

決〻 笅蕭〻。虓〻虎火交反十八 髇〻箭 嗃〻羔又呼各反 犒〻□ 滈水名 ⿰風高〻風 歊

哮叫〻又去 ⿰豕孝豕驚 ⿰亻孝僥〻大也 㹲〻牛又去 ⿺走頁□頁□人面狀 鵁

目深皃也 咬淫聲。交皮過交脛開也共合交脛像形古迯格肴反十七 茭

龍似蛇有四腳小頭細頸〻有白 鵁

敎令〻 轇□□□軋□

伯二〇一四

伯二〇一四

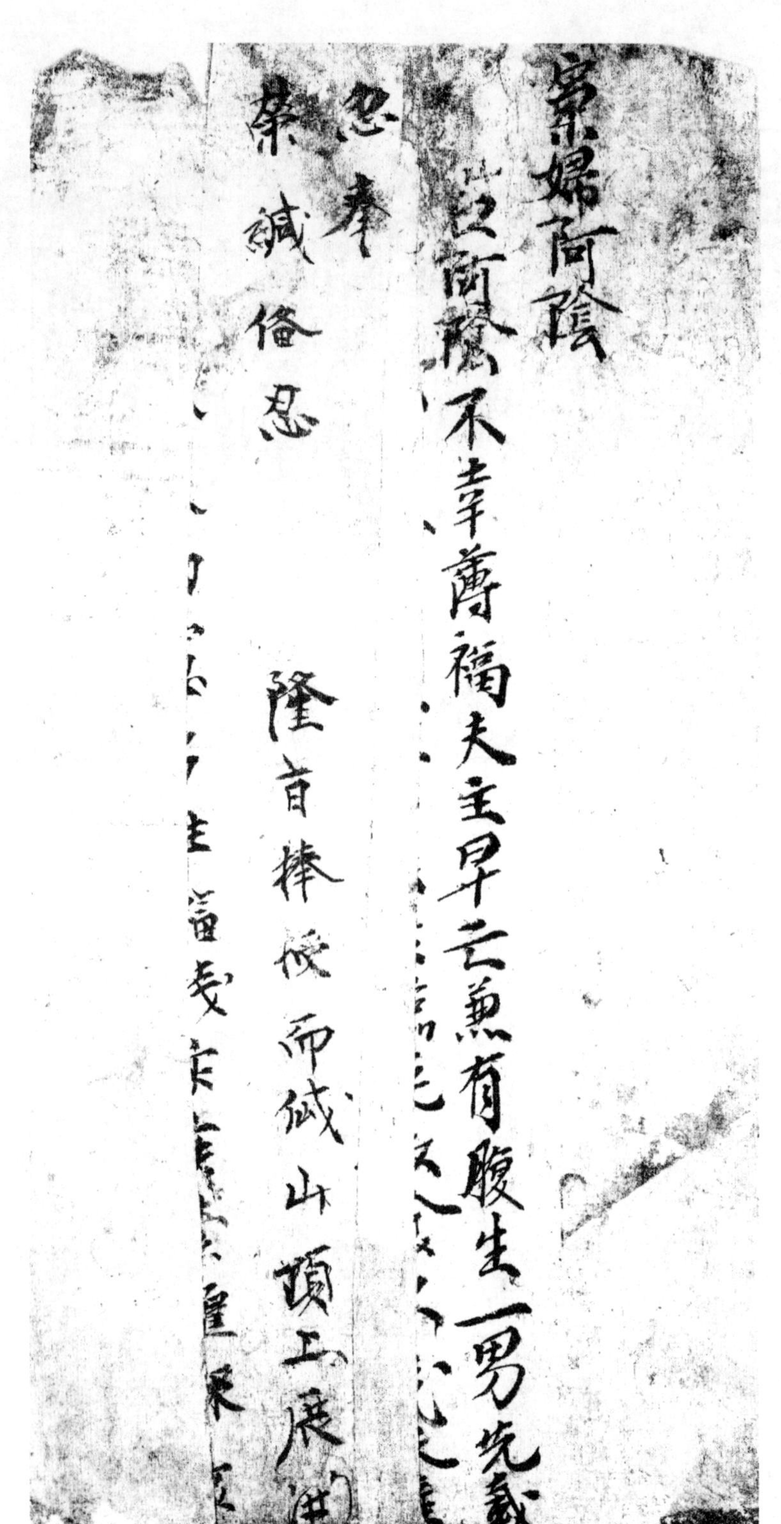

伯二〇一四

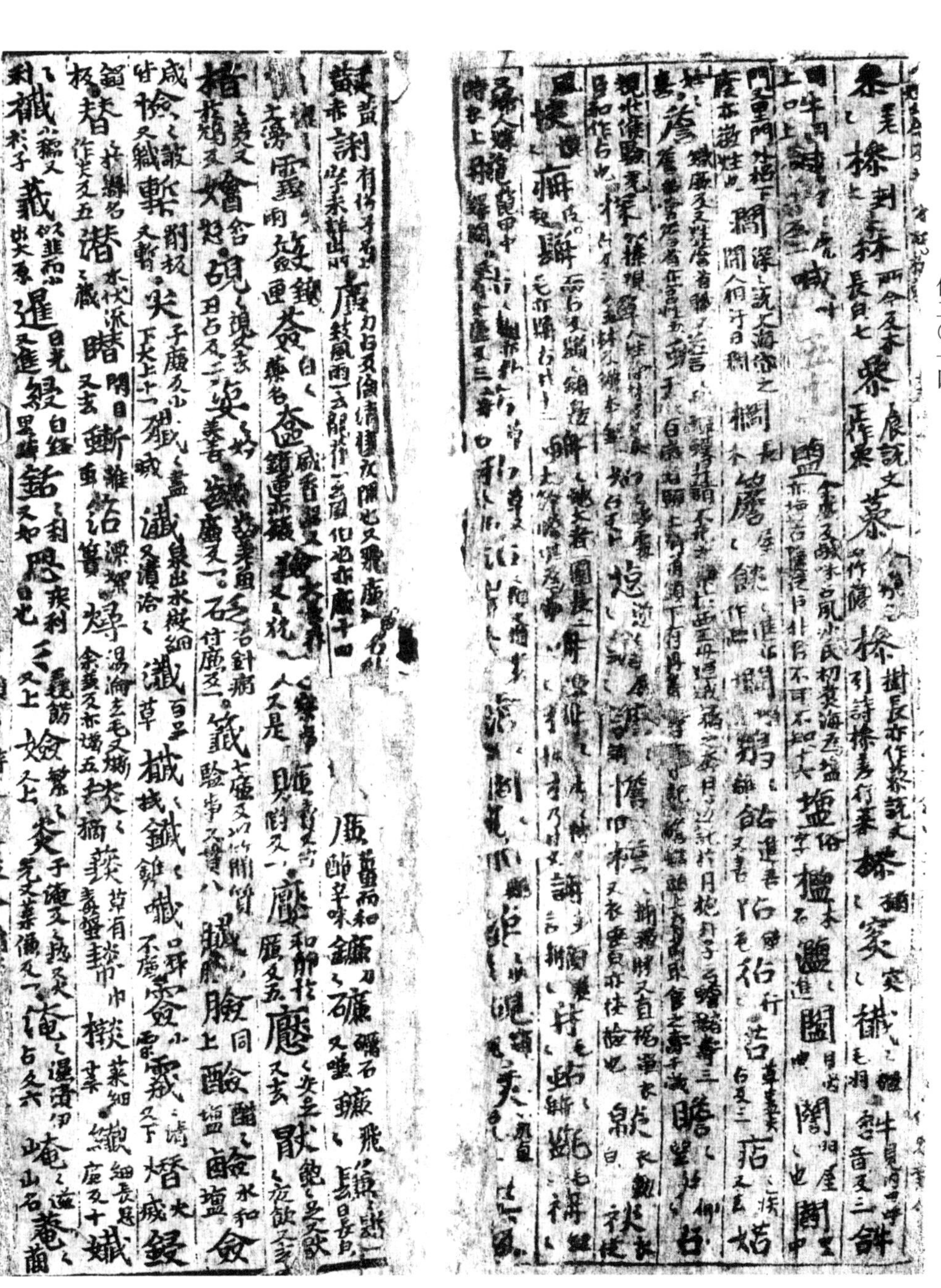

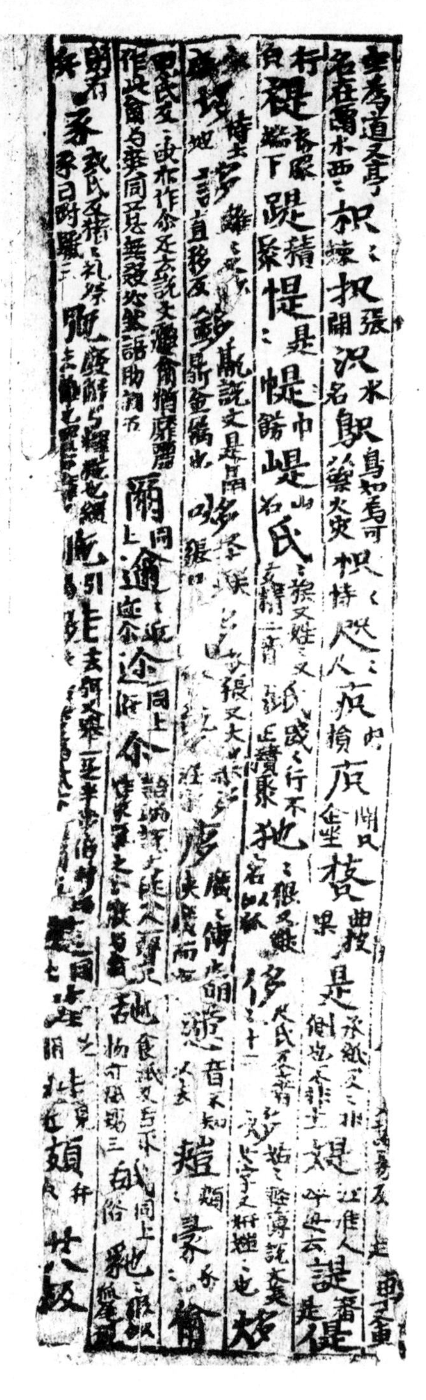

伯二〇一四

伯五五三一（一）

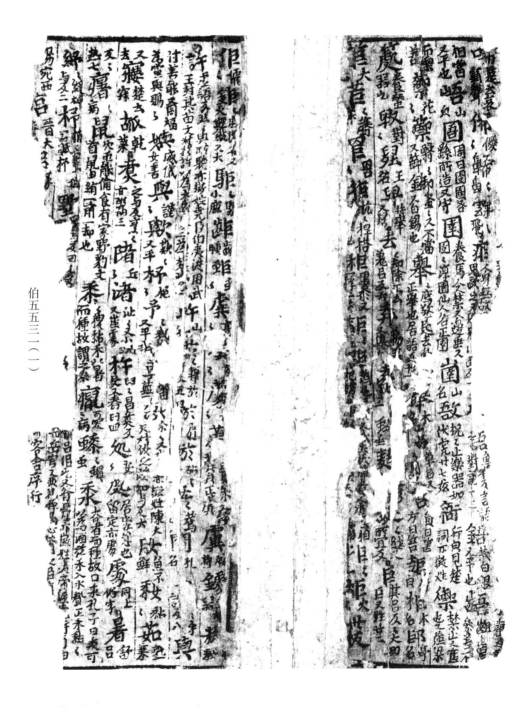

刻本韻書　五五三一

五代刻本切韻（伯五五三一）

伯五五三一（二）

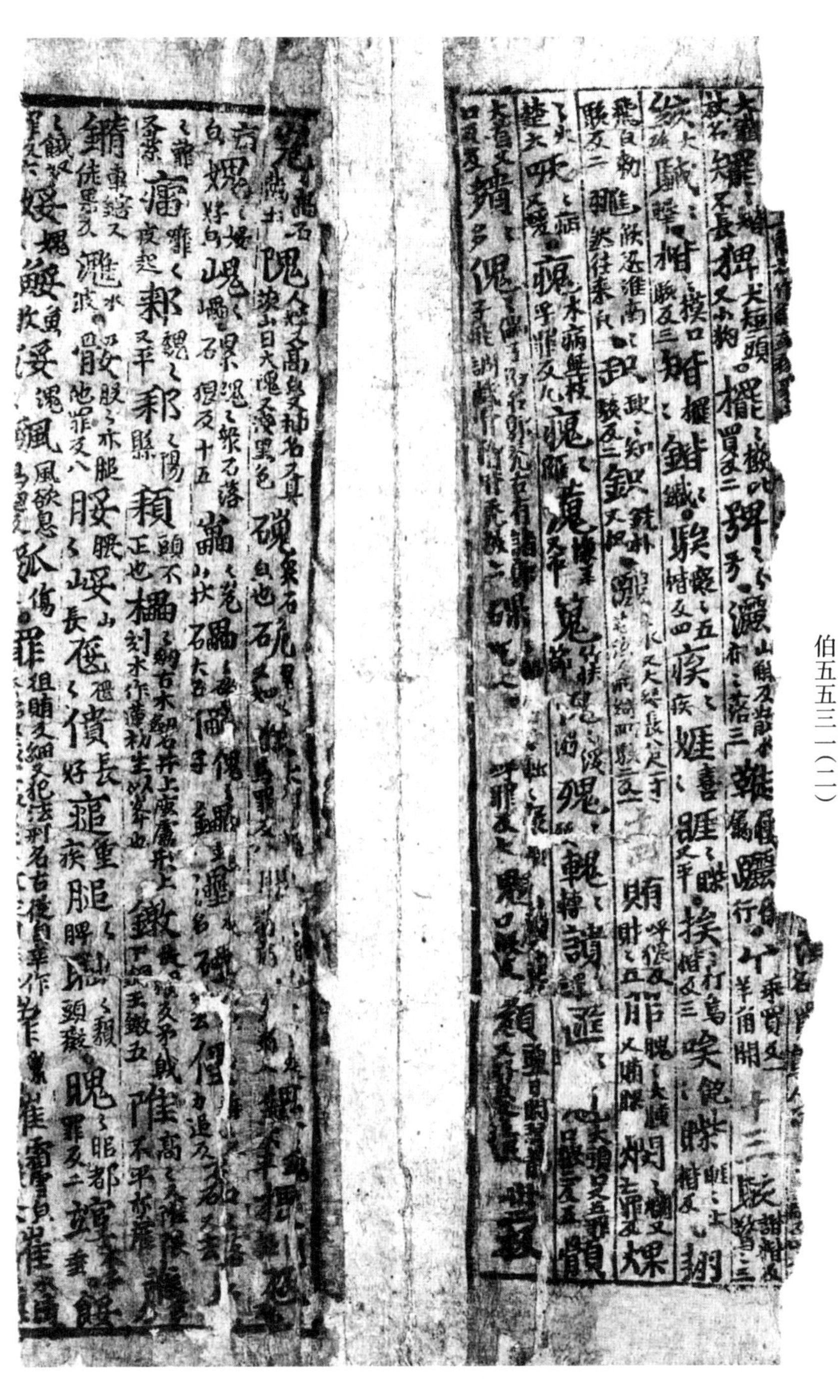

瘣 𤺌〻

大鐵杖名 鑼〻鍇不長 猈犬短頸又小狗 ˎ 罷〻撥比買反二 䎱〻弓 㶚山觧反散水亦〻落三 𩌦徙屬 躧徐行 ˎ 𠦃乖買反羊角開 十三駭 諧楷反驚〻三

絯大絲 駴〻擊 ˎ 楷〻模駭反三 鍇〻擺 鍇〻鐵 ˎ 騃癡〻五楷反四 痎〻痎 娾〻喜 睚〻睞又平 ˎ 挨〻打楷反三 唉〻鉋 騃睚〻士楷反 ˎ [illegible]

飛皃勒駭反二 [illegible] 倏忽淮南〻然往來皃 ˎ 鈬鈌〻知駭反二 鈬銚朴又枳 ˎ 灑〻水又大瑟長八尺一寸廿七絃又所綺所駭二反一 十四賄 呼猥反財〻五 䐠〻大腫又晡 㒩〻爛又亡罪反 [illegible]

吙〻病楚云又㗴 ˎ 瘣木病無枝乎罪反九 蘬懷羊又平 蒐竹妓節 溾〻浼濁 磈〻碨 𨋩〻轉 讃列也 匯〻□ ˎ 䫥大頭口又五罪口猥二反 顋

大首又口〻反 鐀〻多 ˎ 傀〻儡子俗名郭秃古有諸郭子能調戲滑稽皆秃故云 磥〻□ □ □ □ 䶒〻癡頭 □ 呼罪反七 䫌頭不正又口猥反 頠頭一曰閑習又好皃又五毀 □ 廿二板

𡾋〻嵔石戴土 隗人姓又高皃又神名又具茨山𠯑大隗又淺黑色 磈衆石皃也 硊累□又如 猥犬吠聲烏罪反八 腲弱病 □ 猥不省人 □ 鍡〻鑸不平 櫰樞戶 碨〻

病皃 媿〻姿好皃 嵬〻 磊磈〻衆石落猥反十五 㠥〻嵬山狀 礧〻硌大石 儡傀〻 鑸鍡〻 漯水名 礨小□石□云 儽垂皃又力追反 磊〻落又去

〻崴又䵵 痱〻皮起 郲〻不平 郲縣〻陽 頛頭不正也 櫑〻劒古木劒名井上鹿盧刻木作蓮初生似莽也 鐓徒猥反矛戟下銅玉鐓五 陮高〻又陮隗不平亦崔 蓷草名

鑕車鑄又徒果反 滙水波 ˎ 骽股〻亦腿他罪反八 腇腲〻 峻山長 㞂〻 僓長好 瘣重疾 腿〻 䫌頭癡 ˎ 䐯〻䏿都罪反二 埻木子垂 ˎ 餧

〻鋪奴罪反六 㛱媿 鮾魚敗 浽〻浘 䬐風欲息烏回反 𡝟傷 ˎ 罪徂賄反細又犯法刑名古從自辛作辠秦始皇以自似皇字改為罪 嶊崔〻霜雪皃七罪反八 漼水清

二

伯二〇一四

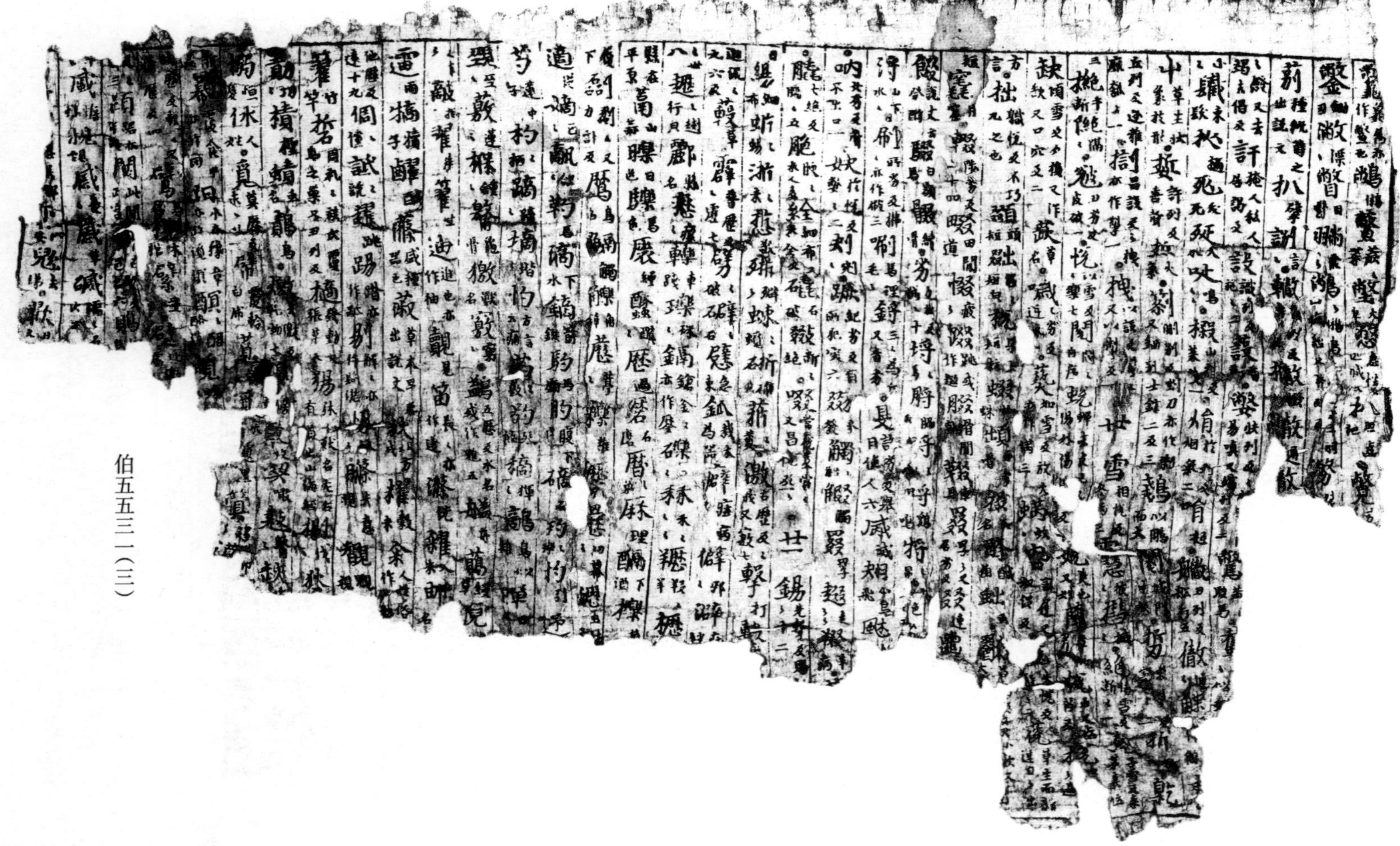

伯五五三一（三）

伯五五三一(四)

7.3（二十七） 五代本切韻（伯二〇一四、二〇一五、二〇一六、四七四七、五五三一）

此葉爲一整板
共三十四行

五代刻本

①

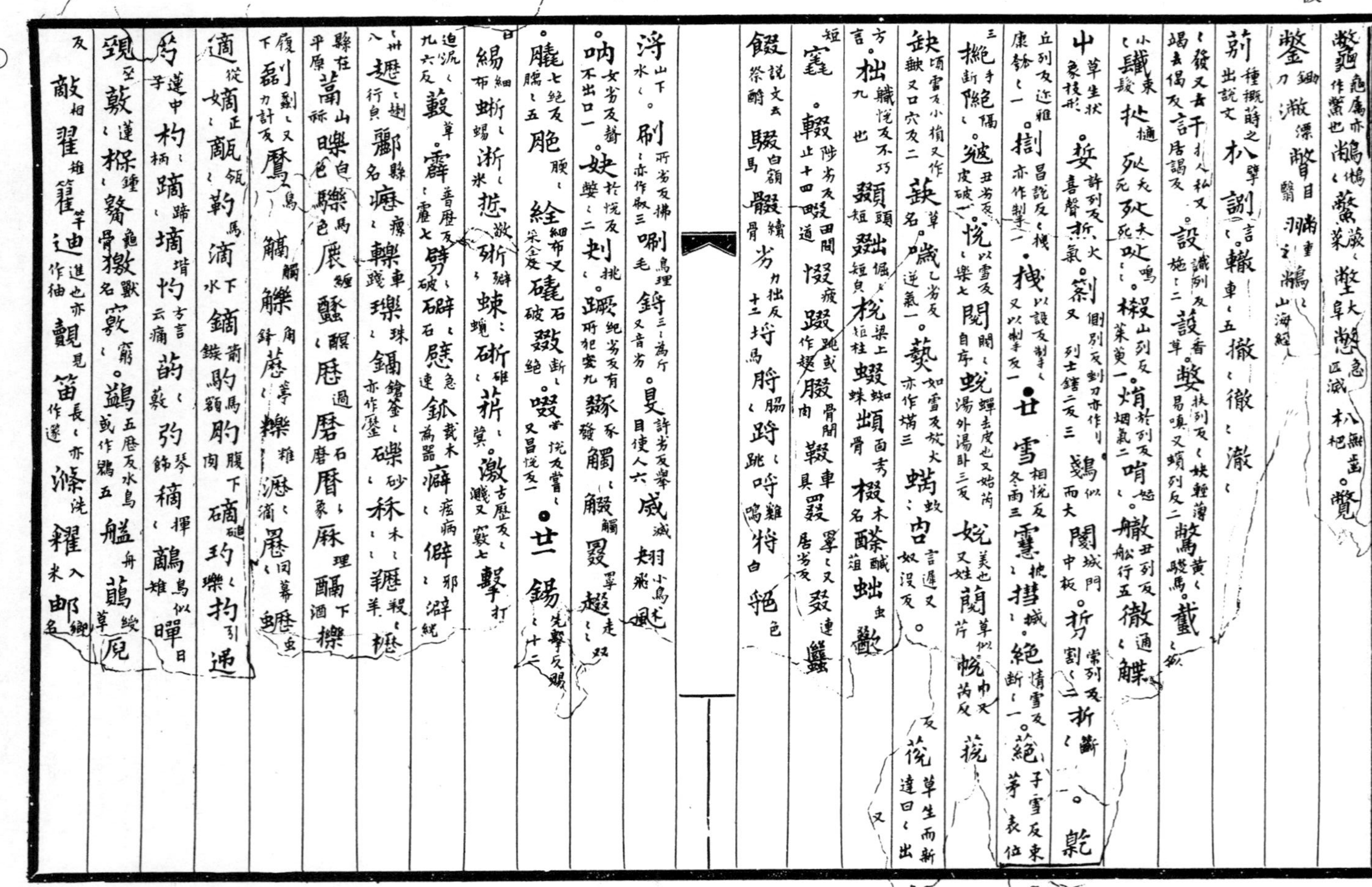

此板首闕四行

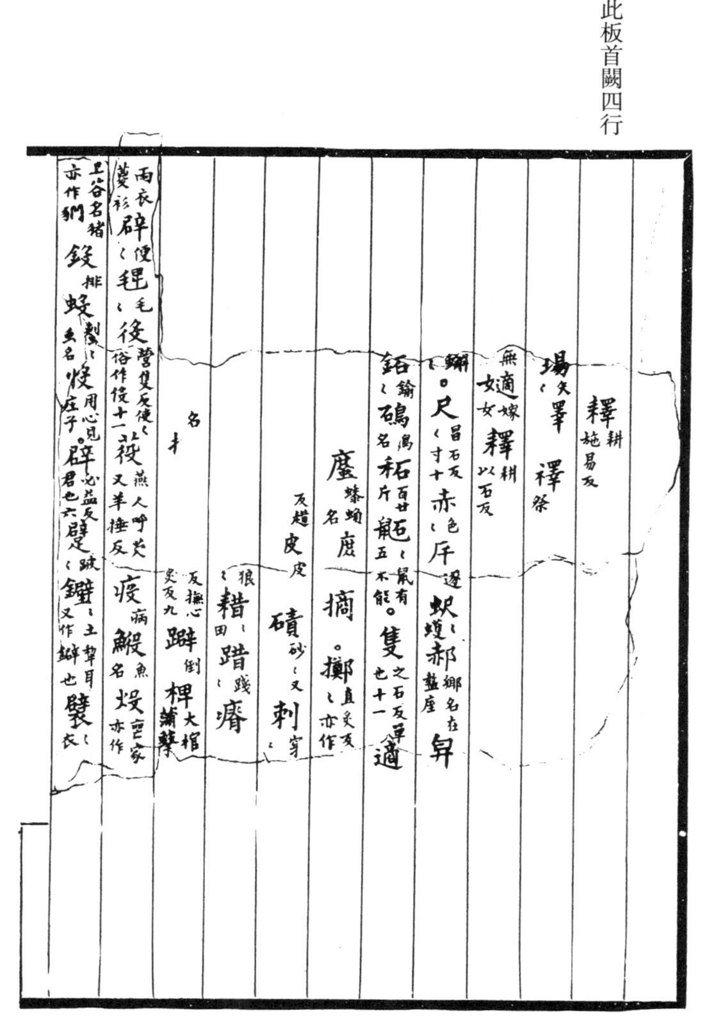

②

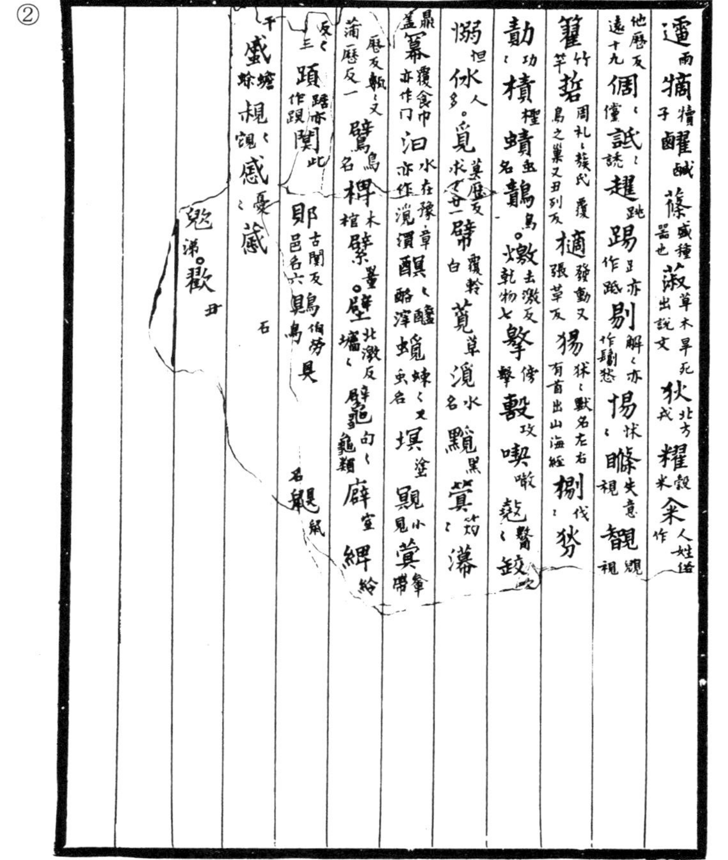

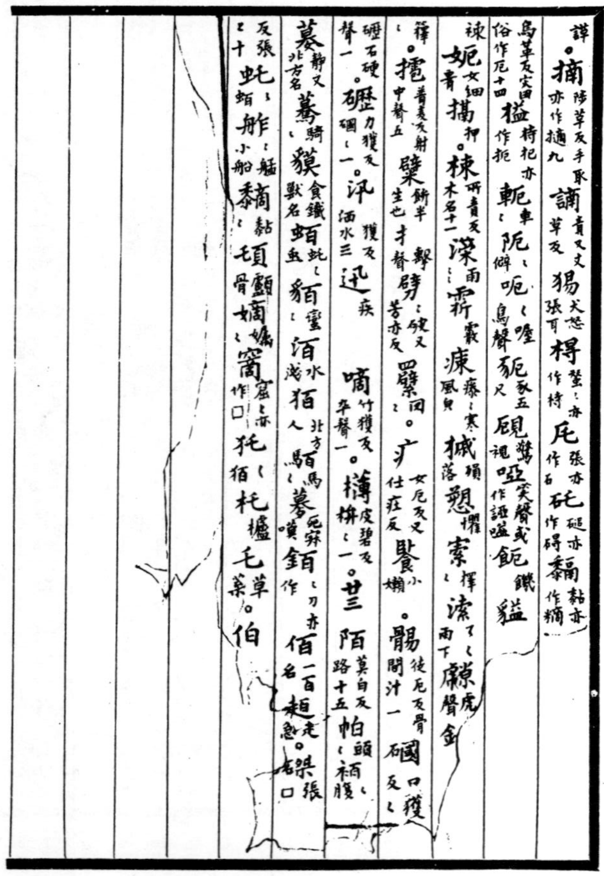

③

伯二〇一五

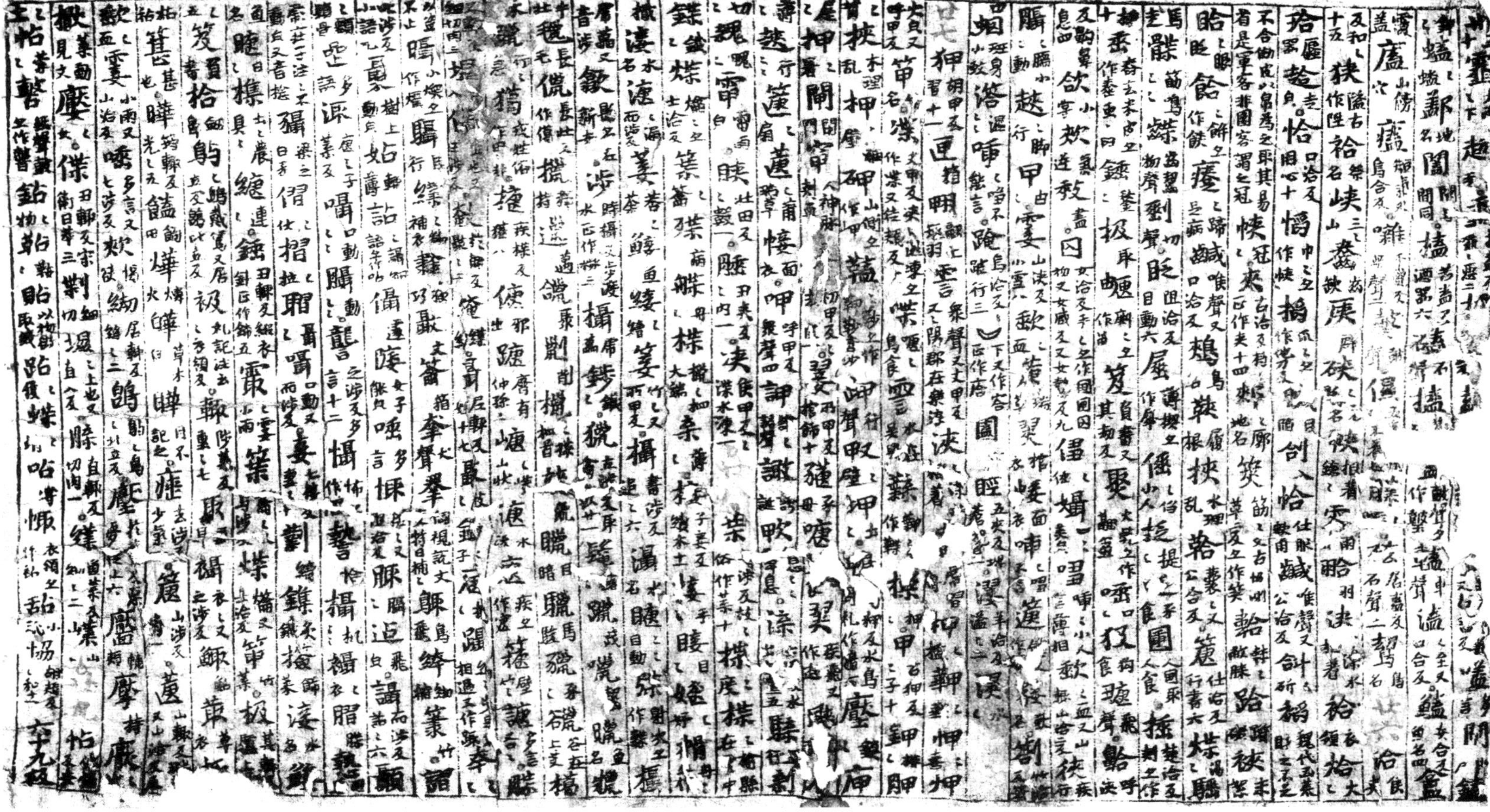

7.3（二十七）　五代本切韻（伯二〇一四、二〇一五、二〇一六、四七四七、五五三一）

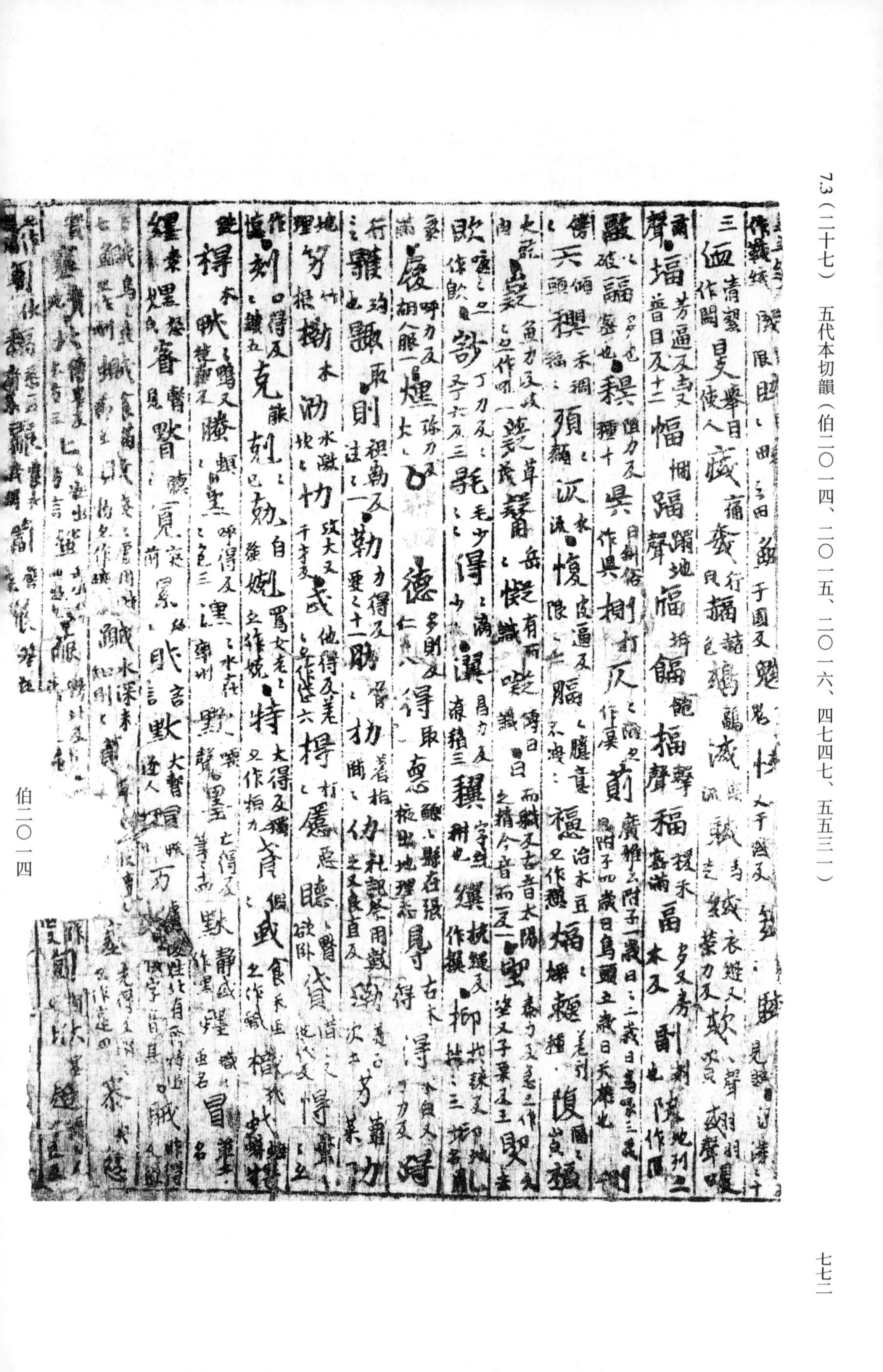

伯二〇一四

大唐刊謬補闕切韻一部

伯二〇一四

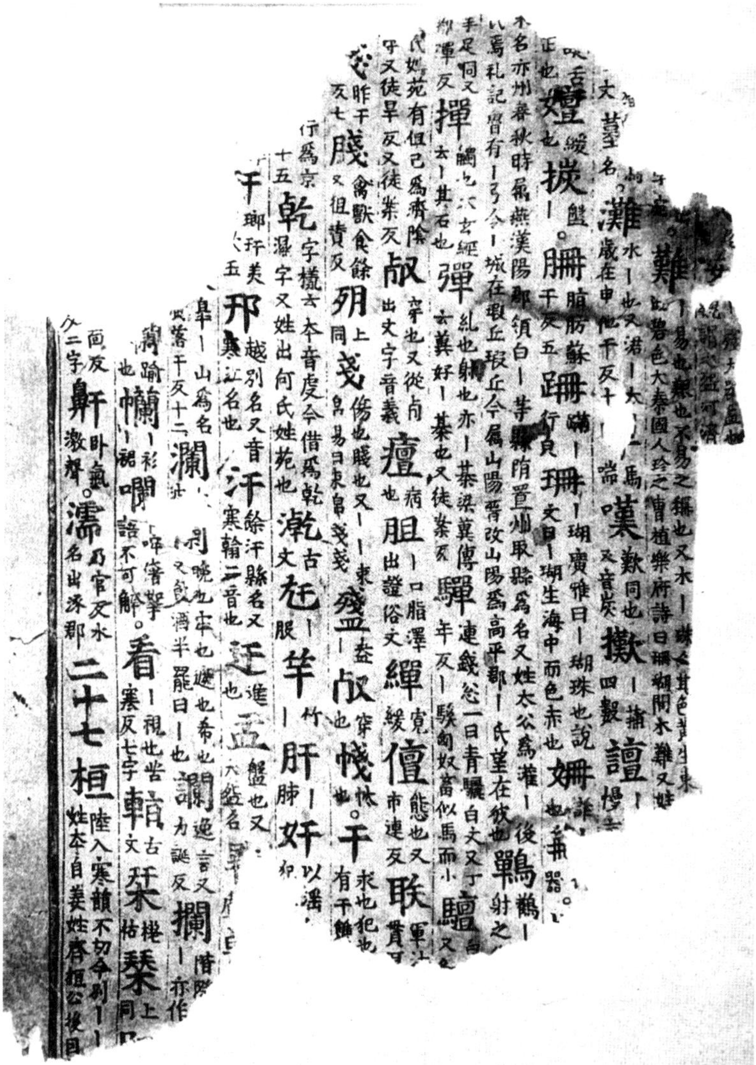

7.5（二十九） 刻本韻書殘葉（列 TIL1015）

[illegible]大[illegible]盜河濟[illegible]
[illegible]年羌。難｜易也艱也不易之稱也又木｜珠其色黃生東碧色大秦國人珍之曹植樂府詩曰珊瑚間木難又姓
[illegible]文臺名。灘水｜也又渚｜太[illegible]歲在申他干反十[illegible]喘馬嘆歎同也又音炭攤｜蒱四數譠｜謾
[illegible]舌正也繵緩也攤｜盤。珊干反五腼腆蘇跚蹣｜行貌珊｜瑚廣雅曰｜瑚珠也說文曰｜瑚生海中而色赤也姍[illegible]也[illegible]
不名亦州春秋時爲燕漢陽郡領白｜芋縣隋置州取縣爲名又姓太公爲灌｜後以爲礼記曾有｜弓今｜城在瑕丘瑕丘今屬山陽晉改山陽爲高平郡｜氏望在彼也鷤鶘｜射之
手足同又鄉禪反撣觸也又去｜其石也彈糾也射也亦｜棊梁冀傳去蘋好｜棊也又徒案反驒連錢驄一日青驪白文又年反｜騱駒奴畜似馬而小驢又
[illegible]氏如苑有但已爲齊陰守又徒旱反又徒案反叔穿也又從占出文字音義癉病也胆｜口脂澤出證俗文繟寬緩儃態也又市連反聅軍法貫耳
[illegible]反七殘昨干禽獸食餘又但贊反歺上同戔傷也賤也又｜｜束帛易曰束帛戔戔盞盃｜也[illegible]穿也棧棧也。干求也犯也有干鋋
行爲京十五乾字樣云本音虔今借爲乾濕字又姓出何氏姓苑也漧古文迀｜服竿竹｜肝｜肺奸以淫犯
干琊玕美石五邗越別名又音寒江名也汗餘汗縣名又寒翰二音也迀進也[illegible]盤也又六盌名[illegible]
皋｜山爲名[illegible]落干反十二瀾大波[illegible]晚也牢也遮也希也又餘濤半罷曰｜也讕逸言又力誕反攔｜階亦作
[illegible]蹣也[illegible]｜彩｜誷囒哰｜嘍語不可解。看｜視也苦寒反七字輡古文栞槎枯[illegible]上同[illegible]
[illegible]面反[illegible]二字鼾臥氣激聲。濡乃官反水名出涿郡二十七桓陸入寒韻不切今別｜｜姓本自姜姓齊桓公後因

佮也 安 |殘大器盂也魏謂之盌河濟

出字宛。難 |易也艱也不易之稱也又木|珠之其色黃生東成碧色大秦國人珍之曹植樂府詩曰珊瑚間木難又姓

柤文 蔓 馬名。灘 水|也又涒|太歲在申他干反廿 [illegible] 馬嘽 嘆 歎同也又音炭 攤 |蒱四數 讕 |慢言

吹古正也 嬗 緩也 撥 盤|。[月冊] 脂肪蘇干反五 跚 蹣|行皃 珊 |瑚廣雅曰|瑚珠也說文曰|瑚生海中而色赤也 姍 誹也 [竹冊] 器。

不名亦州春秋時屬燕漢陽郡領白|荨縣隋置州取縣爲名又姓太公爲灌|後氏焉礼記魯有|弓今|城在瑕丘瑕丘今屬山陽晉改山陽爲高平郡|氏望在彼也 鷃 鸛|射之

手足同又都彈反 撣 觸也太玄經云|其石也 彈 糺也射也亦|棊梁冀傳云冀好|棊也又徒案反 驒 連錢驄一曰青驪白文又丁年反|騱凶奴畜似馬而小 驙 白又

氏姓苑有但己爲濟陰守又徒旱反又徒案反 [卢又] 穿也又從卢出文字音義 [疒亶] 病也 胆 |口脂澤出證俗文 繟 寬綬 儃 態也又市連反 聅 軍法貫耳

戔 昨干反七 [月戔] 禽獸食餘又但贊反 [歺月] 上同 戔 傷也賊也又|｜束帛易曰束帛戔戔 盞 盃| [卢又] 穿也 帴 帙也。干 求也犯也有干犨

行爲京十五 乾 字樣古今音虔今借爲乾漧字又姓出何氏姓苑也 漧 古文 [木壬] |股 竿 竹| 肝 肺| 奸 以淫犯

[illegible]玕 瑯玕美[illegible]玉 邗 越別名又音寒江名也 汗 餘汗縣名又寒翰二音也 迀 進也 盂 盤也又大盌名 旱 上 盾 [illegible]

皐|山爲名儹落干反十二 瀾 大波 闌 晚也牢也遮也希也又飲酒半罷曰|也 讕 逸言又力誕反 攔 階際|亦作

闌 踰也 襴 |衫|裙 [口闌] |哰儖拏語不可解。看 |視也苦寒反七字 輡 古文 栞 槎枯 [illegible] 上同

面反又二字 鼾 卧氣激聲。濡 乃官反水名出涿郡 二十七桓 陸入寒韻不切今別||姓本自姜姓齊桓公後因

7.6（三十） 刻本切韻殘葉（列TⅡD1a、b、c、d）

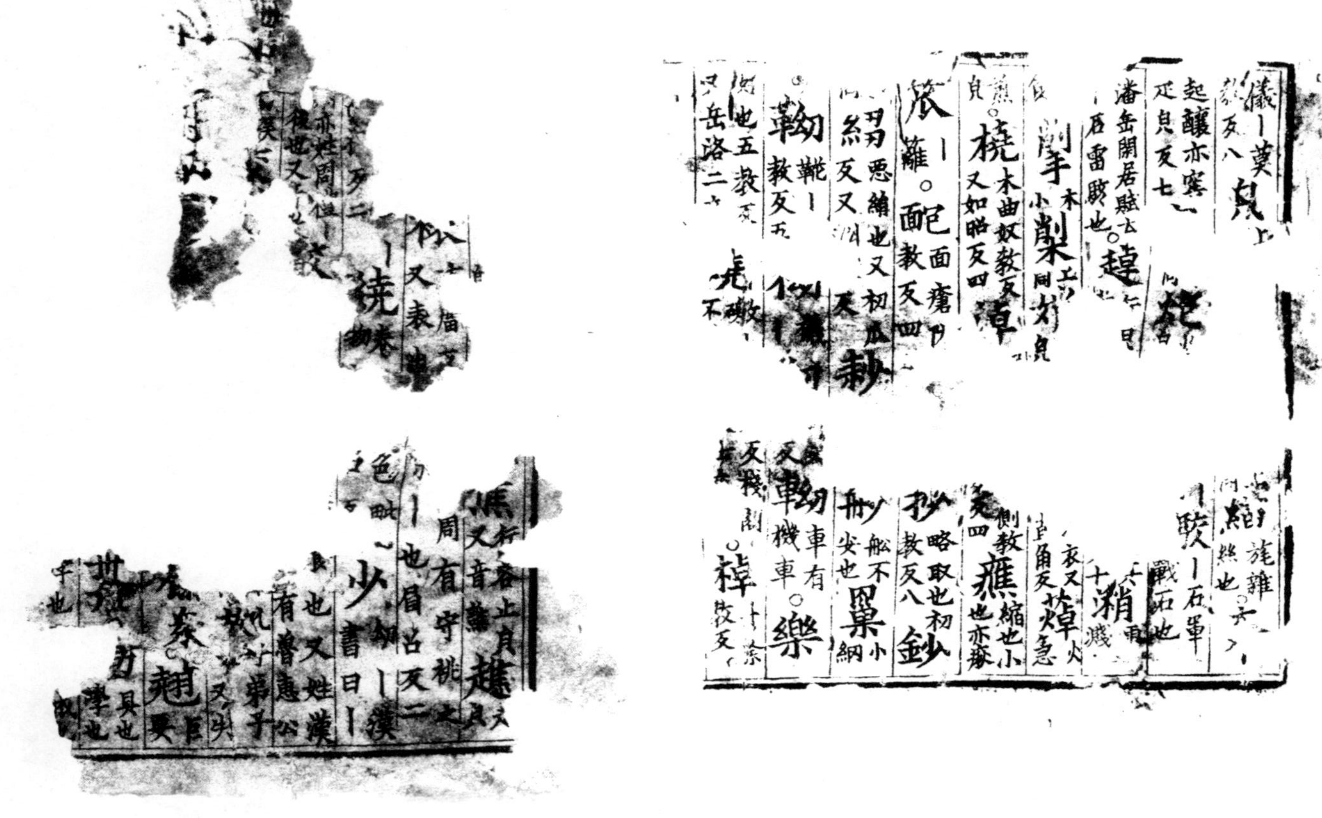

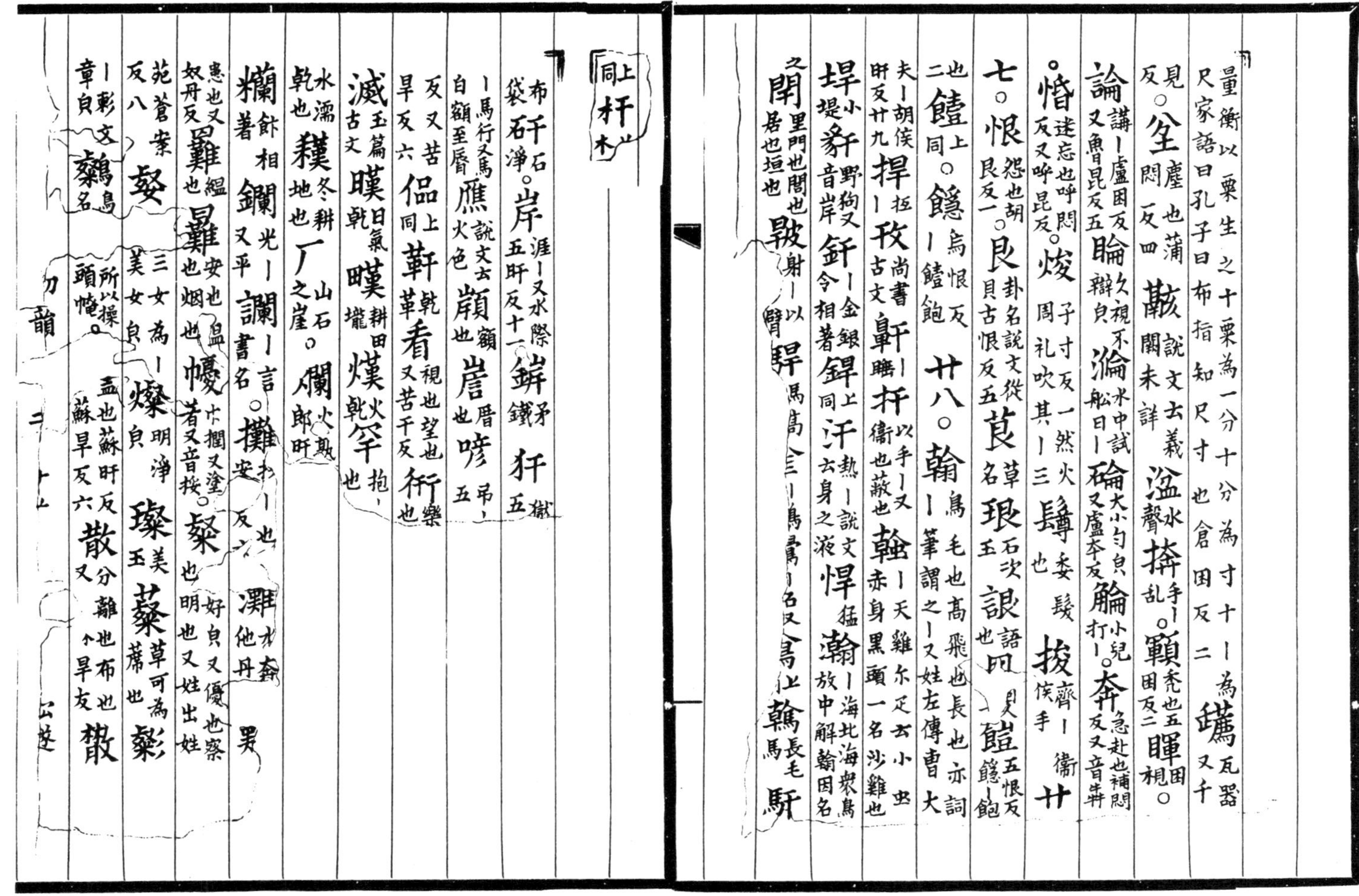

①

7.6（三十） 刻本切韻殘葉（列TⅡD1a′ b′ c′ d）

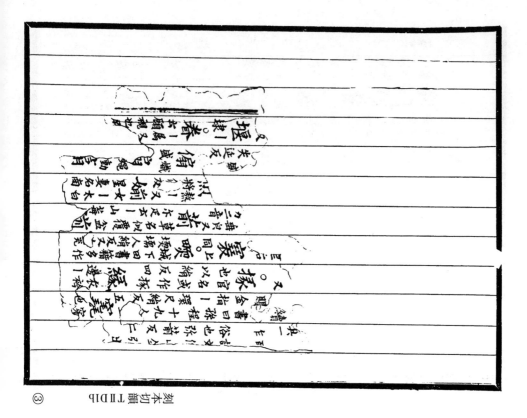

言文作山今引出
其一　乍　俗也弥箭反二
續　書曰孫程十九人　箋　穿
眼　金指丨環尺絹反五　[illegible]　也
又　。掾　官名或作掾　緣　衣衿
也以絹反四　邊丨
巨右　襄上同。㖒　城下田書籍多作
埂壖人絹反又上兗
垂貝又　前　草名似覆盆　前
カ二音　尓疋云丨山莓
熱丨又　婰　女丨太白
牂仆反　星妻名南
失延反　偏　熾　昌
盛　蝇動
又　堰丨　隷。春　丨属又
古頤視也

刻本切韻 TⅡD1b

③

又　拔
[illegible]　飯
一日　贊
刀　韻
介　則　稱人
水　濺
賤

刻本切韻 TⅡD1a

效韻 來反 內。 同達 抄本

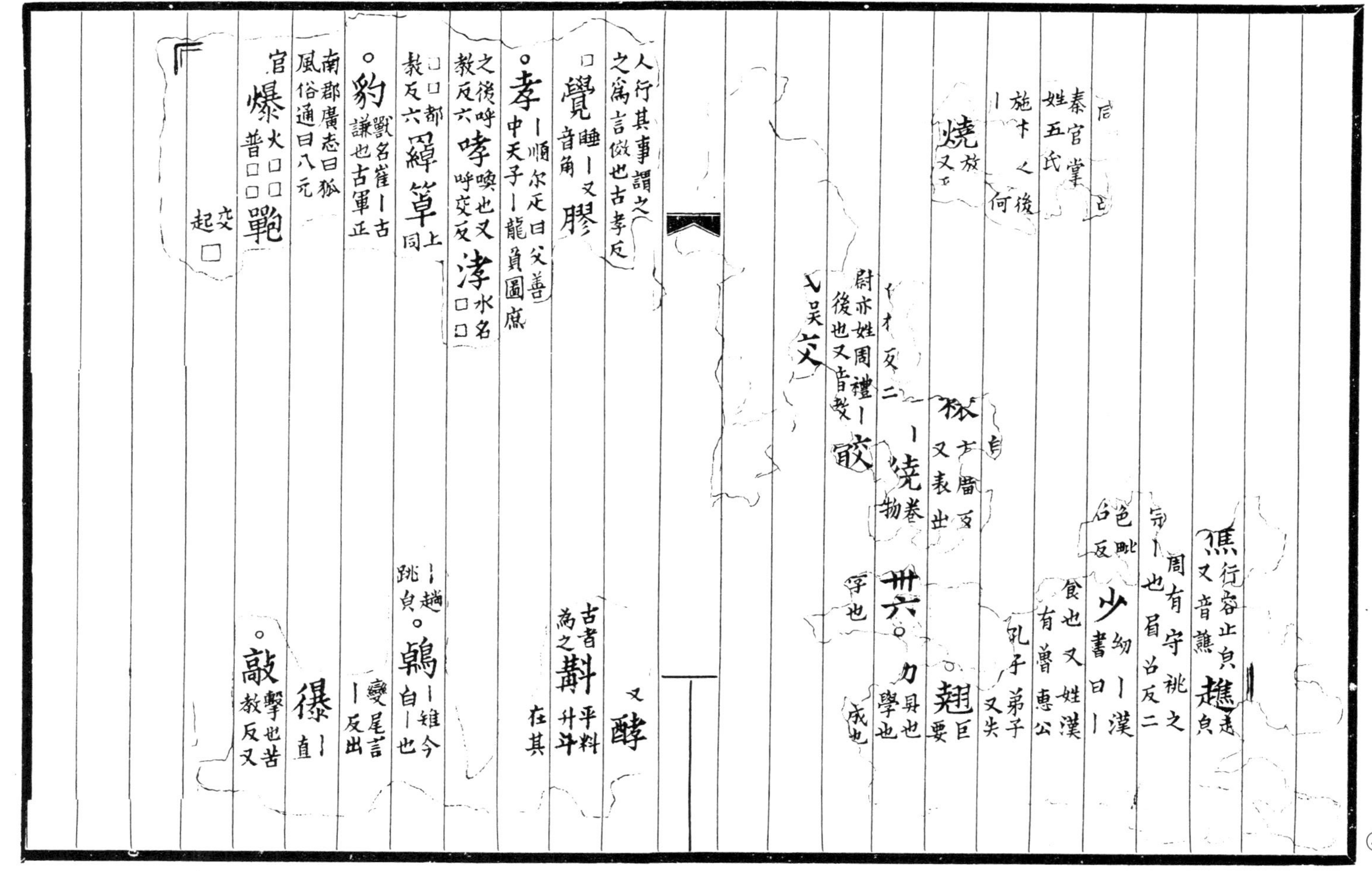

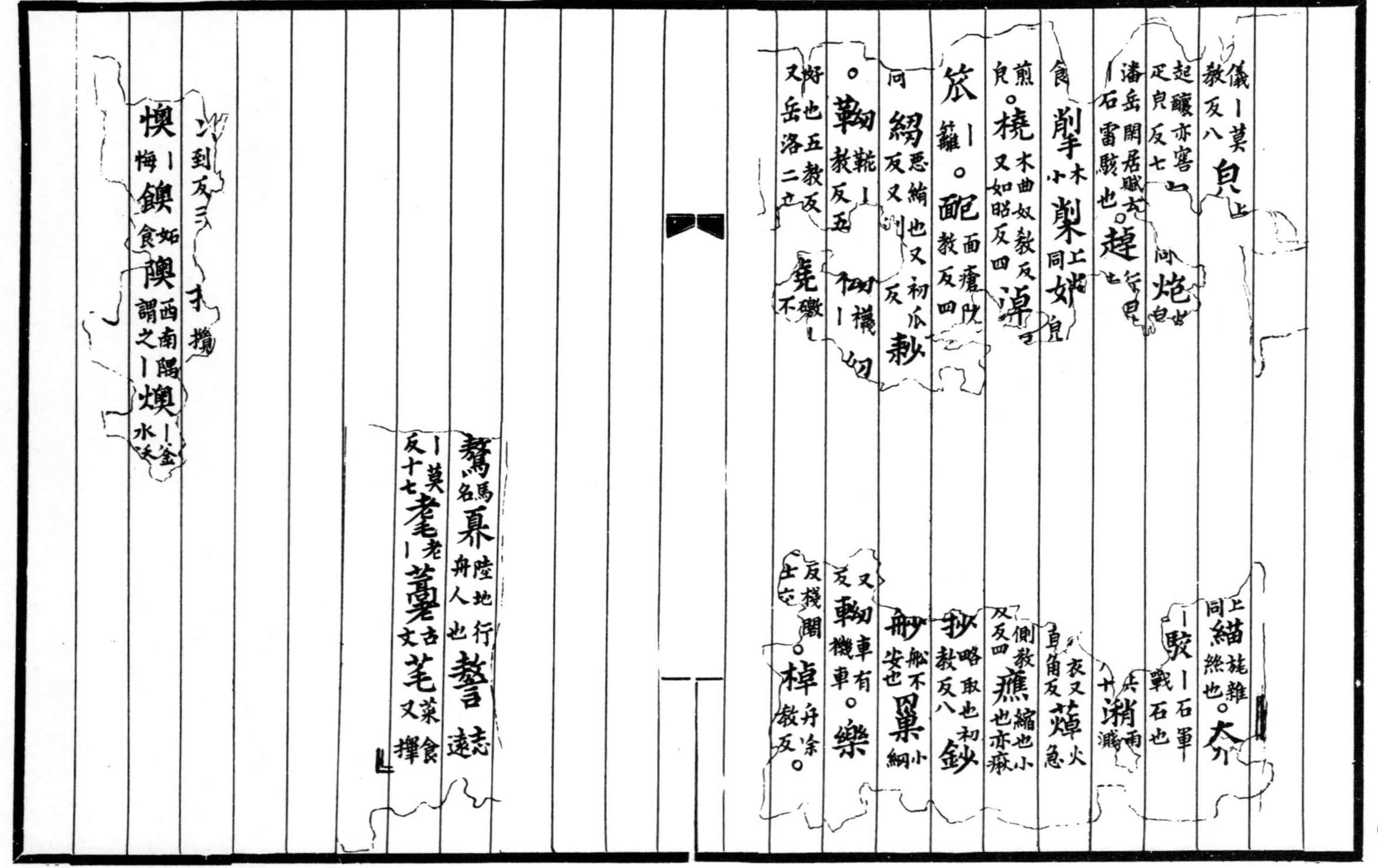

⑤

附錄

韻字摘抄和有關字母等韻的寫本

附　録

韻字摘抄和有關字母等韻的寫本

這一部分包括五種韻字摘抄和四種有關字母等韻的殘本。韻字摘抄是根據韻書按韻來摘録的。根據寫者的需要，摘録的内容大都很簡單。因爲這些材料與音韻有關，所以也一併印出。其中有兩種所根據的韻書時代比較晚，與廣韻所載的反切或訓解很接近，由此也可以看出廣韻與晚唐流行的韻書的關係。

古人瞭解字音中聲母的類别是很早的，至少從宋齊時代（公元五世紀）起已經有不少人理解了喉舌牙齒脣五音的分類，可是爲聲類定出名稱，以字母爲標目，是比較晚的。這裏所收集的幾種有關字母等韻之類的書對研究音韻學的發展和唐代的語音都是很重要的參考資料。

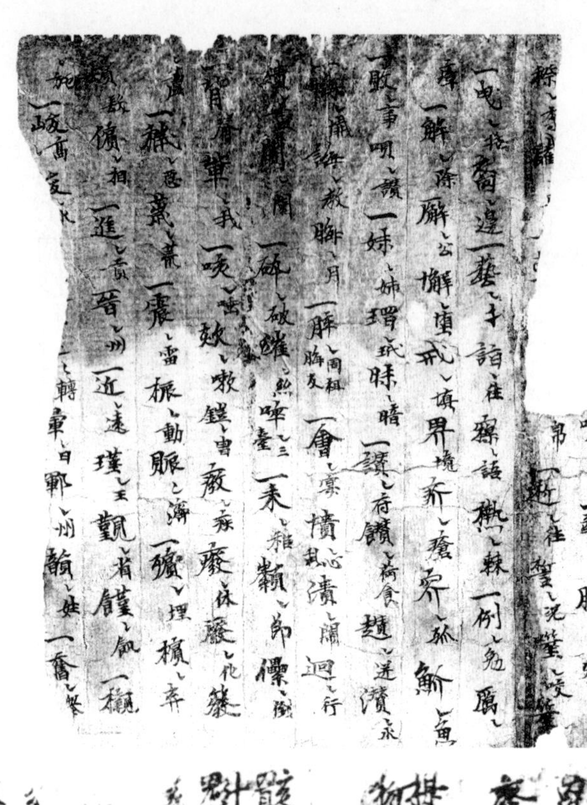

1. 韻字殘葉一（斯六一一七）

2. 韻字殘葉二（斯六三二九）

喧況袁反 烔徒紅反 沖直弓反 穹芎二同去宮反 控苦紅反 洪烘二同戶公反
䡯驄二同倉紅反 痌他紅反 騣子紅反 鐘職容反 伀同上 衝潼衝尺容反 庸
傭鎔蓉瑢五同餘封反 [illegible]府容反 殉兇許容反 顒喁魚容反 雍於容反 鏞
丑凶反 肛舡許江反 肢[illegible]章移反 炊尺僞反 跂巨支反 崎去奇反 匙堤弟泥
反 穧离支呂反 篩疏夷反 蓖房脂反 鵄鴟處脂反 墀坻直尼反 綏息遺反
顀直追反 芝止而反 怡圯貽與之反 蒔市之反 祠似茲反 釐犛里之反 噫
音醫 孳子之反 煇揮許帝反 歟以諸反 歔噓朽居反 閭廬力居反 茹人諸反
嵎隅音愚 劬衢其俱反 蒟同上 貙勑俱反 誅陟輸反 愉羊朱反 瑜同上 甌摳
豈俱反 趍七逾反 芙符扶防無反 孚俘芳無反 蹰直誅反 柎甫無反 姝昌朱反
反 捄跔舉朱反 謨莫胡反 壺戶吳反 弧同上 觚古胡反 途捈同都反 帑乃都反
反 租則吾反 嚧落胡反 酥素姑反 殂昨胡反 杇哀都反 悽七稽反 低瓬隄
都奚反 蹄堤綈緹杜奚反 蓖邊奚反 徯胡雞反 倪霓猊麑五稽反 棲栖
歌嘶[illegible]先稽反 泥奴低反 谿嵠溪磎苦奚反 攜畦戶圭反 喎苦緺反 偕
[illegible]楷古諧反 諧骸戶皆反 俳步皆反 豺士諧反 埋霾莫皆反 [illegible]知皆反 崖
擬皆反 瘣虺呼恢反 恢恢苦廻反 隈煨烏恢反 佪戶恢反 枚梅媒莫杯反 瓌
公回反 隤杜回反 崔催倉回反 棓薄回反 堆塠都回反 該垓姟古哀反 裁
昨哉反 烖栽祖才反 猜倉才反 孩咳戶來反 甄振側隣反 茵烟姻堙於眞反
反 伸呻失人反 繽疋賓反 嬪嚬苻眞反 嚚語巾反 肫章倫反 詢眴相倫反
鶉常倫反 瞤如倫反 淪倫力迍反 皴七倫反 勻羊倫反 循詳遵反 均口勻反

榛側詵反詵侁所臻反紜□□反熅氳於云反墳坋符分反饙符文反裙
羣渠云反勳許云反紛撫文反殷慇於巾反蘄斳舉欣反斷語巾反韗猨
雨元反暄喧諠況袁反礬附袁反魂䰟戶昆反昆崐古渾反殟烏渾
捫亹莫奔反飧思渾反蹲徂尊反敦□昆反臀徒渾反奔犇博昆反崘盧鈍
反髡臗苦昆反昏婚呼昆反跟古痕反簞都寒反侒烏寒反哸徒旱竿
肝古寒反軒許干反桓完洹絙胡官反剜惋豌創丸反湍他端反敦溥
度官反攢在丸反棺古丸反鸞欒落官反磻蟠薄官反鞔毋官反潘普官
頒布還反姦豻古顏反頑五還反癇戶間反弦舷絃痃胡田反煙烟燕
烏前反憐縺落賢反佃畋填鈿沺徒年反癲蹎都年反妍研五堅反瞑
莫賢反淵烏玄反蜎嫗泫反涓鋗古玄反眩胡涓反煎湔子仙反箋絣鋋
川然反煽式戰反蟬市連反廛直連反鉛與連反琁似泉反鞭編卑連反詮
此緣反遄篅市緣反虔渠焉反鍵同上愆僁褰騫去乹反又虛言反下二能蘇彫
反鵰雕都聊反跳徒聊反邀澆古堯反遼料撩撩繚落蕭反僥五聊
捎相邀反潮直遙反韶枵許嬌反嗃同上驕嬌喬舉喬反焦蕉椒燋即消
反陶徒刀反肫犾徒渾反鷂餘昭反樤徒聊反飆標杓瘭僄甫遙反瓢
徭反霄蜱獼遙反僬甫嬌反苗猫武僬反鴞邪于嬌反鍫七遙反僄飃摽
撫反㗂燎力照反翹渠遙反肴餚胡茅反蛟鵁鮫膠古肴反勦子小鐃
女交反茅貓犛莫交反又一力之反下摣音哮脬疋交反敲骹磽口交反嘲陟交
反抄鈔楚交反又初教反庖咆炮掊泡薄交反咬於交反嘮敕交反毫嗥
號胡刀反膏古勞反髦旄秏莫袍反饕洮謟滔土刀反氂莫袍反袍薄褒

反 禂直流反 搔 臊蘇遭反 咷 桃 逃徒刀反 糟 槽作曹反 翺 熬 嗷 遨 五勞

反 尻苦刀反 操千到反 柯 怨古俄反 蹉 瑳 搓 磋七何反 [illegible]得何反 [illegible] [illegible]

迤 徙何反 哦 峨 俄 鵝 蛾五何反 蘿 欏 囉 剆魯何反 莎 趖 𡟃蘇禾反 [illegible]

薄波反 矬 銼 [illegible]昨禾反 訛 囮 吪五禾反 騾

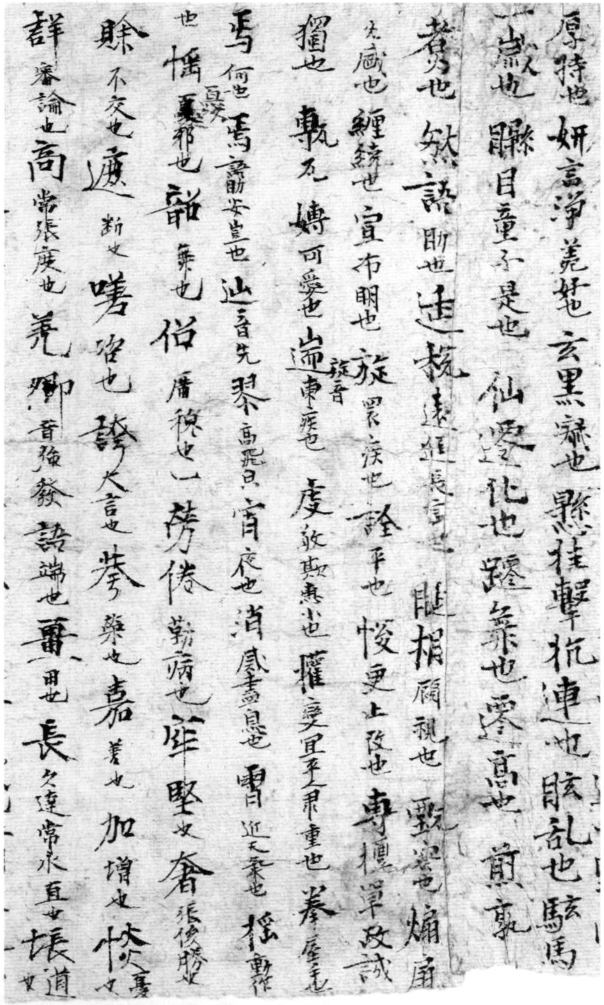

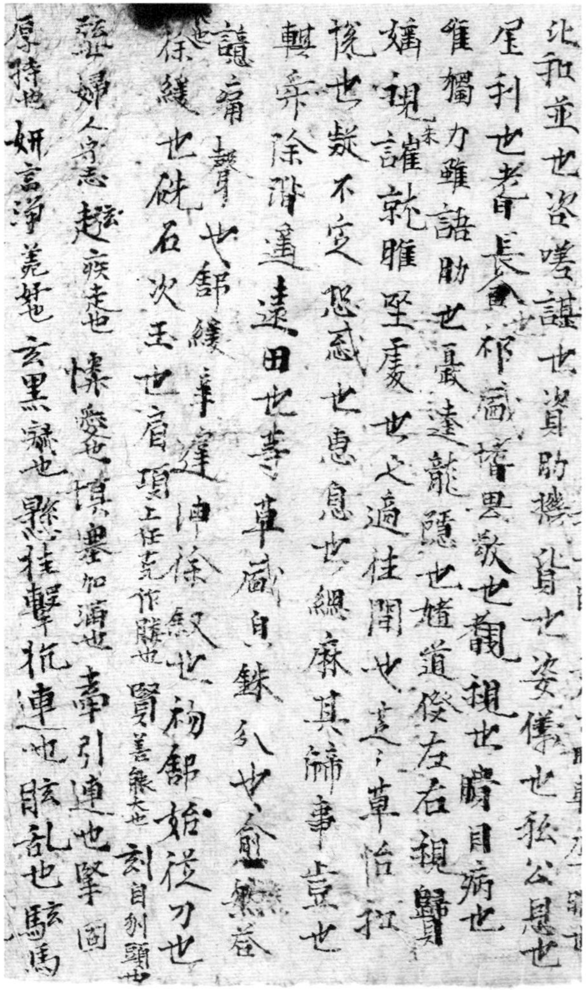

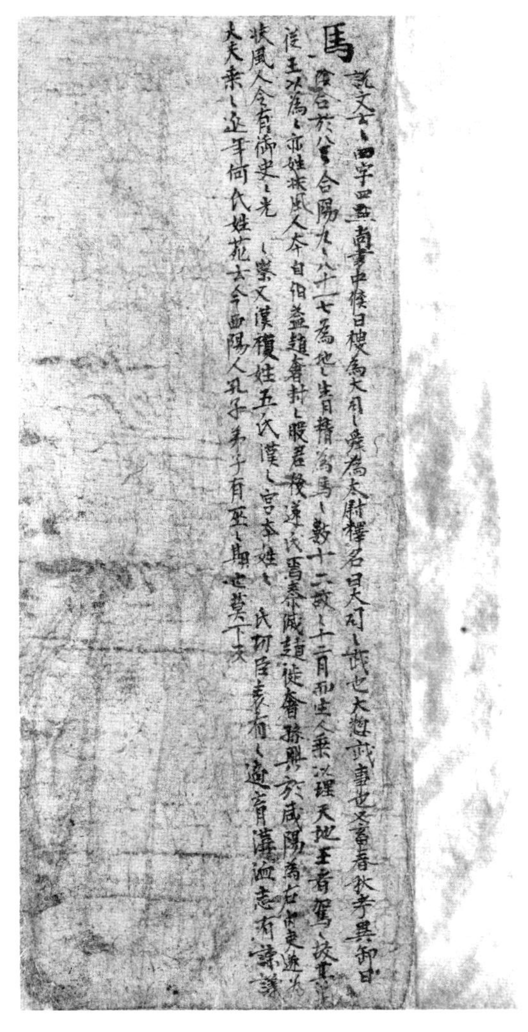

4. 韻字殘卷二（伯三〇一六）　5.「馬」字殘葉（伯二六五九）

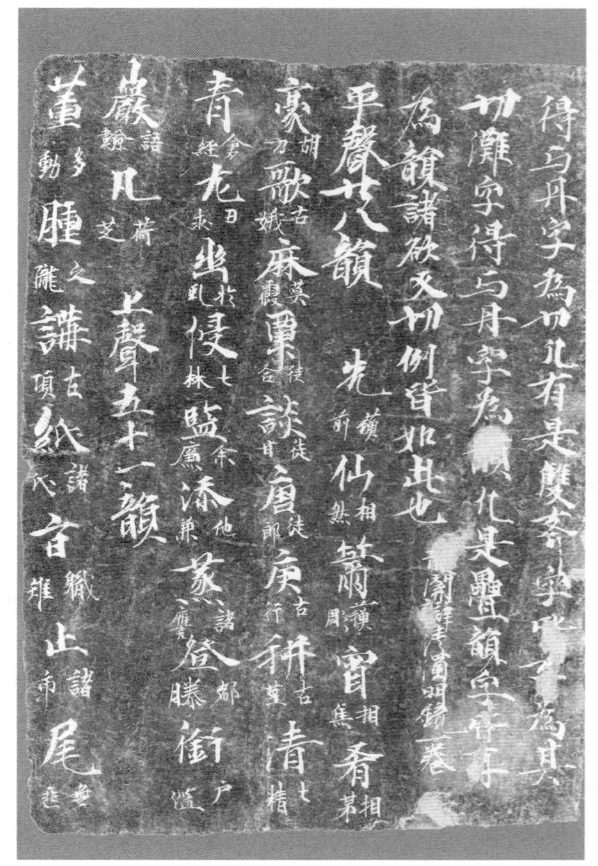

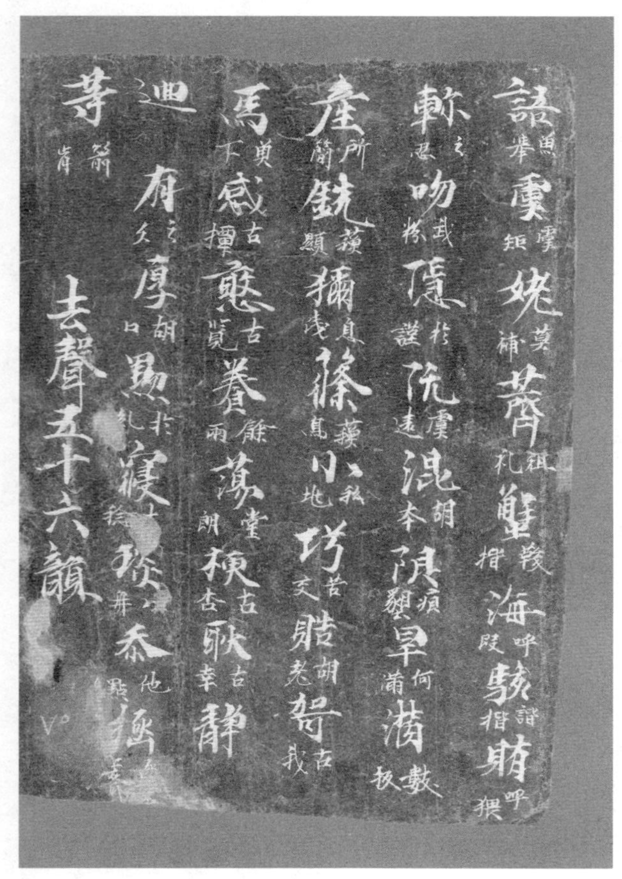

端　丁當顛敁　精　煎將尖津　知　張衷貞珍
透　汀湯天添　清　千槍僉親　徹　倀忡檉縝
定　亭唐田甜　從　前牆朁秦　澄　長蟲呈陳
泥　寧囊年拈　喻　延羊鹽寅　來　良隆冷隣
審　昇傷申深　見　今京犍居　不　邊逋賓夫
穿　稱昌瞋覘　磎　欽卿褰祛　芳　偏鋪繽敷
禪　乘常神諶　羣　琴擎褰渠　並　便蒲頻符
日　仍穰忎任　疑　吟迎言魰　明　綿莫民無
心　修相星宣　曉　馨呼歡祆
邪　囚祥餳旋　匣　刑胡桓賢
照　周章征專　影　纓烏剜煙

7. 歸三十字母例（斯〇五一二）

（北京圖書館藏敦煌卷子雨字五十五號）

端　顛東丹當丁擔都多登兜堤刀
透　天通灘湯廳甜嘟他鼟偷提叨
定　田洞壇唐停覃徒陁騰頭啼匋
泥　年農難囊寧南奴那能孺泥猱
韻　先東寒唐青覃模歌登侯齊豪
審　羶春商申苫升

8. 字母例字（北京圖書館藏）

南梁漢比丘守温述

唇音　不芳並明

舌音　端透定泥是舌頭音　知徹澄日是舌上音

牙音　見君溪群來疑等字是也

齒音　精清從是齒頭音　審穿禪照是正齒音

喉音　心邪曉是喉中音清　匣喻影亦是喉中音濁

定四等重輕兼辯聲韻不和無字可切門

高　此是喉中音濁，於四等中是第一字，與歸審穿禪照等字不和。若將審穿禪照中字為切，將高字為韻，定無字可切。但是四等喉音第一字，總如高字例也。

交　此是四等中第二字，與歸精清從心邪中字不和。若將精清從心邪中字為切，將交字為韻，定無字可切。但是四等第二字，總如交字例也。

審高反　精交反　是例諸字也

四等重輕例　平聲

高　古豪反　交　肴　嬌　宵　澆　蕭

擔　都甘反　譫　咸　霑　鹽　敁　添

觀　古桓反　關　刪　勬　宣　涓　先

丹　多寒反　譠　山　邅　仙　顛　先

樓　落侯反　無　流　尤　鏐　幽

呣　亡侯反　無　謀　尤　繆　幽

裒　薄侯反　無　浮　尤　滮　幽

上聲

齁　呼侯反　無　休　尤　烋　幽

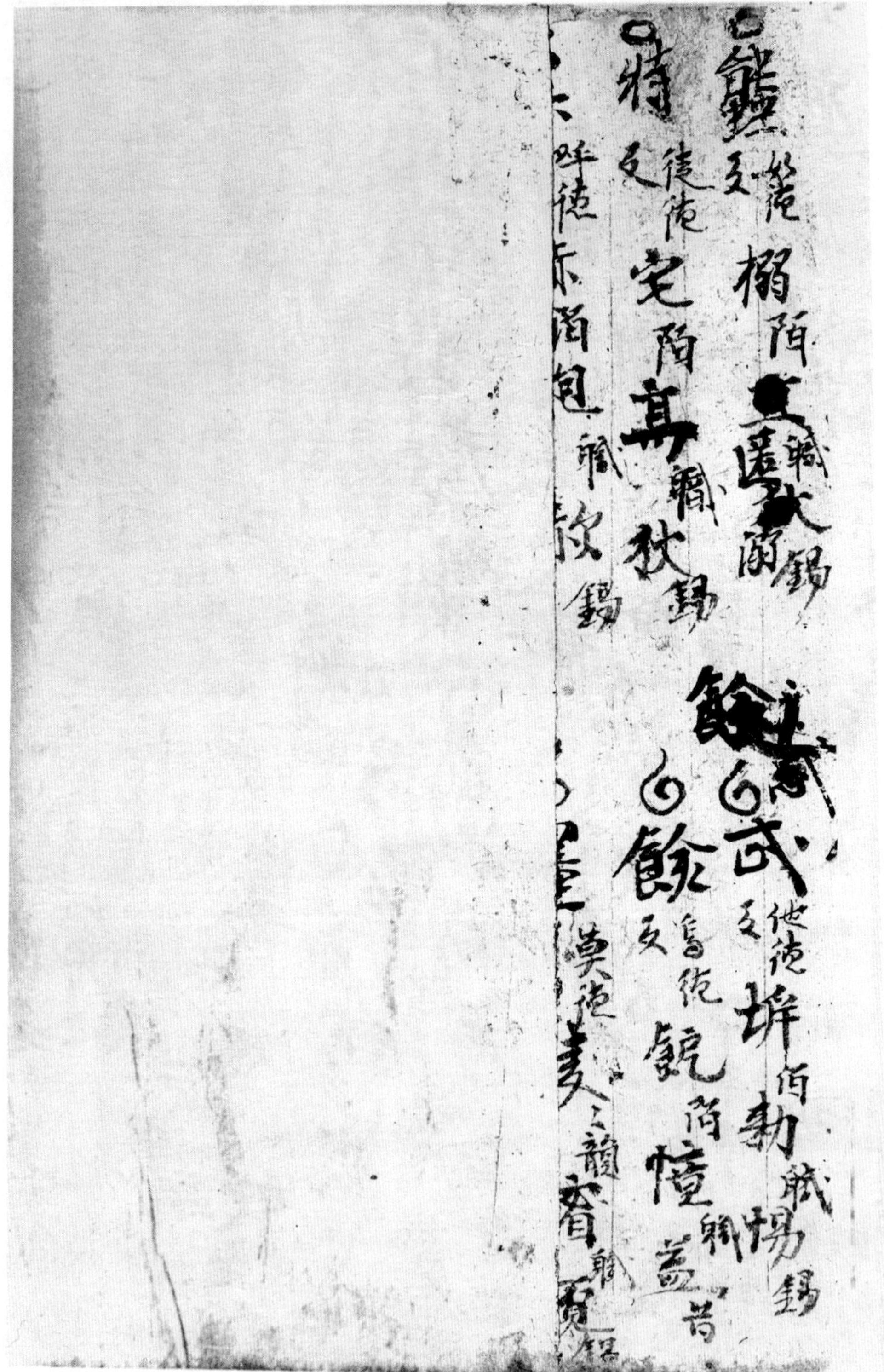

兩字同一韻憑切定端的例

諸章魚反 辰常鄰反 禪市連反 朱章俱反 承署陵反 賞書兩反

菹側魚反 神食鄰反 潺士連反 㑳莊俱反 繩食陵反 爽踈兩反

聲韻不和切字不得例

切生 聖僧 床高 書堂 樹木 草鞋 仙客

夫類隔切字有數般，須細辯輕重方乃明之，引例於後

如都教切罩 他孟切𢵌 徒幸切㑿 此是舌頭舌上隔 如方美切鄙

芳逼切愊 符巾切貧 武悲切眉 此是切輕韻重隔 如疋問切忿

鋤里切士 此是切重韻輕隔 恐人只以端知透徹定澄等字為類隔迷於此

理，故舉例云，更須子細子細

詩云：在家疑是客，别國却為親。亦云貪見上流不相似此語身 說以侵良客愛思量之

理故舉例云更須子細〻

□詩云在家疑是客別國却爲親〻〻有見王添不相□說身 說多般故註釋於後

在家疑是客〻〻即是精照傍紐切也如在家中都以切橋字迷者言都字歸端字橋字歸知字去聲橋不用字生疑故不知端字与知字俱是一家故言在家疑是客也

緣都字歸端字橋字歸知字歸處不同

□別國却爲親〻〻便成別國雖歸處不同其切橋字是的親之故言別國却爲親也

□辯宮商徵羽角例

□欲知宮舌居中 □欲知商口開張 □欲知徵舌拄齒

□欲知羽撮口聚 □欲知角舌縮却

□辯聲韻相似歸處不同

□不風楓佩丨方戎反 □封葑崶封丨府容反 □飛扉緋非斐丨甫微反

□尃夫趺鴂鈇丨甫無反 □分分氛饙丨府文反 □覂丨方勇反 □非匪篚蜚[illegible]

原寫本分爲二截，此下爲第一截。標題缺

南梁漢比丘守温述

脣音 不芳並明

舌音 端透定泥是舌頭音 知徹澄日是舌上音

牙音 見君溪羣來疑等字是也

齒音 精清從是齒頭音 審穿禪照是正齒音

喉音 心邪曉是喉中音清 匣喻影亦是喉中音濁

定四等重輕兼辯聲韻不和無字可切門

高此是喉中音濁，於四等中是第一字，與歸審穿禪照等字不和。若將審穿禪照中字爲切，將高字爲韻，定無字可切。但是四等喉音第一字，惣如高字例也。

交此字是四等中第二字，與歸精清從心邪中字不和。若將精清從心邪中字爲切，將交字爲韻，定無字可切。但是四等第二字，惣如交字例也。

審高反 精交反 是例諸字也

四等重輕例

觀一○○ 三

平聲

高古豪反 交肴 嬌宵 澆蕭　擔都甘反 鵮咸 霑塩 故添

觀古桓反 關刪 勬宣 涓先　丹多寒反 譠山 邅仙 顛先

樓落侯反 無大 流尤 鏐幽　呣亡侯反 無大 謀尤 繆幽

裒薄侯反 無小 浮尤 淲幽　齁呼侯反 無小 休尤 烋幽

上聲

苹歌旱反 簡產 蹇獮 蠒銑　滿莫伴反 矕潸 免選 緬獮

唵烏敢反 黤檻 掩琰 魘琰　杲古老反 姣巧 矯小 皎篠

去聲

旰古案反 諫諫 建願 見霰　但徒旦反 綻襉 纏線 殿口

首二字爲「重輕」似無疑

此下爲第二截

此下爲第三截

岸五肝反　鴈諫　彥線　硯霰　半布判反　襻扮相　變線　遍借奇

入聲

勒郎德反　碞麥　力職　歷錫　北布德反　蘗麥　逼職　壁錫

刻苦德反　緙麥　隙陌　喫錫　祴古德反　革麥　棘職　擊錫

鼜奴德反　搦陌　匿職　溺錫　忒他德反　坼伯　勑職　惕錫

特徒德反　宅陌　直職　狄錫　餩烏德反　餕陌　憶職　益昔

□黑呼德反　赫陌　赩職　歘錫　墨莫德反　麥麥韻　䁾職　覓錫

□□□□□□□精清從心邪審穿禪然九字中字只有兩

等重輕□　歸精清心從邪中字與歸審穿禪照丙等中

瑱一

字第一字不知若將歸精清從心邪中爲切將歸審穿禪

照中一第字爲韻定無字何切尊生反舉一例諸也　又

審穿禪照中字却與歸精清從心邪兩等字中第一字不

知若將審穿禪照中字爲切將歸精清從心邪中第一字

爲韻定無字可切　生尊反舉一例諸也

○兩字同一韻憑切定端的例

諸章魚反　辰常隣反　禪市連反　朱章俱反　承署陵反　賞書兩反

葅側魚反　神食隣反　潺士連反　傻疰俱反　繩食隣反　爽踈兩反

○聲韻不和切字不得例

加（ ）者
伍謨校正

切生 ○聖僧 ○床高 ○書堂 ○樹木 ○草鞋 ○仙客

夫類隔切字有數般須細辯輕重方乃明之引例於後

如都教切罩 他孟切撐 徒幸切瑒 此是舌頭舌上隔

如方美切鄙 芳逼切塩 苻巾切貧 武悲切眉 此是切輕韻重隔

如疋問切忿 鋤里切士 此是切重韻輕隔

恐人只以端知透徹定澄等字爲類隔迷於此理故舉例

可更須子細

詩云 在家疑是客 別國却爲親 多見上流不明此語身說多般故註釋於後

在家疑是客 即是類隔傍韻切也如韻中都江切椿字迷 者言都字歸端椿字歸知字云奮屬不用

字生疑或不知端字與知字俱是一家家故 言在家疑是客也

項一○○ 四六

別國却爲親 緣都字歸端椿字歸知字歸處不同便似 別國雖歸處不同其切椿字是的親之故言

別國却爲親也

辯宮商徵羽角例

欲知宮舌居中 ○欲知商口開張 ○欲知徵舌柱齒

欲知羽撮口聚 ○欲知角舌縮却

辯聲韻相似歸處不同

不○ 風楓偑方戎反 封葑圭○ 封府容反 飛扇緋非斐甫反 蹈膚

夫趺鳺鈇甫無反 分芬坌饋府文反 更之方勇反 匪棐蜚篚非尾反 甫

斧俯府脯方矩反 粉方吻反 阪販返坂府遠反 腹膚妃 諷方鳳反

反 ○沸疿誹方未反 廢癈方肺反 販畈方願反 富方副反 付賦傅方遇反

下缺

福腹複偪輻蝠踾輹方六反　弗紱颰韍綍不郮由第分勿反　髮

發泧颰方伐反　哮秠鴀不甫反　鳺糞奮方問反　方邡枋坊匚肪昉

府□反　蕃蕃府(藩)反　柤芳豐豐酆澧僼敷融反　峯鏠蜂烽敷容反　霏妃

非芳非反　敷麩孚鄜俘芳無反　芬芬紛氛撫文反　棒敷隴反　斐悱斐

蟦敷尾反　朔方武反　忿馚敷粉反　訉峯妃反　賵麷敷風反　費髴方未反　肺

柹方廢反　婏娩恢疲嬔芳万反　赴訃芳遇反　蝮覆蕧傷芳福反　怫拂

弗剌蚼被墳髴敷勿反　怖拂伐忿嬻芳問反　芳妨淓敷方反　鬴翻

幡孚□反　□袁

民國二十九年以原本照片校並改正數字　祖謨

頁一〇〇

四八

唐五代韻書

下编

考釋

〔考釋二〕 陸法言「切韻」傳寫本

(1) 「切韻」殘葉一（伯三七九八）

此殘葉破損已甚，僅存平聲東、冬、鍾三韻字，共十六行。行間有界欄，韻與韻之間有間隔，韻首有韻次數目，並加朱圈，一韻之內，小紐第一字上則加朱點，以示分別。書法圓渾，猶有隸書筆勢，書寫的時代比較早。可惜中間一段污黷，已難辨識。

此葉存字雖不多，但極重要。其中反切與本書第二類所收箋注本「切韻」二（斯坦因編號二〇五五，即王國維摹寫本「切韻」殘卷第二種，以下簡稱箋二）幾乎完全相同，（箋二有誤字），故知為「切韻」。箋二卷首有陸法言「切韻序」和長孫訥言箋注序，陸序題目與正文之間又有「伯加一千字」一行，是其書以陸法言書為底本，而字有增加，注有增益。至於此本則收字少於箋二。如東韻「空」苦紅反，五字，箋二為七字；「蒙」莫紅反，十二字（十二疑為十一之誤，詳下文），箋二為十一加二；「籠」盧紅反，十三字，箋二至少為十六字；「洪」胡籠反，十字，箋二為十一加一；「翁」烏紅反，三字，箋二為四字；「蓬」薄紅反，二字，箋二也是四字；「烘」呼同反，二字，箋二為三字；僅此數紐，多寡已顯著不同。可知此本時代當比箋二早。箋二紐內遇有增加字，一律注明「幾加幾」，而此本絕無。從注文來看，此本注文也極其簡略。習用字大都沒有訓釋。箋二注中稱「案」的，長孫序中明言「俱非舊說」，此本字下只略出訓解，並無案語。由此推斷，此殘葉應當是陸法言書較早的傳本。

「廣韻」鍾韻「恭」字下注云：「陸以恭蜙樅等字入冬韻非也。」（此注當本於「唐韻」，說詳本

書第五類伯二〇一八考釋），此本「恭」「蜙」「樅」三紐字正在冬韻，與《廣韻》所說相合。今日所見陸法言一系的韻書莫不如此。

此本冬韻末有「右十一韻」四字。所謂「十一韻」即指冬韻內冬、彤、賨、農、恭、蜙、樅、攻、碚、警、宗十一紐而言。推想全書每韻之末都會有同樣的記載。這是其他唐本韻書中所沒有的。韻中的一紐稱之為「韻」，也見於王仁昫《刊謬補缺切韻》。宋濂跋本王韻上聲紙韻「輢」字下注云：「於綺反。車騎。陸於倚韻作於綺反之，於此輢韻又作於綺反之（作字原脫，此依敦煌本王韻補），音既同反，不合兩處出韻，失何傷甚。」這段話是批評陸法言書裏紙韻內不應當把與「倚」同音的「輢」字別出為一紐，「倚」「輢」既然都音於綺反，就應當歸併，其中所說的「倚韻」和「輢韻」都是韻中之一紐，與此本所記「右十一韻」的意義相同。又蔣斧印本《唐韻》入聲麥韻「隔」紐有「鰅」字，注云：「鰅鰅，魚名。陸入格韻。」案本書第二類所收《箋注本切韻》一（斯二〇七一，即王國維摹寫本《切韻》殘卷第三種）入聲陌韻格紐下正有「鰅」字，注云：「鰅鰅。」《唐韻》所說「陸入格韻」即指陸入格紐而言，與此本所說的「韻」的意義也是一致的。若以為陸書入聲韻目中有「格」韻之名則誤。（裴務齊正字本《切韻》入聲有格韻，那是另外一回事。）至於東冬鍾江一類的分韻，在《箋注本切韻》一入聲月韻「噦」字下則稱之為「部」。「噦」字注云：「居劣反，此字亦入薛部。」（此注《箋注本切韻》三和宋濂跋本王韻同，惟居劣反作乙劣反。）「薛部」即指入聲薛韻而言。言「部」則以別於小紐。「部」在唐人韻書中也稱為「韻部」。如伯二六三八韻書序末「論曰」一段說：「若細分其條目，則令韻部繁碎，徒拘桎於文辭耳。」「韻部」就指的是東、冬、鍾、江之類的分韻，與上文所說的「部」意義正相同。唐封演《封氏聞見記》說李登《聲類》「以五聲命字，不立諸部」，所謂「部」也是這個意思。「部」與「韻」兩個名稱所指的都是分韻的事情，不過範圍有大小之分，於是裴務齊正

字本《切韻》又有「大韻」、「小韻」之名。裴本《切韻》卷首云：「右四聲五卷，大韻總有一百九十五，小韻三千六百七十一。」「大韻」即指東、冬、鍾、江之類，「小韻」即指韻中之一紐。這些名稱與此殘葉冬韻末所記「右十一韻」比觀其含義就更加清楚了。

此本書法甚精，然其中也略有脫誤。如東韻「蒙」紐據裴本及宋跋本王韻校訂，當為「蒙濛朦矇艨饛⿱髟蒙⿰馬蒙檬䑃冡」十一字，「蒙」下注文作「十二」不合。正文「朦」下又奪一「艨」字，以致「艨」字注「艨艟戰船，又武用反」八字冒為「朦」字注文，這都是寫者的疏忽。又如「魟」字注「河魚似鼈」的「似」誤為「以」，「鍬」字注「短矛」誤為「短予」，都應當校正。

（2）《切韻》殘葉二（伯三六九五、三六九六）

此書殘存二紙，存於巴黎國家圖書館，伯希和編為兩號。一為三六九五，一為三六九六。

三六九五一紙，正面為平聲模、齊兩韻字，背面為平聲灰、咍、真三韻字，而正面模韻下與背面咍、真兩韻下面都有殘闕，前後各十八行。書中每韻別起，韻首一字又提高一格，字大行疏，書法秀麗勻整，有虞世南的筆意，在唐代寫本中實不多見。

三六九六一紙，正面為鍾、江、支三韻字，鍾韻的前半已皺疊不可見；背面所存為支、脂、之三韻字，之韻止於「臑」字，而後半皺疊，與正面相同。這一紙和上一紙書法完全相同，當為一書。惟每面有三十行，比上一紙多十二行。又之韻末皺摺處別有斷片一段，正面自「嫛」字起，至「徒」字止，為模韻字；背面自「鰓」字起，至「論」字止，為咍真兩韻字；此斷片在此無所附麗，實即三六九五一紙模、真兩韻下面所闕的一部分，兩相聯綴，如合離符。由此可知原書似為冊葉裝。三六九六一紙在前，三六九五一紙在

後，兩者之間尚闕之、微、魚、虞諸韻字，當另有一紙，前後始能相連。

伯希和所編三六九六號內另有一紙為去聲韻字，正面存去聲韻目和送韻至寘韻字，背面存霽韻至隊韻字，書法豐茂緜密，字体和筆勢與上述平聲鍾、江、支一紙迥然不同，內容亦異。從內容和筆蹟來看，與伯希和編號三六九三、三六九四為一書。伯希和不察，竟將此一紙黏於平聲鍾、江、支一紙之後，編為一目，實誤。現在分之為二：平聲一紙與三六九五合為一書，去聲一紙則與三六九三、三六九四合為一書，（見本書第二類）淩亂之餘，庶得其序。

三六九六鍾、江、支、脂、之諸韻和三六九五模、齊、灰、咍、真諸韻共有九十六行。每字下注釋極簡略，一般習用的字大都沒有訓釋。一紐開頭的一個字的注文，都先出訓解，後出反切，最後舉出一紐的字數。這跟“切韻殘葉一”（伯三七九八）是一樣的。韻中收字則與箋注本切韻一（斯二〇七一）最為相近。箋注本切韻一有增加字，此本絕無，而且收字也比箋注本一略少，如支韻「犧」許羈反，七字，箋注本一為八字；脂韻「茨」疾脂反，六字，箋注本一為七字，模韻「盧」落胡反，十五字，箋注本一為十六字。據此推斷，本書與“切韻殘葉一”（伯三七九八）可能都同樣是陸法言書的傳本。鍾韻一紙也與殘葉一文字正相銜接，可謂巧合。

本書反切與箋注本切韻一及箋注本切韻二（以下簡稱箋一、箋二）偶有不同，但聲韻類別並無大異。例如：

江韻「釭」又古紅反　箋一同。箋二作「又古終反」。

支韻「為」遠支反又遠偽反　箋二同。箋一「遠偽」作「于偽」。（宋跋本王韻作「榮偽」。）

「闚」去隨反　箋一作「去垂反」，箋二作「去隨反」。（宋跋本王韻同。）

脂韻「私」息兹反　「兹」在之韻，蓋抄寫者誤書。箋一作「息脂反」。宋跋本王韻同。

「錐」職追反　箋一同。箋二作「止椎反」。（宋跋本王韻作「職維反」。）

「狋」牛肌反　箋二同。箋一作「牛肌反」。

之韻「詩」書之反　箋二同。箋一作「所之反」。詩為審母三等字，「所」為審母二等字，此蓋抄寫者所改。

模韻「祖」則胡反　箋一作「則吾反」。

灰韻「雷」路回反　箋一作「路廻反」。

咍韻「開」苦哀反　箋一作「康來反」，列於韻末。

「臺」徒哀反　箋一作「徒來反」。

真韻「甄」又居延反　箋一作「又居然反」。

其中除「私」作「息兹反」可能為寫者轉錄之誤外，其他僅為用字之不同。祖、雷、開、臺、甄五字下的反切，宋跋本王韻都跟此本相合，足見王韻反切與陸書尚為接近。

至於注解，本書字下沒有訓釋的比箋一箋二多。字下有訓釋的，非同於箋一，即同於箋二。例如：鍾韻「舼」字注云「小舩」，箋二同，箋一作「小舡」；脂韻「仳」字注云「仳倠醜女」，箋二同，箋一作「仳倠醜皃」；「眉」字注云「古作睂」，箋二同，箋一字作睂，注云「又作眉」；「駓」字注云「桃花馬色」，箋二同，箋一作「馬桃花色」。宋跋本王韻都跟本書相同。又本書注中所出又音雖與箋一、箋二沒有差別，但也有兩三處是箋一、箋二所沒有的。如鍾韻第一行「鱅」下云「又蜀庸反」，第二行「雝」下云「又於用反」，脂韻第七行「齋」下云「又徂嵇反」，前兩例不見於箋二（箋一闕），無從比勘，從一例箋一、箋二都沒有，由此可見本書保留的又音比較多。法言編韻，略於訓釋，而詳於音讀，正是韻書原來的要求。到了唐代，踵

事增華，不僅增字，而且詳載義訓，那就跟一般字書的功用相近了。

此本書法極精雅，但脫誤甚多。有一紐脫奪幾個字的，也有脫去正文，而注文竄入上一個字的，種類不一，別詳校記。

〔校記〕

○鍾韻

一行蓉　注「芙蓉」下脫「封」字及反切。箋注本切韻二（下簡稱箋二）「封」注作「府容反二」。

二行凶已見前一行，此處為衍文。

三行鏞箋二作「鏞」。

灉　注「水在宗以隹二反名」有誤。箋二作「水名在宋，又以隹反」。敦煌本王韻（伯二○一一）同。

四行鬞　注「厚」，據箋二乃「濃」字注文，此字下脫注及正文「濃」字。「鬞」箋二注作「鬞鬞」。

五行逢　注「符容反二」，箋注本切韻一（下簡稱箋一）「二」作「三」，下有「縫」「漨」二字。此本「逢」下有「縫」無「漨」，而「縫」注作「水」，是脫「漨」字，「漨」字注誤入「縫」下。

○江韻

一行杠　注「旌旗飾」三字誤書為四字。

二行牻　注「牛白黑雜反二聲」，抄寫有誤。箋二「牻」注「牛白黑雜」下有「膿」字，箋一注云：「耳中聲女江反二」。此脫「膿」字，注文又脫奪誤寫於「牻」下。

三行桻　注「雙帆」二字，「雙」上當依箋二有「桻」字。「桻雙」為一詞。

四行雙　注云「所江反四」，此下只有二字，蓋脱一字。箋二及宋跋本王韻皆有「䨇」字。
五行肛　注「許江反二」，箋二反切下「二」作「一」。
六行惷　注「又丑龍丑用三反」，「三」當作「二」。
○支韻
一行支　注章移反十　「十」箋二同，箋一作「九」。　祇注又巨支　「巨支」下脱「反」字。
二行移　注七支反　「七」字誤，箋一作「弋」。
三行匜　注杯似杮　「杮」當從箋二作「桸」。
四行出新陽　此三字非「爲」字注。箋一「爲」下有「潙」字，注云「水名，出新陽」。此本前一行「爲」下脱「潙」字，「潙」下注誤入「爲」字下。
　麾　注託爲反　注文「託」字誤。箋一作「許」。
五行睦　字當從「圭」作「眭」。
七行吹　注又人爲反　當依箋二作「又尺僞反」。
九行魁　注小㒵鬼　「小㒵」當從箋一作「小兒」。
　碕　注又巨機　「機」下脱「反」字。
十一行瀸　注水名在名新豐　「新」上「名」字衍。
十六行鴜　注鳥水　「鳥水」當作「水鳥」。
○脂韻
三行梶　箋一作「槐」。此誤。
四行齋　此字當作「齍」。
五行飢　此字下脱反切。

脛　注「䐊」當作「䐗」。

瓺　注笑皃又反三　「又反三」有脫誤。箋一作「又勑辰反三」。

七行蠐　注蠐蟳虫　「蟳」字誤。箋二作「螬」。

墀　注直屆反　「屆」當從箋一、箋二作「尼」。

八行私　注息茲反　「茲」乃之韻字。箋一作「息脂反」。

尸　注云「式脂反四」，此下僅有兩字，不合。箋一、箋二並有「蓍」字，此脫。

十五行犪　注求牛子　箋一、箋二皆作「求子牛」。

十六行睢　注水名在梁郡　注箋一作「水名在梁」，無「郡」字。

十七行瑂　注右似玉　「右」字誤。箋一、箋二作「石」。

十八行黴　注「黴」蘱垢腐皃　注「蘱」箋二作「藜」，箋一作「黧」。「垢腐」箋一作「垢黑」。

十九行惟　箋一、箋二皆作「帷」。

邳　此字當從「丕」作「邳」。注「下邳郡」，箋一、箋二皆作「下邳縣」，案下邳郡為隋置，唐為泗州，後改為臨淮郡，領縣六，下邳即其一（見通典卷一百八十）。箋一、箋二改「郡」為「縣」，蓋從唐制。

二十行駓　注桃花馬色　注箋二同。箋一作「馬桃花色」。

倠　注似隹　注「似」字誤。箋一、箋二皆作「佌」。

二十一胝　注穀始熟　箋一「胝」下注「皮厚。丁私反二」。「胝」下「秖」字注作「穀始熟」。此本「胝」下脫注及正文「秖」字。

紕　注疋夷反二　「二」箋一、箋二作「一」。此紐「紕」下再無字，作「二」蓋抄寫之誤。

嶉　注許綏反三　「三」箋一、箋二作「二」。此紐只有二字。作「三」蓋抄寫之誤。

○之韻

一行𤤽　注王名　「王」當從箋一作「玉」。

二行沶　箋一作「洏」。

三行思　注息慈反九　「息慈反」箋二作「息茲反」。此紐九字，但只有七字。箋一、箋二「伺」下有「緦」「禗」二字，此本抄脫。

禗　注玉　箋一此字訓「不安意欲去」，箋二訓「不安欲去意」，「禗」下有輜、颸、其、期、旗、萁、騏、基、琪九字，「琪」字訓「玉」。此本「禗」下脫本字注文及「輜」以下九字，注文「玉」蓋「琪」字注，抄寫誤錄於「禗」下。

○模韻

二行湖　已見前一行，此為衍文。

三行罛　注舩上納　「納」箋一作「綱」，此誤。

四行鴣　注鸕鴣鳥名　「鸕」當作「鵏」。

五行駼　注鳥名與鼠同穴　「駼」下脫注及「捈」「駼」二字，此注乃駼字注文。見箋一。

七行帑　注戮　箋一同。敦煌本王韻此字訓「藏」。

憮　注大恗怯　箋一「恗」字為正文，訓「怯」。此抄入「憮」下為注文誤。

九行盧　注落胡反十五　依注本紐共十五字，而只有十四字，蓋抄寫誤脫一字。箋一及敦煌本王韻於下文「艫」下皆有「櫨」字，注云「歛取」。疑脫此字。

十二行鴮　注鴮鴮魚　箋一注作「鴮鯎」，王韻作「鴮鰂魚名」。

十三行鋪　此字箋一及敦煌本王韻皆作「餔」，此作「鋪」，蓋抄寫之誤。鋪音普胡反，不當列此紐。

○齊韻

二行莉　注莉芘職荊　注「職」字誤。王韻作「織」。

絺　此為俗體，正作「絺」。

○灰韻

二行脢　箋一字從肉作「脢」，訓「衣上白膜」。敦煌本王韻無此字。宋跋本王韻注作「胎經二月」。又莫背反。「說文脢訓背肉也」，引易「咸其脢」。

眏　箋一作「肤」此從「日」誤。

六行挼　注檕　「檕」當從宋跋本王韻作「擊」。

○咍韻

三行垓　注項羽毀處　「毀」箋一作「敗」。

四行陔　注殿偕之曰垓　箋一「陔」注作「殿階之次序」，「陔」下有「姟」字，注云「數十萬曰姟」，此脫「姟」字，「陔」下注文又有錯亂。

五行麩　注麩　注箋一作「麴」。

○真韻

一行蓐　注牛脣草名　「蓐」字誤，當作「𦿐」。注「牛脣」當作「牛𦿐」。見箋一。

(3)「切韻」殘葉三　（斯六一八七）

此殘葉存平聲幽、侵、鹽三韻字，共十五行。幽、鹽兩韻存字不多，而侵韻則完整無闕。原卷似有邊欄，書法整齊，筆勢挺勁有力。韻首有韻次數目。韻中各紐第一字上無標識。

從內容看，此本與箋注本「切韻」一（箋一，斯二〇七一）最接近，每紐收字不多。

字下有訓釋和反切的，先出訓釋，後出反切（只有盐韻「廉」字不如此）。各紐第一字反切下所記字數都沒有增加字的記載。反切與箋一殘存部分無出入。一望而知是同一系統的書。箋一優韻的後半及盐韻開頭已殘闕不全，正可以此相補。

箋一為陸法言"切韻"的正字增注本，而此本注釋簡略，極似陸法言書傳本。箋一平聲分上下，優韻列於平聲下。韻次數目是「廿」。此本「優」字上殘存一「六」字。伯二〇一七韻書和宋跋本王韻（並見後）韻目中平聲不分上下，優韻列為「卅六」。此本「六」上殘損，「卅」字闕落。原來數目也當為「卅六」。由是可知此本平聲五十四韻由東至凡是相連的，並不分為上下。正是陸書原來的面目。其次，箋一優韻「針」下有注文「案文作鍼」一語（「文」謂"說文"），別無訓解，是所據陸書「針」字無注。今此本「針」下亦無注解。又優韻「碪」字一紐此本只一字，而箋一「碪」下又有「椹」字。收字多寡不同，足證此本早於箋一。

另外，此本幽韻「犙」下注云：「牛三歲。山幽反。諸家音皆參。」唐本韻書中如箋一與敦煌本和宋跋本兩種王仁昫"刊謬補缺切韻"注中都沒有「諸家音皆參」五字。「音皆」二字疑本作「皆音」，為寫者誤倒。此所謂「諸家音」或即陸法言"切韻序"中所說呂靜"韻集"、夏侯該"韻略"、陽休之"韻略"、李季節"音譜"、杜臺卿"韻略"等數家。"切韻序"說：「遂取諸家音韻、古今字書，以前所記者定之為"切韻"五卷」，此言諸家音某與序文所說正相應。「犙」訓牛三歲出自"說文"。"玉篇"「犙」音山含切，又且含切」，"萬象名義"音且含反，徐鍇"說文篆韻譜"五卷本和徐鉉校定本"說文"音蘇含反，並無「山幽反」一音。"廣韻"幽韻有此字，覃韻「蘇含切」下亦有此字。陸韻「山幽反」一音不知所據，或前代字書中有作「山丞反」的，丞誤寫為「幽」，因而陸法言誤收入幽韻。這是一種疏失。不過書中仍注明諸家音參，學者猶可考案。後來箋一和王韻都略去這一句話，而覃韻也不收「犙」字，就給讀者增加很多疑惑。此本保存了這一條是很

可寶貴的。

〔校記〕

○侵韻

三行梣　注「木枝長」下出「斟」字，注作「又所金反」，「斟」為衍文，寫者於字旁加點點去。注「又所金反」當屬於「梣」字下，與「木枝長」相接。

斟　注之酌，職深反八　「斟」字當從「斗」，唐人寫書斗每作「升」，因而「斗」「升」相混。「斟」紐共八字，此下只有七字，據裴本切韻及宋跋本王韻對勘，疑此紐脫「鱵」字及注文。

四行坩　此字當從「十」作「廾」，兩鍾王韻皆從斗作㪷。

六行苂　裴本切韻及宋跋本王韻同。「廣韻」作「苂」。

八行魿　注一曰北方鮓南方曰魿　注「北方」下脫「曰」字。

黔　注黑而一曰黃黔首衆也　注「黃」字當依裴本切韻在「而」字下。

九行澟　此字裴本切韻作「凜」，「廣韻」同。

十一行摻　此字當從「木」作「槮」。

十二行涔　注「又土監反」，「土」當從裴本切韻作「士」。

○鹽韻

一行鹽　注「金廉反」，「金」當從裴本切韻及宋跋本王韻作「余」。

（四）《切韻》殘葉四（斯二六八三，伯四九一七）

斯二六八三存於英國倫敦博物院，即王國維摹寫本《切韻》殘卷之第一種，所存為上聲海韻至銑韻十一韻字。書法遒勁雋逸，年代也比較早。

此書共存三葉。第一葉自「亥」字至「遠」字，存海軫吻隱阮五韻字，共十六行。第二葉自「鰋」字至「伴」字，存阮混佷旱四韻字，與第一葉相銜接。行數與第一葉相同。第三葉自注文「禍」字以迄注文「柬」字，為旱潸產銑四韻字，與第二葉相連屬，共十三行。第一葉左右五六行下一半皆殘闕，第二葉右方所闕與第一紙左方所闕行數相同，其左方所闕則與第一葉右方所闕行數相同，適成一正一反，各有十六行。由此推想，原書似為冊葉裝。第一葉為正面，第二葉為背面，第三葉則另為一面。姜亮夫先生謂「三紙相連處今已以另紙搭接」，此乃英人改裝，已與原來裝潢不同。

伯四九一七存於巴黎國家圖書館，只有一葉，存上聲感敢養三韻字，共十五行。由字跡和內容來看，與斯二六八三實為一書。斯坦因和伯希和各劫去一部分，因而割裂為二。王國維摹寫《切韻》時只見斯二六八三，所以伯四九一七殘葉一直沒有人知道。今據照片定為一書，編次在一起。

此書韻目上無韻次數目，每韻之首大都提行高一字，僅阮韻和養韻未提行，小紐上又加朱點，以示分別。每紐第一字下先出訓解，後出反切，最後舉出一紐收字數目。體製與《切韻》殘葉二（伯三六九五、三六九六）相同。

全部字下注文極簡略，每紐開頭一字大半沒有訓釋。字下訓解與箋注本《切韻》一相同，反切也大都相合。不相合的有以下幾處：

軫韻盾食尹反　裴本切韻及宋跋本王韻同，箋一作「食允反」。

隱韻近沂謹反原缺近字　箋一作「其謹反」，裴本切韻及宋跋本王韻同。

阮韻阮虞遠反　箋一作「魚遠反」。

旱韻袒又丈莧反原缺袒字　箋一及敦煌本王韻「丈」作「大」。

罕呼捍反原缺罕字　敦煌本王韻同，箋一作「呼捍反」。

潸韻赧奴板反　箋一及敦煌本王韻作「怒板反」。

敢韻埯安敢反　宋跋本王韻同，箋一作「央敢反」。

養韻想息兩反　宋跋本王韻同，箋一作「思兩反」。

這些不過是反切用字上的不同，聲韻並沒有差異。至於收字，此本則遠較箋一為少。如軫韻的軫紐、蠢紐、引紐，混韻的劊紐、猜紐，旱韻的亶紐、散紐、罕紐，潸韻的板紐，莧（莞）紐，感韻的壈紐，養韻的兩紐，響紐和賞紐（識兩反）等收字都比箋一少，而且各紐所闕都是末一字，可知此本時代在前，箋一在後。王國維在摹本跋語中曾指出此本當為陸法言原書，這話不無道理。

王仁昫「刊謬補缺切韻」是根據陸法言書作的，王韻隱韻謹紐「居隱反」有「巹」「𧯷」二字，「巹」訓敬，「𧯷」下注云：「瓢酒器，婚禮所用。陸訓巹敬字為𧯷瓢字，俗行大失。」此本隱韻謹紐有「巹」無「𧯷」，「巹」下云：「瓢酒器，婚禮用」，箋一同，與王韻所說正合。據此可知箋一也是以陸法言「切韻」為底本，不過字有增加，注中往往有案語（說詳後），解說字形的話也很多，如云「俗作某」之類，而此本字數既少於箋一，又無箋一所加的案語，證之王韻，此本當為陸氏原書的傳本無疑。

〔校記〕

○海韻

一行亥注胡改一　「改」下脱「反」字。

二行秠　箋一字作「䅬」。兩種王韻並同。

○軫韻

一行縝　箋一此字作「縝」。

二行膌注肌　箋一及兩種王韻「肌」皆作「肥」。

准注古作準之君反　「準」當作「準」，「君」當從箋一作「尹」。

三行馮毛盾　此為「駗」字注文。「盾」當從箋一作「遁」。

筍注思尹三　「尹」下當有「反」字。

五行眕注噇處　「眕」箋一從「肉」作「胗」，注作「腫處」。此正文及注並誤。

甂注大箴　注當從箋一作「大笑」。

六行眹　當從箋一作「朕」。

汦　當從箋一作「泯」。此因避唐太宗諱，「民」寫作「氏」。

七行䀆注或作晚　「晚」當從箋一作「脕」。

○吻韻

一行扙注械　正文當作「抆」，注當作「拭」。箋一不誤。

○阮韻

四行則引　此為「挽」字注。箋一「訓引」，無「則」字。

反注覆　「覆」箋一作「復」。
播　箋一作「橎」，從「木」，訓「木名」。
五行菀注此菀樂　「此」當從箋一作「紫」。
六行蘆葍　此為「蘿」字注。「葍」當從箋一作「蔔」。

○混韻

二行痒注：：潒惡寒　「潒」當作「瘷」。
三行蓴注草聚生　「聚」當為「藂」字之誤。箋一作「叢」。
四行看　敦煌本王韻作「盾」。
五行毨　當從敦煌本王韻作「毪」。
閫注門限口本反　敦煌本王韻音「苦本反」，此「限」下當是「苦」字。
裍　敦煌本王韻從「禾」作「稛」。

○旱韻

三行或作怨烏管反　此為「椀」字注。「或作怨」當從箋一作「或作盌」。
叛注屑米粉　「叛」當箋一從「米」作「粄」。注箋一作「屑米餅」。
四行斷注徒　注有脫文。箋一作「徒管反，又都亂反一」。

○潸韻

二行僴注下下板反又始限反　「下」字重。「始」箋一作「姑」，當據正。
阪注又方板反　箋一作「又方晚反」，當據正。
棧注士板反　注當從敦煌本王韻作「士板反」。
三行莧注：：尔笑皃胡板反一　「莧」字箋一同。廣韻作「莞」，歸入「睆」紐。此音「胡板反」，與

「晥」字「户板反」同音。

○產韻

二行柬注一曰縣名縣在新寧　注「縣名」下箋一無「縣」字，此誤衍。

　劉注初限反五　「五」箋一作「三」。此紐只三字，作「三」是也。

四行孱注又錫連反　「錫連反」當從箋一作「鋤連反」。

○感韻

二行昝注千感反　當依箋一作「子感反」。

三行坈　當依箋一作「坎」。

四行婨注：容性惡　「婨」敦煌本王韻作「媕」。又注文「容」字箋一作「㝐」王韻同。

　菡注：苬　「苬」當依箋一作「萏」。

○敢韻

二行始　箋一同。兩種王韻並作「㛪」。

四行埯注安敢反　宋跋本王韻同。箋一作「央敢反」。

○養韻

三行秧注：攘　箋一及宋跋本王韻注作「秧穰」。

四行想注息兩反　宋跋本王韻同。箋一作「思兩反」。

五行敝　當依箋一作「敞」。

六行繈注緣有節居反兩反　「居」下衍「反」字。

　丈注有兩反　「有」當依箋一作「直」。

　宛　即「昶」字。

（伍）「切韻斷片一」（見「西域考古圖譜」）

此斷片出於新疆吐峪溝，為日本橘瑞超所得，見於大谷光瑞所印「西域考古圖譜」。「西域考古圖譜」為香川默識所編，於公元一九一五年（日本大正四年）出版。此斷片收入下卷經籍類，目次列第⑧，題名「唐鈔唐韻斷片」。原物殘損已甚，只存一紙上截一片，正反兩面各九行，正面為平聲支韻字，背面為平聲脂韻字，原物似為冊葉裝。書法端莊整勅，雄健厚重，在唐代寫本中不多見。

此斷片王國維曾摹入「韻學餘說」（又見中華書局印本「觀堂集林」別集），並且斷定此本為陸法言「切韻」的長孫訥言箋注本。不過也有人認為這是陸法言的原書。從斷片的體制來看，收字既少，注解亦簡略，不似長孫訥言本。現存唐本韻書中與此本最相近的是伯三六九六號韻書（即「切韻」殘葉二），而王氏定為長孫箋注的斯二〇七一號和二〇五五號韻書（即王摹本「切韻殘卷」第三種，第二種，見本書第二類箋一，箋二）並不與此本相同。稍加比較就可以知道。

斷片	伯三六九六	斯二〇七一	斯二〇五五
支韻　支紐九字	十字〔一〕	九字	十字
卮（無注）	酒器	（闕）	圓器也一名觛所以節飲食出說文
匜　杯匜似榹又羊氏反	杯似榹	（闕）	杯也似榹又羊氏反計（許）與迤（匜）
𪎭　檫或作床	檫	檫（闕）	（無此字）
炊　爨	（無注）	（闕）	蒸
騎　〻馬	（無注）	跨馬又奇寄反	馬又奇寄也

脂韻(衰)衰	(無注)	衰衣	衰〻
諮(無注)	(無注)	問	諮〻
茨 疾脂反六	疾脂反六	疾脂反七	疾脂反七
維(無注)	(無注)	(無注)	語端
雖(無注)	(闕)	[illegible]	按說文從虫唯聲(原作從唯蟲聲誤)
荾 胡菜	(闕)	葰 胡〻	胡荾香菜 又作此荾(葰)

由這些條可以看出此本與斯二〇七一、斯二〇五五實不相同。最分歧的是「茨」紐收字的多寡不一樣。此本與伯三六九六相同，都比斯二〇七一、二〇五五少一字。其次是字的訓釋也頗有不同。如「[illegible]」字此訓「爨」，斯二〇五五訓「蒸」；齋此訓「裳」，斯二〇七一及二〇五五皆作齋衰解。此本無訓釋的，斯二〇七一及二〇五五大半都增加了訓釋。斯二〇五五特別重視說文，遇到法言書原有訓釋與說文不同的，每每增加說文的訓解，法言書字下原無訓釋的也往往據說文增補。或說字義，或釋字形，都注明出處，並加「按」字，以表明非原來所有。上面所舉斯二〇五五支韻「卮」字和脂韻「雖」字的注文都援引說文，除此別無注解，是斯二〇五五韻書的作者所根據的陸法言書在這兩個字下是沒有訓釋的。此斷片「卮」「諮」「維」「雖」等字都不出注解，足證此斷片為陸法言原書傳本之一，而不是長孫訥言的箋注本。

(6) 切韻斷片二 （列TID）

此斷片出於新疆，為德國列考克（Albert August von Le Coq）所得，舊藏於柏林普魯

士學士院。僅存原紙上部一片，下部殘闕。正面為廢韻之末及廿一震之前半，背面為震韻之末及廿二問、廿三欣、廿四願諸韻，前後韻目正相銜接。兩面行間有界闌，韻目數字為朱筆所書。書中每紐收字比較少，且無增加字，注釋也極簡略。同本書第二類所收箋注本切韻三（斯六一七六）比較，韻目數字和韻中紐次完全相合。箋注本切韻三是有增加字的，每紐第一字反切下都注明幾加幾，而此本每紐所收字數與箋注本三每紐第一字下所記原來字數相同。如此本震韻：

震職刃反五　　箋三震職刃反五加一

刃而晉反六　　箋三刃而進反六加一（裴務齊本切韻亦作而進反）

（陣）直刃反二　　箋三陣直刃反二加一

據此可知此本與箋注本三為一系書，而此本在箋注本三之前。其中反切除「刃」字作「而晉反」（宋跋本王韻同）與箋三有所不同以外，其他與箋三完全相合。至於字下訓釋，亦大體一致。僅「藺」下訓解不同。但箋三所出案語，此本並無。推想此與以上幾種殘葉當同為陸法言書寫本。陸書存於今者，平聲獨多，去聲最少，此斷片雖為一鱗半爪，但極可貴。既可以藉此考見後來增字本韻書與陸書之關係，又可以訂補後來各本韻書的缺誤。例如廢韻末所存殘字當為「吠」「茷」「噦」三字，「廣韻」「茷」下注「又方大反」，裴本切韻作「又房大反」，宋跋本王韻作「又房吠反」，三本互不相同。今此本「茷」下尚存「房大反」三字，是陸韻本作「房大反」，宋跋本王韻作「房吠反」誤。又如此本願韻第二行「飯」字下注「符万反，又符晚反」，箋三同，而王韻此處無「符晚反」一音。考箋一上聲阮韻有「飯」字，音「扶遠反」，此注「又符晚反」正與上聲相應，則以有又音為是。

〔校記〕

震韻

一行鶩注～路鳥名　「路」當從「鳥」作「鷺」，

三行棘注小鼓在在鼓上　「棘」當從裴本切韻作「𣗥」，字從中柬聲，見說文。注當從箋三及裴本切韻作「小鼓在大鼓上」。

悶韻

二行溢注合水　「合水」當從裴本切韻作「含水」。

〔考釋二〕箋注本切韻

2.1(7)　箋注本切韻一（斯二〇七一）

此書就是王國維摹寫過的切韻第三種，藏於倫敦博物院。原物共存三十四葉，現裝成一長卷。書中「民」「旦」等字不缺筆，僅上聲軫韻「愍」字作「慜」，「純」字作「純」，凡從「屯」的字多作「乇」或作「乇」，「純」為憲宗名，此書似為元和以後九世紀人所書。原書平聲分為上下兩卷，合上去入三聲，共為五卷。現只存平上入四卷，獨闕去聲一卷。平聲上一卷存三鍾至廿六山，鍾韻之前闕卷首序文和平聲上韻目及東、冬兩韻字，而鍾韻、支韻缺落的字也比較多。平聲下一卷自一先至廿八凡，上聲一卷自一董至五十一范，首尾都完整。其中只有幾韻略有缺損。入聲一卷，存一屋至廿七藥，藥韻只存一部分，藥韻之後，闕

鐸、職、德、業之五韻。四卷書總計有八百二十一行。這是唐本韻書中存字比較多的一種。

從原書的形製來看，每葉紙幅大小相同，所書行數，或為二十四行，或為二十五行，多者達二十六行，推測原書可能是冊葉裝。平聲上每葉都是廿四行。鍾韻、支韻一葉（即現存的第一葉）僅存後十一行，前面當缺十三行。咍韻、真韻一葉（即第七葉）所存為二十二行，後尾當缺兩行（王國維抄本空一行，不合）。平聲上自先韻至覃韻四葉（即十至十三葉）每葉二十五行，由談韻以下幾葉（即十四至十八葉）每葉為二十六行。中間青韻、尤韻一葉（即第十六葉）後存二十四行，前面當缺兩行（王抄作一行，不合）。侯韻幽韻侵韻一葉（即第十七葉）存前二十二行，後尾當缺四行（王抄作兩行，不合）。這是從前後葉的行數可以推斷出來的。

這個寫本到了英國人手裏以後，把它粘成一個長卷，不僅失去原來的樣子，而且誤將平聲下清青尤侯幽侵諸韻（即第十六和第十七兩葉）粘接在上聲紙韻一葉（即第二十葉）第四行之後，原書紙韻的另一部分字就被隔開了。這樣粗鹵是不能整理古代文物的。（王國維抄本已加更正）現在就原物照片影印，分別注明葉數，以便稽考。

此書平聲上為二十六韻，平聲下為二八韻，上聲為五十一韻，入聲為三十二韻，韻目的名稱和次第等等都同王仁昫刊謬補缺切韻所記陸法言書的面目相同。書中每紐第一字的注文是先出訓解，後注反切。反切之後記明一紐的字數，這與前一類的寫本在體例上也是一樣的。不過同前一類的寫本比較，還有不少差別。主要差別有以下幾點：

(1)本書收字稍有增加　例如切韻殘葉二（伯三六九六）支韻虧紐（許羈反）七字，本書八字；脂韻茨紐（疾脂反）六字，本書七字（多餈字）。切韻殘葉四（斯二六八三）

軫韻軫紐（之忍反）八字，本書九字；引紐（余軫反）二字，本書三字（多「𠜱」字）。又殘葉四（伯四九一七）感韻壈紐（盧感反）二字，本書三字（多「㴾」字）；養韻兩紐（良獎反）五字，本書六字（多「倆」字）；響紐（許兩反）四字，本書五字（多「鄉」字）。

（2）反切用字有不同　　例如：「切韻」殘葉二（伯三六九六）支韻「爲」遠支反，又遠僞反，本書作又于僞反；又殘葉二（伯三六九六）咍韻「臺」徒哀反，本書作徒來反；「開」苦哀反，本書作康來反。「切韻」殘葉四（斯二六八三）軫韻「盾」食尹反，本書作食允反；隱韻「近」祈謹反，本書作其謹反。又殘葉四（伯四九一七）敢韻「埯」安敢反，本書作央敢反；養韻「想」息兩反，本書作思兩反。（王仁昫書除隱韻「近」字音其謹反與本書相同以外，其他如臺開盾阮埯想等字反切都與前一種相同。）

（3）有些字本書已增加訓解　　例如：「切韻」殘葉二（伯三六九六）支韻「披」字無注，本書訓「散」；「羲」下無注，本書訓「氣」；脂韻「資」下無注，本書訓「財」；「齋」下無注，本書訓「喪衣」；「諮」下無注，本書訓「問」；「耆」下無注，本書訓「長」。「切韻」殘葉四（伯四九一七）養韻「獎」字無注，本書訓勸。

（4）本書增多又音　　例如：「切韻」殘葉二（伯三六九六）支韻「騎」下無注，本書注云「騎馬，又奇寄反」。「切韻」殘葉四（伯四九一七）敢韻「黲」下音倉敢反，本書音「倉敢反，又七感反」。

（5）本書增注俗作某　　例如：本書真韻「眞」字下云「俗作真」，此注不見於「切韻」殘葉二（伯三六九五）。本書軫韻「僶」下注云「俗作偭」，「黽」下注云「俗作黾字」，混韻「本」下注云「俗作夲」，旱韻「㪔」下注云「俗作散」，「侃」下注云「俗作偘」，在「切韻」殘葉四（斯二六八三）正文都作本書所說的俗體，注中一律沒有「俗作某」的話。陸法言書正文本不避俗體，注文中有「古作某」

和「或」作某，「古」指篆隸，「或」指別體。但本書正文則多以「說文」為准，所以注文中列舉當時通行的寫法，稱為「俗」作某。

(6) 本書注文中有案語　　例如：本書侵韻「鈝」字下有「案文作鍼」四字（「文」指「說文」），不見於「切韻」殘葉四（斯六一八七）。又本書養韻「兩」下云「按文廿四銖為兩」，也不見於殘葉四（伯四九一七）類此案語共有三十二處。

(7) 一紐的字次略有不同　　例如：「切韻」殘葉二（伯三六九六）脂韻「嫘」字在「欙」下，本書則在「虆」下。又殘葉二（伯三六九五）真韻「昬」紐「昬」下出「㴊」字，本書則「㴊」字在「昬」上。

根據以上的比較，可知本書已經不是陸法言的原書。不過，大體和前一類的寫本相去不甚遠，雖有增字加訓，但數量不多。王仁昫所指出的陸書的一些缺失，如「韡范」二字未立反語，紙韻「輢」紐與「倚」紐音同而重出，止韻「汜」字和隱韻「巹」字訓義不當，書中不當收「言」「言」（見阮韻）「凸」（見屑韻）「凹」（見洽韻）等字之類，也都見於本書，足證本書就是根據陸法言書而增修的一種「切韻」。因此，要考查陸法言的原書情況，這是我們可以依據的很重要的一種材料。

本書卷首殘闕，作者已不可考。書中案語大都根據「說文」解說字形，只有幾處是說明字義的，凡引「說文」處一律作「文」，可能是寫者所節略。斯二〇五五寫本「切韻」（見後）「箋注本切韻二」注文中也有同類案語，體例與本書相似。卷首有陸法言序和長孫訥言序。長孫序說：「頃以佩經之隙，沐雨之餘，指其紕繆，疇茲得失，……遂乃廣徵金篆，遐泝石渠，略題會意之詞，仍紀所由之典。……又加六百字，用補闕遺。……但稱案者，俱非舊說。傳之弗謬，庶埒箋云。」王國維認為斯二〇五五寫本書中有新加字，而且注中案語很多，與長孫序中所說正相合，應當就是長孫箋注本「切韻」，而本書案語少，但體例與

斯二〇五五相同，可能就是長孫書的節本。現在考察起來，斯二〇五五內的訓解和反切與本書並不完全相同，而且斯二〇五五在本書之外又有增加字，時代當比本書晚。因此，我們不能說本書是斯二〇五五的節本。而只能說這與斯二〇五五《箋注本切韻》是同一類的書

本書每紐第一字下雖有字數，但不注幾加幾，因此全書一共有多少增加字不可知。注文中注明「新加」的只有十五處，事實上每韻都會有增加字。下面是各卷的字數：

平聲上（支韻以前各韻據斯二〇五五所記原來字數計算，加字數除外。脂韻以下都根據本書實有字數。韻有缺字的，只記大約字數。）

東約172 冬29 鍾約94 江約41 支約199 脂162 之125 微76 魚130 虞191 模131 齊144 佳36 皆40 灰69

咍52 真約174 臻約10 文63 殷15 元83 魂65 痕9 寒145 刪32 山28 （約二三一五字）

平聲下

先96 仙166 蕭75 宵137 肴80 豪108 歌124 麻104 覃61 談35 陽173 唐137 庚100 耕66 清存46 青102

尤186 侯75 幽19 侵約50 鹽存74 添23 蒸50 登40 咸29 銜18 嚴6 凡3

（存二一八三字，根據殘缺行數約計缺九十字，原約有二二七三字）

上聲（迥、有、厚三韻有殘闕，據斯三六九三《箋注本切韻》補缺字數）

董33 腫45 講13 紙134 旨79 止75 尾40 語94 麌87 姥80 薺53 蟹21 駭8 賄49 海36 軫58

吻13 隱15 阮44 混40 很5 旱50 潸16 產22 銑47 獮108 篠39 小47 巧18 皓70 哿62 馬52

感52 敢18 養66 蕩53 梗44 耿8 靜28 迥45+2 有54+18 厚48+20 黝5 寑41 琰40 忝16 拯1 等3

豏16 檻12 范4 （共二一四七字）

入聲（本書藥韻殘缺，藥韻以下據蔣本《唐韻》殘卷除去加字數目補記字數。蔣本《唐

韻所根據的不是法言原書，但所記原來字數比較接近本書。

屋102　沃32　燭69　覺91　質137　物33　櫛8　迄11　月53　沒59　末120　黠51　鎋35　屑122　薛112　錫82

昔106　麥57　陌80　合62　盍約42　洽約38　狎22　葉55　怗52　緝67　藥3+74　鐸121　職約108　德約41　業15　乏4

（約二一八一字）

這四卷的字數合計有八九一六字。惟去聲一卷字數不可知。宋濂跋本王仁昫「刊謬補缺切韻」所根據的陸法言書的字數是平聲上為二九〇八，平聲下沒有記載，上聲為二〇七〇，去聲為二三三二，入聲為二一五六。這裏平聲上字數有誤（詳宋跋本王韻說明），上入二聲字數與本書只相差幾十字，如果用王韻所記去聲字數和上面所計本書平聲上下及上、入二聲字數合計在一起，全書五卷約有一萬一千二百四十八字。這個數字之內還包括一部分增加字在內，估計陸法言原書不會多於一萬一千字。封氏聞見記「聲韻篇」曾說法言「切韻」共一萬二千一百五十八字。封演書作於大曆貞元之間，他所根據的本子可能是後來的增修本，而不是陸氏原著，所以字數比以上所計還多九百字。

根據本書不僅可以大體估計出法言「切韻」全書的字數，而且可以看出更多關於法言書分韻歸字以及反切的情況。

法言書共分一百九十三韻，每韻之中小紐例不重出。除王仁昫所指出的上聲紙韻「倚」「輢」兩紐同音「於綺反」不當重出以外，在本書中肴韻韻末有「䫜」字音「五交反」，與「聱」紐「五交反」同音，尤韻「啾」子由反，與「遒」紐即由反同音，陌韻韻末有「搦」字，音「奴格反」，與上「蹃」字女白反同音，都應當合為一紐。王韻「䫜」字併入聱字一紐，「啾」字併入「遒」字一紐，蔣斧本「唐韻」「搦」「蹃」二字也歸併在一起。此本「䫜」「啾」「搦」三字別出，是否法言原書如此不可知。

本書中字下不立反切的有四處：歌韻「鞾」字下注云：「鞾鞋。無反語」。歌韻韻末加「伽」字

下注云：「無反語・噱之平聲」，上聲拯韻「拯」下注云：「拯休。無反語・取蒸之上聲」。又范韻「范」下注云：「姓。無反語，取凡之上聲」。「韡」字、「拯」字、「范」字陸書沒有反語，王仁昫書都一一注明，惟獨「伽」字王韻「不言陸無反語」，這個字也許「不是陸書原有的」。本書注取「噱」之平聲，「噱」為藥韻字，王韻音「其虐反」，由此可知唐代「伽」字與藥韻元音相同。這對於我們了解唐代歌韻和藥韻字的讀音是有幫助的。

本書所保留的反切有二千一百多（又音不在內）。其中值得我們注意的有以下幾點：

（1）以端母字切知母字　如江韻「樁」音都江反，覺韻「斲」音丁角反，脂韻「胝」音丁私反，語韻「貯」音丁呂反，馬韻「觰」音都下反，黠韻「窡」音丁滑反，鎋韻「鵽」音丁刮反等都是類隔切。

（2）以輕脣音字切重脣音字　如支韻「皮」音符羈反，脂韻「悲」音府眉反，灰韻「肧」音芳杯反，真韻「貧」音府巾反，潸韻「阪」音扶板反，銑韻「編」音方顯反，庚韻「兵」音甫榮反，盐韻「砭」音府廉反，蒸韻「凭」音扶冰反，符、扶、甫、府、芳、方等字後代都讀為輕脣音，而被切的字都是重脣音。書中這類例子很多。

（3）以重脣音字切輕脣音字　如尤韻「浮」音薄謀反，月韻「怖」音匹伐反，薄、匹都是重脣音字，而浮、怖後代都讀為輕脣音。以重脣切輕脣的例子不多。

（4）以匣母字切喻母三等字　如文韻「雲」音戶分反，月韻「越」音戶伐反。雲、越在宋代等韻圖中屬喻母三等，戶字則屬匣母。

根據以上幾點來看，切韻所表現的聲母讀音和後代有些不同。以端母字切知母字（大都屬於二等字），知母字的讀音和端母一定相近；以輕脣音字切重脣音字，或以重脣音字切輕脣音字，脣音字很可能都讀重脣，而沒有分化出輕脣音；以匣母字切喻母三等字，喻母三等字當讀同匣母。這些都是考證切韻音系所應當注意的。

另外，我們也看到這個寫本在反切方面還有一些錯字。如齊韻「齊」字注「俱稽反」，「俱」當作「徂」，文韻「芬」字注「無云反」，「無」當作「撫」。至於之韻「詩」字音「所之反」，尤韻「謀」字音「莫侯反」，這和抄寫者的語音有關。「詩」字切韻殘葉二（伯三六九六）和斯二〇五五箋注本切韻（見後）都作「書之反」，「詩」與「書」都是審母三等字，此作「所之反」，「所」為審母二等字，寫者可能讀審母二三等相同，所以誤寫作「所之反」。「謀」音「莫侯反」，「侯」為「侯」韻字，王韻作「莫浮反」，則與「謀」字歸韻相合。此作「莫侯反」，表明寫者讀「謀」字韻母與「侯」相同。這與前面所說「徂稽」誤為「俱稽」、「撫云」誤為「無云」一類的筆誤不同，讀者當能明辨。

此書以前只有王國維抄本，王抄雖然比較精審，但也有原本不誤而王氏寫誤的。如殷韻「欣」音許斤反，宵韻「嚻」音許口反，庚韻「兄」音許榮反，「許」字王氏一律誤寫為「詩」；歌韻「倭」音烏和反，「烏」王氏誤寫為「与」；添韻「嗛」苦簟反，「苦」王氏誤寫為「古」，音皆不合。今據照片影印，學者可以覆案，不致為王氏抄本所誤。

2.2（8）　箋注本切韻二（斯二〇五五）

（一）

此本存於倫敦博物院，即王國維摹寫過的切韻第二種。所存只有原書卷一的一部分。卷首有陸法言切韻序和唐高宗儀鳳二年（公元六七七）長孫訥言序，序文後為平聲上二十六韻韻目，次為東韻到魚韻九韻字，虞韻以下未抄。共有一百七十九行。原書為卷子本。書法粗劣，且有譌誤，抄錄的年代也比較晚。

書中除微韻以外，注文都是先出訓解，後出反切，反切下注明一紐字數，體例與

陸法言書相同。但字有增加，而且注文中又每每有案語，這與長孫序所說「但稱案者，俱非舊說」的話相合，所以王國維在〈書唐寫本切韻後〉斷定本書為長孫箋注本（見《觀堂集林》卷八）。不過，本書從之韻「緇」字起到魚韻「歔」字止一段（共二十行，主要是微韻字），是先出反切，後出訓解，再記一紐字數，體例與其他各韻都不相同，而與王仁昫《刊謬補缺切韻》的體製和內容幾乎全部相合。由此可知本書還雜有王仁昫《切韻》在內，而不是單純的一種書。王國維沒有見到敦煌本王仁昫《切韻》，所以對這一部分不清楚。自從劉復刊出敦煌本王韻以後，才為人所發現。

為甚麼抄寫的人把王韻抄錄在內呢？這可能是由於原本有殘缺，而不得不根據另一種韻書來增補。從本書所抄長孫序文有空闕和支韻「鼓」下注明「四行全無」來看，原來的底本一定有缺損。寫書人沒有別的本子可以依據，所以就用王韻抄配在內。王韻沒有長孫訥言的序文，抄者遇到原本殘闕處也就無法增補，只好空闕了。

本書除去根據王韻抄補的一部分以外，其餘的幾韻都是有案語的。所加的案語主要是根據《說文》解說字形和字義。取《說文》以訂補《切韻》就是本書的特色。這與卷首長孫序文所說「遂乃廣徵金篆，遐泝石渠，略題會意之詞，仍紀所由之典」，正相符合。因此，我們可以說抄本中有案語的這幾韻很可能就是長孫訥言的箋注本了。不過，是否就是長孫的原作，還不能確定，其中難免也有後人增益改訂的地方，我們只能把它做為是長孫箋注的一種傳本來看待。

長孫訥言為北周長孫儉之後。《元和姓纂》卷七「長孫」下云：「北平王嵩，魏太尉。五代孫慶明，後名儉，周僕射。生平、徹。徹生文則，庫部郎中。敦生師（敦不見上文，疑文字有脫誤），黃門侍郎。師生訥言。」又裴務齊正字本《刊謬補缺切韻》卷首稱長孫訥言

為「前德州司户參軍」。據此可知訥言為唐黄門侍郎長孫師之子，曾為德州司户參軍。德州在今山東，司户參軍是州長史下掌户籍計帳等事的人。

（二）

這個寫本每紐第一字反切下都詳記字數，遇有增加，則注明幾加幾。前者為原來字數，後者為所加字數，分别甚明。凡據説文增補的字，字下大都注有「出説文」二字。就所記的原來底本的字數來看，與箋注本切韻一（斯二〇七一）所記的字數大體接近，可是還略有增加。在注解方面，除去案語不見於箋注本切韻一以外，其餘所注訓釋也跟箋注本一不盡相同。現在用幾種有關的材料比對如下：

本書	切韻殘葉一（伯3798）	切韻殘葉二（伯3696）	箋注本一	裴本切韻
東韻空　七	五			七加二
蒙　十一加二	十一			十一加五
櫳　四房	房ヒ			案説文房室
洪　十一加一	十			十二加二
浲　草名	水草			水草
翁　四	三			三加二
葼　十二加一				十四加六
蓬　四	二			四加四
鍾韻鍾　九加一	八			九加三

重　二加一	二		三
鞲　～毛也	毛飾		毛飾又馬鞍飾
江韻			
降　二			二加一
支韻			
支　十	十	九	十一加八
移　十加一	十	十	十加十六
披　～尋	（無注）	散	開也又撿
犧　八	七	八	八加六
羲　（原無注）	（無注）	氣	氣也
攲　五		四	四加七
提　四加一		三	六加六
腄　二		一	一加一
脂韻			
姨　十二		十一	十四加九
毗　十三		十二	十四加七
貔　獸		豹屬省作豼	獸名
資　（無注）	（無注）	財	恣也用也
齋　～衰	（無注）	喪衣	緝也績也
諮　～謀	（無注）	問	謀
墀　六加一	六	六	六加七
私　二加一	二	二	二加三
屍　死～	（無注）	（無注）	死

者　㇏老　（無注）　長　老
梨　七加三　七　七　七加九
遺　（無注）　（無注）　失　忘也失也
雖　（原無注）　　辭　語辭又微
𩥉　（原無注）　（無注）　神名　首
騅　馬名　（無注）　馬倉白雜　馬色
邳　下邳縣四加一　下邳郡三　下邳縣三　三加四下邳縣名

之韻
詞　五　　四
甾　九　　八

魚韻
舒　展　　開
攄　三　　二
噓　氣㇏　　（無注）
閭　里㇏　　門
廬　倚㇏　　小屋

從上列可以看到：(1)本書所記的原來字數有些紐比“切韻殘葉一（伯三七九八）”或箋注本一略多一兩個字，而沒有少一兩個字的；裴本“切韻”所記的原來字數或與本書所記的原來字數相同，或稍多，而同於箋注本一的（如「翁」「邛」兩紐）就很少。(2)“切韻殘葉二（伯三六九六）”字下沒有訓釋的，本書和箋注本一大都增加了訓解，但所加並不相同；裴本“切韻”一律增加訓解。由此可證本書所據的底本既不是箋注本一，也不是“切韻殘葉二（伯三六九六）”寫本。如果“切韻殘葉二”寫本是陸法言書的話，箋注本一是比較接近陸

書的一個增字加注本，而本書所據的底本已經是字數多於箋注本一的另外一個增字本了。

箋注本一全書的字數約為一萬一千二百四十八字（包括一部份新加字在內，見前「箋注本一考釋」）。本書所記原本字數，支韻比箋注本一多四字，脂韻多三字，之韻也多三字，估計全書（可能比箋注本一要多上幾百字，全書總有一萬一千五六百字之數，這與孫愐「唐韻」序中所說一萬一千五百字的數目很相近。這是就本書的底本來說的。可是，本書又在原來底本之外有所增加。東韻有六字，鍾韻有三字，江韻有一字，支韻有九字，脂韻有十字，之韻有五字，大都據「說文」增補。僅此六韻就有增加字三十四個，全書的增加字當有幾百。這樣就同封氏「聞見記」所說一萬二千一百五十八字之數相近。

本書卷首「切韻序」下題「陸法言撰」，次行有「伯加一千字」五字（一千原誤寫為千一，後挑正）。這裏所指的是現存書中所有的新增的字數，還是原來底本的增加字數，已無從考覈。「伯」是人名，還是錯字，也不可知。

（三）

這個寫本除收字比箋注本一多而且案語多以外，更值得我們注意的是書中反切的改動。

本	書	切韻殘葉一（伯3798）	切韻殘葉二（伯3696）	箋注本一	宋跋本王韻	裴本切韻
東韻忡	初中反。				敕中	敕中
戎	而隆反				如隆	如隆
冬韻彤	從冬反×	徒冬			徒冬	徒冬

	農	奴東反	奴冬			奴冬	奴冬
	恭	駒東反	駒冬			駒冬	駒冬
	宗	作綜反				作琮	作琮
鍾韻	松	羊容反	詳容			詳容	詳容
	蛩	渠用反		渠容		渠容	渠容
江韻	醲	女紅反			女江	女江	女江
支韻	鈹	普羈反		敷羈		敷羈	敷羈
	帔	又普髮反		又芳髮反		又芳髮反	又芳髮反
脂韻	鴟	處指反（脂、私、伊、耕等紐反切脂均誤作指）			處脂	處脂	處脂
	葵	渠惟反		渠隹	渠隹	渠隹	渠隹
	錐	止椎反		職追	職追	職維	職追
	邳	蒲悲反			符悲	符悲	符悲
	丕	普悲反		敷悲	敷悲	敷悲	敷悲
	胝	陟夷反			丁私	丁私	丁私
之韻	釐	里之反			理之	理之	
	癡	出之反			丑之	丑之	
魚韻	譽	又弋據反			又以據反	又以據反	
	胥	思魚反			思餘	思魚	

這裏有些是錯字，有些是反切用字的不同，而有些就牽涉到讀音的問題了。與讀音有關的有兩類：一類是切韻中有些類隔切已改為音和切。如支韻的「鈹」字「帔」字和脂韻

的「邳」字「丕」字原用敷、芳、符等輕唇音字作反切上字，本書都改用普、蒲等重唇音字。脂韻的「胝」字原為丁私反，丁為端母字，本書改用知母字為切，音涉夷反（陟，王抄誤作涉）。這種情形在“切韻”系統韻書中是比較少見的。可是，書中有些類隔切並沒有改。如支韻的「皮」仍音符羈反，脂韻的「悲」仍音府眉反，江韻的「椿」仍音都江反。足見體例不一。另一類是書中有兩個屬於舌上音徹母的字用正齒音穿母字為切，即東韻「忡」字王韻為敕中反，本書作初中反，之韻「癡」字箋注本一和王韻都作丑之反，而本書作出之反。這兩處很可能是抄寫的筆誤，與將冬韻「農」字和「恭」字下的反切下字「冬」字都誤書為「東」相似。抄寫的人口中「東」「冬」同音，所以誤書「冬」為「東」；同樣，抄寫的人口中徹母與穿母（包括二等三等）也許音同或音近，所以「敕中」寫為「初中」（「敕」唐人一般寫為「勑」，「勑」「初」形近），「丑之」寫為「出之」。原書恐怕並不如此。這一類應當與前一類分別看待。前一類改類隔切為音和切是有意改換的，這兩處似乎是偶然寫誤的，兩者性質並不一樣。

從以上所說來看，本書與箋注本一在反切方面也頗不一致，各有來源，不能混同。王國維認為箋注本一即從本書出，顯然與實際情況不符。

（四）

本書能保存卷首陸序、長孫序和東、冬、鍾、江、支、脂、之諸韻字，對我們了解唐代韻書發展的情況很有用處。現在所存的唐本韻書中保存下東、冬、鍾、江四韻全部字的，除本書外只有宋跋本王韻和裴務齊正字本切韻兩部書，可是那兩部書的著作年代都比本書稍晚。要了解陸法言“切韻”原來的面目和長孫書的體製，本書還是很重要的一項材料。

本書抄寫草率，脫字訛字較多。如鍾韻「舂」下脫反切「書容反」和正文「摏」字，鍾韻「邕」紐

下脱「雍」「廱」二字，江韻古雙反「杠」字上脱「扛」字和注文。支韻「爲」紐「潙」字下脱注文和正文「嬀」字。支韻韻末脱「闚」字去垂反一紐，脂韻「䞨」紐上脱「龜」字居追反一紐，當據「切韻」殘葉一（伯三七九八）、「切韻」殘葉二（伯三六九六）和箋注本一校正。

又上文曾指出這個寫本從之韻末「鰦」字至魚韻「𢊍」字是根據王仁昫「刊謬補缺切韻」抄配的，但從魚韻「初」字至韻末「𣭳」字雖然與箋注本一大體接近，但有幾紐的字次，如「疽」紐「豬」紐都同宋跋本王韻相同。又「諸」字下注云：「章魚反。五。衆也。」「除」字下注云：「直魚反。七。去也。」「衆也」「去也」二訓都列在反切和字數之後，而且都與宋跋本王韻的訓解相同，這些無疑問也是根據王韻增添上去的。

2.3（9）　箋注本切韻三（伯三六九三、三六九四、三六九六、斯六一七六）

（一）

這種寫本共有四葉，伯三六九三、三六九四、三六九六、三葉存於巴黎國家圖書館，斯六一七六凡一葉存於倫敦博物院。這四葉的字跡和體例完全相同，實際就是一個書。因爲斯坦因和伯希和各劫去一部分，所以分置兩處。不見原物或原物的照片，是無從知道的。

這四葉每葉各有兩面，四葉相連，而每葉兩邊都有殘闕。每葉所存行數不等，多者有四十六行，少者有三十餘行。從各葉殘闕來看，原書當爲葉子本。書中上聲「小」韻「肇」字音「治小反」，入聲「没」韻「汨」字和「末」韻「撥」字都訓「治」。這三處「治」字避唐高宗諱均缺筆，而他處「治」字則否。

本書所存爲上去入三聲字。伯三六九三正面存上聲「銑」韻至「馬」韻，背面存「蕩」韻至「檻」韻；伯三六九六正面存去聲韻目和「送」韻至「寘」韻字，背面存去聲「祭」韻至「隊」韻；伯三六九四正面存去聲「勁」韻至「梵」韻和入聲韻目的一部分，以及入聲「屋」韻的開頭，背面存入聲「質」韻至「末」韻。斯六一七六，正面存去聲「廢」韻至「翰」韻，背面存「嘯」韻至「漾」韻。這應當是和伯三六九六一葉相銜接的。這四葉所存上去入三聲的韻部如下：

上聲	25銑	26獮	27篠	28小	29巧	30晧	31哿	32馬	33感	34敢
	35(養)	36蕩	37梗	38耿	39靜	40迥	41有	42厚	43黝	44寑
	45琰	46忝	47拯	48等	49豏	50檻	51(范)			
去聲	1送	2宋	3用	4絳	5寘	6(至)	7(志)	8(未)	9(御)	10(遇)
	11(暮)	12(泰)	13(霽)	14祭	15卦	16怪	17夬	18隊	19(代)	20廢
	21震	22問	23焮	24願	25慁	26恨	27翰	28(諫)	29(襇)	30(霰)
	31(線)	32嘯	33笑	34效	35号	36箇	37禡	38勘	39闞	40漾
	41(宕)	42(敬)	43(諍)	44勁	45徑	46宥	47候	48幼	49沁	50豔
	51㮇	52證	53嶝	54陷	55鑑	56梵				
入聲	1屋	2(沃)	3(燭)	4(覺)	5質	6物	7櫛	8迄	9月	10沒
	11末									

以上所列各韻雖然其中尚有殘闕，但所存幾近全書十分之三，由此足以看出原書的分韻和體例。

這個寫本韻目上的數次都用朱筆，每紐第一字上一般也都加朱筆點。每卷另起行，與前一卷連寫。卷目下注明四聲和韻數，然後列出一卷韻目和反切。不過抄寫者未能

細校，略有脱誤。如去聲韻目「㮇」韻下脱「證」韻，入聲韻目「洽」韻下脱「狎」韻，都是很明顯的疏失。同樣，書中的正文和注文也有不少脱誤的地方。

本書上聲共有五十一韻，去聲共有五十六韻，「嚴」韻沒有上去二聲韻目，仍然是陸法言書的系統。書中注文案語極多，大都援引説文以説明字形和字義。每紐第一字下，先出訓釋，後出反切和一紐字數。字數如有增加，則注明「幾加幾」。凡據説文增補的字，一般都在字下注有「出説文」三字。其中有一字之下具備兩訓三訓的，例作「某也、某也」。這些都與箋注本切韻二（斯二〇五五）的體例完全相同。因此，可以斷定這兩種同是長孫訥言書的傳本。從書法上來看，抄寫的年代是比較早的。筆法圓渾可愛，在唐寫本中別具一種風格，似為中唐人所書。

我們知道以説文訂補切韻，這是長孫書的特點。書中正字體，補闕文，廣訓解，增異讀，大體都以説文為本。

在解釋形體方面，本書除引用許氏説文以外，還引用到顏師古字様和杜延業新定字様。按長孫序云：「弱冠嘗覽顏公字様，見炙從肉，莫究厥由」。本書上聲寑韻「㐭」字注云：「説文作此㐭。又作亩，從木無點，顏監從禾有點也」。此所稱「顏監」，即指秘書監顏師古而言。顏師古字様與杜延業新定字様現在已經失傳。日本見在書目著録各為一卷。杜書為別於師古字様，所以加上「新定」二字。武后垂拱間顏元孫所作干禄字書序云：「元孫伯祖故秘書監貞觀中刊正經籍，因録字體數紙，以示讎校楷書，當代共傳，號為顏氏字様。懷鉛是頼，汗簡攸資。時訛頗遷，歲久還變。後有群書新定字様，是學士杜延業續修，雖稍增加，然無條貫。或應出而靡載，或詭衆而難依。且字書源流起於上古，自改篆行隸，漸失本真。若總據説文，便下筆多礙，當去泰去甚，使輕重合宜」。

足見這兩部書在高宗時代很通行。據顏元孫所説，這兩部書都以“説文”為准繩，而杜延業尤重“説文”，所以「詭衆而難依」。長孫箋注處處以“説文”為憑證，一定與當時的風氣有關。本書上聲厚韻「叩」字下云：「杜建業從㔾」。琰韻「撿」下云：「書撿。又按“説文”杜延業“字樣”為撿」。杜建業和杜延業當是杜延業之誤。裴務齊正字本“刊謬補缺切韻”去聲教韻「挍」字下云：「撿挍。杜延“字樣”二並從木。」這與本書撿字下注相合，但「杜延」下又脱一「業」字。杜延業史無傳記。“太平廣記”卷二百五十詼諧類引“啟顏錄”，曾記「唐華原令崔思誨口吃，每與表弟杜延業遞相戲弄」，不知是否就是這個人。長孫書作於唐高宗儀鳳二年，本書中引及顏師古和杜延業的“字樣”更可以證明這個寫本應當是長孫箋注的傳寫本。

（二）

這個寫本所存雖然不及全書的三分之一，但是很重要。因為根據本書不僅可以與箋注本二互證，還可以與箋注本一（斯二〇七一）對校。箋注本一上聲「有」韻「厚」韻都有闕字，可以據本書增補。箋注本一闕去聲一卷，而本書所存去聲字正多，也恰好可以補其不足。這實在是很難得的材料。本書和箋注本一及箋注本二合起來就將近“切韻”原書百分之八十，對了解陸法言原書和後來各家韻書都有很大的用處。

本書和箋注本一比較“韻次”是一致的，而紐次和字次都略有不同（上聲「寑」韻最顯著）。在收字方面，本書在一韻之末或多出一二紐，如上聲「獮」韻末多「燃」「嬉」二紐，「蕩」韻末多「慶」字（丘晃反）一紐，「靜」韻末多「省」「渻」二字一紐，「琰」韻末多「𪘏」字一紐，入聲「質」韻末多「叱」「咥」二紐，「月」韻末多「钀」字一紐；而在同一紐之中本書收字也略有增加。除明白注明加幾字的以外，所記原來的字數也有比箋注本一多一兩個字的。就上去入三聲殘存的部分而

論，上聲二十一韻約增加四十五字，去聲二十四韻約增加三十字（箋注本一闕去聲，無可比較，此僅就本書注明加字的數目計算）。入聲七韻約增加三十五字。估計全書約增加五六百字。凡一紐第一字下注明加幾的，所加的字很少不是出自説文的。不過，也有少數幾紐的字數比箋注本一少。例如箋注本一「皓」韻「草」紐七嫂反三字，此本少一「騲」字；「哿」韻「哿」紐古我反三字，此本少一「哥」字；「迥」韻「頂」紐丁茗反七字，此本七作六；「寑」韻「荏」紐如甚反六字，此本少一「衽」字；「琰」韻「琰」紐以冉反四字，此本少一「棪」字。由此可見這兩個寫本所根據的切韻底本並不一樣。最明顯的證據是上聲「小」韻「矯」紐的「嬌」字。本書「嬌」下云：「女字。一本作蟜。」而箋注本一正文則作「蟜」，注云：「女字。一本作嬌。」兩本正相對照。

另外從反切方面來看，兩本也略有不同。如：

箋注本一	本書
獮韻「卷」古轉反	居轉反（宋跋本王韻同）
皓韻「草」七嫂反	七掃反（王韻同）
梗韻「打」又都定反	又都挺反（王韻又都行反）
「冷」又魯定反	又魯挺反（王韻同）
迥韻「頂」丁茗反	丁挺反（王韻同）
厚韻「鯫」土垢反又土溝反	士垢反又士溝反（王韻同）
黝韻「愀」兹糾反又在由子了二反（宋跋本王韻同）	慈糾反又在由子了二反（敦煌本王韻同）
寑韻「甚」損枕反	植枕反（敦煌本王韻同，宋跋本王韻作食枕反）
琰韻「婡」又棄葉反（王韻同）	又去葉反
櫛韻「瑟」山櫛反	所櫛反（王韻同）

月韻「越」户伐反	王伐反（王韻同）
末韻「奪」徒括反	徒活反（王韻同）
「脫」又土活反	又吐活反（王韻同）
「豁」呼活反	呼括反（王韻同）
「掇」多活反	多括反（王韻同）

這裏的反切除去顯然的錯字不論外，其他的反切大都是用字的不同。「梗」韻「打」「冷」二字又入「迥」韻，箋注本一的又音反切與歸韻不合。「黝」韻「愀」字箋注本一音「茲糾反」，屬精母，本書音「慈糾反」屬從母，讀音不同。案禮記．哀公問「孔子愀然作色而對曰」陸德明經典釋文云：「愀，七小反，舊慈糾反，又在由反，又音秋，又千了反。」據釋文「愀」字只有清從兩母讀音。箋注本一的「茲糾反」當為「慈糾反」之誤。又此字本書和箋注本一又音「在由子了二反」，「子了」當為「千了」之誤。箋注本一「篠」韻「愀」紐「子了反」下雖收有「愀」字，但本書和王韻都不收。足證「子了」一音有問題。「月」韻「越」字箋注本一音「户伐反」，與「文」韻「雲」字音「户分反」相同，本書「越」字改音「王伐反」，推想「文」韻「雲」字也可能改作「王分反」。切韻音「户」為匣母洪音字，「王」為匣母細音字，本書改「户」為「王」可能有兩種原因：一種是用「户」字切「雲」「越」二字，不如用「王」字更為協和；另一種是由於「雲」「越」二字的聲母與「户」字已經有不同，不能不改。前者屬於怎樣用反切更好地把字音注出來的問題，後者屬於語音有變，反切也要隨之而變的問題。以意度之後者的可能性最大。宋跋本王韻「雲」音「王分反」，「越」音「王伐反」，與本書相同。

在注解方面，本書與箋注本一也不一致。例如：

箋　一	本　書
獮韻撰（無義訓）	錄也具也

篠韻　謏　善談　小也

小韻　繞　纏　繚繞

哿韻　蠃　螺蠃虫也蠃蜾蒲盧云云　蠃螺蒲盧云云在「螺」字下

梗韻　秉　持　（無注）

静韻　穎　禾末　禾秀

迥韻　頲　頭挾足長　狹頭頲〻也

婞　佷　佷也直也

有韻　咎　罪　（無注）

寑韻　恁　信又如林反　念

噤　寒渠歛反口噤　寒渠歛反

忝韻　驔　黄脊　驪馬黄首出説文

等韻　等　〻齊多肯反又多改反　齊多肯反

質韻　乙　（無義訓）　辰也

物韻　物　（無義訓）　万物

拂　（無義訓）　拭也除也

茀　草色　道草多

月韻　瞂　盾新加　説文盾新加

越　（無義訓）　適也於也曰也揚也

噦　居劣反此字亦入薛部一　逆氣居劣反一此字亦入薛部

謁　（無義訓）　請也告也

没韻扤	動搖	動搖又音月
歍	一骨反咽中息不利新加	一骨反咽中息不利出說文新加

由此可知兩本注解不盡相同，而此本增加義訓的地方也比較多。箋注本一和本書字下或有又音，或無又音，也很不一致。根據這些現象來看，兩書增修時所根據的底本一定不同。值得我們注意的是箋注本一注文標出「新加」的字在本書裏也同樣有「新加」字樣，但本紐第一字下所記字數已經把注明「新加」的字計算在內，而不言「幾加幾」，推想這類新加字當出自原來所根據的底本，並非本書編者所加，因此本紐第一字下只記字的總數，不注「幾加幾」。據此又可知本書所根據的底本並非陸法言的原書，而是一個已經有增加字的本子了。

本書的重要不僅在於可以幫助我們理解箋注本一和箋注本二，而且可以幫助我們理解王仁昫《刊謬補缺切韻》和裴本《刊謬補缺切韻》以及蔣本《唐韻》。王韻不是根據長孫書來編的，但是王仁昫所根據的《切韻》與本書所根據的底本頗為接近。最明顯的證據是反切比較一致。除前面已經舉過的上聲入聲的例子以外，還可以舉一些去聲的例子做比較：

	本書	王韻	唐韻	裴本切韻
祭韻例	力制反	同	同	力滯
猘	居厲反	同	居例	居例
劓	義例反	牛例	牛例	義例
怪韻械	祜界反	胡界(宋跋本)	胡介	户屆
蒯	苦壞反	同(宋跋本)	苦怪	苦拜
鎩	所拜反	同(宋跋本)	同	所界

夬韻邁 莫敗反	莫話（宋跋本）	莫話	莫話
[黑會] 烏快反	烏夬（宋跋本）	烏夬	烏夬
蠆 丑芥反	同（宋跋本）	丑介	丑界
喝 於芥反	同（宋跋本）	同	於界
譪 火芥反	同（宋跋本）	火介	火界
恩韻鐏 祖鈍反	祖困（敦煌本）在困（宋跋本）	祖悶	存困
寸 倉困反	同	同	七困
坌 蒲悶反	同	同	盆悶
翰韻炭 他半反	同		他旦
漢 呼半反	同		呼旦
粲 倉旦反	同		七旦
效韻奅 匹皃反	同	同	匹豹
靤 防孝反	同	[忄方]教	防教
号韻耗 呼到反	同	同	呼報
漾韻讓 如狀反	如仗（敦煌本）同（宋跋本）	人樣	如仗
宥韻救 久右反	久祐（宋跋本）	居祐	久祐
晝 陟救反	同（宋跋本）	同	陟又
臭 尺救反	同（宋跋本）	同	鴟救
溜 力救反	同（宋跋本）	力究	六救
嶝韻亘 古嶝反	同	古鄧	古鄧

從這些例子可以看出王韻和本書的反切大都相同，唐韻或同或異，各佔一半，裴本切韻去聲和本書相差最多。因此可以知道王韻所根據的切韻與本書的底本最接近，前面所說的上聲小韻的「嬌」字不作「蟜」亦是一證，而唐韻和裴本切韻去聲當別有所本。不過，唐韻和裴本切韻每韻的小紐還是與本書大都相同的，王韻小紐則略有增加。如「卦」韻多「諣」「膪」「所」四紐，「怪」韻多「顡」「瘥」二紐，「夬」韻多「啐」字一紐，「宥」韻多「齅」字一紐，「候」韻多「腤」「偶」「剽」三紐，「辥」韻多「趴」字一紐，這些都是本書和唐韻以及裴本切韻所沒有的。可見唐韻和裴本切韻雖然是另外兩類書，但與本書的底本還不無相近的地方。

總結以上所說，本書與箋注本二是同一類書，箋注本一比本書早，所據的底本也與本書不同。王仁昫所據的陸法言書與本書的底本是相近的，但每韻的小紐已有增加。這些書前後的關係可以表示如下：

- 陸法言切韻
  - 增字本一
    - 箋注本一
  - 增字本二
    - 箋注本二
    - 箋注本三
    - 王仁昫切韻

〔考釋三〕　增訓加字本切韻

3.1（10）　增訓本切韻殘葉一　（斯五九八〇）

這個殘葉是由兩段粘合在一起的。包括去聲焮韻、願韻和慁韻三韻字。焮韻、願韻上一半和慁韻字是一段，焮韻、願韻下一半又是一段。上一段行與行之間沒有界欄，下一段有界欄，字跡全然不同，中間粘合的痕迹也非常明顯。上一段應當是原書，下一段是後來的抄配。兩段之間既有重複的地方，又有上下不相應的地方，由此可以斷定下面抄配的一段所根據的是另外一種書。

我們可以從上一段「嬔」字和「傿」字的注文來看。上一段「嬔」字注「嬔息，一曰鳥伏乍（乍下脫「出」字）芳万反。」而下一段又有「乍出芳」三字，顯然相重。從上一段注文書寫的位置來看，在「芳万反」下還闕落三個字，下與注文第二行「俗曰嫗，奴侯反，又齊人謂生子」相接，而下一段「嬔」字的注文依照第一行殘存的「乍出芳」三字的地位來看，第二行絕不可能有上一段那樣多的訓解。下一段一定是根據另一種書來抄寫的。

再看上一段「傿」字的注文是「依人，或檼。於靳反，三。」據此「傿」紐共有三字。依箋注本三（斯六一七六）焮韻「傿」紐「傿」下當有「檼」「濦」二字。現在「傿」下只存一「檼」字，「檼」字注文和「濦」字都已缺落，而下一段有「檼」字注文，又有「濦」（水名，在汝南）「棟」（無注）二字。「濦」「棟」二字與上「傿」「檼」二字合計，就有四個字了，這與上一段「傿」下所注「三」字之數不符。下一段右方寫者又別錄「傿」「檼」二字，「傿」下注「於靳反，四」，合「濦」「棟」二字，數目正合。可見上一段「傿」紐只有三字（斯六一七六同），下一段則多一「棟」字（裴本切韻「傿」紐有此字，訓「束」），

上下字數不相應。由此更可以證明下一段所根據的是另一種書無疑。

這兩段雖然不是同一種書，但都是增注本切韻。不過，兩書增注的重點不同。

上一段妼韻上聲的韻次是「廿三」，每紐收字數目與吐魯番出土的切韻殘片（列TID）相同，當與陸法言書比較接近。這一段内普通常用的字都沒有訓釋，如近、顧、怨、販、勸、憲、健、遠、悶等字都是如此，但是有些字在原注之外已有增加，值得注意。陸書的體例是小紐第一字下先出訓釋，次出反切，反切之下記出本紐的字數，以下就不再有甚麼解釋了。可是本書在反切和字數之後又別有訓解。如：

嬔：～息。一曰鳥伏乍（出）。芳万反□□□

俗曰𧌄，奴候反。又齊人謂生子。

（切韻殘片列TID和斯六一七六注作「嬔息，一曰鳥伏乍出。芳万反四。」）

楥：靴楥。許勸反。□□□□□

□作此㡓。周□作韗作□。

（敦煌本王韻「楥」許勸反。鞾楥。工。「韗」作鼓工。又禹愠反。亦作韗。）

（唐韻「楥」「鞾履楥。周禮韗，韗又音運。俗作楦。虛願反。一。」）

鐏：矛戟下。徂困反，一。鄭

玄云：尖底□□□

（斯六一七六：矛戟下。徂鈍反，一。敦煌本王韻：徂困反。矛戟下。二。）

這些都是在反切和字數之後又有訓釋的。據切韻殘片列TID和斯六一七六「嬔」字下原只有「嬔息」和「鳥伏乍出」兩義。「嬔息」即蕃息。玄應「一切經音義」卷一、卷九云：「今中國謂蕃息為嬔息」，這也就是現代北方話所說的「ㄅㄠˋ」。「鳥伏乍出」是孚乳之義，專就鳥伏卵而言。本書

注文又增出「俗曰魑」和「齊人謂生子」兩義。「俗曰魑」上所闕當是「兔子」二字。爾雅·釋獸云：「兔子娩」，郭璞注云：「俗呼曰魑」。至於「齊人謂生子」一義則與「娩」相同。文選張衡思玄賦舊注引纂要云：「齊人謂生子曰娩」。即此注所本。「援」字原注靴援，本書後面又載入一些有關的異體，雖然字有殘缺，而唐韻的注文還可以考證。（依王韻，則韡別為一字。）這也是後來增益的。「鏄」下舊注「矛戟下」，新增鄭玄云云，可能本於禮記·曲禮上鄭注。曲禮上「進戈者，前其鏄，後其刃」，鄭注云：「銳底曰鏄，取其鏄地。」由此來看，上一段韻書是根據陸法言書而增添訓釋的，所加訓釋，博采各書，不以說文為限，與長孫箋注又有不同。但常用字仍不加訓解。

下一段抄配的也是一種增注本韻書。收字雖稍有增加（如「鴙」「紌」「捄」字），但為數不多。所存願韻「万」紐、「娩」紐、「建」紐、「堰」紐等都不像有增加字。在訓釋方面，也都很簡單，可是有些普通字已經增有義訓。如「万」訓「十千」，「建」訓「立」都是。這就與上一段不同了。從上下兩段粘合的情形來看，下一段顯然是因為上一段有殘闕而抄配上去的，所以各行就都要與上一段相承。可是由於寫者所根據的韻書與上一段不同，以致原書所闕無從填足，第一行「巠」下只好留下很多空白。

總起來看，這個殘片存字雖不多，而上下兩段在唐本韻書中時代還是比較早的。至於作者，已無可考。

3.2（11）　增訓本切韻殘葉二　（伯三七九九）

此殘葉存入聲怗、緝、藥三韻字，共有二十一行。怗韻「頰」字前一行無字，原書似為葉子本。書中緝韻敘次為二十六，藥韻為二十七，注文先舉訓解，再出反切，體例和韻

次並與陸法言書相同。

本書各韻小紐反切和字次都與箋注本一（斯二○七一）最為接近。箋注本一怗韻「頬」音古怗反，本書音「吉協反」，藥韻「略」音離灼反，本書作「龍灼反」，用字不同，而音類無殊。箋注本一緝韻「執」音側什反，本書作「之入反」，側為照母二等字，與本韻「戢」字阻立反音重，「執」為照母三等字，本書作「之入反」不誤。王韻、唐韻都作「之入反」。至於收字，本書除怗韻多「渫」「諗」「笘」三字，緝韻多「嚁」字，藥韻多「櫟」「䂮」二字以外，僅藥韻灼紐少一「犳」字，其他都與箋注本一所收相同。可是在訓解方面，本書就比箋注本一多得多了。箋注本一，一般習用的字大都沒有訓解，而本書只有「立」「澀」「脚」數字無訓，其餘一律增添訓解。例如緝韻「十」訓「成數」，「執」訓「持也」，「及」訓「與也」，「泣」訓「落淚」，「吸」訓「入氣」，「悒」訓「憂」，藥韻「藥」訓「療病」，「略」訓「謀也」，這些在箋注本一裏都沒有。更值得注意的是本書不僅每字有訓解，甚且有一字數訓的。例如緝韻「蟄」下云：「蟄蟲，隱也，靜也」，藥韻「若」下云：「順也，善也，辭也」都是。由此推測本書當在箋注本一之後。

就本書所收文字和字下訓解與箋注本一以外的書來比較，則發現除藥韻「櫟」字（陽宮）以外，其餘所有文字幾乎都見於王仁昫刊謬補缺切韻和裴本切韻，（蔣本唐韻不完全具備，如緝韻的「嚁」字、「芭」字。）但字的訓解稍近於裴本切韻和唐韻。例如：

本書	裴本切韻	宋跋本王韻	唐韻
怗韻頬面	面	頰	頬面
蘿 草薕	草薕	草蘆	草蘼
笘 字林苫也說文竹歎析牒反）	竹牒反竹箕	（字在䩞紐音丁協反）竹墊又充甘反	（無此字）

藥韻			
䂮（爾）雅云利云	爾雅云䂮利	䂮 人名晉有褚䂮	䂮 爾雅云利也或作䂮晉有褚䂮
若 順也善也辭也	順	如	[illegible]順也
芍 蕭該云芍藥是藥草云云	芍藥	蕭該云云	蕭該云云
走 乍行乍止	乍行乍止	走辵	說文云乍行乍止

由這些例子可以看出裴本〝切韻〞和〝唐韻〞與本書的注解略近。本書注解曾引用〝字林〞，裴本〝切韻〞和〝唐韻〞書中也常常引用。裴本〝切韻〞和〝唐韻〞收字固多於本書，且〝唐韻〞緝韻「歙」下云：「後漢有來歙，又縣名，在歙州」，而本書作「又縣名，在新安」，則仍襲用法言原書地名（見箋注本二）。據此推斷，本書的時代又當在裴本〝切韻〞和〝唐韻〞之前。其作者已無可考。

3.3（12）　增字本〝切韻〞殘卷　（伯二〇一七）

此殘卷存陸法言〝切韻〞序、平上去入四聲韻目和平聲東韻的一部分，細字精抄，極為工緻。陸序自「支脂魚虞共為不韻」始，其上殘闕。陸序前有無其他序文不可知。四聲韻目中平聲最完整，上去入三聲略有殘損。所記平聲為五十四韻，上聲為五十一韻，去聲為五十六韻，入聲為三十二韻，合計為一百九十三韻。平聲韻目廿六山之後，繼之以廿七先，以迄五十四凡為止，不分上下。韻目的敘次和反切都與箋注本一、箋注本二（斯二〇七一和斯二〇五五）相合。很清楚，這是陸法言書的系統。現在唐本〝切韻〞中保存陸法言一百九十三韻韻目最完整的就是這個寫本了。

不過，這個寫本還不是陸法言的原書。陸書上聲「拯」韻原無反語，箋注本一（斯二〇七一）「拯」字注云：「無反語，取蒸之上聲。」王仁昫〝刊謬補缺切韻〞同，而本書韻目拯下「之芀」（姜抄同於斯二〇七一，誤），這是其他唐寫本韻書中所沒有的。只有宋夏竦〝古文四

聲韻」所據唐切韻」「捴音之陳」，與此相近。其次本書「東」字下云：「德紅反。二加一」，是韻內已有增加字。又書中「東」字、「中」字下都先出反切，後出一紐字數，最後出本字訓解和又音。根據箋注本二（斯二〇五五）推證，此類訓解和又音列於反切和字數之後的，一定是後來增加的。所以說這還不是陸法言的原書。

本書字下的注文比較多。每字的訓解大體介乎箋注本二（斯二〇五五）和裴務齊正字本「刊謬補缺切韻」之間。例如：

東紐「東」德紅反，二加一。「說文」：春方也。又動也。從木，從日。又云從日在水中。　箋注本二作「德紅反，二。按「說文」：春方也，動也。從日。又云從日在水中。」裴本「切韻」作「按「說文」：春主東方也。萬物生動也。從木，從日。又云日在水中。德紅反，二加二。」

「涷」冰。又東送反。　箋注本二無此字。　裴本「切韻」作「水」也。又多貢反」。

「涷」水名。又瀧涷，霑也。　箋注本二作「水名」。　裴本「切韻」作「瀧涷，水名」。

同紐「僮」古作童子，今為僮僕。　箋注本二作「古作童子，今為僕也」。　裴本「切韻」同。

「童」古作僮僕，今為童子。「說文」童字從辛。辛，丘山反。下有闕字而亂辛也。男有罪曰奴、奴曰童，女曰妾。下闕　箋注本二作「古作僕，今為童子。從辛，辛，丘山反，本從干。古者干字頭向上曲而亂辛，非辛也。男有罪曰奴，奴曰童，女曰妾。從辛重，妾字亦從辛」。　裴本「切韻」作「古作僕，今為童子，未冠之稱也。按「說文」童字從辛。辛，丘山反。辛從干。古者干字頭向上曲而亂辛，非辛字也。男子

有罪曰奴，奴曰童，女子曰妾。從辛重省聲也。」

「瞳曨，日欲明。　箋注本二同。　裴本切韻作瞳曨，日欲明。又他孔反。」

「韄」峯具飾。箋注本二無此字。　裴本切韻作「被具」。宋跋本王韻作「被具飾。」

中紐「中」陟隆反，三。中央；和。又陟仲反，當。　箋注本二作「按說文和也。陟隆反。又涉仲反。三」。　裴本切韻作「陟隆反。和也，當也。又涉仲反。三加一。」

「衷」善。又衷衣。　箋注本二作「按說文衷褻衣也。」　裴本切韻作「善也」。按說文衷褻衣，又陟仲反。」

「忠」（無訓釋）　箋注本二同。　裴本切韻注作「貞也，誠也。」宋跋本王韻注作「讜言。」

「柊」木名。　箋注本二無此字。　裴本切韻訓同。

從以上這些例子可以了解這個殘卷是箋注本二和裴本切韻之間的一部書。箋注本二所有的字，本書都有；凡本書中所有的字或訓解不見於箋注本二的，又大都見於裴本切韻。只有同紐的「洞」字和注文「……貞，又洪洞，縣名」（正文「洞」字缺，只存注文的一部分）不見於裴本切韻。本書的作者和年代雖不可考，但是它在唐本韻書中的地位是可以確定的。它應當屬於增字本切韻一類，年代當在箋注本二之後。

3.4（13）　增字本切韻殘葉一（斯六〇一三）

這個殘葉有前後兩面，前面為職德二韻字，共十一行，後面為德業之三韻字，共十二行，前後兩面相連，原書當為葉子本。

從韻目數次來看，德為三十，之為三十二，則職為二十九，業為卅一，這與陸法言切韻的部敘是一致的。注文一般都是先列訓解，後出反切，最後注出一紐的字數。字有增加，則注明幾加幾（見「洫」字下），而又在新增的字下注明「新加」二字（見「[illegible]」字下）。體例和箋注本切韻二很相近。字下的訓解間或也有列在反切和一紐字數之後的，那可能是後加的，所以寫在最後。

至於每紐的反切，大體與裴務齊正字本刊謬補缺切韻和蔣斧本唐韻接近，可是又不完全相同。例如：

本書	裴本切韻	宋跋本王韻	蔣斧本唐韻
職韻逼彼側反	彼力反	彼側反	彼側反
愎符逼反	符逼反	皮逼反	符逼反
嶷魚抑反	魚抑反	魚力反	魚力反
德韻則子德反	子得反	即勒反	子德反
忒他得反	他則反	他則反	他德反
黑呼德反	呼德反	呼德反	呼北反
賊作則反	昨則反	昨則反	昨則反
北博墨反	博墨反	彼墨反	博墨反
菔彷北反	傍北反	傍北反	蒲北反
餩口黑反	愛黑反	愛墨反	愛墨反

除此以外，其他各紐反切與裴本切韻、王仁昫切韻、蔣本唐韻都相同。在收字方面，這個殘葉各紐的字數和唐韻所根據的切韻非常接近，只是偶有少數增加字而已。現在列

舉幾紐作比較：

本書			裴本切韻	王韻	蔣本唐韻
職韻	即	8	9	11	9加1（九字之中原只有八字，下倣此）
	逼	2	5	5	2
	域	4	6	缺	5加1（原4）
	洫	5 注作「二加一」有誤，疑當作「三加二」。	6	8	5加2（原3）此紐有「閾」字，與本書相同。裴本切韻收入域紐。又此紐「淢」下云：「疾流也。出說文。」
	愊	7	7	10	9加2（原7）
	愎	3 內有一個新加字。	4	3	3加1（原2）
德韻	忒	3	4	4	4加1（原3）
	墨	5	5	9	6加1（原5）
	塞	2	2	2	2加1（原1）
	膔	4 本紐「殆」字訓「殰」，裴本切韻字作「殕」，訓同。本書「殆」當為「殕」之誤，唐韻無此字。	6	8	4加1（原3）

考裴本切韻去入兩卷和蔣本唐韻所據底本都近於長孫箋注本切韻（詳後）。這個殘葉和唐韻所據的底本一定很相似，時代當比唐韻較早。本書有些字的訓釋不見於各本切韻。如職韻「翌」下訓「明日」，又訓「飛皃」，「廙」下訓「敬」，又訓「行口不却」。又業韻「裛」下各書都訓「書囊也」，本於說文，而本書訓「近口裛也」，與各書也不相同。

3.5（14）　增字本切韻殘葉二　（斯六〇一二）

此殘葉有兩面，都是一葉的上一半。前面為鐸韻字和職韻「蟙」字的注文，背面是職

韻字，兩面正相銜接，原書爲葉子本無疑。每行有界欄，小紐上都加朱點。每紐第一字注文，先出訓解，後出反切和一紐字數，與陸法言書體例相同。每字注解極簡略，常用字大都沒有訓釋，也和陸韻相似。不過鐸韻「礴」下云：「陸欠」，「飵」下云：「楚人食麥饘謂之飵，見方言。陸欠。」又職韻「畫」下云：「傷也，見尚書。陸欠」。由此可知本書是根據陸法言書而增修的。上面的幾個字都是陸韻沒有收的，所以注云「陸欠」。

本書收字與現存各家韻書都稍有不同。有的字見於這一種書，有的字見於另外一種書，沒有完全相同的。如：

本書	裴本「切韻」	王韻	「唐韻」
鐸韻泊紐欂 欂櫨	無	無	無
[車薄] □□□內飾也	無	無	無
礴 □□陸欠	無	無	礴 盤礴石
臛紐熇 酷烈	熇 熱又火酷反	無	無
涸紐佫 人姓	無	佫 人姓	佫 人姓
格 似黍而小	無	格 黍	無
昨紐（[牜乍]） 山牛	[牜乍] 山牛	無	[牜乍] 山牛
[糸乍] 絙	[糸乍] 縆	[糸昔] 竹繩	無
岝 ～崿山巖	無	無	岝 ～崿山高貌
飵 楚人食麥饘謂之飵見方言陸欠	無	無	無
霍紐攉 揮攉促疾貌	攉 揮攉	無	無

穫紐濩 湯濩　　濩 水流皃　　無　　無

職韻赩紐爂 火氣　　無　　無　　無

殛紐蕀 商蕀草名 細葉……　　蕀 草　　蕀 蒬〻　　無

從這些例子可以看出本書與上列裴本切韻、王韻、唐韻等書收字都不完全相同，應當是另外一家書。同時也可以知道上面的一些字沒有注「陸欠」的是否就是陸書所原有，也很難說。本書的作者和年代已無可考。

3.6（15）　增字本切韻殘葉三　（伯四七四六）

此葉共存十六行，周邊有烏絲欄，小紐上有朱點，所存為入聲職、德、業、乏四韻字。末題「切韻卷第五」。這四韻的數次是職為二十九，德為三十，業為三十一，乏為三十二。這與陸法言切韻完全相同。書中職韻「殛」字，德韻「貣」字、「蟘」字、「𦋺」字，業韻「怯」字，「蜐」字之下都注有「陸欠」二字，與前一種韻書殘葉（斯六〇一二）體例相同。前一種韻書殘葉「鐸」韻「飵」字下注云：「楚人食麥饘謂之飵，見方言。陸欠。」本書德韻「𦋺」字下注云：「𦋺，方言：南楚罵賊庸為𦋺。陸欠。」兩書都用方言增補陸書，應當是同一類書。所不同的是職韻兩書的紐次有不同；注文中前一種書不加「𦋺」字，而本書注中有「𦋺」字；前一種書不說明形體，而本書則側重解說形體。如職韻「逼」下云「爾雅作此偪」，「極」下云「字從木」，德韻「或」下云「正作或，下並准此」，業韻「脅」下云「又作脇，俗從力非」都是。可見兩種書還不一樣。

另外，本書的反切和王韻、唐韻還有些不同。如職韻「堛」音「不逼反」，王韻、唐韻都作「符逼反」；德韻「賊」音「藏則反」，王韻、唐韻作「昨則反」；又「塞」音「蘇德反，又蘇蓋反」，（「蓋」為泰韻字），王韻、唐韻作「蘇則反，又蘇載反」。（「載」為代韻字）。據此可知本書以陸法言書

為底本，其中也不無改動。因為這幾韻都沒有接近法言原書的材料來供比較，只好闕而不論。

本書作者無可考。從書中特別注重辨析字形來看，也許是新唐書、藝文志所著錄的僧智猷辨體補修加字切韻一類的書。

3.7（16） 增訓本切韻斷片（斯六一五六）

此斷片只存一葉的中間一段，上下並闕。每行有界欄，正面存去聲五十三嶝、五十四陷、五十五鑑幾韻的字和入聲韻目的一部分，韻目數次作朱書，入聲韻目前有「切韻卷口」一行；背面所存為入聲燭覺兩韻的字。書法工整有力，小紐上都加朱點。原書似為葉子本。

書中每紐第一字下先出訓解，再出反切，後出一紐字數，仍然是陸法言切韻的體例。但是並非陸書。因為入聲覺韻「覺」字下注云：「古岳反，又古孝反，八。字從爻，俗從与非。」這種刊正字體的話是陸書所沒有的。在殘葉正面入聲韻目部分還有殘存的三行注文。注文是「李与昔同，夏口口陌同，呂与昔口口麥同，今口口口。」根據王仁昫刊謬補缺切韻，這應當是「錫」韻的注文。王韻入聲韻目「錫」韻下注云：「李与昔同，夏侯与陌同，呂与昔別，与麥同，今並別。」這與本書的注文是一樣的。從本書「屋」韻和「錫」韻書所寫的地位來看，此葉入聲韻目每行當分列五韻，「錫」韻正在第四行的開端。

一屋　二沃　三燭　四覺　五質
六物　七櫛　八迄　九月　十沒
十一末　十二黠　十三鎋　十四屑　十五薛

十六錫 李与昔同 去云

這些韻的次第與陸法言「切韻」和王仁昫「切韻」完全相合。從韻目下有注文這一點來看，似為王仁昫書，但從以下各方面來看，可知這與王仁昫書並不相同。

(1) 本書題名「切韻」，不作「刊謬補缺切韻」。

(2) 王韻每紐第一字的注文先舉反切，後出訓解，再記一紐字數，本書則先出訓解，後出反切和一紐字數，兩書體例不同。

(3) 敦煌本王韻去聲「鑑」韻之後有「嚴」韻和「梵」韻，本書「鑑」韻末為「鑱」字，「鑱」字下所餘只有一行的三分之二，只能列一韻，而不能列兩韻，原書當只有「梵」韻，而無「嚴」韻，與王韻不同。如果本書上聲沒有「广」韻，則與陸法言書相同。

(4) 王韻嶝韻「𥦗」字下還有三紐，陷韻「賺」字下還有四紐，而本書嶝韻止於「𥦗」字，陷韻止於「賺」字，字比王韻少。其他如：

嶝韻，曾鄧反本書一字，箋注本三（伯三六九四）和裴本「切韻」同，王韻則為二字。

燭韻而玉反本書六字，箋注本一作而蜀反，字數相同，裴本「切韻」為七字，敦煌本王韻為九字，宋跋本王韻為十字。又七玉反本書一字，箋注本一和裴本「切韻」同，而王韻為四字。

覺韻古岳反本書為八字，箋注本一相同。裴本「切韻」九字，敦煌本王韻十一字，宋跋本王韻十二字。

由此可知本書收字數量近於箋注本一，而不同於王韻。

(5) 本書的反切和訓解不盡與王韻相同。如燭韻「辱」字「而玉反」，箋注本一、裴本「切韻」、王韻以及唐韻均作「而蜀反」。用字有不同。本書燭韻「䡓」字上有「鋊」字注文「……沓云銅屑……

⋯⋯錢取鋊是」，而《箋注本一》、《裴本切韻》和《敦煌本王韻》注文都作「炭鉤」，《宋跋本王韻》作「又俞鍾反，可以鉤鼎，鼎耳也，炭鉤也。鑪以銷鐵。」並與本書不同。本書「昝」上當為「許」字，許慎《說文》云：「鋊可以鉤鼎耳及鑪炭，一曰銅屑。」下文「錢」字上當為「摩」字。「摩錢取鋊」見《史記·平準書》和《漢書·食貨志》。《史記》云：「今半兩錢，法重四銖，而姦或盜摩錢裏取鎔，錢益輕薄而物貴。」字作「鎔」。《漢書》作「摩錢質而取鋊」。《集解》：「臣瓚曰：許慎云鋊銅屑也，摩錢漫面以取其屑，更以鑄錢」。這就是本書注文所本。

根據上述幾點，可以證明本書並非王仁昫《切韻》，而是另一種書。這種書與《箋注本一》接近，時代當在王仁昫書之前。王書韻目下注出呂靜、夏侯該等諸家分韻的異同，而本書韻目下也有同類的注文，足見此種注文不始於王仁昫書，而在王仁昫以前就有了，而這是極難得的一條證據。韻目下有這種注文，依事理推之，當本於陸法言書，但是，現在所看到的陸法言《切韻》傳寫本都闕總韻目，而長孫訥言箋注本韻目下並無此注，所以有人認為這種注文是王仁昫所加，其實不然。今有此殘片，宿疑可解。另詳王仁昫《刊謬補缺切韻》一考釋。

3.8（17） 增字本《切韻》斷片 （列 TIVK75·TIV70+71）

這些斷片共有八片，是德國人列考克自我國新疆吐魯番一帶地方所得，舊藏於普魯士學士院。今以韻次為序，一為魚虞兩韻字，二為模齊兩韻字，三、四為文韻字，五為旨止兩韻字，六為止尾語三韻字，七為姥薺蟹駭賄五韻字，八為去聲韻目的一部分和送韻字。一至七列考克編號為 TIVK75，八為 TIV70+71。這裏僅六、七兩片有原物照片，其他都是據向達先生的抄本轉錄的。其中一、二兩斷片只存上部，下部殘缺。三、四兩

斷片是文韻的上一半和下一半，中間殘缺，所以分裂為二。五、六、七斷片只有下部，而無上部。五、六兩片原來當為一紙，第五片存八行，第七行「以」字下「羊止」二字正當一行之末，「反」字當在第八行。第八行所存注文「踈士口三」，恰恰是第六斷片「史」字的注文，前後正相銜接。第六、第七兩片所存都是十二行，第七片應是第六片的背面。

從書的體例和內容來看，這些斷片原來應當是一部書。書中韻與韻分開，各為起止。平聲有韻目數次的是十虞、十二齊、十九文，去聲韻目數次比較清楚的是五十豔、五十四陷。這些都與陸法言書相同。可是每紐第一字下先列反切，次列一紐字數，最後列本字訓釋和又音。如旨韻「否」字「跽」字、止韻「俟」字、「刺」字、蟹韻「枳」字「矮」字下都是如此，體例與陸書已有不同。

就斷片所存各韻與箋注本一相比，不僅字有增加，注出「幾加幾」，而且反切也略有差異。例如：

本書	箋一	王仁昫切韻
虞韻虞　語俱反十二加二	十二	十七
模韻逋　博孤反四加八	四	八
枯　苦胡反三加二	三	七
都　丁姑反三	丁胡反	丁姑反四
䙖　普胡反五加一	五	六
齊韻齊　祖兮反五加一	祖稽反五	祖稽反七
低　丁兮反七加三	當稽反七	當兮反十七
旨韻壘　力軌反八加二	力究反八	十

	唯	以水反五	四	八
	巋	丘軌反	羌軌反	（無）
止韻	徵	貞里反一	陟里反一	陟里反一
	紀	居己反二加一	居似反二	居似反四
	里	良士反八加一	九	九
	滓	側李反三加二	四	三
尾韻	韙	違鬼反八	韋鬼反九	韋鬼反九
薺韻	禰	乃礼反四加三	四	十
	泚	千礼反二加一	二	三
	啟	康礼反五加一	六	九
蟹韻	買	莫解反四加一	四	五
賄韻	磥	落猥反八	九	十二

這裏所記的原來字數大體與箋注本一相同。不過，箋注本一蟹韻「擺」下有「㺔」字一紐，駭韻「唉」字下有「㒐」字一紐，這兩紐字都不見於本書。從這些地方可以知道本書的底本和箋注本一還不完全一樣。

本書去聲韻目下有注文。豔韻下注云：「呂與梵同，夏口與㮇同，今並口。」陷韻下注云：「李與鑑同，夏侯別，今依夏侯。」這些都與王仁昫"刊謬補缺切韻"相同。但是我們不能因此就認為是王仁昫的書。王仁昫書每紐第一字的注文是先出反切，次出本字的訓解和又音，最後一紐的字數，與本書體例不同。其次，本書字下的訓解極為簡單，地理名稱都不注明所在州郡，只注「地名」、「水名」而已。每紐第一字大都只有反切，

而沒有訓解，這與王韻每字并各加訓不同。另外，王仁昫書每紐所收字數大都比本書多（見上所舉），但是本書有些紐的字數又比王韻多。如模韻「逋」紐本書為十二字，王韻為八字，本書「秿」（刈禾也）「誧」二字王韻未收；止韻「滓」紐本書為五字，王韻為三字，本書「莘」字（羑菜）王韻未收。其他如虞韻「虞」紐本書有「喁」字，止韻「似」紐有「麀」字，語韻「與」紐有「[走與]」「與」「嬩」三字，薺韻「邸」紐有「[氐衣]」字，「弟」紐有「[身弟]」字，也都不見於王韻。由此可知本書與王韻不是一種書。王韻書中有正字，有增訓，又有增字，而本書只重增字，性質與王韻全不相同，應當是另一家書。

本書作者已無可考。書的時代可能與王仁昫書接近。王韻作於中宗神龍間（詳後），中宗名顯，所以書中避「顯」字。如上聲薺韻「洗」字箋注本一音先禮反，又蘇顯反，而王韻則改「蘇顯」為「蘇典」。本書薺韻「洗」字下所注又音也作「蘇典反」。如果是因避諱而改，那就是中宗以後的人所作了。

王仁昫書韻目下注有呂靜、夏侯該、李季節、陽休之、杜臺卿五家分韻的異同，現在又看到本書和前一種切韻寫本（斯六一五六）同樣有這種注文，可見韻目有這種注文的不止是一種書，可能都是出於陸法言書，所以注文完全相同。

〔考釋四〕　王仁昫「刊謬補缺切韻」

4.1(18) 王仁昫「刊謬補缺切韻序」　（伯二一二九）

此序文寫於唐高宗時中天竺沙門地婆訶羅所譯「大乘密嚴經」的背面，前為王仁昫序，

後為陸法言序，陸序後有寫者僧善惠題名。陸序標題為「陸詞字法言撰切韻序」，這與宋濂跋本「王仁昫刊謬補缺切韻」正相同。由此可見王仁昫書只有自序和陸法言序，故宮博物院舊藏裴務齊正字本「刊謬補缺切韻」沒有陸序，而有王仁昫自序和長孫訥言序，那已經不是王仁昫原書的面目了。

這個寫本與上面所說的兩種「刊謬補缺切韻」寫本的文字稍有不同。如「江東道」，宋跋本同，裴本則作「江東南道」。「昫祗務守職」，宋跋本同，裴本作「昫駈務守職」。「救俗切須」，宋跋本「切」下衍「清」字，裴本作「救俗切韻」。「韻以部居」，裴本誤作「韻以韻居」。「莫過斯甚」，宋跋本作「豈過斯甚」。「昫沐承高旨」，宋跋本作「昫沐承高議」。文字都略有不同。「然苦字少」一句，「苦」宋跋本和裴本都誤作「若」，當以此本為正。又宋跋本「觀風察俗，政肅令清，即持斧埋輪，而鷹逐隼擊」，而裴本作「觀風察俗，政先肅令清，持斧理輸，而鷹逐隼擊」，此本作「觀風察俗，政光令肅清，即持斧理論，而鷹逐隼擊」。均當以宋跋本為正。「持斧」即指秉持斧鉞而言，「埋輪」為後漢張綱事。「後漢書卷八十六張綱傳」云：「綱字文紀，少明經學，司徒辟為御史。時順帝委縱宦官，有識危心。漢安元年選遣八使，徇行風俗，皆耆儒知名，唯綱年少。餘人受命之部，而綱獨埋其車輪於洛陽都亭曰：豺狼當路，安問狐狸？遂奏大將軍梁冀無君之心十五事。」「鷹逐隼擊」謂捕捉不法之徒，即「左傳」所謂「誅之如鷹鸇之逐鳥雀也」。這些都是推崇侍御史平嗣先的話，「理輸」和「理論」無疑都是錯字。

王仁昫因受平嗣先的啟示而作「刊謬補缺切韻」。平嗣先無考。序云「大唐龍興，廉問寓縣，有江東道巡察黜陟大使、侍御史平侯嗣先者，燕國鼎族，京兆冠蓋，博識多才，智周鑒遠。」既云「燕國鼎族」，則平嗣先的郡望當是燕國。「魏書卷八十四儒林傳」有平恆，「北齊書」卷二十六有平鑒，都是燕國薊人。平嗣先一定也是源出薊縣，因官於長安，所

以說「京兆冠蓋」。

王仁昫事蹟已無可考。序文下題「朝議郎行衢州信安縣尉」，「字德温」。宋跋本《刊謬補缺切韻》上聲銑韻「顯」字下注云「今上諱」，「顯」為中宗名，可知王仁昫為中宗時人。書中先韻「淵」字下注云「武帝諱」，之、志兩韻「治」字下注云「大帝諱」，武帝即高祖，大帝即高宗。凡陸法言書中用「治」字的，王韻一律改字，《切韻》銑韻原來有幾紐用「顯」字作切的（如「銑」音蘇顯反，「典」音多顯反，「殄」音徒顯反，「編」音方顯反，「辮」音薄顯反，「峴」音胡顯反），王韻因避中宗諱，或改「顯」為「典」，或改「顯」為「繭」。據此，可證王仁昫著書的年代不能早於中宗之世。序云：「大唐龍興，康問寓縣，有江東道巡察黜陟大使、侍御史平侯嗣先者……爰屆衢州，精加采訪。」唐蘭先生根據這些話確定王韻作於中宗神龍二年（見故宮印王仁昫《刊謬補缺切韻跋》），是正確的。武后末年，中宗即位，恢復國號曰唐，當時制誥稱為「中興」。可是後來因為補闕張景源議才改稱「龍興」，見《冊府元龜》卷四八。臺省部（中華書局印本五七二四頁）。證《新唐書》卷三十八《地理志》汝州有龍興縣，注云：「本湍陽，武德四年置。貞觀元年省。聖元年析陝城、魯山復置，曰武興。神龍元年更名中興，尋又更名。」這與《冊府元龜》所記正相合。序云「大唐龍興」，即指中宗即位而言無疑。唐釋智昇《開元釋教錄》卷九《實叉難陀傳》、《義淨傳》、《和菩提流志傳》都有「和帝龍興」的話，和帝即中宗。足見「大唐龍興」四字所指的年代是非常清楚的。

中宗即位後，神龍二年（公元七〇六）曾遣十道巡察使廉訪州縣，事見《新唐書》卷四《中宗紀》。《通典》卷三十二《職官典》云：「大唐武德元年罷郡置州，改太守為刺史，而雍州置牧。至神龍二年二月分天下為十道，置巡察使二十人（原注：一道二人），以左右臺及內外官五品以下堅明清勁者為之。兼按郡縣，再朞而代。至景雲二年改置按察使，道各一人。」平嗣先為侍御史，正五品以下官。他康問衢州，當即在神龍二年。王韻的序文已將作書

的年代說得很清楚，以前曾經有人以為王韻作於太宗貞觀年間，那是錯誤的。（詳見拙作「問學集」內「王仁昫切韻著作年代釋疑」）

王仁昫書名為「刊謬補缺切韻」，原注云：「刊謬者謂刊正誤謬；補缺者謂加字及訓。」序文裏引述平嗣先的話說：「陸法言切韻，時俗共重，以為典規，然苦字少，復闕字義，可為刊謬補缺切韻，削舊濫俗，添新正典，并各加訓，啟導愚蒙。」這就是王仁昫作書的主旨。現在流傳下來的王韻有兩種本子：一種是故宮博物院所藏宋濂跋本，一種是敦煌佛窟本。敦煌本有闕損，而宋濂跋本完整無闕。這個序文也出自敦煌寫者可能就是敦煌莫高窟的僧人。

（丙）王仁昫「刊謬補缺切韻」一（敦煌本，伯二〇一一）

此書出自敦煌，為伯希和劫去，現存巴黎國家圖書館。原物共二十二紙，作兩面書，每面多的有三十五六行，每韻另起，韻首一字上有朱書韻次數目，一紐字數也以朱筆書寫。所存有平上去入五卷，平聲韻目數次不分上下（由「侯」為四十四，「登」為五十可證），平聲為五十四韻，上聲為五十二韻，去聲為五十七韻，入聲為三十二韻，全書共分一百九十五韻，比陸法言切韻增多「嚴」韻上去聲「广」「嚴」兩韻。這個抄本各卷都有殘闕，其中平聲和入聲所闕較多。原書當為冊葉裝。書法挺秀，楷法中兼有隸書波磔。平聲庚韻「亨」字下注文有「此本是王子春寫字用」一語，不知是否即王子春所寫。書寫年代不詳。

此書劉復曾手抄校刻，收入「敦煌掇瑣」。但原書紙色污黯，缺損之處，文字尤其不易辨識，因此劉抄頗有脫誤。如「掇瑣」一〇一第四三〇頁第五行脂韻「㨨」字和注文原在下

一行「蔛」字上。四五一頁第五行後原有一行存注文「久雨」二字（當為「霪」字注文），刻本失去。四五二頁第一行談韻「繭」注云「葱別名」，原作「緂」，注云「色鮮」。又「酣」字下原無「暫」字，而「暫」字下「婺」「歁」「笘」等字和注文原在下一行，不在本行，「掇瑣」誤併在一行。又四八七頁第十行蕩韻「黨」字一行後原本另有一行，存「𢡓」「軏」二字，刻本也脱落。又如四四六頁第七行有韻「眑」字注文原為「眑膠，又於糾反，幽靜」，「掇鎖」正文誤作「眑」，而注文作「〃膠，又於交反」，與原書不合。四四七頁第四行豪韻「䮭」下原注「行皃」，而「掇瑣」則誤作「馬行」。如此之類與原本行款和文字不符的很多。後來姜亮夫先生又在巴黎細心摹寫一過，收入「瀛涯敦煌韻輯」，照畫行款悉照原本之舊，比「掇瑣」本就可靠多了。現在據原書照片影印，以免轉寫失真。另附作者据照片所校「掇瑣」本於後。照片有不易辨識處，讀者可與姜書比觀。

本書平聲卷首殘闕，上去入三聲卷首都題「朝議郎行衢州信安縣尉王仁昫字德温新撰定」，則作者為王仁昫無疑。王書就陸法言「切韻」刊正謬謬，增字加訓，在唐代一定比較流行，所以傳本不只一種。故宫博物院所藏宋濂跋本「刊謬補缺切韻」也是王仁昫的書，但抄寫年代比本書晚，反切和注釋與本書也不盡相同，文字上的脱誤也比較多。不過，全書完整無闕，可以與本書參看比證。

宋跋本王書序文説：「既字該樣式，乃備應危疑。韻以部居，分別清切。舊本墨寫，新加朱書。兼本闕訓，亦用朱書。其字有疑涉，亦略注所從，以決疑謬。使各區析，不相雜廁」。所謂「韻以部居，分別清切」是指分部正音而言；所謂「字該樣式，備應危疑」，即指刊正字體而言。在字形上，遇有疑涉，又注明偏旁所從，以決疑謬。合之加字加訓，增補又音，這都表明王仁昫想從各方面使韻書趨於完善，以便切合實用。因此内容比陸法言書增益多多。這樣，韻書就更接近於字書，在唐代韻書的發展上代表一個

新的趨向。

王仁昫在序文末注云：「所有新加字並朱書，其訓即用墨書。或朱（注？）有正體及通俗者，皆於本字下朱書。」據此可知原作凡是新加的文字都用朱書，以與陸書分別。現在這個抄本只有韻目數次和每紐字數用朱書，其餘一律用墨書，因此已很難正確辨別出哪些字是舊有的，哪些字是新加的了。

就全書各韻所收字數而論，參照宋跋本來計算，大約有一萬七千字，新增的字約有五千九百多字，那比陸法言書總要多到三分之一以上。現在根據本書和宋跋本所記各卷字數與箋注本切韻一比列如下：

	箋注本切韻一	本書所記舊韻字數	新加字數	合計	宋跋本所記舊韻字數	新加字數	合計
平聲上	約二三一五	（缺）	（缺）		二九○八	一○六八	三九七六（實計三二四六）
平聲下	約二二七三	（缺）	（缺）		（缺）	（缺）	實計三三五○
上聲	二一四七	二○七七	二×一五（一二一五）	三二九二	二○七○×（二○七七）	一二一五	三二九二
去聲	（缺）	二三三二	一二四六	三五七八	二三三二	一二四六	三五七八
入聲	約二二八一	二一五六	一三三三	三四八九	二一五六	一三四三×（一三三三）	三四八九

這裏平聲下一卷王韻兩種寫本都缺字數。根據宋跋本將所有字數統計一下，平聲下共有三千三百五十字，比箋注本一約多一千零七十七字。宋跋本其他四卷新增字數為四千八百六十二字，合計共為五千九百三十九字。依據宋跋本所記全書原有字數和新加字數合計為一萬七千六百八十五字。但平聲上一卷實計僅有三千二百四十六字，如新加字數為一千零六十八，則原來只有二千一百七十八字，不得為二千九百零八字。此處可能抄寫有誤。然則王仁昫書所收約為一萬六千九百五十五字。除去新增五千九百餘

字，他所根據的「切韻」底本大約有一萬一千字。這個數目比箋注本一要少二三百字，那一定是更接近於陸法言原書的本子了。其次，從五卷書增加字的數量來看，平聲增加的字數最多，入聲雖是三十四韻，但增加字比上聲或去聲還多，這與一字兩讀兼包並舉有關。

本書比陸書多「广」「嚴」二韻，而韻目次第與陸書相同。可是在每一紐第一字下先出反切，後出訓解，最後記出一紐字數，體例與陸書有異。至於反切則改變不多，與第一類「切韻」殘本幾乎完全相合，而箋注本一則不如此。例如：

咍韻「開」，伯三六九五苦哀反，本書同，箋注本一作康來反。

「臺」，伯三六九五徒哀反，本書同，箋一作徒來反。

敢韻「埯」，伯四九一七安敢反，本書同，箋一作央敢反。

養韻「想」，伯四九一七息兩反，本書同，箋一作思兩反。

軫韻「盾」，斯二六八三食尹反，本書同，箋一作食允反。

混韻「剸」，斯二六八三兹損反，本書同，箋一作蕪損反。

潸韻「赧」，斯二六八三奴板反，本書和箋一作怒板反。

銑韻「銑」，斯二六八三蘇顯反，箋一同，本書避諱作蘇典反。

由此可見王韻的反切除去避諱改字的例子以外與第一類「切韻」殘本的反切大都相合。那麽，他所根據的「切韻」與陸法言書一定是非常接近的。如果以箋注本一和王韻相比，王韻的反切絕大部分與箋注本一相同，即使有不同的，也只是用字之異，音韻並無差別。如模韻「都」字箋注本一音丁胡反，本書作丁姑反，仙韻「船」字箋注本一音食川反，本書作繩川反，歌韻「何」字箋注本一音胡歌反，本書作韓柯反等等，這都只是用字的異同，究竟

哪一個與陸書原本相合，已不可考。

本書名為"刊謬補缺切韻"，而明白指出陸書闕失的地方並不多，合本書與宋跋本所見不過十幾處。本書保存比較完全的有以下十處：

(1)平聲歌韻「鞾」下注云："鞋。無反語。胡屩。亦作靴，或作𩌦。火戈反，又布(希)波反。陸無反語，何李(?)誣於今古。"(亦見宋跋本)

(2)上聲韻目五十一广下注云："虞俺反，陸無此韻目失。"(亦見宋跋本)

(3)上聲韻目五十二范下注云："符山反，陸無反，取凡之上聲失。"(亦見宋跋本)

(4)上聲止韻「汜」下注云："音似者在成皋東，是曹咎所渡水；音凡者在襄城縣南汜城，是周王出居城，曰南汜；音匹劍反者在中牟縣汜(澤)，是晉伐鄭師于汜，曰東汜。三所各別，陸訓不當，故不錄。亦作汜。"(亦見宋跋本。箋注本一「汜」下注作"江有汜。又水名，在河南成皋縣。一曰潁川襄城縣，一曰在滎陽中牟縣，流入河。又符嚴、敷劍反。")

(5)上聲隱韻「巹」下注云："敬，"「巹」下注云："瓢酒器，婚禮所用。陸訓巹敬字為巹瓢字，俗行大失。"(宋跋本只有訓釋。案陸書原只有巹字，訓"瓢酒器，婚禮用。"(見斯二六八三箋注本一同。)

(6)上聲阮韻「言」下云："語偃反。言言脣急。陸生載此言言二字列于"切韻"，事不稽古，便涉字袄，留不削除，庶覽者之(鑒)詳其謬。"(宋跋本只有反切。箋注本一言音語偃反，言音去偃反，注云："言言脣急。")

(7)去聲韻目五十六嚴下云："魚俺反，陸無此韻目失"。

(8)去聲遇韻「足」下云："案緅字陸以子句反之，此足字又以即具反之，音既無別，故併

足。」（此謂併「足」於緅紅，宋跋本「足」字併入緅紅，此處無「足」字。）

(9) 入聲屑韻「㔾」下云：「陸云：高起，字書無此字，陸入切韻，何考研之不當。」（箋注本一訓「高起」，宋跋本注云：「冈高起。」）

(10) 入聲洽韻「凹」下云：「下，或作容，正作㕡。案凹無所從，傷俗尤甚。名之切韻，誠曰典音，陸采編之，故詳其失。」（箋注本一注云：「下，或作容。」宋跋本同。）

另外宋跋本可以補充本書的有以下三處：

(1) 平聲元韻「蕃」下云：「草盛，陸以為蕃屏失。」（本書闕「元」韻。箋注本一「蕃」訓屏。）

(2) 上聲腫韻「湩」下云：「都隴反，濁多。此是冬字之上聲，陸云冬無上聲，何失甚。」（本書闕腫韻。箋注本一腫韻無「湩」字。裴本切韻注作冬恭反，濁多。此冬之上聲。）

(3) 上聲紙韻「輢」下云：「於綺反，車輢。陸於倚韻作於綺反之，於此輢韻又於綺反之，音既同反，不合兩處出韻，失何傷甚。」（此條本書有闕損。）

這十幾處當中，有些是陸的疏失，如同音的字而分立兩紐（「輢」「足」是例），形義不同的字混而為一（如「氾」「汜」二字）；但有些並非法言的錯誤，如「韡」「芃」等字，因為收字少，所以沒有適當的字作反切，「苍」「蕃」等字，因為同音通假，所以義訓與說文形義不同。這都不能說是錯誤。王韻既從增字補訓入手，遇到陸韻不恰當的地方自然就都隨宜訂正了。

王韻最引人注意的是韻目下所注呂靜、夏侯該、陽休之、李季節、杜臺卿五家韻書與切韻分韻的異同。本書注有闕佚，幸有宋跋本王韻和裴務齊正字本刊謬補缺切韻可以參照增補。現在就三者所存根據四聲相承的關係校錄如下：

平聲	上聲	去聲	入聲
1東	1董（呂與腫同）	1送	1屋

2 冬（無上聲，陽與鍾、江同韻，呂、夏侯別，今依呂、夏侯。）
3 鍾
4 江
5 支
6 脂（呂、夏侯與之、微大亂雜，陽、李、杜別，今依陽、李、杜。）
7 之
8 微
9 魚
10 虞
11 模
12 齊

（夏侯別，今依夏侯。）
2 腫
3 講
4 紙
5 旨（夏侯與止為疑，呂、陽、李、杜別，今依呂、陽、李、杜。）
6 止
7 尾
8 語（呂與麌同，夏侯、陽、李、杜別，今依夏侯、陽、李、杜。）
9 麌
10 姥
11 薺

2 宋（陽與用、絳同，夏侯別，今依夏侯。）
3 用
4 絳
5 寘
6 至（夏侯與志同，陽、李、杜別，今依陽、李、杜。）
7 志
8 未
9 御
10 遇
11 暮
12 泰（無平上聲。）
13 霽（李、杜與祭同，呂與

2 沃（陽與燭同，呂、夏侯別，今依呂、夏侯。）
3 燭
4 覺

13 佳

14 皆　呂、陽與齊同，夏侯、杜別，今依夏侯、杜。

15 灰　夏侯、陽、杜與咍同，呂別，今依呂。

16 咍

17 真　呂與文同，夏侯、陽、杜別，今依夏侯、陽、杜。

12 蟹　李與駭同，夏侯別，今依夏侯。

13 駭

14 賄　李與海同，夏侯為疑，呂別，今依呂。

15 海

16 軫

別，今依呂。

14 祭　無平上聲。

15 卦

16 怪　夏侯與泰同，杜別，今依杜。

17 夬　無平上聲。李與怪同，呂別與會同，夏侯別，今依夏侯。

18 隊　李與代同，夏侯為疑，呂別，今依呂。

19 代

20 廢　無平上聲。夏侯與隊同，呂別，今依呂。

21 震

5 質

18 臻 無上聲。呂、陽、杜與真同，夏侯別，今依夏侯。

19 文

20 殷 陽、杜與文同，夏侯與臻同，今並別。

21 元 陽、夏侯、杜與魂同，呂別，今依呂。

22 魂 呂、陽、夏侯與痕同，今別。

23 痕

24 寒

25 刪 李與山同，呂、夏侯、陽別，今依呂、夏侯、陽。

26 山 陽與先、仙同，夏侯、杜別，今依夏侯、杜。

17 吻

18 隱 呂與吻同，夏侯別，今依夏侯。

19 阮 夏侯、陽、杜與混很同，呂別，今依呂。

20 混

21 很

22 旱

23 産 呂與旱同，夏侯別，今依夏侯。

24 潸 陽與銑、獮同，夏侯別，今依夏侯。

22 問

23 焮

24 願 夏侯與慁別，與恨同，今並別。

25 慁 呂、李與恨同，今並別。

26 恨

27 翰

28 諫 李與襇同，夏侯別，今依夏侯。

29 襇

6 櫛 呂、夏侯與質同，今別。

7 物

8 迄 夏侯與質同，呂別，今依呂。

9 月 夏侯與沒同，呂別，今依呂。

10 沒

11 末

12 黠

13 鎋

27 先　夏侯陽杜與山同，呂別，今依呂。
28 仙
29 蕭
30 宵　陽與蕭同，夏侯杜別，今依夏侯杜。
31 肴
32 豪
33 歌
34 麻
35 覃
36 談　呂與銜同，陽夏侯別，今依陽夏侯。

25 銑　夏侯陽杜與獮同，呂別，今依呂。
26 獮
27 篠　李夏侯與小同，呂杜別，今依呂杜。
28 小
29 巧　呂與晧同，陽與篠小同，夏侯並別，今依夏侯。
30 晧
31 哿
32 馬
33 感
34 敢　呂與檻同，夏侯別，今依夏侯。

30 霰　夏侯陽杜與線同，呂別，今依呂。
31 線
32 嘯　陽李夏侯與笑同，夏侯(?)與效同，呂杜並別，今依呂杜。
33 笑　陽與嘯同，夏侯杜別，今依夏侯杜。
34 效
35 号
36 箇　呂與禡同，夏侯別，今依夏侯。
37 禡
38 勘
39 闞

14 屑　李夏侯與薛同，呂別，今依呂。
15 薛
20 合
21 盍　□□□同，夏侯□□□夏侯。

37 陽 呂、杜與唐同，夏侯別，今依夏侯。

38 唐

39 庚

40 耕

41 清

42 青

35 養 夏侯在平聲陽唐、入聲藥鐸並別，上聲養蕩為疑，呂與蕩同，今別。

36 蕩

37 梗 夏侯與靖同，呂別，今依呂。

38 耿 李、杜與梗迥同，呂與靖迥同，與梗別，夏侯與梗靖迥並別，今依夏侯。

39 靜 呂與迥同，夏侯別，今依夏侯。

40 迥

40 漾 夏侯在平聲陽唐、入聲藥鐸並別，去聲漾宕為疑，呂與宕同，今並別。

41 宕

42 敬 呂與靜勁徑同，夏侯與勁同，與諍徑別，今並別。

43 諍

44 勁

45 徑

27 藥 呂、杜與鐸同，夏侯別，今依夏侯。

28 鐸

19 陌

18 麥

17 昔（注殘損，不可辨。）

16 錫 李與昔同，夏侯與陌同，呂與昔別，與麥同，今並別。

43 尤　夏侯、杜與侯同，呂別，今依呂。
44 侯
45 幽
46 侵
47 鹽
48 添
49 蒸
50 登
51 咸　李與銜同，夏侯別，今依夏侯。
52 銜
53 嚴

41 有　李與厚同，夏侯為疑，呂別，今依呂。
42 厚
43 黝
44 寑
45 琰　呂與忝同，范、豏同；夏侯與范、豏別，與忝同；今並別。
46 忝
47 拯　無韻，取蒸之上聲。
48 等
49 豏　李與檻同，夏侯別，今依夏侯。
50 檻
51 广　陸無此韻目，失。

46 宥　呂、李與侯同，夏侯為疑，今別。
47 候
48 幼　杜與宥同，呂、夏侯別，今依呂、夏侯。
49 沁
50 豔　呂與梵同，夏侯與㮇同，今並別。
51 㮇
52 證
53 嶝
54 陷　李與鑑同，夏侯別，今依夏侯。
55 鑑
56 嚴　陸無此韻目，失。

26 緝
24 葉　呂與怗、洽同，今別。
25 怗
29 職
30 德
22 洽　李與狎同，呂、夏侯別，今依呂、夏侯。
23 狎
31 業

這些注文還不是很完備的，但由此可以看出陸韻分韻與呂夏侯等五家書的異同，同時由五家書韻部的分合可以進而探索南北朝時期南北語音的概況，這對於考查漢語語音發展的歷史也是很有用的資料。唐本韻書韻目下有小注的還有斯六一五六《切韻》殘葉和列TIV70+71《切韻》殘葉兩種（見前），但這些都不是陸法言的原書，現存陸書的寫本既闕总的韻目，長孫箋注一類的《切韻》寫本中韻目下又是沒有小注的，那麼，這些小注是不是陸法言書原有的呢？我們從宋跋本王韻在上聲腫韻「湩」字下所說「此是冬字之上聲，陸云冬無上聲，何失甚」一語同上面冬韻注「無上聲」正相應一事可知這些小注應當是陸法言所加。小注中所說「今依某家」「或今並別」等，正是法言根據顏之推、蕭該等人共同討論所決定的結果寫出來的，以明與五家書的異同，絕非後人所增。

王韻根據陸書增修，除增字以外，還增加義訓。陸書原有的訓釋大都仍舊，原來沒有訓釋的，一律增補。即使是極普通的字也都有訓解（宋跋本有少數字闕義訓）。例如：支韻「施」訓為，「池」訓蓄水，微韻「飛」訓翔，「衣」訓服裳，魚韻「魚」訓水蟲，「居」訓止，模韻「吾」訓我，「租」訓田稅，灰韻「回」訓旋，「雷」訓小霆，寒韻「寬」訓大，「安」訓泰等等，而箋注本一都沒有訓解。王韻每字加訓，雖與字書很接近，可是一個字只取其一種通常的意義，還不像字典那樣兼備眾義。

在注文中，王韻還特別注意增添字的又音和字的異體、俗書。凡字有兩讀的都增注「又某某反」，或注「又音某」。同時根據又音增補正文。其中注出異體俗書的又分為以下一

些名目：

（1）古作某：之韻「辭」古作辝，陽韻「瘡」古作創，銜韻「鑒」古作鑑，止韻「以」古作㠯。
（2）古文作某：号韻「墺」古文作垙。
（3）今作某：支韻「眭」姓，今作畦，霰韻「寘」今作于寘。
（4）亦作某：微韻「輝」亦作煇暉，歸亦作帰，虞韻「膚」亦作肤，模韻「塗」亦作途。
（5）又作某：齊韻「隄」又作堤，侵韻「襟」又作衿。
（6）或作某：灰韻「杯」或作盃，咍韻「開」或作閞，豪韻「萄」或作陶，歌韻「訶」或作呵。
（7）正作某：魚韻「猪」正作豬，皆韻「懷」正作懐，語韻「去」正作厺，旱韻「偘」正作侃。
（8）本作某：霽韻「丽」本作麗，祭韻「弊」本作㡀，号韻「帽」本作冃。
（9）通俗作某：魚韻「胥」通俗作胥，虞韻「趨」通俗作趋，模韻「吳」通俗作呉，咍韻「來」通俗作来。
（10）俗誤作某：虞韻「鄜」俗誤作敷州，寒韻「繖」俗誤作欒。

這樣不憚其煩地博采異體俗書列於注文之內是前所未有的。值得我們特別重視的是其中所舉的通俗的寫法，這對於我們研究漢字楷書形體簡化的歷史是很寶貴的資料。劉復作《宋元以來俗字譜》僅注意到宋元以下書中所有的俗字，卻對本書所有反而忽略。本書所收的俗體字都是社會上通行的，宋元的俗字大都因承唐代而來。學者以此書與《宋元以來俗字譜》對看，更可以明瞭漢字楷書簡化源遠流長，不始於近代。本書所載的唐代的通俗字體相當完備，可做為一部唐代通俗字字典來看。它的用處是很多的。原書抄錄雖比較精細，但仍有錯字，劉復《敦煌掇瑣》內有校勘記，可以參看。

4.3
(20)　王仁昫《刊謬補缺切韻》二（故宮博物院藏）

這部王仁昫「刊謬補缺切韻」是唐本韻書流傳至今的惟一的完整無闕的一部書，現藏於北京故宮博物院。一九四七年故宮博物院曾據原本影印，末有唐蘭先生跋。全書共二十四葉，以兩紙合為一葉，除第一葉外，都是兩面書寫，一共四十七面，每面三十五行，或三十六行。原書最初當為冊子本，後改作「龍鱗裝」，每葉相去約一公分，錯疊鱗比，裝為一卷，既便於翻閱，又便於舒卷。每面有朱絲欄，書法端正，一絲不苟，有顏真卿筆意。韻目數次和每紐字數都用朱書。書中用雌黃點定的地方，年久大都脫落，凡是沾染過雌黃的，紙色都特別烏暗。此書由宋至清一直藏於帝王內府，清「石渠寶笈」有著錄，名為「唐吳彩鸞書唐韻」。書尾有明洪武間宋濂跋語。為別於敦煌本王韻，通稱為宋跋本王韻。

本書卷首有自序和陸法言序，序文首題「刊謬補缺切韻序」下注云：「刊謬者，謂正訛謬；補缺者，謂加字及訓」。次行題「朝議郎行衢州信安縣尉王仁昫字德溫新撰定」，與敦煌本王韻相同，內容也大同小異，當是同一書的不同傳本。本書只有「顯」字缺末筆，其他唐帝名號都不避諱，偏旁寫法與唐人一般的手寫體有不同，書寫的年代可能比較晚。

卷首序文標題下記有全書總字數，共為六萬三百七十六字。下注「舊三萬三千九百二十二言，新二萬六千四百五十三言」。新舊相加，則差一字。但這六萬多字是不是全書正文和注文的總字數呢？從各卷注文之多來看，全書的字數要比六萬多得多，至少反切和又音以及每紐的字數、刊正訛謬的注語等等都沒有包括在內。這個字數只能是每卷卷首所記字數的總和。本書卷二與卷一連寫，以致脫記第二卷字數，其他各卷都記有總數，總數之下又分記舊韻所有字數和新加字數。現在分錄各卷所記字數如下：

	卷一	卷二	卷三	卷四	卷五	五卷合計
總數	一二〇六三（一二二〇六）		一二〇一六	一二〇一四	一二〇七七	六〇三七六
舊韻	二九〇八		（二〇七或）二〇七七（敦煌本）	二三三二	二一五六	
訓	四九七〇		四一二一	四〇九七	四四六五	
或亦	一六		三三	三五	三一	
古	四		五	二	九	
俗	一		二	一	一	
（合計）	七八九九		六二三六	六四六七	六六六二	
補舊缺訓	一一二二		一三三〇	一〇七六	八四八	
新加韻	一〇六八		一二一五（二一一五敦煌本）	一二四六	（一三四三或一三三三敦煌本）	
新加字訓	二三五二		二八一二	二七六七（二七六或敦煌本）	（二一七一或二七七四敦煌本）	
亦或	三四二		三六七	三九三	四一六	
正	四四		一九	三五	一九	
通俗	三七		三一	二三	一九	
古	〇		〇	〇	二	
本	二		四	六	四	
（合計）	四九六七		五七七八	五五四六	五四一五	
（新舊共計）	一二八六六		一二〇一六	一二〇一三	一二〇七七	

從右表首先可以看出卷一所記舊有和新加的字數合計共一萬二千八百六十六字，與總數一萬二千六十三不合。本書卷一由「東韻至「山韻的正文實計有三千二百四十六字，如

除去一千零六十八字新加字，則舊韻只有二千一百七十八字，與所記二千九百零八字相差七百三十字。據此可知原記舊韻字數一定有誤。其次，本書卷二缺記字數，根據五卷總數，除去卷一、卷三、卷四、卷五幾卷的字數，所餘為一萬二千二百零六字，此數當為卷二總字數。卷二自「先」韻至「凡」韻的正文實計為三千三百五十字。舊韻字數如按照箋注本一所有二千二百七十三字計算，則新加字當為一千零七十七字。全書五卷新加字達五千九百三十九字。

卷三舊韻和新加韻字數，本書與敦煌本不同，就全卷總數計，舊韻當依敦煌本，新加韻當依本書始合。卷四新加字訓本書與敦煌本不同，依本書所記，全卷總數與卷首所載只差一字。卷五新加韻和新加字訓字數，本書所記數字有誤。如據敦煌本所記計算，則與全卷總數完全相符。由此來看，各卷卷首所記總數可能都是對的，子注所記各類字數，兩書互有得失。

本書卷一實計有三千二百四十六字，卷二實計有三千三百五十字，卷三實計有三千二百四十四字，卷四實計有三千六百五十七字（本書去聲脫「嚴」韻，據敦煌本字數計算），卷五實計有三千四百七十四字（「職」韻有缺損，只存一百五十四字，今以一百六十字計算），五卷共計為一萬六千八百七十一字。這與前面敦煌本王韻說明中所估計的原書字數僅差八十餘字，可能由於抄寫有脫落所致。

本書與敦煌本王韻是同一種書的傳本，可是本書抄校不夠精細，錯亂訛脫都比較多。如去聲「御」韻開頭先出「據」紐，後出「御」紐；「嘯」韻「⿰月肅」字誤寫在「線」韻之末；而去聲「嚴」韻則完全脫去。至於注文，訛奪尤甚，遠不如敦煌本之精善。兩本的差別主要有三方面：

（1）反切用字不盡相同。舉平聲字為例：

敦煌本	本書
微韻沂魚衣反	魚機反（箋一同）
虞韻敷撫夫反（箋一同）	撫扶反
齊韻低當兮反	當嵇反（箋一同）
黎落嵇反（箋一同）	落奚反
灰韻裴蒲灰反	蒲恢反（箋一同）
摧昨灰反（箋一昨恢反）	昨回反
寒韻酸素官反（箋一同）	素丸反
剜一完反（箋一同）	一丸反
歡呼官反（箋一同）	呼丸反
先韻蹁部田反	蒲田反（箋一同）
宵韻囂許嬌反（箋一同）	許喬反
豪韻饕吐高反（箋一吐蒿反）	土毫反
歌韻駝徒和反	徒何反（箋一同）
唐韻卬五岡反	五崗反（箋一同）
倉七岡反（箋一同）	七崗反
庚韻平符兵反（箋一同）	蒲兵反
明武英反	武兵反（箋一同）
尤韻浮薄謀反（箋一同）	縛謀反
侵韻簪側琴反	側岑反

塩韻苫室廉反　　失廉反(箋一同)
蒸韻殑綺兢反　　其矜反(箋一同)

(2)注文有詳略。例如：

敦煌本	本書
之韻萁豆莖亦作萁	豆莖
噫恨聲亦作譩又於擬反	恨聲
模韻啚思度說文音鄙訓云難意今因循作圖非	思度
圖畫說文云計難從口音韋從啚啚難意用啚作圖非	畫
吳國名通俗作吴	國名又姓俗作吴
灰韻灰呼恢反爐餘從ナ，通俗作灰	呼恢反俗作灰
咍韻垓八極又垓下堤名在沛郡項羽敗處(又)下亥反	八極又垓下堤名
貅貍別名陳楚江淮	貍別名

閙云

寒韻鴅ㄟ鶡鳥知未來事
鶡字或鶡又口沃
反或作鴅鶡字古
沃反

ㄟ鶡知未來事

㲎ㄟ頭屈髮為之又
防滿反卧髮曰㲎

ㄟ頭屈髮為之

仙韻燃燒上然從火已是
燒更加火非同梁
加木失

燒上從火（脫落甚多）

豪韻繅絡繭取絲又七聊
反深色紺又所銜
反旗垂皃正作纅

絡繭取絲

庚韻亨（許庚反）通又普庚
反煮又虛掌反獻
神饌三音正一字
籀文作此亯依隸
作亨顧野王以享
不繫要為亨於亨
加火為烹強生分

通又普庚反

析不及依本同長
音上長音去豈亦
別作字平也
蒸韻 憎 蘇曾反 繒徒　　蘇曾反繒徒正作僧

（3）收字多寡有不同。例如：

魚韻「余」紐，敦煌本有二十三字，本書二十一字，無「璵」「予」二字。

仙韻敦煌本韻末有「辿」「檈」「樢」三紐，本書無。

蒸韻「增」紐，敦煌本十字，本書九字，無「曾」字。

寑韻敦煌本韻末缺「顉」字，本書有「顉」字，注云：「卿飲反，一。容皃醜」。

沁韻敦煌本韻末有「甚」字，本書無。

鑑韻敦煌本有「𥈤」字，本書無，別有「饞」字。

由上所舉可知兩本尚有異同，本書脫略處當據敦煌本增補。

〔考釋五一〕裴務齊正字本「刊謬補缺切韻」

〔51〕 裴務齊正字本「刊謬補缺切韻」（故宮博物院藏）

（一）

此書舊有廣蘭先生寫印本和延光室據原物影照本。全書共三十八葉，作冊葉裝，末有明萬曆壬午（萬曆十年，公元一五八二）項元汴題記一紙。舊藏故宮博物院。

本書共五卷，平聲上聲闕佚頗多，去入二聲則完整無闕。全書四聲韻目如下：

平聲

1東 2冬 3鍾 4江 5陽 6唐 7支 8脂 9之（只存一部分） 10微（以下十六韻闕，據卷一韻目補。） 11魚 12虞 13模 14齊 15皆

上聲

1董 2腫 3講 4養 5蕩 6紙 7旨 8止 9尾 10語 11麌 12姥 13薺 14駭

去聲

1涷 2宋 3種 4絳 5樣 6宕 7寘 8至 9志 10未 11御 12遇 13暮 14霽 15祭 16泰 17界 18夬

入聲

1屋 2沃 3燭 4覺 5藥 6鐸

16 灰　17 臺　18 真　19 臻　20 文　21 斤　22 登　23 寒　24 魂　25 痕　26 先　27 仙　28 刪　29 山

以下七韻並闕，此據上去二聲次第補出韻目。

15 賄　16 待　17 軫　18 吻　19 謹　20 等　21 旱　22 混　23 佷　24 銑　25 獮　26 潸　27 産

以下廿三韻並闕，此據上聲卷首韻目補。

19 廢　20 誨　21 代　22 震　23 問　24 靳　25 隥　26 翰　27 慁　28 恨　29 霰　30 線　31 訕　32 襇

7 質　8 櫛　9 物　10 訖　11 德　12 褐　13 黠　14 紇　15 屑　16 薛　（13 黠）　17 鎋

30 元　31 蕭　32 宵　33 交（？）只存後半　34 豪　35 庚　36 耕　37 清　38 冥　39 歌　40 佳　41 麻　42 侵　43 蒸　44 尤　45 侯　46 幽　47 鹽　48 添　49 覃

28 阮　29 篠　30 小　31 絞　32 晧　33 梗　34 耿　35 請　36 茗　37 哿　38 解　39 馬　40 寑　41 拯　42 有 只存一部分　43 厚　44 黝　45 琰　46 忝　47 禫

33 願　34 嘯　35 笑　36 教　37 号　38 更　39 諍　40 凊　41 暝　42 箇　43 懈　44 禡　45 沁　46 證　47 宥　48 候　49 幼　50 豔　51 㮇　52 醰

18 月　（29 格）　19 隔　（30 昔）　20 覓　21 緝　22 職　23 葉　24 怗　25 沓

50 談	48 淡	53 闞	26 蹋
51 咸	49 減	54 陷	27 洽
52 銜	50 檻	55 鑑	28 狎
			29 格
			30 昔
53 嚴	51 广	56 嚴	31 業
54 凡	52 范	57 梵	32 乏

從以上所列的韻目表可以看出此書韻目排列的次第與陸法言切韻很不相同，有些韻目的名稱也不一樣。這在唐五代韻書中是別具一格的。

（二）

這個寫本，書法遒勁秀麗，但頗有脫誤。每韻第一字韻目作朱書，每紐開頭第一字上都加有朱點。書中避諱的情況很複雜。從「民」的字缺筆作「𡰥」，而「治」字不缺筆。入聲褐韻從「旦」的字都作「𣅀」，當是避睿宗諱，而去聲翰韻「旦」字並不缺筆。又之韻「疑」字下語「基反」的「基」字缺末筆，「基」字缺筆，似避玄宗諱。案治字不避諱，當在高宗已祧之後。但玄宗以後各帝名均不缺筆，而去聲種韻「用」字又寫作「𤰃」（反切「用」字仍作「用」）。因此，書寫的時代一時尚不易確定。

此書卷首書名下題「朝議郎行衢州信安縣尉王仁昫撰」。次行題「前德州司戶參軍長孫訥言注」、「承奉郎行江夏縣主簿裴務齊正字」。在此之後為王仁昫序和長孫訥言序。序文後又有字樣（即字形偏旁辨異）一段。王國維認為這部韻書是王仁昫用長孫注和裴務

齊注重修的，所以兼題二人之名。（見「觀堂集林」卷八「書內府所藏王仁昫切韻後」）案王國維沒有見到過真正的王仁昫書，僅僅因為本書卷首題「王仁昫撰」，所以就認為這是王仁昫所作其實不然。現在我們可以根據前面兩種王仁昫書的寫本來比看，就可以理解清楚。

(1)王仁昫書因據陸法言書增修，所以卷首只有自序和陸法言序，沒有長孫訥言序。本書不載陸序，而在王仁昫序以外有長孫訥言序，且在兩篇序文之上又以朱筆標明「王仁昫序」「長孫序」，可見此書非王仁昫的原著。

(2)本書「嚴」韻有上去二聲韻目，全書共為一百九十五韻，與王韻相同，但韻目的名稱和次第與王韻不同的很多。

(3)本書各卷體例並不一致。平聲一韻目冬、脂、真、臻四韻下有小注，上去入三聲韻目下都沒有注文。平聲東、冬、鍾、江、支、脂、之七韻內每紐第一字下大都是以反切、字數和本字的訓解為序，只有少數字下訓解列在反切之前，而平聲其他各韻以及上去入三聲都是訓解次於反切之後，末尾注明字數。以反切、字數、訓解為序是從長孫箋注的格式演變而來的。因為陸法言原書很多字下只有反切和字數，而沒有訓解，後來增修的書就把訓解補在字數之後。至於訓解次於反切與字數之間，那就是王仁昫書的體例了。兩者各有所承，體例不同。再從標出字數的方法來看，上述的平聲七韻一紐之內有加字的一律注明「幾加幾」，平聲其他各韻和上去入三聲諸韻都只有一個數目，不分別原有字數和加字字數。言「幾加幾」的是長孫箋注一類書的辦法，不言「幾加幾」的是王仁昫書的辦法。王韻加字本作朱書，所以記字數時不稱「幾加幾」。據此可知本書不是純粹的一種體例。平聲東、冬等七韻與其他部分不同。

（4）全書平上去入各韻小紐收字數目與王韻相比，情況各有不同。平聲東冬等七韻收字特多，其他各韻也比王韻稍有增加，而去入兩卷反倒少得很多。惟有上聲一卷與王韻最為相近。（詳見附錄「唐韻前韻書收字和紐數多少比較簡表」）這種差異表明本書各卷來源不同。

（5）本書反切與王韻並不全同。即以上聲而論，上聲收字雖然與王韻接近，但反切仍然與王韻有差異。例如本書董韻「動」字音徒揔反，王韻作徒孔反；腫韻「覂」字音方勇反，王韻作方奉反；講韻「傋」字音莫項反，王韻作武項反；紙韻「婢」字音避爾反，王韻作便俾反；如此之類尚多。足見本書作者並非王仁昫。

（6）本書除韻次和韻目名稱與陸韻、王韻有不同以外，還有一些字的歸韻不同於陸韻或王韻。即如切韻尾韻「豈」「扆」「蟣」三紐本書都歸入止韻，琰韻「險」「貶」「預」「儼」「檢」「奄」七紐本書都歸入广韻，有韻「婦」「缶」兩紐韻本書都歸入厚韻，王韻去聲梵韻「劍」「欠」「俺」三紐本書列入去聲嚴韻入聲麥韻「碧」字本書列入格韻（陌韻）。這些都表明本書在王韻之後，對王韻有因有革。

（7）在注釋方面，平聲東冬等七韻最為詳細，而且有案語，注釋與箋注本二相近。（如東韻「蟲」「終」「崇」「弓」「融」等字注文表現得很清楚）。所引字書和訓詁書有「爾雅」「說文」「方言」「字林」「博雅」（即「廣雅」）「字書」「漢書音義」等書。平聲其他各韻注釋則比較簡略，既無案語，也很少引及各種字書，只有幾處注明出「說文」「或」「方言」。去聲的注釋近於平聲東冬七韻，訓釋詳細，並有案語。注釋與箋注本三相近。所引字書訓詁書除「爾雅」「說文」「方言」「字林」外，又有「釋名」「王逸」「證俗文」「杜延業」「字樣」等書。入聲的注釋雖不如去聲那樣多，間或也引及「爾雅」「說文」「方言」「字林」。惟有上聲一卷注釋近於王韻，字形字音較詳，而訓釋較略。上聲止韻「汜」下云：「江有汜。又水名，在河南成皋縣東，曹咎所度水處。又符嚴反，在潁襄城南汜

城，造（是）周王出居城，曰南氾是。又數劍反，在滎（熒）陽中牟縣，氾流入河，氾澤是晉伐鄭師于氾，曰東氾是。」文字與王韻大體相同。又陸法言切韻紙韻「倚」「輢」兩紐同音於綺反，王韻在「輢」字下指出「音既同反，不合兩處出韻，失何傷甚」，本書則併「輢」字於「倚」紐下，注云：「車輢。陸本別出。」與王韻相合。但去聲遇韻陸法言書「足」音即具反，與「緅」字子句反音同，王仁昫指出不當重出（見敦煌本王韻），而本書仍分為兩紐。由此可見本書只有上聲與現在所看到的王韻相近，其他各卷並不如此。

綜合以上所說，可知這個寫本並非單純的某一家之作，而是采用兩種以上不同的韻書配合纂錄而成的。其中既有長孫箋注傳本的東西在內，又有王仁昫書傳本的東西在內，甚至還有別家的東西。由此也可以明白為什麼卷首既有王仁昫序，又有長孫序，著者不僅題名王仁昫，而又兼及長孫訥言，同時又有裴務齊的名字。裴務齊事蹟無可考。本書題為「承奉郎行江夏縣主簿」，日本見在書目有裴務齊切韻五卷，廣韻卷首所列增字諸家姓氏中也有裴務齊一家。本書絕不是王仁昫用長孫、裴務齊兩家書來重修的，而是某家用長孫、王仁昫等書增補改編的。至於是否為裴務齊所編，還是一個問題。日本源順倭名類聚鈔卷七羽族部曾引裴務齊切韻云：「鶻，鷹屬也。隼，鷙鳥也。大名祝鳩。」（大字疑誤）這兩條都與本書不同。本書上聲軫韻「隼」字訓「鳩」，入聲黠、紇兩韻「鶻」訓「鶻鳩」。因此還很難說本書就是裴務齊之作。不過書中有關字的寫法和注中解說字形的文字一定有裴務齊的東西。如東韻「蟲」下注作「虫非」，「馮」下注「從水作非」之類都不見於箋注本二和王韻。可能出自裴務齊。現在原書編者不可知，姑且題為「裴務齊正字本刊謬補缺切韻」，簡稱「裴本切韻」。

（三）

這部書既然是一個匯合長孫箋注和王仁昫刊謬補缺切韻兼及其他家韻書的本子，其時代一定在中宗以後。本書卷首題「四聲五卷大韻總有一百九十五，小韻三千六百七十一（注云：二千一百廿韻清，一千五百五十一韻濁）」。所謂「大韻」即指韻部而言；所謂「小韻」，即指每部之內一紐而言。全書四聲共有一百九十五韻，雖然還是王仁昫書的系統，可是自有它的特點。首先韻次和韻目名稱的改變就是很特殊的。在韻次方面，現在所見到的唐本韻書中很少有脫離陸法言切韻的格局的，惟有本書改變較大，與衆不同。如：

(1)陽、唐次於江韻之後；

(2)佳韻次於歌、麻之間；

(3)登韻與真、臻、文、斤諸韻比次，列於斤韻之後；

(4)寒韻列於魂、痕之前，而刪、山、元三韻列於先、仙之後；

(5)侵與蒸同列，覃、談與鹽、添、咸、銜、嚴、凡同列。

以上各韻的上去二聲韻目與平聲一致。去聲泰韻則列於霽祭之後，與界夬同列。至於入聲，與平上去的次第大都相應，只有刪韻入聲黠韻次於褐紇兩韻之間，庚韻入聲格韻和清韻入聲昔韻次於洽狎與業乏之間，與平上去次第有異。這些韻次的改變總有一部分與編者口中實際的讀音有關，否則不會有如此大的變動。書中陽唐與江相次，寒與魂痕相次，元與刪山相次，佳與歌麻相次，覃談與鹽添咸銜相次，泰與界夬相次，必然由於元音相近。書中登與斤相次，蒸與侵相次，據切韻音的系統，登收-ŋ，斤收-n，蒸收-ŋ，侵收-m，韻尾不同，本書登與斤、蒸與侵所以比列在一起，一方面可能是由於元音相同，另一方面還可能是由於登侵兩韻的韻尾與切韻音也有不同。這些現象對

考查唐代方音都大有幫助。

在韻目方面，本書特别注意四聲韻目的讀音在聲母上是否一致。凡"切韻"所定有不是雙聲的，則盡可能改用雙聲字。例如：

皆　駭　界（怪）
灰　賄　誨（隊）
臺（咍）　待（海）　代
斤（殷）　謹（隱）　靳（焮）　訖（迄）
寒　旱　翰　褐（末）
魂　混　恩　紇（沒）
刪　潸　訕（諫）　黠
（交）（肴）　絞（巧）　教（效）
庚　梗　更（敬）　格（陌）
耕　耿　諍　隔（麥）
清　請（靜）　凊（勁）　昔
冥（青）　茗（迥）　暝（徑）　覓（錫）
佳　解（蟹）　懈（卦）
覃　禫（感）　醰（勘）　沓（合）
談　淡（敢）　闞　蹋（盍）
銜　檻　覽（鑑）　狎

從這裏可以看出作者對四聲韻目聲紐讀音的一致特别重視，同時也注意到韻母的開合。

如皆韻去聲用「界」，不用「怪」，佳韻去聲用「懈」，不用「卦」，目的在於取其與平上韻目開合一致。凡無字可取，或雖然有字而不是常用的也就没有改。這都是不得已的。

從本書韻次和韻目名稱的改變來看，本書作者很有革新的精神，不過只局限於纂録舊韻，而没有能够全部改作，所以不可能充分表現當時的語音系統，我們只能從部分的或個別的一些情況中去觀察。

除了韻次和韻目名稱的改變以外，有些字在歸韻方面也是值得我們注意的。如在前面已經指出的王韻上聲尾韻「豈」「扆」「蟣」三紐本書都歸入止韻，有韻「婦」「缶」兩紐都歸入厚韻，琰韻「險」「貶」「預」「儼」「儉」「撿」「奄」等七紐都歸入广韻，這些都與實際語音有聯系。由「豈」「扆」等字歸入止韻可知尾韻開口字與止韻韻母讀音相同。這與劉知幾字子玄因避玄宗名（「幾」與「隆基」的「基」音同）而以字行正可以互相印證。由「婦」「缶」等字歸入厚韻，可知此類字的韻母已經没有i介音，同時聲母也有由重唇音向輕唇音分化的趨勢。由「險」「儉」「奄」等字歸入广韻，可知琰韻這一類牙喉唇音字與广韻讀音不分。這都是書中所透露的一些比較重要的現象。

另外本書在又音當中也反映了一些語音情況。例如去聲夬韻「話」下注云：「下快反，又胡跨反。」「胡跨反」則為禡韻，這就是現代「話」字讀音的較早的記録。又如去聲泰韻「襘」下注云：「苦會反，鹿糖（當作鹿糠）。秦音苦活反。」秦指關中。「苦活反」音闊，屬入聲曷韻，即本書褐韻。「糠襘」是古人常用的一個詞，猶現代方言中所説「糠殼」。這一條方音不見於王韻，其他唐人書中也都没有記載。秦音苦活反，而不音苦會反，也正是陸法言切韻序所説「秦隴則去聲為入」的一項證明。除此之外，本書在抄寫上也出現了一些差異。如上聲旨韻徐姊反下「雉」字注云「又直理反」，「理」王韻作「履」，畢履反下「比」字注「又脾志反」，「志」王韻作「四」，「履」「四」為脂韻上去聲字，「理」「志」則為之韻上去聲字。韻有不同。又本書去聲志韻

「忌」音其既反，「意」音於既反，「既」，王韻並作「記」。「記」為志韻字，「既」則為微韻去聲未韻字。由此可知在抄寫人的口裏脂之兩韻字不分，之韻與微韻開口字不分。這都表現出唐代的語音與《切韻》分韻的系統已不盡相同。

本書在注音方面還有兩點可以注意的地方。（1）王韻有一些因承《切韻》而來的脣音類隔切，在本書裏有一部分已經改作音和切。如平聲支韻「卑」不作府移反，而作必移反；「裨」不作符支反，而作頻移反；耕韻「繃」不作甫萌反，而作逋萌反；幽韻「彪」不作甫休反，而作補休反；上聲講韻「[illegible]」不作武項反，而作莫項反；去聲笑韻「裱」不作方廟反，而作必廟反；入聲質韻「獝」不作房律反，而作旁律反。這些都使反切在表示字音上更為切合。不過，還有些以輕脣切重脣的字並沒有改。（2）本書注又音的方式，除了用反切和又音某來表示以外，還采用了以四聲來指明讀音的方式。例如平聲蒸韻「興」下云：「虛陵反。起也。又去聲。」覃韻胡男反「頷」下云：「面黃。又上聲。」談韻昨甘反「鏨」下云：「鏨。又去聲。」「暫」下云：「少時。亦去聲。」咸韻乙咸反「黯」下云：「深黑。又上聲。」去聲寘韻於義反「倚」下云：「倚氏。又平聲。」御韻「疏」下云：「所據反。書疏。又平聲。」隔韻「[illegible]」下云：「於隔反。又入聲。」這種利用四聲表明又讀的方式（起於中唐以後見文宗時唐玄度《九經字樣》），是王韻中所沒有的。不過，這些例子只見於平聲和去聲，而上聲未見。

由此來看，本書在音韻方面所表現出來的特點還是很多的。

（四）

最後，我們還應當注意到本書與《箋注本切韻》三的關係。《箋注本三》所存有上去入三聲字。本書去入兩聲有些韻的反切與《箋注本三》是接近的。

例如：

箋注本三（伯三六九四）	本書	敦煌本王韻	宋跋本王韻
祭韻劓 義例反	同	牛例反	同
跇 丑世反	同	丑勢反	同
震韻覵 匹刃反	同		（無）
櫬 楚覲反	同	初遴反	同
韻 永盡反	永燼反	爲捃反	同
刃 而進反	同		而晉反
舜 舒閏反	同	施閏反	同
願韻販 方願反	同	於×願反	方怨反
獻 許建反	同	憲許建反	同
證韻稱 蚩證反	同	蚩證反	尺證反
豔韻占 牀×豔反	同	支豔反	同
鑑韻[illegible] 子鑑反	同		（無）
[illegible] 下鑑反	同		（無）
質韻叱 齒日反	同		尺栗反
沒韻蚒 普沒反	昢 普沒反		（無）

其次，箋注本三的訓釋每每比王韻多，而本書去聲一卷大都與箋注本三相近。例如：

箋注本三（伯三六九四）	本書	王韻
送韻鳳 說文從凡鳥聲×	瑞鳥從凡鳥	靈鳥

詞 諰詞說文共也周書曰在夏后氏之詞一曰譈	諰詞又共也一曰譈也	諰詞
䏲 注引說文	同	〔䆸見事
霽韻切 衆說文從乚	衆從乚	衆
祭韻濿 渡水說文又作砅	渡水又作砅	渡水
恠韻价 善詩云价人惟藩	副使詩云价人惟藩亦善也	善
夬韻話 會合善	語話也一云會合也又善	語話
震韻縉 〻雲氏說文帛赤色	〻雲氏又帛也又赤也	縉雲氏又縪
浚 在衛說文又抒	水名在衛又抒	水名在衛
願韻券 〻約……說文契券從力	約也契也從刀	卷約
者 倦字	從力是倦字	
獻 說文作獻宗廟大名	貢也一曰宗廟大名	進
慁韻慁 悶心亂胡困反說文憂也一曰擾	悶亂又憂亦擾	悶亂
翰韻看 說文從手目	從手從目	（無）

根據以上所舉可以了解本書作者一定曾經以箋注本三為依據。箋注本三注中引用「說文」訓解，本書多照錄，惟省去「說文」名稱。又本書效韻「挍」下云：「撿挍，杜延「字樣」並從木。」（「杜延」下脫「業」字。）箋注本三上聲琰韻「撿」下云：「書撿。又按說文，杜延業字樣為檢。」（「延」為「廷」字之誤。）這兩條也恰恰相應。由此可見本書取自箋注本三的東西一定比較多。如果不見箋注本三就很難了解清楚。推想本書注文中凡有引及「說文」或注明出「說文」的部分可能都與長孫書有關係。不僅平聲東冬鍾江支脂之七韻和去聲入聲是如此，就是平聲的另一部分和上聲的後一部分恐怕也是如此。就上聲而論，如本書有韻「羑」「酉」二字、厚韻「母」「呫」二字，黝韻「赳」字、琰韻「剡」字、广韻「譣」「闇」二字、范韻「范」字等注文都與箋注本三相同或

相近，而不同於王韻，這就是很明顯的證據。另外，本書字下有一些注明「一本作某的」，如平聲冥韻「鯖」字下注云「一本作鯖(?)」，麻韻荼紐「梌」字下注云「一本作捈」，入聲隔韻棟紐「棫」字下注云「一本從木」之類可能也出自長孫箋注一類的書。我們看箋注本三上聲小韻「蟜」下云「一本作蟜」，祭韻「鮆」下云「一本作此(?)」，例正相同。這類注語在王仁昫書中是沒有的。足見本書取材於長孫書的極多。

古人得書遠不如今日這樣容易。即使獲得一書，也往往會有殘闕。本書各卷既不完全同於長孫箋注，又不完全同於王仁昫書，很可能是由於作者所得的兩家書都不是完整無闕的，所以各卷體例不同，注釋詳略也不一樣。

總起來說，這部書對研究唐代語音有很大的價值。書的體制和內容雖不純粹，但作者在采掇編定時，考案音義，也頗具匠心。其中文字可以校訂箋注本二、箋注本三以及王韻的地方也很多。本書詳於義訓也是一大特點。例如鍾韻「鷛」字，箋注本二和王韻但云「鳥名」，本書注云：「鳥名。紊鷛鳥似鶩而黑，尖口鷄足，顏師古〔云〕今之水鳥也。」又脂韻「夷」字，箋注本一，箋注本二無訓解，王韻訓「平」，本書注云：「平也，傷也，說也，滅也。又東方人名。字從弓從大。」舉此可見一斑。字的訓解不斷加詳，這是唐代韻書發展的一種趨向，從《唐韻》以後注解就更加繁富了。本書作者沒有看到《唐韻》是可以肯定的。

〔考釋六〕 唐韻寫本

6.1（22）孫愐《唐韻序》

此序文載於清代卞永譽《式古堂書畫彙考》卷八，今據鑑古書社影印本移錄。原題《唐女仙吳彩鸞楷書四聲韻帖》，全書五卷，為明萬曆間項元汴家舊藏，內有宋「宣和」「紹興」印，和項元汴收藏印記。書尾有「元和九年正月三日寫吳王本」一行，是此書寫於憲宗時（公元八一四）。書末有元柯九思審定題字，又有元至元四年虞集《寫韻軒記》和項元汴題記。卞氏錄出原書序文和各卷韻數及葉數，並說明原書有宋徽宗籤題，韻帖共六十葉，每葉面背俱書。據此可知原物為葉子本。至於舊題女仙吳彩鸞書，完全出於神話附會，宋以來書籍所載唐本韻書幾乎都稱為吳彩鸞所書，虛妄荒誕，誠無足取。

本書名為《唐韻》，據卞氏所記各卷韻數如下：

卷第一　平聲五十（四）　平聲上廿六韻　計一十二葉

卷第二　平聲下廿八韻　計一十一葉

卷第三　上聲五十二韻　計一十一葉

卷第四　去聲五十七韻　計一十一葉

卷第五　入聲三十二韻　計一十五葉

由此可知全書四聲分韻數目共一百九十五韻，與王仁昫《切韻》相同，上去二聲都比陸法言書多一韻。可惜卞永譽沒有抄錄韻目，推想多出來的兩韻，應是「嚴」韻的上去兩韻。從各卷抄寫的葉數來看，去聲五十七韻僅有十一葉，而入聲只有三十二韻，竟有十五葉，則入聲字必大有增加，與王韻相似。

卞氏所錄此書序文只孫愐一序，似作於開元末年，首行題《唐韻序》，次行題「朝議郎

行陳州司法參軍事臣孫愐上」。序文首尾完備，開頭說明作書的旨趣，其次說明書的作法和特點，最後說「等夫輿誦，戰汗交集，惡媿上陳，死罪死罪」，形式和內容完全是一篇簡短的上表文字，與「廣韻」前所載孫愐序不僅字句有不同，而且沒有「又有元青子吉成子」以迄最末「于時歲次辛卯天寶十載也」一大段。孫序文字本來很清順，可是「廣韻」後面所綴的那一大段，文氣與上全不相連，意思也寫得不清楚，顯然是後人增添上去的。我們不能因為伯二。一六、二。一九、二六三八也都有這一段，就認為這是孫愐的原文。伯二。一六等寫本都是寫得很晚的（詳後）。王國維看到卞永譽所錄的「孫愐序」與「廣韻」所載不同，於是認為孫愐「唐韻」有開元中初撰之本，又有天寶十載重定之本。這是由於首先肯定了蔣斧本「唐韻」為孫愐書，又把題為天寶十載的序文和蔣本「唐韻」聯係在一起，曲為彌縫，才提出這種見解。如果仔細研究，就可以發現天寶序文所說和蔣本「唐韻」的內容並不相符。天寶間序文說「又紐其脣齒喉舌牙，部仵而次之」，而蔣本「唐韻」並不如此，（詳後伯二。一六說明）。設開元本「嚴」韻有上去二聲，而蔣本「嚴」韻去聲反又併入於「梵」，也於情理不合。王說完全出於假想，未可據信。陸志韋先生在「唐五代韻書跋」裏曾提出「孫愐唐韻」未必有開天兩本」，那是有道理的。卞永譽彙錄的序文和各卷韻數以及書末題識跋語，前後藏者印章等都很細緻，他一定看到了原書，所以要了解孫韻，不能不於此求之。

序文指出陸法言「切韻」「遺漏字多，訓釋義少」（「廣韻」作「注有差錯，文復漏誤」）所以要補其遺闕，增加注釋。序云「今加三千五百字，通舊總一萬五千文」，則原有一萬一千五百字，所增字數比王韻要少兩千多字。但是訓解就比王韻繁密多了。序云：「兼集諸書，為註訓釋，州縣名目，多據今時」，而且「文體偏傍，點畫意義，從才（手字邊）從木，著彳著亻，並悉具言，庶無紕繆」。又說：「其有異聞，奇怪傳說，姓氏原由，土地物產，山

河草木，鳥獸蟲魚，略載其間，皆引憑據」。這樣，韻書的注釋就近似類書了。注釋豐富，自然用處增多，更符合實際需要。所以我們看到的唐韻以後的韻書大抵都是這一類。宋修廣韻也就是從這一類書發展而成的。孫愐唐韻在韻書的編纂內容上引起了一個新的變化，這是值得注意的。

孫愐書注文援引憑據甚多，是一大特點。在字書訓詁書之外兼及經子諸史文選諸集以及有關姓氏地理等書，「并具三教」，以成一家之作，可謂宏富。所謂三教，指儒釋道而言。唐代佛道兩教並盛，韻書注中每每引及釋典和列仙傳一類的書，正是這種情況的反映。本書僅存序文一篇，要了解孫愐書自不能不參看蔣本唐韻和宋修廣韻。

蔣本唐韻不就是孫愐書（詳後），但與孫韻有一定的關係。孫序說注釋皆引憑據，蔣本也正是如此。廣韻中所保存的唐韻舊文也很多，可以互相參驗。例如賈執姓氏英賢傳和王僧孺百家譜雖未見於蔣本唐韻，而廣韻東韻「中」下、之韻「期」下都引及賈執書；之韻「其」下、虞韻「瞿」下、虞韻「禺」下都引及王僧孺書，這些無疑問都是因承孫愐書而來的。

孫愐序又說：「武德已來創置，迄於開元廿年，並列注中」。蔣本唐韻鐸韻「彍」下有開元十三年置彍騎一語。又質韻「厔」下注云盩厔，縣名，在京兆，箋注本切韻一本作在扶風，廣韻尤韻「盩」下注盩厔縣在京兆府，與此相應。京兆府本為雍州，開元元年改府，見新唐書卷三十七地理志。這些都是唐代開元間的建置。至於武德以至開元前的建置見於廣韻的都屬於地理名稱。武德初年的建置見於之韻「慈」下，脂韻「夔」下，魚韻「舒」下、「渠」下，寒韻「安」下，陽韻「房」下，齊韻「濟」下，獮韻「沔」下、「兗」下，未韻「魏」下。貞觀間的建置見於支韻「嬀」下和脂韻「伊」下。玄宗先天元年的建置見於支韻「儀」字注。注云：「亦州名，本漢涅縣

地。秦為上黨郡。武德為遼州，又為箕州，今為儀州。」案新唐書卷三十九地理志云：「遼州樂平郡武德三年析并州之樂平、遼山、平城、石艾置。六年徙治遼山。八年曰箕州。先天元年（公元七一二）避玄宗名曰儀州。中和三年（公元八八三）復曰遼州。」案玄宗名隆基，所以箕州改稱儀州。廣韻注云「今為儀州」，是指唐，而不是指宋。這些都是武德以至開元前的建置。由此可見廣韻中關於地理建置方面出於唐韻的很多。要了解孫愐序文所說，蔣本唐韻和宋修廣韻是很重要的參考材料。

今廣韻卷首所載孫愐序文與此篇文字頗有不同，那是後來改動的。例如「遺漏字多，訓釋義少」，廣韻作「注有差錯，文復漏誤」，「兼集諸書，為註訓釋，州縣名目，多據今時」，廣韻作「兼習諸書，具為訓解，州縣名號，亦據今時」。又「今加三千五百字，通舊總一萬五千文，其註訓解，不在此數」等語廣韻都刪去。廣韻所錄已經不是原序，要了解孫愐原書，當以此序為準。

6.2（23） 唐韻殘葉（伯二〇一八）

此葉所存為東、冬、鍾三韻字，共十四行，周邊有烏絲欄，每紐第一字上一律加有朱點。存字雖不多，但注文較繁。從體例和各方面情形來看和蔣斧本唐韻最為相似，所以姑且擬名為唐韻。今就所見分述如下：

（1）本書每紐第一字下訓解列前，反切列後，最末記出一紐字數，陸法言切韻是如此，唐韻也是如此。書中一紐之內凡有新加的字在記字數的時候都注「幾加幾」，而所加的字數即包括在前一數目之內，凡新加的字，也都在字下一一注明，一望而知哪些字是新加的。例如鍾韻「龍」下云：「力鍾反，七加三。」全紐共有七字，末尾「鸗」「蠪」「籠」三字每字

下都注有「加字」，這三個字就是原來底本所沒有的。又如「𢈪」下云：「書容反，五加一」，全紐共有五字，末尾「惷」字為新加字，「衝」下云：「尺容反，六加一」，全紐共有、字，末尾「憧」字為新加字。這種體例只有蔣本唐韻如此，其他寫本韻書凡言「幾加幾」的都是指在原來字數之外又新加幾字，要知全紐字數應當以上下兩數字合計；而且新加的字有的注明，有的就不注明；和唐韻不同。本書在這一點的是與唐韻一致的。

（2）本書反切與陸法言切韻和王仁昫刊謬補缺切韻不完全相同，分明是陸韻、王韻以外的一種書。如：

冬韻賨藏宗反　箋注本二和王韻（宋跋本，下同）作「在宗反」。廣韻作「藏宗切」。

潨又之戎反　伯三七九八切韻、箋注本二和王韻作「又職隆反」。廣韻作「又祖紅、職戎二切」。

隆　石　力冬反　箋注本二和王韻作「力宗反」。廣韻作「力冬切」。

宗　作冬反　箋注本二和王韻作「作綜反」。廣韻作「作冬切」。

鍾韻容　以恭反　箋注本二和王韻作「餘封反」。廣韻同。

這裏「賨」、「宗」二字的反切不同於陸韻、王韻，但與徐鉉本說文和徐鍇說文篆韻譜十卷本相合。徐鉉所定說文音明言「今並以孫愐音切為定」，據此可知本書與徐鉉所根據的唐韻相近。惟本書「容」音「以恭反」，大徐說文則作「余封反」，尚不一致。宋修廣韻的反切絕大部分與蔣本唐韻相同。以上所舉的幾個例子中本書和廣韻相同的居多，也可以證明本書與蔣本唐韻是一類的書。

還有，齒音從紐的字在陸韻、王韻一般用「昨」、「在」、「才」、「徂」等字作切，而不用「藏」字，本書用「藏」切「賨」，表明是另一系統的書。陸韻王韻東韻三等字以「隆」字作切語下字的很多，而

大徐說文和宋修廣韻一律不用「隆」字，凡「陸」韻作「隆」的，或改作「戎」，或改作「弓」，這一定出自孫愐唐韻。孫愐書作於唐玄宗開元末，玄宗名隆基，書中自不能不避「隆」字。本書冬韻「潨」字下云「又之戎反」，陸韻（見伯三七九八），王韻都作「又職隆反」，本書改「職隆」為「之戎」，正可以說明本書的時代合於孫愐唐韻。

（3）廣韻鍾韻「恭」下注云：「陸以恭、蜙、縱等入冬韻非也。」王國維以為此語出自唐韻（見觀堂集林卷八書吳縣蔣氏藏唐寫本唐韻後）。考切韻「恭」音駒冬反，「蜙」音先恭反，「縱」音七恭反，都在冬韻。大徐本說文「恭」「供」「龔」並音俱容切，「蜙」音息恭切，「縱」音七恭切，「容」為鍾韻字，足證徐鉉所據唐韻「恭」「蜙」「縱」等字在鍾韻，不在冬韻。本書冬韻「農」紐下雖殘闕不全，然與箋注本二比觀，此下當為「農」紐和「攻」紐字，不能再有「恭」「蜙」「縱」三紐字，而且鍾韻「容」字音為以恭反，以「恭」切「容」，更可以證明「恭」「蜙」「縱」三紐入鍾韻，不在冬韻，與大徐所據孫愐唐韻相同。

（4）孫愐唐韻序云：「其有異聞、奇怪傳說、姓氏原由、土地物產，山河草本、鳥獸蟲魚，備載其間，皆引憑據，隨韻編紀，」今此本注文較以上各種寫本韻書繁富得多，其中關於姓氏、草木蟲魚之類解說尤詳，與唐韻序所說正合。如「蟌」下引淮南子，「蝬」下云「出異物志」，「𡣪」（橦）下引字樣，「舂」下引世本，「松」下引玄中記，「賨」「蠪」二字下引廣雅，「蓬」「洚」「伀」「龏」「㺎」諸字下引說文，這與蔣本唐韻體制相同。

就以上幾點來看，本書是唐韻一類的書是沒有問題的。從這個殘卷中不僅找到唐韻把「恭」「蜙」「縱」等字收入鍾韻的證據，而且可以了解到廣韻平聲部分也與去入兩卷一樣近於唐韻。例如此殘卷中一字數訓的很多，其中「宗」訓眾也，本也，尊也，「容」訓盛也，儀也，受也，「庸」訓常也，用也，功也，和也，次也，易也，「封」訓大也，國也，厚也，爵

也」等等。廣韻無一不同。其他韻書都沒有這樣多的訓解，足見本書在韻書發展上是一個新的轉變。義訓增多，則接近於訓詁辭書，詳於姓氏名物，則接近於類書，與前此所有的韻書已經大不相同，蔣本唐韻所載有關姓氏原由和歷史人物的文字則更加繁富。此殘葉所存雖只寥寥十數行，但使我們了解到的東西並不少。現在我們還不能說這是否就是孫愐原書，因為釋中算法華經釋文（新修大正藏二一八九，頁一五八第二欄）「蓬音薄紅反」下引孫愐云「又蒲孔反」，「蒲孔」一音並不見於這個殘葉。

6.3（24）　唐韻殘卷（蔣斧舊藏）

唐寫本唐韻存在去聲、入聲兩卷。入聲一卷卷首題「唐韻卷第五」，凡三十四韻，首尾完整，中間略有缺損。去聲一卷自「未」韻起至「梵」韻止，「未」韻缺前一半，中間自「代」韻末尾至「願」韻前一半又全缺。此書為葉子本，兩卷共存四十四葉，每葉二十三行，有烏絲欄，書法與虞世南所書孔子廟堂碑接近。書中去聲「翰」韻「旦」字避睿宗諱缺筆作「旦」，入聲「職」韻「鄖」字注「新鄖縣在豫州」，「豫」字避代宗諱缺末兩筆作「豫」，代宗以後帝名都不避諱，據此推測此書可能寫於代宗之世。書內有宋「宣和」一印，元「鮮于」（即鮮于樞）一印和柯九思題款。又有明晉府書畫印和項元汴印。清末為吳縣蔣斧所得，後來上海有影印本，但流傳不廣。現在原物不知流落何處，今據舊日影印本重印。

本書每韻韻首一字都作朱書，書眉記有韻目數次。入聲卷首有一屋至三十四乏韻目。本書分韻與「切韻」不同的地方在於去聲分為五十九韻，比「切韻」多稕、換、過三韻，入聲分為三十四韻，比「切韻」多術、曷二韻。去聲震、稕分為兩韻，翰、換分為兩韻，箇、過分為兩韻，入聲質、術分為兩韻，曷、末分為兩韻。由此而推，平聲真韻後當有諄韻，寒韻後

當有桓韻，歌韻後當有戈韻，上聲也一定與平去入三聲相應。這在切韻、王韻之外另成一個系統。王韻上去二聲有广嚴二韻，本書去聲梵韻與陷鑑兩韻相連，不出嚴韻，而嚴字收入梵韻之末，上聲有無广韻不可知。

關於本書要探索的問題很多，下面僅就本書的體例和內容略述如下：

在體例上，本書每紐第一字下先出義訓，後出反切，最後記本紐字數。只有入聲之韻先出反切，後出訓解，最後注明字數，這是王仁昫書的體例，與本書其他各韻不合。在一紐之內，凡在原本之外又有增加字的都與原來字數合計，所加字數則注明「加幾」。例如「四加一」，即指本紐共有四字，其中有一字為後加字，原本只有三字。凡後加字，注文都有「加字」，這與伯二〇一八殘葉是一樣的。

從收字方面來看，本書收字的數目比王韻少。如果除去加字不算，就本書所指原來的本子來說，大體近於箋注本一和箋注本三。去聲不易統計，單就入聲而論，共有二千七百四十七字（關損處不易計算，這只是一個大約的數目），其中包括了四百九十三個增加字（這也是大約的數目），把增加字除去，則為二千三百五十四字，這就是原來本子的字數，那比箋注本一還要多一百七十多字。箋注本一估計約為二千一百八十一字。從這個數字的統計上可以知道兩件事：

(1)本書入聲原本的字數比箋注本一多。原來的本子並不是陸法言的原書。

(2)本書入聲字由箋注本一的二千一百八十餘字發展為二千三百五十餘字，又發展為二千七百四十多字，表明韻書中入聲收字的數量逐漸加多。（王韻已增多到三千四百八十九字）其中有一部分與又音字的增入有關。

本書提到陸法言書的地方有三處：線韻「颾」下（字當作飆）云：「陸無訓義」；證

韻「瞪」下云：「直視皃，陸本作眙」；麥韻「鰏」下云：「鰏鰂魚名，陸入格韻」。「格韻」指陌韻「格」紐而言。這些可能是從本書所根據的底本抄錄下來的。「鰏」箋注本一和王韻都在陌韻，本書歸入麥韻，與以前各書不同。又箋注本一和箋注本三月韻有「譏」字，注云：「此字亦入薛部」，本書「譏」字即收入薛韻，而月韻不收。由此可見本書在字的歸韻上也略有改變。

在整個音系方面，本書分韻不僅比切韻、王韻多，而且小紐也有增加。如：

去聲暮韻謼　荒故反　　夬韻敗　北邁反（廣韻補邁切）

鬫韻三　蘇暫反　　勁韻輕　墟正反

入聲質韻暨　居乙反　　没韻扢　亘没反（廣韻併入骨紐）

鎋韻䀨　荒刮反（廣韻無）

薛韻抴　羊列反　掣　昌列反

洽韻腟　五夾反加　　緝韻㡸　初戢反加　斟　昌汁反加

德韻祴　古得反

以上所舉大都列於韻末，或注「加」字，或不注「加」字，而都是箋注本一和王韻所没有的，但幾乎都見於廣韻。由此可見廣韻與本書是很接近的。

至於反切，本書與切韻和王韻不同的很多。但幾乎都是用字上的不同。有的是由於避諱而改換的。如「翰」韻避睿宗諱，反切一律不用「旦」字，箋注本三和王韻用「旦」字的本書或作「案」，或作「旰」。其他何以要改，還需要研究。宋修廣韻與本書十之七八相同。本書「質」韻「率」字音「所律反」，「律」為「術」韻字，「率」當入「術」韻（宋跋本王韻作「師出反」）；又「䫻」字音「于筆反」，「䫻」是合口字，也應當入「術」韻。廣韻都與本書一致。另外，在又音方面，切韻大

都采用反切形式，注云「又某某反」，王韻因承不改，本書則趨向於采用直音。例如：

	箋注本一	王韻	本書	廣韻
屋韻	穀 古鹿反又古學反	又古學反	又音角	同上
	勠 力竹反又力抽反	又力抽反	又音留	同上
沃韻	告 古沃反又古号反	又古号反（敦煌本）	又音誥	同上
術韻	繘 居蜜反又餘律反	質韻無又音	又音聿	又餘律反
迄韻	乞 去訖反又去餼反	無又音	又音氣	無又音
錫韻	轢 閭激反又盧各反	又盧各反	又音落	又音洛

又音不完全應用反切而兼用直音，這在韻書上也是一種新的改變。《廣韻》也大都因承《唐韻》，兼用直音。

本書的注釋已極為繁富。普通字雖然有些不加訓解，可是一般都有義訓。一字之下兼備數訓的也比較多。如「未韻」「既」下云「已也，盡也，」「御韻」「御」下云「理也，侍也，進也，」「暮韻」「素」下云「帛也，先也，空也」都是。注釋當中引書極多，前代字書、訓詁書自《倉頡》《爾雅》《方言》《說文》以迄《玉篇》《字統》《文字指歸》《字樣》等幾乎全部涉及，而又特別詳於官制、姓氏和人名。這樣韻書就兼有多方面的用處了。詳於官制姓氏，一定是為了適應當時社會的需要才這樣做的。

根據以上所說，本書在分韻、反切、又音以及注釋各方面都大有改變，與僅就法言書增字加訓的一些韻書不同。

本書名為《唐韻》，但還不能認為就是孫愐的原作。根據卞永譽所錄的《唐韻》各卷的韻數，孫愐書共分一百九十五韻，而本書在陸法言《切韻》一百九十三韻之中又分出諄準稕

術、桓緩換末、戈果過十一韻，那就至少有二百〇四韻，與下永譽所錄韻數不合。本書自然不是孫愐原作。另外倭名類聚鈔、淨土三部經音義和釋中算法華經釋文中所引孫愐說與此本不同者居多。日人所引是否即是孫愐原書也不可知。宋徐鉉校定說文，采用孫愐音切，而所記反切與此殘卷音系又頗有不同（見嚴學宭先生大徐本說文反切的音系）。南宋時魏了翁所見唐韻則又是一種面目（見鶴山先生大全集卷五十六吳彩鸞唐韻後序）。由此可見唐代流行的唐韻寫本很多，在孫愐書之後一定又有不同的增修本，本書可能就是增修本的一種。

根據孫愐序文來看，凡序文所稱引的一些書，本書注文中大都引用到了；孫序所說「州縣名目，多據今時」，今時當指開元年間，本書所有的州縣名稱也沒有天寶以後所改的新名。如翰韻「罕」下注云：「枹罕郡名」，而不稱安昌郡（新唐書卷四十云：「河州安昌郡本枹罕郡，天寶元年更名」）。昔韻「夾」下注云：「字從兩入，弘農陝字從此」，稱弘農而不稱陝郡（新唐書卷四十八云：「陝州陝郡本弘農郡，武德元年曰陝州，天寶元年更郡名」。陝為屬縣）所用還是天寶以前的舊名。又孫序云：「武德已來創置，迄開元廿年，並列注中」，而本書鐸韻「獚」字下注云：「開元十三年置獚騎」，與孫序所說也正相符合。足見本書去孫愐原書還不會太遠，可能是比較接近於孫愐原書的一種增修本。

〔考釋七〕　五代本韻書

7.1（25）　切韻唐韻序一　（伯四八七九、二〇一九）

伯二〇一九殘卷所存為陸法言切韻序、長孫訥言序、郭知玄題識和孫愐唐韻序。

陸序自「握筆略記綱紀」始，其上已殘缺。伯四八七九也是切韻序殘文，正與此卷前部銜接，字體行款完全相符，由於破析為二，所以伯希和誤編為兩號。現在補綴在一起，使前後相連。孫愐序前題「陳州司法孫愐唐韻」，原文只抄至「及按三蒼爾雅字統」一語，以下未抄。前後共存二十九行。

陸序和長孫序與其他早期寫本不盡相同。下面略舉幾處作比較：

(1)本書陸序	箋注本二(2.2)、伯二〇一七(3.3)、伯二一二九(4.1)和宋跋本王韻
蕭顏多所決定	顏外史蕭國子多所決定
何不隨口記之	何為不隨口記之
私訓諸弟子	私訓諸弟（伯二一二九作「私訓諸子弟」）
未得懸金	未可懸金
(2)本書長孫序	**箋注本二、裴本切韻**
訥言曰此製酌古沿今	訥言謂陸生此製酌古沿今
見炙從肉	此上有「弱冠嘗覽顏公字樣」一語
頃佩經之隙	頃以佩經之隙
遂徵金篆	遂乃廣徵金篆
其有類雜並為訓解	此上有「又加六百字用補闕遺」一語
傳之不謬庶埒箋云	「不」作「弗」，且此上有「但稱案者俱非舊說」一語

從這裏可以看到本卷所錄長孫序文頗有刪芟，這可能是由於在長孫以後增修者又有新增字，數目已多於六百，而且長孫注中引用「爾雅」「說文」和「顏氏字樣」之類的案語也不適用，所以把長孫原序所說「又加六百字，用補闕遺」和「但稱案者，俱非舊說」等語都刪掉，以免

發生疑惑。

孫愐序雖然沒有寫全，而文字也與前面第六類所錄「唐韻序」不同。如孫愐序「隨珠尚纇，和璧仍瑕，遺漏字多，訓釋義少」，此本作「隋珠尚纇，虹玉仍瑕，注有差錯，文復漏誤」，又原文「今加三千五百字，通舊總一萬五千文，其註訓解，不在此數，勒成一家，并具三教，名曰唐韻」此本則「刪改為隨韻編紀，添彼數家，勒成一書，名曰唐韻」，足見這個寫本已非孫愐之舊。所謂「添彼數家」，不知是那幾家。宋修「廣韻」卷首所載「切韻」「唐韻」的序文即從此類寫本轉錄，文字完全相同。

7.2（26）　「切韻」「唐韻」序二　（伯二六三八）

此殘卷共存五十五行，前為陸法言「切韻序」，只從「選精切除削疏緩」始，以上殘闕。次為長孫訥言序和郭知玄題識，後為孫愐「唐韻序」，最後有「論曰」一段。序文文字與前一種大體相同。孫愐序前題「陳州司法孫愐唐韻」。據卞永譽「式古堂書畫彙考」所錄「唐韻序」，孫愐為陳州司法參軍，此略去「參軍」二字。「唐韻序」後一半與伯二〇一六（7.4）抄本相同（見後）但伯二〇一六沒有後面「論曰」一段話，這一段話究竟是何人所加已不可考。「廣韻」卷首所載諸家序文與此殘卷幾乎完全相合，最後也有「論曰」這一段話，足見「廣韻」所載諸家序文是有底本的，並非宋人修纂時所集錄。此殘卷略有錯字，「廣韻」也大都相同，「廣韻」所據的底本可能就是這一類的抄本，抄校並不精細。但此殘卷也有一些地方是可以刊正「廣韻」的。例如長孫序「揩其紕繆」，「廣韻」「揩」誤作「楷」，「論曰」一段中「或人不達文性，便格於五音為定」，「定」「廣韻」作「足」，依下文「自以作定」為是。

7.3（27） 五代本切韻（伯二〇一四、二〇一五、二〇一六、四七四七、五五三一）

（一）

這一類韻書都是五代時期的刻本，其中有一小部分是抄補的。伯希和分編為五種號碼。現在根據《敦煌遺書總目索引》（一九六二年商務印書館編印）的記載敘次如下：

二〇一四（印本，有抄補，存九葉）

634 第一葉：十六行，為卅三職、卅四德；背面十二行，為卅五業、卅六乏。末題「大唐刊謬補缺切韻一部」。

629 第二葉：十九行，為廿四緩、廿五潸、廿六產、廿七銑。

613 第三葉：抄錄八行，印本十八行，又抄錄十二行，為一東、二冬。

617 第四葉：十九行，為九魚、十虞。背寫清泰五年敦煌縣令呂狀。

623 第五葉：九行，無韻目。（應為卅五笑、卅六效。案此處記載可能有誤）

610 618 619 621 第六葉：二十五行，存韻目及廿九先；背面二十五行，620 為卅仙、卅一宣、卅二蕭。

624 第七葉：十三行，為五十一盐。

622 第八葉：十三行，為卅三宵、卅四肴；背面十三行，為卅四肴、卅五豪。

625 第九葉：十一行，無韻目。（案為紙韻字）

二〇一五（印本，存三葉）

630 第一葉：三十行，為廿六洽、廿七狎、廿八葉、廿九怗。

617 第二葉：三十四行，為十二齊、十三佳、十四皆、十五灰。

616 第三葉：十九行，為一東、二冬。

611 612 二〇一六（寫本）

存序文七行，切韻平聲上韻目和一東韻六整行，三半行，共二十行。（背面有七行，另是一種韻書）

614 (615) 四七四七（印本，存上半葉十二行）

五五三一（印本，存三對殘葉）

628 第一葉：兩面，每面五行。（上聲十三駭、十四賄）

626 627 第二葉：兩面，每面五行。（上聲七尾、八語）

632 631 第三葉：兩面，一面存三十四行，為二十霽，廿一錫；一面存三十行，為廿二
635 634 633 麥、廿三陌。

這些殘葉有邊欄和行線，板葉數次都記在每板末尾，這是早期刻板書的一種形式。二〇一五的第二葉（齊、佳、皆、灰幾韻）和五五三一的第三葉（薛、霽、錫幾韻）都是一整板，每板共有三十四行。有些殘葉保存兩面，前後兩面行數相同，推想原書應是葉子本，兩板粘合為一葉，這與敦煌本王仁昫切韻裝裱的形式一定是相同的。

這些殘葉皺摺破損的地方很多，在伯希和劫去以後可能也有損壞，但始終未能修整裝裱，甚且顛倒錯亂，比次失序。其中二〇一四第一葉（即職德韻字）的背面、第六葉（仙宣韻）和第八葉（宵肴韻）的前面又都用紙糊在裏面，不能展開來看。二〇一四第一葉的背面被糊的是卅五業、卅六乏兩韻，只有王重民先生曾經看到，可惜沒有抄錄，內容不詳。二〇一四第六葉和第八葉兩葉的前面幸有姜亮夫先生的抄本，收入「瀛涯敦

煌韻輯」現在就根據姜先生的抄本載入。

另外、關於二〇一四第五葉也還有一些問題。據「敦煌遺書總目索引」，這一葉共存九行，不見韻目，注云：「應為卅五笑、卅六效」，而二〇一四第八葉正面十三行為卅三宵、卅四肴，背面十三行，為卅四肴、卅五豪，並沒有「笑」「效」兩韻字。但是根據姜先生的記載，宵肴豪三韻字共有三個殘葉：

(1)由宵韻「瓢」字至肴韻「轇」字，全六行，殘字七行，共十三行。

(2)從肴韻「哮」「硣」字起五行，至「獿」字止，有「十八板」字樣，下另有「洶」「嘲」以下六行，止於「鞄」字。「鞄」字一行僅存注文四字，正文殘餘半字。

(3)從肴韻「窼」字起六行半，下承三十五豪，更七行，至「柶」字止，共計十三行，無殘缺。

這三葉，一、二兩葉有相重的一部分，二、三兩葉也有相重的一部分，文字是相銜接的，不過未必就是一個印本。「敦煌遺書總目索引」所著錄的二〇一四第八葉就是這裏所說的(1)(3)兩葉，各十三行，這兩葉粘合為前後兩面，前一面為紙糊起。至於「敦煌遺書總目索引」所著錄的二〇一四第五葉應當就是這裏所說的第二殘葉了。第二殘葉實際上也是兩葉。有「十八板」字樣的是前一板的後一部分，這是一葉；從「洶」「嘲」以下的幾行是後一板(即十九板)的前一部分，這又是一葉。前一葉有四整行，四行之前又有一行注文殘字，後一葉有五整行，五行之後又有一行注文殘字。前後兩葉合起來共有九整行，姜先生把注文殘字也做一行算，所以說前面是五行，後面是六行。與「敦煌遺書總目索引」所指並沒有甚麼兩樣。這兩面都是「肴韻」字，由此可知「敦煌遺書總目索引」所注「應為卅五笑、卅六效」很可能是錯誤的。因為伯希和的編號明明是二〇一四(5)，推想不會再有「笑」「效」兩

韻的殘葉了。

（二）

伯希和把這一批殘葉分編爲五種號碼，毫無準則，非常淩亂。根據照片來看，二〇一六抄寫的二十行和二〇一四第三葉東韻前面抄寫的八行筆跡完全相同，而且文字正相銜接，應當就是一葉。而伯希和分編爲兩號，此其一。又伯希和所編四七四七號存東韻十二行的上一半，這正是二〇一四(3)東韻一紙所缺的一部分，兩者都是印本，紙葉正相連接，應當粘合在一起，而伯希和也把它分爲兩號，此其二。這些情形如果不見原物照片，就很難斷定了。由此可見伯希和的編號有如記賬，對這些極爲珍貴的歷史文物並没有細心觀察，同時又缺乏整理這些古籍的能力，所以茫然不知所措，只能有一葉就編一個號碼了。

還有，這一批韻書殘葉的板式和字體很不一致。我們雖然看到了大部分的照片，但是照片並不能把原物的各個方面(如紙張、墨色、大小等)都表現得很清楚。最早魏建功先生在"唐宋兩系韻書體制的演變"一文裏(見一九三二年國學季刊三卷一號)曾經指出這批材料包含着好幾種刻本。後來姜亮夫先生在巴黎看到這一批殘葉，又有了比較細緻的記載。但是仍有不十分明確的地方，除非仔細考查原物，很難全部清楚。現在只能依據照片反復比觀，從字體和板式以及體制方面加以區分，大體可以辨别出一共有六種不同的樣式：

原編號	韻字	葉數	所存行數	每行約計字數	字間的疏密	板刻首尾	全板行數	韻目上數字刻寫情況	紐首第一字例注	姓氏五音	其他

(1)二〇一六	東韻字	一		2			抄寫			訓反數	不言五音	注文多，與二〇一四(3)不[illegible]或體「同上」例。又音有「又去」「又某」。
二〇一四(3)	東冬			1.抄8行 2.刻18行(6—17闕上半) 3.抄12行	25		末題「二板」。边粗。			訓反數	不言五音	注文多。紐次不同於「廣韻」。又音有「又去」「又某」。
四七四七	東		半葉	12行		密	一板半			訓反數	不言五音	注文多。又音有「又上」「又去」「又某」。與二〇一四(3)6—17行下半相接。
二〇一五(3)	東冬鍾			19行	25	密	末題「三板」		刻	訓反數	不言五音	注文多。與二〇一四(3)相接。恭蜙淞樅等字在冬韻。
二〇一四(4)	魚虞		兩半葉一尾一首	前12行 後7行	25		前半葉題「八板」。十二行。後半葉七行。边粗。			訓反數（晉虞二字反訓數）	不言五音	注文多。紐次不同於「廣韻」。又音有「又上」「又去」「又某」。背寫清泰五年（後唐路王公元九三四）正月敦煌縣令呂狀。
(2)二〇一五(2)	齊佳皆灰	一		34行	27	密	十一板	34行	刻	訓反數（韓字反訓數）	「迴」「角」姓	注文多。「或體」有別出。注「同上」。又音有「又去」「又某」
五五三一(2)	尾語		兩半葉，一尾一首。	前五行 後五行	27	密	前「十三板」		刻	反訓數多，訓反數少。	猗、許、「汝」呂「徵」姓	注文多。又音有「又平」「又去」
五五三一(1)	蟹駭賄		兩半葉，一尾一首。	前5行 後5行	27	密	「卅二板」		朱書	反訓數多，訓反數少。	無姓氏	注文多。
(3)二〇一四(5)	肴		兩半葉	前4行 後5行		密	前「十八板」			訓反數多，反訓數少。	「巢茅包角姓」	注文多。又音有「又去」「又某」。
二〇一四(8)	宵肴豪		兩半葉	前13行 後13行		密				訓反數多，反訓數少。		注文多。

	二〇一四(7)	侵盐	兩半葉	前7行 後6行		密	前「廿六」板			訓反數、或反訓數。	閟「徵姓」、詹「宮姓」	注文多。或體別出，注「同上」。又音有「又上」「又去」。
	二〇一四(9)	紙	兩半葉	前5行 後6行		密	前「廿八」板			反訓數、或訓反數。		注文多。或體別出，注「同上」。又音有「又平」「又某」。
	二〇一四(2)	旱緩潸產銑	兩半葉	19行		密	前「卅四」板			反訓數、或訓反數。		注文多。又音有「又去」「又某音」「又某」。
(4)	二〇一四(6)	平聲下韻目 先仙宣蕭	兩半葉	前25行 後26行	28 29	疏			刻	訓反數、或反訓數。	先、田、宣、全「徵姓」，蕭「又商姓」	注文多。或體別出，注「同上」。又音有「又去」「又某」。
(5)	五五三二(3)	薛雪錫	一	34行	25 26	疏		34行	刻	反訓數。	不言五音	注文少。紐次不同於廣韻。或體不重出，大都言亦「作某」，間或注云「或作某」，又音作「又某某反」。
	五五三二(4)	昔麥陌	一	30行	25 26	疏			刻	反訓數	無姓氏	同前。
(6)	二〇一五(1)	盍洽狎葉怗	一	30行	26	疏	「六十九」板		寫	反訓數		注文少。或體不重出，注云亦「作又作」，又音注「又音某」，又「某某反」。同前。末題「大唐刋謬補缺切韻一部」。
	二〇一四(1)	職德業之	兩半葉	前16行 後12行（未見）	26	疏			寫	反訓數		

（三）

上列六種不同的刻板，每行字數大體都在二十五字至三十字之間，而注文中字與字之間有疏有密是非常清楚的。韻目上的數字有寫的，也有刻的。每紐第一字的注文，

有的是訓釋居前，反切居後；有的是反切居前，訓釋居後，還有一些是具備兩種情況，而多少不等。在注釋方面，入聲韻的注釋都比較簡單，平聲韻和上聲韻大體都比較繁富。論姓氏，有的標舉五音，有的就不講五音，體例也不一致。至於字體，有的筆畫遒勁，有的筆畫圓轉，有的極為工整，有的兼采行草筆法，體式也不相同。到底這些殘葉是一種書，還是好幾種書，這是首先要判斷的一個問題。要解決這個問題需要從幾方面來進行考察。

(1)先從板面來考察。　這些殘葉全板較完整的有第三種二〇一五(2)齊佳皆灰韻和第五種五五三一(3)薛雪錫韻兩板，這兩板都是三十四行。再看第一種二〇一四(3)的印本部分(東韻)和第二種二〇一五(3)的冬鍾韻可以前後相接為一板，這一板也是三十四行。由此估計，這些殘葉的板面所有的行數可能是一樣的。

(2)從板數前後連接的情況來考察。這些殘葉中平聲和上聲部分有十葉是有板數的，根據書中的韻目和板數相對照，可以敘列如下：

一板（序文闕）　二板（二〇一六序文，平聲上韻目和二〇一四(3)前八行東韻）

三板（二〇一四(3)印本東韻部分至二〇一五(3)鍾韻字）（鍾江支脂之微等韻當在四板至八板）

八九板（二〇一四(4)存魚虞韻字）　（模齊當在九板至十一板）

十一板（二〇一五(2)存齊佳皆灰韻字，整板）（灰咍真諄臻文殷元魂痕寒桓刪山等韻當在十二板至十六板）

十六、十七板（二〇一四(6)存平聲下韻目，先仙宣蕭等韻字）

十八、十九板（二〇一四(8)存宵肴豪等韻字）（歌戈麻覃談陽唐庚耕清青尤侯幽等韻當在十九板至二十六板）

二十六板（二〇一四(7)存侵鹽韻字）（鹽添蒸登咸銜嚴凡等韻字以及上聲韻目，董腫講等韻當在二十七至二十八板）

二十八、二十九板（二〇一四(9)存紙韻字）　（旨止韻字當在二十九板）

三十、三十一板（五五三一(2)存尾語韻字）（虞姥薺等韻字當在三十一板至三十二板）

三十二、三十三板（五五三一(1)存蟹駭賄韻字）（海軫準隱吻阮很混等韻當在三十三板至三十四板）

三十四、三十五板（二〇一四(2)存旱緩潸產銑等韻字）

由以上所列可以看出二〇一四、二〇一五、五五三一幾號平聲和上聲各韻的板葉是互相連屬的，這些殘葉很像是同一種書。入聲部分，只有二〇一五(1)盍洽狎葉帖幾韻一板末有「六十九板」字樣，其他幾葉都殘闕。但是二〇一四(1)職德韻一紙板式和字體與二〇一五(1)盍洽狎葉帖數韻完全相同，應當是同一種書無疑。職德韻前應是緝藥鐸幾韻，如果緝藥鐸是一板，職德韻一紙當為七十一板，那麼最末葉之韻一紙就應當是七十二板了。

(3)就殘葉所存韻目數次是否前後相連來考察。殘葉中二〇一六寫本序文後有平聲上二十八韻韻目，二〇一四(6)印本先韻前有平聲下韻目的一部分。我們可以根據這兩個韻目來與殘葉裏所記的韻目數次相比較。殘葉中二〇一五(3)冬為二，鍾為三；二〇一四(4)虞為十，虞韻前有魚韻字；二〇一五(2)佳為十三，皆為十四，灰為十五，佳韻前有齊韻字；二〇一四(6)先為二十九，仙為三十，宣為三十一，蕭為三十二；二〇一四(8)肴為三十四，豪為三十五，肴韻前為宵韻字；二〇一四(7)盍為五十一，盍韻前為侵韻字。這是平聲部分。上聲部分沒有韻目，在殘葉中五五三一(2)語為八，語韻前有尾韻字；五五三一(1)駭為十三，賄為十四，駭韻前有蟹韻字；二〇一四(2)緩為二十四，潸為二十五，產為二十六，銑為二十七，緩韻前有旱韻字。根據這些，我們可以把平聲韻目和上聲的一部分韻目排列如下：

(平)東　冬　3鍾　江　支　脂之　微　魚　10虞　模　齊　13佳

皆 灰 咍 真 諄 臻 文 殷 元 魂 痕 寒 桓
刪 山 先 仙 蕭 宵 肴 豪 歌 戈 麻 覃
談 陽 唐 庚 耕 清 青 尤 侯 幽 侵 51鹽 添
蒸 登 咸 銜 嚴 凡
(上)董 腫 講 紙 旨 止 尾 8語 麌 姥 薺 蟹 13駭 14賄
海 軫 準 吻 隱 阮 混 很 旱 24緩 25潸 26產 27銑

從上列的韻目可以看出平聲和上聲各板殘葉的樣子雖不盡同，而所見的韻目數次前後是相連貫的。二〇一四(6)韻目中蒸韻列於鹽添之間，不與登韻相次，那可能是寫刻之誤。

殘葉中入聲部分有韻目數次的是五五三一(3)雪為二十，錫為二十一，雪韻前有薛韻字；五五三一(4)麥為二十二，陌為二十三，麥韻之前有昔韻字；二〇一五(1)洽為二十六，狎為二十七，葉為二十八，怗為二十九，洽韻前為盍韻字；二〇一四(1)德為三十四，德韻前為職韻字。據敦煌遺書總目索引，職德一葉背面為三十五葉和三十六乏。由此可知全部入聲當有三十六韻。這是今日所見韻書中入聲分韻最多的了。蔣斧本唐韻入聲是三十四韻，宋夏竦古文四聲韻所據唐切韻入聲則有三十五韻，在唐韻質術兩韻之間多一聿韻。聿韻所收為聿卒戌卹黜怵出等字，術韻所收為術述繘等字。但在薛韻以外不別出雪韻。本書入聲既為三十六韻，根據前面所舉各殘葉的韻目數次，參照夏竦書，可以排列如下：

屋 沃 燭 覺 質 聿 術 物 櫛 迄 月 沒 曷
末 點 鎋 屑 薛 20雪 21錫 昔 22麥 23陌 合 盍 26洽

27狎　28葉　29怗　緝　藥　鐸　職　34德　35業　36乏

這裏雪錫兩韻的數目與前後都不相合。原書如果質韻後有聿韻，雪韻也只能是十九，錫當為二十。如果雪韻錫韻數字不誤，則昔當為二十二，麥陌當為二十三、二十四。雪錫昔麥陌幾韻雖然是兩板，但同是一種刻本，前後數次不當如此錯亂。姜亮夫先生認為雪韻既為二十，雪韻前除有聿韻外，當另有一韻，此韻果為何韻不可知；雪韻之後錫為二十一，麥為二十二，是昔韻併入於錫。今案麥韻前所出都是昔韻字。雪韻後所出都是錫韻字，錫韻字在前一板，昔韻字在後一板，全不相混，不能說錫昔合為一韻。因此推想雪錫兩韻的數目可能寫刻有誤。雪韻前如果與夏竦書韻目相同，即質韻後有聿韻，則雪為十九，錫為二十，昔為二十一，麥正為二十二。由麥至乏的數次也完全相連，無一不合。所以入聲這一部分的殘葉雖然刻板字體有不同，韻目數次小有差誤，但仍然很像是同一種書。不過，僅僅憑仗這一點還不能就下肯定的斷語，還必須有其他的證據。

(4)從韻內紐次排列的情況來比較。　陸法言"切韻"、王仁昫"刊謬補缺切韻"以及蔣斧本"唐韻"等一系的韻書每韻各紐排列的先後大體是一致的，而且紐次的先後並沒有確定的原則。現在我們看這一批五代印本的韻書殘葉中由第一種到第四種即平聲和上聲部分各韻的紐次已經與陸韻、王韻不同，各韻都有了很大的改變，即每韻的紐次幾乎都是按照五音的類屬來排列的。凡是屬於五音同類的一些紐都比次在一起，不相雜廁，這正是二。一六序文中所說「又紐其脣齒喉舌牙，部件而次之」的實際涵義。現在就存字較多的一些韻列舉如下：

（下面用通常應用的標音符號注出各紐的類別。ㄅ代表曉紐，ㄆ代表匣紐，●代

表影紐，元代表日紐）

東韻二〇一六東t同d通tʻ籠l—二〇一四(3)空kʻ公k洪h̠烘h翁•—揔s藂dz叢ts

忩tsʻ—四七四七蒙m蓬pʻ蓬b—雄h̠弓k穹kʻ𤨣ng—終tɕ充tɕʻ戎ȵ融j—中ȶ

忡ȶʻ蟲ȡ隆l—二〇一四(3)嵩s崇dʒ—瞢m豐pʻ馮b風p

虞韻二〇一四(4)虞ng劬g拘k區kʻ于h̠訏h紆•(下缺)

先韻二〇一四(6)先s千tsʻ牋ts前dz—天tʻ田d顛t年n蓮l—祆h賢h̠妍ng牽kʻ

堅k煙•—眠m邊p蹁b—淵•涓k玄h̠—

仙韻二〇一四(6)仙s錢dz……—(然)ȵ木tɕ……涎z—連l僊ȡ……(邅)ȶ—甄k—篇pʻ便b

鞭p綿m—(　)h̠嗎h孱dʒ愆kʻ乾g—

宣韻二〇一四(6)宣s全dz詮tsʻ鐫ts旋z—悛ts鐉tʻ椽ȡ□t攣l—勬k棬kʻ權g

翾h員h̠娟•—緣j川tɕʻ船dz專tɕ遄ʑ壖ȵ燀tɕʻ跧ts辿tʻ—

肴韻二〇一四(5 8)肴h̠虓h(　)ŋ顤•交k敲kʻ—鐃n嘲ȶ䫜ȶʻ—巢dʒ譟tsʻ䑋ts梢s—

茅m包p胞pʻ庖b—

豪韻二〇一四(8)豪h̠蒿h高k尻kʻ敖ng—叨tʻ(下缺)

魚韻二〇一四(4)……(疽)tsʻ胥s—閭l(攄)ȶʻ除ȡ豬ȶ(袽)n—初tʃʻ鋤dʒ踈ʃ—

齊韻二〇一五(2)……嗁d梯tʻ泥n—鷖•奚h̠醯h倪ng雞k谿kʻ—齏ȵ栘ʑ—鼙b豍p

批pʻ迷m—圭k睽kʻ攜h̠烓•鍷ng祇g—謑ȵ

佳韻二〇一五(2)佳k崖ng娃•膎h̠睯h—釵tʃʻ崽ʃ柴dʒ—牌b買m—杈ȶ—咼kʻ媧k𦍼n

竵h蛙•鼃h̠—

皆韻二〇一五(2)皆k諧h̠俙h㨭n—豺dʒ差tʃʻ齋tʃ—排b埋m—懷h̠崴•乖k匯kʻ㥞h̠—

僮・揩k'—

盐韻　二〇一四(7)盐j 苫ɕ 詹tɕ 棎ʑ 姑tɕ' 髯ȵ —黏n 沾t 㚒t 廉l —嬮・覘t' 礹ng 砭p —

籖tɕ' 尖ts 朁dz 燖ʑ 纖s —炎ɦ 淹・（下缺）

紙韻　二〇一四(9)紙tɕ 是ʑ 侈tɕ' 爾ȵ 䑛dʑ 豕ɕ 跬k' 迆j —邐l 褫t' 撇t 柅n —此ts' 紫ts

徙s（下缺）

語韻　五五三一(2)語ng 舉k 去k' 巨g 許h 於・ —與j 汝ȵ 煮tɕ 杵tɕ' 暑ɕ 紓dʑ 墅ʑ —呂l（下缺）

駭韻　五五三一(1)駭ɦ 楷k' 騃ng 挨・ —睬dʐ 䎘t' 釈t 灑ʂ —

賄韻　五五三一(1)賄h 瘣ɦ 磈k' 顡ng 猥・ —磥l 鐓d 骽t' 腲t 餧n —罪dz 皠ts'（下缺）

由上所列可見平聲韻和上聲韻的一些殘葉各韻都是依照五音的類屬來排列紐次的，其中只有仙韻和盐韻安排得還不够整齊。這些殘葉雖然板刻不同，體例都是一致的。

其次，我們再看入聲的一部分。入聲的一部分就與平聲上聲大不相同了。入聲每韻的紐次和《切韻》和《蔣斧本唐韻》幾乎完全一樣。五五三一薛雪兩韻在《切韻》和《唐韻》是一韻，本書分為開合兩韻，薛韻為開口字，雪韻為合口字，而紐次依舊和《切韻》相同，並沒有按照五音類屬改換。下面是一部分入聲韻的紐次：

薛韻　五五三一(3)……鷩p 瞥p' 莂p 轍d……孑k 設ɕ 嫳b 蠽ts 擻s 焆・ 艥t' 娎h 剪ts'

哲t 朅k' 掣tɕ' 抴j —

雪韻　五五三一(3)雪s 絕dz 蕝ts 䬂t' 悅j 鈌k' 噦・ 爇ȵ 說ɕ 拙tɕ 歠tɕ' 輟t 劣l 刷ʂ

旻h 吶n 妜・ 蹶k（　）膬ts' 啜ʑ

錫韻　五五三一(3)錫s 激k 霹p' 靂l 的t 檄ɦ 鷁ng 荻d 逖t' 績ts 燩k' 惄n 覓m 甓b

壁p 闃k' 郹k 戚ts'……歠t'

麥韻 五五三一(七)麥 m 獲 ɣ 蟈 k 檗 p 緋 b 蹟 dʒ 責 tʃ 策 tʃ' 礐 k' 覆 ɣ 礍 h 膈 k 摘 ȶ 戹 •

棟 ʃ 攓 p' 𤶓 n 䯓 l 𥗋 k' 礰 l 汎(?)嘀 ȶ 𢶀 b

洽韻 二〇一五(一)洽 ɣ 恰 k' 夾 k 筴 dʒ 眨 tʂ 插 tʃ 𪘨 h 囟 n 霎 ʃ 劄 ȶ 𨂸 • 䁤 ng 𣳡 j

狎韻 二〇一五(一)狎 ɣ 渫 d 甲 k 鴨 • 𩐨 tɕ' 翣 ʃ 呷 h 渫 d 眣 䏃 ȶ' 浹 ɣ

葉韻 二〇一五(一)葉 j 接 tʃ 攝 ɕ 涉 ʒ 獵 l 捷 dz 牒 d 聶 n 謵 tɕ' 讘 ɲ 讋 tɕ 妾 tʃ' 鍤 ȶ' 极 g

甈 ȶ 曄 ɣ 𤸱 k' 篋 ʃ 緝 k 厭 • 牒 d 緤 ng

職韻 二〇一四(一)……湢 h 堛 p' 稷 ts 愎 bv 嶷 ng 日 ɲ 堲 dz 劑 t 瀷 tɕ' 抑 • 廙 h 𤍐 m

德韻 二〇一四(一)德 t 則 ts 勒 l 忒 t' 刻 k' 特 d 黑 h 墨 m 賊 dz 塞 s 北 p 菔 b(下缺)

以上一些入聲韻的紐次都没有按照五音來排列，與平聲韻上聲韻體例不同。入聲韻薛雪錫昔麥陌等殘葉和洽狎葉怗職德等殘葉應當是一類書無疑。

(5)就各殘葉注文排列反切訓釋的先後和表現字的或體的方式來比較。從注文來看，平上聲各韻字的注釋都比較繁富，每紐第一字下有些先出訓解，後出反切，有些則反切或先出或後出不一律；入聲各韻則注釋大都比較簡略，每紐第一字下先出反切，後出訓解，再注一紐字數，絶無例外。先出訓解，後出反切和字數是陸法言《切韻》的辦法；先出反切後出訓解，最後出字數，這是王仁昫《切韻》的辦法。入聲韻的體例與王韻正相同。其次從表現字的或體的方式來看：平聲和上聲部分都有或體别出，立為正文，注明「同上」的例子，有些則不别出，只在注文中注明「又某」「或作某」「又作某」「亦作某」；但入聲部分，或體一律不别出，一般只在注文中注明「亦作某」，少數注「或作某」「又作某」。或體不别出，只在注中注云「亦作某」，這也正是王韻的體例。據《敦煌遺書總目索引》的記載，二〇一四(1)職德韻的背面是業乏之韻，最後則有「大唐刊謬補缺切韻」一行，這更可以證明入聲

韻一部分與王韻的關係最為密切。

從以上各方面的比較來看，這些殘葉中平聲韻和上聲韻（即前四種殘葉）儘管刻板不同，應當是同一種書。至於入聲一部分（即五、六兩種），與平上差別很大，很可能是另一種書。我們應當把平聲上聲和入聲區別開，分做兩部分看待。現在就這兩部分的一些特點分述如下。

（四）

先論平聲和上聲。平聲和上聲所存的殘葉比較多，板刻字體不同，可能與刻工和刻板先後不同有關係。二〇一六寫本和二〇一四(3)東韻是相銜接的，這在前面已經說過了。二〇一六存天寶十載序文六行半，每行約三十字。序文後是「切韻」平聲上韻目，韻目與標題共佔四行，韻目後東韻存六整行，三斷行。二〇一四(3)東韻抄寫的部分有三整行，五斷行。五斷行前一行只存注文「他紅」二字，這正是二〇一六東韻六整行後第一斷行「通」字的反切，所以恰恰相連為一板。二〇一四(3)末題「二板」，這一板連序文、韻目及東韻字合起來共有二十五行半，以二十六行計算，前面還應當有八行，方足三十四行之數。二〇一六所存天寶十載序文的一部分與伯二六三八(7.2)韻書序文寫本和「廣韻」卷首所載相同。推想前面所缺的文字也一定是一樣的。伯二六三八和「廣韻」卷首除「唐韻序」以外，還有陸法言和長孫訥言等人序。從二〇一六每行的字數和板面的行數來看，原書第一板中很可能也具有這些序文。

伯二六三八序文寫本「唐韻序」從「蓋聞文字聿興，音韻乃作」起到「于時歲次辛卯天寶十載也」止，「廣韻」卷首也是如此。但「式古堂書畫彙考」所錄「唐韻序」沒有「又有元青子吉成子」以下

到「天寶十載」的一大段，這一段文字很明顯是孫愐以後的人續上去的。現在本書卷首恰恰有這一段序文，而且這段序文與本書的體例和内容是相應的。這是值得我們注意的。

這個刻本韻書分韻比較多。不僅真諄、寒桓、歌戈三部開口與合口都分立為兩韻，而且仙韻的合口也分立為宣韻。本書除了分韻增多以外，所收的字數和字下所加的訓解也比其他唐本韻書多。

在收字方面，本書每紐的字數已經很接近於「廣韻」，有些字「廣韻」也沒有收（「瀛涯敦煌韻輯」有摘記）。這些比以前的韻書增多出來的字是從各種書籍中尋求來的，其中包括佛經在内。新加的字當中有些是或體俗字，還有一些是書本上不大使用的口語詞。例如東韻𤼵紐「撥」字注云：「俗云提頭撥滅」；齊韻泥紐「誽」字注云：「呼人」；肴韻庖紐下「跑」字注云：「足跑地也」；佳韻媧紐（姑咼反）「腡」字注云：「手指中文」；這些都是口語詞的記載。本書字數既然增多，一韻的紐數也頗有增加。如東韻「[illegible]」音宜弓反，「踺」音口ㄅ反，冬韻「[illegible]」音去弓反，齊韻「祇」音巨兮反，「鏠」音五圭反，「[illegible]」音人兮反，佳韻「咼」音口蝸反，駭韻「[illegible]」音知駭反，「挧」音勅駭反，「灑」音所駭反，賄韻「[illegible]」音五罪反等都是新增的。其中冬韻的「[illegible]」當入東韻，齊韻的「[illegible]」當與「[illegible]」字歸為一紐，這些不妥的地方都是後加字中常見的現象。另外，值得注意的是在或體字中有不少別出立為大字的例子，注明「俗字」、「正字」，或注明「同上」。這種體例是以前王韻或孫愐韻所沒有的。

在訓釋方面，本書同於陸韻王韻的固然不少，但是不相同的也很多，而且一字之下往往有幾個訓解，與「唐韻」相似。可是每個訓解之下並不都加「也」字。例如：

冬韻「賨」：西戎國名，在渠州宕渠山。又布稅。又人姓。祖冬反。

鍾韻「鍾」：酒器。又磬。亦當。又姓。又複姓鍾離羅，職容反。

魚韻「胥」：息徐反。相。又待也。須。又蟹醢。又胥靡相隨。

齊韻「稽」：久。晚。後。考計。又辯捷不窮曰滑稽。又山名。

宣韻「宣」：相緣反。吐布顯揚。明也。遍通也。用散也。又天子宣室。亦徵姓。

「權」：具卷反。權，反常合道。又迹行遠。又變。平重秤錘。始。

肴韻「茅」：莫包反。草似蘭，有花。又王祭以縮酒。又古者封諸侯以為藉。又明也。又山名。亦角姓也。

豪韻「高」：古刀反。出上也。崇敬也。遠。亦姓。

語韻「圉」：養馬人。又禁。又边垂。又囹圄。淳圉仙人名。

以上所舉每字之下都有幾個訓解。案卷首序文云：「一字數訓則执優而尸之，劣而副之」。實際上義訓只有正確與否，無所謂優劣，這裏不過是把通常習用的和易解的排在前面而已。在唐韻中每字的訓解大都詳舉出處，而本書除偶引爾雅說文以外，只見抱朴子、異物志、玄中記幾種書，這與唐韻又不相同。

還有、唐韻注文中特別詳於姓氏源由，本書雖然也講姓氏，但大都只言某姓，而不侈陳姓望所出（僅語韻許汝兩字下言為某某之後），這與唐韻也不一樣。可是本書在說明姓氏的時候，有一部分是分別宮商五音的。如：

二〇一五(2)灰韻「迴」字注云角姓；　二〇一四(6)先韻「先」「田」二字、宣韻「宣」「全」二字注云徵姓、蕭韻「蕭」字注云商姓；　二〇一四(8)肴韻「巢」「茅」「包」三字注云角姓；　二〇一四(7)盐韻「閻」字注云徵姓、「詹」字注云宮姓；

五五三一(2)語韻「衙」「許」「汝」「呂」四字注云徵姓。

這種以五音論姓是以前各種韻書中所沒有的。以五音論姓遠始於東漢，見王充論衡詰術，今已不傳。唐代姓氏書中一定有記載。舊唐書卷七十九呂才傳載太宗時太常博士呂才

宅經敘云：

『易』曰：「上古穴居而野處，後世聖人易以宮室，蓋取諸大壯。」迨於殷周之際乃有卜宅之文。……至於近代師巫更加五姓之說。言五姓者，謂宮商角徵羽等，天下萬物悉配屬之。行事吉凶，依此為法。至如張王等為商，武庾等為羽，欲似同韻相求；及其以柳姓為宮，以趙姓為角，又非四聲相管。其間亦有同是一姓，分屬宮商，後有複姓數字，徵羽不別。驗於經典，本無斯說，諸陰陽書亦無此語，直是野俗口傳，竟無所出之處。（『新唐書』卷一百七『呂才傳』文字略有改動）

從這一段話來看，姓氏分屬五音，並沒有一定的準則，與字音關係不大。本書以五音論姓，可能取自當時流行的姓氏書。到宋代『廣韻』裏還有少數這類的例子，無疑問是從這種韻書遺留下來的。

另外，在反切方面，本書與前幾類韻書都不一致。王韻反切用字絕大部分與陸韻相同，到了『唐韻』，改變的就多了。『廣韻』與『唐韻』關係比較密切，所以『廣韻』的反切大都與蔣本『唐韻』相合。可是本書與陸韻、王韻以及『廣韻』的用字都很有不同。例如：

	箋注本一　箋注本二	王韻(宋跋本)	本書	廣韻
東韻弓	居隆反	同	同	居戎
窮	去隆反	同	去弓	去宮
蟲	巨隆反	同	直弓	直弓
風	方隆反	同	府隆	方戎
豐	敷隆反	同	孚隆	敷戎
馮	扶隆反	同	并隆	房戎

洪　胡籠反	同	户工	户公
冬韻竇　在宗反	同	祖冬（徂冬）	藏宗
礱　力宗反	同	力冬	力冬
虞韻區氣俱反	同	去俱	豈俱
紆憶俱反	同	於于	憶俱
齊韻梯湯嵇反	同	他兮	土雞
泥奴低反	同	奴兮	奴低
鞞方口反	方奚	必迷	邊兮
佳韻牌薄佳反	同	步街	薄佳
釵楚佳反	同	初柴	楚佳
語韻煮諸與反	同	之與	章與
駭韻挨於駭反	同	烏楷	於駭
緩韻短　旱韻都管反	同	丁卵	都管

這一類的例子還很多，無庸多舉。由此可見本書的反切在用字方面自成一類，與陸韻、王韻以及廣韻不同。夏竦古文四聲韻所出的韻目反切與本書平聲和上聲韻目的反切是一致的（唐韻的韻目反切也是如此，書內的反切則與韻目不同），可是古文四聲韻所根據的唐切韻每韻的紐次並不按五音的類別來排列，書中的反切是否與本書相同不可知。

本書表示又音的方法有三種：一種是用反切，稱「又某某反」；一種是用直音，稱「又音某」，「又某音」，或「又某」；一種是用四聲表示，注出「又平」「又上」「又去」「又入」（見齊韻倪紐「蜺」字下）。第三種方法在裴務齊正字本刊謬補缺切韻中曾出現過。這種方法既簡便，又容

易領會，所以書中應用較多。這與伯二〇一六序文中所説「以四聲尋譯，冀覽者去疑，宿滯者豁如也」正相應。

在表音方面最重要的革新應當是韻內紐次的敘列。從上文所舉的一些韻的紐次來看，有幾點是值得注意的：

(1) 牙音見溪群疑和喉音曉匣影連屬在一起為一類。

(2) 脣音、舌頭音、舌上音、齒頭音、正齒音都分別不混。

(3) 喻母(j)與照、穿等音同列。如東韻「融」與「終、充、戎」(tɕ tɕʻ ȵ)為一組，鹽韻「鹽」與「苫、詹、襜、姑、髯」(ɕ tɕ ʑ tɕʻ ȵ)為一組。由此可知喻母與照穿等音相近，並不屬於喉音。(等韻喻母三等則屬喉音匣母。)唐人「歸三十字母例」以喻與精清從相配，與本書不同。

(4) 來母、泥母在一等韻和四等韻中與端透定排在一起，在三等韻中與知徹澄排在一起。(泥母在二等韻中有列在疑母位置的。如佳韻的「親」與「咼、嬀」相次，皆韻的「攊」與「階、諧、俙」相次。)由此可知知徹澄三母為舌部破裂音，還沒有發展為破裂摩擦音。

(5) 日母在三等韻中出現，與照穿牀審禪三等字列在一起。如東韻的「戎」字，宣韻的「燸」字，鹽韻的「髯」字，語韻的「汝」字都是如此。這表明日母與照穿等母讀音為一類。唐人「歸三十字母例」把「審穿禪日」敘列在一起，與此相同。照穿讀 tɕ tɕʻ，日母當讀為 ȵ。(守溫字母以知徹澄日為一組)

以上幾點對我們了解唐代的語音大有幫助。本書一韻的紐次能依照五音類屬來排列，這是韻書體例的一大變革。不僅有條理，而且便於尋檢。宋人所編的「集韻」，紐次也是按五音類別來排列的，這一定與本書有關係。「集韻」中還有不少字的訓釋都與本書相同

（如仙韻的「焉」字、肴韻的「包」字是例），前後相承之迹是很明顯的。

根據前面所說，我們可以了解這種韻書具有很多特點，既不是王仁昫「刊謬補缺切韻」一類的書，也不是孫愐「唐韻」一類的書，在唐五代韻書中自成一類。

從前王國維認為孫愐「唐韻」有開元、天寶兩本。本書有天寶十載序文，而書名「切韻」，書的體例與序文所說也正相應。如序文說「又紐其唇齒喉舌牙，部仵而次之」，只有本書如此，蔣本「唐韻」並不如此。釋中算「法華經釋文」所引孫愐說和源順「倭名類聚抄」所引「唐韻」注文也都與本書不同。王國維以為有天寶序文的是孫愐「唐韻」的重修本，顯然是不對的。天寶序文究竟是何人所作無可考。本書所以有這篇序文，包括兩種可能：一種可能是本書和這篇序文的作者是同一個人；另一種可能是本書的底本如此，作者根據底本重修，所以照錄原序。從這篇序文列於本書卷首序文之末來看，第二種可能性比較大。這本書成書的時代無疑問是比較晚的。因為平聲仙韻之後已有宣韻。至於本書的作者就更難考定了。唐代各家韻書有佚文可考的，如祝尚丘、薛峋、麻杲、韓知十、釋清澈、釋弘演等家都與本書不同。可知這是祝尚丘諸家以外的一家書。本書二〇一四(4)魚虞韻背面寫有「清泰五年敦煌縣令呂狀」一行。清泰為後唐潞王年號，清泰五年為公元九三八年。公元九三六年後唐即為後晉所滅，敦煌地處邊遠，不知後唐已亡，所以仍用清泰年號。據此推測，這部書應當是清泰五年以後刻印的。

（五）

現在再研究一下入聲一部分的殘葉。入聲各韻的體例不同於平聲和上聲部分，這在前面已經說過了。在內容方面，入聲不同於平上的有以下三點：

(1)平聲和上聲每一韻的反切不同於箋注本一和王仁昫「切韻」者比較多，但入聲各韻除雪韻與德韻頗有不同以外，其他各韻大都一致。如麥韻、錫韻、職韻、葉韻等幾乎全部相同。

(2)平上聲的紐次和字次大半與箋一和王韻不同，但入聲各韻除雪韻外其他各韻與箋一王韻大都相同。

(3)平聲和上聲字的注釋不同於王韻的極多，而且訓解比較繁富。但入聲薛雪錫昔麥陌幾韻(伯五五三一(3)(4))的字訓釋都比較簡單。凡是王韻有的字，訓解大都一致，只是或體和又音略有損益而已。例如本書錫韻各字的注解幾乎完全與王韻相同。其中「激」字本書注作「古歷反。激瀱。又竅」。「又竅」二字當是又音。但「激」何以音「竅」令人難解。宋跋本王韻「激」字注作「古歷反。瀱。又古竅居略二反」。由此可知「又竅」二字乃是抄錄之誤。王韻「激」字又見嘯韻古弔反下，注云：「水急。又古歷反」，與錫韻所注正相應照。又本葉同韻靂紐「厤」字下注云「理」，王韻注同。案「厤」本訓「治」(見說文)，裴本「刊謬補缺切韻」正作「治」，王仁昫書因避高宗諱，所以作「理」。本書與王韻相同，也正可以說明兩者的關係比較切近。又如麥韻韻尾「犏」字注云：「皮碧反。枅犏」。王韻同。但「碧」字本書在昔韻，音彼役反(「廣韻」同)，王韻則在麥韻，音陂隔反。本書麥韻收有「犏」字，很可能就是根據王韻寫錄下來的。箋一、裴本「切韻」和「蔣本唐韻」麥韻都不收此字。至於入聲職德兩韻和盍洽狎葉怗幾韻，與上面所說的一些入聲韻情形相似，注文也大都與王韻相同，有些王韻沒有收的字則同於「蔣本唐韻」。例如德韻墨紐下有「万」字，注云：「万俟，複姓，北齊口口俟普，俟字音其」。又葉韻讋紐下(之涉反)有「慹」字，注云：「司馬彪「莊子注」：慹，不動貌。又音捻」。這些都不見於王韻，而見於蔣斧本「唐韻」，足見這一部分又有不少字和注解是取自「唐韻」的。

根據以上的情形來看，殘葉的入聲部分很可能是以王仁昫"切韻"為底本，而又參取別家的韻書增修而成的。這與職德韻一葉背面所題「大唐刊謬補缺切韻」的書名不無聯係。入聲部分雖接近王韻，但是收字遠比王韻多，有些紐又是王韻所沒有的。在歸韻方面，也有少數字與王韻不同。如昔韻「碧」字音彼役反，蔣本"唐韻"音方彳反，而王韻此字收入麥韻。又如麥韻隔紐「鰅」字，蔣本"唐韻"注云：「鰅鰂，魚名，陸入格韻。」所謂「格韻」，即指陌韻「格」紐而言。箋一和王韻此字都在陌韻格紐，音古陌反。本書收入麥韻，與"唐韻"同。另外，書中在字音上博采諸家的地方一定也很多。如"集韻"職韻有日字，注云：「而力反。太陽精也。李舟說。」本書職韻也正有「日」字，注云：「而職反，古音。太陽之精。又口口反。姜亮夫先生曾認為本書與李舟有關。他指出"集韻"引李舟說有八條：

(1)東韻彤字云：「李舟從肉。」
(2)支韻腄字云：「馬及鳥脛上結骨。李舟說。」
(3)皆韻蔂字云：「法可以蔂問人心。李舟說。」
(4)先韻津字云：「詩津津者莪。李舟說。」
(5)禡韻梢字云：「木參交以枝炊奧者。李舟說。」
(6)薛韻朳字云：「無齒杷。李舟讀。」
(7)薛韻謁字云：「白也。李舟說。」
(8)職韻日字云：「太陽精也。李舟說。」

他說：「蔂津字"廣韻"入二仙，蓋別有所本，"集韻"本李舟說入一先，本卷亦入一先，是本卷原於李舟也。朳字訓無齒杷，此"玉篇"說也，而各卷皆入黠韻，獨"集韻"引李舟說入薛，本卷亦入薛韻，是本李舟也。又謁字各本皆在月韻，而"集韻"引李舟說入薛韻，本卷亦

入薛韻，是亦本李舟說也。本卷已采李舟說，其書之成當在唐代德二宗之後矣。」（見瀛涯敦煌韻輯論部十三）

今案：平聲上聲部分與入聲不同，上文已有論列。姜先生所舉八條中只有「朳」字一條是與本書相合的。先韻「薄」字已見於宋跋本王韻，則未必采自李舟書。東韻「彤」字，二〇一四(3)並不從肉；皆韻「㦤」字，二〇一五(2)未收。姜先生所說入聲薛韻「竭」字，在五五三一(3)實際是「揭」字，正文雖殘闕不存，而注文作「揭發，又去竭去偈反」，與「訐」字同紐，非「竭」字無疑。至於職韻的「日」字，集韻是據李舟說采入的，但本書是否采自李舟書還很難確定。考法華經釋文引祝尚丘云：「日，太陽之精也。古音而職反。」（見大正新修藏經卷五十六，頁一五〇）與本書注文反切完全相合。那麽，與其說采自李舟，毋寧說采自祝尚丘了。李舟書現已無存，很難比證，可以存而不論。但本書在王韻和唐韻之外曾采及別家的韻書是可以肯定的。

總之，入聲這一部分是上承王韻、唐韻，而又有所增補的書，與平聲上聲部分的體例和性質不同。所以我們不應當混為一談。

但是，從韻目的系統來說，平聲部分有「宣」韻，入聲部分有「雪」韻，平與入正相應。如果平上部分與入聲部分是兩種書，這兩種書在分韻上還應當是屬於同一系統的。另外，敦煌所出守溫韻學殘卷「四等重輕例」中平聲有「仙」韻，又有「宣」韻，上聲有「獮」韻，又有「選」韻。夏竦古文四聲韻所據唐切韻也是如此。這批刻本韻書中上聲內是否有「選」韻不可知。南唐徐鍇說文解字篆韻譜（十卷本）所據切韻，平聲有宣韻，入聲有聿韻，也是這一個系統的書。不過，反切與這種刻本韻書殘葉不同，當又是另外一種韻書無疑。

7.4（28）寫本韻書殘葉（伯二〇一六背面）

這一殘葉粘在伯二〇一六的背面，所存只有七行，為東韻字，但與正面並不是同一種書。正面東韻字與伯二〇一四(3)是前後相連的，「公」紐之下為「洪」紐，而此書「公」紐之下是「蒙」紐，兩者紐次不同。其次，字的注解也頗有差異。即如「公」字下本書侈陳姓氏，與《廣韻》相同，而伯二〇一四(3)則極簡略。在收字方面，伯二〇一四(3)「公」紐有十四字，「蒙」紐有二十四字（見伯四七四七第一行），而本書「公」紐為十三字，「蒙」紐為二十七字，字數不同。由是足見本書與伯二〇一四(3)不是同一種書。伯希和沒有注意到二〇一六正面和二〇一四(3)是相銜接的，只看到這一葉與二〇一六正面同是寫本，所以誤粘在一起。現在根據內容分別為二，不相雜廁。

又二〇一四(3)「紅」字前有一殘紙，上有「《前趙錄》有太中大夫公師彧，子夏門人。齊人公羊高作春秋」二十三字與此殘葉字體完全相符。在此之前又有一殘紙，只有「之後」二字。這些都是此葉「公」字注文的殘餘。伯希和因其散落，而附粘在二〇一四(3)「紅」字之前，實際應當放在此葉「公」字注文之前才對。

此本「公」紐下為「蒙」紐仍然是《陸韻》、《王韻》的次第，可是文字大有增加，注文又特別詳於姓氏，這在唐代韻書中一定是時代比較晚的書。《廣韻》注中關於姓氏的說明可能就是從這種韻書來的。

7.5（29）刻本韻書殘葉（列TIL1015）

此殘葉出自新疆吐魯番，為德人列考克所得，舊藏於德國普魯士學士院，存平聲

寒韻字和桓韻韻首，共十三行。字體類顔真卿，雖然整齊，但不如宋刻本那樣工緻，似爲五代間刻本。周圍有雙邊欄，所存爲一板的後一部分，上下也都略有缺損。其中收字和廣韻非常相近，只有壇紐「敨」「擅」二字不見於廣韻。各紐反切也都與廣韻相同，惟廣韻言「某某切」，本書則言「某某反」。寒韻「但」字注「又徒案反」，廣韻作「又徒旦反」，用字略有不同。

本書又音中除用反切外兼用直音。如「嘆」下云：「又音炭」，「汗」下云：「又寒翰二音也」，都是直音。字有異體的（包括籀文古文），一律別出，注明「籀文」、「古文」，或注「上同」。廣韻的體例也正是如此。

至於字的注釋，與廣韻相比，也是同者多，不同者少。如：

	本書（寒韻）	廣韻
盎	丨殘大器盂也。……魏謂之盌，河濟……	盎盞，大盂。
難	難易也，艱也，不易之稱也。又木丨，珠名。其色黃，生東……成碧色。大秦國人珍之。曹植樂府詩曰：珊瑚間木難。又姓，……	艱也，不易稱也。又木難，珠名。其色黃，生東夷。曹植樂府詩曰：珊瑚間木難。又姓，百濟人。
灘	水丨也。又涒丨，太歲在申。他干反，十。	水灘也。爾雅云：太歲在申曰涒灘。他干切，十。

濡　乃官反。水名，出涿郡。　水名，出涿郡，乃官切，一。

這些只是小有不同的例子，其他幾乎全同。

根據以上所說，可知本書與《廣韻》是很接近的。本書「濡」字在寒韻末，音「乃官反」，案「官」為桓韻字，「濡」當歸入桓韻，而《廣韻》也列於寒韻，由此更可以看出《廣韻》與這種韻書關係很密。

本書桓韻的數次題為二十七，注云：「陸入寒韻不切，今別。」這與宋夏竦《古文四聲韻》所據的《唐切韻》和魏了翁所見的《唐韻》的韻目是一致的。夏竦書真韻之後有諄韻，齊韻之後有移韻，桓韻為二十七。魏了翁在《吳彩鸞唐韻後序》說：「其部敘於二十八刪、二十九山之後繼之以三十先、三十一仙」，案刪為二十八，桓在刪前，則當為二十七，韻目數次適與本書相同。魏了翁《唐韻後序》又說：「此書別出移臡二字為一部，注云：陸與齊同，今別。」這就是移韻。案「陸與齊同，今別」與本書桓字注「陸入寒韻不切，今別」體例正同。據此可知本書雖無書名，當與夏竦所見的《唐切韻》和魏了翁所見的《唐韻》是一類書無疑。

7.6（三十）　刻本切韻殘葉　（列TIID/a,b,c,d）

此刻本《切韻》殘葉與前一種一樣，出自新疆吐魯番，現藏於德國普魯士學院。字大行疏，刻工精緻，板邊作雙欄，每板十八行，板心一行則上刻「切韻」二字，下有葉數和刻工姓名，完全是宋代書板形式，當為五代末、北宋初之間所刻。原書可能是蝴蝶裝。現在所存只有去聲恩恨翰線笑效号幾韻字，但殘損零亂，乏人整齊裝治，列考克只胡亂黏於a、b、c、d四紙，次第全不相連，且有「覺」字的一面又反裱在內，不得舒展，無由攝影。幸向達先生曾得見原物，並有抄本，現即根據向先生所錄補入，並將其他

各板一一重摹，就原書位置排列，以便考索。

此書名為〝切韻〞，韻目有數次的是二十七恨、二十八翰、三十六効與蔣本〝唐韻〞〝廣韻〞相同。可是收字比〝唐韻〞〝廣韻〞都多。

本書	〝唐韻〞	〝廣韻〞
慁韻坌 蒲悶反四	一	二
論 盧困反五	一	三
翰韻翰 侯旰反廿九	十五	二十五
岸 五旰反十一	六	九
粲 蒼案反八	四	六
線韻釧 尺絹反五	一	四
效韻⿱大卯 足皃反七	四	六
皰 防教反四	二	五

這裏除效韻「皰」紐比〝廣韻〞少一字以外，其他都比〝廣韻〞多幾字。書中各韻紐次與〝唐韻〞〝廣韻〞全同，各紐反切，僅慁韻「奔」字一紐〝唐韻〞音「晡悶反」，〝廣韻〞音「甫悶切」，本書音「補悶反」小有不同，至於注釋，大都與〝廣韻〞相似，只是訓解和引書多少不齊而已。例如：

本書	廣韻
慁韻焌 子寸反一 然火 周禮吹其｜三	然火周禮云遂龡其焌子寸切
翰韻翰 鳥毛也高飛也 長也亦詞翰又	鳥羽也高飛也亦詞翰說文曰天雞赤羽也又姓左傳魯大夫翰明

姓左傳鲁大夫
｜明(唐韻作鳥
毛又高飛亦詞
翰云云)
扞以手｜又衛也　　以手扞又衛也
蔽也(唐韻作以
手扞)
汗熱｜說文云身　　熱汗
之液(唐韻作熱
汗)
幔巾㨉又塗著又　　巾㨉又塗著也
音按
瀚｜海北海衆鳥　　瀚海北海
放中解翰因名
之(唐韻瀚海北
海名)
閈里門也閭也居　　里也居也垣也說文曰閭也汝南平輿里門曰閈
也垣也
看視也望也又苦　　又苦干切
干反(唐韻作又

苦干反）
鑭光丨又平　　光鑭
線韻㬉城下田書籍多　　城下田人絹切又而兖切
作堧壖人絹反
又人兖口
葥草名似覆盆尔　　草名
足云葥山莓唐
韻云草名似覆
盆）
眷丨屬又……云顧　　眷屬說文顧也居倦切十五
視也……
笑韻㒕行容止皃又音　　行容止皃禮曰庶人㒕㒕
譙
效韻礉丨石軍戰石也　　礉石軍戰石也
潘岳閒居賦云
丨石靁駭也
号韻隩西南隅謂之丨　　說文曰水隈崖也
（唐韻同）

由此可見本書和《廣韻》所根據的本子是比較接近的。不過、《廣韻》的底本收字不如本書多，訓解和互注的又音也比本書略少。從分韻方面來看、本書去聲當有稕韻換韻，其平聲

真諄和寒桓也應當有分。這一定是在蔣本"唐韻"以後的一種"切韻"無疑。

這一種韻書注文中與正文相同的字一律用直線(|)來代表。與前一種刻本韻書(TIL1015)相同。前一種韻書"難"字下引曹植樂府詩，本書效韻"璬"下引潘岳"閒居賦"，同出於"文選"，體例相似。前一種書或體中兼收古文(如"看"字下)，本書也是如此(如"漢""捍"二字下)，而且或體別出，一律注云"上同"。推想這兩種刻本可能非常接近，甚至於是同一種書的先後刻本。前一種在先，此一種在後。韻書當中注文引及"文選"較多的是祝尚丘"切韻"。"淨土三部經音義"卷一"倫"下引祝尚丘云："輩也。""文選"雜體詩曰："遠想出宏域，高步超常倫。"向曰："宏大；倫，輩也。"(見十三葉上)又卷二"徙倚"下引祝云："少迴步也。""文選"洛神賦曰："徙倚彷徨"是也。"(見十九葉下)本書或又在祝尚丘書之後。從翰韻"鑭"下以"又平"標注又音的辦法來看，與五代刻本切韻(伯二〇一六、二〇一四)相同。則本書的時代或與五代刻本切韻相近。不過，五代刻本"切韻"或體別出的注作"同上"，而本書則注作"上同"，"廣韻"也作"上同"，而不作"同上"。足見這本韻書比五代刻本"切韻"更多地接近於"廣韻"。

本書中一紐第一字下所注訓釋和反切的前後次第也不一致。有的訓釋先於反切，有的反切先於訓釋(如"烣"字"饘"字"饞"字"楆"字下)。反切列於訓釋之前的可能取自"切韻""唐韻"以外的書，如"王韻"之類，所以體例不一。"廣韻"上承"唐韻"而來，反切一律列在訓釋之後。體例就變得完全一致了。

〔考釋八〕韻字摘抄和有關字母等韻的寫本

1　韻字殘葉一（斯六一一七）

此殘卷僅存十一行，就一韻中摘記一些同音字，沒有韻目，僅略出訓解。由「⿰口絜」字起，至「奮」字止，包括《切韻》霽祭卦怪夬隊代廢震問和翰韻幾韻字。「讚、鑽、趲、濽」四字屬翰韻，而插在隊韻中間，可能是抄寫之誤。

從摘記的體例來看，其中除「晬」字下音祖晦反以外，其他都不出反切。凡音同的字都連寫，音不相同的，中間用「一」畫隔開，在唐人韻書寫本中別具一格。但其中也有分劃未盡的。如「噎」與「祭」、「懈」與「戒」、「憒」與「潰」、「鐀」與「廢」之間都應當畫開，而未加「一」，足見抄寫比較草率。甚且還有訓釋與所出正文不相應的。例如「例」下注「勉」、「厲」下注「瘴」、「襯」下注「施」都有錯誤。

這裏摘記的一些字，在韻次上雖然和《切韻》一系的韻書相似，但有幾個字在歸韻上和《切韻》一系的韻書並不相同。根據現存的唐本韻書來看，「詣」字王韻、《唐韻》都收在霽韻，而這裏與「祭」韻「藝」字列為同音；「會」字王韻、《唐韻》都收在泰韻，這裏與「隊」韻「憒」字（古對反）列為同音；「近」字《切韻》、王韻在焮韻，這裏與震韻的「殣、覲、僅」等字列為同音。由此可知這個寫本所根據的韻書可能不是《切韻》一系的韻書。這份材料雖然存字不多，但值得重視。

2　韻字殘葉二（斯六三二九）

此葉只存十三行，依模齊佳皆灰咍真韻次列字，字次《切韻》箋注本一與（斯二〇七一）大體相同，不知所據為何種韻書。由真韻部分「姻、辛、綸、屯、神」數字連寫來看，真、諄還

沒有分成兩韻，此種韻書的時代可能早於「唐韻」。

3　韻字殘卷一（伯二七五八）

此殘卷無書名，共存三十四行。開頭從「喧」字起，以前無字；末尾為「騾」字，下闕。「敦煌掇瑣」和「瀛涯敦煌韻輯」都有錄本，但「掇瑣」中略有錯字。如文韻「饙」下府文反，「掇瑣」府作「符」，魂韻「蹲」下祖尊反，「掇瑣」「祖」作「袒」，並誤。

此卷無疑問是根據某種韻書摘錄下來的，除開頭「喧」字外、從東韻「烔」字至戈韻「騾」字共抄錄三十三韻字，東鍾之間沒有冬韻字。其中真諄、寒桓、歌戈都分別很清，不僅韻次與「廣韻」相同，而且紐次也幾乎與「廣韻」完全相合。字下反切用字也沒有多少差異。其中與「廣韻」相同，而不同於今日所見其他唐本韻書的有以下各紐：

東　穹（去宮）

魚　歟（以諸）　歔（朽居）　閭（力居）　茹（人諸）

虞　劬（其俱）　甌（區、豈俱）　趨（七逾）　芺（妨無）　孚（芳無）　躕（直誅）　柎（甫無）　捄（舉朱）

模　涂（同都）　帑（乃都）　酥（素姑）　殂（昨胡）

齊　悽（七稽）　低（都奚）　蹄（杜奚）　棲（先稽）　谿（苦奚）

佳　喎（苦緺）

灰　崔（倉回）　棓（薄回）

咍　裁（昨哉）　孩（戶來）

真　甄（側隣）　茵（於真）　伸（失人）　繽（匹賓）　嬪（符真）

諄　肫（章倫）　淪（力迍）　皴（七倫）

臻　詵（所臻）

文　紛（撫文）

殷　筋（舉欣）

寒　靬（許干）

桓　鞔（母官）

山　癇（户閒）

先　弦（胡田）　怜（落賢）　佃（徒年）　癲（都年）　妍（五堅）

仙　筵（以然）

宵　蜱（彌遥）　鴞（于嬌）

肴　嘲（陟交）

豪　饕（土刀）　尻（苦刀）

歌　哦（五何）　蘿（魯何）

這些反切都與《廣韻》相同。其他唐本韻書用字都不一樣。南唐徐鍇《説文韻譜》與此相近，但也稍有出入。此卷「甄」音「側隣反」，徐鍇《韻譜》同，其他唐本韻書都作「職鄰反」。由此可見這個殘卷所根據的韻書時代一定比較晚，可能是晚唐五代期間流行的一種韻書，這種韻書最接近於《廣韻》。

另外，殘卷中有些字的反切是屬於上聲或去聲的，但那都是又音，抄者脱去平聲反切，以致前後在四聲上不一致。現在與《廣韻》對比如下：

支　炊尺僞反　《廣韻》炊與吹同音，吹音昌垂切，又尺僞切。此誤以「吹」下又音列於「炊」下，脱昌垂反一音。

魂　崙盧鈍反　"廣韻"崙與論同音盧昆切，論又音力旬盧鈍二切。此處抄錄有誤。

先　蜎甌泫反　"廣韻"蜎與淵同音，蜎下云："又甌泫切"，此處只錄蜎字又音，未與淵字同列。

仙　煽式戰反　"廣韻"此字與羶同音式連切，煽下云："又式戰切"。此處脫平聲反切，只錄又音。

肴　勦子小反　"廣韻"勦與巢同音鉏交切，勦下云："又子小切"。此處脫平聲反切，只錄又音。

豪　操千到反　"廣韻"操七刀切又七到切。此脫平聲反切，只錄又音。

其他如寒韻"𨁝"下音徒旱反，宵韻"燎"下音力照反，也同樣是又音。原卷所要錄的應當都是平聲，寫者不慎，所以雜入上去聲的反切。這些上去聲的又音反切，凡是"廣韻"有的，也幾乎全部相同。可證"廣韻"的底本與此殘卷所根據的韻書極為接近。

此卷所列反切不同於"廣韻"的，只有以下幾個字：

齊　豍邊奚反　"廣韻"邊兮切。

皆　鉥知皆反　"廣韻"卓皆切。

　　崖擬皆反　"廣韻"擬皆切一紐無此字。（崖入佳韻，音五佳切。）

灰　恢苦迴反　"廣韻"苦回切。

諄　瞤如倫反　"廣韻"諄韻無此字。

殷　殷於中反　"廣韻"於斤切

　　齗語巾反　"廣韻"語斤切

魂　蹲祖尊反　"廣韻"徂尊切

桓　剜削丸反　削為剜字訓解。剜，《廣韻》音一丸切。

仙　鋁與連反　《廣韻》與專切。

琁似泉反　《廣韻》似宣切。

這裏的反切大半是用字上的不同，惟有殷斷二字都以巾字為切，與《廣韻》韻部有出入。「巾」為真韻字，依據殷斷二字排列的地位來看，原來不會以「巾」字為切，《廣韻》「巾」都作「斤」，這也許是因為當時「巾」「斤」二字音同，寫者誤書「斤」為「巾」。小徐《說文韻譜》殷音於斤反，而大徐改訂本《說文韻譜》則作於巾反，其誤正同。又「鋁」字殘卷作與連反，「鋁」為合口字，「連」為開口字，以「連」切「鋁」，韻有不合，「連」字或因上文「虔」字反切（直連反）而誤。

4　韻字殘卷二（《字口》）（伯三〇一六）

此殘卷存七十七行，末有抄改牒文一通。據《敦煌遺書總目索引》稱此卷前有書籤題為《字口》，下一字不詳。但從內容來看，仍然是一種韻字雜抄。其中既有平聲字，又雜有上去入三聲字，而且韻次凌亂，同為一韻，而又前後重出，極不整齊（如蒸韻就三見）。前面二十八行，正文和義訓相連，字體大小相同，自二十九行以下才分為大小字，正文大字，義訓小字。此卷的特點在於每字的訓釋一般都比較多。例如：

同　齊、久、俱、輩、閒、合也。

攻　作、伐、治也。

為　作、行、成、施也。

填　塞、加、滿也。

延　稅、遠、進、長、言也。

長　久、達、常、永、直也。
方　且、道、比、類也。
呈　見、示、平、解也。
徵　召、明、承、成、虛也。
備　具、防、辦、慎也。
志　望、念、慕、知、意也。
豫　辦、敘、安、猒、早也。
由　用、從、經、行也。
潛　深、沈、藏也。
蒸　衆、厚、進也。
偁　言、揚、好譽、舉、詮、足也。

這種一字數訓，而在訓釋最後加一「也」字，和五代刻本韻書（伯二〇一四、二〇一六）相同。上舉各字的訓解，《廣韻》也大都相似。據此推斷，此卷所根據的韻書一定是晚唐五代間比較接近於《廣韻》的一種韻書。

5 「馬」字殘葉（伯二六五九）

此葉但有「馬」字和「馬」字注文，出於何書不可知。注文引《說文》、《釋名》、《春秋考異郵》以及姓氏書，最後注音「莫下反」，不似韻書。但其中有很多文句與宋修《廣韻》上聲馬韻「馬」字注相同，所以收錄，以備參照。

6 《韻關辯清濁明鏡》殘卷（伯五〇〇六）

此殘卷只存十四行。第三行有「韻關辯清濁明鏡一卷」九字，應當就是本書的名稱。殘卷前部缺損，現在殘存的前三行是：

得與「丹」字為切。凡有是雙聲字，皆互為其切。「灘」字得與「丹」字為韻。凡是疊韻字皆互為韻。諸欲反切，例皆如此也。韻關辯清濁明鏡一卷

這是說明「反切」的一段話。由此可知這是一種審辨字音的書。

在此以後，分列平聲下廿八韻的韻目和上聲五十一韻的韻目，而去聲只題「去聲五十六韻」，韻目沒有寫。平聲和上聲兩部分的韻目也有脫漏，與所記韻數不合。

考平聲下為廿八韻，上聲為五十一韻，去聲為五十六韻，這正是陸法言《切韻》的面目。本書平聲和上聲韻目下所注的反切與伯二〇一七（增字本切韻3·3）也完全相合。據此可知本書即以陸法言書為根據，時代可能早於守溫。可惜只存十數行，作者如何辨析字音清濁，已無可考。

7 《歸三十字母例》（斯〇五一二）

這是今日所見最早的有關字母的材料。僅存十二行，無書名，前面標題為「歸三十字母例」，很像是某種辨析聲韻的書中的一段。原書為唐人所作，但確切的年代不可知。在現存的唐人著作中只有德宗貞元間沙門智廣所作《悉曇字記》內有「字母」的名稱，而端透定泥等三十字母的名目，在唐人書中還不曾發現有記載，所以這份材料是非常寶貴的。從這份材料我們可以知道唐人所造字母的情況。

字母的創造，自然是受了梵文悉曇的影響。從五音的辨別和聲母的排列次第都看得很清楚。這個寫本所列三十字母完整無缺。每母下列舉四字，四字韻類不同，而同歸一母，所以稱為「歸三十字母例」。例如：

端　丁當顛故

透　汀湯天添

定　亭唐田甜

泥　寧囊年拈

這裏的例字豎讀為雙聲，橫讀為疊韻。丁汀亭寧為青韻字，當湯唐囊為唐韻字，顛天田年為先韻字，故添甜拈為添韻字。讀者可以豎讀或橫讀來辨析字母的類別。

從例字之間的疊韻關係，我們可以知道作者把字母分為八組。即：

端透定泥　精清從喻　知徹澄來

審穿禪日　見磎群疑　不芳並明

心邪照　曉匣影

這八組舌音端透定泥列在最前。其中有些聲母的配置與宋人等韻圖的三十六字母不同。如審母列於穿母之前，照母與心邪相並，喻母與精清從等列，都表明在開始創製字母時安排得還不夠妥善。至於日母和來母的列法一定與當時的讀音是相符合的。日母可能是ń，與審穿禪發音部位相同，所以歸為一組；來母為舌音，而知徹澄可能是舌部塞音ȶ的一類（還不曾變為後日的塞擦音），所以知徹澄來列為一組。

這三十字母中沒有牀母。從禪母的地位和所舉的例字來看，禪母當為塞擦濁音，所以有禪無牀。另外，此處脣音只有不芳並明四母，所舉例字內包括夫敷符無四個輕

脣音字，推測定字母的人口裏讀這類字可能還沒有分化得十分明顯，所以只立四母。到宋人三十六字母裏脣音就分立為幫滂並明非敷奉微八母了。

8　字母例字　（北京圖書館藏，雨字五十五號）

這一例字共存六行，第六行尚有殘缺。見許國霖《敦煌石室寫經題記與敦煌雜錄》（一九三六年鉛印本）前無書名或標題，內容與前一種《歸三十字母例》相似。開端為端透定泥四母，次為審母，字母次第可能也與《歸三十字母例》相同。現在所存的一部分正是例字的開端幾行。每母之下有十二個例字，審母只存六字，其中「商」原誤作「高」，「苫」原誤作「苦」今改正。端透定泥四母的例字，橫讀都是一韻。如顛天田年同屬先韻，丹灘壇難同屬寒韻。但東通洞農一行，東通洞都是東韻字，而農為冬韻字，擔甜覃南一行，擔覃南都是覃韻字，而甜為添韻字，這都同所標韻目不完全相合。

9　守温韻學殘卷　（伯二〇一二）

此殘卷共存三截，劉復曾抄錄刻入《敦煌掇瑣》，但抄刻有誤字。殘卷缺書名，所存第一截首行題「南梁漢比丘守温述」。考《宋史・藝文志》有守温《清濁韻鈐》一卷，不知是否與此書相同。南宋鄭樵《通志・藝文略》和王應麟《玉海》又著錄有僧守温《三十六字母圖》一卷，但本書所列字母只有三十，而不是三十六，《三十六字母圖》當別為一書，可能是後人所作，仍題名為守温。

守温事蹟無可考。本書題《南梁漢比丘》，「南梁」應當是地名，漢比丘是別於外國沙門的意思。可是「南梁」究竟是甚麼地方，說法不一。唐蘭先生曾以《太平廣記》卷一百九十溫

造條為證，認為「南梁」應該就是興元，即現在的陝西南鄭縣，這種說法是完全可信的。唐文宗太和四年（公元八三〇）興元軍殺節度使李絳，京兆尹温造被派至興元，濫殺兵士五千餘人，這是非常殘暴的一件事。《太平廣記》「温造」一條引王仁裕《見聞錄》，所記就是這件事。王仁裕書稱興元為「南梁」，稱興元人為「梁人」，或「南梁人」。最末說：「余二十年前職於斯，故老尚歷歷而記之矣。」王仁裕在後唐莊宗時曾官於興元，親至其地，則所稱南梁就是興元無疑。興元本稱梁州，也就是漢魏時所稱的漢中。地在秦嶺之南，所以有南梁的稱謂。德宗時雖改稱興元府，但南梁的名稱仍舊應用。如憲宗末李紳（公垂）從辟山南觀察府時（見《新唐書》卷一八一本傳）曾作有《南梁行》長詩（見《全唐詩》卷十八），即是一證。下至後唐莊宗時王仁裕仍稱興元為南梁。據此可知南梁是唐人習用的名稱，絕不是一個很少有人知道的偏僻的地名，所以守温題稱南梁漢比丘。

守温著書的年代不可知。從書內《四等重輕例》中有「宣」「選」兩韻目來看，這與宋夏竦《古文四聲韻》所據的《唐切韻》相同。他所根據的韻書一定是時代比較晚的書。殘卷所舉的例字當中也有一些字不見於其他唐本韻書而僅見於《廣韻》的字。如《四等重輕例》中侯韻的「呣」字，職韻的「脊」字，《辯聲韻相似歸處不同》中的「朘」「釩」二字（《廣韻》收在范韻）都是。這些字在《廣韻》裏也都在一韻之末。由此又可以了解守温所根據的韻書不僅分韻多，而且收字也多。又殘卷中《辯宮商角徵羽例》所云「宮，舌居中；商，口開張；徵，舌拄齒；羽，撮口聚；角，舌縮却」等，與神珙《四聲五音九弄反紐圖》相同。神珙為憲宗元和以後人，則守温的時代當晚於神珙，推想可能是晚唐時期的人。

唐代僧人長於文字音韻的人很多。沙門清澈、弘演、智猷等都編有韻書，守温在審音方面的影響更大。

這個殘卷可惜不全。所存三截，文字雖不多，但内容非常重要。現在略舉幾點説明如下：

(1)字母　根據前面的"歸三十字母例"來看，字母名目的創造可能在守温以前。此卷所列字母名稱與"歸三十字母例"相同，可是排列的次序頗有改變。第一，以脣舌牙齒喉五音分類，而又以脣音居首；第二，舌音有舌頭舌上之分，齒音有齒頭正齒之異。這都是宋代等韻圖如"韻鏡"之類的藍本。第三，照母與審穿禪歸為一類，而以喻母列入喉音一類，審音分類與"歸三十六字母例"不同。惟照母列於禪母之後，與精清從排列的順序尚不一致。至於寫本中來母寫在牙音羣母之下，心邪二母寫在喉音曉母之上，都是傳抄之誤。來母在"歸三十字母例"裏與知徹澄為一組，屬舌音，守温自然不會列為牙音。下面一段文字中精清從心邪是合在一起來説的，明明屬於齒頭音，可證字母表中心邪寫在喉音曉母之上是傳寫之誤。

唐人所定的三十字母與實際語音的聲母系統應當是相應合的，不過正齒音照組在韻書中分為兩類，而三十字母當中只有一類。在殘卷第三截"兩字同一韻憑切定端的例"，又舉出下列一些字作比較：

諸章魚反　辰常隣反　禪市連反　朱章俱反　承署陵反　賞書兩反

菹側魚反　神食隣反　潺士連反　㑳莊俱反　繩食陵反　爽䟽兩反

這裏所舉例字的反切，第一行和第二行相對的字，反切下字相同，只是反切上字不同，所以説「兩字同一韻，憑切定端的」。反切下字同，而上字不同，音也就有不同。上面所所舉的例字，照母分為兩類，審母也分為兩類，禪母與「神」「繩」不同一類，也與「潺」不同一類（即禪母與牀母三等二等都不同），這就完全與韻書一致了。可是並没有增加新的字

母名目，在實際語音中是否只有「審穿禪照」四母則不可知。

(2) 四等　就讀音相近的幾韻分别為四等，起於唐代。此卷「四等重輕例」所列各韻字的等第與宋代流傳的「韻鏡」完全相同，很像是根據一種已有的韻圖錄下來的。其中以「丹譚遺顛」，「咸圻勅惕」，「特宅直狄」各分列為四等，一四等為端組，二三等為知組，「韻鏡」列圖的方式也是如此。又例字中以幽韻「繆流休」，獮韻的「緬」，琰韻的「魘」，昔韻的「益」列為四等字，這也與「韻鏡」是一致的。由此可見「韻鏡」一類書的規模在唐代已經具備。殘卷中不同於「韻鏡」的是「免」「緬」二字「韻鏡」歸開口，此與「滿」「矕」相配，歸合口。又「韻鏡」陌麥昔錫四韻與職德二韻分為兩圖，此以職德與陌麥錫同列，也略有不同。這些也表現出一小部分唐代語音的情况。

(3) 類隔切　殘卷云：「夫類隔切字有數般，須細辯輕重，方乃明之。」所舉類隔切有三類：

(a) 舌頭舌上隔：都教切罩　他孟切牚　徒幸切瑒

(b) 切輕韻重隔：方美切鄙　芳逼切堛　符巾切貧　武悲切眉

(c) 切重韻輕隔：疋問切忿　鋤里切士

又説：「恐人只以端知透徹定澄等字為類隔，迷於此理，故舉例耳，更須子細了了。」所謂端知透徹為類隔，即舌頭舌上隔，後兩類則表示脣音有重輕之分。以輕切重，以重切輕，同為類隔。至於「鋤里切士」一例，「鋤」與「士」韻圖同屬牀母二等，本非類隔，此處指明為切重韻輕，「鋤」「士」聲母的讀音也許已有不同。今音「鋤」為塞擦音，「士」為擦音。考日本釋空海所作「文鏡秘府論」引唐人説「牀」為重，「霜」為輕，即以塞擦音為重，以擦音為輕。守温謂「鋤里切士」為切重韻輕隔，所指或即塞擦音與擦音之分。

(4)不芳兩母字　從殘卷辨類隔切一段可知守溫時脣音已經分化為重脣、輕脣兩類，而殘卷「辯聲韻相似歸處不同」一段內又分舉「不」「芳」兩母字，兩兩相對，先舉「不」母字，由「風楓」起至「蕃藩」，後舉「芳」母字，由「豐酆」至「飜翻幡」，包括平上去入四聲字，前後互相對照。例如：

(不)平聲風楓佩　方戎反
封葑峯犎葑　府容反
上聲覂　方勇反
匪棐餥篚　非尾反
去聲諷　方鳳反
沸疿誹　方未反
入聲福腹複幅輻蝠鍑　方六反
髮發沷颰　方伐反

(芳)豐酆灃僼　敷融反
峯鋒蜂烽　敷容反
捧　敷隴反
斐悱棐蜚　敷尾反
賵䞯　敷鳳反
費髴　方(芳)未反
蝮覆蕧復　芳福反
怫拂　伐反

讀者可以依此對比。從這一段對列的情形來看，目的是要使人能夠分辨不芳兩母的輕脣音字，就是宋人三十六母中的非敷兩母。但由此也正透露出當時語音不芳兩母已然有混同的趨勢，否則作者就不會如此不厭其詳地舉例辨別了。

總之，這個殘卷非常重要。從這個殘卷我們既可以理解到唐代字母等韻學的建立和宋代等韻圖的關係，同時還可以窺探出一些唐代語音的實際情況。所以略舉其要，以為研究音韻者參考。

輯逸

二　輯逸

唐代各家韻書逸文輯錄

這裏所輯錄的唐代韻書逸文包括下列十二家：

1郭知玄　2韓知十　3蔣魴　4薛峋
5裴務齊　6麻杲　7武玄之《韻詮》　8祝尚丘
9孫愐　10孫伷　11弘演寺釋氏　12沙門清澈

這十二家中，《韻詮》一書在唐慧琳《一切經音義》裏每每引用，逸文頗多，龍璋《小學蒐佚》中已有輯本，孫愐《唐韻》，王國維已有《唐韻佚文》一書，搜羅也比較廣，現在僅就他們所沒有收集到的補錄在這裏。

郭知玄、薛峋、裴務齊、祝尚丘、孫愐幾家的名字都見於《廣韻》卷首，韓知十、蔣魴、麻杲、孫伷、弘演寺釋氏和沙門清澈幾家，則見於日本藤原佐世《見在書目錄》（唐昭宗大順時作—公元八九一）。現在所輯錄的各家書的逸文主要出自日本人所著的以下幾種書：

（1）妙法蓮華經釋文　釋中算作，三卷。見大正新修《大藏經》卷五十六。此書作於公元九一六年，當五代後梁末帝貞明二年。

（2）倭名類聚抄　源順作，十卷。此書作於公元九三一至九三五之間，當五代後唐末年。現在採用的是狩谷望之箋注本。

(3)弘決外典抄　具平親王撰。四卷。此書作於公元九九一，當宋太宗淳化二年。

(4)淨土三部經音義集　釋信瑞纂，四卷。此書作於公元一二三六年，當宋理宗瑞平三年。

這四種書採摭唐人的韻書種類都很多。"淨土三部經音義集"編著時代已近宋末，可是所引唐人韻書的訓解都標明出於"東宮切韻"。"東宮切韻"是菅原是善所撰，這是唐代各種切韻的一個集本。菅原是善就是菅原道真的父親，卒於公元八八〇年，當唐僖宗廣明元年，年六十九。"東宮切韻"是時代很早的一部書，所以信瑞書中所引的唐人韻書來源還是比較古的。具平親王的"弘決外典抄"是就唐代宗時釋湛然所著的"止觀輔行傳弘決"(通稱為"輔行記")摘抄其中所引到的儒書而編成的，與清張心泰所輯錄的"輔行記"相似。"輔行記"為四十卷，"弘決外典抄"把所抄錄的湛然注編為四卷，而又加注了一些音釋。音釋中所引的各家韻書的訓解可能也出自"東宮切韻"。"倭名類聚抄"在卷三"夾纈"條下也用"東宮切韻"，推想所引各家書一定也與"東宮切韻"有關係。

釋中算"妙法蓮華經釋文"是承接隋曇捷"法華經字釋"和唐窺基"法華音訓"而作的。序云：「凡今所撰錄者，取捷公之單字，冉(?)基公之音訓，其餘列諸京之疏釋，載諸家之切韻」。書中所引"切韻"有十三家，另外還提到"新切韻"、"新唐韻"。如云：「跏字，古書無之，新切韻有之」(大正新修大藏經卷五十六，一四七頁第二欄)，「鈸字，古書無之，新切韻有之」(一五四頁，一欄)，「教字，新唐韻云詰也，語也」(一四七頁，二欄)，足見中算所看到的唐本韻書很多。他在每一條下都先出反切，後出各家韻書的訓解。所立反切，聲韻部類僅脂之有相混的例子(如一五八頁一欄「屍」音式之反，一六七頁二欄「比」音俾以反)，其他與"切韻"、"唐韻"沒有甚麼出入。在反切用字方面有不少與"唐韻"相同的例子。如：

助　牀據反（一五七、三）　王韻鋤據反
遇　牛具反（一五一、三）　王韻虞樹反
喚　呼貫反（一五八、三）　王韻呼段反
灌　古玩反（一六四、三）　王韻古段反
現　胡甸反（一四七、三）　王韻户見反
誑　居況反（一五三、一）　王韻九忘反
物　文弗反（一五五、三）　箋一、裴本切韻無弗反
列　良薩反（一六一、二）　箋一、裴本切韻呂薛反
寂　前歷反（一四九、三）　箋一、王韻昨歷反
刻　苦得反（一五三、二）　王韻苦德反

這些都與蔣斧印本《唐韻》相同，而不同於《切韻》和王韻。其中有少數字的反切也與現在所看到的唐本韻書不一樣。例如：

於　憶魚反（一四五、三）　箋一、王韻作央魚反，廣韻央居切。
橫　侯彭反（一五七、三）　箋一、王韻作胡盲反，廣韻户盲切。
凡　符咸反（一五九、三）　箋一扶芝反，王韻符芝反，惟古文四聲韻和廣韻音符咸切。
犯　防鋄反（一六一、二）　箋一無反語。取凡之上聲，王韻符山反，廣韻防泛切。
呪　丕獸反（一七〇、一）　王韻、唐韻都作職救反。
得　等勤反（一四五、一）　王韻多特反，蔣本唐韻多則反。

從這些例子來看，中算所加的反切是否完全根據一種韻書也很難定。音類既然與《切韻》

不殊，所以現在輯本裏就一律不録。遇有必要時，加括號標出，《倭名類聚抄》的注音來源也不清楚，而且其中直音很多，因此現在也一律不取。

除了以上所説的幾種書以外，在輯録各家韻書時，還用到日本古抄卷子本《五行大義》的標記和背記。《五行大義》為隋蕭吉所作，抄本的標記和背記為日本人所加，等於是原書的音義，其中引到的韻書很多，體例與《淨土三部經音義集》所引《東宫切韻》相似，來源很古，所以也分家輯録，與得自其他書者集在一起。

這些家分韻的情况，除孫愐《唐韻》以外，我們能略有所知的是武玄之的《韻詮》。《韻詮》的平聲分為五十韻，韻目見於日本釋安然《悉曇藏》。至於其他各家，則幾無可考。惟一可以看到的是麻杲《切韻》裏「母」音美誥反（《法華經釋文》指出古《切韻》用吴音作莫厚反），與陸法言《切韻》歸韻不同，這與元廷堅的《韻英》是相同的。慧琳《一切經音義》多取《韻英》音。《慧琳書》卷四「茂盛」條云：「上莫候反，吴楚之音也，《韻英》音為摸布反」，「茂」即「母」字的去聲。《切韻》歸侯韻去聲候韻，《韻英》則歸入模韻去聲暮韻。又卷三十八「拇指」條云：「上莫補反，《古今正字》云：足大指也」，「拇」與「母」是同音字，「莫補反」與「美誥反」相同。《切韻》「母」「拇」都歸侯韻上聲厚韻，此則同歸入模韻上聲姥韻。《韻英》表現的是關中音，即慧琳所謂秦音（見卷一「覆載」條下），那麽，麻杲書在這一點上與《韻英》是一樣的，原書很可能也是重視表現當時北方讀音的一種韻書。

在這些韻書的逸文中有關音韻方面的材料雖然不多，可是我們根據這些逸文可以略知每種書在訓詁方面的一些特點，還可以從中了解一些詞在唐代語言中實際應用的具體意義。這對我們理解唐以後近代語詞彙和詞義的發展也有一些用處。例如虚詞，在古的字書裏大都僅僅釋為「辭也」，而缺乏明確的解釋。從六世紀以後才有人在這方面

注意。在唐代韻書裏，郭知玄訓「迺」：驚辭曰迺也，「矣」：語已助辭也，「或」：不定之辭也，麻杲『切韻』訓「哉」：語助也，「耶」：未定之辭也，「寧」：願辭也，「者」：別事之詞也，弘演寺釋氏『切韻』訓「垂」：將欲也，「將」：欲也，「何」：疑問詞也，「耳」：助辭也，「且」：暫爾也，「既」：已也，「但」：唯也，「輒」：率爾也，「脱」：不定也（義同「儻」），這都是在訓詁上的一種發展。還有些書特別注意訓解的明確性。例如郭知玄訓「肥」：膚體充盈也，「烟」：火燒草木黑氣也，「他」：非己也，「盐」：煎鹹水所作也，「震」：雷也，陰陽相薄聲也，「笑」：憙出聲也，「忽」：事不意而至也，弘演寺釋氏訓「燒」：火自燃也，「燈」：燃膏油以照明也，「女」：在父母家之稱，「婦」：在夫婿家之稱，「染」：色霑物也，「誦」：背文曰誦，「論」：議也，談競理也，「片」：半也，薄物曰片，不全曰片，「讀」：目對文而口唱也等等都是。其中也有些詞的訓解是以前不大見的。如郭知玄訓「果」：事遂曰果，「應」（去聲）：自遠而至也，「密」：祕密也，「切」：逼切也，麻杲訓「事」：事業也，「澀」：不滑也，亦澀吃也（即口吃之義），釋氏訓「體」：親信於事也，「漸」：稍也，「要」：須甚也，「稱」（去聲）：適好也之類，都是近代語裏習見的意義。由此來看，把這些韻書的逸文分家輯録在一起還是很有意義的。

現在對各家分韻的情況既然知道得很少，除『韻詮』外，各家逸文都依據『切韻』韻目分韻排列，以便尋檢。在前面所舉的幾種日本的古代著作裏還引有陸法言（或題陸詞）、長孫訥言、王仁昫幾家。陸書文字見於唐窺基『法華音訓』的（見大正新修『大藏經』窺基『妙法蓮華經玄贊』每卷末）都是很可靠的，其他所引往往是後來的增修本，不盡可信，所以不再輯録。長孫書逸文不多，且多引『説文』為訓，王仁昫書已有完整傳本，各書所引六十餘條，又大都與宋跋本相近。因此，長孫和王仁昫書也都不入録。

這裏逸文下所標「五記」指『五行大義背記』，「五標」指『五行大義』標記，「淨」指『淨土三部經音

義集」，「倭抄」指「倭名類聚抄」，「弘抄」指「弘決外典抄」，「法」指「法華經釋文」。在此以外的書，如「慧琳音義」「希麟續音義」「普賢行法經記」「悉曇要訣」，「三教指歸注」等都標舉書名，不用一個字來表示。「淨土三部經音義集」用的是仿宋排印本，所記數字，前面的是卷數，後面的是葉數。「倭名類聚抄」用的是狩谷望之箋注本，所記數字，也是卷數和葉數。「弘決外典抄」下只記卷數。「法華經釋文」用的是大正新修大藏經本，所記數字，前面的是頁數，後面的是欄數。讀者可以據此數檢原書。

1　郭知玄切韻

平（東）中　中央也（法一四四·三）
東　春之方也（法一四七·三）
雄　英雄也（法一五二·二）
悤　急遽皃（淨二·十）
（鍾）容　受也（法一六五·二）
（江）邦　所以封諸侯也（五記）
（支）為　作也（法一四九·三）
吹　以氣激物也（法一五〇·三）
馳　大走也（法一五六·二）
施　張設也（法一五九·二）
疲　體倦也（法一六〇·三）
（脂）姿　儀容（淨一·九）
悲　痛泣也（淨三·五）
屍　死人形體也（法一五八·一）
卑　下也（法一六六·三）
（之）慈　善於子（淨一·二六）
疑　心不了也（淨二·二五後）
其　厥也（法一四五·一）
之　助辭也（法一四六·一）
欺　詐也（法一五三·一）
（微）肥　膚體充盈也（法一五九·三）
幾　同數多少也（法一六五·三）
（魚）渠　通水入田也（五記）
如　若也（法一四四·三）

(虞)疏　稀也(法一六八・一)

俱　偕也(法一四五・一)

(齊)梯　木堦所以登高也(倭抄三・五五)

齋　整也(法一七一・三)

(咍)胎　懷子三月(五記)

材　木任用也(法一五三・三)

(文)文　文章(淨一・三後)

云　言也(法一六一・二)

(殷)勤　不怠也(法一四九・三)

(元)原　廣平之地也(法一六四・三)

(魂)魂　運也人之陽氣游也(淨二・一三)

尊　高貴也(法一四七・一)

(山)艱　難也(法一六四・二)

(先)懸　垂下也(法一五六・一)

烟　火燒草木黑氣也(法一五九・一)

前　進也(法一六三・三)

(仙)緣　因緣也(法一四七・三)

(宵)朝　旦(五記)

(豪)刀　似釰一刃曰刀也(法一六四・三)

(歌)他　非己也(法一六〇・二)

羅　布物也(法一六五・一)

(麻)虵　極毒螫虫也(法一五七・二)

(覃)貪　貪婪也(法一五一・二)

龕　塔下室也(法一六四・三)

(陽)羊　羔羊也(法一五五・三)

牀　卧机也又作床(法一六一・二)

(唐)光　明也(法一四六・二)

湯　温水也(法一五〇・一)

黃　中央色也(法一五五・一)

(庚)行　行步也(法一四九・三)

坑　深坎也(法一五二・三)

(耕)鸚鵡　能言有三色異(淨四・五)

爭　競也(法一五六・二)

(清)精　靈也又奇妙(淨一・一九)

名　所以名質也(淨四・八)

貞　正也易云貞者事之幹也(法一五二・三)

(青)經　典也又經緯之經(淨一・一後)

聽　許也(法一六三・三)

(尤)瑠璃　寶也(淨一・一八)

周　遍也(法一四七・三)

流　水從下也（法一五〇・一）
（侯）樓　樓櫓城上屋（淨一、一三後）
（侵）禽　禽也曰鳥獸未孕者（淨一、五後）
臨　莅也（法一六一・三）
尋　逐也（法一七〇・一）
（盐）盐　煎鹹水所作也（法一六一・二）
瞻　望視也（法一五〇・二）
（登）僧　出家緇服人（法一五〇・一）
（咸）讒　邪言害正（淨二・十七後）
（嚴）嚴　莊也（法一四八・一）

上

（董）孔　穴也（法一五九・一）
（旨）水　所以潤萬物也（五記）
視　瞻也（法一五二・三）
履　踐也（法一七一・三）
（止）己　紀也物形可紀（五記）
紀　綱紀（五標）
里　人所居（淨二・十五）
始　初也（法一五四・二）
使　役也（法一六〇・二）
矣　語已助辞也（法一五二・三）

（尾）葦　蘆屬細者（法一五二・二）
（語）序　述也又由也次也（五記）
汝　爾也（法一五一・三）
許　可也（法一五六・一）
鼠　穴居小獸也（法一五七三）
（麌）主　主領又賓主之主（淨二、十四後）
聚　集也（法一五三・二）
（姥）戶　有扉曰戶（五記）
努　竭力也（淨二、五後）
（薺）抵　獸以角觸物（淨二、九）
體　身軀也（法一四九・二）
洒　驚辭曰洒也（法一五二・一）
（海）綵　絹帛入色也（法一五三・三）
（隱）近　就也（一四八・一）
（混）損　減也（法一六三・二）
（產）眼　目也（法一五一・三）
（銑）典　常也陳常道也（淨一、八）
（篠）了　畢也（一五五・三）
窈窕　深遠貌又窈窕幽閑又善心曰窈（淨二二十三後）

(皓)(小)小　不大也(法一四七・二)

槀　古者以槀爲筆書訖以刀刻於板也(倭抄五・二十一)

(哿)果　事遂曰果(法一六二・一)

鎖　連鐵環以拘頸也(法一六九・三)

(馬)馬　武畜也(法一四九・一)

假　借也(法一五二・一)

(感)感　動心(淨一・十)

(敢)慚　小恥也(法一五四・三)

(養)想　思想也(淨三・八)

掌　手心也(法一四六・二)

(梗)永　長也(法一五四・三)

(静)静　不喧也(法一四九・二)

整　理也(法一六〇・三)

請　求請也(法一五二・三)

(有)酒　百藥之長所以宴飲行禮(淨二・三十後)

醜　面貌惡也(法一四八・二)

首　頭也(法一五八・三)

負　背荷也(法一六〇・一)

(厚)毆　毆逐又於后反打(五記)

去

(寑)審　諦也(法一六一・二)

(用)誦　無本闇還也(淨三・十四)

共　同也(法一五二・二)

(絳)巷　街巷也(法一六七・三)

(寘)偽　不真也(淨一・十五後)

智　達也(法一四六・一)

臂　肱也(法一六九・二)

(至)帥　主帥(五記)

示　呈也(法一五〇・三)

弃　捐也或作棄(法一五一・三)

備　具也(法一五三・一)

醉　飲酒失度也(法一六四・二)

冀　希望也(法一六四・二)

(志)孳　孳貌(五標)

事　事務也(法一四八・三)

值　遇也(法一五一・二)

寺　伽藍佛廟名也(法一六六・二)

(未)氣　息也(法一六〇・二)

(御)譽　稱讚人之美(淨一・二十)

(暮)度　逾越也(法一四六・二)

固　堅也（法一四九・三）
妬　忌也（法一五二・三）
布　織麻及紵為幣也（法一五三・三）
庫　貯財帛舍也（法一五六・二）
（泰）大　不小也（法一四四・三）
蓋　覆也（法一四九・二）
會　合也（法一六四・二）
（祭）誓　結言也（法一五三・一）
（卦）畫　胡卦反丹青所圖也又胡麥反畫分也（法一五三・三）
（怪）疥　口食瘡也（法一五九・三）
械　穿木加足也（法一六九・三）
（代）愛　悦（淨一・二六）
黛　青也所以畫眉焉（法一四六・三）
（震）震　雷也陰陽相薄聲也（五記）
賑　給也（淨二・二十）
引　羊晉反牽也（淨三・十三後）
（問）釁　氣繞日月也（倭抄一・一四）
訓　誨也（法一六八・一）
（願）建　立也（法一五三・二）

恨　恨深也（法一六六・三）
（慁）頓　困頓也（法一六九・一）
（翰）段　分段也（法一六九・三）
（霰）殿　王者寢室又作壂（淨一・十三後）
（線）变　怪也（法一四八・二）
（嘯）叫　大呼也（法一五八・三）
（笑）笑　憙出聲也（法一五〇・一）
（箇）馱　負物者也（倭抄七・七九）
（漾）讓　推賢之言也（淨二・二五）
妄　言不信也（淨三・十後）
相　貌也（法一四七・三）
障　（之亮反）礙也又諸良反（法一五六・二）
（敬）詠　吟諷也（法一六六・一）
鏡　鑒容也（法一六八・三）
（勁）聖　正也（法一四七・二）
淨　潔也（法一四八・二）
性　心性也（一五〇・一）
姓　氏也（一五一・二）
（徑）聽　（他定反）以耳取聲也（法一五一・一）
（宥）富　饒財也（法一五五・二）

晝　日中也（法一六〇、一）
（候）茂　草木盛也（法一五〇、一）
（證）應　自遠而至也（淨一、十五後）

入

（屋）肅　敬懼貌（五記）
戮　又作僇加刑（五記）
哭　哀亡者之聲（淨二、八後）
福　佑也（淨二、十後）
獨　老而無子也（淨二、十二）
速　疾也（法一五一、三）
（沃）鵠　鴻鵠似鶩色蒼（淨四、五）
（燭）獄　牢罪人所也（法一四七、三）
辱　恥也（法一四九、三）
（質）密　祕密也（法一六一、二）
（物）佛　胡言佛陀漢言覺者（淨一、二）
屈　不伸也（淨三、十五後）
物　有用者通稱也（法一五五、三）
（月）罰　懲罪也（淨二、十後）
（沒）忽　事不意而至也（淨二、三）
（末）奪　手持物失落也（淨二、十七）
（屑）竊　盜也（淨二、十七）

切　逼切也（法一六四、二）
（薛）說　論述也以言誘他也（淨一、一後）
竭　（渠列反）乾也（法一五九、三）
列　羅列也（法一六一、一）
（昔）籍　簿籍書也（淨一、四後）
（麥）策　竹簡（五記）
責　以理呵也（法一五四、三）
（陌）逆　犯也（淨三、四後）
廹　逼切也（法一五三、一）
（合）塔　佛墳也（法一四五、一）
納　受也（法一六三、三）
（盍）鑞　美錫也（法一五三、三）
（狎）甲　鎧也（五記）
（緝）執　捉也（法一六一、一）
（藥）鵲　似烏而少白駮也（法一五六、三）
弱　不強也（法一六四、一）
（鐸）錯　誤也（法一五三、一）
落　零也（法一五五、二）
（職）力　健也（淨一、十二）
色　五綵之總名也（法一四八、二）

（德）勑　君之教令也（法一六一・三）

國　域也（淨一・十六後）

2　韓知十切韻

平（東）功　德也（淨一・一〇）

（支）萎　草木死壞也（法一六三・二）

（脂）飢　餓也（法一五八・一）

追　逐也（法一五六・二）

（微）威　德也（法一四七・二）

（魚）居　處也（法一六〇・三）

（虞）愚　不慧（淨二・一二・後）

俞　又益也（法一六一・二）

（咍）哀　憫也（法一六三・一）

（寒）觀　示也（淨一・一四）

（刪）顔　眉目間也（淨一・九）

（仙）偏　不平也（法一五六・二）

筌　取魚具也（五記）

（陽）狂　失常性（五記）

（清）精　神又明也（淨一・一九又二・一三・後又二・一九）

（德）得　獲也（法一四五・二）

或　不定之辭也（法一四八・三）

（侵）尋　續也（法一七〇・二）

婬　邪僻之行（淨二・一六）

（蒸）應　當也（法一四八・一）

上（止）使　令也（法一五二・一）

（姥）鼓　擊也（法一六九・二）

（薺）牴　牴觸漢書作角抵戲兩相當角勝故名

角牴牴者當也（淨二・九）

（馬）且　猶復也（法一六八・一）

捨　棄也（法一四九・二）

（養）想　像也（淨三・八）

（耿）耿　不安貌也（弘鈔四注）

（琰）險　亦作嶮（法一五四・二）

去（寘）積　聚禾穀（法一六九・一）

腄　坐寐也（法一六九・三）

（遇）付　以物與人也（法一六一・二）

（暮）雇　以財借人力也（法一六一・二）

(廢) 杮 削朴也謂削木之朴所出細片曰杮也(倭抄五、八四)

(漾) 妄 詐也說文亂也(淨三、一〇、後)

入

(物) 拂 除也(法一六一、一)

(緝) 濕 水浸潤也(法一六四、三)

(陌) 逆 咈戾(淨三、四、後)

客 賓徒也(法一六一、二)

(鐸) 作 為也又去聲(法一四八、二)

3 蔣魴切韻

平

(鍾) 鍾 磬之大者也(法一六五、三)

(江) 江 小海也(法一六五、一)

(模) 蘇 牛羊馬乳煎成蘇也(法一六七、三)

(真) 陳 布也(法一六一、二)

(魂) 樽 酒海也(倭抄四、七七)

(先) 先 昔也(法一五三、二)

(麻) 跏 跏趺坐也(法一四七、二)

(尤) 籌 算也(法一五五、一)

(侯) 篼 牛馬口上籠也(倭抄五、七八)

上

(董) 桶 汲水於井之器也(倭抄四、八五)

搏 捉(五記)

(職) 逼 迫也(法一五三、一)

(德) 國 封邑古者諸侯稱國大夫曰家(淨一二六、後)

(葉) 攝 引持也(淨三、一二、後)

(業) 接 合也(法一六四、二)

接 持也(法一六五、二)

總 聚絲成束也(倭抄六、一九)

汞 水銀別名也(倭抄三、八三)

(講) 棒 杖名也(倭抄五、四七)

(紙) 樏 樏子有隅之器也(倭抄六、七三)

綺 似錦而薄者也(倭抄三、九〇)

鼫鼠 鼫鼠有五能能飛不能過屋能啼不能轉聲能泅不能過瀆能緣不能窮木能耕不能掩身喻人之短藝即螻蛄也(倭抄八、九五)

(語) 處 處分也(法一五二、二)

（姥）距　鷄雉脛有歧也（倭抄七、四八）
（阮）⿸广舟　洩舟中水之斗也（倭抄三、六七）
宛　迴轉也（法一六〇、一）
（篠）篠　細細小竹也（倭抄一〇、八五）
（哿）我　吾也（法一四四、三）
（馬）瓦　燒泥爲之蓋屋宇上蓬萊子造也（倭抄三、一九）
（敢）毯　毛席以五色絲爲之（倭抄六、六九）
（養）蠁子　酒醋上小飛蟲也（倭抄八、九九）
（迥）逈　遠也（法一六四、一）
（厚）餢飳　（部斗二音）油煎餅名也（倭抄四、四五）

去

（忝）簟　織箴爲席暑月舖之（倭抄六、七〇）
（送）送　遣也（法一六三、二）
（寘）鞁　以鞍駕馬也（倭抄五、五一）
半臂　衣名也（倭抄四、九）
（至）鷙　鷹鷂總名也（倭抄七、五）
櫃　以厨向上開闔器也（倭抄四、八一）
（志）意　心也（法一四七、一）
（未）熨　熨斗所以熨衣裳也（倭抄六、四七）
（暮）袴　脛上衣名也（倭抄四、一四）
（霽）棙　琵琶撥名也（倭抄六、五）
（代）袋　囊名又金銀魚袋（倭抄四、二五又六、七七）
（翰）汗　人身上熱汁也（倭抄一、六〇）
⿰旱皮　在臂避弦具也（倭抄二、九〇）
炭　樹木以火燒之仙人嚴青造也（倭抄四、一〇三）
（霰）練　熟絹也（倭抄三、九四）
（線）院　別宅也（倭抄三、一〇）
（笑）輕笑　嗤笑也（法一七二、二）
（禡）卸　除鞍（倭抄五、五一）
（宕）浪　水文波浪也（法一六九、三）
（宥）繡　以五色絲刺萬物形狀也（倭抄三、九一）
（沁）忩　以箴爲筆曰忩周赧王時史良公田樓造也時人以竹忩畫文字今工匠墨忩是（倭抄五、八八）
（證）甑　炊飯器也（法四、八四）
（嶝）鐙　鞍兩邊承脚具也（倭抄五、五五）
（梵）泛子　㪷別名也（倭抄五、七二）

入

（覺）嶽　高山名也（倭抄一、六〇）
鋜　鐲足具也（倭抄五、四九）

(曷)兎褐　襌衣以兎毛和織也(倭抄三、九〇)
(錫)績　績麻苧名也(倭抄六六、三)
(麥)簀　床上藉竹名也(倭抄三、三三)
核　子中之骨也(倭抄九、八五)
(陌)拍　打也拍板樂器名也(倭抄六、一五)
(鐸)樂　喜樂也(法一四九、二)

4　薛峋切韻

平(鍾)重　累也(法一四八、一)
(支)隨　從也(法五二、又二)
疲　勞也(法一六〇、二)
罹　遭被於事也(法一六〇、三)
瑠璃　火齊珠(淨音一六)
鵄　一名鶹鵂(法一五六、三)
(脂)尼　女僧也(法四五、三)
(微)微　匿也(五記)
巍　功德高大亦謂巍巍也(法一六九、三)
(魚)車　黃帝作車舟故號軒轅氏世本奚仲造車謂廣制度(淨四、一、後)
徐　徽也(法一六一、二)

(職)鞲　箭上大皮也(倭抄一〇、八六)
極　乏也(法一五六、二)
(德)墨　以松柏煙和膠合成也(倭抄五、二一)
塞　閉也塡也(法一五九、二)
(怗)屧　鞋下屧脊也(倭抄五、五二)
(虞)夫　周禮以八寸為尺十尺為丈人長一丈故云丈夫(淨二、一六)
(模)狐　似犬黃白色長尾(法一五七、三)
珊瑚　或生山(淨一、二八)
呼　大聲也(法一五八、三)
都　大凡也(法一六〇、三)
(齊)齊　等也(法一七一、三)
(咍)胎　養也(五記)
(眞)昫　日出溫暖氣(五記)
勻　翼旬反少也齊平等稱(五記)
(文)文　虛辭飾過皆曰文(淨一、四)
(寒)干　數之不定也(法一四六、三)

（仙）連　（力延反續也）又以為槤槤字又戾見反未成難（五記）

詮　具也具說事理曰詮（五記）

（宵）遥　遠也（法一六一、二）

（肴）交　錯也（法一五〇、二）

（豪）豪　有權勢也（法一六一、二）

（陽）量　以量分多少也（淨一、二二、後）

芒　禾穗芒也（倭抄九、二二）

強　健也（法一六〇、三）

（唐）當　正也應也（法一四八、一）

（庚）榮　人之華寵也（法一五五、一）

迎　請也（法一七二、二）

（清）精　粺米之精細者又凡物之善曰精（淨一、一九）

精　人之魂神精其理幽靜也（淨二、一九）

名　人及萬物各須有以名其質也名顯而分别也又有異德顯亦别謂之名山丘衆物有奇異亦皆謂之名也（淨四、八）

（青）經　法也聖王之書可為常法又文籍之教曰經又佛留教語也漢明帝夜夢金人丈餘群臣言議而說傳毅曰西國有胡神其名曰佛不過數日西國獻佛白馬馱經至是也（淨一、一、後又一、八）

（尤）不　詞之遠也（法一六三、二）

（侯）毆　擊說文撫擊也（五記）

（侵）任　堪也（法一五一、三）

婬　私通也謂姦私也（淨二、一六）

（鹽）鹽　神農時人宿沙氏初煮海水為鹽（法一六一、三）

（登）曾　詞之舒也（法一六二、三）

能　任也（法一四六、二又一五一、三）

（銜）欃　（鋤銜反）又七巖反欃槍彗星又名孛言其形孛孛若掃帚（五記）

（上講）講　談經典義也（法一四八、三）

（旨）指　手足指也（法一五三、三）

指　指示人也（法一六七、一）

水　准平也水性平准平物淮南子云有形之類莫尊於水（五記）

（止）已　起也（五記）

以　像類也（法一六一、三）

（語）去　遣也（法一六三、二）

（麌）主　家長也（淨二二四、後）

（姥）戶　一家謂一戶（五記）

（海）海　百川所歸也（法一五五、一）

采　官也（法一七一、三）

（阮）憲　古文作忓（法一五六、一）

（篠）曉　知也（法一五四、三）

窈窕　美也（淨二、二三、後）

（晧）果　木果也（法一五〇、一）

火　燬也所以燒燬萬物也（法一五五、三）

（馬）且　將也（法一六八、二）

（感）感　應動又痛傷也（淨音一、一〇、後）

（養）滉瀁　水無涯際（淨二、二五、後）

長　張丈反進也尊也百物所成謂之長（淨四一、後）

（梗）竝　俱也彭猛反俗作並蒲迥反比也（法一六二、三）

並　俱也（法一五九、一）

秉　禾束也（倭抄九、二一）

（有）酒　造也案造爲吉凶之事（淨二、二〇、後）

（厚）母　萬物類能生皆云母老子有名萬物之母（淨三、六、後）

（豏）減　輕少也說文損也（法一六三、三）

去

（用）縱　亂放也（法一六一、三）

（至）類　種類也（法一五二、一）

帥　東宮切韻云所律反薛峋曰又襄翠反導領人衆又將軍（五記）

憔悴　憂愁之容（淨三、五）

（志）志　望也（法一四八、三）

（未）佛　（符弗反）又芳味反仿佛相似（淨一、一）

（泰）狽　敗亂之形（弘鈔二注）

（霽）切　普也（法一五一、二）

（祭）歲　十二月之總名也（法一五〇、一）

（卦）賣　出物以交易也（法一六六、三）

（代）薆　陰也（五記）

（震）震　又作振（五記又法一四七、一）

（問）糞　穢物肥地也（法一六一、二）

（願）健　剛強也（法一六五、三）

（慁）鈍　識闇濁也（法一五三、一）

（翰）筭　賦名（淨一、三、後）

(号)號　施令又召也(淨四・八)

(漾)王　往況反盛德之君南面之尊故謂王王天下也(法一六六・三)

(敬)命　有生之類所稟以生(淨二・二三)

入

(屋)服　用也(法一六七・二)

覆　反覆也(法一六二・一)

(質)悉　皆也(法一四八・二)

(末)末　對本之言也(法一五二・一)

括　撿又結速(五記)

(屑)潔　清潔也(法一五六・一)

(薛)莂　明也亦解也或作詡別也(法一六七・二)

5　裴務齊切韻

上

(軫)隼　鷙鳥也大名祝鳩(倭抄七・八。案「大」字疑誤。)

6　麻杲切韻

平

(鍾)忪　忪忪懼貌(淨二・二四)

從　猶由也(法一四八・二)

(脂)悲　哀傷也(淨三・五)

(陌)逆　却拒也(淨三・四・後又法一六〇・二)

赫　赤光貌(淨一・一九)

(合)呐　玄應云噎又作呐入口也薩峋同之(法一六〇・一)

(狎)押　夾(五記)

(緝)泣　眼出涕(淨三・五)

(帖)攝　乃牒反接也(淨三・一二・後)

(職)力　務也(淨一・一二)

(業)業　事也(法一四八・二)

接　續也(淨三・一三・後)

入

(沒)鶻　鷹屬也(倭抄七・八)

鴟　俗呼為老鴟(法五六・三)

(微)微　無也(五記)

(寘)字　廣雅生也(五記)

虞　書云儆戒無虞虞度達也虞度量也（五記）

諛　謟也蒼頡篇諛謟曲也尚書僕臣諛厥后自聖孔氏曰謟諛也（淨二・十四）

須　須臾不久也（法一六四・三）

（模）菩　內典有菩提胡語也漢言善心衆生（淨一・三）

狐　一名野干（法一五七・三）

（佳）咼　（口蛙反）麻杲又枯瓜反（法一六八・一）

（咍）哉　語助也（法一五四・二）

財　貨物也（法一五五・三）

（真）倫　禮云擬人必於其倫倫類也又云祭有十倫倫猶義（五記）

鈞　法也（五記）

仁　謚法貴賢親親曰仁（淨三・十五）

身　躬也（法一四六・二）

塵　又宙刃反塗塵也（法一六一・二）

論　（力屯反）言有理也又盧魂反說也（法一六四・一）

（文）文　說文才智也（淨一・四）

軍　衆也（法一六三・三）

（殷）慇　慇懃丁寧也（法一五二・二）

（魂）瓫　瓦器也（法一六一・二）

（寒）珊　郭璞曰珊瑚樹有枝無葉碧難槁其上也（淨一・十八）

安　猶居止也（法四九・三）

（山）閑　欄也（毛詩標記）

（仙）詮　理也（五記）

禪　內典坐定也（法四九・二）

燃　燒也（法一五一・二）

甎　瓦類也（一五三・二）

（宵）痟　渴病也（法一六〇・二）

桃　詩云桃之落之桃藏本末也（五記）

（豪）高　崇也（法一五〇・一）

（歌）迦　內典有迦葉（法一四五・一）

羅　絡也（法一六五・二）

（麻）車　車輿之總名易云神農氏沒黃帝氏作服牛乘馬言奚仲作者非也奚仲夏時車政益有加（淨四・三）

耶　未定之辭也（法一五五・一）

斜　傾也又作衺（法一五六・二）

（唐）贓　納賄受財曰贓（五記）
傍　側也（法一五五・二）
悝　悚懼也（法一五八・一）
（庚）槍　欃槍妖星怪氣彗也（五記）
荊　棘也又作荆（法一六二・三）
（耕）鸚鵡　有三種青一種白一種五色一種交州已南諸國悉有之白及五色者其性尤慧解（浄四・五後）
（清）瓔珞　穿雜珠上以飾於身頸（浄一・五）
精　細好也亦人之精爽也（浄一・十九・二・十九）
屏營　國語云屏營彷徨於山林（浄二・五後）
（青）形　體也（法一五三・一）
寧　願辞也（法一五四・二）
（尤）由　從也（法一五一・二）
憂　愁也（法一五一・三）
上（腫）擁　擁持也（法一七〇・三）
（紙）徙倚　猶徘徊也（浄二・十九後）
技　技藝也（法一五〇・二）
氏　姓之別號也（法一六七・一）
（旨）揆　比也（五標）

（止）比　比較也（法一六七・二）
以　用也（法一四六・二）
裏　衣內也（法一六九・二）
己　身也（法一六七・一）
（尾）斐　文章貌易曰君子豹変其文斐（五記）
（姥）仵　陰氣與陽相仵（五記）
母　美詁反古切韻用吴音作莫厚反（法一四五・三）
土　（徒古反）土地田圭也人居其中謂之土圭也　又他古反（法一四七・三）
（賄）猥　廣雅云鄙也衆也頓也（浄二・九後）
（軫）引　發也杜預左氏傳注曰引導也（浄三・十三後）
（阮）婉　婉轉避也（法一六〇・一）
（巧）巧　詩云巧言如流言之善也一曰巧言辯佞之言辨惠也莊子巧歷不能得而況凡乎（浄一・二十）
（晧）稾　禾莖也（倭抄九・二十一）
好　善也（法一四八・二）
（哿）可　然也（法一四八・二）
（馬）者　別事之詞也（法一四七・三）

野　郊外也(法一五三、三)

(養)養　廣雅曰養樂也(淨三、六後)

想　淮南子曰想而無形者不能思於心(淨三、八)

像　形也(法一五一、二)

(靜)頸　項也(法一五八、三)

(有)酒　説文就也言就人性之善惡(淨二、二十後)

誘　進也(法一五五、三)

(琰)險　阻也(法一五四、二)

去

(送)夢　寢中見物也(法一六六、三)

(志)事　事業也(法一四八、三)

(遇)具　足也(法一四九、三)

遇　不期而會也(法一五、三)

(暮)故　事故也(法一四八、二)

慕　思慕也(法一六六、三)

(霽)計　國語計成而後行又范子有計然之術(淨一、三後)

慧　明也(法一四六、一)

(祭)弊　惡也(法一五六、二)

(代)愛　薆薱草盛(五記)

愛　憐念(淨一、廿六)

(震)震　亦作振動也懼也(五記)

(願)販　轉賣也(法一六六、三)

(翰)觀　爾雅觀謂之闕今案左傳官室不觀杜預曰觀臺榭也(淨一、十四)

(霰)現　露也(淨一四七、三)

(線)眷　親也(淨二、廿二)

卷　書卷也(法一六四、三)

(号)奧　説文室也深邃難測(淨一、十一後)

(箇)惰　嬾也(法一六六、三)

(宕)曠　空迥也(法一五三、二)

(敬)病　疾甚曰病(法一四八、二)

(勁)令　上命也又告也(法一、六五、二)

(豔)潛　疾豔反潛淵水又藏也(五記)

(證)應　相感應也(淨一、十五後)

入

(屋)木　木質言如木然(五記)

戮　既斬殺之又辱也(五記)

(燭)屬　衆人也(淨一、六後)

欲　將也(法一四八、二)

(覺)角　斛也(法一七二、二)

（質）匹　匹婦。婦人也（五記）
必　果也（法四八、二）
吉　良善也（法一六三、二）
（沒）忽　倏忽俄頃也（淨二、三）
（末）括　易云括囊無咎。括結也（五記）
（鎋）刹那　内典有刹那俄頃也（法一六五、三）
（薛）説　告也釋也（淨一、一後）
（昔）益　增也（法一五〇、三）
（麥）鎃　普麥反鉤鎃也（倭抄五、七六）
（陌）逆　不順也（法一六〇、二）
（緝）澀　不滑也亦澀吃也（法一六八、一）
（鐸）鰐　似鼈有四足喙長三尺甚利齒虎及大鹿渡水鰐擊之皆中斷（倭抄八、四）
（職）息　止也（法一四六、二）
極　盡也（法一五六、二）
（德）國　説文邦也又小曰邦大曰國（淨一、十六後）
賊　害物曰賊（淨二、十七後）
默　靜不言也（法一四九、三）
裓　各則反（法一五五、三）

7　武玄之《韻詮》

《韻詮》《新唐書·藝文志》十五卷，《日本見在書目録》十卷，又十二卷。

日本大正新修《大藏經》卷八十四安然《悉曇藏》引《韻詮》數則。安然書序於元慶少主即位四年歲次庚子二月朔旦，時當唐僖宗廣明元年（公元八八〇）。

韻詮序云：李季節之《華定音譜》於前，陸法言之徒修《切韻》於後。（卷二，三八一頁三欄）

正名例云：書有六體，一曰形声，二曰會意，三曰象形，四曰假借，五曰指事，六曰轉注。但諸儒異見，穿鑿者多。（卷一，三六八、二）

繕寫例云：自大篆小篆之後即有隸書，後人亦破楷書為行書，破行書為草書。所

以シン相亂，才寸相雜。（同前）

反音例云：服虔始作反音，亦不詰定。臣謹以口声為證。（同前。安然云：言口声者，即是口處發響之声。）

明義例云：凡為韻之例四也。一則四声有定位，平上去入之例是也。二則正紐以相證，令上下自明，人忍仞日之例是也。三則傍通以取韻，使声不誤，春真人倫是也。四則雖有其声，而無其字，則闕而不書，辰蜃脣例也（卷二·三八二、一）

商略清濁例云：先代作文之士，以清韻之不足，則通濁韻以裁之。濁韻之不足，則兼取叶韻以會之。叶韻之不足，則仍取並韻以成之。（同前）

韻詮五十韻頭：

羅盧何反　家古牙反　支章移反　之止而反　微無飛反　魚語居反　虞語俱反

模莫胡反　佳胡膎反　齊徂兮反　皆古階反　移成西反　灰呼恢反　咍呼來反

蕭蘇聊反　宵相焦反　周之牛反　幽於虯反　侯胡溝反　肴胡交反　豪胡刀反

東德紅反　冬都宗反　江古邦反　鍾之容反　陽移章反　唐徒郎反　京古行反

爭側耕反　青倉經反　清七精反　蒸之應反　登都藤反　春尺倫反　臻側詵反

文武分反　魂戶昆反　元愚袁反　先蘇前反　仙相然反　山所姦反　寒胡安反

琴渠今反　岑鋤簪反　覃徒含反　談徒甘反　咸胡讒反　嚴語坎反（坎當作枚）　添他兼反

鹽余占反　（卷二、三八三、三）

這五十韻按照陰声韻在前陽声韻在後來排列的。陽声韻內又按照韻尾-ng、-n、-m三類來排比，次第整齊有序。與陸法言切韻相比較，韻目名稱稍有不同，而其中無脂韻、

殷韻、痕韻、删韻、銜韻、凡韻等七韻。可能是脂併入之，殷併入文，痕併入魂，删併入山，銜併入咸，凡併入嚴。但又由齊韻分出移韻，由侵韻分出岑韻，也比較特殊。由齊分出移，因移韻一類字韻與齊不同；由侵（即琴）分出岑，與"切韻"中臻不與真同韻相似。

"韻詮"見於慧琳"一切經音義"引用的文字很多，龍璋"小學蒐佚"已輯録者，今不重録，學者可參看。武玄之不知何時人，慧琳書作於德宗之世，則武玄之爲德宗以前人無疑。五代時孫光憲"北夢瑣言"卷九云："曾見"韻詮"，鄙駁"切韻"，改正吳音，亦甚覈當"。足見五代時"韻詮"還有傳本，所言改正"切韻"亦甚覈當，可能就是指歸併韻類而言。

下列逸文即據"悉曇藏"所引平声韻次來排列的，上去入韻目名稱次第都不可考，僅據平声韻次排列。

平（家）　跏　跏趺坐也（法一四七·二）

（魚）　車　淮南子曰古者見轉蓬爲車（淨四·三）

（虞）　夫　男子通稱人一丈爲量謂之丈夫謂婦人爲夫人夫之言扶扶成夫之德（淨二·十六、法（五〇·三）

（侯）　拘　捉也（五記）

毆　逼（五記）

（東）　宮　謹案古者宮室一也自漢以後君所居曰宮臣所舍曰室也呂氏春秋高元作宮（淨一·十三後）

（陽）　場　僧集之處也（法一五〇·二）

瘡　瘡疥也又作刅創同也（法一六一·三）

（唐）　贓　以罪徵財（五記）

（京）　横　任也（法一五七·三）

迎　候也（法一七二·二）

（青）　經　經延之字或作逕（法一六五·三）

（清）　名　明也以明其質也从夕从口闇不相見須口以自名也（淨四·八）

（春）　仁　仁主東方木仁爲角声（淨三·一五）

（文）　文　字有韻謂之文無韻謂之筆（淨一·三後）

上

(元)怨　讎也(法一六六、三)

(寒)野干　似狐而小(法一五八、二)

(琴)侵　欺也(淨二、一八)

(紙)捶　或作箠(法一六〇、一)

(止)子　實也(法一六五、三)

(語)處　居也(法一四九、二)

(麌)腐　承先師訓以此與父同声改為撫音矣(法一五五、二)案中算引窺基云朽也，府音，又撫音。腐與父同声、下有敗字、似言父敗，如里名勝母，曾子不入也。此語見窺基法華音訓(法華玄贊卷五末)。由此可知父今音變去声而腐字不變的原因。

(姥)努　努力勤勉也(淨二、五後)

(薺)禮　內典禮拜也(法一四七、二)

(篠)了　象人無兩臂也(法一七二、二)

(有)酒　案戰國策云帝女儀狄造酒獻於禹曰後必以酒亡國遂疏而去之(淨二、二〇後)

(阮)反　叛也(法一六〇、二)

(感)感　以德動物(淨一、十後)

去

(法一七一、二)

(遇)數　簡數也(法一四六、二)

(暮)渡　涉水也(法一六九、一)

(怪)敗　人毀曰敗也又云加刀損減也字作壞誤也(法一六九、二)

(宥)呪　誓也(法一七〇、一)

鼬　赤黃色俗謂之鼠狼(法一五七、三)

(命)命　稟天而生皆曰性命(淨二、二二)

(勁)正　直也(法一五四、三)

(證)應　事意相當也(淨一、十五後)

(換)冠　加冕於首(淨一、五)

入

(屋)伏　屈也(法一六二、二)

(燭)蓐　衣也草也(淨二、廿六)

足　脚趾也(法一四七、一)

(鐸)樂　願也(法一四六、二)

薄　不厚之稱也(法一五三、一)

(陌)澤　陂澤也(法一六〇、三)

(昔)籍　古者無紙以竹殺青為簿及寫書(淨一、四後)

(職)敕　誡也正也(淨二、廿四)

（質）率　領也（法一六二・三）

出　發遣也（法一六二・三）

8　祝尚丘切韻

祝尚丘年代不可考。慧琳書引及祝氏切韻，據此可知祝為德宗以前人。

平（東）終　畢竟也（法一五三・二）

聽　察也謂明了也（法一六三・三）

（鍾）峯　山尖高處也（倭抄一・六二）

（之）癡　病也（淨二・一二・後）

（虞）莩　華中白幕（五記）

（模）麁　物不精細也（法一六八・一）

（齊）迷　惑也（法一五三・一）

（佳）牌　牌牘（弘鈔四注）

（皆）皆　咸也（法一四五・一）

懷　包藏也（法一六八・三）

（咍）才　技藝也（法一四六・一）

（眞）辛　苦也（法一六六・三）

淳　朴也厚也（法一六五・二）

倫　輩也文選雜体詩曰遠想出宏域高步超常倫向曰宏大倫輩也（淨一、

（薛）設　會也（法一六四・三）

（緝）泣　悲也（淨三・五）

（三）

（文）分　施也（法一五一・三）

（魂）魂　靈也（淨二・一三）

（寒）殘　傷也（法一五八・三）

官　官位也從𠂤猶衆也（淨一・六・後）

（先）懸　遙遠也（法一五四・三）

（仙）宣　明也（法一四八・一）

（蕭）梟　土梟鳥白日目不見夜能拾蚤蝨又一名鵂鶹少美長醜其子大則食其母古以此鳥不孝夏至日捕磔懸其頭於木上（五記又法一五六・三）

（陽）蜣蜋　黑甲蟲在糞中者也（法一五七・三）

長　永也（法一五二・二）

（庚）兵　軍器金刃者曰兵（淨二・二五）

（清）纓　馬胸鞅也（法一五六・一）

成　畢竟也(淨三、八)

(尤)

䴺䴩　上音浮下偷口反諸字書本無此字顔之推證俗音從食作餢飳字鏡與考声祝氏切韻等並從麥作䴺䴩音與上同(慧琳音三七、十二)

(侵)

婬　放也(淨二、一六)

上

(凡)

凡　皆也(法一、六二、一)

(董)

捴　皆也普也(法一、六六、二)

(紙)

徙倚　少迴步也文選洛神賦曰徙倚彷徨是也(淨二、一九、後)

(止)

止　安也(法一、六三、三)

已　(音以)大也語然詞(五記)

(語)

舉　擧起也(法一五四、二)

(麌)

主　君上也執也掌也典也職守也晏子春秋曰一心可以事百主百心不可事一主孔安國註尚書曰民心於上無有常主惟愛己者則歸之是也(淨二、一四、後)

(姥)

鹵　寫鹵左氏傳表淳鹵杜預曰淳鹵确薄之地也(五記)

五　字從二陰陽在天地閒交午(五記)

苦　患也(法一四八、二)

(薺)

啓　下通於上也(法一六五、三)

(養)

長　大師也(法四、一、後)

(琰)

險　惡也(法一五四、二)

去

(寘)

刺　芒銳殺也(淨二、五、後)

(至)

膩　膏澀也(法一六一、三)

憔悴　容皃哀惡(淨三、五)

示　現也(法一五〇、三)

(祭)

藝　魚祭反伎能在身也(淨一、四)

(夬)

快　稱心也(法一四八、二)

(隊)

碓　蹋舂具也(倭抄四、八三又六、四五)

(代)

愛　親也(法一、二六)

(沁)

妊　懷任也(法一六八、三)

入

(屋)

伏　匿藏也(法一六八、三)

肉　凡有血氣之類皆謂肉也(法一四九、二)

畜　許竹反(法一六六、二)

(沃)

毒　苦痛也(法一五三、一)

(燭)

屬　類也齊等也(淨一、六、後)

(覺)

覺　曉悟也(法一四八、三)

相撲 較力也亦作𢶉(法一六六・二)

(質)日 太陽之精也古音而職反(法一五〇・三)

逸 縱也(法一五一・三)

率 統也(法一六二・三)

(月)髮 頭毛也(法一四九・二)

(沒)卒 忽速也(法一六六・二)

(屑)節 符信也(淨二・一九・後)

(昔)潟 出東方曰潟(五記)

席 藉也草履為之蘇公造也(法一六二・二)

籍 通籍二尺竹牒也又凡書於簡札皆曰籍應劭曰籍者為二尺竹牒記其年紀名字物色懸之門也(淨一・四・後)

(陌)赫 明也顯發也毛詩赫赫顯盛貌爾雅赫迟也(淨一・一九)

(狎)押 檻圈胡甲反(五記)

(德)黑 墨色也(法一五八・三)

賊 殺人不忌也韓詩賊仁者謂之賊賊義者謂之殘莊子斥交離親謂之賊也(淨二・一七・後)

9 孫愐"唐韻"

"唐韻"在"倭名類聚抄"裏引用的最多，其中也有別題為"孫愐切韻"的，可能是另一種書。"法華經釋文"中所引有孫愐，有"唐韻"；而大都稱"孫愐曰"。"淨土三部經音義集"據"東宮切韻"都題「孫愐」。古寫本"五行大義"標記和背記也是如此。日本釋圓珍"觀普賢菩薩行法經記"(上下兩卷，見"大藏經"卷五十六)和釋明覺"悉曇要訣"(四卷，見"大藏經"卷八十四)也都引到"唐韻"。孫愐書依序文當稱"唐韻"，而"唐韻"的傳寫本以及增修本在唐代一定種類比較多，上述的日本古籍中所引也很雜亂。凡稱"孫愐"的也未必就是孫愐的原書。釋中算所引孫愐書的注解往往不見於現存的蔣斧印本"唐韻"。蔣本有不少字是沒有訓解的，而中算所引每每有訓解。"倭名類聚抄"所引的"唐韻"與蔣斧印本也或同或不同。

以前、王國維曾經根據『倭名類聚抄』和『淨土三部經音義集』所引『唐韻』和『孫愐曰』輯成『唐韻佚文』一卷。凡蔣本『唐韻』去入兩卷已有的字，不論注釋相同與否都不録。現在根據上述各書分别輯録，據蔣本『唐韻』韻目系統編次在一起。為便於分辨，凡原文引稱『孫愐』的，都在字上加一小圈表明。字上不加圈的，都是原文引稱『唐韻』的。凡見於王國維所輯『唐韻佚文』的，則在字的右邊加一圈點。直接用王書的，都在字下括號内注一『王』字。『倭名類聚抄』所引『唐韻』的訓解與蔣斧本相同的，一律不録。如有不同，則照録引文，並注出與蔣本的異同。凡各書引到『孫愐』的，無論與現存蔣本是否相同，都一一録出，並與蔣本比較，以見諸書所引『孫愐』説與現存蔣本『唐韻』的異同。下面所録的逸文下只有卷數和頁數而没有書名的都出於狩谷棭齋注本『倭名類聚抄』。出自其他各書的，一律有書名，以免混淆。

平声

(東)

鶇· 鳥名也(七、一七)

蛞蝀 科斗也(八、八六)

同 齊也和也合也(法一五一、一)

筒· 竹名也(一〇、八五)

瞳· 目童也(二、八)

䡴· 車上網也(三、七六)

⿱雨衆· 小雨也(一、二七)

⿰鳥戎· 雀⿰鳥戎小鷹也(七、八)

芎藭· 香草也根曰芎藭苗曰蘪蕪(一〇、

(〇)

楓· 黄帝殺蚩尤弃其桎梏變為楓木脂入地千年化為虎魄(王·釋文瑩湘山野録)

蘴· 蔓菁苗也(四·五六)

⿱空鳥· 恠鳥也(七·二一)

篭· 竹器也(四·九四)

櫳· 乘馬又牽也(一、一〇七)

⿰革龍· ⿰革龍頭也(五·五九)

磨礱　磨礱磑也（四、八四）

翁　老人也（一、八九・孫切）

葱　葷菜也（九、二六）

悤　迫也速也（淨二、一〇）

葼　木細枝也（一〇、一八）

椶　椶櫚一名蒲葵（一〇、九九）

蓬　薄紅反孫愐云又蒲孔反（法一五八）

篷　篷庳船上屋也（三、六三）

獶　音農又（奴刀反）毛犬也（七、七二）

衳　小褌也（四、一六）

訟　訴也（法一七〇、二）

（鍾）（冬）

重　重守多音唐韻云直容反複也疊也（已上平）直隴（力重）反多也厚也慎也又直龍反又直用反（已上上）柱容反更為也又柱容反（已上去）（觀普賢菩薩行法經記卷上二三四、二）

從　（七恭反）服也隨也（又䟺容鏦用反）（法一五二三）

胷　膺臆也（二、二六）

工）

工　工每也（一、四七）

（支）

釭　燈也（王、草堂詩餘前集卷下注）

郱　大曰郱小曰國（五記）

瀧　南人名湍曰瀧（倭抄一、五二）

牽紋　挽船繩也（三、六六）

梔　梔子木實可染黃色者也（六、四八）

枝　枝柯也（法一五二、三）

榰　榰柱支屋敧也（五、八二）

眵　目汁凝也（二、一一）

移　遷也（法一六五、一）

觿　角錐童子佩觿（五、八九）

奇　異也（法一五五、三）

蚑　蟲行也（八、一〇一）

儀　左傳有威可畏謂之威有儀可象謂之儀（淨一、九後）

釃　酒籭也（四、三六）

疵　黑病也（法一五三、一）

⿱此巾　布名也（三、九六）

羈　馬絡頭也（五、五九）

紕　繒欲壞也（三、九四）

絁　繒似布也（三、九四）

鐁　平木器也（五、八六）
差　不齊等也（法一六八、一）
魑　魅也（一、四四）
黐　所以黏鳥也（五、六八）
釃　下酒也（四、三四、唐）
⿰革巂　鞍鞘也（五、五四、唐）
槻　木名堪作弓者也（一〇、九九、唐）

（脂）

鴲　小青雀也（七、一五）
姨　母之姊妹也（一、二八）
痍　瘡也（二、七二、唐）
枇　枇杷菓木冬花而夏實也（九、七二、唐）
資　助也（法一六四、二）
鴟　鳶鳥也（弘鈔一）
鵄　一名鳶（法一六五、三）
瓷　瓦器也（四、九一）
鬐　馬項上長毛也（七、八六）
棃　果名也（九、五七）
龜　水蟲龜屬也大戴禮云甲蟲之長也（法一七三）
悲　嘆也（淨三、五）

（之）

圯　土橋也（三、五五）
塒　毛詩云鷄栖于塒注云鑿墻而棲曰塒（七）
鰣　魚名也似魴肥美江東四月有之（八、二三）
嶷　猜也又猶豫不決之貌（淨二、二五後）
罘罳　屏也（三、三六）
鎡錤　鋤別名也（五、七四）
鯔　魚名也（八、二七、孫切）
谷　耻也擊之以令耻（五記）
憙　心所念曰憙（一、二六）

（微）

微　芳也薄也少也毛詩箋云微不明也又微猶虧傷也（五記）
輝　光輝也
暉　日色
煇　上同｜以上三字見普賢行法經記卷上（二三六、一）
幃　香囊也（六、四四、唐）
韋　柔皮也（五、九二）

威　左傳有威可畏謂之威(淨一・九後)
戴　吳人曰鬼越人曰戴(一・三二)
希　奇也(法一四八・一)
車　乘也畜駕之(淨四・三)
腒　腒腊乾肉也(四・六二)

(魚)

渠　尚書渠大今案毛詩夏屋渠渠箋云渠渠猶勤勤也(五記)
苞苴　裹魚肉也(六・三六)
蝍蛆　食虵虫蜈蚣是也(八・七〇)
鶿鶋　白鷺也(七・三七)
梳　櫛也(六・三〇)
虛　空而不實也(法一五二・三)
椶櫚　一名蒲葵(一〇・九九已見東韻)
礛䃴　青礪石也(五・九七)
如　似也(法一四四・三)

(虞)

愚　癡也惷也又昧而妄知也闇也頑也(淨二・二二後)
鸅鸆　護田也(七・二八)
鴸　鳥名也(七・一七)
須　意所欲也(法一五二・一)
几　或作机(法一五五・三)
騟　紫馬也(七・八三)
驅　使也又作駈(法一六二・二)
鳧　野鴨也(觀記上二三七・二)
莩　說文艸也漢書非有葭莩之親張晏曰葭蘆葉也莩葭裏白皮也月令閉葭莩為灰是也(五記)
拘　縶也泮也拘縶也今案公羊傳拘秦昭公於南郢是也(五記)

(模)

模　法也形也(六・六四)
𢃇　𢃇䘢牛領上衣也(三・七八)
菩　梵云菩提漢言正道也(淨一・三三)
蒲　草名似藺可以為席也(一〇・六七)
狐　能為妖怪百歲化為女者也(七・六三)
箶　箶簏箭室也(五・三七，案蔣本屋韻有簏字注云箶簏箭室出音譜)
孤　案禮少而無父母曰孤(淨二・一二)
奴　人之下也(一・一〇八)
烏　孝鳥也(七・一二)

(齊)

鍹·　鍹鍹溫器也(四·七三)

·晡　日晚申時(弘鈔一)

·枯　朽也(法一五九·三)

犂·　墾田器也(五·七三)

·蹄　畜足圓曰蹄岐曰甲(七·七四·孫切)

栟　承衡木也(三·三〇)

鯨鯢　大魚雄曰鯨雌曰鯢(八·六)

·泥　土和水也(一·六〇)

畦　菜畔也(一·七七)

蛙·　蝦蟇也(八·八六)

(佳)

扠·　以拳加人也(二·一〇四)

(皆)

⿰皆瓦·　屋壯瓦也(三·二一)

輫·　車箱也(三·七二)

懷　抱也(法一五一·三)

搋·　以拳加物也(二·一〇四)

(灰)

玫瑰　火齊珠也(三·八七)

蚘·　人腹中長蟲也(二·六三)

炲煤　灰集屋也(四·一〇四)

櫑·　酒器也(四·七九)

縗·　喪衣也(六·七八)

(咍)

䭔·　餅子也(四·四八)

開　啟也解也(法一四八·三)

炲·　炲煤灰集屋也(四·一〇四)

駘·　駑馬也(七·七九)

荄　草根也(一〇·一七)

材·　衆木也(五·八四)

孩·　始生小兒也(一·八五)

鰓　魚頰也(八·三一)

(真)

磌　柱礎也(三·三三)

因　緣也(法一四七·二)

晨　寅時也(淨四·三·後)

臣　男子之賤稱也(法一四九·二)

親　附也(法一四八·二)

身　躬軀(二·二三)

濱·　水際也(一·五七)

鑌·　鑌鐵為刀甚利(三·八〇)

鱗·　魚甲也(八·三一)

塵·　塵埃揚土也(一·六〇)

寅·　說文髕也(五記)

獱　獺之別名也(七·五八)

（諄）

麕 鹿屬也（七·五九）

民 紫天子曰兆民諸侯曰萬民（淨四·六後）

肫 鳥藏也（七·四七）

椿 木名也（一〇·一一〇）

蒓 水葵也（九·三二）

醇 厚酒也（四·三四）

湻 朴也（王·希麟續音義十）

皴 皮細起也（二·三三）

（臻）

榛 榛粟也（九·五九）

櫄 木文也（一〇·八九）

（文）

薰 薰陸香出大秦國（法一六九·一）

葷 臭菜也（九·二三）

（殷）

懃 懃懃再三也（法一五二·二）

（元）

杭 木名出豫章煎汁藏果及卵不壞（王·
容齋續筆（六）

蚖 毒蛇也（法一五七·一）

轅 車轅也（三·七三）

猨 猴猻也（七·六三）

蹯 熊掌也（七·七三）

鴛 鴛鴦於袁反（普賢行法經記卷上二三七·二）

鱕 魚有横骨在鼻前如斤斧者也（八·一五）

鐇 廣刃斧也（倭抄五·八四·唐

（魂）

箟 箭竹名也（一〇·八五）

臀 坐處也（二·三〇）

盆 瓦器也（四·九〇）

棔 合歡木其葉朝舒暮斂者也（一〇·九五）

（痕）

跟 足腫也（二·四三）

犴 胡地野犬名也（七·五八）

（寒）

單 獨也（法一六七·二）

丹 赤色也（法一五六·一）

安 止也（法一五六·一）

檀 檀香木也（法一四八·二）

欄 階際木勾欄也（三·三二）

襴 襴衫也（四·一八）

（桓）

莞 可以為席者也（一〇·七一）

湍 急瀨也（一·五一）

貒 似豕而肥者也（七·六五）

冠 束髮也（淨一·五）

(刪)
[illegible]也(二·二八)
盤· 器名也(四·九二)
瘢· 瘡痕也(二·七二)
還 歸也(法一五五·一)
鐶· 指鐶也(六·一八)
顔· 額也容色也(淨一·九)○容也亦顔額又姓以紅着色也(觀記上二三六·一引唐韻)
菅 草名也(一○·七一)
攀 挽也牽也(淨一·五後)
斕斒 色不純也(王·草堂詩餘後集卷上注)
(山)
鷳 孫愐唐韻云白鷳尾長五六尺也(慧琳音義九九·一○)
(先)
韉· 鞍韉也(五·五二)
天 清氣上浮爲天也(法一四六·二)
鰹· 大鮦也大曰鰹小曰鮵(八·六)
鈿· 金華飾(王·草堂詩餘注)
巔· 山頂也(一·六二)
磌 柱礎也(三·三三)

(仙)
鮮 潔也善也美也(法一五九·二)
[illegible] 牛領上衣也(三·七八)
饘· 厚粥也(四·三九)
旃· 旃檀香木也(一○·八七)
纏 繞也(法一六九·一)
連· 累也繫也絆也(五記)
綿 綿絮也(三·九七)
旋 匝也迴也(法一六六·一)
專 心有所主曰專(法一六二·三)
拳· 屈手也(二·三八)
攣· 所以綴鷹狗也(五·六四)
癵 玉篇通爲攣字今依唐韻類音玄應從癵字也(法一六○·一)
(蕭)
貂· 貂有黃貂黑貂出東北夷(七·六三)
鵰· 鷻别名也(七·四)
調· 均也正也(法一五○·三)
鞗· 革轡也(五·六○)
(宵)
朝 晨又寅時從旦至食時爲終朝(五記)
憍 擧喬反(悉曇要訣五二一·一)

芭蕉　其葉如席者也(一〇・九)

鏕　温器三足有柄也(四・七四)

鐃　盖也倍也(法一五〇・二)

窯　燒瓦竈也(三・一六)

瓢　瓠也(四・八六)

(肴)

巢　鳥巢在穴曰窠在樹曰巢(七・五〇)

梢　枝梢也(一〇・一一八)

脬　腹中水府也(二・三七)

瓝　匏也(四・八六)

(豪)

膏　肪(二・三二)

槗　棹竿也(三・六四)

勞　倦也(法一六七・一)

絛　絲繩也(五・六五)

繅　絡繭取絲也(六・六二)

襃　博桃反(悉曇要訣五二四・一)

桃　舉也今案毛詩蠶月桃桑箋云桃桑枝葉落々也儀禮桃己注云可以挹物於器中也又借音治堯反撓挑玄曠々之貌(五記)

萄　藤葉名可食如櫻桃其色紫也(法一六二・三)

遭　逢也(法一四八・二)

槽　馬槽也(五・六二)

尻　臀也(二・二九)

牂牁　所以繫舟也(三・六六)

(歌)

哦俄誐　此三字唐韻平聲同五何反(悉曇要訣五八・一)

酇　昨何反(悉曇要訣五一五・二)

羅　綺羅又網羅也(三・九二)

蘿　女蘿也(一〇・七五)

饆饠　餌名也(四・四八)

鈔鑼　銅器也(四・七五)

(戈)

莎　莎草草名也(一〇・七一)

囮　網鳥者媒也(五・六七)

頗　頗字有和音非也(悉曇要訣五三三・二案蒋本過韻頗普過反又普禾反)

(麻)

窠　鳥巢在穴曰窠(七・五〇)

蝌　蝌蚪蝦蟇子也(八・八六)

虵　毒虫也(八・五五)

加　益也(法一五一・三)

笳　胡人卷蘆葉而吹曰胡笳（王草堂詩餘前集下注）
迦　有迦葉氏也（法一四五・一）
霞　赤雲氣也（一・二二）
袈裟　袈裟傳法衣即沙門之服也（五・一二）
差　擇也殊也（法一五四・三）
鎈　鎈異名也（三・八三）
槎　水中浮木也（三・六〇）

（覃）
潭　深水也（一・五一）
譚　言論戲調也（王・希麟音義十）
鐔　劍鼻也（五・四五）
楠　木名也（一〇・一二四）
庵　小草舍也（三・一六）
⿱竹奄　竹名也（一〇・八四）
嵐　山下出風也（一・二〇・孫切）
鐕　無蓋釘也（五・八〇）

（談）
蜬　古三反爾雅云貝在水曰蜬也（八・四三）
藍　染草也（六・五一）
⿰監鳥　⿰監鳥⿰䜌鳥今之郭公也（七・二四）
蚶　蚌屬狀如蛤圓而厚外有理縱橫即今之紺也（八・四〇）

（陽）
楊　赤莖柳也（一〇・九一）
禓　道上祭一曰道神也（一・四〇）
梁　棟梁也（三・二五）
橡樟　木名生而七年始知矣（倭抄一〇・一四）
⿰革章　泥鞍飾也（五・五六）
橿　萬年木也（一〇・一〇三）
場　祭神佛之處也（法一五〇・二）
肪　膏肪脂也（二・三二）
纕　馬腹帶也（五・五五）
瘡　痍也（二・七二）
眶　目眶也（二・一〇）
鴦　央音於良反又烏良反出唐韻（普賢行法經記上二三七・一）

（唐）
霶　雨雪相雜也（一・三〇）
強　壯盛也（淨二・一七）
⿰魚唐　魚名也（八・一一）
廊　殿下外屋也（三・五）
狼　豺狼（法一五七・三）

騄　馬尾白也(七·八五)
襠　兩襠衣名也(四·一〇)
堈　甕也(四·八九)
篁　竹叢也(一〇·八七)
行　行伍也(法一五五·一)
吭　胡郎反鳥吭嚨也(七·四七)

(庚)

盲　目睛視無光(淨三·七·後)又目無眸子也(二·五)
鎗　小鼎也(四·七四)
驚　奮動也(法一五二·二)
荊　木名也(一〇·一一〇)
明　光也(法一四六·三)
鳴　鳥啼也(七·四九)
榮　華也(法一五五·一)
兵　世本蚩尤制兵器諸侯曰兵者(不祥器不獲已而用之(淨二·二五)

(耕)

猩　猩猩獸身人面好飲酒者也(七·五四)
鯨　大魚雄曰鯨雌曰鯢(八·三)
鸚　鸚鵡人言禽(淨四·五後)
儜　乃庚反又如耕反(悉曇要訣五一七·三)

(清)

⿰牛平　牛色駁如星也(七·八一)
清　淨也(法一四八·三)
精　專意也(淨一·一二法一四六·二)〇又光也(淨一·一九)
鶄　鵁鶄鳥名也(七·二二)
楹　柱也(三·二九)
營　軍營也(三·一一)
纓　冠纓(四·六)
蟶　蚌屬也(八·四二)
成　就也(法一五一·一)
筬　織具也(六·五四)
騂　馬赤色也(七·八四)

(青)

經　佛留教語也(法一四四·三)
桯　碓桯也(四·八三)
靪　補履下也(四·三二)
翎　鳥羽也(七·四五)
䴇　鳥鸛別名也(七·三)
耵聹　耳垢也(二·七八)
汀　水際平沙也(一·五八)
鞓　皮帶鞓也(四·二三)

(尤)

憂　悩恨也(淨三·五)

畱　住也(法二六五·一)

䜧　田不耕而火種也(一·七三)

旒　旌旗之末垂者也(五·三三)

楸　木名也(一〇·一二)

梄　堅木也(一〇·一二)

囚　拘繫也(法一六一·二)

籌　筴也合也(淨一·三後)

輈　車轅也(三·七三)

矦　射鳥矢名也(五·六八)

求　覓也(法一四八·三)

毬　毛凡打者也(二·九五)

浮　博謀反

謀牟　二字莫浮反(以上三字悉曇要訣五三四二)

(侯)

箜篌　樂器也(六·七)

謳　烏侯反

甌　亦同音也(以上二字悉曇要訣五二三·三)

鷗　水鳥也(七·四二)

樓　落侯反(悉曇要訣五二三·三)。閣也䫉項所造重屋也(淨一·一四)

鈎　古侯反(悉曇要訣五二三·三)

溝　渠也(法一六四·二)

篼　飼馬籠也(六·七三)

(侵)

尋　溫也(法一五四·二)

碪　擣衣石也(六·四五)

婬　貪色也戲也(淨二·一六後)

琴　樂器神農作之本五絃周文王加二絃(六·二)

禽　能飛曰禽(淨〇一·五後)

金　黃金謂之璗其美者謂之鏐鏐即紫磨金也(法一六五·三)

(鹽)

檐　屋檐也(三·二三)

[巾鬼]㡘　車帷也(三·七六)

匳　香匳盛香器也(五·七)

纖　細削竹也(六·三五)

潛　檀也(五記)

鉗　以鐵有所法束田叔自髡鉗為王家奴說文云鉗鐵有所劫束也(五記)

(添)謙　卑而不踰曰謙也(法一六七·三二)

糠　青稲白米也(九·三)

(菾)懲　勸也誨也毛詩予其懲而又毖彼後患也　苦也(五記)

繩　索也(法一五五·一)

乘　登也(法一六八·一)

塍　稲田畦也(一·七六)

昇　登也(法一六三·三)

(登)柧棱　四方木也(一〇·一〇三)

上聲

(董)澒　水銀滓也(三·八三)

(腫)踵　足後也(二·四三)

勇　猛也(法一四六·二)

(紙)𠃨　説文鷙鳥食已吐其皮毛如丸也(七·四八)

艤　整舟向岸也(三·六〇)

阤　池爾反唐韻又施是反(法一五六·三)

羋　綿婢反羊鳴也

嘪　同音也羊聲也(以上二字悉曇要訣·四)

(旨)指　手指也(二·三八)

机　案屬也(四·八一)

憎　疾也心有所惡也(法一五六·二)

能　善也(法一四六·二)

幐　囊之可帶也(六·七七)

(咸)咸　悉也(法一四八·一)

(銜)讒　妄言謂姦臣也(淨二·一七後)

巖　峯也險也(一·六五)

欃　字林欃槍則星也漢書木名爾雅欃槍謂之祓星(五記)

(嚴)杴　(虛嚴反)鍬屬也(五·七七)

履　革曰屝麻曰屨革曰履黄帝臣於則造也(四·二五)

水　上古之時用之為酒今之玄酒也(五記)

揆　察也(五記)

柅　籆柄也(六·六〇)

痞　腹内結病也(二·六三)

(止)止　停也(法一五二·一)

恃　倚也憑託也(法一六七·二)

喜　悅也(法一四七·三)

憙 好也(法一六〇・三)
己 予也(法一四五・一)
已 此也說也了也止也果也盡也毛詩甚也廣雅成也(五記)。止也(法一五九・二)
巳 說文以四月陽氣以出陰氣以藏萬物皆成文章故巳為地形(五記)
耳 主聽聲者也(二・七)
士 人士也(法一五〇・三)
子 息也(一・一二五・孫切)
梓 木名楸之屬也(一〇・一〇四)
擬 度也魚紀反(普賢行法經記二三七・三)

(尾)

斐 文章相雜也(五記)
篚 竹器方曰筐圓曰篚也(四・九三)
鬼 吴人曰鬼越人曰䰡(一・三二)
虫 鱗介惣名也(八・五五)

(語)

語 話也牛據反又魚舉反(法一五〇・二)
欒 池水中編竹籬養魚也(五・七〇)
圄 囹圄獄名也(五・五〇)
稰 自生稻也(九・三)
宁 門屏之間也(三・一一)
女 大戴禮云女者如也言如男子之教也(淨四・八)
許 然也(法一六五・三)
礎 柱下石也(三・三三)
嶼 海中洲也(一・六三)

(麌)

羽 鳥翅也(七・四四)
宇 宇也(三・一〇)
鯆 大魚名也(八・一六)
鸚鵡 鸚鵡人言禽(淨四・五後)
楮柱 支屋敧也(五・八二)
鹽鷜 今之郭公也(七・二四)

(姥)

莽 莫補反又音蟒(悉曇要訣五一七・三)
櫓 城上守禦樓也(三・四)
艣 所以進船也(三・六五)
胋 古文股字也(二・四一)
仵 偶敵也(五記)
苦 味不甘也(法一六八・三)
户 一扇為户兩扉為門杜預(五記)

普　周也(法一四六·一)

(薺)

𧺆　橫首杖也(六·七六)

濟　濟濟衆盛貌(弘鈔一)

米　穀心也(法一六一·三)

髀　股也(二·四一)

牴　突衝也欺也(淨二·九)

䥯　大鐵杖也(六·七六)

(蟹)

嘪　漢解反羊聲(悉曇要訣·四)

(賄)

傀儡　樂人所弄也(三·一一〇)

(海)

乃　語辭也(法一五二·一)

(軫)

胗　脣瘡也(二·八一)

(隱)

隱　安也(法一五二·三)

阮

堰　堰埭壅水也(一·五〇)

反　背違也(法一六〇·二)

坂　地險也(一·六三)

(旱)

嬾　惰也亦作懶矣(法一六六·三)

(緩)

暖　火氣也(法一六二·一)

滿　充也盈也(法一四六·二)

(潸)

板　溥木也(五·八四)

瓪　屋牝瓦也(三·二一)

(産)

魬　魚名也(八·二四)

鏟剗　上平木器也下削也(五·九五)

丳　炙肉丳也(六·三四)

(銑)

燹(音與銑同)　逆燒也(四·一〇·孫切)廣韻逆燒一義在獮韻

扁　扁署門戶又姓也(王·容齋四筆卷六)

糄　燒稻為米也(四·五一)

糄粽　煮米多水者也(四·三九)

(獮)

鱓　(音善)孫愐云韻略作䱇又作鱔也(弘鈔四)

蜿蟺　蚯蚓也(八·八四)

辯　別也理也(法一六四·一)

愐　思也(法一五九·二)

鴘　鷹鷂二年色也(七·五)

囀　鳥吟也(七·四九)

㰹　口氣引貌也(三·五五)

鮸　魚名也(八·二四)

(小)

沼　池沼也(一·四九)

遶　周帀也(法一四七·一)

膘　脅前也(八·三二)

縹　青黄色也（慧琳音義五・六後）

燆　居友反（悉曇要訣五二一・一）

（巧）

巧　好也（法一五〇・三）

炒　炒爒火乾也（四・六〇）

（皓）

潦　雨水也（一・二六）

老　耆老也（法一四八・三）

稲　秔稲也（九・一）

惱　恨也又亂也（淨三・五）

草　百卉總名也（一〇・一）

褓　襁褓小兒被也（四・一六）

懊　惱也恨也（法一四五・一）

（哿）

舵　正船木也（三・六五）

可　善也（法一四八・二）

（果）

粿　淨米也（五・一九）

鎖　鐵鎖也（三・四七）

堁　射堁也（二・九一）

坐　結趺也（法一四七・二）

果蓏　説文木上曰果地上曰蓏（九・五六）

輠　車脂角也（三・七六）

（馬）

鰢　魚名也（八・一七）

踝　足骨也（二・四三）

（感）

感　愧也懼也（淨一・一〇後）

（敢）

菼　竹名也（一〇・八四）

（養）

橡　櫟實也（六・四九）

兩　二也（法一五二・二）

想　存思也（淨二・八）

紡　績也（六・六二）

長　大也（法一五二・二）

（蕩）

牓　題示也（五・二六）

幌　帷幔也（六・六五）

（梗）

哽　哽噎食塞也（二・五四）

鯁　魚刺在喉又骨鯁也（八・三二）

梂　木可為笏也（一〇・八九）

舴艋　小漁舟也（三・五七）

（耿）

菆　芋莖也（九・八二）

（靜）

穎　穗也（九・二一）

（迥）

艇　小船也（三・五七）

（有）

杻　所以拘罪人也（法一六九・三）

酉　飽也老也又云説文就也八月黍成就可作酎故八月建酉卯為春

門萬物以出酉爲秋門萬物以入(五記)

(厚)
母· 牧也道也生曰母死曰妣(淨三・六後)
枓· 柱上方木也(三・二)
蝌蚪 蝦蟇子也(八・八六)
鳷· 黑色水鳥名也(七・四〇)
偶· 妃也又匹也(五記)
叟· 老人稱也(一・八九)
吼 牛鳴也(七・七五) 牛鳴呼后反古作
吽(悉曇要訣五五六・三)

去聲

(送)
衆· 三人以上爲衆(法一四五・一)
縱· 恣也(法一五八・三)

(用)
誦· 對文曰讀背文曰誦(淨三・一四)
重 案見鍾韻

(絳)
巷· 里中道也(三・五〇)

(寘)
積 草積也(法一六九・一)
議· 謀也(法一四八・一)
義 仁義也釋名曰義者宜也裁制事務使合宜也(普賢行法經記二四三・二)
戲· 遊也弄也(法一五〇・一)

(寑)
稐· 圓草褥(六・七〇)
[illegible]· 魚名似蝦而赤文(八・一五)
廩· 倉有屋曰廩(三・一二)

(琰)
撿· 校也(法一六九・三)
瞼 目瞼也(二・一〇)
荏苒 猶展轉也(慧琳音義六八・三)

(忝)
膁 腰左右虛肉處也(二・二九)

(等)
肯 受也(法一五五・三)

(至)
翅· 鳥翼也(七・四五)
穗· 禾穀末也(九・二一)
邃· 幽遠之貌(五記)
利 吉也力至反出唐韻羽聲(普賢行法經記二四三・二)
致· 至也(法一六〇・一)
驇· 馬脚屈重也(七・九〇)
枇 細櫛也(六・三〇)
庇· 廕也(三・一七)
憔悴· 有所憂也(淨三・五)

鎚 好銅半熟也(三・八〇)

(志)𢙾 念也意也誠也(希麟續音義二・一一)

寺 後漢西域人摩騰來初止於鴻臚寺遂取寺名剏置白馬寺佛寺之號自茲而起也(法一六六・一)

孳 乳化曰孳交接曰尾(五記)

熾 猛火也又盛也(四・一〇〇)

(未)屝 草曰屝麻曰屨革曰履黄帝臣於則造也(四・二五)蔣本有奪字

(御)御 理也衛也(法一五〇・三) 蔣本理也待也進也又姓

翥 飛舉也(七・四九) 蔣本翥飛也亦作翥

疏 記疏也(五・二六) 蔣本疏記也

詛 呪詛以言相慼也(法一六九・三)蔣本詛〻呪

欅 梁食器也(四・八二)蔣本梁食者或作欅

梱 射鼠斗也(五・六七)

(暮)胯 兩股閒也(二・二九)蔣本股也韓信出於胯下

鮬 婢妾魚也(五・一六)蔣本魚名

(泰)膾 細切肉也(四・五七)蔣本魚膾亦作鱠

癩 惡瘡也(法一五九・三)蔣本云疾又作癘

(霽)螮 亦蛇也或作蔕(慧琳音義九九・五)蔣本云螮蝀

髻 鬟也(二・二二)蔣本綰髮

寱 寐言也(二・五九)

(祭)制 止也(法一五二・三)蔣本禁制

藝 伎也才能曰藝(淨一・四)蔣本藝才能

(怪)薤 菫菜也(九・二六)蔣本注殘缺

(隊)珮 玉珮也古之君子必佩玉以比德(六・七)

瑇瑁 下莫佩反瑇瑁蟲名也如龜形生南海也(弘鈔四)蔣本云瑇瑁

背 弃背也(法一六七・二)棄蔣本殘缺

(代)瑇 瑇瑁徒戴反(弘鈔四)蔣本云又玳瑇𣉳

㝵 内典無㝵(法一五二・一)蔣本云礙止也又作礙又作㝵五槩反

愛 惠也(淨一・二六)蔣本無注解

(廢)

䑔　弋射收繳具也(五·六五)

穢　污也(法一五五·二)

吠　狩廢反(悉曇要訣五(一·三))。犬之鳴聲也(七·六)

(震)

震　卦至東方起也説文云劈歷動物者也(五記)

賑　給富也又救也(淨二·二〇)

訊　毛詩告也(五記)

(慁)(㥵)

檼　棟也(三·一九)

困　惓也病篤也(淨一·二五)蔣本無注

論　論議也以事相難也(法一六六·二)蔣本無注

(翰)

駻　突惡馬也(七·七九)蔣本云馬高六尺

彈　放丸弓也(五·三六)蔣本無注

暵　耕田壠(一·七五)蔣本無壠字

(換)

館　客舍也(三·九)蔣本云館舍

段　斷也(法釋(六九·三))蔣本云分段又姓

算　籌策也合也(淨一·三後)蔣本筭計也

幔　幌幔幕也帳也(三教指歸注下)蔣本帷幔也

(諫)

棧　板木構險為道也(三·五五)蔣本云木棧道

(霰)

駽　青驪馬今之鐵驄馬也(七·八(一))蔣本青驪馬也詩曰駜彼乘駽

殿　宮室也(淨一·一三後)〇宮殿也(三·三二)蔣本與倭抄合

䘉　堂練反與電同音(悉曇要訣五二〇·三)蔣本唐練反無此字

瑱　玉充耳也(六·一七)蔣本玉名

殿　都甸反軍前曰啟後曰殿後漢書上功曰最下功曰殿(五記)蔣本云軍在前曰啟在後曰殿最□□□音義云上功最懼下功曰殿文有譌誤

佃　作田也(一·七三)蔣本云營田

(線)

甗　器緣謂口邊也(四·九三　孫功)棻蔣本無此字

戀　慕也(法一五五·三)蔣本同

饌　具食也(法一六四·二)蔣本同

(嘯)

䐹　切肉合糅也(四·六三)棻蔣本無此字

(笑)

徼　徼道小道也(三·四九)蔣本云循也小道也

鞘　刀室也(五·四六)蔣本作鞘注云刀鞘又作鞘

廟　貌也(法一五〇·二)蔣本同

驃　匹召反(悉曇要訣五二〇·二)蔣本毗召反又卑笑匹召二反

(效)

皰　面瘡也(二·七五)蔣本云面熱生氣

舥·舥　船不安也(三·六〇)

舥·　角上浪皮也(七·七二)以上二文蔣本並無

(号)

導　引教也(法一四六·二)蔣本云導引

冒　莫報反(悉曇要訣五二四·一)蔣本冒字及注並殘缺

(箇)

餓　从飢也(一·四一·孫切)蔣本無注解

(過)

過　咎也(法一五二·三)蔣本無注解

(禡)

夜　暮也(一五一·二)蔣本無注解

欛　劍柄也(五·四四)蔣本作把注云刀把

杷　作田具也(五·七六)蔣本云杷田器

(闞)

惔　今案唐韻惔字徒濫徒甘二反去聲與憺字同(法一六三·二)蔣本云憺恬靜亦作惔徒濫反又徒敢反

(漾)

養　飲飼之曰養古文作敹同余兩余亮二反(淨三·六後)蔣本云養供養

讓　推不受也(淨音二·二五)蔣本云讓退讓責

蝝　桑上繭(六·五八)蔣本云桑蠒即桑蠶出逐足

張　施也(法一五六·一)蔣本云張張施

障　遮也(法一五六·一)蔣本無注解

壯　盛也(法一五九·二)蔣本無注解

妄　誣也杜氏注左傳曰妄不法也(淨三·一一)蔣本唐韻妄字注與望譌亂

(敬)

竟　終也(法一五一·一)蔣本云窮也又姓出姓苑

鏡　照人面者也(六·二五孫切)蔣本注無此語

暎　隱也(希麟續音義一·一三)蔣本作映無注解

更　古孟反重也(法一五五·二)蔣本云易也說文又古衡反

枰　投簙局也(二·一〇·六)蔣本云獨坐板牀一曰投博局又音平

（勁）

行　善德之迹（淨二·八）蔣本云景迹

逈　逈邐（三·五五）蔣本云羅傾也又作傾

性　行也（法一五〇·一）孫蔣本同

（宥）

獸　能飛曰禽能走曰獸（淨一·五後）蔣本云禽獸字林云兩足曰禽四足曰獸

皺　皮不展也（法一六七·一）蔣本云面皺

蜉　朝生暮死虫名也（八·一〇）蔣本云蟲名

鬭　爭也競也（法一五八·一）蔣本云鬭競

（候）

湊　合（五記）蔣本云水會

陋　愧又踈惡也（淨一·一四後）

鏂鍭　鐵蒺杞名也（五·七六）蔣本無

（沁）

䏘　青皮瓜名也（九·七三）

禁　守也（法一六七·三）蔣本云制也

蔭　庇蔭也（三·一七）蔣本蔭字無注

飲　以酒漿飼人也（法一五〇·一）蔣本無注解

（豔）

焰　以冉反焰之火初著也（法一五八·三）

爓　以贍反（同上）蔣本爓光亦作燄

稱　愜意也（法一六二·二）蔣本同

（鑑）（證）

鑱　犁鐵又土具也（五·八一）蔣本云鑱土具

鞔　鞔之短也（五·五二）蔣本注脱

（屋）

轂　水菜可食（九·三四）蔣本菜作草

哭　哀號（淨二·八後又法一六八·二）蔣本云哭哀聲字林云哭之屬也

簏　箭簏箭室也（五·三七）蔣本云簏箱

福　禄也爵命也（淨二·一〇後）蔣本無注解

復　返也重也（法一六九·一）蔣本復重也

複　織複機之卷繒者也（六·五六）蔣本云織複卷繒者出字林

鋪　鏂鋪溫器也——（倭抄四·七三）唐蔣本唐韻鏂鋪二字不從金

鞠　今通謂之毬子——（倭鈔二·一〇八）孫棨蔣本唐韻同

蓫　羊蹄菜也（九·五四）蔣本作蓄云亦作蓫

竹　不凋之草也（法一五二·二）棨蔣本云竹姓本姜姓爲孤竹君其後氏焉

閦　唐衆也出字統又内典有阿閦如來（法一六三·三）蔣本同

縬　繒文貌也（三·九二）蔣本云縬縬文

豖　（音竺）尾下孔也（二·三〇）蔣本無

鶹　鶹鸆也(淨四·五)蔣本云鳥名

僕　侍從人也(一·九五)蔣本云僮僕詩傳云附也亦
姓

(燭)

䄺　佛經阿䄺字是也(法一四五·三)蔣本作䄺云小兒愛

屬　之俗反付也足也會也官衆也儕等也
亦連屬(普賢行法經記二三六·二)蔣本無
會也以下八字

屬　市玉反屬俗也(普賢行法經記二三六·二)
蔣本云附也類也

竦　弗竦采具也(六·三四)蔣本無此字

粟　禾子也(九·七)蔣本云禾實

(覺)

猎　取魚筍也(五·六九)廣韻作簎蔣本無此字

殼　虫之皮甲也(八·五三)蔣本無虫之二字

(質)

疋　仇也(五記)蔣本云說文文字從八〻字採一匹

衵　女人近身衣也(四·一二)蔣本云近身衣

櫁　香木也(一〇·九四)蔣本作樒云木樒樹名

必　審也然也(法一四八·二)蔣本云審也說文從弋八

鏎　鏎鑼餌名也(四·四八)蔣本無鏎字

筆　所以書者蒙恬所製楚曰聿吳曰不律
燕曰不弗律秦曰筆也(法一五三·三)蔣本
云秦蒙□□造

(物)

勿　莫也(法一五一·三·孫)蔣本同

佛　釋家也又佛覺也自覺覺他人名之曰佛(淨
二)佛釋像也(法一四四·三)蔣本云佛者覺
也自覺覺他名曰佛

(櫛)

髻　顏前髮也(二·二一)蔣本無此字

瑟　樂器似箏而大三十六絃(六·三·孫切)
蔣本云樂器

(月)

橛　所以止扇也(三·四八)蔣本作橜云
杙也又銜橜馬勒

(沒)

突　衝也欺也(淨二·九)蔣本云觸也說
文從大

忽　倏然也(法一五八·三)蔣本云倏忽又
姓一蠶為十忽十忽為一絲糸當
云十蠶為一忽

窟　窠也(五記)蔣本云窟〻穴

秮　秮稍漢書食糠秮是(九·一九)蔣本
作麧云〻稍頭漢書云食糠麧耳

(末)

括　開同也(五記)蔣本云撿也結也至也

筈　箭受弦處也(五·三八)蔣本云箭筈

鬠　以組束髮也(六·二七·孫切)蔣本無此字

秳　舂穀不潰者也(九·二〇)蔣本無此字

䰶　旱神也(一·三七·孫切)蔣本云旱魃

䴬　米麥破也(九·二〇)蔣本䴬字殘闕存麥破二字

(屑)

結　古屑反縛也(法一四五·二)蔣本結字殘闕古屑反三字可見

潔　淨也(法一五六·一)蔣本云清

僣　濫也(五記)蔣本云僣〻俔

纈　纈之有灰花(三·九一·孫)蔣本云帛纈

篾　竹皮也(一〇·八七·孫切)蔣本云篾竹篾

(薛)

折　(食列反)斷而猶連在也(法一五九·一)

説　詁也又論也(淨一·一後)蔣本云告也

別　分別也(法一五二·一)蔣本別字注闕

(昔)

腊　脼腊乾肉也(四·六二)蔣本云乾肉

石　甎類也(法一五三·二)蔣本云山石

(麥)

策　謀也籌也又竹筴又所以箠馬也(五記)蔣本注不同

(陌)

黐擭　所以捕鳥也(五·六八)蔣本無擭字

洦㴀　淺水皃也(一·四五)蔣本無此二字

⿰米兩⿰米索　煮米多水者也(四·三九)蔣本無⿰米索字

逆　亂也(淨三·四後)蔣本無注解

韠韄　佩刀把中皮也(五·四六)蔣本韄佩刀飾

(合)

鴿　仁禽巢於寺宇也(法一五七·一)蔣本云鳥名

(盍)

塔　孫愐切韻云齊楚曰塔楊越曰龕一曰塔下室也(淨二·一後)蔣本作塔云佛圖

(狎)

岬　山側也(一·六四)蔣本作砷注同

(葉)

鍱　銅鍱也(三·四六)蔣本銅作鐵

接　捧也承也(淨三·一三後)蔣本云交接

躡　尼輒反踏也履也登也急也(普賢行法經記上二三七·三)蔣本注云蹈

(怗)

俠　豪俠又人姓也韓朝有俠累也(三教指歸注上)蔣本云任俠又姓戰國有韓相俠累

捻　乃協反(悉曇要訣五一七·三)蔣本奴協反

(緝)

入　人執反內也納也(法一四六·一)蔣本無注解

急　迫也(法一五八·三)蔣本云急疾

給　賑也（法一五六・二）蔣本云供給又人姓

（藥）斫　削也又斷也（五記）蔣本云刀斫又姓

卻　除也（法一六五・二）蔣本云退俗作却

杓　斟水器也（四・八六）蔣本云杯杓

（鐸）膜　肉内薄皮也（二・三二）蔣本云肉膜

作　役也使也（法一六一・三）蔣本云爲也起也又臧羅臧洛二反

錯　鑪別名又摩也（五・九一）蔣本摩作雜

鶚　大鵰也（七・四）蔣本云鳥名

腭　口中上腭（二・一七）蔣本作咢云口中斷咢出字統

（職）搏　持也擊也（五記）蔣本云手擊

轉　車下索也（三・七四）蔣本無此字

植　栽也（法一四六・二）蔣本云種也

棘　剌也（法一六三・二）蔣本云小棗亦越戟名又人姓

10　孫伷切韻

平（東）童　童僮二字經史通用（法一五三・二）

悤　説文多遽悤悤也字林作怱多務也（淨二・一〇）

（支）爲　成也（法一五一・一）

弋　弋射也（二・八八）蔣本云檿亦繳又姓出姓苑

翼　羽又助也（七・四五）蔣本云羽翼又姓

芅　蘢芅似桃而花白今之羊桃也（一〇・二七）蔣本作杙云果木名實如李

（德）熿　炒熿火乾也（四・六〇）蔣本作[illegible]注殘闕

扐　指間也（二・三八）蔣本無此字

賊　昨則反盜也（普賢行法經記下二四二・三）蔣本無注解

（業）鮍　以竹貫魚出復州界也（四・五九）蔣本無此字

劫　劫奪也又掠人物也（二・一六後）蔣本云強取

（之）癡　愚騃也心無所識（淨二・一二・後）

（魚）車　釋名車古者曰車聲如居言行所以居人也今曰車車舍也行者所處若舍也（淨四・三）

（虞）愚　說文从心禺禺猴屬性之愚者（淨二·一二·後）

（模）吾　我也（法一五二·一）

（佳）扠　扠拼參差也（法一六六·二）

（真）貧　無財也（法一五四·二）

（魂）魂　淮南子天氣為魂地氣為魄左傳心之精爽是謂魂魄（淨二·一三）

（寒）歡　喜樂也（法一四七·三）

（刪）攀　字統云或作攀（淨一·五·後）

（仙）連　說文眉連也上林賦云長眉連娟（五記）

（歌）戈　方言吳楊之間謂戟為戈（淨二·二五）

（覃）堪　勝任也（法一五二·二）

（唐）剛　金之精剛者也（法一四九·二）

藏　隱也（法一五八·二）

（清）屏營　廣雅屏營怔忪懼也（淨二·五·後）

（侵）禽　爾雅二足而羽謂之禽四足而毛謂之獸走者飛者總曰獸（淨一·五·後）

（蒸）昇　上也（法一六三·三）

上

（紙）跪　膝至地也（法一六七·二）

（止）紀　緒也（五記）

（語）所　猶處也（法一四五·三）

（薺）遞　爾雅遞迭也說文更易也（淨二·一·後）

（阮）夗　轉臥也（法一六〇·一）

（養）滉瀁　大波兒（淨二·二五·後）

長　左傳教誨不倦曰長儀禮獻衆賓之長鄭玄曰長其老者也鄭玄注周禮曰老尊稱也（淨四·一·後）

去

（泰）癩　說文作癘癘癩同也（法一五九·三）

（霽）切　漢書一切衆也（淨一·二·後）

（震）順　從也（法一五一·三）

（翰）算　說文云長六寸計歷數者從竹弄言常算乃（不誤又作筭）（淨一·三·後）

半　中分也（法一六七·二）

（霰）殿　蒼頡篇殿大堂也（淨一·一三·後）

（線）箭　箭竹主為矢因為矢為箭（法一六八

·三）

（宕）喪　死也亦作喪（法一六七·二）

（敬）行　周禮德行外內之稱也在心爲德施文爲行（淨音二·八）

（勁）令　命也法也（淨二·二四）

（幼）幼　稚也（法一五五·三）

入

（屋）哭　説文哀聲哭者人必聚故從吅（淨二·八·後又法一六八·二）

六　數之次五者也（法一四五·三）

（沃）搉　盛滿兩手也（法一六五·一）

鵠　韓詩外傳云鴻鵠一舉千里楚辭云黃鵠之一舉知山川之紆曲再舉知天地之圓方（淨四·五）

（燭）辱　惡也（法一四九·三）

續　繼也連也（法一五四·二）

（質）嫉　玉篇害賢曰嫉害色曰妬（淨二·五）

（末）鈸　樂器形如瓶口對而擊之（法一五四·一）

（屑）竊　盜自中出也（淨二·一七）

（緝）泣　説文無聲出涙曰泣去急反（淨三·五）

（職）敕　君父之命也（淨二·二四）

（德）惑　疑也論語四十而不惑孔安國曰不疑惑也（淨二·二五·後）

（葉）攝　錄也（法一五〇·一）

（業）刦　強取也（法一六〇·二）

11　弘演寺釋氏切韻

《日本見在書目錄》有《釋弘演切韻》十卷。《東宮切韻》引稱「釋氏」，《弘決外典抄》引作「弘演寺釋某」，所以現在題作「弘演寺釋氏」。

平

（東）空　虛也（法一四九·二）

充　滿也（法一五一·三）

（鍾）容　含容也（法一六五·一）

（支）池　停水曰池也（法一五〇·一）

垂　將欲也（法一六三·二）

（脂）唯　獨也一也（法一五一·三）

（微）非　不是也（法一四七・三）

渠　溝也（五記）

（魚）於　于也（法一四五・三）

（虞）虞　安也有也樂也（五記）

拘　聯也止也執也（五記）

諛　面從媚於人（淨二・十四）

鬚　口下毛也（法一四九・二）

（模）洿　深也大曰潢小曰洿（五標）

爐　盛火具也（法一六七・二）

（齊）埿　水和土也（法一五三・二）

（真）倫　正配也比類也（五記）

仁　忍也愛人及物曰仁（淨三・十五）

神　妙神不測也（法一四八・一）

（文）聞　耳受聲也（法一四四・三）

（殷）欣　喜也（法一四九・二）

（痕）根　草木本始也依內典根性也（法一五一・二）

（山）閑　靜也（法一四九・二）

（先）牽　引挽也（法一六一・二）

（仙）詮　擇也（五記）

[illegible]　[illegible]也合也

宣　述也（法一四八・一）

泉　水自出也（法一五〇・一）

穿　掘也（法一六四・三）

旋　行返也（法一六六・二）

（宵）燒　火自燃也（法一五五・三）

超　越上也（法一六三・三）

（肴）膠　黏物煮皮角為之（法一五三・三）

（豪）牢　堅固也欄也（法一六八・二）

（歌）茄　茄子一名紫瓜子（倭抄九・七六）

何　疑問詞也（法一四八・二）

（麻）袈裟　天竺語也此云無垢衣（倭抄五・一二）

（談）甘　美也（法一六二・三）

（陽）將　欲也（法一六一・二）

張　舒也開也又竹亮反（法一五六・一）

房　小室也（法一六二・二）

（唐）牂　三歲羊也詩云東門之楊其葉牂牂盛也又太歲在單為敦牂（五記）

綱　大繩維持諸小索（五標）

（庚）盲　目無眸子（淨三・七後）

鳴　声響也（法一五〇・二）

（[illegible]）[illegible]　名號也

[illegible]　（法一六〇·三）

（青）經　引絲以織織（淨一·一後）

星　天文列宿也（法一六九·一）

柔　和也耎也（法一四八·三）

（尤）遊　遊屑也（法一五一·三）

稠　密也（法一五三·二）

（幽）幽　深遠貌也（法一六二·三）

金　金有五色赤曰銅白曰銀青曰鉛黃曰金（五記）

禽　鳥之大者（淨一·五後）

（侵）侵　千金反犯也（淨二·十八）

任　能也堪也（法一六〇·三）

謙　敬也虛也讓也（淨二·二）

（添）徵　兆也審也明也驗也又陟里反大也（五記）

（蒸）增　益也（法一四九·三）

（登）燈　燃膏油以照明也（法一五〇·三）

上

（凡）凡　非一也（法一六二·一）

（董）動　搖也（法一四七·二）

種　類也（法一四七·二）

（腫）腫　皮膚高起痛也（法一六〇·三）

（紙）爾　是也（法四六、二）

[illegible]　（五標）

里　二十五家為里（淨二·十五）

（止）起　立也（法一四八·一）

耳　助辭也（法一五二·三）

女　女在父母家之稱婦在夫婿家之稱（淨四·八）

（語）與　賜也（法一五五·三）

許　聽也（法一五六·一）

巨　大也（法一六一·五）

去　除卻也（法一六三·二）

滷　地不生物（五記）

（姥）苦　勤也（法一六二·一）

（薺）禮　敬也（法一四七·二）

體　親信於事也（法一六一·三）

（蟹）解　（佳買反）脫也又古雅反（法一五二·一）

（軫）引　進也（淨三·十三後）

盡　罄也（法一四五·一）

（阮）返　歸也（法一五八·三）

（篠）曉　明也（法一五四·三）

（小）少　寡𩢍也（法一五二·二）

（巧）絞　索繩也（法一五六·一）

(晧)浩　胡老反水浩浩大流也(淨二・廿三後)

惱　懊惱有所恨痛也(淨三・五)

(馬)且　暫爾也(法一六五・三)

(養)長　張兩反大也增也(淨四・一後)

(梗)猛　勇健也(法一四九・二)

(有)九　八後十前也(法一五三・一)

(厚)偶　对偶也(五記)

厚　非薄也(法一六二・一)慇重也(法一六六・二)

(琰)漸　(慈染反)稍也(法一五三・三)

染　色霑物也(法一五九・二)

掩　(衣儉反)覆藏也(法一二二・三)

(范)犯　(防鋄反)侵也(法一六一・二)

去

(用)誦　背文曰誦以声節之曰誦也(法一四九・二)

(寘)義　理也(法一四七・二)

離　(力智反)遠去也(法一四九・二)

臂　手腕也(法一六九・二)

(至)邃　深遠也(五記)

帥　部也言之曰將又旅帥(五記)

二　一三之間也(法一四五・一)

至　到也

(志)器　器皿也(法一六一・二)

志　慕也(法一四八・三)

字　名字也(法一五一・一)

異　別也(法一五一・二)

置　措也(法一五六・二)

(未)既　已也(法一五一・三)

味　口所識也(法一五六・二)

(御)去　往也不往也又上声(法一四八・一)

豫　逸也(法一五二・二)

慮　思也(法一五二・二)

(遇)懼　怖也(法一六三・一)

句　一辭之終曰句也(法一六四・三)

(暮)布　分也遍也(法一四九・一)

惡　憎也(法一四九・三)

露　彰顯也(法一五六・一)

(泰)會　集聚也(法一四七・二)

(霽)計　計算也(淨一・三後)

詣　至也(法一四九・二)

繼　續也(法一五一・三)

細　小也精也

(呑)綏（五記）
勢　威力也（法一四六・二）
際　边畔也（法一四八・三）
(卦)差　病愈也（法一六七・二）
(隊)背　脊也（法一六〇・二）
(代)閡　又作礙水門也（五記）
(震)賑　以財濟人之也（淨二・廿）
進　前也昇也（法一四六・二）
(問)聞　（文奮反）令聞遠至也（法一四六・一）
(願)勸　勉也（法一六二・二）
販　買賤賣貴也（法一六六・三）
(慁)困　苦悶反疲也貧也（淨一・卄五）
論　議也談競理也（法一六一・三）
(翰)觀　城門双闕也於上觀望也（淨一・十四）
岸　重崖也（法一四六・一）
但　唯也（法一五二・三）
喚　相呼也（法一五八・三）
濩　注也（法一六四・三）
(霰)片　半也薄物曰片不全曰片（五記）
健　未成難也（五記）

(字)要　（法一五二・二）
(号)奥　室也穴也藏也（淨一・十一後）
(简)過　逾越也（法一四八・一）
破　壞也（法一四九・三）
座　床座也（法一五一・二）
(漾)妄　虛謬言也（淨三・十後）
忘　不記憶也又武方反（法一五一・三）
況　矧也（法一五二・三）
誑　（居況反）妄言惑人也（法一五三・一）
(敬)競　争也（法一五六・一）
(勁)正　平也（法一五五・二）
(宥)究　窮也（法一五一・一）
就　成也（法一五二・一）
鷲　鵰也（法一五六・三）
(候)湊　冣也競進也（五記）
(沁)禁　制也又平声止也（法一六七・三）
(證)勝　过好餘者也（法一四八・三）
稱　（去声）適好也（法一六三・二）
(鑑)懺悔　西域云懺悔此云發露謝罪（淨三・五後）

入
(屋)肅　嚴敬也戒也孔曰肅敬也毛詩九月肅霜傳曰肅縮也（五記）

讀　目對文而口唱也（淨三・十四）
木　樹總名也（法一五三・二）
熟　成也（法一六二・二）
（沃）鵠　鴻鵠鳥似鵠鵠一名射的（淨四・五）
（燭）足　充也又將喻反（法一五一・三）
觸　觸類也（法一五六・二）
（覺）學　習也（法一四五・三）
數　（所角反）頻也屢也又音速（法一五五・二）
（質）律　法則也（法一六六・二）
（物）屈　屈折伏也曲也（淨三・十五後）
（櫛）瑟　三十六絃也（法一六八・二）
（月）發　起也（法一五一・二）
（末）末　淺薄也遠也無也勿也端也顛也（五标）
達　道路也（淨一・三）
奪　強取他物（淨二・十七）
脱　落也不定也（法一五六・三）
活　養也（法一六四・三）
（黠）察　審視也（法一五〇・二）
（屑）竊　私盜也（淨二・十七）
纈　結帛為文綵也

滅　盡也（法一五〇・一）
（薛）説　言敘也（淨一・一後）
熱　溫盛也（法一五九・一）
（錫）寂　安靜也（法一四九・三）
覓　尋求也（法一六一・三）
（昔）籍　戶書也（淨一・四後）
（合）答　對也（法一四八・一）
匝　周遍也（法一五五・三）
（盍）鑞　鉛之白色者也（法一五三・三）
（狎）甲　爪也毛詩傳曰甲押也（五記）
（葉）輒　率爾也（法一六〇・二）
（緝）急　疾速也促盡也（淨二・五後）
泣　無声而涙（淨三・五）
立　建也（法一五三・一）
集　聚也（法一五七・三）
（藥）斫　斬也（五記）
若　如似也（法一四八・三）
略　省也（法一四八・二）
著　附也（法一五〇・一）
（鐸）搏　手握物令相著也（五記）

惡　不善也（法一四八・二）

度　（音鐸）測也（法一五二・一）

（職）食　飡食也（法一五〇・一）

色　彩也形也（法一六二・二）

（德）劾　推劾取其實辭（五記）

國　都也（淨一・十六後）

賊　竊也殘害也（淨二・十七後）

惑　迷亂也（淨二・廿五後）

特　別也異也（法一五〇・二）

刻　削鏤也（法一五三・二）

12　沙門清徹切韻

平

（虞）虞　助也望也專也毛詩無貳無虞傳曰虞誤也貫逵曰虞備也（五記）

（模）珊瑚　生海中盤石上欲取之作鐵網沉水底珊瑚即貫而生一歲高二三尺如小樹因紋網出白色軟似菌一年黃三年赤採之（淨一・二八）

（真）湣　曰淵曰湣又他魂反　湣灘（五記）

（元）返　（府遠反）又府元反（法一五八・三）

（寒）殫　手拼也（法一六八・三）

（山）山　大陵也（法一四四・三）

（先）憐　愛惜也（法一五五・三）

（仙）便　（婢仙反）次便也（法一四九・二）

（豪）勞　疲也（法一六七・一）

（唐）藏　埋也（一六八・三）

（庚）兵　軍衆也（法一四九・三）

（登）生　起也（法一五一・二）

上

弘　廣也多也（法一六一・三）

（銜）橈　（士咸反）橈槍又初銜反　妖星（五記）

（姥）困苦　困病之甚也苦也　又困也（五記）

（篠）了　曉了也（法一五二・一）

（馬）也　詞絶也（法一五一・二）

去

（至）祕　密也要也（法一五四・三）

（志）帥　正也左傳賜三帥（五記）

置　安也（法一五六・一）

（暮）作　去聲執作也（法一六二・一）

（祭）衛　侍衛也（法一五六・二）

世　世界（法一四六・一）

（怪）戒　僧受法也（法一四九・三）

（隊）内　内字閑類反出内也（法一六一·一）

（代）薆　薆蔚草盛蔽不見貌（五記）

（願）願　樂欲也（法一四八·二）

（翰）榦　樹枝（五記）

岸　彼岸也（法一四六·一）

（箇）佐　輔佐也（法一六〇·三）

（禡）化　教化也（法一四九·三）

（漾）讓　仁也（淨二·二三）

（宕）藏　徂浪反庫藏也又徂郎反

收也（法一五一·二）

（敬）命　天常也陸士衡弔魏武帝文曰當建安之三八實大命之所艱注曰大命謂天命也尚書曰天建厥德用集大命（淨二·二三）

（勁）政　合也（法一五二·一）

（宥）救　濟也（法一五九·二）

覆　蔽也（法一五六·三）

（候）陋　醜猥也或作陋寠（淨一·（西·後））

（屋）禄　位也毛詩曰君子至止福禄如茨箋曰君子至止者謂未受爵命者爵命曰福賞賜曰禄茨屋蓋也如屋蓋喻多也（淨二·一〇·後）

服　衣裳之總名也（法一四九·二）

宿　止舍也（法一六二·一）

首蓿　罽賓國多首蓿張騫使西域得之也（法一六九·一）

入

（燭）蓐　席也（淨二·二六）

欲　樂欲也（法一四八·一）

（質）實　真也（法一五一·三）

（物）佛　符弗切佛像也又皮逼反（淨一·二）

（没）忽　或作迿（淨二·三）

（屑）節　叙也量也省也（淨二·二九·後）

閉　（方結反）塞也又博計反

掩也亦作閉（法一六六·三）

（薛）絶　斷也（法一五九·二）

（昔）適　又適亦反苦地説文海濱廣適（五記）案廣韻適字郎古昌石徒歷三音茲依清徹音置此

（陌）白　素色也（法一四七·三）

（德）裓　盛香具也（法一五五·三）案廣韻云裓釋典有衣裓古得切

補遺

蘇聯科學院東方學研究所所藏韻書殘葉，見日本上田正在東方學第六十二輯所作ソ連にある切韻殘卷について一文。上田先生摹録原文極精細，今一併印出。

補遺

箋注本切韻（正）

DX一三七二＋DX三七〇三

1 〔·嚛(1) 嗌：笑不止。虐反，三。 蹻 舉足高皃。 㑄 須㑄，亦倦。 ·𡢃 縛反，一。作𡢃。 ·縛〕

(1) 藥韻第十九小韻

2 繁也。符钁反，二。 ·矍(1) 大視也。許钁反。 彉 弓弦急。 ·籰 所以收絲。王縛反，一。

(1) 朱点以下同

3 ·玃 大猨。居縛反，四加一。說文云：大母猴。 躩 大步。 钁 斫。 攫

(1) 徒瞿

4 〔：持也，二同。 矍 宋說文：欲逃走從又持之，矍矍也。一曰視遽皃。〕 ·芍 張略反，一。 ·著 直略反，一。

5 躍(1) 以灼反，一。宋說文：足躍如也。新加

(1) (2) 躍

6 廿八(1) 鐸 大鈴也。徒落反，七加一。 剫 木治(2) 㡯 忖度 踱〔：跣足蹋地〕 澤 楚詞云冬冰之溶澤〕

(1) 韻次朱書以下同 (2) 治

7 度 量也。又徒故反。 襗 袴。衣。 頔 顡也。出文。 ·莫(1) 慕各反，九加一。說文日且冥也。從日在茻。莫胡反。 幕

(1) 以下本行以下剝蝕

8 鄚 縣名，在河間。 膜 肉膜。 寞 寂寞。 鏌 鏌鋣。 摸 又莫胡反。 漠 沙漠。

9 瘼 病。 嗼 寂也。 ·落 盧各反，十七加二。說文：草曰零，木曰落也。 烙 烙〔：絡〕 洛 水名。

10 珞 瓔珞。 酪 乳酪。 樂 喜也，又五覺、五教二反。 轢 陵轢也。又音歷。 箈 籠箈。 硌 磊硌。

11 駞 駞。 䮾 白馬黑髦尾。 駱 白馬黑鬣。 䩣 剝革。 𩧌 五格反。

12 䬆 名。 零 雨零。 ·託 他各反，六加一。 袥 開衣領大。 橐〔 〕

(1) 二

13 魠 魚名。 籜 竹籜。 柝 擊柝。 侂 寄也。 蘀 草木落。詩曰：十月隕蘀。

(1) 柝

14 ·作 則落反。又則箇反。 柞 木名。 糳 米精細。 鑿 說文金鑿也。 廲

(1) 涂 (2) 作疑

15 鰖 魚名。 𨓊 說文。又云：𨓊也。 ·各 古落反。說文：異也。從口久者，有行而止，相聽之意。 閣

(1) 以下四字疑由「當」下混入者 (2) 脫「四」

（背）

1 格樹枝 胳腋〻 •恪苦各反一說文從容也 •愕驚也五各反 [九][設]文作咢 鄂國名在武昌 諤

2 直咢劍端 㟧崖[1] 鶚鳥名 蕚花 噩咸在㞢白作㗁 鰐魚[名] •惡鳥[名]

(1) 崖

3 反又烏故反三 蝁虵名 堊白土 •諾奴各反一 •䪙面大皃匹各反五 濼陂〻或作泺 粕[糟][〻]

4 膊剖膊 䡈車䡈䡈 •泊止也傍各反四 亳國名 箔簾 薄〻厚曰草[叢]

5 •臛羹〻呵各反又大酷[1]反四 鄗縣名漢光武改名高邑 壑丘〻說文云無土亦得□□□□ 蠚螫〻也說文從若

(1) 火

6 聲□□作作蠚同 •索蘇各反又所戟反二 㩡〻摸 •涸下各反四 洛洛澤水名[1] 䳓似[鶴]長喙□

(1) 皃

7 說文作䳓 狢〻狐說文作貈又從各[1]省聲也 •昨在各反九 酢酬〻也說文作此醋字 莋縣名在越嶲

(1) 旁各

8 怍慙也說文作䇾乃慙語也義略同 鑿鑿 柞木名 牸牛 筰竹[索] [毃]又[穿]

9 •博補各反八加一說文博從十尃聲 髆〻胷 爆迫於火 鎛鍾磬上尃〻嚍木口嚍〻嚍

10 白[1]嚍字子入反 搏手擊 襮〻衣領衣一本□暴 鑮[2]大鍾 簙簙竹 戲也□ 䨏虎 揮〻

(1) 貝 (2) 以下子次行驚視以下剝離而正面第八行第九行下段逆倒貼布

11 郭反四 霩雲消皃又作霩 䨯雨止雲[罷]皃 䣑驚視 藿豆葉也又香草□說文□□

12 •郭古博反三說文作此[1]𩫏 椁棺〻也說文作槨[𩫏][從][𩫏] 崞縣名在鴈門說文作

(1) 郭字訓

13 嶁比・臒烏郭反三𩞁食味薄蠖蠖虫〔・檴又火郭反五𢤱又八動㰛木名〕

(1)臒

14 鑊鼎鑊爅熱・廓虛郭反二加一〔鞟皮漷水名在魯〕

15 廿九職之翼反五說文記微也〔識〕織作職〔油敗蟙蟙蠌蘵草名似酸漿〕

(1)記数也

16 ・直除力反一・力良直反四朸縣名在平原〔屴山貌仂不懈勑〕

17 飭恥力反七宑淔水名趩行聲栻局〔忒〕

18 〔意鳩代代〕鳿鳥溪・陟竹力反二稙早〔禾〕・食乘力反二蝕日

19 〔・息相即反四楒木名鄎新郎縣汝南也瘜病肉〕・

增字本切韻 DX三一〇九十DX一二六七

數所矩反一 ○矩或作榘俱羽反五踽行獨椇枳椇枸木名〔出蜀蒟蒟醬出蜀俱付反〕又求 ○取七庾反一 ○縷絲縷力主反六加一

(1) 王二王三九 (2) 切三六王一王二王三十

嘍廲嘍縣名在交阯廲字洛水反僂傴僂褸襤褸簍小筐嶁岣嶁〔山別〕名漊南漊也一曰汝南謂飲酒習之不醉為漊出說文

(1) 切三戈王一、王二、王三于 (2) 切三無王二、王三訓註小異

DX 3109

數所矩反一矩或作榘俱羽反五踽行獨椇枳椇枸

嘍廲嘍縣名在交阯廲字洛水反僂傴僂褸襤褸簍小筐嶁岣嶁山名漊南漊一曰汝南謂飲酒習之不醉為漊出說文

唐韻殘卷 DX一四六六

（本残巻は上下を断缺して中間のみを存す。）

1 〔操〕[1] 孔□〔 〕[2]

(1) 廣韻䆳小韻 (2) 東轂内孔曰操

2 〔謨〕[1] 〔謀〕也 又〔謨〕〔 〕〔 〕[3] □ □[4] 又音〔無〕〔 〕 □元出〔 〕 〔 〕

(1) 模韻模小韻 (2) 作 (3) 撫 覒 曰撫墓地 (4) 〔𠛪〕〻富海跋反七加一 无 南无出釋典又音無加

3 〔又〕[1] 蒲又姓苻洪之先其家池中蒲生長五丈咸謂之蒲〻〔氏〕□ 〔又〕草付應王洪孫堅背有草字改姓□也 〔蒲〕〔捕〕

(1) 蒲小韻蒲字注

4 □[1] 三德其色中和 瓳 瓶甖 〔瓳〕曰瓳 餬 寄食又糜也或作𩜾 瑚 瑚〻璉[2] 湖 江□ 類皆從户古反

(1) 胡小韻狐字注 (2) 璉

5 〔鶘〕 鵜鶘似猨身 · [1] 白出說文加 孤 〻子漢複姓乙速孤云〻古胡反廿一加六 苽 〻蔣 姑 舅姑亦

(1) 宋点以下同

6 漢書趙王巫蠱祠在[1] 雲陽亦小兒病鬼名 沽 水在高密 柧 〻棱 鈲 〻鏌加 觚

(1) 祠字注

7 〔屠〕[1] 殺也裂也刳也亦姓又音除 瘏 病 涂 塗也路也行也亦姓風俗通云漢有諫議大夫涂禪

(1) 徒小韻

8 〔圖〕[1] 啚 度也 圖 釋名曰圖度也畫其度也又謀也計也 從啚〻[1]歎[2]意也 廜 〻麻草庵通俗〔 〕[3] 曰屋平曰廜□[4]

(1) 䣝字注 (2) 難 (3) 文 (4) 廜麻

9 〔奴〕[1] 孥 妻孥 笯 鳥籠 · 呼 嘑也又姓云〻荒烏 烏呼十加六 膴 無骨腊又音無 憮[2] 大 葫 大蒜張騫□

(1) 奴小韻 (2) 憮

10 〔㕨〕[1] 吳 〔通〕趙又姓本自太伯之後始封於吳因以命氏後〔 〕[2] 國子孫家於吾衛之間今望在濮陽

(1) 吾小韻鼯字注 (2) 季札

11 □[1] 〔娪〕 美女出埋 〔蒼〕加 鋘 鋘鋙山名出金色赤如火〔作〕刀可切玉出越絕書加 粗 積也 也則〔 〕〔 〕[2]

(1) 紿 (2) 梲

12 〔盧〕[1] 竹 蘆 葦之未秀[2]者亦蘆菔菜名亦虜姓〔後〕魏書莫蘆氏後改爲蘆氏

(1) 盧小韻 (2) 秀

13 [𦉜](1)後 纑布縷 𤸸(2)說文(3)作此鑪 瀘水亦州名在蜀加 壚王名加 爐

(1) 壚字注 (2) 盧 (3) 瓬

14 木(1)也滿也候也望三[四]反四加一 穌息也舒悅也死而更生也 蘇𪊨麻 蘇酒元日

(1) 穌小韻蘇字注

15 其(1)助氣故郡反十五加六 洿水不流又作汚 杇(2)墁之字 莫寒反 嗚：呼 鰞：鰂

(1) 烏小韻烏字 (2) 鏝

16 加[又](1) 盓盤盓旋流又憂俱反加 蝺蜿蝺蠋蟲也大如指白色加 惡：由安也加 ● 逋

(1) 鄔字注，是「縣名又音塢」

17 [殂](1)拜也出說文加 ● 麤跡也大也物不精也倉胡反三加一 麤行路遠字統云警防也鹿之(2)姓相背而食慮

(1) 枯小韻殂字注，当作「殂瘁」 (2) 性

18 [都](1)：由[?]也又國也凡也大也又姓出吳興當孤反四加一 𥳇竹名 闍闉闍城上重門又市遮反 𦨁

(1) 由，猶仮借

19 □(1)也出也加

(1) 樽小韻誧字注，是「諌也出博雅也加」

20 [麡](1)：狼獸名似麇又子兮反 蠐：螬 懠好皃 癠病加 齎等出說文加 ● 黎衆也又姓

(1) 齊韻齊小韻

21 [　](1)瓠為飲[作]蠡 遾徐行 𨟶亭名在上黨 廲：廔綺窓加 蔾：蘆藜竹名加 竹利

(1) 蠡字注「以瓠為飲器亦作蠡」

22 [　](1)樊文車相錯加 𪗉說文云炊餔疾加 霋說文云霋霽謂之霋加 ● 低：昂仾也丁奚反卅

(1) 妻小韻棲字注

23 視加 隄或作堤加 岻山名加 隄篆文云人姓加 ⿱大丘[大也]加 ⿺走丘說文云趆

附表

三 附表

1. 切韻系韻書反切沿革異同略表

表中舉出各書四聲韻部中一部分韻紐首字的反切，比較異同，以見其前後相承的關係。各書都相同的不錄。加〔〃〕的表示與左边相同。韻次依照"廣韻"。

[平聲]

	韻字	1.1 (陸)	1.2 (陸)	1.3 (陸)	2.1 (箋一)	2.2 (箋二)	4.2 (王)	4.3 (王)	5.1 (裴)	7.3 (五代)	廣韻
東韻	弓					居隆		〃	〃	〃	居戎
	穹					去隆		〃	〃	去弓	去宮
	忡					初中		勑中	〃		〃
	蟲					直隆		〃	〃		直弓
	蓬	薄紅				〃		〃	薄功	步紅	薄紅
	風					方隆		〃	〃	府隆	方戎
	豐					敷隆		〃	〃	孚隆	敷戎
	馮					扶隆		〃	〃	并隆	房戎
	融					餘隆		〃	〃	余隆	以戎
	烘	呼同				〃		呼紅	呼同		呼東
	洪	胡籠				〃		〃	〃	户工	户公
冬韻	恭	駒冬				駒東×		駒冬	〃		九容(入鍾)
	宗					作綜		作琮	〃	祖琮	作冬
	樅	七恭				〃		七容	七恭		〃(入鍾)
	賨	在宗				〃		〃	〃	祖悰	藏宗
鍾韻	重		治容			〃		直容	〃		〃
	松祥容					羊×容		詳容	〃		〃
	衝					尺容		〃	〃	昌容	尺容
江韻	胮		疋江		匹江	〃		栢江	匹江		匹江
	龐		薄江			〃		蒲江	薄江		蒲江
支韻	卑				府移			〃	必移		府移
	鈹		敷羈			普羈	敷羈	〃	〃		〃
	陴						符支		裨頻移		符支
	劑		觜隨		〃	〃	〃	〃	〃		遵為

	韻字	1·1（陸）	1·2（陸）	1·3（陸）	2·1（箋一）	2·2（箋二）	4·2（王）	4·3（王）	5·1（裴）	7·3（五代）	廣韻
	離					呂私		呂移	〃		呂支
脂韻	葵		渠隹		〃	渠惟		渠隹	〃		渠追（與逵紐同）
	胝				丁私	涉夷		丁私	〃		丁尼
	丕		敷悲		〃	普悲		敷悲	〃		〃
	錐		職追			止椎		職椎			職追
	惟		洧悲		以隹			〃	〃		以追
之韻	癡				丑之	出之	丑之	〃			〃
	輜				楚治	〃		楚持	楚治		楚持
	詩 書之				所之	書之		〃	〃		〃
微韻	沂				魚機	〃	魚衣	魚機			魚衣
	幃				王非	〃		〃			雨非
魚韻	胥				息餘	息魚	〃	〃		息呂	相居
	鉏				助魚	〃	〃	〃		士魚	〃
	如				女魚	汝魚		〃			人諸
虞韻	區				氣俱			〃		去俱	豈俱
	敷				撫夫		〃	撫扶			芳無
	紆				憶俱			〃		於于	憶俱
模韻	都				丁胡		丁姑	〃			當孤
	徒		度都		〃		〃	〃			同都
	租		則胡		則吾		側吾	則胡			側吾
	蘇		思吾		〃		息吾	〃			素姑
齊韻	雞							古嵇		古兮	古奚
	谿				苦嵇			〃		苦兮	苦奚
	倪				五嵇			〃		五兮	五稽
	梯				湯嵇			湯稽		他兮	土雞
	豍				方□		方奚	〃		必迷	邊兮
	鼙				薄迷			〃		步迷	部迷
	西				索嵇			素雞			先稽
	移				成栖			成西		〃	成臡
佳韻	媧				姑柴			〃	〃	姑咼	古蛙
	[illegible]				妳佳			〃	〃	奴扠	妳佳
	釵				楚佳			〃	〃	初柴	楚佳
皆韻	皆				古諧			〃		革諧	古諧
	俙							呼皆		火皆	喜皆

	韻字	1.1 (陸)	1.2 (陸)	1.3 (陸)	2.1 (箋一)	2.2 (箋二)	4.2 (王)	4.3 (王)	5.1 裴	7.3 (五代)	廣韻
	諧				户佳x			户皆		〃	〃
灰韻	鮠		魚回		五回		〃	〃			五灰
	裴		薄恢		蒲恢		蒲灰	蒲恢			蒲回
咍韻	開		苦哀		康来		苦哀	〃			〃
	臺		徒哀		徒来		徒哀	〃			〃
真韻	繽				敷賓			〃			匹賓
	斌							鄙□			彬府巾
	囙				於鄰			〃			於真
文韻	雲				户分			王分			〃
寒韻	瞞				武安			〃			母官(入桓)
山韻	嘫				女閑			奴閑			女閑
先韻	邊				布玄		〃	〃		布千	布賢
	蹁				蒲田		部田	〃		步田	部田
仙韻	船				食川		繩川	〃		食川	〃
	遄				市延		市緣	〃			〃
宵韻	喬				巨朝			奇驕			巨嬌
肴韻	交				古肴					格肴	古肴
豪韻	饕				吐蒿		吐高	土毫			土刀
歌韻	何				胡歌		韓柯	〃	胡哥		胡歌
	呿						墟迦	佉墟伽			佉丘伽
	伽				無反語噱之平声		去迦	求迦	茄[illegible]羅反		求迦
	牠				徒何		徒和	駝徒何	徒禾		徒和(入戈)
	鞾				無反語		火戈又布x波	無反語火戈反	希波		許戈(入戈)
麻韻	鴉				烏加				烏加		鵶於加
庚韻	兵				甫榮			補榮	〃		甫明
	平				符兵			蒲兵			符兵
耕韻	棚				扶萌			〃			薄萌
	繃				甫萌			〃	逋萌		北萌
	傾				去縈x			去營	去盈		去營
	并							補盈	府盈		府盈
清韻	精				子情			子清	子情		子盈
青韻	熒				胡丁			〃	乎丁		户扃
蒸韻	殑				其矜		綺兢	其矜	綺陵		其矜
	蒸				語x膺			諸膺	〃		煮仍
	升				識烝		識承	〃	〃		識蒸

韻	韻字	1.1 (陸)	1.2 (陸)	1.3 (陸)	2.1 (箋一)	2.2 (箋二)	4.2 (王)	4.3 (王)	5.1 (裴)	7.3 (五代)	廣韻
	陵				力膺			六應			力膺
登韻	增				作滕		在滕	昨滕			作滕
尤韻	浮				薄謀		〃	縛謀	父謀		縛謀
	謀				莫侯		莫浮	〃	〃		〃
	搊				楚尤		〃	〃	楚求		楚鳩
	收				式周		式州	〃	式周		式州
侯韻	獳				女溝		奴溝	〃	女溝		奴鉤
幽韻	彪				甫休			甫休	補休		甫烋
	滮							扶彪	〃		皮彪
侵韻	琴			渠金	渠今			渠金			巨金
	簪			側岑			側琴	側岑	側吟		側吟
	吟			魚今			魚音	〃	魚今		魚金
盐韻	苫				視詹		〃	〃	視占	〃	〃
凡韻	凡				扶芝		符芝	〃	〃		符咸×

[上聲]

韻	韻字	2.1 (箋一)	4.2 (王)	4.3 (王)	5.1 (裴)	7.3 (五代)	廣韻
董韻	琫	方孔		〃	〃		邊孔
	蓊	烏孔	阿孔	〃	〃		烏孔
腫韻	䳋			莫湩	莫奉		莫湩
	湩			都隴反此是冬字上聲陸云冬無上聲何失甚	冬恭反此冬之上声		都俑
講韻	俺	武項		〃	莫項		武項
紙韻	擻		陟侈	〃	〃	陟尒	陟侈
	彼	甫委		補靡	卑被		甫委
	渳	民婢	弥婢	〃	民婢		綿婢
	紫	兹尒	兹此	兹尒	兹此	兹此	將此
	舐	食氏	食紙	〃	〃	食氏	神帋
止韻	紀	居似	〃	居以	居似		居里
	滓	側李	〃	〃	側里		阻史
	俟	漦史		〃	鋤使		牀史

	韻字	1.4 (陸)	2.1 (箋一)	2.3 (箋三)	4.2 (王)	4.3 (王)	5.1 (裴)	7.3 (五代)	廣韻
尾韻	豈		氣豨		〃	〃	氣里(入止)		袪豨
	扆		衣豈		依豈	〃	衣豈(入止)		於豈
	虺		許偉		許偉	許偉	許葦		許偉
語韻	去		羌舉		楚舉	羌舉	羌呂	〃	〃
	野		署與		〃	墅署與	〃	書与	承與
	與		余莒		〃	〃	余舉	余許	余呂
麌韻	撫		孚武		〃	〃	敷武		芳武
	父		扶甫		〃	〃	扶宇		扶雨
	武		無主		〃	〃	〃		文甫
姥韻	苦		康杜			〃	枯户		康杜
	粗		徂古		〃	〃	似古		徂古
賄韻	誹		蒲罪		〃	餔罪	蒲罪		
海韻	茝		昌待		昌紿	昌殆	昌待		昌紿
軫韻	盡	慈引	〃		〃	詞引	慈忍		〃
	引	余忍	〃		〃	余眕	餘軫		余忍
	盾	食尹	食允		食尹	〃	〃		〃
隱韻	近	祈謹	丘謹		〃	〃			〃
旱韻	管		古纂		〃	〃		古卵	古滿
	短		都管		〃	〃		丁卵	都滿
	椀		烏管		〃	〃		烏緩	烏管
潸韻	赧	奴板	怒板		〃	奴板		女板	女版
產韻	簡	古限	〃		〃	〃		佳限	古限
	醆	側限	〃			〃		側產	阻限
銑韻	典	多顯	〃			多繭			多殄
	殄		徒顯		徒典	〃			〃
	辮		薄顯			薄典			薄泫
	銑	蘇顯	〃			蘇典		先典	蘇典
獮韻	篆		治兗			持兗			〃
小韻	肇		治小	〃		直小			治小
晧韻	草		七嫂	七掃		〃			采老
哿韻	左		作可			則可			臧可
	𣢾		呼可	呼我		〃			虛我
馬韻	捨		書者		書野	書也			書冶
	社		市者			市也			常者
養韻	長					中兩	丁丈		知丈

	韻字	1.4 (陸)	2.1 (箋一)	2.3 (箋三)	4.2 (王)	4.3 (王)	5.1 (裴)	7.3 (五代)	廣韻
	枉		紆往			紆罔	紆兩		紆往
	敞	昌兩	〃		昌上	昌兩			〃
蕩韻	搒		薄朗				博朗		北朗
	奘		徂朗			在朗			徂朗
	慌		虎晃			虛晃			呼晃
梗韻	永		榮昞	〃		榮丙			于憬
有韻	舅		巨久			強久	巨久		其九
	缶		方久		〃	〃	方負(入厚)		方久
	婦					房久	防不(入厚)		房九
厚韻	走			子厚		作口	子厚		子苟
	歐			嘔口	烏口	〃	烏厚		烏后
寑韻	枕		之稔	〃		〃			章荏
敢韻	埯		央敢			安敢	〃		烏敢
琰韻	漸		自染		〃	自冉	自琰		慈染
广韻	广			儼魚檢	虞掩又音儼		魚儉又音儼		儼魚掩
范韻	范		無反語取凡之上聲		符山反	陸無反語取凡之上聲	符山反		防泛

〔去聲〕

	韻字	2.3 (箋三)	4.2 (王)	4.3 (王)	5.1 (裴)	6.3 唐	廣韻
送韻	夢	莫鳳	〃	莫諷	〃		莫鳳
用韻	重			持用	治用		柱用
絳韻	胖			普降	匹降		匹降
	淙			士巷	士降		士絳
寘韻	僞		危睡	危賜	〃		危睡
	縋			池累	馳僞		馳僞
至韻	鼻		毗四	〃	毗志		毗至
	敊		楚類	楚利			楚愧
	肄		羊至	〃	羊志		羊至
志韻	忌		渠記	〃	其既		渠記
	意		於記	〃	於既		於記
未韻	沸		府謂	〃	符謂		方味
御韻	遽		渠據	〃	〃	其倨	其據（廣韻多同唐韻）
	御		魚據	〃	〃	牛據	牛倨

	韻字	2.3 (箋三)	4.2 (王)	4.3 (王)	5.1 (裴)	6.3 (唐)	廣韻
	筯			直據	治據	遅倨	〃
	女			娘擧	乃據	尼據	〃
	詛		側據	〃	〃	莊助	〃
	處		杵去	〃	昌據	〃	〃
	署		常據	〃	常慮	常恕	〃
	洳			而據	〃	人庶	人恕
遇韻	樹		殊遇	〃	〃	常句	〃
	裕		羊孺	〃	〃	羊戍	〃
	芋		羽遇	〃	〃	王遇	〃
暮韻	訴			蘇故	〃	桑故	〃
霽韻	泥		奴細	〃		奴計	〃
	薜		薄計	〃	蒲計	〃	〃
	嘒		虎惠	虛惠	虎惠	呼惠	〃
祭韻	跇	丑世	丑勢	〃	丑世	丑例	〃
泰韻	旆		薄蓋	蒲蓋	蒲外	蒲蓋	〃
	蔡		七蓋	〃	七大	倉大	〃
	餀			海蓋	〃	呼艾	〃
夬韻	蠆	丑芥	丑菜	丑芥	丑界	丑介	丑犗
	㕹	所芥		〃	所界		所犗
	喝	於芥	於菜	於芥	於界	於芥	於犗
隊韻	誨		荒佩	〃	〃	荒內	〃
代韻	礙			五愛	〃	五槩	五溉
震韻	賮	(1.6疾刃)	疾刃	似刃	疾刃		徐刃
	韻	永賮	為捃	永賮	永燼		王問(入問)
恩韻	坌		蒲悶	〃	盆悶	蒲悶	〃
	鐏		徂困	在悶	存困	祖悶	徂悶
翰韻	旰	古旦	〃	〃	〃	古案	〃
	旦	得安	得案	〃	丹按	得旰	得按
	岸	五旦	吾旦	〃	五旦	五旰	〃
	玩		吾段	五段	〃	五換	〃
襇韻	幻		胡眼	胡辨	胡辦	胡辨	〃
霰韻	見		古電	〃	堅電	古電	〃
	霰		蘇見	〃	〃	蘇甸	蘇佃
	縣		黃練	〃	玄絢	黃練	黃絢
線韻	絹		古椽	吉椽		古椽?	吉掾

	韻字	2.3 (箋三)	4.2 (王)	4.3 (王)	5.1 (裴)	6.3 唐	廣韻
	面			弥戰	弥便	弥箭	〃
	選			息絹	息便	息絹	〃
嘯韻	窔	烏弔	於弔	〃	烏弔	烏叫	〃
笑韻	召		直笑	〃	持笑	直少	直照
	裱		方廟	〃	必廟		方廟
	邵		寔耀	寔曜	常照	寔照	實照
效韻	罩		如教	丁教	都教	〃	〃
禡韻	吒		陟訝	〃	〃	陟嫁	陟駕
	帊	芳霸	〃	〃	〃	普駕	〃
漾韻	讓	如狀	如仗	如狀	如仗	人樣	人漾
宕韻	謗			補曠	補浪	螃甫曠	補曠
敬韻	敬			居孟	居命	居慶	〃
	慶			綺映	〃	丘敬	〃
	柄			彼病	鄙病	陂病	陂命
	䙬			嬰一諍	於諍	鷖迸	〃
勁韻	聖		聲正	識正	聲正	式正	〃
徑韻	定	特徑	〃	〃	〃	徒脛	徒徑
	腥	息定	〃	〃	〃	蘇佞	〃
證韻	稱	蚩證	蚩證	尺證	蚩證	昌孕	〃
嶝韻	蹭	七贈	〃	〃	〃	七鄧	千鄧
宥韻	僦	即就	〃	即救	即就	〃	〃
沁韻	譖		側讖	側禁	側讖	疾蔭	莊蔭
闞韻	暫		慙濫	〃	〃	藏濫	〃
豔韻	占		支豔	〃	將豔	章豔	〃
陷韻	鮎	都陷	〃	〃			陟陷
	蘸	滓陷	〃	責陷	滓陷	莊陷	〃
梵韻	劒	舉欠	舉欠	〃	覺欠(入釅)		居欠
	欠	去劒	〃	〃	〃(入釅)	〃	〃

入聲

	韻字	2.1 (箋一)	2.3 (箋三)	4.2 (王)	4.3 (王)	5.1 (裴)	7.3 (五代)	6.3 (唐)	廣韻
屋韻	菊	居竹			居六	舉竹		居竹	居六
	麴	驅竹		〃	〃	丘竹		驅菊	驅菊
	粥	之六		之竹	〃	之六			〃

	韻字	2.1（箋一）	2.3（箋三）	4.2（王）	4.3（王）	5.1（裴）	7.3（五代）	6.3（唐）	廣韻
沃韻	梏	古沃		〃	古篤	古沃		〃	〃
燭韻	幞	房玉		〃	〃	〃		旁玉	房玉
	粟	相玉		〃	〃	〃		相足	相玉
	贖	神燭		神觸	神玉	神囑		神燭	神蜀
覺韻	斵	丁角			〃	〃		竹角	〃
質韻	必	卑吉			比密				卑吉
	弼	房律			房筆	旁律		房密	〃
	蜜	民必		名必	無必	民必			彌畢
	一	憶質		伊室	於逸	憶質		於悉	〃
	橘	居蜜		〃	〃	〃		居聿（入術）	〃（入術）
物韻	物	無弗	〃		無佛	無弗		文弗	〃
月韻	怫	匹伐	〃		〃	〃		拂伐	〃
	越	户伐	王伐		〃	〃		〃	〃
沒韻	訥	諾骨	〃		諾忽	諾骨		奴骨	內骨
	卒	則沒	〃	〃	〃	〃		臧沒	〃
末韻	掇	多活	多括	多活	多括	〃		〃	丁活
	末	莫割	〃	〃	〃	莫曷		莫割	莫撥
屑韻	血	呼玦			呼決	〃		呼玦	呼決
薛韻	別			憑列	皮列	憑列			皮列
	拙	職雪			〃	〃	職悅（入雪）	〃	〃
	啜	樹雪		〃	處雪	樹雪		殊雪	〃
藥韻	灼	之爍			之藥	之略		之若	〃
	綽	處約			處灼	〃		昌約	〃
陌韻	額	五陌			〃	五百		五伯	五陌
昔韻	碧				陂隔（入麥）	逋逆（入陌）	彼役	方彳	彼役
	席	祥亦		詳石	詳昔	祥亦		〃	詳易
	石	常石		〃	常尺	〃		常隻	〃
錫韻	燩	去激		〃	〃	〃		苦擊	〃
	霹	普激		〃	〃	〃	普歷	普擊	〃
德韻	刻				苦德	〃	口得	苦得	〃
	特				徒德	〃	大得	徒得	〃
	則				即勒	子則	祖勒	子德	〃
	勒				盧德	〃	力得		盧則
緝韻	執	側什			之入	之十		之入	〃

	韻字	2.1 (箋一)	2.3 (箋三)	4.2 (王)	4.3 (王)	5.1 (裴)	7.3 (五代)	6.3 (唐)	廣韻
	邑	英及			〃	〃		於汲	〃
合韻	納	奴答			奴合	奴荅		奴合	奴荅
	合	胡閤			〃	胡荅			侯閤
盍韻	囃			倉臘	〃		子臘		倉雜
洽韻	眨	阻洽		〃	〃	〃	〃	側洽	〃

2. 唐韻前韻書收字和紐數多少比較簡表

（這一部分材料只是舉例的性質，並不包括所有的四聲韻部。從這個比較表可以看出《唐韻》以前幾種主要韻書傳本之間前後因承的關係。）

[東]

	1·1 (3798)	2·2 (箋二)	3·3 (2017)	4·3 (王)	5·1 (裴)	6·2 (唐一)
東		2	2+1	2	2+2	
同		18	□6	21	16+6	
中		3	3	4	3+1	
蟲		4		5	3+4	
終		10		11	10+2	
忡		1		2	1+1	
崇		2		2	2	
嵩		4		3	4	
戎		4		4	4	
弓		4		4	4	
融		2		2	2	
雄		2		2	2	
瞢		3		3	3+2	
穹		2		4	2+2	
窿		3		3	3	
馮		3		5	3+1	
風		2		2	2+1	
豐	(6)?	6		6	6	
充		3		5	3+2	
隆	(3)?	3		3	3+1	
空	5	7		7	7+2	
公		7		9	8+1	
蒙	12(1)	11+2		17	11+5	
籠	13	16?		18	15+7	
洪	10	11+1		14	12+2	
叢		1+1		1	2+1	
翁	3	4		5	3+2	
怱		8+1		12	8+4	
通		4		4	4	4
葼		12+1		19	14+6	

	1·1 (3798)	1·2 (3696)	2·2 (箋二)	4·3 (王)	5·1 (裴)	6·2 (唐一)
蓬	2		4	5	4+4	6(+4)
烘	2		3	2	2	
檧			2	1	1	
			㟅1			

[冬]

	1·1 (3798)	1·2 (3696)	2·2 (箋二)	4·3 (王)	5·1 (裴)	6·2 (唐一)
冬			2	2	2	2
彤	6		6	15	5+11	7(+1)?
賨	(5)		5	7	5+3	5
農	3		3	4	3+1	?
恭	4		4	6	4+3	?
蜙	(2)		2	4	2+3	
樅	2		2	4	2+2	
攻	1		2x(1)	2	1+2	
硿	1		1	2	1+3	2(+1)
礐	?		1	2	1+2	2
宗	?		2x(1)	1	1	?
			㩳1			
					銎2	

[鍾]

	1·1 (3798)	1·2 (3696)	2·2 (箋二)	4·3 (王)	5·1 (裴)	6·2 (唐一)
鍾	8		9+1	10	9+3	11(+3)
龍	4		4	4	4+4	7(+3)
舂	4		( )	6	5+2	5(+1)
松	2		2	3	2+2	2
衝	5		5	8	5+4	6(+1)
容			14	19	14+8	16(+2)
封		(2)	2	2	2+1	1+2
胸		7	7	8	8+1	8(+1)
顒		3	2x(3)	3	3	3
邕		11	11	12	11+1	9(+1)
醲		3	4	4	4	

	1.2 (3696)	1.5 (西)	2.1 (箋一)	2.2 (箋二)	4.3 (王)	5.1 (裴)
重	2			2+1	5	3
從	1			1	1	1+2
蹱	2			2	3	2
逢	2x(3)		3	4x(3)	5	3+3
峯	9		(9)	9	10	9+1
縱	3		3	3	5	3+2
茸	5			5	8	5+2
蛩	6		6	6+1	11	6+5
鱅	2			2	2	2+1
						銎1
〔江〕						
江	5		5	5	7?	5+2
厖	6			6	9	6+5
膿	(2)		2	2	4	2+2
窗	3		3	3+1	4	3+2
邦	1			1	1	2
栙	4			4	5	4+1
胮	2		2	2	2	2+1
瀧	1		1	1	1	1
雙	4			4	4	4+1
龐	(2)			2	2	2
肛	1			1	2	1+1
腔	( )		5	5	5	5
幢				3	3	3
惷	( )			2	2	2
樁				1	1	1
〔支〕						
支	10?	9	9	10	15	11+8 (17)
移	10		10	10+1	25	10+16 (25)
為	2		2	2	2	2+2
媯	1		1	1	2	1+1
麾	3		3	2x(3)	5	3
逶	5			5+1	8	5+5
糜	4		4	4+1	5	4+5
隳	3			3+1	6	3+3
鬌	2			2	3	2+1

	1.2 (3696)	1.5 (西)	2.1 (箋一)	2.2 (箋二)	4.3 (王)	5.1 (裴)
垂	3		3	3	7	3+4
羸	1			1	1	1
吹	2	3		2+1	3	2+1
鈹	5			5	8	5+3
陂	4		4	4	7	4+5
隨	2			2	2	1+3
虧	1			1	1	1+1
闚	1			1	1	1
奇	6			6	9	6+5
祇	8			9+2	15	10+9 (18)
犧	7		8	8	12	8+6
攲	( )		4	5	8	4+7
宜	5			(5)	5	5+1
皮		5		3	5	3+2
提			3	4+1	8	6+6 (11)
兒				1	1	1
離				13+1 (13)	26	14+14
疵	4			2x(3)	7	3+7
貲			7	7	14	7+9
羈				6	7	5+2
卑			5		8	6+5
裨					陴6	5+2
絁					5	3+3
斯					22	12+13
差					1	1
摛					7	5+2
弥					10	8+4
雌					5	2+2
知					4	2+2
漪			5		8	5+5
馳			( )		13	6+6
眭					1	1
危			3		3	3+1
訑			1		1	1+1
眵			1		2	1
釃			2	3x(2)	4	2+3

	1.2 (3696)	2.1 (箋一)	2.2 (箋二)	4.3 (王)	5.1 (裴)
䊔	(1)	1	1	1	1
痿		1	1	2	1+1
厜	3	3	3	5	3+2
槻		4	4	6	4+2
劑	1	1	1	3	1+2
衰	1	1	1	1	1
腄		1	2×(1)	2(止)	1+1
愧					1
鼊					2+1
猜			(1)		1
䮔		1	1		1
		闚1			

[脂]

	1.2 (3696)	2.1 (箋一)	2.2 (箋二)	4.3 (王)	5.1 (裴)
脂	3	3	3	6	4+5
姨	11	11	12	15	14+9
師	( )	2	2	2	2+4
毗	( )	12	13	16	14+7
咨	8	8	8	11	8+2
飢	( )	2	2	2	2+2
鵄	3	3	3	5	2+2
絺	3	3	3	3	3+2
鄒	3	3	3+1	6	3+3
茨	6	7	7	10	6+5
尼	3	3	3	4	3+4
墀	6	6	6+1	10	6+7
私	2	2	2+1	5	2+3
尸	4	4	4	4	4
鬐	6	6	6	8	6+5
伊	3	3	3	4	3+1
梨	7	7	7+3	15	7+9
葵	4	4	4	7	3+4
追	2	2	2	3	1+2
龟		2		2	2+2
雖	3	3	3+1	5	3+4
衰	3	3	3	3	3
惟		8	8	10	8+1

	1.2 (3696)	2.1 (箋一)	2.2 (箋二)	3.8 (加字)	4.2 (王)	4.3 (王)	5.1 (裴)
灅		7	7			12	7+10
綏		6	6+1			7	6+5
逵	5	5	5			10	5+11
眉	9	9(8)	9			11	9+6
悲	1	1	1			1	1
錐	6	6	6			7	6+2
誰	2	2	2			2	2
帷	1	1	1			1	1
邳	3	3	4+1			4	3+4
丕	5	5	5			7	5+6
倠	1	1	2×(1)			4	2+1
鎚	3	3	3+1			4	3+1
推	1	1	1			1	2+1
胝	1	2	2			2	2
紕	2×(1)	1	1			1	1+2
嗺	3×(2)	2	2			2	2
蘬	1	1	1			2	2
狋	1	1	1			1	2
							覣1
							厌1
							?一

[模]

	1.2 (3696)	2.1 (箋一)	2.2 (箋二)	3.8 (加字)	4.2 (王)	4.3 (王)	5.1 (裴)
模		7			9		
[illegible]		7			7		
胡	14	14			19		
孤	15	15			21		
徒	17	17			21		
奴	6	6			6		
呼	5	5			8		
吾	10	10			12		
租	2	2			2		
盧	15!	16			23		
蘇	3	3			3		
徂	2	2			3		
烏		9			14		
逋	4	4		4+8	8		

	1.2 (3695)	2.1 (箋一)	3.8 (加字)	4.2 (王)
枯		3	3+2	7
麤	2	2		3
稌	2	2		5
都		3	3	4
禣		5	5+一	6
[灰]				
灰		3		3
恢		5		6
隈		3		6
回		7		9
枚	10?	11		11
瓌		2		4
雷	4	4		8
頹		6		11
催		3		3
磓		3		5
摧	3	3		4
膗	3	2		3
裴	5	5		7
杯		1		1
肧	4	4		5
鮠	3	3		3
[illegible]	2	2		4
[illegible]	2	2		2
				腜2
[咍]				
咍	2	2		2
開	2	1		3
哀	3	3		5
臺	6	6		9
該	9x(8)	7x(9)		16
裁	6	6		7
來	6	6		18
灾	3	3		
猜	2	2		
胎	4	4		

	1.2 (3695)	2.1 (箋一)	4.2 (王)	5.1 (裴)
孩	2	2		
鰓	4	4		
皚	4	3		
能	1	1		
[豪]				
豪		5	11	10
高		12		19
勞		7		18
蒿		4	5	5
毛		4(6)	8	9
饕		13	18	21
刀		5	5	5
騷		8	9	10
袍		1	2	2
褒		1	2	2
陶		13	19	22
糟		4	8	9
敖		13	15	21
熝		2	2	2
曹		7	11	9
猱		3	5	4
庣		(1)	1	1
操		2	2	2
			櫜1	1
[歌]				
歌		7	7	8
和		4	4	6
過		5	7	10
鸁		10	12	12
莎		(8)	8	10
痤		3	5	5
訛		3	6	6
科		7	11	11
倭		2	4	4
蹉		4	6	5
多		1	2	3

	2·1 (箋一)	4·2 (王)	4·3 (王)	5·1 (裴)
娑	3	3		3
婆	3	4		4
摩	(5)	7		7
駞	8	(16)		18
髊	8	13		14
莪	8	10		10
他	3	4		3x(2)
羅	3	5		7
那	5	6		7
何	4	6		6
訶	2	5		5
波	4	4		5
頗	2	2		3
珂	2	(2)		3
阿	3	6		7
訑	2	4		4
挼	1	1		1
牠	1	(2)		2
鞾	1	(2)		2
[illegible]	1	1		1
伽	1	(1)		1
		呿2		佉2
		迦1		(1)
		脞2		2
		侳2		1
				嗵1
				虵1
				茄2
[陽]				
陽	13		23	27
詳	5		7	7
良	10		16	16
香	3		5	4
商	9		14	14
房	3	4	4	4
章	(9)		11	12

	2·1 (箋一)	4·2 (王)	4·3 (王)	5·1 (裴)
昌	5		6	7
羌	3		3	3
薑	10	10	10	12
長	5		8	7
張	3		3	3
穰	9		13	15
方	8		10	11
襄	9	8	9x(10)	12
將	5	6	6	6
瘡	1		2	2
亡	6x(9)		10	12
孃	2	4	4	4
床	1	2	2	2
莊	3	4	4	4
常	6	6	6·	7
霜	4	4	4	4
牆	5	7	6	7
鏘	7	10	11	12
匡	8	9	9	11
王	1	2	2	2
央	6	7	7	7
強	4	4	7x(4)	4
葛	3	3	3	3
芳	2	3	3	3
狂	(2)	(3)	3	3
[唐]				
唐	15	28	28	30
郎	20	23	24	24
当	6	8	8	9
倉	4	5	5	5
剛	9	11	11	11
桑	2	4	4	3
康	4	8	8	10
荒	4	10	10	13
黄	21	28	28	30
光	7	9	9	9

	2.1（箋一）	3.8（加字）	4.2（王）	4.3（王）	5.1（裴）
湯	3		5	5	7
滂	3		5	5	6
汪	3		4	5	5
鶩	2		4	4	6
炕	2		( )	2	2
航	9		12	12	15
茫	6		11	11	12
臧	3		3	4	5
囊	1		2	2	2
傍	5		8	8	8
卬	5		6	6	6
藏	1		1	1	1x(1)
骯	1		1	1	1

上聲

〔旨〕

	2.1（箋一）	3.8（加字）	4.2（王）	4.3（王）	5.1（裴）
旨	5		(4?)		4
視	1		1		1
美	2		3		3
鄙	1		2		2
兕	4		4		4
几	4	6	8		8
姊	2		2		2
匕	6		8		8
軌	6		8		8
洧	4	4	4		4
矢	3		3		3
死	1		1		1
雉	1_x(2)		3		3
牝	1		1		1
履	1		1		1
水	1	1	1		1
壘	8	8+2	10		10
揆	2		5		5
趡	2		2		2
柅	( )	1	1		1
癸	1	1	1		1

	2.1（箋一）	3.8（加字）	4.2（王）	5.1（裴）
否	5	5	7	8_x(7)
䨽	1		1	1
嚭	1		3	4
蕊	1		1	
唯	4_x(5)	5	8	2
歖	1		1	1
澤	3		3	5_x(3)
巋	1	1	( )	
蘬	1		( )	8?
膝	1		1	
跽	1	1	1	1
		䧳 1	䁥 1	2?
			跽 2	跪 1

〔止〕

	2.1（箋一）	3.8（加字）	4.2（王）	5.1（裴）
止	8		9	9
市	2		2	2
徵	1	1	1	1
喜	1	1	1	1
以	3		5	5
似	6		7	7
紀	2	2+1	4	4
史	3	3	3	3
耳	3		5	5
里	9	8+1	8_x(9)	9
始	1		1	1
枲	5		6	6
峙	5	5	6	6
起	5		6	6
士	3		3	3
俟	2	2	4	4
子	4	4	7	7
矣	1		2	2
擬	3		5	5
齒	1	2_x(1)	1	1
恥	2	( )	2	2
刺	1	1	2	2

	2.1 (箋一)	3.8 (加字)	4.2 (王)	5.1 (裴)
滓	4	3+2	3	3
			諰1	1
[語]				
語	8		10	10
呂	9		12	12
佇	5		10	9
與	4		5	5
煮	3		3	3
汝	5		5	5
暑	5		5	5
杵	2		2	2
貯	4		7	8
諝	4		5	4
女	2		2	2
楮	2		2	2
許	1		1	1
巨	11		15	16
所	2		5	5
楚	3		5	5
阻	2		2	8x(2)
齟	2		1	(1)
咀	2		5	(5)
杭	1		2	2
舉	4		9	12
敘	7		11	7
去	2		3	4
野	1		1	墅1
紓	2		2	2
䀝	1		1	1
苴	1		1	1
[麌]				
麌	2		2	4
羽	12		13	13
聚	1		2	2
甫	9		13	13
武	11		16	16

	1.4 (斯2683)	2.1 (箋一)	4.2 (王)	4.3 (王)	5.1 (裴)
父		6	12		12
撫		7	9		9
豎		2	2		2
庾		8	11		11
柱		1	1		1
詡		( )	9		9
主		4	4		5
傴		1			2
齲		1			1
黖		2			2
乳		2	2		2
窶		1	2		2
數		1			1
矩		5			9
取		1	1		1
縷		6	10		10
			縝1		1
			貗1		1
[海]					
海		2		2	( )
愷		5		6	( )
宰		2		2x(3)	( )
駘		6		9	9
乃		1		3	3+1
改		3		2	2
亥	1	1		4	4
啡	1	1		1	1
採	4	5		6	6
茝		1		1	1
等	1	1		1	1
穤	1	1		2	2
在		1		1	1
倸		1		1	1
欸		3		4	4
倍	2	2		2	2

〔軫〕	1.4（斯2683）	2.1（箋一）	4.3（王）	5.1（裴）
軫	8	9	15	15
賰	2	3	9	9
准	3	3	3	3
尹		4	7	9
筍	3	3	4	5
愍	4	4	10	10
牝	2	2	4	4
殞	2	2	5(4)	4
窘	4	4	7	7
紖	2	2	2	2
䡅	1	1	1	1
引	2	3	8	9
忍	3	3	3	3
矧	2	2	3	3
緊	2	2	2	2
盡	1	1	1	1
泯	5	5	5	5
腎	3	3	4	4
釿	1	1	3	3
盾	1	1	2	2
			僯 4	4
			笉 1	1
			櫶 1	1
			輪 1	1
			雉 1	1
			麇 1	1
			螼 2	2
			賰 2	1
			輑 1	1
				巾 1

〔吻〕	1.4（斯2683）	2.1（箋一）	4.3（王）	5.1（裴）
吻	3	3	5	5
粉	2	2	2	2
憤		3	9	9
忿	1	1	2	2
惲	3	3	7	7

	1.4（斯2682）	2.1（箋一）	2.3（箋三）	4.3（王）	5.1（裴）
䞓		1		3	3
				抎 3	3

〔銑〕	1.4（斯2682）	2.1（箋一）	2.3（箋三）	4.3（王）	5.1（裴）
銑	5	5		7	
腆		6		10	
典	2	2		3	
蝘		2		4	
殄		2		2	
薾	5	5	5	9	
峴		3	3	10	
顯		3		4	
撚		1	1	3	
𢲸		1	1	2	
編		5		5	
泫		5	4+1	8	
辮		3		4	
畎		3	3	4	
犬		1	1	1	
				窒 4	

〔獮〕	1.4（斯2682）	2.1（箋一）	2.3（箋三）	4.3（王）	5.1（裴）
獮		4		6	
演		3	3	3	
踐		3	3+1	6	
膳		3		14	
展		5	5	5	
趁		3		5	
淺		1		1	
闡		2	2	6	
遣		3	3	7	
善		5	5+1	6	
蹇		3	3	4	
翦		3	3+1	9	
蹨		3	4	5	
輦		4	4	6	
件		3	3	3	
綫		1	1	1	

	2.1（箋一）	2.3（箋三）	4.2（王）	4.3（王）	5.1（裴）	6.3（唐）
齴	3	2		2		
辡	1	（ ）		3		
緬	6	6		6		
褊	1	1+1		1		
吮	3	（ ）		雋4		
臇	1	3		2		
辯	1	1		3		
兖	2	2		5		
臠	2	2		3		
轉	1	1		1		
卷	1	1		2		
圈	1	1		2		
輭	6	6+1		8		
舛	3	3		5		
膞	3	3+1		6		
篆	3	3		6		
剸	2	2		6		
選	1	1		1		
撰	3	3		3		
蜎	1	1		1		
蠉	1	1		5ₓ(2)		
楩	1	1		5		
免	7	7		7		
[扌善]	1	1		1		
鐥	3	4		6		
		[亻然]1		2		
		嫸1		（ ）		
				㫃2		

去聲

〔祭〕

	2.1（箋一）	2.3（箋三）	4.2（王）	4.3（王）	5.1（裴）	6.3（唐）
祭			7	7	5/11	5
歲			3	3	3	3
衛			6	6	6	6(+2)
芮			3	3	4/11	4(+1)
贅			2	2	1	1
啐			1	1	1	1
毳			11	11	7	6(+1)

	2.3（箋三）	4.2（王）	4.3（王）	5.1（裴）	6.3（唐）
銳	3	5	5	3	3
綴		4	4	3	3(+1)
税		6	6	5	5
弊		4	4	4	4
[毛毛桼]		2	2	1	1
[竹鳥]		4	4	2	4(+1)
蔽		3	3	2	2
劌		3	3	4	3
袂		1	1	1	1
憏		3	3	3	3
掣	3	6	6	4	3(+1)
制		12	13/11	8	8(+2)
逝	7	8	9ˣ(8)	8	8(+1)
曳	10	18	17/11	10	12(+2)
[糸曷]	2ₓ(3)	4	4	3	3
藝	4	5	5	4	5(+1)
滯	3	5	5	4	2
例	11+2 (12)	16	16	15	12(+1)
憩	3	4	4	5	4
世	3	3	3	3	3
猘	4	6	6	6	4
[犭帶]	1	1	1	1	1
偈	1	1	1	1	1
啜	1	1	1	1	1
跇	2+1	9	9	2	2
劓	1	1	1	1	1
[毛色]	1	(2)	2止	1	1

〔卦〕

	2.3（箋三）	4.2（王）	4.3（王）	5.1（裴）	6.3（唐）
卦	2	3	3	3	3(+1)
懈	3+1	4	4	5	5(+2)
隘	2	2	2	2	2
邂	2	2	2	2	2
賣	1	1	1	1	1
畫	5	7	7(6)	6	5
差	2	2	2	2+2	2
睚	1	1	1	1	1

	2.3(箋三)	4.2(王)	4.3(王)	5.1(裴)	6.3(唐)
謑	1	1	1	1	1
疥	1			1	1
粺	2	3	3	2	2
瘵	2	3	3	2	2
派		4	4	3	4(+2)
債	1	1	1	1	1
㜲	1	(2)	2	1	1
[illegible]	1(止)	2	2	1止	1止
諣		1	1		
膪		1	1		
辟		1	1		
庍		1止	1止		
〔怪〕					
恠	3+1	6	6	4	4(+2)
噫	2	2	2	2	2
瘵	2	3	3	3	3
誡	12+2	20	19	15	16(+4)
[illegible]	1	1	1	1	1
譮	1	3	3	1	1
械	3+1	7	7	5	4(+1)
[illegible]	1	2	2	2	2(+1)
蒯	3	6	6	5	3(+1)
拜	2	2	2	2	2
湃	1+1		2	2	2
壞	1		2	2	2(+1)
瞶	1+1	2	2	2	2(+1)
憊	2	4	4	2	2
[illegible]	1+1	2	2	2	2
鎩	3		3	3	3(+1)
炫	1止		1	1 [illegible]2	1止
顡		1	1		
瘥		1	1		
〔夬〕					
夬	2		2	3	2
快	2		2	2	2
邁	2	2	2	3	2

	2.3(箋三)	4.2(王)	4.3(王)	5.1(裴)	6.3(唐)
話	1	1	1	2	1
敗	2	2	2	2	2
[illegible]	1	2	2	1	1
嘬	1		2	1	1
芥	3	3	3	3	3
蠆	1	1	1	2	2
喝	2	1	2	4	3
[illegible]	1		1	1	
咶	1	1	1	1	1
[illegible]	1止	1	1	1止	
		啐1	1		
					敗1
					敱1
					□1
〔禡〕					
禡		7		6	6
駕	8	10		9	8
亞		6		4	4(+2)
嚇		6		5	5
迓	4	3		3	4(+1)
詫	1	1		1	1
吒		4		3	5(+2)
詐		1		2	3(+1)
乍	1	5		2	3
謝	2	3		2	2
髂	2	3		2	2
睱		3		4	2
褅		3		4	3(+1)
夜	3	3		3	3
[illegible]	1	1		1	1
蜡		3		2	3
柘		6		5	5
唶	2	2		2	2
舍	3	4		3	4(+1)
射		2		3	2
霸		4		4	6(+2)

	2.3 (箋三) 斯6176	4.2 (王)	4.3 (王)	5.1 (裴)	6.3 (唐)
帊	2	2		2	2
摦	4	4		4	4
化		4		4	4
跨		1		1	1
詙	1	1		1	1
飫	1	3		3	2
胗	1	2		1	1
笡	1	1		1	1
				杈1	嗄3(+1)
				諛1	虴 1
〔宥〕					
宥	10		14	11	11(+1)
救	5		7	6+1	7(+1)6
胄	7+1	12	12	8	8
晝	1	2	2	2	2
狩	3	4	4	3	4
臭	1	1	1	1	1
岫	3	3	3	3	3
齅	2	2	2	2	3(+1)
呪	1	3	3	2	2(+1)
舊	2	2	2	2	2
瘦	3x(2)	3	3	3	3
皺	3	4	4	4	4
副	3	4	4	3	5(+1)
簉	1	2	2	2	1
富	3	4	4	3	3
畜	2	2	2	2	2(+1)
溜	6	12	12	10	9(+1)
秀	4	5	5	5	5(+1)4
驟	1	1	1	1	1
僦	1	2	2	1	2(+1)
就	2	2	2	2	2
糅	3	3	3	3	3
復	2	5	5	2	3
狖	4	9	9	5	(5)
授	3	4	5	3	3

	2.1 (箋一)	2.3 (箋三) 斯6176	3.7 斯6156	4.2 (王)	4.3 (王)	5.1 (裴)	6.3 (唐)
鞣		1		4	4	1	1
				亂1	1		
〔候〕							
候		6		12	12	6	10(+1)
寇		5		7	5亓	5	5
茂		8		14	14	10	9(8)
仆		1		3	2亓	1	1
豆		9		12	11	9	9
鬭		3		6	6	4	(4)
耨		3		3	4亓	3	3
瘷		2		6	5亓	2	2
奏		1		1	1	1	2
透		3		4	4	3	3
漚		2		3	3	2	2
遘		11		14	14	13	13?
輳		6		7	7	7	7(+1)
陋		5		8	8	6	5
簉		4+1		7	7	5	5(+3)
				腤2	2		
				偶1	1		
				剹1	1		
〔幼〕							
幼		1		1	1	1	1
謬		1		2	2	1	2
蹎		1		1	1	1	1
				𨀁1	1		

入声

	2.1 (箋一)	2.3 (箋三) 斯6176	3.7 斯6156	4.2 (王)	4.3 (王)	5.1 (裴)	6.3 (唐)
〔燭〕							
燭	7			10		8	8(+1)
玉	3			3		3	4(+1)
旭	3			3		3	3
輂	5			10		6	7(+1)
局	2			3		2	3
蜀	5			7		6	7(+1)
觸	2			3		2	2
辱	6		6	9		7	8(+2)

	2.1（箋一）	2.3（箋三）3694	3.7（增訓）斯6156	4.2（王）	4.3（王）	5.1（裴）	6.3（唐）
束	2			2		2	2
欲	5			6		8x(7)	8(+3)
躅	1			1		1	1
錄	11			13		11	12(+2)
曲	3		3	3		3	3
瘃	2			4		2	2
贖	1			1		1	1
足	1			1		1	2(+1)
幞	1			1		1	1
促	1		1	4		1	2(+1)
續	3		3	3		3	3
粟	3			3		3	4(+1)
䪁	1			1		1	1
楝	1			5		2	2(+1)
						亍1	
〔物〕							
物	3	3			7	3	5(+1)
弗	6	7			13	10	11(+1)
鬱	(3)	5			(8)	5	6(+1)
亥	2	2			2	3	4(+1)
屈	2	2			4	2	3(+1)
倔	6	7			7	6	7(+2)
佛	4	6			9	6	5
颰	2	2(3)			4	4	3(+1)
䫻	2	2			3	2	(2)
拂	6	7			9	7	7(+1)
					屈1	祓1 䘴3	
〔櫛〕							
櫛	3	3			3	3	3
瑟	5	5			5	5	5
〔迄〕							
迄	4	(4)			7	4	5(+1)
訖	2	2			3	3	2
疙	1	1			3	1	3(+1)
趷	1	1			2	1	1

	2.1（箋一）	2.3（箋三）	4.2（王）	4.3（王）	5.1（裴）	6.3（唐）
圪	1	1		1	1	1
乞	2	2		2	2	2(+1)
〔月〕						
月	3	4		5	5	3
伐	8	8		10	9	8
越	5	6		8	6	7(+2)
厥	8	8		14	8	8
噦	1	1		1	1	0
𩬊	2	2		2	2	3x(2)
鱖	6	6		8	6	6
闕	2	2		2	2	2
髮	2	3		4	3	3(+1)
韈	1	1		1	1	1
颰	3	4		5	4	3
謁	4	4		4	4	4
歇	3	3		3	4	3
訐	3	4		4	4	3
揭	1	1		1	1	1
怫	1	1		1	1	1
		鐬1		韤1		
〔沒〕						
沒	3	3	5	5	(4)	2
骨	4	5	10	10	5	4
勃	6	7	13	13	8	8(+2)
咄	1	1	1	1	1	1
宊	3	3	(4)	4	3	3
突	6	7	11	11	7	6
頽	4	4	5	5	4	5(+1)
忽	5	6	14	14	8	6
兀	4	4	9	9	6	5(+1)
竴	1	2	( )	1	1	1
		欶1	3	3	1	2(+1)
窟	5	5	8	11?	5	6(+1)
訥	2x(3)	3	3	3	3	3
窣	2	2	3	3	2	2
猝	1		3	3	2	1

	2.1 (箋一)	2.3 (箋三)	3.2 (3799)	4.2 (王)	4.3 (王)	5.1 (裴)	6.3 (唐)
捽	3			(3)	4	3	3
麧	3x(5)	7		8	9	7	4
卒	2	2		3	3	2	
		朏1					
		榾1					
[骨欠]	1	1					
				鶻4	4	1	搰4(+2)
						朏1	
							卒3(+1)
							扢1
[怗]							
怗	8				10	10	8
協	4				8	6	5(+1)
頰	6		6		7	6	6
愜	2				4	2	2
牒	12		15		20	16	15(+3)
擪	2		2		2	3	2
䕨	7		6		9	7	8(+2)
燮	5		5		8	5	6(+1)
甄	1		1		2	1	1
聑	2x(3)		3		5	3	4
雜	1		1		1	1	1
浹	1		1		2	1	2
[犭枼]	2		2		3	3	2
			笘1			笘1	
[緝]							
緝	2		1?		5	3	2(+1)
十	3		3		3	3	3
執	3		3		4	4	5(+3)
習	3		3		9	5	4(+1)
褶	1		1		1	1	1
集	3		3		7	5	5(+3)
( )			入1		2	1	2(+1)
揖	2		2		2	2	2
溼	2		2		2	2	2
[口集]	3		3		8	4	5(+2)

	2.1 (箋一)	3.2 (3799)	4.3 (王)	5.1 (裴)	6.3 (唐)
及	2	2	5	2	2
縶	3	3	3	3	3
蟄	2	2	3	(5)	5(+3)
立	6	6	8	7	7
急	6	6	11	6	6
岌	1	1	1	1	
泣	2	2	2	3	3(+1)
靸	1	2	4	2	3(+2)
吸	5	5	9	7	5
澀	3	3	5	3	5(+2)
戢	5	5	6	6	6(+1)
邑	6	6	6	6	5(+1)
湁	1	1	2	1	1
熠	2	2	3	熠3	3
			囦1		
			鵖4		
				霫2	
				謺1	
					孨2(+1)
					屆1
					卙1

筆畫索引

徐朝東　編

1. 本索引收録範圍爲《唐五代韻書集存》所載韻字字頭。有摹本的韻字以更清晰的摹本字形收録本索引，没有摹本的韻字以原底卷字形收録索引。

2. 字頭標明所在頁碼，並以括號注明所在該頁之行數。卷首如遇韻目表等内容，亦計入行數之内。

3. 唐五代韻書尤其是各種抄本中字形寫法各異，本索引原則上忽略一些没有區别意義的異寫字，采納規範的通行字體。如“旨”字，一些抄本作“㫖”等形，本索引只采“旨”形。也可能參照《宋本廣韻》（北京市中國書店 1982 年）中的字形。底卷中的訛誤之字，儘量改爲正字，如第 43 頁 5 行 2 字鬤（髩），底卷誤作髫，摹本之字（第 58 頁 2 行 2 字）亦有誤，索引中徑改作鬤，且不出訛字字頭。爲檢索方便起見，舊字形基本使用新字形代替。個中不當之處，望學界賜正。

一畫

一 142(1) 424(6) 512(13) 608(11) 693(8)

丨 391(12) 403(13)

亅 425(15)

丿 408(5) 429(14)

乀 513(17)

乙 142(13) 214(9) 513(11) 609(11) 695(4)

乚 390(15) 478(6)

二畫

二 403(11) 491(11) 586(7)

丁 125(3) 465(2) 554(10)

十 148(6) 223(6) 523(8) 616(3) 720(5)

厂 412(5) 479(9) 500(13) 779(19)

丂 372(9) 395(10) 482(10)

七 142(2) 512(13) 608(12) 693(9)

匚 375(1) 461(15) 476(11) 542(9) 576(8)

卜 421(9) 510(2) 604(9) 686(4)

乂 205(2) 592(6)

人 114(4) 449(1)

入 223(7) 523(10) 616(4) 720(8)

八 144(1) 428(1) 516(1) 611(9) 702(4)

九 197(8) 486(2) 579(1)

几 130(7) 386(4) 408(15) 473(4) 571(9)

勹 757(5)

匕 130(7) 238(2) 386(4) 473(5) 572(1) 772(15)

𠤎 415(14) 504(15) 600(11) 671(5)

冖 519(2)

刁 118(19) 369(5) 455(10)

了 135(7) 193(9) 394(4) 481(6)

凵 400(14) 488(7) 581(13)

𠄏 135(7) 193(9) 394(4) 481(5)

乃 133(3) 477(8) 577(9)

刀 120(12) 371(4) 458(2) 551(2)

力 231(9) 525(9) 616(11) 726(2) 1025(4)

厶 440(16) 548(8) 753(12)

又 211(2) 418(1) 506(14) 601(6) 677(3)

廴 390(7) 477(17) 578(16)

巛 591(6)

马 397(1) 581(1)

三畫

三 122(8) 460(18) 565(2) 672(7)

亍 405(15) 423(7) 493(14) 588(11) 606(7) 691(7)

于 110(18) 443(16) 746(16) 747(4)

干 116(11) 366(7) 452(8) 776(8)

土 132(2) 475(14) 575(7)

士 130(19) 387(2) 474(1) 573(1)

工 161(7) 437(2) 538(9)

743(5)
774(8)
才 62(12)
113(16)
365(11)
448(7)
下 136(11)
396(6)
415(11)
483(5)
504(11)
600(8)
寸 206(11)
411(7)
499(17)
595(7)
658(7)
廾 539(9)
丈 69(7)
137(5)
484(7)
569(5)
大 494(9)
526(4)
591(4)
669(4)
兀 143(5)
215(12)
426(9)
514(13)
544(11)
612(3)
699(3)
与 131(7)
387(12)
474(12)
573(12)
762(16)
牛 483(10)
万 219(3)
411(1)
499(11)
597(4)
728(8)
772(13)
矢 230(9上)
526(4)
617(7)
728(1)
772(5)
弋 231(15)
525(16)
617(3)
727(3)
上 137(7)
210(11)
397(11)
416(12)
484(10)
505(10)
569(7)
584(1)
673(7)
小 135(10)
193(12)
481(10)
口 198(7)
399(5)
486(17)
579(12)
冃 395(8)
418(13)
482(8)
507(9)
山 117(1)
453(3)
巾 114(9)
390(11)
449(7)
578(9)
千 117(11)
453(8)
453(8)
750(4)
乇 520(11)
521(2)
620(2)
770(19)
乞 142(18)
215(3)
404(15)
492(14)
514(2)
587(10)
610(4)
642(6)
697(8)
川 118(9)
368(7)
454(15)
753(11)
彳 146(7)
431(10)
519(18)
621(7)
712(8)
彡 128(12)
382(14)
468(13)
470(5)
563(7)
565(13)
759(13)
亼 616(4)
720(8)
个 599(6)
亾 542(11)
丸 116(2)
365(13)
451(15)
久 197(8)
486(2)
579(1)
凡 128(14)
383(2)
470(8)
566(3)
勺 148(13)
223(15)
524(2)
524(6)
607(5)
722(4)
及 148(8)
223(8)
523(11)
616(5)
720(11)
夂 386(11)
473(12)
572(7)
夊 164(10)
549(4)
夕 146(4)
431(7)
519(13)
621(4)
712(1)
广 139(6)
199(3)
399(14)
400(13)
487(11)
488(6)
581(10)

亡 122(20)
461(17)
冫儿 378(7)
466(8)
冖 368(4)
454(13)
之 60(6)
109(5)
164(18)
441(10)
549(12)
卂 205(3)
498(11)
593(5)
尸 59(11)
108(15)
164(2)
440(16)
548(8)
己 130(16)
238(9)
386(14)
473(16)
572(11)
已 130(15)
386(12)
473(14)
572(10)
巳 130(16)
386(13)
473(15)
572(10)
弓 161(3)
436(15)
538(4)
742(4)
子 130(19)
238(12)
387(2)
474(2)
573(2)
孑 145(7)
518(3)
613(13)
708(1)
屮 145(10)
429(13)
518(6)
614(2)
708(5)
768(6)
也 136(10)
195(10)
396(5)
483(4)
女 131(9)
387(14)
474(14)
493(4)
574(2)
588(3)
643(12)
刃 71(4)
205(4)
498(13)
593(6)
尣 428(6)
516(7)
611(12)
叉 121(17)
447(4)
460(1)
558(1)
幺 119(5)
456(1)

四畫

丰 57(5)
162(6)
438(5)
540(9)
王 123(4)
375(7)
462(5)
505(13)
543(4)
584(3)
674(1)
井 138(1)
197(1)
485(9)
天 117(12)
453(9)
750(6)
夫 111(8)
111(11)
362(9)
362(13)
444(10)
444(15)
元 115(5)
450(12)
无 443(16)
1026(2)
云 114(19)
450(3)
丏 494(8)
591(2)
647(11)
圠 144(3)
428(4)
516(4)
611(11)
702(8)
廿 523(10)
720(8)
丫 764(7)
木 140(10)
510(3)
604(10)
686(6)
朩 206(1)
499(4)
五 132(4)
475(18)
575(11)
市 386(12)
473(14)
572(9)
611(1)
巿 147(3)
521(8)
618(10)
716(4)
协 234(8)
610(5)
772(10)
支 57(15)
107(10)
162(15)
438(13)
544(12)
760(8)
卅 715(11)
不 126(1)
378(7)
466(8)
486(5)
561(4)
580(2)
仄 230(9上)
234(6)
526(3)
617(7)
727(12)

772(4)
太 494(7)
591(2)
犬 134(15)
192(5)
480(4)
友 138(6)
485(17)
歹 427(12)
515(15)
尤 125(11)
377(8)
465(12)
560(2)
匹 424(7)
512(14)
608(12)
693(10)
厄 146(12)
371(15)
396(3)
458(15)
555(11)
615(4)
713(7)
巨 131(9)
387(15)
474(15)
574(2)
762(10)
牙 121(17)
373(6)
396(11)
460(2)
558(1)
夭 494(1)
646(9)
屯 114(1)
115(17)
448(14)
451(10)
戈 120(19)
371(13)
458(11)
555(8)
旡 468(8)
559(6)
587(10)
比 70(1下)
108(11)
130(8)
142(9)
163(16)
214(5)
386(4)
403(13)
403(14)
425(2)
440(10)
473(5)
490(1)
491(13)
513(6)
547(13)
572(1)
586(9)
586(10)
609(7)
互 406(4)
589(2)
切 144(8)
406(15)
428(11)
495(6)
516(12)
589(10)
612(6)
650(2)
703(10)
瓦 136(13)
396(9)
416(1)
462(18)
504(17)
卝 412(11)
501(5)
661(9)
止 130(14)
386(12)
473(13)
572(9)
支 141(17)
423(14)
512(6)
606(12)
692(6)
少 135(10)
208(7)
394(8)
414(2)
481(10)
503(2)
597(13)
666(11)
781(5)
尐 145(9)
518(6)
614(1)
708(5)
冄 468(15)
563(9)
759(6)
日 142(1)
424(5)
512(12)
608(10)
693(6)
772(6)
曰 614(8)
668(2)
697(11)
中 160(20)
228(14)
436(13)
489(12)
538(1)
583(5)
内 497(17)
592(10)
657(1)
水 130(10)
386(7)
473(8)
572(3)
內 569(6)
581(7)
午 132(5)
475(18)
575(11)
手 138(8)
398(9)
486(3)
579(1)
牛 125(17)
377(15)
466(1)
560(10)
毛 120(10)
371(2)
457(17)
550(13)
668(4)
壬 63(6)
127(2)
380(3)

467(17)
558(11)
壬 485(14)
升 127(20)
381(13)
469(9)
559(11)
夭 135(10)
394(8)
481(10)
仁 114(4)
449(1)
什 148(6)
223(6)
523(8)
616(3)
720(5)
片 501(15)
596(1)
663(7)
仆 211(10)
405(12)
418(13)
493(10)
507(9)
588(7)
602(2)
610(7)
645(2)
678(2)
679(6)
仇 126(5)
378(13)
466(14)
561(10)
化 415(14)
504(15)
600(11)
671(5)
仂 230(1下)
525(10)
526(5)
616(11)
726(3)
772(8)
1025(4)
仍 127(20)
381(14)
469(10)
559(11)
斤 115(4)
450(10)
爪 135(15)
194(6)
394(15)
482(1)
569(3)
丯 408(15)
497(3)
反 65(3)
133(15)
391(6)
478(10)
兮 112(11)
446(8)
748(8)
刈 498(9)
592(6)
介 204(4)
408(15)
497(2)
591(10)
654(9)
父 131(16)
388(8)
475(6)
574(12)
爻 119(20)
457(2)
755(8)
允 484(5)
今 63(11)
468(5)
559(3)
凶 57(1)
57(2)
162(3)
438(2)
540(5)
640(12)
分 115(1)
206(4)
410(14)
450(6)
499(8)
594(4)
乏 230(12下)
526(13)
621(10)
729(7)
773(9)
公 38(2)
161(7)
437(2)
538(9)
774(1)
匀 62(18)
113(20)
448(13)
月 142(18)
215(4)
514(2)
614(7)
697(9)
午 395(8)
氏 124(15)
129(13)
446(3)
464(9)
472(1)
553(10)
570(3)
760(2)
勿 142(13)
214(10)
513(13)
609(13)
696(4)
勽 390(12)
478(2)
578(10)
欠 213(3)
420(7)
508(17)
603(6)
683(11)
勼 378(7)
561(4)
丹 116(10)
366(6)
452(7)
卬 386(4)
473(4)
571(9)
印 107(5)
123(17)
376(9)
463(4)
544(8)
勾 212(1)
602(5)
厷 126(5)
378(13)
398(11)
466(14)

486(5)
579(2)
殳 111(3)
444(5)
卞 502(5)
596(7)
664(10)
六 140(12)
510(7)
604(13)
687(2)
文 114(17)
237(3.1)
450(1)
亢 123(11)
375(15)
462(12)
505(18)
543(11)
551(10)
584(6)
674(8)
方 122(18)
461(15)
542(9)
火 136(3)
195(2)
395(11)
482(11)
斗 198(3)
399(1)
486(11)
579(8)
户 132(7)
389(5)
476(3)
575(13)
冘 63(7)
377(13)
380(4)
465(18)
467(18)
560(8)
588(12)
心 63(8)
468(1)
558(12)
尹 133(6)
477(13)
578(2)
夬 204(8)
497(8)
592(2)
655(8)
尺 146(2)
431(4)
519(10)
621(1)
711(8)
769(17)
弔 413(9)
502(11)
597(7)
665(7)
709(4)
引 64(8)
71(5)
133(8)
205(5)
390(7)
477(17)
498(14)
513(15)
578(5)
593(7)
弖 563(2)
丑 197(7)
486(1)
阝丁 465(3)
554(11)
爿 543(3)
孔 129(3)
384(5)
471(6)
567(9)
巴 121(16)
373(5)
460(1)
557(10)
㞢 549(12)
阞 526(5)
772(9)
刅 540(8)
夃 475(18)
575(10)
𠬝 426(5)
514(9)
612(2)
収 437(14)
744(18)
745(13)
弓 144(9)
428(13)
516(14)
612(7)
703(12)
以 130(15)
238(8)
386(12)
473(14)
572(10)
允 133(6)
477(13)
578(2)
叉 395(1)
482(1)
予 131(7)
167(4)
238(18)
361(14)
387(12)
474(12)
573(13)
762(17)
冊 366(5)
452(6)
毋 110(17)
443(15)
幻 412(13)
501(5)
597(2)
662(2)

五畫

【一】

玉 141(6)
422(15)
511(9)
606(2)
690(5)
691(6)
王 141(1)
422(9)
511(2)
605(9)
689(2)
刊 116(14)
366(11)
452(11)
500(12)
未 404(11)
492(8)
587(6)
末 143(8)
216(4)

426(14)
514(18)
610(10)
700(10)
示 404(1)
491(16)
586(12)
邗 116(11)
366(8)
452(8)
776(10)
邘 110(18)
237(1.4)
443(16)
746(17)
747(3)
圢 197(4)
392(14)
479(17)
485(13)
打 137(17)
196(7)
485(4)
485(13)
巧 135(14)
194(5)
414(5)
481(16)
503(5)
598(2)
667(5)
正 464(15)
506(8)
554(2)
599(1)
676(1)
㓚 539(10)
扑 140(9)
510(2)
604(9)
686(3)
卉 404(14)
492(12)
扒 409(2)
518(3)
591(13)
611(9)
768(3)
疋 396(5)
扏 378(14)
466(16)
邛 57(7)
162(8)
438(7)
540(12)
功 161(7)
437(2)
538(9)
743(5)
774(7)
扐 610(5)
772(8)
扔 419(14)
508(9)
559(11)
601(4)
682(3)
去 131(12)
388(4)
405(3)
475(2)
492(17)
574(7)
587(13)
643(1)
762(10)
甘 122(7)
374(3)
460(17)
565(1)
艼 465(9)
485(14)
555(4)
考 476(14)
世 203(7)
408(7)
496(12)
590(13)
653(7)
卌 523(14)
721(5)
艾 494(8)
591(2)
647(11)
艽 126(6)
378(13)
466(15)
549(5)
561(11)
芁 119(1)
古 132(3)
475(17)
575(9)
节 125(20)
370(8)
457(9)
466(8)
561(4)
艼 132(14)
芀 230(2下)
234(8)
526(5)
610(5)
728(5)
772(9)
艿 381(14)
469(10)
559(11)
艻 369(7)
455(12)
本 65(7)
133(18)
391(10)
478(14)
术 142(11)
214(7)
425(4)
513(9)
609(9)
696(3)
札 143(20)
427(15)
515(18)
611(7)
702(2)
刌 65(7)
133(18)
391(10)
478(14)
可 136(7)
195(7)
396(1)
482(17)
叵 136(5)
195(5)
395(14)
482(15)
朿 474(2)
573(2)
丙 137(14)
196(4)
484(18)
左 136(7)
396(1)
415(1)

482(18)
503(17)
599(6)
669(1)
丕 60(3)
109(3)
164(14)
441(8)
549(9)
右 138(6)
197(6)
211(3)
418(1)
485(17)
506(14)
601(6)
677(3)
石 146(2)
431(5)
519(11)
621(1)
711(9)
布 494(4)
589(4)
647(2)
尾 520(7)
770(13)
夲 551(2)
夰 194(8)
395(7)
482(8)
夬 519(10)
戊 211(10)
418(12)
507(8)
602(2)
679(5)
犮 427(7)
515(10)
611(3)
702(1)
平 124(4)
377(3)
458(2)
463(11)
552(4)
匜 438(15)
472(11)
亥 142(14)
214(11)
610(1)
696(8)
【丨】
北 230(6下)
234(12)
526(8)
610(7)
728(10)
772(15)
凸 215(11)
429(2)
516(18)
612(3)
612(10)
704(7)
占 127(8)
212(7)
380(14)
419(11)
468(12)
508(5)
563(7)
602(10)
681(9)
759(4)
歺 611(6)
且 110(14)
136(11)
167(16)
396(7)
443(11)
483(6)
旦 207(8)
412(3)
500(10)
595(1)
659(3)
目 141(2)
422(9)
511(3)
605(10)
689(4)
叮 554(11)
叶 523(1)
甲 147(14)
432(15)
522(5)
619(9)
718(2)
771(11)
771(14)
申 114(4)
449(1)
号 414(9)
503(9)
598(5)
667(10)
田 117(14)
453(13)
750(7)
由 125(15)
377(13)
465(17)
560(7)
冊 744(17)
745(12)
卟 132(12)
446(9)
476(11)
576(8)
748(11)
只 129(12)
471(18)
544(12)
570(2)
史 130(16)
238(9)
386(14)
473(16)
572(11)
央 123(4)
210(11)
375(7)
462(5)
543(4)
兄 124(6)
377(6)
463(14)
552(7)
叱 214(9)
513(12)
609(11)
695(5)
叩 138(19)
198(7)
399(5)
486(18)
579(13)
叫 502(11)
597(8)
665(8)
叩 399(5)
486(18)
579(13)
叨 120(11)

371(3)
458(1)
551(1)
757(13)
冉 139(7)
400(1)
482(9)
487(12)
580(5)
屵 133(15)
143(18)
391(4)
427(12)
478(9)
515(14)
611(6)
700(7)
皿 137(15)
196(5)
485(2)
尖 468(7)
559(5)
屼 130(7)
386(4)
473(4)
571(9)
帄 473(10)
572(5)
冋 138(2)
197(2)
465(12)
485(11)
555(6)
凹 147(13)
432(14)
522(4)
619(8)
717(12)
771(12)
邮 453(3)
㞌 525(10)
616(11)
726(2)
1025(4)
囚 126(3)
378(10)
466(12)
561(8)
四 403(12)
491(12)
586(8)
図 400(9)
488(4)
522(3)
523(17)
771(10)

【丿】

生 124(6)
463(14)
506(6)
552(7)
675(10)
失 142(5)
424(11)
513(1)
609(2)
694(4)
夭 130(9)
386(6)
473(7)
572(2)
乍 209(11)
415(10)
504(10)
600(7)
670(5)
尔 760(4)
禾 120(19)
371(12)
458(11)
555(8)
犰 391(4)
478(9)
邦 750(5)
刉 361(5)
409(11)
442(13)
497(15)
乍 57(17)
70(2上)
162(17)
545(1)
丘 125(20)
378(5)
466(7)
561(3)
仕 130(19)
387(2)
474(1)
573(1)
仜 161(11)
437(6)
538(13)
743(7)
付 493(13)
588(9)
645(7)
仗 210(10)
416(11)
484(7)
505(9)
569(5)
583(13)
673(4)
禾 498(4)
代 497(18)
592(13)
657(4)
仙 117(20)
367(10)
454(4)
仟 117(11)
453(8)
750(4)
仡 142(17)
514(1)
609(6)
610(4)
697(6)
仢 223(18)
524(5)
607(7)
722(10)
彶 148(9)
223(10)
523(13)
616(7)
721(4)
仉 383(2)
420(7)
470(8)
508(17)
566(3)
603(7)
683(8)
白 146(14)
520(12)
620(3)
714(1)
身 514(5)
仔 165(19)
387(3)
442(6)
474(2)
573(2)

他 121(6)
372(7)
459(4)
556(4)
仭 410(3)
498(13)
593(7)
卮 57(15)
瓜 121(13)
459(13)
557(6)
㕣 480(15)
仚 118(6)
368(2)
454(10)
乎 61(2)
111(16)
363(4)
445(3)
参 390(2)
477(12)
577(13)
令 464(15)
506(9)
554(3)
599(2)
用 489(14)
583(7)
肊 772(7)
印 71(5)
410(4)
498(14)
593(7)
氐 112(7)
237(2.7)
364(4)
364(5)
446(2)
匄 427(13)
515(16)
700(8)
句 126(14)
379(11)
405(10)
419(2)
467(9)
493(8)
507(14)
562(11)
588(6)
644(8)
680(1)
叴 561(10)
犰 386(4)
473(5)
571(9)
册 431(13)
邪 364(15)
447(14)
748(34)
犯 139(14)
488(7)
581(13)
列 455(11)
455(11)
外 494(14)
591(8)
648(9)
処 762(18)
冬 39(2)
161(16)
437(11)
539(6)
640(4)
744(11)
745(6)
夘 135(15)
194(5)
394(14)
476(7)
包 120(3)
370(7)
457(8)
756(9)
757(4)
尥 411(3)
499(13)

【丶】

主 131(19)
388(11)
475(10)
575(3)
市 130(15)
庀 70(1上)
130(4)
162(15)
472(18)
571(5)
疒 375(4)
462(1)
542(13)
770(16)
立 148(9)
223(9)
523(12)
616(6)
721(1)
卭 123(1)
375(3)
462(1)
542(12)
玄 117(20)
367(8)
454(3)
751(8)
氷 127(19)
381(12)
469(11)
559(9)
半 207(4)
411(13)
500(5)
594(10)
羊 399(9)
487(5)
汀 125(7)
417(14)
465(8)
506(13)
555(3)
• 599(5)
677(1)
汁 148(6)
223(6)
523(8)
616(3)
720(5)
汑 142(6)
214(1)
424(12)
513(1)
609(3)
694(5)
汚 134(20)
汃 428(5)
449(15)
516(6)
611(12)
702(11)
氿 386(6)
473(7)
572(1)
汜 566(3)
603(7)
忉 120(12)

371(4) 458(3) 551(2)
宁 110(13) 167(15) 387(12) 443(10) 474(12) 573(12)
穴 144(11) 429(1) 516(17) 612(10) 704(6)
宂 125(16) 129(7) 471(11) 568(5)
它 372(7) 459(4)
宄 130(9) 386(5) 473(6) 572(2)
戹 432(2) 520(7) 520(8)
必 142(6) 424(12) 513(2) 609(3)
694(7)
永 137(15) 196(5) 485(2)
【乛】
司 60(8) 165(1) 360(4) 441(12) 550(2)
𡰥 547(12)
尻 120(17) 371(11) 458(10) 551(9) 757(11)
尼 59(10) 164(1) 440(15) 548(6)
㞋 134(17) 480(8) 480(17) 516(14)
民 114(9) 449(7)
弗 142(13) 214(10) 513(13) 609(13) 696(5)
卭 742(5)
邛 387(2) 404(8) 474(1) 492(5) 573(1) 587(4)
弘 128(5) 382(5) 469(15)
疋 136(10) 362(2) 388(1) 443(7) 474(17) 483(4) 574(4)
朮 410(11)
出 142(10) 404(2) 425(3) 491(17) 513(7) 586(12) 609(8) 696(3)
叏 371(4) 458(2) 551(2)
阡 117(11) 453(8) 750(5)
阠 450(1) 498(11) 593(5)
阤 472(11) 570(11)
氶 127(17) 381(10) 559(7)
奵 138(3) 197(3) 485(12)
奴 61(6) 111(19) 363(9) 445(7) 494(4)
丱 596(13)
加 121(14) 373(2) 459(15) 557(8)
召 413(14) 502(15) 502(16) 597(11) 666(4)
𠚂 547(6)
皮 70(7上) 163(8) 439(8) 546(3)
孕 212(9) 419(14) 508(8) 601(3) 682(2)
弁 502(6) 596(8) 664(10)
台 62(15) 113(18) 448(9) 549(13)
癶 143(9) 216(5) 426(15) 515(2) 610(11) 701(2)
矛 126(8) 379(2) 467(1) 562(2)
母 198(2) 398(15) 486(10) 579(6)
幼 212(2) 212(3) 419(4) 507(16)

602(7)
680(6)

六畫

【一】

匡 123(4) 375(6) 462(4) 543(3)
耒 130(11) 386(7) 473(9) 497(17) 549(2) 572(4) 592(10) 657(1)
㓞 427(15) 515(18) 702(3)
刲 143(20)
邦 57(11) 162(12) 438(10) 541(3)
玎 124(10) 464(3) 553(4)
玏 230(2下)
玜 440(16) 548(8)
式 525(12) 616(13) 726(8)
迂 110(18) 111(12) 362(14) 443(16) 444(16) 746(19) 747(1) 776(10)
开 117(12) 367(4) 453(10) 453(16) 751(2)
刑 125(2) 464(18) 554(8)
邢 117(16) 125(2) 197(1) 453(16) 464(18) 554(8) 750(13)
郱 138(1) 485(10)
郏 111(10) 362(12) 444(14)
刓 116(5) 366(1) 452(1)
戎 161(2) 436(15) 538(4)
邧 115(6) 391(3) 450(13) 478(8)
邛 450(4)
迃 475(11) 575(3)
扞 362(14) 443(18) 746(18) 746(19) 747(1) 747(2)
扦 206(12) 411(10) 500(1) 594(7) 658(10) 779(9)
圭 112(17) 446(16) 748(15)
扛 57(9) 107(6) 438(8)
541(1)
扝 363(14) 445(13) 445(14)
寺 404(4) 491(19) 587(1)
[illegible] 514(3)
抏 143(6) 215(12) 426(9) 514(2) 514(14) 612(3) 614(7) 699(3)
吉 142(2) 424(7) 512(14) 608(12) 693(10)
扣 138(19) 198(7) 399(5) 486(17) 579(13)
青 606(13)
圪 142(17) 215(3) 514(1) 514(2)
610(4)
697(7)
托 520(11) 620(2)
扢 426(12) 498(3) 514(17) 699(9)
考 136(2) 195(1) 395(9) 482(10)
老 135(17) 194(8) 395(3) 482(3)
扚 518(13) 768(22)
扱 147(12) 432(12) 522(2) 526(11) 619(7) 771(9)
扟 449(18)
圮 130(12) 386(9) 473(10) 572(5)
圯 60(6) 109(5)

164(18)
360(2)
441(10)
547(12)
549(12)
地 403(15)
491(15)
586(11)
扡 372(7)
556(4)
扠 113(3)
132(14)
447(6)
557(2)
748(24)
瓦 465(2)
554(9)
耳 130(17)
386(14)
473(16)
572(11)
芋 405(13)
493(12)
645(5)
芌 588(9)
芏 132(2)
388(15)
475(14)
575(7)
芧 365(11)
448(7)
芐 132(7)
476(3)
576(2)
600(8)
共 201(6)
489(15)
539(8)
583(7)
744(17)
745(12)
芖 502(4)
芅 525(17)
芇 393(2)
480(2)
芊 117(11)
453(8)
750(4)
芞 142(18)
514(2)
610(4)
697(8)
芃 161(5)
161(15)
436(17)
538(6)
539(5)
742(3)
744(9)
745(4)
芄 116(3)
365(13)
451(16)
芍 223(18)
430(5)
481(9)
518(13)
524(5)
524(8)
524(10)
607(7)
607(9)
722(10)
723(4)
723(7)
768(23)
1023(4)
芨 148(9)
223(10)
523(13)
616(7)
721(4)
芒 375(3)
461(17)
542(12)
芝 60(6)
109(5)
164(18)
441(10)
549(12)
芎 161(4)
436(16)
563(2)
742(5)
芑 130(19)
387(2)
474(1)
573(1)
芓 404(5)
492(2)
朾 124(10)
464(3)
465(2)
553(4)
598(13)
朽 138(8)
197(8)
486(2)
579(1)
杁 449(1)
朳 611(9)
768(1)
朹 378(14)
466(16)
561(12)
机 130(7)
386(4)
473(4)
548(3)
571(9)
朻 378(7)
466(8)
563(2)
朷 381(14)
469(10)
559(11)
601(4)
杒 510(3)
604(10)
686(6)
朸 230(1下)
525(9)
616(11)
726(2)
1025(4)
亘 212(11)
420(2)
508(12)
594(5)
682(8)
臣 114(4)
449(1)
吏 404(5)
587(2)
再 498(1)
592(13)
657(5)
覀 415(9)
504(8)
束 402(9)
490(6)
584(13)
夾 208(10)
414(7)
503(7)

598(4)
667(7)
㐁 416(3)
504(18)
602(13)
671(11)
西 112(14)
446(12)
郏 58(6)
163(5)
439(5)
545(12)
厊 136(10)
195(11)
戌 142(8)
424(15)
513(5)
609(6)
695(11)
在 133(4)
477(10)
577(11)
邴 441(7)
有 197(6)
485(17)
百 146(14)
520(11)
620(2)
713(12)
存 115(16)
451(9)
而 60(10)
109(9)
165(5)
441(15)
550(4)
匠 505(10)
583(13)
673(5)
㕂 559(2)
夸 557(6)
灰 113(8)
364(14)
447(12)
748(32)
达 406(13)
495(3)
589(8)
649(10)
匼 564(8)
戍 405(10)
493(9)
588(6)
644(9)
尫 362(14)
444(16)
746(19)
747(1)
尪 776(9)
尥 208(2)
370(11)
457(12)
502(12)
525(10)
550(7)
597(9)
665(11)
757(6)
列 144(20)
517(11)
613(5)
706(5)
死 130(9)
386(6)
473(7)
572(2)
成 464(13)
554(1)
朿 424(7)
512(14)
坆 402(11)
490(9)
585(2)
夷 108(10)
163(15)
440(9)
547(11)
卭 388(3)
474(18)
574(6)
762(9)
邙 572(6)
609(11)
邪 121(11)
557(3)
558(3)
攷 195(2)
395(10)
482(11)
划 395(11)
415(4)
482(12)
504(3)
至 490(13)
585(5)
乐 486(5)
580(2)
【丨】
此 129(18)
472(9)
570(10)
760(8)
虍 363(8)
445(8)
尖 127(12)
381(3)
468(17)
563(11)
759(11)
邺 394(13)
481(15)
劣 145(6)
518(1)
613(11)
768(12)
光 376(4)
462(16)
544(3)
584(7)
675(1)
吁 110(18)
443(17)
746(18)
746(18)
747(2)
747(2)
早 135(19)
194(10)
395(6)
482(6)
肌 135(13)
194(3)
481(13)
叿 743(8)
吐 132(2)
475(14)
493(17)
575(7)
589(1)
646(6)
吴 210(2)
415(14)
504(14)
600(11)
671(4)

㠯 394(6) 481(8)
[囗乇] 133(20) 391(11) 478(16)
曳 111(3) 203(5) 408(3) 444(5) 496(8) 590(10) 652(11)
虫 387(8) 474(8) 573(8)
曲 141(10) 235(5下) 423(5) 511(14) 606(6) 691(3)
冊 520(3) 596(11) 770(7)
叩 115(8) 450(15)
同 160(17) 228(12) 436(11) 537(11) 740(14)
吕 131(6) 238(17) 387(10) 474(10) 573(10)
吃 142(17) 215(3) 514(1) 610(4) 697(7)
吒 415(10) 504(9) 600(7) 670(3)
因 114(2) 448(16)
吸 148(10) 223(10) 523(14) 616(7) 721(6)
[口尸] 403(15) 491(16)
屼 143(6) 215(12) 426(9) 514(14) 612(4) 699(3)
屹 697(7)
彤 122(8) 460(18) 565(2)
岌 148(9) 223(10) 523(13) 616(7)
帆 128(14) 213(3) 383(2) 470(8) 508(17) 566(3) 603(7) 683(8)
[巾勺] 135(7) 193(9) 481(5)
辿 118(17) 367(15) 369(2) 454(8) 481(3)
回 113(9) 364(15) 447(13)
屺 130(19) 387(1) 474(1) 573(1)
[山女] 360(13) 442(5)
[巾刃] 608(10)
肉 140(17) 422(4) 510(14) 605(5) 688(2)

【丿】

年 117(15) 453(14) 750(10)
刋 611(8)
朱 111(6) 362(6) 444(8)
缶 138(9) 197(10) 398(10) 486(4) 580(2)
乍 580(2)
刏 166(12) 361(6) 592(8) 656(10)
[乞力] 109(20) 442(12)
氘 166(9)
先 117(11) 412(14) 453(7) 501(6) 595(9) 662(4) 750(4)
牝 130(10) 133(7) 386(7) 390(5) 473(8) 477(15) 572(3) 578(4)
牞 126(1) 378(7) 466(8) 561(4)
廷 211(1) 417(13) 506(12) 554(10) 599(5) 676(11)
舌 144(6) 145(2) 428(8) 516(9) 517(14) 613(7) 614(5) 703(5) 706(10)
竹 140(19)

422(5)
510(16)
605(6)
688(5)
迁 750(4)
迄 142(17)
215(2)
514(1)
610(4)
697(6)
兆 475(18)
575(10)
休 126(3)
378(9)
466(11)
467(13)
561(7)
563(3)
伍 132(5)
389(3)
475(18)
575(11)
伂 648(3)
伎 490(1)
584(8)
伏 140(11)
421(11)
510(5)
604(11)
678(9)
686(8)
臼 138(10)
197(10)
486(6)
511(10)
579(2)
佢 762(15)
伅 65(9)
133(20)
478(16)
伐 142(18)
215(4)
514(3)
614(7)
697(9)
仳 108(11)
130(12)
163(18)
386(9)
440(11)
473(10)
548(1)
572(5)
延 118(2)
367(11)
454(5)
仲 201(3)
489(10)
583(3)
伙 145(15)
769(5)
件 134(20)
379(2)
467(1)
480(12)
任 212(3)
380(3)
419(6)
467(17)
507(17)
558(11)
600(13)
680(8)
伕 394(8)
481(10)
仮 765(14)
价 204(4)
408(15)
497(3)
591(11)
仱 559(2)
份 449(15)
伀 437(16)
539(12)
640(7)
745(17)
伆 390(12)
478(2)
513(13)
578(10)
仰 69(4)
137(3)
484(5)
505(12)
569(3)
584(2)
673(10)
役 431(8)
伉 505(18)
584(6)
674(8)
伈 399(9)
487(4)
自 404(1)
491(16)
586(12)
伊 59(13)
70(5下)
108(16)
164(4)
440(17)
548(9)
甶 513(14)
伄 502(11)
597(7)
665(8)
血 144(10)
516(14)
612(8)
704(1)
向 210(10)
416(10)
505(8)
505(9)
583(12)
583(13)
673(1)
673(4)
似 386(13)
473(15)
572(10)
后 138(13)
198(1)
398(15)
486(10)
579(6)
679(2)
卮 450(10)
行 123(16)
124(7)
376(7)
417(7)
463(1)
463(16)
505(16)
506(5)
544(5)
552(8)
584(5)
598(12)
674(5)
675(9)
彴 148(13)
223(15)
607(5)

722(4)
彶 523(13)
𠂢 559(6)
肙 390(15)
478(6)
厄 195(9)
555(11)
舟 125(19)
378(4)
466(5)
561(1)
全 118(7)
368(4)
454(13)
753(1)
合 146(20)
146(20)
521(3)
618(9)
618(9)
715(7)
715(8)
厽 498(11)
兆 135(10)
193(12)
481(10)
企 202(3)
402(11)
490(9)
585(2)
夅 371(4)
妥 394(12)
怂 205(2)
498(9)
592(6)
邻 468(4)
559(1)
兇 39(9)
57(2)
162(3)
438(2)
540(5)
640(12)
佥 546(12)
肕 417(14)
刖 142(18)
144(7)
215(4)
514(2)
516(9)
614(7)
697(9)
703(6)
肌 108(12)
163(19)
440(12)
548(3)
744(10)
肍 378(14)
466(16)
561(11)
肋 230(1下)
526(5)
610(5)
728(4)
772(9)
夙 141(1)
422(9)
511(2)
605(9)
689(2)
危 359(12)
440(5)
547(6)
乓 425(15)
旨 130(6)
473(3)
571(8)
旬 114(11)
449(10)
旭 141(6)
511(9)
606(2)
690(6)
犴 207(9)
412(4)
500(11)
595(2)
659(6)
779(15)
犵 713(12)
770(19)
刎 64(12)
133(11)
390(12)
478(2)
578(10)
犳 148(13)
524(3)
犮 771(9)
匈 438(2)
540(5)
640(13)
犰 130(3)
472(2)
472(17)
570(3)
571(4)
760(2)
760(4)
夆 57(12)
539(10)
744(20)
745(15)
舛 135(3)
193(4)
480(17)
各 524(17)
608(2)
724(8)
1023(15上)
名 464(15)
554(3)
多 121(3)
372(2)
438(14)
458(17)
555(13)
攸 486(2)
579(1)
色 231(14)
525(15)
617(2)
727(1)

【丶】

言 133(15)
391(4)
478(9)
言 133(14)
478(9)
冰 381(15)
469(8)
庈 146(2)
431(4)
519(11)
621(1)
769(17)
庄 464(8)
553(9)
亦 145(19)
431(1)
519(7)
620(12)
711(2)
卮 483(15)

厇 391(11) 478(16)
交 119(20) 457(3) 755(11) 756(2)
次 403(11) 491(11) 586(7)
衣 110(2) 166(14) 361(7) 405(1) 442(14) 492(15) 587(11) 642(7)
邙 123(16) 376(7) 462(13) 463(2) 543(13) 544(5)
劥 376(11) 463(5)
决 144(11) 704(2) 704(5)
亩 123(17) 463(2) 506(2) 544(6)
帍 376(2) 462(14) 543(13)
㐬 543(13)
㫃 133(13) 391(3) 478(8) 481(3) 481(3)
亥 133(3) 389(14) 477(9) 577(10)
邡 122(18) 375(1) 461(15) 542(9)
充 38(1) 161(6) 437(1) 538(7)
妄 505(12) 584(3) 673(11)
羊 122(11) 374(6) 461(4) 541(7)
并 464(15) 554(3)
米 132(12) 239(8) 476(12) 576(8)
屰 620(6)
炛 395(11) 482(11)
灯 457(8)
州 125(18) 378(3) 466(4) 561(1)
汗 411(10) 500(1) 594(7) 658(11) 776(10) 779(10)
汙 415(5) 494(5) 504(4) 589(4) 647(3)
江 57(9) 162(10) 438(8) 541(1)
汏 494(9) 591(4)
汕 66(12) 134(9) 479(13) 500(18) 596(11) 661(6) 765(16)
汘 117(11) 453(8) 750(5)
汔 514(1)
汋 524(6)
汍 116(3) 365(13) 451(16)
汎 161(5) 420(7) 436(17) 508(17) 538(6) 603(7) 744(9) 745(4)
汐 146(4) 431(7) 519(14) 621(4) 712(2)
汲 148(9) 223(9) 523(13) 616(7) 721(3)
汒 123(16) 376(8) 416(14) 463(2) 505(13) 544(6) 673(11)
汛 205(3) 408(13) 412(14) 496(18) 501(6) 593(5) 770(17)
汜 130(16) 386(13) 473(15) 572(10)
池 108(6) 359(11) 440(3) 547(5)
汝 131(7) 387(12) 474(12) 573(13) 762(17)
忏 411(11) 500(2)
忓 443(18) 746(18)

747(2)
忖 65(7)
133(18)
391(10)
478(14)
忔 514(1)
697(6)
㣿 135(7)
148(13)
193(9)
223(15)
481(5)
524(2)
607(5)
615(10)
722(4)
768(23)
忣 521(4)
忋 477(9)
577(10)
㤂 744(18)
745(13)
忚 446(11)
748(9)
宇 131(13)
388(5)
475(3)
574(9)
守 138(8)
398(9)
486(3)
579(1)
677(9)
宅 146(19)
521(1)
620(8)
715(4)
穵 428(5)
453(7)
516(6)
611(11)
702(9)
宂 601(7)
677(6)
字 404(5)
492(2)
587(2)
安 116(10)
366(7)
452(7)
776(1)
祁 59(12)
108(16)
164(3)
440(17)
548(9)

【乛】

聿 142(7)
424(14)
513(4)
609(5)
695(9)
帇 433(8)
那 121(7)
372(7)
556(5)
669(4)
艮 411(9)
479(15)
499(18)
595(8)
658(9)
779(7)
迅 205(3)
205(10)
410(1)
410(8)
498(11)
499(1)
593(5)
593(11)
770(17)
𡰯 108(14)
548(7)
刔 768(15)
幵 411(11)
500(2)
犽 61(13)
112(3)
363(15)
445(12)
445(14)
殀 363(13)
异 360(3)
404(7)
441(11)
492(4)
549(13)
587(4)
吕 386(14)
473(16)
572(11)
㢴 768(23)
弜 397(6)
484(4)
545(11)
569(1)
改 238(9)
386(14)
473(16)
572(11)
阮 133(13)
391(3)
478(8)
耶 398(8)
叚 604(11)
阨 146(12)
520(7)
615(4)
770(14)
孖 165(18)
442(6)
587(2)
阰 59(6)
108(11)
440(10)
548(1)
阯 130(15)
386(12)
473(14)
572(9)
收 125(20)
378(5)
418(3)
466(6)
506(17)
561(2)
阪 66(10)
134(8)
392(10)
479(12)
765(14)
段 62(9)
113(14)
365(8)
448(3)
阬 376(11)
463(5)
505(18)
551(10)
防 122(14)
374(10)
461(9)
505(14)
542(3)

674(2)
阧 198(3)
399(1)
486(12)
579(8)
阦 526(3)
772(3)
丞 127(17)
381(10)
420(1)
469(6)
559(7)
682(6)
阮 368(7)
454(16)
753(11)
迆 129(19)
385(9)
472(11)
570(12)
760(6)
好 746(19)
747(1)
奸 116(11)
366(7)
452(8)
776(9)
㚻 230(4上)
525(17)
617(4)
727(5)
朶 136(4)
395(12)
482(12)
如 110(13)
167(15)
443(11)
奼 415(10)
493(17)
504(9)
588(13)
600(7)
646(4)
670(4)
妁 223(18)
524(5)
607(7)
722(5)
722(10)
妃 109(18)
164(19)
166(3)
361(2)
409(9)
442(9)
497(12)
592(12)
656(5)
好 136(1)
194(12)
209(4)
395(8)
414(15)
482(8)
503(16)
598(9)
668(10)
妏 117(1)
412(12)
453(2)
501(3)
597(1)
661(11)
刐 461(17)
542(11)
忍 404(15)
492(14)
劦 523(1)
618(3)
719(8)
羽 131(13)
388(5)
475(3)
574(9)
645(5)
牟 126(8)
379(2)
466(18)
562(2)
叒 524(4)
607(6)
矣 748(8)
糸 145(15)
430(10)
519(1)
615(6)
710(2)
丝 125(12)
377(9)
379(13)
465(13)
467(11)
560(3)
563(1)
巡 114(11)
449(10)

七畫

【一】

玕 116(11)
366(8)
452(8)
玗 110(18)
443(16)
746(17)
747(1)
玒 161(8)
437(2)
438(9)
538(9)
541(1)
743(5)
774(8)
弄 200(11)
402(2)
489(7)
582(12)
玓 518(13)
615(10)
709(5)
768(22)
玖 138(8)
197(8)
486(2)
579(1)
迋 505(13)
673(12)
玘 130(19)
387(1)
474(1)
573(1)
玫 779(9)
夭 374(3)
460(17)
565(1)
形 125(2)
464(18)
554(8)
戒 204(4)
408(14)
497(2)
591(10)
654(9)
吞 116(1)
451(14)

453(9)
750(3)
抙 129(11)
471(17)
568(11)
扶 111(7)
362(8)
444(10)
抎 390(14)
478(5)
578(12)
抪 143(13)
216(9)
427(5)
515(7)
611(1)
701(9)
技 129(16)
472(6)
570(7)
坏 62(7)
113(13)
365(5)
448(2)
扼 396(2)
483(1)
拒 131(9)
387(15)
474(15)
574(2)
762(11)
扨 558(2)
扽 411(5)
499(15)
595(6)
658(4)
批 112(16)
446(14)
490(3)
748(14)
扨 426(11)
514(16)
坜 388(15)
475(15)
575(8)
址 130(15)
386(12)
473(14)
572(9)
走 198(7)
399(5)
486(17)
579(12)
679(10)
技 423(14)
512(7)
抄 120(6)
208(10)
370(10)
414(8)
457(11)
503(8)
550(6)
598(4)
667(8)
756(6)
782(8)
抶 424(12)
429(13)
513(1)
518(6)
768(5)
扣 426(13)
坍 122(9)
461(1)
565(4)
捐 563(9)
564(7)
759(6)
抐 143(6)
206(10)
216(1)
411(6)
426(11)
499(16)
514(15)
595(7)
612(4)
658(5)
699(5)
汞 384(6)
471(7)
拚 381(14)
469(10)
559(11)
攻 39(4)
161(19)
437(3)
437(15)
538(9)
539(10)
743(5)
774(8)
赤 146(2)
431(4)
519(10)
621(1)
711(8)
769(17)
𢪃 372(11)
459(8)
556(9)
圻 115(5)
450(11)
折 145(2)
517(14)
613(7)
613(8)
706(10)
708(7)
768(6)
抓 120(5)
208(10)
370(9)
395(1)
414(7)
457(10)
482(1)
503(7)
550(6)
598(4)
667(8)
756(7)
757(2)
坂 65(3)
133(16)
391(6)
478(11)
坅 144(2)
428(3)
516(3)
611(11)
702(7)
扲 144(2)
428(3)
516(3)
611(10)
702(7)
坽 138(20)
198(10)
399(8)
487(3)
坋 390(12)
410(14)
411(7)

478(3)
499(8)
499(17)
578(10)
扮 390(12)
478(3)
578(10)
抸 771(8)
抈 216(5)
515(1)
614(7)
坻 129(12)
471(13)
472(1)
570(2)
570(2)
抵 129(13)
439(9)
472(1)
546(4)
570(2)
孝 208(8)
414(4)
503(3)
667(2)
781(15)
坎 68(2)
136(18)
396(15)
483(15)
580(13)
均 114(13)
449(13)
抑 617(7)
投 126(14)
379(9)
467(8)
562(10)
抆 133(11)
390(12)
478(2)
578(10)
坑 123(19)
376(11)
463(5)
551(10)
抗 505(17)
584(6)
674(7)
坊 122(18)
461(15)
542(9)
抖 63(5)
380(2)
467(16)
558(9)
抌 397(2)
483(17)
581(2)
志 404(4)
491(19)
587(1)
抉 144(11)
144(12)
429(1)
429(1)
516(17)
516(17)
612(10)
704(6)
把 136(12)
396(8)
483(7)
671(3)
抛 120(4)
208(9)
457(9)
503(6)
598(3)
667(6)
抁 502(1)
却 223(18)
524(5)
607(7)
抒 131(12)
388(3)
574(1)
刦 230(10下)
234(14)
621(8)
729(5)
773(5)
劫 522(17)
526(11)
毐 133(4)
477(10)
577(11)
抅 135(16)
華 367(1)
424(14)
452(16)
513(3)
耴 142(13)
513(12)
609(11)
695(5)
𦔮 147(20)
214(9)
522(16)
617(13)
719(4)
771(30)
芺 111(7)
362(8)
444(10)
芙 750(3)
芫 115(6)
450(13)
邯 116(2)
451(15)
461(2)
芸 114(18)
450(3)
芾 366(12)
452(13)
芾 214(10)
404(12)
492(10)
494(11)
513(13)
591(5)
609(13)
696(5)
芟 490(5)
584(12)
芣 126(7)
378(15)
466(17)
562(1)
苣 131(10)
387(15)
474(15)
574(3)
762(11)
芽 121(17)
460(2)
558(1)
芚 451(11)
芘 59(6)
108(11)
163(17)
403(14)
440(10)
491(14)
548(1)

苢 494(2)
芷 385(1) 472(1) 570(2)
苄 436(13) 538(1)
芮 407(12) 484(9) 495(18) 569(7) 590(5) 651(10)
芼 120(10) 371(2) 414(11) 457(17) 503(12) 550(13) 598(7) 668(3) 782(18)
芺 136(2) 195(1) 395(9) 482(10)
花 121(13) 373(1) 459(13) 557(6)
苀 378(13) 466(15) 561(12)
芿 419(14) 508(9) 601(4) 682(3)
芹 115(4) 450(10)
芥 204(9) 409(6) 497(9) 592(3) 655(10)
芩 63(10) 468(3) 559(2) 559(6)
芬 115(3) 450(8)
芝 128(14) 383(2) 470(8) 566(3)
芸 745(18)
苠 439(6) 545(13) 546(4)
芴 142(13) 214(10) 513(13) 609(13) 696(4)
芡 139(6) 199(4) 399(15) 581(11)
茚 107(5) 123(18) 376(10) 463(4) 544(9)
芰 128(13) 382(14) 470(5) 565(13)
芜 376(7) 463(2) 544(6)
芳 123(6) 375(8) 462(6) 543(5)
苂 63(7) 380(4) 467(18) 558(12)
芫 63(5) 127(1) 467(17) 483(18) 558(10)
弄 386(1) 424(15) 473(1) 513(4) 571(5)
英 144(11) 428(15) 516(16) 612(9)
克 230(3下) 234(9) 526(6) 610(6) 728(6) 772(11)
芭 121(16) 460(1) 558(1)
苡 130(15) 386(12) 473(15) 572(10)
杅 444(16)
杆 779(14)
杇 61(12) 112(2) 363(13) 445(12) 1027(3)
杜 132(2) 388(15) 475(15) 575(7)
杠 57(9) 107(6) 162(10) 438(8) 541(1)
材 62(12) 113(16) 365(11) 448(6)
村 115(18) 451(11)
杕 406(14) 495(5) 589(9) 650(1)
杖 69(7) 137(5) 484(7) 569(5)
机 143(6) 215(4) 215(12) 426(9) 514(2) 514(14) 612(4) 699(3)
杙 234(2) 617(4) 727(5)
朴 394(7)

字	頁(行)	字	頁(行)	字	頁(行)	字	頁(行)	字	頁(行)
	481(9)	杼	387(3)		432(15)		515(2)	否	130(11)
杏	137(15)		474(2)		522(4)		610(11)		138(10)
	485(3)		573(2)		619(9)		701(2)		197(10)
杣	368(4)		573(2)		718(1)	邴	137(14)		238(5)
杄	750(5)	李	130(17)		771(13)		196(4)		386(8)
杔	770(19)		238(10)	更	123(18)		484(18)		473(10)
杉	565(13)		386(15)		196(3)		506(5)		486(4)
巫	110(18)		473(17)		376(11)		675(8)		572(5)
	443(15)		572(12)		463(5)	酉	197(11)		580(2)
杓	119(13)	杝	545(2)		506(3)		398(12)	百	398(9)
	223(18)	杒	498(13)		551(10)		486(7)		579(2)
	430(5)	杈	558(1)		598(10)		579(3)	矴	211(1)
	456(12)		600(12)		675(5)	丽	407(7)		417(13)
	456(17)	求	126(5)	束	141(9)		495(14)		506(12)
	518(13)		378(13)		423(3)	迏	585(2)		599(5)
	524(5)		466(14)		511(12)	医	407(4)		676(11)
	607(7)		561(10)		606(4)		495(10)	厏	136(13)
	768(23)		561(11)		690(11)		589(12)	厎	130(15)
极	147(19)	孛	409(7)	吾	61(7)		650(9)		386(12)
	234(15)		592(11)		111(20)	辰	114(4)		473(14)
	522(15)		612(2)		363(8)		448(17)		572(9)
	617(12)		656(2)		445(8)	居	389(6)	尽	744(12)
	719(4)	車	121(10)		589(2)		475(17)		745(7)
	771(29)		372(13)	豆	211(10)		476(4)	会	390(14)
	773(8)		459(10)		418(13)		575(9)		478(5)
杤	744(18)		557(3)		507(10)		576(1)		578(12)
	745(13)	甫	131(14)		602(2)	朋	550(4)	奄	448(15)
杞	130(19)		388(6)		679(6)	邳	60(2)	㚎	138(18)
	387(1)		475(4)	迊	143(10)		109(3)	夾	621(1)
	474(1)		574(10)		216(6)		164(14)		711(8)
	573(1)	匣	147(13)		427(1)		549(8)	夾	432(11)

521(18)
619(6)
717(8)
771(6)
尪 123(15)
376(6)
462(18)
544(10)
匥 368(8)
454(16)
753(4)
753(5)
豖 130(2)
472(15)
571(3)
760(5)
尬 611(11)
殀 406(14)
495(4)
忒 230(2下)
234(8)
526(6)
610(5)
728(5)
772(10)
迓 209(10)
415(10)
504(9)
600(7)
670(3)
坒 491(13)
匧 502(6)
【丨】
邪 592(12)
610(7)
芉 130(1)
472(14)
571(1)
步 494(6)
647(6)
辿 760(10)
刣 139(9)
400(4)
487(17)
580(8)
叔 366(14)
452(14)
776(7)
776(8)
卣 138(11)
197(11)
486(7)
579(3)
肖 413(13)
502(14)
597(10)
666(2)
旰 207(9)
412(4)
500(11)
595(2)
659(5)
旱 134(2)
392(1)
479(2)
盯 124(5)
137(17)
377(4)
463(13)
485(4)
552(6)
呈 464(14)
554(1)
吴 61(8)
111(20)
363(9)
445(8)
1026(10)
貝 591(5)
見 413(4)
501(12)
595(12)
663(1)
663(3)
旯 395(1)
482(1)
𣅀 757(13)
郎 110(9)
167(7)
443(5)
助 405(5)
493(2)
588(2)
643(7)
吳 230(9上)
526(3)
617(7)
727(12)
772(4)
里 130(17)
238(10)
386(15)
473(17)
572(12)
吼 743(7)
吁 558(6)
吥 147(3)
521(8)
618(11)
716(4)
吱 402(12)
吠 498(8)
592(6)
旳 615(9)
吸 773(8)
呃 146(12)
204(4)
408(14)
497(2)
520(7)
615(4)
654(8)
呀 122(1)
460(7)
鄂 119(15)
370(13)
456(15)
457(13)
550(9)
757(8)
町 125(8)
465(8)
485(14)
555(4)
甹 125(4)
465(4)
554(12)
足 141(11)
405(13)
405(15)
423(6)
493(12)
511(15)
588(10)
606(6)
645(10)
691(5)
吡 768(5)
虬 126(16)
379(13)
467(11)
563(1)
邮 145(14)
377(15)
430(7)

466(1)
518(15)
560(8)
615(12)
709(8)
768(25)
男 122(3)
373(13)
460(9)
564(6)
甹 377(15)
465(18)
560(10)
困 411(5)
499(15)
595(6)
658(5)
吵 394(10)
481(12)
呥 563(9)
759(6)
呐 145(8)
429(11)
518(4)
613(13)
768(15)
吽 399(4)
486(15)
759(2)
吒 141(19)
424(3)
512(11)
607(2)
693(2)
呋 120(7)
457(12)
550(8)
听 133(13)
391(1)
478(7)
吁 132(13)
476(12)
576(9)
呅 475(7)
574(13)
吟 63(10)
380(8)
419(8)
468(4)
508(2)
559(6)
吣 745(17)
吻 133(10)
390(12)
478(2)
578(10)
吹 58(3)
163(2)
402(11)
439(2)
490(9)
545(8)
585(4)
呁 410(11)
499(4)
吸 126(15)
467(10)
562(12)
吭 505(16)
544(6)
584(5)
674(5)
吣 212(3)
419(6)
507(17)
600(13)
680(7)
吷 708(2)
吼 138(17)
212(2)
399(4)
419(4)
486(15)
507(16)
579(11)
602(7)
邑 148(11)
223(12)
523(16)
616(9)
721(8)
別 145(7)
429(10)
518(2)
613(12)
707(11)
吮 135(1)
193(2)
480(14)
岍 750(13)
岏 116(5)
365(15)
452(1)
邮 459(4)
岐 163(4)
439(5)
439(5)
439(5)
545(11)
545(12)
岂 523(18)
岈 558(6)
帍 386(9)
罕 485(14)
杪 755(1)
宋 408(12)
496(18)
593(13)
岓 762(16)
岕 408(15)
497(3)
岑 63(13)
468(7)
559(5)
岒 127(13)
468(18)
563(12)
岎 115(3)
450(9)
岔 450(9)
岄 216(3)
岻 449(15)
岰 696(4)
兕 130(6)
帊 210(2)
415(14)
600(11)
671(3)
囦 751(6)
囮 121(2)
371(15)
377(14)
458(15)
465(18)
555(11)
560(9)
冏 517(18)
611(9)
768(9)
囧 137(15)
485(2)
叴 484(9)
囲 147(12)
432(13)
619(8)

717(11)

【丿】

迕 494(1)
589(2)
646(8)
牞 424(8)
512(15)
牡 198(2)
398(15)
486(10)
579(7)
告 141(5)
209(1)
414(10)
422(13)
503(10)
511(7)
598(6)
605(13)
668(1)
689(12)
[illegible] 114(11)
449(11)
牠 121(9)
372(10)
459(8)
556(8)
我 136(7)
195(7)
396(1)
482(18)
牣 410(4)
498(13)
593(7)
利 403(7)
491(5)
586(3)
秃 140(6)
509(14)
604(4)
685(4)
秀 211(7)
418(7)
507(3)
601(11)
678(6)
私 59(11)
108(15)
164(2)
440(16)
548(7)
[illegible] 514(15)
每 132(19)
409(8)
477(3)
497(11)
577(4)
592(12)
656(4)
佅 592(3)
佅 143(9)
216(4)
426(14)
514(18)
610(10)
700(11)
臼 141(7)
423(1)
510(10)
606(2)
690(7)
佞 211(1)
417(13)
506(11)
599(4)
676(9)
征 464(14)
554(2)
兵 124(6)
463(14)
552(6)
邱 378(6)
466(7)
561(3)
佉 556(9)
估 132(4)
389(2)
475(17)
575(10)
体 134(1)
391(13)
478(18)
何 121(8)
372(8)
459(5)
556(6)
佐 415(1)
503(17)
599(6)
669(1)
伾 60(3)
109(3)
164(15)
441(8)
549(9)
佑 211(2)
418(1)
506(14)
601(6)
677(3)
佔 381(7)
469(3)
564(2)
攸 125(15)
377(13)
465(17)
560(7)
伹 575(11)
但 134(5)
392(5)
479(6)
659(5)
伸 114(4)
449(1)
伷 211(4)
418(2)
506(16)
601(7)
677(7)
佃 117(14)
413(3)
453(13)
501(10)
662(10)
750(7)
伿 402(9)
490(1)
490(7)
584(8)
佒 123(15)
376(6)
463(1)
544(4)
佚 142(3)
424(8)
512(15)
608(13)
693(11)
作 524(16)
608(2)
669(1)
724(7)
1023(14上)
伯 146(14)
520(11)

620(2)
713(12)
770(19)
伶 125(6)
465(5)
555(1)
低 112(7)
237(2.7)
364(4)
446(2)
1027(10)
佝 419(4)
佟 39(2)
161(16)
437(11)
539(6)
744(12)
745(7)
住 405(8)
493(6)
588(4)
644(4)
645(9)
位 402(15)
490(14)
585(6)
伴 66(5)
134(4)
392(4)
479(6)
765(11)
佇 131(6)
387(11)
474(11)
573(11)
佗 556(2)
佖 142(10)
425(2)
425(6)
513(7)
609(7)
694(11)
皁 135(20)
194(11)
395(7)
482(7)
身 114(5)
449(2)
皀 374(9)
461(8)
523(13)
皃 423(13)
782(3)
伺 60(8)
109(7)
165(1)
360(4)
404(4)
441(12)
492(1)
550(2)
587(1)
佛 142(15)
214(12)
513(16)
610(2)
697(1)
伽 121(10)
372(11)
459(9)
556(9)
佋 119(12)
135(12)
394(10)
456(10)
481(13)
佊 402(7)
490(4)
584(11)
佁 386(13)
404(6)
473(15)
492(2)
572(10)
753(11)
近 71(14)
133(13)
206(5)
219(2)
391(1)
410(15)
478(7)
499(9)
594(4)
卮 107(10)
195(9)
438(13)
544(12)
彸 39(6)
161(20)
437(16)
539(12)
640(7)
彴 593(12)
役 146(5)
519(15)
621(5)
712(4)
769(23)
彷 123(17)
376(9)
463(3)
544(8)
辵 224(1)
524(6)
607(8)
723(1)
返 65(3)
133(16)
391(5)
478(11)
佘 558(4)
余 110(6)
167(1)
361(12)
443(2)
希 110(2)
166(12)
361(6)
442(13)
孝 457(4)
598(2)
兑 494(12)
591(5)
648(5)
釆 412(10)
坐 136(7)
415(7)
482(17)
504(6)
669(9)
谷 140(5)
421(4)
509(13)
524(8)
604(4)
685(2)
685(11)
691(1)
孚 142(11)
425(4)
513(8)
609(9)
696(1)
孚 111(8)

362(10)
444(11)
妥 136(5)
195(5)
395(14)
482(15)
豸 129(19)
132(14)
472(10)
476(14)
570(10)
含 122(3)
460(11)
564(8)
坌 206(11)
411(7)
499(17)
595(7)
658(7)
779(4)
⿺辶公 744(20)
745(15)
肝 110(18)
443(17)
746(18)
747(2)
肝 116(11)
366(7)
452(8)
776(9)
肚 132(2)
132(3)
388(15)
389(1)
475(15)
475(16)
575(7)
575(9)
肛 57(13)
162(14)
438(12)
541(5)
肘 138(8)
398(8)
486(2)
579(1)
⿰月乇 406(2)
493(17)
588(13)
646(4)
1027(6)
彤 39(2)
161(3)
161(16)
538(5)
558(8)
肑 423(12)
430(4)
512(4)
518(13)
606(11)
615(10)
709(4)
768(22)
肒 207(5)
411(15)
500(7)
594(11)
660(1)
肔 129(20)
肗 131(7)
387(13)
474(12)
573(13)
762(17)
肕 410(3)
498(13)
邸 132(10)
476(7)
576(5)
旬 393(3)
480(4)
595(10)
甸 413(2)
501(10)
595(10)
⿰句刂 126(14)
379(10)
467(8)
562(11)
奂 207(3)
411(12)
500(4)
594(9)
660(10)
免 135(5)
193(6)
481(2)
邭 405(10)
493(8)
劬 746(12)
狂 123(6)
375(8)
462(6)
505(15)
543(5)
⿰犭开 413(5)
501(4)
501(13)
595(13)
597(2)
662(1)
663(3)
犹 678(9)
犽 209(10)
415(10)
504(9)
600(7)
670(3)
⿰犭斤 114(8)
408(2)
449(6)
496(6)
⿰犭公 745(17)
迦 513(13)
612(1)
犺 505(18)
584(6)
674(8)
狄 145(13)
430(6)
518(15)
615(11)
709(6)
769(1)
角 141(12)
423(8)
511(17)
606(7)
691(8)
删 116(18)
452(17)
狃 138(7)
197(7)
486(1)
狁 133(6)
477(13)
578(2)
夆 57(6)
162(7)
438(5)
438(6)
494(10)
540(9)

540(10)
彤 437(11)
539(6)
744(12)
745(7)
卵 134(4)
479(6)
765(9)
夅 441(6)
549(5)
灸 138(8)
197(8)
211(3)
486(2)
506(15)
579(1)
601(6)
677(5)
邭 120(4)
370(7)
371(5)
457(8)
458(4)
551(3)
757(5)
迎 124(7)
417(8)
463(15)
506(7)
552(8)
系 495(8)
589(11)
650(6)

【丶】

言 115(11)
451(2)
汳 514(6)
况 673(12)
亨 124(2)
376(15)
463(9)
552(2)
泂 485(11)
床 123(1)
庋 129(16)
472(7)
570(7)
庌 136(10)
396(5)
483(4)
戊 452(18)
庇 403(15)
491(14)
586(10)
炑 422(4)
庍 408(13)
600(4)
654(4)
庎 204(2)
庈 468(4)
559(1)
疞 138(8)
197(8)
486(2)
579(1)
疕 130(4)
386(5)
472(18)
473(6)
571(5)
572(1)
疓 378(7)
466(8)
563(2)
疠 477(8)
577(9)
疚 211(3)
418(1)
506(14)
601(6)
677(4)
吝 593(5)
彣 114(17)
450(2)
冷 137(17)
138(6)
485(5)
485(17)
序 131(12)
388(3)
475(1)
574(6)
迒 123(16)
376(7)
463(1)
544(5)
冸 411(14)
500(6)
594(11)
661(2)
辛 114(4)
448(17)
宔 484(9)
569(6)
宋 123(1)
375(3)
376(8)
462(1)
463(3)
542(12)
544(7)
泥 683(5)
肓 123(12)
376(2)
462(14)
544(1)
攺 388(9)
475(8)
575(1)
斺 193(7)
381(14)
394(2)
469(10)
559(12)
弃 403(8)
491(7)
冶 136(10)
195(10)
396(5)
483(4)
㐬 426(8)
514(12)
忘 123(1)
375(3)
416(14)
462(1)
505(13)
542(12)
584(3)
673(11)
刻 453(11)
羌 122(15)
461(11)
542(5)
判 207(4)
411(14)
500(5)
594(10)
661(1)
灯 743(6)
弅 596(6)
灹 415(10)
504(9)
600(7)
670(4)

灼 148(13) 223(15) 524(2) 607(4) 722(3)
灺 136(11) 396(1) 396(6) 482(17) 483(5)
弟 132(11) 476(9) 576(6)
汪 123(15) 137(7) 376(6) 462(18) 484(9) 506(2) 544(10) 569(7)
汧 117(17) 453(15) 750(14)
汫 138(4) 197(4) 398(4) 485(14) 485(15)
沅 115(5) 450(12)
沄 391(9) 450(3)
沐 140(10) 142(9) 510(3) 604(10) 686(6)
沛 591(5) 591(5) 648(4)
汥 163(6) 402(8) 439(6) 490(5) 545(13)
沔 193(1) 480(13)
沠 772(5)
汱 604(12)
沋 125(11) 377(8) 465(12) 471(5) 560(2)
沌 65(9) 133(20) 135(4) 193(5) 391(11) 478(16) 480(18)
沘 130(8) 163(17) 163(17) 383(2) 386(5) 470(8) 473(5) 548(1) 566(4) 572(1)
沍 494(2) 589(3) 646(10)
沙 121(17) 415(15) 504(16) 558(1) 611(4) 671(7)
汩 145(16) 430(10) 519(1) 615(6) 710(2) 769(6)
汨 142(12) 214(8) 215(10) 425(5) 513(10) 609(10)
612(1) 695(1)
沖 160(20) 436(3) 538(1)
汭 407(12) 495(18) 590(5) 756(5)
沃 141(2) 511(4) 605(11) 689(7)
汻 411(14) 500(6) 594(10)
沂 110(3) 166(14) 361(7) 442(14) 499(9)
汳 411(3) 499(12)
汾 114(20) 450(4)
泛 213(3) 508(17) 603(7) 683(8) 773(9)
汦 385(1)
472(1) 570(2)
沕 425(6) 513(11)
汷 752(2)
沟 374(10) 461(9) 542(3)
汋 449(17)
沒 143(3) 215(9) 426(5) 514(9) 612(1) 698(7)
汴 502(6) 596(8) 664(11)
汶 71(12) 114(18) 450(2) 499(5) 594(1)
沆 137(9) 484(12) 569(10)
沈 139(2) 198(11) 399(10) 487(5)
沉 63(5)

127(1)
212(3)
380(2)
419(6)
467(16)
507(17)
558(10)
600(13)
680(9)
沁 212(3)
419(6)
507(17)
600(13)
680(7)
決 428(15)
516(16)
612(9)
汨 398(11)
486(5)
579(2)
沕 525(10)
772(10)
沇 135(2)
193(3)
480(15)
578(2)
忨 411(11)
500(2)
怖 143(3)
215(9)
427(1)
494(11)
514(8)
515(2)
591(5)
611(1)
614(11)
698(6)
忮 490(1)
584(8)
忲 494(7)
591(2)
647(9)
忧 418(1)
506(15)
忳 115(18)
451(10)
忡 161(2)
436(14)
538(3)
忤 494(1)
589(2)
646(8)
忻 391(2)
㤆 411(3)
499(12)
忦 204(4)
409(2)
428(3)
497(5)
516(4)
591(11)
654(10)
忟 457(2)
667(1)
忴 370(15)
457(15)
757(11)
忪 39(5)
161(19)
437(16)
539(12)
640(7)
745(17)
745(17)
忯 163(8)
438(16)
439(6)
451(7)
545(2)
545(13)
546(4)
忶 114(2)
448(15)
㤚 769(24)
忱 63(6)
380(3)
467(17)
558(10)
快 204(8)
497(8)
592(2)
651(2)
655(8)
忸 140(20)
422(7)
510(18)
605(7)
完 116(2)
451(15)
宋 201(5)
489(13)
583(6)
𡧍 501(15)
宎 143(4)
215(10)
426(7)
612(2)
宏 124(9)
464(2)
553(2)
牢 120(9)
370(15)
457(16)
550(11)
𡧊 464(7)
553(8)
㝏 204(4)
408(15)
497(2)
591(11)
654(10)
究 211(3)
418(2)
506(15)
601(7)
677(6)
灾 62(14)
448(8)
良 122(12)
461(6)
541(9)
帍 132(7)
239(3)
476(3)
576(1)
戾 523(11)
戺 387(2)
474(2)
573(2)
衧 481(6)
初 110(4)
166(17)
361(9)
442(16)
746(7)
社 136(12)
396(7)
483(6)
礿 148(12)
223(13)
523(18)
607(3)
721(12)
衱 719(4)

祀 130(16)
386(13)
473(15)
572(10)
祂 571(3)
宜 107(17)
439(8)
罕 134(6)
479(9)
659(8)
779(18)
邲 142(9)
425(2)
513(6)
609(7)
694(10)

【乛】

君 115(2)
450(8)
即 230(5上)
234(3)
525(18)
617(4)
727(6)
杘 403(9)
491(8)
屁 403(8)
491(6)
586(3)
尿 208(1)
413(10)
502(11)
597(8)
665(9)
尾 131(1)
387(5)
474(4)
573(6)
㞑 523(12)
721(1)
戾 549(11)
局 141(7)
423(2)
511(10)
606(3)
690(7)
夋 510(2)
弦 371(3)
吱 238(8)
386(13)
473(15)
572(10)
迋 430(5)
518(13)
615(10)
768(22)
改 133(3)
389(14)
477(8)
577(10)
剘 513(16)
610(3)
697(4)
邦 609(13)
696(6)
忌 404(8)
492(5)
587(4)
弝 415(14)
504(14)
600(10)
671(2)
阹 110(14)
167(17)
443(12)
阿 121(9)
372(9)
459(7)
556(8)
阨 556(7)
壯 210(11)
210(11)
505(11)
584(1)
673(8)
孜 109(15)
165(18)
442(6)
妝 375(4)
462(2)
542(13)
邑 144(15)
428(13)
429(5)
516(14)
517(4)
612(13)
704(1)
705(3)
阽 63(14)
468(9)
563(4)
肯 423(15)
512(8)
阻 131(11)
388(1)
474(17)
574(4)
643(8)
阳 750(8)
阱 139(8)
199(7)
400(4)
419(12)
487(17)
508(6)
580(8)
岸 607(4)
722(1)
阼 494(3)
589(4)
647(1)
陁 121(5)
556(2)
760(7)
附 405(8)
493(6)
588(4)
岕 421(14)
510(8)
阾 485(9)
阺 548(7)
陶 110(19)
388(10)
443(18)
475(9)
575(2)
746(12)
陔 751(9)
陀 372(4)
459(1)
陊 713(8)
阮 140(14)
421(15)
510(10)
605(2)
687(6)
陂 58(3)
107(15)
163(3)
439(3)
545(9)
姅 57(5)
162(6)
438(5)

540(9)
姸 117(17) 453(16) 485(6) 750(12)
妋 377(9) 465(13) 560(3)
妧 411(11) 500(2)
妘 114(18) 450(3)
姊 130(7) 386(4) 473(5) 571(9)
妓 129(16) 472(6) 570(7)
妒 396(2) 483(1) 770(15)
妣 130(8) 238(2) 386(4) 473(5) 572(1)
妙 502(17) 597(12) 666(7)
妠 144(7) 428(9) 505(2) 516(10) 618(11) 703(6)
妊 212(3) 419(6) 507(17) 558(11) 600(13) 680(7)
妞 503(17)
妖 119(16) 456(16) 755(5)
妎 407(3) 494(9) 495(9) 589(11) 650(6)
妗 128(9) 381(1) 381(6) 382(10) 468(14) 470(2) 564(1) 565(9)
妐 39(6) 161(20) 437(16) 539(12) 640(7) 745(17)
妚 526(13) 729(7) 773(9)
㚤 514(4) 544(13) 599(2)
妨 123(6) 375(8) 462(6) 505(12) 543(5) 584(2) 673(10)
妒 646(3)
妉 122(5) 373(15) 460(14) 564(11)
妜 145(8) 518(5) 614(1) 708(3) 768(15)
姒 130(16) 386(13) 473(15) 572(10)
妤 110(7) 167(3) 361(13) 443(3)
努 389(5) 476(3) 575(13)
刟 369(5)
卟 456(10)
卲 413(14) 597(11)
邵 413(14) 456(11) 502(16) 597(11) 666(4)
劭 413(14) 502(16) 597(11) 666(4)
忍 64(8) 133(9) 390(7) 477(17) 498(13) 578(6)
甬 129(8) 384(11) 471(13) 568(7)
郘 62(15) 113(18) 448(9)
矣 130(20) 387(3) 474(2) 573(2)
夋 449(10)
迂 499(1)
孛 756(2)
糺 138(20) 198(8)
𡖅 425(7) 513(12) 517(13) 613(6)
災 113(17)

八畫

【一】

邼 123(4) 375(6) 462(4) 543(3)
劻 123(4) 375(7) 462(5) 543(3)
耓 132(18) 477(1) 497(18) 497(18) 577(3)

764(17)
奉 129(8)
471(12)
568(7)
玤 129(11)
384(15)
471(17)
568(11)
玞 111(11)
362(13)
444(14)
玩 411(11)
500(2)
594(8)
660(7)
玭 114(12)
449(12)
武 131(15)
388(7)
475(5)
574(11)
青 125(1)
464(18)
554(8)
玫 113(9)
365(1)
447(14)
玠 204(4)
408(15)
497(2)
591(10)
654(10)
玢 449(15)
表 135(13)
194(3)
394(11)
394(13)
481(13)
481(16)
⿰王殳 143(3)
215(9)
426(5)
514(9)
612(2)
志 402(13)
490(11)
585(4)
玦 144(10)
516(16)
612(8)
⿰王亢 477(14)
578(2)
甙 409(14)
498(1)
盂 366(8)
452(9)
776(10)
盂 110(18)
237(1.4)
443(16)
746(16)
747(4)
瓶 465(1)
554(8)
㚘 392(4)
479(6)
765(11)
忝 139(8)
199(7)
400(4)
419(12)
487(16)
508(6)
580(8)
602(10)
681(10)
⿱夭日 407(6)
495(12)
590(1)
651(2)
抹 143(9)
216(4)
426(14)
514(18)
610(10)
700(11)
⿰土末 143(9)
216(4)
426(14)
610(10)
700(11)
長 122(16)
397(11)
416(11)
461(12)
484(10)
505(9)
542(7)
569(8)
583(13)
673(4)
刲 112(18)
446(17)
748(17)
卦 203(9)
408(10)
496(15)
600(2)
653(12)
邽 112(18)
446(16)
748(16)
坩 122(9)
461(1)
565(3)
拑 127(14)
381(5)
469(1)
563(12)
邿 60(10)
109(9)
165(5)
441(15)
550(4)
坷 209(5)
415(2)
503(18)
599(7)
抲 372(8)
459(6)
556(6)
557(7)
抦 484(18)
拓 724(5)
抪 363(14)
445(13)
494(4)
⿰扌戊 408(14)
497(1)
坺 216(11)
427(7)
515(9)
611(2)
拔 143(20)
216(10)
427(7)
427(15)
515(18)
611(3)
611(7)
702(1)
702(2)
坪 138(4)
抨 124(12)
464(6)

坫 212(7) 419(12) 508(6) 602(10) 681(11)
拈 127(16) 469(5) 558(10) 564(4)
坥 362(1) 405(3) 443(5) 492(17)
坦 66(6) 134(5) 392(5) 479(7)
抯 373(7) 396(8) 460(3) 483(7) 558(2)
担 392(6) 479(7)
坤 115(19) 451(12)
押 147(14) 433(1) 522(5) 522(6) 619(10) 771(15)
坤 771(15)
抽 125(18) 378(3) 466(4) 560(12)
刮 143(20) 427(15) 515(18) 611(8) 702(3)
坱 137(11) 196(1) 484(15) 569(2) 569(12)
抧 239(10) 472(1) 476(14) 760(1)
劼 143(20) 427(15) 611(8) 702(3)
抩 460(10) 468(15)
坰 125(11) 465(12) 555(6)
抶 424(9) 512(16) 609(1) 694(1)
拖 121(7) 415(6) 459(4) 504(6) 585(2)
坵 70(4下)
坿 362(9) 405(8) 444(11) 493(6) 588(5) 644(6)
拊 131(18) 388(9) 475(8) 574(13)
拍 146(18) 620(7)
者 136(9) 195(10) 396(5) 483(3)
坼 146(17) 520(16) 620(7)
埑 429(14) 518(7)
抓 373(1) 459(13) 557(6)
坬 415(15) 504(16)
坴 421(14) 510(8)
抮 480(2)
夌 381(11) 469(7) 559(9)
𡉚 526(4) 772(7)
抑 230(10上) 526(4) 772(7)
坻 59(10) 108(14) 132(10) 164(1) 440(15) 476(8) 548(6) 576(5)
抵 132(10) 476(8)
拘 111(12) 362(15) 444(17) 746(14)
坙 471(9)
坳 467(16)
抱 135(17) 194(8) 395(3) 482(3)
拄 131(19) 475(11) 575(4)
拉 147(3) 521(9) 618(11) 716(4)
幸 137(18) 196(8) 485(5)
拌 366(15) 392(4) 452(15) 479(6) 765(11)
坾 387(12) 474(11) 573(12)
坹 428(14) 516(15)
㧙 425(2) 513(7)
垊 422(1) 510(11)
坭 476(9) 576(6)
抳 130(5) 572(4)

坲 142(15) 214(12) 513(16) 610(2)

拂 142(15) 214(12) 215(1) 513(16) 513(17) 587(7) 610(3) 697(3)

拙 145(5) 514(14) 517(18) 613(10) 707(7) 768(10)

拯 139(10) 199(9) 400(6) 488(1)

招 119(12) 456(11)

坡 121(10) 372(9) 459(6) 556(7) 584(11)

披 58(3) 107(15) 163(2) 385(15) 439(3) 472(18) 545(8) 571(5)

弆 762(10)

拚 502(5) 596(8) 664(10)

亞 144(12) 415(9) 504(8) 600(6) 670(1)

拇 198(2) 398(15) 486(10) 579(7)

坳 370(12) 457(13) 550(8)

拗 194(6) 395(1) 414(8) 482(1) 503(8)

耵 138(3) 197(3) 485(12)

刵 404(6) 492(3) 587(3)

其 109(7) 165(2) 360(5) 441(13) 550(2)

耶 372(13) 459(10)

取 131(20) 388(13) 399(6) 475(13) 487(1) 575(5) 580(2) 1025(9)

茚 57(8) 107(5) 162(9) 438(7) 540(12)

苷 122(8) 374(3) 460(17) 565(1)

苦 132(6) 476(2) 575(13) 647(6)

苯 65(7) 133(19) 391(10) 478(15)

茉 425(4) 513(9)

昔 145(17) 430(14) 519(4) 620(10)

苛 121(8) 372(8) 396(4) 459(5) 483(3) 556(6)

若 148(14) 223(16) 524(3) 607(6) 722(6)

邦 744(18) 745(13)

茂 211(10) 418(12) 507(8) 602(1) 679(4)

茇 143(10) 216(5) 426(15) 515(2) 610(11) 701(2)

苹 124(4) 377(3) 463(12) 552(4)

迣 408(3) 496(7)

苫 127(10) 380(15) 468(13) 563(13) 681(7) 759(3)

苜 141(2) 216(5) 426(15) 511(3) 515(1) 605(10) 610(11) 689(5) 701(1)

苴 110(9) 131(13) 167(5) 361(15) 388(4) 443(4) 475(2) 557(5)

574(8)
苖 422(10)
430(7)
511(4)
518(15)
苗 119(14)
456(13)
755(6)
英 124(3)
377(2)
463(11)
552(3)
苒 139(7)
199(5)
400(1)
487(13)
580(6)
苬 378(11)
466(12)
561(8)
芺 130(7)
387(3)
473(4)
474(2)
571(9)
芙 429(4)
517(2)
茾 378(7)
苻 111(8)
362(9)
花 498(9)

茄 117(20)
367(10)
454(4)
苽 61(3)
111(16)
363(5)
445(3)
1026(5)
茶 148(4)
223(3)
517(14)
523(4)
618(5)
719(12)
苓 125(6)
465(7)
555(1)
苟 138(15)
399(2)
486(13)
579(9)
茆 135(15)
138(7)
197(7)
394(15)
398(7)
481(18)
485(18)
765(9)
苳 39(2)
161(16)

437(11)
539(6)
640(4)
744(11)
745(6)
苑 65(4)
133(16)
391(6)
478(11)
苞 757(5)
苙 148(9)
223(9)
523(11)
523(12)
616(6)
范 139(14)
400(14)
488(7)
581(13)
苧 131(6)
387(11)
474(11)
苾 609(8)
直 231(9)
525(9)
616(10)
726(2)
1025(4)
苊 132(11)
239(6)
476(9)

576(6)
苐 131(1)
589(8)
茀 142(16)
215(1)
513(17)
610(3)
697(3)
苰 128(5)
382(5)
469(15)
茁 145(9)
425(7)
429(12)
513(12)
518(5)
614(1)
708(3)
茇 373(2)
459(14)
557(7)
苕 118(20)
369(5)
369(7)
455(10)
455(12)
茄 121(15)
373(3)
459(16)
557(9)
苔 62(10)

365(9)
448(5)
茅 120(2)
457(7)
756(8)
䒮 466(8)
苺 409(8)
418(13)
507(9)
茐 394(6)
481(8)
枉 137(7)
484(9)
569(7)
枅 112(12)
446(9)
枎 362(9)
444(10)
杬 115(5)
450(12)
林 63(3)
126(19)
467(14)
558(8)
枝 57(15)
70(1上)
162(16)
438(13)
544(12)
柄 454(13)
杯 113(13)

365(5)
448(1)
杬 125(11)
377(8)
465(12)
560(2)
枙 520(8)
柜 388(3)
474(18)
574(6)
762(9)
杶 449(13)
枇 108(11)
163(18)
403(13)
440(11)
491(13)
548(1)
586(9)
枑 494(2)
589(2)
646(10)
杫 402(6)
584(10)
杪 135(12)
194(2)
372(2)
394(10)
481(12)
杳 135(8)
193(10)
394(5)
481(7)
枏 373(13)
468(15)
563(9)
564(6)
759(6)
枘 407(12)
495(18)
590(5)
651(10)
杵 131(8)
387(13)
474(13)
574(1)
762(18)
枚 62(1)
64(12)
113(9)
365(1)
447(14)
析 145(10)
429(15)
518(8)
615(6)
708(8)
板 66(9)
134(7)
479(10)
765(14)
枍 407(4)
495(10)
589(12)
650(8)
來 62(13)
113(17)
365(11)
448(7)
枌 115(1)
450(5)
松 39(6)
39(7)
162(1)
540(1)
640(9)
745(17)
𣏌 383(2)
470(8)
566(3)
枂 143(9)
426(15)
514(18)
610(11)
701(1)
柢 439(9)
472(1)
546(4)
570(2)
杴 128(14)
383(1)
470(7)
566(2)
枊 123(18)
376(9)
463(4)
505(16)
544(8)
584(5)
674(5)
杝 414(6)
杸 444(5)
杭 376(7)
463(2)
544(6)
枋 122(19)
375(1)
461(15)
542(9)
551(12)
料 131(19)
198(3)
399(1)
475(11)
486(12)
575(3)
579(8)
述 142(9)
425(1)
513(5)
609(6)
695(7)
枕 139(2)
198(11)
399(9)
419(6)
487(5)
507(18)
600(13)
680(9)
杌 212(3)
杺 63(8)
127(3)
468(1)
558(12)
杻 138(7)
138(7)
197(7)
398(8)
486(1)
486(1)
杷 121(20)
373(9)
415(15)
460(5)
504(15)
558(4)
600(12)
671(6)
杼 131(7)
131(13)
387(11)
387(14)
474(11)
573(12)

574(7)
762(15)
762(20)
軋 144(3)
428(4)
516(4)
611(11)
702(8)
東 160(17)
228(12)
436(11)
537(11)
740(12)
或 230(7下)
234(13)
526(9)
610(8)
728(11)
匧 525(13)
617(1)
726(9)
叀 596(9)
卧 415(2)
504(1)
600(1)
669(9)
邸 449(1)
498(10)
臤 366(11)
452(11)
453(4)
464(1)
事 404(5)
404(7)
492(1)
492(4)
587(4)
柀 439(5)
545(10)
枤 216(1)
409(8)
514(14)
592(12)
699(4)
刺 387(3)
431(7)
474(3)
490(5)
519(13)
769(20)
兩 69(3)
137(2)
484(3)
505(6)
569(1)
583(11)
672(10)
雨 131(13)
388(5)
475(3)
574(9)
645(5)
協 148(2)
523(1)
618(2)
719(8)
771(34)
娗 438(14)
厓 447(5)
557(1)
748(20)
厔 609(2)
矸 411(11)
500(2)
779(15)
矹 216(1)
612(4)
699(4)
郁 140(20)
422(7)
510(18)
605(8)
688(9)
砥 147(6)
520(7)
521(13)
619(2)
717(1)
770(13)
矻 143(6)
216(1)
426(10)
514(15)
612(4)
699(5)
砐 748(22)
厈 521(10)
716(7)
奈 209(6)
415(2)
504(1)
591(3)
599(8)
669(4)
刳 112(4)
237(2.3)
237(2.3)
363(14)
445(14)
郀 112(4)
363(14)
445(14)
奔 115(19)
411(8)
451(11)
658(8)
779(5)
奇 58(4)
108(2)
163(4)
359(4)
439(4)
439(14)
545(10)
546(9)
辰 131(2)
238(14)
387(5)
390(1)
409(10)
474(5)
477(11)
497(15)
573(4)
577(12)
592(8)
656(9)
查 373(11)
460(7)
558(6)
奄 139(7)
400(2)
487(14)
581(11)
夲 396(10)
483(9)
奁 239(6)
364(5)
406(12)
446(3)
495(1)
1027(11)
奅 208(9)
414(6)
503(5)
598(3)

667(5)
782(3)
烒 115(5)
450(11)
䘕 433(7)
522(12)
617(11)
718(11)
771(24)
771(25)
戓 122(5)
460(14)
564(11)
奔 206(7)
219(4)
411(3)
499(12)
597(5)
尯 415(1)
503(17)
豖 606(7)
歼 143(20)
427(15)
429(13)
515(18)
518(6)
611(7)
702(2)
768(5)
殃 768(5)
歿 395(10)
482(11)
殀 135(11)
194(1)
394(8)
481(10)
歾 144(7)
428(9)
614(5)
703(6)
776(8)
殁 143(3)
215(9)
426(5)
514(9)
612(1)
698(7)
殃 407(6)
495(13)
郕 464(13)
554(1)
垩 506(4)
598(10)
675(6)
疌 433(6)
522(11)
妻 112(7)
237(2.6)
364(3)
407(9)
446(1)
495(16)
650(2)
岐 386(9)
439(3)
473(11)
545(8)
549(11)
572(6)
戋 116(16)
366(14)
452(14)
776(8)
弐 396(8)
483(7)
柴 491(1)
585(9)
瓬 63(8)
380(5)
468(1)
558(13)
皆 447(7)
到 414(10)
503(10)
598(5)
667(12)
郅 141(20)
424(5)
512(12)
608(10)
693(4)
瓯 134(4)
392(3)
479(10)
479(4)
硂 420(6)
【丨】
非 109(19)
166(5)
361(3)
442(10)
叔 140(18)
422(6)
510(15)
605(5)
歧 163(5)
439(5)
岠 474(16)
574(3)
762(11)
郕 439(13)
546(9)
㘡 544(6)
步 589(5)
肯 139(10)
400(7)
488(1)
些 202(6)
415(6)
495(6)
504(6)
589(10)
650(3)
669(4)
欥 490(3)
卓 141(14)
423(11)
512(3)
606(10)
692(2)
迠 771(26)
虐 524(5)
虎 132(5)
476(1)
575(12)
尧 571(8)
尚 123(2)
416(12)
505(10)
543(1)
584(1)
673(6)
盱 412(4)
500(11)
盱 110(19)
110(19)
443(17)
746(18)
747(2)
盵 642(6)
旺 505(13)
584(3)
674(1)
具 405(13)
493(12)

588(9)
645(4)
昊 135(16)
194(7)
395(3)
482(2)
味 404(11)
492(8)
587(6)
杲 135(20)
194(11)
395(7)
482(7)
果 136(3)
195(2)
395(11)
482(11)
夏 772(2)
昆 115(14)
451(6)
哘 515(14)
呿 372(11)
405(3)
459(8)
492(18)
587(13)
643(1)
昌 122(15)
461(10)
542(5)
門 115(15)

451(7)
呵 669(4)
昕 132(5)
475(18)
575(11)
昇 127(20)
381(14)
469(9)
559(11)
昕 115(4)
450(10)
明 124(4)
377(4)
463(12)
昒 513(13)
612(1)
易 145(20)
402(9)
431(2)
490(6)
519(8)
584(13)
620(13)
711(4)
昖 424(8)
424(15)
512(16)
513(4)
608(13)
昂 123(18)
376(10)

463(4)
544(9)
旻 449(16)
旼 449(16)
昉 137(7)
461(15)
484(9)
569(7)
炅 138(2)
485(11)
651(2)
昈 132(7)
239(3)
476(3)
576(1)
畀 403(15)
586(10)
畁 441(15)
呫 523(1)
618(2)
771(34)
虰 464(13)
553(8)
554(1)
554(11)
虮 548(3)
迪 145(13)
430(6)
518(15)
615(11)
709(7)

768(25)
典 67(8)
134(12)
479(17)
固 406(3)
493(18)
646(7)
忠 160(20)
228(14)
436(13)
538(1)
744(4)
咀 143(15)
216(11)
427(8)
515(11)
611(4)
699(12)
703(2)
咀 131(11)
388(2)
474(17)
574(5)
呷 147(15)
433(2)
522(7)
619(11)
718(5)
771(17)
呻 114(5)
449(2)

弗 66(14)
67(5)
134(10)
479(14)
765(16)
呹 376(6)
463(1)
544(4)
呪 211(5)
418(4)
506(18)
601(8)
677(11)
郮 740(16)
呐 127(11)
468(15)
呬 403(15)
491(15)
586(11)
咋 146(16)
431(13)
520(3)
520(14)
620(5)
714(5)
囮 584(4)
呱 61(3)
111(16)
363(5)
445(4)
坐 395(15)

呼 61(7) 111(19) 363(8) 445(7) 1026(9)
呤 555(1)
呴 575(1)
咆 120(6) 370(10) 457(11) 550(7) 757(5)
呥 204(9) 427(8) 497(9) 515(10) 592(4)
呝 592(1) 713(8) 770(14)
咇 517(9)
呞 550(4)
呢 548(6)
咈 214(12) 513(16) 610(2) 697(2)
咄 143(4) 215(10) 426(7) 514(11) 612(2) 698(9) 701(11)
呶 120(1) 457(5)
昭 456(3)
咍 62(9) 113(14) 365(8) 448(3)
呦 126(16) 560(3) 563(1)
帓 144(7) 428(9) 516(10) 614(6) 703(7)
岵 132(7) 239(3) 576(1)
岸 207(9) 412(4) 500(11) 595(2) 659(6) 779(15)
岯 60(3) 109(3) 164(14) 441(8) 549(8)
帗 427(1) 515(3)
罕 392(7)
帖 148(1) 522(18) 618(2) 719(7) 771(34)
岨 110(8) 167(5) 361(15) 443(4) 746(2)
岬 771(15)
岫 211(5) 418(3) 506(17) 601(8) 677(10)
峀 541(3)
岟 569(2)
帙 142(1) 424(6) 512(13) 608(11) 693(7)
岩 146(16) 231(4) 520(14) 620(5) 714(5)
帓 525(4)
帗 588(4) 644(5)
岭 465(7) 555(1)
岻 59(11) 70(4下) 108(15) 164(2) 440(15) 548(7) 1027(11)
岣 111(12) 362(15) 399(2) 444(17) 486(13) 579(9) 746(15)
帕 126(12) 379(8)
帄 387(13) 574(1)
迥 138(2) 197(2) 485(11)
岷 114(15)
岪 142(15) 214(12) 513(16) 610(2) 697(2)
帗 142(16) 215(1) 513(17) 610(3) 697(3)
帊 456(17)
帔 163(2) 439(2) 490(3) 545(8) 584(11)
困 114(14) 449(14) 771(8)
罙 398(15) 486(11) 579(7)
沓 147(1) 521(5) 618(7)
𣏟 472(16) 571(4)
图 125(5) 465(5) 554(13)
杼 475(1) 574(7)
罔 137(6) 397(10)

484(8)
光 386(3)
473(4)
囪 526(1)
617(5)
咼 113(1)
396(9)
483(8)
556(12)
748(24)

【丿】

拜 129(10)
471(14)
568(8)
郲 111(2)
444(4)
制 408(2)
496(6)
590(9)
652(8)
知 359(10)
440(2)
547(4)
迭 144(12)
429(2)
516(18)
612(10)
704(8)
氛 450(9)
钦 610(4)
氣 405(1)
492(15)
587(11)
犻 591(5)
邾 117(15)
453(14)
750(10)
迮 142(2)
146(16)
431(13)
520(3)
520(14)
524(16)
714(4)
770(7)
牫 371(12)
375(5)
垂 58(2)
107(14)
163(1)
439(1)
545(7)
牧 141(2)
511(3)
605(10)
689(5)
牰 459(5)
556(6)
物 142(13)
214(10)
513(13)
609(13)
696(4)
郲 765(20)
牥 375(1)
461(15)
542(9)
牨 63(5)
127(1)
558(10)
乖 113(5)
447(9)
748(31)
刮 144(6)
428(7)
516(8)
614(4)
703(4)
和 120(18)
209(7)
371(12)
415(4)
458(11)
504(2)
555(7)
599(9)
669(5)
秈 117(20)
118(1)
367(10)
454(4)
秏 373(8)
460(4)
493(17)
558(2)
588(13)
646(3)
秅 426(12)
514(17)
杓 394(4)
481(6)
季 403(13)
491(13)
586(9)
委 129(14)
472(3)
570(5)
竺 510(16)
688(5)
笏 772(10)
竻 753(13)
秉 137(14)
196(4)
484(18)
迆 57(16)
107(11)
129(19)
162(17)
438(15)
545(1)
570(12)
760(6)
侙 231(10)
525(10)
726(4)
1025(5)
佣 125(2)
465(1)
554(9)
佳 112(20)
447(2)
556(11)
748(20)
侍 404(8)
492(5)
587(4)
佶 142(9)
214(4)
513(5)
609(6)
694(9)
佴 404(7)
492(3)
586(7)
587(3)
657(12)
供 161(18)
437(13)
489(15)
539(8)
583(7)
744(17)
745(12)
使 130(17)
386(14)

404(7)
473(16)
492(4)
572(11)
587(4)
佰 770(18)
侑 211(3)
418(1)
506(15)
601(6)
677(4)
侉 415(6)
504(5)
例 203(6)
408(6)
496(10)
590(12)
653(4)
兒 439(9)
446(11)
748(10)
侇 547(12)
版 134(7)
479(10)
侄 608(10)
693(6)
岱 497(18)
592(13)
657(4)
侔 498(1)
592(13)
657(5)
郔 367(12)
佌 129(18)
472(10)
570(10)
760(8)
侊 376(14)
463(8)
551(13)
佃 583(3)
侗 129(3)
161(13)
384(5)
437(8)
471(6)
539(2)
567(10)
侶 131(6)
387(11)
474(11)
573(11)
侃 134(6)
479(10)
595(3)
659(7)
侏 111(6)
362(6)
444(8)
侁 450(1)
凭 127(19)
381(12)
469(8)
559(9)
侹 138(4)
197(4)
417(14)
485(14)
506(13)
599(5)
677(1)
佸 216(6)
427(2)
515(3)
610(12)
701(5)
侐 404(3)
491(18)
526(2)
586(13)
617(6)
772(2)
侚 472(10)
570(10)
760(9)
侜 561(10)
佺 118(11)
368(10)
454(18)
753(2)
佮 147(3)
521(4)
521(8)
618(9)
716(3)
佻 118(19)
193(12)
369(6)
455(9)
佾 142(3)
424(8)
512(15)
608(13)
693(12)
佩 409(7)
592(11)
656(2)
侚 410(9)
499(2)
593(12)
佫 231(3)
525(3)
620(1)
725(4)
侈 130(2)
385(12)
472(14)
571(2)
760(2)
佳 60(1)
109(2)
164(13)
441(7)
549(7)
侂 524(15)
佼 135(15)
194(6)
394(14)
394(15)
481(17)
佽 403(12)
491(11)
586(7)
依 110(2)
166(13)
361(7)
387(5)
442(14)
佯 375(5)
462(3)
543(2)
併 398(6)
417(11)
485(17)
506(10)
599(1)
676(5)
佅 472(14)
571(1)
侘 121(20)
460(6)
558(5)
608(1)
724(6)
1023(13上)

侒 366(7)
452(8)
臭 395(7)
431(5)
482(8)
519(11)
769(17)
郎 446(8)
748(8)
帛 146(14)
520(12)
620(3)
714(1)
的 145(13)
518(12)
615(9)
709(3)
迫 146(14)
520(11)
620(2)
713(12)
佷 65(12)
134(1)
391(15)
479(1)
皁 138(9)
197(9)
398(10)
486(4)
580(1)
卑 108(2)
439(14)
546(10)
咢 465(2)
554(9)
邮 142(8)
424(15)
513(4)
609(5)
695(11)
皃 163(9)
546(4)
侔 126(8)
379(2)
466(18)
562(2)
所 450(12)
欣 115(4)
450(10)
郈 138(13)
398(15)
486(10)
579(6)
征 464(14)
554(2)
袩 563(4)
759(3)
徂 61(11)
112(2)
363(12)
445(11)
476(1)
彽 440(15)
548(7)
佟 744(12)
745(7)
往 137(7)
397(11)
484(10)
569(7)
爬 121(20)
460(5)
558(4)
彼 129(13)
472(2)
570(4)
所 131(10)
388(1)
474(16)
574(4)
刖 514(14)
612(4)
舠 120(12)
371(4)
458(3)
551(2)
舥 566(3)
舶 141(16)
423(13)
512(5)
606(12)
692(5)
金 63(11)
468(5)
559(3)
舍 415(13)
舎 210(1)
504(13)
600(10)
佴 671(7)
刹 144(5)
428(7)
516(7)
614(4)
703(3)
刽 147(10)
432(10)
521(18)
619(6)
717(8)
771(5)
命 506(3)
598(10)
675(5)
郃 146(20)
521(3)
618(9)
715(7)
肴 119(19)
457(2)
755(7)
郄 524(2)
斧 131(15)
388(6)
475(4)
574(10)
爸 396(4)
483(3)
籴 769(1)
采 133(3)
477(9)
577(10)
舀 425(6)
513(11)
垩 468(1)
558(12)
受 138(12)
197(12)
486(8)
579(5)
爭 124(14)
464(8)
553(9)
乳 131(20)
388(12)
405(11)
475(11)
493(10)
575(4)
588(7)
645(1)
攸 383(1)
400(13)
420(6)
470(7)

488(6)
566(2)
581(12)
欦 128(14)
139(12)
374(1)
381(9)
400(9)
460(15)
469(5)
488(4)
564(12)
564(4)
581(7)
念 212(7)
419(12)
508(6)
602(10)
681(10)
[illegible] 115(3)
450(9)
放 449(15)
忿 71(13)
133(11)
390(13)
410(13)
478(4)
499(6)
578(11)
594(2)
岔 161(12)
437(7)
539(1)
743(11)
肨 489(13)
583(10)
肺 131(1)
238(13)
387(4)
474(4)
498(8)
573(4)
592(5)
肢 162(16)
438(14)
544(12)
肧 62(7)
113(13)
365(5)
378(6)
448(2)
466(7)
561(3)
肰 367(11)
454(5)
肬 560(2)
肱 128(5)
382(5)
469(15)
肫 115(17)
389(12)
449(14)
451(10)
477(7)
577(8)
肶 548(2)
肭 143(6)
216(2)
422(7)
426(11)
510(18)
514(15)
611(9)
612(4)
688(8)
699(5)
肸 501(15)
肵 166(10)
361(5)
442(12)
肹 142(17)
215(3)
514(1)
697(6)
肣 122(4)
564(8)
肦 116(19)
450(6)
453(1)
朋 128(4)
382(4)
469(15)
胏 573(4)
股 132(4)
389(2)
475(17)
575(10)
肪 122(18)
542(9)
肮 136(17)
396(14)
483(13)
580(12)
肤 429(1)
516(17)
肕 133(8)
390(6)
410(4)
477(16)
498(14)
578(5)
肚 398(8)
肥 109(19)
166(6)
361(3)
442(10)
服 140(11)
510(5)
604(12)
686(9)
周 125(18)
378(3)
466(4)
560(13)
[illegible] 165(8)
451(16)
550(5)
郈 386(11)
473(13)
546(2)
547(6)
570(5)
572(8)
昏 115(20)
411(7)
451(13)
迡 406(11)
495(1)
迩 760(4)
郇 114(10)
449(8)
免 493(18)
588(13)
646(5)
狝 60(5)
109(5)
164(17)
368(14)
441(10)
455(4)
549(11)
匋 551(5)
狇 425(5)
狉 549(9)
狘 143(1)

215(7)
426(2)
514(7)
614(10)
698(4)
臽　420(4)
508(14)
603(4)
683(1)
狙　110(9)
167(6)
361(15)
443(5)
狚　392(6)
412(3)
479(8)
500(10)
595(1)
659(3)
699(12)
狎　147(13)
522(4)
619(9)
718(1)
771(13)
狭　544(4)
畄　215(12)
426(9)
514(13)
699(3)
狐　61(1)
111(15)
363(3)
445(2)
忽　143(5)
215(12)
426(8)
514(12)
611(13)
699(2)
狝　753(9)
狗　138(15)
198(4)
399(2)
486(13)
579(9)
狦　367(2)
412(10)
452(17)
500(18)
596(11)
661(6)
狍　370(11)
457(12)
757(6)
狂　405(9)
493(7)
588(5)
644(7)
匌　521(4)
殁　468(3)
559(2)
狖　211(8)
418(9)
507(5)
601(12)
舡　126(16)
狔　130(5)
473(1)
571(6)
狒　404(14)
492(13)
咎　138(10)
197(10)
486(6)
579(3)
剁　524(14)
608(1)
724(4)
1023(11上)
卻　120(8)
370(14)
457(14)
550(10)
757(10)
匊　140(14)
510(9)
687(5)
夘　402(13)
490(12)
炙　210(1)
415(13)
431(5)
504(13)
519(12)
600(9)
621(2)
670(10)
711(11)
皱　423(14)
512(6)
帤　115(11)
451(1)
【丶】
京　124(4)
377(4)
463(12)
552(4)
享　69(7)
137(5)
397(8)
463(11)
569(4)
废　216(10)
427(7)
515(9)
611(2)
701(12)
店　212(7)
419(12)
508(6)
602(10)
681(10)
夜　209(12)
415(12)
504(12)
600(9)
670(8)
杏　419(1)
宜　402(9)
490(6)
584(13)
庘　147(14)
433(1)
522(6)
619(10)
718(3)
771(15)
庍　760(1)
厏　396(10)
483(9)
府　131(15)
388(6)
475(4)
574(11)
底　130(6)
132(10)
476(8)
576(5)
庖　120(6)
370(10)
457(11)
550(7)
757(5)
疛　110(19)

443(17)
疘 38(2) 161(8) 437(2) 538(9) 743(5) 774(8)
疛 506(16) 677(8)
疚 484(7) 569(5)
疝 117(1) 453(3)
疙 142(17) 215(3) 425(12) 514(1) 697(7)
疟 406(2) 493(17) 588(13) 646(4)
疲 147(5) 521(11) 523(13) 618(13) 716(8)
疢 211(3) 506(15) 601(7)
疧 660(1)
卒 142(8) 143(8) 216(3) 424(15) 513(4) 514(17) 609(5) 612(5) 612(5) 695(11) 699(8)
郊 119(20) 370(2) 457(3) 756(2)
劾 598(1)
忞 449(17)
究 135(2) 193(2) 480(15)
庚 123(18) 376(11) 463(5) 551(10)
瓬 375(15) 543(11)
欣 123(15) 463(1) 544(5) 551(10)
洛 525(3) 608(6) 725(4) 1024(6上)
音 507(12) 602(4)
妾 147(19) 522(14) 617(12) 719(3) 771(28)
盲 123(19) 376(11) 463(5) 551(11)
瓬 484(9) 569(7)
放 416(15) 505(14) 584(3) 674(1)
刻 230(2下) 234(9) 526(6) 610(6) 728(6) 772(11)
斻 135(6)
於 110(11) 167(10) 237(3) 363(14) 443(7) 445(13) 762(16)
郊 62(11) 113(16) 365(9) 448(5)
劾 498(5)
育 140(15) 510(12) 605(3) 687(9)
𫍲 124(9) 464(2) 553(2)
冽 144(20) 517(12) 613(6) 706(6)
邦 125(10) 465(11) 555(5)
劻 376(13) 463(7) 551(12)
券 71(15) 206(6) 219(3) 411(1) 499(10) 597(3)
卷 118(17) 118(17) 135(2) 193(3) 480(15) 502(3) 596(6)
炬 131(9) 387(15) 474(15) 574(3) 762(11)
炘 478(7)
炊 58(3) 70(4上) 163(2) 545(8)
炈 146(6) 431(9) 519(16) 621(6) 712(5) 769(23)
炕 123(15) 463(1) 505(18) 544(5) 584(6) 674(8)
炎 127(11) 381(2)

419(9)
468(15)
508(2)
563(9)
759(7)
759(13)
炔 651(2)
沬 143(9)
216(4)
426(14)
514(18)
700(11)
沫 592(12)
610(10)
649(4)
沶 60(7)
109(6)
164(19)
360(2)
441(11)
549(13)
法 230(12下)
234(17)
526(13)
621(10)
729(7)
泔 122(8)
374(3)
460(17)
565(2)
泄 144(20)
203(5)
590(10)
613(5)
653(1)
706(4)
沽 61(4)
111(17)
363(5)
445(4)
475(18)
575(10)
1026(6)
沭 425(1)
513(5)
609(6)
695(7)
河 121(8)
372(8)
459(5)
556(6)
泝 494(3)
沰 524(15)
沷 215(7)
426(2)
614(10)
698(3)
泙 377(3)
463(12)
552(4)
泧 143(1)
143(12)
215(7)
216(8)
426(2)
427(4)
514(7)
515(6)
614(10)
698(4)
701(7)
沾 127(11)
212(7)
381(2)
419(12)
468(15)
508(6)
563(10)
602(11)
681(11)
759(7)
沮 110(9)
131(11)
167(6)
167(17)
361(15)
388(2)
405(5)
443(5)
474(17)
493(3)
574(5)
746(1)
油 125(15)
377(13)
465(17)
560(7)
沺 750(8)
泱 123(5)
137(11)
375(7)
462(5)
484(15)
543(4)
569(12)
𣲷 129(13)
472(1)
570(3)
760(1)
況 505(13)
584(3)
673(11)
泂 138(2)
197(2)
485(11)
泅 126(3)
378(10)
466(12)
561(8)
泗 403(13)
491(12)
586(9)
泆 424(8)
512(16)
608(13)
612(11)
693(12)
泎 146(16)
520(14)
620(5)
714(5)
沴 407(8)
495(14)
590(3)
651(5)
沲 121(5)
372(4)
459(1)
泭 379(1)
444(11)
466(18)
562(1)
泊 525(1)
608(4)
725(1)
1024(4上)
泒 61(3)
111(16)
363(5)
445(4)
泠 125(6)
196(7)
465(5)
555(2)
泜 59(10)

108(14)
164(1)
440(15)
547(10)
548(6)
沿 118(9)
368(7)
454(15)
753(11)
泖 481(18)
泈 161(1)
228(15)
436(13)
538(2)
742(6)
泡 120(4)
370(8)
457(9)
757(5)
注 405(9)
493(7)
588(5)
588(10)
644(6)
泣 148(10)
223(10)
523(14)
616(7)
721(4)
泫 134(14)
192(4)
480(3)
泮 207(4)
411(14)
500(5)
594(10)
661(1)
泬 144(10)
428(14)
516(15)
612(8)
704(2)
沱 556(2)
泌 491(1)
585(9)
609(7)
泳 506(5)
598(12)
675(8)
泥 112(17)
407(10)
446(16)
476(9)
495(16)
576(6)
651(7)
748(5)
泯 64(9)
114(9)
133(9)
390(8)
449(7)
477(18)
578(7)
沸 404(12)
492(10)
587(7)
泓 124(14)
553(8)
泏 143(6)
216(1)
425(4)
426(10)
513(9)
514(15)
612(4)
699(5)
沼 135(10)
394(8)
481(10)
波 121(8)
372(9)
459(6)
556(7)
治 109(14)
165(16)
403(9)
404(4)
442(5)
491(8)
491(19)
587(1)
泑 126(16)
399(7)
467(11)
487(1)
563(1)
580(3)
怽 143(9)
216(4)
426(14)
514(18)
610(10)
700(11)
怔 464(15)
554(2)
怯 230(10下)
234(14)
526(11)
621(8)
729(5)
怙 132(7)
239(3)
389(5)
476(3)
576(1)
怵 142(12)
513(9)
609(9)
696(2)
怲 137(14)
484(18)
506(5)
675(8)
怌 549(9)
怖 494(5)
589(4)
647(4)
怦 124(12)
464(5)
553(6)
怗 148(1)
522(18)
618(2)
719(7)
771(33)
怚 131(11)
405(5)
493(3)
588(2)
643(7)
怛 143(15)
216(11)
427(8)
515(10)
611(3)
699(11)
㤎 771(13)
怞 378(11)
466(13)
561(9)
㣿 750(7)
快 484(4)
505(11)
569(2)

584(1)
673(8)
怾 760(1)
怳 137(7)
397(11)
484(10)
569(7)
性 506(9)
599(2)
676(3)
怍 231(3)
525(4)
608(6)
725(5)
725(6)
1024(8上)
忄㐌 760(5)
怕 146(18)
210(2)
415(14)
504(14)
520(17)
600(11)
620(7)
671(3)
714(10)
怜 554(13)
怟 132(13)
怐 211(9)
418(11)
467(6)
507(8)
507(15)
562(9)
602(1)
679(4)
㤏 437(12)
539(7)
744(13)
744(14)
745(8)
745(9)
㤖 131(8)
387(14)
474(14)
574(1)
怭 425(2)
513(7)
怩 59(10)
108(14)
164(1)
440(15)
548(6)
怫 142(15)
214(12)
404(14)
492(12)
513(16)
587(9)
610(2)
642(1)
697(1)
怰 376(13)
463(7)
551(12)
怴 142(11)
214(7)
425(4)
425(5)
513(8)
513(9)
609(9)
怓 120(1)
457(5)
怊 119(6)
119(17)
456(3)
怶 58(3)
怡 60(6)
109(5)
164(18)
441(10)
549(12)
怮 125(12)
138(20)
198(8)
369(12)
377(9)
399(7)
456(1)
465(13)
467(11)
487(1)
560(3)
563(1)
580(3)
宗 161(19)
437(15)
539(11)
640(6)
744(15)
745(10)
定 211(1)
417(13)
506(12)
599(5)
676(10)
676(11)
宕 505(15)
584(4)
674(3)
宜 58(8)
163(7)
546(2)
官 550(8)
宙 211(4)
418(2)
506(16)
601(7)
677(7)
官 116(8)
366(4)
452(5)
穻 746(16)
747(4)
空 38(1)
161(7)
437(2)
538(8)
穸 146(4)
431(7)
519(13)
621(4)
穹 161(4)
436(16)
538(6)
742(5)
窌 601(11)
678(6)
宛 115(11)
133(17)
391(7)
451(1)
478(12)
宔 131(19)
475(11)
575(3)
宓 424(12)
513(2)
609(3)
694(6)
695(4)
宖 124(14)
464(3)
464(7)

553(8)
郊 116(11)
366(7)
412(3)
452(8)
500(10)
郎 123(8)
375(12)
462(9)
543(8)
床 139(11)
400(8)
488(2)
581(6)
戾 407(8)
495(14)
590(2)
613(4)
651(4)
706(2)
肩 117(12)
453(10)
房 122(14)
374(10)
461(9)
542(3)
戽 132(6)
239(2)
389(4)
389(6)
476(2)
476(4)
575(12)
576(1)
衦 66(7)
134(6)
479(8)
衧 746(17)
747(3)
衫 128(12)
382(14)
470(5)
565(12)
衱 230(10下)
621(8)
729(5)
773(6)
[illegible] 524(3)
衩 204(2)
408(11)
496(16)
600(3)
654(4)
袄 453(9)
750(11)
衼 438(14)
584(10)
[illegible] 130(8)
386(5)
403(14)
473(5)
491(13)
571(1)
572(1)
586(10)
祉 130(20)
387(3)
474(3)
573(3)
祆 119(17)
456(16)
祈 109(20)
166(8)
361(4)
442(11)
[illegible] 770(3)
祇 163(4)
163(14)
439(5)
545(11)
祋 427(6)
494(14)
515(8)
591(8)
648(9)
701(10)
祊 124(1)
376(13)
463(7)
[illegible] 397(2)
483(17)
581(2)
炈 380(7)
399(12)
487(8)
罙 108(5)
359(9)
440(2)
547(3)
峃 142(12)
425(6)
513(11)
609(10)
695(3)
【乛】
建 219(4)
411(3)
499(13)
597(5)
录 509(17)
隶 404(1)
491(16)
522(12)
帚 138(13)
198(1)
398(14)
486(9)
579(5)
[illegible] 378(9)
居 110(5)
166(18)
361(10)
442(16)
屁 451(10)
届 750(8)
屆 204(4)
408(15)
497(2)
591(10)
刷 145(7)
613(13)
768(14)
㕞 518(3)
613(13)
迡 590(3)
屈 142(14)
214(11)
513(15)
513(18)
610(1)
696(9)
弛 472(15)
571(3)
弣 131(18)
388(9)
475(7)
575(1)
[illegible] 214(10)
513(14)
696(6)
弧 61(2)
111(16)
363(4)
445(3)
弤 476(8)

576(5)
弥 440(1)
弦 117(13)
453(11)
750(8)
弢 120(11)
458(1)
551(1)
弨 119(17)
135(11)
194(1)
394(9)
456(11)
456(17)
481(11)
㢶 490(4)
584(11)
承 469(6)
⿰阝共 437(6)
538(13)
743(6)
孟 506(4)
598(11)
675(6)
陃 212(1)
419(3)
507(14)
602(6)
680(3)
牀 375(4)
462(1)

542(13)
狀 210(9)
416(9)
505(7)
583(11)
672(11)
戕 120(18)
123(3)
458(11)
462(3)
543(2)
544(7)
555(7)
陌 146(13)
520(10)
620(1)
713(10)
770(17)
⿰爿手 375(2)
461(17)
542(11)
斨 123(3)
375(6)
462(4)
543(2)
孤 61(2)
111(16)
363(4)
445(3)
1026(5)
⿰阝夸 111(11)

362(14)
444(16)
陜 108(10)
163(16)
440(9)
547(11)
⿰阝虫 582(12)
亟 404(9)
492(7)
587(5)
727(3)
降 57(11)
162(12)
438(11)
489(17)
541(4)
583(9)
陊 129(19)
136(7)
195(7)
385(8)
472(10)
482(17)
570(11)
760(7)
函 128(7)
382(8)
469(17)
565(6)
⿰阝衣 110(3)
166(14)

361(7)
442(14)
陔 62(12)
113(16)
365(10)
448(5)
限 66(12)
134(9)
392(11)
479(13)
765(18)
⿰阝朵 121(10)
372(11)
459(8)
556(9)
妹 409(8)
497(11)
592(12)
656(4)
妺 143(9)
216(4)
426(14)
514(18)
610(10)
700(11)
748(6)
姏 122(10)
461(3)
565(5)
姑 61(3)
111(16)

363(5)
445(3)
1026(5)
妸 372(8)
459(6)
556(6)
556(8)
妬 493(17)
588(13)
妭 427(7)
515(9)
701(12)
⿰女平 464(6)
553(6)
⿰女戉 425(14)
姑 127(10)
147(18)
433(8)
468(14)
522(13)
563(8)
617(11)
719(1)
759(3)
759(5)
771(26)
姐 143(15)
216(11)
427(8)
515(11)
611(3)

姐 136(12)
396(8)
483(7)
妯 140(14)
378(12)
466(13)
510(9)
560(13)
561(10)
605(1)
687(4)
姎 376(6)
463(1)
484(15)
544(5)
569(13)
娜 443(11)
妠 139(7)
400(1)
487(13)
580(5)
姓 506(9)
599(2)
676(3)
姝 608(11)
693(8)
妳 132(14)
239(10)
476(14)
姁 131(18)
405(10)
444(2)
475(8)
493(8)
575(1)
746(19)
747(1)
姍 366(15)
452(16)
776(4)
妵 138(15)
198(3)
399(1)
486(12)
579(8)
姅 411(14)
411(14)
500(5)
594(10)
始 130(18)
386(15)
473(18)
572(13)
帑 61(7)
111(19)
137(10)
363(8)
445(7)
484(13)
569(11)
弩 132(6)
389(5)
476(2)
575(13)
孥 61(7)
111(19)
363(8)
445(7)
1026(9)
姆 602(1)
迢 118(20)
369(6)
455(11)
迦 121(15)
372(11)
459(16)
459(9)
556(9)
557(9)
妿 120(18)
371(12)
555(7)
556(8)
屽 66(7)
134(6)
392(6)
479(8)
奿 451(16)
坴 115(1)
410(13)
450(6)
499(7)
郍 388(6)
475(4)
574(10)
迨 133(2)
477(8)
577(9)
釛 379(2)
467(1)
562(2)
叕 518(1)
614(1)
768(11)
希 404(1)
491(16)
紈 378(14)
466(16)
561(11)
糾 399(7)
487(2)
580(3)
糿 705(7)
甾 109(12)
165(12)
360(10)
442(2)

九畫

【一】

砉 431(10)
519(17)
616(2)
715(3)
770(1)
耔 130(20)
238(11)
387(2)
474(2)
573(2)
契 144(17)
202(8)
407(3)
495(9)
516(13)
589(12)
613(2)
650(7)
705(10)
㛸 428(12)
奏 211(12)
418(15)
507(12)
602(4)
679(10)
春 62(17)
113(20)
448(13)
珂 121(10)
372(9)
459(6)
556(7)
玷 139(9)
400(4)
487(17)

	508(7)
	580(8)
珇	132(5)
	476(1)
	575(12)
珀	146(18)
	620(7)
珍	114(3)
玲	125(6)
	465(6)
	555(2)
	565(7)
珎	448(17)
珣	138(15)
	198(4)
	399(2)
	486(13)
	579(9)
珊	116(17)
	366(15)
	427(8)
	452(16)
	515(10)
	776(4)
玹	117(20)
	367(8)
	454(3)
	480(3)
	595(9)
珌	142(7)
	214(2)
	424(13)
	513(2)
	609(4)
	694(7)
珉	114(15)
	449(15)
珈	121(15)
	373(3)
	459(16)
	557(9)
毒	141(3)
	511(4)
	605(11)
	689(7)
	748(19)
型	125(2)
	465(1)
	554(9)
盃	367(4)
	453(16)
	750(13)
匧	523(2)
	719(9)
拭	525(10)
	525(12)
	616(13)
	726(8)
𢫬	384(10)
	471(11)
	568(6)
垚	119(4)
	369(11)
	455(17)
挂	203(9)
	408(10)
	496(15)
	600(2)
	653(12)
封	162(2)
	201(6)
	438(2)
	489(15)
	540(4)
	583(7)
	640(12)
持	109(14)
	165(16)
	442(5)
奊	429(5)
	517(3)
拮	428(13)
	516(13)
	612(7)
拱	129(9)
	471(8)
	540(12)
	568(8)
垣	115(6)
	450(13)
挋	498(11)
	593(5)
挀	520(17)
	714(9)
埒	517(12)
城	464(13)
	554(1)
垤	144(12)
	429(2)
	516(18)
	612(10)
	704(8)
挃	142(4)
	424(10)
	512(17)
	609(1)
	694(3)
恧	120(5)
	370(8)
	457(9)
	756(4)
批	472(16)
	473(2)
	571(3)
	571(4)
政	506(8)
	599(1)
	676(1)
赴	405(11)
	493(10)
	588(7)
	645(1)
赳	138(20)
	198(9)
	399(7)
	487(2)
	580(3)
桒	375(15)
	462(13)
垙	123(14)
	376(4)
	462(17)
	544(3)
拽	708(8)
	768(7)
臭	144(17)
	516(13)
	517(8)
	613(2)
	705(10)
蚟	200(11)
	402(2)
	582(13)
挏	471(9)
	568(3)
	740(14)
壴	405(15)
	493(14)
	588(10)
	645(9)
哉	62(14)
	113(17)
	448(9)
挺	125(3)
	138(3)

465(2)
485(13)
554(10)
括 143(10)
216(6)
427(1)
515(3)
610(12)
701(3)
者 139(9)
400(4)
487(17)
580(8)
垙 526(9)
挄 604(11)
埏 118(2)
118(4)
367(11)
454(5)
挻 118(4)
367(14)
454(8)
挃 198(12)
399(11)
487(7)
郝 146(1)
231(2)
431(3)
431(4)
519(9)
519(11)

525(2)
608(5)
621(1)
711(7)
725(2)
769(17)
垍 403(11)
491(10)
586(6)
垢 138(15)
198(3)
198(4)
399(2)
486(13)
579(9)
剺 768(6)
耇 399(2)
486(13)
拾 148(6)
223(6)
522(15)
523(8)
616(3)
720(5)
挑 118(19)
369(4)
455(9)
551(1)
採 195(3)
垝 129(14)
472(4)

570(5)
拘 412(15)
464(6)
501(7)
553(7)
指 386(3)
473(3)
571(8)
垎 146(18)
520(16)
620(8)
715(1)
挌 520(17)
620(1)
715(3)
垑 385(12)
472(15)
571(2)
760(3)
拸 162(18)
438(15)
545(2)
挍 503(3)
挔 387(10)
垓 62(11)
113(15)
365(9)
448(5)
拼 553(6)
553(7)
挓 558(6)

按 207(8)
412(2)
500(10)
595(1)
659(2)
挪 121(7)
459(5)
挡 378(8)
466(9)
垠 116(1)
451(14)
拫 115(20)
451(13)
垛 136(5)
395(13)
482(14)
挆 136(4)
395(11)
482(12)
甭 437(6)
538(13)
743(7)
欯 372(11)
405(3)
459(8)
492(17)
556(9)
587(13)
643(1)
挷 143(10)
216(6)

427(1)
515(3)
610(12)
701(3)
耵 774(8)
茉 409(13)
497(18)
592(10)
657(2)
某 198(2)
398(15)
486(10)
579(7)
甚 139(2)
199(1)
399(10)
419(8)
487(6)
聄 477(12)
荆 124(4)
377(4)
463(12)
552(5)
茷 161(3)
436(15)
538(4)
茥 112(18)
446(18)
748(17)
茿 422(6)
510(16)

605(6)
688(6)
茸 57(6)
162(8)
438(6)
540(11)
745(19)
荁 365(14)
451(17)
革 146(11)
432(1)
520(5)
614(12)
713(5)
770(12)
茞 449(1)
茦 431(14)
520(3)
770(9)
茜 412(14)
501(6)
595(9)
662(4)
荗 576(6)
茬 109(16)
165(19)
442(6)
荐 501(15)
596(2)
663(7)
荋 441(16)
荂 557(7)
746(19)
747(1)
巷 583(9)
荊 144(20)
517(12)
613(6)
706(6)
枼 771(18)
茱 424(7)
512(14)
荑 108(10)
112(10)
163(16)
364(7)
440(9)
446(5)
547(11)
748(2)
茀 372(14)
557(4)
歀 407(10)
495(16)
荎 440(16)
548(7)
茈 58(11)
113(2)
130(3)
385(13)
447(4)
472(16)
546(7)
556(13)
571(3)
748(23)
760(10)
菲 748(31)
茪 376(5)
462(17)
544(3)
草 135(19)
135(20)
395(6)
482(6)
茔 114(6)
449(4)
茼 740(14)
莒 131(11)
388(2)
474(18)
762(9)
茵 448(16)
448(16)
茴 748(33)
茱 111(3)
444(5)
茪 765(19)
莚 125(2)
465(1)
554(9)
苦 143(11)
216(7)
427(2)
515(3)
610(12)
701(4)
茯 140(11)
510(5)
604(12)
686(9)
荮 372(14)
459(11)
557(4)
茷 592(6)
莛 665(5)
荏 139(1)
198(11)
399(9)
487(4)
荁 428(14)
516(15)
苦 399(2)
486(13)
579(9)
荇 137(15)
485(3)
荃 118(11)
368(10)
454(18)
荅 521(5)
618(10)
715(10)
茇 481(14)
茱 460(5)
荀 114(10)
449(8)
荈 135(3)
193(4)
480(17)
茖 146(19)
520(18)
620(1)
715(2)
茗 138(2)
485(12)
茭 119(20)
457(3)
755(11)
756(1)
茨 59(9)
70(3下)
108(13)
163(20)
440(13)
548(5)
荒 123(12)
376(2)
462(14)
506(2)
543(13)
荄 62(11)
113(4)
113(15)
365(9)

447(7)
448(5)
748(27)
茺 161(6)
437(1)
538(7)
茾 374(7)
461(5)
541(9)
荓 125(9)
465(10)
555(5)
茳 57(9)
107(6)
162(10)
438(8)
541(1)
茫 123(16)
376(7)
463(2)
544(6)
茡 587(2)
荌 412(3)
500(10)
茛 658(9)
779(7)
瓳 61(1)
111(15)
363(3)
445(2)
1026(4)
故 493(18)
589(1)
646(7)
胡 61(1)
111(15)
363(3)
445(2)
剋 230(3下)
526(6)
728(6)
772(11)
勊 230(3下)
610(6)
772(11)
茷 119(18)
456(18)
茹 131(7)
387(13)
474(12)
493(3)
573(13)
588(2)
643(8)
762(17)
荿 415(10)
504(10)
荐 757(9)
荔 407(8)
490(2)
495(14)
584(9)
590(3)
651(5)
南 122(3)
373(13)
460(9)
564(6)
革 379(2)
467(1)
562(3)
枺 406(10)
柰 494(9)
648(1)
栟 143(18)
427(12)
515(15)
611(6)
700(7)
柳 438(7)
540(12)
柹 234(14)
443(12)
柑 122(7)
374(3)
460(17)
565(1)
枻 136(7)
195(7)
203(5)
590(11)
653(1)
枯 112(3)
237(2.3)
363(14)
445(14)
柯 120(18)
371(12)
458(10)
555(7)
柄 506(4)
598(12)
675(7)
柘 415(12)
504(12)
600(9)
670(9)
柩 211(5)
418(4)
506(18)
601(9)
677(12)
枰 124(4)
506(4)
552(4)
598(10)
675(6)
枮 127(9)
468(12)
563(7)
相 122(19)
375(1)
461(16)
505(14)
542(10)
584(3)
674(1)
柙 432(15)
522(5)
619(9)
619(9)
718(3)
771(15)
枵 119(7)
456(3)
755(7)
柚 211(8)
418(9)
507(5)
601(13)
678(10)
枳 129(13)
570(2)
760(1)
柍 69(4)
137(3)
484(4)
569(2)
柷 140(15)
422(2)
510(11)
605(3)
687(9)
688(2)
柤 360(3)

441(11)
547(12)
柟 122(3)
127(11)
460(10)
柶 403(13)
491(12)
586(9)
柣 608(11)
693(7)
703(10)
柞 231(4)
524(16)
525(4)
608(2)
608(7)
724(7)
725(5)
1023(14)
1024(8)
柀 755(5)
柂 472(12)
570(12)
760(6)
柎 362(13)
444(15)
柏 520(12)
柧 445(5)
1026(6)
枰 363(11)
445(11)

475(16)
柃 125(5)
137(20)
196(10)
465(4)
485(8)
554(12)
柢 406(11)
495(1)
589(6)
枸 131(20)
475(12)
575(4)
579(9)
1025(9)
栅 146(15)
412(12)
501(3)
620(4)
661(11)
714(4)
770(8)
柳 138(6)
485(18)
柊 228(15)
436(14)
538(3)
742(6)
枹 126(6)
378(15)
466(17)

561(13)
757(7)
柱 131(18)
388(9)
475(8)
575(1)
柿 130(19)
205(1)
387(2)
474(1)
498(8)
573(1)
592(5)
柠 474(14)
柁 396(1)
482(17)
570(11)
柲 142(10)
214(5)
425(2)
491(1)
513(6)
609(8)
609(10)
694(11)
柌 109(11)
165(10)
360(9)
442(1)
柅 59(10)
108(14)

130(11)
164(1)
386(8)
440(15)
473(1)
473(10)
548(6)
571(6)
760(8)
柫 215(1)
513(14)
610(2)
696(6)
柮 701(1)
枷 121(14)
459(15)
556(9)
柖 456(10)
枱 549(13)
郝 378(14)
466(16)
561(12)
勃 143(3)
215(10)
426(6)
514(10)
612(2)
軌 130(8)
386(5)
473(6)
572(1)

581(13)
前 494(4)
郙 362(11)
444(13)
475(5)
574(11)
郠 137(13)
196(3)
484(18)
武 230(3下)
234(10)
526(6)
610(6)
728(7)
772(11)
砓 136(8)
195(8)
396(2)
482(18)
503(18)
剌 143(16)
427(10)
515(12)
611(5)
砍 136(8)
396(1)
415(7)
415(11)
482(18)
504(6)
504(11)

畐 510(6) 772(3)
郚 61(8) 111(20) 363(10) 445(9)
剅 126(11) 379(6) 379(12) 467(5) 467(10) 562(13) 562(7)
郖 211(11) 418(14) 507(10) 602(3) 679(8)
韍 426(10) 612(4)
垔 114(3) 448(16)
要 119(15) 208(4) 413(14) 456(14) 502(15) 597(11) 666(3) 755(2)
酊 138(3) 485(12)
柬 66(13) 134(9) 392(11) 479(14) 765(18)
郾 449(1)
厙 670(11)
庯 362(11) 444(13)
咸 128(7) 382(8) 469(17) 565(6)
厌 521(18) 619(10) 771(4)
厖 541(1)
威 109(19) 166(7) 361(4) 442(11)
研 117(17) 367(4) 453(16) 750(12)
頁 144(14) 429(4) 612(12) 705(1)
厘 752(3)
厚 138(13) 198(1) 398(15) 486(10) 579(6)
砌 406(15) 495(6) 589(10) 650(2)
砂 121(17) 460(2) 558(1)
斫 148(13) 223(15) 524(2) 607(5) 722(4)
砎 144(4) 204(4) 408(15) 428(6) 497(3) 516(6) 591(11) 614(3) 654(10) 703(1)
矻 63(15) 127(8) 212(6) 419(9) 468(11) 508(3) 563(6) 602(8) 681(6) 759(10)
砊 376(11) 463(5) 551(10)
面 502(1) 596(4) 664(2)
耐 498(5) 593(3) 657(11)
耎 193(4)
耏 109(10) 165(7) 441(16) 498(5)
奎 112(18) 446(17) 748(18)
耷 147(6) 521(13) 619(2) 716(11)
厔 446(5) 748(3)
剌 146(3) 584(12) 621(3) 711(12)
郟 432(11) 521(18) 619(6) 717(8) 771(6)
奓 121(20) 460(6) 558(5) 670(4)
昚 144(17) 407(10) 495(16) 517(8) 613(2) 705(11)
牵 216(12) 427(9) 515(12) 611(4) 700(1)
匧 460(12)
尥 748(33)
旭 208(4) 413(14) 502(15) 597(10)
尳 113(6) 131(4) 387(7)

447(10)
474(8)
573(8)
748(32)
尯 491(5)
迥 144(20)
517(12)
613(5)
706(5)
裂 517(13)
殂 61(11)
112(2)
363(12)
445(11)
殃 123(5)
375(7)
462(5)
543(4)
殅 464(9)
553(10)
殄 134(12)
392(15)
479(18)
姗 367(2)
452(17)
殍 161(1)
228(15)
436(14)
538(2)
殑 130(4)
385(15)
472(18)
571(4)
殆 133(2)
389(13)
477(8)
577(9)
皆 113(4)
748(26)
毖 403(3)
491(1)
585(8)
剄 138(5)
197(6)
485(16)
771(8)
勁 417(10)
506(8)
599(1)
676(1)

【丨】

韭 138(8)
486(2)
背 497(18)
592(10)
656(3)
柴 472(10)
570(10)
760(9)
呰 130(3)
472(16)
546(7)
571(3)
760(9)
苟 617(3)
茈 439(13)
546(8)
迣 760(9)
觜 439(13)
440(2)
546(7)
546(9)
戟 118(13)
368(12)
455(3)
752(11)
貞 124(17)
464(12)
553(13)
战 127(15)
469(2)
564(2)
剬 591(12)
郝 408(13)
496(18)
敂 409(2)
497(5)
卤 369(7)
455(12)
虐 223(18)
607(7)
省 485(1)
485(10)
削 224(2)
524(7)
607(8)
723(1)
郶 414(7)
503(6)
盳 446(16)
447(1)
748(12)
748(19)
昩 406(10)
409(8)
497(11)
592(12)
610(10)
656(4)
昧 216(4)
426(14)
514(18)
610(10)
700(10)
眄 501(15)
596(1)
663(7)
昊 145(17)
430(12)
519(3)
616(1)
710(5)
769(8)
是 129(13)
472(1)
570(3)
760(1)
郢 137(19)
485(7)
旻 145(8)
429(11)
518(4)
613(13)
708(2)
768(14)
770(2)
眇 135(12)
194(2)
481(12)
昞 137(14)
196(4)
484(18)
眊 414(11)
423(12)
503(12)
512(4)
598(7)
607(12)
668(3)
眅 117(1)
453(2)
479(12)
765(14)
盼 407(1)
407(3)

495(7)
495(9)
513(12)
609(11)
則 230(1下)
526(5)
610(5)
728(4)
772(9)
郥 145(16)
710(4)
769(8)
盼 412(13)
501(4)
597(2)
662(2)
眨 147(11)
432(12)
522(2)
619(7)
717(10)
771(8)
明 552(5)
眂 439(9)
546(4)
昒 204(7)
409(3)
497(7)
515(1)
591(13)
655(6)
昜 122(11)
374(6)
461(4)
541(7)
昀 367(8)
454(4)
751(9)
旼 449(17)
眈 122(5)
136(19)
397(2)
460(14)
483(16)
564(11)
581(2)
𣅀 412(3)
500(10)
595(1)
659(3)
眏 144(11)
428(15)
516(16)
612(9)
704(4)
県 119(1)
369(7)
455(13)
哇 113(1)
113(3)
447(5)
557(1)
748(21)
郹 130(17)
386(15)
473(17)
572(12)
咠 523(7)
616(3)
720(10)
咡 109(10)
148(5)
165(8)
404(6)
441(16)
492(3)
550(5)
587(3)
618(6)
720(3)
哄 489(12)
583(5)
欥 771(17)
冒 209(2)
230(5下)
234(11)
414(11)
503(12)
526(7)
598(7)
610(7)
728(8)
772(12)
咺 65(5)
133(17)
391(7)
478(13)
映 137(11)
196(1)
462(5)
506(2)
569(12)
598(10)
675(3)
禺 110(16)
443(14)
493(6)
588(4)
746(10)
746(12)
哂 64(9)
133(9)
390(8)
477(18)
578(6)
星 125(3)
465(3)
554(11)
昳 144(12)
429(2)
516(18)
612(10)
704(7)
昨 231(3)
525(4)
608(6)
725(4)
1024(7上)
昹 64(9)
哊 422(10)
511(4)
咳 764(10)
昭 753(11)
晌 388(10)
475(9)
575(2)
588(6)
644(9)
746(19)
747(1)
曷 143(19)
204(9)
427(13)
515(16)
610(9)
昴 135(15)
394(15)
481(17)
昱 140(16)
510(13)
605(4)
687(11)
昵 424(7)
512(15)
昲 404(13)

咦	547(12)		507(17)	虷	362(14)		459(12)	咽	117(13)
咄	592(12)	胄	211(4)		444(16)		556(9)		413(6)
	612(5)		506(16)		746(17)		557(5)		453(12)
	656(5)		601(7)		747(5)	思	60(8)		501(14)
昭	119(12)	胃	404(11)	虹	38(5)		109(6)		595(13)
	456(11)		492(8)		161(10)		164(20)	迵	489(10)
咥	214(9)		587(6)		437(6)		360(4)	邑	696(10)
	404(9)	冑	211(3)		489(6)		441(12)	咮	111(6)
	424(9)		418(2)		489(17)		587(2)		362(6)
	429(3)		506(16)		538(13)		750(7)		444(8)
	492(7)		601(7)		583(9)	眏	407(6)		601(8)
	512(16)		677(6)		743(4)		495(12)		677(8)
	517(1)	畋	117(14)		743(6)	思	127(9)	咶	204(9)
	609(1)		413(2)	𣅿	570(1)		468(13)		409(6)
	694(1)		453(13)	虮	514(14)		563(8)		428(8)
	704(9)		501(10)	虼	772(11)		759(13)		497(10)
昪	502(6)		595(10)	虴	146(14)	盅	160(20)		516(9)
	596(8)		662(9)		432(4)		436(13)		592(4)
岆	362(9)		750(8)		520(11)		436(14)		655(12)
	444(11)	畈	597(3)		620(2)		538(1)	唌	366(9)
眹	134(15)	界	204(4)		713(11)	削	117(18)		452(10)
	192(5)		408(15)		770(19)		367(6)	囿	141(2)
	480(4)		497(2)	虶	130(19)		454(1)		211(3)
畏	404(13)		591(10)		238(12)	㖂	408(4)		418(1)
	492(11)		654(9)		387(2)		496(9)		422(10)
	587(8)	畇	117(15)		474(2)	咸	489(5)		506(15)
毗	163(16)		134(15)		573(2)	品	139(4)		511(3)
	547(13)		449(9)	虵	121(12)		199(1)		601(6)
𧿒	464(13)		449(11)		372(15)		399(12)		605(10)
	554(1)		453(13)		385(14)		487(8)		677(4)
趴	419(5)		750(8)		459(9)	哃	740(14)		689(6)

咿 59(13) 70(5下) 108(16) 164(4) 440(17) 548(9)
㖃 198(6) 398(15) 399(4) 419(4) 486(10) 486(16) 507(15) 579(6) 579(11)
哈 147(5) 521(7) 618(13) 716(9)
咷 120(13) 371(5) 458(4) 502(10) 551(4) 597(7) 665(7)
欥 113(3) 439(7) 447(6) 546(1) 557(2) 748(22)
响 513(10)
㖐 744(20) 745(15)
哆 209(5) 385(12) 396(10) 415(1) 472(15) 483(9) 503(18) 571(2) 599(7) 669(2) 670(4) 760(3)
咬 119(20) 457(3) 755(11) 756(1) 756(1)
咳 62(15) 113(18) 448(9)
咤 558(6)
咹 427(9) 515(12)
哨 768(5)
圭 540(5)
峙 130(18) 238(11) 387(1) 473(18) 572(13)
峔 575(7)
峠 584(7)
峘 128(6) 382(6) 451(16) 469(17)
帞 146(13) 520(10) 620(1) 713(10) 770(17)
耑 366(4) 452(5)
炭 207(5) 411(14) 500(6) 594(11) 659(1)
峛 129(20) 472(12) 570(12)
[illegible] 408(6) 590(12)
罘 126(7) 378(15) 466(17) 562(1)
䍐 376(14) 463(8) 551(13)
罝 387(15) 474(16) 574(3) 762(11)
毘 548(1)
罡 494(2)
峒 160(18) 201(2) 436(11) 489(9) 537(12) 583(2)
峕 145(3) 429(6) 517(5) 517(15) 613(8) 707(1)
峑 368(10) 455(1) 753(3)
帢 432(10) 521(18) 771(5)
宼 133(1) 477(6) 577(7) 764(15)
峋 114(10) 449(8)
客 146(17) 520(15) 620(5) 714(7)
㡊 396(3) 483(1)
皆 550(1)
㠩 376(2) 462(14) 463(2) 543(13)
迴 113(9) 364(15) 409(11) 447(13) 497(16) 592(9) 656(10) 748(33) 748(33)
骨 143(3) 215(9) 426(5) 514(9) 612(1) 698(7)
幽 126(16) 467(11) 563(1)

【丿】
卸 209(10) 415(12) 504(12) 600(9) 670(9)
⿰生欠 514(5)
缸 57(11) 162(12) 438(11) 541(4)
拜 409(2) 591(12) 655(3)
看 116(14) 366(11) 412(5) 452(11) 500(12) 595(3) 659(7) 776(12) 779(17)
矩 131(20) 475(12) 575(4) 1025(9)
矧 64(9) 133(9) 390(8) 477(18) 578(6)
牯 132(4) 575(11)
⿰牜平 124(12) 464(6) 553(6)
牰 211(5) 418(4) 418(9) 506(18) 601(8) 677(10)
部 414(10) 503(10) 598(6) 668(1) 690(1)
⿰牜冉 121(7) 372(7)
牭 403(13) 491(12) 586(9)
牲 124(6) 377(6) 463(14) 552(7)
⿰牜乍 608(7) 725(6) 1024(8上)
牴 132(10) 239(6) 476(8) 576(5)
牠 121(2) 372(1) 458(16) 472(10) 555(12)
牨 384(10) 471(11) 568(6)
⿰牜支 120(11) 371(3) 458(2) 551(1)
适 216(7) 427(2) 515(4) 610(12) 701(4)
⿰舌也 130(3) 472(17) 571(4) 760(4)
臿 147(12) 432(12) 522(2) 619(7) 717(10) 771(9)
⿰禾不 125(20) 378(6) 386(9) 441(8) 466(7) 473(11) 561(3)
秬 131(9) 387(15) 474(15) 574(2) 762(11)
秕 130(8) 238(2) 386(4) 473(5) 572(1)
秒 135(12) 194(2) 394(10) 481(12)
香 122(13) 461(7) 542(2)
种 160(20) 436(13) 538(1) 744(5)
⿰禾内 402(13) 490(12) 585(4)
⿱禾氺 762(19)
秏 209(4) 409(9) 414(15) 503(16) 598(9) 668(10)
秎 499(8)
秭 238(2) 386(4)
秔 123(19) 376(11) 463(5) 551(10)
⿰禾方 542(9)
秋 125(14) 377(12) 465(16) 560(6)
科 121(2) 371(15) 458(15) 669(6)
重 57(4) 129(7) 162(5) 201(7) 384(10) 438(4) 471(11) 489(11) 540(8) 568(6)

583(8)
竽 110(18)
443(16)
746(16)
747(4)
竿 116(11)
366(7)
452(8)
776(9)
竺 140(19)
422(6)
605(6)
竿 750(4)
笐 437(10)
笈 147(20)
432(13)
522(3)
522(15)
523(11)
617(13)
719(4)
771(9)
771(30)
[illegible] 497(13)
592(7)
656(6)
段 207(2)
411(11)
500(2)
594(8)
660(8)
侾 755(10)
俅 378(14)
466(16)
怤 111(9)
362(11)
444(12)
侼 426(6)
514(10)
俌 131(17)
388(9)
475(8)
574(13)
便 118(7)
368(3)
413(8)
454(11)
502(9)
752(6)
俥 141(9)
423(4)
511(12)
606(4)
685(6)
690(11)
侸 126(15)
379(11)
467(10)
562(13)
佰 133(4)
477(10)
577(11)
俠 148(2)
523(1)
618(3)
719(8)
俷 129(12)
471(18)
568(12)
舁 110(7)
167(3)
361(13)
443(3)
574(6)
762(10)
叟 138(16)
198(5)
399(3)
486(15)
579(10)
脉 120(19)
371(12)
458(11)
555(7)
[illegible] 520(16)
垈 142(18)
215(4)
425(13)
514(3)
614(7)
697(10)
俏 614(8)
牉 411(14)
500(6)
594(11)
661(2)
俓 367(4)
453(16)
464(8)
553(9)
599(4)
750(13)
修 378(2)
466(3)
560(12)
侱 485(14)
俔 393(1)
413(4)
480(1)
501(12)
501(18)
595(12)
663(2)
俚 130(17)
238(10)
386(15)
473(17)
572(12)
保 136(1)
194(12)
395(8)
482(9)
促 141(11)
423(6)
511(15)
606(6)
691(5)
俁 131(13)
388(5)
475(3)
574(9)
俋 721(1)
俄 121(6)
372(6)
459(3)
556(4)
侮 131(16)
388(7)
475(5)
574(11)
[illegible] 449(2)
俆 443(7)
俙 131(4)
238(15)
387(8)
447(11)
573(8)
748(28)
762(7)
侳 372(12)
372(12)
415(3)
459(9)
556(10)
599(8)

669(6)
俗 141(11) 235(6下) 423(6) 511(15) 606(6) 691(6)
俘 111(9) 362(10) 444(12)
俛 135(5) 193(6) 481(2)
侹 484(10) 569(8)
係 202(7) 495(7) 589(11) 650(5)
信 71(3) 410(1) 498(11) 593(5)
侻 143(13) 216(9) 427(5) 515(7) 611(1) 701(9)
俒 206(9) 411(5)
499(15) 595(6) 658(3)
保 210(5) 416(3) 505(1) 602(13)
皇 123(12) 376(3) 462(15) 544(1)
㿝 422(10) 511(3) 605(10)
皌 210(3) 415(15) 504(15) 600(12) 671(6)
皉 239(7)
泉 118(7) 368(4) 454(13) 753(2)
敀 714(10)
鬼 131(4) 387(7) 474(7) 573(8)
侵 63(2) 126(18)
467(13) 558(7)
皅 600(12)
㿟 404(8) 491(14) 492(6)
禹 131(13) 388(5) 475(3) 574(9)
侯 126(9) 379(4) 467(2) 562(4)
帥 142(12) 403(6) 425(5) 491(4) 513(10) 586(2) 609(10) 695(1)
追 59(15) 108(18) 164(6) 441(1) 548(12)
衂 140(17) 510(14) 605(5) 688(2)
688(8)
俑 129(9) 471(13) 568(7)
俟 130(19) 238(12) 387(2) 474(1) 573(1)
盾 64(11) 65(9) 133(10) 133(20) 390(9) 391(11) 477(19) 478(16) 578(8)
逅 211(9) 418(11) 507(7) 602(1) 679(1)
衎 207(10) 412(5) 500(12) 595(3) 659(7) 779(17)
待 133(2) 389(13)
477(8) 577(9)
徕 440(9) 547(12)
徊 113(9) 364(15) 447(13) 748(33)
𢓜 118(20) 455(12)
徇 410(9) 499(2) 593(12)
𢓊 146(19) 520(18) 715(2)
徉 122(11) 374(6) 461(4) 541(8)
衍 134(16) 192(6) 480(5) 502(9) 665(5)
律 142(11) 513(8) 609(8) 696(1)
後 138(13) 198(1)

398(15) 486(10) 579(6) 679(2)
舡 743(5) 774(8)
彤 63(4) 126(20) 380(1) 436(16) 467(15) 558(9) 742(9)
爬 451(11)
郐 110(10) 167(10) 362(3) 443(7)
俞 111(4) 211(6) 418(6) 444(6) 507(2) 601(10) 678(4)
弇 122(6) 199(6) 373(13) 400(3) 460(10) 460(15) 487(15) 564(6) 564(13) 581(12)
追 146(20) 521(3) 618(9) 715(7)
郗 59(8) 108(13) 440(13) 548(4)
逃 120(14) 371(6) 458(4) 551(4)
剉 415(3) 504(2) 599(8) 669(7)
俎 110(15) 131(11) 388(2) 474(17) 574(4)
欨 378(14) 466(15) 561(12)
郤 146(17) 520(13) 520(15) 620(5) 714(6) 722(9)
延 362(2) 443(6) 746(9)
爰 115(6) 450(13)
剎 143(13) 427(6) 515(8) 611(2) 701(10)
爯 381(15) 469(11)
叟 613(12)
郛 111(9) 362(10) 444(12)
食 525(11) 616(12) 726(5) 1025(6)
瓴 125(6) 465(5) 555(2)
毪 465(7) 555(1)
钦 599(3) 676(8)
建 147(18) 433(7) 522(12) 617(10)
癸 161(14) 201(1) 437(9) 489(8) 539(3) 583(1) 640(2) 743(9)
盆 115(18) 451(11)
胠 405(3) 443(12) 492(18) 587(13)
胈 427(7) 515(10) 702(1)
胓 377(3) 463(12) 552(4)
胆 110(9) 167(7) 405(3) 443(5) 492(17) 587(12) 642(11) 746(1) 776(7)
胂 59(5) 108(10) 449(2)
胛 147(14) 432(15) 522(5) 619(9) 718(2) 771(14)
胑 440(8)
胦 484(15) 543(4)
胒 505(13) 584(3) 673(12)
胐 116(17) 366(15) 452(16) 776(4)
胜 125(4) 465(3) 554(11)
胅 144(12) 429(2) 516(18) 517(4) 612(10) 704(7)
胙 494(3) 589(4)

647(1)
胣 385(9)
472(11)
570(12)
760(6)
胕 493(7)
胉 525(1)
胍 363(6)
445(5)
胗 64(4)
133(5)
133(9)
390(8)
477(11)
477(18)
577(13)
578(7)
胝 60(4)
109(4)
164(16)
441(9)
549(10)
胊 110(19)
443(18)
胞 120(4)
370(7)
370(7)
457(8)
457(8)
757(5)
757(5)
胘 117(13)
367(9)
453(11)
454(4)
750(11)
胖 411(14)
500(6)
594(10)
661(2)
𦙶 517(9)
613(3)
脉 146(7)
431(11)
519(18)
614(12)
712(8)
胇 492(11)
𦙫 746(9)
胐 131(2)
387(6)
409(8)
426(10)
474(6)
497(12)
514(15)
573(6)
胎 62(14)
113(18)
448(9)
䏲 111(14)
363(2)
445(1)
1026(2)
飢 514(14)
𢼄 476(8)
576(5)
負 197(9)
486(3)
580(1)
迿 410(9)
413(1)
499(1)
501(8)
皀 607(7)
722(11)
𣂼 110(20)
444(1)
欨 110(18)
110(19)
443(17)
443(18)
475(9)
575(1)
746(19)
747(1)
勉 135(5)
193(6)
481(2)
狘 744(3)
狤 425(1)
513(5)
693(11)
狛 713(11)
770(18)
風 161(5)
437(1)
538(7)
744(10)
745(5)
狪 537(12)
𤞞 517(8)
705(9)
狿 465(2)
554(10)
狧 147(7)
521(14)
619(3)
717(2)
𤞣 126(3)
378(10)
466(11)
561(7)
狿 596(10)
665(5)
狣 135(10)
193(12)
481(10)
狢 231(3)
525(3)
608(6)
725(4)
1024(7上)
㹈 57(16)
107(11)
162(17)
438(15)
545(1)
狡 135(15)
194(6)
394(15)
𤟋 769(3)
狩 211(4)
418(3)
506(17)
601(8)
677(9)
觓 379(13)
467(11)
563(1)
冐 615(2)
770(8)
𦨵 378(6)
378(14)
466(7)
466(16)
561(3)
561(12)
訇 124(13)
464(6)
553(7)
廼 109(10)
365(14)
逄 57(5)
昝 68(1)

136(17)
396(15)
483(14)
580(13)
怨 71(15)
219(3)
411(1)
499(10)
597(3)
急 148(9)
223(9)
478(5)
523(13)
616(6)
721(3)
胤 410(4)
498(13)
593(7)
【丶】
衰 443(17)
746(17)
747(3)
訂 398(3)
465(8)
485(13)
676(11)
計 202(7)
495(7)
589(10)
650(4)
訃 405(12)
493(10)
588(7)
訙 378(13)
466(15)
561(11)
訒 381(14)
469(10)
559(11)
浹 432(15)
523(1)
720(4)
771(18)
涇 485(8)
畝 398(15)
486(10)
579(7)
哀 62(9)
113(14)
365(8)
448(4)
亭 125(3)
465(1)
554(10)
亮 416(8)
505(6)
583(10)
672(9)
庤 130(18)
238(11)
387(1)
473(18)
572(13)
度 406(1)
493(16)
588(12)
607(11)
646(1)
723(10)
1023(7上)
庚 402(9)
490(6)
庢 142(4)
424(10)
512(17)
694(3)
庛 402(9)
490(6)
弈 145(19)
431(1)
519(7)
711(2)
奕 145(19)
431(1)
519(7)
620(12)
711(2)
帟 145(19)
431(1)
519(7)
620(12)
711(2)
迹 430(14)
519(5)
620(10)
710(10)
庾 404(1)
491(16)
586(11)
庝 740(3)
扂 474(11)
庭 125(2)
465(1)
554(9)
庥 378(10)
466(11)
561(7)
庈 760(3)
疫 57(15)
70(1上)
162(16)
438(13)
544(12)
疣 125(11)
377(8)
465(12)
560(2)
疨 396(5)
483(4)
疪 359(2)
疳 563(8)
疩 586(13)
疙 610(4)
疲 71(16)
206(7)
219(4)
411(2)
499(12)
597(4)
疥 204(4)
408(15)
497(2)
591(10)
654(10)
疺 773(10)
疷 58(6)
163(5)
439(5)
545(12)
疢 773(5)
疫 146(5)
431(9)
519(15)
621(5)
712(5)
769(23)
疾 144(10)
428(14)
429(1)
516(15)
516(17)
612(8)
704(2)
庠 122(12)
461(6)

541(9)
庈 711(9)
这 756(1)
垐 59(9) 108(14) 164(1) 440(14) 548(5)
咨 59(7) 108(12) 163(18) 440(11) 548(2)
姿 59(7) 70(2下) 108(12) 163(18) 440(11) 491(11) 548(2)
竧 129(14) 472(4) 490(3) 570(5)
竑 464(3) 553(3)
音 63(12) 373(14) 468(6) 559(4)
彦 501(17) 596(3) 663(12)
帝 406(11) 494(18) 589(6) 649(6)
郊 376(8) 409(13) 463(3) 544(7)
盁 123(12) 376(2) 462(14) 544(1)
斿 377(15) 466(1) 560(8)
施 108(3) 359(6) 402(12) 439(15) 490(10) 546(11) 585(2)
刻 593(3) 610(8) 657(11) 729(1)
差 108(4) 113(6) 204(1) 359(8) 364(12) 408(11) 440(1) 447(10) 496(16) 547(2) 556(13) 600(3) 654(3) 748(22) 748(29)
美 130(6) 473(3) 571(8)
羑 138(11) 486(7) 579(4)
姜 122(16) 461(12) 542(6)
迸 506(7) 598(13) 675(11)
叛 411(14) 500(6) 594(11) 661(2)
帣 502(3) 596(6)
料 207(4) 411(14) 500(5) 594(10)
送 200(11) 402(2) 489(6) 582(12)
巻 369(1) 455(6) 664(7) 753(7)
粠 161(11) 437(6) 538(13) 743(6)
𢍏 510(13)
迷 112(17) 446(15) 748(15)
籸 449(18)
敉 131(9) 387(14) 474(15) 574(2)
前 117(11) 750(6)
酋 125(17) 378(1) 466(2) 560(11)
首 138(8) 197(8) 211(4) 398(9) 418(3) 486(2) 506(17) 579(1) 601(8) 677(9)
逆 146(17) 520(15) 620(6) 714(7)
兹 109(15) 165(17) 442(5)
炑 142(11) 425(4) 513(9) 609(9) 696(3)
炳 196(4)
炦 143(15) 216(10) 427(7) 515(9) 611(3) 701(12)
炶 461(2)
炟 143(15) 216(11)

427(8)
515(11)
611(4)
699(12)
炠 771(13)
炯 138(2)
197(2)
485(11)
炵 39(2)
161(16)
437(11)
539(6)
744(13)
745(8)
炮 120(6)
208(9)
414(6)
457(12)
503(6)
550(7)
598(3)
667(5)
757(6)
782(4)
炷 575(3)
炫 413(1)
501(8)
595(10)
662(7)
炥 513(16)
炪 425(5)
513(9)
696(2)
剃 406(13)
495(3)
589(8)
649(9)
為 57(17)
107(12)
洭 123(4)
375(7)
462(5)
543(3)
姿 389(6)
476(4)
576(1)
洼 113(3)
121(19)
447(5)
460(5)
557(1)
558(4)
748(21)
洔 130(14)
386(12)
473(13)
572(9)
洱 130(17)
386(14)
404(6)
473(17)
492(3)
572(11)
洪 38(4)
161(10)
437(6)
538(13)
洹 116(3)
365(13)
451(16)
洓 404(7)
492(4)
涑 431(6)
519(13)
洦 432(4)
520(10)
520(11)
620(7)
770(18)
洧 130(9)
386(6)
473(7)
572(2)
洏 109(10)
165(7)
360(7)
441(16)
洿 61(12)
112(3)
363(13)
445(12)
1027(3)
泧 428(11)
516(12)
洌 144(20)
496(6)
517(12)
613(6)
706(6)
柒 586(7)
洟 406(13)
440(10)
495(3)
547(12)
589(8)
649(10)
洮 129(19)
132(11)
239(7)
472(10)
476(10)
576(7)
760(9)
洸 123(14)
123(14)
376(4)
376(6)
462(17)
462(18)
544(11)
洩 408(4)
496(8)
517(11)
洞 201(2)
489(9)
583(2)
洇 448(17)
洄 113(9)
364(15)
447(13)
748(33)
洙 111(3)
444(5)
洗 132(11)
134(11)
239(7)
476(10)
479(16)
576(7)
765(19)
活 143(11)
216(7)
427(2)
515(4)
610(13)
701(5)
洑 686(10)
涎 118(11)
368(9)
454(18)
洎 403(10)
403(10)
491(9)
491(10)
586(5)

洫 230(7上) 526(2) 617(6) 727(9) 727(10)
汹 407(1) 495(6) 589(10) 650(3)
洐 463(16) 552(8)
派 204(2) 408(12) 496(17) 600(4) 654(5)
洽 147(9) 521(17) 619(5) 717(7) 771(3)
洮 120(11) 458(1) 551(1)
染 139(7) 199(5) 212(5) 400(1) 419(9) 487(13) 508(3) 580(6) 602(8) 681(4)
渢 141(4) 422(12) 511(6) 605(12) 689(11)
洈 108(7) 440(5) 547(6)
洵 114(10) 449(9)
洔 547(10)
洶 57(1) 129(10) 162(3) 438(2) 471(15) 540(5) 568(9) 640(12)
洚 161(11) 437(6) 438(11) 538(13) 539(10) 541(4) 640(6) 744(20) 745(15)
洛 524(13) 607(13) 1023(9上)
洺 464(15) 554(3)
洨 119(19) 457(2)
洋 122(12) 461(6) 541(7) 541(9)
洣 132(12) 239(8) 476(12) 576(9)
洲 125(18) 378(3) 466(5) 560(13)
津 114(7) 449(4)
泿 449(7)
洳 110(14) 167(16) 443(11) 493(3) 588(2) 643(8)
恇 123(4) 375(7) 462(5) 543(3)
恜 616(11) 726(4)
恚 138(5)
恃 130(15) 386(12) 473(14) 572(9)
恭 471(14) 568(8)
恾 123(16) 376(8) 463(2) 544(6)
恒 128(6) 382(6) 469(17)
恠 204(3) 408(14) 497(1) 592(1) 654(7)
恗 111(20) 363(8) 445(8)
恢 113(8) 364(14) 447(12) 748(34)
怴 425(3) 513(8)
㤡 496(11)
恞 108(10) 163(16) 440(9) 547(11)
恎 429(3) 517(1)
恍 544(4)
㤩 203(5) 203(9) 408(9) 496(8) 496(14) 590(11) 653(1)
恫 161(13) 437(8) 539(3)
恬 127(15) 381(7) 469(3) 564(2)
恤 142(8) 424(15) 513(5) 609(6) 695(11)
恮 368(10) 368(12) 455(1) 753(3)

753(5)
恰 147(10)
432(10)
521(18)
619(5)
717(7)
771(5)
㤉 498(11)
恌 118(19)
369(4)
455(9)
456(9)
恑 129(15)
385(3)
472(5)
570(6)
恂 114(10)
449(9)
746(12)
恉 130(6)
386(3)
473(3)
571(8)
恟 57(1)
162(3)
438(2)
540(5)
640(12)
恪 524(17)
608(3)
724(8)
1024(1)
恀 472(1)
570(2)
恔 394(3)
㤢 544(6)
㤥 498(5)
593(3)
657(11)
忼 437(1)
538(8)
744(2)
恲 124(4)
377(3)
463(11)
552(3)
㤞 524(12)
620(8)
恨 411(9)
499(18)
595(8)
658(9)
779(7)
恊 618(2)
惱 135(18)
194(9)
395(5)
宣 118(8)
368(5)
454(13)
752(12)
宧 501(2)
596(12)
661(8)
宥 211(2)
506(14)
601(6)
677(3)
宬 464(13)
554(1)
瓪 372(4)
459(1)
556(2)
室 142(5)
424(11)
513(1)
609(2)
694(5)
宦 413(12)
502(13)
宮 161(3)
436(15)
538(4)
743(16)
穽 417(12)
506(10)
599(3)
676(6)
突 143(4)
215(11)
426(7)
514(11)
514(11)
612(3)
665(12)
698(10)
穿 118(8)
368(6)
454(15)
753(11)
窀 114(1)
115(18)
448(14)
451(10)
冢 586(13)
𥤮 611(10)
穾 208(3)
597(9)
窆 212(6)
419(9)
508(3)
602(8)
681(5)
宎 144(11)
144(12)
429(1)
516(17)
704(6)
㝂 490(3)
客 146(17)
520(16)
620(6)
714(8)
完 484(17)
570(1)
冠 116(8)
366(5)
412(2)
452(6)
500(9)
594(13)
660(5)
軍 450(8)
扂 147(4)
405(3)
492(18)
521(4)
521(10)
618(12)
716(6)
居 139(9)
199(8)
400(4)
487(17)
580(8)
扁 480(3)
480(4)
扃 125(10)
377(7)
465(11)
555(6)
祆 111(10)
362(13)
444(14)
祔 427(5)

515(7)
衼 544(12)
袥 237(2.7)
衵 142(3)
512(15)
608(13)
693(11)
衻 468(15)
563(9)
759(6)
衲 618(11)
716(6)
衽 139(2)
[illegible] 110(19)
443(17)
衸 408(15)
409(2)
497(3)
衿 63(11)
468(5)
559(3)
563(12)
衳 161(20)
437(16)
539(12)
640(7)
745(17)
衹 162(16)
163(4)
438(13)
439(5)
544(12)
545(12)
袀 449(13)
衴 397(2)
483(17)
581(2)
袂 408(1)
496(5)
590(8)
652(7)
祜 132(7)
239(3)
476(3)
576(1)
祏 146(2)
431(5)
519(11)
711(9)
祐 211(3)
506(14)
601(6)
677(5)
祓 142(16)
498(7)
513(17)
592(5)
610(3)
697(3)
755(5)
[illegible] 682(6)
祖 132(5)
476(1)
575(12)
神 114(5)
449(2)
祝 140(17)
418(4)
422(4)
506(18)
510(14)
605(5)
688(1)
祚 494(3)
589(3)
647(1)
[illegible] 440(8)
祔 405(8)
493(6)
588(5)
644(5)
祇 57(15)
58(5)
59(4)
108(9)
547(10)
748(20)
袨 595(9)
祕 403(3)
585(8)
祠 165(10)
360(9)
441(17)
亘 519(10)
祀 69(7)
137(5)
484(7)
569(5)
673(3)
【乛】
郡 410(14)
499(8)
594(3)
既 404(15)
492(13)
587(10)
642(5)
叚 195(11)
396(6)
483(5)
[illegible] 548(4)
屍 59(11)
108(15)
164(3)
404(3)
440(16)
491(18)
548(8)
屓 360(3)
441(11)
屋 509(11)
604(2)
684(9)
[illegible] 586(5)
眉 403(9)
491(7)
[illegible] 548(6)
尾 474(4)
咫 129(13)
472(1)
570(2)
760(1)
屏 125(9)
137(20)
465(10)
485(9)
555(4)
屎 130(9)
386(6)
473(7)
572(2)
弭 130(1)
385(11)
472(14)
571(1)
弼 740(4)
悲 513(11)
韐 526(11)
773(4)
陣 205(6)
410(5)
498(15)
593(8)
陠 364(1)
445(16)

韋	109(17)		476(12)		410(8)		108(10)		485(13)
	166(2)		576(9)		499(1)		163(14)		554(10)
	361(1)	陘	125(2)		593(11)		440(8)	姡	144(6)
	442(8)		465(1)	妹	446(10)		547(10)		427(2)
陙	448(15)		554(9)	娍	161(2)	姪	144(12)		428(8)
泂	458(11)	陟	231(10)		436(15)		429(2)		515(4)
眉	59(20)		525(11)		538(4)		516(18)		516(9)
	109(1)		616(11)	娃	113(3)		612(10)		614(5)
	164(11)		726(5)		447(5)		704(7)		703(5)
	441(6)		1025(6)		557(1)	姛	129(6)	姤	211(12)
	549(5)	陗	666(7)		748(21)		471(9)		419(2)
胥	110(8)	耑	587(8)	姞	142(9)		568(3)		507(13)
	167(4)	欪	109(14)		214(4)	帤	110(15)		602(5)
	361(14)		165(15)		424(15)		167(18)		679(12)
	443(4)		424(9)		513(5)		443(13)	姶	147(4)
	746(2)		425(5)		609(6)		746(7)		521(10)
陜	139(7)		442(3)		694(9)	姻	114(3)		618(12)
	199(5)		512(16)	姥	132(1)		448(16)		716(7)
	400(1)		513(9)		475(14)	姝	111(12)	姚	119(11)
	487(13)	陪	509(14)		575(7)		362(15)		456(9)
	580(6)		690(1)	㛅	404(6)		444(16)	㛊	374(3)
孩	62(15)	陞	127(20)		492(3)	姤	486(4)		460(18)
	113(18)		381(13)	姬	441(17)		580(2)		565(2)
	448(9)		469(9)	姷	418(1)	姺	67(7)	姽	136(9)
孨	135(4)		559(11)		506(15)		134(11)		386(2)
	193(5)	除	110(13)		601(6)		479(16)		473(2)
	393(15)		167(14)		677(4)		765(19)		483(2)
	480(18)		443(10)	姱	373(1)	娫	138(3)		571(6)
	721(10)	院	596(4)		459(14)		197(4)	姰	413(1)
陛	132(13)		664(2)		557(7)		398(3)		449(9)
	239(8)	陖	205(10)	姨	59(4)		465(2)		501(8)

姼 130(2) 385(12) 472(15) 555(13) 571(2) 760(2)
姣 119(19) 370(2) 394(15) 457(2) 481(18)
姟 113(16) 365(10) 448(6)
姘 124(12) 464(5) 465(4) 553(6)
㛊 415(6) 504(5)
姦 116(20) 453(2)
拏 121(13) 459(14) 557(7)
怒 132(6) 476(2) 575(13) 589(4)
㛏 395(5) 482(5)
架 209(9) 415(8) 504(7) 600(5) 669(12)
胥 504(8)
毤 369(7) 455(13)
怨 120(18) 371(12) 458(10) 555(7)
飛 109(18) 166(5) 361(2) 442(9)
盈 124(16) 464(10) 553(11)
狃 582(13)
羿 407(1) 495(7) 513(14) 589(10) 650(4)
臬 130(18) 386(15) 473(18) 572(13)
勇 129(8) 384(11) 471(12) 568(7)
瓬 360(3) 441(11) 549(13)
臭 62(10) 113(15) 365(9) 448(4)
怠 133(2) 477(8) 577(9)
癸 130(11) 238(5) 386(8) 572(5)
癹 143(15) 216(10) 427(7) 515(9) 611(1) 701(12)
蚤 135(20) 482(7)
柔 125(19) 378(4) 466(6) 561(1)
敄 405(12) 493(11) 588(8) 645(3)
𥍝 616(2) 710(7)
矜 381(14) 469(10)
矷 422(7) 510(18) 605(7)
彖 411(12) 500(3) 594(9) 660(9)
紆 111(11) 362(13) 444(15) 746(19) 747(5)
紅 38(5) 161(10) 437(6) 538(13) 743(6)
紂 138(11) 486(6) 579(3)
紇 143(7) 144(14) 216(2) 514(17) 517(3) 611(13) 612(12) 699(7)
紃 114(12) 449(11)
約 208(4) 223(17) 413(14) 502(15) 524(5) 597(11) 607(7) 722(9)
紈 365(13) 451(15)
級 148(9) 223(10) 523(13) 616(7) 721(4)
紀 130(16) 238(9) 386(14) 473(16) 572(11)
紉 114(9) 449(7)
欨 422(8) 511(2) 605(8) 688(11)

十畫

【一】

耕 124(8) 464(1) 553(1)
耘 114(18) 450(3)
耖 782(9)
耗 497(13)
栔 407(3) 495(9) 517(8) 589(12) 650(7) 705(11)
[illegible] 144(17) 517(8) 613(2) 705(10)
挈 144(17) 517(8) 613(2) 705(10)
契 428(3) 516(4)
泰 494(7) 591(2) 647(9)
秦 114(7) 449(5)
珪 112(18) 446(16) 748(16)
珥 404(6) 492(2) 587(3)
珙 129(10) 161(18) 437(14) 471(14) 539(8) 568(8) 744(17) 745(12)
珴 695(12)
珛 677(11)
玼 129(18) 163(10) 439(12) 472(10) 476(10) 546(7) 570(10) 576(7) 760(9)
[illegible] 203(5) 408(4) 496(8) 590(10) 653(1)
珠 111(6) 362(6) 444(8)
珽 138(3) 197(4) 398(3) 485(13)
珦 210(10) 505(9) 583(13) 673(4)
珩 124(7) 463(16) 552(8)
珨 771(5)
珧 119(11) 456(9)
珮 409(7) 592(11)
珣 114(10) 449(9)
珞 524(13) 607(13) 1023(10上)
[illegible] 511(18)
珫 161(6) 437(1) 538(7)
班 116(19) 453(1) 453(1)
珢 449(7) 779(7)
敖 120(15) 371(8) 457(14) 458(6) 551(6) 757(11) 757(11) 757(13)
珕 490(2) 590(2)
珝 475(8) 575(1)
素 423(2) 494(3) 589(3) 646(11)
冓 126(15) 379(11) 419(2) 467(9) 507(14) 562(12) 602(4)
匿 525(13) 617(1) 726(9) 728(5)
祘 411(13)
[illegible] 410(5) 498(15) 593(8)
栞 366(11) 452(11) 776(12)
蚕 479(17)
匪 131(3) 387(6) 474(6) 573(6)
髟 126(17) 382(14) 456(12) 467(12) 470(5) 563(2) 565(13)
捇 431(14) 520(3)
欯 446(17) 484(10) 569(7)
挋 223(4) 522(16) 771(30)
栽 62(14) 113(17) 448(8)
捄 111(12) 362(15) 444(17) 561(12) 746(15)

埒 514(10)
埒 143(4)
215(10)
426(6)
514(10)
612(2)
698(9)
捕 494(6)
589(5)
647(6)
埂 137(14)
484(18)
551(10)
挭 137(13)
196(3)
484(17)
捒 405(14)
431(14)
493(13)
520(3)
588(9)
643(4)
捂 589(2)
[illegible] 765(8)
馬 136(9)
396(5)
483(3)
振 62(17)
71(3)
113(20)
448(12)
498(10)
593(4)
挾 148(2)
523(1)
618(3)
719(8)
771(7)
赶 451(4)
赽 364(12)
447(10)
448(9)
[illegible] 142(17)
215(3)
425(1)
513(5)
514(2)
610(4)
697(7)
起 130(19)
387(1)
474(1)
573(1)
捎 119(5)
120(1)
456(2)
457(5)
756(7)
757(2)
埠 411(10)
500(1)
594(7)
658(10)
779(10)
捍 206(12)
411(10)
500(1)
594(7)
658(10)
779(10)
埕 429(5)
517(3)
705(2)
捏 463(13)
552(5)
捏 144(14)
429(5)
517(3)
612(12)
705(2)
垻 671(3)
貢 200(11)
239(18)
402(2)
489(6)
582(12)
垷 134(13)
479(18)
埋 113(6)
447(10)
748(30)
捉 141(13)
423(10)
606(9)
691(11)
捆 391(13)
478(18)
埍 480(4)
捐 118(9)
368(7)
454(15)
欯 142(3)
424(9)
512(16)
608(13)
694(1)
袁 115(6)
450(13)
殷 141(17)
423(14)
509(8)
512(7)
606(12)
692(7)
[illegible] 586(8)
挹 148(7)
223(7)
523(10)
616(4)
720(9)
捌 144(7)
428(9)
516(10)
517(7)
614(6)
703(7)
[illegible] 396(1)
482(18)
[illegible] 140(6)
耊 144(12)
516(18)
704(8)
[illegible] 141(2)
511(3)
605(10)
689(5)
挴 477(10)
577(11)
[illegible] 464(1)
553(1)
都 112(4)
237(2.4)
364(1)
445(15)
1027(6)
哲 145(2)
517(13)
613(6)
706(7)
[illegible] 408(4)
496(9)
逝 203(4)
408(3)
496(7)
590(9)
652(10)

字	頁(行)	字	頁(行)	字	頁(行)	字	頁(行)	字	頁(行)
娎	145(10)		768(12)		691(9)	⿰土⿱穴儿	418(7)		448(4)
	413(12)	捋	143(13)	捀	489(10)		507(3)	挨	132(16)
	429(13)		216(9)	⿱刅木	471(16)	埌	505(16)		133(4)
	429(13)		427(6)	⿱巩瓦	471(14)		584(5)		476(17)
	502(13)		515(8)	⿱巩手	471(14)		674(4)		477(10)
	518(7)		611(2)		568(8)	捃	206(3)		577(1)
	614(2)		701(10)	恐	129(9)		410(14)		577(12)
	708(6)	捊	550(8)		471(11)		499(4)		764(8)
	768(6)		561(13)		489(16)		499(7)	捘	409(10)
耆	59(12)	挼	62(6)		568(7)		594(3)		449(10)
	440(16)		113(12)	垫	617(7)	⿰土㝵	380(6)		497(14)
耄	414(11)		121(9)	埣	125(1)		468(1)		779(6)
	503(11)		209(8)		464(17)		468(2)	剄	373(5)
	598(7)		365(4)		554(5)		558(13)		460(1)
	668(3)		372(10)	挩	143(13)		559(1)		557(10)
	782(18)		448(1)		216(9)	⿰扌卯	424(11)	耺	450(3)
耈	405(8)		459(8)		427(3)		512(18)	耾	124(9)
	493(6)		556(8)		515(5)		617(5)		464(3)
	588(4)		600(1)		611(1)		727(7)		553(3)
	644(3)		757(6)		701(9)	挶	141(7)	⿰耳玄	577(13)
捈	445(7)	换	207(5)	挮	476(7)		423(1)	⿰耳支	415(2)
挫	209(6)		411(15)		576(4)		511(10)		523(5)
	415(3)		500(7)	挱	121(3)		606(2)	毦	404(6)
	459(9)		594(11)		555(13)		690(7)		492(3)
	504(1)		660(1)	垸	365(14)	盍	147(5)		587(3)
	599(8)	挽	133(15)		411(15)		521(12)	耹	381(5)
	669(5)		391(5)		451(16)		619(1)		468(4)
埒	145(6)		478(10)		500(7)		716(9)		469(1)
	518(2)	捔	423(9)		594(11)	埃	62(9)		559(2)
	613(11)		476(1)		660(1)		113(14)		563(12)
	707(10)		575(12)	捖	765(5)		365(8)	⿰耳月	428(9)

516(10)

耿 137(17) 196(7) 485(5)

耽 68(5) 122(5) 564(11)

恥 130(20) 238(13) 387(3) 474(3) 573(3)

華 459(12) 504(14) 557(5) 671(4)

⿱艹抄 121(1) 371(14) 458(13) 555(10) 555(10) 756(7) 757(2)

荺 390(6) 477(16) 578(4)

⿱艹志 404(4) 491(19) 587(1)

⿱艹耴 771(30)

茝 130(14) 133(4) 386(12) 389(15) 473(14) 477(10) 572(9) 577(11)

莁 110(17) 443(15) 496(7)

莠 135(9) 193(11) 481(8)

莍 378(14) 466(15) 561(12)

莆 131(15) 388(6) 475(5) 574(11)

蔀 146(4) 431(7) 519(14) 621(4) 712(2)

⿱艹吾 61(8) 111(20) 363(9) 445(8)

荳 211(11) 418(14) 507(10) 602(2) 679(7)

莤 604(13)

⿱艹舌 362(12) 444(13)

鄀 223(17) 524(3) 607(6) 722(7)

恭 39(3) 161(18) 437(13) 539(8) 744(17) 745(12)

拲 129(9) 423(1) 471(14) 511(10) 568(8) 746(18) 747(14)

莢 148(2) 223(1) 523(2) 618(3)

莽 132(1) 137(10) 198(2) 398(15) 475(14) 484(13) 486(11) 569(11) 575(7) 579(7)

⿱艹耒 433(4) 718(7)

莖 124(9) 464(3) 553(3)

荹 111(14) 363(2) 445(1) 494(7)

莦 370(5) 456(2) 457(6) 756(7)

⿱艹呈 144(14) 429(5) 517(3) 612(13) 705(2)

莫 517(6) 524(12) 607(12) 1023(7)

莧 66(11) 134(8) 392(10) 479(12) 501(4) 597(2) 662(1)

菫 140(19) 510(16) 525(11) 605(6)

⿱艹肙 117(19) 367(6) 454(1) 751(7)

⿱艹邑 148(11) 223(12) 523(16) 616(9)

⿱艹刖 707(12) 768(3)

⿱艹卣 123(19) 376(12) 463(6) 551(11)

茵 408(6) 496(10)

莪 121(6) 372(6) 459(3) 556(4)

莉 61(17) 112(6) 364(3)

445(17)
莠 138(11)
486(7)
579(4)
耘 164(2)
440(16)
548(7)
莓 204(11)
365(1)
447(15)
497(12)
592(12)
656(5)
荷 121(8)
372(8)
459(5)
556(6)
莜 597(8)
665(10)
莋 231(3)
525(4)
608(6)
725(5)
1024(7)
莅 403(7)
草 194(11)
395(7)
482(7)
茄 556(9)
莛 498(5)
莈 130(4)

146(5)
431(8)
472(18)
519(15)
571(5)
621(5)
712(5)
769(23)
茶 61(6)
111(18)
121(18)
363(7)
445(6)
460(4)
558(3)
荼 557(5)
莃 110(2)
166(13)
361(7)
442(14)
莝 415(3)
504(2)
599(8)
669(7)
莩 135(13)
莵 410(12)
499(5)
菥 450(11)
莸 145(13)
430(6)
518(15)

615(11)
709(6)
莥 398(8)
486(2)
䓻 451(2)
莘 423(9)
449(18)
莣 123(1)
375(3)
461(17)
542(12)
莌 427(3)
427(6)
515(5)
515(8)
蓱 125(10)
465(10)
555(5)
莎 120(20)
371(14)
458(13)
莞 116(8)
365(14)
366(4)
451(17)
452(5)
莨 123(9)
375(13)
462(10)
543(10)
軓 207(9)

412(4)
500(11)
595(2)
659(5)
蔓 399(8)
487(2)
瓠 131(7)
363(6)
445(5)
762(18)
尅 234(9)
610(6)
莊 123(1)
375(4)
462(2)
542(13)
葹 424(2)
512(9)
荵 64(8)
133(9)
390(7)
477(17)
578(6)
莫 573(2)
菱 70(8下)
441(4)
549(3)
框 123(4)
375(7)
462(4)
543(3)

栻 525(11)
616(11)
726(4)
1025(5)
械 161(3)
436(5)
538(4)
桂 407(6)
495(12)
590(1)
650(11)
桔 144(9)
428(12)
516(13)
612(7)
703(11)
栲 136(2)
395(10)
482(10)
栱 129(9)
梵 378(14)
466(15)
561(12)
郴 63(4)
126(20)
380(1)
467(15)
558(9)
桓 116(2)
451(15)
776(13)

栜 594(5) 770(8)
栖 202(6) 495(6) 589(10) 650(3)
栢 146(14) 620(2) 713(12)
栯 140(20) 422(8) 485(18) 511(1) 605(8) 688(10)
栫 663(8)
栭 60(10) 109(9) 165(6) 441(15) 550(5)
栵 408(7) 496(11) 706(7)
桋 59(5) 108(10) 112(8) 163(16) 364(6) 440(9) 446(4) 547(11) 748(3)
梛 557(4)
桎 141(20) 424(5) 512(12) 608(10) 693(5)
枇 439(12) 546(7)
桄 123(14) 376(5) 462(17) 544(4) 675(1)
栧 408(4) 496(8)
桐 129(3) 160(18) 436(11) 537(12) 740(14)
梠 131(6) 387(11) 474(10) 573(11)
栶 448(16)
株 111(2) 444(4)
桄 765(19)
梃 138(3) 197(4) 398(3) 485(13)
栕 131(6) 238(16) 387(11) 474(11) 573(11)
栴 118(3) 367(12) 454(6)
栿 140(11) 757(9)
梴 118(4) 367(15) 454(8)
桁 123(16) 376(7) 463(1) 463(16) 544(5)
桭 654(6)
栓 118(13) 368(12) 455(1) 455(2) 753(3) 753(5)
栝 521(4) 526(11) 715(8) 771(30) 773(6)
桃 120(14) 371(6) 394(8) 458(4) 551(4)
郲 62(13) 113(17) 132(18) 365(11) 389(8) 448(7) 477(2) 577(3) 764(17)
勑 525(10) 593(3) 616(11) 726(3) 1025(4)
桅 113(13) 365(6) 385(3) 448(2) 472(5) 570(6)
栒 114(10) 449(9)
栺 130(6) 407(1) 440(8) 495(7) 547(10) 589(10) 650(4)
栙 57(11) 162(12) 438(10) 541(3)
格 146(19) 524(17) 608(2) 620(1) 715(2) 724(8) 1024(1上)
栘 57(17) 107(11) 112(19) 162(17) 447(1) 545(1) 748(12)
栟 524(15)
校 414(4) 503(3) 598(1) 598(2) 667(1) 667(2)
核 146(11)

431(15) 520(5) 615(3) 713(4) 770(9)
样 463(3) 541(8) 544(7)
栟 124(19) 464(15) 554(3)
梛 556(6)
根 116(1) 451(14)
桗 415(6) 504(5)
栛 590(2)
栩 131(14) 388(5) 475(9) 574(9) 575(1)
逑 126(5) 378(13) 466(15) 561(11)
索 146(15) 231(2) 525(3) 608(5) 620(3)
1024(6上)
軒 115(12) 451(2) 746(17) 747(3)
軑 494(9) 494(15) 591(4)
軏 142(18) 215(4) 514(2) 614(7) 697(9)
連 118(6) 368(2) 454(10) 752(2)
軔 410(3) 498(13) 593(7)
貣 230(4下) 526(6) 610(6) 728(5)
逋 61(13) 112(3) 237(2.2) 363(14) 445(13) 1027(4)
⿺辶更 123(19)
376(11) 463(5) 551(10)
或 140(20) 422(7) 605(8) 688(10)
剢 770(11)
哥 458(10) 555(7)
速 140(6) 509(5) 604(5) 685(5)
逜 389(3) 475(18) 494(1) 575(11)
鬲 146(11) 430(2) 518(11) 520(6) 614(12) 615(9) 713(5) 770(12)
逗 211(10) 418(13) 507(10) 562(10) 602(2)
679(7)
栗 142(4) 424(9) 512(16) 609(1) 694(1)
覂 471(16) 568(10)
勈 69(4) 137(3) 484(3) 569(1)
酎 211(4) 418(2) 506(16) 601(7) 677(7)
酕 409(14) 498(1)
酌 148(13) 223(15) 524(2) 607(5) 722(5)
逎 378(1) 466(3)
配 409(8) 497(12) 592(12) 656(5)
酏 129(19)
472(11)
翄 145(8) 402(12) 490(10) 585(2)
辱 141(8) 235(3下) 423(3) 511(11) 606(3)
唇 448(12)
厝 494(5) 524(16) 608(2) 647(4) 724(7)
戚 145(8) 429(11) 613(13) 708(2) 768(14)
砡 605(10)
真 62(17) 113(19) 448(12)
夏 136(11) 396(6) 415(11) 483(5) 504(11) 600(8)

670(7)
砙 520(12)
620(3)
砝 771(3)
773(6)
砢 396(3)
483(2)
砤 592(1)
654(7)
砰 124(12)
464(6)
553(6)
砠 110(14)
167(16)
443(11)
砷 147(14)
522(5)
619(10)
718(3)
771(15)
盍 485(18)
鬲 755(3)
砡 440(8)
473(3)
砛 477(12)
砥 59(4)
108(9)
130(6)
163(14)
386(3)
547(10)
571(8)
砬 523(12)
破 415(5)
504(4)
599(9)
669(9)
硜 408(14)
恧 140(20)
422(7)
510(18)
605(7)
688(8)
厜 108(8)
163(13)
359(14)
440(6)
547(7)
屍 145(13)
430(6)
518(14)
615(11)
709(6)
768(24)
原 115(5)
450(12)
㕇 468(3)
欸 443(17)
746(18)
747(4)
剞 129(16)
472(7)
570(7)
郁 139(8)
400(2)
487(14)
581(11)
㕟 447(12)
748(33)
匽 514(13)
逐 140(13)
510(9)
605(1)
687(3)
尫 477(4)
577(5)
592(8)
764(18)
残 429(11)
518(4)
烈 144(20)
517(12)
613(6)
706(6)
㤠 517(12)
𢧵 620(1)
殊 111(3)
444(4)
𣧑 382(1)
469(12)
559(13)
殈 234(5)
431(10)
519(17)
616(2)
770(1)
殉 410(9)
499(1)
593(12)
殅 461(6)
541(9)
𣧨 491(13)
翃 124(9)
464(3)
553(3)
豙 472(15)
571(2)
760(3)
郪 59(8)
108(13)
163(20)
440(13)
548(4)
柬 397(1)
豤 765(18)
剢 66(13)
134(10)
479(14)
765(16)
𣧗 129(14)
472(4)
570(5)
枈 403(4)
491(1)
585(9)
致 403(8)
491(6)
586(3)
貣 610(5)
772(10)
晉 71(6)
410(6)
498(16)
593(9)
𠥯 441(16)
550(5)
逕 599(4)
676(9)

【丨】

敊 422(10)
511(4)
欯 510(17)
峙 238(11)
𣢈 402(6)
439(13)
546(8)
584(9)
柴 113(1)
408(12)
447(3)
496(17)
556(12)
748(23)
背 547(3)
辈 402(8)

447(4)
490(5)
556(12)
748(23)
逌 125(15)
377(13)
465(17)
560(8)
帑 412(6)
412(15)
500(14)
501(6)
娶 207(11)
412(6)
500(14)
595(4)
659(10)
虔 118(13)
368(12)
455(3)
752(11)
芈 141(13)
511(18)
606(8)
帛 520(15)
620(5)
覍 596(8)
逍 119(5)
456(2)
郶 484(14)
569(12)
党 505(17)
际 403(7)
491(5)
586(12)
眛 406(10)
409(8)
494(17)
497(12)
515(1)
592(12)
649(4)
眜 143(8)
426(14)
610(10)
郻 395(3)
482(3)
眡 214(6)
427(4)
513(8)
515(6)
時 60(7)
109(6)
164(20)
441(12)
550(1)
唝 489(7)
582(13)
眙 127(15)
416(6)
419(11)
419(12)
469(2)
505(3)
508(5)
508(6)
564(2)
逞 137(19)
196(9)
485(7)
畢 142(6)
214(2)
513(2)
609(3)
694(7)
郹 456(1)
眀 111(12)
362(15)
405(10)
493(8)
746(15)
眒 205(7)
498(16)
593(9)
昳 399(10)
眣 144(12)
424(9)
429(2)
512(16)
512(18)
516(18)
612(10)
704(7)
喊 592(1)
財 62(12)
113(16)
365(11)
448(6)
貺 772(12)
唔 370(11)
眕 133(6)
477(12)
577(13)
退 409(3)
貤 404(1)
404(1)
491(16)
586(12)
晠 142(11)
尋 230(11上)
526(5)
728(4)
772(8)
眂 548(7)
眗 746(15)
746(15)
晟 464(13)
599(3)
676(8)
眩 367(8)
367(9)
412(15)
454(3)
501(8)
595(10)
662(7)
眝 387(11)
474(11)
573(12)
眑 144(3)
403(4)
428(4)
491(1)
516(5)
611(12)
702(10)
脉 431(11)
519(18)
712(9)
770(3)
眠 117(17)
367(4)
453(16)
751(3)
眬 131(13)
388(4)
475(2)
574(7)
晊 141(20)
424(5)
512(12)
608(10)
693(4)
眙 212(10)
404(6)

420(1)
492(2)
508(10)
549(13)
587(3)
601(5)
眑 370(11)
399(7)
457(13)
487(1)
550(8)
580(3)
哮 120(3)
208(8)
414(4)
503(4)
598(2)
667(3)
755(10)
781(16)
吼 223(4)
䀾 772(11)
晃 137(12)
484(16)
569(13)
哺 494(6)
589(5)
647(6)
哽 137(13)
196(3)
484(17)
閃 212(6)
400(2)
419(10)
487(13)
508(4)
580(6)
602(9)
681(6)
唻 507(12)
罠 119(6)
456(3)
唊 148(3)
223(1)
523(2)
719(9)
剔 145(14)
430(7)
518(16)
615(12)
709(9)
769(2)
哤 57(10)
162(11)
438(9)
541(2)
退 409(11)
497(15)
592(8)
656(9)
晈 135(6)
193(8)
481(4)
晥 484(17)
570(1)
晐 365(10)
晏 207(8)
412(3)
412(9)
500(10)
500(17)
595(1)
596(11)
659(3)
661(5)
昜 147(7)
521(14)
619(3)
唖 676(9)
趼 494(6)
趵 423(12)
512(4)
趿 147(1)
521(5)
618(10)
畕 542(6)
畗 393(8)
480(9)
畛 64(4)
133(5)
448(12)
477(11)
577(13)
罢 525(14)
617(1)
726(10)
727(8)
蚌 129(11)
384(15)
471(17)
568(11)
蚟 375(7)
462(5)
543(4)
蚈 751(1)
蚨 111(8)
362(9)
444(10)
蚢 115(6)
450(12)
蚞 510(4)
604(10)
蚵 368(4)
蚑 490(9)
545(11)
蚋 454(13)
752(8)
虾 560(4)
蚘 113(9)
364(15)
447(13)
748(34)
蚅 520(18)
615(4)
蚷 762(15)
蚍 108(11)
163(17)
440(10)
548(1)
蚐 119(14)
456(13)
755(1)
蚻 424(12)
513(1)
蚎 697(11)
畔 207(5)
411(14)
500(6)
594(11)
661(3)
蚝 404(4)
491(19)
587(1)
蝂 765(14)
蚊 475(7)
574(13)
蚣 39(5)
161(8)
161(19)
437(2)
437(16)
538(9)
539(12)
640(7)
745(17)

774(7)
蚳 439(6)
545(13)
蚣 769(24)
蚊 114(17)
237(3.1)
450(2)
蚢 376(7)
463(2)
544(6)
674(9)
蚄 122(18)
461(15)
542(9)
蚪 138(15)
198(3)
399(1)
486(12)
579(8)
蚵 387(14)
蚻 146(2)
431(4)
519(11)
621(1)
711(9)
769(17)
蚓 64(8)
133(8)
390(7)
477(17)
578(6)

蚎 422(7)
510(18)
蚆 373(5)
459(17)
460(1)
557(10)
558(1)
眑 58(3)
107(15)
163(3)
439(3)
545(8)
哩 517(4)
唄 409(5)
592(3)
員 118(13)
368(12)
455(2)
753(9)
哯 134(13)
192(2)
393(1)
480(1)
圃 132(8)
239(4)
476(5)
494(4)
576(2)
589(4)
647(3)
哭 140(5)

421(5)
509(14)
604(4)
685(3)
甂 160(19)
哫 691(5)
哂 477(16)
圄 131(5)
387(10)
474(9)
573(10)
762(8)
哦 121(6)
372(6)
459(3)
556(4)
唏 404(15)
492(14)
587(10)
642(7)
762(7)
欧 403(12)
491(12)
586(8)
恩 116(1)
451(14)
盎 505(16)
584(5)
674(5)
哷 518(2)
768(12)

哹 126(6)
378(15)
466(16)
561(13)
啥 210(4)
416(2)
504(18)
602(12)
671(10)
鮍 505(11)
喚 207(3)
411(12)
500(4)
594(9)
660(10)
圂 595(6)
658(3)
唁 663(12)
咲 505(14)
584(4)
哰 371(1)
457(16)
550(11)
哴 416(9)
505(7)
583(11)
唧 142(6)
214(1)
424(12)
513(1)
609(3)

617(5)
694(5)
唉 62(9)
113(14)
132(16)
365(8)
448(4)
476(17)
577(1)
764(8)
唆 371(15)
458(14)
555(10)
崋 210(2)
帺 497(3)
帪 771(34)
峷 773(10)
峿 762(8)
豈 131(1)
387(5)
474(5)
573(4)
帳 448(13)
峽 147(9)
521(17)
619(5)
717(7)
771(4)
峽 771(6)
峵 541(2)
峌 464(1)

553(2)
罟 132(4)
389(2)
475(17)
575(10)
罘 521(6)
罝 121(12)
459(12)
557(5)
罛 61(3)
111(16)
363(5)
445(4)
𦊙 485(17)
罠 449(16)
𦊓 120(4)
457(9)
561(13)
757(5)
罜 405(9)
493(7)
509(12)
588(5)
罠 114(15)
罦 756(9)
757(4)
760(7)
774(10)
䍋 388(8)
475(6)
峭 502(17)
597(12)
753(10)
𡶶 65(13)
392(1)
479(2)
峴 393(1)
480(1)
𡵛 753(10)
峨 121(6)
372(6)
459(3)
556(4)
㡃 414(6)
峪 606(5)
㟎 477(4)
577(5)
764(18)
峆 122(6)
460(15)
564(12)
峯 57(5)
107(3)
162(6)
438(5)
540(9)
𡷨 161(16)
帨 407(13)
496(1)
590(6)
651(12)
768(8)
峰 550(12)
峎 123(9)
375(13)
462(11)
543(10)
𢄔 410(4)
498(13)
峻 205(9)
410(8)
498(18)
593(11)
罣 604(3)
685(1)
圁 114(8)
449(7)
450(11)
453(6)
剛 123(10)
462(12)
543(11)
【丿】
眚 137(15)
485(2)
牲 450(1)
瓶 111(3)
444(5)
𨥈 521(15)
焦 138(10)
486(4)
缺 145(5)
428(14)
516(15)
517(17)
613(10)
707(6)
768(9)
𥏫 118(19)
369(5)
455(10)
氤 114(3)
448(16)
毨 67(7)
134(11)
479(16)
765(20)
氣 404(15)
492(14)
587(10)
642(6)
特 230(3下)
526(6)
610(6)
728(6)
772(11)
郵 377(8)
465(12)
560(2)
牰 748(32)
告 422(12)
511(6)
造 135(20)
194(11)
395(7)
414(12)
482(7)
503(13)
598(7)
668(5)
㸸 138(18)
198(6)
399(4)
399(5)
486(16)
487(18)
579(13)
680(5)
牷 118(7)
368(5)
753(1)
牧 412(14)
501(6)
牸 404(5)
492(2)
587(2)
乘 127(19)
212(9)
381(13)
419(14)
469(9)
508(9)
559(10)
601(3)
682(2)

[illegible] 447(10) 748(32)
[illegible] 428(8) 516(9)
甛 122(9) 461(1) 565(3)
敌 144(6) 614(5) 703(5)
[illegible] 212(4) 419(6) 507(18) 600(13) 680(9)
舐 570(3) 760(4)
[illegible] 143(12) 216(8) 427(4) 427(4) 515(6) 515(6) 611(1) 701(7)
秼 143(8) 216(4) 426(14) 514(18) 610(10) 700(10)
秝 142(9) 425(1) 513(5) 609(6) 695(7)
秠 60(3) 109(3) 164(15) 549(9)
䄷 146(2) 431(5) 519(11) 621(2) 711(10) 769(18)
秥 759(7)
租 61(9) 111(20) 363(10) 445(9) 474(18) 1026(11)
秞 125(16) 377(14) 465(18) 560(10)
秧 69(4) 123(5) 137(3) 375(7) 462(5) 484(4) 543(4) 569(2)
盉 209(7) 415(4) 504(3) 555(7) 599(9) 669(5)
秩 142(1) 424(6) 512(13) 608(11) 693(7)
秨 494(4) 525(4)
秝 145(12) 430(2) 518(10) 615(8) 709(1) 768(19)
秖 109(4) 164(16) 441(9) 549(10)
秭 130(7) 473(5) 571(9)
秘 491(1) 585(8)
秜 59(13) 108(17) 164(4) 440(18) 548(10)
䄶 142(13) 214(9) 425(6) 513(11) 609(11) 695(4) 698(9)
秞 585(4)
秛 439(3) 545(9) 584(11)
透 140(18) 211(12) 419(1) 422(5) 507(12) 510(15) 602(4) 605(5) 688(3)
䅋 412(15) 501(7)
笄 112(12) 446(9) 748(11)
笑 406(13) 495(3)
笑 413(13) 502(14) 597(10) 666(2)
管 762(11)
笔 391(11) 478(16)
[illegible] 548(1)
笙 494(2) 589(3) 646(10)
笊 414(7) 503(7) 598(4) 667(8) 782(8)
笅 755(9)
笒 559(5)
笎 39(5) 161(20) 437(16) 539(12) 640(7) 745(18)
笢 449(16)
第 573(3)
笏 143(5) 215(12) 514(13) 612(1)

字	頁(行)	字	頁(行)	字	頁(行)	字	頁(行)	字	頁(行)
	699(2)		462(6)		745(13)	𦙶	444(5)	俱	111(13)
笃	390(9)		506(6)	烋	126(18)	俴	480(6)		444(18)
	478(1)		543(5)	倲	740(13)	䏧	457(1)		746(15)
	578(8)		598(12)	倳	587(2)	倒	135(18)	倱	133(18)
笐	123(11)		675(10)	倆	137(3)		194(9)		391(9)
	375(15)	倭	128(3)		484(4)		395(5)		478(14)
	462(12)		382(2)	倚	129(16)		482(5)	倡	122(15)
	543(11)		469(13)		402(10)		667(12)		461(11)
	544(6)	倖	137(18)		472(6)	俳	113(5)		542(5)
笲	578(3)		196(8)		490(8)		447(8)	偒	402(9)
笆	121(16)		485(5)		570(7)	俶	140(15)		490(6)
	373(5)	屔	446(16)		585(1)		422(2)		584(13)
	396(8)		748(5)		586(8)		510(11)	候	418(11)
	460(1)	俹	415(9)	俺	213(3)		605(3)	倃	716(1)
	483(7)		504(8)		420(7)		687(9)	桀	139(1)
	557(10)		600(6)		508(17)	倬	423(11)		198(11)
俸	201(6)		670(1)		603(6)		512(3)		399(9)
	384(7)	借	145(18)		683(11)		606(10)		487(4)
	471(8)		210(1)	師	142(19)	俿	438(16)	倕	58(2)
	489(15)		415(13)		498(8)	條	118(20)		107(14)
	568(2)		430(15)		514(3)		369(6)		163(1)
	583(7)		504(13)		614(7)		455(11)		439(2)
倩	417(11)		519(5)		697(10)	倏	140(18)		523(17)
	501(7)		600(10)	倢	433(6)		422(4)		545(7)
	506(10)		620(10)		522(11)		510(15)		585(4)
	595(9)		670(10)		771(23)		605(5)	恁	63(6)
	599(1)	值	404(4)	郳	112(13)		688(3)		127(2)
	662(5)		491(19)		446(11)	倄	125(17)		139(2)
	676(5)		587(1)		748(10)		378(2)		198(11)
倀	123(5)	倯	539(9)	臮	388(3)		466(3)		380(3)
	375(8)		744(18)		762(10)		560(12)		399(9)

467(17)
487(4)
558(11)
俰 415(4)
504(3)
倭 121(2)
162(19)
372(1)
438(18)
458(16)
545(4)
555(12)
倪 112(13)
446(10)
748(9)
倠 60(3)
109(3)
164(15)
441(8)
549(9)
俾 130(1)
472(13)
570(13)
倫 62(18)
113(20)
448(13)
倄 133(1)
389(12)
457(2)
477(6)
577(8)
倊 201(1)
489(3)
583(1)
倗 139(10)
199(9)
212(12)
382(4)
400(7)
420(3)
469(15)
488(1)
508(13)
594(6)
倜 145(14)
430(7)
518(16)
615(12)
709(9)
769(2)
倃 457(15)
550(10)
隼 64(6)
390(4)
477(14)
578(3)
隽 135(1)
585(7)
隻 146(2)
431(5)
519(12)
621(2)
769(18)
倞 506(3)
598(11)
675(4)
俯 131(15)
388(6)
475(4)
574(10)
倅 143(8)
216(3)
409(9)
426(12)
497(14)
514(17)
592(7)
612(5)
656(7)
倍 64(3)
133(5)
390(1)
477(11)
577(12)
倣 137(7)
484(9)
569(7)
倦 502(4)
596(7)
倂 137(18)
196(8)
485(6)
506(7)
倓 603(3)
倧 640(5)
744(15)
745(10)
倌 412(11)
501(2)
596(12)
661(9)
倥 201(1)
239(19)
402(3)
489(8)
583(1)
743(3)
倇 391(7)
478(12)
候 407(8)
495(14)
590(3)
651(5)
臬 613(9)
705(5)
健 206(8)
219(5)
411(4)
499(13)
597(5)
658(1)
臭 211(4)
418(3)
506(17)
601(8)
677(9)
射 146(7)
209(12)
415(12)
415(13)
504(12)
504(13)
519(17)
600(9)
600(10)
621(7)
670(8)
670(11)
712(7)
躬 161(3)
436(5)
742(4)
息 525(11)
616(12)
726(6)
1025(7)
[illegible] 446(14)
郫 107(18)
112(20)
163(8)
439(9)
447(2)
546(3)
546(11)
556(11)

748(23)
舶 135(7) 193(8) 394(3) 481(5)
烏 112(2) 363(12) 445(12)
倨 405(2) 492(16) 587(12) 642(10)
倔 142(14) 214(11) 513(15) 610(1) 696(10)
師 59(5) 108(10) 163(16) 440(10) 547(13)
衃 365(5) 378(6) 448(2) 466(7) 561(3)
衄 422(4)
𣬈 440(10) 440(11)
毘 440(11)
恖 550(1)
徒 61(4) 111(17) 363(6) 445(5)
徠 771(10)
虒 112(15) 439(16) 546(12) 748(5)
徑 417(13) 506(11) 599(4) 676(9)
徎 485(8) 485(11)
徐 110(10) 167(9) 443(7)
𢓊 438(6)
殷 115(4) 450(9) 453(6)
舩 745(17) 753(12)
般 116(13) 366(10) 367(1) 452(10) 452(16)
航 123(15) 376(7) 463(1) 544(5)
舫 416(15) 505(14) 584(3) 674(1)
瓞 144(13) 429(3) 517(1) 612(11) 704(9)
㼌 131(19) 388(11) 475(10) 575(3)
瓟 120(6) 370(11) 457(12) 550(7) 757(6)
系 387(2) 474(2) 573(2)
郤 166(18) 361(10) 442(16)
衾 61(5) 111(18) 363(6) 445(5)
途 61(5) 111(18) 363(6) 445(5)
釘 125(3) 211(1) 465(3) 506(12) 554(11) 599(5) 676(11)
針 63(4) 126(20) 212(4) 419(6) 467(16) 507(18) 558(9) 600(13) 680(9)
釗 119(1) 119(12) 369(8) 455(13) 456(11)
釙 481(15)
釓 748(14)
𨥉 378(14) 466(15) 561(12)
殺 144(3) 204(7) 428(4) 497(7) 516(4) 592(1) 611(12) 655(7) 702(9)
倉 715(10)
舛 759(1)
敆 521(4) 618(9)
欱 147(5) 147(12) 432(13) 521(11) 522(3) 618(12) 619(8) 716(8) 717(11) 771(10)
斜 771(5)
郗 755(8)
绝 112(14) 446(11)
虓 498(9)
釜 131(17) 388(8) 475(7) 574(13)

娄 209(6)
409(10)
415(3)
497(14)
504(10)
599(8)
669(5)
爹 136(7)
395(15)
482(17)
欲 383(2)
470(8)
䍃 377(15)
560(9)
舀 135(13)
194(4)
377(14)
394(12)
444(7)
465(18)
481(15)
受 598(6)
郛 378(5)
466(6)
561(2)
豻 412(4)
451(15)
500(12)
594(7)
595(2)
659(6)
779(10)
豺 113(6)
364(12)
447(10)
748(29)
豹 414(5)
503(4)
598(2)
667(3)
781(18)
奚 112(11)
446(7)
748(7)
鬯 416(10)
505(8)
583(12)
673(3)
倉 123(10)
375(14)
462(12)
543(10)
飣 417(14)
506(12)
599(5)
676(11)
飤 404(4)
491(19)
587(1)
飢 59(8)
108(12)
163(19)
440(12)
442(13)
548(3)
衾 63(10)
468(4)
559(3)
翁 115(3)
450(9)
翁 38(5)
161(12)
437(7)
539(1)
743(8)
胿 112(12)
446(8)
446(17)
748(8)
胒 404(6)
492(3)
胯 494(6)
589(5)
647(5)
脥 62(2)
113(10)
365(1)
447(14)
498(2)
脛 59(8)
108(13)
163(19)
440(12)
548(3)
脁 123(14)
376(5)
462(17)
544(4)
胦 111(3)
163(16)
440(9)
444(5)
547(12)
胴 201(2)
402(4)
489(9)
583(2)
朒 605(7)
脡 138(4)
197(4)
485(14)
脒 561(7)
脡 118(4)
367(14)
367(14)
454(8)
454(8)
502(5)
胉 132(16)
476(17)
577(2)
764(9)
胻 123(16)
376(7)
463(1)
544(5)
朓 118(19)
135(7)
193(9)
208(7)
369(4)
394(5)
455(9)
481(7)
598(1)
666(11)
脆 407(13)
496(1)
590(5)
651(12)
脂 59(4)
108(9)
163(14)
440(8)
547(10)
胮 57(11)
162(13)
162(14)
438(11)
438(12)
541(4)
541(5)
胳 524(17)
608(3)
724(8)

	1024(1上)	欱	449(9)		607(9)		640(12)		365(14)
𦙶	415(15)	㼌	126(15)		723(3)	卿	124(6)		451(17)
	504(15)		379(11)	狷	501(18)		463(14)	𦐝	110(17)
	600(12)		467(9)		596(4)		552(7)		237(1.3)
	671(6)		562(12)		662(8)	狻	116(7)		443(15)
脃	768(15)	逸	512(15)	狶	238(16)		366(3)		【丶】
胲	365(10)		608(13)		387(8)		452(4)	訏	110(18)
	448(6)		693(11)		474(8)	逢	162(6)		443(17)
胼	117(18)	狾	203(4)		573(8)		438(4)		746(17)
朕	138(20)		590(9)	𤞟	423(4)		540(9)		747(3)
	198(9)		652(9)		509(3)	桀	145(1)		768(4)
	399(8)	𤞚	61(8)		511(13)		517(13)	訐	143(2)
	487(2)		111(20)		606(4)		613(7)		203(8)
胺	611(5)		363(10)		691(1)		706(8)		215(8)
脛	469(6)		445(8)	狭	122(15)	𢍏	382(2)		408(8)
	559(7)	狹	147(9)		374(12)		469(13)		426(3)
瓬	136(5)		521(17)		461(11)	敆	521(1)		496(13)
	395(13)		619(5)		542(5)		715(5)		514(8)
	482(14)		717(7)	逖	145(14)	欲	579(12)		591(1)
𩚏	163(7)		771(4)		430(7)	效	490(1)		614(11)
	439(7)	狵	57(10)		518(16)		584(9)		653(9)
	439(8)		162(10)		615(12)	翎	556(5)		698(5)
	546(1)		438(9)		709(9)	𡯫	460(14)	訌	38(4)
	584(10)		541(2)	狼	123(9)		564(11)		161(10)
眲	464(14)	𤞤	237(2.10)		375(13)	畣	560(8)		437(6)
眣	429(3)		446(7)		462(10)	留	125(13)		538(13)
	517(1)	推	447(1)		543(9)		377(10)	討	135(17)
虒	120(3)	狽	591(5)	胥	57(1)		465(14)		395(4)
	370(6)		648(3)		162(3)		560(4)		482(4)
	457(7)	狿	224(2)		438(2)		678(6)	訒	138(19)
	755(9)		524(8)		540(5)	畱	116(3)		198(7)

399(5)
486(18)
579(13)
訕 116(18)
367(2)
412(9)
452(17)
500(18)
596(11)
661(5)
訖 142(17)
215(3)
514(1)
610(4)
697(7)
託 524(15)
608(1)
724(5)
1023(12)
訓 206(2)
499(6)
594(1)
訊 205(3)
498(11)
593(5)
記 404(9)
492(7)
587(5)
訑 108(7)
440(5)
訒 498(13)

593(7)
淩 127(18)
381(11)
469(7)
559(8)
凇 437(14)
539(9)
540(1)
744(18)
745(13)
凍 201(1)
228(12)
436(11)
489(8)
537(11)
582(1)
凄 61(18)
112(7)
364(4)
446(1)
衺 121(19)
373(8)
460(4)
558(3)
衰 59(3)
59(16)
108(9)
108(18)
163(13)
164(7)
360(1)

440(8)
441(2)
441(10)
547(9)
548(13)
549(11)
畝 198(2)
凅 589(1)
勍 124(7)
463(15)
552(7)
衷 160(4)
228(14)
436(13)
489(12)
538(1)
583(5)
畗 526(3)
高 120(8)
370(13)
457(14)
550(9)
757(9)
亳 231(1)
525(1)
608(5)
725(1)
1024(4)
郭 231(6)
525(7)
608(8)

725(10)
1024(12)
庪 472(5)
570(6)
庨 457(8)
席 146(4)
431(7)
519(13)
712(1)
庫 494(6)
589(5)
647(3)
庯 61(13)
112(3)
363(14)
445(13)
庮 197(12)
377(14)
486(7)
579(4)
庬 57(9)
438(9)
敊 504(13)
600(10)
准 64(5)
133(6)
390(3)
477(13)
578(1)
707(8)
庫 483(16)

[illegible] 611(5)
座 415(7)
504(6)
669(9)
痃 773(5)
疰 144(19)
203(5)
590(10)
653(1)
706(3)
疾 142(11)
425(3)
426(9)
513(8)
514(13)
609(8)
疴 209(11)
415(11)
504(11)
600(8)
670(7)
病 506(3)
598(10)
675(6)
痉 473(10)
疲 143(14)
痁 127(10)
212(7)
419(12)
468(13)
564(1)

602(11)
681(11)
759(3)
疸 207(8)
412(3)
500(10)
595(1)
659(3)
疽 110(8)
167(5)
361(15)
443(4)
疻 440(8)
544(13)
760(1)
痈 127(10)
468(14)
759(6)
疾 142(5)
424(11)
512(18)
609(2)
694(3)
764(8)
痄 396(9)
483(8)
[illegible] 475(7)
574(13)
㽿 372(1)
458(16)
555(12)
疹 71(5)
205(5)
410(4)
498(14)
593(7)
疞 555(1)
痀 444(2)
疼 39(2)
161(16)
437(11)
539(6)
640(4)
744(12)
745(7)
疰 405(9)
493(7)
588(5)
痃 750(9)
㽳 144(3)
428(5)
516(5)
611(12)
702(10)
疿 404(12)
492(10)
587(7)
㽯 426(9)
514(14)
痂 121(14)
459(15)
557(8)
疲 70(7上)
163(8)
439(8)
546(3)
脊 145(18)
430(14)
519(5)
620(10)
710(9)
效 503(3)
667(1)
离 440(1)
547(2)
衮 65(9)
133(20)
391(12)
478(17)
紊 71(12)
499(5)
594(1)
唐 123(6)
375(10)
462(7)
543(6)
凋 118(19)
369(5)
455(10)
瓷 108(14)
163(20)
548(5)
恣 403(11)
491(11)
586(7)
翊 544(5)
凉 122(12)
542(1)
涞 432(15)
522(5)
718(2)
亲 449(18)
竑 142(19)
215(5)
514(4)
614(8)
697(11)
站 683(2)
竜 539(13)
剖 138(17)
198(6)
399(4)
486(16)
579(11)
部 198(2)
389(3)
476(1)
486(11)
579(7)
竛 125(7)
465(6)
555(3)
竘 399(6)
486(18)
579(13)
竝 138(6)
197(6)
398(6)
485(17)
衮 451(14)
旁 376(9)
463(4)
544(8)
衺 518(11)
旆 406(8)
591(8)
648(10)
旃 400(2)
487(14)
581(12)
旄 120(10)
371(2)
457(17)
550(13)
668(4)
旂 109(20)
166(9)
361(4)
442(11)
旊 513(13)
696(4)
旅 474(10)
573(11)
[illegible] 118(3)
367(12)

454(6)
欵 498(3)
593(2)
657(8)
殺 62(9)
365(8)
448(3)
逬 491(17)
畜 140(18)
211(6)
418(6)
422(5)
507(2)
510(15)
601(10)
605(6)
605(10)
678(3)
689(6)
兹 751(9)
清 417(11)
506(10)
599(1)
676(5)
𦍋 427(5)
515(7)
羒 114(20)
237(4.2)
450(5)
羞 125(18)
378(2)
466(3)
560(12)
羔 120(8)
370(14)
457(14)
550(10)
757(10)
恙 210(8)
416(8)
505(5)
583(10)
672(8)
瓶 125(9)
465(10)
555(4)
桊 502(3)
596(6)
664(7)
拳 118(15)
368(14)
455(4)
753(8)
粔 131(9)
387(15)
474(15)
574(3)
762(15)
敉 130(2)
粄 134(3)
392(3)
479(4)
粉 64(12)
133(11)
390(12)
478(2)
578(10)
料 119(2)
369(9)
455(14)
502(13)
597(9)
665(11)
类 144(19)
517(10)
613(4)
706(2)
益 145(19)
430(15)
519(6)
620(11)
710(11)
兼 212(8)
381(8)
419(13)
469(4)
508(8)
564(3)
602(11)
682(1)
朔 141(14)
423(10)
512(2)
606(9)
691(12)
烓 197(6)
447(1)
485(16)
748(19)
烘 39(1)
161(15)
437(10)
539(5)
743(7)
烜 391(8)
478(13)
烠 447(14)
748(34)
炬 430(8)
518(17)
烛 742(10)
烔 160(19)
436(12)
537(12)
740(15)
烟 114(3)
448(16)
751(3)
烚 771(4)
烑 456(10)
烙 524(13)
607(13)
724(2)
1023(9)
炵 472(15)
571(2)
760(2)
烄 194(6)
394(15)
414(10)
482(1)
503(11)
烗 204(7)
497(7)
592(1)
655(7)
剡 139(4)
199(2)
399(13)
487(9)
580(4)
郯 122(7)
460(17)
565(1)
浾 460(3)
558(2)
浙 145(2)
496(7)
517(14)
613(7)
706(9)
涍 208(8)
457(8)
503(4)
598(2)

667(3)
781(16)
[illegible] 522(13)
771(27)
[illegible] 565(4)
[illegible] 375(8)
462(6)
543(5)
洍 164(20)
360(3)
441(12)
549(13)
浦 132(8)
476(4)
576(2)
浭 551(10)
涑 126(12)
141(11)
146(4)
379(7)
423(6)
467(6)
511(16)
562(8)
604(5)
606(7)
621(3)
691(6)
712(1)
浯 61(8)
111(20)
363(9)
445(8)
浢 418(14)
507(10)
酒 138(12)
198(1)
398(14)
486(9)
579(5)
浹 147(13)
148(5)
223(5)
523(6)
618(6)
619(9)
718(1)
720(4)
771(4)
771(13)
浝 57(10)
162(11)
384(9)
438(9)
541(2)
568(5)
涿 423(11)
湼 485(11)
涇 125(1)
138(1)
464(18)
506(11)
554(8)
涉 147(17)
433(5)
522(9)
617(9)
718(8)
771(21)
娑 121(3)
372(2)
555(13)
消 119(5)
456(1)
浧 485(8)
涅 144(14)
429(5)
517(3)
612(12)
705(2)
浿 591(5)
591(13)
655(4)
涀 413(4)
501(13)
595(12)
663(3)
浞 141(13)
423(9)
511(18)
606(8)
涃 411(5)
460(11)
499(15)
658(5)
涓 117(18)
367(6)
454(1)
浥 148(11)
223(12)
523(16)
616(9)
721(9)
洿 63(13)
382(13)
468(7)
470(5)
554(13)
559(5)
565(11)
洄 409(9)
497(13)
浩 135(16)
194(7)
395(3)
482(2)
715(9)
涐 372(6)
459(3)
556(4)
浰 413(3)
501(11)
595(12)
662(11)
淀 118(10)
368(8)
454(16)
502(6)
596(8)
664(11)
753(4)
海 133(1)
477(7)
浟 125(15)
377(13)
465(17)
560(7)
涖 403(7)
407(9)
495(15)
[illegible] 219(2)
410(15)
594(4)
涂 61(5)
110(13)
111(18)
167(13)
167(14)
363(7)
443(10)
445(6)
558(3)
746(5)
浴 141(9)
423(4)

511(12)
606(4)
690(11)
浖 768(14)
浮 126(6)
378(15)
466(16)
561(12)
涹 59(19)
70(8下)
108(20)
132(20)
164(10)
389(11)
441(4)
477(5)
549(3)
577(6)
764(19)
浛 210(4)
416(2)
504(18)
602(12)
671(10)
涣 411(12)
500(4)
594(9)
648(8)
660(10)
浼 132(19)
477(3)

577(4)
浵 744(12)
745(7)
流 125(14)
377(10)
465(15)
560(5)
涚 407(13)
407(15)
496(1)
496(3)
590(6)
涕 132(9)
239(5)
406(13)
476(6)
495(3)
576(4)
浣 504(4)
765(5)
浨 136(19)
浪 123(8)
375(12)
462(10)
505(15)
543(9)
584(4)
674(4)
涒 115(17)
451(9)
浸 212(3)

419(6)
507(17)
600(13)
680(7)
浘 131(1)
387(5)
474(4)
573(6)
泄 505(11)
584(1)
673(8)
涊 64(8)
133(9)
390(7)
477(18)
480(2)
578(6)
涌 129(8)
384(11)
471(13)
568(7)
涘 130(19)
238(12)
387(2)
474(2)
573(2)
浚 410(8)
499(1)
593(11)
溋 420(7)
508(17)

㤨 402(2)
489(7)
582(2)
悈 204(5)
408(15)
497(3)
591(11)
654(11)
㼐 771(26)
悖 215(10)
409(7)
426(7)
514(10)
592(11)
612(2)
656(3)
698(9)
悚 129(10)
471(15)
568(8)
悟 494(1)
589(2)
646(8)
恒 398(14)
418(5)
486(9)
507(1)
579(6)
悏 523(2)
𢙐 446(7)
748(14)

悭 485(15)
悄 135(13)
194(4)
394(12)
481(15)
悍 411(10)
500(1)
594(7)
658(11)
779(10)
悜 485(7)
悝 113(8)
364(14)
447(12)
悃 65(10)
134(1)
391(13)
478(18)
悁 118(10)
368(8)
454(17)
753(10)
悒 148(11)
223(12)
523(16)
616(9)
721(9)
悔 409(9)
497(13)
592(7)
656(6)

悅 503(5)
悇 405(7)
493(5)
悕 474(8)
悦 145(4)
517(17)
613(10)
652(4)
707(5)
768(8)
悗 366(12)
452(12)
悋 593(6)
悧 613(3)
悌 132(11)
406(14)
476(9)
495(4)
589(9)
649(12)
悢 416(9)
505(6)
583(11)
672(10)
悀 471(13)
悛 118(11)
368(10)
454(18)
753(3)
惱 482(4)
害 494(9)
591(4)
宧 109(6)
寍 474(11)
573(12)
宷 378(14)
466(16)
561(12)
宸 114(4)
448(17)
家 121(14)
373(2)
459(15)
557(8)
宵 119(5)
456(1)
宲 395(9)
482(9)
宴 134(12)
392(15)
宊 121(18)
558(2)
窅 135(8)
193(10)
394(5)
481(7)
甯 147(14)
433(1)
522(6)
619(10)
718(4)
771(16)
寍 137(15)
196(5)
485(2)
窄 620(4)
窊 121(19)
460(5)
558(4)
容 39(7)
162(1)
540(2)
640(10)
窌 414(6)
418(7)
503(6)
窇 423(13)
512(6)
692(5)
宖 464(3)
553(2)
窆 612(10)
窋 142(11)
214(7)
425(4)
513(9)
609(9)
窈 135(8)
193(10)
394(5)
481(7)
502(13)
寏 365(14)
451(17)
冤 115(10)
剜 116(3)
365(14)
451(17)
宰 133(2)
389(13)
477(7)
宨 123(9)
375(13)
462(10)
484(15)
543(9)
569(12)
宭 450(7)
450(8)
案 207(8)
412(2)
500(10)
595(1)
659(2)
冢 437(4)
538(10)
742(2)
774(10)
斨 396(3)
483(2)
朗 137(11)
484(14)
569(12)
欯 123(9)
375(13)
462(10)
543(9)
扅 438(16)
扆 131(1)
238(14)
387(5)
474(5)
573(4)
冡 129(8)
471(12)
568(6)
扇 502(2)
596(5)
664(6)
752(5)
祛 110(14)
167(17)
237(1.1)
443(12)
祠 415(1)
503(17)
祜 415(1)
503(17)
祏 524(15)
608(1)
724(5)
1023(12上)
祓 143(10)
216(5)
404(13)

	426(15)	衿	137(20)		472(3)	䘺	129(15)		512(3)
	492(10)		485(9)		490(4)		385(3)		606(10)
	515(2)	祇	112(7)		570(4)		472(5)		692(2)
	610(11)		364(4)		584(11)		570(6)	埾	142(5)
	701(2)		446(2)	祩	405(9)	祥	122(12)		513(1)
袒	134(5)	袧	418(12)		493(8)		461(6)		526(4)
	392(5)		562(9)	祮	143(11)		541(9)		609(3)
	479(6)	袍	120(13)		144(6)	祤	131(14)		694(5)
	501(5)		371(5)		216(7)		388(5)		728(2)
	597(3)		458(3)		427(2)		475(3)		772(6)
	662(3)		551(3)		428(8)		475(3)	娶	772(6)
祖	388(2)	袨	412(15)		515(4)		574(9)	展	134(17)
	459(12)		501(8)		516(8)	冥	125(8)		192(7)
	557(5)		662(7)		610(13)		465(9)		480(7)
	574(5)	袢	451(1)		614(4)		554(7)	屒	449(1)
神	718(1)	衧	131(8)		701(5)	隺	141(4)	屑	144(8)
袖	211(5)		387(14)		703(4)		422(12)		428(11)
	418(4)		474(14)	袛	238(17)		511(6)		516(11)
	506(17)		574(1)		387(10)		605(12)		612(6)
	601(8)	衸	429(1)		474(10)	冤	451(1)		703(9)
	677(10)		516(17)		573(11)	盗	424(12)	屓	403(15)
袘	129(19)		612(10)	袷	147(9)		513(2)		491(15)
	385(9)	袉	372(4)		521(17)		609(3)		586(11)
	438(15)		396(1)		619(5)		694(6)		586(11)
	472(11)		459(1)		715(10)	【乛】		屐	146(15)
	545(1)		482(17)		717(7)	書	110(4)		520(12)
	570(12)		556(2)		771(4)		166(17)		620(3)
袗	390(2)	袑	135(12)	祧	118(18)		361(9)		714(2)
	477(12)		394(10)		369(4)		442(16)	屖	388(3)
	498(10)		481(13)		455(9)	剥	141(15)		405(6)
	577(13)	被	129(13)		503(2)		423(12)		475(1)

493(4)
574(6)
屖 112(15)
446(12)
翄 429(11)
518(4)
613(13)
708(2)
768(14)
剭 408(1)
496(5)
590(8)
610(3)
652(7)
跛 64(10)
133(9)
390(8)
477(18)
578(7)
弰 120(2)
457(6)
756(7)
弲 117(18)
118(8)
367(5)
454(1)
454(14)
753(9)
觩 609(13)
晝 427(5)
515(7)
642(4)
648(4)
弱 223(17)
524(3)
607(6)
722(7)
弻 429(8)
517(7)
613(1)
705(8)
弢 410(9)
499(1)
慈 453(11)
750(12)
陚 405(14)
493(13)
豉 569(7)
掝 408(2)
496(6)
陼 131(7)
387(12)
474(12)
573(13)
762(15)
陸 140(13)
510(18)
604(13)
687(2)
陵 127(18)
381(11)
469(6)
559(8)
陬 126(2)
378(9)
466(10)
561(6)
陳 114(6)
449(4)
娿 121(9)
372(10)
459(7)
556(8)
奘 137(13)
417(3)
484(17)
543(1)
584(6)
674(6)
娄 570(1)
跳 481(10)
陭 108(6)
440(3)
547(4)
585(1)
盄 136(10)
195(11)
396(5)
483(4)
牂 123(17)
376(8)
458(11)
463(3)
544(7)
挽 135(5)
193(6)
481(3)
孫 115(16)
451(8)
蚩 109(15)
165(16)
360(13)
442(5)
481(3)
嵜 360(13)
442(5)
祟 403(2)
490(17)
585(8)
陲 58(2)
107(14)
163(1)
439(2)
545(7)
陮 477(2)
577(4)
764(17)
陴 359(5)
439(15)
546(11)
陯 114(1)
448(14)
烖 121(1)
371(14)
458(13)
555(10)
陶 119(12)
120(13)
371(5)
458(4)
551(4)
陷 213(1)
239(17)
420(4)
508(14)
603(4)
683(1)
陪 62(6)
113(12)
365(5)
448(1)
院 1027(11)
阸 501(18)
陘 413(13)
502(14)
胥 381(10)
469(6)
559(7)
烝 127(17)
212(9)
469(5)
469(6)
508(11)
559(7)
601(3)

682(2)
[illegible] 64(15) 133(12) 391(1) 478(6)
娡 404(4) 491(19) 587(1)
媄 456(16)
姬 60(7) 109(6) 109(11) 165(9) 360(8) 441(11) 549(13)
娕 141(20) 424(4) 512(11) 607(3) 693(3)
娪 1026(11)
[illegible] 418(15) 507(11)
娠 71(3) 114(4) 449(1) 498(10) 593(4)
[illegible] 139(5) 199(2)
399(14) 487(10) 523(7) 581(10) 618(3)
娓 438(9)
娙 124(14) 464(8) 553(9)
娋 370(5) 457(6) 756(7) 782(6)
[illegible] 501(4)
娌 130(17) 386(15) 473(17) 572(12)
娉 506(9) 599(2) 676(4)
娖 141(20) 424(4) 512(11) 607(3) 693(3)
娟 118(10) 368(8) 454(17) 753(10)
挐 110(15) 121(13) 415(15) 443(13) 459(14) 504(16) 557(7) 746(7)
[illegible] 167(19) 746(7)
恕 405(3) 492(18) 587(13) 643(2)
娛 110(16) 237(1.2) 443(13) 746(12)
[illegible] 614(6)
娥 121(6) 372(6) 459(4) 556(4)
娒 418(12) 507(9)
姤 195(8) 396(3)
[illegible] 558(3)
[illegible] 372(12) 459(9) 556(10)
娞 132(20) 477(5) 577(6) 764(19)
娩 133(15) 135(5) 193(6) 391(5) 411(3) 478(10) 481(2) 499(12)
娧 145(5) 406(9) 494(17) 517(17) 591(10) 613(10) 649(3) 707(5) 768(8)
娣 132(11) 406(14) 476(9) 495(4) 576(7) 589(9) 649(12)
娘 375(4) 462(1) 542(12)
娓 387(8) 474(8) 490(14) 573(8)
砮 61(6) 111(19) 132(6) 363(9) 389(5) 445(7) 476(3) 575(13)
娭 442(4)
哿 136(3) 195(2) 395(11) 482(11)
[illegible] 413(14) 502(16)
[illegible] 414(8) 503(8) 667(6)
脅 234(14) 420(6) 526(10) 621(8) 729(4)
畚 65(7) 133(19) 391(10) 478(14)

翌 376(4) 462(16) 544(2)
𤝺 464(3)
𦊈 140(10) 423(13) 510(3) 512(5) 604(10) 686(7)
𤝟 545(12)
通 161(13) 437(8) 539(2) 640(1)
能 62(16) 128(5) 382(5) 400(7) 448(11) 469(16) 498(5) 593(3) 657(11)
函 460(12)
逡 114(11) 449(9)
矜 127(20) 559(12)
務 405(12) 421(10) 493(10) 588(8) 645(2)
笄 396(6) 483(5)
桑 123(11) 543(12)
剢 145(6) 427(6) 515(8) 518(1) 613(11) 707(9)
罡 399(6) 486(18) 579(13)
紜 114(18) 237(3.2) 450(3)
絅 517(6)
紑 378(6) 466(7) 486(9) 561(3) 579(6)
紎 214(10)
紘 124(9) 464(2) 553(3)
純 64(5) 114(1) 133(6) 448(14) 477(13) 578(2)
紕 60(4) 109(4) 112(10) 164(16) 364(8) 441(9) 549(11) 748(14)
紉 426(11) 514(16)
紗 121(17) 373(6) 456(14) 460(2) 558(1)
納 147(4) 521(9) 618(11) 716(5)
紇 414(11) 503(12)
紝 467(18) 507(17)
絞 457(3) 755(8)
紟 212(4) 419(7) 468(3) 507(18) 559(2) 601(1) 680(9)
紛 115(3) 450(9)
紙 129(12) 471(18) 570(2)
紋 114(17) 450(2)
紡 137(6) 484(8) 569(6)
紞 68(6) 136(20) 483(18) 581(4)
紖 133(8) 390(6) 477(16) 578(5)
紐 138(7) 197(7) 486(1)
紓 110(4) 131(12) 166(18) 388(4) 442(16) 475(2) 574(7) 762(20)
絆 367(2) 452(17)
鄙 360(11) 442(3)
邕 57(2) 162(4) 438(3) 540(6) 640(13)

十一畫

【一】

彗 403(1) 490(15) 490(17) 585(6) 590(4) 652(6)
耜 130(16) 386(13) 473(15) 572(10)
碧 524(1)
鄿 407(2) 495(8) 589(11) 650(5)
春 39(6)

161(20)
437(17)
539(13)
640(8)
[illegible] 60(6)
109(5)
164(19)
360(2)
441(11)
549(12)
球 126(5)
378(13)
466(15)
561(11)
琜 427(10)
515(13)
珵 464(14)
554(2)
[illegible] 61(8)
111(20)
363(10)
445(8)
責 146(9)
431(12)
520(2)
615(1)
713(1)
770(6)
現 413(4)
480(1)
501(12)
595(12)
663(2)
理 130(17)
238(10)
386(15)
473(17)
572(12)
彭 137(18)
485(6)
琔 422(6)
510(16)
605(7)
688(6)
琄 134(15)
393(3)
琇 211(7)
418(7)
507(3)
601(11)
琁 118(10)
368(8)
454(16)
753(4)
[illegible] 61(14)
112(4)
363(15)
445(14)
琈 126(7)
378(15)
466(17)
561(13)
琀 210(4)
416(2)
504(17)
602(12)
671(10)
琂 115(11)
451(2)
琅 123(9)
375(13)
462(10)
543(9)
[illegible] 109(14)
165(15)
442(3)
[illegible] 130(9)
473(7)
572(2)
乗 67(9)
134(13)
392(15)
479(18)
規 108(8)
163(13)
440(7)
547(8)
[illegible] 391(3)
478(8)
捧 129(8)
471(12)
568(7)
掅 506(13)
[illegible] 416(11)
461(13)
505(9)
542(7)
跃 136(2)
195(1)
395(9)
414(14)
482(9)
503(15)
[illegible] 744(19)
745(14)
[illegible] 461(13)
542(7)
振 124(5)
463(13)
552(6)
捨 396(10)
483(9)
堵 132(3)
475(16)
575(9)
捘 381(11)
469(7)
559(8)
抅 446(17)
掫 148(5)
362(12)
444(14)
486(9)
523(6)
579(6)
618(6)
720(3)
措 494(5)
589(5)
647(4)
[illegible] 587(1)
埴 231(10)
525(12)
616(13)
726(7)
埬 740(13)
域 230(6上)
234(4)
617(5)
727(8)
掝 520(4)
捺 143(19)
427(14)
515(17)
610(9)
700(10)
捹 779(2)
掎 129(16)
359(4)
439(14)
472(6)
546(9)
570(7)
埯 68(8)
137(1)

400(13)
484(2)
488(6)
581(5)
掩 139(8)
199(6)
400(2)
487(14)
581(11)
773(8)
𡋯 423(7)
511(16)
㧻 141(14)
423(11)
512(3)
606(10)
捷 147(17)
433(6)
522(11)
617(10)
718(9)
771(23)
排 113(5)
447(8)
748(29)
埱 422(2)
510(12)
掓 510(15)
焉 118(17)
369(1)
455(7)
752(9)
掉 394(7)
413(10)
481(9)
502(12)
597(8)
607(1)
665(10)
趀 431(7)
440(13)
519(13)
548(4)
711(12)
𧺆 129(17)
163(6)
385(5)
472(7)
545(13)
570(8)
𧺊 388(2)
474(18)
574(5)
762(9)
赾 133(13)
391(1)
478(7)
赹 464(17)
554(5)
𧺝 211(12)
507(12)
602(4)
679(11)
𧺐 144(11)
428(15)
516(16)
612(9)
704(5)
埫 471(5)
568(5)
掦 230(2下)
526(6)
610(5)
728(5)
772(10)
堁 409(12)
415(5)
497(16)
504(4)
592(9)
669(6)
掍 133(18)
391(9)
478(14)
捫 115(16)
451(7)
埸 146(1)
431(2)
519(8)
620(13)
769(15)
瓠 143(20)
427(15)
515(18)
611(8)
702(2)
𢫬 147(1)
521(6)
618(7)
堈 123(11)
375(15)
462(12)
543(12)
掆 123(10)
375(15)
462(12)
543(11)
埵 136(3)
195(3)
395(11)
482(12)
捶 472(16)
571(3)
捼 62(8)
113(14)
365(6)
448(3)
掐 423(9)
511(18)
堄 476(13)
576(9)
掜 476(13)
576(9)
敕 210(1)
415(13)
670(11)
欶 145(17)
430(13)
519(4)
616(2)
710(7)
堆 62(5)
113(12)
365(4)
447(17)
推 109(4)
365(6)
441(9)
448(3)
456(5)
549(10)
701(9)
頂 138(2)
197(3)
485(12)
埤 108(3)
439(15)
546(11)
晢 203(4)
408(2)
496(6)
517(14)
590(9)
613(7)

652(9)
706(9)
掀 115(12)
451(3)
[illegible] 768(6)
[illegible] 602(11)
耆 108(15)
164(3)
548(8)
耇 198(4)
579(9)
捨 136(12)
396(7)
483(6)
逵 59(19)
108(20)
164(10)
441(5)
549(4)
埰 498(6)
593(4)
採 133(3)
477(9)
577(10)
授 211(8)
418(9)
601(13)
678(11)
埩 464(8)
553(9)
掙 464(5)

553(5)
埝 223(3)
419(13)
508(7)
523(4)
618(5)
720(1)
捻 148(4)
517(4)
523(5)
618(5)
720(1)
捴 161(12)
堋 128(5)
382(4)
469(15)
掤 469(8)
捪 449(16)
教 414(4)
503(3)
598(1)
667(1)
755(13)
756(3)
掏 120(14)
371(6)
458(4)
551(5)
埳 416(2)
掐 147(10)
432(10)

521(18)
619(6)
717(7)
771(5)
揔 426(10)
514(15)
[illegible] 129(9)
162(9)
384(12)
438(8)
471(14)
540(12)
568(8)
[illegible] 438(8)
掬 140(14)
510(9)
605(2)
687(5)
掠 416(8)
505(6)
524(1)
583(11)
672(9)
[illegible] 464(7)
埻 64(5)
133(6)
477(13)
578(2)
掖 145(20)
431(2)
519(8)

620(12)
711(3)
捽 143(7)
426(11)
514(16)
612(5)
699(6)
培 62(6)
113(12)
365(4)
448(1)
掊 120(7)
138(16)
198(5)
370(11)
399(3)
457(12)
486(14)
550(8)
561(13)
757(6)
接 147(16)
433(3)
522(8)
617(8)
718(6)
771(19)
[illegible] 131(11)
388(2)
474(18)
493(2)

574(5)
762(13)
埲 223(2)
523(3)
捧 433(3)
517(14)
522(7)
718(6)
執 148(6)
223(6)
523(8)
616(3)
720(5)
捲 455(7)
掞 419(9)
508(3)
602(8)
681(6)
埪 161(7)
437(2)
538(8)
控 107(9)
162(14)
201(1)
402(3)
438(12)
489(8)
541(5)
583(1)
埦 765(8)
捩 407(8)

	495(15)		699(5)		776(7)		493(13)		643(2)
	590(3)	掘	142(14)	搴	129(5)		588(10)		723(7)
	651(6)		214(11)		471(8)		645(8)		1023(4上)
	706(2)		513(15)		471(9)	菁	124(15)	菴	414(13)
探	122(4)		610(2)		568(2)		464(9)		598(8)
	460(13)	[illegible]	117(12)		568(4)		553(10)	菈	521(9)
	564(10)		453(10)	基	109(11)	菾	127(15)	萁	109(8)
	602(13)	殻	553(1)		165(9)		381(7)		109(11)
揵	133(14)	掇	143(14)		441(17)		469(3)		165(2)
	391(4)		427(6)	聆	125(6)		564(3)		165(9)
	478(9)		515(8)		465(6)	萇	122(16)		360(5)
埭	497(15)		611(2)		555(2)		374(13)		441(13)
	498(1)		701(10)	斟	721(11)		461(12)		441(17)
	592(13)	堊	524(18)	勘	416(2)		542(7)		550(3)
	657(4)		608(4)		504(17)	菝	143(20)	菆	378(9)
埽	395(6)		724(11)		602(13)		427(7)		466(10)
	414(14)		1024(3上)		671(8)		427(15)		561(6)
	482(6)	貼	127(15)	聊	369(8)		515(10)		588(10)
	503(15)		469(2)	聉	132(19)		515(18)		645(10)
掃	135(19)		564(2)		428(1)		611(8)	若	136(13)
	194(10)	聃	404(6)		477(3)		702(2)		148(14)
	395(6)		492(3)		513(12)	菑	378(12)		223(16)
	482(6)	聁	122(9)		516(2)		466(13)		396(9)
揖	378(8)		373(13)		577(5)		561(9)		483(8)
据	110(5)		460(10)		611(12)	著	405(4)		524(3)
	166(18)		461(1)		702(10)		443(11)		607(6)
	361(10)		564(7)		764(18)		492(18)		722(7)
	442(16)		565(4)	堅	405(13)		524(10)	菻	139(1)
堀	214(12)	联	366(9)		588(9)		524(11)		198(10)
	610(2)		452(10)		645(5)		587(13)		399(8)
	696(11)		708(6)	娶	405(14)		607(10)		487(3)

601(2)
菥 439(17)
547(1)
708(9)
768(17)
萊 62(13)
113(17)
365(11)
448(7)
498(6)
593(3)
菘 161(2)
436(15)
538(4)
744(18)
745(13)
逨 425(5)
513(10)
堇 64(15)
133(12)
391(1)
478(6)
軖 138(3)
406(12)
495(1)
萰 740(13)
勒 230(1下)
526(5)
610(5)
728(4)
772(8)
遣 524(16)
608(2)
724(8)
1023(15)
黄 123(12)
376(2)
462(14)
544(1)
菽 205(7)
410(6)
498(16)
593(9)
莿 402(9)
菡 116(15)
452(12)
逌 388(14)
475(14)
575(6)
菴 127(12)
468(16)
563(10)
759(13)
萎 420(7)
508(18)
萐 147(20)
522(3)
522(16)
617(13)
719(6)
771(17)
771(31)
萋 112(7)
364(4)
446(1)
剸 771(17)
771(33)
菲 109(18)
131(3)
166(4)
361(2)
387(6)
404(14)
442(9)
474(6)
492(13)
573(6)
579(1)
587(9)
642(1)
菽 140(18)
422(4)
510(15)
605(5)
688(3)
菋 404(11)
492(8)
587(6)
菒 770(2)
菓 136(3)
菎 115(15)
451(6)
菖 542(5)
萌 124(9)
464(2)
553(2)
葛 462(18)
544(9)
萛 386(15)
473(18)
菌 64(7)
133(8)
390(6)
477(16)
578(5)
萫 147(2)
521(7)
521(13)
618(8)
716(2)
茵 137(6)
397(10)
萎 57(18)
162(19)
438(17)
545(4)
萸 111(5)
444(7)
575(3)
荄 555(13)
萑 60(2)
109(2)
116(3)
164(13)
441(7)
451(15)
549(8)
萆 130(18)
431(8)
519(15)
546(11)
572(13)
菂 768(23)
莶 63(10)
380(8)
468(4)
468(5)
559(3)
萮 451(12)
菜 498(6)
593(3)
莘 124(11)
464(5)
553(5)
菉 450(9)
菍 161(12)
437(7)
539(1)
743(11)
菮 112(10)
446(7)
748(14)
菢 587(9)
菔 230(6下)

	234(12)		363(3)	菭	456(5)		610(3)	梂	561(11)
	510(6)		398(10)	落	113(15)	菡	68(4)	梗	137(13)
	526(8)		445(1)		365(8)		136(18)		196(3)
	610(7)		486(4)		448(4)		397(1)		484(17)
	728(10)		580(1)	菅	116(20)		483(15)	梀	141(12)
	772(15)	萎	433(4)		453(2)		581(1)		146(12)
菟	493(17)		522(8)	荂	538(6)	葹	424(3)		219(2)
	588(13)		718(7)	菀	65(4)		512(11)		423(7)
	646(5)		771(20)		133(16)	菑	165(13)		511(16)
萄	120(14)	菸	110(11)		391(6)	栟	201(1)		520(7)
	371(6)		167(10)		478(11)		489(7)		604(8)
	458(5)		405(5)	菮	407(8)		582(13)		606(7)
萏	580(10)		443(8)		495(14)	械	204(5)		615(4)
莟	370(15)		493(2)		590(2)		409(1)		645(6)
	457(15)		762(16)		651(5)		497(4)		685(6)
	550(10)	萕	422(3)	萷	117(13)		591(11)		691(7)
	757(10)		510(13)		453(10)		655(1)		713(8)
菊	140(14)	菤	480(16)	乾	116(11)	楑	456(16)		770(15)
	510(9)	菼	68(6)		366(7)	梔	549(13)	梧	61(9)
	605(1)		136(20)		452(8)	彬	449(15)		111(20)
	687(4)		397(3)		776(9)	梵	213(3)		363(10)
菿	204(6)		483(18)	菉	141(10)		402(1)		445(9)
	409(2)		581(4)		423(5)		436(17)		494(1)
	497(5)	菏	120(18)		511(13)		508(17)	桓	211(11)
	655(3)		371(12)		606(5)		603(7)		418(14)
萃	403(15)		458(10)		691(3)		683(8)		602(2)
	491(15)	萍	125(10)	瓯	360(3)		744(10)		679(8)
	586(10)	菧	438(14)		441(11)	婪	122(4)	梄	197(11)
荛	480(15)		544(13)	萻	361(10)		460(12)		211(8)
菩	61(1)		547(10)		442(17)		461(1)		601(13)
	111(15)	菈	618(11)	菌	514(10)		564(9)	梏	545(13)

桭 448(12) 165(11) 442(1)
梜 147(14) 522(5) 619(9) 718(2) 771(15)
梐 112(11) 132(13) 239(8) 446(7) 476(12) 576(9) 748(14)
桱 417(13) 506(11)
梢 120(1) 370(4) 395(1) 457(5) 482(2) 756(8) 757(2)
桯 125(2) 465(1) 465(8) 554(8) 555(4)
梘 370(12) 457(13) 550(8)
梩 109(12)
梬 137(19) 485(7)
梋 367(7) 454(2) 751(8)
棚 429(8)
桍 63(9) 63(13) 468(2) 468(7) 559(1) 559(5)
梏 141(4) 422(12) 511(6) 605(13) 689(12)
𣑭 509(15) 604(5) 685(4)
梅 113(9) 365(1) 447(14)
梔 162(16) 438(14) 544(13) 760(8)
椴 431(15) 520(4) 770(10)
梌 363(15) 373(8) 445(15) 460(4) 558(3)
桸 58(7) 70(6上) 163(6) 166(13) 361(7) 439(7) 442(14) 545(13)
桼 142(2) 424(7) 512(14) 608(12) 693(9)
桽 371(15) 458(14) 555(11)
麥 146(7) 431(11) 519(18) 614(12) 712(8) 770(2)
速 448(8) 498(6)
梤 611(2) 613(12)
桴 126(6) 378(15) 466(17) 561(13) 575(8)
桵 59(16) 164(7) 441(2) 548(13)
梒 122(4) 564(8)
桷 141(12) 423(8) 511(17) 606(7) 691(8)
桻 57(6) 162(7) 438(5) 540(10)
梓 130(20) 238(11) 387(2) 474(2)
梳 110(10) 167(9) 443(6) 746(8)
梲 143(4) 145(5) 215(11) 426(7) 514(11) 515(8) 517(18) 612(2) 613(11) 698(10) 707(7) 768(10)
梯 112(15) 446(13) 748(4)
梡 116(3) 365(13) 451(16)
桹 123(8) 375(12) 462(9) 543(8)
桾 115(3) 450(8)
梫 63(8) 138(20) 198(9) 380(5) 399(8) 468(1) 487(2) 558(13)
梮 690(7)

⿰木忽 587(5)
蛋 143(20) 427(15) 515(18) 611(7) 702(2)
桶 471(6) 568(1)
梭 121(1) 371(14) 458(14) 555(10)
救 211(3) 506(15) 601(6) 677(5)
教 698(8)
軠 123(6) 375(9) 462(7) 543(5)
⿰車开 748(11)
軶 146(12) 520(6) 615(4) 713(7) 770(14)
軘 115(18) 451(10)
或 429(3) 517(1) 612(11) 704(10)
軛 465(11)
⿰車止 477(8) 577(9)
軜 147(4) 521(10) 618(11) 716(6)
軞 550(13)
斬 139(12) 400(9) 581(6)
⿰車反 391(6) 478(11)
軝 439(6) 545(12)
⿰車卯 505(12) 584(2) 673(10)
軗 134(17)
⿰車亢 484(16) 569(13)
專 118(12) 368(11) 455(1) 753(12)
⿰區阝 133(14) 391(3) 478(8) 499(13) 597(5)
曹 120(16) 371(10) 458(8) 551(8)
敕 141(14) 616(11) 726(4)
欶 418(15) 423(10) 509(15) 512(2) 606(9) 691(12)
副 211(6) 418(5) 507(1) 526(3) 601(9) 678(1) 727(11) 772(3)
區 111(5) 444(8) 746(15)
敌 131(5) 387(10) 474(9) 573(10) 762(8)
堅 117(12) 453(9)
豉 490(2) 584(9)
瓩 418(14) 507(10)
⿰豆欠 211(12) 419(1) 507(12) 679(11)
票 456(18)
鄄 465(1) 501(18) 554(9) 596(3) 664(1)
⿰酉市 143(13) 216(9) 427(5) 515(7) 611(1) 701(9)
⿰酉屯 114(13) 449(13)
酗 405(10) 493(8) 588(6) 644(9)
酘 211(10) 418(14) 507(10) 602(2) 679(7)
⿰酉亢 137(13)
酖 122(5) 373(15) 460(14) 564(11)
殹 407(5) 495(11) 589(12)
屑 62(17) 113(20) 448(13)
啟 449(1)
⿰启欠 390(9) 477(19) 578(7)
戚 145(17) 430(12) 519(3) 616(1) 710(6)
帶 494(10) 591(4)
戛 428(3) 516(3) 611(10) 702(7)
鄏 752(4)
硞 143(20) 427(15) 611(8)

702(3)
硭 123(1) 375(3) 462(1) 542(12)
盍 211(3) 418(1) 485(18) 506(14) 601(6) 677(4)
硈 204(3) 497(1)
硐 160(15) 436(10) 537(12)
硇 469(12)
硫 453(7) 750(4)
硟 367(10) 454(4) 502(2) 596(5) 664(5)
硂 753(3)
硊 130(5) 473(2) 571(6) 764(16)
䂭 743(7)
硌 524(14)

608(1) 724(3) 1023(10上)
硛 621(2)
硉 426(10) 514(14) 699(4)
硍 66(12) 134(9) 392(11) 479(13) 765(18)
䃂 395(5)
勔 135(1) 193(1) 480(13)
瓠 494(1) 589(2) 646(9)
匏 120(6) 370(10) 457(11) 550(7) 757(6)
奊 135(18) 194(9) 395(4) 482(4)
奢 121(11) 372(13) 459(10)

557(3)
㦹 617(6) 727(9) 772(2)
奞 456(3) 549(4)
瓻 523(7)
爽 69(5) 137(4) 484(5) 569(3)
欶 147(12) 432(13) 522(3) 619(8) 717(11) 771(10) 771(32)
掎 472(7) 570(8) 585(5)
掩 396(13) 483(12) 580(11)
捼 409(11) 497(15) 656(9)
豜 117(13) 453(10)
豽 742(4)
豛 431(9)

519(16) 621(6)
豝 121(16) 373(5) 460(1) 557(10)
㣇 423(6) 423(7) 511(15) 511(16)
䝐 423(11) 512(3)
殑 128(2) 382(1) 469(11) 559(13) 682(7)
殏 378(14) 466(15) 561(12)
殐 509(15)
峪 124(9) 464(3) 553(3)
殍 111(9) 130(12) 362(11) 386(9) 444(12) 473(10) 481(14)

572(5)
殞 509(13)
覕 432(2) 520(8) 770(14)
盛 417(12) 464(13) 506(10) 554(1) 599(3) 676(7)
匾 480(2)
雩 110(18) 237(1.4) 443(16) 443(17) 746(17) 746(18) 747(2) 747(3)
雭 148(11) 223(11) 523(15) 616(8) 721(7)
雪 145(4) 517(16) 613(10) 707(4) 768(7)
雲 555(2)

頃　137(20)　485(9)
⿰弋隹　230(4上)　525(17)　617(4)　727(5)
䃏　460(12)　564(8)

【丨】

⿱非土　642(4)
⿱非大　166(5)　442(9)
⿱非巴　387(6)　403(6)　474(6)　491(3)
婓　109(18)　166(4)　361(2)　442(9)
⿰非阝　409(7)　592(11)　656(2)
蜚　772(14)
祡　113(1)　447(3)　556(12)　748(23)
⿱北日　402(10)　490(8)　495(2)　585(1)　589(7)　649(8)
⿸虍支　585(4)
逴　141(19)　224(1)　424(2)　512(10)　524(6)　607(2)　607(8)　692(11)　723(1)
郞　124(17)　464(12)　553(13)
离　144(20)　517(11)　613(5)　706(5)
鹵　132(3)　389(1)　475(16)　575(8)
虚　110(10)　167(9)　362(2)　443(7)
虘　363(12)　372(5)　445(12)　459(3)　556(3)
⿸虍甫　432(15)　522(4)
⿸虍由　363(12)　445(11)
虖　443(18)　746(18)　747(2)
⿰虎匕　514(2)
彪　126(17)　467(11)　563(2)
處　131(8)　387(13)　405(7)　474(13)　493(5)　574(1)　588(3)　762(18)
慮　140(11)　510(5)　604(11)　686(8)
雀　224(2)　524(7)　607(8)　723(2)
釓　486(14)
堂　123(6)　375(10)　462(7)　543(6)
常　123(2)　375(4)　462(2)　542(13)
眶　543(3)
眭　162(20)　359(12)　439(1)　440(5)　441(8)　447(1)　545(6)　547(6)　748(19)
戦　366(8)
眲　404(6)　492(3)
鄍　119(5)　369(12)
⿰目戎　425(3)　610(13)　696(1)　609(8)
啈　471(9)　568(3)
鄖　430(11)　519(2)　616(1)
眱　364(8)　440(9)　446(5)　547(12)
⿰目比　204(2)　408(12)　496(17)　600(4)　654(5)
㬥　392(9)　479(11)　597(1)　765(14)
晣　517(14)
⿰是刂　364(5)　446(2)
匙　58(9)　107(18)　163(8)　439(9)　546(4)
晡　61(13)　112(3)　363(14)　445(13)
⿱目大　137(15)　485(2)
晤　494(1)　589(2)　646(8)
眮　129(6)

471(9)
489(10)
568(3)
583(2)
晨 114(4)
448(17)
晤 428(5)
516(5)
703(8)
䀏 144(10)
516(15)
612(8)
704(2)
䀬 369(2)
455(7)
䀘 147(11)
432(11)
619(6)
717(9)
771(7)
眺 502(10)
597(7)
665(6)
敗 409(5)
592(3)
655(9)
販 71(15)
206(6)
219(3)
411(1)
499(10)
597(3)
眨 139(5)
199(3)
399(14)
487(10)
581(12)
眴 114(10)
413(1)
449(8)
501(8)
662(6)
略 524(1)
524(14)
䀯 398(2)
485(12)
眵 108(7)
210(3)
440(5)
547(6)
䀨 123(16)
376(8)
463(2)
544(1)
544(6)
䀭 448(6)
眻 416(8)
461(5)
505(6)
541(8)
672(9)
眯 132(12)
239(8)
476(12)
576(8)
眼 67(6)
134(11)
392(12)
479(15)
765(18)
眸 126(8)
379(1)
466(18)
562(1)
野 131(12)
136(10)
195(10)
388(4)
396(5)
483(4)
圊 124(15)
464(9)
553(10)
啞 136(11)
146(17)
396(6)
432(2)
483(5)
520(8)
520(16)
620(8)
714(8)
770(14)
𣂑 523(10)
616(4)
720(8)
唭 404(9)
492(7)
㖃 111(10)
362(12)
444(14)
523(6)
唶 210(1)
415(13)
504(13)
600(10)
670(10)
啚 61(6)
111(18)
363(7)
386(3)
445(6)
473(3)
571(8)
1026(8)
閈 207(1)
411(10)
500(1)
594(7)
658(11)
779(11)
閉 144(16)
202(9)
407(5)
495(11)
517(7)
589(13)
613(1)
650(9)
705(8)
晛 526(7)
772(13)
睍 501(12)
595(12)
663(2)
勖 141(7)
423(1)
511(9)
606(2)
690(6)
唻 129(3)
418(15)
問 71(12)
206(1)
499(5)
594(1)
㖪 422(8)
431(14)
511(1)
520(4)
614(13)
770(10)
婁 126(11)
362(8)
379(6)

444(10)
467(4)
562(6)
鄂 746(11)
曼 219(3)
411(2)
499(11)
594(10)
597(4)
翈 147(13)
432(15)
522(4)
619(9)
718(1)
771(13)
啀 113(2)
447(5)
557(1)
748(20)
晧 194(7)
395(3)
482(2)
晦 62(2)
497(13)
592(7)
656(6)
⿰口奇 427(12)
515(15)
晞 110(2)
166(12)
361(6)
442(14)
唵 136(16)
396(13)
483(12)
580(11)
冕 135(5)
193(6)
481(2)
晚 133(15)
391(5)
478(10)
499(11)
啄 141(15)
423(11)
512(3)
692(2)
啑 147(15)
495(1)
522(6)
589(6)
619(11)
649(6)
718(5)
771(16)
晙 410(9)
410(9)
499(1)
499(2)
593(12)
啡 133(3)
477(9)
577(10)
畦 112(19)
446(18)
748(19)
畤 130(14)
386(12)
473(13)
572(9)
異 404(7)
492(4)
587(4)
䀨 437(14)
539(9)
744(17)
745(12)
⿰口叔 422(7)
430(9)
510(18)
518(18)
605(7)
688(7)
趼 479(18)
501(13)
663(4)
750(13)
跡 143(14)
216(10)
427(6)
515(9)
611(2)
701(11)
跂 402(11)
439(6)
490(9)
545(13)
585(2)
距 131(9)
387(15)
574(3)
762(11)
趾 130(15)
386(12)
473(14)
572(9)
跀 614(5)
⿰⻊氐 472(2)
570(3)
760(2)
趽 123(17)
376(9)
416(15)
463(3)
505(14)
544(8)
跁 136(12)
396(7)
略 148(12)
223(14)
524(1)
607(4)
722(2)
⿰虫去 762(10)
蚶 122(10)
461(3)
565(5)
蛄 61(4)
111(17)
363(5)
445(4)
蚵 372(8)
459(5)
556(6)
⿰虫希 494(4)
蚾 517(10)
609(13)
蚲 377(3)
463(12)
552(4)
蛅 468(15)
563(9)
759(6)
⿰虫旦 427(14)
515(17)
蛆 110(9)
110(14)
167(7)
167(16)
443(12)
蚰 125(16)
377(14)
465(18)
560(8)
蚺 127(11)

468(14)
563(9)
759(6)
蛊 742(10)
蜠 432(14)
522(4)
771(12)
圉 131(5)
387(10)
474(9)
573(10)
762(8)
䏶 465(11)
555(5)
蛈 429(4)
517(2)
蚱 431(13)
520(3)
770(7)
蚫 545(3)
蚷 125(20)
378(6)
466(7)
561(3)
蚹 405(9)
493(7)
蚮 526(6)
蛉 125(5)
465(5)
554(13)
蚳 59(11)
108(15)
164(2)
440(15)
548(7)
蚼 399(4)
444(1)
486(16)
579(11)
746(14)
蛀 588(5)
蚿 117(13)
453(11)
750(11)
蛇 438(15)
蚭 440(15)
548(6)
748(5)
蚰 513(15)
768(10)
蛁 118(20)
369(5)
455(10)
唬 415(9)
504(9)
600(6)
670(2)
757(8)
累 129(15)
472(5)
490(5)
570(6)
584(12)
772(13)
鄂 524(17)
608(3)
724(9)
1024(1上)
瓻 413(1)
501(9)
595(10)
662(8)
唱 505(11)
584(2)
673(9)
國 230(8下)
234(13)
526(9)
610(8)
729(1)
患 412(10)
501(1)
596(12)
661(7)
啯 390(6)
578(5)
喎 447(3)
748(24)
唾 209(7)
415(4)
504(3)
599(9)
669(6)
唲 447(6)
557(1)
748(21)
唯 108(19)
130(12)
164(8)
238(6)
386(9)
441(3)
473(11)
549(1)
572(6)
蚫 484(4)
569(2)
啜 211(8)
418(10)
507(6)
601(13)
678(11)
唸 419(12)
501(16)
508(6)
596(2)
啁 126(5)
378(12)
466(14)
561(10)
啗 581(3)
672(6)
唊 58(6)
70(6上)
107(17)
163(6)
439(6)
545(13)
547(6)
啍 451(10)
451(11)
啐 409(6)
409(10)
409(12)
497(10)
497(14)
497(17)
592(8)
592(9)
656(8)
657(1)
唹 110(11)
167(11)
362(3)
443(8)
啋 223(2)
432(15)
522(5)
523(2)
718(2)
719(10)
啌 541(5)
唳 407(8)
495(14)
590(2)

613(4) 651(5)
唰 145(7) 429(10) 518(3) 613(13) 708(1) 768(14)
啒 426(5) 514(9) 514(13)
⿰口函 564(8)
啜 145(10) 203(8) 408(8) 429(14) 496(13) 518(7) 591(1) 614(2) 653(10) 708(6) 768(16)
⿰豈支 484(10)
翈 400(1) 487(13)
帳 416(10) 505(8) 583(12)
帾 475(17) 575(9)
帺 404(8)
⿰山取 111(10) 362(12) 444(14)
⿰巾取 381(7) 469(3) 523(1) 564(2)
崍 62(13) 113(17) 365(11) 448(7)
⿰山松 538(4) 742(12) 745(2)
⿰巾松 471(16)
崠 740(13)
崖 113(2) 447(5) 557(1) 748(20)
⿰山制 116(8) 452(4)
崎 107(19) 109(20) 163(7) 166(9) 361(5) 439(7) 442(12) 546(2)
崦 127(12) 468(16) 563(10) 759(13)
崨 433(6) 771(23)
⿰山戔 66(14) 134(10) 392(12) 479(14) 765(16)
帴 117(11) 366(14) 412(7) 428(4) 453(9) 500(15) 516(5) 776(8)
罣 590(1) 748(19)
崐 115(15) 451(6)
⿱山具 525(13)
⿰巾沓 147(2) 521(7) 618(8) 716(2)
⿰山岡 123(10) 375(15) 462(12) 543(11)
崔 62(4) 62(5) 113(11) 113(12) 365(3) 365(4) 447(17) 447(17)
帷 109(3) 164(14) 441(7) 549(8)
崥 130(1) 472(13) 570(13)
崟 63(10) 127(4) 468(4) 559(6)
崘 115(19) 451(12)
崤 119(19) 370(13) 457(2) 457(13) 550(9) 755(7)
⿰山呼 124(11) 464(4) 552(2) 553(5)
崩 128(3) 382(3) 469(13)
⿱山虱 447(1) 748(19)
⿰巾臽 432(10) 521(18) 619(5)
崞 231(6) 525(7) 608(8) 725(10) 1024(12上)
崒 142(8) 425(2) 513(6) 609(7) 695(8)
⿰巾卒 497(14)
⿰山音 138(14) 198(2) 399(1) 486(11) 579(7)
⿰山妾 433(2) 522(6) 771(17)
⿰巾炎 381(1) 468(14) 759(6)

字	頁碼	字	頁碼	字	頁碼	字	頁碼	字	頁碼
崈	161(2)		555(8)		511(7)	梨	59(13)	𥫩	57(8)
	436(14)		599(9)		605(13)		108(16)		162(9)
	538(3)		669(5)		689(12)		164(4)		438(7)
悰	744(16)	勖	144(4)	悇	111(18)		440(17)		540(12)
	745(11)		428(5)		363(7)		548(10)	䇫	110(14)
崆	38(1)		514(15)		363(9)	犁	548(10)		167(17)
	161(7)		516(6)		445(6)	秱	740(15)		443(12)
	437(2)		611(12)	㸷	518(2)	秳	427(3)	䇢	122(7)
	538(8)		702(11)		768(12)		515(5)		374(3)
	541(5)	【丿】		㸸	464(18)	䅌	753(3)		460(17)
崛	142(15)	釲	764(9)		554(5)	秴	618(9)		565(1)
	214(11)	釺	474(14)	甜	127(15)	𥟂	539(5)	笨	65(11)
	513(15)		574(1)		381(7)	秵	231(3)		134(1)
	610(2)	毴	112(17)		469(3)		525(3)		391(13)
	696(11)		446(15)		564(2)	移	57(16)		478(15)
嵫	117(12)	毬	466(16)	䑨	771(34)		162(16)		478(18)
	453(10)	覒	414(11)	䅅	748(16)		438(14)	笴	66(7)
崡	397(1)		503(12)	秲	404(8)		544(13)		134(5)
	483(16)	𤚼	563(1)		492(5)	秔	373(10)		136(3)
	581(1)	㹀	755(10)	秸	611(11)		416(1)		392(6)
圈	133(16)	牻	57(10)		702(7)		460(6)		479(8)
	135(2)		162(11)	𥞒	139(8)		504(17)	䇭	223(5)
	193(3)		438(9)		199(7)	秺	558(6)		374(5)
	391(6)		541(2)		400(4)	𥞃	746(7)		461(3)
	478(11)	牼	124(8)		487(16)	逶	57(18)		523(6)
	480(16)		464(1)		580(8)		162(19)		565(5)
過	120(19)		464(3)	𥞩	407(8)		438(17)		618(7)
	371(12)		553(1)		495(15)		545(4)	笡	210(3)
	415(4)		553(4)		590(13)	動	129(6)		415(15)
	458(11)	牿	141(4)		653(6)		471(9)		504(16)
	504(3)		422(13)	秷	694(3)		568(3)		600(12)

671(6)
笪 216(11)
392(6)
412(3)
427(9)
479(7)
500(11)
515(11)
515(12)
595(1)
659(4)
笚 521(13)
771(14)
笛 145(13)
518(15)
615(11)
709(8)
768(25)
䇦 484(15)
569(13)
䇧 400(1)
487(13)
580(6)
笙 124(6)
463(14)
552(7)
笶 130(9)
386(6)
473(7)
572(2)
笮 146(16)
431(13)
520(2)
520(14)
525(4)
608(7)
620(4)
670(5)
714(5)
725(5)
770(7)
1024(8上)
符 111(7)
444(10)
笭 125(7)
138(6)
465(6)
485(16)
555(3)
笱 138(16)
198(4)
399(2)
486(13)
579(9)
笧 146(9)
笗 744(11)
745(6)
笠 148(9)
223(9)
523(12)
616(6)
721(2)
笵 581(13)
竽 387(12)
474(11)
573(12)
笥 404(4)
492(1)
587(1)
笈 546(3)
笢 64(10)
133(10)
390(9)
477(19)
578(7)
第 131(1)
387(4)
406(14)
495(4)
589(8)
649(11)
笰 513(14)
609(13)
笯 61(7)
111(19)
363(8)
373(2)
445(7)
459(14)
494(4)
557(7)
589(4)
647(1)
笳 121(14)
373(2)
459(15)
557(8)
笞 109(14)
165(16)
442(4)
敏 133(7)
390(5)
409(9)
477(14)
578(4)
偆 390(3)
477(13)
578(1)
侸 405(8)
493(6)
偡 139(11)
400(8)
488(2)
581(6)
偞 618(7)
771(33)
偃 133(13)
391(3)
478(8)
偪 526(1)
偠 135(8)
193(10)
481(7)
偭 502(1)
596(4)
664(3)
偄 412(8)
500(16)
595(5)
661(3)
舅 475(1)
郥 466(9)
躭 423(6)
511(15)
偕 113(4)
447(7)
748(26)
偝 409(7)
497(11)
592(11)
偵 464(12)
506(6)
553(13)
599(2)
悠 125(15)
377(13)
465(17)
560(7)
昝 371(3)
458(2)
551(2)
偍 760(1)
側 230(9上)
234(6)
526(3)

617(7)
728(1)
772(4)
偒 137(9)
397(13)
484(13)
569(11)
偶 138(16)
198(4)
399(2)
419(4)
486(14)
507(16)
579(9)
偈 203(8)
408(8)
496(13)
517(14)
591(1)
653(10)
偎 364(15)
447(13)
偲 62(14)
113(18)
448(9)
偘 66(8)
392(8)
412(5)
479(10)
500(12)
779(17)
偭 147(11)
432(12)
522(2)
523(17)
619(7)
717(10)
771(8)
傀 62(3)
113(10)
365(1)
447(15)
477(5)
577(6)
764(11)
候 211(9)
507(7)
601(13)
679(1)
偱 114(12)
偫 130(19)
238(11)
387(1)
474(1)
573(1)
偷 126(13)
379(9)
467(7)
562(10)
御 520(15)
524(8)
714(6)
723(5)
1023(1上)
[illegible] 439(2)
545(7)
偁 128(2)
381(15)
469(11)
559(13)
貨 415(2)
504(1)
599(7)
669(10)
偑 744(10)
745(5)
售 211(8)
418(10)
601(13)
678(11)
進 205(7)
410(7)
498(17)
593(9)
偯 131(2)
238(14)
474(5)
573(4)
停 125(2)
465(1)
554(9)
偙 406(12)
495(1)
傞 121(3)
372(2)
372(2)
458(17)
555(13)
偤 560(9)
俾 115(18)
451(5)
451(11)
偏 118(6)
368(3)
454(11)
665(3)
郫 376(4)
462(16)
544(2)
𨈏 59(7)
108(11)
108(12)
163(18)
440(11)
548(2)
躭 122(5)
460(14)
564(11)
臯 538(3)
臬 119(1)
369(7)
455(13)
鳥 135(7)
193(8)
481(5)
兜 126(15)
379(11)
467(9)
562(12)
皐 120(8)
370(14)
457(14)
550(10)
757(10)
皎 135(6)
193(8)
394(3)
481(4)
皏 485(6)
㒅 498(3)
假 136(11)
396(6)
415(8)
483(5)
504(8)
600(6)
670(1)
鄅 131(14)
388(5)
475(3)
574(9)
鄉 211(9)
418(11)
507(7)
562(4)

601(13)
679(1)
偓 141(18)
424(1)
512(8)
607(1)
692(9)
偋 417(11)
506(10)
599(1)
676(5)
偉 131(3)
238(15)
387(7)
474(7)
573(7)
衅 205(8)
410(7)
498(17)
593(10)
[illegible] 400(5)
400(14)
487(18)
488(7)
580(9)
581(13)
[illegible] 441(5)
549(5)
586(6)
徠 365(12)
448(8)
[illegible] 744(19)
745(14)
術 142(9)
214(4)
425(1)
513(5)
609(6)
695(7)
徚 740(13)
徛 129(16)
385(4)
439(8)
472(6)
546(2)
570(7)
584(12)
徘 62(6)
113(12)
365(4)
448(1)
徙 129(19)
472(11)
570(11)
得 230(11上)
234(7)
526(5)
610(5)
772(7)
[illegible] 472(13)
570(13)
從 57(4)
162(5)
437(14)
489(17)
539(9)
540(8)
744(19)
745(14)
[illegible] 551(4)
衙 413(1)
501(8)
595(10)
662(7)
訢 411(12)
舸 136(3)
195(2)
395(11)
482(11)
舳 140(14)
510(9)
605(1)
687(4)
舴 146(14)
431(13)
432(4)
520(3)
520(11)
620(2)
713(11)
770(7)
770(19)
舶 146(14)
520(12)
620(3)
714(1)
舲 125(5)
465(5)
554(13)
[illegible] 495(1)
649(7)
[illegible] 126(15)
379(11)
467(9)
562(12)
船 118(10)
368(9)
454(17)
舷 117(13)
453(11)
舥 383(2)
470(8)
敍 131(12)
388(3)
475(1)
574(6)
斜 121(11)
372(13)
459(10)
557(4)
悆 405(6)
493(4)
588(3)
643(11)
釬 411(10)
500(1)
594(7)
658(11)
779(10)
釫 61(12)
112(3)
363(13)
445(12)
459(13)
釭 57(9)
107(6)
161(8)
161(10)
162(10)
437(3)
437(15)
438(9)
538(9)
539(10)
541(1)
743(5)
774(8)
釱 406(14)
494(9)
495(4)
589(9)
591(4)
650(1)
釴 525(17)
釥 394(12)

釦 138(19) 198(7) 399(5) 486(18) 579(13)
釳 142(17) 514(1) 610(4) 697(6) 697(7)
釧 502(1) 596(4) 664(3)
彫 213(2) 420(5) 508(16) 603(5) 683(5)
釣 413(10) 502(11) 597(7)
鈒 148(10) 223(11) 523(15) 616(8) 721(7)
釪 145(7) 518(4) 613(13) 708(1)
釵 113(2) 447(4) 460(1) 556(13) 748(22)
[illegible] 126(13) 379(9) 467(7) 562(10)
郵 111(5) 362(14) 444(6) 444(16)
瓻 431(10) 519(18) 520(12) 548(4)
欷 163(20) 404(15) 492(14) 587(10) 642(6)
悉 142(1) 424(6) 512(13) 608(11) 693(8)
瓵 770(2)
谻 450(6)
欲 141(9) 423(4) 511(12) 606(4) 690(11)
[illegible] 146(15) 620(3) 714(2)
彩 133(4) 389(15) 477(9) 577(11)
[illegible] 494(14) 518(2) 648(8)
覓 145(15) 430(9) 518(18) 615(6) 710(1) 769(5)
[illegible] 362(11) 444(13) 591(7)
豣 751(2)
豽 144(1) 428(2) 516(2) 611(9) 702(5)
[illegible] 742(6)
[illegible] 135(15) 395(1) 482(1)
飥 524(16)
畬 400(1) 487(12) 508(7) 580(5) 602(11) 681(12)
貪 122(4) 460(13) 564(9)
觕 759(1)
翎 465(7) 555(1)
貧 449(17)
[illegible] 753(11)
脈 517(14)
脚 148(13) 223(14) 524(2) 607(4) 722(3)
脝 771(26)
脰 60(7) 109(6) 163(16) 360(2) 441(11) 547(11) 549(13)
脙 378(10) 378(14) 466(11) 466(16) 561(11)
脖 426(7) 514(10)
脯 131(15) 237(2.2) 388(6) 475(4) 574(10)
脰 126(15) 211(11) 418(14) 507(10) 602(3) 679(7)
脤 64(10) 133(10) 390(9) 477(19) 578(7)
脥 400(3) 487(16) 580(7)
䏶 384(14) 471(16) 568(10)
脛 197(5) 211(1) 417(13) 485(15)

506(12)
599(4)
676(10)
胭 477(16)
578(5)
脡 454(16)
脢 113(10)
409(8)
447(14)
497(12)
脪 391(2)
410(15)
478(7)
499(8)
594(4)
脞 372(12)
459(9)
483(3)
556(10)
560(2)
脟 145(6)
518(1)
613(11)
768(12)
脬 120(4)
457(9)
757(5)
脮 132(19)
477(3)
577(5)
764(18)
脸 122(4)
460(11)
564(9)
脕 391(5)
411(2)
脫 143(11)
216(7)
427(3)
427(5)
515(5)
515(8)
610(13)
701(6)
脘 134(4)
594(12)
765(6)
脧 365(6)
448(3)
彫 118(19)
369(4)
455(10)
匐 230(7下)
234(12)
526(8)
610(8)
728(10)
772(15)
頄 126(5)
378(13)
466(14)
549(5)
561(10)
匒 422(1)
422(3)
510(11)
510(14)
魚 110(3)
166(16)
361(9)
442(15)
象 69(2)
137(2)
484(2)
568(13)
逸 142(3)
424(8)
翎 388(13)
475(12)
575(5)
猜 62(14)
113(18)
448(9)
猛 505(14)
猪 110(11)
167(11)
362(3)
443(8)
746(6)
猎 431(8)
519(15)
607(9)
712(3)
猫 756(9)
757(4)
猗 108(6)
129(16)
359(10)
440(3)
547(4)
㹴 66(11)
392(10)
479(12)
猇 119(19)
370(2)
457(2)
457(8)
755(8)
猓 136(3)
395(11)
482(11)
猖 122(15)
461(11)
542(5)
猲 146(12)
432(1)
520(7)
615(4)
713(7)
769(3)
770(13)
颮 756(6)
猪 716(3)
猁 203(8)
408(7)
496(12)
591(1)
653(8)
猊 112(14)
446(11)
748(10)
猚 130(10)
238(4)
386(7)
473(8)
550(1)
572(3)
猈 132(15)
476(15)
748(30)
764(7)
猙 124(15)
464(8)
485(7)
553(9)
猞 394(12)
481(14)
㹱 140(14)
421(15)
510(10)
605(2)
687(5)
猝 143(7)
216(2)
426(11)

514(16)
612(5)
699(6)
觗 567(10)
觘 414(8)
503(8)
782(9)
舩 438(9)
745(17)
斛 140(5)
509(13)
604(4)
觖 202(4)
402(13)
490(11)
585(3)
612(9)
704(6)
猕 440(1)
547(2)
猛 137(15)
485(3)
颳 129(14)
472(3)
472(4)
570(4)
570(5)
馗 59(20)
109(1)
164(11)
549(4)

䝑 372(8)
豿 379(8)
467(7)
562(9)
562(12)
𤼵 408(14)
怨 391(12)
478(17)
祭 407(11)
408(14)
495(16)
497(2)
590(4)
592(2)
651(8)
654(8)

【丶】

訮 117(3)
453(5)
453(9)
訞 750(11)
䚵 490(1)
584(9)
訧 125(12)
377(8)
465(12)
560(2)
詎 405(5)
493(2)
588(2)
643(6)

762(11)
訝 209(10)
415(10)
504(9)
600(7)
670(3)
訰 499(3)
𧦧 472(18)
571(5)
𧦅 237(2.8)
576(5)
訬 370(10)
457(11)
550(6)
756(7)
訥 143(6)
216(1)
426(11)
514(15)
612(4)
699(5)
許 131(9)
387(15)
474(15)
574(2)
762(16)
訞 119(17)
755(5)
訛 121(1)
371(15)
458(14)

555(11)
訡 476(13)
576(9)
748(6)
訢 497(4)
訩 57(2)
162(3)
438(2)
540(5)
640(12)
訟 39(7)
162(1)
201(6)
489(14)
540(1)
583(7)
640(9)
䚺 516(10)
訋 410(11)
499(4)
設 145(8)
429(11)
518(4)
613(13)
768(4)
訪 505(12)
584(2)
673(10)
訦 399(10)
487(6)
訣 144(11)

428(15)
516(16)
612(9)
704(4)
渫 223(3)
523(4)
619(9)
771(14)
夏 510(6)
604(10)
毫 120(7)
370(13)
457(13)
550(9)
757(8)
孰 140(15)
422(1)
510(11)
605(2)
687(8)
烹 124(4)
377(3)
484(6)
552(4)
庴 61(6)
庱 560(1)
𢈔 146(5)
519(14)
621(4)
712(3)
庶 405(3)

492(18)
587(13)
643(2)
643(4)
庴 524(12)
劇 524(11)
607(11)
723(9)
1023(6上)
庿 208(7)
414(2)
597(13)
麻 121(10)
372(13)
459(10)
557(3)
庲 365(12)
448(8)
庴 476(15)
570(8)
庵 122(3)
460(10)
564(8)
厞 404(14)
492(13)
587(9)
642(3)
庚 131(17)
388(10)
475(9)
575(2)

痑 472(15)
571(2)
痽 365(3)
447(17)
痺 130(2)
472(14)
546(10)
571(2)
痔 130(18)
238(11)
387(1)
473(18)
572(13)
痏 130(9)
238(3)
386(6)
473(7)
572(2)
痡 448(11)
痍 108(10)
163(15)
440(9)
547(11)
痓 404(3)
491(18)
疵 58(11)
163(10)
204(2)
439(12)
546(7)
痩 408(4)

496(8)
517(10)
痋 437(12)
539(7)
744(13)
745(8)
痐 387(11)
573(11)
痳 561(7)
痌 374(10)
461(9)
542(3)
痤 118(11)
368(10)
454(18)
753(3)
痑 116(17)
121(7)
209(5)
366(14)
372(7)
415(1)
452(15)
459(4)
503(18)
599(7)
669(2)
痎 113(4)
447(7)
748(27)
痒 69(2)

137(1)
374(7)
461(5)
461(6)
484(2)
541(8)
541(9)
568(13)
痕 115(20)
451(13)
凔 116(15)
366(12)
452(13)
廊 123(8)
375(12)
462(9)
543(8)
康 123(11)
376(1)
462(13)
543(12)
庸 39(9)
162(2)
540(2)
640(10)
鹿 509(16)
604(6)
685(7)
盗 208(11)
414(9)
503(9)

598(5)
裦 414(13)
秏 367(10)
454(4)
751(10)
章 122(14)
461(9)
542(4)
竟 506(2)
598(10)
675(2)
產 66(12)
134(9)
479(13)
765(15)
豙 404(15)
492(14)
587(6)
翊 231(15)
617(3)
727(4)
商 122(13)
374(9)
461(8)
542(2)
衷 768(19)
萠 123(17)
375(3)
376(8)
462(1)
463(2)

506(4)
542(12)
543(13)
544(7)
598(11)
675(6)
旃 396(2)
472(6)
483(1)
570(7)
旌 124(15)
族 140(8)
510(1)
604(8)
685(12)
旍 464(9)
553(10)
旎 473(1)
571(6)
760(8)
旋 118(9)
368(8)
454(16)
665(1)
753(3)
旇 439(3)
545(8)
望 122(20)
375(3)
461(17)
505(12)
542(11)
584(3)
逯 404(2)
遃 422(3)
510(13)
衺 211(10)
369(6)
418(12)
455(11)
507(9)
602(2)
679(5)
率 142(12)
214(8)
403(6)
425(5)
426(12)
491(4)
513(10)
586(2)
695(1)
牽 117(16)
453(15)
663(2)
750(13)
剫 447(4)
460(1)
556(13)
羜 132(4)
389(2)
475(18)
羘 464(6)
553(6)
羝 112(8)
364(5)
446(2)
羜 131(7)
387(11)
474(11)
573(12)
羝 121(5)
372(4)
459(1)
556(2)
羕 210(8)
416(8)
505(5)
583(10)
672(8)
羛 58(7)
163(6)
385(6)
439(7)
472(8)
546(1)
570(9)
眷 502(3)
596(6)
664(6)
780(19)
盇 368(15)
455(6)
粖 426(15)
429(7)
515(1)
517(6)
粗 132(5)
389(3)
476(1)
575(11)
粕 524(18)
608(4)
725(1)
1024(3上)
粒 148(9)
223(9)
523(12)
616(6)
721(2)
弮 465(10)
554(7)
粉 411(2)
499(12)
剪 192(9)
393(9)
480(10)
敚 143(11)
216(7)
427(3)
515(5)
610(13)
701(6)
敝 203(2)
590(7)
652(5)
焃 770(10)
焍 476(4)
焎 513(16)
烴 485(16)
焆 145(9)
429(13)
516(18)
518(6)
614(2)
708(5)
751(7)
768(5)
焅 141(3)
422(12)
511(5)
605(12)
689(9)
烰 126(7)
379(1)
466(18)
562(1)
焕 207(3)
411(12)
500(4)
594(9)
660(10)
烽 57(6)
107(4)
162(7)

438(6)
焜 131(4) 387(8) 474(8) 573(8)
⿰火矣 109(14) 165(15) 365(8) 442(3) 448(4)
焌 142(5) 206(11) 410(10) 424(11) 499(2) 512(18) 595(8) 609(2) 779(6)
瓶 364(8) 446(6) 748(3)
清 124(15) 464(9) 553(10)
添 127(14) 469(2) 564(2)
盗 1027(4)
涱 505(8)
沮 588(2)
渚 131(7) 387(12) 474(12) 573(13) 762(18)
淕 421(14) 510(8)
淩 127(18) 381(11) 469(7) 559(8)
涬 138(4) 197(5)
淇 60(9) 109(8) 165(3) 441(14) 550(3)
⿰氵昔 494(6) 620(4)
⿰氵苘 555(7)
渶 124(3) 377(2) 463(11) 552(3)
淔 525(10) 616(11) 726(4) 1025(5)
淮 137(11) 484(16)
569(13)
淋 63(3) 126(19) 467(15) 558(8)
淅 145(11) 429(15) 518(8) 615(7) 708(9) 768(16)
淶 365(12) 448(8)
淞 39(4) 161(18) 437(14) 539(9) 744(18) 745(13)
涷 160(17) 201(1) 228(12) 489(7) 537(11) 582(12) 740(12)
減 230(7上) 617(6) 727(10) 772(2)
涯 113(2)
447(5) 557(1) 748(21)
淹 127(12) 420(6) 468(16) 563(10) 581(12) 759(13)
淨 589(3)
涿 141(14) 512(3) 606(10) 692(1)
⿰氵疌 433(4) 522(8) 771(20)
淒 112(7) 364(4) 446(1)
渠 110(5) 166(19) 361(10) 442(17)
淺 134(17) 393(7) 480(8)
淑 140(15) 422(2) 510(11) 605(2)
687(8)
淖 414(7) 503(7) 598(3) 667(7) 782(7)
娑 381(2) 468(13) 468(16) 563(10) 563(13) 759(10)
淲 126(17) 379(14) 467(12) 563(2)
梁 121(17) 373(6) 460(2) 558(1)
汧 659(6)
淂 772(7) 772(8)
混 65(6) 133(18) 391(9) 478(13)
淟 134(11) 392(14) 479(16)
涸 525(3)

608(6)
725(3)
1024(6上)
渻 147(1)
521(6)
618(7)
715(12)
渦 120(19)
121(2)
371(12)
372(1)
458(11)
458(16)
555(12)
555(8)
淛 590(9)
652(9)
涶 121(9)
372(10)
459(7)
556(8)
涹 372(2)
458(16)
548(13)
555(12)
溲 560(9)
淮 113(6)
447(9)
748(31)
渒 407(7)
495(13)
586(1)
590(1)
651(3)
涻 415(13)
504(13)
淦 122(6)
416(2)
460(16)
504(17)
564(13)
603(1)
671(9)
淪 62(18)
113(20)
448(13)
淆 457(3)
淫 63(7)
127(2)
467(18)
558(11)
淨 506(10)
599(3)
676(6)
𣶒 198(5)
399(3)
486(14)
579(10)
淰 139(8)
199(7)
400(4)
487(16)
580(8)
淜 381(12)
469(8)
559(9)
559(10)
淝 109(19)
166(6)
361(3)
442(10)
淍 560(13)
淊 68(3)
136(18)
397(1)
420(4)
483(15)
508(14)
565(8)
581(1)
603(4)
683(2)
涼 461(6)
淳 114(2)
448(15)
1025(2)
液 145(20)
431(2)
519(8)
620(12)
711(4)
淬 409(9)
497(14)
592(7)
656(7)
涪 126(7)
378(15)
466(17)
561(13)
淩 433(4)
522(8)
522(15)
617(12)
719(3)
771(20)
771(28)
淤 110(11)
167(10)
405(4)
443(8)
493(2)
588(1)
643(5)
淯 140(15)
422(2)
510(12)
605(3)
湴 566(1)
淡 122(7)
416(7)
460(17)
505(5)
565(1)
581(3)
603(3)
672(6)
淙 39(3)
161(17)
437(13)
539(7)
640(5)
744(16)
745(11)
淀 413(2)
501(10)
595(11)
662(9)
涫 116(9)
366(5)
452(6)
660(6)
涳 161(7)
162(14)
437(2)
538(8)
541(5)
743(3)
涴 415(5)
600(1)
669(10)
淭 110(6)
166(20)
361(11)
443(1)
淚 403(3)

490(17)
585(8)
深 63(7)
127(2)
467(18)
558(11)
湕 65(1)
133(14)
391(3)
478(9)
750(5)
淥 141(9)
423(4)
511(13)
606(5)
691(2)
涺 166(19)
361(10)
442(17)
湼 213(2)
420(5)
508(16)
603(5)
651(7)
淈 143(8)
216(2)
426(5)
426(12)
514(9)
514(17)
611(13)

699(7)
涵 122(3)
460(11)
564(8)
婆 121(3)
372(2)
458(17)
555(13)
梁 122(12)
461(6)
541(9)
淄 109(12)
165(13)
442(2)
情 124(15)
464(9)
553(10)
悵 416(10)
505(8)
583(12)
673(2)
⿰忄夌 127(18)
381(11)
469(7)
559(8)
⿰忄其 492(6)
⿰忄取 522(13)
惜 145(18)
430(14)
519(4)
620(10)

710(8)
⿰忄松 568(10)
⿰忄奇 439(8)
472(7)
546(2)
570(8)
⿰忄奄 420(7)
508(18)
603(6)
683(11)
⿰忄疌 490(14)
悽 112(7)
364(4)
446(1)
⿰忄戔 452(14)
悱 131(3)
387(6)
474(6)
573(6)
悼 208(11)
414(9)
503(9)
598(5)
667(10)
⿰忄㝵 772(10)
惈 395(11)
482(12)
惃 391(12)
478(17)
惕 145(14)
430(7)

518(16)
615(12)
709(10)
769(2)
⿰忄典 392(14)
479(17)
惘 137(6)
悸 403(11)
491(10)
586(6)
⿰忄臾 111(4)
388(11)
444(7)
475(10)
575(3)
惟 60(2)
108(18)
164(7)
441(2)
549(1)
惀 391(12)
448(14)
478(17)
⿰忄采 389(15)
477(10)
577(11)
惗 148(4)
⿰忄朋 553(9)
惆 125(18)
126(3)
378(3)

378(10)
466(12)
466(4)
560(12)
561(8)
惛 115(20)
451(13)
658(8)
779(6)
惂 483(15)
580(13)
惚 143(5)
215(12)
426(8)
514(12)
611(13)
699(2)
惇 115(17)
377(1)
451(9)
463(9)
552(2)
惔 122(7)
460(17)
565(1)
悰 161(17)
437(12)
539(7)
744(16)
745(11)
悺 500(9)

765(6)
悾 57(13) 107(9) 162(14) 201(1) 402(3) 438(12) 489(8) 538(9) 541(5) 583(1) 743(3)
惋 411(15) 500(7) 594(12) 660(2)
悷 407(9) 495(15)
㥏 426(7) 514(11)
惤 751(2)
㥛 525(16) 617(2) 727(2)
惙 145(6) 518(1) 613(11) 707(9) 768(11)
寇 211(9) 418(11) 507(8) 602(1) 679(3)
㝞 121(16) 459(17) 557(10)
㝡 494(13)
寅 108(10) 114(8) 163(15) 440(9) 449(6) 547(11)
寄 490(5) 584(12)
㝕 68(1) 136(17) 483(14) 580(13) 718(9) 771(23)
寂 145(15) 430(9) 518(18) 615(13) 710(1)
部 744(14) 745(9)
逭 207(5) 411(15) 500(7) 594(11) 660(1)
宿 141(1) 418(7) 422(9) 507(3) 511(2) 601(11) 605(9) 678(7) 689(1)
寉 410(10) 499(2) 689(11)
窐 748(16)
㝩 60(6) 164(19) 360(2) 441(11) 549(12)
窒 142(4) 144(18) 424(10) 512(17) 517(10) 609(1) 613(4) 694(3) 706(1)
甯 740(14)
窑 119(11)
盗 612(8)
容 521(10) 618(12) 716(7)
宛 135(9) 193(11) 394(7) 481(9)
窔 413(12)
宩 133(3) 389(15) 477(9) 577(11)
窠 540(1)
窓 57(10) 162(11) 438(10)
郄 126(2) 378(8) 561(5)
密 142(12) 425(6) 513(10) 609(10) 695(3)
盜 116(10) 366(7) 452(8)
案 412(3) 500(10)
窡 144(7)
鄆 206(2) 410(12) 499(5) 594(1)
扈 132(7) 239(3) 389(5) 476(3) 575(13)
啓 132(11) 239(7) 476(10) 576(7)
袿 112(18) 446(17) 748(16)
袺 428(3) 516(4) 516(13) 703(12)
袹 146(13) 520(10) 620(1) 713(10)
袸 501(15) 596(2)
袻 118(18) 368(6) 454(14)
袴 494(6) 589(5)

647(2)
袣 408(4)
496(9)
裀 448(16)
袾 111(6)
362(7)
444(9)
䘿 118(2)
367(12)
367(14)
454(6)
454(8)
袏 139(3)
袷 771(4)
袼 524(15)
袳 472(15)
571(2)
䘨 481(5)
袈 110(15)
167(18)
443(12)
視 130(6)
386(3)
403(7)
473(3)
491(5)
571(8)
祰 136(2)
395(10)
482(10)
605(13)
裖 746(18)
裞 590(7)
祲 63(8)
127(3)
380(5)
419(6)
468(1)
507(17)
558(13)
600(13)

【乛】

晝 211(4)
418(3)
506(17)
601(7)
677(8)
逮 495(5)
498(1)
592(13)
657(4)
逯 141(10)
421(8)
423(5)
509(18)
511(14)
606(5)
691(3)
敨 450(7)
敢 68(5)
136(19)
690(1)
483(17)
581(3)
尉 404(13)
492(11)
513(15)
587(8)
696(7)
屠 61(5)
111(17)
363(6)
445(5)
1026(7)
扁 212(2)
602(6)
680(4)
劆 424(2)
512(9)
684(9)
郿 604(2)
扉 404(14)
492(13)
587(9)
642(1)
屜 589(8)
649(10)
屚 110(20)
443(18)
746(12)
張 122(17)
461(13)
542(7)
673(2)
㣲 402(14)
490(13)
艴 142(16)
215(1)
426(6)
513(17)
514(10)
610(3)
697(3)
弸 381(12)
553(6)
553(8)
559(10)
婆 108(5)
112(17)
359(9)
440(2)
446(15)
547(3)
748(15)
弶 505(11)
584(2)
673(8)
弴 369(5)
451(9)
455(11)
㣭 453(11)
750(12)
弞 433(4)
522(9)
771(20)
娶 750(12)
強 123(5)
462(6)
543(4)
郼 166(14)
361(7)
442(14)
隋 58(4)
163(3)
395(14)
439(4)
482(15)
545(10)
545(10)
焚 375(5)
462(3)
陬 109(20)
166(8)
361(4)
442(11)
郿 402(15)
490(14)
549(7)
585(6)
陝 486(14)
579(10)
將 122(20)
375(2)
397(5)
461(16)

505(12)
542(11)
584(2)
673(10)
孮 744(15)
745(10)
階 113(4)
447(7)
748(27)
隕 464(12)
553(13)
隄 237(2.8)
364(5)
446(3)
748(1)
1027(11)
陽 122(10)
461(4)
468(6)
541(7)
隅 110(16)
443(14)
746(11)
隈 113(8)
364(14)
447(12)
656(9)
嶌 423(10)
512(1)
⿰阝复 772(5)
隍 123(13)
376(3)
462(15)
544(2)
隗 133(1)
389(11)
477(6)
577(7)
764(15)
陰 63(12)
468(6)
559(4)
隃 111(3)
405(11)
444(4)
444(5)
493(9)
588(6)
644(10)
陵 743(10)
隆 161(6)
437(1)
538(8)
742(11)
隊 204(10)
497(10)
592(11)
656(1)
⿰阝彖 480(18)
婧 124(16)
417(12)
464(10)
506(10)
553(11)
婞 138(4)
197(5)
485(15)
婭 415(9)
504(8)
600(6)
670(1)
娸 109(10)
165(8)
360(8)
441(16)
娵 111(10)
362(12)
444(14)
婼 224(1)
460(7)
524(6)
558(6)
607(8)
723(1)
媌 394(15)
457(7)
481(18)
娾 476(16)
577(1)
764(8)
婍 129(17)
385(5)
472(7)
546(10)
570(8)
婨 122(3)
420(7)
508(17)
婕 147(16)
433(4)
522(8)
617(9)
718(7)
771(19)
婥 223(17)
524(4)
607(6)
722(8)
婐 136(8)
195(8)
396(2)
482(18)
557(6)
婟 494(1)
589(2)
646(9)
⿰女岩 68(6)
68(7)
136(20)
397(4)
484(1)
581(3)
⿰女者 147(2)
521(7)
618(8)
716(2)
媧 113(1)
195(1)
447(3)
556(12)
748(25)
娷 402(13)
490(12)
婗 112(13)
446(11)
748(9)
婎 403(14)
491(14)
婢 130(2)
472(14)
571(2)
娙 63(7)
467(18)
558(11)
婤 378(3)
378(4)
466(4)
466(5)
560(13)
560(13)
婚 115(20)
451(13)
婄 138(17)
198(6)
399(4)

486(16)
579(11)
婘 118(15)
368(14)
455(5)
753(8)
婠 144(1)
365(14)
412(2)
428(2)
451(17)
500(9)
516(2)
611(10)
702(5)
婉 133(16)
391(6)
478(11)
娽 141(10)
423(5)
509(18)
511(13)
606(5)
685(11)
691(2)
婦 197(9)
486(3)
580(1)
[illegible] 373(2)
459(14)
557(7)
娺 144(1)
428(1)
441(1)
516(1)
548(12)
611(9)
614(5)
702(5)
[illegible] 136(14)
396(10)
483(10)
蛪 121(15)
373(3)
459(16)
557(9)
袈 121(15)
373(3)
459(15)
557(8)
弸 455(17)
翀 203(5)
590(11)
653(1)
翇 696(6)
㹶 215(7)
426(2)
514(7)
614(10)
跌 693(7)
習 148(6)
223(6)
523(8)
616(3)
720(6)
翏 414(1)
418(7)
502(18)
507(3)
601(11)
翑 395(9)
482(9)
翌 230(3上)
231(15)
525(16)
617(3)
727(4)
瓻 436(12)
537(13)
敨 129(3)
384(5)
471(6)
圅 521(3)
欵 133(4)
365(8)
448(4)
477(10)
577(11)
592(4)
鄒 59(14)
108(17)
164(6)
441(1)
548(11)
紌 484(13)
569(10)
秎 430(9)
518(18)
独 437(12)
539(7)
744(13)
745(8)
参 63(12)
122(2)
380(10)
460(9)
468(7)
559(4)
564(6)
565(2)
759(1)
759(1)
殹 378(12)
466(13)
剝 118(8)
118(13)
368(5)
368(10)
368(12)
454(14)
455(1)
455(3)
753(2)
753(6)
貫 116(8)
366(5)
411(15)
452(6)
500(8)
594(12)
660(2)
鄉 122(13)
374(9)
461(8)
542(2)
紺 416(2)
504(17)
603(1)
671(9)
紲 517(10)
紱 142(13)
513(13)
609(13)
696(5)
組 597(3)
組 132(5)
476(1)
575(12)
紳 114(5)
449(2)
紬 126(4)
378(11)
466(12)
561(8)
細 202(6)

413(2)
495(6)
589(10)
650(3)
紻 569(2)
絅 465(12)
555(6)
紩 142(1)
424(6)
512(13)
608(11)
693(7)
⿰糹乍 231(4)
608(6)
絁 108(3)
121(5)
372(4)
439(15)
459(1)
546(11)
紨 111(10)
362(11)
444(12)
紾 133(5)
390(2)
477(12)
578(1)
紷 465(7)
555(1)
紙 364(5)
446(3)
絇 405(10)
444(2)
493(8)
588(6)
644(8)
終 161(1)
436(13)
538(2)
742(6)
絃 117(13)
429(7)
453(11)
750(11)
絆 207(4)
411(13)
500(5)
594(10)
紵 131(6)
387(11)
474(11)
573(12)
⿰糹穴 429(1)
516(17)
紽 556(2)
絧 440(14)
548(5)
紭 124(9)
464(2)
553(3)
⿰糹疋 388(4)
475(2)
574(7)
762(10)
絀 513(12)
696(3)
紹 135(12)
194(2)
394(10)
481(13)
紴 121(8)
372(9)
385(15)
459(6)
472(18)
556(7)
571(5)
紿 133(3)
477(8)
560(1)
577(9)
巢 119(20)
370(3)
414(8)
457(4)
503(8)
756(6)

十二畫
【一】

絓 446(17)
耠 521(3)
貳 403(11)
491(11)
586(7)
⿱㓞皿 517(8)
⿱㓞石 223(14)
607(4)
722(3)
絜 144(9)
429(5)
516(12)
517(3)
612(7)
703(11)
琫 129(5)
471(8)
568(2)
⿱玨木 776(12)
琵 59(6)
70(1下)
108(11)
163(17)
440(10)
547(13)
珷 131(16)
388(7)
475(6)
574(12)
琴 63(9)
468(2)
559(1)
琶 121(20)
373(9)
460(5)
558(4)
琪 109(8)
165(3)
441(14)
550(3)
⿰王取 411(12)
瑛 124(3)
377(2)
463(11)
552(3)
琳 63(3)
126(19)
467(14)
558(8)
琜 448(8)
琦 58(5)
107(16)
163(4)
439(4)
545(11)
琢 141(15)
423(11)
512(3)
606(10)
692(1)
琲 133(1)
389(12)
477(6)
577(7)
琡 140(15)

422(2)
510(12)
605(3)
687(9)
琥 132(6)
389(4)
476(1)
575(12)
琨 115(15)
451(6)
琠 67(8)
134(12)
392(14)
479(17)
[illegible] 64(7)
133(8)
390(6)
477(16)
578(4)
琟 59(17)
70(7下)
108(19)
164(8)
441(3)
549(1)
頊 116(17)
366(15)
412(4)
452(16)
500(12)
595(2)
659(6)
琤 124(11)
464(5)
553(5)
[illegible] 437(8)
539(2)
640(1)
743(12)
琱 118(19)
369(5)
455(10)
斑 116(20)
453(1)
琰 139(4)
199(2)
399(13)
487(9)
580(4)
琮 161(17)
437(12)
539(7)
640(5)
744(16)
745(11)
琯 134(4)
219(6)
392(4)
411(6)
479(5)
499(16)
595(7)
658(6)
765(6)
琬 133(17)
391(7)
411(15)
478(12)
500(7)
594(12)
660(2)
琛 63(4)
126(20)
380(1)
467(15)
558(8)
琭 140(7)
509(17)
604(7)
685(9)
琚 110(5)
166(19)
361(10)
442(17)
勢 370(13)
550(9)
757(8)
雅 453(15)
751(1)
替 406(13)
495(3)
589(7)
649(9)
雄 108(8)
440(7)
547(8)
逸 366(1)
452(2)
揳 144(8)
428(11)
516(11)
612(6)
703(9)
款 134(3)
392(2)
479(3)
765(7)
[illegible] 135(8)
394(6)
481(7)
[illegible] 134(17)
480(8)
堯 119(4)
369(11)
455(17)
畫 446(18)
748(17)
翊 764(8)
堪 122(6)
460(14)
564(11)
揕 212(5)
419(8)
508(2)
558(10)
601(2)
681(2)
搑 384(10)
438(7)
471(11)
540(11)
568(6)
揮 516(4)
堞 148(3)
618(4)
揲 145(2)
147(16)
613(8)
617(8)
706(10)
771(18)
塔 521(14)
搭 521(13)
521(14)
捿 502(8)
596(9)
665(4)
堰 219(4)
411(3)
499(13)
597(5)
780(19)
揠 144(3)
428(4)
516(4)

611(11)
702(8)
揦 427(10)
515(13)
堛 230(8上)
234(5)
526(2)
617(6)
727(10)
772(3)
揊 230(8上)
526(3)
617(6)
727(11)
772(3)
埬 413(3)
501(11)
揀 66(13)
134(10)
413(3)
479(14)
501(11)
662(11)
765(18)
畢 452(18)
馴 144(1)
428(1)
516(1)
611(9)
702(5)
鄏 415(8)
504(7)
600(5)
669(11)
744(9)
馭 405(2)
492(16)
587(12)
642(8)
揹 386(10)
473(12)
572(7)
塉 556(9)
項 129(11)
471(18)
568(11)
揳 548(13)
堨 415(3)
504(2)
挂 446(18)
748(18)
堦 113(4)
447(7)
748(27)
揩 113(7)
364(13)
447(11)
759(10)
䞞 142(12)
513(9)
609(9)
696(2)
𧺆 520(16)
𧻓 431(6)
519(12)
越 142(19)
215(5)
514(3)
614(8)
697(10)
701(5)
趄 110(9)
167(5)
361(15)
443(4)
趄 367(12)
454(6)
䞘 140(12)
419(1)
䞣 406(12)
495(2)
𧺠 146(18)
209(12)
415(12)
504(12)
600(9)
670(8)
趁 71(7)
134(17)
192(7)
205(5)
410(4)
449(4)
480(8)
498(14)
593(7)
趆 1027(11)
𧻘 388(9)
475(8)
574(13)
趉 142(10)
425(3)
513(7)
609(8)
695(12)
超 119(6)
456(3)
捇 748(24)
賁 115(19)
451(12)
490(4)
584(11)
堤 107(18)
112(9)
163(8)
239(6)
439(9)
476(8)
546(4)
576(5)
提 58(9)
107(18)
112(8)
163(8)
237(2.8)
364(6)
446(3)
546(3)
748(1)
𡎚 525(14)
𢰧 230(9上)
234(6)
526(3)
617(7)
727(12)
772(4)
場 122(17)
374(13)
461(13)
711(5)
揚 122(11)
461(4)
506(1)`
584(7)
674(9)
揖 148(7)
223(7)
523(10)
616(4)
616(4)
720(8)
720(9)
博 231(4)
525(5)
608(7)

725(6) 1024(9上)
堣 110(16) 443(13) 746(10)
揾 206(11) 411(7) 499(17) 595(7) 658(5)
堨 143(16) 216(12) 427(9) 494(8) 515(12) 591(3) 611(5) 700(2)
揭 145(3) 215(8) 426(3) 517(15) 590(13) 613(9) 653(7) 706(9) 707(2)
㨉 142(15) 215(1) 513(17) 610(3) 697(3)
戟 490(6) 586(7)
揌 113(18) 448(10)
尌 588(4) 644(4)
喜 130(15) 238(8) 386(12) 473(14) 572(9)
彭 124(1) 376(14) 463(8) 551(13)
翓 612(12)
揣 130(3) 136(4) 385(14) 395(12) 472(17) 482(12) 571(4)
[illegible] 776(4)
[illegible] 404(5) 492(1) 587(2)
㨉 143(8) 216(3) 426(12) 426(13) 514(17) 514(17) 611(13) 699(7)
插 147(11) 432(12) 522(2) 619(7) 717(10) 771(8)
[illegible] 422(7) 510(18)
[illegible] 138(16) 399(3) 486(14) 579(10)
堢 136(1) 194(12) 395(8) 482(9)
[illegible] 437(12) 744(13) 745(8)
被 66(9) 134(7) 392(9) 479(11) 765(14)
堭 123(12) 376(3) 376(4) 462(15) 462(16) 544(1)
揘 463(14) 552(6)
[illegible] 524(10)
塊 409(12) 497(16) 592(9) 656(11)
奢 131(7) 387(12) 474(12) 573(13) 762(18)
堠 679(2)
搥 365(4) 447(17)
搌 406(12)
晳 708(6) 709(10) 769(3)
晢 408(8) 496(13)
揗 114(11) 449(11) 593(13)
[illegible] 429(14) 614(2) 708(7)
[illegible] 390(7) 477(17) 578(5)
耋 429(2) 612(10)
堬 111(5) 444(7)
揄 111(4) 138(19) 198(8) 399(6) 579(13)
揜 199(6) 508(3) 602(8)
援 115(7) 450(14) 501(18) 596(4) 664(2)
揆 161(14) 437(9) 539(3) 743(10) 743(11)
[illegible] 161(15) 437(9) 539(4) 640(3) 743(10)
堸 744(10)

揔 129(4) 471(7)
揂 124(13) 464(6) 553(7)
蛩 57(7) 162(8) 438(7) 540(11)
揃 768(7)
揨 124(13) 553(8)
塝 714(9)
搒 608(1)
裁 62(12) 113(16) 365(10) 448(6) 498(7) 593(4)
揩 136(16) 396(13) 483(12) 580(11)
揥 364(5) 408(8) 446(3) 496(14)
達 143(17) 427(11) 515(14) 611(6) 700(1) 700(5)
搓 121(3) 372(2) 458(17) 555(13)
[革支] 163(4) 545(12)
甀 485(6)
報 209(3) 414(13) 598(8)
揃 393(9) 480(11)
揂 620(8)
堩 420(2) 508(12) 594(6) 682(9)
揯 420(2) 508(12) 594(5) 682(9)
揎 118(8) 368(5) 454(13) 753(1)
堗 143(5) 215(11) 426(7) 514(12) 612(3) 698(11)
揬 143(4) 215(11) 426(7) 514(11) 612(3) 698(10)
揢 146(19) 558(6)
捘 126(1) 378(7) 466(8) 561(4)
堚 451(6)
揮 109(17) 165(20) 360(15) 442(7)
壹 142(2) 424(6) 512(13) 608(12) 693(9)
揙 454(17) 481(2) 752(7)
壺 61(1) 111(15) 363(3) 445(2)
壼 449(14) 450(4)
摡 405(1) 492(15) 587(11)
搬 209(9) 504(7) 600(6) 670(1)
握 141(18) 424(1) 512(8) 607(1) 692(9)
摒 417(11) 506(10) 599(1) 676(5)
[扌韋] 387(7) 474(7) 573(8)
壻 407(1) 495(6) 589(10) 650(3)
揟 361(15) 443(4)
鄀 619(1) 771(2)
揆 130(11) 386(8) 473(9) 572(4)
撥 216(9) 515(7) 611(1)
搔 120(12) 371(4) 458(3) 551(3)
晉 415(9) 504(8) 670(2)
斱 606(9)
歅 415(9) 504(8) 600(6)
惡 494(5) 524(18) 589(4) 608(4) 647(3) 724(11) 1024(2上) 1027(4)
墬 480(18)
掾 502(1) 596(4) 780(14)
聑 223(4) 523(6)

547(3)
618(6)
720(3)
𦕈 405(12)
493(10)
聒 143(11)
216(6)
515(3)
610(12)
701(4)
棊 60(9)
109(9)
165(4)
360(6)
441(14)
550(4)
聎 369(4)
455(9)
朞 109(11)
朞 165(9)
360(8)
441(17)
萶 390(3)
477(13)
578(1)
斯 108(3)
359(6)
439(16)
546(12)
期 109(7)
165(2)
360(5)
441(13)
550(3)
欺 109(10)
165(8)
441(16)
惎 404(8)
492(5)
䍞 428(9)
516(10)
聚 771(9)
葑 201(6)
489(15)
540(10)
583(7)
葀 427(2)
515(4)
564(3)
葉 147(15)
147(16)
433(3)
522(7)
617(8)
617(9)
718(6)
771(18)
葫 61(7)
111(19)
363(8)
445(8)
1026(9)
萳 483(13)
萙 121(18)
460(3)
558(2)
靬 111(11)
362(14)
443(17)
444(15)
746(17)
746(19)
747(1)
747(3)
靬 115(12)
116(14)
366(11)
412(5)
451(3)
452(11)
500(12)
779(17)
靯 388(15)
475(15)
575(8)
靰 143(5)
215(12)
426(9)
514(13)
612(1)
699(3)
靮 430(4)
518(13)
615(10)
709(3)
768(22)
靸 147(1)
521(5)
618(10)
715(10)
靫 113(2)
447(4)
460(1)
556(13)
748(22)
散 66(7)
散 207(11)
392(7)
479(8)
500(15)
595(4)
765(2)
779(23)
斮 224(2)
524(7)
723(2)
莿 143(17)
427(10)
490(6)
494(17)
584(13)
591(9)
611(5)
700(3)
葘 140(11)
510(4)
604(11)
686(7)
萋 119(15)
456(14)
666(4)
蓪 577(9)
萰 413(4)
501(11)
595(12)
葴 63(5)
380(2)
467(16)
558(10)
葳 109(19)
166(7)
361(4)
442(11)
惹 136(13)
396(9)
483(8)
524(4)
萸 193(4)
393(13)
480(16)
萶 129(10)
384(12)
471(14)
568(8)
葬 505(16)

584(5)
674(6)
貰　203(8)
408(7)
496(12)
591(1)
600(10)
653(8)
葝　124(7)
125(1)
463(15)
464(18)
506(8)
552(8)
554(6)
韮　197(8)
蔽　204(3)
408(14)
497(1)
592(1)
654(7)
𦳝　163(8)
439(9)
546(4)
莎　394(10)
481(13)
葥　230(9上)
234(6)
526(3)
617(7)
727(12)
772(4)
鄚　524(12)
607(12)
1023(8上)
募　493(15)
588(11)
645(12)
蕩　123(5)
375(8)
462(6)
543(5)
莫　429(7)
517(6)
葺　148(6)
523(7)
523(8)
523(11)
616(3)
720(5)
萬　219(3)
411(1)
499(11)
597(4)
蓋　450(4)
菲　431(8)
431(12)
519(14)
520(1)
770(6)
葛　143(18)
427(12)
515(15)
611(6)
700(7)
蓖　440(11)
548(1)
蒮　404(12)
492(9)
蒠　130(18)
387(1)
473(18)
572(13)
萼　524(17)
608(4)
724(10)
1024(2上)
萏　362(11)
444(13)
𦰪　418(1)
506(15)
蕦　426(6)
514(10)
萩　125(15)
377(12)
465(16)
560(7)
萪　121(2)
372(1)
458(16)
555(11)
董　129(3)
471(6)
567(10)
葆　136(1)
395(8)
482(9)
萖　203(1)
407(14)
496(2)
590(6)
707(6)
768(8)
768(9)
葟　123(14)
376(4)
462(16)
544(3)
葲　368(5)
454(13)
753(2)
菟　126(2)
378(8)
466(9)
561(5)
葩　121(16)
459(17)
557(10)
萬　131(14)
388(5)
475(4)
574(10)
葰　108(20)
136(4)
195(4)
395(12)
396(11)
441(5)
482(13)
483(10)
548(13)
549(3)
葎　425(4)
513(8)
609(9)
葨　447(8)
748(28)
萮　444(7)
葅　110(15)
167(17)
443(12)
萲　164(9)
葼　161(13)
437(8)
539(3)
743(9)
葢　115(18)
450(6)
451(11)
葋　444(2)
萯　138(9)
197(9)
486(4)
580(1)
敬　506(2)

598(10)
675(2)
葻 122(4)
460(12)
564(9)
葪 202(7)
495(7)
589(11)
650(5)
葱 451(2)
蒠 523(13)
葶 125(2)
465(2)
485(13)
554(10)
葹 108(3)
359(6)
439(15)
546(11)
蒫 121(6)
372(5)
440(12)
459(2)
556(3)
557(5)
葥 502(2)
596(5)
664(5)
780(16)
鄀 70(9上)
163(11)
359(3)
439(13)
546(8)
葓 38(5)
161(11)
437(6)
538(13)
743(6)
萿 381(7)
469(3)
701(4)
莊 491(5)
落 524(13)
607(13)
724(2)
1023(9上)
蓱 465(10)
555(5)
葎 453(9)
750(5)
萱 115(8)
450(15)
葖 426(8)
514(12)
蔘 410(10)
499(2)
董 115(2)
450(8)
萹 117(20)
134(14)
367(8)
368(3)
454(3)
454(11)
480(3)
戟 520(12)
714(2)
朝 119(6)
369(14)
456(3)
456(3)
葭 121(14)
373(2)
459(15)
557(8)
喪 123(11)
376(1)
462(13)
543(12)
584(8)
674(11)
辜 61(3)
111(16)
363(5)
445(3)
葫 472(14)
571(1)
葦 131(4)
387(7)
474(7)
573(7)
萺 441(7)
549(7)
惪 772(7)
薛 513(12)
517(10)
613(5)
706(3)
葌 453(2)
葵 59(14)
108(17)
164(5)
440(18)
548(11)
葇 125(19)
398(11)
466(6)
486(5)
561(2)
579(2)
菽 418(13)
507(9)
莚 161(11)
437(6)
538(13)
葯 141(18)
424(1)
512(9)
524(5)
607(1)
722(9)
猜 417(14)
501(6)
棣 212(7)
419(12)
508(6)
602(10)
681(10)
棖 124(5)
377(4)
463(13)
552(5)
楮 131(9)
387(14)
474(15)
475(16)
574(2)
575(9)
棱 382(2)
469(13)
椏 136(8)
195(8)
396(2)
483(1)
椰 121(11)
459(11)
棷 378(9)
399(6)
466(11)
487(1)
561(6)
580(2)
楛 132(7)
389(5)

476(3)
575(13)
棤 430(14)
519(5)
723(4)
楉 148(15)
223(16)
524(4)
607(6)
722(7)
楧 377(2)
463(11)
552(3)
植 231(11)
404(4)
491(19)
525(12)
587(1)
616(12)
726(7)
森 63(12)
468(6)
559(4)
759(1)
棭 500(15)
棶 448(8)
棽 63(4)
380(1)
467(15)
468(7)
558(8)
559(5)
棼 115(1)
450(6)
[illegible] 419(1)
507(12)
602(4)
679(11)
焚 114(20)
450(5)
棟 201(1)
489(8)
582(12)
740(13)
棫 230(6上)
617(5)
727(9)
棅 69(4)
137(2)
484(3)
569(1)
椅 108(6)
129(16)
163(12)
440(3)
472(6)
547(4)
570(7)
棯 400(2)
487(14)
581(12)
773(7)
棲 112(14)
446(12)
棧 66(14)
134(10)
392(12)
412(12)
479(14)
501(3)
597(1)
661(11)
750(6)
765(17)
棑 387(7)
409(3)
椒 119(9)
456(6)
棹 414(7)
503(7)
598(3)
667(7)
782(11)
椃 550(9)
棏 146(12)
432(1)
520(7)
615(4)
713(7)
770(13)
772(12)
椇 131(20)
475(12)
575(4)
1025(9)
棵 392(2)
479(3)
765(7)
椚 426(9)
[illegible] 377(15)
466(1)
560(10)
棝 406(3)
493(18)
楷 147(1)
521(6)
618(7)
715(12)
棡 584(7)
椙 748(25)
棱 57(18)
108(18)
162(19)
438(17)
441(2)
545(4)
548(13)
椣 131(17)
388(11)
444(5)
475(10)
575(2)
椎 60(4)
164(16)
441(9)
549(10)
棉 118(7)
368(4)
454(12)
椑 108(2)
112(16)
146(5)
430(11)
431(8)
439(14)
446(13)
519(2)
519(15)
546(10)
615(13)
621(5)
712(4)
748(13)
769(7)
769(22)
棨 495(2)
惄 429(15)
518(8)
615(7)
768(17)
棆 114(1)
448(14)
椭 119(20)
457(2)
棥 115(10)

450(18)
⿰束犬 410(6)
498(16)
593(9)
⿰束毛 360(10)
365(12)
442(2)
448(7)
棌 498(7)
593(4)
棇 437(7)
539(2)
棚 124(1)
127(19)
128(5)
376(14)
381(12)
382(4)
463(8)
464(8)
469(8)
469(15)
552(1)
553(9)
559(10)
559(10)
棴 509(16)
椆 418(4)
506(18)
棔 115(20)
451(13)

梚 61(6)
111(18)
363(7)
445(6)
⿰木咎 395(7)
482(8)
椈 510(10)
椋 461(7)
542(1)
椁 377(3)
463(11)
552(3)
608(8)
1024(12上)
棭 620(12)
椊 143(7)
216(2)
514(16)
612(5)
699(6)
棓 129(11)
384(15)
448(11)
471(17)
568(11)
椄 147(16)
433(3)
617(8)
718(6)
771(19)
棜 405(4)

493(1)
588(1)
643(5)
棛 140(16)
422(2)
510(12)
605(3)
687(11)
棬 118(17)
369(1)
502(3)
596(6)
664(7)
753(7)
棪 139(4)
399(13)
487(9)
580(4)
棺 116(8)
452(5)
701(8)
椌 57(13)
椀 134(3)
392(3)
479(4)
765(7)
榔 123(8)
375(12)
462(9)
543(8)
棎 127(10)

380(15)
468(13)
563(13)
759(5)
楗 391(4)
478(9)
棣 406(14)
495(5)
589(9)
650(1)
椐 110(15)
167(17)
405(2)
443(12)
492(16)
587(12)
642(10)
⿰木玆 453(11)
楫 466(10)
極 231(12)
234(7)
525(13)
616(13)
728(3)
⿰木函 460(11)
⿺辶枷 373(3)
459(16)
557(8)
棳 517(18)
768(10)
椔 165(13)

360(11)
404(5)
442(2)
492(1)
587(2)
⿱亯廾 404(12)
492(9)
軲 363(15)
445(14)
軻 121(9)
209(5)
372(9)
396(1)
415(2)
459(7)
482(17)
503(18)
556(7)
599(7)
669(3)
軷 143(14)
216(10)
427(7)
515(9)
591(8)
611(3)
701(12)
⿰車田 750(7)
軸 140(13)
510(9)
605(1)

687(4)
軹 129(12)
471(18)
570(2)
軼 142(3)
144(13)
424(8)
429(3)
512(15)
517(1)
608(13)
612(11)
693(12)
704(9)
軫 133(5)
477(11)
577(13)
軨 125(7)
465(6)
555(3)
軝 476(8)
576(5)
軥 110(19)
237(1.5)
443(18)
602(5)
680(2)
軻 138(7)
197(7)
398(7)
485(18)
軳 371(5)
458(4)
551(3)
軴 405(15)
493(14)
588(10)
645(9)
𨋄 372(4)
459(1)
459(1)
556(1)
軗 480(8)
軺 119(12)
456(9)
456(11)
軪 782(10)
惠 407(5)
495(12)
589(13)
650(10)
欹 422(15)
511(9)
606(2)
690(5)
772(2)
爽 526(9)
惑 230(8下)
234(13)
526(9)
610(8)
728(11)
剌 427(10)
515(13)
𣏨 121(5)
372(4)
556(2)
逼 230(6上)
234(4)
525(18)
617(5)
727(8)
727(11)
腎 64(10)
133(10)
390(9)
477(19)
578(7)
757(9)
堅 66(12)
134(9)
392(11)
393(8)
429(5)
479(13)
480(9)
517(3)
765(18)
掔 453(4)
453(15)
751(1)
豿 379(12)
467(10)
562(13)
剩 142(4)
424(9)
512(17)
609(1)
694(2)
覃 122(1)
460(8)
564(5)
粟 141(11)
423(6)
511(15)
606(6)
691(6)
覗 440(13)
548(4)
棗 135(20)
194(11)
395(7)
482(7)
棘 230(2上)
231(15)
525(16)
617(3)
727(2)
酣 122(9)
374(5)
461(2)
565(4)
酤 61(3)
111(16)
363(5)
445(4)
476(4)
493(18)
576(1)
589(1)
646(7)
酦 143(14)
216(10)
427(7)
515(9)
611(2)
701(12)
酖 137(11)
484(15)
569(12)
酢 231(3)
525(4)
608(6)
725(4)
1024(7上)
酡 57(17)
70(2上)
162(17)
438(15)
545(1)
556(2)
570(12)
彭 412(6)
500(13)
595(4)

	659(9)	硧	388(7)		424(3)		526(12)		568(8)
雉	438(14)		475(5)		512(10)		617(10)	颸	409(10)
	585(3)		574(11)		607(2)		718(10)		497(15)
鄏	141(8)	硤	147(10)		693(1)		773(7)		592(8)
	423(3)		521(18)	硫	377(12)	厥	142(19)		656(8)
	511(12)		619(5)		465(16)		215(5)	豛	494(8)
	606(4)		771(4)		560(5)		425(14)		591(2)
	690(10)	戞	144(2)	硠	123(8)		514(4)		647(11)
厧	453(15)	硜	464(2)		375(12)		614(8)	豠	167(8)
	750(9)		553(1)		462(10)		696(9)		362(1)
厨	111(12)	硝	119(6)		543(8)		697(11)		443(6)
	362(15)		369(13)	厤	518(11)	厠	407(13)		746(8)
	444(17)		396(4)		615(9)		496(1)	豨	238(6)
廔	400(11)		456(2)		768(20)	猋	119(13)	豟	432(2)
	488(5)		483(3)	匾	446(13)		456(12)		520(7)
	581(8)		742(4)	匧	147(4)	斊	414(1)		713(8)
屏	209(1)	硯	413(5)		618(12)		502(18)		770(14)
	414(11)		501(13)	毴	591(4)		597(12)	豞	212(2)
	503(11)		595(12)	攲	163(12)		666(8)		212(2)
	598(6)		663(3)		359(4)	㕉	477(1)		419(3)
	668(2)	硱	382(1)		439(14)		577(2)		507(15)
	782(17)		391(13)		472(7)		764(15)		602(6)
硒	230(6上)		559(13)		546(2)	厬	216(3)		680(5)
	234(4)	硞	423(15)		546(9)		426(6)	豥	744(13)
	526(1)		512(7)		570(8)		426(12)		745(8)
	617(5)		606(13)	欹	163(7)		514(10)	豛	423(11)
	727(8)	硰	396(4)		440(3)		514(17)		512(3)
硨	121(10)		396(11)		547(5)		611(13)	殺	509(16)
	372(13)		483(3)	敧	147(17)		699(8)	殘	420(3)
	459(10)		483(10)		433(7)	厘	129(9)		508(13)
	557(3)	确	141(19)		522(11)		471(13)		682(11)

殖 231(11) 525(12) 616(12) 726(7)
㱔 429(15) 518(8) 615(7) 768(17)
𣨛 439(8) 439(14) 472(7) 546(2) 570(7)
殗 729(6) 773(7)
殘 116(16) 366(13) 452(14)
㱚 403(11) 403(12) 491(11) 491(12) 586(8)
裂 144(20) 517(12) 613(6) 706(6)
㱢 57(18) 162(19) 438(17) 545(4)
雄 161(4) 436(16) 538(5)
殙 451(13)
𣨏 695(11)
殕 131(18) 230(7下) 388(9) 475(8) 486(5) 575(1) 580(2) 610(7)
殔 403(13) 404(1) 491(16) 586(11)
殛 525(16) 617(2) 727(2)
雲 114(18) 450(2)
雺 115(3) 450(9)
雩 376(6) 462(18) 544(10)
甀 447(4) 460(2) 556(13)
猗 546(2)
雅 136(10) 195(10) 396(5) 483(4)
朁 127(13) 381(4) 396(14) 399(10) 468(18) 483(14) 563(11) 580(12) 759(12)
𣩌 461(7) 542(1)
𣨐 411(6) 499(16)
𣧘 424(6) 441(10) 512(13) 549(12) 608(10)
【丨】
棐 131(3) 387(6) 474(6) 573(6)
奜 361(2)
輂 404(13) 492(10)
斐 109(18) 131(2) 387(6) 474(6) 573(6)
悲 60(1) 109(2) 164(13) 441(7) 549(7)
䨽 549(9) 573(6)
惄 145(15) 430(9) 518(18) 615(13) 709(12)
辈 497(18)
𡹴 746(6)
㟬 510(12) 687(9)
萠 453(7)
䖪 546(8)
啙 385(13) 389(7) 446(15) 472(16) 476(5) 571(3) 576(3) 760(10)
歯 439(12) 440(2) 490(8) 546(7)
𧛔 490(4) 585(4)
𨋣 440(2) 547(3)
紫 130(2) 385(13) 472(16) 571(3) 760(9)
崪 403(15) 491(15)
戟 146(15) 620(3)
遉 506(9) 599(1) 676(3)
㱿 601(7)
睍 127(11) 381(2) 419(11) 468(16) 508(5) 563(10) 602(10) 681(8) 759(7) 759(10)
𧆞 710(3)

劇 115(13) 451(3)
鄌 118(14) 368(13) 455(3) 752(12)
業 421(11) 510(5) 604(9)
乵 399(3) 579(10)
鄖 395(13) 482(13)
敞 69(6) 137(4) 484(6) 569(4)
敠 464(7)
棠 123(7) 375(10) 462(7) 543(6)
牚 506(7) 598(12) 675(10)
甞 505(17) 584(6) 674(7)
𤴓 484(6) 569(4)
掌 69(5) 137(4) 397(7) 484(5) 569(3)
晴 124(15) 464(9) 553(10)
眑 773(6)
毦 772(7)
暅 467(10)
喫 518(17) 709(12) 769(4)
皻 207(1) 411(10) 500(1) 594(8) 658(11) 779(11)
暴 423(1) 511(10)
䀹 619(11) 771(18)
脛 398(6) 485(17) 717(12) 771(12)
睹 132(3) 389(1) 475(16) 575(9)
暑 131(8) 387(13) 474(13) 573(13) 762(18)
戡 476(7) 576(4)
最 494(13) 591(7) 648(7)
戥 395(15) 415(6) 482(17) 504(5)
睅 479(12)
睈 485(10)
睍 480(1)
嬰 449(2)
量 122(12) 210(9) 374(8) 461(7) 542(1) 583(11) 672(10)
睊 117(18) 367(6) 413(1) 454(2) 501(9) 595(10) 662(8)
睋 556(4)
睒 210(7) 416(6) 505(4) 603(2) 672(3)
睎 110(2) 166(13) 361(7) 442(14)
貼 148(1) 522(18) 618(2) 719(7) 771(34)
晻 136(16) 396(13) 580(11)
䞕 484(4) 569(2)
睨 505(13) 584(3) 673(12)
貹 506(6)
睉 371(15) 458(14) 555(11)
貾 440(15) 548(7)
眗 211(12) 419(2) 465(11) 507(13) 555(6) 602(5)
眩 662(7)
貯 131(8) 387(13) 474(13) 574(1)
䝯 584(11)
貽 60(6) 109(5) 164(18) 360(2) 441(11) 549(12)
睌 411(12) 500(4)
晚 478(10)
遏 505(15) 584(4) 674(3)
睇 112(15) 406(14) 446(13) 495(4) 589(9) 649(12) 748(4)
睆 66(10)

134(8)
479(11)
765(6)
睫 618(1)
鼎 138(3)
197(3)
485(12)
睧 403(7)
427(4)
491(6)
515(6)
睺 487(5)
晫 141(19)
423(11)
424(2)
512(3)
512(10)
606(10)
607(2)
692(11)
睞 521(18)
771(4)
戢 148(11)
223(11)
523(15)
616(8)
721(7)
嘩 770(12)
喋 147(14)
148(3)
618(3)

619(9)
771(14)
啅 395(6)
482(6)
嗒 717(3)
喃 603(1)
閏 499(3)
593(13)
開 62(9)
113(19)
365(8)
448(3)
751(1)
閑 117(2)
453(3)
猒 127(14)
469(1)
563(13)
602(8)
759(9)
閔 124(9)
464(2)
553(3)
晶 124(16)
464(10)
553(11)
間 501(4)
597(2)
662(1)
閒 204(5)
407(3)

409(1)
495(9)
497(4)
591(12)
655(2)
閎 745(18)
閒 117(2)
453(3)
暘 146(1)
431(3)
519(10)
621(1)
711(7)
閌 133(7)
390(5)
477(14)
578(4)
閞 505(18)
584(6)
674(8)
閍 123(20)
376(13)
463(7)
551(12)
閟 206(10)
219(6)
411(6)
499(16)
595(7)
658(6)
関 428(14)

516(15)
612(8)
704(3)
遇 493(5)
588(4)
644(2)
喓 119(15)
喊 400(9)
416(5)
488(4)
505(2)
581(7)
759(2)
喴 166(8)
晛 476(13)
576(9)
遏 143(16)
216(12)
427(9)
515(12)
611(4)
700(2)
暑 130(8)
386(5)
473(6)
572(1)
景 137(14)
196(4)
485(1)
晾 584(5)
晬 409(10)

497(14)
592(8)
656(8)
晷 369(1)
455(7)
753(7)
晼 515(6)
㬈 426(9)
514(13)
喈 113(4)
447(7)
748(26)
剔 147(6)
521(13)
619(2)
717(1)
郹 125(3)
465(3)
554(11)
跙 203(8)
591(1)
653(10)
跌 513(9)
跔 136(12)
396(7)
483(6)
跖 146(3)
431(6)
519(12)
跋 143(14)
216(10)

427(6)
515(9)
611(2)
701(11)
䟗 514(7)
跕 148(2)
522(18)
618(2)
719(7)
771(34)
跙 388(2)
474(17)
574(5)
䟧 117(15)
453(13)
750(7)
跌 144(12)
429(2)
516(18)
612(10)
704(8)
跎 372(4)
459(1)
556(2)
跗 111(10)
362(12)
444(14)
跈 393(7)
480(8)
跉 464(15)
554(3)
𧿹 406(12)
495(2)
跔 111(13)
362(15)
444(17)
746(15)
跚 116(17)
366(15)
452(16)
776(4)
跑 141(15)
423(13)
512(5)
606(11)
692(4)
757(7)
跛 136(5)
195(5)
395(14)
482(15)
跆 365(9)
448(5)
踇 579(7)
貴 404(11)
492(8)
蚷 123(4)
375(6)
462(4)
543(3)
蛙 447(3)
485(1)
556(12)
748(26)
蛣 142(3)
512(16)
608(13)
694(1)
䖶 587(3)
蛨 146(13)
520(10)
620(2)
713(10)
770(18)
蛓 742(12)
蛚 144(20)
517(12)
613(5)
706(5)
蛦 59(5)
108(10)
163(16)
440(9)
547(11)
蛭 142(1)
424(5)
512(12)
517(10)
608(10)
693(5)
706(2)
𧋍 740(15)
蛔 748(33)
蛛 444(4)
蛞 427(2)
515(4)
蜒 118(2)
134(12)
367(12)
392(15)
454(6)
479(18)
蛜 59(13)
108(16)
164(4)
440(17)
548(10)
蛤 147(1)
521(4)
618(10)
蛫 129(15)
385(3)
472(5)
570(6)
蛒 521(1)
蛟 119(20)
457(3)
756(2)
蛘 122(11)
374(6)
461(4)
541(8)
蛢 125(9)
453(16)
465(10)
555(4)
598(13)
蚌 524(18)
蛇 416(1)
504(16)
671(7)
蛝 453(3)
蛑 126(8)
562(2)
晙 205(11)
410(9)
499(2)
593(12)
㖷 748(1)
嗖 772(2)
鄍 114(18)
450(3)
勛 115(2)
450(8)
喁 57(2)
162(3)
237(1.3)
438(2)
540(6)
574(9)
640(13)
嗢 143(5)
215(11)
426(8)
428(2)

514(12)
516(2)
612(3)
699(1)
喝　143(19)
204(9)
409(6)
497(9)
592(4)
610(9)
655(11)
喟　204(6)
403(6)
409(2)
491(4)
497(5)
586(2)
591(12)
655(3)
單　116(10)
118(4)
134(18)
366(6)
367(15)
452(7)
454(9)
480(10)
501(17)
596(3)
咢　724(10)
㗊　148(11)
223(12)
523(16)
616(8)
721(8)
喦　128(8)
382(9)
470(1)
565(8)
羿　608(3)
弼　125(18)
140(17)
378(4)
422(4)
466(5)
510(14)
560(13)
605(5)
喘　135(3)
193(4)
480(17)
喈　144(1)
428(2)
516(2)
611(9)
702(5)
喢　433(8)
522(13)
522(17)
771(9)
771(11)
771(12)
771(26)
771(32)
啾　125(20)
378(1)
466(2)
560(10)
561(4)
喤　123(20)
376(12)
463(6)
463(7)
551(12)
551(13)
喉　126(9)
379(4)
467(2)
562(4)
喛　132(17)
411(12)
450(15)
500(4)
煦　475(9)
喑　212(4)
419(7)
460(11)
468(6)
559(4)
564(7)
601(1)
680(11)
喭　501(17)
596(3)
663(12)
779(16)
啼　112(8)
364(5)
446(3)
嗟　121(12)
372(14)
459(12)
557(4)
嗞　109(15)
165(18)
360(14)
442(6)
喧　115(8)
450(15)
喹　512(18)
喀　146(17)
520(16)
620(6)
714(8)
喗　391(11)
478(16)
喃　751(5)
嘅　498(4)
喔　141(18)
424(1)
512(9)
607(1)
692(10)
喙　498(9)
592(6)
604(6)
606(10)
嵁　199(11)
374(2)
400(12)
460(15)
460(16)
488(6)
564(12)
564(13)
581(9)
嵌　566(1)
603(1)
嵲　771(33)
幌　376(8)
幅　140(10)
510(4)
604(11)
772(3)
剴　62(12)
113(16)
365(10)
448(5)
448(11)
凱　133(2)
477(7)
歲　113(7)
364(13)
447(11)
748(31)

散　381(14)　469(10)
遄　118(12)　368(11)　455(2)　753(13)
豈　412(4)　500(12)　595(3)　779(16)
粇　390(4)　477(14)　578(2)
剴　375(14)
買　132(14)　239(10)　476(14)
罥　134(15)　192(5)　413(1)　480(4)　501(9)
[illegible]　113(10)　365(1)　447(14)　656(5)
罨　64(10)　390(9)　578(7)
罦　126(6)　362(12)　378(15)　444(13)　466(17)　561(13)
罯　490(2)　584(9)
罤　112(9)　364(6)　446(4)　748(3)
罝　584(5)
崼　760(2)
㡧　760(2)
崱　231(12)　234(7)　525(13)　616(13)　726(9)
崵　541(8)
帽　414(11)　503(11)　598(6)
嵎　110(16)　443(14)　746(10)
嵑　700(5)
嵔　109(19)　166(7)　361(4)　442(11)
[illegible]　387(8)　474(9)　573(9)
崽　113(3)　447(6)　557(1)　748(22)
崿　524(17)　608(3)　724(9)　1024(2上)
嵬　764(16)
[illegible]　62(8)　113(13)　365(6)　448(2)
帿　126(9)　379(4)　467(2)　562(4)
[illegible]　391(11)　448(14)　478(16)
[illegible]　609(9)
[illegible]　111(13)　363(1)　444(18)
崳　111(4)　444(6)
[illegible]　400(2)　487(15)　581(12)
嵈　765(4)
嵕　161(14)　437(9)　539(3)　640(2)
嵐　122(4)　460(13)　564(9)
嵐　129(20)　472(12)　570(12)
嵯　121(6)　372(5)　459(2)　556(3)
崷　560(12)
嵫　109(15)　165(17)　442(6)
圔　144(5)　428(6)　516(7)　614(3)　703(2)
幄　141(18)　424(1)　512(9)　607(1)　692(10)
幃　109(17)　166(2)　442(8)
圌　118(12)　368(11)　455(2)　753(13)
[illegible]　143(17)　427(11)　515(14)　611(6)　700(6)　705(5)
盈　485(2)
淼　135(12)　194(2)　394(10)　481(12)
黑　230(4下)　234(10)　526(7)　610(6)　728(7)　772(12)
圍　109(17)　166(2)　442(8)
歆　447(3)　556(12)
骭　443(16)　746(17)　747(3)
骬　412(10)

500(11)
500(18)
596(12)
659(5)
661(6)
骫 129(14)
472(4)
570(5)

【丿】

卿 118(2)
454(6)
甥 124(6)
463(15)
552(7)
無 110(17)
237(1.3)
443(15)
晢 408(2)
496(6)
652(9)
掣 203(3)
408(1)
496(5)
590(8)
652(8)
708(7)
[illegible] 143(15)
216(11)
427(8)
515(11)
611(3)
鉐 129(12)
418(11)
471(13)
507(8)
568(11)
鉸 430(9)
518(18)
756(2)
769(4)
短 134(2)
392(1)
479(2)
765(8)
規 163(13)
智 202(2)
402(10)
490(8)
585(1)
矬 121(1)
371(15)
458(14)
555(10)
毳 407(12)
496(1)
590(5)
[illegible] 390(10)
414(11)
478(1)
503(12)
578(9)
[illegible] 769(23)
毱 422(4)
510(14)
605(4)
犆 525(9)
犄 439(8)
甀 402(11)
439(1)
490(9)
545(7)
585(2)
皵 141(17)
423(15)
512(7)
606(13)
692(7)
犅 123(11)
375(15)
462(12)
543(12)
[illegible] 450(1)
[illegible] 416(9)
461(7)
542(1)
583(11)
672(10)
犉 114(2)
448(15)
犃 138(14)
398(15)
486(11)
579(7)
犈 118(16)
368(14)
455(5)
753(8)
犍 118(14)
368(13)
455(3)
752(12)
[illegible] 748(32)
剩 601(3)
[illegible] 117(12)
453(9)
750(7)
[illegible] 362(11)
388(8)
444(13)
475(7)
574(13)
[illegible] 414(2)
503(1)
[illegible] 572(6)
[illegible] 523(2)
[illegible] 112(11)
446(7)
748(8)
稍 208(9)
414(6)
503(6)
598(3)
667(6)
稈 66(7)
134(6)
392(6)
479(8)
程 464(14)
554(1)
稇 391(13)
478(18)
[illegible] 117(19)
367(6)
454(1)
751(7)
秸 141(3)
422(12)
511(5)
605(12)
689(10)
稌 61(14)
110(15)
112(4)
132(2)
167(18)
363(15)
443(12)
445(15)
475(14)
575(7)
稀 110(2)
166(13)
361(7)
442(14)
黍 131(8)

238(19)
387(13)
474(13)
574(1)
762(19)
稃 362(11)
444(13)
⿰禾妥 59(19)
108(20)
164(10)
441(5)
549(3)
犂 112(6)
364(2)
445(17)
税 407(14)
496(3)
590(6)
652(3)
稊 112(9)
446(4)
稂 123(8)
375(12)
462(9)
543(8)
⿰禾卯 142(16)
215(2)
513(18)
697(4)
⿰禾昆 404(11)
492(8)
稄 230(8上)
617(7)
喬 119(15)
456(15)
755(3)
筐 123(4)
375(6)
462(4)
543(3)
笺 742(8)
筀 407(6)
495(12)
590(1)
651(2)
等 133(4)
139(10)
199(9)
389(15)
400(7)
477(10)
488(1)
577(11)
筑 140(19)
422(6)
510(16)
605(6)
688(6)
⿱竹早 57(7)
162(8)
438(6)
540(11)
745(19)
策 431(13)
474(4)
520(3)
615(2)
筬 464(13)
554(1)
⿱竹邦 459(11)
557(4)
⿱竹它 760(10)
⿱竹电 408(4)
496(9)
笛 141(10)
423(5)
511(14)
606(6)
691(4)
筒 160(19)
201(2)
402(4)
436(11)
489(9)
537(13)
583(2)
筥 131(11)
388(2)
474(18)
574(6)
762(9)
⿱竹朱 362(15)
444(17)
筳 125(3)
465(2)
554(10)
筈 143(11)
216(7)
427(2)
515(4)
610(12)
701(5)
筏 142(18)
215(4)
427(1)
514(3)
515(2)
614(7)
697(9)
筵 118(2)
367(11)
454(6)
⿱竹往 399(9)
487(4)
筕 123(16)
124(7)
376(7)
463(1)
463(16)
544(5)
552(8)
筌 118(11)
368(10)
454(18)
753(3)
答 147(1)
618(10)
715(9)
⿱竹夗 413(14)
502(15)
筋 115(4)
450(10)
筍 64(6)
133(7)
390(4)
477(14)
578(2)
⿱竹夆 402(2)
489(7)
742(3)
笿 524(14)
607(13)
724(3)
1023(10上)
筊 119(19)
370(2)
457(2)
457(4)
756(1)
筓 125(9)
465(10)
筆 142(12)
214(8)
513(10)
609(10)

695(2)
築 136(5) 395(13) 482(14)
頊 520(11) 520(16) 524(12) 607(12) 723(10) 770(19) 1023(7上)
頌 143(6) 216(1) 391(13) 426(10) 478(18) 514(15) 612(4) 699(5)
傲 209(1) 414(10) 503(11) 598(6) 668(2)
傢 494(3) 589(3) 647(1)
傋 129(11) 471(17) 568(11)
備 403(5) 490(4) 491(3) 586(1)
健 134(19) 480(12) 663(1)
傅 493(13) 588(9) 645(7)
傉 690(2)
傆 411(1) 499(10) 597(3)
傄 144(3) 428(4) 516(5) 611(12) 702(10)
斞 388(11) 475(10) 575(3)
[illegible] 446(11) 476(13) 576(10)
欿 769(10)
鳥 145(18) 430(14) 519(5) 620(10) 710(8) 723(4)
臮 486(6) 579(3)
腌 400(3) 487(15) 581(12)
[illegible] 117(11) 453(8) 750(2)
脾 112(20) 113(5) 447(2) 447(8) 556(11) 748(23) 748(29)
傚 403(9) 491(8) 586(5)
䏽 448(11)
[illegible] 523(6)
[illegible] 523(2) 618(3) 719(10)
貸 498(2) 593(1) 657(7) 772(9)
蚤 134(5) 392(5) 479(6)
順 499(4) 593(13)
盜 502(12)
[illegible] 455(9) 605(6)
條 120(12) 371(3) 458(2) 551(1)
偈 147(7) 416(3) 504(18) 521(14) 521(15) 602(13) 619(3) 671(11) 717(2)
傂 108(4) 359(7) 439(17) 440(4) 472(10) 545(2) 546(13) 547(5) 570(11) 760(7)
傜 119(10) 456(8)
傒 112(11) 132(12) 446(8) 476(11) 576(8) 748(7)
[illegible] 124(2) 377(2) 463(10) 552(2)
傑 145(1) 517(13) 613(6) 706(8)
傷 771(10)
[illegible] 507(6)
集 148(7) 223(7) 523(9) 616(4) 720(7)
雋 393(11) 480(14)
焦 119(8) 456(6) 781(3)
集 549(5)
候 694(4)
傯 110(3) 131(2) 166(14) 238(13) 361(7)

387(5)
442(14)
474(5)
573(4)
傍 123(17)
376(9)
463(3)
505(17)
544(8)
584(6)
傔 212(8)
419(13)
508(8)
602(12)
682(1)
傛 471(13)
540(4)
568(7)
640(11)
偏 502(3)
596(6)
664(6)
780(18)
傕 235(8下)
遑 123(12)
376(3)
462(15)
544(1)
剸 203(9)
408(9)
591(2)
653(11)
臯 403(10)
491(9)
586(6)
䠵 644(6)
郞 525(11)
616(12)
726(6)
1025(7)
髡 142(13)
214(9)
513(11)
609(11)
695(4)
睅 392(1)
479(2)
皓 135(16)
482(3)
甁 446(14)
748(13)
皴 407(5)
476(13)
495(11)
576(10)
鄔 132(6)
239(2)
389(4)
405(4)
476(2)
493(1)
575(12)
588(1)
643(5)
皐 197(9)
486(3)
580(1)
衈 404(6)
492(2)
587(3)
衆 161(1)
201(5)
436(13)
489(13)
538(2)
583(5)
742(7)
剴 748(15)
勛 429(8)
517(7)
粵 142(19)
215(5)
514(3)
614(8)
697(10)
奧 209(3)
414(13)
503(14)
598(8)
668(7)
傜 456(4)
755(7)
虒 115(5)
450(11)
遁 411(6)
499(17)
595(7)
658(7)
街 112(20)
447(2)
556(11)
748(20)
衖 489(17)
復 770(2)
徥 472(2)
570(3)
576(4)
760(10)
衕 436(12)
489(10)
537(13)
740(17)
御 405(2)
492(16)
587(12)
642(8)
徸 129(6)
471(10)
568(5)
復 140(11)
211(8)
418(8)
507(4)
510(4)
510(5)
601(12)
604(11)
604(11)
678(9)
686(7)
686(8)
徨 123(13)
376(3)
462(16)
544(3)
循 449(10)
徯 539(4)
詧 431(10)
519(17)
770(1)
徧 413(6)
501(14)
663(6)
徭 551(3)
徠 398(8)
486(1)
須 111(1)
444(3)
舼 57(7)
107(5)
162(8)
438(7)
540(12)
舸 160(18)
436(11)

537(12)
740(12)
艇 138(3)
197(4)
485(13)
舽 438(12)
541(4)
䑲 456(8)
舒 110(4)
166(18)
361(9)
442(16)
畬 110(7)
167(2)
361(13)
372(13)
443(2)
459(10)
557(3)
鈇 111(10)
362(12)
444(14)
鈜 553(2)
鉅 131(10)
387(15)
474(15)
574(3)
762(15)
釾 121(11)
459(11)
557(4)
鈍 411(6)
499(17)
658(7)
鈚 112(16)
鈘 380(7)
468(3)
559(2)
680(10)
鈔 756(7)
782(8)
鈋 121(1)
371(15)
458(15)
555(11)
釿 64(11)
133(10)
390(9)
477(19)
578(8)
鈲 518(9)
768(18)
鈑 479(10)
鈆 745(17)
䤟 449(16)
欽 63(10)
468(4)
559(3)
鈞 114(13)
449(13)
鈎 562(11)
鈠 146(6)
431(9)
519(16)
621(5)
769(24)
鈁 122(19)
375(1)
461(15)
542(10)
鈧 558(10)
鈌 704(5)
鈏 133(8)
410(4)
498(14)
578(6)
鈕 138(7)
197(7)
486(1)
鈀 121(16)
373(5)
460(1)
557(10)
鈗 578(2)
絉 404(5)
492(1)
587(2)
逾 111(3)
444(5)
翕 148(10)
223(11)
523(14)
616(8)
721(6)
翖 523(15)
殽 119(19)
457(2)
755(8)
番 115(7)
366(15)
450(14)
452(15)
556(7)
畬 121(12)
372(14)
459(11)
557(4)
畣 710(8)
傘 392(7)
479(9)
765(3)
禽 63(9)
468(3)
559(2)
爲 162(18)
438(16)
490(3)
545(3)
584(10)
舜 205(11)
410(10)
499(3)
593(12)
𧲝 389(11)
477(5)
577(6)
764(20)
豾 441(8)
𧲜 755(6)
𧲞 587(4)
豿 141(19)
424(3)
512(11)
607(2)
693(2)
䝖 744(12)
745(7)
𧲸 418(9)
507(5)
貀 611(9)
貂 118(19)
369(4)
455(9)
創 416(13)
505(11)
584(2)
673(9)
𩚆 366(1)
452(2)
𩚍 146(17)
620(6)
770(14)
飩 115(18)
451(10)

飫 405(4)
493(1)
588(1)
643(4)
飭 525(10)
616(11)
726(3)
1025(5)
飯 71(16)
133(17)
206(7)
391(8)
478(13)
597(4)
飲 139(4)
199(1)
399(12)
487(8)
681(1)
飷 211(8)
418(8)
507(4)
601(12)
678(9)
猚 380(7)
381(5)
469(1)
敜 148(4)
523(5)
618(5)
720(1)
勬 471(8)
568(2)
脹 505(8)
505(9)
583(12)
673(2)
腊 145(18)
430(14)
519(4)
620(10)
621(5)
710(8)
䐈 726(2)
脥 142(1)
脼 69(4)
137(2)
484(3)
569(1)
䐡 490(5)
584(12)
腌 468(16)
483(12)
526(11)
621(8)
729(5)
773(6)
䏼 116(16)
366(13)
452(14)
659(12)
776(8)
780(4)
腓 109(19)
166(6)
361(3)
442(10)
492(13)
587(9)
642(1)
腆 134(11)
392(14)
479(16)
䐃 390(6)
腡 120(20)
371(14)
447(3)
458(13)
555(9)
748(25)
腄 59(3)
108(9)
125(11)
163(14)
377(8)
402(11)
440(8)
490(8)
547(9)
585(2)
771(18)
脽 60(2)
109(2)
164(14)
378(4)
466(5)
549(8)
脾 439(15)
546(11)
䐥 498(7)
腍 399(9)
487(4)
䐫 743(12)
䐄 416(2)
504(18)
672(5)
683(1)
脝 124(2)
376(15)
463(9)
552(1)
腋 145(20)
431(2)
519(8)
620(12)
711(3)
䏽 419(4)
507(16)
561(13)
䐑 433(6)
522(11)
718(9)
勝 127(20)
212(10)
469(9)
508(10)
559(11)
682(4)
腃 753(9)
腅 416(7)
505(4)
603(3)
672(6)
䐪 392(3)
479(5)
腔 57(13)
107(9)
162(14)
438(12)
541(5)
腕 411(15)
500(7)
660(2)
腱 115(13)
451(3)
腒 110(6)
167(1)
361(10)
361(11)
442(17)
443(1)
腏 143(14)
216(9)
427(6)
515(8)

518(1)
611(2)
701(10)
768(11)
甸 526(9)
772(15)
歆 451(13)
督 477(15)
578(3)
臭 524(6)
氭 428(5)
516(6)
611(12)
勉 66(13)
134(9)
392(11)
479(13)
765(18)
猰 144(3)
144(17)
428(4)
516(4)
517(8)
611(11)
613(2)
702(8)
705(9)
猢 61(2)
111(15)
363(4)
445(2)
飲 397(1)
483(16)
564(11)
581(1)
猩 124(6)
377(6)
463(14)
465(4)
552(7)
554(12)
猲 143(2)
143(19)
215(8)
234(17)
426(3)
427(13)
514(8)
515(17)
526(13)
610(9)
614(11)
621(10)
698(5)
699(10)
729(7)
猥 132(17)
476(17)
577(2)
764(15)
颫 743(7)
颬 765(15)
猾 143(20)
428(1)
516(1)
611(8)
702(4)
猼 466(9)
378(8)
猴 126(9)
379(4)
467(2)
562(4)
猣 161(14)
437(9)
539(4)
640(2)
743(10)
颻 744(10)
745(5)
猪 128(8)
213(1)
382(9)
420(4)
470(1)
508(14)
565(7)
603(4)
683(1)
猶 125(15)
377(13)
465(17)
560(7)
677(6)
猵 115(14)
451(5)
猵 117(19)
367(7)
390(5)
454(3)
477(15)
578(4)
752(7)
觛 392(6)
412(3)
479(7)
500(10)
觚 61(3)
111(17)
363(5)
445(4)
猳 459(15)
猛 124(16)
464(11)
553(12)
猤 586(6)
猱 120(17)
371(10)
458(9)
551(9)
豫 502(5)
596(7)
664(9)
753(6)
腍 743(12)
欲 399(4)
481(14)
486(16)
愁 378(14)
466(16)
561(12)
觝 61(4)
111(17)
363(5)
445(4)
結 491(7)
586(4)
絓 497(1)
絨 748(34)
絯 365(8)
448(3)
絣 461(5)
541(8)
翔 755(2)
然 118(1)
367(11)
454(5)
貿 211(10)
418(12)
507(8)
602(1)
679(4)
鄒 126(2)
466(10)
561(6)

【丶】

証 506(8) 599(1) 676(2)
詍 203(5) 590(11)
詁 132(4) 475(18) 575(11)
訹 142(8) 424(15) 513(5) 609(6)
訶 121(8) 372(8) 459(5) 556(6)
誠 490(6)
評 124(4) 377(3) 463(11) 506(4) 552(4) 555(3) 598(10) 675(6)
詀 128(9) 147(18) 381(7) 382(10) 433(8) 469(3) 470(2) 522(13) 564(2) 565(9) 617(11) 683(3) 719(1) 771(26)
詛 405(5) 493(3) 588(2) 643(8)
𧦧 619(11) 771(17)
𧦴 211(4) 601(7) 677(7)
詇 484(5) 505(11) 569(2) 675(3)
𧦦 127(11) 468(15) 563(9) 759(6)
詗 506(9) 599(2) 676(4)
訵 403(10) 491(9)
訞 586(13)
詄 429(4) 517(1)
詐 415(10) 415(10) 504(10) 504(10) 600(7) 670(4)
詑 438(16) 545(2)
訑 121(9) 372(10) 459(7) 547(6) 556(8)
訴 494(3) 589(3) 646(10)
診 71(6) 205(6) 410(5) 477(12) 498(15) 577(13) 593(8)
詅 417(11) 506(9)
詆 112(8) 132(10) 145(14) 364(6) 430(7) 446(3) 476(8) 518(16) 709(9) 769(2)
詢 211(9) 418(11) 507(7) 602(1) 679(1)
詋 391(7) 411(1) 478(12) 499(10)
註 405(14) 493(14) 588(10) 644(7) 645(8)
詃 134(15) 192(5) 480(4)
詝 387(14) 474(14) 574(1)
訦 428(14) 516(15)
詠 506(5) 598(12) 675(8)
詞 109(11) 165(10) 360(9) 441(17)
𧦝 748(5)
詘 142(14) 214(11) 550(4) 610(1) 696(10)
設 371(4) 458(2) 551(2)
詉 121(13) 459(14) 557(7)
詔 413(13) 502(14) 597(10) 666(2)
詖 58(4) 107(15) 163(3) 402(7) 439(3) 490(4) 545(9) 584(11)
詒 60(6) 109(5)

164(19)
360(2)
441(11)
549(12)
馮 161(5)
436(17)
538(6)
溧 424(10)
512(17)
609(1)
694(2)
滭 513(3)
609(4)
694(8)
就 211(7)
418(8)
507(4)
601(12)
678(8)
鄗 525(2)
608(5)
725(2)
1024(5上)
甀 451(9)
敦 115(17)
451(9)
658(4)
廂 122(19)
375(1)
461(16)
542(10)
廁 427(10)
515(13)
裒 126(7)
379(1)
466(18)
467(2)
562(1)
準 133(7)
廁 404(7)
492(4)
587(4)
廅 427(10)
515(12)
廋 126(1)
378(8)
466(9)
廔 161(13)
437(8)
471(7)
539(2)
568(1)
斌 114(14)
449(15)
痛 111(9)
112(5)
362(10)
364(1)
444(12)
445(16)
痺 146(12)
520(8)
584(13)
615(5)
713(8)
770(15)
痞 130(11)
386(8)
486(4)
572(5)
580(2)
痝 162(10)
痙 137(19)
485(8)
痟 119(5)
456(2)
痙 130(17)
238(10)
386(15)
473(17)
572(12)
痟 117(18)
367(5)
454(1)
痢 586(3)
痗 409(8)
497(12)
592(12)
656(4)
痃 443(11)
558(3)
痟 71(14)
219(2)
410(15)
499(8)
594(4)
痤 121(1)
371(15)
458(14)
555(10)
痟 138(8)
486(2)
579(1)
痒 65(7)
133(19)
199(1)
391(10)
399(12)
450(1)
478(15)
487(7)
痥 427(3)
515(5)
痐 121(9)
372(10)
459(7)
556(8)
痛 201(3)
489(10)
548(13)
583(3)
痠 116(7)
366(3)
452(4)
廇 465(18)
560(9)
滄 505(12)
584(2)
673(9)
廋 561(5)
廐 211(3)
418(2)
601(6)
677(5)
盜 586(7)
粢 59(7)
108(12)
163(18)
440(11)
548(2)
袲 545(1)
竧 143(6)
514(14)
612(4)
699(4)
竦 129(10)
471(15)
568(9)
竢 433(6)
522(11)
竡 743(6)
童 160(17)
228(13)
436(11)
537(11)

740(16)
韷 440(4)
547(5)
瓿 138(14)
399(1)
486(11)
579(7)
啚 525(15)
歆 418(13)
507(10)
竣 114(11)
449(10)
啇 402(12)
490(10)
585(3)
遆 748(4)
旑 547(4)
旐 135(10)
193(12)
481(10)
遊 125(15)
377(13)
465(17)
560(8)
棄 586(4)
部 140(18)
422(5)
510(16)
605(6)
688(4)
善 134(18)
192(8)
393(8)
480(9)
羠 130(7)
386(3)
473(4)
547(12)
571(8)
翄 135(10)
193(12)
394(8)
481(10)
翔 122(12)
374(7)
461(6)
541(9)
䒳 554(12)
婺 411(14)
500(6)
594(11)
661(2)
叅 502(4)
絭 141(7)
206(6)
219(3)
235(2下)
411(1)
423(1)
499(10)
502(9)
511(9)
597(4)
606(2)
664(7)
690(7)
普 132(7)
476(4)
576(2)
毰 137(9)
484(12)
569(10)
粞 62(16)
113(18)
448(10)
粡 740(15)
粧 375(4)
542(13)
尊 115(16)
451(8)
奠 413(2)
501(10)
506(12)
595(11)
662(9)
遒 125(17)
378(1)
466(1)
560(10)
道 135(18)
194(9)
395(4)
482(4)
鄐 431(1)
519(7)
711(1)
遂 403(1)
490(15)
585(6)
滔 525(1)
孶 109(15)
165(17)
404(5)
442(6)
492(2)
587(3)
竤 145(4)
427(3)
515(5)
517(17)
613(10)
707(4)
768(8)
曾 128(4)
382(3)
469(14)
焟 430(14)
焯 148(14)
223(15)
524(2)
607(5)
722(5)
煤 412(1)
476(17)
500(8)
577(2)
594(13)
660(4)
764(9)
焜 133(18)
391(9)
478(13)
焯 398(10)
486(4)
580(1)
焮 219(2)
410(15)
499(8)
594(4)
焲 743(12)
焞 115(17)
451(9)
焴 431(3)
519(9)
焠 409(10)
497(14)
592(7)
656(8)
焥 433(3)
522(2)
522(7)
522(15)
敥 394(15)
481(18)
欸 142(15)

214(12)
513(16)
610(2)
697(2)
焱 212(5)
419(9)
508(2)
602(8)
681(4)
焭 124(20)
464(16)
554(4)
勞 120(9)
209(2)
370(15)
414(12)
457(15)
503(13)
550(11)
668(5)
焴 201(3)
489(10)
583(3)
焥 143(12)
216(8)
427(4)
515(6)
610(13)
701(7)
煜 194(7)
395(1)

482(2)
渚 770(11)
湊 212(1)
419(2)
507(14)
602(5)
680(2)
渽 448(9)
湁 148(11)
223(13)
523(17)
616(9)
721(10)
涵 743(7)
湛 139(11)
400(8)
488(2)
581(6)
港 129(11)
471(15)
568(11)
渫 144(20)
147(13)
433(2)
517(11)
522(7)
613(5)
618(4)
706(4)
771(17)
滋 130(3)

385(13)
472(16)
571(3)
760(10)
[illegible] 376(2)
462(14)
543(13)
湖 61(1)
61(2)
111(15)
363(4)
445(3)
1026(4)
湳 136(16)
396(13)
483(13)
580(11)
湘 122(19)
375(1)
461(16)
542(10)
渤 143(3)
215(10)
426(6)
514(10)
612(2)
698(8)
湮 114(3)
448(16)
減 139(11)
139(12)

400(8)
400(9)
488(2)
488(3)
581(5)
581(5)
湎 135(1)
193(1)
480(13)
渙 392(2)
412(8)
479(4)
500(16)
765(9)
湝 113(4)
447(8)
748(28)
湞 124(14)
377(1)
463(9)
464(7)
552(2)
553(8)
553(13)
渻 197(2)
485(2)
610(11)
湔 480(11)
[illegible] 501(15)
596(1)
663(7)

湨 145(17)
430(12)
519(3)
616(1)
710(5)
湜 231(10)
525(12)
616(12)
726(7)
測 525(13)
617(1)
湯 123(14)
376(5)
462(17)
542(3)
544(9)
湒 523(10)
616(5)
720(10)
湡 110(16)
443(13)
746(10)
温 115(15)
451(7)
渴 143(17)
427(11)
515(14)
611(5)
706(9)
渭 404(11)
492(9)

587(6)
湍 116(6)
366(2)
452(3)
滑 143(20)
428(1)
516(1)
611(8)
702(3)
湃 204(6)
409(2)
497(6)
591(13)
655(4)
湫 135(9)
138(9)
193(12)
378(1)
394(7)
466(2)
481(9)
486(3)
560(10)
579(2)
湩 471(16)
489(8)
489(16)
568(9)
582(12)
583(8)
溲 198(1)
398(14)
486(9)
579(5)
淵 117(18)
454(1)
751(6)
湟 123(13)
376(3)
462(16)
544(3)
湶 478(14)
溾 132(19)
364(13)
389(10)
447(11)
477(4)
577(5)
748(31)
764(10)
渝 111(5)
444(7)
渰 400(2)
487(14)
581(12)
湲 118(13)
368(12)
455(2)
753(9)
溢 71(13)
115(19)
410(13)
451(11)
499(6)
594(2)
779(2)
渢 744(10)
淘 124(13)
浲 538(8)
渟 554(10)
渡 493(15)
588(11)
645(12)
湆 523(14)
616(7)
721(4)
游 560(9)
溠 415(11)
504(10)
558(2)
670(5)
湔 118(1)
454(5)
滋 109(15)
165(18)
360(14)
442(6)
湉 127(15)
381(7)
469(3)
564(2)
涫 161(3)
436(5)
538(5)
742(5)
浚 126(1)
138(12)
378(7)
466(9)
561(5)
渾 65(6)
115(14)
133(18)
391(9)
451(5)
478(13)
鄊 411(6)
499(16)
658(6)
溉 498(3)
593(1)
657(7)
渥 141(18)
424(1)
512(8)
607(1)
692(9)
渳 130(1)
385(11)
472(14)
571(1)
湋 109(18)
166(2)
361(1)
442(8)
湄 59(20)
109(1)
164(11)
441(6)
549(6)
湑 110(8)
131(9)
167(4)
361(14)
387(14)
443(4)
粱 461(6)
湀 112(18)
386(8)
446(17)
473(9)
516(16)
572(4)
748(17)
溞 120(13)
371(5)
458(3)
551(3)
惰 605(11)
愜 148(3)
223(1)
523(2)
618(3)
719(9)
惵 131(18)

388(7)
475(6)
475(14)
574(12)
575(7)
憛 520(18)
713(6)
惵 618(4)
慌 137(12)
196(2)
484(17)
570(1)
愊 230(8上)
234(5)
526(2)
617(6)
686(7)
727(10)
惰 209(8)
415(5)
504(4)
600(1)
669(10)
㥟 127(12)
468(16)
563(10)
愐 135(1)
193(1)
480(13)
愞 193(4)
412(8)
415(3)
480(16)
504(2)
惦 381(1)
468(14)
523(4)
563(8)
618(4)
759(5)
惿 760(2)
惻 525(13)
617(1)
726(10)
愓 137(8)
484(11)
569(9)
愠 206(3)
410(14)
499(7)
594(3)
愒 203(7)
406(8)
494(16)
517(15)
590(13)
591(9)
613(9)
648(11)
707(2)
㥜 404(11)
492(8)
587(7)
愕 524(17)
608(3)
724(9)
1024(1上)
惴 490(1)
584(9)
愲 426(5)
514(9)
愀 135(10)
138(20)
198(8)
399(7)
486(3)
487(1)
580(3)
㥖 471(12)
568(6)
愎 230(9上)
234(6)
526(4)
617(7)
728(1)
772(5)
惶 123(12)
376(3)
462(15)
544(1)
㥒 413(2)
501(9)
愧 403(6)
491(4)
㤧 568(9)
㥽 449(13)
愉 111(4)
444(6)
645(7)
㥠 212(5)
419(9)
419(11)
508(5)
602(10)
681(5)
𢡀 520(12)
愋 450(15)
㤹 124(20)
464(17)
554(4)
𢠢 553(7)
愯 524(11)
607(11)
723(9)
1023(6上)
愔 63(8)
127(3)
468(1)
558(12)
愃 125(17)
378(2)
466(3)
560(11)
㥶 490(17)
愃 118(8)
368(5)
391(8)
454(13)
478(13)
753(1)
悺 436(16)
538(6)
742(5)
惲 64(13)
133(11)
390(13)
478(4)
578(11)
慨 498(3)
593(1)
愇 131(3)
387(7)
㥦 386(8)
441(1)
473(9)
548(12)
572(4)
慅 120(13)
371(5)
458(3)
551(3)
像 112(20)
447(2)
556(11)
748(22)

割 143(18) 427(12) 515(15) 611(7) 700(8)
窫 144(16) 407(5) 429(8) 495(11) 517(7) 589(13) 613(1) 705(9)
寒 116(1) 133(14) 451(14)
寋 391(4) 478(9)
富 211(6) 507(1) 601(10) 678(3)
寔 231(11) 525(12) 616(12) 726(7)
寓 493(5) 588(4)
寍 366(5) 412(2) 452(6) 500(9) 594(13) 660(6) 765(6)
寑 138(20) 198(9) 399(8) 487(2)
寓 131(14)
寕 120(3) 370(6) 457(7)
窖 414(4) 503(3) 598(1) 667(1)
窣 460(3)
窡 468(7) 559(5) 759(1)
窘 64(7) 133(8) 390(6) 477(16) 578(4)
窌 507(3)
窓 115(11) 451(1)
盗 125(7) 465(8) 555(3)
寐 403(9) 491(7) 586(4)
寎 484(18) 506(4) 598(10)
運 410(12) 499(5) 594(1)
啟 426(10) 514(14)
扉 109(18) 166(5) 361(2) 442(10)
遍 134(14) 413(6) 501(14) 596(1)
棨 132(12) 476(10) 491(9) 576(7)
䏿 407(3) 407(4) 476(11) 495(10) 576(8) 650(8)
晵 476(11) 501(12) 501(18) 576(7) 595(12)
雇 493(18) 589(1) 646(6)
扊 399(13) 487(9) 580(4)
裓 365(10) 448(6) 773(2)
補 132(8) 476(4) 576(2)
䘲 431(7) 519(13)
裋 131(18) 388(10) 475(9) 575(2)
裌 147(11) 432(11) 522(1) 619(6) 717(9) 771(6)
䘯 370(5) 457(6) 756(9) 757(3)
裎 464(14) 485(7) 554(2)
裍 65(10) 134(1)
裕 405(11) 493(9) 588(7) 644(10)
裗 377(11) 465(15) 560(5)
裞 407(14) 496(3) 590(7) 652(3)
䘰 429(8) 517(7)
裬 469(7) 559(8)
祺 60(9) 109(9) 165(4) 360(6) 441(14) 550(4)
䙖 209(11) 415(10) 504(10) 600(7) 670(6)

裺 581(12)
祼 207(6)
412(1)
500(8)
594(12)
660(3)
禍 136(7)
195(6)
395(15)
482(16)
禆 546(11)
禂 135(19)
194(10)
395(5)
482(5)
祽 409(10)
497(14)
592(8)
656(8)
禄 509(16)
604(6)
685(7)
鄍 125(8)
465(9)
554(7)
詫 406(2)
493(17)
588(13)
646(4)
峴 429(7)
498(15)
517(6)
惢 130(4)
359(14)
386(1)
395(13)
440(7)
473(1)
482(13)
547(8)
571(6)
視 614(12)

【乛】

逮 453(9)
尋 63(2)
126(18)
467(13)
558(7)
畫 146(8)
204(1)
408(11)
431(11)
496(16)
519(18)
600(3)
614(13)
654(2)
712(9)
770(3)
郶 456(11)
塈 404(15)
492(15)
587(10)
642(7)
屩 126(4)
378(11)
466(13)
561(9)
遐 121(15)
459(16)
557(9)
覗 441(13)
587(2)
屧 696(11)
犀 112(14)
446(12)
屇 147(11)
432(12)
522(2)
523(17)
619(7)
717(10)
721(11)
771(8)
属 422(15)
屜 406(13)
495(3)
屟 386(4)
473(5)
571(9)
剭 446(12)
遅 59(11)
164(2)
440(15)
屖 408(7)
496(12)
孱 66(14)
134(10)
367(14)
392(12)
453(5)
454(7)
479(15)
752(10)
765(17)
弽 148(6)
223(5)
523(7)
618(6)
720(4)
弳 413(2)
501(9)
弻 142(13)
425(6)
弼 214(9)
513(11)
609(10)
695(4)
覞 446(15)
748(15)
弻 404(7)
492(4)
584(9)
强 375(8)
569(2)
費 404(13)
492(10)
587(9)
642(4)
粥 140(17)
422(4)
510(14)
605(4)
688(1)
巽 411(5)
499(15)
595(6)
658(4)
隅 398(10)
415(8)
486(4)
504(7)
580(1)
疏 405(4)
皵 148(10)
223(10)
523(14)
616(7)
721(5)
違 109(18)
166(2)
361(1)
442(8)
韌 410(3)
498(13)

593(7)
隔 146(11) 431(15) 520(5) 614(12) 713(5)
隓 395(14) 482(15)
[illegible] 400(2) 487(13) 580(6)
隙 146(16) 520(13) 620(5) 714(6)
隕 64(7) 133(8) 393(3) 477(16) 480(4) 578(4)
敳 407(12) 495(18)
隑 448(11)
隚 375(11) 462(9)
隘 203(9) 408(10) 496(15) 600(2) 654(1)
隒 139(6) 199(3) 399(14) 487(11) 581(10)
媒 113(9) 365(1) 447(14)
媅 373(15) 460(14) 564(11)
媟 144(19) 517(10) 613(5) 706(3)
婉 772(10)
媆 480(16)
[illegible] 748(24)
媎 196(5)
媞 112(8) 129(13) 364(6) 446(4) 472(1) 570(3) 748(1) 760(1)
婸 484(11) 569(9)
媢 209(2) 414(12) 422(13) 503(12) 511(7) 598(7) 668(4)
媀 588(4)
媪 136(2) 395(9) 482(10)
媦 477(1) 577(2)
娟 404(11) 492(8) 587(7)
絮 405(5) 493(2) 588(2) 643(7) 643(12)
嫉 207(5) 411(14) 500(6) 594(11) 659(2)
㛚 619(7)
嫂 395(5) 482(5)
媓 376(4) 462(16) 544(2)
媿 132(17) 239(14) 586(2) 764(16)
媮 126(13) 379(9) 467(7) 562(10)
婛 122(3) 460(10) 487(12) 564(7) 618(12) 716(8)
媛 501(18) 596(4) 664(2) 753(10)
媾 140(5)
婷 554(5)
㛅 71(16) 206(7) 411(2) 499(12)
媄 386(3) 473(3) 571(8)
媊 359(4) 439(13) 480(11) 546(9) 780(17)
媨 678(7)
㛇 135(19) 194(10)
媥 118(6) 368(3) 454(11) 752(5)
媉 424(2) 512(9)
媁 166(8) 361(4) 442(11)
媚 402(15) 490(14) 585(6)
賀 415(1) 415(9) 503(17) 599(6) 668(11)
輦 133(17) 391(8) 478(13)
畬 206(7) 219(4) 411(2) 499(12) 597(5)
[illegible] 142(11) 425(3) 513(8)

	609(8)
	696(1)
𧳏	408(4)
	496(8)
𧳜	771(4)
豿	553(7)
𧠁	359(6)
	439(16)
	546(12)
登	128(2)
	382(2)
	469(12)
發	143(1)
	215(7)
	426(2)
	514(6)
	614(10)
	698(3)
皴	114(11)
	449(10)
矞	214(6)
	424(15)
	513(4)
	609(5)
	695(12)
堥	126(8)
	371(2)
	378(5)
	379(2)
	458(1)
	466(6)
	467(1)
	550(13)
	561(2)
	562(3)
矝	111(14)
	363(2)
	405(12)
	444(18)
	493(11)
	588(8)
	645(3)
𧦝	405(12)
	493(11)
	588(8)
	645(3)
婺	405(12)
	493(11)
	588(8)
	645(2)
𥎉	540(9)
鍪	540(5)
𥍯	375(13)
	462(11)
	543(9)
𥍰	468(2)
	558(13)
舜	136(11)
彖	210(5)
	505(1)
	602(13)
	671(12)
𣫭	768(16)
𣢑	387(4)
	474(3)
	573(3)
𦃇	549(2)
彘	203(6)
	408(5)
	496(10)
	590(12)
	653(4)
絊	616(13)
	726(8)
絓	113(1)
	204(1)
	408(11)
	447(3)
	496(16)
	556(12)
	600(3)
	654(3)
	748(24)
結	144(9)
	403(9)
	428(11)
	516(12)
	612(6)
𦀖	386(15)
	473(17)
	572(12)
絙	116(3)
	365(13)
	451(16)
𦀮	453(11)
絹	133(3)
絰	144(12)
	429(2)
	516(18)
	612(11)
	704(8)
絖	584(7)
絧	489(10)
	583(2)
	740(15)
絽	387(11)
	474(11)
	573(11)
絪	448(17)
絑	362(7)
	444(8)
綎	125(8)
	465(2)
	465(8)
	555(4)
絬	517(11)
綖	118(2)
	367(12)
	454(6)
絍	419(6)
	558(11)
	559(1)
	600(13)
	680(7)
絎	417(7)
	506(5)
	598(12)
	675(9)
𥿢	204(3)
	408(12)
	496(17)
	600(4)
	654(5)
絟	118(11)
	368(10)
	429(12)
	454(18)
	518(5)
	753(2)
	768(16)
給	148(9)
	223(9)
	523(13)
	616(6)
	721(3)
絩	413(9)
	502(10)
絢	412(15)
	501(7)
	595(9)
	662(5)
絳	489(17)
	583(9)
絡	485(18)
	524(13)

607(13)
724(2)
1023(9上)
絼 404(1)
491(16)
絶 145(4)
517(16)
613(9)
707(4)
768(7)
絞 135(15)
194(6)
394(15)
481(18)
絘 403(12)
586(7)
綂 376(2)
462(14)
544(1)
絯 365(10)
448(6)
764(8)
統 489(13)
583(6)
絣 124(13)
464(7)
553(7)
絉 132(12)
239(8)
476(12)
576(9)
綈 620(6)
綵 395(12)
482(12)
絲 60(8)
109(7)
165(1)
360(4)
441(12)
550(2)
幾 110(1)
131(2)
166(11)
361(6)
387(6)
442(13)
474(5)
573(5)

十三畫

【一】

截 477(13)
䎌 503(6)
耡 405(5)
493(3)
588(2)
643(7)
耦 423(2)
511(10)
翢 203(4)
408(3)
496(7)
590(9)
652(10)
敼 390(3)
477(13)
578(1)
惷 390(3)
477(13)
578(1)
瑟 142(16)
215(2)
513(18)
609(12)
697(4)
瑇 498(1)
592(13)
605(11)
657(5)
689(8)
瑚 61(1)
111(15)
363(3)
445(2)
1026(4)
琦 545(10)
瑊 128(7)
382(8)
469(18)
565(6)
頊 206(9)
423(1)
511(9)
606(2)
690(6)
690(6)
瑎 113(5)
447(8)
748(28)
瑅 112(8)
237(2.8)
446(3)
748(1)
勣 145(14)
408(4)
430(8)
518(17)
615(12)
709(11)
769(4)
瑒 137(17)
485(4)
瑁 141(5)
409(8)
414(11)
422(13)
497(12)
503(12)
511(7)
592(12)
598(7)
605(13)
656(4)
668(3)
690(1)
瑞 402(13)
490(11)
585(4)
瑖 500(3)
瑝 123(20)
376(12)
463(6)
551(11)
瑰 113(9)
364(15)
447(13)
748(34)
瑀 131(14)
388(5)
475(3)
574(9)
瑭 164(16)
瑜 111(4)
444(6)
瑗 501(18)
596(4)
664(2)
瑳 121(3)
136(9)
195(9)
372(2)
396(3)
458(16)
483(2)
555(12)

瑄 753(1)
瑕 121(15) 459(17) 557(9)
瑋 131(3) 387(7) 474(7) 573(7)
瑂 59(20) 70(9下) 109(1) 164(12) 441(6) 549(6)
嗸 371(9) 458(8) 757(12)
嶅 120(15) 371(8) 551(7) 757(12)
瑤 135(16) 194(6) 395(1) 482(1)
瑑 135(4) 193(5) 480(18)
勢 523(18) 607(4) 722(1)
遘 211(12) 419(1) 507(13) 602(4)
𠢕 109(12) 164(5) 165(11) 442(1)
[illegible] 440(18) 548(11)
蚕 147(8) 432(8) 521(16) 619(4) 717(4)
歐 522(17)
頑 117(3) 453(6)
魂 115(14) 451(5)
搸 449(18)
搆 211(12) 507(13) 602(4) 680(2)
鼓 742(12)
髡 115(19) 451(12)
髢 202(5) 406(14) 495(4) 589(8) 649(12)
[illegible] 135(18) 194(9) 503(10)
肆 403(12) 491(12)
羣 57(1) 162(3) 438(2) 540(5) 640(12)
摸 111(13) 363(2) 444(18) 524(12) 607(12) 724(1) 1023(8上)
摺 71(6) 205(7) 498(17) 593(9)
填 114(3) 117(15) 448(17) 453(13) 750(8)
搷 453(14)
搸 231(2) 525(3) 608(6) 725(3) 1024(6上)
捷 480(12)
載 389(13) 409(14) 477(7) 498(1) 498(7) 592(13) 593(4) 657(5)
搏 405(14) 493(13) 525(1) 525(5) 608(7) 725(7) 1024(10上)
搞 770(15)
截 409(14) 498(1) 593(4)
馯 659(1) 779(11)
鼻 405(9) 493(7) 588(5) 644(7)
馱 209(8) 415(5) 504(4) 600(1) 669(3)
馲 524(14) 608(1) 608(2) 724(4) 724(6) 1023(11上)
馴 114(11) 449(10)
馰 430(4) 518(13) 615(10) 709(4) 768(22)
馺 147(1) 521(5) 618(10) 715(11)
馳 108(6) 440(3) 547(5)
搙 424(2) 512(10)
摵 145(3) 517(16) 613(9) 707(3)
搱 447(9)
摋 386(2)

403(8)
473(2)
491(7)
571(7)
760(8)
鄢 411(3)
597(5)
䞨 760(5)
趌 142(2)
145(7)
424(7)
512(14)
518(4)
608(12)
613(13)
693(10)
708(1)
趄 450(14)
䞛 506(15)
趥 770(18)
䞶 505(10)
583(13)
673(5)
趀 472(10)
570(10)
760(9)
趏 418(11)
趇 771(5)
趒 369(4)
455(9)
502(10)

597(7)
665(7)
趆 130(5)
386(2)
473(2)
571(6)
䞦 146(18)
520(18)
620(8)
715(2)
趍 440(4)
547(5)
趑 59(9)
70(3下)
108(13)
163(20)
440(13)
548(4)
摅 453(2)
揁 395(12)
482(13)
塒 60(7)
109(6)
164(20)
441(12)
550(1)
擿 769(3)
搨 147(6)
147(7)
521(13)
619(2)

716(11)
塤 115(8)
450(15)
損 65(7)
133(19)
391(10)
478(15)
遠 133(13)
219(5)
391(3)
411(4)
478(8)
499(14)
597(6)
658(2)
捆 216(3)
426(12)
514(17)
611(13)
699(8)
鼓 132(3)
475(17)
575(10)
歀 130(13)
386(10)
572(7)
戲 498(2)
㨟 448(10)
塏 477(7)
塩 759(2)
赨 539(6)

嵏 439(11)
艴 231(12)
525(12)
616(13)
726(9)
携 112(19)
748(18)
蔀 475(17)
575(9)
塢 132(6)
389(4)
476(2)
575(12)
掍 144(18)
517(9)
613(3)
蜇 145(1)
145(1)
517(13)
613(6)
706(7)
絜 144(16)
429(8)
517(7)
613(1)
705(8)
705(12)
搋 438(15)
暓 414(9)
503(10)
598(5)

667(12)
勢 203(8)
408(7)
496(12)
590(13)
653(8)
摋 143(15)
216(11)
427(8)
515(10)
611(3)
700(9)
摇 119(11)
208(4)
413(13)
456(9)
502(14)
597(10)
666(3)
搯 551(1)
㨙 447(2)
556(11)
748(21)
搶 69(5)
137(3)
375(6)
377(2)
397(7)
462(4)
484(5)
543(2)

　569(3)
堋 682(10)
塳 743(15)
輩 471(14)
　568(8)
𨖣 107(9)
　162(14)
　438(12)
搊 126(2)
　561(6)
塙 423(15)
　512(7)
𡏮 367(14)
　453(5)
　454(8)
　752(9)
塉 146(4)
　431(7)
　519(14)
　621(4)
　712(3)
摛 359(8)
　440(1)
　547(2)
塘 123(7)
　375(10)
　462(9)
　543(7)
搪 123(7)
　375(10)
　462(7)

　543(6)
搒 124(2)
　376(14)
　463(9)
　552(1)
瓡 148(6)
　223(6)
　523(8)
　616(3)
　720(6)
搕 146(12)
　520(6)
　615(4)
　713(7)
塎 384(11)
　471(13)
　568(7)
搈 129(9)
　438(1)
　540(4)
壼 65(10)
　134(1)
　391(13)
　478(18)
㱿 140(8)
　424(3)
　512(11)
　604(7)
　685(12)
　693(2)
𡔖 404(9)

　492(6)
　513(11)
塚 129(8)
　471(12)
　568(7)
嫛 211(9)
　418(12)
　507(8)
　602(1)
　679(4)
嗀 212(1)
　419(2)
　507(13)
　602(5)
㝅 138(16)
　399(3)
　486(14)
　579(10)
搷 134(14)
　192(2)
　393(2)
　480(2)
塡 430(10)
　519(1)
　769(6)
搉 141(17)
　423(8)
　423(15)
　511(17)
　512(7)
　606(8)

　606(13)
　691(9)
　692(7)
搌 134(17)
　135(6)
　193(7)
　394(2)
　480(7)
搱 113(7)
　364(13)
　447(11)
　748(28)
㙟 59(10)
　108(14)
　164(1)
　440(15)
　548(6)
搦 141(18)
　146(20)
　424(2)
　512(9)
　521(2)
　607(1)
　692(10)
　715(6)
搎 451(8)
擠 521(13)
堎 381(11)
　469(7)
　525(16)
　559(8)

𡎡 416(6)
　505(4)
埤 472(13)
　571(1)
聖 417(10)
　506(8)
　599(1)
　676(2)
聘 506(9)
朞 165(5)
蓁 449(18)
戡 122(6)
　460(15)
　564(12)
尠 134(16)
　405(15)
　480(5)
　493(14)
歁 68(2)
　136(18)
　396(15)
　483(15)
　521(10)
　580(13)
斟 63(4)
　63(4)
　126(20)
　467(16)
　558(9)
戡 63(11)
　460(9)

468(5)
559(3)
564(5)
惎 587(4)
蔌 120(16)
371(9)
458(7)
551(8)
蒜 411(13)
蒲 363(3)
445(2)
1026(3)
蓍 108(15)
164(3)
440(16)
548(8)
蒽 489(16)
蓋 147(5)
147(9)
432(8)
494(7)
521(12)
521(16)
591(2)
619(1)
619(4)
716(9)
717(5)
蒧 137(14)
484(18)
蒷 448(12)

蓒 115(12)
451(3)
鄞 114(8)
449(6)
450(11)
勤 115(4)
450(10)
蓮 117(14)
453(12)
750(10)
䩖 373(6)
460(2)
558(1)
靳 71(14)
219(2)
410(15)
499(9)
594(4)
靲 468(4)
559(1)
𩊓 58(6)
107(17)
163(5)
439(6)
545(12)
鞆 376(10)
463(4)
544(9)
殻 136(5)
395(13)
482(14)

靷 498(14)
593(7)
靶 210(2)
415(14)
504(14)
504(14)
600(10)
671(3)
散 146(3)
431(6)
519(13)
621(3)
711(12)
鄭 123(13)
376(3)
462(15)
544(3)
蒚 145(13)
430(2)
518(11)
615(9)
709(1)
768(20)
蒪 141(8)
235(3下)
423(3)
511(11)
606(3)
690(10)
蒝 450(13)
蕐 141(7)

423(1)
511(9)
606(2)
690(6)
蓫 422(10)
511(4)
605(1)
蒅 360(1)
440(7)
547(8)
蓪 377(15)
466(1)
560(8)
蒔 404(8)
587(4)
華 142(6)
513(2)
609(3)
694(7)
墓 406(1)
493(15)
588(11)
645(12)
幕 524(12)
607(12)
723(12)
1023(7上)
蔞 146(13)
363(2)
445(1)
520(10)

620(2)
713(10)
770(18)
蒻 147(7)
521(14)
619(3)
717(2)
䓘 131(1)
387(5)
474(5)
573(4)
656(11)
夢 161(4)
201(3)
436(16)
489(11)
538(5)
583(3)
744(8)
蒛 707(6)
768(9)
䔳 418(5)
507(1)
601(10)
678(2)
萿 759(7)
蒩 61(9)
110(9)
111(20)
167(7)
363(10)

443(5)
445(9)
746(1)
菻 500(4)
594(9)
660(11)
蒨 412(14)
501(6)
595(9)
662(4)
蓧 369(4)
455(9)
709(8)
746(6)
769(1)
蓨 430(8)
518(17)
[illegible] 372(2)
458(17)
蒦 521(2)
620(9)
蓓 64(3)
133(5)
390(1)
477(11)
577(12)
蒠 525(12)
726(7)
蒒 547(13)
蓏 136(6)
195(6)
395(15)
482(16)
蔱 203(3)
408(1)
496(5)
590(8)
614(4)
652(8)
萃 447(5)
556(13)
748(25)
[illegible] 119(11)
413(14)
456(8)
502(15)
菡 136(15)
396(12)
483(11)
蒵 132(12)
476(11)
495(8)
589(11)
650(6)
蒼 123(10)
375(14)
462(12)
543(11)
蓊 129(4)
161(12)
384(6)
437(7)
471(7)
539(1)
568(2)
743(8)
蒯 591(12)
[illegible] 123(9)
375(13)
462(10)
543(9)
蓬 39(1)
161(15)
437(10)
539(4)
640(3)
743(15)
蒥 125(13)
377(10)
465(14)
560(4)
蓑 371(14)
555(10)
蒿 120(10)
371(1)
457(17)
550(12)
757(8)
蓆 712(2)
蒺 142(5)
424(11)
512(18)
609(2)
694(4)
蓎 123(7)
375(10)
462(7)
543(6)
蔀 138(14)
198(6)
399(4)
486(16)
579(11)
蓏 148(8)
223(8)
523(11)
616(5)
720(11)
蒟 131(20)
405(10)
444(1)
475(12)
493(8)
575(5)
588(6)
644(8)
746(19)
1025(9)
蒡 376(15)
463(9)
552(1)
瓶 376(1)
462(14)
蓄 140(18)
422(5)
510(15)
605(6)
688(4)
688(4)
蓋 431(1)
519(7)
蒹 127(16)
381(8)
469(4)
564(3)
蒴 141(14)
423(10)
512(2)
606(9)
蒲 61(1)
111(15)
蒏 378(2)
466(3)
560(11)
蒞 491(5)
586(3)
蒤 363(9)
445(7)
蒗 674(4)
[illegible] 428(6)
516(7)
614(3)
蓉 57(1)
162(2)
438(1)

540(4)
640(11)
莕 238(13)
蒙 38(2)
161(8)
437(3)
538(9)
743(12)
774(9)
蓂 125(9)
430(10)
465(9)
519(1)
554(8)
710(3)
769(6)
萑 422(3)
510(13)
687(11)
蒬 451(2)
鄚 366(8)
452(9)
幹 207(9)
412(4)
500(11)
595(2)
659(5)
嫛 164(20)
442(4)
蒻 148(15)
223(17)
524(4)
607(6)
722(7)
蓙 140(13)
510(8)
605(1)
687(3)
蔆 127(18)
381(11)
469(7)
559(8)
559(8)
蓀 115(16)
451(8)
蓶 764(17)
蔭 212(4)
419(7)
601(1)
680(11)
蒸 127(17)
419(14)
469(5)
508(8)
559(7)
蒘 443(13)
746(7)
蒲 161(13)
437(8)
539(2)
640(1)
740(18)
蓩 136(1)
194(12)
395(8)
482(8)
510(3)
蒓 114(1)
448(15)
蒳 147(4)
521(9)
618(11)
716(5)
楔 144(2)
144(8)
144(9)
428(3)
428(11)
428(12)
516(3)
516(11)
517(9)
611(11)
612(6)
702(8)
703(9)
楱 419(3)
507(14)
602(6)
680(3)
椿 114(13)
449(13)
毲 494(9)
591(4)
椹 127(1)
139(2)
198(12)
399(10)
487(6)
樺 428(3)
楪 147(15)
433(3)
522(7)
617(8)
718(6)
771(18)
771(19)
榙 521(3)
715(8)
724(4)
榡 494(9)
591(3)
648(1)
禁 212(4)
419(7)
507(18)
559(4)
601(1)
680(10)
楂 121(20)
373(9)
460(5)
558(4)
楚 131(10)
388(1)
405(7)
474(17)
493(5)
574(4)
楋 427(10)
515(13)
楅 617(5)
楝 413(3)
501(11)
595(12)
662(11)
械 382(8)
382(9)
469(18)
470(1)
565(6)
565(6)
椷 166(8)
361(4)
442(11)
楧 193(4)
480(16)
楷 132(16)
476(16)
576(10)
748(26)
748(32)
764(8)
楨 124(17)
464(12)

553(13)
750(9)
楻 439(9)
楊 122(11)
461(5)
541(7)
想 69(5)
137(4)
397(7)
484(5)
569(3)
楫 147(16)
223(7)
522(8)
617(9)
718(7)
771(19)
楣 141(5)
422(13)
511(7)
605(13)
690(2)
榲 390(13)
478(4)
578(11)
楬 145(1)
514(13)
517(13)
613(7)
706(8)
椳 447(13)

764(12)
楒 62(15)
109(7)
165(1)
360(4)
441(13)
550(2)
㮙 524(18)
榀 111(13)
椯 118(13)
368(11)
455(2)
楞 128(3)
楈 143(3)
215(9)
216(3)
426(5)
514(9)
612(1)
698(8)
楸 125(15)
377(12)
430(7)
465(16)
560(7)
椱 418(8)
507(4)
686(10)
椵 207(2)
411(11)
415(8)

500(3)
594(8)
660(8)
楩 135(5)
193(6)
394(1)
481(2)
楰 371(5)
椺 430(5)
518(14)
768(23)
槐 113(9)
364(15)
447(13)
748(31)
748(33)
楀 131(14)
388(5)
388(13)
475(4)
475(12)
574(10)
575(5)
𣘮 562(4)
槌 60(4)
109(4)
164(15)
402(11)
441(9)
490(8)
549(10)

585(1)
楯 390(9)
449(11)
478(1)
578(8)
晳 145(10)
429(15)
518(8)
615(7)
708(9)
榆 111(5)
444(7)
嗇 231(14)
525(15)
617(2)
727(1)
剎 130(20)
142(5)
238(12)
424(11)
513(1)
573(3)
609(2)
694(4)
郲 142(2)
424(7)
512(14)
608(12)
693(9)
椰 620(8)
楥 206(8)

219(5)
411(4)
597(5)
658(1)
楼 107(7)
161(14)
437(8)
539(3)
640(2)
743(9)
楧 390(4)
477(14)
578(3)
椁 114(10)
449(9)
楘 475(12)
575(4)
楓 161(5)
437(1)
538(7)
744(10)
745(5)
楤 743(9)
楟 125(3)
465(2)
554(10)
榜 724(5)
1023(13上)
榹 57(17)
70(2上)
162(18)

438(15)
545(1)
槎 136(13)
396(10)
483(9)
楢 135(11)
138(11)
194(1)
394(9)
481(11)
486(7)
560(11)
579(4)
桓 128(6)
382(6)
469(17)
594(6)
楦 499(14)
楔 426(8)
514(12)
格 520(18)
620(8)
715(1)
楎 115(14)
166(1)
442(8)
451(5)
楄 367(5)
368(3)
454(12)
751(5)
椆 555(6)
概 498(3)
593(1)
657(8)
椵 396(6)
483(5)
榫 131(4)
387(7)
474(7)
573(7)
楣 59(20)
164(11)
549(6)
楈 110(8)
167(5)
361(14)
楹 124(16)
464(11)
553(12)
楑 59(15)
70(6下)
108(17)
130(11)
164(6)
386(8)
441(1)
473(9)
548(11)
572(4)
楙 211(10)
418(12)
507(9)
602(2)
楺 197(10)
398(11)
486(5)
561(1)
579(2)
楸 371(2)
458(1)
550(13)
椽 118(16)
368(15)
455(6)
753(6)
裘 126(5)
378(12)
466(14)
輒 375(7)
462(5)
543(3)
軾 525(12)
616(13)
726(8)
輁 57(8)
107(5)
162(9)
438(7)
540(12)
輈 378(12)
466(14)
561(10)
輡 776(12)
輵 742(3)
輅 493(16)
520(18)
588(12)
646(2)
715(2)
軫 476(11)
576(8)
較 141(12)
423(8)
511(17)
606(8)
691(8)
輆 477(7)
輧 117(17)
367(5)
453(17)
465(10)
555(5)
毂 430(8)
518(17)
剸 116(9)
135(4)
193(5)
366(5)
452(6)
480(18)
502(9)
鄟 116(9)
135(3)
193(4)
366(6)
368(11)
393(14)
452(7)
455(1)
480(17)
753(12)
鬲 555(8)
睿 773(3)
掣 143(16)
427(10)
515(13)
611(5)
700(3)
敲 772(4)
副 126(12)
379(5)
379(8)
467(4)
467(6)
562(6)
562(9)
臨 386(12)
473(14)
572(9)
署 464(1)
553(1)
督 66(12)
134(9)
392(11)

479(13)
765(18)
竪 388(10)
575(2)
跭 57(11)
162(12)
438(11)
541(3)
剽 413(15)
502(16)
597(11)
666(5)
鄠 755(1)
甄 62(17)
113(19)
118(3)
367(13)
448(12)
454(7)
752(5)
賈 132(4)
136(11)
396(6)
483(5)
[illegible] 403(7)
491(6)
酭 211(3)
418(1)
506(14)
601(6)
677(4)
酮 129(6)
471(9)
568(3)
740(15)
酪 138(2)
398(2)
485(12)
酪 524(13)
607(13)
724(3)
1023(10上)
[illegible] 457(3)
酬 125(19)
378(4)
466(5)
561(1)
頍 130(5)
386(1)
473(1)
571(6)
蜃 64(10)
133(10)
390(9)
477(19)
578(7)
毻 209(7)
415(4)
504(3)
599(9)
669(6)
歑 128(9)
382(10)
469(4)
470(2)
564(4)
565(9)
[illegible] 513(14)
感 136(14)
396(12)
483(10)
580(10)
碩 365(5)
447(8)
碏 524(8)
607(9)
723(3)
723(8)
[illegible] 430(15)
519(6)
硹 742(12)
745(2)
碕 58(5)
107(16)
129(17)
163(4)
385(5)
439(5)
472(7)
545(11)
570(8)
[illegible] 409(10)
497(14)
592(7)
[illegible] 361(11)
[illegible] 387(1)
473(18)
572(13)
727(5)
[illegible] 764(11)
碮 391(12)
478(17)
碏 521(6)
618(7)
716(1)
碢 372(11)
459(8)
硾 402(11)
490(9)
[illegible] 477(1)
577(2)
碓 409(9)
497(13)
592(7)
656(6)
742(4)
碑 58(4)
107(15)
163(3)
433(1)
439(3)
545(9)
碖 779(5)
[illegible] 505(1)
[illegible] 386(4)
473(5)
571(9)
620(4)
碎 409(12)
497(17)
592(9)
656(11)
硿 161(7)
437(2)
538(8)
539(10)
碌 509(17)
604(7)
685(9)
693(3)
[illegible] 382(10)
470(2)
565(9)
甄 148(5)
223(4)
523(6)
618(6)
720(3)
剺 69(5)
137(3)
397(7)
484(5)
569(3)
奓 455(17)
456(17)

755(3)
𠪚 397(3)
468(5)
483(18)
581(4)
殞 772(5)
𧱏 160(18)
436(11)
740(15)
䝐 750(4)
豥 62(11)
113(15)
365(9)
448(5)
448(10)
豤 393(4)
480(4)
㥦 446(5)
748(3)
殜 433(3)
522(8)
771(19)
773(8)
殟 143(5)
215(11)
426(8)
514(12)
612(3)
699(1)
㱦 132(20)
389(10)
477(1)
477(4)
764(15)
尵 128(8)
382(9)
469(18)
565(7)
𣩁 500(2)
𣩲 577(6)
764(10)
𣩀 115(16)
451(8)
𣩋 121(5)
372(5)
459(2)
459(12)
556(3)
557(5)
匯 113(6)
132(20)
447(9)
748(32)
764(10)
鄠 132(7)
239(3)
476(3)
576(1)
雭 565(7)
雷 771(18)
電 413(2)
501(10)
595(10)
662(8)
雷 62(3)
113(10)
365(2)
447(15)
615(12)
零 125(5)
417(15)
465(5)
506(14)
554(13)
677(2)
750(10)
雺 744(12)
745(7)
雹 141(15)
423(13)
512(5)
606(11)
692(4)
雲 523(17)
雩 126(7)
379(1)
466(18)
489(14)
562(2)
頓 411(5)
499(15)
595(6)
658(3)
鳪 403(12)
491(12)
盞 765(17)
甄 447(7)
748(27)
【丨】
𡋯 656(3)
韭 166(4)
361(2)
442(9)
449(15)
䚂 430(12)
710(7)
769(9)
督 141(3)
422(11)
511(5)
605(11)
689(8)
689(9)
歲 407(11)
495(17)
590(4)
651(8)
貲 163(10)
406(13)
439(12)
546(8)
觜 59(2)
108(8)
129(18)
163(13)
359(14)
439(13)
440(6)
546(9)
547(7)
柴 385(7)
472(9)
570(11)
訾 58(12)
108(1)
163(11)
359(3)
439(13)
546(8)
粲 412(6)
500(14)
595(4)
659(9)
779(21)
虛 546(1)
虜 167(1)
361(12)
405(2)
443(2)
492(16)
644(1)
虞 474(16)
574(3)
762(15)
虞 110(15)

237(1.2)
443(13)
746(9)
⿰虘阝 121(5)
372(5)
459(2)
460(6)
556(3)
558(5)
虜 132(2)
475(15)
575(8)
虞 387(15)
鄜 575(12)
虘 122(10)
461(2)
565(4)
䖑 494(4)
虙 538(3)
業 230(9下)
234(13)
526(10)
621(8)
773(3)
瓽 485(2)
棠 782(6)
掌 369(13)
414(7)
423(10)
456(2)
503(6)
512(2)
598(3)
667(6)
782(6)
⿰尚羽 369(4)
⿰尚阝 375(11)
462(9)
543(7)
甞 123(2)
375(4)
462(2)
542(13)
當 123(10)
375(14)
462(11)
543(10)
674(7)
睛 485(10)
553(11)
睹 132(3)
睦 58(1)
141(2)
422(9)
511(3)
605(10)
689(4)
睖 560(1)
睞 498(6)
593(3)
睋 230(7上)
睚 204(2)
408(11)
496(17)
600(3)
654(4)
764(8)
晻 773(7)
睫 147(16)
400(2)
433(3)
433(4)
487(14)
522(8)
522(9)
580(6)
617(9)
718(7)
771(19)
771(20)
睢 404(14)
尠 132(11)
476(10)
576(7)
尟 480(5)
嗷 551(7)
嗦 494(3)
589(3)
⿰口冓 126(15)
379(11)
467(9)
562(12)
哭 485(11)
暘 146(1)
431(3)
519(9)
621(1)
711(7)
暕 66(13)
134(10)
392(11)
479(14)
睡 402(13)
465(12)
490(11)
585(4)
㬥 597(1)
睨 407(1)
495(7)
589(10)
650(4)
睢 59(19)
108(20)
163(1)
164(10)
403(14)
439(1)
441(5)
441(7)
441(8)
491(14)
545(6)
549(10)
560(13)
睢 167(7)
361(15)
443(5)
睥 407(7)
495(13)
590(1)
651(3)
暝 765(9)
賊 230(5下)
234(11)
526(8)
610(7)
728(8)
772(13)
睔 219(6)
391(9)
411(6)
478(14)
499(16)
595(7)
658(6)
779(5)
賄 132(16)
476(17)
577(2)
764(9)
賉 214(4)
609(6)
賅 377(7)
路 493(16)
588(12)

646（3）
賅 365（10）
389（14）
448（6）
477（9）
577（10）
賆 367（5）
453（17）
睜 137（18）
485（6）
㬥 423（1）
511（10）
敭 374（7）
541（8）
䁁 505（14）
䁐 410（10）
499（3）
睟 490（17）
585（8）
睠 502（3）
596（6）
664（7）
睒 139（7）
199（5）
400（1）
416（5）
487（13）
580（6）
睕 427（4）
479（4）
睩 140（7）
509（16）
604（6）
685（8）
䁅 137（18）
485（5）
嗜 403（7）
491（5）
586（3）
嗑 147（5）
521（12）
521（16）
619（1）
716（9）
771（1）
嘩 427（11）
427（12）
515（15）
嗼 1023（9上）
鄙 130（6）
386（3）
473（3）
571（8）
嗹 117（14）
453（12）
750（10）
閜 136（11）
195（8）
396（7）
483（6）
暘 122（10）
461（4）
541（7）
閘 124（12）
464（6）
553（6）
嗙 231（5）
525（5）
608（7）
725（7）
1024（9上）
閶 479（7）
閙 433（1）
521（16）
522（6）
619（10）
718（4）
771（1）
771（16）
関 144（13）
429（3）
517（1）
612（11）
704（9）
暍 143（2）
215（8）
514（7）
614（11）
698（5）
閟 403（3）
491（1）
585（9）
開 71（16）
206（7）
219（4）
411（2）
499（12）
502（6）
596（8）
664（11）
黽 135（1）
193（1）
477（19）
480（13）
485（5）
鄚 379（7）
467（5）
562（7）
嗝 748（26）
甄 399（2）
486（14）
愚 110（15）
443（13）
746（10）
鄖 660（11）
嗕 423（3）
511（12）
嗄 671（6）
䁛 764（18）
暠 405（11）
493（9）
曼 392（1）
479（2）
765（5）
暖 66（3）
134（3）
392（2）
479（3）
765（9）
盟 124（5）
377（4）
463（12）
552（5）
675（7）
煦 405（10）
493（8）
588（6）
644（9）
髡 143（18）
427（13）
515（16）
610（9）
699（10）
歇 143（2）
215（8）
426（3）
514（7）
614（11）
698（5）
暗 210（4）
416（2）
504（18）
602（12）
麗 585（3）
暆 57（16）

107(11)
162(17)
438(14)
545(1)
暅 65(5)
133(17)
391(7)
420(2)
478(12)
508(12)
暄 115(8)
450(15)
暈 410(12)
499(5)
594(1)
暉 109(17)
166(1)
暇 209(11)
415(11)
504(11)
600(8)
670(7)
暐 131(3)
238(15)
387(7)
474(7)
573(7)
號 120(7)
370(13)
457(13)
503(9)
550(9)
598(5)
757(8)
照 413(13)
502(14)
597(10)
666(2)
[illegible] 131(18)
388(9)
475(8)
575(1)
746(18)
睩 134(11)
479(16)
睞 448(8)
畸 163(11)
359(4)
439(14)
546(9)
跬 130(5)
386(1)
473(1)
571(6)
760(5)
跱 130(18)
387(1)
473(18)
572(13)
跨 415(15)
504(15)
557(7)
600(11)
671(5)
跠 547(12)
跮 403(10)
491(9)
跐 129(18)
472(10)
570(10)
760(9)
跩 408(8)
496(13)
跦 111(2)
444(4)
跣 67(7)
134(11)
479(16)
765(19)
跧 114(10)
118(13)
369(2)
449(9)
455(7)
753(5)
753(14)
跲 147(10)
234(15)
432(11)
522(1)
526(11)
619(6)
717(9)
跳 118(20)
369(6)
455(11)
跪 129(14)
472(4)
570(5)
572(8)
路 406(1)
493(16)
588(12)
646(1)
跢 415(1)
494(10)
503(17)
591(4)
599(6)
669(2)
跡 145(18)
跤 120(4)
370(8)
756(4)
跰 108(18)
441(1)
548(12)
跟 116(1)
451(14)
園 115(7)
450(13)
遣 134(18)
192(8)
480(9)
664(1)
畮 510(10)
687(6)
蜐 729(5)
773(6)
蜹 145(5)
407(14)
496(2)
517(18)
590(5)
613(10)
651(11)
707(7)
768(9)
蛷 126(5)
378(13)
466(15)
561(11)
蜅 131(15)
388(6)
475(5)
574(11)
蝀 429(15)
518(8)
768(17)
蛺 148(2)
223(1)
523(2)
618(3)
719(9)
[illegible] 113(8)

364(14)
447(12)
748(33)
蜣 438(9)
541(2)
蜌 476(12)
576(9)
蛵 465(3)
554(11)
蛸 119(6)
120(2)
369(13)
456(2)
457(6)
756(9)
757(3)
蜈 61(8)
111(20)
363(10)
445(9)
蜆 134(13)
453(11)
480(2)
蜎 135(4)
193(6)
367(6)
454(1)
481(1)
753(10)
蛾 121(6)
372(6)
459(3)
556(4)
蜊 59(14)
108(17)
164(5)
440(18)
548(10)
蜏 211(7)
418(7)
418(9)
486(7)
507(3)
507(6)
579(4)
601(11)
678(7)
蜁 753(4)
蜍 110(6)
110(15)
167(2)
167(18)
361(12)
443(2)
蜉 427(6)
515(8)
蜉 126(7)
379(1)
466(17)
562(1)
蜂 57(5)
162(7)
438(5)
540(10)
蜣 377(11)
377(15)
465(15)
466(1)
560(10)
蟯 122(15)
461(11)
542(5)
蛻 145(5)
407(14)
415(4)
496(3)
504(3)
517(17)
590(7)
599(9)
613(10)
649(3)
652(4)
669(7)
707(5)
768(8)
蜵 364(8)
446(5)
蜋 122(12)
123(9)
374(8)
375(13)
461(6)
462(10)
542(1)
543(9)
晼 133(16)
391(6)
478(12)
蝍 144(10)
428(13)
516(14)
612(8)
617(4)
703(12)
727(7)
蛹 129(9)
384(11)
471(13)
568(7)
圂 771(12)
畷 145(6)
407(14)
496(2)
518(1)
590(6)
613(11)
652(2)
707(9)
768(11)
豊 436(17)
476(6)
576(3)
農 39(3)
161(17)
437(13)
539(8)
640(5)
744(14)
745(9)
罯 506(1)
䂪 509(12)
嗣 404(4)
491(19)
587(1)
罝 372(8)
459(5)
梟 414(14)
503(15)
598(9)
668(8)
昰 433(9)
522(13)
771(27)
噎 109(15)
嘆 208(3)
嗅 413(12)
502(13)
嗚 61(12)
112(2)
363(13)
445(13)
1027(3)
嗂 456(10)
嘬 771(10)

464(17)
554(4)
618(7)
715(12)

嘀 120(3) 370(6) 414(5) 457(8) 503(4) 525(3) 755(9)
嗙 376(13) 463(7) 551(13)
嗌 145(19) 430(15) 519(6) 620(11) 711(1)
嗛 139(9) 199(8) 400(5) 400(5) 487(18) 580(9) 580(9)
嗤 109(15) 165(16) 360(13) 442(5)
⿰另卑 129(13) 472(3) 570(4) 764(7)
⿰口脊 773(5)
⿰耑犬 214(10)
⿰耑攴 395(12) 480(17) 482(12)
歂 393(14) 455(2) 480(17)
敪 411(15) 500(6) 659(2)
署 405(3) 492(18) 587(13) 643(1)
罯 431(3) 519(9) 620(11) 620(12)
置 404(7) 492(4) 587(4)
罧 139(1) 198(10) 399(9) 419(7) 487(3) 681(1)
罭 230(6上) 617(5) 727(9)
睘 124(20) 464(17) 554(4)
罨 147(4) 234(16) 390(5) 400(3) 487(15) 521(10) 526(11) 578(3) 581(12) 618(12) 621(9) 716(7) 729(6) 773(7)
睪 617(11) 718(11) 771(25)
罪 132(19) 389(9) 477(3) 577(4) 764(19)
罩 208(8) 414(5) 503(4) 598(2) 667(3)
還 147(1) 521(6) 618(7) 715(12)
蜀 112(19) 446(18) 748(19)
蜀 141(7) 423(2) 511(10) 606(3) 690(8)
罬 429(12) 518(1) 518(5) 614(2) 707(9) 768(11) 768(15)
幌 137(12) 484(16) 569(13)
嵦 62(16) 113(19) 448(10)
嵲 144(15) 429(6) 517(5) 612(13) 705(4)
⿰巾鬼 112(10) 446(6) 748(14)
豣 364(12) 447(10) 748(29)
嵠 748(12)
嵩 161(2) 436(15) 538(4)
嵣 584(4)
⿰巾兼 63(14) 127(7)
嵰 139(5) 199(3) 399(14) 487(11) 581(12)
剬 161(2) 436(14) 489(13) 538(3) 583(6) 744(7)
⿰山家 415(9) 504(8) 600(6)
幏 437(4) 538(10)
幎 145(15) 430(10) 518(18) 615(6) 710(1)

圓 118(13)
367(7)
368(8)
368(12)
454(2)
454(17)
455(2)
751(8)
753(5)
753(9)
崚 559(8)
黖 404(9)
492(6)
587(11)
骯 366(1)
452(2)
骱 427(13)
515(16)
614(3)
歆 143(8)
216(3)
426(8)
428(2)
514(12)
516(2)
612(5)
699(1)

【丿】

矮 132(15)
239(11)
476(15)
雉 130(9)
386(6)
473(7)
572(3)
⿰矢卑 112(11)
446(7)
748(13)
⿰矢卷 498(10)
氲 114(19)
450(4)
⿹气盆 114(20)
237(3.3)
450(5)
⿰矢昊 430(12)
519(3)
⿰矢叚 459(16)
557(8)
⿰矢忽 568(1)
⿰矢飛 109(19)
166(5)
361(3)
442(10)
⿰亩支 432(13)
522(3)
771(10)
⿰亩欠 147(12)
148(1)
432(13)
522(3)
522(17)
617(13)
619(8)
717(12)
719(6)
771(10)
771(11)
771(32)
稑 140(13)
510(8)
604(13)
687(2)
稜 382(2)
469(13)
稙 525(11)
616(12)
726(5)
1025(6)
稢 511(1)
729(2)
⿰禾奄 564(7)
梨 59(14)
108(17)
稞 121(2)
136(12)
372(1)
396(8)
458(15)
483(7)
555(11)
⿰禾昊 772(4)
稒 493(18)
589(1)
646(6)
⿰禾垂 130(3)
136(5)
395(13)
402(13)
490(12)
⿰禾委 402(13)
490(12)
稚 403(9)
491(8)
586(4)
稗 408(12)
600(4)
654(5)
稔 139(1)
198(11)
399(9)
487(4)
稠 126(4)
378(11)
466(13)
561(8)
稕 410(10)
499(3)
593(13)
稡 426(12)
514(17)
699(8)
⿰禾卷 133(17)
391(7)
478(12)
⿱埶毛 211(5)
418(5)
507(1)
601(9)
678(1)
摯 378(2)
466(2)
560(11)
560(12)
愁 126(3)
378(9)
410(6)
466(11)
561(7)
⿰禾首 205(11)
⿰禾空 38(2)
161(7)
437(2)
538(8)
743(3)
筭 207(3)
411(12)
500(4)
594(9)
660(11)
⿰竹斤 408(3)
496(7)

524(3)
652(9)
⿱⺮釣 449(17)
篋 109(11)
165(9)
441(17)
筮 203(5)
408(3)
590(10)
652(10)
箂 561(12)
筴 147(10)
148(2)
223(1)
431(14)
432(11)
520(4)
522(1)
523(2)
615(2)
618(3)
619(6)
713(2)
717(8)
719(9)
770(8)
771(6)
筲 120(2)
457(6)
756(9)
757(3)
筳 554(2)
464(14)
筧 479(18)
筋 493(4)
588(1)
643(5)
箾 145(7)
518(3)
613(12)
䈃 366(15)
452(16)
箘 551(11)
筣 1027(9)
筰 525(4)
筡 362(1)
443(6)
746(5)
箏 111(9)
362(10)
444(12)
筶 460(12)
564(9)
䈂 423(12)
512(4)
筆 39(1)
437(10)
539(5)
640(3)
筠 424(4)
512(12)
筦 765(6)
筞 146(9)
713(1)
770(7)
筤 375(13)
462(11)
543(8)
節 144(9)
428(13)
516(13)
612(7)
703(12)
筩 160(19)
436(12)
537(13)
與 131(7)
387(12)
474(12)
573(12)
762(16)
762(17)
債 204(3)
408(12)
496(18)
600(4)
654(6)
傿 206(5)
219(1)
410(15)
499(9)
594(4)
僅 205(8)
410(7)
498(17)
593(10)
僓 376(5)
462(17)
544(3)
傳 118(16)
368(15)
455(6)
502(7)
502(8)
596(9)
596(10)
665(4)
753(6)
傮 551(6)
傴 131(19)
475(11)
575(3)
僄 119(18)
413(15)
456(18)
502(17)
666(6)
傶 141(5)
422(13)
511(8)
606(1)
690(3)
傸 484(10)
569(8)
毀 129(14)
472(3)
570(4)
晨 114(5)
449(2)
舅 138(10)
197(10)
486(5)
579(2)
鼠 131(8)
238(19)
387(13)
474(13)
573(13)
762(19)
牒 148(3)
腷 230(8上)
526(2)
617(6)
772(3)
腖 501(12)
傾 124(19)
464(16)
554(3)
腧 111(5)
362(5)
405(8)
444(7)
467(8)
493(6)
562(11)

588(4)
644(4)
牑 367(8)
454(3)
751(5)
[illegible] 118(20)
369(6)
455(12)
倏 605(5)
688(3)
僂 132(1)
379(7)
467(5)
475(13)
562(8)
575(5)
1025(10)
傫 549(2)
催 113(11)
365(3)
447(17)
[illegible] 400(1)
487(13)
580(6)
賃 212(4)
419(7)
507(18)
601(1)
680(11)
傷 122(13)
210(9)
416(10)
461(8)
505(7)
542(3)
673(1)
從 471(15)
540(10)
568(9)
744(20)
745(15)
僁 144(8)
428(11)
516(12)
612(6)
703(9)
粤 443(17)
746(17)
僨 416(3)
416(4)
504(18)
505(2)
602(13)
671(11)
像 69(2)
137(1)
484(2)
568(13)
傀 415(14)
504(15)
600(11)
671(5)
傺 203(9)
408(8)
496(13)
591(2)
653(10)
傞 748(32)
[illegible] 372(14)
459(11)
557(4)
傭 39(8)
57(4)
162(2)
162(6)
438(1)
438(4)
540(3)
640(11)
[illegible] 144(3)
428(4)
516(5)
611(12)
702(9)
䠸 121(13)
373(1)
459(14)
557(6)
船 538(4)
皐 389(9)
鄡 119(5)
369(12)
456(1)
[illegible] 111(7)
362(8)
444(10)
[illegible] 726(3)
魃 58(5)
107(16)
163(4)
402(8)
439(4)
490(5)
545(11)
584(12)
魁 113(8)
364(14)
447(12)
敫 430(1)
722(1)
歆 597(8)
傲 213(2)
420(5)
508(16)
603(5)
683(5)
歛 418(11)
臂 403(3)
491(1)
傦 771(28)
僇 418(7)
507(3)
傪 68(3)
122(2)
396(14)
460(9)
483(14)
483(15)
564(6)
580(12)
580(13)
頎 109(20)
166(8)
361(4)
442(11)
衙 413(2)
501(9)
衙 121(17)
131(5)
387(10)
460(2)
474(9)
558(2)
573(10)
762(8)
遞 132(11)
476(10)
576(7)
589(9)
微 109(16)
165(19)
442(7)
衙 124(3)
377(2)
463(10)

552(2)
徬 505(17)
584(5)
徭 118(14)
368(13)
455(4)
徲 446(6)
748(3)
䑰 558(9)
艃 360(10)
442(1)
𦨻 212(4)
419(7)
507(18)
601(1)
680(9)
艅 110(7)
167(2)
361(13)
443(2)
艀 379(1)
466(18)
561(13)
幣 116(13)
366(10)
媻 366(10)
452(11)
䑻 239(7)
艆 375(13)
462(11)
543(9)
鉦 464(14)
554(2)
鉣 526(11)
773(6)
鉗 468(18)
鉆 389(2)
475(17)
575(10)
鉢 143(10)
216(5)
426(15)
515(2)
610(11)
701(2)
鉥 425(1)
513(6)
609(6)
鈳 372(10)
459(7)
556(8)
鈰 364(2)
445(16)
446(15)
鈵 506(5)
鉟 164(14)
549(9)
鉐 146(2)
519(11)
621(2)
711(10)
769(18)
鉞 142(19)
215(5)
514(4)
614(8)
697(11)
鉆 127(13)
148(1)
522(18)
563(12)
618(2)
719(7)
771(34)
鉏 362(1)
443(5)
746(8)
鉀 521(16)
619(10)
718(3)
771(1)
771(14)
鈿 117(15)
453(13)
501(10)
595(11)
662(10)
750(7)
鉙 764(9)
鈌 123(5)
124(3)
375(7)
377(2)
462(5)
463(10)
543(4)
鉎 124(6)
125(4)
463(14)
465(3)
552(7)
554(12)
鉌 555(7)
鉜 126(7)
379(1)
466(18)
562(1)
鈴 125(5)
465(5)
465(7)
554(13)
鉛 118(9)
368(7)
454(15)
753(11)
鉤 126(14)
379(10)
467(8)
鉖 744(13)
745(8)
鉋 370(11)
414(8)
457(12)
503(8)
550(7)
757(6)
鉒 405(14)
493(14)
588(10)
645(9)
鉉 134(15)
192(4)
393(3)
480(3)
鉍 585(9)
695(3)
鈯 426(8)
514(12)
鉊 119(12)
456(11)
鈹 58(3)
70(4上)
163(2)
439(2)
545(8)
鈶 386(14)
473(16)
572(10)
𤭛 444(7)
毹 111(13)
363(1)
444(18)
歈 111(4)
379(9)
444(6)

	467(8)	貊	146(14)		505(11)		549(12)	腷	230(9上)
	562(11)		520(10)		569(2)	領	122(6)		510(4)
愈	131(19)		620(2)		584(2)		564(11)		526(4)
	475(10)		713(11)		673(8)	頒	114(20)		617(7)
	575(2)		770(18)	飵	231(4)		116(19)		728(1)
僉	127(8)	貅	378(10)		494(4)		450(5)		772(5)
	468(11)		466(11)	飾	525(12)		453(1)	腰	119(15)
	563(7)		561(7)		616(13)	頌	438(1)		456(14)
	759(10)	貈	525(3)		726(8)		489(14)		755(2)
會	494(11)	貉	146(13)	⿰飠令	555(1)		540(4)	⿰月頁	378(5)
	591(5)		520(10)	⿰飠氏	364(5)		583(7)		466(6)
	648(7)	亂	207(2)		446(2)	腠	212(1)		561(2)
覜	502(10)		411(11)	飽	135(14)		419(2)	⿰月奐	206(10)
	597(7)		500(3)		194(5)		507(14)		411(6)
	665(6)		594(8)		394(14)		602(5)		499(16)
谼	161(11)		660(8)		481(17)	⿰月春	64(5)		595(7)
	437(6)	⿰飠未	426(15)	⿰飠它	432(2)		133(6)		658(5)
	538(13)		515(1)		520(8)		477(12)	⿰月参	373(10)
	743(7)	⿰飠殳	406(9)		520(16)		578(1)		460(6)
⿰谷后	379(5)		494(17)		714(9)	腜	62(2)		558(5)
	467(3)		591(10)	飶	425(3)		113(10)	⿰月皆	113(4)
遥	119(10)		649(3)		513(7)		365(1)		447(7)
	456(8)	⿰飠占	469(5)		517(10)		447(14)		476(15)
㥯	414(13)		563(9)		609(8)	䏶	770(10)		748(27)
愛	498(4)		564(4)		695(1)	⿰月枼	147(17)	⿰月具	519(17)
	593(2)		759(3)	餅	411(2)		617(10)	⿰月是	364(5)
	657(9)	飷	396(8)		499(11)		771(23)		446(2)
貆	116(6)		483(7)	飴	60(6)	腩	136(16)	腸	122(17)
	366(2)	⿰飠夬	69(4)		109(5)		396(13)		374(13)
	451(16)		137(3)		164(18)		483(12)		461(12)
	452(3)		484(4)		441(10)		580(11)		542(7)

膃 143(5) 215(11) 426(8) 514(12) 612(3) 699(1)
腥 125(3) 211(1) 417(13) 465(3) 506(12) 554(11) 599(4) 676(10)
腸 366(2) 452(3)
腵 132(17) 476(17) 577(2)
腨 135(3) 193(4) 480(17) 480(17)
腫 129(6) 471(10) 568(5)
腹 140(10) 604(10) 686(7)
腶 411(12) 500(3) 594(9) 660(9)
腴 132(20) 477(5) 577(6) 764(18)
腿 402(11) 490(8) 585(1) 764(18)
腯 143(4) 215(11) 426(7) 514(11) 612(3) 698(10)
腧 405(10) 493(9) 588(6) 644(10)
腰 362(2) 443(6)
腤 122(3) 373(14) 460(10) 564(8)
腣 112(8) 364(5) 406(12) 446(2) 495(1)
腟 447(4) 460(1) 556(13)
膢 127(20)
腾 128(6) 469(16)
膆 212(9) 508(9) 508(9) 682(2) 682(3)
腔 706(2)
腷 367(5)
腲 424(2) 512(9)
膎 441(1) 548(12) 549(5)
腬 211(8) 378(5) 418(8) 466(6) 507(4) 561(2) 601(12) 678(9)
腞 368(7)
腦 135(18) 194(9) 395(5) 414(15) 482(4)
詹 127(8) 468(11) 563(7) 759(4)
頎 449(16)
臭 429(1) 516(17) 612(9) 704(6)
劍 428(12) 516(13)
魺 135(6) 193(8) 481(4)
魛 120(12) 371(4) 458(3) 551(2)
雊 212(1) 419(2) 507(13) 602(5) 680(1)
勦 484(2) 568(13) 568(13)
猶 757(13)
肄 404(1)
猿 115(7) 450(14)
猼 725(8)
猲 459(16) 557(8)
獂 116(3) 365(13) 451(16)
鳩 125(20) 378(6) 428(1) 466(8) 561(4)
鳳 200(11) 402(2) 489(6) 582(12)
猤 525(18)
颱 111(7) 362(8) 444(10)
颬 460(7) 558(6)
颶 142(12) 214(8) 425(5) 513(10) 609(9) 695(1)
獅 547(13)
獃 748(7)
猺 755(9)
獏 139(13)

400(5)
400(11)
487(18)
488(4)
581(8)
䚗 450(16)
545(13)
觥 124(1)
463(7)
551(13)
觤 129(15)
472(4)
570(5)
觡 146(19)
520(18)
620(1)
715(2)
解 132(13)
203(9)
204(1)
408(10)
408(10)
476(13)
476(16)
496(15)
496(16)
600(2)
600(2)
654(1)
654(2)
亀 112(4)
363(15)
445(14)
1027(5)
𡖚 379(1)
466(18)
562(1)
鄒 204(4)
408(14)
497(2)
592(2)
654(8)
詧 611(10)
遛 560(5)
頒 143(5)
215(11)
426(5)
426(8)
514(9)
514(12)
612(3)
698(11)

【丶】

誆 584(4)
誄 130(10)
386(7)
473(9)
572(4)
試 404(4)
492(1)
587(2)
詿 204(1)
408(10)
408(11)
496(15)
496(16)
600(3)
653(12)
654(3)
詩 60(10)
109(9)
165(5)
441(15)
550(4)
詰 142(3)
424(8)
512(16)
608(13)
693(12)
誀 109(10)
165(8)
441(16)
550(5)
誎 402(9)
490(6)
584(13)
誇 121(13)
373(1)
459(13)
557(6)
詼 113(8)
364(14)
447(12)
748(34)
誠 464(13)
554(1)
訿 130(2)
385(13)
472(16)
571(3)
760(10)
詍 408(4)
496(9)
詷 201(2)
489(9)
583(2)
詗 497(16)
誅 111(2)
444(4)
詵 114(17)
450(1)
誔 398(3)
485(13)
話 204(8)
409(5)
497(8)
592(3)
655(9)
誕 66(6)
134(5)
392(5)
479(7)
[illegible] 63(9)
380(6)
468(2)
559(1)
詯 409(9)
409(12)
497(13)
592(10)
詬 198(4)
212(2)
399(2)
418(12)
419(4)
486(13)
507(15)
579(9)
602(6)
680(5)
詮 118(11)
368(9)
454(18)
753(2)
詥 521(3)
618(9)
715(8)
誂 135(9)
193(11)
394(7)
481(9)
詭 129(14)
472(4)
570(5)
詢 114(10)

449(8)
詣 407(1) 495(6) 589(10) 650(4)
詺 417(12) 506(11) 599(3) 676(8)
詻 520(15) 620(6) 714(7)
誃 130(2) 359(11) 385(12) 440(4) 472(15) 547(6) 571(2) 760(3)
詨 414(5) 457(4) 503(4)
詤 376(2) 397(11) 462(14) 484(10) 543(13)
該 62(10) 113(15) 365(9) 448(5)
詳 122(12) 374(7) 461(5) 461(6) 541(8) 541(9)
詶 125(19) 378(4) 418(10) 466(5) 507(6) 561(1)
詫 209(10) 415(10) 504(9) 600(7) 670(3)
詪 393(1) 411(9) 480(1) 499(18) 779(7)
詡 131(18) 388(9) 475(8) 575(1)
衺 561(10)
裏 130(17) 238(10) 386(15) 473(17) 572(12)
裛 147(17) 148(11) 223(12) 230(11下) 234(16) 523(16) 526(11) 616(9) 621(9) 729(6) 773(7)
稟 199(1) 399(12) 487(8)
亶 66(6) 134(5) 392(6) 479(7)
䖒 619(5) 716(7) 771(3)
廒 132(2) 388(15) 475(15) 575(7)
廉 524(13)
廈 396(7) 415(15) 483(5) 504(16)
廋 441(8) 549(10)
廝 369(4)
廇 601(11)
瘏 61(5) 111(17) 363(6) 445(5)
痲 63(3) 126(19) 467(15) 558(8)
瘷 498(6)
𤸃 617(6) 770(11) 772(2)
瘵 144(6) 427(14) 428(7) 515(17) 516(8) 614(4) 703(4)
痵 472(7) 547(4)
瘕 141(10) 423(5) 511(14) 606(6)
瘙 393(5) 480(6)
痱 133(1) 389(12) 477(6) 577(8) 587(9) 762(7)
瘍 145(20) 431(2) 519(8) 620(13) 711(4)
痹 403(14) 491(14) 586(10)
痼 493(18) 589(1) 646(7)
廓 525(8) 608(9) 725(12) 1025(2)
瘍 555(8)
瘉 408(2) 496(6) 590(9) 652(8)
痴 442(4)
痵 403(11) 491(10)
痿 108(7)

163(12)
440(6)
545(4)
547(7)
痪 131(17)
388(10)
475(9)
575(2)
痂 109(19)
166(6)
361(3)
442(10)
瘄 449(16)
瘁 403(15)
491(15)
586(10)
痞 62(7)
113(13)
365(5)
448(2)
瘀 405(4)
493(1)
588(1)
643(5)
瘏 118(15)
368(14)
455(5)
753(8)
痰 122(7)
460(17)
565(1)
痯 134(4)
392(4)
479(5)
765(6)
廉 63(14)
127(7)
380(12)
468(9)
563(4)
759(8)
覫 563(6)
竵 117(4)
453(6)
鄌 39(8)
162(2)
438(1)
540(3)
640(11)
頏 123(16)
376(7)
463(1)
505(18)
544(5)
鄜 111(9)
362(10)
444(12)
麀 125(12)
465(13)
467(11)
560(3)
麃 130(7)
386(4)
473(4)
571(9)
鳶 501(14)
472(11)
570(11)
595(13)
760(8)
廕 601(1)
資 59(7)
108(12)
163(18)
440(11)
440(14)
548(2)
粢 144(10)
428(13)
516(14)
612(8)
704(1)
裔 203(5)
408(4)
496(8)
590(10)
652(11)
靖 137(19)
196(9)
485(6)
竧 524(8)
新 114(3)
448(17)
鄣 122(14)
374(11)
461(10)
542(4)
韴 147(3)
521(8)
618(10)
716(4)
瓿 742(3)
竘 512(4)
歆 63(11)
468(5)
559(3)
意 404(9)
492(6)
587(5)
竨 136(12)
396(7)
483(6)
竫 137(19)
196(9)
485(6)
竡 132(20)
477(5)
577(6)
764(18)
竦 403(3)
490(17)
523(12)
586(3)
616(6)
721(3)
竬 421(12)
510(6)
意 590(9)
裒 584(1)
旓 120(2)
457(6)
756(8)
旒 456(10)
旈 125(14)
377(11)
465(15)
560(5)
雍 57(2)
438(3)
489(15)
540(6)
583(7)
剺 695(2)
羥 453(4)
553(1)
羦 451(16)
羚 110(10)
167(10)
362(3)
443(7)
義 202(1)
402(10)
490(7)
584(13)
羨 502(8)

596(9)
665(5)
𢍏 133(16)
391(6)
478(11)
502(4)
豢 412(11)
501(1)
596(13)
661(8)
𢍰 118(15)
368(14)
455(4)
753(8)
𩚵 502(3)
粰 126(7)
378(15)
466(17)
562(1)
粦 114(5)
449(3)
𥻆 125(14)
377(10)
465(14)
560(5)
粖 68(2)
396(15)
483(15)
580(13)
粮 122(13)
374(8)
461(7)
542(1)
粃 123(2)
462(2)
煎 118(1)
367(10)
454(5)
502(2)
596(5)
664(5)
780(17)
猷 125(15)
377(13)
465(17)
560(7)
慈 109(15)
165(17)
360(13)
442(5)
煤 113(9)
365(1)
447(14)
煁 63(6)
380(3)
467(17)
558(11)
煠 432(12)
619(7)
717(9)
771(7)
771(19)
771(29)
煏 230(11上)
772(5)
煙 117(13)
453(12)
煩 115(8)
450(16)
煬 122(11)
416(8)
461(4)
505(6)
541(7)
583(10)
672(8)
煴 114(19)
450(4)
煜 140(16)
148(12)
510(12)
523(17)
605(3)
721(10)
煨 113(8)
447(13)
煟 404(12)
492(9)
587(7)
煓 116(7)
366(3)
452(4)
煌 123(12)
376(3)
462(15)
544(1)
熜 437(8)
471(7)
539(2)
568(1)
煪 378(2)
466(3)
560(11)
粘 212(6)
419(10)
419(12)
508(4)
508(6)
602(9)
681(6)
塋 124(17)
464(11)
553(12)
帣 464(16)
554(4)
嫈 124(10)
464(4)
506(7)
553(4)
554(4)
煆 122(1)
460(7)
504(9)
558(6)
煒 131(3)
238(15)
474(7)
573(7)
煝 490(15)
煣 418(10)
507(6)
溱 449(18)
滶 120(16)
371(8)
458(7)
551(7)
757(12)
溝 126(14)
379(10)
467(8)
562(11)
馮 744(9)
745(4)
滇 200(11)
239(18)
489(6)
582(13)
溘 147(4)
521(10)
618(11)
716(6)
771(2)
漭 137(10)
484(14)
506(2)

569(12)
漠 607(12) 724(1) 1023(8上)
滇 117(16) 413(3) 453(13) 453(14) 501(11) 595(11) 662(10) 750(9)
溎 413(6) 501(14)
溸 146(15) 620(4) 714(3) 725(3) 770(15)
漣 118(6) 368(2) 454(10) 752(2)
溥 132(8) 476(4) 576(2)
渮 120(18) 371(12) 458(11) 555(7)
溧 142(4) 424(9) 512(17) 609(1) 694(2)
溽 141(8) 423(3) 511(12) 606(4) 690(10)
滅 145(3) 517(15) 518(4) 613(9) 707(3) 779(18)
源 115(5) 450(12)
溼 148(7) 223(7) 523(10) 616(4) 720(9)
裟 121(17) 373(6) 460(2) 558(1)
湞 136(4)
澤 142(7) 424(13) 513(2) 609(4) 694(8)
滉 137(12) 484(16) 569(13)
溳 114(19) 237(3.2) 450(3)
溷 206(9) 411(5) 499(14) 595(6) 658(3)
潲 666(7)
溗 127(19) 381(13) 469(9) 559(10)
滌 145(14) 430(7) 518(15) 615(12) 768(25)
滫 138(12) 197(12) 398(13) 486(8) 579(5)
淪 779(5)
溴 403(11) 491(10)
澍 415(11) 504(11)
潟 476(2) 575(13)
滮 439(16) 546(12)
塗 61(5) 363(6) 373(8) 416(1) 445(5) 504(16) 1026(7)
溢 475(7) 574(13)
滔 120(11) 213(1) 371(3) 458(1) 551(1)
溪 748(12)
滄 123(10) 375(14) 462(12) 543(11)
滃 129(4) 384(6) 471(8) 568(2)
漨 107(3) 162(6) 438(5) 540(9)
溜 211(6) 418(6) 507(2) 601(10) 678(4)
滈 135(17) 395(3) 755(9)
渤 146(19) 521(1) 525(8) 608(9) 620(1) 715(3) 725(12)
漓 359(2) 439(11) 546(7)
溏 543(8)
滂 123(14) 376(5) 462(18) 544(10)
漉 120(10) 371(2) 457(17) 550(13)
滀 689(6)
溠 135(13) 194(4)

	394(12)	溺	430(9)	慄	142(4)		446(6)		468(10)
	481(15)		518(18)		424(9)		472(12)		487(18)
溢	142(3)		615(13)		512(17)		545(2)		563(5)
	424(8)		709(12)		609(1)		570(12)		580(9)
	512(15)		722(8)		694(2)		748(3)	慏	485(10)
	608(13)	滍	130(9)	愪	450(3)	愮	119(12)	愵	430(9)
	693(12)		386(6)	慖	206(9)		456(9)		518(18)
溓	399(13)		473(8)		411(5)	慆	120(12)		615(13)
	487(10)		572(3)		499(15)		147(10)		709(12)
	580(5)	粱	122(12)		595(6)		371(3)		769(5)
溯	415(14)		374(8)		658(3)		458(2)	㥰	729(4)
溶	129(9)		542(1)	愷	133(2)		551(1)		773(4)
	162(1)	滫	773(5)		477(7)		717(7)	寋	419(2)
	384(11)	涌	740(18)	愾	405(1)	慀	589(12)	塞	230(6下)
	471(13)	愝	525(13)		492(15)	愴	416(13)		234(12)
	540(4)	愪	437(3)		498(3)		505(12)		409(15)
	568(7)		538(9)		593(1)		584(2)		498(2)
	640(10)		743(5)		642(7)		673(9)		526(8)
滓	130(20)		774(9)		657(8)	慃	129(11)		593(1)
	238(13)	愭	548(9)	慥	414(12)		471(17)		610(7)
	387(4)	慔	493(15)		503(13)		568(11)		657(6)
	474(3)		524(13)		598(8)	愱	424(11)		728(9)
	573(3)	愼	71(6)		668(5)		512(18)		772(14)
溟	125(8)		205(6)	㥦	649(10)	㦝	439(11)	寞	524(13)
	138(2)		410(5)	愯	57(12)		546(7)		607(12)
	554(7)		498(16)		162(13)	慉	422(5)		724(1)
溦	115(11)		593(8)		438(12)		510(16)		1023(8上)
	451(1)	惼	432(1)		471(15)		605(6)	寘	490(1)
溽	112(9)		520(6)		541(5)		688(5)		501(10)
	446(4)		614(12)	愧	547(9)	慊	199(8)		584(8)
	748(3)		770(12)	㥴	438(16)		400(5)	索	432(3)

520(9)
714(3)
770(15)
寠 479(17)
501(13)
595(13)
663(4)
敨 539(6)
744(14)
745(9)
㱿 437(12)
窠 120(20)
121(2)
372(1)
458(15)
555(11)
窬 212(12)
420(3)
508(13)
594(6)
682(10)
窞 483(11)
580(10)
窣 143(7)
216(2)
426(11)
514(16)
612(5)
699(6)
窟 143(6)
216(1)
426(10)
514(14)
612(4)
699(4)
窡 144(1)
144(7)
428(8)
614(5)
702(5)
703(6)
数 395(2)
482(2)
窨 526(7)
甯 417(13)
506(11)
599(4)
676(9)
盜 437(4)
痦 376(8)
463(2)
544(7)
甂 117(19)
367(7)
454(2)
751(4)
毤 480(4)
晵 495(9)
䘕 412(15)
501(7)
裱 503(2)
598(1)
禇 131(8)
131(9)
387(15)
474(14)
474(15)
574(1)
574(2)
裲 569(1)
裺 400(3)
420(7)
487(15)
508(18)
683(11)
𧛓 523(11)
裮 122(15)
461(11)
542(5)
裼 145(10)
429(15)
518(8)
615(6)
708(8)
裞 429(6)
446(11)
476(13)
517(5)
576(10)
748(10)
裨 359(5)
439(14)
546(10)
𧙌 124(14)
裯 120(12)
126(4)
371(4)
378(11)
458(3)
466(12)
551(2)
561(8)
裪 371(6)
458(5)
551(4)
𧛁 145(20)
431(2)
431(6)
519(8)
519(12)
620(13)
711(4)
䘹 592(8)
裷 391(7)
478(12)
裧 563(8)
759(5)
䘘 392(2)
479(3)
裾 110(5)
166(19)
361(10)
442(17)
䘿 142(15)
214(12)
513(15)
610(2)
696(11)
䘷 617(3)
禊 202(8)
407(3)
495(9)
589(11)
650(7)
禖 113(10)
365(1)
447(14)
福 140(10)
510(4)
604(10)
686(7)
772(5)
禋 114(2)
448(16)
禬 144(2)
611(11)
禎 124(17)
464(12)
553(13)
禔 57(16)
162(16)
438(14)
446(6)
544(13)
748(1)

760(7)
裼 122(11) 461(4) 541(7)
禗 60(8) 109(7) 165(2) 441(13) 550(2)
禈 123(20) 376(13) 463(7) 551(12)
禘 406(14) 495(4) 589(9) 649(12)
禉 377(15) 398(13) 466(1) 486(8) 560(10) 579(4)
禕 108(6) 440(3) 547(4)
煩 139(2) 198(11) 399(10) 487(5)

【乛】

肅 141(1) 511(2) 605(9) 689(1)
盝 140(8) 509(17) 685(9)
[illegible] 390(4) 477(14) 578(2)
裠 450(7)
羣 450(7)
槩 498(3) 593(1) 657(8)
胥 593(1)
䮞 395(9) 482(9)
鄏 121(18) 363(9) 445(6) 460(4) 558(3)
殿 413(2) 501(10) 501(16) 595(11) 662(9) 663(8)
屟 142(15) 214(12) 425(10) 513(15) 610(1) 696(11)
辟 146(6) 431(9) 519(16) 621(5) 621(6) 712(4) 712(5) 769(23) 769(24)
屧 365(7) 448(3)
遅 70(4下) 108(15) 403(9) 491(8) 548(7) 586(4)
彄 615(5)
愍 64(6) 133(7) 390(5) 477(14) 578(3)
彈 424(14) 513(3) 694(9)
軾 214(10) 403(5) 491(3) 586(1)
韍 166(3) 361(1) 442(8)
軜 147(4) 521(9) 618(11) 716(5)
彀 457(4) 756(2)
裝 123(2) 210(11) 375(4) 462(2) 505(11) 505(17) 542(13) 673(8)
牒 523(3)
遜 411(5) 499(15) 595(6) 658(5)
曡 387(3) 474(3) 573(3)
隉 375(11) 462(8) 543(7)
隩 132(1) 379(7) 388(13) 467(5) 475(13) 562(8) 575(5) 1025(10)
際 407(11) 495(16) 590(4) 651(8)
障 505(10) 542(5) 584(1) 673(6)
隔 460(4) 558(3)
媾 211(12) 419(1) 507(13) 602(4) 679(12)
嫣 475(14) 575(7)
嫫 111(13) 363(2) 444(18)
媷 690(11)
嫄 115(5)

450(12)
婢 424(13)
513(3)
694(8)
媿 407(7)
495(13)
590(1)
651(2)
媱 119(10)
127(2)
456(8)
嫨 446(8)
748(7)
嫉 142(5)
404(2)
424(11)
491(17)
512(18)
586(12)
609(2)
694(4)
嫱 140(18)
422(5)
510(15)
605(6)
688(4)
嫌 127(16)
469(4)
564(4)
嫁 209(9)
415(8)
504(7)
600(5)
669(12)
嫇 124(9)
138(2)
398(2)
464(2)
465(10)
485(12)
553(2)
婉 451(1)
嫋 135(9)
394(6)
481(8)
媸 165(16)
360(13)
442(5)
鳩 120(6)
369(6)
370(10)
455(11)
457(11)
550(6)
756(6)
瓶 773(10)
翜 433(2)
522(6)
523(15)
619(10)
771(11)
771(16)
鄝 394(5)
481(6)
勠 125(13)
140(13)
377(10)
465(14)
510(8)
560(4)
604(13)
687(2)
戣 59(20)
109(1)
164(11)
441(5)
549(4)
預 405(6)
493(3)
588(3)
643(9)
稓 431(12)
520(2)
615(2)
770(6)
棨 604(10)
愁 211(10)
418(12)
507(9)
602(2)
679(5)
禮 391(4)
478(9)
雛 768(10)
彙 404(11)
492(9)
587(7)
䋂 148(1)
433(7)
522(11)
522(17)
618(1)
719(6)
771(32)
773(6)
絿 378(14)
466(16)
561(11)
綍 214(10)
425(8)
513(13)
609(13)
696(5)
綆 137(13)
484(18)
綀 110(10)
167(8)
443(6)
746(8)
綊 523(1)
絓 446(7)
經 125(1)
417(13)
464(18)
506(11)
554(8)
599(4)
676(9)
綃 119(6)
369(3)
455(8)
456(2)
綎 465(8)
555(4)
絹 501(18)
596(3)
664(1)
綄 451(17)
479(2)
絺 59(8)
108(13)
163(19)
440(13)
548(4)
綌 146(17)
520(14)
620(5)
714(6)
綏 108(20)
164(9)
441(4)
549(3)
絻 71(12)
410(12)
499(5)

594(1)
綐 494(12)
綈 112(9)
364(6)
446(4)
748(4)
綄 365(14)
765(5)
綅 127(9)
468(12)
563(7)
759(13)
緫 404(8)
492(5)
587(5)
綗 372(10)
459(7)
556(8)
鄚 457(4)
756(7)
勩 120(1)
135(14)
194(4)
370(3)
457(4)
481(15)
756(7)
757(1)
勦 135(14)
194(4)
394(12)
481(15)

十四畫

【一】

耤 431(7)
519(14)
621(4)
712(3)
769(21)
䅖 230(11下)
234(16)
526(12)
621(9)
729(6)
773(7)
耠 390(10)
478(1)
578(8)
稻 442(2)
瑧 110(4)
166(18)
361(9)
442(16)
瑱 413(3)
501(11)
595(11)
662(10)
璉 134(19)
192(10)
480(12)
瑮 424(10)
512(17)
瑣 136(4)
艶 211(2)
417(14)
506(13)
599(6)
677(1)
碧 146(7)
520(9)
620(9)
712(7)
770(2)
瑪 132(6)
363(13)
445(12)
476(2)
575(12)
746(17)
瑶 119(11)
456(9)
瑲 123(3)
375(6)
462(3)
543(2)
瑠 125(14)
377(11)
465(15)
560(6)
璃 58(10)
163(9)
439(10)
546(5)
瑭 123(7)
375(10)
462(7)
543(6)
獒 371(8)
458(7)
551(6)
摵 371(9)
458(8)
551(7)
摮 370(9)
457(10)
熬 120(15)
371(8)
458(7)
551(7)
斠 141(12)
235(7下)
423(8)
511(17)
606(7)
691(8)
781(14)
㥞 230(2下)
526(6)
610(5)
772(10)
瑦 116(11)
452(8)
頛 404(11)
492(8)
頛 143(8)
216(4)
426(14)
514(18)
610(10)
700(11)
𢳆 360(10)
442(2)
嫯 109(12)
165(11)
442(1)
覡 380(13)
468(10)
匱 498(12)
嫛 440(7)
547(7)
搢 408(9)
496(14)
768(7)
摏 39(6)
437(17)
540(1)
摫 359(14)
440(7)
547(8)
跡 135(9)
193(11)
394(6)
髤 378(10)
466(11)

561(7)
髩 124(3)
552(2)
髟 555(10)
髦 120(10)
371(2)
457(17)
550(13)
𩬊 204(5)
409(1)
497(3)
591(11)
𩬳 744(19)
745(14)
髩 69(8)
137(6)
484(8)
569(6)
髨 136(15)
396(12)
483(11)
580(10)
搘 524(10)
607(11)
墐 114(6)
478(6)
墐 410(7)
498(17)
593(10)
撕 213(2)
420(5)
508(16)
603(5)
683(4)
塼 753(12)
摶 116(9)
摳 111(5)
362(6)
379(8)
444(8)
467(6)
486(16)
562(9)
摼 464(1)
553(1)
摽 135(11)
194(1)
456(11)
481(11)
駈 547(13)
駊 58(6)
163(5)
402(13)
438(14)
439(5)
490(12)
544(13)
545(12)
585(3)
駏 131(10)
387(15)
474(16)
574(3)
762(15)
駰 142(1)
424(5)
512(12)
608(10)
693(6)
𠭃 148(8)
223(8)
523(12)
616(5)
720(11)
駓 204(9)
408(15)
409(6)
497(3)
497(9)
592(3)
655(10)
駮 141(15)
423(12)
512(3)
606(10)
692(3)
駠 123(18)
376(9)
463(4)
544(8)
674(5)
駇 114(17)
450(2)
馱 416(4)
505(1)
602(13)
672(1)
駃 144(11)
428(15)
516(16)
612(9)
駝 133(7)
477(13)
480(15)
578(2)
摵 146(13)
421(13)
422(6)
432(3)
510(7)
510(17)
520(9)
615(5)
770(15)
墆 406(15)
429(3)
495(5)
517(1)
704(9)
摕 406(12)
406(15)
495(1)
495(5)
589(7)
591(4)
612(11)
649(7)
摦 210(2)
415(14)
504(14)
600(11)
671(4)
搘 136(13)
396(10)
483(9)
塩 417(12)
506(11)
599(3)
676(7)
摢 746(5)
摘 132(2)
475(15)
575(8)
趚 408(3)
496(8)
趙 163(20)
363(14)
445(13)
逮 146(4)
519(13)
621(3)
超 588(7)
645(2)
趚 771(11)

771(17)
趙 135(10)
193(12)
481(10)
䟢 448(10)
趓 363(15)
445(15)
趖 121(1)
371(14)
458(14)
555(10)
䞯 405(12)
493(10)
䞔 514(6)
墟 110(14)
167(17)
443(12)
摣 373(7)
460(3)
558(2)
塼 209(10)
504(9)
600(6)
670(2)
塿 138(18)
198(6)
399(4)
486(17)
579(12)
摟 111(7)
126(11)

362(8)
379(6)
444(9)
467(4)
562(7)
墁 411(13)
500(5)
摞 120(19)
129(15)
371(13)
555(9)
摑 770(4)
嘉 121(14)
373(2)
459(15)
557(7)
皷 132(3)
475(17)
575(10)
臺 62(10)
113(15)
365(8)
448(4)
摧 62(5)
113(12)
365(4)
447(17)
撾 121(20)
460(5)
塲 122(14)
461(8)

542(2)
赫 146(18)
520(17)
620(7)
覞 519(3)
截 144(14)
429(5)
517(4)
612(13)
705(3)
摷 115(12)
451(3)
誓 203(4)
408(3)
496(7)
590(10)
652(10)
摐 107(7)
161(18)
162(12)
438(10)
539(9)
541(3)
鋈 57(1)
162(3)
438(2)
539(11)
540(13)
640(12)
摖 407(9)
495(16)

墌 146(3)
519(12)
621(2)
711(11)
摭 146(3)
431(6)
519(12)
621(2)
711(11)
墉 39(8)
162(2)
540(2)
640(10)
摝 604(6)
墇 122(14)
374(11)
416(12)
461(10)
505(10)
542(4)
584(1)
673(6)
境 137(14)
196(4)
485(1)
摬 485(1)
摌 479(13)
墒 768(23)
摘 146(11)
432(1)
520(6)

615(3)
713(6)
770(13)
摘 579(10)
615(4)
769(19)
墊 212(7)
419(12)
508(6)
523(4)
602(11)
681(11)
勢 523(8)
720(6)
撇 144(18)
517(9)
613(2)
705(11)
摋 427(5)
427(6)
515(7)
515(8)
摍 687(1)
摚 429(3)
517(1)
毂 140(5)
141(12)
421(4)
423(8)
509(13)
511(17)

604(4)
606(8)
685(2)
691(9)
穀 140(5)
421(4)
509(13)
604(3)
685(1)
𣪊 509(13)
⿱𣪊牛 419(2)
507(13)
602(5)
680(1)
慤 141(17)
423(15)
512(7)
606(12)
692(7)
㲉 198(5)
壽 486(8)
507(6)
579(5)
撤 400(8)
488(3)
581(6)
摺 147(3)
147(19)
521(9)
617(12)
618(11)

716(5)
719(3)
771(14)
771(28)
摎 125(13)
377(10)
560(4)
堨 145(3)
517(15)
613(9)
707(2)
歁 147(8)
432(7)
521(14)
619(4)
717(3)
墋 139(3)
198(12)
399(11)
487(6)
摻 139(12)
400(9)
488(4)
565(13)
581(7)
蜑 524(18)
608(4)
724(11)
1024(3上)
摜 501(2)
摷 119(2)

369(9)
455(15)
550(7)
⿰土巢 457(4)
756(7)
757(1)
睛 464(10)
553(11)
聝 770(4)
⿰耳剌 203(4)
408(2)
496(6)
590(9)
652(9)
基 109(8)
165(3)
360(5)
441(14)
550(3)
聡 161(13)
437(7)
743(11)
綦 60(8)
109(8)
165(3)
441(14)
550(3)
睩 421(8)
509(18)
685(10)
聚 131(14)

388(6)
405(13)
475(4)
493(13)
574(10)
588(9)
645(6)
蔫 115(13)
451(4)
蓷 62(8)
113(14)
365(6)
448(2)
549(10)
蓺 203(6)
408(5)
496(10)
590(11)
653(3)
蓻 523(11)
⿱艹兩 374(5)
461(1)
565(4)
蓁 608(12)
693(9)
⿱艹教 426(7)
514(11)
蔪 400(3)
487(15)
580(7)
⿰革由 653(2)

靬 124(4)
蓴 114(1)
116(9)
448(15)
鞊 148(1)
522(18)
618(2)
719(7)
771(34)
靼 145(2)
427(8)
515(11)
517(14)
613(7)
706(10)
⿰革甲 771(13)
鞅 69(4)
137(3)
397(6)
484(4)
569(2)
鞂 144(3)
428(3)
516(3)
611(11)
702(8)
鞄 208(10)
414(7)
423(14)
503(7)
512(7)

598(4)
606(12)
667(8)
757(6)
⿰革它 372(4)
459(1)
556(1)
⿰革必 142(10)
425(2)
513(7)
609(7)
694(11)
⿰革尼 476(9)
576(6)
鞃 382(5)
469(15)
鞁 490(4)
584(11)
靿 414(8)
503(8)
598(4)
667(9)
782(10)
蓸 371(10)
458(9)
551(8)
蔌 140(6)
509(15)
604(5)
685(5)
蓲 125(20)

126(10)
362(14)
378(5)
379(5)
444(16)
466(7)
467(3)
561(3)
墓 391(1)
478(7)
蔈 481(12)
⿱艹脊 62(17)
113(20)
448(13)
蔵 376(10)
蕆 769(9)
蔕 406(11)
495(1)
589(7)
649(6)
蓤 770(3)
⿱艹替 201(8)
583(10)
勱 203(5)
496(8)
586(12)
590(10)
653(1)
蓾 132(3)
475(16)
575(9)

蔖 132(4)
475(18)
575(11)
⿱艹處 361(12)
⿱莫夕 432(4)
520(10)
770(18)
慕 493(15)
588(11)
645(11)
暮 406(1)
493(15)
588(11)
645(11)
⿱艹秝 476(12)
576(9)
蔄 412(13)
501(5)
597(3)
662(3)
蔞 111(6)
362(7)
444(9)
475(13)
575(5)
勱 204(8)
409(5)
497(8)
592(2)
655(9)
蔓 219(3)

411(2)
499(11)
597(4)
鄚 427(13)
515(16)
蒔 492(5)
蒖 404(10)
492(7)
727(5)
蔂 549(2)
555(9)
蓶 130(13)
238(6)
386(9)
473(11)
572(6)
蔑 144(15)
429(6)
517(5)
612(13)
705(5)
⿱艹豈 124(8)
464(2)
553(2)
蔨 480(16)
薖 121(2)
372(1)
458(15)
555(11)
蓛 59(14)
108(17)

164(5)
440(18)
548(10)
⿱艹移 162(18)
438(16)
545(1)
蔦 135(7)
193(9)
481(5)
蓰 760(10)
蓯 129(4)
471(7)
568(1)
744(19)
745(14)
蔛 121(19)
372(14)
445(7)
459(11)
460(4)
557(4)
558(3)
⿱艹覓 769(5)
⿱艹脯 61(1)
111(15)
363(3)
445(1)
蔔 772(16)
蔡 406(8)
494(16)
516(2)

591(9)
649(1)
蔎 145(8)
429(11)
518(4)
613(13)
768(4)
蔗 210(1)
415(13)
504(13)
600(9)
670(10)
蒇 388(11)
475(10)
蔯 472(13)
571(1)
586(10)
蔍 135(13)
蔁 374(11)
461(10)
542(4)
蕯 765(16)
蔏 122(13)
461(8)
542(2)
蔟 140(9)
212(1)
419(3)
507(14)
510(1)
602(6)

604(8)
680(3)
686(2)
蓻 696(2)
戬 134(19)
480(11)
蔽 408(1)
496(4)
590(7)
652(6)
蔊 66(8)
134(6)
392(7)
479(9)
蔈 110(6)
166(20)
361(11)
443(1)
蔋 709(8)
769(1)
蔱 63(7)
127(2)
467(18)
558(11)
蔮 139(14)
400(14)
488(7)
581(13)
蔻 212(2)
419(3)
507(15)

602(6)
黄 114(8)
449(6)
蓿 141(1)
422(9)
511(2)
605(9)
689(2)
蔤 142(13)
214(9)
513(11)
609(10)
695(3)
榦 595(2)
659(5)
乾 411(11)
500(2)
594(7)
斡 143(12)
216(8)
427(4)
515(6)
610(13)
701(7)
頔 111(15)
363(3)
445(2)
熙 109(13)
165(14)
360(11)
442(3)

蔚 214(11)
404(13)
492(11)
513(14)
587(8)
610(1)
696(8)
蕭 419(3)
507(15)
602(6)
兢 127(20)
381(14)
469(10)
559(11)
蝦 136(10)
396(6)
483(4)
蔺 130(4)
473(1)
547(9)
571(5)
蔣 122(20)
375(2)
461(17)
484(3)
568(13)
蒃 403(2)
490(16)
蓋 469(6)
559(7)
蓼 135(7)

140(13)
193(9)
394(4)
481(6)
510(8)
604(13)
687(3)
蔘 63(12)
380(10)
460(15)
468(7)
559(4)
564(13)
759(1)
薌 122(13)
374(9)
461(7)
542(2)
蔠 161(2)
436(14)
538(3)
744(1)
榛 114(17)
450(1)
構 419(1)
679(12)
榧 131(3)
238(15)
474(6)
573(7)
榪 415(8)

504(6)
600(5)
669(11)
榬 115(7)
450(14)
榰 438(14)
544(13)
榼 147(9)
521(16)
619(4)
717(5)
771(2)
樺 415(14)
504(14)
600(11)
671(4)
構 403(5)
491(3)
586(2)
模 111(13)
363(2)
444(18)
榡 121(18)
460(4)
558(3)
榗 502(2)
槙 117(16)
133(5)
390(2)
453(14)
477(11)
578(1)
750(8)
751(4)
槤 368(3)
454(11)
榑 111(7)
444(10)
槅 146(11)
432(1)
520(6)
614(12)
713(5)
770(12)
槈 418(15)
507(11)
679(9)
榞 450(13)
槢 446(9)
748(11)
榝 760(8)
槉 752(12)
榯 550(1)
⿰木畢 424(14)
513(3)
694(9)
榥 137(12)
484(16)
569(13)
榻 147(6)
521(13)
619(1)
619(2)
717(1)
槾 230(5上)
234(3)
525(18)
617(4)
727(7)
槶 115(14)
391(9)
451(5)
478(14)
樤 369(7)
455(13)
槝 378(3)
466(4)
560(12)
榭 209(11)
415(11)
504(10)
600(8)
670(7)
⿰木息 525(11)
616(12)
726(6)
1025(7)
⿰木烏 363(13)
445(12)
槐 59(6)
108(11)
163(17)
440(10)
547(13)
706(1)
榹 439(16)
546(12)
榝 145(9)
428(4)
429(13)
516(5)
518(6)
614(1)
702(9)
708(5)
768(5)
覡 430(5)
518(14)
615(11)
709(5)
768(24)
⿰麥才 62(12)
113(17)
365(11)
448(7)
⿰麥弋 525(17)
617(3)
727(5)
⿰麥山 412(10)
500(18)
麧 143(7)
216(2)
426(12)
514(16)
611(13)
612(12)
699(7)
⿰麥乇 608(1)
⿱麥心 196(9)
榣 456(10)
槄 120(12)
135(18)
194(9)
371(3)
395(4)
458(2)
482(4)
551(2)
757(13)
榽 112(12)
446(8)
748(7)
槍 123(3)
124(2)
463(10)
552(2)
榤 145(1)
517(13)
613(7)
706(8)
榴 125(14)
377(11)
465(15)
560(6)
榱 59(16)

108(18)
164(7)
441(2)
548(13)
槁 136(2)
395(10)
482(10)
槨 231(6)
525(7)
725(11)
槉 424(11)
513(1)
609(2)
樆 70(8上)
107(20)
163(9)
439(10)
546(5)
榶 375(11)
462(8)
543(7)
榜 124(2)
137(8)
376(15)
397(12)
463(9)
484(12)
506(6)
544(10)
552(1)
569(10)
598(13)
675(10)
榏 446(12)
748(9)
770(14)
槏 563(5)
棚 423(11)
512(2)
樕 514(6)
槜 427(13)
515(16)
榠 125(8)
465(9)
554(7)
榷 231(6)
691(9)
榼 142(6)
424(12)
513(2)
609(3)
694(6)
榐 192(7)
榒 620(9)
槔 746(7)
槍 391(13)
478(18)
𡕂 491(6)
586(4)
𨊾 147(20)
522(16)
617(13)
719(4)
771(30)
輔 131(16)
388(8)
475(7)
574(13)
輕 464(15)
554(3)
676(8)
輎 120(2)
457(6)
756(8)
毂 145(15)
146(10)
615(13)
709(11)
714(8)
748(13)
769(4)
輗 414(6)
503(5)
輍 141(9)
235(4下)
423(4)
511(13)
606(4)
691(1)
輓 219(3)
411(1)
499(11)
597(4)
輐 765(5)
輬 542(1)
遬 368(3)
454(11)
輭 363(1)
444(18)
輑 390(11)
478(2)
578(9)
輘 471(7)
翸 772(2)
匱 491(1)
585(9)
歌 120(18)
371(12)
555(7)
頙 121(8)
372(8)
396(1)
396(2)
459(6)
482(17)
482(18)
556(6)
遭 120(14)
371(7)
458(5)
551(6)
輱 773(2)
遨 525(10)
辝 143(17)
427(10)
515(13)
611(5)
700(3)
匰 366(7)
452(7)
監 128(13)
213(2)
382(15)
420(5)
470(6)
508(15)
683(3)
朢 122(20)
461(17)
542(11)
敲 472(8)
570(9)
毃 450(2)
斠 371(14)
458(13)
竪 393(4)
480(5)
緊 64(9)
133(9)
390(8)
477(18)
578(6)
毄 467(13)
558(7)
㞚 389(9)

477(3)
577(4)
彯 208(5)
413(15)
502(16)
597(11)
666(5)
鄠 122(1)
460(8)
564(5)
[illegible] 234(12)
526(9)
772(15)
[illegible] 230(7下)
234(12)
526(8)
617(7)
728(10)
[illegible] 726(3)
酵 208(8)
414(4)
503(3)
598(1)
667(2)
781(14)
酺 111(14)
131(17)
445(1)
醒 464(12)
464(14)
554(1)

554(2)
酮 413(2)
501(9)
酷 141(3)
422(11)
511(5)
605(11)
689(9)
酴 61(5)
111(18)
445(5)
酹 494(14)
591(7)
648(8)
酫 564(12)
酸 116(7)
366(3)
452(4)
酳 410(4)
498(14)
593(7)
瓬 413(3)
501(11)
595(12)
663(1)
堅 407(4)
446(10)
495(10)
589(12)
650(9)
748(6)

瞖 113(3)
447(6)
557(2)
748(22)
嫛 112(13)
446(10)
748(6)
㦵 423(3)
511(12)
606(4)
厲 203(6)
408(6)
496(11)
590(12)
653(4)
厤 422(6)
510(17)
遰 406(14)
495(4)
589(8)
649(11)
碩 60(3)
109(3)
164(15)
441(8)
448(1)
549(9)
748(30)
碪 770(10)
碡 140(13)
510(9)

511(5)
605(1)
687(4)
689(8)
碱 511(1)
碜 390(2)
577(13)
碁 63(6)
127(1)
467(17)
558(10)
厭 148(1)
212(5)
419(9)
469(1)
508(3)
522(17)
580(5)
618(1)
681(5)
719(6)
771(32)
碩 146(2)
411(1)
431(5)
519(11)
621(2)
711(9)
碶 193(4)
393(13)
480(16)

[illegible] 130(8)
386(5)
473(6)
572(2)
碏 748(28)
碭 505(15)
584(4)
674(3)
碣 145(1)
517(13)
613(7)
706(8)
碨 477(1)
577(2)
磆 611(9)
702(4)
碫 411(12)
500(3)
594(9)
660(9)
碮 517(4)
磈 131(5)
238(16)
387(8)
474(8)
573(9)
磓 113(11)
365(3)
447(17)
碐 539(4)
743(11)

磋 121(3) 372(2) 415(7) 458(17) 504(6) 555(13)
⿰石彖 409(7) 497(11)
⿰石宫 39(4) 161(19) 437(15) 489(14) 744(20) 745(15)
碬 373(4) 459(17) 557(9)
碯 135(18) 194(9)
酟 382(11) 470(3) 565(9)
酢 66(9) 134(7) 392(9) 479(11)
⿰酉包 208(10) 414(7) 503(7) 598(4) 667(8)
愿 71(15) 219(3) 411(1) 499(10) 597(3)
⿸厂酋 589(4) 1023(14上)
⿰耳皮 147(6) 521(13) 619(2) 716(11)
戟 512(13)
奩 63(15) 127(7) 468(10) 563(5) 759(9)
爾 130(1) 472(13) 571(1) 760(4)
劂 142(19) 514(4) 614(8) 697(12)
⿰厥力 142(19) 215(5) 514(4) 614(8) 697(12)
厩 408(8) 496(13)
⿰豕聿 755(10)
豧 362(11) 418(13) 444(13)
豩 453(2)
豨 131(4)
⿱列豕 408(2) 496(6) 590(11)
殞 64(7) 133(7) 390(5) 477(15) 578(4)
⿰歹豈 62(11) 62(16) 113(16) 365(10) 448(5) 448(11)
殠 197(8) 486(2) 579(1)
⿰歹桀 620(2)
殟 591(3)
頛 139(5) 199(3) 399(14) 487(10) 581(12)
霅 366(6) 452(7)
需 111(2) 444(3)
霆 125(3) 465(2) 554(10)
⿱雨录 468(5) 557(1) 559(6) 748(21)
⿱雨舌 771(4)
⿱雨各 524(15) 608(1) 724(4) 1023(12上)
⿱雨羽 405(13) 493(12) 588(9)
劉 382(11) 470(3) 565(10)
鄧 521(8) 564(10) 670(8)
鳶 118(9) 368(7) 454(15) 753(11)

【丨】

蜚 387(7) 404(14) 474(7) 492(13) 573(7) 587(9) 642(2)
裴 62(6) 113(12) 365(4) 448(1)
翡 404(14) 587(9) 642(3)
裂 141(3) 141(4) 422(12) 511(6) 605(13) 689(12)
雌 440(2) 547(3)
鈭 439(13) 440(2) 546(9) 547(3)
頾 460(18) 565(2)
⿰此見 377(15) 466(1) 560(9)
遬 197(12)

398(13) 486(8) 579(4)
叡 655(12)
遬 418(2) 506(15)
[illegible] 1027(1)
[illegible] 773(3)
對 409(9) 497(13) 592(7) 656(6)
夣 460(6) 558(5)
裳 123(2) 375(4) 462(2) 542(13)
瞣 448(9)
暱 142(2) 608(12) 693(11)
䁋 148(6) 223(5) 523(7) 618(6) 720(4) 771(33)
䁐 427(10) 515(13)
䁍 147(10)
432(10) 619(6) 717(8) 771(5)
睳 447(1) 748(19)
瞔 520(14) 620(4) 713(1) 714(4) 770(7)
瞱 147(20) 148(12) 522(16) 523(17) 616(9) 617(13) 719(5) 721(10) 771(31)
[illegible] 424(14) 513(3) 609(4)
[illegible] 137(10) 484(14) 569(11)
夥 136(7) 395(15) 482(16)
眻 461(5)
瞑 146(6)
431(10) 519(17) 621(6) 712(7) 770(1) 770(1)
睼 364(8) 413(3) 446(6) 589(9) 748(2)
睸 414(11) 422(5) 503(12) 510(16) 668(3)
瞍 198(5) 399(3) 486(15) 579(10)
睺 211(9) 379(4) 418(11) 467(3) 507(7) 562(4) 602(1) 679(2)
[illegible] 584(12)
[illegible] 126(5) 378(13)
466(15) 561(11)
䀼 64(2) 71(3) 133(5) 477(11) 498(10) 498(13) 577(13) 593(4)
[illegible] 464(12) 506(2) 553(13) 598(10) 675(3)
[illegible] 121(11) 372(13) 459(10) 557(3)
暖 65(5) 115(8) 133(17) 391(7) 392(1) 450(15) 478(13) 479(2) 524(8) 765(4)
[illegible] 498(12)
睃 489(9)
583(1)
睍 208(4) 413(13) 414(3) 502(14) 503(2) 597(10) 666(3)
[illegible] 464(7) 553(8)
暉 133(18) 391(9) 411(6) 478(14) 499(16) 779(4)
睽 112(18) 446(17) 748(17)
墅 475(2) 574(7) 762(20)
[illegible] 422(11) 511(5)
[illegible] 118(5) 368(1) 454(10) 752(10)
暕 71(5) 205(5) 498(14)

593(7)
啣 550(12)
嘆 116(16)
366(14)
452(14)
776(3)
嗺 411(12)
500(4)
暢 416(10)
505(8)
583(12)
673(2)
帽 498(2)
772(13)
闘 428(14)
516(15)
閨 112(18)
446(16)
748(16)
閭 144(13)
429(4)
517(2)
612(12)
704(11)
聞 114(17)
237(3.1)
450(1)
閩 114(15)
114(18)
449(16)
450(2)

閭 110(12)
167(11)
362(4)
443(8)
746(3)
閥 142(18)
215(4)
425(13)
514(3)
614(7)
697(10)
閤 146(20)
521(4)
618(9)
715(8)
閦 688(7)
閣 524(17)
608(2)
724(8)
1023(15上)
閡 498(4)
593(2)
657(9)
閬 765(18)
嘈 120(17)
371(10)
458(8)
551(8)
嘌 456(18)
瞈 129(4)
384(6)

471(8)
568(2)
鬲 135(20)
194(11)
395(7)
482(7)
瞑 211(2)
417(15)
506(13)
599(4)
677(2)
髦 147(6)
432(6)
521(13)
619(3)
717(1)
㬎 618(13)
睾 506(17)
頔 430(7)
518(15)
瞟 415(4)
502(1)
504(2)
596(5)
664(4)
780(15)
跴 522(12)
踂 61(15)
112(5)
364(1)
445(15)

踈 110(10)
167(8)
443(6)
746(8)
踄 525(2)
踃 369(13)
456(2)
䟺 406(8)
591(8)
648(10)
𨀛 140(19)
510(16)
𨁯 391(13)
478(18)
䟼 398(15)
486(11)
踍 145(6)
518(2)
613(12)
707(10)
768(12)
㖳 748(23)
踤 441(5)
549(5)
䟵 750(4)
疏 362(2)
443(6)
493(1)
588(1)
643(4)
746(8)

踢 748(4)
踉 122(13)
123(9)
374(8)
375(13)
461(7)
462(10)
542(1)
543(9)
672(10)
踻 141(7)
423(2)
511(10)
606(3)
690(8)
跽 130(14)
238(7)
386(11)
386(11)
473(13)
473(13)
572(7)
踊 129(9)
384(11)
471(13)
568(7)
踆 449(10)
暘 416(11)
505(9)
睡 65(10)
133(20)

391(12)
478(17)
畤 387(1)
474(1)
573(1)
蜻 124(16)
464(10)
553(11)
蜄 461(13)
542(7)
蜯 510(9)
蜥 145(11)
429(15)
518(8)
615(7)
708(9)
768(17)
蜙 161(18)
437(14)
539(9)
744(18)
745(13)
蝀 471(6)
567(10)
蜮 230(7上)
230(8下)
234(13)
526(9)
610(8)
617(5)
727(9)

728(11)
773(1)
蜽 569(1)
蜝 472(6)
546(2)
570(7)
蜨 523(6)
蝬 412(12)
501(2)
597(1)
661(10)
765(16)
蜾 136(3)
395(11)
482(12)
蜫 115(15)
451(6)
蜴 145(20)
431(2)
518(8)
620(13)
711(4)
蜠 390(6)
477(16)
578(5)
蜡 521(6)
蝸 121(13)
371(13)
447(3)
459(13)
555(8)

556(12)
557(6)
748(25)
𥈛 121(5)
372(5)
459(2)
556(3)
蜘 359(10)
440(3)
547(4)
蜲 472(4)
545(4)
570(5)
蜺 112(13)
144(15)
429(6)
446(10)
517(5)
612(13)
705(4)
748(9)
蝂 392(9)
479(10)
蜼 404(2)
418(9)
491(18)
507(5)
549(4)
586(13)
678(10)
蜱 119(14)

439(15)
456(13)
546(10)
蜦 114(1)
407(9)
448(14)
495(15)
蜩 118(20)
369(6)
455(12)
蜪 371(6)
458(5)
551(4)
蜟 140(17)
422(3)
510(13)
605(4)
688(1)
蜳 451(10)
蜶 223(2)
522(18)
523(3)
719(11)
蜷 368(15)
455(5)
753(8)
蜰 765(6)
765(14)
蜿 65(4)
133(16)
391(6)

478(11)
蜧 407(8)
495(14)
590(2)
651(5)
蝐 398(10)
486(4)
蜛 696(10)
蜢 137(16)
485(3)
蜬 460(16)
564(8)
564(13)
蝃 145(5)
517(18)
613(11)
707(8)
768(10)
噓 110(10)
167(9)
362(2)
405(6)
443(7)
588(3)
643(12)
朙 135(8)
睬 125(19)
378(5)
466(6)
561(2)
貶 450(4)

團 116(9) 366(5) 452(6)
嘍 126(11) 138(18) 198(6) 379(6) 399(4) 467(5) 486(17) 562(8) 579(12)
鄲 116(10) 366(6) 452(7)
碞 382(10) 470(2) 565(8)
曑 759(1)
剽 608(3)
嗺 109(4) 130(13) 164(16) 362(12) 549(11)
嘓 459(9) 556(10)
嘞 437(15) 489(10) 489(14) 539(10) 583(2)
鳴 124(5) 377(4) 463(12) 552(5)
嗿 136(17) 396(14) 483(13) 580(12)
慁 206(9) 411(5) 499(14) 595(6) 658(3)
嚓 144(8) 428(11) 516(12) 612(6) 703(10)
嗻 415(13) 504(13)
嘀 770(17)
嗾 198(5) 212(1) 379(8) 399(3) 418(15) 419(2) 467(6) 486(15) 507(12) 562(8) 579(10) 602(5)
啐 407(12) 495(18) 590(5) 651(11)
噉 497(9)
嗔 390(7) 413(8) 477(17) 502(9) 578(5)
嘧 144(18) 424(10) 517(10) 613(4) 706(1)
嗷 68(7) 136(20) 484(1)
嘒 223(10) 523(14) 616(7) 616(10)
嘐 457(3) 457(12) 550(7) 756(4) 757(6)
頔 468(15)
幘 146(9) 431(13) 520(3) 615(1)
摧 389(12) 477(6) 577(8)
嶃 128(11) 139(8) 382(13) 470(4) 565(11)
嶇 111(5) 444(8) 746(16) 747(4)
鼓 62(16) 113(19) 448(10)
幖 119(13) 456(12)
嵽 144(13) 429(3) 612(11) 704(9)
罳 60(8) 109(7) 165(1) 360(4) 441(12) 550(2)
罰 142(18) 514(3) 697(10)
罯 136(16) 147(5) 396(13) 483(12) 521(11) 580(11) 618(12) 716(7)
罷 402(9) 490(7)
嶁 111(7) 362(7) 444(9)
嶁 132(1) 399(5) 475(13) 486(17) 575(5) 579(12) 1025(10)
幔 411(13) 500(4) 594(10) 660(11)
崮 762(8)
幗 146(8) 409(11) 431(11)

497(15)
592(8)
614(13)
656(9)
712(10)
770(4)
嵟 60(4)
386(10)
441(9)
444(14)
473(12)
572(6)
572(7)
嵸 129(4)
161(14)
437(9)
471(7)
539(3)
568(1)
743(11)
幏 408(1)
496(5)
517(11)
590(8)
652(7)
嶂 416(12)
505(10)
584(1)
673(6)
幛 461(8)
嵯 66(12)
134(9)
479(13)
765(15)
嵶 132(7)
239(3)
476(3)
576(1)
圖 61(6)
111(18)
363(7)
445(6)
1026(8)
𡬇 543(2)
寥 63(13)
468(8)
559(6)
幓 119(16)
456(16)
巢 119(8)
456(5)
翎 147(2)
521(7)
618(8)
圈 411(4)
499(14)
骭 556(7)
骸 427(11)
515(14)
骶 406(12)
495(2)
骲 141(16)
395(1)
423(13)
482(1)
510(2)
512(5)
606(11)
692(4)
骸 133(20)
舞 131(15)
388(7)
475(5)

【丿】

鋮 617(6)
製 590(9)
製 408(2)
496(6)
590(9)
652(9)
錘 439(2)
545(7)
錇 138(14)
198(3)
399(1)
486(11)
561(13)
579(7)
犗 132(16)
476(16)
576(10)
764(8)
鍚 374(10)
375(6)
461(9)
462(4)
542(3)
犟 202(6)
犦 114(7)
449(5)
犕 403(5)
491(3)
586(1)
犡 450(13)
犪 234(3)
617(4)
727(7)
犬 375(6)
犒 598(9)
犝 123(7)
375(10)
462(8)
543(6)
犞 204(9)
409(6)
497(9)
592(3)
655(10)
犨 423(9)
511(18)
稍 129(7)
471(11)
568(6)
稐 123(12)
376(2)
462(14)
543(13)
稫 230(8上)
617(6)
727(11)
772(3)
積 385(1)
472(1)
570(2)
760(1)
稬 412(8)
415(4)
500(16)
504(2)
595(5)
661(3)
稭 428(3)
516(3)
702(7)
穊 143(14)
216(10)
427(7)
515(9)
611(3)
程 125(4)
465(3)
554(11)
稫 427(11)
428(10)
515(14)

516(11)
馝 142(10)
425(2)
513(6)
694(11)
⿰禾青 418(8)
507(4)
⿰禾耑 116(7)
366(4)
395(12)
452(5)
482(13)
種 129(6)
162(5)
201(7)
471(10)
482(14)
489(16)
540(8)
568(5)
583(7)
⿰禾皇 376(4)
462(16)
544(2)
剩 59(13)
108(16)
稱 128(1)
212(11)
381(15)
420(1)
469(11)
508(11)
559(13)
601(5)
682(5)
稯 162(11)
437(10)
539(4)
541(3)
⿰禾音 469(1)
563(13)
稵 126(18)
467(12)
563(2)
穊 403(10)
491(9)
586(5)
⿰禾韋 547(4)
⿰禾肙 110(8)
131(8)
167(5)
361(14)
387(14)
443(4)
474(14)
574(2)
熏 115(2)
450(7)
箱 127(13)
468(18)
563(12)
箕 109(11)
165(9)
441(17)
節 121(11)
372(14)
459(11)
箁 132(6)
476(2)
575(13)
箬 223(16)
524(4)
607(6)
722(7)
⿱竹奇 198(4)
箖 63(3)
126(19)
467(15)
558(8)
⿱竹建 522(1)
717(9)
⿱竹是 148(1)
432(13)
522(17)
617(13)
719(6)
771(11)
771(17)
箄 781(18)
算 134(2)
392(2)
479(3)
765(9)
⿱竹尾 114(14)
449(15)
⿱竹易 616(2)
箅 202(9)
407(5)
472(13)
495(11)
589(13)
650(10)
箇 415(1)
503(17)
599(6)
668(11)
箘 114(14)
133(8)
390(6)
449(14)
477(16)
578(5)
⿱竹南 615(2)
箠 130(3)
440(8)
472(16)
547(9)
571(4)
箪 130(1)
237(2.10)
439(14)
446(7)
546(10)
570(13)
748(14)
劄 147(12)
522(4)
619(8)
717(12)
771(11)
⿱竹至 63(7)
467(18)
558(11)
箏 124(14)
464(8)
553(9)
⿰舟色 166(6)
361(3)
442(10)
艆 421(12)
510(6)
箸 399(5)
486(17)
579(12)
⿱竹妥 771(20)
箊 110(11)
167(10)
362(3)
443(8)
⿱竹沽 127(13)
381(4)
453(8)
453(9)
468(18)
563(12)

750(6)
箈 231(1)
525(1)
608(5)
725(1)
1024(4上)
管 134(4)
392(3)
479(5)
765(5)
箜 38(1)
161(7)
437(2)
538(8)
743(3)
箓 771(25)
箟 426(6)
箛 61(4)
111(17)
363(5)
445(4)
箘 122(3)
564(8)
毓 450(18)
毓 140(15)
510(12)
605(3)
687(10)
僁 752(11)
僠 521(15)
619(4)
僥 717(4)
僥 119(4)
369(8)
369(11)
455(14)
755(2)
僓 71(13)
410(13)
499(6)
594(2)
僖 109(13)
165(14)
360(11)
442(3)
僆 143(16)
216(12)
427(9)
515(11)
611(4)
699(12)
僊 359(7)
439(17)
546(13)
僌 109(11)
165(8)
360(8)
441(17)
僘 506(3)
598(11)
675(4)
僚 119(3)
455(15)
睡 490(1)
牖 491(3)
僭 144(13)
212(8)
419(13)
429(4)
508(7)
602(11)
612(11)
682(1)
膀 137(8)
484(12)
569(10)
僕 141(4)
422(12)
511(6)
604(9)
605(12)
689(11)
箯 560(13)
僴 66(9)
134(8)
392(9)
479(11)
僨 132(19)
477(3)
497(16)
577(5)
764(18)
僤 207(9)
392(5)
412(4)
479(7)
500(11)
595(2)
659(4)
僣 576(8)
僑 119(16)
755(3)
儁 410(9)
499(2)
593(12)
僬 119(7)
369(15)
414(2)
456(4)
503(1)
傷 760(3)
僞 202(4)
402(13)
490(11)
570(9)
585(4)
僢 390(3)
477(13)
578(1)
596(4)
僛 193(7)
480(11)
481(3)
劁 119(7)
369(15)
413(15)
456(4)
502(17)
597(12)
666(7)
僦 211(7)
507(4)
601(12)
678(7)
傢 476(11)
576(8)
僮 160(18)
228(13)
436(11)
537(12)
740(16)
僐 192(9)
480(10)
501(17)
663(11)
僯 390(10)
478(1)
578(8)
僔 133(20)
391(11)
478(15)
僧 128(3)
382(3)
469(13)
僗 598(7)

甈 495(7) 590(13) 768(6)
鼻 403(13) 491(13) 586(9)
躴 376(1) 462(13) 543(13)
鄎 370(15) 457(15) 550(11) 757(11)
⿰鳥大 494(9) 591(4)
[illegible] 135(19) 395(5) 482(5)
⿰白曷 143(19) 427(14) 515(17) 610(9) 699(11)
⿰舟舌 144(6) 428(8) 516(9) 614(5) 703(5)
魄 146(18) 520(17) 620(7)
魅 490(14) 585(6)
魃 143(14) 216(10) 427(7) 515(9) 611(2) 701(12)
⿺鬼由 449(2)
魼 404(6) 492(2) 587(3)
歈 112(3) 363(13) 445(12)
儆 507(7)
僎 135(4) 193(5) 481(1) 502(4)
鹹 770(5)
⿰谷舀 416(2) 416(4) 504(17) 603(1) 671(8)
⿰豆殳 549(11)
鄭 688(11)
僜 128(2) 212(12) 382(1) 420(3) 469(12) 508(13) 560(1) 594(6) 682(11)
僪 142(10) 425(3) 513(7) 609(8)
⿸厂戚 142(19) 514(3) 614(8)
厥 545(1)
衕 393(5) 480(6)
微 166(1) 442(8)
銜 128(11) 382(13) 470(4) 565(11)
复 507(5)
⿰彳麻 385(2) 472(2) 570(4)
⿰彳參 136(18)
殷 115(4) 450(9)
⿰舟其 441(15)
⿰舟侖 114(1) 448(14)
⿰舟周 369(5)
槃 366(10) 452(11)
搫 116(14) 366(10) 452(10)
艕 381(13) 508(10) 601(4)
艋 137(16) 196(6) 485(3)
鉶 125(2)
銈 748(16)
鉷 437(6) 538(13)
鋩 123(1) 375(3) 542(12)
銆 770(18)
銍 142(5) 424(10) 512(18) 609(2) 694(3)
⿰金虫 437(12) 539(7) 744(13) 745(8)
銅 160(18) 436(11) 537(12)
銖 111(2) 444(5)
銑 67(7) 134(11) 479(16) 765(19)
鋌 138(3) 197(4) 485(13)
銛 127(9) 380(14) 468(12) 563(7) 701(4) 759(13)
鋋 118(4) 367(12) 367(15) 454(6) 454(9)
銗 126(9) 379(4) 467(2) 562(5)
⿰金𠂢 430(1)
銓 118(11) 368(9) 454(18) 753(2)

鉿 146(20)
521(4)
618(9)
715(9)
銚 119(11)
413(10)
456(9)
502(12)
597(8)
665(10)
鍒 395(12)
482(12)
銫 129(15)
472(4)
570(5)
鉻 607(13)
銘 125(8)
465(9)
554(7)
鉹 130(2)
385(12)
472(15)
545(2)
571(3)
760(3)
鉸 208(8)
414(4)
503(3)
598(1)
667(2)
銃 489(13)
583(5)
鉼 553(3)
銀 114(8)
449(6)
鉾 562(2)
愗 430(8)
518(17)
鄃 523(15)
616(8)
龚 453(1)
鄱 121(3)
372(3)
458(17)
555(13)
須 498(10)
593(5)
徲 371(1)
457(16)
550(12)
罳 390(15)
478(6)
歊 119(10)
456(8)
鄗 129(18)
472(8)
545(3)
570(9)
貍 109(12)
165(10)
442(1)
貌 414(6)
503(5)
598(2)
667(5)
餌 404(6)
492(2)
587(3)
餕 404(8)
492(5)
蝕 525(11)
616(12)
726(6)
1025(6)
餇 740(15)
餁 139(1)
198(11)
399(9)
487(4)
餉 210(9)
416(9)
505(7)
583(12)
672(11)
餄 147(11)
432(11)
522(1)
619(6)
717(9)
771(7)
餎 396(8)
483(6)
餩 230(8下)
234(13)
365(10)
448(6)
526(9)
610(8)
729(1)
餅 137(20)
485(9)
領 137(20)
196(10)
485(8)
膜 524(12)
607(12)
724(1)
1023(8上)
膹 114(7)
449(5)
膞 725(6)
膈 146(11)
520(6)
614(12)
713(5)
770(12)
膭 415(6)
504(5)
䐃 65(8)
133(19)
391(10)
478(15)
䐀 448(11)
477(7)
膄 525(11)
膔 108(11)
112(16)
163(17)
440(10)
446(14)
547(13)
748(13)
䐂 419(8)
467(15)
601(2)
膎 112(20)
447(2)
556(11)
748(21)
膠 493(14)
膌 431(8)
519(14)
膀 123(17)
376(9)
463(3)
544(8)
膝 212(10)
682(5)
膃 431(1)
519(7)
膗 141(5)
422(13)
511(7)
605(13)
608(5)

690(2)
1024(5上)
䐑 428(11)
516(12)
612(6)
䐞 524(4)
蜀 166(7)
361(3)
442(11)
蜸 642(4)
翢 371(7)
458(5)
551(5)
䑕 554(2)
𦣝 403(8)
491(7)
498(15)
䬑 418(2)
506(16)
頗 212(2)
419(4)
507(15)
602(6)
680(5)
魟 39(1)
161(15)
437(11)
539(5)
743(8)
魢 425(12)
514(1)
610(4)
魠 524(15)
608(1)
724(5)
1023(13上)
夐 412(15)
417(11)
506(9)
599(2)
676(4)
疑 60(7)
109(6)
164(20)
441(12)
550(1)
獃 441(13)
獑 128(12)
382(11)
382(13)
470(3)
470(4)
565(9)
565(12)
獀 111(7)
362(8)
444(9)
562(7)
獌 116(20)
411(13)
453(1)
500(5)
660(11)
颩 429(11)
518(4)
768(14)
颬 143(15)
216(10)
426(2)
427(7)
515(9)
611(3)
颰 142(10)
143(1)
214(6)
425(3)
426(2)
513(8)
514(7)
609(8)
614(10)
695(12)
698(4)
颲 486(1)
颮 757(6)
䬈 526(1)
613(3)
颫 513(14)
颹 138(12)
198(1)
486(9)
579(5)
猔 437(9)
539(4)
獄 141(6)
422(15)
511(9)
606(2)
690(5)
獞 39(8)
438(1)
540(3)
640(10)
觩 126(16)
379(13)
467(11)
563(1)
563(1)
觬 376(13)
觪 125(1)
464(17)
554(5)
獓 139(14)
210(7)
400(12)
416(6)
488(5)
505(4)
581(9)
603(2)
672(4)
獊 130(3)
385(14)
472(17)
𤢜 135(15)
194(5)
394(14)
481(17)
𤢗 199(12)
400(11)
488(5)
565(7)
581(8)
逡 540(10)
雒 724(2)
鳩 116(2)
451(15)
孵 111(10)
362(11)
444(12)
矮 396(2)
483(1)
䝓 369(6)
455(11)
貪 114(8)
449(6)
鄮 211(10)
418(12)
507(8)
602(2)
679(5)
餐 142(20)
215(6)
426(1)
513(14)

514(5)
614(9)
698(1)
【丶】
誡 204(4)
408(14)
497(2)
591(10)
654(8)
誎 430(13)
519(4)
誌 404(4)
491(19)
587(1)
誣 110(17)
443(15)
誟 409(7)
497(11)
592(11)
656(3)
誧 237(2.3)
476(4)
494(5)
誺 423(6)
511(15)
691(5)
語 131(5)
387(10)
405(2)
474(9)
492(17)
573(10)
587(12)
642(9)
762(7)
誏 211(11)
418(14)
507(11)
602(3)
679(9)
誰 748(14)
誙 124(8)
464(1)
553(1)
誚 208(5)
413(15)
502(17)
597(11)
666(6)
誤 494(1)
589(1)
646(8)
詷 768(3)
誥 414(10)
503(10)
598(6)
668(1)
誐 372(6)
459(3)
556(4)
誗 759(8)
誘 140(6)
372(10)
459(7)
509(15)
556(8)
604(5)
685(4)
誘 138(11)
197(11)
398(12)
486(7)
579(3)
誨 409(9)
497(13)
592(7)
656(6)
誒 514(1)
説 145(5)
407(14)
496(3)
517(18)
590(6)
613(10)
652(3)
707(6)
707(7)
誑 555(10)
誑 505(13)
584(3)
673(12)
誩 397(6)
416(3)
484(4)
505(1)
506(3)
569(2)
598(11)
675(4)
諰 587(5)
認 71(4)
205(4)
387(1)
410(3)
419(14)
498(13)
508(9)
593(6)
601(3)
682(3)
誦 489(14)
583(7)
誒 210(3)
415(15)
504(15)
600(11)
671(5)
凴 420(1)
508(11)
559(9)
682(6)
鄘 436(17)
745(4)
澌 439(16)
546(13)
裹 136(3)
395(11)
482(11)
669(5)
稟 136(1)
194(11)
395(8)
482(8)
敲 120(4)
370(8)
414(5)
457(9)
503(5)
598(2)
667(4)
756(3)
781(20)
歊 119(7)
456(4)
755(9)
豪 120(7)
370(13)
457(13)
550(9)
757(7)
膏 120(8)
370(14)
457(14)
550(9)
668(1)

757(9)
塾 140(15)
510(11)
605(2)
687(8)
塺 410(7)
450(10)
498(18)
廣 137(8)
484(11)
569(9)
584(7)
遮 121(12)
372(14)
459(11)
557(4)
塺 415(3)
504(2)
599(8)
669(8)
麼 121(4)
372(3)
458(18)
556(1)
麽 136(7)
396(1)
482(18)
廗 203(8)
621(4)
648(2)
廒 589(12)
廎 398(4)
485(15)
廬 460(6)
558(5)
廔 126(11)
379(6)
467(5)
562(7)
廙 230(3上)
231(14)
525(16)
617(3)
727(4)
腐 131(17)
388(8)
475(7)
574(13)
瘲 129(4)
471(7)
568(1)
瘐 495(9)
瘂 147(20)
522(16)
617(13)
719(5)
771(31)
瘒 380(3)
467(17)
558(11)
瘌 363(4)
445(3)
瘌 143(17)
427(10)
515(13)
700(3)
700(4)
瘧 223(18)
607(7)
722(10)
瘄 137(15)
196(5)
485(2)
瘍 122(11)
374(6)
461(4)
541(7)
瘑 493(5)
瘓 113(8)
364(14)
447(12)
748(33)
瘷 211(5)
418(5)
507(1)
601(9)
678(1)
瘦 211(8)
418(8)
507(4)
601(12)
678(2)
678(9)
686(11)
瘦 211(5)
418(4)
506(18)
601(9)
瘣 132(19)
477(4)
577(5)
764(10)
瘣 132(19)
477(3)
577(5)
764(18)
瘉 131(17)
475(10)
575(2)
瘋 538(7)
瘥 161(6)
437(2)
瘖 63(12)
468(6)
559(4)
瘥 121(5)
372(5)
409(4)
459(2)
497(7)
556(3)
瘏 377(15)
466(1)
560(9)
瘈 677(12)
瘺 118(7)
368(3)
454(11)
瘕 209(9)
396(6)
415(8)
459(16)
483(5)
504(7)
557(8)
600(5)
669(12)
瘵 405(7)
405(7)
493(5)
瘙 414(14)
503(15)
598(9)
668(9)
瘃 498(9)
592(6)
691(4)
甂 375(11)
462(9)
543(7)
旇 375(11)
462(8)
543(7)
廜 111(19)
363(8)

445(6)
1026(8)
褒 601(13)
678(11)
塵 114(7)
449(4)
麃 116(2)
451(15)
麀 238(8)
廖 119(3)
211(6)
418(6)
455(15)
507(2)
601(10)
678(4)
辡 135(2)
193(2)
480(14)
彰 122(14)
374(11)
461(10)
542(4)
劃 540(2)
745(19)
竭 145(1)
517(13)
613(7)
706(8)
韶 119(12)
456(10)

端 116(7)
366(3)
452(4)
颯 147(1)
521(5)
618(10)
⿰氵屏 125(4)
125(10)
465(4)
465(10)
554(12)
555(5)
適 146(1)
146(2)
430(4)
431(3)
431(5)
518(12)
519(9)
519(12)
615(10)
620(13)
621(2)
709(3)
711(6)
768(22)
769(18)
齊 61(16)
112(5)
237(2.5)
364(2)

406(13)
445(16)
649(8)
斡 376(6)
376(15)
462(18)
463(9)
544(10)
551(13)
旗 109(8)
165(2)
360(5)
441(13)
550(3)
膂 131(6)
238(17)
387(10)
474(10)
573(11)
頚 413(1)
501(8)
逹 214(8)
513(10)
609(10)
695(2)
潔 516(12)
612(7)
703(11)
鄐 501(16)
596(3)
663(11)

皷 404(3)
491(18)
668(6)
辣 114(6)
449(4)
489(8)
537(11)
582(12)
740(12)
⿰𦍌委 490(11)
⿰𦍌兒 113(2)
447(5)
557(1)
748(25)
養 69(2)
137(1)
484(2)
505(6)
568(13)
672(9)
勦 118(17)
369(1)
369(2)
455(7)
502(3)
753(6)
精 124(15)
417(12)
464(9)
506(11)
553(10)

粻 122(17)
461(13)
542(7)
粺 408(12)
600(4)
654(4)
鄰 114(5)
449(2)
粹 490(17)
585(8)
⿰米卷 391(7)
478(12)
粽 136(18)
剸 65(8)
133(19)
391(10)
478(15)
鄭 417(10)
506(8)
599(1)
甁 382(13)
470(4)
565(11)
敹 213(1)
508(14)
603(4)
683(2)
歉 139(9)
199(8)
400(5)
420(4)

487(18)
580(9)
槊 141(14)
423(10)
512(2)
606(9)
691(12)
愬 146(13)
432(3)
494(3)
520(9)
589(3)
615(5)
646(11)
713(9)
770(15)
墼 517(16)
768(1)
弊 407(15)
496(3)
652(4)
獘 590(7)
幣 203(2)
407(15)
496(3)
590(7)
652(5)
嫳 145(8)
518(4)
613(2)
614(1)
708(3)
768(4)
鄗 128(1)
381(15)
469(10)
559(12)
燁 616(9)
617(13)
719(5)
771(31)
煿 231(5)
煱 770(9)
熚 424(14)
513(3)
609(4)
694(9)
熉 429(2)
熂 587(11)
熄 231(10)
525(12)
616(12)
726(6)
煼 135(16)
熢 742(3)
熇 141(5)
231(2)
422(13)
509(18)
511(7)
605(13)
608(5)
690(2)
熵 440(1)
547(2)
煻 123(6)
375(10)
462(7)
543(6)
熑 469(3)
563(5)
嫈 464(16)
榮 124(5)
377(5)
463(13)
552(6)
770(8)
膋 119(2)
369(8)
455(14)
禜 125(10)
377(7)
465(11)
555(6)
犖 141(19)
424(3)
512(10)
607(2)
692(11)
熒 125(10)
417(15)
465(11)
506(14)
555(5)
煽 367(14)
454(8)
502(2)
596(5)
664(6)
熐 554(7)
熣 422(12)
511(6)
605(12)
689(11)
熷 773(5)
漬 402(10)
490(7)
585(1)
漹 369(1)
455(7)
漢 207(10)
412(5)
500(12)
595(3)
659(7)
潢 123(12)
376(3)
462(15)
506(1)
544(1)
584(8)
674(11)
滿 66(6)
134(5)
392(5)
479(6)
765(11)
滋 743(9)
漧 776(9)
漆 142(2)
424(7)
512(14)
608(12)
693(9)
漸 139(8)
400(3)
487(15)
580(6)
漙 116(9)
366(6)
452(6)
753(12)
漕 209(3)
414(13)
503(14)
598(8)
668(7)
漱 211(5)
211(11)
418(4)
418(15)
506(18)
507(11)
601(9)
602(3)

677(12)
679(10)
漚 211(12)
419(1)
507(12)
562(6)
602(4)
679(11)
漂 119(17)
208(5)
413(15)
456(17)
502(16)
597(11)
666(5)
滑 62(17)
113(20)
448(13)
滯 203(6)
408(5)
496(10)
590(11)
653(4)
漺 397(7)
484(5)
569(3)
滷 132(2)
430(7)
431(5)
475(15)
518(16)
519(11)
575(8)
漊 475(13)
575(6)
1025(10)
漫 411(13)
500(4)
594(10)
潩 525(17)
727(5)
漯 147(3)
521(7)
618(8)
716(2)
漍 770(4)
滮 411(15)
500(7)
漼 133(1)
477(6)
577(7)
漴 489(17)
583(9)
濄 372(1)
458(16)
555(12)
漵 131(12)
388(3)
475(1)
574(6)
漞 769(5)
漁 110(3)
166(16)
361(9)
442(15)
潒 484(11)
569(9)
潴 110(11)
167(11)
漪 108(6)
359(10)
440(3)
547(4)
滸 132(6)
389(4)
476(2)
575(12)
漮 376(1)
462(14)
543(12)
滽 39(8)
162(1)
540(2)
640(10)
漉 509(16)
604(6)
漳 122(14)
461(10)
542(4)
滰 397(6)
484(4)
569(2)
滻 66(12)
134(9)
479(13)
597(6)
765(15)
滴 615(10)
768(22)
漩 464(10)
553(11)
漾 210(8)
416(8)
505(5)
583(10)
672(8)
潵 145(6)
518(2)
613(12)
707(11)
768(2)
滱 126(13)
211(9)
379(8)
418(11)
467(6)
507(8)
562(9)
602(1)
679(3)
演 134(16)
192(5)
390(7)
477(17)
480(5)
578(5)
滬 389(6)
476(4)
576(1)
潡 68(5)
136(19)
397(3)
416(6)
483(17)
505(3)
581(3)
潳 373(8)
漏 212(1)
419(3)
507(15)
602(6)
680(3)
漲 583(12)
673(2)
漻 119(4)
369(10)
455(16)
滲 212(4)
419(7)
601(1)
681(1)
漅 195(4)
395(12)
482(13)
㥽 431(14)

520(4)
770(8)
慬 391(1)
450(10)
478(7)
慲 116(14)
366(11)
452(12)
慱 116(9)
366(6)
452(6)
慒 371(7)
378(10)
437(13)
458(6)
466(12)
539(7)
551(6)
561(8)
744(16)
745(11)
慳 117(3)
453(4)
慓 413(15)
456(18)
502(17)
慽 616(2)
慺 111(6)
126(12)
362(7)
379(7)
388(14)
444(9)
467(5)
475(14)
562(8)
575(6)
慢 412(10)
500(18)
596(12)
661(6)
752(7)
慖 656(10)
慛 113(12)
365(4)
448(1)
慯 505(8)
583(12)
慟 201(2)
402(4)
489(9)
583(3)
像 137(7)
484(11)
569(9)
慷 137(11)
484(15)
569(13)
慵 57(9)
162(9)
438(8)
540(13)
745(19)
慞 122(15)
461(10)
542(4)
㥲 479(15)
765(16)
慴 147(19)
523(4)
617(12)
719(2)
憀 119(2)
369(9)
455(14)
465(15)
560(5)
慘 136(17)
396(14)
483(13)
580(12)
慣 412(11)
501(1)
596(13)
661(9)
鼔 406(8)
494(16)
𡔷 772(7)
殼 407(2)
495(8)
寨 498(2)
526(8)
772(14)
搴 134(19)
192(9)
480(10)
寋 772(14)
𡪚 419(12)
508(7)
523(6)
寬 116(5)
366(1)
452(2)
賓 114(9)
449(8)
寡 136(12)
396(9)
483(8)
逮 396(15)
寠 388(12)
475(11)
窬 111(3)
379(10)
444(5)
467(8)
562(11)
㼝 39(8)
57(1)
162(2)
438(1)
540(3)
640(11)
窸 107(7)
162(12)
541(3)
窨 212(4)
380(5)
419(7)
468(1)
558(13)
601(1)
680(11)
察 144(2)
428(2)
516(2)
611(10)
702(6)
康 123(12)
376(1)
462(13)
543(12)
蜜 142(6)
424(12)
513(1)
609(3)
694(5)
寧 125(7)
465(8)
555(3)
寤 494(1)
589(2)
646(8)
寣 374(2)
460(16)
564(13)

寣 143(5) 215(12) 426(8) 514(13) 612(1) 699(2) 476(10) 576(7)
禱 667(12)
䙚 363(4) 445(3)
褸 133(14) 478(8)
褄 119(15) 456(14)
褳 765(18)
褉 369(2)
褆 112(10) 364(7) 446(5) 472(2) 570(3) 748(1) 760(2)
褐 143(18) 427(13) 515(16) 610(9)
褍 366(3) 452(4)
褔 523(17)
褈 438(4) 540(2) 745(18)
複 140(10) 510(4) 604(11) 686(7)
褍 663(8)
褋 649(10)
褓 136(1) 194(12) 395(8) 482(9)
𧛹 562(5)
褕 111(4) 379(10) 444(6) 456(10)
褑 501(18) 596(4)
褌 115(15) 451(6)
褊 135(1) 193(2) 480(14)
褘 109(17) 166(1) 166(3) 360(15) 442(7)
褖 207(3) 411(12) 500(3) 594(9) 660(10)
禑 209(8) 415(8) 504(6) 600(5) 669(11)
禛 62(17) 113(20) 448(12)
𧜟 727(7)
褶 506(16)
𧝗 124(2) 376(15) 463(9) 552(1)
鼏 145(16) 430(10) 519(1) 615(6) 710(2)
寑 138(20) 198(9) 399(8) 487(2)
寥 119(2) 369(9) 455(14)
實 142(1) 424(6) 512(13) 608(11) 693(6)
皸 115(3) 410(14) 450(8) 499(7) 594(3)
盫 716(10)
肈 135(10) 193(12)
甂 117(18) 367(5) 453(17) 751(5)
綮 132(11)

【一】

鄠 63(3) 126(19) 379(15) 467(14) 558(8)
劃 146(8) 431(11) 614(13)
盡 64(9) 133(9) 390(8) 477(18) 578(7)
頣 134(2) 391(15) 479(1) 479(17)
暨 403(10) 404(15) 491(10) 492(13) 586(6) 587(10) 642(5) 695(6)
曁 405(1) 492(15)
豎 617(5) 727(7)
鳶 395(9) 482(9)
屜 362(1) 443(5)
屢 405(13) 493(12) 588(9) 645(10)
鳲 59(11) 108(15) 164(3) 440(16) 548(8)
屣 129(20) 385(10)

402(12)
472(12)
490(10)
570(13)
585(3)
屢 365(6)
448(2)
劂 134(16)
480(6)
彉 608(9)
725(10)
彄 126(12)
379(8)
467(6)
562(9)
㽗 69(4)
137(3)
397(6)
484(4)
569(1)
鄿 403(4)
491(1)
585(9)
𨻶 205(6)
410(5)
449(4)
498(15)
593(8)
韎 204(7)
409(3)
497(7)
591(13)
655(6)
鞁 513(13)
609(13)
696(5)
墮 136(5)
395(13)
395(14)
482(14)
482(15)
隋 395(13)
482(14)
隨 58(4)
163(3)
439(4)
545(10)
隌 439(1)
545(6)
隔 109(9)
165(6)
550(5)
牄 123(3)
462(4)
543(2)
彃 69(3)
137(2)
484(3)
568(13)
愻 411(5)
499(15)
595(6)
皷 386(11)
473(12)
572(7)
隟 140(9)
421(9)
510(2)
686(4)
隦 480(8)
䯁 502(8)
頔 517(18)
613(11)
768(10)
隝 110(17)
443(15)
隞 757(8)
隩 209(3)
414(13)
503(15)
598(9)
668(8)
782(23)
隝 438(17)
472(9)
545(3)
570(10)
墜 404(2)
491(17)
586(12)
隔 63(3)
126(19)
379(15)
467(14)
558(8)
隥 212(11)
420(2)
508(11)
594(5)
682(8)
嫧 146(10)
431(13)
520(3)
520(3)
615(2)
713(2)
嫣 118(5)
368(1)
411(3)
454(10)
499(13)
752(10)
嫥 368(11)
455(2)
753(12)
嫩 411(5)
499(16)
595(6)
658(5)
嫗 493(6)
588(4)
嫖 119(17)
456(17)
嫕 650(9)
嫭 459(12)
557(5)
嫴 494(1)
589(2)
646(9)
嫚 412(10)
453(7)
501(1)
596(12)
661(7)
嫘 59(18)
164(9)
441(4)
嫱 396(15)
399(15)
469(1)
483(14)
563(13)
580(13)
753(11)
759(10)
嫞 745(19)
嫡 430(4)
518(12)
615(10)
709(3)
711(7)
768(22)
770(19)
嫙 502(7)
596(8)

753(4)
嫷 395(14)
482(14)
599(9)
嫪 209(2)
371(1)
457(16)
503(12)
550(11)
598(7)
668(4)
嬠 521(11)
759(1)
鼐 360(14)
498(5)
593(3)
657(11)
頗 121(10)
136(5)
195(5)
372(9)
395(14)
415(5)
459(6)
482(15)
504(4)
556(7)
599(9)
669(9)
翢 523(15)
歃 526(10)
621(8)
729(4)
773(4)
頖 596(8)
獗 146(10)
431(14)
520(4)
615(2)
770(10)
㹽 480(7)
翟 145(13)
430(6)
518(15)
615(11)
709(7)
768(25)
雅 764(9)
翠 403(11)
491(10)
586(6)
翣 147(15)
433(1)
522(6)
619(10)
718(4)
771(16)
鉄 424(6)
512(13)
608(11)
眥 657(12)
729(2)
熊 113(19)
161(4)
436(16)
538(5)
742(4)
態 498(3)
593(1)
657(7)
瓠 748(17)
鄧 212(12)
420(2)
508(12)
594(6)
682(9)
穁 438(7)
540(11)
劄 428(8)
516(8)
晵 211(10)
418(12)
423(12)
507(9)
512(4)
602(2)
679(5)
稯 438(10)
541(3)
盝 112(6)
237(2.6)
364(3)
445(17)
遺 207(7)
412(2)
500(9)
594(13)
660(5)
綪 412(14)
501(6)
554(8)
595(9)
662(5)
絓 600(3)
緒 131(12)
388(3)
475(1)
574(7)
綾 127(18)
381(11)
469(7)
559(8)
綨 60(9)
109(9)
165(4)
360(6)
441(15)
550(4)
緅 126(3)
378(9)
405(13)
466(10)
467(7)
493(11)
561(6)
588(8)
645(4)
緒 525(5)
緢 414(6)
503(5)
782(3)
綝 63(4)
126(20)
380(1)
467(15)
558(9)
緎 230(7上)
526(2)
617(6)
727(9)
772(2)
綀 480(18)
501(9)
緉 416(9)
484(4)
505(6)
569(1)
583(11)
672(10)
綺 129(16)
472(7)
570(8)
綩 771(24)
緁 771(29)
緀 132(11)

239(7)
364(4)
446(1)
476(10)
576(7)
綶 166(19)
361(11)
442(17)
綫 663(10)
緋 109(19)
166(5)
361(3)
442(10)
綽 148(15)
223(17)
524(4)
607(6)
722(8)
緄 65(9)
133(20)
391(12)
478(17)
緆 145(10)
429(15)
518(8)
615(7)
708(9)
768(17)
綱 123(11)
375(15)
462(12)
543(11)
網 137(6)
397(10)
484(9)
569(6)
緺 113(1)
447(3)
459(13)
555(8)
556(12)
557(6)
緌 59(16)
108(18)
164(7)
441(2)
548(13)
維 59(17)
70(7下)
108(19)
164(8)
441(2)
549(1)
綿 118(7)
368(4)
454(12)
綼 425(2)
430(11)
519(2)
769(7)
綸 114(1)
448(14)
綵 133(3)
389(15)
477(9)
577(10)
綬 486(8)
579(5)
⿰糸爭 124(14)
464(8)
553(9)
緫 212(7)
602(10)
681(10)
総 161(13)
437(8)
471(7)
539(2)
743(11)
綢 126(4)
378(11)
466(13)
561(8)
緍 449(16)
綯 120(14)
371(6)
458(4)
551(4)
總 426(9)
514(13)
612(1)
綹 138(7)
197(7)
398(7)
綡 461(7)
542(1)
綷 409(10)
497(14)
592(8)
656(8)
⿰糸咅 131(18)
388(9)
475(8)
575(1)
綪 140(16)
422(2)
510(12)
605(3)
687(10)
綣 133(17)
391(7)
478(12)
緂 68(7)
136(20)
397(3)
461(2)
483(18)
565(4)
581(4)
綜 201(5)
489(13)
583(6)
綰 66(9)
134(7)
479(10)
綟 144(19)
517(10)
613(4)
706(3)
緑 141(9)
235(5下)
423(4)
511(13)
606(5)
691(2)
緼 142(14)
214(11)
513(15)
610(1)
696(9)
綴 203(1)
407(14)
496(2)
590(6)
613(11)
652(2)
緇 109(13)
165(13)
442(2)

十五畫

【一】

彗 425(14)
514(4)
慧 202(9)

407(5)
495(11)
589(13)
650(10)
頛 132(18)
477(2)
577(3)
764(17)
稭 414(7)
耦 138(16)
399(2)
486(14)
579(10)
耬 57(10)
438(10)
489(18)
穃 426(8)
514(12)
惷 57(14)
162(15)
438(13)
489(12)
539(17)
541(6)
583(8)
640(9)
瑾 410(7)
498(18)
593(10)
瓂 234(8)
526(5)
610(5)
728(5)
772(9)
璜 123(12)
376(3)
462(15)
544(1)
璊 115(16)
451(7)
瑊 510(6)
604(11)
686(11)
瑦 363(14)
445(15)
靚 506(10)
599(3)
676(6)
璀 133(1)
477(6)
577(7)
璡 114(7)
449(5)
瑽 744(19)
745(14)
璋 122(14)
461(10)
542(4)
璄 485(1)
頡 371(9)
503(11)
551(8)
668(2)
璆 126(16)
379(13)
467(11)
563(1)
璅 195(4)
395(7)
395(12)
482(7)
482(13)
漦 109(16)
165(19)
360(10)
442(2)
442(6)
犛 109(12)
120(3)
165(11)
442(1)
457(7)
756(9)
757(4)
氂 109(12)
120(10)
165(11)
165(12)
371(2)
442(1)
457(17)
550(13)
嫠 439(11)
440(18)
546(6)
548(11)
憖 165(12)
360(10)
404(5)
442(2)
492(2)
鴉 117(12)
117(17)
124(8)
453(10)
453(16)
464(1)
553(1)
750(13)
751(2)
奭 146(1)
431(3)
519(9)
620(13)
711(6)
輦 134(19)
192(10)
480(12)
賛 412(7)
500(15)
595(5)
659(11)
槼 547(8)
鴂 362(13)
444(15)
[illegible] 491(8)
擷 144(14)
429(4)
517(2)
612(12)
704(11)
截 390(3)
578(1)
髬 589(8)
髫 549(9)
髮 143(1)
215(7)
369(1)
426(2)
514(6)
614(10)
698(3)
髺 127(15)
469(2)
564(2)
髷 127(11)
381(1)
468(14)
563(8)
681(5)
759(6)
髴 493(13)
588(10)
645(8)
鬀 404(13)

492(11)
587(7)
610(3)
696(6)
髫 369(6)
455(11)
髲 490(4)
584(11)
踡 753(7)
753(8)
踪 745(11)
肆 586(9)
墝 457(10)
756(4)
撓 120(10)
371(1)
394(14)
457(17)
503(7)
550(12)
757(9)
遶 135(11)
194(1)
481(11)
縶 129(5)
568(2)
墳 114(20)
450(5)
撻 143(16)
216(12)
427(9)
515(11)
611(4)
700(1)
⿰土壹 403(12)
407(4)
491(12)
495(10)
586(8)
⿰扌壹 403(12)
491(12)
586(8)
撕 112(15)
446(12)
547(7)
撝 144(8)
428(10)
516(11)
614(6)
703(8)
撇 137(14)
⿰扌戠 146(15)
520(13)
620(3)
714(2)
撆 751(1)
撢 416(3)
504(18)
602(13)
671(11)
駓 60(3)
109(3)
164(15)
441(8)
549(9)
駔 137(9)
484(12)
569(10)
駎 506(16)
駉 125(11)
465(11)
555(6)
駟 403(13)
586(8)
駃 144(13)
424(8)
429(3)
512(16)
517(1)
612(11)
704(9)
駞 121(4)
372(3)
458(18)
556(1)
駙 405(9)
493(7)
588(5)
644(5)
駗 449(3)
駖 114(6)
555(1)
駒 111(12)
362(15)
444(17)
746(14)
駐 405(15)
493(14)
588(10)
⿰馬玄 117(20)
367(8)
454(3)
751(9)
駢 207(4)
411(14)
500(5)
594(10)
駜 142(10)
425(2)
513(7)
513(11)
609(8)
695(1)
駊 136(6)
395(14)
482(16)
駘 133(2)
389(13)
477(8)
577(9)
⿰馬幼 193(10)
壖 209(7)
599(9)
669(9)
撅 142(20)
514(5)
⿰土尞 119(3)
208(6)
369(9)
414(1)
455(15)
502(18)
597(12)
666(8)
撩 119(2)
369(9)
455(15)
481(6)
撍 68(2)
136(17)
396(15)
416(4)
468(8)
483(14)
505(2)
559(6)
580(13)
趣 405(14)
493(14)
588(10)
645(8)
趞 224(2)
524(8)
607(9)
723(3)

趣 390(10) 410(6) 478(2) 498(16) 578(9) 593(9)
䞓 514(5) 620(7)
趘 423(7) 511(16)
趠 208(9) 414(6) 503(6) 598(3) 667(6) 782(5)
趟 124(5) 377(5) 463(13) 506(6) 552(6)
䞛 390(14) 478(4) 578(12)
趡 130(11) 386(8) 413(14) 473(10) 502(15) 502(17) 512(14) 572(4) 574(5)
趛 399(11) 487(7)
趝 212(8) 419(13) 508(7) 602(11) 681(12)
䞞 120(5) 370(10) 457(11) 550(6) 756(5)
趜 140(16) 422(1) 422(3) 510(11) 510(13) 605(4) 687(12)
䞤 526(9) 772(15)
趢 423(5) 511(14) 604(6)
䞭 423(6) 511(15)
䞷 610(3)
䞨 453(11) 750(12)
趨 768(15)
墣 510(2) 604(9) 686(3) 692(6)
撲 510(3)
撐 377(1)
撮 143(14) 216(8) 216(10) 562(10) 611(2) 701(11)
撊 164(7) 368(6) 454(15)
頡 144(14) 429(4) 517(2) 612(12) 704(11)
墤 113(11) 447(16) 572(6)
墠 134(18) 480(10)
撣 116(12) 452(9) 776(6)
賣 204(1) 408(10) 496(16) 600(3) 654(2)
賣 140(16) 422(2) 510(12) 605(3)
墲 111(14) 363(2) 443(16)
撫 131(17) 388(9) 445(1) 475(7) 574(13)
撬 755(3)
撟 456(6)
墖 147(7) 619(3) 717(3)
搭 619(3) 715(10) 717(3)
赭 136(10) 195(10) 396(5) 483(4)
擕 748(18)
撨 369(3) 455(8) 467(6) 562(8) 597(7)
靚 389(1) 475(16) 575(9)
墺 140(20) 414(14) 422(8) 503(15) 511(1) 605(8) 688(10)
鋻 203(5) 407(14) 408(3) 496(2) 496(8) 590(10) 652(11)
槷 144(15) 429(6) 517(5) 612(13) 705(5)
暬 148(4) 223(3) 523(5) 618(5) 720(1)
熱 145(2) 517(14)

613(7)
706(9)
墦 450(18)
播 415(2)
503(18)
599(7)
669(7)
擒 63(10)
468(3)
559(2)
擩 753(1)
撝 57(18)
162(18)
438(17)
545(4)
鞏 129(9)
384(12)
471(14)
568(8)
撚 134(13)
480(2)
撞 57(14)
162(15)
438(12)
541(6)
撠 586(5)
撤 145(7)
429(10)
518(3)
613(12)
707(12)
708(5)
768(3)
擅 135(5)
394(2)
481(3)
摯 490(13)
585(5)
慹 523(9)
616(3)
719(2)
771(27)
撛 498(12)
墫 114(11)
449(10)
撙 391(11)
478(16)
墜 403(1)
490(15)
585(6)
增 128(3)
382(3)
420(3)
469(13)
508(13)
撈 120(10)
371(1)
457(16)
550(12)
穀 140(5)
421(4)
509(12)
604(2)
685(1)
瞉 589(1)
揙 368(9)
撏 122(5)
379(15)
460(13)
467(14)
558(7)
564(10)
[illegible] 770(11)
撰 135(4)
193(5)
481(1)
磬 360(13)
442(5)
465(8)
548(6)
555(3)
㲃 398(4)
485(15)
犎 212(1)
熒 197(5)
撥 143(13)
216(5)
426(15)
427(5)
515(2)
610(11)
701(9)
撟 513(7)
撧 768(8)
䎿 125(17)
378(1)
378(2)
466(2)
466(3)
560(11)
𦗔 399(3)
486(15)
579(10)
聥 475(12)
575(4)
朁 404(8)
492(5)
聰 539(2)
聤 125(3)
465(2)
554(10)
瞖 137(17)
485(5)
蓁 128(2)
382(1)
469(12)
559(13)
䁠 381(9)
𦺓 765(7)
蕘 119(10)
456(8)
蕢 115(1)
450(6)
蕛 748(2)
藒 203(7)
408(7)
428(10)
496(12)
516(11)
590(13)
653(7)
707(2)
蘄 546(13)
蒸 493(14)
蔽 765(2)
勦 410(8)
498(18)
歎 207(5)
411(14)
500(6)
594(11)
659(2)
鞋 748(21)
䩭 57(7)
438(6)
489(16)
540(11)
583(8)
蕙 407(6)
495(12)
589(13)
650(11)
䩖 408(4)
496(9)
鞦 510(6)

鞓 66(6) 134(5) 392(5) 479(7)
鞈 432(12) 521(5) 771(7)
⿰革旨 402(15) 490(13)
⿰革各 524(14) 607(13) 724(4) 1023(11上)
鞎 115(20) 451(14)
⿰革羽 431(15) 520(5)
⿰革屯 451(10)
靲 63(11) 380(9) 468(5) 559(3)
⿰革亢 505(18)
蕈 139(3) 199(1) 399(11) 399(11) 400(4) 487(7) 487(17) 580(8)
蕀 525(16) 617(3)
⿱艹酤 494(6) 589(5) 647(5)
蕆 135(6) 481(3)
蕨 142(19) 514(4) 614(9) 697(12)
蕐 121(12) 372(15)
蕤 108(18) 164(6) 441(2) 548(13)
蕓 114(18) 450(3)
蕖 387(7) 474(7) 573(7)
⿱艹索 760(9)
⿱艹戟 146(15) 520(13) 620(3) 714(3)
蕞 494(15) 591(8) 648(10)
蔬 451(17)
薡 138(3) 485(13)
蕺 148(11) 223(12) 523(16) 616(9) 721(8)
蕳 419(3)
蕄 464(2) 553(2)
邁 204(8) 409(5) 497(8) 592(2) 655(9)
蕙 553(2)
蕢 403(4) 491(2)
蕇 67(8) 134(12) 479(17)
蕒 132(14) 239(10) 476(14)
蔔 382(4) 420(3) 469(14) 508(13)
蓍 553(7)
蓸 128(4) 161(4) 201(3) 382(4) 402(5) 436(16) 469(14) 489(11) 538(5) 583(3)
鄚 489(11) 583(3)
薫 422(5) 688(5)
蕪 110(17) 443(15)
⿱艹梁 1027(9)
蕛 364(8) 446(6) 748(4)
蕎 119(8) 456(6) 755(3)
蔦 430(14) 519(5) 620(10) 710(9)
⿱艹集 523(9) 523(11)
⿱艹雋 135(1) 193(2) 480(14)
蕉 119(9) 456(6)
蕈 370(15) 550(10) 757(11)
蔬 365(14)
薁 141(1) 422(8) 511(1) 605(8) 688(10)
蕧 140(12) 510(5) 688(9)
蕦 444(4)
⿱艹舒 442(16)
蔱 119(19) 457(2) 755(8)
蕃 115(13) 450(18) 451(4)
蕐 765(3)
蔿 129(18) 371(15) 458(15) 472(8) 555(11) 570(9)
蕣 205(11) 410(10) 499(3)

593(12)
藤 212(10)
419(15)
508(10)
601(5)
682(5)
藸 125(15)
377(13)
465(17)
560(7)
蓏 1026(6)
蕵 451(8)
蕏 751(12)
蔍 365(1)
389(10)
447(15)
477(4)
577(5)
764(10)
蓳 471(6)
567(10)
蕣 449(3)
蕁 65(8)
133(19)
391(11)
478(15)
蓫 403(2)
蕢 382(3)
蕈 782(6)
薄 141(3)
422(11)
511(4)
605(11)
689(7)
蕩 137(7)
484(11)
569(9)
674(10)
薀 115(15)
451(7)
蕅 494(8)
591(3)
蕭 453(8)
蕍 144(2)
428(2)
516(3)
611(10)
702(6)
蕖 116(2)
451(14)
蕾 140(20)
418(6)
422(7)
507(2)
510(18)
605(7)
688(9)
蕭 485(15)
蕋 130(12)
386(9)
473(11)
蓮 557(9)
蔬 110(10)
167(9)
443(6)
746(8)
蔌 525(14)
蔭 391(1)
478(6)
蔡 110(14)
167(15)
443(11)
蔆 395(6)
482(6)
561(5)
蔻 128(3)
382(2)
469(12)
蔢 592(5)
蔐 142(9)
392(10)
425(1)
479(12)
513(6)
609(7)
695(8)
765(15)
蔙 145(4)
203(9)
408(9)
496(14)
517(16)
591(2)
613(9)
653(11)
707(4)
768(7)
蕿 110(1)
166(11)
361(6)
442(13)
蔃 109(16)
165(18)
442(6)
毹 498(1)
槽 407(11)
407(15)
495(17)
496(4)
590(4)
651(8)
651(10)
椿 107(10)
162(15)
438(13)
541(6)
640(8)
槓 430(8)
518(17)
615(13)
769(4)
榥 59(2)
108(8)
163(13)
440(7)
547(8)
樢 115(20)
451(13)
槸 203(6)
408(5)
496(10)
590(11)
653(3)
槨 371(1)
457(17)
550(12)
槿 64(15)
133(13)
391(1)
449(4)
478(6)
樕 772(10)
橫 123(14)
123(19)
376(5)
376(12)
417(6)
462(17)
463(6)
506(4)
544(4)
551(11)
598(12)
樠 115(16)
451(7)

樬 161(16) 384(5) 437(11) 471(6) 539(5) 567(10)
蕯 744(14) 745(9)
槽 120(16) 371(7) 371(7) 371(10) 458(6) 458(8) 551(8)
樕 140(6) 509(5) 604(5) 685(6)
樞 111(12) 362(14) 444(16) 562(6)
標 119(13) 456(12)
樮 418(9) 507(5) 678(10)
槭 422(6) 510(17) 713(9)
㮧 167(8) 746(5)
樐 132(3) 475(15) 575(8)
㯫 443(12)
樝 121(18) 460(3)
榑 110(10) 111(17) 167(8) 362(1) 443(6)
樘 375(11) 543(7)
樓 126(11) 379(6) 467(4) 562(6)
槾 382(2) 469(13)
樏 164(9) 441(3) 458(12) 472(5) 549(2) 570(6)
槵 412(11) 501(1) 596(13) 661(9)
檛 558(4)
樇 362(9) 444(11)
樅 39(4) 57(10) 437(14) 539(9) 540(10) 744(19) 745(14) 604(4) 685(2)
樊 115(9) 450(16)
賚 498(6) 593(3) 657(12)
規 498(6)
麩 111(8) 362(10) 444(11)
麪 501(14) 596(1)
麮 439(15) 546(11) 548(1)
橡 69(3) 137(2) 397(5) 484(3) 568(13)
槲 140(5) 509(3)
㮝 428(2) 516(3) 611(10) 702(6)
櫰 136(8) 396(2) 483(1)
樜 405(3) 492(18)
𣘺 112(10) 439(9) 446(7) 546(3) 748(14)
槺 543(13)
槦 438(1) 540(4)
樟 122(14) 461(10) 542(4)
樈 124(7) 463(15) 552(8)
樦 765(15)
樣 210(8) 416(8) 505(6) 583(10) 672(8)
樎 140(12) 510(7) 604(13) 687(1)
榕 425(6) 513(11)
橄 68(5) 136(19) 483(17) 581(3)
橢 395(14) 482(15)
槢 523(9)
樛 125(13) 126(17) 465(14) 467(12) 563(2)
槮 63(12) 468(7) 559(5) 601(1) 759(1) 759(1)
樌 412(1) 412(11) 594(13) 660(4)
輤 412(14) 501(6) 595(9)

662(5)
輊 421(14)
510(8)
輘 128(3)
382(2)
469(13)
輙 724(3)
輢 130(4)
402(8)
472(17)
490(5)
570(7)
585(1)
輚 412(12)
501(3)
765(17)
輫 113(5)
365(5)
447(8)
448(1)
748(29)
輤 464(1)
553(2)
輠 136(3)
389(10)
395(11)
396(8)
477(4)
482(11)
483(8)
577(5)
輥 391(12)
478(17)
輞 137(6)
397(10)
484(9)
569(6)
⿰車咼 120(19)
371(13)
458(12)
555(8)
輗 112(13)
446(11)
748(10)
⿰車隹 62(8)
113(13)
365(6)
448(2)
槧 68(8)
69(1)
127(8)
137(1)
212(6)
419(10)
468(11)
484(2)
508(4)
563(6)
581(4)
602(9)
681(7)
759(11)
暫 374(5)
416(7)
505(5)
565(4)
603(3)
672(6)
墪 139(13)
400(11)
488(5)
581(8)
慙 122(9)
374(5)
461(2)
565(4)
輪 114(1)
448(14)
輆 161(12)
437(7)
539(2)
743(11)
輣 124(14)
464(7)
553(8)
輖 378(4)
466(5)
561(1)
輬 122(13)
461(7)
輨 134(4)
392(4)
479(5)
765(6)
⿰車宛 114(19)
390(13)
450(4)
478(4)
578(11)
輟 145(6)
407(14)
496(2)
518(1)
613(11)
707(8)
768(11)
輜 109(7)
109(13)
165(2)
165(13)
441(13)
442(2)
550(2)
甎 118(12)
368(11)
455(1)
753(12)
敷 111(8)
362(10)
444(11)
⿷匚歐 427(9)
515(12)
[illegible] 424(13)
513(3)
甌 126(10)
379(5)
467(3)
562(5)
歐 126(10)
198(6)
379(5)
399(4)
467(3)
486(16)
562(6)
579(11)
毆 198(6)
399(4)
486(16)
579(12)
頤 390(8)
477(18)
578(6)
豎 131(18)
475(9)
賢 117(13)
453(11)
750(11)
踖 620(4)
714(4)
踔 112(10)
364(9)
446(6)
748(13)
踠 116(4)

365(14)
451(17)
遷 118(1)
367(10)
454(4)
磭 129(7)
432(7)
471(11)
568(6)
醘 362(14)
444(16)
醏 364(1)
445(15)
醋 494(6)
525(5)
589(5)
647(5)
醂 397(2)
483(16)
487(3)
581(1)
醃 128(14)
383(1)
468(16)
470(7)
504(18)
563(10)
566(2)
醆 67(6)
134(11)
392(12)
479(15)
480(7)
765(17)
[illegible] 461(7)
542(1)
醇 114(2)
448(15)
醉 403(2)
490(16)
585(7)
醅 62(7)
113(13)
365(5)
378(6)
448(2)
466(7)
561(4)
醁 141(10)
423(4)
511(13)
606(5)
691(2)
醊 407(14)
496(2)
590(6)
652(2)
鳶 162(16)
544(13)
靦 476(15)
慼 145(17)
430(12)
519(3)
616(1)
710(6)
769(9)
慸 406(15)
408(8)
495(5)
496(13)
592(1)
[illegible] 486(5)
561(4)
580(2)
磝 370(9)
457(10)
[illegible] 419(2)
507(14)
碼 136(9)
195(10)
396(5)
483(3)
磕 147(9)
494(15)
521(16)
591(8)
611(6)
619(4)
648(11)
700(5)
717(6)
771(2)
磌 448(12)
453(14)
750(8)
碣 146(11)
431(15)
520(5)
615(3)
713(4)
770(9)
磊 764(16)
憂 125(12)
377(8)
465(12)
560(2)
磑 497(18)
592(10)
657(3)
磃 108(4)
439(16)
546(13)
磤 64(14)
133(12)
390(15)
478(5)
磎 748(12)
磔 146(14)
432(4)
520(11)
713(11)
770(18)
碻 756(3)
磅 124(3)
377(3)
463(11)
552(3)
磏 468(10)
563(5)
磍 144(5)
428(7)
516(8)
614(4)
703(3)
確 141(17)
423(15)
512(7)
606(13)
692(7)
[illegible] 141(20)
424(4)
512(11)
607(3)
磉 137(8)
397(12)
484(12)
569(10)
鴈 412(9)
500(17)
596(11)
661(4)
頋 487(8)
厲 108(7)
440(5)
547(6)

嫛 142(20) 215(6) 426(1) 514(5) 614(9) 698(1)
棄 143(11) 216(7) 427(3) 515(5) 610(13) 701(6)
頫 748(34)
甄 484(6) 569(3)
遼 119(2) 369(9) 455(14)
斖 114(14) 449(14)
廦 431(6) 519(12) 621(6)
豵 489(13) 583(6)
虢 679(9)
殨 402(10) 490(7) 585(1)
殣 410(7) 498(18) 593(10)
殰 371(7) 378(2) 458(6) 466(3) 551(5) 560(12)
殢 407(10) 495(16)
殤 122(13) 461(8) 542(2) 583(12)
殦 456(7)
殨 124(7) 463(15) 464(13) 552(8)
甌 506(11)
𩂣 522(15) 771(29)
震 71(3) 205(2) 498(10) 593(4)
霄 119(5) 456(1)
霞 431(9) 519(16)
雩 379(1) 466(18) 561(13)
雪 147(13) 432(15) 522(4) 522(5) 619(9) 619(11) 715(11) 718(1) 719(2) 771(13) 771(14)
霂 510(3) 604(10) 686(7)
霈 494(11) 591(5) 648(4)
霓 63(6) 127(1) 467(17) 558(10)
鴆 371(13) 458(12) 555(8)
遷 424(11) 512(18)

【丨】

齠 407(9) 495(15) 590(3)
輩 592(10) 657(3)
豈 113(13) 166(7) 361(3) 365(5) 442(10) 448(1)
劌 408(1) 496(5) 652(6)
齒 130(20) 387(3) 474(3) 573(3)
餐 359(2) 439(12) 546(7)
齕 484(17) 570(1)
慮 382(10) 470(2) 565(8)
劇 146(14) 520(12) 620(3) 714(2)
勮 405(5) 493(2) 588(1) 643(6)
歔 110(10) 167(9) 362(2) 443(7)
戲 503(1) 597(13) 666(9)
戯 121(18) 373(7) 460(3) 558(2)
膚 111(10) 362(12) 444(14)
敲 750(8)
慮 405(2) 492(17) 587(12) 642(9)
劉 522(14) 526(10) 617(12) 719(3) 729(4) 771(28)
鄴 230(9下) 234(14) 526(10) 621(8) 729(3) 773(3)

輝 109(17) 165(20) 360(15) 442(7)
⿱削糸 423(11) 512(2) 692(1)
賞 137(6) 484(8) 569(6)
⿰目彗 407(7) 590(1) 651(2)
瞱 771(31)
瞵 137(10) 484(14) 569(11)
瞙 607(12)
瞋 114(7) 449(5)
瞘 770(12)
暈 423(1) 511(10) 606(2) 690(7) 690(8)
⿰目枼 764(8)
暵 207(10) 392(3) 412(5) 479(4) 500(13) 595(3) 659(8) 779(18)
暴 414(13) 503(13) 512(6) 598(8) 686(2)
畀 644(9)
⿰目爰 412(9) 479(18) 500(18) 595(13) 596(12) 661(5)
瞟 208(5) 413(15) 502(16) 597(11) 666(5)
⿰目條 518(16) 769(2)
⿰目脩 378(3) 466(4) 560(13)
賦 493(13) 588(9) 645(7)
睛 417(12) 506(10) 553(10) 599(3) 676(6)
賭 132(3) 475(16) 575(9)
賤 502(7) 596(9) 665(2) 772(13)
賜 402(6) 490(3) 584(10)
賙 125(18) 466(5) 560(13)
賝 461(7) 542(2)
賧 505(3) 603(2) 672(3)
⿰貝宛 392(3)
⿰貝宗 467(15) 558(9)
⿰貝居 110(5) 166(19) 442(17)
瞨 525(6) 608(8) 725(9) 1024(11上)
⿰目兼 469(5)
瞎 144(5) 428(7) 516(8) 614(4) 703(3)
⿰目宴 501(13)
⿰目舀 144(12) 429(1) 516(18) 612(10) 704(7)
瞑 501(15) 554(7) 596(1) 599(4) 663(6)
⿰目雁 725(4)
⿰目監 429(7) 513(2) 517(6)
⿰目亞 562(13)
嘵 119(5) 455(17)
噴 411(6) 499(17) 595(7) 658(7)
嘻 109(14) 165(15) 442(3)
噎 144(16) 429(8) 517(7) 613(1) 705(8)
噁 647(3)
嘶 112(14) 446(12)
噧 409(1) 427(9) 497(4) 515(12)
嘲 120(5) 370(9) 457(11) 756(6)
虢 370(13) 457(14) 757(8)
⿵門朋 770(11)
⿵門貝 145(16) 710(4)
⿵門昜 65(10) 134(1) 391(12) 478(18)
⿵門咼 136(8) 396(2) 483(1)
閱 145(4) 517(17)

613(10)
707(5)
768(8)
闇 114(9)
449(7)
閬 375(11)
417(2)
462(8)
505(16)
543(7)
584(5)
674(4)
鄳 123(19)
376(11)
463(5)
485(3)
485(4)
551(11)
甗 138(18)
198(6)
399(5)
486(17)
579(12)
氀 111(6)
362(7)
444(9)
數 131(20)
388(12)
405(14)
475(12)
493(13)
575(4)
588(9)
645(6)
691(12)
1025(9)
嘾 396(13)
483(12)
580(10)
敳 411(13)
500(5)
遲 127(9)
380(14)
468(12)
563(7)
759(13)
瞛 744(19)
745(14)
嘹 413(11)
502(13)
鄸 123(19)
376(12)
463(6)
551(11)
影 137(14)
485(1)
暲 374(11)
461(10)
542(4)
暶 753(4)
噆 483(14)
521(9)
580(12)
[illegible] 137(5)
583(13)
673(1)
673(4)
[illegible] 122(17)
374(13)
461(12)
542(7)
踙 433(7)
踖 145(18)
146(4)
430(15)
431(7)
519(5)
620(11)
621(4)
712(3)
769(21)
[illegible] 146(20)
521(2)
620(9)
715(5)
踦 58(8)
107(19)
163(7)
439(7)
546(1)
[illegible] 147(13)
432(14)
521(11)
522(4)
619(8)
717(12)
771(12)
踕 433(6)
522(11)
771(23)
踐 134(16)
192(6)
393(5)
480(6)
[illegible] 404(14)
492(13)
587(9)
642(1)
踧 140(19)
422(6)
510(17)
605(7)
688(7)
踔 141(19)
208(9)
424(2)
503(6)
512(10)
598(3)
607(2)
667(6)
692(11)
[illegible] 757(8)
[illegible] 772(8)
踝 136(12)
396(8)
483(7)
踢 709(10)
769(2)
踏 147(2)
521(7)
618(8)
716(2)
踟 108(6)
359(11)
440(4)
547(5)
踒 415(5)
504(4)
踓 130(11)
386(8)
386(10)
473(10)
473(12)
572(4)
572(7)
踚 448(14)
踤 142(8)
425(2)
513(6)
609(7)
695(9)
踣 234(13)
610(8)
728(10)

踡 368(14) 455(5)
踿 139(4) 199(2) 399(13) 487(9) 580(4)
踠 65(4) 133(16) 391(6) 478(11)
踛 691(3)
踺 143(4) 215(11) 426(7) 514(11) 612(3) 698(10)
踞 405(2) 492(16) 587(12)
踀 142(14) 214(11) 513(15) 610(1) 696(11)
踱 518(1) 768(11)
遺 59(17) 108(19) 164(8) 403(4) 404(2) 441(3) 491(17) 549(1) 585(9) 586(12)
畾 365(2) 447(15)
螇 446(16) 748(12)
蝳 141(3) 422(11) 511(5) 605(11) 689(7)
蝶 148(4) 618(4) 771(34)
蝘 134(12) 391(3) 392(15) 478(9) 479(17) 765(20)
蝠 140(11) 510(4) 604(10) 686(8)
螻 119(15) 456(14) 755(2)
蝀 765(2)
蝛 128(9) 382(10) 470(2) 565(9)
蝛 109(20) 361(4) 442(11)
蝒 118(7) 368(4) 454(12) 752(8)
螟 135(2) 193(3) 480(16)
蝰 446(18) 748(18)
蝔 748(27)
蝭 406(12) 495(2) 748(2)
蝪 376(5) 462(17) 541(7) 543(7) 544(10)
蝺 443(14)
蝹 449(14)
蝎 143(19) 427(13) 515(16) 610(9) 699(10)
蝟 404(12) 492(9) 587(7)
蝉 724(11)
蝑 144(1) 428(1) 516(1) 611(8) 702(4)
蝴 379(13) 399(7) 467(11) 487(1) 563(1) 580(3)
蝌 121(2) 372(1) 458(15) 555(12)
蝩 438(4) 539(12)
蝮 140(20) 422(7) 510(18) 605(7) 688(8)
蝡 368(3) 454(12)
螋 126(2) 378(8) 466(9) 561(5)
蝗 123(13) 123(20) 376(4) 417(6) 462(16) 463(6) 506(4) 544(2) 551(11) 598(11) 675(7)
蝯 368(5) 454(13) 753(2)
螝 497(16) 548(12)
蝂 562(4)
蝓 111(4) 444(7)
蝍 524(9)
蝬 539(4) 640(3) 743(11)
蝢 138(9) 197(9) 486(4) 580(1)

蟌 437(8)
539(2)
640(1)
743(12)
蝣 125(16)
377(14)
465(18)
560(9)
蝤 125(17)
378(1)
378(2)
466(2)
560(11)
560(11)
蝖 450(16)
蝹 743(16)
蝙 117(19)
367(7)
454(2)
485(12)
蝦 121(15)
373(3)
459(16)
557(9)
蝞 585(6)
蝑 110(8)
167(5)
209(12)
361(14)
415(12)
443(4)
504(12)
600(9)
670(9)
蝚 561(1)
蝝 118(9)
368(7)
454(16)
753(11)
嘬 204(9)
592(3)
655(10)
嘶 396(8)
483(7)
㘕 453(5)
嘳 409(2)
497(5)
655(3)
鄛 414(12)
503(13)
罯 211(5)
418(4)
506(18)
601(8)
677(10)
嘽 116(16)
366(14)
452(14)
嘪 132(14)
239(10)
476(14)
嘺 457(1)
嘄 148(7)
223(7)
523(10)
616(5)
720(9)
噍 119(9)
208(5)
413(15)
456(7)
466(2)
502(17)
560(10)
597(11)
666(6)
嘷 120(7)
370(13)
457(13)
550(9)
757(8)
噢 140(20)
422(8)
511(1)
605(8)
688(10)
嘕 57(18)
107(12)
162(18)
438(17)
545(4)
嘫 117(4)
453(6)
噈 422(6)
510(17)
521(3)
噂 65(8)
133(19)
391(10)
478(15)
嘯 770(3)
噊 609(5)
嘰 110(1)
166(11)
361(5)
442(13)
嶢 119(4)
369(11)
455(17)
幘 237(4.3)
450(6)
幑 765(3)
嶀 408(7)
嵻 142(16)
215(1)
409(8)
497(12)
513(17)
610(3)
697(3)
嶚 119(3)
119(3)
455(15)
嶝 63(9)
468(2)
558(13)
罵 136(9)
195(10)
396(5)
415(8)
483(3)
504(7)
600(5)
669(11)
罼 142(7)
424(13)
513(3)
609(4)
694(8)
罶 197(7)
398(7)
485(18)
罸 215(4)
425(13)
614(7)
䍲 127(16)
469(4)
564(3)
罰 203(8)
408(7)
496(12)
653(9)
罷 129(13)
132(15)
472(3)

476(15)
570(4)
幞 141(11)
423(6)
511(16)
606(6)
691(5)
粵 600(11)
嶯 523(16)
嶴 366(7)
幝 480(9)
幠 111(19)
363(8)
445(7)
嶠 119(16)
413(14)
456(15)
502(16)
597(11)
666(4)
幧 457(1)
嶲 112(19)
129(15)
446(18)
472(5)
570(6)
748(18)
嶕 119(8)
456(5)
幨 481(6)
嶆 120(8)
457(14)
550(10)
757(10)
嶔 63(10)
468(4)
559(3)
嶓 121(8)
372(9)
459(6)
556(7)
幡 115(7)
450(14)
嶂 740(17)
幢 162(14)
201(8)
438(12)
489(18)
583(9)
幟 404(5)
404(9)
492(1)
492(6)
587(2)
嶙 114(5)
449(3)
478(1)
578(8)
嶟 451(8)
嶒 559(12)
幰 431(14)
520(4)
770(10)
嶝 212(11)
420(2)
508(11)
594(5)
682(8)
寠 477(2)
577(3)
墨 230(4下)
526(7)
610(6)
728(7)
772(12)
默 525(16)
617(3)
727(4)
骷 446(18)
748(17)
骻 412(4)
骴 163(10)
439(12)
546(7)
骩 123(18)
376(10)
463(4)
544(9)
骺 379(5)
467(3)
562(4)
骼 146(19)
520(18)
620(1)
715(2)
骹 457(9)
539(11)
781(10)
骸 113(5)
447(8)
748(28)
骿 117(17)
367(5)
453(17)
【丿】
犕 591(4)
648(2)
智 431(6)
519(13)
521(2)
翟 359(10)
440(3)
547(4)
賀 547(4)
犍 133(12)
390(15)
478(6)
靠 209(4)
414(14)
503(16)
598(9)
668(9)
犡 59(18)
164(9)
441(3)
549(2)
雒 141(5)
422(13)
511(7)
605(13)
689(12)
犝 438(1)
540(4)
犒 430(7)
518(16)
769(1)
頙 138(4)
197(4)
465(9)
485(14)
慘 63(1)
126(17)
378(8)
379(14)
466(9)
467(12)
561(5)
563(3)
牒 148(2)
618(2)
719(7)
頜 144(6)
427(2)
427(3)
428(8)

428(8)
515(3)
515(4)
516(9)
614(5)
703(5)
穇 363(8)
稹 117(20)
367(8)
390(2)
448(13)
454(3)
477(12)
577(13)
⿰禾尃 61(15)
112(4)
237(2.4)
364(1)
445(15)
稶 422(8)
稭 112(12)
132(12)
446(9)
748(11)
⿱利土 164(4)
548(10)
⿱利要 370(5)
457(6)
756(9)
757(3)
稷 230(5上)

525(18)
617(4)
727(6)
⿱⿰禾攵禾 387(13)
474(13)
573(13)
762(17)
稻 135(18)
194(9)
395(4)
482(4)
⿰禾卷 505(9)
⿱𥝢邑 112(6)
237(2.6)
364(3)
445(17)
1027(9)
黎 112(5)
164(5)
364(2)
440(18)
445(16)
1027(8)
⿰禾桀 215(8)
⿰禾芻 111(8)
444(11)
⿰禾离 59(13)
108(16)
164(4)
439(11)
440(17)

546(6)
548(10)
⿰禾旁 376(9)
463(4)
544(8)
稸 141(2)
422(10)
511(4)
605(10)
689(6)
⿰禾羔 141(5)
148(14)
223(15)
422(13)
511(7)
524(2)
605(13)
607(5)
689(12)
722(5)
稴 127(16)
382(8)
400(5)
419(13)
469(4)
469(18)
487(18)
508(8)
564(4)
565(6)
580(9)

稼 209(9)
415(8)
504(7)
600(5)
669(12)
覣 58(1)
107(13)
438(18)
545(4)
篋 148(3)
432(12)
522(16)
523(2)
618(3)
771(7)
771(31)
篚 771(31)
⿱竹枼 522(8)
522(15)
771(19)
771(29)
箾 363(4)
445(3)
篇 136(16)
396(13)
483(13)
580(11)
箱 122(19)
461(16)
542(10)
範 139(14)

400(14)
488(7)
581(13)
篙 423(13)
510(5)
512(5)
604(11)
606(11)
692(5)
箴 127(1)
400(9)
467(16)
558(9)
581(5)
篏 113(8)
364(14)
409(2)
447(12)
497(5)
591(12)
592(2)
箵 398(5)
485(16)
箭 369(3)
423(11)
455(9)
512(2)
518(7)
614(2)
692(1)
篁 439(9)

546(4)
748(2)
篎 394(10)
481(12)
箾 145(10)
708(7)
篣 137(10)
484(11)
484(13)
569(9)
569(11)
篂 125(4)
465(4)
554(12)
篘 143(18)
427(12)
515(15)
611(7)
700(7)
[illegible] 60(8)
109(7)
165(1)
441(13)
550(2)
篅 439(2)
545(7)
753(13)
篃 771(29)
篍 377(12)
456(16)
465(16)
502(18)
560(6)
597(12)
666(7)
[illegible] 372(1)
458(15)
555(12)
箯 118(11)
368(3)
368(9)
454(12)
454(17)
752(7)
篁 123(13)
376(4)
462(16)
544(3)
篼 764(10)
篌 126(9)
379(4)
467(2)
562(4)
篗 136(4)
195(4)
395(12)
482(13)
篓 392(1)
479(2)
765(4)
篡 743(11)
箆 406(1)
493(16)
箷 545(3)
䈷 396(9)
483(9)
箭 502(2)
596(5)
750(6)
篈 743(6)
篌 409(11)
篇 118(6)
368(3)
454(11)
篷 147(11)
619(7)
771(11)
篺 124(19)
464(16)
554(3)
篃 490(14)
585(6)
篫 110(8)
167(4)
361(14)
443(4)
篨 110(13)
167(15)
443(10)
746(5)
[illegible] 130(18)
365(9)
386(15)
448(5)
473(18)
477(8)
572(13)
577(9)
篆 135(3)
193(5)
480(18)
箹 138(11)
197(11)
398(12)
486(6)
579(3)
篛 141(18)
414(8)
424(1)
503(8)
512(9)
607(1)
692(10)
撆 130(6)
386(3)
473(3)
477(15)
571(8)
578(3)
儚 161(8)
僸 139(3)
199(1)
399(11)
487(7)
601(1)
680(10)
僵 122(16)
123(5)
375(8)
461(12)
462(6)
542(6)
543(4)
價 209(9)
415(8)
504(7)
600(6)
670(1)
暘 137(8)
484(11)
569(9)
賨 587(6)
覞 407(1)
495(7)
瞎 556(3)
膢 362(8)
444(9)
膗 113(12)
365(4)
448(1)
膧 197(11)
398(12)
486(7)
579(3)
僕 773(4)

鋈 118(20)
369(6)
455(11)
儅 505(17)
584(6)
674(7)
僶 64(10)
133(9)
390(8)
477(18)
578(7)
儂 39(3)
161(18)
437(13)
539(8)
744(14)
745(9)
譽 476(11)
儇 118(8)
368(6)
454(14)
753(9)
㒔 141(8)
423(2)
511(11)
606(3)
685(1)
690(8)
與 238(18)
儉 139(6)
199(4)
399(15)
487(12)
581(11)
儈 494(12)
591(6)
648(5)
𦞦 430(15)
519(6)
僾 131(2)
238(14)
387(5)
474(5)
498(5)
573(4)
593(2)
657(10)
儋 122(8)
460(18)
565(2)
儃 118(5)
367(15)
454(9)
765(1)
776(7)
億 231(13)
525(14)
617(1)
726(10)
儀 58(8)
163(7)
439(8)
546(2)
僿 586(9)
䶊 144(4)
428(5)
516(5)
611(12)
702(10)
頧 403(14)
491(14)
586(10)
皣 771(31)
亂 418(10)
502(13)
507(6)
躶 136(6)
395(15)
482(16)
魳 547(13)
𩵩 522(16)
523(13)
771(30)
鴟 439(6)
皚 62(16)
113(19)
448(10)
𧡬 414(6)
503(5)
皛 135(9)
146(18)
193(11)
481(8)
520(17)
620(7)
714(10)
皠 141(4)
511(6)
524(14)
605(12)
689(10)
1023(11上)
樂 141(13)
414(8)
423(9)
503(8)
511(18)
524(13)
598(4)
606(8)
607(13)
691(10)
724(3)
782(10)
1023(10上)
僻 146(6)
431(9)
519(16)
621(6)
712(6)
768(18)
頧 365(4)
447(17)
頣 498(11)
593(5)
鼪 600(2)
質 141(20)
403(8)
424(5)
491(7)
512(12)
608(10)
693(4)
德 230(11上)
234(7)
526(5)
610(5)
772(8)
徵 127(20)
130(15)
238(8)
381(14)
386(12)
469(10)
473(14)
559(12)
572(9)
衝 162(1)
甃 539(8)
744(16)
745(11)
氂 438(6)
540(10)
慫 471(15)
568(9)

僮 745(19)
徹 145(7)
429(10)
518(3)
518(3)
613(12)
707(12)
708(6)
768(3)
768(5)
嬃 111(2)
444(3)
須 111(2)
444(3)
⿰舟契 407(4)
495(10)
艓 771(19)
艒 421(10)
510(4)
⿰舟胃 404(11)
492(9)
587(6)
艘 120(13)
371(5)
458(3)
551(3)
艎 123(13)
376(3)
462(15)
544(2)
⿰舟叜 161(16)
437(10)
539(4)
743(10)
磐 116(13)
366(9)
452(10)
⿱般目 366(10)
452(11)
盤 116(13)
366(9)
452(10)
艖 556(3)
556(13)
⿰舟坐 381(13)
469(9)
559(11)
⿰舟希 382(6)
420(2)
508(12)
艛 419(14)
419(14)
419(15)
601(3)
601(3)
艑 134(15)
480(4)
481(2)
⿰舟隹 361(14)
443(3)
⿰金彡 465(1)
554(8)
録 126(5)
378(13)
466(14)
561(11)
鋪 61(13)
111(9)
112(5)
237(2.4)
362(10)
364(1)
444(12)
445(13)
445(15)
494(5)
589(4)
647(4)
鋙 110(4)
166(17)
361(9)
442(16)
762(7)
鋏 148(2)
223(1)
523(1)
618(3)
719(9)
鋞 138(5)
197(5)
485(15)
⿰金沙 771(21)
銷 119(6)
369(13)
456(2)
銲 779(10)
鋥 417(8)
506(7)
598(13)
鋘 372(15)
459(13)
557(6)
1026(11)
鋤 110(9)
167(7)
362(1)
443(5)
746(8)
鋌 141(13)
423(9)
606(9)
691(11)
鋗 117(19)
367(7)
454(2)
鋂 113(10)
365(1)
447(15)
銼 121(1)
140(8)
371(15)
415(3)
458(14)
504(2)
510(1)
555(10)
599(8)
604(8)
669(8)
686(1)
鉛 141(9)
423(4)
511(13)
606(4)
691(1)
鋝 518(3)
707(10)
768(13)
鋖 59(11)
108(15)
164(2)
548(8)
鋊 460(12)
564(8)
鋒 57(5)
162(6)
438(5)
540(9)
鋭 203(1)
407(13)
494(12)
496(2)
590(6)
652(1)
銻 446(6)

鋃 123(8) 375(12) 462(10) 543(8)
鋟 381(4) 399(8) 487(2) 563(11) 759(11)
鍋 141(7) 235(2下) 423(1) 511(9) 606(2) 690(7)
頜 521(3)
劊 427(2) 515(4)
鄶 494(13) 591(6) 648(6)
頫 388(7) 475(5) 574(11) 665(7)
鵂 591(11) 654(11)
餞 412(12) 501(3)
慾 691(1)
谿 422(3) 510(14) 605(4)
鴂 131(17) 388(8) 475(7) 574(13)
虢 146(19) 521(2) 620(8) 715(5) 770(4)
辤 165(10) 360(9) 442(1)
貓 119(14) 120(3) 456(14) 457(7) 755(6) 756(10) 757(4)
貍 365(12) 448(8)
貎 748(10)
貄 586(11)
餑 143(4) 215(10) 426(6) 514(10) 612(2) 698(9)
餔 112(3) 237(2.2) 363(14) 445(13) 494(7) 589(5) 647(8)
餗 140(6) 509(15) 604(4) 685(5)
餖 211(11) 418(14) 507(10) 602(3) 679(8)
餇 501(15) 596(2) 663(8)
䭈 148(11) 223(12) 523(16) 616(9) 721(10)
餓 415(2) 503(18) 599(7) 669(3)
餘 110(6) 167(2) 361(12) 443(2)
餒 132(20) 477(5) 577(6) 764(18)
䬽 407(15) 440(6) 494(14) 496(3) 591(7) 648(9)
䬾 112(9) 364(7) 446(4) 748(4)
䬯 387(5) 474(5) 573(6)
餕 410(9) 499(2) 593(12)
鴇 381(5) 468(3) 469(1) 559(2) 563(12)
禽 212(8) 419(13)
鴆 116(19) 451(11) 453(1)
鴐 237(3.4)
膝 424(6) 512(13) 608(11) 693(8)
膊 135(3) 193(4) 231(5) 393(15) 480(17) 481(1) 753(12)
䐬 551(9)
膒 126(10) 379(5) 467(3) 562(5)
膘 394(9) 481(15)
䐜 422(6)
膢 126(2) 362(8) 379(6) 379(7) 444(10) 467(4) 562(7)
膕 146(8) 431(11) 431(15) 520(5)

	614(13)		781(15)		371(14)	魴	122(14)		771(23)
	712(10)	鄉	374(9)		458(13)		461(9)	獠	597(12)
	770(4)		461(8)		555(10)		542(3)	獛	686(5)
䳄	116(6)		542(2)	魯	132(2)	夐	501(7)	𤢵	117(3)
	452(3)	鸲	136(1)		388(15)		662(6)		453(5)
𦞦	744(19)		194(12)		475(15)	頴	137(19)	𩗴	743(8)
	745(14)	頧	130(5)		575(8)		196(10)	颲	144(20)
𦟛	540(8)		132(20)	魶	147(8)		485(8)		517(12)
𦞁	765(16)		389(11)		432(7)	隸	491(16)		613(6)
𦞂	408(13)		473(2)		521(10)		586(11)		706(6)
	497(1)		477(5)		619(4)	獟	413(11)	𩗾	383(2)
𦟽	142(11)		571(6)		717(3)		502(13)		470(8)
	425(4)		577(7)	魰	166(17)		597(9)		566(3)
	513(8)		764(11)	魬	765(14)		665(12)	𩘀	407(9)
	609(9)	𦤎	132(12)	魪	408(15)	獖	65(10)		495(15)
滕	128(5)		576(8)		497(3)		114(20)		590(2)
	469(16)	𩟴	404(7)		591(11)		134(1)	𤢽	453(7)
膌	469(16)		492(4)		654(10)		390(13)	獢	119(7)
䐜	114(8)	䱁	362(13)	魿	396(14)		391(13)		456(4)
	449(6)		444(15)		399(10)		450(5)		755(7)
𦠍	148(8)	魳	108(10)		487(6)		478(3)	獡	148(14)
	223(9)		163(16)	魵	390(13)		478(18)		223(16)
	523(12)		440(10)		478(4)		578(11)		607(5)
	616(6)		521(9)		578(11)	𤢖	403(15)		722(6)
	720(11)		547(13)	魧	123(16)		491(15)	獋	370(13)
	771(27)	魣	441(8)		375(15)		586(11)		457(14)
膠	119(20)	魮	440(11)		376(7)	獡	143(18)		550(9)
	370(2)		548(1)		462(13)		427(12)		757(8)
	457(3)	魱	163(19)		463(1)		515(15)	𤣗	502(6)
	667(2)	魠	555(5)		543(11)		611(7)		596(8)
	756(3)	魦	121(1)		544(5)		700(7)		664(11)

獙 118(2) 367(11) 454(5) 751(12)
觰 121(20) 136(13) 373(10) 396(10) 460(6) 483(9) 558(5)
觭 107(19) 163(7) 439(7) 546(1) 570(8)
[illegible] 424(2) 512(10) 607(2)
觬 476(13) 576(10)
[illegible] 446(7) 748(13)
[illegible] 779(5)
[illegible] 426(12) 514(16)
[illegible] 405(2) 492(16)
[illegible] 429(12) 768(15)
[illegible] 425(3) 695(12)
[illegible] 366(2)
[illegible] 125(11) 138(2) 465(12) 485(11) 555(6)
[illegible] 396(3) 483(3)
劉 125(13) 377(9) 465(14) 560(3)
皺 211(5) 418(5) 507(1) 601(9) 677(12)

【丶】

請 124(15) 138(1) 464(9) 485(10) 553(10) 676(6)
諸 110(12) 167(13) 362(4) 443(9)
誖 506(3)
諈 476(2) 494(5) 575(13) 647(4)
諆 109(11) 165(9) 441(17)
諏 111(10) 362(12) 444(13)
諎 620(4)
諾 524(18) 608(4) 725(8) 1024(3上)
諫 359(8) 403(9) 440(1) 491(8) 498(6) 547(2) 586(5)
[illegible] 420(7) 508(18)
誶 598(11) 675(4)
諑 141(14) 423(11) 512(3) 606(10)
[illegible] 771(23)
諓 134(16) 192(6) 393(5) 480(6)
誹 404(12) 492(10) 587(7)
課 209(6) 372(1) 415(5) 458(16) 504(4) 555(12) 599(8) 669(6)
誻 147(1) 521(6) 618(7) 715(12)
[illegible] 408(13) 415(15) 496(18) 504(15) 600(11) 671(5)
諈 490(12) 585(5)
諉 402(14) 490(13) 585(5)
諛 111(4) 444(6)
説 447(5) 557(1) 748(26)
誰 60(2) 109(2) 164(14) 441(7) 549(8)
諀 130(4) 472(18) 571(5)
論 62(18) 113(20) 115(19) 411(7) 448(13) 451(12) 499(18) 658(8) 779(5)
諍 506(7) 598(13) 675(11)
諗 139(2) 198(12) 399(10) 487(5)
[illegible] 201(2) 489(9) 489(13)
調 119(1)

369(7)
455(12)
597(8)
665(10)
諏 120(13)
371(5)
458(4)
551(4)
諂 199(5)
諑 510(10)
諒 416(8)
505(6)
583(10)
672(9)
諄 114(13)
410(10)
449(14)
499(3)
593(13)
誫 615(12)
誶 403(2)
490(17)
497(17)
585(8)
592(9)
657(1)
695(9)
談 122(7)
460(17)
565(1)
誴 744(17)
745(12)
誼 402(10)
490(7)
584(13)
誸 423(5)
511(14)
澿 399(11)
511(14)
畗 489(14)
540(4)
稾 135(20)
395(7)
482(7)
鬿 757(11)
熟 140(15)
510(11)
605(2)
687(7)
滜 524(11)
607(11)
723(9)
1023(6上)
劐 393(6)
480(7)
廝 546(13)
廠 412(14)
501(6)
廟 503(1)
666(10)
摩 121(4)
372(3)
415(3)
458(18)
504(2)
556(1)
599(8)
669(8)
摩 121(10)
372(13)
459(10)
557(3)
麾 57(18)
107(12)
162(18)
438(17)
545(3)
廝 545(6)
瘷 58(1)
瘕 506(16)
褒 371(5)
551(3)
廠 673(9)
塵 368(1)
廡 131(16)
388(7)
475(6)
574(12)
廞 63(11)
139(4)
399(12)
468(5)
487(8)
559(3)
廥 366(15)
452(15)
瘛 407(3)
408(2)
496(5)
590(8)
652(8)
瘍 412(10)
415(8)
501(1)
504(7)
596(12)
600(5)
661(7)
669(11)
瘟 147(4)
521(10)
618(12)
771(3)
瘼 524(13)
607(12)
724(1)
1023(9上)
瘨 117(16)
453(14)
750(9)
瘼 494(5)
瘞 203(6)
408(5)
496(9)
590(11)
653(2)
瘵 408(12)
447(4)
496(17)
556(13)
600(4)
654(5)
瘒 403(14)
403(15)
491(13)
491(14)
586(9)
瘨 390(14)
410(12)
478(5)
499(6)
578(12)
瘜 525(11)
616(12)
726(6)
1025(7)
瘬 108(4)
112(15)
359(7)
439(16)
446(12)
546(13)
瘢 116(13)
366(9)

452(10)
瘡 122(20)
375(2)
461(17)
542(11)
瘤 125(14)
377(11)
465(15)
560(5)
678(5)
瘣 108(18)
164(7)
441(2)
瘠 146(5)
431(8)
519(14)
621(4)
712(3)
769(21)
㾣 381(9)
469(5)
564(4)
瘚 142(19)
215(5)
614(8)
697(12)
𤻲 115(1)
117(1)
450(7)
453(2)
癐 681(1)

鴂 114(18)
450(2)
頞 370(8)
457(10)
756(4)
甂 543(12)
歑 123(11)
376(1)
462(13)
543(12)
賡 463(17)
廦 117(13)
453(10)
751(1)
甋 140(7)
509(7)
604(7)
685(8)
麌 395(9)
482(10)
麃 120(7)
370(11)
457(12)
550(7)
757(6)
慶 417(5)
506(3)
598(11)
675(4)
餈 59(9)
108(14)

164(1)
440(14)
548(5)
廢 498(7)
592(5)
凜 198(10)
399(8)
468(3)
559(2)
戠 404(9)
492(6)
諆 743(7)
䜶 57(12)
107(8)
162(13)
438(11)
539(5)
541(4)
詨 141(15)
423(12)
606(11)
692(3)
毅 404(15)
492(14)
587(10)
642(6)
甌 430(4)
518(12)
615(10)
709(3)
768(22)

敵 145(13)
518(15)
615(11)
709(7)
768(25)
斠 430(5)
518(13)
㼌 123(19)
376(11)
463(5)
551(11)
旇 394(6)
481(8)
𣄸 166(1)
442(8)
螿 402(12)
490(10)
鴋 122(19)
375(1)
461(9)
461(15)
484(8)
505(14)
542(3)
569(6)
頞 133(3)
389(14)
389(14)
448(10)
477(9)
477(9)

577(10)
577(10)
760(5)
羥 117(4)
453(6)
748(6)
羬 128(8)
382(10)
470(2)
565(8)
羯 143(2)
215(8)
426(3)
514(8)
614(11)
698(6)
羭 111(4)
444(7)
鄰 58(8)
163(7)
439(8)
546(2)
遂 502(9)
665(3)
頩 138(5)
197(6)
465(4)
485(16)
554(12)
羹 411(1)
499(10)

596(6)
糂 136(17)
396(15)
483(14)
580(13)
⿰米柬 765(2)
⿰米咸 400(8)
488(2)
581(5)
頪 494(14)
591(7)
648(8)
⿰米是 129(19)
385(8)
472(10)
490(2)
570(11)
748(1)
糇 126(9)
379(4)
467(2)
562(4)
糉 201(1)
239(19)
402(3)
489(8)
583(1)
遴 498(11)
593(5)
糈 131(10)
387(14)
388(1)
474(14)
474(16)
574(2)
574(4)
糅 211(7)
418(8)
507(4)
601(12)
678(9)
翦 134(19)
480(11)
遵 114(10)
368(10)
449(9)
455(1)
753(3)
導 414(9)
503(9)
598(5)
667(10)
獘 407(15)
496(3)
652(4)
暼 613(3)
撆 518(2)
613(3)
憋 145(6)
517(16)
518(2)
613(12)
707(11)
768(1)
熯 192(10)
207(10)
412(5)
480(11)
500(13)
595(3)
659(8)
779(18)
⿰火曹 120(14)
371(7)
458(6)
551(6)
熛 119(13)
456(12)
熪 438(16)
545(3)
瑩 124(6)
463(14)
552(6)
禜 463(14)
506(5)
552(6)
598(12)
675(8)
⿱𤇾石 692(11)
⿱𤇾目 137(17)
377(7)
464(11)
465(11)
485(4)
506(5)
553(12)
555(6)
罃 449(11)
褮 465(1)
554(9)
熠 523(17)
616(9)
721(10)
熮 208(6)
414(1)
486(1)
502(18)
597(12)
666(8)
潔 144(9)
428(12)
澆 119(1)
413(11)
455(13)
502(13)
597(9)
665(12)
澒 129(4)
384(6)
471(2)
568(2)
濆 114(20)
237(4.2)
450(5)
澍 405(8)
405(9)
493(6)
493(7)
588(4)
588(5)
644(8)
澎 124(1)
376(14)
463(8)
463(11)
551(13)
552(4)
澾 143(16)
216(12)
427(9)
515(11)
611(4)
700(1)
⿰氵聒 143(11)
216(6)
427(1)
515(3)
610(12)
701(3)
澌 402(6)
490(3)
547(7)
584(10)
584(10)
⿰氵菓 408(5)

496(9)
[illegible] 63(5) 127(1) 380(2) 467(16) 558(9)
澫 408(5) 496(10)
潮 119(6) 369(14) 456(3)
潸 117(1) 134(7) 367(2) 452(17) 479(10)
潓 407(5) 589(13) 650(10)
潭 122(1) 460(8) 564(5)
[illegible] 143(1) 215(7) 514(6) 614(10) 698(3)
潦 135(17) 194(8) 209(2) 395(4) 414(12) 482(3) 503(12) 598(7)
澐 114(19) 237(3.2) 450(3)
潛 127(13) 381(4) 419(11) 468(18) 559(5) 563(11) 681(9) 759(12)
澁 223(11)
[illegible] 773(10)
[illegible] 523(16) 616(9) 721(8)
潤 499(3) 593(13)
澗 412(9) 500(17) 596(11) 661(4)
潣 390(5) 477(15) 578(3)
潰 409(11) 497(15) 592(9) 656(10)
潬 66(6) 134(5) 392(5) 479(7)
激 381(11)
[illegible] 132(14) 476(14)
潶 230(4下) 234(10) 610(6) 728(7) 772(12)
潿 166(2) 361(1)
潕 131(16) 475(6) 574(12)
潪 519(13)
潲 503(6) 598(3) 667(6) 782(5)
鋈 141(2) 511(4) 605(11) 689(7)
漅 146(12) 520(8) 615(5) 713(8) 770(15)
潞 771(12)
潷 142(12) 214(8) 513(10) 609(10) 695(3)
潟 430(14) 519(5) 710(8)
[illegible] 367(6) 454(1)
潗 148(8) 223(8) 523(10) 616(5) 720(10)
潐 414(2) 503(1) 597(13) 666(10)
[illegible] 586(6)
潨 39(3) 161(1) 161(17) 228(15) 436(4) 437(12) 538(2) 539(1) 539(7) 640(5) 742(7)
澳 141(1) 422(8) 511(1) 598(8) 605(8) 688(11)
澓 604(12) 686(10)
潝 148(10) 223(11) 523(15) 616(8) 721(6)
潘 116(17) 366(15) 452(15)
潙 107(12) 162(18) 438(17) 438(17) 545(3)
潼 160(19) 436(12) 537(13) 540(2) 640(10) 740(16) 745(18)

澈 145(7) 429(10) 518(3) 613(12) 768(3)
瑬 125(14) 377(11) 465(15) 560(6)
潫 452(17) 753(10)
澻 490(16) 585(7)
澇 120(9) 370(15) 457(15) 550(11) 668(4)
潯 63(2) 126(19) 467(14) 558(7)
澅 204(1) 408(11) 496(16) 600(3) 654(3)
潺 118(4) 367(13) 453(5) 454(7) 752(10)
潠 411(5) 499(15) 595(6) 658(4)
澄 124(5) 127(17) 377(4) 463(13) 469(6) 552(6) 559(7)
潏 516(16) 612(9) 695(10) 704(3)
憤 133(11) 390(12) 478(3) 578(10)
憉 376(15) 463(9) 551(13)
⿰忄葛 408(7) 496(12) 653(7)
憓 407(5) 495(11) 589(13) 650(10)
憛 416(3) 505(1)
憟 141(11) 423(6) 511(16) 606(7) 691(6)
懦 599(8) 669(8)
憭 394(13) 481(6) 481(16)
憯 136(17) 396(14) 580(12)
⿰忄敝 69(6) 137(4) 484(6) 569(4)
憪 134(8) 453(4)
憫 64(6) 133(7) 390(5) 477(14) 578(3)
憬 137(15) 196(5) 485(2)
憒 497(15) 592(8) 656(9)
憚 134(18) 412(3) 500(11) 595(1) 659(4)
憳 364(3) 445(17)
憮 61(7) 131(16) 388(7) 443(16) 475(6) 574(12) 1026(9)
憍 119(8) 370(1) 456(5) 755(4) 755(5)
憡 615(2) 770(8)
懏 112(19)
憔 119(7) 456(5)
懊 136(2) 195(1) 209(3) 395(9) 414(13) 482(10) 503(14) 598(8) 668(8) 689(1) 782(22)
⿰忄然 393(1) 480(2)
憧 39(7) 162(1) 201(8) 489(18) 540(2) 541(6) 583(9) 640(9) 745(18)
憐 117(14) 453(12) 750(10)
⿰忄遂 403(3)
憎 128(4) 382(3) 469(13) 744(16) 745(11)
⿰忄畫 146(10) 431(15) 520(4) 615(3) 713(3) 770(11)
憕 127(17)

377(5)
463(13)
469(6)
552(5)
559(7)
賓 161(17)
437(12)
539(7)
640(5)
744(15)
745(10)
翧 450(16)
戭 390(7)
477(17)
578(6)
寮 119(2)
369(9)
[illegible] 456(15)
755(3)
寫 136(11)
396(7)
483(6)
寘 413(3)
595(11)
審 139(2)
198(11)
399(10)
487(5)
窱 135(8)
193(9)
394(5)
413(9)
481(7)
502(10)
597(7)
665(7)
窮 436(17)
窳 131(17)
416(1)
475(9)
504(16)
575(2)
窨 136(15)
396(12)
窯 456(8)
窵 472(9)
570(10)
[illegible] 116(10)
366(7)
452(8)
頞 611(5)
翩 118(6)
368(3)
454(11)
鳫 389(6)
476(4)
576(2)
鳲 132(7)
476(3)
576(2)
褠 126(14)
379(10)
467(9)
562(11)
[illegible] 717(6)
771(2)
禣 525(6)
608(5)
禍 431(15)
520(5)
褥 141(5)
141(8)
422(13)
423(3)
511(7)
511(11)
605(13)
606(4)
690(10)
[illegible] 386(2)
473(2)
571(7)
過 396(4)
褫 129(19)
359(11)
385(8)
386(2)
440(4)
472(10)
473(2)
547(1)
547(5)
570(11)
571(7)
760(7)
[illegible] 204(7)
497(7)
592(1)
655(6)
[illegible] 447(2)
556(11)
748(21)
褅 415(11)
504(11)
670(7)
褵 546(6)
褚 408(15)
497(3)
褣 438(1)
540(4)
褿 120(17)
371(10)
458(9)
551(8)
褸 562(7)
禓 122(13)
461(8)
542(2)
鴆 212(3)
419(6)
507(17)
600(13)
680(8)

【一】

親 140(7)
141(9)
421(7)
423(4)
509(16)
511(13)
604(6)
606(5)
685(8)
691(2)
憨 122(10)
210(7)
416(6)
461(3)
505(4)
565(5)
603(2)
656(1)
672(4)
蝨 142(17)
215(2)
513(18)
609(12)
697(5)
壁 404(13)
492(11)
587(8)
熨 404(13)
492(11)
587(8)

慰 404(13) 492(11) 587(8)
劈 145(11) 430(1) 518(9) 615(7) 708(10) 768(18) 770(16)
屧 148(5) 223(4) 523(5) 618(6) 720(2)
履 130(10) 386(7) 473(8) 572(3) 772(8)
屢 485(13) 595(11)
鴂 144(11) 428(15) 516(16) 612(9) 704(5)
層 128(4) 382(4) 469(14)
彈 136(17) 396(14) 483(13) 580(12)
彈 116(12) 366(9) 412(4) 452(9) 500(11) 595(2) 659(4) 776(6)
彇 755(5)
選 135(4) 193(5) 481(1) 502(7) 596(8) 665(1)
獮 405(11) 493(10) 588(7) 644(11)
韐 147(10) 432(11) 521(4) 522(1) 619(6) 717(8) 771(6)
臧 123(17) 376(8) 463(3) 544(7)
槳 69(3) 137(2) 397(5) 484(3) 569(1)
漿 122(20) 375(2) 461(16) 542(11)
隭 617(2)
隟 526(10)
險 139(5) 199(2) 399(13) 400(13) 487(10) 488(6) 581(10)
隵 420(4) 508(15)
嶫 214(12) 610(2) 697(2)
隩 433(8) 522(13) 771(26)
鋈 545(9)
嬈 193(11) 481(11)
嬉 109(13) 165(14) 360(11) 442(3)
嫴 363(6) 445(4)
嫜 139(8) 199(7) 399(10) 400(4) 487(5) 487(17) 580(8)
嫽 119(4) 369(10) 394(13) 455(16) 502(12) 597(9) 665(11)
嫸 140(10) 510(3) 604(10) 686(4)
嫻 117(2)
嫺 453(3)
嬇 409(12) 497(16) 592(9) 656(11)
嬋 118(5) 367(15) 454(9)
嫼 144(3) 428(4) 516(4) 526(7) 611(11) 702(8) 772(13)
嫵 131(15) 388(7) 475(5) 574(11)
嬌 119(8) 135(13) 194(3) 456(5) 481(13) 481(16) 755(4)
嫡 136(18)
嬆 523(15)
嫣 57(18) 107(12) 438(17) 545(3)
嬀 480(15)
嬔 219(4) 597(4)
嫾 118(2) 367(11)

413(4)
454(5)
481(4)
501(12)
663(2)
嬉 193(7)
480(7)
嫿 146(8)
431(11)
519(18)
614(13)
712(9)
770(3)
駑 61(7)
111(19)
363(8)
445(7)
駕 121(14)
209(9)
415(8)
459(15)
504(7)
557(8)
600(5)
669(12)
勰 148(2)
523(1)
618(2)
719(8)
[illegible] 131(14)
368(6)

388(5)
413(6)
454(14)
475(3)
501(14)
574(10)
596(1)
翨 402(12)
490(10)
585(3)
瓬 660(7)
戮 140(13)
418(7)
507(3)
510(8)
604(13)
687(2)
[illegible] 437(10)
539(4)
743(10)
翬 109(17)
166(1)
360(15)
442(7)
[illegible] 114(11)
410(10)
449(10)
499(2)
蝨 395(6)
遹 142(7)
214(3)

424(14)
513(4)
609(5)
695(9)
螢 126(8)
379(2)
467(1)
562(3)
摯 405(12)
493(11)
588(8)
645(3)
綮 379(8)
467(7)
562(9)
[illegible] 438(5)
稭 406(8)
494(16)
豫 405(6)
493(3)
588(2)
643(9)
毵 122(6)
374(1)
460(15)
564(12)
565(7)
欽 212(5)
419(8)
508(2)
601(2)

681(3)
豩 145(9)
410(14)
429(12)
499(8)
513(16)
518(5)
614(1)
768(15)
蝨 476(5)
576(3)
紨 471(8)
綼 431(15)
520(5)
770(9)
緤 144(19)
613(5)
706(3)
緉 468(8)
緗 122(19)
461(16)
542(10)
練 413(3)
501(11)
595(11)
662(11)
緘 128(7)
382(8)
469(18)
565(6)
[illegible] 129(10)

384(13)
388(14)
471(15)
475(14)
486(8)
568(9)
575(6)
579(5)
緬 134(20)
193(1)
480(13)
縿 136(14)
396(10)
483(9)
緒 364(13)
447(11)
748(32)
緹 476(7)
576(4)
748(1)
緝 148(6)
223(5)
523(7)
616(3)
720(5)
緼 114(19)
206(3)
410(14)
450(4)
499(7)
594(3)

緆 203(6) 408(5) 496(9) 590(11) 653(2)
𦁤 113(8) 364(15) 447(13)
緭 404(12) 492(9)
緦 109(7) 165(1) 360(4) 441(13) 550(2)
縃 143(3) 215(9) 426(5) 514(9) 612(1) 698(7)
緟 162(5) 540(8) 583(8)
緶 118(7) 134(14) 368(3) 454(12) 480(3)
線 501(16) 596(2)
緱 126(14) 379(10) 467(9) 562(12)
縋 490(8) 585(1)
[糹盾] 449(11)
緰 126(13) 379(9) 379(10) 467(7) 467(8) 562(10) 562(11)
緩 65(13) 134(2) 392(1) 479(2) 765(4)
緵 161(14) 437(9) 539(3) 640(2) 743(10)
緫 129(4) 568(1)
縧 372(3) 458(17)
締 112(9) 202(5) 406(14) 446(4) 495(4) 589(8) 649(12)
縒 136(9) 195(9) 396(3) 483(2) 524(16)
緧 378(2) 466(3) 560(11)
縌 520(15) 714(8)
緪 128(7) 382(7) 469(17)
緷 133(18) 391(9) 478(13)
編 117(19) 118(10) 134(14) 192(3) 367(7) 368(9) 393(2) 454(2) 454(17) 480(2) 751(4) 752(7)
緣 118(9) 368(7) 454(15) 502(1) 596(5) 664(3) 753(10) 780(14)
緯 404(11) 492(9) 587(7)
畿 109(20) 166(9) 361(4) 442(11)
靡 59(9) 70(3下) 108(13) 163(20) 548(4)
黀 514(2)
鼠 522(10) 617(9) 771(22)

十六畫

【一】

耩 129(11) 471(17) 568(11)
耤 440(17) 548(9)
[耒邦] 525(4)
耨 211(11) 418(15) 507(11) 602(3) 690(2)
[耒离] 439(11)
璥 137(14) 485(1)
[王赫] 231(14) 617(3) 727(3)
璙 119(4) 369(10) 455(16)
瑨 63(13) 468(8)
璞 141(16) 423(14) 512(6) 606(12) 692(6)
靜 137(18) 485(6)
璑 110(17) 443(15)
璠 115(10) 450(18)
璲 403(1)

490(15)
585(7)
瑦 141(6)
422(15)
511(9)
606(2)
690(6)
璙 371(1)
457(16)
550(12)
聱 63(1)
120(5)
120(15)
126(17)
371(8)
379(14)
457(10)
458(6)
467(12)
551(6)
563(3)
757(13)
螯 120(16)
371(9)
458(7)
551(7)
757(12)
璒 128(3)
382(2)
469(12)
璣 407(11)
408(5)
495(17)
496(10)
514(4)
590(4)
651(9)
璣 110(1)
166(11)
361(6)
442(13)
䳘 143(9)
216(5)
426(14)
515(1)
610(10)
701(1)
蕉 393(1)
480(1)
隷 407(8)
騷 407(13)
494(13)
捶 147(8)
432(8)
521(16)
619(4)
717(5)
髺 543(3)
鬙 407(2)
495(8)
589(11)
650(5)
髡 438(7)
髶 57(7)
162(8)
438(6)
540(11)
髸 744(17)
745(12)
鬋 550(5)
髭 108(1)
163(11)
359(3)
439(12)
546(8)
髻 143(11)
216(6)
427(1)
515(3)
610(12)
701(3)
髼 395(5)
414(15)
482(5)
503(17)
鬖 403(12)
491(11)
敼 120(7)
369(12)
370(9)
370(12)
430(9)
456(1)
457(10)
518(17)
550(8)
756(5)
769(4)
壒 494(8)
591(3)
647(12)
塛 538(5)
擭 146(20)
494(2)
521(2)
620(8)
715(5)
㩒 63(9)
468(3)
559(1)
壃 122(16)
374(12)
461(12)
駴 161(3)
436(15)
538(4)
駒 608(13)
駬 130(17)
386(14)
473(17)
572(12)
駛 404(7)
492(3)
587(4)
駋 770(18)
駠 408(7)
496(11)
䮠 403(8)
491(7)
駫 125(11)
465(11)
555(6)
駧 201(2)
402(4)
489(10)
駰 114(3)
114(13)
448(16)
駉 748(33)
駪 449(18)
駩 118(11)
368(10)
454(18)
753(2)
駣 135(18)
194(9)
371(7)
395(4)
458(5)
482(4)
551(5)
駱 524(14)
607(13)
1023(11上)
駮 141(15)

423(12)
512(3)
606(10)
692(2)
駭 132(15)
476(16)
476(16)
576(10)
764(7)
駢 117(18)
367(5)
453(17)
駝 524(16)
撼 68(3)
136(18)
397(1)
483(15)
581(1)
擌 146(13)
432(3)
520(9)
615(5)
713(9)
770(16)
蹟 431(14)
520(4)
770(8)
鴊 506(8)
⿺走契 408(9)
496(14)
⿺走厘 752(4)
趧 364(8)
446(6)
748(2)
趤 544(10)
⿺走曷 143(2)
215(8)
426(3)
514(8)
614(11)
698(6)
⿺走胥 614(5)
⿺走俞 405(11)
493(9)
588(7)
644(10)
⿺走旁 714(9)
⿺走差 748(29)
趥 135(11)
201(4)
489(12)
583(5)
⿺走叟 378(8)
466(9)
510(7)
561(5)
604(13)
686(11)
⿺走亞 506(6)
⿺走豦 405(2)
492(16)
587(12)
642(10)
氈 450(7)
操 120(17)
371(11)
414(12)
458(10)
503(13)
551(9)
598(7)
668(5)
舔 130(12)
386(9)
473(11)
572(5)
歖 109(13)
165(14)
360(11)
442(3)
473(12)
熹 165(14)
442(3)
憙 109(13)
404(9)
492(7)
587(5)
墿 431(2)
519(8)
620(13)
擇 146(19)
521(1)
620(8)
715(4)
擐 412(10)
501(1)
596(12)
661(8)
擉 693(3)
⿰扌卿 516(14)
楅 772(2)
楨 464(12)
553(13)
椵 557(9)
墽 503(5)
餋 408(3)
496(7)
⿰炎炎 759(12)
撿 139(6)
199(4)
399(15)
581(11)
擓 494(13)
擔 122(8)
374(3)
416(7)
460(18)
505(5)
565(2)
603(3)
672(7)
壇 116(12)
366(8)
452(9)
擅 501(17)
596(2)
663(11)
壈 68(3)
136(18)
397(1)
483(16)
581(1)
擁 129(7)
384(9)
471(10)
568(5)
㩘 129(17)
⿰扌煎 134(19)
480(11)
⿰扌頻 115(9)
450(16)
攩 124(20)
464(17)
554(4)
轂 378(6)
421(5)
466(7)
509(4)
561(3)
604(3)
685(4)
螢 140(5)
509(4)
604(4)
685(3)

縠　140(5)　509(13)　604(4)　685(2)
㩋　140(12)　421(13)　422(9)　510(7)　511(3)　604(13)　687(1)
鄯　378(12)　466(13)　486(8)　561(9)　579(5)
擗　146(5)　431(8)　519(15)　621(5)　712(4)
磬　417(14)　506(13)　599(5)　677(1)
甌　112(14)　446(12)　546(13)
覩　373(15)　460(14)　468(8)　559(6)　564(11)
褧　138(5)　398(5)　485(16)
瞕　133(2)　389(13)　477(7)
瞑　367(4)　453(17)　751(3)
劓　126(16)　419(4)　467(10)　507(16)　562(13)
鄹　388(6)　475(4)　574(10)
蕼　403(13)　491(12)　586(9)
蓫　129(18)　472(9)　570(9)
蔀　406(8)　494(16)
夢　464(2)　553(2)
薛　392(7)　479(8)
蕍　138(19)　198(7)　399(6)　486(18)　579(13)
薔　123(3)　231(14)　375(5)　462(3)　525(15)　543(2)　617(2)　727(1)
蕀　418(13)　507(9)
藪　430(1)　518(9)　768(18)
靳　408(3)　408(3)　496(7)
鞕　417(5)　506(3)　675(4)
䩞　432(1)
䩗　418(14)　507(10)
鞅　522(1)　522(1)　771(7)
鞘　120(2)　457(6)　756(7)
靦　144(18)　517(8)　613(2)　705(11)
鞙　393(3)　480(3)
鞔　116(15)　366(12)　391(5)　452(12)　478(10)
鞛　540(9)
𩋗　494(12)　591(5)　648(5)
薑　122(15)　374(12)　461(11)　542(5)
燕　117(13)　413(5)　453(12)　501(13)　663(4)　751(2)
黏　469(2)　564(2)
黈　138(15)　399(1)　486(12)　579(8)
甑　448(12)
蔵　769(9)
蕝　137(10)　484(14)　569(11)
薙　497(4)　655(2)
薉　498(8)　592(5)
蕢　546(9)
蘂　779(22)
蒙　131(10)　361(12)　387(15)　443(1)　474(16)　574(3)　762(15)
蕆　772(13)
薹　121(10)　372(13)　459(10)　557(3)
鄸　411(2)　499(11)
遬　521(6)
蕘　128(5)　382(5)　469(15)

頼 395(10)
482(11)
薙 130(7)
386(3)
406(13)
473(4)
473(8)
495(3)
571(9)
572(3)
589(8)
649(10)
藉 167(15)
443(10)
薰 206(2)
410(13)
499(6)
594(2)
薁 387(12)
388(4)
474(12)
475(2)
573(12)
574(6)
762(17)
薀 605(7)
薨 111(8)
362(9)
444(11)
薂 430(5)
518(14)
709(5)
768(24)
薛 144(19)
薇 109(16)
165(20)
442(7)
薟 63(15)
127(7)
139(5)
199(2)
399(13)
468(10)
487(9)
563(5)
566(2)
580(4)
759(9)
薈 406(7)
494(15)
591(8)
648(9)
鴂 494(8)
591(3)
592(6)
薆 498(4)
593(2)
657(10)
薍 501(2)
596(13)
661(10)
薝 468(9)
薊 407(2)
檕 124(7)
463(15)
552(8)
擎 124(6)
463(15)
552(7)
憖 485(1)
薢 113(4)
203(9)
408(10)
447(7)
476(16)
496(15)
600(2)
654(1)
748(27)
蕘 120(10)
371(2)
457(17)
550(13)
757(9)
薕 63(15)
127(7)
468(10)
563(5)
759(8)
薦 501(14)
596(1)
663(5)
薋 59(9)
108(14)
163(20)
440(14)
548(5)
蕎 408(5)
496(9)
薪 114(4)
448(17)
薏 525(14)
617(2)
726(11)
蕨 125(16)
377(15)
466(1)
560(7)
薠 115(9)
450(16)
薄 231(1)
525(2)
608(5)
725(1)
1024(4上)
薃 395(3)
482(3)
輸 411(10)
500(2)
594(7)
659(1)
779(9)
翰 116(2)
206(12)
411(10)
451(15)
500(1)
594(7)
658(10)
779(8)
蕭 118(18)
369(3)
455(8)
753(14)
噩 524(18)
608(4)
724(10)
1024(2上)
頤 60(6)
109(5)
164(18)
360(2)
441(11)
549(12)
鴣 61(4)
111(17)
363(5)
445(4)
薜 407(7)
495(13)
590(1)
615(1)
651(3)
712(11)
770(5)

薩 143(15) 216(11) 427(8) 515(10) 611(3) 700(8)
薅 120(10) 371(2) 457(17) 550(13) 757(9)
樲 403(9) 403(11) 491(11) 586(7)
㮏 516(13) 612(7) 703(11)
樕 765(7)
橈 119(9) 414(7) 456(7) 598(3) 667(7) 782(7)
樾 142(19) 215(5) 514(4) 614(8) 697(11)
樍 450(6)
樹 405(8) 493(6) 588(4) 644(3)
橀 363(4) 445(3)
㯕 112(15) 446(12)
樟 61(4) 363(5) 363(15) 445(4) 445(14)
橵 134(6) 659(11) 765(2) 779(23) 780(2)
橞 407(6) 495(12) 590(1) 650(11)
橝 122(2) 400(5) 460(8) 487(17) 564(5) 580(9)
檽 109(9) 165(6) 209(7) 550(5)
橛 215(6) 426(1) 514(6) 614(9) 698(2)
橑 110(2) 119(2) 135(17) 369(9) 395(4) 455(15) 482(3)
樸 111(14) 141(16) 363(3) 423(14) 445(1) 512(6) 606(12) 686(5) 692(6)
橾 124(2) 375(11) 462(8) 463(10) 552(2)
樴 148(7) 523(9)
㯱 771(33)
橺 479(11)
樻 403(6) 491(4) 586(2)
樿 134(17) 192(7) 480(6)
橇 457(1)
橋 119(15) 456(15) 755(3)
椅 449(9)
檇 60(5) 109(4) 164(16) 549(11) 585(7)
樵 379(8)
橰 120(9) 370(14) 457(15) 550(11) 757(10)
麭 370(11) 457(12) 550(7) 757(6)
橎 65(3) 133(16) 391(6) 478(11)
懋 71(6) 498(16) 593(8)
麩 426(14) 515(1)
麮 131(12) 388(4) 405(3) 475(2) 492(18) 574(7) 587(13) 643(1) 762(10)
䴸 138(15) 198(3) 399(1) 486(12) 579(8)
檎 468(3) 559(2)
橪 117(14) 134(19) 192(10) 453(12) 751(3)
橔 365(3) 447(16)
檈 136(8) 396(2) 483(1)
橦 57(14)

	162(14)		558(7)		680(2)		510(6)		518(9)
	436(12)	橨	404(13)	輻	211(6)		604(11)		615(7)
	438(13)		492(11)		418(6)		686(10)		708(10)
	537(13)	橙	124(13)		507(2)	䡧	764(10)	謦	615(3)
	539(12)		212(11)		510(4)	輴	114(13)		713(3)
	541(6)		464(7)		601(10)		449(13)	嫛	132(14)
	640(7)		553(8)		604(11)	輸	111(12)		204(3)
	745(16)		594(5)		678(3)		362(14)		407(4)
樴	230(4下)		682(8)		686(7)		405(10)		408(12)
	234(10)	橃	142(18)	輱	382(9)		444(16)		476(15)
	526(6)		143(9)		470(1)		493(9)		495(9)
	610(6)		216(6)		565(7)		588(6)		496(18)
	728(7)		498(7)	輭	135(2)		644(10)		600(4)
	772(11)		514(3)		193(3)	𨍏	384(6)		654(6)
橣	525(15)		592(5)		480(16)		568(1)	輮	211(8)
橏	193(6)		614(7)	輰	374(7)	輷	417(9)		418(10)
	480(7)		697(10)		461(5)		506(8)		507(6)
橉	390(10)	橘	142(9)		541(9)	輶	125(16)		601(13)
	478(1)		425(1)	輯	148(7)		138(12)		678(11)
	578(8)		513(6)		223(7)		377(14)	䡫	371(7)
樽	451(8)		609(7)		523(9)		398(13)		458(6)
檖	403(1)		695(8)		616(4)		418(9)		551(5)
	490(15)	機	110(1)		720(7)		465(18)	䧳	740(13)
	585(7)		166(10)	轀	115(15)		486(7)	整	137(19)
橧	128(1)		361(5)		451(7)		507(5)		485(7)
	381(15)		442(12)	輵	700(8)		560(8)	賴	494(16)
	469(11)		573(5)	輲	118(12)		579(4)		591(9)
	559(12)	輳	212(1)		368(11)	𨍭	115(12)		649(1)
樳	126(19)		419(2)		455(2)		451(3)	橐	524(15)
	379(15)		507(14)		753(13)		451(6)		608(1)
	467(14)		602(5)	輹	140(12)	墼	145(11)		724(5)

1023(12上)
劉 210(6) 382(15) 416(5) 470(6) 505(3) 566(1) 603(1)
鮭 112(19) 446(18) 748(19) 748(19)
融 161(3) 436(15) 538(5) 742(9)
骸 779(2)
翮 146(11) 431(15) 520(5) 615(3) 713(4) 770(9)
豎 117(12) 413(4) 453(10) 501(12) 595(12) 663(1)
頭 126(13) 379(9) 467(7) 562(10)
踰 444(7)
踣 468(6)
瓢 119(14) 456(13) 755(1)
醋 380(6) 468(2) 559(1)
醐 61(2) 111(16) 363(4) 445(3)
醍 112(9) 132(9) 239(5) 364(7) 446(4) 476(6) 576(4) 748(1)
醖 71(13) 206(3) 390(13) 410(13) 478(4) 499(7) 578(11) 594(3)
醒 125(4) 138(5) 197(5) 211(1) 398(5) 417(13) 465(3) 485(16) 506(12) 554(11) 599(4) 676(10)
醙 378(8) 466(9) 561(5)
醜 138(9) 398(9) 486(3) 579(2)
醃 61(6) 111(18) 363(7) 379(10) 445(6) 467(8) 562(11)
醅 468(6) 559(4)
醝 121(5) 372(5) 459(2) 556(2)
醰 391(9) 478(14)
醓 136(16) 396(14) 483(13) 580(12)
醑 131(9) 387(14) 474(14) 574(2)
磬 112(13) 446(10)
瞖 407(4) 495(10) 589(12) 650(9)
勵 203(7) 408(6) 496(11) 590(12) 653(5)
厲 142(7) 424(14) 513(3) 513(17) 609(4) 694(8)
豐 408(3) 496(7)
碼 549(8) 549(9)
磧 146(3) 431(6) 519(13) 616(2) 621(3) 711(12) 769(20)
磡 400(3) 487(15) 580(7)
磄 148(15) 223(17) 390(9) 477(19) 524(4) 578(8) 607(6) 722(8)
磢 69(5) 137(3) 484(5) 569(3)
磦 239(13) 577(2) 764(16)
磮 770(16)
碼 431(5) 519(11) 769(18)
磫 438(6)
磀 430(4)

518(13)
768(22)
𥕦 510(1)
604(8)
686(2)
𥕛 464(6)
磔 110(5)
166(20)
442(17)
磂 147(3)
618(11)
716(5)
磟 140(13)
421(14)
509(8)
605(1)
685(10)
687(3)
磣 399(11)
487(6)
酺 131(16)
388(8)
475(7)
574(13)
醍 67(8)
134(12)
392(14)
466(1)
479(17)
𨠊 122(6)
460(15)
564(12)
歷 430(3)
518(12)
歷 145(11)
615(9)
709(2)
768(19)
曆 145(11)
430(3)
518(11)
615(9)
709(2)
768(20)
𣋍 430(3)
518(11)
𠪚 412(5)
500(12)
595(3)
659(7)
779(16)
毚 143(12)
216(8)
427(4)
515(6)
610(13)
701(7)
𥽉 142(20)
215(6)
426(1)
514(6)
614(9)
698(2)
奮 71(13)
410(13)
499(7)
594(2)
頰 148(2)
223(1)
523(1)
618(3)
719(8)
敳 394(13)
481(16)
𧳊 600(1)
𧳜 640(2)
743(10)
貑 121(14)
𧽈 364(5)
446(3)
𣩵 410(13)
499(7)
殪 407(4)
495(10)
589(12)
650(9)
鴽 145(1)
517(12)
613(6)
殨 409(12)
497(16)
592(9)
殫 116(10)
366(6)
452(7)
殧 510(14)
鳺 143(10)
216(5)
515(2)
610(11)
701(2)
702(1)
𣩠 420(2)
508(12)
682(9)
霙 124(3)
377(2)
463(10)
552(3)
霖 63(3)
380(1)
467(15)
558(8)
𩃰 146(12)
520(8)
615(5)
713(9)
770(15)
𩂷 139(7)
400(2)
487(14)
581(11)
霎 364(4)
446(1)
1027(10)
霏 109(18)
166(3)
361(2)
442(9)
𨕪 518(16)
769(1)
霓 112(13)
144(15)
429(6)
517(4)
612(13)
705(4)
748(10)
霍 525(6)
608(8)
725(9)
1024(10上)
𩂯 382(9)
470(1)
563(11)
565(13)
759(11)
霎 147(12)
432(13)
522(3)
522(17)
619(8)
717(11)
771(11)
771(32)

霑 127(11) 381(2) 468(15) 563(10)
霤 564(9)
㬎 110(6) 167(1) 361(11) 443(1)
臻 449(18)
頸 125(1) 137(20) 464(18) 485(9) 554(5)

【丨】

鬐 422(11) 511(5)
冀 403(10) 491(9) 586(5)
嶋 570(10) 760(9)
頻 114(12) 449(11)
齓 133(13) 391(1) 478(7)
齝 213(1) 420(4) 508(14) 603(4) 683(2)
髽 497(4) 591(11) 591(12)
彯 779(22)
叡 203(1) 407(14) 496(2)
餟 426(10) 428(6) 514(15) 516(7)
䖏 411(4) 499(14)
遽 405(5) 493(2) 588(1) 643(6)
歔 121(18) 373(7) 460(3) 558(2)
盧 61(9) 112(1) 363(9) 445(9)
戯 117(3) 367(13) 392(12) 412(12) 453(4) 454(7) 479(15) 501(3) 765(17)
虢 114(8) 453(5)
鮸 363(9) 445(6)
鮎 363(6) 445(5) 575(11)
𣯩 140(9) 510(2) 604(9) 686(3)
數 422(14) 511(8)
豶 133(11) 390(12) 478(3) 578(10)
氂 69(6) 137(4) 484(6) 569(4)
瞔 770(7)
瞡 403(13) 491(13)
瞞 116(14) 366(11) 452(12)
縣 412(15) 501(7) 595(9) 662(6)
瞰 772(8)
瞘 562(5)
瞟 194(2) 456(18) 481(12)
曉 135(8) 193(10) 394(5) 481(7)
嘻 165(15) 360(12) 442(4)
題 112(8) 364(6) 446(4) 495(5) 748(2)
曀 407(4) 495(10) 589(12) 650(8)
噉 598(11)
瞠 124(2) 377(1) 463(9) 552(2)
瞜 111(7) 126(12) 362(7) 444(9) 467(5) 562(8)
瞏 441(4) 549(2)
鴡 369(5) 455(10)
鴠 207(8) 412(3) 500(10) 595(1) 659(3)
睹 390(10) 478(2) 578(9)
䁙 133(14) 391(3) 411(3) 478(8) 499(13) 597(5)
嗑 521(15)
賵 599(2)
瞐 201(4) 489(12) 583(4)
踹 392(1) 479(2)

765(5)

瞜 418(11)
507(8)

暉 390(14)
478(4)
578(11)

瞧 110(4)
166(17)
361(9)
442(16)

瞭 202(6)
406(15)
428(2)
495(6)
516(3)
589(10)
650(2)

瞞 386(11)
473(13)
491(14)
572(7)

瞼 368(8)
454(16)

瞠 144(19)
517(10)
613(4)

瞪 424(12)

曇 122(1)
460(8)
564(5)

瞰 210(6)

416(5)
505(2)
603(1)
672(2)

膠 120(4)
370(8)
457(9)
756(4)

嘍 146(16)
520(14)
614(13)
620(4)
714(4)

鴨 147(14)
433(1)
522(5)
619(10)
718(3)
771(15)

噤 139(3)
198(12)
399(11)
487(7)
507(18)

闍 112(4)
121(19)
237(2.4)
364(1)
445(15)
460(4)
558(4)

1027(6)

閾 230(7上)
526(2)
617(6)
727(9)

閹 139(8)
199(6)
400(2)
487(14)
563(10)
581(11)

闌 768(6)

閶 122(15)
461(11)
542(5)

閱 145(17)
430(13)
519(4)
616(2)
710(7)

闇 71(4)
410(2)
498(12)
593(6)

閿 114(18)
450(2)

闍 115(20)
451(13)

閻 63(14)
468(9)
563(4)

759(2)

閼 143(2)
143(16)
215(8)
216(12)
427(9)
514(7)
515(12)
611(5)
614(10)
698(4)
700(2)
751(3)

嚅 447(4)

嘽 768(23)

瓢 126(11)
379(6)
467(4)
562(7)

噉 484(2)
581(5)

皞 135(16)

噉 115(17)
451(9)

曈 129(3)
160(19)
228(14)
436(12)
471(6)
537(12)
568(1)

虢 414(9)
482(2)

鴞 119(15)
456(14)
755(5)

暵 207(10)
412(5)
500(13)
595(3)
659(8)
779(18)

踝 408(9)
496(14)

踳 133(6)
390(3)
477(13)
578(1)
640(8)

踞 139(1)
198(11)
399(9)
487(4)

蹀 148(3)
223(2)
523(3)
719(10)
618(4)

踏 521(5)
618(10)

蹈 526(2)
617(6)

727(10)
772(3)
嚱 142(20)
215(6)
406(6)
425(15)
494(13)
514(5)
517(17)
591(7)
614(9)
648(7)
707(7)
768(9)
蹞 769(8)
踝 430(11)
519(2)
踶 406(14)
495(5)
589(9)
650(2)
760(2)
760(8)
踼 375(11)
462(8)
505(15)
543(8)
584(4)
674(3)
踹 393(14)
411(12)
480(17)
500(3)
踵 129(6)
471(5)
568(5)
踽 131(20)
475(12)
575(4)
1025(9)
踰 111(4)
444(7)
踱 524(11)
607(11)
723(9)
1023(6上)
蹄 724(6)
蹄 112(8)
364(6)
446(3)
蹉 121(3)
372(2)
458(16)
555(12)
蹁 117(17)
367(4)
367(8)
453(17)
454(3)
751(4)
751(5)
蹋 121(15)
373(4)
459(17)
557(10)
蹬 515(7)
蹂 125(20)
197(10)
378(5)
418(10)
466(6)
486(5)
507(6)
561(2)
579(2)
螐 377(14)
465(18)
560(9)
蟯 114(7)
449(5)
螟 428(13)
516(13)
螠 521(16)
771(2)
蟀 372(15)
459(12)
557(5)
蟒 137(10)
484(14)
569(11)
螴 525(6)
725(8)
螆 140(6)
509(15)
604(5)
685(5)
螗 405(4)
493(1)
蟊 140(14)
510(9)
605(1)
687(4)
蟆 446(9)
螐 363(13)
445(13)
1027(4)
螕 112(10)
446(7)
748(14)
螇 438(15)
545(2)
547(1)
螇 446(8)
748(7)
螉 38(5)
161(12)
437(7)
539(1)
743(8)
蟥 424(11)
513(1)
螭 359(8)
440(1)
547(2)
螗 123(7)
375(11)
462(8)
543(6)
螃 484(12)
505(18)
569(10)
584(7)
674(9)
蠊 382(8)
469(18)
565(6)
蝙 502(3)
596(6)
螟 125(9)
465(5)
465(9)
554(7)
螃 405(13)
493(11)
噱 524(8)
607(9)
723(4)
1023(1上)
噳 574(9)
瞟 125(14)
377(10)
465(14)
560(4)
瞟 505(1)
顛 411(5)

499(15)
[illegible] 136(11)
396(7)
483(6)
器 403(13)
491(13)
586(9)
[illegible] 427(14)
515(17)
699(11)
噥 744(14)
745(9)
戰 501(16)
596(2)
663(10)
[illegible] 595(1)
毇 464(5)
553(5)
嚃 147(2)
521(7)
618(8)
716(2)
噣 141(6)
211(11)
418(3)
418(14)
422(15)
506(17)
507(11)
511(8)
602(3)
606(1)
679(8)
[illegible] 550(6)
噬 203(4)
408(3)
496(7)
590(10)
652(10)
噭 665(9)
噞 212(7)
381(3)
399(15)
419(10)
468(17)
487(11)
508(4)
563(10)
581(10)
602(9)
681(6)
噲 204(8)
409(5)
497(8)
592(2)
655(8)
鴦 123(4)
123(15)
375(7)
376(6)
462(5)
462(18)
543(4)
544(4)
噫 109(14)
165(15)
204(3)
360(12)
408(14)
442(4)
497(1)
592(1)
592(4)
654(8)
噰 57(2)
162(4)
438(3)
540(6)
640(13)
嘯 413(9)
502(10)
597(7)
665(6)
[illegible] 743(13)
幪 201(4)
538(10)
583(4)
742(2)
774(10)
廖 455(16)
還 116(18)
367(2)
452(17)
753(4)
罷 509(7)
604(7)
685(9)
罹 58(10)
163(9)
359(2)
439(10)
546(5)
罻 404(13)
492(11)
587(8)
罽 425(4)
513(9)
罿 120(5)
370(9)
414(8)
457(10)
503(8)
550(6)
782(9)
嶫 773(4)
嶪 729(3)
773(4)
幧 120(17)
371(11)
458(10)
551(9)
嶧 145(20)
431(2)
519(8)
620(12)
711(3)
[illegible] 130(12)
386(9)
389(9)
473(10)
477(3)
572(5)
577(4)
764(19)
嶼 131(12)
388(3)
475(1)
574(7)
[illegible] 502(11)
665(8)
嶮 399(15)
487(11)
581(10)
嶦 127(10)
468(14)
563(8)
681(9)
嶰 132(13)
476(14)
476(16)
600(2)
[illegible] 514(15)
嶭 408(13)
圛 431(2)
519(8)

620(13)
711(5)
圜 753(5)
默 230(5下)
234(11)
526(7)
610(6)
728(8)
772(12)
772(13)
黗 65(10)
115(17)
134(1)
391(12)
451(9)
478(17)
黔 63(9)
468(3)
559(1)
⿰黑欠 230(4下)
234(10)
526(7)
610(6)
728(7)
772(12)
黕 68(3)
136(19)
397(2)
483(16)
581(2)
骽 132(19)
477(3)
577(5)
764(18)
⿰骨系 65(9)
391(11)
478(16)
⿰骨艮 123(8)
375(12)
462(10)
543(9)

【丿】

⿰無禾 388(8)
475(6)
574(12)
甒 131(16)
388(7)
475(6)
574(12)
橐 203(2)
407(13)
407(15)
496(1)
496(4)
590(7)
652(5)
⿱毳心 426(8)
514(13)
⿰牛萬 408(7)
496(12)
⿰垂隹 402(13)
439(2)
490(11)
545(7)
⿰牛菐 141(16)
423(14)
512(6)
606(12)
692(6)
犝 160(19)
436(12)
537(13)
740(16)
頽 121(6)
372(6)
396(1)
459(3)
482(18)
556(4)
憩 203(7)
408(7)
496(12)
590(13)
653(7)
積 145(18)
430(14)
490(2)
519(5)
584(9)
620(10)
710(9)
穔 544(3)
馞 143(4)
215(10)
426(6)
514(10)
612(2)
698(9)
谽 122(6)
374(1)
460(15)
564(12)
⿰谷林 144(18)
517(9)
518(2)
613(3)
705(12)
706(1)
穆 141(2)
422(9)
511(3)
605(10)
689(4)
⿰禾從 744(19)
745(14)
⿰黍日 424(8)
512(15)
608(13)
⿰黍斤 133(12)
390(15)
478(6)
頹 62(4)
113(10)
365(2)
365(3)
447(16)
⿰禾翟 364(3)
446(1)
黎 548(11)
穄 407(11)
495(16)
590(4)
651(8)
穅 123(11)
376(1)
462(13)
543(12)
稿 768(23)
勭 115(2)
450(7)
敵 481(13)
航 503(1)
597(13)
666(9)
篝 126(14)
467(9)
562(12)
篚 131(3)
238(15)
387(6)
474(6)
573(6)
篤 141(3)
422(11)
511(5)

605(11)
689(8)
𥳑 120(2)
457(6)
479(16)
756(8)
757(3)
簀 581(2)
774(9)
篰 112(4)
237(2.4)
364(1)
445(15)
1027(6)
築 140(19)
422(5)
510(16)
558(4)
605(6)
688(6)
篕 521(12)
619(1)
716(10)
篴 590(10)
652(11)
篱 430(13)
519(4)
篥 694(2)
𥳐 429(14)
768(6)
篹 392(2)

412(11)
479(3)
501(2)
596(13)
661(10)
765(9)
篳 609(4)
篹 588(11)
篔 114(19)
237(4.1)
450(3)
簉 211(6)
418(5)
507(1)
601(10)
篠 135(6)
193(7)
481(4)
篦 112(10)
446(7)
748(14)
篪 108(6)
359(11)
440(4)
547(5)
𥳉 366(10)
452(11)
䉌 590(3)
𥲷 371(4)
458(2)
551(2)

簑 576(8)
篛 471(8)
568(2)
篷 161(15)
161(15)
539(5)
640(3)
743(14)
篘 126(2)
378(8)
466(10)
561(6)
篙 120(9)
370(14)
457(15)
550(11)
757(10)
篟 123(7)
375(10)
462(8)
543(6)
篰 138(14)
198(3)
399(1)
486(11)
579(8)
篣 376(15)
463(9)
544(8)
552(1)
𥲗 131(6)

238(17)
387(11)
474(10)
573(11)
篏 468(10)
563(5)
篘 460(17)
565(1)
𥳒 517(4)
705(3)
篿 126(6)
378(15)
466(17)
561(13)
篢 504(10)
769(5)
篧 606(9)
篜 559(7)
𥳞 740(18)
擧 131(11)
388(2)
474(18)
574(5)
762(9)
𡑞 405(6)
493(4)
興 128(2)
212(10)
381(15)
419(15)
469(11)

508(10)
559(13)
601(4)
682(4)
盥 134(4)
392(4)
479(5)
660(6)
765(6)
𦥯 607(1)
斈 141(19)
424(3)
512(10)
607(2)
692(8)
693(1)
學 141(19)
424(3)
512(10)
607(2)
693(1)
儓 498(3)
593(1)
657(7)
儔 126(3)
378(11)
466(12)
561(8)
億 409(3)
655(5)
儁 378(10)

466(11) 561(7)
鵂 111(11) 362(13) 444(15)
儒 111(1) 444(2)
嫛 472(3) 570(4)
䶂 430(5) 518(13) 524(3) 615(10) 667(4) 709(5)
膭 113(11) 365(3) 447(16)
儯 592(7)
餐 125(18) 378(2) 466(3) 560(12)
賲 395(9) 482(9)
儑 210(5) 374(2) 416(3) 460(16) 505(1) 521(15) 564(13) 602(13) 619(4) 716(8) 717(4)
儛 574(11)
[illegible] 219(2)
儗 130(20) 387(3) 404(10) 474(3) 492(7) 498(4) 573(3) 593(2) 657(9)
[illegible] 125(19) 378(4) 466(5) 561(1)
[illegible] 119(9) 456(6)
儕 113(6) 364(12) 447(10) 748(29)
儏 464(17) 554(5)
儐 410(5) 498(15) 593(8)
儜 124(11) 464(5) 552(9) 553(5)
皟 146(10) 615(2) 770(8)
劓 403(8) 491(6) 496(14) 586(3)
鼽 126(6) 378(13) 466(15) 561(11)
軀 502(3) 596(6) 664(6)
[illegible] 417(11) 599(2) 676(4)
[illegible] 644(10)
[illegible] 549(8)
[illegible] 427(7) 515(10)
[illegible] 472(1) 570(2) 760(1)
[illegible] 424(8) 512(16)
[illegible] 744(1)
皠 133(1) 477(6) 577(7) 607(13)
[illegible] 127(10) 468(14) 563(8) 759(5)
邀 119(1) 119(15) 369(8) 455(13) 456(14) 755(2)
[illegible] 418(8) 507(5)
[illegible] 721(7)
[illegible] 409(1) 497(4)
[illegible] 393(15) 472(17) 481(1) 571(4)
徼 502(11) 597(8) 665(8)
衡 124(7) 463(16) 552(8)
衞 407(11) 495(17) 590(4) 651(9)
[illegible] 493(7)
艑 147(6) 432(6) 521(13) 717(1)
艘 378(9) 466(11) 561(7)
盤 116(20) 453(1)
[illegible] 419(15) 601(5)
艙 145(13) 430(6) 518(14) 615(11) 709(6) 768(24)
館 207(6)
錏 121(16) 459(17) 557(10)
錤 60(9) 109(8) 165(4) 360(6) 441(14) 550(4)
錯 494(6)

524(16)
608(2)
647(5)
724(7)
1023(14上)
鍩 400(4)
487(16)
580(8)
鍈 552(3)
鍊 740(13)
錡 129(17)
385(4)
439(5)
472(6)
472(8)
545(11)
570(7)
570(8)
錌 526(12)
564(7)
773(7)
錢 118(1)
367(10)
454(4)
480(11)
751(11)
鋽 413(9)
502(10)
鋿 123(2)
375(4)
462(2)
542(13)
錕 391(12)
478(17)
錫 145(10)
429(15)
518(8)
615(6)
708(8)
768(16)
錪 134(12)
392(14)
479(16)
錮 406(3)
493(18)
589(1)
646(7)
[illegible] 779(15)
錔 147(2)
521(7)
618(8)
鋼 123(11)
375(15)
462(12)
543(11)
675(1)
鍋 120(19)
371(13)
458(11)
555(8)
錘 58(2)
107(14)
147(19)
163(1)
402(11)
439(1)
490(8)
545(7)
585(1)
719(4)
錗 440(16)
547(1)
錐 60(1)
109(2)
164(13)
441(7)
549(7)
錦 139(3)
198(12)
399(11)
487(7)
錍 359(5)
439(15)
446(14)
546(10)
錜 223(3)
523(4)
618(5)
720(1)
鍯 161(13)
437(8)
539(2)
錭 371(6)
551(4)
錚 124(11)
464(5)
553(5)
錞 114(2)
448(15)
[illegible] 415(12)
504(12)
600(8)
錸 433(3)
522(7)
718(6)
錆 140(16)
510(12)
605(3)
687(11)
錟 122(7)
460(17)
565(1)
錠 417(14)
506(12)
599(5)
錧 207(7)
412(1)
500(9)
594(13)
660(5)
765(6)
錑 409(13)
497(18)
鍵 134(20)
193(1)
480(12)
録 141(9)
423(4)
511(13)
606(5)
691(2)
鋸 405(2)
492(16)
587(12)
642(10)
鋡 122(4)
460(11)
564(9)
錣 428(8)
錙 109(13)
165(13)
黎 427(8)
515(10)
700(9)
覦 111(3)
405(11)
444(6)
493(9)
588(7)
644(11)
劒 213(3)
420(7)
508(17)
603(6)
683(8)

歛 147(16)
148(10)
223(11)
433(4)
523(14)
616(7)
718(8)
721(6)
771(21)
甑 116(17)
366(15)
452(15)
䜭 562(4)
𧮪 607(8)
覦 392(1)
479(2)
765(5)
颲 132(20)
477(5)
577(6)
764(19)
貒 116(6)
452(3)
貐 131(17)
475(10)
575(2)
墾 65(12)
134(1)
391(15)
479(1)
敲 207(2)
411(11)
500(3)
594(8)
660(9)
毚 112(14)
446(11)
748(9)
䭇 130(17)
386(14)
404(7)
473(16)
492(4)
572(11)
餦 122(17)
461(13)
542(7)
餕 381(11)
419(15)
420(1)
469(7)
508(10)
508(11)
559(8)
601(5)
682(5)
餣 773(7)
餞 134(16)
192(6)
393(5)
480(6)
502(8)
596(9)
665(2)
餛 115(14)
451(5)
餳 464(16)
554(3)
餽 405(1)
492(15)
餧 202(4)
402(12)
490(11)
585(3)
餇 510(10)
餤 468(9)
563(4)
759(3)
館 412(1)
500(8)
594(12)
660(3)
𩝏 451(4)
餟 768(12)
盦 432(9)
460(11)
564(7)
頷 68(2)
136(18)
397(1)
460(14)
483(15)
564(9)
581(1)
鴒 125(5)
465(5)
554(13)
膩 403(7)
491(6)
586(3)
膠 495(8)
517(3)
589(11)
650(6)
䐶 122(5)
460(13)
膮 119(4)
369(11)
455(17)
膹 131(5)
238(16)
387(8)
390(12)
474(9)
478(3)
573(9)
578(10)
膨 376(14)
463(8)
506(6)
551(13)
𦢅 363(6)
445(5)
𦢊 416(3)
504(18)
臑 109(10)
165(7)
550(5)
膦 456(18)
膫 208(6)
597(12)
666(9)
膤 564(10)
膱 523(16)
721(8)
膭 497(16)
膻 366(7)
452(7)
膴 61(7)
110(17)
111(19)
363(8)
388(8)
443(15)
445(7)
475(6)
574(12)
1026(9)
臁 145(9)
429(12)
518(5)
614(1)
708(4)
768(16)
騰 135(1)

193(2)
360(1)
440(7)
480(14)
547(8)
膲 119(9)
456(6)
膞 455(17)
䐿 136(2)
141(1)
195(1)
395(9)
414(13)
422(8)
482(10)
503(14)
511(1)
598(8)
605(8)
668(7)
688(10)
膰 115(9)
450(16)
膱 525(9)
616(10)
726(1)
1025(3)
膳 501(17)
596(3)
滕 128(6)
469(16)

772(12)
滕 128(6)
469(16)
膙 484(7)
569(5)
䐪 65(8)
133(19)
391(10)
478(15)
𦢈 110(1)
166(10)
361(5)
442(12)
𩛩 429(6)
517(5)
705(5)
鴟 59(8)
108(12)
163(19)
440(12)
548(3)
魯 396(7)
483(6)
鮇 426(15)
515(1)
魽 461(3)
䱣 494(7)
魺 372(8)
459(5)
556(6)
鮩 137(18)

196(8)
485(6)
魾 60(3)
109(3)
164(14)
548(2)
549(8)
鮎 127(16)
469(4)
564(4)
鮋 378(4)
378(12)
466(5)
466(13)
560(8)
561(1)
561(9)
鮣 125(17)
378(1)
378(11)
466(2)
466(12)
560(10)
561(8)
鮏 554(11)
鮓 136(13)
396(9)
483(8)
穌 61(11)
112(2)
363(12)

445(11)
1027(2)
䱋 121(5)
鮒 405(9)
493(7)
588(5)
644(6)
鮊 415(15)
504(15)
520(12)
714(1)
魿 449(4)
465(7)
483(13)
555(1)
580(12)
𩶘 71(5)
498(14)
593(8)
𩵩 59(8)
108(13)
440(12)
548(3)
鮈 111(13)
362(15)
444(17)
746(14)
鮑 135(16)
194(7)
395(1)
482(1)

鮀 372(4)
459(1)
556(2)
鮅 424(13)
513(3)
609(7)
鮍 58(3)
107(15)
163(2)
439(3)
545(8)
鮐 62(14)
113(18)
448(9)
550(1)
𩶅 138(12)
198(1)
486(9)
579(5)
鴝 110(20)
444(1)
746(12)
746(14)
𤢟 405(9)
493(7)
獲 146(7)
431(11)
519(18)
614(12)
712(9)
770(3)

獴 744(11) 745(6) 744(15) 745(10) 756(5)
頴 137(20) 196(10) 485(8)
餤 580(7)
[illegible] 770(11)
[illegible] 771(16)
[illegible] 142(15) 214(12) 513(16) 697(2)
颵 756(9) 757(3)
颲 142(4) 403(7) 424(9) 491(5) 512(17) 586(3) 609(1) 694(2)
[illegible] 753(5)
[illegible] 122(12) 461(7)
[illegible] 120(17) 370(4) 371(11) 457(5) 458(9) 551(9)
獧 413(2) 501(9)
獨 509(11) 604(2) 684(9)
[illegible] 110(8) 167(4) 361(14)
[illegible] 561(5)
獥 768(24)
獫 127(7) 139(5) 199(2) 399(14) 419(10) 468(10) 487(10) 508(5) 563(6) 581(10) 602(10) 759(9)
獪 204(8) 497(8) 592(2) 655(8)
獬 132(14) 132(16) 476(14)
[illegible] 494(3)
[illegible] 132(15)
艓 408(8) 429(13) 496(14) 518(7) 768(5)
[illegible] 364(5) 446(3) 760(7)
[illegible] 148(11) 223(12)
[illegible] 62(16) 113(19) 448(10) 748(22)
[illegible] 116(8) 366(4) 452(4)
[illegible] 378(2) 466(3) 560(11)
邂 204(1) 408(10) 496(15) 600(2) 654(2)
[illegible] 207(2) 411(11) 594(8) 660(8)
[illegible] 129(5) 162(4) 438(3) 471(8) 540(6)
[illegible] 386(5) 441(5) 473(6) 549(4) 572(2)
鴛 115(10) 451(1)

【丶】

謀 126(7) 379(1) 466(18) 562(1)
諶 63(6) 467(17) 558(10)
諱 432(1) 520(6) 615(3) 770(12)
諜 148(3) 223(2) 523(3) 618(4)
謊 569(7)
諵 128(9) 382(11) 420(4) 470(3) 508(15)
諲 114(3) 448(16)
諫 412(9) 500(17) 596(11) 661(4)
諴 128(7) 382(8) 469(18) 470(2) 565(6) 565(8) 759(2)
諧 113(4) 447(8) 748(28)
謔 223(18) 524(5) 607(7) 722(10)
諟 472(2) 570(3) 760(1)
諹 416(8) 505(6)
諿 523(7)
謁 143(1)

215(7)
426(2)
514(7)
614(10)
698(4)
謂 404(11)
492(8)
587(6)
諰 130(18)
447(6)
473(18)
557(2)
572(13)
748(22)
諤 524(17)
608(3)
724(9)
1024(1上)
諯 455(2)
753(13)
謏 135(6)
193(8)
198(5)
399(3)
421(13)
481(4)
486(15)
510(7)
579(10)
諻 124(1)
376(13)

463(7)
551(13)
謉 764(10)
諭 405(11)
493(9)
588(7)
644(11)
諼 115(8)
450(15)
諷 201(3)
489(10)
583(3)
謥 583(2)
謢 723(10)
諮 59(7)
70(2下)
108(12)
163(18)
440(11)
548(2)
諳 122(3)
460(10)
564(7)
諺 501(17)
596(3)
663(12)
諦 406(11)
494(18)
589(6)
649(6)
謎 407(5)

495(11)
589(13)
650(9)
諞 368(4)
454(12)
480(13)
諱 404(14)
492(12)
587(8)
諝 131(8)
361(15)
387(14)
443(4)
474(14)
574(2)
褭 135(9)
193(11)
394(6)
481(8)
憑 127(18)
381(12)
469(8)
559(9)
瑦 399(1)
399(6)
486(12)
486(18)
579(8)
579(13)
稟 443(18)
525(13)

746(19)
亶 608(8)
憝 409(7)
497(11)
劓 116(18)
452(18)
襃 113(5)
364(11)
447(9)
748(31)
邅 118(3)
367(13)
454(7)
亶 361(2)
442(8)
剻 525(8)
⿸广惠 484(15)
569(13)
曆 460(14)
461(2)
564(12)
磨 121(4)
209(6)
372(3)
415(3)
504(2)
556(1)
599(8)
669(8)
⿸广⿱林皿 372(3)
372(13)

458(18)
459(10)
556(1)
557(3)
廣 363(12)
389(1)
475(16)
575(8)
螢 146(2)
431(4)
519(10)
621(1)
711(7)
廠 125(16)
377(13)
465(17)
560(8)
廥 494(13)
591(6)
648(6)
廨 408(10)
496(15)
600(2)
654(1)
瘽 498(18)
593(11)
癀 123(13)
376(3)
462(15)
544(2)
瘷 615(5)

瘷	211(11)		139(4)	廠	438(8)		469(11)	鴗	148(9)
	418(15)		198(10)	廦	430(11)		559(13)		223(9)
	507(11)		399(8)		431(10)		682(6)		523(12)
	602(3)		487(3)		519(2)	親	114(7)		616(6)
	679(10)	瘲	489(15)		519(17)		410(11)		721(2)
瘭	119(13)		583(8)		621(3)		449(5)	齊	59(7)
	456(12)	瘹	502(11)		621(6)		499(4)		446(15)
瘢	204(1)		597(7)		712(6)	嫢	449(18)	劑	108(8)
	360(12)	瘵	204(4)		769(7)	䛒	366(4)		163(13)
	408(10)		408(14)		770(1)		452(5)		360(1)
	442(4)		497(2)	麇	391(13)	辨	393(10)		406(12)
	496(15)		592(1)		478(18)		412(13)		440(7)
	600(2)		654(8)	廥	132(5)		480(13)		495(2)
	654(2)	瘴	416(12)		405(5)	辦	597(2)		547(8)
癠	408(8)		505(10)		476(1)	諄	215(12)		589(7)
	496(13)		584(1)		493(3)	龍	39(6)		649(8)
	589(7)		673(6)		575(11)		161(20)	艶	137(12)
	591(1)	瘯	510(1)		588(2)		437(16)		196(2)
	653(9)		604(8)	廛	463(15)		539(12)		484(17)
瘱	407(4)		686(2)		552(7)		640(7)	嬴	124(16)
	495(10)	瘏	1026(7)	麇	164(12)		740(20)		464(11)
	650(8)	癃	538(8)	廛	131(19)		743(2)		553(11)
瘻	212(2)	瘳	125(18)		388(11)	誙	124(10)	鴈	376(2)
	419(3)		369(9)		446(17)		464(3)		462(14)
	507(15)		378(3)		475(10)		553(3)		543(13)
	602(6)		466(4)		575(3)	甄	740(17)	壅	57(3)
	680(4)		560(13)		748(16)	嫛	374(5)		129(7)
瘰	136(6)	瘮	399(12)	廬	121(14)		461(3)		162(4)
	395(15)		487(8)		459(15)		564(7)		384(9)
	482(16)	褎	120(13)	凝	128(1)		565(5)		438(3)
廩	138(20)		458(4)		381(15)	諍	437(10)		471(11)

540(7)
568(5)
⿱⺶韋 364(12)
440(13)
440(14)
447(4)
447(10)
548(5)
556(13)
748(23)
⿰𦍌尃 525(6)
725(8)
羱 115(6)
366(1)
450(12)
452(2)
羲 58(6)
107(15)
163(6)
439(6)
545(13)
糒 403(5)
491(3)
586(1)
糙 598(8)
糗 197(10)
398(11)
486(5)
579(2)
⿰米芻 561(6)
糖 123(6)
375(10)
462(7)
543(6)
糠 127(16)
381(8)
469(4)
564(3)
糈 144(8)
428(11)
516(12)
612(6)
甄 506(9)
⿰兑頁 144(6)
428(8)
516(9)
614(4)
703(4)
⿰兑風 502(1)
596(4)
664(4)
頪 144(18)
517(9)
613(3)
706(1)
暜 498(10)
518(2)
613(3)
707(11)
768(2)
甑 212(10)
419(15)
508(9)
601(4)
682(4)
燒 119(10)
208(7)
456(8)
503(2)
597(13)
666(11)
781(8)
燍 439(17)
546(13)
燂 122(2)
373(12)
460(8)
564(6)
燎 119(18)
394(13)
414(1)
457(1)
481(16)
502(18)
597(12)
666(8)
熸 127(12)
381(3)
468(17)
563(11)
759(11)
燗 132(17)
476(17)
477(3)
577(2)
577(4)
764(9)
燀 192(8)
480(8)
熛 772(8)
燆 755(5)
燋 423(10)
512(2)
606(9)
燠 140(20)
414(14)
422(8)
503(15)
511(1)
605(8)
668(8)
688(10)
782(23)
燴 523(15)
616(8)
燔 115(9)
450(16)
燃 118(1)
367(11)
454(5)
751(12)
熾 404(8)
492(6)
587(5)
燐 71(4)
205(4)
410(2)
498(12)
燧 490(15)
585(7)
熷 128(4)
382(3)
469(14)
鄰 468(1)
558(12)
縈 399(8)
399(10)
487(3)
487(6)
燊 450(1)
螢 125(10)
377(7)
465(11)
555(5)
營 124(17)
464(11)
553(12)
褮 125(10)
464(16)
465(11)
553(4)
554(4)
555(5)
罃 124(13)
464(6)

551(13)
553(7)
縈 464(16)
554(4)
燖 127(14)
469(2)
563(13)
759(12)
燈 128(3)
382(2)
469(12)
燆 142(7)
424(14)
513(4)
609(5)
695(9)
𣿬 769(5)
濩 231(7)
406(4)
494(2)
521(2)
589(3)
608(9)
715(5)
濛 38(2)
161(8)
437(3)
538(9)
742(1)
774(9)
澣 134(2)

392(1)
479(2)
765(5)
澿 559(2)
濋 388(1)
474(17)
574(4)
濇 525(15)
721(7)
漱 501(11)
濊 143(12)
216(8)
427(4)
494(18)
498(8)
515(6)
592(5)
610(13)
701(7)
潔 765(4)
澽 405(2)
492(16)
澞 443(14)
746(10)
澲 773(3)
濉 549(3)
澸 498(7)
澠 127(19)
133(10)
381(13)
559(10)

激 611(5)
潞 406(1)
493(16)
588(12)
646(2)
澧 132(9)
476(6)
576(3)
濃 162(5)
438(4)
澡 135(19)
194(10)
395(6)
482(6)
澤 146(19)
521(1)
620(8)
715(4)
濁 141(17)
423(15)
512(8)
606(13)
692(8)
㵞 378(9)
466(11)
561(7)
𣽎 408(3)
496(8)
590(10)
652(11)
瀄 142(16)

215(2)
513(18)
609(12)
697(4)
潩 388(3)
475(1)
574(6)
滜 477(6)
577(7)
澆 362(9)
444(11)
激 145(11)
413(10)
429(15)
502(11)
518(8)
597(8)
615(7)
665(9)
708(9)
768(17)
溦 109(16)
442(7)
549(6)
澰 212(6)
419(10)
681(8)
澮 494(12)
591(6)
648(6)
瀘 464(11)

553(12)
溲 378(10)
466(12)
561(7)
澹 68(7)
136(20)
210(7)
416(7)
484(1)
505(4)
603(3)
672(5)
澥 132(13)
476(14)
澶 659(4)
澟 63(10)
139(1)
487(3)
濂 127(15)
469(3)
564(3)
㶉 117(11)
453(9)
濟 59(7)
108(12)
163(19)
440(12)
548(3)
548(5)
澺 231(12)
525(14)

617(1)
726(11)
澭 57(3)
162(4)
438(3)
540(6)
湔 367(10)
潚 369(3)
455(8)
澱 413(2)
501(10)
595(11)
662(9)
澼 708(10)
768(18)
濬 721(11)
鋈 439(3)
澤 771(12)
懁 525(7)
608(9)
725(11)
1025(1)
懞 489(11)
742(2)
㦗 559(4)
憾 210(4)
416(2)
504(17)
602(12)
671(10)
懅 588(2)
憴 381(13)
469(9)
559(10)
憹 744(15)
745(10)
懆 135(19)
194(10)
395(6)
482(6)
懌 431(1)
519(7)
620(12)
711(3)
憿 119(1)
135(6)
193(8)
369(8)
455(13)
481(4)
597(8)
憸 127(8)
400(3)
468(11)
487(16)
563(6)
580(7)
759(11)
懀 406(7)
494(14)
591(8)
648(9)
憺 210(7)
397(4)
416(7)
484(1)
505(4)
581(3)
603(3)
672(5)
懈 203(9)
408(10)
496(15)
600(2)
654(1)
懐 113(5)
364(11)
447(9)
748(30)
懍 139(1)
198(10)
399(8)
487(3)
憶 231(13)
525(14)
617(1)
726(10)
憲 206(8)
219(5)
411(3)
499(13)
597(5)
658(1)
褰 118(14)
368(13)
455(4)
752(11)
寰 116(19)
452(18)
窒 393(4)
480(4)
窶 131(20)
575(4)
寫 413(10)
502(11)
597(7)
665(8)
鴪 142(7)
424(14)
513(4)
609(5)
695(9)
窩 520(11)
770(19)
窾 374(5)
461(2)
565(3)
窸 428(1)
516(1)
611(9)
窶 614(5)
窼 457(5)
756(7)
757(1)
褩 403(10)
覶 752(5)
襀 430(15)
519(6)
褹 204(5)
408(5)
409(1)
496(10)
497(3)
591(11)
653(4)
655(1)
褿 371(10)
458(6)
458(9)
551(5)
褔 126(10)
126(12)
379(5)
399(4)
419(1)
467(3)
507(13)
562(5)
579(12)
746(16)
褾 135(13)
194(3)
394(11)
481(14)
䘣 422(6)

510(17)
褸 132(1)
379(7)
467(5)
475(13)
562(7)
575(5)
1025(10)
⿰礻過 483(3)
⿰礻鳥 394(4)
481(5)
⿰礻從 471(17)
568(10)
襐 397(5)
484(3)
568(13)
⿰衤敢 427(5)
494(15)
515(9)
⿰衤脩 415(4)
415(5)
504(3)
504(4)
599(9)
褶 148(7)
223(6)
523(4)
523(9)
616(4)
禧 109(13)
165(14)

360(11)
442(3)
禫 136(15)
396(12)
483(11)
580(10)
禪 118(5)
367(15)
454(9)
501(17)
596(3)
663(11)
禨 110(2)
404(15)
442(13)
492(14)
587(10)
642(5)
⿰黽色 211(2)
417(15)
506(13)
677(2)
翻 521(1)
615(3)
⿰夗鳥 517(7)

【乛】

賷 71(7)
410(6)
498(16)
593(10)
頳 449(14)

449(17)
⿰目鳥 522(17)
523(17)
771(32)
毄 561(9)
壁 145(16)
430(11)
519(2)
616(1)
710(3)
769(7)
幦 145(15)
430(9)
518(18)
615(6)
710(1)
769(5)
避 490(1)
584(9)
嬖 202(9)
407(5)
495(11)
589(13)
贋 440(13)
彊 123(5)
375(8)
462(6)
542(6)
543(4)
⿰目鳥 449(16)
彋 376(13)

463(7)
551(12)
553(3)
鋻 359(9)
440(2)
547(3)
彇 118(18)
369(3)
455(8)
⿰革束 109(17)
166(2)
361(1)
442(8)
鞘 413(13)
502(14)
597(10)
666(2)
壂 403(10)
491(9)
587(3)
隭 360(7)
441(15)
隝 424(5)
512(12)
608(10)
隰 148(7)
223(6)
523(8)
616(4)
720(6)
慹 590(6)

⿰阝菐 604(9)
隱 64(14)
133(12)
390(15)
478(5)
⿰阝⿱夆口 39(4)
161(19)
437(15)
539(10)
640(6)
745(16)
隊 370(13)
457(14)
隮 406(11)
494(18)
589(6)
649(5)
嬳 524(9)
607(9)
723(5)
1023(1上)
嬙 123(3)
375(5)
462(3)
543(1)
嬛 118(10)
124(20)
368(8)
454(17)
464(17)
554(4)

	753(10)	翴	118(6)		493(11)		491(7)		194(11)
嬹	110(7)		368(2)	[illegible]	398(15)		586(4)		209(1)
	167(3)		454(10)		486(11)	[illegible]	480(10)		395(7)
	238(18)		752(2)		579(7)	縪	424(13)		414(10)
	361(13)	[illegible]	111(9)	縉	205(7)		513(3)		482(8)
	443(3)		362(11)		410(7)		513(7)		503(10)
	762(17)		444(12)		498(17)		609(4)		598(6)
嬐	139(6)	翯	141(20)		593(9)		694(9)		755(3)
	199(3)		424(3)	縝	114(5)	縜	449(17)	縭	107(18)
	399(14)		512(11)		133(5)	[illegible]	61(17)		163(10)
	468(12)		607(3)		449(2)		112(6)		359(1)
	487(11)		693(2)		477(11)		237(2.6)		439(10)
	563(7)	[illegible]	498(5)		577(13)		364(3)		546(5)
	580(5)		593(3)	縺	117(14)		445(17)	縊	402(12)
	581(10)		657(11)		453(12)	縫	107(1)		490(10)
	759(13)	氃	128(3)		750(10)		162(6)		585(2)
嬒	701(8)		382(2)	縛	524(9)		201(6)	縑	127(16)
[illegible]	68(4)		469(12)		607(9)		438(5)		381(8)
	397(1)	[illegible]	498(7)		723(5)		489(15)		469(4)
	483(15)		592(5)		1023(1上)		540(9)		564(3)
	581(1)	[illegible]	129(7)	編	770(10)		583(7)	[illegible]	397(3)
嬗	366(14)		471(11)	[illegible]	424(10)	縐	418(5)		483(18)
	452(15)		568(6)		512(17)		507(1)		581(4)
	776(4)	[illegible]	509(13)	縟	141(8)		601(9)	縡	657(5)
嬚	399(13)	[illegible]	111(14)		511(12)		667(8)	[illegible]	522(2)
	487(9)		363(2)		606(4)		678(1)		771(9)
	580(5)		379(2)		690(10)		782(9)		
[illegible]	391(5)		445(1)	縓	502(5)	縗	113(11)		**十七畫**
	411(2)		467(1)		596(7)		365(3)		**【一】**
	478(10)		562(3)		664(10)		447(17)	積	431(12)
	499(11)	[illegible]	405(12)	緻	403(9)	縞	135(20)		520(2)

770(6)
⿰耒莫 412(5)
500(13)
779(19)
耬 126(11)
379(6)
467(4)
562(6)
⿰耒曼 411(13)
500(5)
594(10)
660(11)
⿰耒巽 525(17)
⿰耒啇 406(13)
495(3)
589(8)
649(10)
璱 142(17)
215(2)
513(18)
609(12)
697(5)
⿰王盞 765(17)
璨 207(11)
412(6)
500(14)
595(4)
779(22)
璩 110(5)
166(20)
361(11)

442(17)
443(2)
璫 123(10)
375(14)
462(11)
543(10)
⿰王號 414(9)
503(9)
598(5)
667(10)
璐 493(16)
588(12)
646(2)
璪 135(20)
194(11)
395(7)
482(7)
環 116(18)
452(17)
匵 140(4)
509(12)
604(3)
684(11)
璵 110(7)
167(2)
361(13)
443(2)
璬 135(6)
193(8)
481(4)
贅 407(12)

495(18)
590(5)
651(11)
謦 120(5)
120(15)
370(9)
371(8)
457(10)
458(6)
551(6)
757(11)
757(13)
782(17)
⿰戈鳥 231(10)
525(10)
616(11)
726(4)
1025(6)
覯 211(12)
419(1)
507(13)
602(4)
679(12)
鄿 134(19)
192(10)
480(12)
⿰⿱艹奠阝 372(5)
392(3)
412(7)
459(2)
479(4)

500(15)
556(3)
595(5)
765(10)
黿 115(6)
366(1)
450(12)
452(2)
⿰鬲攵 371(9)
458(8)
757(13)
髺 388(9)
475(8)
575(1)
⿱髟酋 466(2)
560(11)
髾 120(2)
457(6)
756(7)
髽 121(19)
460(5)
558(4)
鬀 437(10)
539(5)
742(3)
擡 113(15)
365(8)
壔 395(5)
482(5)
擣 482(5)
551(5)

⿰扌幾 144(15)
495(11)
517(5)
613(1)
705(6)
擦 143(19)
427(14)
515(17)
610(9)
700(9)
⿰土賣 403(4)
491(2)
585(9)
⿰扌監 122(8)
374(4)
461(1)
483(18)
565(3)
581(4)
壏 400(11)
488(5)
581(8)
駴 476(16)
576(10)
764(8)
⿰馬瓦 433(7)
522(12)
617(10)
718(11)
⿰馬孛 141(16)
143(4)

	215(10)		367(7)		499(2)	⿺走虒	440(4)		396(10)
	423(13)		413(1)		593(12)		547(5)		483(9)
	426(6)		454(2)	擟	108(5)	趨	111(6)	羲	405(4)
	512(5)		501(9)	壖	118(8)		362(7)		493(1)
	606(11)		595(9)		368(6)		444(9)		587(13)
	612(2)		662(6)		454(14)	⿰土㬎	147(17)		643(2)
	692(4)		751(8)		753(13)		433(6)	擜	121(11)
	698(8)	騀	136(7)	擩	211(11)		522(11)		162(17)
騋	399(3)		396(1)		405(11)		616(6)		372(14)
	471(15)		482(18)		493(10)		617(10)		459(11)
	486(15)	駼	61(5)		507(11)		718(10)		557(4)
	568(9)		111(18)		588(7)		771(24)	覩	440(17)
	579(11)		363(6)		602(3)	戴	498(6)		548(9)
⿰馬帀	377(10)		445(5)		645(1)		593(3)	擬	130(20)
	465(14)	騂	464(17)	⿺走眞	117(16)		657(12)		387(3)
	560(4)		554(5)		453(14)	鵠	144(2)		474(3)
駹	57(9)	駾	406(9)	⿺走彖	146(15)		428(3)		573(2)
	162(10)		494(17)		620(4)		516(3)	壕	757(7)
	438(9)		591(10)		714(3)		611(11)	壙	506(1)
	541(1)	駺	375(13)	⿺走豦	118(15)		702(7)		584(7)
⿰馬步	494(7)		462(11)		368(13)	墣	423(14)		674(10)
	647(8)		543(8)		455(4)		512(6)	擴	525(7)
駻	207(1)	駸	63(2)		752(11)	撲	141(15)	擖	143(2)
	411(10)		126(18)	⿺走里	424(13)		423(13)		514(8)
	500(1)		467(13)		513(3)		512(5)		614(11)
	594(8)		558(7)		694(9)		606(11)		698(6)
	658(11)	騃	132(16)	⿺走息	201(4)		692(4)	擿	709(10)
	779(11)		476(16)		489(11)	嬰	386(8)	擠	406(11)
騁	137(19)		577(1)		583(4)		473(9)		494(18)
	485(7)		764(8)	⿺走島	476(2)		572(4)		589(6)
駽	117(19)	駿	205(11)		575(13)	魏	136(13)		649(5)

盩 378(12) 466(14) 561(10)
蟄 144(19) 148(8) 223(8) 523(12) 616(5) 720(11) 771(27)
褺 148(3) 223(2) 523(3) 618(4) 719(11)
摯 593(9)
縶 148(8) 223(8) 523(11) 616(5) 720(11)
擲 146(3) 431(6) 519(12) 621(3) 711(11) 769(19)
擯 205(6) 498(15) 593(8)
縠 510(1)

轂 140(5) 509(13) 604(3) 685(1)
穀 140(6) 421(6) 509(15) 604(5) 685(5)
豰 140(6) 140(8) 509(6) 509(8) 604(6) 604(8) 606(12) 685(12) 692(5)
觳 141(17) 421(5) 423(15) 509(14) 512(7) 606(13) 685(3) 692(7)
㲉 141(17) 423(15) 509(14) 512(7) 604(3)

606(13) 685(4) 692(7)
聲 464(14) 554(2)
謦 211(2) 417(14) 506(13) 599(5) 677(1)
擢 141(17) 423(15) 512(8) 606(13) 692(8)
攕 392(1) 479(3) 765(8)
瞜 119(7) 369(15) 371(10) 456(5) 458(9) 551(8)
瞟 413(15) 502(17) 666(6)
藉 146(4) 415(12) 431(7) 504(11)

519(14) 600(8) 621(4) 670(7)
瞫 460(9)
䫲 109(11) 165(8) 360(8) 441(16)
䁦 406(15) 495(6)
䁐 204(5) 409(2) 497(5) 591(12) 655(2)
瞠 132(10) 476(8) 576(5)
瞺 771(28)
䁭 119(2) 369(8) 371(1) 455(14) 457(16) 550(11)
豎 493(12)
聯 118(6) 368(2) 454(10) 752(3)

聮 120(5) 370(9) 457(10) 550(6) 756(7) 757(2)
蕌 122(10) 210(7) 416(6) 461(2) 505(4) 565(5) 603(3) 672(5)
薹 62(10) 113(15) 365(9) 448(4)
薵 126(4) 466(13) 561(9)
薻 120(6) 370(10) 457(11) 756(7)
蕩 60(9) 109(8) 165(4) 441(14) 550(3)
䕫 161(11)

539(1)
743(9)
懃 115(4)
艱 117(2)
453(3)
韔 416(11)
505(9)
鞥 521(11)
526(12)
鞜 147(2)
521(7)
618(8)
716(2)
鞞 130(1)
138(5)
359(5)
398(5)
439(14)
472(13)
485(16)
546(10)
570(13)
748(13)
鞠 140(14)
140(17)
422(3)
510(13)
605(4)
687(5)
687(5)
687(7)
鞟 1025(2)
𩋐 392(4)
479(5)
765(6)
鞚 239(19)
402(3)
489(8)
583(1)
鞬 115(12)
451(3)
鞡 525(15)
617(2)
726(11)
䩞 518(1)
768(11)
蕒 585(9)
鞋 204(1)
396(8)
408(11)
483(7)
496(16)
600(3)
654(3)
鞘 130(9)
238(2)
386(6)
409(11)
473(7)
572(2)
䩕 437(1)
489(14)
538(8)
583(6)
蓫 509(5)
604(5)
藍 122(8)
374(4)
460(18)
565(2)
薚 505(15)
584(4)
674(3)
薾 386(10)
473(12)
476(9)
572(6)
576(6)
鴂 744(18)
745(13)
藏 123(18)
417(3)
463(4)
505(17)
544(9)
584(6)
674(6)
薷 135(3)
薦 368(7)
454(16)
753(11)
藟 363(11)
445(11)
薱 204(10)
409(7)
497(10)
592(11)
656(1)
藁 134(3)
392(2)
765(10)
䕯 596(10)
蔟 446(18)
748(17)
藹 210(10)
416(10)
505(8)
583(13)
673(3)
蕑 110(12)
167(13)
362(4)
443(9)
746(3)
蔫 369(10)
371(14)
455(16)
458(13)
藋 116(2)
365(13)
451(15)
660(4)
藅 514(3)
鄯 201(3)
薹 201(3)
489(11)
583(3)
薰 115(2)
450(7)
蔉 525(1)
舊 211(5)
418(4)
506(18)
601(9)
677(11)
蓨 119(11)
456(8)
藐 141(15)
423(12)
512(4)
606(11)
692(4)
蘋 554(13)
蕧 124(20)
464(17)
554(5)
薿 130(20)
230(10上)
387(3)
474(3)
526(4)
573(3)
617(8)
728(2)
772(6)

藃 120(3) 370(6) 456(4) 457(7) 755(6)
薺 132(8) 476(5) 576(3)
檾 464(17) 554(5)
薸 119(14) 456(13)
薻 135(20) 395(6) 482(7)
藆 479(18)
蔡 144(2) 428(2) 611(10) 702(6)
薴 124(12) 464(5) 553(6)
[illegible] 412(4) 500(11)
韓 116(1) 451(14)
藎 71(5) 205(8) 410(6) 498(16) 593(10)
盫 475(18) 575(10)
隫 365(3) 447(16)
藋 413(10) 502(12) 597(8) 665(9)
隸 495(14) 590(2) 651(4)
檉 124(17) 464(12) 553(13)
檴 231(7) 415(14) 504(14) 525(7) 608(9) 725(11) 1025(1)
檬 38(3) 437(3) 538(10) 743(13) 774(10)
㯲 419(7) 507(18)
檣 123(3) 375(5) 462(3) 543(1)
木卿 424(7) 512(14)
黛 744(11)
橿 122(16) 461(12) 542(6)
檟 136(10) 195(11) 396(5) 483(4)
[illegible] 440(7)
[illegible] 546(8)
木豦 443(1)
檔 123(10) 375(14) 462(11) 543(10)
橾 363(1) 399(3) 444(18) 486(15) 579(11) 1026(1)
檡 146(1) 431(3) 519(9) 620(13) 711(6)
檈 118(9) 368(8) 449(9) 454(16) 753(4)
櫏 521(6) 716(1)
[illegible] 423(2) 511(11)
櫛 142(16) 215(2) 513(18) 609(12) 697(4)
檓 472(3) 570(4)
檄 430(5) 518(14) 615(10) 709(5)
檢 139(6) 199(4) 399(15) 487(12) 581(11)
檜 143(11) 216(6) 427(1) 494(12) 515(3) 591(6) 610(12) 648(6) 701(3)
歛 208(3) 231(14) 525(15) 597(9) 616(13) 617(2) 666(1) 727(1)
貉 520(18)
[illegible] 126(8) 379(2) 467(1) 562(2)
檞 476(16)
櫝 402(2) 489(7) 582(13)
檀 116(12) 366(8) 452(9)
檍 525(14) 617(1)
檥 385(6) 472(8) 570(9)
木站 382(9) 470(1) 565(7)
橚 369(3)

455(8)
懋 418(13) 507(9) 602(1) 679(6)
[illegible] 552(1)
轅 115(7) 450(14)
[illegible] 771(2)
[illegible] 476(2)
[illegible] 376(15) 463(9) 552(1)
[illegible] 378(3) 466(4) 560(12)
轄 494(16) 591(9) 648(11)
輾 134(17) 192(7) 480(7) 502(8) 596(10) 665(4)
[illegible] 146(15) 520(12) 620(3) 714(2)
[illegible] 407(2) 495(8)

650(6)
擊 145(11) 429(15) 518(9) 615(7) 708(9) 768(17)
歛 446(13) 748(5)
懇 407(3) 495(9) 589(12)
魏 740(14)
橐 371(11) 551(9)
臀 770(16)
臨 63(3) 126(19) 419(8) 467(15) 508(2) 558(8) 681(3)
黼 388(8) 475(7) 574(13)
醒 417(13) 506(11)
擧 453(4)
蹓 377(11) 465(16)

560(5)
蹥 139(11) 400(8) 488(2) 581(5)
翲 119(18) 456(18) 666(6)
醚 517(18) 517(18) 768(10)
醧 430(3) 518(11) 768(20)
醢 133(2) 477(7)
醨 407(7) 495(13)
醯 505(16)
醪 601(11)
醨 439(10) 546(5)
醲 430(10) 519(1) 769(6)
醽 142(6) 424(12) 513(2) 609(3) 694(6)
翳 112(12)

202(8) 407(4) 446(9) 495(10) 589(12) 650(8) 748(6)
緊 446(10) 748(6)
蠡 430(12) 519(3) 769(9)
磽 120(5) 135(9) 370(8) 394(7) 457(9) 481(9) 756(3)
磭 359(8) 440(1) 547(1)
壓 147(14) 433(1) 522(6) 619(10) 718(3) 771(15) 771(32)
礦 127(14) 469(1)

522(18) 563(13) 618(5) 759(9) 771(33)
磹 212(8) 419(13) 508(7) 602(11) 681(12)
鴪 138(6) 197(6) 485(17)
[illegible] 430(3) 518(12) 768(21)
鄾 125(12) 377(9) 465(13) 560(2)
磾 112(7) 237(2.7) 364(4) 446(2)
磈 764(15)
礒 768(16)
碻 145(18) 430(14) 519(5) 620(10) 710(8)

磼 147(3) 521(8) 618(10) 716(4)
磻 116(13) 366(10) 452(10)
磷 498(12) 593(6)
磳 128(4) 381(12) 469(8) 469(14) 559(9) 559(13) 601(4)
磴 212(11) 420(2) 508(11) 594(5)
磯 110(1) 166(11) 361(6) 442(13)
[illegible] 66(9) 134(7) 392(9) 479(11)
醆 765(17)
[illegible] 143(12) 216(8) 427(4) 515(6) 610(13) 701(7)
雗 448(15)
磿 430(3) 518(11) 615(9) 709(2) 768(20)
鴄 505(10) 673(5)
鴝 237(2.2) 363(13) 445(13)
[illegible] 746(15)
邇 130(1) 385(11) 472(13) 571(1) 760(4)
豯 112(11) 364(9) 446(8)
貘 125(9) 465(9) 554(7)
殭 122(16) 461(12) 542(6)
[illegible] 116(16) 366(14) 452(14) 776(8)
鴷 145(1) 517(12) 613(6) 706(7)
[illegible] 203(7) 408(6) 496(11) 590(13) 653(6) 706(5)
殬 493(17) 588(13) 646(4)
殮 212(6) 419(10) 508(4) 602(9) 681(7)
[illegible] 431(8) 519(15) 615(13)
[illegible] 136(15) 396(12) 483(11) 580(10)
[illegible] 432(1) 520(6) 608(4) 770(12)
霜 123(2) 375(5) 462(2) 543(1)
霤 387(8) 474(8) 573(8)
霝 465(7) 555(1)
[illegible] 388(6) 405(13) 475(4) 493(12) 574(10)
[illegible] 59(15) 108(18) 164(6) 441(1) 548(12)
霢 146(7) 431(11) 519(18) 614(12) 712(8)
霚 63(12) 468(6) 559(4)
[illegible] 447(5)
[illegible] 199(5) 400(1) 487(13) 580(6)
霞 121(15) 376(6) 459(16) 557(9)
[illegible] 743(14)
[illegible] 440(12)

【丨】

[illegible] 748(29)
餋 131(3) 238(15) 387(6) 474(6) 573(7)
齔 410(8) 498(18) 593(11)
鴬 58(12) 108(1) 163(11) 359(3) 439(12) 439(12) 546(7) 546(8)
[illegible] 163(11) 359(3) 439(13) 546(8)
[illegible] 449(15)

壑 231(2) 525(2) 608(5) 725(2) 1024(5上)
虨 114(15) 117(4) 449(15) 453(6)
戲 402(11) 490(9) 585(2)
虡 388(1) 474(15) 574(3) 762(15)
勴 492(17) 587(12) 642(9)
虧 58(4) 163(3) 439(4) 545(10)
[illegible] 125(20) 378(6) 466(7) 561(3)
對 656(7)
[illegible] 142(14) 425(8) 513(13)
609(13) 696(5)
曉 379(5) 379(8) 467(3) 467(7) 562(5) 562(9)
瞦 109(14) 442(3)
聰 526(6) 772(10)
瞫 139(2) 198(12) 399(10) 416(4) 487(5) 505(1)
瞭 135(7) 193(9) 369(10) 394(4) 455(16) 481(6)
曆 212(8) 419(13) 508(7) 602(11) 682(1) 759(12)
暑 141(16)
423(13) 423(14) 512(5) 606(12) 692(5)
嚂 494(8) 591(3) 647(12)
嚎 567(1) 742(1)
顆 136(9) 395(15) 482(16)
瞨 598(13)
瞰 148(11) 223(12) 616(8)
瞷 114(2) 448(15)
瞯 117(2) 453(3)
瞶 404(11) 492(8) 586(13)
瞏 557(2)
瞴 110(17) 388(8) 443(15) 475(6) 574(12)
購 211(12) 419(2) 507(13) 602(5) 679(12)
賻 493(7) 588(5) 644(5)
嬰 124(17) 464(11) 553(12)
瞬 205(11) 410(10) 499(3) 593(13)
瞳 160(19) 436(12) 537(13) 740(16)
瞎 393(6) 480(7)
瞵 498(12)
矑 770(11)
瞪 463(13) 552(5) 559(7) 682(5)
瞲 403(14) 586(10)
嚎 477(8) 577(9)
嚇 146(18) 415(9) 504(8) 520(17) 600(6) 620(7) 670(2) 715(1)
嚱 142(6) 513(1) 609(3) 694(5)
嚋 378(12) 466(13) 561(9)
嘐 395(4) 482(4)
嚏 406(11)
閹 489(7) 489(12) 583(5) 583(9)
闉 114(2) 448(16)
闄 394(13) 481(16)
闌 116(15) 366(13) 452(13) 776(11)
闃 430(11) 519(2)

616(1)
769(8)
闃 114(9)
449(7)
闒 144(5)
428(6)
516(7)
614(3)
703(2)
闄 444(6)
闇 504(18)
602(12)
671(10)
闊 143(11)
216(7)
427(2)
515(4)
610(12)
701(5)
闈 109(17)
166(2)
442(8)
闋 144(10)
428(14)
516(15)
612(8)
704(3)
嚂 416(5)
505(3)
565(3)
曙 405(3)
492(18)
587(13)
643(1)
曎 194(7)
395(3)
482(2)
曒 481(5)
曖 498(4)
591(3)
593(2)
657(10)
嚅 111(1)
444(2)
蹎 453(15)
蹕 142(7)
424(13)
513(2)
609(4)
694(8)
蹋 147(8)
432(7)
521(15)
619(1)
717(4)
蹞 212(2)
419(5)
489(11)
507(16)
583(4)
602(7)
621(7)
680(6)
蹏 748(3)
蹓 456(9)
蹈 208(11)
414(9)
503(9)
598(5)
蹊 446(8)
748(7)
蹌 123(3)
375(6)
462(4)
543(2)
蹓 378(9)
466(10)
561(6)
蹻 756(3)
蹐 145(18)
145(18)
430(14)
519(5)
620(10)
710(9)
蹚 123(17)
376(9)
463(3)
蹝 393(7)
480(8)
勴 113(10)
365(2)
409(13)
447(15)
497(18)
592(10)
657(2)
蟞 524(1)
繄 148(13)
223(14)
524(1)
607(4)
722(2)
蟗 540(1)
蟦 430(15)
519(6)
769(4)
蟡 369(1)
螼 390(10)
478(2)
578(9)
蟥 376(4)
462(16)
544(3)
螹 468(18)
563(12)
759(12)
螬 120(17)
371(10)
458(8)
551(8)
蟝 405(10)
493(9)
螵 456(18)
螮 406(11)
495(1)
589(7)
649(7)
瞳 134(4)
392(4)
479(5)
765(8)
螳 123(7)
375(11)
462(8)
543(7)
螻 126(12)
379(7)
467(5)
562(8)
螺 120(19)
371(13)
458(12)
蟈 146(8)
431(11)
614(13)
712(10)
770(4)
蝸 415(5)
458(12)
504(3)
蟍 440(18)
瞵 114(6)
449(3)
498(12)

蜼 205(7)
410(7)
498(17)
593(9)
蟂 119(1)
369(8)
455(14)
螐 161(17)
437(11)
539(6)
744(13)
745(8)
蟌 437(10)
蟋 142(16)
215(2)
513(18)
608(11)
609(12)
693(8)
697(5)
蟔 430(10)
519(1)
769(6)
蟓 69(3)
137(2)
484(2)
568(13)
673(1)
蠊 376(2)
462(14)
543(12)
蟰 540(4)
640(11)
螰 140(7)
509(17)
604(7)
685(9)
蜁 368(8)
454(16)
蟀 142(12)
425(5)
513(10)
609(10)
695(2)
蟝 361(12)
443(2)
螲 424(10)
512(18)
609(2)
613(4)
蟉 377(11)
399(7)
465(15)
487(2)
560(5)
563(1)
563(2)
580(4)
蟭 524(1)
722(3)
艕 193(10)
394(6)
481(8)
氈 57(10)
107(7)
162(11)
438(10)
541(2)
覞 410(12)
499(6)
嚗 147(5)
521(11)
618(13)
716(8)
雖 70(8下)
108(20)
164(9)
441(4)
549(3)
歁 380(6)
468(2)
559(1)
鵃 740(16)
嚊 403(5)
491(2)
586(1)
嶷 230(10上)
728(2)
772(5)
嚝 376(13)
463(7)
551(13)
嚌 406(12)
495(2)
589(7)
嚀 555(3)
嚁 130(13)
386(10)
473(12)
572(7)
巀 143(17)
427(11)
515(14)
517(4)
611(6)
700(6)
705(3)
幬 378(11)
466(12)
561(8)
幭 144(16)
429(7)
517(6)
613(1)
705(7)
覬 403(10)
491(9)
586(5)
嶺 779(16)
麃 370(4)
457(5)
756(5)
巁 203(7)
496(11)
590(13)
斀 145(20)
431(1)
493(15)
519(7)
588(11)
620(12)
645(12)
711(3)
屬 591(1)
罼 665(12)
𦌾 574(12)
戳 606(10)
692(2)
歜 136(17)
141(8)
396(14)
423(3)
483(13)
511(11)
580(12)
606(3)
690(9)
斣 418(15)
507(11)
602(3)
罿 39(7)
160(19)
162(1)
436(12)
537(13)

540(1)
640(9)
740(17)
745(18)
罾 128(4)
382(3)
469(14)
翼 412(10)
500(18)
596(11)
661(6)
嶌 450(8)
嶾 410(15)
499(9)
嶺 137(20)
196(10)
485(8)
嶷 60(8)
109(6)
164(20)
441(12)
550(1)
嶷 230(10上)
526(4)
617(8)
728(2)
772(6)
嶽 141(13)
235(8下)
423(8)
511(18)
606(8)
691(10)
嶸 124(9)
463(14)
464(3)
552(6)
553(3)
點 139(9)
400(4)
487(17)
580(8)
黚 127(14)
381(5)
468(4)
468(18)
559(3)
563(12)
黖 143(15)
216(11)
427(8)
515(11)
611(4)
699(12)
黈 131(19)
475(11)
575(3)
黜 142(11)
513(9)
609(9)
696(2)
黝 138(19)
198(8)
399(7)
487(1)
580(3)
顆 748(25)
髁 136(14)
396(11)
415(6)
483(10)
504(5)
[illegible] 615(5)
770(16)
[illegible] 459(14)
557(7)
髀 130(1)
132(13)
386(5)
472(13)
473(6)
476(12)
570(13)
572(1)
576(9)
谿 762(16)
豂 768(12)
【丿】
鴰 111(6)
362(7)
444(4)
444(8)
罅 415(9)
504(8)
600(6)
670(2)
矯 135(12)
481(13)
矰 128(4)
382(3)
469(14)
[illegible] 122(15)
461(11)
542(6)
犠 58(6)
107(17)
163(6)
439(6)
545(13)
[illegible] 144(6)
428(8)
516(8)
614(4)
701(4)
703(4)
穦 391(13)
479(1)
穗 403(1)
490(15)
585(7)
[illegible] 395(3)
482(3)
穳 468(4)
559(2)
穙 510(2)
穐 122(3)
460(10)
穖 750(5)
穮 133(4)
389(15)
477(10)
498(2)
577(11)
592(13)
657(6)
穚 119(8)
456(6)
755(4)
755(5)
穕 771(29)
穛 141(13)
423(10)
606(9)
691(11)
黏 127(11)
381(2)
468(15)
563(9)
759(7)
[illegible] 440(17)
穜 57(4)
438(4)
穟 490(16)
[illegible] 377(12)
465(16)

560(7)
561(4)
鍪 119(16)
456(16)
魏 162(19)
166(15)
404(12)
492(10)
587(7)
穖 387(6)
474(6)
[illegible] 471(16)
568(9)
盨 456(15)
755(4)
[illegible] 407(15)
496(4)
590(7)
652(5)
簀 146(9)
431(13)
520(2)
615(1)
713(1)
770(6)
簎 146(15)
431(8)
519(14)
520(14)
620(4)
[illegible] 748(24)
[illegible] 125(5)
465(5)
554(13)
篽 119(4)
369(10)
455(16)
簧 123(13)
376(3)
462(15)
544(2)
簫 392(5)
479(6)
765(11)
[illegible] 370(5)
457(6)
篿 118(12)
366(5)
368(11)
452(6)
455(1)
753(12)
篻 119(14)
135(12)
194(2)
456(13)
481(12)
篪 110(6)
388(3)
474(18)
574(5)
762(10)
[illegible] 407(13)
簍 126(12)
132(1)
138(18)
198(7)
379(7)
399(5)
467(5)
475(13)
486(17)
562(8)
575(5)
579(12)
1025(10)
纂 472(6)
570(6)
簂 409(11)
篾 144(16)
517(6)
613(1)
705(6)
簆 124(9)
464(2)
553(2)
簻 372(1)
458(16)
555(12)
簃 108(6)
359(11)
438(16)
440(3)
545(2)
547(5)
篼 126(15)
467(10)
562(13)
簁 108(7)
129(20)
163(12)
359(13)
385(10)
440(5)
472(13)
547(7)
570(13)
篵 744(20)
745(15)
簏 140(7)
509(17)
604(7)
685(9)
757(7)
簅 765(16)
篺 112(20)
447(2)
556(11)
748(23)
[illegible] 68(7)
136(20)
397(4)
484(1)
581(3)
簋 130(8)
386(5)
473(6)
572(1)
[illegible] 395(14)
482(15)
[illegible] 69(3)
137(2)
397(5)
484(3)
569(1)
[illegible] 745(16)
[illegible] 616(3)
篸 122(5)
460(13)
564(10)
602(13)
672(1)
[illegible] 744(1)
繁 115(8)
450(16)
輿 167(2)
361(12)
405(6)
443(2)
493(4)
588(3)
舉 405(6)
493(4)
588(3)
643(11)

歟 110(8) 131(7) 167(3) 361(13) 387(12) 443(3) 474(12) 573(12) 762(17)
懇 361(14) 443(3)
儹 134(3) 392(3) 517(2) 704(10) 765(10)
臀 511(4)
舉 135(14) 194(5) 394(14) 424(3) 481(16) 512(11)
舉 129(10)
頧 423(9) 511(18) 606(8) 691(10)
儶 472(9)
鵂 126(3) 378(10) 466(11) 561(7)
優 125(12) 377(8) 465(13) 560(2)
擊 472(3) 570(4)
䳟 138(11) 486(6) 510(10) 579(3)
猷 498(9)
鼔 510(2)
齡 122(6) 460(12) 460(16) 564(8) 564(13)
齡 133(11) 390(12) 478(3) 578(11)
歛 114(18) 450(2) 594(1)
齔 471(6) 568(6)
牒 526(10) 729(3)
黛 498(1) 592(13) 657(4)
儢 131(6) 387(11) 573(11)
儵 126(4) 369(7) 378(11) 455(13) 466(13) 561(9)
償 210(11) 505(11) 584(1) 673(7)
傴 62(3) 113(10) 365(2) 389(8) 447(15) 577(4) 764(16)
僞 212(3) 419(6) 467(17) 507(17) 600(13) 680(7)
鴝 63(6) 380(3) 558(11)
儩 454(3) 751(4)
僇 457(9) 757(5)
顉 60(4) 109(4) 164(16) 441(9) 549(10)
儲 110(13) 167(12) 167(14) 443(10) 746(6)
儦 119(13) 456(12)
䑸 411(10) 500(1) 594(7) 658(10) 776(13) 779(9)
艚 448(10)
鼀 108(18) 441(1) 548(12)
頼 132(9) 239(5) 476(7)
飄 748(13)
皤 121(8) 372(9) 459(6) 556(7)
魌 109(10)
魎 69(3) 137(2) 484(3) 569(1)
魈 363(8) 445(8)
魍 137(6) 397(10) 484(9) 569(7)
魋 62(4) 113(11) 365(3) 447(16)
翱 120(15) 371(8) 458(6) 551(6) 757(13)
擊 145(15) 208(2) 413(11) 430(8) 502(12) 518(17) 597(9) 615(13)

665(11)
709(11)
769(4)
儠 433(5)
522(10)
617(10)
718(9)
771(22)
劕 693(5)
[illegible] 559(12)
徽 109(17)
165(20)
360(15)
442(7)
禦 131(6)
387(10)
474(10)
573(10)
762(8)
聳 129(10)
384(13)
471(15)
568(9)
[illegible] 465(4)
554(12)
衛 513(10)
[illegible] 521(5)
盨 388(1)
474(16)
574(4)
[illegible] 111(1)

444(3)
444(13)
艚 120(17)
371(10)
458(9)
551(8)
艜 494(10)
591(4)
艛 379(7)
467(5)
562(7)
[illegible] 494(7)
589(6)
鵃 119(12)
369(6)
456(11)
756(6)
[illegible] 140(8)
509(17)
604(7)
685(8)
[illegible] 382(6)
508(10)
[illegible] 422(9)
511(3)
605(9)
鍥 144(9)
428(12)
516(12)
517(8)
703(11)

鍖 771(33)
鍱 147(16)
617(8)
771(19)
鍊 413(3)
501(11)
595(11)
662(11)
鍼 563(12)
鍞 68(2)
396(15)
483(14)
580(13)
鍷 748(20)
鍇 132(16)
447(7)
476(16)
476(17)
577(1)
577(1)
748(27)
764(8)
鍚 122(11)
461(4)
541(7)
鍝 443(14)
746(11)
746(11)
鍻 426(3)
514(8)
614(11)

614(11)
鍡 132(17)
239(13)
477(1)
577(2)
764(15)
鍔 524(17)
608(3)
724(10)
1024(2上)
鍴 366(4)
452(5)
鍤 147(12)
432(12)
522(2)
617(12)
619(7)
717(11)
771(9)
771(29)
鍾 39(5)
161(19)
437(16)
539(12)
640(7)
745(16)
鍑 418(6)
507(2)
601(10)
678(3)
686(8)

鍛 411(11)
500(3)
594(9)
660(9)
鎪 126(1)
378(8)
466(9)
561(5)
鍠 123(20)
376(12)
463(6)
551(12)
鍭 126(9)
379(4)
418(11)
467(2)
507(7)
562(5)
鎚 60(4)
164(15)
441(9)
549(10)
鍮 126(13)
379(9)
467(7)
562(10)
鍰 116(19)
452(18)
鍧 553(7)
鍍 406(1)
493(15)

588(12) 645(12)
鍦 490(10) 558(4) 585(2)
鎡 109(16) 165(18) 360(14) 442(6)
鍹 753(1)
鍜 121(15) 459(16) 557(9)
鍏 166(3) 361(1)
鍒 125(19) 378(5) 466(6) 561(1)
侖 524(1) 722(1)
斂 199(2) 212(6) 399(13) 419(10) 487(9) 508(4) 580(4) 602(9) 681(8)
歛 374(5) 461(3) 565(5)
鴿 146(20) 521(4) 618(9) 715(8)
黖 116(18) 367(1) 452(16)
戲 127(12)
爵 224(2) 524(7) 607(8) 723(2)
豀 119(10) 211(4) 418(2) 506(16) 601(7) 677(7)
雞 376(4) 462(16) 544(2)
貘 146(13) 520(10) 620(2) 713(10) 770(18)
邈 141(15) 423(12) 512(4) 606(11) 692(3)
貔 108(11) 163(17) 440(10) 548(1)
豯 748(7)
貖 520(8) 770(14)
貇 65(12) 134(2) 364(13) 391(15) 479(1)
預 417(12) 506(10) 599(3)
谿 112(17) 446(16) 748(11)
餬 61(1) 111(15) 363(3) 445(2) 1026(4)
䭮 230(8上) 526(3) 617(6) 772(3)
餚 472(5)
餪 134(3) 392(2) 479(3) 765(9)
餲 143(19) 203(6) 408(5) 427(13) 496(10) 497(9) 515(16) 590(11) 592(4) 610(9) 653(2) 655(11) 699(10)
餿 126(1) 378(7) 466(9) 561(4)
餭 123(13) 376(3) 462(15) 544(2)
餱 126(9) 379(4) 467(2) 562(5)
䭔 62(5) 113(11) 365(4) 447(17)
餫 410(12) 499(5) 594(1)
餯 498(9) 592(6)
臒 607(9) 1025(1)
朦 38(2) 161(8) 437(3) 471(6) 538(10) 567(10) 742(1) 774(9)
膿 39(3) 161(18) 539(8) 744(15) 745(10)
臊 120(13) 371(5) 458(3) 551(3)
𦢊 524(12)
臅 423(3) 511(11)
臉 127(8) 139(12) 400(9)

468(11)
488(3)
563(6)
581(6)
759(10)
膾 494(12)
591(6)
648(5)
膽 68(7)
136(20)
397(3)
483(18)
581(4)
膻 392(5)
479(7)
臆 231(13)
525(14)
617(1)
726(10)
臏 212(9)
682(2)
謄 128(6)
382(6)
469(16)
䐹 126(2)
378(8)
466(9)
502(10)
561(5)
甑 416(7)
460(18)
505(5)
565(2)
603(3)
672(7)
鵂 386(2)
473(2)
571(6)
頣 451(8)
鵃 402(15)
490(13)
547(10)
毚 128(11)
382(11)
470(3)
565(10)
鮭 446(17)
483(7)
748(16)
鮚 425(1)
513(5)
609(6)
694(10)
鯕 471(15)
568(8)
鮔 420(2)
508(12)
594(6)
682(9)
鮪 130(9)
238(3)
238(6)
386(6)
473(7)
572(2)
鮞 109(10)
140(17)
165(7)
360(7)
422(4)
441(16)
510(14)
550(5)
605(5)
鮬 494(7)
589(5)
647(8)
鮤 144(20)
517(12)
613(6)
鮧 59(15)
108(17)
164(6)
鮢 422(5)
510(15)
鮆 132(8)
476(5)
鮦 129(8)
197(11)
384(10)
398(12)
471(12)
486(6)
568(6)
579(3)
鮏 765(20)
鯅 367(14)
454(8)
鮎 211(9)
418(11)
507(7)
601(13)
679(1)
鮯 146(20)
521(4)
618(9)
715(9)
鮡 394(8)
481(10)
鮠 62(7)
113(13)
365(5)
448(2)
鮨 59(12)
108(16)
164(3)
440(17)
548(9)
鮥 524(14)
560(12)
608(1)
724(4)
1023(11上)
鮫 119(20)
370(2)
457(3)
756(1)
鮮 117(20)
118(1)
367(10)
454(4)
鮩 142(10)
197(6)
398(6)
425(2)
485(5)
485(17)
513(7)
694(11)
𤢜 139(11)
400(8)
488(2)
581(6)
獼 134(15)
192(5)
480(5)
獳 111(1)
126(10)
379(6)
444(2)
467(4)
562(6)
䬐 770(5)
䬅 364(15)
447(13)

547(7)
颸 426(9) 514(13) 610(2)
䬉 374(8) 416(9) 505(7) 542(1)
獯 115(2) 450(8)
獷 137(16) 196(6) 485(4)
獱 114(12) 449(12)
艑 518(12) 768(21)
𦪇 472(11) 570(11) 760(7)
𦪷 141(19) 424(2) 512(9) 607(1) 692(10)
𤢺 571(4)
𤣋 424(1) 512(8)
臒 608(8) 725(11)
鴿 146(19) 520(18) 620(1) 715(3)
螽 161(1) 436(14) 538(2) 742(7)
斵 141(14) 423(11) 512(2) 692(1)
頴 480(1)

【丶】

講 129(11) 129(12) 471(17) 568(11)
諸 440(12) 548(4) 548(9)
諡 147(9) 432(8) 521(16) 521(16) 619(4) 716(10) 717(5)
譁 121(13) 373(1) 459(13) 557(6)
謨 111(14) 363(2) 445(1) 1026(2)
謜 118(12) 368(10) 450(13) 455(1) 753(2)
謅 147(7) 521(14) 619(3) 717(2)
謏 140(12) 421(13) 510(7) 604(13) 687(1)
謝 209(11) 415(11) 504(10) 600(8) 670(6)
謕 364(8) 439(17) 446(6) 446(13) 546(13) 748(5)
謠 119(11) 456(9)
謟 120(11) 371(3) 400(2) 458(1) 487(14) 551(1) 580(6) 757(13)
謑 132(12) 204(2) 408(12) 476(11) 496(17) 576(8) 600(3) 654(4)
謋 146(19) 521(1) 620(1) 715(3)
謧 364(3) 439(11) 446(1) 546(6)
謗 505(18) 584(7) 674(9)
謚 145(19) 404(1) 430(15) 491(16) 519(6) 586(12) 620(11) 710(11)
謙 127(17) 469(4) 564(3)
燮 223(4) 523(5) 618(5) 720(2)
䛭 209(10) 504(9) 600(6) 670(2)
謐 142(6) 424(12) 513(2) 609(3) 694(6)
謘 164(2) 403(9) 440(16) 491(8) 548(6)
褻 144(19) 517(11) 613(5) 706(4)
襄 122(19) 375(1)

461(15)
542(10)
甑 501(17)
氈 367(12)
454(6)
廬 415(13)
504(13)
600(9)
670(10)
711(11)
769(19)
廦 438(18)
472(2)
545(5)
549(7)
570(3)
糜 58(1)
70(3上)
107(13)
162(19)
545(5)
縻 58(1)
107(13)
162(20)
390(10)
402(13)
438(18)
478(1)
490(12)
545(5)
578(9)

鄺 368(1)
454(9)
膺 127(18)
381(12)
469(7)
559(9)
應 127(18)
212(10)
381(12)
419(15)
508(9)
559(9)
601(4)
癀 133(11)
206(4)
390(12)
410(14)
478(3)
499(8)
578(11)
594(4)
癍 439(16)
446(12)
癘 203(7)
408(6)
496(11)
590(12)
653(5)
療 208(6)
414(1)
502(18)

597(12)
666(9)
𤺌 762(19)
癇 453(3)
117(2)
𤸷 113(11)
365(2)
447(16)
癉 116(12)
366(8)
415(1)
452(9)
503(18)
599(7)
669(2)
𤻚 480(14)
癄 208(10)
414(7)
503(7)
597(13)
598(4)
667(8)
782(7)
𤸬 129(18)
472(9)
570(9)
𤸬 414(12)
455(16)
503(13)
癈 498(7)
592(5)

頳 403(15)
491(15)
586(10)
鵁 119(20)
370(2)
457(3)
755(10)
755(12)
756(3)
麋 60(1)
109(2)
162(20)
438(18)
441(6)
549(6)
鵉 403(12)
491(11)
586(7)
謨 124(3)
377(2)
463(11)
552(3)
諗 148(4)
523(5)
618(5)
720(1)
遵 449(10)
𨘢 128(1)
381(15)
382(3)
469(11)

469(14)
559(12)
齋 113(7)
364(13)
447(11)
748(29)
齎 112(5)
364(2)
445(16)
1027(8)
羸 120(20)
371(13)
458(12)
555(9)
旚 119(18)
456(17)
旝 602(9)
膂 388(2)
474(18)
574(5)
甕 201(2)
489(9)
583(1)
擊 384(9)
471(11)
568(5)
積 402(10)
490(8)
584(10)
摟 126(12)
379(7)

467(5)
562(8)
糭 412(11)
452(18)
501(1)
596(13)
661(9)
⿰米鳥 548(2)
糒 770(6)
⿰米滿 451(8)
糟 120(14)
371(7)
458(5)
551(5)
⿰米曼 116(14)
366(11)
452(12)
糞 71(13)
410(13)
499(6)
594(2)
⿰米悉 517(11)
麄 108(5)
359(9)
440(1)
547(3)
鹹 146(8)
431(11)
614(13)
712(10)
770(4)
⿱漠木 208(11)
414(9)
503(10)
598(5)
⿱堯火 203(2)
407(15)
496(3)
590(7)
652(5)
⿰火蒦 231(7)
525(8)
608(9)
725(12)
1025(2)
燦 207(11)
659(10)
779(22)
燥 135(19)
194(10)
395(6)
482(6)
燭 141(6)
422(15)
511(8)
606(1)
690(4)
⿰火節 144(10)
428(13)
516(14)
612(8)
704(1)
燬 129(14)
472(3)
570(4)
燩 145(14)
423(15)
430(8)
512(7)
518(17)
615(13)
692(8)
709(11)
769(4)
燷 68(3)
136(19)
397(1)
460(12)
483(16)
564(9)
581(1)
⿰火廉 469(3)
564(3)
⿱尚車 464(17)
554(5)
⿱𤇾豆 120(9)
371(1)
457(16)
550(12)
醟 506(9)
598(12)
599(2)
675(9)
676(4)
⿱苟言 124(14)
464(7)
553(8)
⿰氵藏 144(10)
428(13)
430(15)
516(14)
519(6)
612(8)
704(1)
鴻 38(5)
161(11)
437(6)
538(13)
濤 120(14)
371(6)
551(5)
⿰氵虔 143(9)
216(5)
426(14)
514(18)
517(7)
610(10)
701(1)
漻 481(6)
⿱漸土 212(6)
419(10)
508(4)
602(9)
681(7)
濫 210(6)
400(8)
416(5)
488(2)
505(2)
581(6)
603(1)
672(2)
濿 203(7)
408(6)
496(11)
590(12)
653(5)
濔 130(1)
385(11)
472(14)
571(1)
濡 111(1)
444(2)
776(13)
濬 410(8)
499(1)
593(11)
澍 409(7)
497(10)
⿱湯金 137(8)
484(11)
569(9)
盪 137(8)
484(11)
544(9)

569(9)
潬 204(3)
408(12)
496(18)
600(4)
654(5)
濮 140(9)
510(2)
604(9)
686(4)
濞 403(4)
407(7)
491(2)
495(13)
586(1)
590(1)
651(3)
潝 403(5)
491(2)
濦 410(15)
499(9)
594(5)
濵 205(5)
410(4)
498(14)
502(9)
593(7)
濠 120(8)
370(13)
457(13)
550(9)
757(7)
𤄷 430(4)
518(13)
709(4)
濟 132(9)
406(11)
476(7)
494(18)
576(4)
589(6)
649(5)
瀁 69(2)
137(1)
484(2)
568(13)
濙 138(4)
485(14)
濘 211(1)
407(10)
417(13)
495(16)
506(12)
590(3)
599(4)
676(10)
濱 114(9)
449(8)
濤 404(2)
491(17)
586(13)
濜 114(7)
449(5)
593(10)
瀡 402(13)
490(12)
澀 148(10)
523(15)
616(8)
721(7)
濯 141(17)
423(15)
512(8)
606(13)
667(7)
692(8)
746(15)
澤 130(13)
386(10)
403(11)
473(12)
491(10)
572(7)
濰 59(17)
108(19)
164(8)
441(3)
549(1)
懤 126(3)
418(3)
506(17)
561(10)
懱 144(15)
429(6)
517(5)
612(13)
705(6)
懥 402(15)
懢 374(4)
565(3)
603(2)
懦 111(1)
135(3)
444(2)
500(16)
懚 594(5)
懝 498(4)
593(2)
657(9)
772(6)
懠 406(13)
495(3)
589(7)
懜 211(2)
599(6)
懫 449(13)
豁 143(12)
216(7)
427(3)
610(13)
701(6)
寋 451(2)
451(3)
賽 498(2)
592(13)
657(6)
蹇 134(18)
192(9)
480(10)
謇 134(19)
192(9)
480(10)
顁 417(14)
506(12)
599(5)
鴳 715(4)
窾 134(3)
392(2)
479(3)
765(7)
窺 377(1)
463(10)
552(2)
554(1)
竂 369(10)
455(14)
455(17)
竃 407(13)
407(15)
496(2)
496(4)
590(6)
768(11)
780(13)
谿 515(5)

𥨊 745(19)
邃 403(2)
490(16)
585(8)
𥨍 464(7)
553(8)
𥧲 464(4)
553(4)
𥨷 144(10)
428(14)
516(15)
704(2)
鴗 412(9)
500(18)
鴡 123(8)
375(12)
462(10)
543(9)
顅 453(4)
襓 119(9)
456(7)
襍 523(3)
襋 230(2上)
525(16)
617(3)
727(2)
襆 510(3)
襊 591(8)
648(10)
701(11)
襉 479(14)
501(4)
597(2)
662(1)
襌 116(10)
366(6)
452(7)
襩 361(1)
442(8)
襖 136(2)
195(1)
395(9)
482(9)
襎 451(1)
襚 403(1)
490(15)
585(7)
襘 419(15)
508(10)
襑 136(16)
396(14)
467(14)
483(13)
558(8)
580(12)
襁 69(7)
137(5)
484(7)
569(5)
襈 502(4)
502(7)
596(9)
665(1)
禞 429(1)
516(17)
禮 132(8)
389(7)
476(5)
576(3)
禯 438(7)
襗 145(19)
431(1)
519(7)
620(11)
711(1)
769(15)
禬 406(5)
494(11)
494(12)
591(6)
648(5)
襢 367(12)
454(6)
覞 430(10)
465(10)
519(1)
554(7)
769(6)
【乛】
褩 404(13)
492(12)
587(8)
𨐨 431(9)
519(16)
甓 145(16)
430(11)
519(2)
615(13)
710(3)
臂 490(5)
584(12)
襞 402(10)
490(7)
擘 146(9)
431(12)
615(1)
712(11)
770(5)
𢢷 430(1)
518(9)
768(18)
屨 493(8)
588(6)
644(8)
彌 144(16)
547(2)
隮 421(3)
韔 416(10)
505(8)
583(13)
673(3)
隳 162(20)
438(18)
545(6)
牆 123(3)
375(5)
462(3)
543(1)
螿 122(20)
375(2)
461(17)
542(11)
䍟 484(10)
485(2)
569(8)
遾 413(5)
501(13)
頤 460(11)
564(9)
嬯 62(10)
113(15)
365(9)
448(4)
𡤼 210(6)
416(5)
505(3)
603(2)
672(3)
嬭 132(10)
239(6)
476(9)
576(6)
鴐 110(14)
167(16)
443(11)

嫡 146(1) 431(4) 519(10) 621(1) 769(16)
嬪 114(12) 449(11)
嬥 141(18) 369(7) 394(7) 455(12) 481(9) 512(8) 606(13) 692(9)
翼 525(16) 617(3) 727(4)
鴉 110(20) 126(9) 379(4) 444(1) 467(2) 562(4)
翻 147(4) 521(9) 618(11) 716(5)
獥 768(2)
饒 502(4) 596(7) 664(8)
鴾 379(2) 467(1) 562(2)
蝨 120(2) 457(7) 562(2) 756(9) 757(4)
翯 405(12) 493(11) 588(8) 645(3)
鍪 126(8) 379(2) 467(1) 562(2)
穜 540(2) 745(18)
顈 613(11) 768(10)
響 69(6) 137(4) 397(8) 484(6) 569(4)
嚮 397(8) 484(6) 505(9) 569(4) 583(13)
績 145(14) 430(8) 518(17) 615(12) 709(11)
縛 413(2)
縹 135(11) 394(9) 481(11)
縬 140(20) 422(7) 422(7) 510(17) 605(7) 688(8)
縔 69(6) 137(4) 484(5) 569(3)
縷 131(20) 388(13) 475(13) 575(5) 1025(9)
縵 411(13) 412(10) 500(4) 501(1) 594(10) 596(12) 597(4) 660(11) 661(7)
縲 441(4) 549(3)
繀 497(17) 592(9) 657(1)
繃 124(13) 464(7) 553(7)
縱 57(6) 107(4) 162(7) 438(6) 489(13) 583(8)
縨 430(11) 519(1)
縼 502(6) 596(8) 665(1)
繂 142(11) 513(8) 609(9)
縫 117(16) 367(3) 453(15)
縭 143(12) 216(8) 515(6)
縯 134(16) 192(6) 390(7) 477(17) 480(5) 502(9) 578(5)
縮 140(12) 510(6) 604(12) 686(11)
繆 126(18) 414(12) 419(4) 467(13) 507(16) 562(2) 563(3) 680(6) 689(6)
縿 120(12) 128(8) 128(13) 371(4) 382(9) 382(14) 458(3) 470(1) 470(5) 565(7)
[illegible] 433(6) 522(10)

771(22)

十八畫

【一】

䎰 725(6)
麵 144(17) 407(4) 495(9) 517(8) 613(2) 705(10)
覲 57(14) 162(15) 438(13) 489(18) 541(6)
璹 140(15) 510(11) 605(3) 687(9)
璶 60(9) 109(9) 165(4) 360(6) 441(14) 550(4)
瓂 615(8)
瓕 547(3)
瓀 135(3)
璿 118(10) 368(8)
454(16) 753(4)
瓊 464(16) 554(4)
璶 410(6) 498(16)
瑋 428(6) 516(6)
鏊 209(1) 371(9) 414(10) 458(8) 503(11) 551(7) 598(6) 668(2) 757(12)
鼇 109(12) 165(10) 360(9) 442(1)
攢 412(7) 412(8) 500(16)
鬆 161(19) 437(15) 539(9)
鬄 430(14) 519(5) 620(10) 710(9)
鬌 58(2)
鬎 498(7)
鬆 471(7) 539(3) 568(1) 743(12)
鬜 118(19) 369(4) 369(7) 455(10) 455(12) 601(9) 677(11)
鬇 124(11) 377(2) 463(10) 464(5) 553(5)
鬈 118(17) 368(15) 455(6) 455(7) 753(7)
鬂 124(1) 376(14) 463(8) 484(12) 552(1) 569(10)
鬃 437(13) 539(8)
744(16) 745(11)
翹 119(18) 414(3) 456(18) 503(2) 755(1) 755(2) 781(8)
擮 128(8) 380(15) 382(9) 468(2) 468(13) 470(1) 558(13) 565(7)
擷 144(14) 429(4) 517(2) 517(9) 612(12) 613(2) 704(11)
騠 140(13) 510(8) 605(1) 687(3)
騏 109(8) 165(3) 360(5)
441(14) 550(3)
騋 62(13) 113(17) 365(11) 448(7)
騎 58(5) 70(5上) 107(16) 163(4) 402(8) 439(4) 490(5) 545(11) 584(12)
騑 109(18) 166(4) 361(2) 442(9)
騉 451(6)
騂 412(4) 500(12) 595(2) 659(6)
騇 147(2) 521(6) 618(7) 715(12)
騧 121(13) 447(3) 459(13)

	556(12)	騝	115(13)		397(12)	𡤼	161(17)		771(27)
	557(6)		118(14)		484(12)		437(11)	鬳	120(14)
	748(25)		368(13)	㩧	141(16)		539(6)		208(11)
騡	108(9)		455(3)		423(14)		744(12)		371(6)
	163(14)		752(12)		423(14)		745(7)		414(9)
	385(14)	騄	141(10)		512(6)	遺	421(3)		458(4)
	472(17)		423(5)		606(12)		509(12)		503(9)
	547(9)		511(13)		692(6)	擺	132(15)		551(4)
	571(4)		606(5)	擻	138(17)		239(11)		598(5)
騅	60(2)		691(2)		198(5)		476(15)		667(11)
	109(2)	騣	768(12)		399(3)		764(7)	聲	124(8)
	164(13)	擾	135(11)		486(15)	擽	430(3)		464(1)
騇	210(1)		194(1)		579(10)		518(11)		553(1)
	415(13)		481(11)	壝	70(7下)		722(1)	謦	138(4)
	504(13)	趯	388(2)		108(19)		722(2)		398(4)
	600(10)		474(18)		130(13)		768(20)		485(14)
	670(11)	𧾍	451(8)		164(8)	輩	403(8)	奄	587(13)
騘	38(6)	𧾐	525(10)		386(10)		491(7)		762(10)
	161(13)		616(11)		441(2)		586(4)	鶩	771(3)
	437(8)		726(4)		473(11)	擷	485(9)	攕	147(6)
	539(2)		1025(5)		549(1)	壥	118(5)		433(6)
	640(1)	趨	481(3)	擂	592(10)		368(1)		521(12)
	743(12)	𧾩	122(2)		657(2)		454(9)		522(10)
騊	120(14)		460(9)	㜳	432(9)	贅	402(15)		522(10)
	371(6)		521(11)		771(3)		402(15)		619(2)
	458(5)		564(6)	礊	430(12)		490(14)		716(11)
	551(5)	攄	110(9)		519(3)		585(5)		771(22)
𩤍	140(16)		167(8)	𧬫	618(2)	𧽤	618(4)	聶	147(18)
	510(13)		362(1)		771(34)	謷	433(9)		433(7)
	605(4)	蘵	114(20)	暩	132(3)		522(14)		433(8)
	687(12)	頼	137(8)		475(17)		616(10)		433(9)

522(11)
522(14)
617(10)
718(10)
771(24)
藕 138(16)
198(4)
399(2)
486(13)
579(9)
聵 204(6)
409(3)
497(6)
591(13)
655(5)
瞟 426(13)
514(17)
蟴 439(17)
547(1)
䎽 399(9)
487(4)
職 525(9)
616(10)
726(1)
1025(3)
䎱 134(16)
480(6)
藚 141(11)
235(6下)
423(6)
511(15)
606(6)
691(6)
蕹 119(7)
369(15)
456(4)
藝 203(6)
408(5)
496(10)
590(11)
653(3)
爇 145(5)
517(17)
613(10)
707(7)
768(9)
覲 205(8)
410(7)
498(17)
593(10)
鞊 162(8)
201(7)
鞢 771(14)
鞳 147(7)
521(14)
717(3)
鞻 598(11)
䩳 524(18)
608(4)
724(11)
1024(3上)
鞮 112(7)
364(5)
446(2)
䩖 122(11)
374(6)
461(5)
541(8)
鞨 614(2)
䪁 140(11)
510(5)
604(12)
686(9)
鞭 118(10)
368(9)
454(17)
752(7)
䩱 405(11)
493(9)
鞫 140(14)
421(15)
510(9)
605(2)
䩟 748(1)
鞧 125(15)
377(12)
465(16)
560(6)
敷 111(9)
362(11)
444(12)
䩲 206(2)
410(12)
499(5)
594(1)
鞎 373(4)
459(17)
557(9)
鞣 125(19)
378(5)
418(10)
466(6)
507(6)
561(2)
鄹 751(2)
𪔂 381(9)
469(5)
564(4)
蕢 117(2)
412(13)
453(4)
501(4)
597(2)
662(1)
藶 592(4)
655(11)
藑 377(9)
465(13)
560(3)
蓫 455(16)
藸 110(13)
藬 111(11)
362(13)
444(15)
藘 110(12)
167(13)
蕩 584(10)
蔄 145(5)
517(17)
613(10)
707(5)
768(8)
藺 505(16)
584(5)
674(4)
藪 138(17)
198(5)
399(3)
486(14)
579(11)
薑 204(9)
409(6)
497(9)
592(3)
655(11)
藟 130(10)
386(7)
473(8)
572(3)
蘢 402(7)
439(4)
490(4)
545(9)
蘞 134(12)
392(15)

479(18)
蔽 394(14)
394(15)
481(17)
481(18)
藜 61(17)
112(6)
364(2)
445(17)
鳺 395(9)
482(10)
藥 148(12)
223(13)
523(18)
607(3)
721(12)
蕣 517(11)
613(5)
藤 128(6)
382(6)
469(16)
舊 575(9)
蟼 485(1)
552(4)
藷 110(13)
167(14)
362(4)
443(9)
443(10)
藨 194(3)
394(11)
481(14)
757(7)
藙 404(15)
492(14)
587(10)
642(6)
藫 122(1)
460(8)
564(5)
藩 115(13)
450(18)
451(4)
藭 161(4)
436(17)
538(6)
韓 207(1)
411(10)
451(15)
500(1)
594(8)
659(1)
賾 146(9)
431(12)
520(2)
615(1)
712(11)
藴 748(2)
蘊 64(13)
114(19)
133(11)
206(3)
390(13)
410(14)
450(4)
478(4)
499(7)
578(11)
594(3)
檯 62(10)
448(4)
檮 120(14)
126(4)
135(19)
194(10)
371(6)
378(11)
395(5)
395(5)
458(5)
466(13)
482(5)
551(5)
561(9)
櫨 562(6)
櫗 407(5)
櫃 403(4)
491(2)
586(1)
檀 120(15)
551(6)
檻 139(13)
400(11)
488(4)
581(8)
603(6)
櫔 203(7)
408(6)
496(11)
590(13)
653(6)
檷 440(1)
476(9)
547(2)
576(6)
檽 135(3)
360(7)
441(2)
441(15)
樹 656(7)
櫑 461(5)
541(9)
櫚 110(12)
167(12)
443(9)
檦 449(13)
樸 604(10)
櫻 114(8)
449(6)
鵐 443(16)
黏 143(7)
216(2)
426(11)
514(16)
612(5)
699(6)
鞔 115(14)
451(5)
479(11)
檼 206(5)
219(1)
219(2)
410(15)
499(9)
594(5)
檬 757(8)
櫝 137(12)
484(16)
569(13)
檹 769(3)
櫅 112(17)
446(14)
檎 440(3)
櫟 770(8)
檳 449(8)
檫 144(2)
櫨 390(10)
478(1)
578(8)
檵 407(2)
495(8)
589(11)
650(5)
鵓 426(7)
514(11)

轊 407(11)
408(1)
495(17)
496(4)
590(4)
651(9)
轒 123(14)
376(5)
462(17)
544(4)
轉 135(2)
193(3)
393(12)
480(15)
665(5)
轋 375(12)
462(9)
543(8)
䡬 411(2)
499(11)
𧢄 213(2)
420(5)
508(16)
603(5)
683(4)
蹔 487(15)
580(7)
𨏉 57(6)
162(8)
438(6)
540(10)
轆 604(7)
礊 431(15)
520(5)
520(16)
620(6)
轇 457(4)
755(13)
756(4)
轈 120(1)
370(3)
457(4)
756(7)
757(1)
鵤 363(14)
445(13)
589(6)
櫜 65(9)
133(20)
391(12)
478(17)
㽬 772(4)
麗 112(15)
446(13)
748(5)
盬 132(4)
389(2)
475(17)
575(10)
589(1)
檃 683(6)
甓 213(2)
416(6)
420(5)
505(4)
508(16)
683(5)
擘 68(6)
136(20)
483(18)
581(4)
鵐 467(8)
562(10)
覤 194(3)
394(11)
481(14)
覆 140(20)
211(6)
418(5)
422(7)
507(1)
510(18)
601(10)
678(2)
688(9)
醰 600(7)
醨 112(17)
366(12)
446(15)
452(13)
748(15)
醧 405(4)
493(1)
562(6)
588(1)
643(5)
醥 135(11)
394(9)
481(12)
醪 120(10)
371(1)
457(16)
550(12)
醦 139(3)
198(12)
399(11)
487(6)
毉 165(15)
442(4)
醫 109(14)
360(12)
瞖 112(13)
446(10)
748(6)
顣 416(4)
躄 140(19)
422(6)
510(17)
605(7)
688(7)
礎 131(10)
388(1)
474(17)
574(4)
厯 139(7)
199(4)
399(15)
487(12)
580(5)
擪 148(4)
223(3)
400(1)
487(12)
522(18)
523(4)
580(5)
618(5)
719(12)
771(32)
懕 127(14)
381(5)
563(12)
759(9)
礓 122(16)
461(12)
542(6)
礏 147(5)
521(11)
618(13)
716(8)
礆 484(1)
581(4)
礦 127(7)
563(6)
759(8)

礒 129(17) 472(8) 570(9)
磁 109(15) 165(17) 442(5)
⿰石肅 193(8) 422(9) 481(4) 511(3) 689(4)
礔 768(18)
⿰酉桼 765(14)
⿰面真 497(13)
⿸厤蚰 142(19) 514(4) 614(9) 697(12)
⿰豸肙 751(7)
鴆 432(11) 522(1) 771(7)
⿱癶豩 403(7) 480(5) 491(5) 586(3)
貗 379(7) 467(5)
⿺走鳥 129(12) 384(14) 471(16) 471(18) 541(2) 568(10)
⿰豸見 430(11) 519(1)
⿰豸隋 163(14) 386(1) 473(1) 547(9) 571(5)
⿰歹爲 234(16) 526(12) 621(9)
餋 144(13) 429(4) 517(2) 612(11) 704(10)
殯 205(6) 498(15) 593(8)
霣 390(6) 477(16) 578(4)
⿱雨夏 525(8)
霤 211(6) 418(6) 507(2) 601(11) 678(5)
霩 525(6) 608(8) 725(9) 1024(11上)
⿱雨戕 382(14) 468(17) 470(6)
⿱雨兼 63(14) 563(5) 759(9)
⿱雨畄 460(12)
霧 405(12) 493(11) 588(8)
鬵 127(13) 379(15) 381(4) 467(14) 468(18) 558(7) 563(11)
颻 447(7) 748(27)
鵛 464(18) 554(8)
豐 161(5) 538(7)

【丨】

齗 66(11) 134(8) 391(5) 392(10) 478(10) 479(12)
齕 143(7) 144(14) 216(2) 426(12) 514(16) 517(3) 611(13) 612(12) 699(7) 705(1)
⿰齒也 359(11) 440(4) 547(5)
⿰齒肖 456(2)
⿰谷殳 590(6)
覷 362(1) 405(2) 443(5) 492(17) 587(12) 642(11)
對 404(2) 491(17) 586(12)
叢 161(11) 437(7) 539(1) 743(9)
虢 146(17) 432(3) 520(8) 520(15) 770(15)
⿰觜瓜 375(14) 462(11) 543(10)
⿰口慧 407(6) 495(13) 590(1) 651(2)
矆 524(9) 607(10)
矇 38(2) 437(3) 538(10) 742(1) 774(9)
⿰目鳥 494(16) 591(8) 648(11) 700(5)
題 364(6) 406(15) 446(4) 589(9) 650(2) 748(2)
韙 131(3) 238(14) 387(7)

474(7)
573(7)
瞿 405(10) 444(17) 493(8) 588(6) 644(9) 746(13)
鼂 369(14) 456(3)
䵹 123(19) 137(16) 376(12) 463(6) 485(3) 551(11)
矓 744(15) 745(10)
瞐 431(4) 519(10) 621(1)
瞏 480(15)
瞮 59(20) 70(9下) 109(1) 164(12) 441(6) 549(6)
嚽 700(6)
瞼 139(6) 199(4) 399(15) 487(12) 581(11)
瞺 406(7) 494(15)
䁥 464(4) 553(4)
瞜 419(3) 507(15)
瞗 145(17) 710(4)
瞻 127(8) 380(14) 468(12) 563(7) 759(4)
𡄷 499(1)
闖 212(4) 419(8) 601(2) 681(2)
闔 147(5) 521(12) 619(1) 716(9)
闐 117(15) 453(13) 750(8)
闓 147(8) 432(7) 521(15) 619(1) 717(4) 771(2)
闓 498(4) 593(2) 657(9)
闌 145(3) 429(6) 517(5) 517(15) 613(8) 707(1)
闒 375(6) 462(4) 543(2)
闕 143(1) 215(7) 426(2) 514(6) 614(10) 698(3)
闟 481(1)
曝 148(10) 223(10) 523(14) 616(7) 721(4)
𡅏 750(11)
顒 57(2) 162(3) 438(2) 540(5) 640(13)
矄 115(2) 237(4.4) 450(7)
嚘 125(12) 377(9) 465(13) 560(3)
顋 143(19) 427(13) 515(17) 610(9) 699(10)
矌 506(1) 584(7) 674(10)
號 395(3)
矅 413(13) 502(14) 597(10) 666(2)
踳 39(6) 161(20) 437(17) 540(1)
蹟 620(11) 770(6)
躇 110(13) 167(12) 167(14) 443(10)
蹣 116(14) 116(14) 366(10) 366(11) 452(10)
蹼 456(18)
蹛 203(6) 408(6) 496(10) 590(12) 648(2)
蹤 57(6) 107(4) 162(5) 162(8) 438(6) 540(10)
蹠 621(3) 711(11)
蹢 709(4) 768(23)
䟿 121(18) 460(4) 558(3)
蹡 123(3) 375(6) 462(4) 505(15) 543(2) 674(2)

壘 130(10)
238(4)
386(7)
473(8)
572(3)
蟯 119(10)
456(7)
456(14)
蟦 166(7)
361(3)
442(11)
587(9)
蟚 124(1)
376(14)
463(8)
552(1)
蟖 547(1)
蟪 407(6)
495(12)
589(13)
650(11)
蟫 63(7)
122(2)
373(12)
380(4)
460(8)
467(18)
558(12)
564(5)
蠂 140(9)
141(4)
422(12)
510(1)
511(6)
604(8)
605(12)
686(2)
689(11)
蟲 160(20)
228(14)
436(13)
538(1)
742(10)
蟬 118(5)
367(15)
453(13)
454(9)
蟉 131(8)
238(19)
387(13)
474(13)
574(1)
762(19)
蟜 481(13)
蟍 193(6)
742(7)
蟠 115(10)
366(10)
450(17)
452(11)
蟡 438(18)
545(4)
蟩 422(7)
510(18)
蟺 745(16)
蟙 525(9)
616(10)
726(1)
1025(3)
蟮 134(18)
480(10)
蟧 455(16)
550(12)
蟵 423(2)
蟜 425(1)
513(6)
蟣 131(2)
238(14)
387(5)
474(5)
573(4)
嚗 692(3)
顎 524(18)
嚚 114(9)
449(7)
鵑 117(19)
367(6)
454(2)
751(7)
753(9)
颮 395(1)
482(1)
嚜 403(10)
491(8)
噴 204(6)
591(12)
噪 422(13)
510(1)
511(7)
605(13)
608(5)
690(2)
嚁 424(5)
512(12)
608(10)
693(6)
奄 544(4)
囒 522(10)
771(21)
巑 116(5)
366(1)
452(2)
顓 118(12)
368(11)
455(1)
753(13)
羃 145(16)
430(10)
519(1)
615(6)
710(2)
769(6)
嬰 403(5)
491(3)
罶 586(1)
496(12)
罼 431(12)
520(2)
羅 748(3)
嵒 132(18)
477(1)
577(3)
764(16)
嵬 113(6)
364(11)
447(9)
748(31)
黊 748(20)
點 143(19)
427(15)
428(1)
515(18)
611(7)
702(2)
黟 748(33)
黝 440(17)
446(10)
548(9)
748(6)
髁 771(8)
髃 143(6)
216(1)
364(14)
426(10)
447(12)

477(4)
514(15)
577(6)
612(4)
699(4)
764(10)
髃 110(16)
399(2)
443(14)
486(14)
579(9)
746(11)
𩨞 395(9)
482(10)
𩩲 427(13)
515(16)
髂 209(11)
415(11)
504(11)
600(8)
670(7)
𪕢 120(7)
370(11)
457(12)
550(8)

【丿】

鐏 115(16)
犨 120(11)
371(3)
371(7)
458(1)
458(5)
551(1)
犡 494(17)
590(13)
591(9)
649(2)
鵠 141(5)
422(12)
511(6)
605(12)
689(10)
121(6)
鶖 121(6)
372(6)
459(3)
556(4)
𤛓 606(1)
磾 117(15)
452(15)
750(8)
穫 525(7)
589(3)
608(9)
725(11)
1025(1)
穡 231(14)
525(15)
617(2)
727(1)
穛 230(10上)
526(3)
526(4)
617(7)
772(4)
穢 205(1)
498(8)
592(5)
鴑 548(10)
䵖 548(11)
馧 114(19)
450(4)
馤 494(8)
591(3)
647(12)
馥 140(11)
510(5)
604(12)
686(9)
𩡥 57(7)
162(5)
162(8)
438(4)
438(7)
540(7)
540(11)
𩡧 609(12)
𥣬 494(14)
591(7)
648(8)
䵊 444(4)
𪀦 140(6)
509(15)
604(4)
685(5)
邌 112(6)
237(2.6)
364(3)
445(17)
1027(9)
𥣯 480(7)
䆂 139(10)
穦 59(10)
108(14)
164(1)
440(14)
548(5)
𥢶 379(14)
穉 403(9)
491(8)
586(4)
翻 457(1)
簿 525(1)
608(7)
725(7)
1024(10上)
簹 436(16)
538(6)
540(12)
742(5)
𥲤 392(7)
479(9)
765(3)
簠 111(11)
131(15)
362(13)
388(6)
405(12)
444(15)
475(4)
493(10)
574(11)
簟 139(9)
199(8)
400(4)
487(17)
580(8)
簝 119(3)
371(1)
455(15)
457(16)
550(11)
簪 63(13)
122(4)
380(11)
460(13)
468(8)
559(5)
564(10)
䉛 760(9)
䉎 375(11)
462(9)
543(7)
𥳛 411(3)
499(12)
𥵢 428(9)

516(10)
𥳑 480(9)
簡 66(13)
134(9)
392(11)
479(13)
765(17)
簢 477(15)
578(3)
簣 409(2)
497(5)
簞 116(10)
366(7)
452(7)
𥴩 110(17)
363(2)
445(1)
簥 456(6)
755(4)
篤 415(12)
504(12)
𥳐 141(1)
422(8)
511(1)
605(8)
688(11)
篽 387(10)
474(10)
573(10)
573(10)
762(9)
篗 604(11)
𥳒 451(4)
𥴄 363(6)
445(5)
𥲺 367(11)
454(5)
𥳮 389(10)
477(4)
577(5)
簃 410(2)
498(12)
篣 120(9)
370(15)
457(16)
550(12)
𥲤 488(3)
簜 123(14)
137(8)
376(5)
462(17)
484(11)
544(9)
569(9)
䉐 685(10)
𥳀 64(6)
133(7)
390(4)
477(14)
578(3)
𥳙 490(14)
585(6)
簦 128(3)
382(2)
469(12)
䉬 498(7)
礐 405(6)
493(4)
588(3)
643(10)
鄛 381(15)
469(11)
559(13)
嚳 509(14)
604(4)
685(3)
㲌 414(4)
503(3)
𨏈 141(19)
424(3)
607(2)
693(1)
𠐐 382(5)
469(16)
鼫 146(2)
431(5)
519(11)
621(2)
711(10)
769(18)
鼣 592(6)
䶄 125(9)
465(10)
555(5)
鼬 211(8)
418(9)
507(5)
601(12)
678(10)
䶂 125(11)
465(12)
555(6)
鼪 506(6)
599(2)
䶅 125(7)
465(6)
555(3)
鼩 110(20)
444(1)
746(12)
鼦 125(14)
鼨 161(1)
228(15)
436(14)
538(2)
742(7)
鼧 372(4)
459(1)
556(1)
儢 474(10)
儵 140(18)
422(4)
510(15)
605(5)
688(3)
雙 57(12)
107(8)
162(13)
438(11)
541(4)
𠐿 193(11)
394(6)
481(8)
儭 71(6)
205(9)
410(8)
498(18)
593(11)
儱 489(16)
583(8)
顛 395(4)
482(4)
軀 111(5)
362(6)
444(8)
746(16)
邊 117(19)
367(7)
454(2)
751(3)
䮿 771(25)
駼 111(18)
363(7)
445(6)
噭 135(7)

193(8)
394(3)
481(5)
魈 132(20)
165(8)
360(8)
389(10)
441(16)
477(4)
477(6)
577(6)
577(7)
764(10)
764(11)
[illegible] 126(9)
467(2)
562(5)
歸 110(3)
166(15)
361(8)
442(15)
[illegible] 193(5)
480(18)
優 125(12)
377(9)
465(13)
560(3)
[illegible] 781(20)
[illegible] 431(9)
519(16)
衝 39(7)

540(1)
640(9)
745(18)
餰 118(2)
367(12)
454(6)
[illegible] 619(2)
艟 39(7)
161(8)
162(1)
540(2)
640(9)
745(18)
[illegible] 768(5)
[illegible] 382(6)
[illegible] 382(6)
[illegible] 427(1)
515(3)
鵭 110(7)
167(2)
361(13)
443(2)
鍺 59(12)
108(16)
164(3)
440(16)
548(8)
鏵 121(12)
372(15)
459(13)
鏻 132(1)

137(10)
475(14)
484(14)
569(11)
575(7)
鏌 524(12)
607(12)
724(1)
1023(8上)
鎮 71(7)
114(3)
205(7)
410(7)
448(17)
498(17)
593(9)
鏈 118(4)
367(15)
454(8)
454(11)
鏄 525(2)
525(5)
608(7)
725(7)
1024(9上)
鎬 145(12)
430(2)
518(10)
615(8)
709(1)
768(19)

鎖 136(4)
395(12)
482(13)
鎧 498(3)
593(2)
657(8)
鎎 405(1)
587(11)
642(7)
[illegible] 216(6)
610(12)
鏅 378(3)
466(4)
560(12)
鎢 112(3)
363(12)
445(12)
錕 748(14)
鎼 364(7)
446(5)
748(3)
鎩 144(3)
203(3)
408(1)
409(3)
428(4)
496(5)
497(7)
516(4)
590(8)
591(13)

611(12)
652(7)
655(6)
702(9)
鎐 140(8)
686(1)
鎗 124(2)
377(1)
463(10)
552(2)
鎘 135(16)
194(7)
395(3)
482(2)
鎕 375(11)
462(9)
543(8)
鎊 123(15)
376(6)
462(18)
544(10)
鎰 142(3)
424(8)
512(15)
608(13)
693(12)
鎌 563(5)
鎋 144(4)
428(6)
516(6)
614(3)

703(1)
鎔 39(8) 438(1) 540(3) 540(4)
鎑 193(7) 481(3)
盦 521(17) 717(6) 771(2)
鵚 110(2) 166(13) 361(7) 442(14)
[illegible] 366(12) 452(12)
鵒 141(9) 423(4) 511(12) 606(4) 690(11)
豂 119(3) 455(15)
顡 391(3) 478(8)
[illegible] 399(13) 487(9) 580(4)
鵓 126(7) 378(15) 466(17)
562(1)
貙 111(2) 444(4)
[illegible] 113(7) 447(11) 748(30)
貗 362(8) 388(12) 475(12) 575(4)
[illegible] 512(5) 606(11) 692(4)
雞 112(12) 748(10)
雛 375(14) 462(12) 543(11)
[illegible] 570(6)
饁 147(20) 522(16) 617(13) 719(5) 771(31)
餺 525(5)
[illegible] 411(9) 499(18) 779(7)
餼 405(1) 492(15) 587(11)
642(7) 642(7)
餾 211(7) 507(3) 601(11) 678(5)
[illegible] 414(14) 503(15) 598(9) 668(9)
餹 123(7) 375(10) 462(7) 543(6)
餻 120(8) 457(14) 550(10) 757(10)
餷 416(8) 505(6)
[illegible] 399(13) 487(10) 580(5)
餽 451(1)
[illegible] 398(12) 486(6) 579(3)
[illegible] 565(13)
臑 360(7) 441(16) 503(16)
臐 206(2) 450(8) 499(6) 594(1)
[illegible] 403(5) 403(5) 403(14) 491(2) 491(3) 491(14) 586(1)
臍 61(16) 112(5) 237(2.5) 364(2) 445(16)
臏 64(7) 133(7) 390(5) 477(15) 578(4)
[illegible] 403(11) 491(10) 586(6)
[illegible] 522(16) 771(30)
鮔 60(7) 109(6) 164(19) 441(11) 549(13)
鯆 388(7) 475(5) 574(11)
鯁 137(13) 484(18)
[illegible] 399(2) 486(13) 579(8)
[illegible] 125(1) 138(5) 197(5) 464(18) 485(15) 554(5)
鮹 120(2) 369(3) 370(5) 455(9) 457(6) 756(9) 757(3)
[illegible] 363(10) 445(9)
鯉 130(17) 238(10) 386(15) 473(17) 572(12)
[illegible] 526(12) 621(9)
鮬 63(8)

468(2)
558(13)
䱕 126(8)
379(2)
467(1)
562(2)
鯈 560(9)
𩵽 146(5)
431(9)
519(15)
621(5)
712(5)
769(23)
𩶜 126(7)
378(15)
466(17)
562(1)
鮾 132(20)
389(11)
477(5)
577(6)
764(19)
鮸 135(5)
193(6)
481(2)
鮵 427(3)
515(5)
鮷 748(3)
鯇 66(10)
134(8)
392(1)
479(11)
𩶛 123(9)
462(10)
543(9)
鯽 617(4)
鼂 126(15)
379(11)
444(1)
562(12)
鵟 375(9)
462(7)
543(5)
鬆 404(10)
492(7)
鬉 498(4)
獶 560(3)
颺 210(8)
416(8)
505(5)
541(7)
583(10)
672(8)
颹 142(15)
215(1)
404(12)
492(9)
513(17)
610(3)
697(2)
颸 109(7)
165(2)
360(5)
441(13)
550(2)
颾 744(20)
745(15)
颼 126(1)
378(7)
466(9)
561(5)
獳 743(17)
觴 122(13)
461(8)
542(2)
䚧 560(5)
獵 147(17)
433(5)
522(9)
617(9)
718(8)
771(21)
獖 764(11)
雛 111(8)
362(10)
444(11)
【丶】
讀 431(13)
520(3)
615(1)
謹 133(12)
390(15)
478(6)
𧫘 548(4)
謳 126(10)
379(5)
467(3)
562(5)
𧩯 406(15)
495(5)
諸 373(10)
460(6)
558(5)
謣 443(17)
746(16)
謯 396(9)
459(12)
483(8)
557(5)
䛠 363(8)
445(8)
647(8)
謱 399(5)
486(17)
579(12)
謾 116(14)
118(7)
366(11)
368(4)
412(10)
452(12)
454(12)
500(18)
596(12)
661(7)
752(8)
䜅 441(3)
467(13)
549(3)
549(10)
563(3)
𧫞 545(2)
謶 722(5)
謫 146(11)
432(1)
520(7)
615(4)
713(6)
770(13)
𧬢 416(14)
505(13)
542(12)
584(3)
䜃 415(9)
譀 147(15)
382(13)
416(6)
433(2)
470(4)
505(4)
522(7)
565(11)
603(2)
619(11)
672(4)

683(5)
718(5)
771(17)
[illegible] 121(20)
460(6)
558(5)
[illegible] 372(10)
459(7)
556(8)
謵 147(18)
433(8)
522(12)
617(11)
718(11)
771(25)
謬 212(2)
419(4)
507(16)
602(7)
680(6)
謲 210(5)
416(3)
505(1)
602(13)
671(12)
謲 120(6)
370(10)
457(11)
550(6)
756(7)
褻 780(15)

皻 134(17)
192(6)
480(7)
480(7)
亶 166(3)
361(2)
442(9)
靡 560(4)
癁 525(8)
癅 132(17)
239(13)
477(1)
577(3)
764(17)
癑 489(13)
583(5)
癦 456(10)
癏 116(18)
452(17)
癧 144(9)
428(13)
516(14)
612(7)
癙 131(8)
387(13)
474(13)
574(1)
762(19)
癬 203(9)
癉 134(5)
392(6)

479(7)
776(7)
癕 162(4)
438(3)
540(7)
癖 146(6)
431(10)
519(17)
621(6)
712(6)
768(18)
770(1)
雜 147(3)
521(8)
618(10)
716(4)
離 439(10)
490(2)
546(4)
584(9)
麔 114(4)
449(1)
548(9)
麌 131(13)
388(5)
475(3)
574(9)
麐 450(11)
彌 113(2)
447(4)
556(13)

748(26)
辬 193(2)
諜 773(8)
韹 376(13)
463(7)
551(12)
顏 116(20)
453(2)
羲 546(3)
齋 364(4)
446(2)
495(3)
649(8)
1027(10)
賣 122(13)
374(9)
461(8)
羸 120(20)
371(13)
458(12)
555(9)
嬴 415(6)
504(5)
旟 456(12)
旛 115(7)
450(14)
450(18)
旞 403(1)
490(15)
585(7)
壐 438(3)

540(7)
彝 117(3)
453(5)
犢 115(1)
390(13)
450(5)
478(3)
578(10)
翫 521(9)
564(10)
羳 450(17)
羶 537(13)
740(16)
撰 502(7)
糦 144(16)
517(7)
613(1)
705(9)
糤 765(3)
糧 122(2)
136(15)
396(12)
483(11)
564(5)
580(10)
糯 209(7)
599(9)
糣 68(3)
136(18)
396(15)
483(14)

580(13)
翷 449(3)
糲 494(16)
⿰首頁 138(9)
398(9)
486(3)
579(2)
⿰首肖 476(10)
⿰豸頁 204(7)
409(3)
497(6)
591(13)
655(5)
贅 145(6)
613(12)
705(12)
707(11)
768(1)
蹩 144(18)
517(9)
613(3)
705(12)
⿱敝言 408(1)
496(4)
590(7)
652(6)
707(4)
⿰?鳥 517(16)
768(1)
768(2)
翮 382(3)

469(14)
爀 146(18)
520(17)
620(7)
715(1)
爁 210(6)
416(5)
505(3)
603(2)
672(3)
681(8)
爆 223(13)
爌 137(12)
484(17)
506(1)
570(1)
燐 593(6)
燊 197(6)
485(9)
485(16)
鎣 124(17)
211(2)
417(15)
506(13)
553(12)
599(6)
677(2)
燼 71(7)
410(6)
593(10)
燿 597(10)

666(3)
鶂 112(10)
237(2.9)
364(7)
446(5)
748(3)
瀙 417(7)
506(6)
598(12)
蔦 123(15)
376(6)
462(18)
544(10)
瀳 412(7)
500(15)
595(5)
659(12)
瀸 127(12)
468(17)
563(11)
759(11)
瀆 140(4)
509(2)
604(3)
684(11)
瀫 140(5)
421(4)
509(13)
604(4)
瀗 134(7)
391(14)

392(5)
411(6)
479(1)
479(6)
499(16)
765(11)
瀇 123(20)
376(12)
417(6)
463(6)
506(4)
551(12)
598(12)
675(7)
瀎 408(2)
472(15)
496(6)
571(2)
590(8)
760(3)
瀀 125(12)
465(13)
560(2)
瀦 362(3)
443(8)
鯊 121(17)
373(6)
460(2)
558(1)
瀑 140(9)
414(13)

510(1)
598(8)
604(8)
濺 502(2)
596(5)
663(6)
664(5)
瀾 770(11)
瀢 130(13)
386(10)
473(11)
572(7)
瀶 132(18)
389(8)
577(3)
瀍 526(7)
濼 509(18)
524(15)
525(1)
604(6)
604(9)
608(4)
686(3)
724(11)
1024(3上)
瀘 615(3)
770(4)
瀏 138(6)
197(7)
485(18)
560(5)

瀦　110(12)　167(13)　362(4)　443(9)
瀍　118(5)　368(1)　454(9)
瀌　119(13)　456(13)
瀅　211(2)　417(15)　506(14)　555(6)　599(6)　677(2)
瀉　136(11)　145(18)　396(7)　483(6)　620(10)　670(9)
瀋　198(12)　399(11)　487(6)
潠　502(7)
潭　442(8)
懵　212(12)　384(8)　420(2)　471(10)　508(12)　568(4)　594(6)　682(10)
懮　62(8)　448(3)　486(9)　579(5)
懪　423(14)　512(6)
懏　748(18)
㥬　368(4)　454(13)
懫　403(8)　424(5)　491(6)　586(4)　693(6)
懰　377(11)　465(16)　560(5)
𥨊　144(9)　612(6)
寡　367(4)　453(17)
窾　494(18)
竄　412(2)　500(9)　594(13)　660(6)
竆　161(5)　538(6)
竅　208(2)　413(11)　430(1)　502(12)　597(9)　665(10)　768(24)
額　146(17)　520(15)　620(5)　714(7)
毹　124(8)　463(16)　552(9)
顓　206(11)　411(7)　499(18)　595(8)　658(8)　779(4)
𧞤　742(2)
襟　63(11)　380(9)　468(6)　559(4)
褶　422(11)　511(5)　605(11)　689(9)
襠　123(10)　375(14)　462(11)　543(10)
襛　540(8)
襗　431(3)　519(9)　521(1)　524(12)　607(12)　620(11)　711(5)　723(10)　1023(7上)
襡　141(8)　399(1)　418(15)　423(2)　486(12)　507(11)　511(11)　579(8)　604(2)　606(3)　690(8)
襘　494(12)
襜　127(10)　468(14)　563(8)
襢　502(1)　596(5)　664(4)
禱　135(19)　395(5)　414(10)　482(5)　503(10)　598(6)　667(12)
禲　203(7)　408(6)　496(11)　590(12)　653(5)
𥜋　139(7)　199(4)　399(15)　487(12)　580(5)
禰　132(10)　239(6)　476(8)　576(6)

【乛】

罵　145(19)　430(15)　519(6)　620(11)　710(11)
頤　121(16)　373(4)　459(17)　557(10)
壁　146(6)

431(9)
519(16)
621(6)
712(6)
屩 148(13)
223(15)
524(2)
607(4)
722(3)
𢑂 450(18)
𪀉 404(8)
492(6)
韘 148(5)
223(4)
523(5)
618(6)
720(2)
韞 133(11)
390(13)
578(12)
韟 392(4)
479(5)
䪢 561(1)
韗 411(4)
499(14)
醬 505(12)
584(2)
673(10)
蹬 375(6)
462(4)
543(3)
騷 496(1)
隴 129(7)
471(10)
568(5)
743(1)
嬻 412(7)
412(7)
500(15)
500(16)
595(5)
659(12)
嬻 509(12)
604(3)
684(11)
𡤁 148(14)
223(16)
523(18)
524(3)
607(5)
722(6)
嬼 211(7)
418(6)
486(1)
507(2)
601(11)
678(5)
聴 407(6)
495(12)
獢 755(4)
戳 424(2)
512(10)
歡 769(10)
鶣 481(2)
鵗 205(10)
410(8)
499(1)
593(12)
犛 510(4)
604(10)
彝 108(10)
163(14)
440(9)
547(10)
響 505(9)
繞 135(11)
194(1)
481(11)
781(9)
繳 134(6)
207(11)
392(7)
412(6)
479(9)
500(14)
595(4)
765(3)
繨 376(1)
462(13)
繐 407(11)
495(17)
590(4)
651(9)
繚 394(13)
481(16)
繓 427(4)
611(1)
701(8)
繢 409(12)
497(16)
592(9)
656(10)
繟 776(7)
繑 119(17)
135(14)
456(16)
755(5)
䌞 148(8)
223(8)
523(10)
616(5)
720(10)
𦅾 456(7)
繐 404(2)
491(18)
586(13)
繙 115(9)
450(16)
織 525(9)
616(10)
726(1)
1025(3)
繕 501(16)
596(2)
663(11)
𦆁 134(20)
193(1)
480(9)
480(12)
繗 449(4)
繸 585(7)
繒 128(1)
381(14)
469(10)
559(12)
繉 379(15)
467(14)
558(7)
繣 146(10)
431(14)
520(4)
615(2)
713(2)
770(10)
䌌 69(7)
137(5)
484(6)
569(4)
繘 142(8)
142(9)
425(1)
513(6)
609(5)
609(7)
695(8)

695(10)
鐖 166(12)
361(6)
442(13)
鑱 109(20)
131(2)
166(9)
361(4)
387(6)
474(6)
573(5)
斷 134(4)
392(1)
392(4)
479(3)
479(5)
500(3)
594(9)
660(9)
765(8)
765(9)
邋 433(6)
771(22)

十九畫

【一】

釋 146(1)
431(2)
431(4)
519(9)
519(10)
621(1)
711(7)
769(14)
769(16)
瓚 66(7)
134(6)
380(11)
392(7)
479(9)
559(5)
765(3)
瓄 140(4)
509(11)
604(3)
684(11)
鶌 131(16)
388(8)
475(6)
574(12)
鶄 124(15)
464(9)
553(11)
瓃 365(2)
403(3)
441(4)
447(16)
490(17)
549(2)
585(8)
瓅 145(12)
430(2)
518(10)
615(8)
709(1)
768(19)
顛 209(1)
414(10)
458(7)
598(6)
757(13)
鬐 371(9)
458(7)
551(7)
鬖 765(4)
鬃 62(13)
113(17)
365(11)
448(7)
蹽 193(9)
394(4)
蹻 194(4)
394(13)
481(15)
鬈 205(11)
410(10)
499(3)
593(13)
鬠 601(9)
鬌 136(4)
163(1)
195(3)
395(11)
395(13)
439(1)
482(12)
482(14)
545(6)
鬐 614(6)
鬋 621(1)
鬉 437(9)
743(10)
鬆 129(4)
鬇 195(9)
396(3)
483(2)
鬋 480(11)
502(2)
596(5)
664(5)
664(5)
鬙 513(17)
鬑 561(2)
鬏 379(3)
467(1)
562(3)
鼃 748(26)
攢 469(2)
攥 481(15)
攇 479(18)
壢 524(18)
攋 143(17)
611(5)
騞 146(10)
431(14)
520(4)
615(2)
713(2)
騾 771(17)
驆 135(19)
395(6)
482(6)
騙 617(5)
騕 135(8)
193(10)
481(7)
騻 128(7)
382(8)
469(18)
565(6)
騝 113(5)
447(8)
748(28)
騠 364(7)
446(5)
748(1)
騮 115(15)
451(7)
騔 143(18)
427(13)
515(15)
611(7)
700(8)
騷 432(12)
522(2)

字	頁(行)	字	頁(行)	字	頁(行)	字	頁(行)	字	頁(行)
	619(7)	騷	120(12)	[illegible]	142(10)		771(2)		706(4)
	717(10)		371(4)		425(3)	譖	575(10)		720(6)
	771(7)		458(3)		513(7)	[illegible]	137(8)	攄	65(2)
騜	123(13)		551(2)		609(8)		569(10)		133(15)
	376(3)	騥	125(19)		695(12)	擇	115(11)		391(5)
	462(15)		378(5)	[illegible]	166(13)		451(2)		478(10)
	544(2)		466(6)		361(7)	鄭	111(12)	轂	141(20)
騩	403(6)		561(2)		442(14)		362(15)		424(3)
	491(4)	擢	608(8)	壚	61(9)		444(17)		512(11)
	548(12)	趬	208(6)		112(1)	鵪	140(13)		607(3)
	586(2)		414(1)		363(10)		510(8)		693(2)
騣	161(14)		456(17)		445(9)		604(13)	顛	147(8)
	437(9)		502(18)	攎	112(1)		687(3)		432(8)
	539(3)		597(13)		363(11)	鞶	381(6)		521(16)
	583(1)		666(9)		445(10)		563(13)		619(4)
	743(10)	[illegible]	449(11)	壜	122(2)		759(12)		717(5)
[illegible]	566(3)	[illegible]	122(2)		373(12)	擾	481(8)	鶸	121(16)
騟	453(8)		373(12)		460(9)	壞	204(6)		459(17)
	750(6)		460(8)		564(6)		497(6)		557(10)
驆	115(14)		564(5)	壛	468(9)		591(13)	[illegible]	162(11)
	451(5)	[illegible]	142(20)		563(4)		655(4)		438(9)
騢	121(15)		215(5)		759(3)	攍	464(11)		541(2)
	373(4)		514(4)	螯	382(6)		553(12)	鵬	60(9)
	459(17)		614(8)		469(17)	鏊	402(15)		109(8)
	557(9)		697(12)		538(2)		407(7)		165(3)
騑	109(19)	趫	119(16)	罄	521(17)		490(14)		360(8)
	442(10)		456(15)	謦	147(3)		495(13)		441(14)
騤	109(1)		456(17)		521(8)		517(11)		441(17)
	164(11)		755(4)		521(17)		590(1)		550(3)
	441(5)	趭	413(15)		618(12)		613(5)	誓	446(12)
	549(4)		781(3)		716(3)		651(3)	聸	122(8)

460(18)
565(2)
攃 394(7)
481(9)
攠 521(1)
524(16)
608(2)
724(6)
1023(13上)
蘈 127(14)
469(2)
563(13)
759(12)
蘜 605(1)
蘔 381(6)
469(2)
藙 140(5)
509(14)
604(4)
685(3)
蘣 399(1)
486(12)
489(10)
579(8)
583(3)
蘱 135(17)
395(4)
482(3)
難 116(17)
366(15)
412(6)
452(15)
500(14)
595(4)
659(9)
776(2)
鞳 433(1)
522(5)
771(15)
鞾 121(9)
372(11)
459(8)
556(9)
鞴 140(12)
494(7)
510(5)
589(5)
604(11)
647(7)
686(9)
鞻 525(3)
725(3)
䪁 419(4)
507(16)
鞴 520(15)
615(5)
770(9)
鞹 586(5)
鞵 112(20)
447(2)
556(11)
748(21)
鞹 525(8)
608(9)
725(12)
鞔 451(2)
鞳 481(3)
485(7)
鶓 224(2)
524(7)
723(3)
蕸 759(8)
藾 406(9)
427(10)
494(17)
515(13)
649(3)
瓠 456(13)
醜 486(3)
579(2)
靡 518(12)
615(9)
709(2)
768(21)
藿 525(6)
608(8)
725(9)
1024(11上)
蘋 114(9)
114(12)
449(12)
蘷 204(5)
409(1)
蘧 110(20)
361(12)
443(1)
444(1)
746(13)
蘆 61(10)
110(12)
112(1)
167(12)
363(10)
443(9)
443(9)
445(10)
1026(12)
藺 71(4)
205(4)
410(2)
498(12)
593(6)
593(6)
蘄 110(1)
166(11)
361(5)
442(12)
442(12)
蘄 116(6)
366(2)
452(3)
勸 206(6)
219(3)
411(1)
499(10)
597(4)
鶓 377(3)
463(11)
552(3)
蘐 376(8)
463(2)
544(7)
蘱 584(10)
蘡 559(13)
孽 145(2)
517(15)
613(8)
蘖 145(3)
517(15)
613(8)
706(11)
蘅 124(7)
463(16)
552(8)
蘳 752(12)
蘇 61(11)
112(2)
363(12)
445(11)
警 137(14)
196(4)
485(1)
藹 494(8)
591(3)
藁 782(17)
蘢 38(4)

161(10)
437(5)
538(12)
539(13)
蘁 649(7)
蘸 423(10)
藻 135(20)
395(6)
482(7)
蘀 715(4)
蘂 129(18)
472(9)
570(10)
顛 117(15)
453(14)
鶇 457(7)
756(10)
757(4)
櫕 116(5)
366(1)
452(2)
櫼 128(8)
382(9)
470(1)
565(7)
759(11)
櫝 140(4)
213(11)
509(11)
604(2)
684(10)
麓 509(17)
604(7)
685(9)
櫢 111(9)
362(10)
櫏 118(1)
367(10)
454(4)
⿰木磊 136(8)
396(3)
483(1)
櫌 125(12)
377(9)
465(13)
560(3)
櫖 405(2)
443(6)
492(17)
櫑 764(17)
櫟 145(12)
223(14)
430(2)
518(10)
615(9)
709(1)
櫍 141(20)
424(5)
512(12)
608(10)
693(5)
攀 117(1)
453(2)
鶆 365(12)
448(7)
麳 365(12)
448(8)
麲 412(12)
501(3)
597(1)
661(12)
⿰麥果 396(9)
483(8)
⿰麥卑 439(15)
546(11)
麴 140(14)
422(1)
510(11)
605(2)
687(7)
⿰麥咅 138(14)
198(3)
399(1)
486(11)
579(7)
櫓 132(2)
475(15)
575(8)
櫧 110(12)
167(13)
362(4)
443(9)
樢 396(7)
483(6)
橎 139(2)
198(12)
399(10)
487(5)
櫞 118(9)
368(7)
454(15)
753(10)
753(11)
⿰木巤 433(3)
433(6)
522(8)
771(22)
轒 114(20)
237(3.3)
450(5)
轕 427(13)
515(16)
轜 109(10)
165(6)
550(5)
轑 135(17)
194(8)
395(4)
482(3)
轐 140(10)
510(2)
604(9)
686(4)
⿰車單 367(14)
453(5)
454(8)
轎 413(14)
456(15)
502(16)
⿱斬車 122(9)
128(11)
374(5)
382(11)
416(7)
461(2)
470(3)
505(5)
565(4)
565(9)
672(6)
轓 115(13)
451(4)
轘 477(8)
577(9)
⿰車童 39(7)
162(1)
489(18)
540(2)
583(9)
640(9)
轍 145(7)
429(10)
518(3)
613(12)
707(12)

768(3)
轔 114(5)
449(3)
轜 66(14)
134(10)
392(12)
412(12)
479(15)
501(3)
752(10)
蟿 407(4)
495(10)
586(4)
罊 407(3)
615(3)
650(7)
繫 202(7)
407(2)
495(7)
589(11)
650(5)
650(7)
䴀 772(2)
橐 120(8)
370(14)
457(14)
550(10)
757(10)
鹽 382(15)
565(13)
603(5)
醱 161(14)
437(9)
539(3)
640(2)
743(9)
醥 748(20)
覈 146(10)
431(15)
615(3)
713(3)
770(9)
醰 210(5)
505(1)
564(5)
602(12)
671(12)
醦 139(1)
198(11)
399(9)
487(4)
醳 386(9)
473(10)
572(5)
醭 140(9)
510(2)
604(9)
686(3)
醮 503(1)
597(13)
666(9)
醯 112(14)
446(11)
748(8)
醽 425(2)
513(6)
麗 407(7)
495(14)
546(6)
590(2)
651(3)
轙 413(4)
501(12)
繋 128(7)
381(9)
382(8)
460(16)
469(5)
469(18)
564(13)
565(7)
嬰 371(11)
磯 144(7)
428(9)
516(10)
614(6)
703(7)
磟 481(6)
礛 128(13)
382(15)
470(6)
565(3)
566(1)
礪 203(7)
408(6)
496(11)
590(12)
653(5)
斆 465(14)
560(2)
礡 607(11)
礙 498(4)
593(2)
617(8)
657(9)
礦 137(16)
196(6)
485(3)
願 411(1)
499(10)
499(10)
597(3)
鵪 58(5)
70(5上)
107(16)
163(4)
439(4)
545(11)
黿 140(17)
422(4)
510(14)
605(4)
688(1)
壐 129(19)
472(11)
570(11)
760(10)
曆 143(1)
215(6)
426(1)
614(9)
698(2)
櫫 110(11)
167(11)
362(3)
443(8)
殪 403(7)
407(4)
491(5)
495(10)
586(2)
獜 449(4)
殲 127(12)
381(3)
468(17)
563(11)
759(11)
殰 140(4)
509(11)
604(2)
684(10)
霸 148(8)
223(8)
508(7)
523(12)

602 (11)
616 (5)
681 (12)
720 (11)
酃 125 (6)
465 (6)
555 (2)
霪 558 (12)
霫 523 (14)
616 (10)
721 (5)
鵐 364 (4)
446 (1)
⿱罒巽 617 (4)

【丨】

翽 406 (6)
494 (13)
590 (8)
591 (7)
648 (7)
⿰齒巨 387 (15)
474 (16)
574 (3)
762 (15)
齖 121 (17)
460 (2)
558 (2)
670 (3)
齗 115 (5)
450 (11)
齘 204 (5)
409 (1)
497 (4)
591 (12)
655 (2)
鹹 58 (12)
108 (1)
163 (11)
359 (3)
439 (12)
鵲 141 (18)
414 (5)
423 (15)
503 (4)
512 (8)
606 (13)
667 (3)
692 (9)
781 (18)
⿰鹵臽 416 (6)
420 (4)
504 (17)
505 (3)
508 (15)
603 (2)
黼 131 (15)
388 (6)
574 (10)
黨 375 (14)
462 (11)
543 (10)
噽 495 (13)
贓 144 (15)
429 (6)
517 (5)
613 (1)
705 (6)
⿰貝監 382 (14)
382 (15)
420 (5)
470 (6)
566 (1)
贎 411 (2)
499 (11)
贉 210 (5)
416 (4)
505 (1)
602 (12)
671 (12)
⿰貝粦 456 (12)
⿰貝舞 359 (10)
440 (3)
鄮 398 (1)
464 (12)
485 (10)
553 (13)
⿰貝賈 113 (3)
447 (6)
748 (24)
⿰貝焉 490 (3)
584 (10)
贈 212 (11)
420 (2)
508 (12)
594 (5)
682 (8)
矆 367 (7)
454 (2)
599 (2)
751 (8)
矌 506 (1)
瞵 593 (6)
矉 449 (8)
⿰目鳥 115 (15)
451 (6)
矊 118 (7)
368 (4)
454 (12)
噭 598 (3)
⿰口憙 587 (5)
嚥 663 (5)
闐 58 (4)
108 (9)
163 (3)
439 (4)
545 (10)
曝 140 (9)
510 (1)
604 (8)
闛 375 (11)
462 (8)
543 (7)
闚 480 (15)
闞 139 (12)
400 (9)
420 (4)
488 (3)
505 (2)
508 (15)
581 (7)
603 (1)
672 (2)
⿵門翏 481 (5)
闀 210 (10)
505 (9)
583 (13)
673 (4)
⿵門弱 116 (18)
367 (2)
452 (17)
嚛 768 (20)
鵬 124 (5)
377 (4)
463 (12)
552 (5)
⿰日巤 147 (17)
522 (9)
617 (9)
718 (9)
771 (21)
⿰日壽 126 (4)
378 (11)
466 (12)
561 (8)
⿰足尌 444 (17)

蹝 143(16) 216(12) 427(9) 515(11) 611(4) 700(1)
躃 144(8) 428(11) 612(6) 703(9)
蹮 118(1) 367(10) 454(4)
蹰 111(12) 362(15)
蹶 142(19) 145(8) 215(5) 514(4) 518(5) 614(1) 614(8) 697(12) 708(3) 768(15)
蹭 460(13) 564(10) 564(10)
蹼 510(3) 686(5)
嚬 114(12)

449(12)
蹻 119(17) 456(16) 524(8) 607(9) 723(4) 1023(1上)
踏 147(1) 715(9)
蹹 147(2) 521(7) 618(8) 716(1)
蹯 115(9) 450(17)
蹸 134(19) 192(10) 393(2) 480(2) 480(11)
蹴 140(17) 422(4) 510(14) 605(4) 688(1)
蹱 57(4) 438(4) 540(8)
蹲 115(16) 451(9)
蹭 212(12)

420(2) 508(12) 594(6) 682(9)
𨇓 502(9)
蹬 212(12) 420(2) 508(12) 594(6) 682(9)
蹳 143(13) 216(9) 427(5) 611(1) 701(9)
梟 386(7) 473(9) 572(3)
蠖 525(7) 608(9) 725(11) 1025(1)
蠭 539(5)
蠓 129(3) 471(6) 567(10)
𧕊 122(16) 461(12) 542(6)
蟷 543(10)
蠘 526(8)

772(14)
蠅 127(20) 469(8) 559(10)
蠍 143(2) 215(8) 426(3) 514(7) 614(11) 698(5)
蠌 521(2)
蠉 135(5) 368(6) 454(14) 481(1) 753(9)
蠋 511(9)
蟾 127(9) 380(14) 468(12) 469(2) 563(7) 759(4)
蠊 380(13) 468(10) 563(6) 759(8)
蠙 440(14) 548(5)
䗷 525(14) 617(1)

726(11)
蟻 129(17) 472(7) 570(8)
蟰 118(18) 141(1) 369(3) 422(9) 455(8) 511(2) 605(9) 689(3)
艶 602(8)
顛 71(15)
嚴 128(13) 383(1) 420(6) 470(7) 566(2) 603(6) 683(11)
賑 59(8) 64(8) 108(13) 133(8) 163(19) 390(6) 440(13) 477(17) 548(4) 578(5)

獸 211(4) 418(3) 506(17) 601(8) 677(9)
嚫 410(8) 498(18) 593(11)
嚨 38(4) 161(10) 437(5) 538(12) 743(2)
顗 131(4) 387(8) 474(8) 573(8)
颻 133(2) 477(7)
幨 390(13) 478(3) 578(10)
翾 368(6) 454(14) 753(9)
彝 131(16) 388(7) 475(5) 574(12)
䍜 132(9) 476(7) 576(5)
羆 58(4) 163(3) 439(3) 545(9)
羈 781(18)
羅 121(7) 372(7) 459(4) 556(5)
幱 520(16)
巃 129(5) 161(9) 384(7) 437(4) 471(9) 538(12) 568(3) 740(8)
憓 133(15) 391(5) 478(10)
鬅 438(9) 541(2)
髆 525(5) 608(7) 1024(9上)
髇 120(3) 457(7) 755(9)
髈 137(12) 196(2) 484(16) 570(1)
䯬 423(12) 512(4)

【丿】

黿 111(2)
覻 430(8) 430(9) 518(16) 615(13) 709(10) 710(1) 769(2)
氌 433(5) 522(10) 771(22)
犢 140(4) 509(12) 604(3) 684(11)
犪 119(10)
鵽 523(17) 585(4)
犦 423(13)
犤 439(9) 447(2) 545(9) 556(11) 748(24)
犥 119(18) 135(12) 194(2) 456(17) 481(12)
獵 433(5) 522(10) 771(21)
貚 212(7) 419(12) 508(6) 564(2) 602(10) 681(10)
穖 144(15) 429(7) 517(6)
䵖 127(16) 469(5) 564(4)
黠 699(11)
穙 140(9) 510(2) 604(9) 686(3)
䵒 164(5) 440(18)
穩 65(8) 133(20) 391(11) 478(16)
穨 113(10) 365(2) 447(16)
䆉 387(3) 474(3) 573(3)
黎 440(18) 548(11)
黎 440(18) 548(10)
黧 364(3) 446(1)
穬 137(16) 485(4)
穧 406(12) 407(11) 495(2) 495(17) 589(7) 649(8)
籀 211(4) 418(2) 506(16) 601(7) 677(7)
簸 136(6) 395(14) 415(2) 482(15) 504(1) 599(7) 669(7)

穚 144(5) 427(15) 428(7) 516(1) 516(8) 614(4) 703(3)
簵 588(12)
籈 448(12)
簏 166(20) 361(11) 443(1)
簾 131(9) 474(16) 574(3)
簹 123(10) 375(14) 462(11) 543(10)
簬 493(16) 646(3)
簦 132(8) 389(7) 476(5) 576(3)
簋 472(3)
籎 109(1) 109(16) 164(12) 165(20) 441(6) 442(7) 549(6)
簼 126(14) 379(11) 467(9) 562(12)
簍 657(10)
簷 63(14) 563(4) 759(3)
簾 63(15) 127(7)
簿 132(5) 389(3) 476(1) 575(11)
簺 498(2) 593(1) 657(6)
簫 118(18) 369(3) 455(8) 753(14)
簠 612(13)
簸 115(18) 451(10)
繫 404(13) 492(11) 570(4) 587(8)
躊 60(7) 109(6) 164(20) 441(12) 550(1)
𪕈 386(15) 473(17) 572(12)
鼮 125(2) 465(1) 554(9)
𪕒 524(14) 525(3) 608(1) 724(4) 1023(12上)
牘 140(4) 213(10) 509(11) 604(2) 684(10)
儳 213(2) 382(11) 420(4) 420(5) 470(3) 508(15) 508(15) 565(10) 565(12) 603(5) 683(4)
鵻 119(9)
鏦 540(8)
儴 461(16)
鶍 427(14) 515(17)
皗 561(10)
躹 126(13) 379(8) 467(7) 562(9)
軄 525(9)
覶 457(15) 550(10) 757(11)
彙 740(13)
饑 768(6)
雝 60(2) 109(2) 164(13) 441(7) 549(7)
鶉 439(14) 546(10) 693(10)
魑 359(8) 440(1) 547(2)
顛 205(3)
顧 359(7) 439(17) 546(13)
懲 127(17) 381(11) 469(6) 559(7)
衛 407(12) 495(18) 498(9) 590(8) 592(6)
德 407(11) 495(17)
額 164(14) 441(8) 549(8)
臒 231(6) 525(7)
艨 437(3) 489(12) 538(10) 583(4) 743(13) 774(9)
艕 132(2) 475(16) 575(8)
艢 505(17)
擊 116(14) 366(10) 452(11)
艚 419(14) 508(8)

601(3)
鴰 110(4)
166(17)
361(9)
442(16)
鐟 407(15)
496(4)
590(7)
652(5)
鐄 123(20)
376(12)
463(6)
551(11)
鏋 765(11)
鍬 418(5)
418(15)
506(18)
507(12)
601(9)
677(12)
鏂 126(10)
379(5)
467(3)
562(5)
鏗 124(8)
464(1)
553(1)
鏢 119(18)
456(18)
鏚 145(17)
430(12)
519(3)
616(1)
710(6)
鏜 123(14)
376(5)
462(17)
544(9)
鏤 212(1)
419(3)
507(15)
602(6)
680(4)
鏝 116(15)
366(11)
366(13)
452(12)
鏦 39(4)
161(18)
437(14)
539(9)
541(3)
744(19)
745(14)
鏗 138(19)
198(8)
399(6)
579(13)
鏞 39(8)
162(2)
162(2)
438(1)
540(3)
鏕 119(13)
509(8)
604(7)
鏡 506(2)
598(10)
675(2)
鏟 66(14)
134(10)
412(12)
479(14)
501(3)
597(1)
661(11)
765(16)
鏑 430(4)
518(13)
615(10)
709(4)
768(22)
鏃 140(8)
510(1)
604(8)
686(1)
鏇 368(8)
502(6)
596(8)
664(11)
753(4)
鏔 360(3)
441(11)
547(13)
549(13)
鋺 115(11)
451(1)
鍽 419(3)
507(15)
鏥 395(14)
477(2)
482(15)
577(4)
764(18)
鏘 123(3)
375(6)
462(3)
543(2)
鏐 126(17)
467(12)
563(2)
鏆 412(1)
500(8)
594(13)
660(4)
鏺 120(14)
371(6)
458(4)
551(5)
𢕟 371(2)
457(17)
550(13)
757(9)
飄 119(10)
456(8)
邎 125(16)
456(9)
560(8)
𧳜 135(17)
194(8)
395(3)
482(3)
貖 394(12)
481(14)
貚 116(12)
366(9)
452(10)
䝐 742(7)
覰 120(20)
458(13)
555(9)
辭 109(11)
165(10)
360(9)
442(1)
饉 410(7)
498(18)
593(11)
饇 746(16)
747(4)
𩞁 69(8)
137(6)
484(8)
569(6)
𩞀 405(4)

493(1) 588(1) 643(3)
鏞 540(13) 745(19)
顉 437(7) 539(1) 743(8)
膱 139(12) 400(9) 488(3) 581(6) 759(10)
臏 134(13) 192(3) 480(1)
⿰月暴 141(15) 423(12) 512(4) 606(11) 692(3)
鵬 128(5) 382(4) 469(15)
鵩 140(11) 510(5) 604(12) 686(9)
臘 147(5) 521(12) 619(1) 716(10)
鵰 118(19) 369(5) 455(10) 550(6)
劖 128(11) 382(13) 470(4) 565(11)
酁 382(12) 470(3) 565(9)
鯖 125(8) 464(14) 465(9) 553(10) 554(2) 554(8) 555(4)
鯥 140(13) 510(8) 605(1) 687(3)
鯪 127(18) 381(11) 469(7) 559(9)
鯕 60(9) 109(9) 165(4) 360(6) 441(14) 550(4)
鯫 138(19) 198(8) 379(9) 379(12) 399(6) 467(10) 486(18) 562(10) 562(13) 579(13)
⿰魚昔 524(16) 608(2) 724(8) 1023(15上)
鯠 365(12) 448(8)
鯟 740(13)
⿰魚果 396(9) 483(8)
鯤 451(6)
鯧 461(11) 542(5)
鯢 112(14) 446(11) 748(10)
⿰魚卑 112(20) 447(2) 556(11) 748(24)
鯩 114(1) 448(14)
鯛 118(19) 369(5) 455(10)
⿰魚臽 212(8) 213(1) 419(13) 420(4) 508(8) 508(14) 603(4) 682(1) 683(1)
⿰魚匊 140(16) 141(10) 235(5下) 422(3) 423(5) 510(10) 510(13) 605(4) 606(6) 687(6) 687(12) 691(4)
⿰魚爭 464(8) 553(9)
鯨 124(7) 463(15) 552(7)
⿰魚卒 424(15) 513(4)
鯘 433(4) 522(9) 522(15) 617(12) 719(3) 771(28)
⿰魚官 759(7)
⿰魚彔 141(10) 423(5) 511(14) 606(5) 691(3)
鯞 398(14) 486(9) 579(5)
鯔 109(13) 165(14) 360(11) 442(3)
鰞 493(18) 588(13)
獺 143(16) 216(12) 427(9) 428(7) 515(11) 516(8) 611(4) 614(4)

700(1)
703(3)
鴿 128(11)
382(11)
382(12)
470(2)
470(3)
565(9)
565(10)
獹 61(10)
112(2)
363(11)
445(10)
飀 560(4)
䬘 120(3)
457(8)
755(9)
觼 142(20)
215(6)
426(1)
514(5)
614(9)
䚟 523(16)
616(8)
觶 57(15)
162(16)
490(1)
544(12)
584(8)
觽 481(13)
蟹 132(13)
476(13)
𧥃 427(8)
498(8)
515(10)
518(5)
592(5)
觹 144(11)
428(15)
516(16)
612(9)
704(4)
𪅃 140(14)
140(16)
421(15)
422(3)
510(10)
510(13)
605(2)
605(4)
687(5)
687(12)
𡖷 57(4)
129(6)
162(5)
438(4)
471(8)
540(7)
568(2)
𡗘 57(3)

【丶】

譖 212(4)
419(8)
508(1)
601(2)
681(2)
譊 120(1)
457(5)
756(4)
譆 109(13)
165(14)
442(3)
譩 407(5)
495(11)
𧬊 589(4)
譪 204(9)
409(6)
497(10)
592(4)
謿 550(6)
譓 589(13)
譚 122(2)
373(12)
460(8)
564(5)
讀 497(16)
592(9)
譑 481(5)
譙 119(8)
413(15)
456(5)
502(17)
譂 414(9)
503(9)
䜒 414(14)
503(15)
䜈 148(10)
223(11)
523(15)
616(8)
721(6)
譒 415(2)
504(1)
599(7)
譌 371(15)
458(15)
555(11)
識 525(12)
616(13)
726(8)
譜 132(8)
476(5)
576(2)
燮 231(12)
譔 118(11)
368(10)
454(18)
596(9)
753(3)
證 212(9)
419(14)
508(8)
601(3)
682(2)
譎 144(11)
428(15)
516(16)
612(9)
704(4)
譏 110(1)
166(10)
361(5)
442(12)
鶉 552(5)
鄻 122(17)
461(13)
542(8)
勷 122(18)
374(15)
461(14)
542(9)
顫 414(14)
503(16)
756(3)
贑 115(17)
366(3)
451(10)
452(4)
鶉 114(2)
448(15)
翽 118(6)
368(2)
454(10)
752(9)
廬 378(9)

466(10)
561(6)
靡 129(13)
472(2)
570(3)
廬 110(12)
167(12)
443(8)
445(11)
鶉 209(12)
415(12)
504(12)
600(9)
670(8)
[illegible] 61(11)
112(2)
363(12)
445(11)
1027(2)
贇 114(14)
449(14)
[illegible] 395(5)
482(5)
[illegible] 147(11)
432(11)
619(6)
717(9)
771(7)
癧 145(12)
518(10)
[illegible] 144(18)

517(9)
518(2)
613(3)
706(1)
癔 64(14)
133(12)
390(15)
478(5)
癡 109(14)
165(15)
360(12)
442(4)
癠 132(10)
476(7)
576(5)
649(9)
1027(8)
龐 57(12)
162(13)
438(12)
541(5)
鶊 123(18)
376(11)
463(5)
463(16)
551(10)
552(8)
麒 60(9)
109(8)
165(3)
441(14)

550(3)
麕 449(17)
[illegible] 438(18)
545(4)
麑 446(11)
547(3)
748(10)
麈 60(1)
109(2)
164(13)
441(7)
549(7)
麌 120(9)
138(10)
394(12)
457(15)
481(14)
486(6)
550(11)
579(3)
757(10)
757(11)
麖 124(4)
377(4)
463(12)
552(5)
辧 412(13)
501(5)
597(2)
662(2)
瓣 597(2)

662(2)
[illegible] 770(11)
壟 129(7)
384(9)
471(10)
568(5)
[illegible] 424(2)
512(9)
[illegible] 38(3)
161(9)
437(4)
538(11)
740(19)
韻 205(9)
410(8)
498(18)
593(11)
鶁 486(16)
579(11)
齍 70(2下)
163(19)
440(12)
548(3)
羸 136(6)
195(6)
395(15)
482(16)
555(9)
蠃 58(2)
107(14)
163(2)

439(2)
545(7)
旞 110(7)
167(2)
361(12)
443(2)
旝 494(12)
591(6)
648(6)
旜 118(3)
甕 57(3)
162(4)
438(3)
489(9)
540(7)
羷 399(13)
487(10)
580(5)
羶 118(4)
367(14)
454(8)
類 455(17)
456(17)
755(3)
羹 123(19)
376(11)
463(5)
551(10)
類 403(3)
490(17)
585(8)

糬 146(1)
431(3)
519(9)
620(13)
711(5)
糫 116(19)
367(2)
452(18)
䊭 133(1)
477(6)
577(7)
類 128(8)
139(13)
382(10)
400(8)
400(11)
470(1)
488(3)
565(8)
581(6)
581(8)
鏊 144(18)
517(9)
518(2)
613(3)
705(11)
768(2)
爈 110(12)
167(13)
爆 414(5)
503(5)
525(5)
598(2)
608(7)
667(4)
725(7)
781(20)
1024(9上)
爍 148(14)
223(16)
524(3)
607(5)
722(6)
爊 120(16)
371(9)
458(8)
551(8)
鶑 468(9)
563(4)
759(3)
謍 464(16)
553(4)
553(5)
554(4)
瀮 651(6)
灎 751(2)
瀳 750(5)
瀚 207(1)
411(10)
500(1)
594(7)
658(11)
779(10)
瀟 118(18)
瀨 406(9)
494(16)
591(9)
649(2)
瀜 742(9)
瀝 145(12)
615(8)
768(21)
濯 498(5)
593(2)
657(11)
瀘 1027(1)
瀾 380(12)
468(9)
563(4)
759(3)
瀼 407(13)
496(1)
502(7)
瀤 748(31)
瀙 205(9)
410(8)
410(11)
498(18)
499(4)
593(11)
瀧 38(4)
57(12)
107(8)
161(9)
162(13)
437(5)
438(11)
538(11)
541(4)
瀛 124(16)
464(10)
553(11)
濦 206(5)
219(2)
390(15)
450(9)
478(5)
瀏 394(14)
394(15)
481(17)
481(18)
懭 403(10)
491(9)
586(5)
懷 65(2)
寱 230(6下)
610(7)
728(9)
772(14)
譌 753(1)
盬 461(1)
565(3)
竈 161(5)
436(17)
538(6)
742(6)
竆 203(6)
408(5)
496(10)
590(11)
653(3)
鵷 115(11)
451(1)
寴 410(11)
499(4)
竉 129(6)
471(9)
568(5)
鵩 453(10)
751(2)
鶊 502(8)
596(9)
665(3)
襤 122(8)
374(4)
460(18)
565(2)
襶 600(8)
襧 480(1)
襦 111(1)
444(2)
753(13)
襣 403(14)
491(13)
顛 125(9)

465(9)
554(7)
⿰火賓 593(8)

【一】

⿰肅羽 140(12)
421(13)
510(7)
511(3)
604(13)
687(1)
醫 115(18)
451(10)
鶌 110(5)
166(19)
361(10)
442(17)
443(1)
⿱髟衣 146(6)
431(9)
519(16)
621(6)
712(6)
769(24)
⿱髟朱 432(3)
520(2)
520(9)
615(1)
770(16)
鬃 431(12)
520(2)
615(6)
769(7)
騥 130(14)
473(13)
386(11)
鶠 513(15)
彊 542(6)
韝 126(12)
126(14)
379(8)
379(10)
467(6)
467(9)
562(9)
562(11)
韡 131(4)
387(7)
474(7)
573(8)
韛 204(7)
409(3)
497(6)
586(2)
591(13)
655(6)
韓 525(1)
608(4)
725(1)
1024(4上)
韗 142(7)
214(2)
513(2)
609(4)
694(7)
韜 120(11)
371(3)
414(15)
458(1)
503(16)
551(1)
757(13)
鷔 142(1)
693(5)
擊 706(11)
鏊 403(2)
490(16)
585(7)
嬿 392(15)
413(5)
479(17)
501(13)
595(13)
663(5)
嬾 66(6)
134(5)
206(10)
392(6)
479(8)
嬽 118(17)
369(1)
455(7)
753(10)
嬹 419(15)
508(10)
601(4)
孃 447(9)
748(31)
嬴 124(16)
464(10)
553(11)
韻 449(5)
斅 403(9)
491(8)
覷 420(1)
508(11)
鶩 405(12)
493(11)
588(8)
顡 569(9)
歠 145(6)
517(18)
613(11)
707(8)
768(10)
鷄 143(14)
144(6)
216(9)
427(6)
428(8)
515(8)
516(9)
611(2)
614(5)
701(10)
703(5)
繡 525(15)
617(2)
⿰糸桀 433(7)
522(12)
771(25)
繩 127(19)
381(13)
469(9)
559(10)
601(3)
繾 134(18)
192(8)
480(9)
繰 551(3)
繹 145(19)
431(1)
519(7)
620(11)
711(1)
繯 412(11)
501(1)
596(13)
⿰糸蜀 141(6)
422(15)
511(8)
606(1)
690(4)
繳 146(11)
148(13)
223(15)

431(15)
520(5)
524(2)
607(5)
615(3)
713(3)
722(5)
770(9)
繳 399(13)
487(10)
580(5)
繲 654(1)
繺 116(4)
118(16)
365(15)
368(15)
452(1)
455(6)
664(8)
753(6)
繶 231(13)
525(14)
617(1)
繡 211(7)
418(7)
507(3)
601(11)
678(6)
繴 146(9)
431(12)
615(1)
712(11)
770(5)
縪 586(5)
虩 620(6)
714(9)
鶬 109(13)
165(13)
404(5)
442(2)
492(1)
齣 405(4)
493(1)
588(1)
643(3)

二十畫

【一】

鶃 144(9)
428(3)
428(12)
516(4)
516(11)
516(13)
612(7)
703(11)
奮 147(14)
433(1)
522(6)
619(10)
718(4)
壚 363(11)
445(11)
1027(1)
顛 146(9)
431(12)
520(2)
615(1)
713(1)
770(6)
瓌 113(10)
365(1)
447(15)
瓏 39(6)
161(9)
161(20)
437(5)
437(16)
538(11)
539(13)
640(8)
743(2)
鶩 120(15)
209(1)
371(8)
414(10)
458(7)
503(11)
551(6)
598(6)
668(2)
757(12)
鬏 551(7)
鬐 59(12)
108(15)
164(3)
440(16)
548(8)
鬒 415(8)
504(7)
600(5)
669(11)
鬒 133(5)
477(11)
578(1)
鬋 519(10)
709(11)
711(7)
鬏 116(13)
366(10)
452(10)
453(1)
鬑 127(15)
380(13)
468(11)
469(3)
563(5)
564(3)
759(8)
鬠 144(5)
428(7)
428(7)
516(7)
516(8)
614(3)
703(2)
瓓 449(3)
驊 121(12)
372(15)
459(12)
557(5)
騹 117(16)
453(14)
750(9)
騙 518(11)
騵 115(6)
450(12)
騴 412(9)
500(17)
596(11)
661(5)
騬 381(13)
469(9)
559(10)
559(12)
騺 748(5)
騱 112(12)
446(8)
748(7)
騮 125(13)
377(10)
465(14)
560(4)
騶 126(2)
378(9)

466(10)
561(6)
騯 376(9)
376(15)
463(4)
463(9)
544(8)
552(1)
[illegible] 405(2)
492(17)
[illegible] 423(8)
511(18)
驏 502(1)
596(5)
664(4)
[illegible] 543(12)
[illegible] 361(12)
443(1)
趮 414(15)
503(16)
668(9)
[illegible] 368(6)
454(14)
753(9)
[illegible] 141(6)
422(15)
511(8)
606(1)
690(5)
[illegible] 238(18)
361(14)

443(3)
[illegible] 368(1)
454(10)
752(4)
[illegible] 439(7)
546(1)
攕 439(7)
546(1)
[illegible] 545(10)
攖 464(12)
553(13)
[illegible] 509(12)
蟞 145(9)
429(12)
518(6)
614(1)
768(4)
蠧 643(3)
[illegible] 524(7)
[illegible] 414(5)
503(4)
攙 128(12)
382(14)
470(5)
565(12)
壤 69(7)
137(5)
484(7)
569(5)
攘 374(14)
397(9)

416(9)
461(13)
484(8)
505(7)
542(7)
569(5)
583(12)
672(11)
攃 410(11)
499(4)
攕 770(4)
[illegible] 208(11)
414(9)
503(9)
598(5)
667(10)
馨 125(3)
465(3)
554(11)
[illegible] 148(7)
223(7)
523(10)
616(5)
720(9)
聹 138(4)
197(5)
485(15)
攉 141(18)
424(1)
512(8)
606(13)

692(9)
蘜 422(1)
510(10)
605(2)
687(6)
蘳 439(1)
545(6)
鞰 362(14)
444(16)
鞻 379(7)
467(6)
562(7)
[illegible] 365(4)
448(1)
[illegible] 402(12)
490(11)
585(3)
764(7)
[illegible] 382(14)
470(6)
565(13)
[illegible] 413(6)
501(14)
595(13)
663(5)
[illegible] 390(14)
478(5)
578(12)
[illegible] 116(7)
366(3)
452(4)

[illegible] 366(11)
452(12)
蘁 231(2)
524(6)
525(2)
608(5)
725(2)
1024(5上)
蘜 510(10)
蘠 125(7)
465(6)
555(3)
蘤 146(14)
432(4)
520(10)
620(2)
713(11)
770(18)
蘭 116(15)
366(12)
452(13)
蘮 408(8)
496(13)
591(1)
蘬 538(5)
[illegible] 745(3)
[illegible] 161(4)
436(16)
538(5)
蘆 494(3)
589(4)

	647(1)		374(14)		495(15)	礬	450(17)		166(19)
蘩	115(9)		458(14)	櫯	563(13)	麴	61(2)		361(11)
	450(17)		461(14)		759(12)		111(16)		442(17)
藷	443(9)		542(8)	櫵	751(3)		363(4)	轘	412(11)
虉	129(18)	蘪	60(1)	檴	231(1)		445(3)		501(1)
	472(9)		109(2)		520(9)	麵	413(6)		596(13)
	570(9)		164(12)		715(6)		663(6)		661(8)
蘖	145(3)		441(6)		770(17)	䴾	372(5)	暫	122(10)
	517(15)		549(6)	櫹	118(18)		459(2)		461(3)
	613(8)	蘫	416(5)	櫢	595(4)	麯	194(1)		565(5)
	707(1)		505(3)		765(2)		394(9)	饏	68(7)
蘱	131(5)		565(3)	櫪	145(12)		481(11)		69(1)
	387(10)		672(4)		430(2)	櫰	113(5)		137(1)
	474(9)	顛	750(9)		518(10)		364(11)		397(4)
	762(9)	鶾	207(1)		615(8)		365(2)		400(3)
蘥	148(12)		411(11)		709(1)		447(9)		484(1)
	223(14)		500(2)		768(19)		447(15)		487(16)
	523(18)		594(7)	櫴	114(12)		748(30)		581(4)
	607(3)		779(11)		449(12)	櫬	205(9)	轐	483(16)
蘞	563(5)	蘗	146(8)	櫨	61(10)		410(8)		581(1)
蘵	127(9)		615(1)		112(1)		498(18)	轙	70(7上)
	468(12)		712(11)		363(11)		593(11)		163(8)
	563(7)		770(5)		445(10)	櫳	38(3)		439(8)
	759(13)	鶘	61(2)	櫩	380(12)		161(9)		546(3)
蘇	125(16)		111(15)		468(9)		437(4)	轚	407(2)
	377(14)		363(3)		759(3)		538(11)		495(8)
	456(10)		445(2)	櫸	131(11)		538(12)	蠹	740(13)
	465(18)	蘻	230(4上)		388(2)		740(20)	鷗	133(14)
	560(8)		525(17)		474(18)	轖	727(2)		391(3)
蘘	121(1)		617(4)		574(6)	轗	671(8)		478(8)
	122(18)	棣	407(9)		762(9)	轤	110(5)	鶝	421(11)

510(5)
頤 562(6)
驜 400(11)
488(5)
581(8)
鬺 395(1)
482(2)
繫 393(4)
480(5)
501(16)
顠 135(12)
194(2)
394(9)
481(11)
飄 119(14)
119(14)
456(13)
755(1)
鶠 456(14)
755(2)
醿 38(3)
437(4)
538(10)
743(13)
774(10)
盬 392(12)
醵 110(6)
167(1)
361(11)
443(1)
607(9)
643(6)
醴 132(9)
239(5)
476(6)
576(4)
醲 57(4)
162(5)
438(3)
540(7)
醳 145(20)
431(2)
519(8)
620(12)
醥 388(3)
475(1)
574(6)
醶 139(14)
400(12)
488(5)
581(9)
759(10)
醷 231(13)
474(4)
525(14)
617(1)
726(11)
䤍 437(4)
538(11)
774(10)
黴 513(16)
礣 212(8)
419(13)
508(7)
602(11)
681(12)
礥 114(7)
449(5)
453(11)
礧 130(10)
132(18)
238(4)
386(7)
409(13)
473(8)
477(1)
497(17)
572(3)
577(3)
764(16)
礫 145(12)
430(2)
518(10)
615(9)
709(1)
768(19)
礩 402(15)
424(5)
490(13)
512(12)
585(5)
礸 110(13)
167(14)
443(9)
蠆 192(2)
鑒 426(1)
514(6)
類 484(10)
569(8)
櫳 369(2)
753(6)
瓏 743(1)
霰 412(14)
501(6)
595(9)
662(4)
𩅦 63(13)
468(7)
559(5)
䨚 465(7)
霙 161(1)
228(15)
436(14)
538(2)
742(7)
覆 605(8)
雛 468(2)
558(13)
鶡 447(8)
748(27)
酆 161(5)
436(17)
539(10)
744(9)

【丨】

囊 109(18)
166(4)
361(2)
442(9)
齣 122(1)
460(7)
558(6)
齟 131(11)
388(2)
474(17)
574(5)
574(7)
齚 146(16)
520(14)
620(5)
714(5)
齡 125(5)
465(5)
554(13)
𪗐 148(9)
223(9)
523(12)
616(6)
721(2)
𪗕 550(2)
䶜 425(7)
513(12)
齝 109(14)
165(16)
442(4)

⿰鹵奏 212(1) 419(2) 507(14) 602(5)
⿰鹵甚 416(2) 603(1) 671(8)
鹹 128(7) 382(8) 416(6) 469(17) 505(4) 565(6)
⿰鹵鬼 748(31)
鹺 121(5) 372(5) 459(2) 556(3)
⿰鹵扁 134(15)
邎 377(15) 398(13) 413(13) 466(1) 486(8) 502(15) 560(9) 579(4)
⿱髟忩 409(1)
獻 206(8) 499(13) 597(5) 658(1)
甗 115(11) 451(2) 499(14) 501(17) 596(3) 663(12)
⿰鬳攴 363(12) 445(11)
⿸虍⿱臼曰 449(6)
⿰豈殳 525(4) 608(6) 725(5) 1024(8上)
耀 666(3)
黨 137(11) 397(14) 484(14) 569(12)
懸 117(20) 367(8) 454(3)
騗 430(12) 519(3) 616(1) 769(8)
騣 423(12) 512(4) 512(6)
鵬 456(13)
酆 223(18)
524(5) 607(7) 722(9)
矍 524(10) 607(10) 723(7) 1023(4上)
⿰目旁 453(17)
瞿 124(10)
瞼 419(10) 508(5)
瞻 212(5) 419(9) 508(3) 602(8) 681(4)
賺 213(1) 380(13) 420(4) 468(11) 508(14) 563(6) 603(4) 683(2) 759(9)
曜 725(10)
⿰日巤 433(5) 771(22)
闤 143(16) 216(12) 427(8) 515(11) 611(4)
闠 409(12) 497(16) 592(9) 656(11)
闡 134(17) 480(8)
闖 129(18) 472(9) 570(9)
鶝 110(16) 443(14) 746(11)
鶡 143(18) 427(13) 515(16) 610(9) 699(10)
曨 38(3) 129(5) 161(9) 384(7) 471(8) 538(11)
曦 163(6) 439(7) 546(1)
躋 750(4)
蹴 772(14)
躁 209(4) 414(15) 503(16) 598(9) 668(9)
躅 141(9) 235(4下) 423(4) 511(13) 606(5) 691(1)
⿰足詹 681(8)
⿰足亶 392(14) 479(17)
⿰足頁 450(18)
躃 146(5) 431(8) 519(15) 621(5) 712(4) 769(22)
蠛 144(16) 517(5) 613(1) 705(6)
蠣 203(6) 408(6) 496(11) 590(12) 653(6)
⿰虫匽 368(1) 454(10)

752(4)
[illegible] 465(2) 554(10)
蠐 112(5) 237(2.5) 364(2) 445(16) 1027(8)
蠑 124(5) 463(13) 552(6)
蠙 114(12) 117(17) 449(12) 453(17)
蠗 424(1) 512(8)
蠽 407(2) 495(8)
鼶 608(11) 693(8)
嚶 124(10) 464(4)
鶚 524(17) 608(3) 724(10) 1024(2上)
讕 776(12)
嚱 212(6) 419(10) 468(17)
508(4) 563(11) 602(9) 681(7) 759(11)
嚼 524(7) 607(8) 723(3)
嚵 400(3) 487(15) 580(7)
還 502(7)
巇 58(7) 163(6) 439(7) 546(1)
巍 110(3) 166(15) 361(8) 442(15)
劚 447(1)
酈 112(19) 447(1) 748(19)
巉 128(11) 382(13) 400(12) 470(4) 488(6) 565(11) 581(9)
黖 365(12)
黬 422(8) 511(2) 605(8) 688(11)
黤 139(13) 199(12) 396(13) 400(11) 483(12) 488(5) 580(11) 581(8)
黯 521(8)
黔 468(6)
[illegible] 124(7) 463(15) 552(7)
[illegible] 523(6) 719(12)
黦 143(2) 215(8) 426(3) 514(7) 614(11) 698(5)
髏 126(11) 379(6) 467(4) 562(7)
鶻 143(3)
144(1) 215(9) 426(5) 426(12) 428(1) 514(9) 514(17) 516(1) 611(8) 612(1) 698(8) 699(8) 702(4)
髍 372(3) 458(18)
髎 457(1)
【丿】
犤 132(15) 476(15) 764(7)
[illegible] 113(6) 447(9) 748(30)
[illegible] 161(9)
積 366(1) 452(2)
稷 465(13)
穆 134(14)
䵗 130(1) 408(12) 472(13)
570(13)
穭 131(6) 238(16) 387(11) 474(10) 573(11)
黧 61(17) 112(6) 237(2.6) 364(3) 440(18) 445(17) 548(11)
穮 119(14) 456(13)
鶩 125(15) 377(12) 465(16) 560(6)
鶇 438(4)
籍 146(4) 431(7) 519(14) 621(4) 712(2) 714(4)
籌 126(4) 378(11) 378(11) 466(13) 561(9)

籙 743(9)
籃 122(9) 374(4) 461(1) 565(3)
籋 523(5) 617(10) 718(11)
纂 392(2) 479(4) 765(10)
⿱竹端 366(4) 452(5)
⿱竹舞 71(4) 593(6)
⿱竹複 140(11) 510(4) 686(8)
籗 145(13) 430(6) 430(8) 518(15) 518(17) 615(11) 709(7) 768(25) 769(3)
繁 597(4)
譽 110(7) 167(3) 361(13) 405(6) 443(3) 493(4) 588(3) 643(9)
⿱𦥯月 212(10) 419(15) 508(10) 601(4) 682(4)
壆 71(12) 206(1) 499(5) 594(1)
⿱𦥯豆 593(10)
⿱𦥯辰 744(14) 745(9)
覺 141(12) 208(8) 235(7下) 414(4) 423(8) 503(3) 511(17) 598(1) 606(7) 667(2) 691(8) 781(14)
嚳 141(3) 422(12) 511(5) 605(12) 689(10)
⿱𦥯羽 509(14) 607(2)
斆 414(4) 503(3) 598(2) 667(1)
⿰亻聶 433(8) 522(13) 771(26)
鼯 61(8) 111(20) 363(9) 445(8)
⿰鼠瓜 377(11) 465(15) 486(1) 560(6)
⿰鼠夋 410(10) 499(3)
僼 744(9)
⿰亻闇 400(10) 488(4) 581(7)
儶 407(6) 495(12)
⿰亻邊 367(8)
⿰亻歸 441(5) 549(5)
犨 125(18) 378(3) 466(4)
⿰貝黃 376(13) 463(7) 551(12)
䑧 147(12) 432(13) 522(3) 619(7) 717(11) 771(9)
⿰身亶 480(7)
⿱髟是 112(9) 406(15) 446(5) 495(5) 748(2)
⿰身侯 379(4)
魖 110(10) 167(9) 362(2) 443(7)
⿰身麃 135(12) 194(2) 481(12)
鶩 141(12) 423(8) 430(5) 511(17) 518(14) 606(8) 691(9) 768(24)
警 502(11) 597(8) 665(9)
巇 429(7) 501(15) 517(6) 705(7)
鷊 449(14)
儴 122(19) 542(10)
[illegible] 509(14)
顙 359(5) 439(15) 546(10)
艦 139(13) 400(11) 488(4) 581(8)
鏍 612(7)
[illegible] 134(3) 412(8) 500(16) 765(7)
鐃 120(1) 135(6) 193(8) 394(3) 457(5)

	481(5)		597(12)		474(10)		569(5)		371(3)
	756(4)		666(8)		573(10)	鐉	118(13)		458(1)
鐼	206(2)	鐕	460(13)		762(9)		455(3)		551(1)
	410(13)		564(10)	鑊	211(6)		753(5)	圝	371(4)
	450(6)	鏷	141(4)	鐇	115(10)	鐙	212(11)		458(2)
	499(6)		422(12)		450(17)		420(2)		551(2)
	594(2)		511(6)	鐓	132(18)		508(11)	饒	119(9)
鏾	392(7)		605(12)		409(7)		594(5)		414(3)
	479(9)		689(11)		477(2)		682(8)		456(7)
	765(3)	鐗	412(9)		497(10)	鏺	143(13)		503(2)
鐴	1026(6)		500(17)		577(4)		216(8)	饋	115(1)
鏸	407(6)		596(11)		656(1)		427(5)		450(7)
	495(12)		661(4)		764(17)		515(7)	饎	404(9)
鐔	63(2)	鐟	427(2)	鐘	39(5)		611(1)		492(6)
	126(18)		515(4)		161(19)		701(8)		587(5)
	373(12)	鐈	119(16)		437(16)	鐖	166(12)	饐	403(12)
	460(9)		456(15)		745(16)		361(6)		411(7)
	467(13)		755(3)	鏻	449(4)		442(13)		491(12)
	468(1)	鏶	522(14)	鐏	206(10)	[illegible]	379(10)		499(18)
	558(7)		523(9)		219(6)		467(8)		586(8)
	558(12)		617(12)		411(6)		562(10)		779(8)
	564(6)		719(3)		499(16)	釋	146(1)	饊	66(7)
	759(5)		771(28)		595(7)		431(3)		134(6)
鐐	119(3)	鐫	118(8)		658(6)		519(9)		392(7)
	208(6)		368(5)	[illegible]	367(14)		620(13)		479(9)
	369(10)		454(14)		453(5)		711(6)		765(3)
	413(11)		753(3)		454(7)	[illegible]	607(8)	[illegible]	485(1)
	414(1)	鐎	119(9)		752(10)	鷄	115(7)	饙	403(4)
	455(15)		147(19)	鏹	69(7)		450(14)		491(2)
	502(13)		456(7)		137(5)	[illegible]	465(18)		585(9)
	502(18)	[illegible]	387(10)		484(7)	齵	120(11)	[illegible]	209(3)

414(13)
503(14)
598(8)
668(8)
782(23)
饌 368(12)
502(7)
596(9)
665(1)
饑 110(2)
166(12)
361(6)
440(12)
442(13)
⿰飠音 213(1)
420(4)
460(11)
508(14)
564(7)
603(4)
683(1)
⿰月薄 525(1)
608(4)
725(1)
1024(4上)
臛 509(18)
525(2)
725(2)
臚 110(11)
167(11)
362(3)
443(8)
746(4)
朧 568(3)
騰 128(6)
469(16)
鵤 138(9)
398(10)
486(4)
580(1)
⿰魚契 146(17)
520(15)
620(5)
714(7)
鰈 147(7)
432(6)
521(14)
619(3)
鰋 65(1)
133(14)
391(3)
478(8)
鰊 595(11)
663(1)
鯖 195(5)
鰔 565(6)
鯷 406(15)
490(2)
495(5)
584(9)
鯣 374(6)
461(5)
541(8)
⿰魚咠 721(8)
鰅 57(2)
110(16)
162(3)
438(2)
443(14)
540(6)
640(13)
鯹 125(4)
465(3)
554(11)
鰃 364(15)
447(13)
⿰魚胃 404(12)
492(9)
鰓 62(15)
113(18)
448(10)
鰐 524(17)
608(3)
724(10)
1024(2上)
⿰魚骨 143(20)
428(1)
516(1)
611(8)
702(4)
鰍 125(15)
377(12)
465(16)
560(6)
鰒 141(16)
421(12)
423(13)
510(6)
512(5)
604(12)
606(11)
692(5)
鯾 118(10)
368(9)
454(17)
752(6)
鯸 126(9)
379(4)
467(2)
562(5)
鰀 765(4)
⿰魚叟 161(14)
201(1)
437(9)
489(9)
539(4)
640(2)
743(10)
鯙 465(2)
554(9)
鯑 446(6)
748(4)
鰌 377(12)
465(17)
560(6)
鰦 165(18)
360(14)
442(6)
鯶 65(6)
133(18)
391(9)
478(13)
鯿 752(7)
鰕 121(15)
373(4)
459(17)
557(10)
⿰魚胥 110(8)
167(4)
361(14)
443(4)
⿰魚飛 109(19)
166(6)
361(3)
442(10)
⿰魚癸 441(1)
548(11)
鰠 120(13)
371(5)
551(3)
⿰魚彖 368(7)
454(16)
753(11)
⿰犭聯 114(5)
449(2)

752(3)
獾 116(6)
366(2)
452(3)
[illegible] 123(20)
376(12)
463(6)
551(12)
飃 119(18)
456(18)
飂 125(14)
377(11)
465(15)
560(5)
獽 122(18)
374(15)
461(14)
542(8)
觸 141(8)
423(3)
511(11)
606(3)
690(9)
768(15)
鐐 414(1)
502(18)
【丶】
護 494(1)
589(2)
646(8)
譎 113(1)
447(3)
556(12)
748(25)
譏 406(6)
494(13)
648(7)
譳 584(6)
674(6)
譔 415(15)
504(16)
600(12)
譝 127(19)
381(13)
469(9)
559(10)
譴 501(18)
596(3)
譟 414(14)
503(15)
598(9)
668(8)
譯 431(1)
519(7)
620(12)
711(2)
譞 753(9)
譣 139(5)
199(3)
399(14)
487(10)
581(11)
譮 204(5)
409(1)
497(3)
591(7)
591(11)
655(1)
譫 521(15)
譠 116(17)
366(14)
452(15)
453(7)
776(3)
譩 110(2)
166(14)
361(7)
387(4)
442(14)
474(4)
573(4)
議 490(7)
584(13)
[illegible] 429(1)
516(17)
彈 136(9)
396(3)
483(2)
斆 204(3)
408(14)
497(1)
592(1)
654(7)
廥 121(4)
372(3)
458(18)
556(1)
磿 451(13)
魔 121(4)
372(3)
458(18)
556(1)
廮 138(1)
197(1)
398(1)
485(10)
膺 212(10)
419(15)
508(9)
601(4)
682(4)
廯 134(16)
480(5)
廲 748(29)
癃 524(3)
癥 128(1)
381(14)
469(10)
559(12)
廮 557(8)
廱 112(17)
446(15)
748(15)
辮 134(15)
393(3)
480(4)
竷 416(2)
483(15)
580(13)
龑 538(12)
[illegible] 437(5)
競 506(3)
598(11)
675(3)
顙 133(1)
389(11)
409(4)
477(5)
497(7)
577(7)
釁 59(10)
108(14)
164(1)
440(14)
548(5)
齎 59(7)
108(12)
163(18)
440(11)
548(2)
贏 124(16)
464(11)
553(12)
糯 126(10)
379(5)

467(4)
562(6)
⿰米壽 414(9)
503(10)
⿰米幾 426(14)
515(1)
糲 406(9)
494(17)
591(9)
649(2)
糴 769(1)
⿱鳥? 109(15)
165(17)
442(5)
⿰火賴 494(17)
爐 112(1)
362(4)
443(9)
445(10)
1027(1)
爓 212(5)
419(9)
508(2)
602(8)
681(4)
⿰火稟 122(4)
460(12)
[illegible] 524(1)
⿰氵繫 616(6)
⿰氵辦 368(2)
454(11)
752(3)
⿰氵藻 743(9)
灆 122(9)
374(4)
461(1)
灌 500(8)
594(12)
瀶 63(3)
467(15)
558(8)
瀸 58(7)
163(7)
439(7)
546(1)
瀴 197(3)
398(2)
485(12)
瀾 116(15)
366(13)
412(6)
452(13)
500(13)
595(3)
659(9)
776(11)
⿰氵闇 136(16)
396(13)
399(12)
483(12)
487(8)
580(11)
灟 203(8)
408(8)
591(1)
653(9)
⿰氵羆 394(13)
481(15)
⿰氵繫 115(9)
450(16)
灘 764(18)
瀹 148(12)
223(14)
523(18)
607(4)
722(1)
瀲 508(4)
602(9)
灂 141(13)
423(9)
512(1)
606(9)
691(11)
瀺 139(12)
400(9)
488(3)
581(6)
瀼 122(18)
461(14)
542(8)
瀵 410(13)
499(6)
594(2)
瀷 230(4上)
234(2)
617(4)
772(7)
懽 412(1)
500(8)
594(13)
660(4)
懺 127(13)
213(2)
420(5)
508(15)
468(18)
563(11)
603(5)
683(4)
懷 416(9)
505(7)
583(11)
寶 136(1)
194(12)
395(8)
482(8)
鶱 115(12)
118(14)
368(13)
451(3)
455(4)
752(11)
⿱宀䝬 449(12)
⿰言鳥 115(8)
450(15)
753(1)
竇 211(10)
418(13)
507(10)
602(2)
679(6)
⿰窊鳥 143(5)
215(11)
426(7)
514(11)
612(3)
698(11)
瘳 489(11)
583(4)
癭 131(7)
387(13)
405(5)
443(11)
474(13)
493(2)
573(13)
762(18)
襭 144(14)
429(5)
517(3)
612(12)
705(2)
襮 231(5)
525(6)
608(7)

690(3)
725(7)
1024(10上)
襬 584(11)
襰 494(17)
591(9)
649(2)

【乛】

黳 403(11)
404(8)
491(10)
492(5)
586(6)
587(5)
躄 146(6)
431(9)
519(16)
621(6)
712(6)
769(24)
譬 402(10)
490(7)
584(13)
彏 133(17)
369(1)
391(7)
455(7)
478(12)
753(7)
彇 456(10)
鶥 441(6)
549(7)
𨽍 391(9)
478(14)
墜 204(10)
409(7)
497(10)
592(11)
孉 368(15)
嬬 123(2)
375(5)
462(3)
543(1)
𡤒 194(3)
394(11)
400(5)
481(13)
487(18)
580(9)
孅 468(13)
563(8)
759(12)
孃 123(1)
374(15)
375(3)
397(9)
461(14)
462(1)
484(8)
542(8)
542(12)
569(5)
罊 373(10)
460(7)
558(5)
飁 523(9)
鷄 441(1)
548(12)
穳 392(3)
411(15)
479(4)
500(7)
594(11)
660(1)
765(10)
鶏 561(2)
鶩 140(10)
510(3)
604(10)
645(4)
686(6)
鷔 743(14)
顟 396(15)
鷚 411(7)
499(17)
596(7)
664(9)
䙴 509(16)
饗 69(6)
137(4)
397(8)
484(6)
569(4)
響 69(6)
137(4)
397(8)
484(6)
569(4)
鼇 407(8)
495(14)
590(2)
651(4)
𦅇 551(4)
𦇧 427(14)
515(17)
700(9)
續 403(4)
491(2)
585(9)
繻 111(1)
444(3)
𦆌 405(13)
493(11)
588(11)
纁 115(2)
237(4.4)
450(7)
纗 404(3)
491(18)
䌆 133(12)
390(15)
478(5)
繽 506(1)
584(7)
674(10)
續 114(12)
449(12)
繷 414(10)
503(10)
繼 202(7)
495(7)
589(11)
650(5)
鬷 147(6)
521(12)
619(2)
716(11)

二十一畫

【一】

櫌 560(3)
醹 144(15)
517(4)
612(13)
705(4)
蠢 133(6)
477(12)
578(1)
瓘 207(6)
412(1)
500(8)
594(12)
660(3)
蘐 494(2)
瓔 124(17)

464(11)
553(12)
⿰王夒 148(5)
223(4)
523(5)
618(6)
瓖 542(10)
鶩 120(16)
371(8)
458(7)
551(7)
598(6)
757(12)
782(17)
鰲 371(9)
458(8)
551(7)
757(12)
⿱敖鬲 108(8)
163(13)
440(7)
547(8)
⿱髟鬲 366(12)
452(12)
⿱髟秦 403(12)
491(11)
586(7)
⿱髟從 744(20)
745(15)
顚 369(11)
413(11)
455(17)
502(13)
597(9)
665(12)
755(10)
攝 147(16)
433(4)
522(9)
617(9)
718(7)
771(20)
驅 111(5)
362(6)
444(8)
493(14)
588(10)
645(9)
746(16)
驃 208(7)
414(2)
414(3)
503(1)
503(2)
597(13)
666(10)
騋 123(2)
375(5)
462(3)
543(1)
569(4)
驉 110(10)
167(9)
362(2)
443(7)
騾 120(19)
371(13)
458(12)
⿰馬覓 145(15)
430(10)
519(1)
615(6)
710(2)
⿰馬鹿 140(8)
509(17)
604(7)
685(10)
⿰馬産 765(16)
騽 523(9)
616(4)
720(7)
驂 122(2)
460(9)
564(6)
鷩 71(3)
205(2)
498(10)
593(4)
⿺走截 144(14)
424(7)
429(5)
517(4)
612(13)
705(3)
趯 145(14)
430(7)
444(2)
518(16)
615(12)
709(9)
746(14)
769(2)
饕 123(6)
375(8)
462(6)
543(5)
韡 112(16)
446(13)
748(13)
鼙 145(17)
430(12)
437(15)
519(3)
539(11)
616(1)
618(8)
710(6)
742(11)
鼛 120(8)
370(14)
457(15)
550(10)
757(10)
⿱鼓至 538(8)
攜 446(18)
⿰扌夒 129(10)
384(13)
471(15)
568(9)
攤 439(11)
546(7)
鷔 403(8)
491(7)
586(4)
夔 509(14)
⿰革鳥 121(12)
372(15)
459(12)
557(5)
⿰革難 121(7)
372(7)
459(4)
556(5)
⿰革赧 520(6)
770(12)
⿰革業 141(12)
423(7)
511(16)
606(7)
691(7)
韇 403(4)
491(2)
586(2)
⿰革賈 447(6)
557(2)

748(24)
鞳 619(3)
鞺 228(14)
436(12)
537(13)
鞿 110(1)
166(11)
361(6)
442(13)
蘴 57(5)
161(6)
162(7)
437(1)
438(5)
539(10)
540(10)
744(8)
蔦 430(6)
518(14)
768(24)
歡 116(5)
366(2)
452(2)
蘳 113(4)
427(15)
447(7)
515(18)
748(27)
蘬 110(3)
166(15)
361(8)
442(15)
549(11)
蕹 748(11)
蘿 148(5)
223(5)
521(8)
523(6)
618(6)
720(3)
蘺 58(11)
163(9)
163(10)
359(1)
367(11)
439(10)
546(6)
鷆 453(14)
750(8)
蘵 231(9)
525(9)
616(10)
726(1)
1025(3)
權 118(15)
368(13)
455(4)
500(8)
753(7)
櫺 125(6)
465(5)
555(2)
櫼 439(7)
櫻 124(10)
464(4)
553(4)
欄 116(16)
366(13)
776(11)
櫹 468(8)
蠜 115(10)
450(17)
麱 608(7)
麵 195(4)
395(13)
482(13)
櫾 125(16)
377(14)
465(18)
560(9)
欃 565(10)
櫰 416(9)
505(7)
542(10)
櫟 549(6)
轟 124(13)
417(9)
464(6)
506(7)
553(7)
轞 139(13)
400(11)
488(4)
581(8)
轜 360(7)
441(15)
轚 464(15)
554(3)
599(3)
轛 404(2)
409(9)
491(17)
497(13)
586(12)
轗 64(14)
133(12)
390(15)
478(5)
櫜 456(13)
譬 139(13)
400(11)
488(4)
581(8)
覽 68(5)
136(19)
397(3)
483(17)
581(3)
603(5)
鶡 142(4)
424(9)
512(17)
609(1)
694(2)
醷 440(12)
548(3)
醿 426(15)
515(1)
醶 210(6)
505(3)
603(1)
醹 131(20)
388(12)
475(11)
575(4)
醺 115(2)
450(8)
醶 649(8)
酆 145(12)
430(1)
518(10)
615(8)
708(11)
768(19)
鷖 748(6)
礴 231(1)
礰 770(17)
醶 394(13)
481(16)
醻 409(9)
497(13)
592(7)
656(6)
醮 456(5)
456(7)

覼 371(14)
礕 143(1) 215(6) 426(1) 514(6) 614(9) 698(2)
顤 208(2) 502(12) 597(9) 665(11)
穲 388(14) 575(6)
𨘻 147(15) 433(1) 522(6) 619(11) 718(5) 771(16)
罶 427(10) 515(13)
霸 415(14) 504(14) 600(10) 671(2)
霥 437(4) 538(10) 742(2)
露 406(1) 493(16) 588(12) 646(2)
霳 437(13) 539(8) 744(14) 745(9)
靃 771(1)
霰 520(5)
霱 213(3) 419(10) 468(17) 508(5) 563(11) 603(6) 683(4) 759(11)
𩆜 127(7) 468(10)
霶 123(15) 462(18) 544(10)
霹 145(11) 430(1) 518(9) 615(7) 708(10) 768(18)
霻 201(4) 489(11) 583(4)
顥 487(5)

【丨】

鬭 211(11) 418(14) 507(10) 602(3) 679(8)
齰 144(4) 428(6) 516(6) 614(3) 703(1)
齥 424(10) 429(3) 512(18) 517(1) 609(2)
齹 517(11) 706(5)
齨 138(11) 197(10) 486(6) 579(3)
齡 521(3)
齩 135(16) 194(7) 395(1) 482(1)
齦 134(2) 391(15) 479(1)
齜 113(1) 447(3) 556(12) 748(23)
鹻 139(11) 400(8) 488(3) 581(5)
𪉕 411(4)
鹼 432(1) 520(6) 614(12) 770(12)
𢿱 110(4) 166(16) 361(9) 442(15)
飄 377(5) 463(13) 552(6)
矆 772(9)
䁻 615(8)
矅 422(3) 510(13) 725(9)
鶪 142(7) 424(13) 513(3) 609(4) 694(8)
䁸 368(6) 393(3) 454(14) 480(3)
贓 123(17) 376(8) 463(3) 544(7)
𧹞 410(9)
贔 403(5) 491(3) 586(1)
譻 124(11) 464(4) 553(4)
囁 147(19) 433(9) 522(14) 617(11) 617(12) 719(2) 771(27) 771(28)
囀 502(8) 596(10) 665(4)
闤 116(19) 452(18)
闟 468(9) 563(4) 759(2)
闢 146(5) 431(8)

	519(15)
	621(5)
	712(4)
顥	135(17)
	395(3)
	482(2)
曩	137(9)
	484(12)
	569(10)
鶡	412(9)
	500(17)
	596(12)
	661(5)
躊	378(11)
	466(12)
	561(8)
躋	112(16)
	406(11)
	494(18)
躑	146(3)
	431(6)
	519(12)
	621(3)
	711(12)
躍	148(12)
	223(13)
	523(18)
	607(3)
	721(12)
躐	392(4)
	479(6)
	765(8)
罍	62(3)
	113(10)
	365(2)
	447(15)
纍	108(19)
	130(10)
	164(8)
	441(3)
	549(1)
	585(8)
⿰虫遺	441(3)
	549(1)
蠼	230(5下)
	234(11)
	234(11)
	526(7)
	610(7)
	728(8)
	772(12)
蠟	521(12)
	619(2)
	716(11)
⿰目卿	119(6)
	369(14)
	371(9)
	412(5)
	456(3)
	458(7)
	551(7)
	755(6)
	757(13)
囑	521(2)
囃	432(9)
	521(17)
	771(3)
𡾊	744(9)
巁	768(21)
䍦	521(15)
巊	59(18)
	108(20)
	164(9)
	441(4)
	549(2)
巋	60(5)
	164(17)
	238(7)
	441(10)
	549(11)
黮	136(15)
	396(12)
	483(11)
	580(10)
⿰黑茲	109(16)
	165(18)
	360(14)
	442(6)
黬	128(9)
	382(9)
	382(10)
	470(1)
	470(1)
	565(8)
⿰黑旨	526(7)
	772(13)
黭	136(16)
	396(13)
	483(12)
	580(11)
黯	400(11)
	488(5)
	565(8)
	581(9)
髐	370(6)
	457(8)
髓	129(15)
	472(5)
	570(6)
髕	403(6)
	491(4)
	586(2)
⿺辶厲	438(4)
【丿】	
犫	141(16)
	512(5)
	606(12)
	692(5)
貓	526(9)
	772(16)
⿰禾龍	38(4)
	161(10)
	437(5)
	538(11)
犤	361(8)
	404(12)
	442(15)
	492(10)
	587(7)
籗	368(12)
	455(3)
	502(5)
	596(7)
	664(9)
	753(5)
籔	138(17)
	399(3)
	486(14)
	579(11)
籢	756(2)
⿱竹尊	359(9)
	440(2)
	547(3)
劉	377(12)
	465(16)
	486(1)
	560(4)
⿱竹廢	498(8)
籣	771(21)
儺	121(7)
	556(6)
𠐊	453(15)
	750(9)
儷	407(8)
	495(14)

590(2)
651(4)
䶒 124(16)
464(10)
553(11)
䶑 441(7)
549(8)
儼 139(5)
199(3)
399(14)
487(11)
581(10)
儸 372(7)
459(4)
556(5)
䰛 131(4)
238(16)
387(8)
474(8)
573(9)
762(7)
顆 757(8)
曤 422(12)
䮐 112(15)
446(13)
748(4)
羆 456(7)
䰫 370(10)
457(11)
550(7)
鷗 446(14)
748(15)
忂 746(13)
鷩 366(10)
452(11)
艬 132(9)
476(6)
576(3)
鐵 144(13)
517(2)
704(10)
鐒 420(3)
508(13)
鑊 231(7)
525(8)
608(9)
725(12)
1025(2)
鑯 494(14)
591(7)
648(7)
鐻 642(11)
762(15)
鑥 132(3)
475(16)
鐺 123(10)
375(14)
462(11)
543(10)
鐰 120(17)
371(10)
458(8)
鐸 524(11)
607(11)
723(9)
1023(6上)
鐶 116(19)
452(18)
鐲 424(1)
512(8)
690(9)
692(9)
鑖 165(20)
442(7)
鐮 63(14)
127(7)
468(9)
563(5)
759(8)
鐴 146(6)
431(9)
519(16)
621(6)
712(5)
769(24)
𪛔 450(11)
𪖛 386(2)
473(2)
571(7)
䫿 121(4)
372(3)
458(17)
555(13)
𪏽 450(17)
䵒 115(7)
450(14)
䫯 368(5)
454(13)
753(1)
鷂 208(4)
413(13)
502(14)
597(10)
666(3)
瓠 495(14)
590(2)
651(5)
鷄 446(9)
748(10)
鶬 123(10)
375(14)
462(12)
543(11)
𩟿 525(7)
608(8)
725(11)
1025(1)
饛 437(3)
742(1)
774(9)
𩠇 498(8)
592(5)
饠 134(18)
192(8)
480(9)
𩞄 438(10)
541(3)
饘 480(6)
臛 368(15)
455(6)
753(7)
𦣊 137(5)
397(9)
484(7)
569(6)
朦 469(17)
甗 420(5)
508(16)
683(4)
鰭 59(12)
108(16)
164(3)
440(17)
548(8)
鰪 432(9)
521(17)
618(12)
619(5)
717(6)
771(2)
鮥 520(18)
鰱 118(6)
368(2)
454(11)
鱄 61(15)

112(5)
364(1)
445(15)
鰏 146(19)
430(3)
520(18)
620(1)
713(6)
770(12)
鰋 140(14)
510(9)
605(1)
687(4)
鰒 118(14)
368(13)
455(3)
752(12)
鰑 147(7)
432(6)
521(14)
619(3)
鱧 448(10)
鰥 117(2)
412(14)
453(3)
鰞 112(3)
363(13)
445(12)
1027(3)
鰩 119(11)
456(9)
鰯 161(12)
437(7)
539(1)
743(8)
鰝 135(17)
194(8)
395(3)
482(2)
鰣 145(19)
430(15)
519(6)
620(11)
710(11)
鰜 602(12)
鰪 135(5)
鬐 360(4)
441(12)
526(4)
550(1)
617(8)
772(6)
飉 119(2)
455(14)
飈 119(13)
456(11)
鷂 125(13)
377(10)
465(14)
560(4)

【丶】

譸 126(5)
378(12)
466(14)
561(10)
譪 409(1)
497(4)
譳 211(11)
418(15)
507(11)
602(3)
679(10)
譖 404(2)
491(18)
謖 412(15)
413(1)
501(7)
501(9)
595(10)
662(8)
譺 404(10)
492(7)
591(12)
655(2)
譶 147(2)
521(6)
616(6)
618(8)
716(1)
721(1)
譸 124(12)
464(5)
553(6)
攣 609(10)
轂 375(2)
461(16)
542(8)
𢒠 414(14)
503(15)
668(9)
劘 556(1)
癩 406(9)
494(16)
591(9)
649(2)
700(4)
癧 430(2)
615(8)
708(11)
768(18)
癚 493(16)
癐 380(12)
468(9)
563(4)
癬 1027(2)
爛 117(1)
117(4)
453(6)
鶮 359(2)
439(11)
546(5)
546(6)
鶊 543(7)
麛 421(6)
509(16)
604(5)
685(6)
麝 424(10)
512(17)
麢 146(7)
431(10)
504(14)
519(17)
600(10)
621(7)
671(2)
712(7)
770(1)
廱 57(3)
540(7)
辯 134(20)
480(13)
讐 161(10)
200(11)
402(2)
437(5)
489(7)
538(12)
583(1)
齎 108(12)
112(16)
440(12)
446(14)
548(3)
灝 440(3)

547(5)
旟 70(7下)
108(18)
164(7)
441(2)
549(1)
顫 192(7)
393(6)
480(7)
耰 505(15)
蘥 118(16)
368(14)
455(5)
753(8)
⿰米樂 430(3)
518(12)
768(21)
顡 205(4)
390(10)
478(1)
498(13)
578(8)
類 497(17)
592(10)
657(1)
蘲 560(7)
夔 59(19)
109(1)
164(11)
441(5)
549(4)
鷁 430(6)
518(14)
615(11)
709(6)
768(24)
鶼 127(16)
381(8)
469(4)
564(3)
爔 480(12)
爟 207(7)
412(1)
500(9)
594(13)
660(4)
爛 412(5)
500(13)
595(3)
659(8)
779(19)
爚 148(12)
223(14)
523(18)
607(4)
722(6)
爝 224(2)
524(7)
607(8)
723(2)
723(3)
鶯 124(10)
464(4)
553(4)
灄 147(16)
433(4)
522(9)
617(9)
718(7)
771(20)
灤 524(1)
灊 127(13)
467(14)
468(18)
558(7)
559(1)
563(12)
灃 161(6)
437(1)
538(7)
744(9)
瀾 430(13)
519(4)
灈 110(20)
444(1)
746(13)
灋 477(2)
764(13)
灆 479(14)
765(17)
⿰氵邊 367(8)
454(3)
751(4)
灕 546(6)
灖 115(7)
450(14)
450(18)
瀿 115(8)
450(14)
懾 147(19)
433(8)
433(9)
522(14)
617(12)
719(2)
771(27)
懼 405(13)
493(12)
588(8)
645(4)
懢 437(12)
539(7)
744(13)
745(8)
鷂 144(4)
428(6)
516(6)
614(3)
703(1)
覶 206(1)
410(5)
449(8)
449(12)
498(15)
593(13)
豐 161(6)
437(1)
538(7)
744(9)
竈 209(4)
414(14)
503(16)
598(9)
668(9)
竉 129(5)
384(7)
471(9)
568(3)
竅 518(9)
寱 403(11)
491(10)
586(6)
蠡 428(6)
516(7)
顧 493(18)
589(1)
646(6)
襱 129(5)
129(8)
384(7)
437(5)
471(9)
471(12)
538(12)
568(3)

襛 122(18)
374(15)
461(14)
542(8)
鶴 525(3)
608(6)
725(4)
1024(6上)
【乛】
屬 141(6)
423(2)
511(8)
511(11)
606(1)
606(3)
690(4)
690(9)
屭 412(13)
501(3)
501(5)
597(2)
661(12)
662(3)
765(16)
聽 403(2)
407(12)
490(16)
496(1)
590(5)
651(12)
贑 403(4)
491(2)
鷁 424(15)
513(5)
孎 619(8)
771(10)
孈 386(10)
408(11)
473(12)
572(6)
585(5)
獵 619(2)
鑷 126(13)
379(9)
467(7)
562(9)
雧 119(16)
378(1)
456(16)
466(2)
466(3)
560(10)
鐒 414(12)
503(13)
飄 695(10)
蠡 132(8)
476(6)
576(4)
纘 134(3)
392(3)
479(4)
765(10)
纇 144(13)
429(4)
517(2)
612(12)
704(10)
續 141(11)
235(6下)
423(6)
511(15)
606(6)
691(6)
纋 377(9)
465(13)
560(3)
纆 230(5下)
234(11)
526(7)
610(7)
728(8)
772(12)
纅 523(18)
607(6)
纏 118(5)
367(15)
454(9)
纚 502(7)
鶮 371(10)
458(9)
鷗 57(3)
162(4)
438(3)
540(7)

二十二畫

【一】

鷬 769(4)
蘢 453(10)
751(2)
瓗 402(14)
490(12)
蠹 424(8)
512(15)
鬣 518(6)
鬊 135(7)
481(6)
鬝 143(20)
427(15)
453(5)
515(18)
611(8)
702(3)
鬢 403(6)
491(4)
586(2)
鬌 135(14)
鬚 111(1)
444(3)
鬒 779(4)
鬡 211(6)
418(5)
507(1)
678(2)
688(9)
髮 143(10)
216(6)
427(1)
515(2)
610(11)
攤 116(16)
366(14)
392(8)
412(6)
452(14)
479(10)
500(13)
659(9)
776(3)
779(20)
壢 129(20)
驍 119(1)
369(7)
455(13)
驤 376(1)
462(13)
驔 139(9)
199(8)
400(5)
487(17)
580(9)
驪 117(2)
453(3)
驒 116(12)
366(9)

372(4)
452(9)
453(15)
459(1)
556(1)
750(10)
776(6)
[illegible] 364(3)
446(1)
驕 119(8)
370(1)
456(5)
755(4)
驎 114(6)
449(3)
驓 128(1)
381(15)
469(11)
559(12)
驋 427(1)
515(3)
驈 142(8)
214(3)
424(14)
425(1)
513(4)
609(5)
695(10)
攖 394(8)
趲 392(7)
412(7)
479(9)
500(15)
595(5)
659(12)
765(4)
[illegible] 607(5)
趥 394(1)
425(3)
481(2)
513(8)
609(7)
695(8)
聾 522(18)
523(7)
[illegible] 117(18)
367(6)
454(1)
751(6)
韾 148(1)
618(2)
719(7)
覿 145(13)
430(6)
518(15)
615(11)
709(7)
768(25)
攞 396(3)
483(2)
歡 521(9)
鷔 490(13)
585(5)
鷙 402(15)
490(13)
585(5)
懿 403(12)
491(12)
586(8)
蠧 406(2)
493(17)
588(13)
646(4)
彝 397(12)
484(11)
鷘 211(9)
418(12)
507(8)
602(1)
679(3)
聽 125(8)
211(2)
417(14)
465(8)
506(13)
555(4)
599(5)
677(1)
桑 147(18)
522(12)
617(11)
719(1)
771(26)
歠 147(18)
433(7)
522(11)
617(10)
718(10)
771(24)
771(25)
瓖 497(6)
591(13)
655(5)
蘺 454(5)
蘻 407(2)
495(8)
589(11)
鷞 479(9)
韄 494(2)
韂 231(14)
525(15)
617(2)
727(1)
韁 122(16)
461(11)
542(6)
韡 524(12)
723(10)
韇 525(15)
726(11)
鄺 395(4)
482(4)
蘸 213(1)
420(4)
508(14)
603(4)
683(2)
[illegible] 58(11)
163(10)
359(1)
407(9)
439(10)
495(15)
546(5)
蘻 128(13)
383(1)
470(7)
蘿 121(7)
372(7)
459(4)
556(5)
蠆 145(3)
517(15)
613(8)
蘗 145(3)
517(15)
613(8)
706(11)
驚 124(4)
463(12)
552(4)
蘼 545(5)
蘽 120(20)
458(12)
555(9)

藾 497(17) 592(10) 657(2)
蘻 116(5) 365(15) 452(1)
欇 433(5) 522(9) 771(20) 771(21) 771(27)
纇 139(3) 198(12) 399(11) 487(7)
欋 444(2) 723(7) 746(13)
欗 365(4) 403(2) 441(9) 448(1) 490(16) 547(9)
鶒 142(2) 424(7) 512(14) 608(12) 693(9)
覿 450(18)
饕 115(10) 450(17)
𪍓 138(18) 198(7) 399(5) 486(17) 579(12)
䵂 146(3) 431(6) 519(12) 621(3) 711(12)
櫸 440(9) 547(12)
轒 140(7) 509(17) 604(7) 685(8)
鏨 417(14) 464(15) 506(13) 554(3)
轠 365(2) 447(16)
轢 145(12) 430(2) 518(10) 524(13) 607(13) 615(8) 700(4) 708(11) 724(3) 768(19) 1023(10上)
鷙 374(5) 461(2) 565(4) 683(7)
囊 123(17) 376(8) 463(3) 544(7)
鷗 126(10) 379(5) 467(3)
鑒 128(13) 470(6) 566(1) 603(5)
醾 424(4) 512(11) 607(3)
邐 129(20) 472(12) 570(12)
鷖 446(9) 748(5)
顑 397(2) 483(17) 505(2) 581(2)
徿 38(4) 161(9) 437(5) 538(11)
䃰 569(5)
贗 412(9) 500(17) 596(11) 661(4)
𧓅 115(6) 450(13)
蠲 521(17) 771(4)
鷔 69(6) 137(4) 484(6) 569(3)
玁 771(22)
爐 415(6) 504(5)
靉 762(7)
霵 116(7) 366(3) 452(4)
䵛 126(10) 379(6) 467(4) 562(6)
霸 204(10) 409(7) 497(10) 592(11) 656(1)
覇 404(1) 491(15) 586(11)
霹 465(7) 555(2)
霾 113(7) 447(10) 748(30)
甗 365(2) 418(7) 447(15) 507(3)
霽 406(11) 494(18) 589(6) 649(5)

【丨】

齬 110(4) 131(5) 166(16) 361(9) 387(10) 442(15) 474(10) 573(10) 762(7)
齣 619(5)
齝 605(12)
齱 497(9)
鶚 375(5)

462(2)
543(1)
鄺 569(12)
矔 207(6)
412(1)
500(8)
594(12)
596(13)
660(3)
囁 433(7)
522(12)
771(25)
氍 110(19)
237(1.5)
443(18)
746(14)
齗 746(12)
鷊 114(4)
449(1)
贖 141(11)
423(6)
511(15)
606(6)
691(4)
𥌒 413(13)
502(15)
[illegible] 414(2)
503(1)
[illegible] 132(10)
239(6)
476(9)

571(1)
576(6)
鷞 111(7)
444(9)
矏 752(8)
饕 120(11)
371(2)
458(1)
550(13)
躦 372(6)
459(3)
556(3)
765(4)
躚 117(11)
453(7)
[illegible] 140(19)
141(20)
422(6)
424(4)
510(17)
512(11)
605(7)
607(3)
688(7)
693(3)
[illegible] 365(3)
447(16)
躒 607(13)
躓 403(8)
491(6)
586(4)

躔 118(5)
367(15)
454(9)
躐 147(17)
433(5)
522(10)
617(9)
718(9)
771(21)
疊 148(4)
523(3)
618(4)
719(11)
[illegible] 564(7)
759(7)
[illegible] 768(21)
蠦 363(12)
445(11)
蠬 538(12)
[illegible] 133(15)
391(5)
478(10)
[illegible] 520(15)
620(6)
714(8)
鷺 135(13)
194(4)
394(12)
481(14)
巔 750(9)
巇 109(20)

166(10)
361(5)
442(12)
巊 120(17)
371(11)
458(9)
551(9)
[illegible] 113(14)
365(6)
412(6)
500(14)
779(21)
[illegible] 108(2)
163(12)
359(4)
439(14)
546(9)
邏 209(5)
415(1)
503(18)
556(5)
599(7)
669(2)
巖 128(12)
382(13)
470(5)
565(12)
甗 446(17)
顛 117(3)
453(6)
[illegible] 423(3)

511(12)
[illegible] 425(9)
513(14)
體 132(9)
239(5)
476(6)
576(4)
髑 140(4)
509(11)
604(2)
684(10)
[illegible] 494(13)
591(7)
[illegible] 431(8)
519(15)

【丿】

鑄 411(7)
412(15)
499(17)
501(7)
779(1)
[illegible] 753(7)
[illegible] 770(13)
黐 359(2)
359(8)
440(1)
547(2)
[illegible] 423(10)
606(9)
691(11)
穰 122(17)

137(6)
397(9)
461(13)
484(7)
542(8)
569(6)
穙 387(9)
404(14)
474(9)
492(13)
573(9)
穳 728(3)
簶 490(2)
651(7)
籜 524(15)
608(1)
724(5)
1023(13上)
[illegible] 453(12)
751(2)
籟 406(9)
494(16)
494(17)
591(9)
649(2)
籧 110(6)
166(20)
361(11)
443(1)
籚 61(9)
112(1)

363(11)
445(9)
1026(12)
籣 410(3)
498(12)
籩 112(8)
364(6)
446(3)
589(9)
[illegible] 407(12)
495(18)
590(5)
651(9)
籛 502(2)
籙 141(10)
423(5)
511(14)
606(5)
691(3)
籠 38(3)
129(5)
384(7)
437(4)
471(9)
538(11)
539(13)
568(3)
640(8)
籯 124(16)
464(10)
553(11)

龕 372(6)
459(3)
556(3)
[illegible] 363(4)
445(3)
1026(5)
[illegible] 133(14)
391(3)
478(8)
齻 429(5)
430(13)
517(3)
519(4)
[illegible] 145(17)
430(12)
519(3)
616(1)
710(5)
769(8)
齃 494(9)
591(3)
648(1)
[illegible] 143(4)
215(11)
426(7)
514(11)
612(3)
698(10)
齄 115(14)
451(5)
儻 137(9)

397(13)
484(13)
506(1)
569(11)
584(7)
674(9)
隸 403(15)
428(5)
491(15)
516(5)
586(11)
[illegible] 39(7)
161(20)
437(17)
540(1)
640(8)
鱅 39(8)
162(2)
438(1)
540(3)
640(11)
鱢 110(6)
167(1)
361(11)
[illegible] 467(9)
[illegible] 224(2)
414(2)
498(5)
503(1)
524(7)
597(13)

607(8)
666(10)
723(2)
[illegible] 404(7)
492(4)
徽 109(17)
166(1)
360(15)
442(8)
亹 592(3)
艫 61(11)
112(2)
363(11)
445(10)
黨 366(10)
452(11)
[illegible] 382(5)
382(6)
鑯 612(11)
鑄 405(9)
493(7)
588(5)
644(7)
鑶 517(7)
鑑 213(2)
235(2上)
420(5)
508(15)
603(5)
683(3)
鑈 523(5)

龢 120(19) 371(12) 458(11) 555(8)
顩 139(6) 199(3)
龕 122(5) 460(14) 564(11)
纖 433(6) 522(10) 771(22)
糴 145(14) 430(7) 518(15) 615(12) 709(8) 768(25)
饘 411(7) 499(17) 595(8) 779(8)
䭢 464(5) 553(5)
鷂 122(3) 460(10) 564(7)
𦢶 771(11)
臞 405(13) 444(2) 493(12) 588(9) 645(4)
鰿 615(12)
鱑 123(13) 376(4) 462(16) 544(3)
鱄 135(4) 193(5) 481(1) 481(1) 753(12)
鰸 111(5) 362(6) 444(8) 746(16)
鯹 453(11)
鰾 135(11) 194(1) 394(9) 481(11)
鱋 111(7) 362(7) 379(7) 444(9) 467(6) 562(8)
鰻 366(12) 452(12)
鷠 61(12) 115(15)
鰵 363(10) 445(9)
鰶 407(11) 495(17) 590(4) 651(8)
鱅 57(1) 57(8) 162(2) 162(9) 438(1) 438(8) 540(3) 540(13) 640(11) 745(19)
鱃 130(13) 386(10) 395(13) 473(11) 482(14) 572(6)
鰺 122(20) 375(2) 461(16) 542(11)
鰼 523(9) 720(7)
鰈 135(20) 194(11) 395(7) 482(7)
獑 166(10) 361(5) 442(12)
獿 394(14) 481(17)
飃 142(16) 215(2) 513(18) 609(12) 697(5)
飉 551(3)
颾 118(18) 140(12) 369(3) 455(8) 510(7) 604(13) 686(11) 689(3)
鱳 518(12) 768(21)
龞 436(14) 538(3) 539(7) 744(13) 745(8)

【丶】

讃 407(6) 495(12)
讚 412(7) 500(15) 595(4) 659(11)
讀 509(11) 604(2) 684(10)
讄 386(7) 473(9) 572(4)
𢍺 219(5) 411(3) 411(4) 499(12) 499(14) 658(2)
巒 116(4) 365(15) 452(1)
彎 116(18) 367(2) 452(17)
孿 412(11) 501(2) 502(5)
孌 135(2) 193(3) 393(12) 480(15)
瓤 123(1) 374(15) 375(4)

461(14)
462(1)
542(8)
542(12)

𧟌 463(16)
552(9)

𩫱 209(2)
414(12)
503(13)
550(12)
598(7)
668(5)

顫 501(16)
596(2)
663(10)

鷓 415(12)
504(12)
600(9)
670(9)

龐 112(6)
364(2)
445(17)
495(15)
1027(9)

亹 131(1)
387(5)
573(6)

癯 207(6)
412(1)
594(12)
660(3)

癭 138(1)
197(1)
485(10)

癬 134(16)
480(5)

麞 122(14)
374(11)
461(10)
542(4)

護 494(2)
646(9)

聾 38(4)
161(10)
437(5)
538(11)
740(19)

龔 161(18)
437(13)
539(8)
744(17)
745(12)

蠪 437(5)
538(12)

襲 148(7)
223(6)
523(8)
616(3)
720(6)

鷉 768(23)

竉 364(2)
445(16)

1027(8)

鷛 122(14)
461(8)
542(2)

鷟 141(13)
423(9)
512(1)
606(9)
691(11)

饔 57(3)
162(4)
438(3)
540(7)

鶮 426(11)
514(16)

攊 145(12)
430(2)
615(8)
709(1)
768(19)

醾 377(12)
465(17)
560(6)

龕 560(6)

鷩 145(4)
408(1)
496(4)
517(16)
613(9)
707(3)
768(4)

爞 436(13)
437(12)
538(2)
539(6)
744(13)
745(8)

灘 116(16)
366(14)
412(6)
452(14)
500(14)
595(4)
659(9)
776(3)
779(20)

灑 402(12)
472(12)
490(11)
570(13)
585(3)
764(7)
764(9)

瀰 67(9)

𤅷 556(5)

瀩 110(7)
167(2)
361(13)
443(3)

竊 428(11)
516(12)
703(10)

覼 117(3)
453(4)

𧞤 598(13)
675(11)

襳 127(9)
468(12)
563(8)
759(1)
759(13)

䙴 118(14)
368(13)
455(4)
752(11)

【乛】

𡳾 430(3)
518(12)

瓕 359(9)
440(2)

鬻 140(15)
422(2)
423(3)
510(12)
605(3)
687(10)

韄 146(18)
520(15)
620(7)
714(9)

韡 521(1)

韣 140(4)
141(7)

213(10)
421(3)
422(15)
423(2)
509(11)
511(9)
511(10)
604(2)
606(3)
684(11)
690(8)
⿰韋僉 128(13)
383(1)
399(14)
470(7)
487(10)
566(2)
581(11)
韂 127(10)
419(11)
468(13)
508(5)
563(8)
孋 546(6)
⿰羊風 662(1)
鸅 523(9)
鷚 211(7)
418(6)
507(2)
563(3)
601(11)
678(5)
鹽 526(10)
729(1)
繳 659(10)
⿱䜌口 491(1)
585(9)
纑 61(11)
112(2)
363(11)
445(10)
1027(1)
繝 399(13)
487(9)
580(4)

二十三畫

【一】

纕 772(7)
瓔 371(11)
458(10)
551(9)
561(2)
鼇 120(16)
371(9)
458(7)
551(7)
757(12)
⿱髟蒙 38(3)
437(3)
538(10)
742(1)
774(9)
鬞 438(10)
541(3)
鬢 116(19)
213(3)
452(18)
603(6)
鬠 427(3)
515(5)
⿰羔鳥 120(1)
457(5)
驖 144(12)
516(18)
612(11)
704(8)
⿰馬蒙 38(3)
538(10)
742(1)
774(9)
⿰馬臧 498(8)
驉 746(10)
驜 230(9下)
234(14)
526(10)
621(8)
729(3)
驛 145(20)
519(8)
711(3)
⿰馬蜀 509(12)
驗 212(7)
419(9)
508(3)
602(9)
681(6)
驙 118(3)
367(13)
454(7)
776(6)
驌 141(2)
422(9)
511(2)
605(9)
689(3)
⿺走蒯 144(9)
428(12)
516(13)
612(7)
⿺走歷 145(11)
430(1)
518(10)
615(8)
708(11)
768(19)
⿺走憲 411(4)
499(13)
攇 427(12)
515(15)
611(6)
鷏 115(1)
450(5)
451(12)
攩 137(12)
484(16)
569(13)
攫 524(10)
607(10)
1023(3上)
攥 143(13)
216(8)
427(5)
515(7)
611(1)
701(8)
攪 135(15)
194(6)
394(15)
鷇 586(8)
謉 378(4)
466(5)
韾 119(7)
456(4)
456(15)
矙 428(5)
516(6)
611(12)
702(10)
戁 134(19)
192(10)
392(9)
479(11)
480(11)
765(14)

韤 143(1) 215(7) 426(2) 514(6) 614(10) 698(4)
韅 134(13)
鷩 595(13)
⿰黃單 480(8)
⿰葛鳥 144(4) 428(6) 428(7) 516(7) 516(7) 614(3) 703(2)
⿰爾皮 67(9) 134(13) 392(15) 479(18)
蘴 115(16) 451(7)
蘧 143(15) 216(11) 427(8) 515(10) 611(3) 700(8)
虋 413(6) 501(14) 596(1) 663(6)
蘵 468(17) 759(11)
欐 407(9) 476(6) 576(3) 651(6)
欏 372(7) 459(4) 556(5)
櫾 522(15) 771(28)
鷩 449(3)
鱗 117(14) 453(13) 750(10)
⿰車薄 231(1)
轤 61(10) 112(1) 363(11) 445(10)
⿰車龍 161(10) 437(5) 538(11) 743(2)
豷 615(3)
鷣 63(7) 380(4) 467(18) 558(12)
⿰革雝 597(6)
醼 595(13) 663(4)
⿰嚴殳 58(10) 163(9) 439(10) 476(6) 546(5) 576(3)
黳 446(10) 748(6)
顫 524(18)
靨 148(4) 223(3) 522(17) 523(4) 618(5) 771(32)
饜 212(6) 419(9) 508(3) 602(8) 681(5)
礶 363(1) 444(18)
礧 577(3) 764(16)
礹 705(7)
鷹 430(3) 518(12) 768(21)
糴 136(13) 396(10) 483(9)
甕 524(11)
鷹 142(20) 215(6) 514(6) 614(9) 698(2)
鷇 119(4) 369(10) 455(16)
殲 415(6) 494(14) 504(5)
靉 768(7)
靆 498(1) 592(13) 657(5)
顠 444(3)
魒 444(3)

【丨】

鼞 449(12)
⿰齒其 360(6) 441(15)
齱 126(2) 378(9) 466(10) 561(6)
齰 670(6)
⿰齒來 113(7) 364(13) 447(11)
齮 129(17) 472(8) 570(9)
⿰齒戔 66(10) 134(8) 392(10) 479(12)
齯 112(13) 446(10) 748(9)
⿰齒所 388(1) 474(16) 574(4)
⿰齒卒 143(7) 216(2) 426(12) 514(16) 612(5) 614(2) 699(6)
⿰齒宜 113(2) 447(5) 557(1) 748(21)
贙 134(14) 192(4) 413(1) 480(3) 501(8) 595(10)

662(7)
髗 388(1) 474(17) 574(4)
[illegible] 117(4) 412(6) 453(6) 500(14) 779(22)
囇 202(4) 402(12) 408(13) 490(11) 496(18) 585(3) 600(4) 654(6)
矓 489(16) 583(8)
髒 652(6)
囒 366(13) 452(14)
鷳 117(2) 453(3)
闤 752(4)
顯 134(13) 192(3) 480(1)
躠 516(11)
躝 498(12) 593(5)
躘 39(6) 161(20) 437(16) 539(13) 640(8)
蠸 118(16) 368(14) 455(5) 753(8)
蠲 144(17) 429(8) 517(8) 613(1) 705(9)
蠘 546(1)
蠱 132(4) 389(2) 475(17) 575(10)
蠰 376(9) 463(3) 542(10) 544(8) 583(12)
蠯 381(12) 469(8) 559(9)
嚱 427(11) 427(12) 515(14) 611(6)
鷤 116(12) 366(8) 406(14) 446(5) 452(9) 495(4) 589(9) 650(1) 748(2) 776(5)
幱 776(12)
鸓 476(14)
羅 163(9) 439(12) 546(6)
巘 134(20) 193(1) 391(4) 478(9) 480(13)
[illegible] 769(5)
黴 139(14) 400(11) 488(5) 581(9)
驂 68(1) 68(6) 136(17) 137(1) 396(14) 397(4)
483(14) 484(1) 580(12) 581(3)
[illegible] 428(4) 516(5)
髖 116(5) 366(1) 451(12) 452(2)
髕 390(5) 477(15) 578(4)

【丿】

鑵 207(6) 412(1) 500(8) 594(12) 660(3)
鑐 125(6) 465(6) 555(2)
懮 481(11)
䅻 431(10) 519(17) 520(11) 615(4) 770(19)
鶲 119(8) 119(16) 456(6)
456(15) 755(4)
籘 148(4) 223(3) 523(3) 618(5)
[illegible] 502(4)
籣 116(16) 366(13) 452(13)
籅 361(14) 443(3)
籦 539(12) 640(7) 745(16)
籥 223(14) 490(9) 523(18) 607(4) 721(12) 771(25)
籢 468(10) 563(6)
籨 759(9)
籤 127(8) 468(11) 563(6) 759(10)
[illegible] 117(20) 367(10) 392(14)

454(4)
479(16)
751(10)
⿱竹襄 374(15)
461(15)
542(8)
鸒 110(8)
167(4)
361(14)
405(6)
443(3)
493(3)
588(3)
643(10)
鷽 141(12)
423(8)
424(1)
511(17)
512(9)
606(8)
691(9)
⿰鼠尃 525(6)
鼶 359(7)
439(17)
547(1)
鼷 112(11)
446(8)
748(8)
⿰鼠离 107(20)
163(9)
439(10)

546(5)
⿰鼠唐 123(6)
375(10)
462(7)
543(6)
⿰鼠益 615(4)
713(8)
鼸 139(10)
400(5)
487(18)
580(9)
儽 441(4)
477(2)
497(17)
577(3)
592(10)
657(2)
764(16)
⿰亻酈 755(6)
讎 125(19)
378(4)
466(5)
561(1)
鷦 119(9)
456(6)
齃 143(16)
216(12)
427(9)
515(12)
611(4)
700(2)

鷎 120(9)
370(14)
457(15)
550(11)
757(10)
魕 404(10)
492(7)
587(6)
黴 60(1)
109(1)
164(12)
409(8)
441(6)
497(12)
549(6)
592(12)
⿱衛豕 651(10)
艬 128(12)
382(13)
470(4)
565(11)
⿰舟羨 382(6)
鑽 116(8)
366(4)
411(15)
452(5)
500(7)
594(12)
660(2)
鑢 405(2)
492(17)

587(12)
642(9)
鑘 132(18)
577(3)
764(16)
⿰金罷 132(15)
476(15)
鐕 446(9)
748(11)
鏐 440(18)
548(11)
鑠 148(14)
223(16)
524(3)
607(5)
722(6)
鑣 120(16)
371(10)
422(8)
456(12)
458(8)
511(1)
551(8)
⿰金甒 551(11)
鑯 147(6)
521(12)
619(2)
716(11)
⿰鹵鳥 115(9)
450(17)
襱 38(3)

161(9)
437(4)
538(11)
⿰奚黽 446(9)
748(8)
饡 412(7)
500(15)
595(5)
659(11)
⿰月羹 124(8)
463(16)
552(8)
⿰魚昔 468(2)
558(13)
559(5)
⿰魚款 412(8)
500(17)
765(7)
鱏 126(19)
379(15)
380(4)
467(14)
467(18)
558(7)
558(12)
鱖 408(1)
425(15)
496(5)
514(5)
590(8)
652(7)

698(1)
鱓 134(18)
480(10)
鱜 503(15)
鰞 438(17)
545(3)
鱗 114(6)
449(3)
鱒 65(9)
133(20)
391(11)
478(16)
鱍 143(10)
216(5)
427(1)
427(5)
515(2)
515(7)
610(11)
701(2)
鱊 144(2)
428(3)
516(3)
609(5)
611(10)
695(10)
702(7)
玃 524(9)
607(10)
723(6)
1023(3上)
飅 378(12)
466(13)
561(9)

【丶】

讌 413(5)
501(13)
595(13)
663(4)
讕 400(2)
487(14)
欒 116(4)
365(15)
452(1)
曫 365(15)
灓 207(2)
365(15)
411(11)
452(1)
500(3)
594(8)
660(8)
664(8)
攣 118(16)
368(15)
455(6)
753(6)
變 502(5)
596(7)
664(9)
𣤶 116(4)
365(15)
452(1)
孿 597(6)
戀 502(4)
596(7)
664(8)
鷩 211(7)
418(8)
507(4)
601(12)
678(8)
髞 598(9)
鷔 366(6)
452(7)
麡 115(1)
450(6)
麜 70(3上)
107(13)
162(20)
438(18)
545(5)
麔 58(1)
70(3上)
107(13)
438(18)
545(5)
癯 110(20)
443(18)
癭 403(5)
491(2)
586(1)
癠 386(1)
473(1)
571(5)
癰 57(3)
438(3)
麟 114(6)
449(3)
龔 539(13)
640(8)
讋 147(19)
433(9)
522(13)
617(11)
719(2)
771(27)
鷭 740(17)
齏 112(16)
446(14)
羸 555(9)
糷 392(6)
479(8)
765(2)
779(20)
鷸 114(13)
449(13)
齵 117(18)
367(6)
454(1)
纇 593(6)
灡 116(14)
戃 137(9)
397(13)
484(13)
戄 524(11)
607(10)
723(6)
顫 449(8)
鸇 110(16)
443(14)
746(11)
顬 138(4)
197(5)
485(15)
𢋈 385(2)
472(2)
476(12)
570(3)
576(9)
禴 147(20)
433(9)
433(9)
522(14)
522(16)
617(12)
617(13)
719(5)
771(27)
771(30)
禶 765(4)
襰 403(3)
490(17)
585(8)
䨬 485(3)

【乛】

[illegible]　404(13)　492(12)　587(8)

彏　524(9)　607(10)　723(6)　1023(2上)

鬻　605(4)　687(11)

鼐　461(9)　542(3)

韢　487(11)　581(10)

鷚　142(8)　424(14)　513(4)　609(5)

劙　359(2)　407(8)　439(11)　546(5)

纓　124(17)　464(12)　553(12)

纗　591(1)

纖　127(9)　468(12)　563(8)　759(12)

纔　62(12)　113(16)　128(12)　365(11)　382(14)　448(6)　470(5)　565(12)

纕　122(19)　375(2)　461(16)　542(11)

纉　772(7)

二十四畫

【一】

瓛　116(2)　134(20)　365(13)　451(15)

鬣　407(11)　429(13)　495(17)　516(14)　590(4)　612(8)　649(5)　651(8)　704(1)　768(5)

鬢　122(8)　374(4)　460(18)　565(3)

鬡　476(9)　576(6)

鬤　124(12)　553(6)

鬢　205(6)　498(15)　593(8)

攬　68(5)　581(3)

驟　211(7)　418(7)　507(4)　601(12)　678(7)

驥　203(7)　408(6)　496(11)　590(12)　653(6)

驤　544(4)

趯　368(15)　455(6)　753(8)

擩　524(1)

邐　617(4)　727(6)

蘴　161(7)

韣　140(4)　509(12)　604(3)　684(11)

虂　493(16)　588(12)　646(3)

蘽　108(19)　164(8)　441(3)　549(2)

蘛　119(7)　456(4)　755(6)

觀　116(8)　366(5)　412(2)　452(5)　500(9)　594(13)　660(5)

鸛　129(3)　437(4)　471(6)　538(11)　567(10)　742(2)　774(10)

嚞　140(19)　422(6)　510(17)　605(7)　688(6)

櫼　427(12)　515(15)

欓　137(11)　196(2)　397(14)　484(14)　506(1)　569(12)　584(8)　674(11)

鷰　461(5)　541(8)

麵　450(6)

蘱　774(10)

鹽　63(14)　468(8)　563(4)　681(4)　759(2)

醽　125(6)　465(7)　554(13)

醶　400(3)　487(16)　580(7)

醻　414(2)　503(1)　597(13)

釀　505(10)　569(6)　583(13)

673(5)
礹 139(6)
199(3)
399(14)
487(11)
565(12)
581(10)
[illegible] 399(12)
399(14)
487(8)
581(10)
靂 145(11)
430(1)
518(9)
615(8)
708(11)
靈 125(4)
465(4)
554(12)
靃 129(15)
472(5)
570(6)
608(8)
鶩 125(7)
555(2)
靄 494(8)
591(3)
647(12)
靇 465(7)
555(2)
蠶 122(5)

460(13)
564(10)
艷 239(16)

【丨】

鞪 114(12)
449(12)
鹹 432(10)
432(11)
521(18)
522(1)
771(5)
771(7)
齵 126(14)
379(10)
443(14)
467(8)
562(11)
746(11)
746(11)
齶 608(3)
齲 131(19)
475(11)
575(3)
齼 134(20)
193(1)
480(12)
齳 133(11)
390(14)
478(4)
578(12)
[illegible] 127(8)

400(9)
468(11)
488(3)
563(6)
581(5)
759(10)
鷄 779(23)
鸕 443(14)
746(10)
矖 129(20)
385(10)
570(13)
矘 137(9)
397(13)
484(13)
569(10)
躇 600(8)
躣 118(15)
368(14)
455(5)
753(8)
躝 366(13)
452(14)
776(12)
踚 524(1)
躃 751(10)
鷺 493(16)
588(12)
646(3)
躞 148(5)
223(4)

523(5)
618(6)
720(2)
躟 122(18)
374(14)
397(9)
461(14)
484(8)
542(8)
569(5)
蠗 746(14)
蠝 549(2)
蠵 112(19)
446(18)
748(18)
蠱 372(4)
459(2)
556(1)
囑 690(5)
𡾲 703(3)
[illegible] 521(1)
620(8)
羅 779(21)
羈 70(9上)
163(11)
359(4)
439(13)
546(9)
麗 746(9)
鸝 141(6)
422(15)

511(8)
606(1)
690(5)
羉 116(4)
365(15)
452(1)
羇 770(16)
䍥 413(1)
501(9)
595(10)
662(8)
黯 525(13)
黵 382(9)
467(16)
558(9)
565(7)
黷 428(4)
516(5)
蹭 682(8)
髓 143(19)
427(15)
515(18)
611(7)
702(2)

【丿】

穲 359(1)
439(11)
546(6)
籆 162(13)
438(11)
541(4)

籩 117(19)
367(7)
454(2)
751(4)
籬 163(9)
439(10)
546(5)
鸒 405(6)
493(4)
588(3)
643(10)
鷽 404(14)
492(12)
587(9)
黌 123(20)
376(12)
463(6)
551(11)
鸒 141(18)
424(1)
512(9)
607(1)
692(10)
693(1)
[illegible] 141(3)
418(11)
507(7)
511(4)
605(11)
679(2)
689(7)
儻 506(1)
584(7)
674(11)
𪘀 540(1)
蠹 480(14)
靃 147(3)
521(8)
618(10)
716(4)
齅 211(5)
418(4)
506(18)
601(8)
677(10)
齆 201(2)
489(4)
583(2)
顰 368(4)
454(12)
752(8)
[illegible] 509(12)
604(3)
684(11)
鷩 145(11)
430(1)
518(9)
615(7)
708(10)
衢 110(19)
237(1.5)
443(18)
746(13)
艭 541(5)
鑮 231(5)
525(5)
608(7)
725(7)
1024(10上)
鑪 61(9)
112(1)
363(10)
445(9)
鐃 394(5)
481(7)
鑨 743(2)
觀 208(4)
597(10)
666(3)
貛 366(2)
452(3)
鸇 484(1)
581(4)
艧 146(8)
431(11)
494(2)
614(13)
712(10)
770(3)
艫 123(5)
375(8)
462(6)
543(5)
鱤 136(14)
396(12)
483(11)
580(10)
鱅 389(1)
475(15)
575(8)
鱛 123(2)
375(4)
462(2)
543(1)
鱥 230(6下)
526(8)
610(7)
728(9)
772(14)
鱦 127(19)
137(16)
212(9)
381(13)
419(14)
419(14)
469(9)
485(3)
508(9)
508(9)
559(10)
601(3)
682(3)
鱧 132(9)
239(5)
476(6)
576(4)
鱬 489(16)
鱢 458(3)
鱞 501(5)
鱮 131(12)
388(3)
475(1)
574(7)
鱣 118(3)
367(13)
454(7)
鱐 422(9)
511(2)
689(4)
蠡 405(11)
493(10)
520(16)
588(7)
620(7)
645(1)
714(10)
玁 119(7)
456(4)
艭 450(16)
鸐 377(12)
465(16)
560(4)

【丶】

讙 450(15)
讕 116(15)

366(13)
452(13)
595(3)
765(2)
776(11)
779(20)
讙 365(3)
447(16)
論 413(14)
502(15)
讖 212(5)
419(8)
508(1)
601(2)
681(2)
讒 128(9)
382(11)
420(4)
470(3)
508(15)
565(9)
565(11)
683(7)
讓 210(9)
416(9)
505(7)
583(11)
672(11)
讇 66(10)
134(8)
392(10)

452(1)
479(12)
765(15)
懯 204(10)
592(11)
鸇 118(3)
367(13)
454(7)
鼊 557(3)
鷹 127(18)
381(12)
469(7)
559(9)
癰 407(9)
490(2)
癬 118(16)
368(15)
455(6)
飆 119(17)
456(17)
廣 110(7)
167(3)
361(13)
405(6)
443(3)
493(4)
588(3)
643(11)
贛 136(14)
200(11)
239(18)

483(11)
489(1)
582(12)
671(9)
譬 136(14)
396(12)
580(10)
鸕 404(9)
492(6)
587(5)
贏 371(14)
458(13)
555(9)
羸 120(19)
371(13)
458(12)
555(8)
蠹 372(2)
458(17)
鶼 58(8)
163(8)
439(8)
546(3)
鼇 145(4)
517(16)
613(9)
707(3)
768(1)
爤 595(4)
灞 210(2)
504(14)

600(11)
671(3)
灝 136(14)
396(12)
483(11)
580(11)
灅 59(17)
108(19)
164(8)
386(7)
441(3)
473(9)
549(1)
572(4)
鷟 748(12)
竊 161(15)
竈 465(8)
555(3)
襻 412(12)
501(2)
596(13)
661(10)
襹 545(9)
𧞅 209(5)
415(1)
503(18)
599(7)
669(2)
襸 412(7)
500(16)

【乛】
蠹 231(12)
525(13)
616(13)
726(9)
鸛 141(1)
422(9)
511(2)
605(9)
689(3)
鷺 145(16)
430(11)
519(2)
710(3)
769(7)
囂 451(4)
躞 437(2)
538(8)
745(1)
孆 108(19)
549(2)
孎 141(14)
423(6)
423(11)
511(14)
512(3)
606(10)
692(2)
纗 59(2)
108(8)
163(13)

359(14)
402(14)
408(11)
440(6)
490(13)
496(16)
547(7)

二十五畫

纛 208(11)
414(9)
503(9)
598(5)
604(3)
667(11)
689(8)
鬢 143(10)
216(6)
412(7)
427(1)
500(16)
515(3)
610(11)
701(3)
鬡 367(4)
453(17)
鬣 147(17)
433(5)
522(9)
617(9)
718(8)

驜 450(18)
驨 748(18)
驝 768(20)
䮾 433(5)
522(10)
771(22)
趯 524(10)
607(10)
723(6)
贊 237(3.3)
450(5)
蘺 114(13)
449(14)
鼟 382(7)
469(17)
鸐 378(12)
466(14)
561(9)
鸛 145(9)
429(13)
518(6)
614(1)
708(4)
虁 112(16)
372(8)
446(14)
446(16)
459(5)
556(5)
748(12)
虇 117(12)

453(9)
750(5)
韉 525(2)
鸇 144(16)
429(7)
517(6)
鸋 406(8)
494(16)
649(1)
虀 145(4)
613(9)
707(3)
768(1)
欖 136(20)
483(18)
欙 108(20)
鬱 142(14)
214(10)
609(13)
696(7)
蘽 137(16)
196(6)
485(4)
欘 511(15)
欓 239(5)
476(6)
576(4)
躞 57(12)
162(13)
438(11)
541(4)

鸎 108(5)
440(1)
546(12)
547(2)
貛 522(14)
771(28)
櫺 748(19)
靉 498(4)
593(2)
657(10)
靃 439(16)
546(12)
顴 117(16)
453(14)
750(9)
齮 365(10)
448(6)
齺 423(9)
512(1)
齸 431(1)
519(6)
鹻 127(12)
381(3)
420(6)
468(16)
563(10)
565(8)
759(10)
鹽 416(5)
416(5)
505(2)

505(3)
603(2)
672(3)
鱭 406(12)
495(2)
589(7)
罐 769(1)
顱 61(10)
112(1)
363(11)
445(10)
矘 137(9)
484(13)
569(11)
矆 723(5)
1023(2上)
鸎 464(4)
553(4)
鬮 198(9)
580(3)
闤 472(14)
躡 147(18)
433(7)
522(12)
617(10)
718(10)
771(24)
771(27)
躣 110(20)
444(1)
躨 751(4)

二十五畫

字	頁(行)
𧕅	359(13)
	439(11)
	440(6)
	546(6)
鼉	121(4)
	372(3)
	458(18)
	556(2)
𡅅	382(13)
	470(5)
	565(12)
歡	451(7)
觀	748(20)
𪓰	212(9)
	419(14)
	508(8)
	601(3)
	682(2)
𪒠	204(8)
	406(7)
	409(5)
	494(15)
	497(8)
	592(3)
	655(10)
黵	581(4)
㦥	108(20)
𢤹	456(7)
	549(5)
籭	359(13)
	440(6)
	447(6)
	547(7)
	557(2)
籮	121(7)
	372(7)
	459(4)
	556(5)
籫	765(10)
籧	510(17)
𪘾	510(3)
䶨	115(10)
	450(17)
覺	403(6)
	441(6)
	491(4)
	549(5)
鑭	779(20)
鑰	148(12)
	223(14)
	523(18)
	607(4)
	721(12)
鑯	381(4)
	468(17)
	563(11)
	759(11)
鑱	128(12)
	213(3)
	235(3上)
	382(13)
	470(4)
	508(16)
	565(11)
	603(6)
	683(6)
鑲	375(4)
	462(1)
	542(8)
	542(13)
𨯶	134(20)
	193(1)
	480(12)
𪛏	140(7)
	423(8)
	509(17)
	511(17)
	604(6)
	685(8)
饞	128(11)
	382(11)
	470(3)
	565(10)
饟	137(6)
	461(9)
	542(3)
鱴	429(7)
	517(6)
	705(7)
鱬	111(1)
	444(3)
鱭	576(3)
鸑	141(13)
	423(9)
	511(18)
	606(8)
	691(10)
觿	58(2)
	163(1)
	439(1)
	545(6)
讘	147(18)
	433(8)
	522(13)
	617(11)
	719(1)
	771(26)
讕	432(7)
	521(15)
	619(1)
讗	614(13)
	770(5)
蠻	116(20)
	453(1)
臠	135(2)
	193(3)
	480(15)
孿	596(7)
	661(10)
	664(9)
廳	125(8)
	465(8)
	555(4)
鷹	111(2)
	444(4)
麡	61(16)
	112(5)
	237(2.5)
	364(2)
	445(16)
	1027(8)
𥽒	545(6)
籥	163(2)
	402(11)
	439(2)
	545(8)
龥	397(1)
	399(8)
	483(16)
	487(3)
	581(1)
灉	412(5)
	500(13)
灣	116(18)
	367(2)
	452(17)
鸋	465(8)
	555(3)
寱	374(1)
	460(15)
	564(12)
𡫿	198(9)
護	146(8)
	431(11)
	524(9)

614(13)
712(10)
723(5)
斸 141(11)
423(5)
511(14)
606(6)
691(4)
[illegible] 144(9)
428(11)
516(12)
612(6)
703(10)
糶 502(10)
597(7)
665(6)
纚 129(20)
472(12)
570(13)
[illegible] 359(7)
439(17)
440(5)
547(1)
[illegible] 415(6)
504(5)
600(1)

二十六畫

[illegible] 110(12)
167(11)
363(12)
443(8)
445(11)
驠 413(5)
595(13)
663(4)
驥 403(10)
491(9)
586(5)
驢 110(12)
167(12)
443(9)
蠶 708(4)
韉 683(6)
顴 118(15)
368(14)
455(5)
753(9)
[illegible] 744(11)
孿 753(6)
轠 593(6)
[illegible] 366(4)
452(5)
[illegible] 390(5)
477(15)
578(3)
釃 108(7)
163(12)
359(13)
362(2)
440(5)
443(6)
547(6)
醾 162(20)
545(5)
覼 403(7)
407(9)
491(5)
495(15)
586(3)
黶 139(6)
199(4)
399(15)
487(12)
580(5)
礰 132(17)
匵 239(18)
402(2)
489(7)
582(13)
顳 125(6)
465(6)
555(2)
齻 146(10)
431(14)
520(3)
615(2)
713(2)
齵 517(11)
齷 121(20)
373(7)
460(3)
460(6)
558(2)
558(5)
韊 479(15)
765(16)
髗 140(18)
422(5)
510(15)
605(5)
688(3)
糳 524(16)
608(2)
724(7)
1023(14上)
矚 141(6)
422(15)
511(8)
606(1)
690(4)
躧 129(20)
472(12)
570(12)
764(7)
鸓 130(10)
386(7)
441(4)
473(8)
549(3)
572(3)
氍 148(3)
223(2)
523(3)
618(4)
719(11)
[illegible] 448(11)
鸕 63(5)
467(16)
558(9)
[illegible] 144(7)
145(9)
428(9)
429(12)
516(10)
518(5)
614(1)
614(6)
703(7)
708(4)
籰 524(9)
607(10)
723(6)
1023(2上)
釁 410(7)
498(17)
[illegible] 468(1)
558(13)
[illegible] 524(15)
鑷 147(18)
433(7)
522(12)
617(10)
718(10)
771(24)

鑺 110(20) 444(1) 746(13)
鑸 477(2)
鑴 112(19) 446(18) 748(18)
鑹 412(2) 500(9) 594(13) 660(6)
龤 447(8) 748(28)
鱛 212(12) 420(3) 508(13) 594(6) 682(10)
鱵 63(5) 467(16) 558(9)
鱳 140(7) 509(16) 604(6) 615(9) 685(7)
鱻 433(5) 522(10)
鸗 640(8)
㦇 538(2)
𤢖 420(3) 508(13)
鼊 145(16) 430(11) 519(2) 616(1) 710(4) 769(7)
孌 502(5)
蠡 518(1) 768(11)
鸋 521(9)

二十七畫

鬤 124(8) 374(15) 461(14) 463(16) 542(9) 552(9)
驩 116(6) 366(2)
驤 122(20) 375(2) 461(16) 542(11)
𧾑 1023(3上)
顳 147(19) 433(9) 522(13) 617(11) 719(1) 771(26)
韉 59(1) 108(7) 163(12) 440(6) 547(7)
釀 137(5) 484(7) 505(10)
鸛 144(8) 428(9) 516(11) 614(3) 614(6) 703(7)
鸞 765(15)
蘱 210(4) 402(2) 416(2) 489(7) 504(17) 582(13) 603(1) 671(9)
蘢 517(16)
麷 390(9) 477(19) 578(8)
𨏽 143(18) 426(4) 427(11) 514(8) 515(14) 611(6) 700(7) 707(2)
𨐅 524(10)
䨿 359(6) 439(16) 546(12)
鬮 378(7) 466(8) 561(4)
𪉷 113(6) 364(11) 364(13) 447(9) 447(11) 748(30)
鸕 61(10) 112(2) 363(11) 445(10)
𨶹 116(15) 366(13) 452(13)
躩 524(10) 607(11) 723(8) 1023(5上)
蠾 141(8) 422(15) 511(8) 511(11) 606(3) 690(8)
黷 140(4) 509(11) 604(2) 684(10)
犨 560(13)
髏 201(5) 489(12) 583(5)
鱠 409(5) 497(8)
蠡 118(9) 368(7) 449(11) 454(15) 753(12)
衢 407(12)
鑼 439(3) 545(9)
鑷 120(20) 371(13) 458(13) 555(9)
鯱 440(4)
玃 524(11)
鱄 525(2)
鱱 143(16) 216(12)

427(9)
494(17)
515(12)
591(9)
611(4)
700(1)
鱱 145(13)
430(2)
518(11)
鱸 61(10)
112(1)
363(11)
445(10)
鼸 126(18)
379(14)
467(12)
563(3)
743(8)
讞 145(3)
517(15)
613(8)
706(11)
讜 137(11)
397(14)
484(14)
569(12)
鑾 116(4)
365(14)
451(17)
鸗 39(6)
161(20)
437(17)
538(12)
539(13)
640(8)
灦 759(2)
灨 396(12)
483(11)
580(11)
纜 210(6)
416(5)
505(3)
603(1)
672(2)

二十八畫

圞 498(12)
驫 771(25)
䮻 746(14)
鸛 412(1)
500(8)
594(12)
欗 63(14)
468(9)
563(4)
759(2)
鹺 563(9)
759(6)
醿 518(11)
768(20)
鸘 123(2)
375(5)
462(3)
543(1)
豔 212(5)
419(9)
508(2)
681(4)
齼 131(11)
388(1)
474(17)
574(4)
髗 382(6)
469(17)
539(6)
鑿 525(4)
608(6)
686(1)
725(5)
1024(8上)
鸚 124(11)
464(4)
553(5)
鼉 748(18)
黸 61(10)
112(1)
363(11)
445(10)
鬰 214(11)
513(15)
610(1)
696(8)
驩 116(6)
366(2)
452(3)
𦪉 460(10)
钀 215(9)
707(2)
钁 524(10)
607(10)
723(7)
1023(3上)
鸙 523(18)
韂 396(3)
483(2)
麢 125(5)
465(5)
554(13)
戇 583(5)
583(9)

二十九畫

驪 58(10)
107(20)
112(6)
163(9)
439(10)
546(5)
鬱 513(14)
麷 38(1)
161(6)
437(1)
489(12)
538(7)
583(5)
744(9)
𨏥 148(3)
223(2)
523(3)
618(4)
719(11)
𪙊 144(1)
428(2)
516(2)
611(10)
702(6)
𪙈 589(7)
鸜 746(14)
𨇁 148(3)
223(2)
523(3)
618(4)
719(11)
蠻 369(1)
455(6)
753(6)
爨 490(15)
𪊱 495(18)
590(5)
讟 140(4)
509(11)
604(2)
684(10)

三十畫

驫 126(17) 467(12) 563(2)
鸝 70(8上) 107(20) 163(10) 359(1) 439(10)
[illegible] 147(6) 521(12) 619(1) 716(10)
[illegible] 524(1)
[illegible] 460(13) 564(10)
[illegible] 136(14) 396(12) 483(10) 580(10)
爨 412(2) 500(9) 595(1) 660(6)
[illegible] 382(14) 470(5) 565(9)
[illegible] 555(1)
鸞 116(4) 365(15) 451(17)
[illegible] 607(4) 722(1)

三十一畫

鸜 524(10) 607(10)
[illegible] 456(4)
[illegible] 128(11) 382(11) 470(3) 565(10)

三十二畫

[illegible] 368(2) 454(11) 752(3)
[illegible] 413(7) 480(2) 501(15) 663(9)
[illegible] 368(15) 455(5) 753(8)
[illegible] 759(2)
籲 405(11) 493(9) 588(7) 644(11)
龖 147(2) 521(6) 618(8)
灪 142(14) 214(10) 513(14) 610(1) 696(7)
[illegible] 235(1下)

三十三畫

靐 465(7) 555(2)
[illegible] 523(4) 719(12)
鱻 751(10)
麤 61(14) 112(4) 363(15) 445(14) 1027(5)
爩 142(14) 214(11) 513(14) 610(1) 696(7)

三十四畫及以上

[illegible] 449(18)
齾 144(5) 428(7) 516(7) 614(3) 703(2)
[illegible] 363(15) 445(14)
[illegible] 367(6) 454(1) 751(6)
[illegible] 116(20) 451(8) 453(1)
[illegible] 426(15) 429(7) 515(1) 517(6)